周蓓　主編

專題史叢書

程叔度　秦景阜　撰

河南人民出版社

烟酒税史（上册）

本書系由民國中央政府財政部烟酒税處負責整理全國烟酒税事宜的資料匯編。分爲上下兩册，分沿革、區域、税制、公賣費、烟酒税、牌照税、卷烟税、洋酒類税、收支概况、整理概况10章，記述了烟酒税的起源、管理機構的演變、各地烟酒税的制度、烟酒税的收支及整頓情况

圖書在版編目(CIP)數據

烟酒税史 ：全2册 / 程叔度，秦景阜著. —鄭州 ：河南人民出版社，2018. 6
(專題史叢書 / 周蓓主編)
ISBN 978－7－215－11561－3

Ⅰ. ①烟… Ⅱ. ①程… ②秦… Ⅲ. ①烟税－史料－中国－民国②酒税－史料－中国－民国－文化史 Ⅳ. ①F812.96

中國版本圖書館 CIP 數據核字(2018)第 090346 號

河南人民出版社出版發行
(地址：鄭州市經五路66號　郵政編碼：450002　電話：65788036)
新華書店經銷　　北京虎彩文化傳播有限公司印刷
開本　710 毫米×1000 毫米　　1／16　　印張　87.25
字數　909 千字
2018 年 6 月第 1 版　　2018 年 6 月第 1 次印刷

定價：696.00 圓(全 2 册)

出版前言

中國現代學術體系是在晚清西學東漸的大潮中逐步形成的。至民國初建，中央政治權威進一步分散和削弱，加之新文化運動帶給國人思想上的空前解放，新學的啓蒙，新知識分子的産生，民國學術如草長鶯飛，進入一個自由而蓬勃的時代。中國傳統學科乃中國學術之根基與菁華所在，民國學人采用『取今復古，別立新宗』之方法，引入西方的學術觀念，積極改造，使史學、文學等學科向現代學術方向轉型。此外，大力推介西方社會科學的新學科和自然科學，在學習、借鑒乃至移植西方現代學術話語和研究範式的過程中，逐漸建立中國現代學科，使中國的學科門類迅速擴展。一時間，新舊更迭，中西交流，百花齊放，萬壑争流，開創了中國現代學術的源頭。

伴隨知識轉型和研究範式轉换而來的，還有學術著作撰寫方式的創新。中國古代的著作向來以單篇流傳，經後人整理匯編後，方以成册成集的面目出現并持續傳播。直到十九世紀末，東西方的歷史編撰體裁不外乎多卷本的編年體、紀傳體和紀事本末體等，章節體的出現標志着近代西方學術規範的産生和新史學的興起。章節體具有依時間順序，按章節編排；因事立題，分篇綜論；既分門別類，又綜合通貫的特點。以章、節搭建起論述之框架，結構分明，邏輯清晰，較傳統的撰寫體裁容量大、系統性强。它的傳入，使中國現代學術體系從内容到形式被納入了全球化的軌道。民國時期專題史的研究、譯介、編纂、出版恰恰是在這樣的背景下欣欣而發，是學術的實驗場，也是歷史的記録儀。編選『專題史』叢書的初衷正是爲了從一個側面展示中國學術從傳統向現代過渡的歷史進程。

專題史是對一個學科歷史的總結，是學科入門的必備和學科研究的基礎，也是對一個時代艱深新鋭問題的解答，是學術研究的高點。民國專題史著作中，既包含通論某一學科全部或一時代（區域、國别）的變化過程的，又囊括對一時代或一問題作特殊研究的，還有少部分是對某一專題的史料進行收集的。原創與翻譯并重，翻譯的底本大多選擇該學科的代表著作或歐美大學普及教本，兼顧權威性和流行性，其中日本學者的論著占據了相當比重。日本與中國同屬東亞儒家文化圈，他們在接納西方學術思想和研究模式時，已作了某種消化與調適，從思維轉换的角度看，更便于中國借鑒和利用，他們的著作因而被時人廣泛引進。

與當代學術研究日趨專業化、專門化、專家化的『窄化』道路迥乎不同的是，中國傳統學術崇尚『學問主通不主專，貴通人不尚專家』的通識型治學門徑，處于過渡轉型期的民國學術在不同程度上保留了這種特徵。民國學術大師諸學科貫通一脉、上千年縱横捭闔之功力自不待冗言，外交家著倫理政治史、文學家著哲學史、化學家著戰争史等亦不乏其人，民國專題史研究呈現出開放、融通、跨界撰述的特點。與此同時必須看到，自晚清以來，中國的命運就在外侮屢犯、内亂頻仍的窘境中跌宕彷徨，民族存亡仿若命懸一綫。這股以創建學科、總結經驗、解决問題爲指歸的專題史出版風潮背後，包裹着民國學人企望以西學爲工具拯民族于衰微的探索精神，及以學術救亡的愛國之心。梁任公曾言：『史學者，學問之最博大而最切要者也，國民之明鏡也，愛國心之源泉也。』這種位卑未敢忘憂國的歷史使命感和國民意識是今人無法漠視和遺忘的。

『專題史』叢書收録的範圍包括現代各個學科，不僅限于人文社會科學，學科分類以《民國總書目》的分科爲標準，計有哲學、宗教、社會、政治、法律、軍事、經濟、文化、藝術、教育、語言文字、中國文學、外國文學、中國歷史、西方史、自然科學、醫學、工業、交通共19個學科門類。本叢書分輯整理出版，内不分科，單本發行，方便讀者按需索驥。既可作爲大專院校圖書館、學術研究機構館藏之必備資源，也可滿足個人研讀或興趣之收藏。

與目前市場已有的一些專題史叢書相比，這次『專題史』叢書具有規模大、學科全、選本精、原版影印的特點。本叢書選目首重作者的首創、權威和著作影響力，尤其注重選本的稀見性。所謂稀見，即新中國成立後没有再版，且多數圖書館没有收藏，或即便有收藏，也是歸于非公開的珍本之列予以保存，普通讀者難以借閱。部分圖書雖有電子版，但作爲學術研究的經典原著讀本，紙質版本更利于記憶和研究之用。本叢書精揀版本最早、品相最佳的原版圖書作爲底本，因而還具有很高的版本收藏價值。

『專題史』的著作是民國學者對于那個時代諸問題之探究，往往有獨到之處，無論其資料、觀點短長得失如何，要之在中國現代學術史的構建與發展進程中，自有其開宗立論之地位。

菸酒稅史 卷首

菸酒稅史序

古者分土治民。必周知其夫家田畝六畜器械之數。蓋未有不知其數而能制其貧富者也。是以漢高入關蕭何收秦圖籍周知四方盈虛強弱之實漢祖賴之以定天下。唐代簿錄。元和國計。巨細無所不具。宋因之爲景德皇祐治平熙甯四書。網羅一時出內之計。其後有元祐會計錄。大綱凡五。曰收支民賦課入儲運經費。視昔人所作。又加詳焉。此古人理財專書。卽今之統計學也。今國家與東西洋各國。幷立於世界之上。各國統計之學。精密詳覈。條分縷析。無一事不有專門之學。無一學不有專門之書。而吾國求所謂元和國計元祐會計之書。尙不完備。何怪乎各國日躋於富強而我尙淪于貧弱也。子文重掌度支。一載有餘。財部組織。分關務鹽務賦稅錢幣公債菸酒印花捲菸各署司處。而程君叔度秦君頴春實先後任菸酒稅處長。關於菸酒事務因革損益之故。蒐羅董理。成菸酒史一書。區分類別。共爲九章。凡稅制變遷產銷狀況。窮源竟委。洪纖弗遺。夫榷酤昉自漢代。菸稅始於勝淸。在昔國家僅視爲無足重輕之數。未嘗設有專官。今則爲國稅收入大宗。歲額以數千萬計。程君秦君竭九閱月之力。爲菸酒勒成專書。俾當局者。資以稽覈。後來者有所考鏡。斯書既成。吾知繼起而作關務鹽務賦稅錢幣公債印花諸史者。必且益加詳盡。子文不敏。願拭目以觀其成焉。中華民國十八年九月宋子文。

菸酒稅史序

關之有征。非古也。然政事與財用遞相推演。用一緩二之制。不適用於物競之日。故漢之時。已榷酤焉。酤既榷矣。凡類於酤者。皆可榷也。則菸其一也。菸酒非人生所必需。榷之誠是也。顧榷之不得其道。畸輕畸重。則病在商。或上或下。則蠹在國。法與人重焉。人者守法者也。法者資於人者也。法不立。雖有賢者。無所適從。法立。則不肖者不能獨亂。吾國榷政。棼如也。菸酒之榷。向與鹽金併。鹽金不良。爲世詬病。蓋舉日用之品而皆榷焉。古今中外。無此制也。今以國用不足。日言裁釐。而迄無彌補之方。獨此菸酒之榷。自前清即已拔諸百貨之外。則今日整齊之董理之。不特可爲裁釐之補。亦所以寓禁於征也。秦君穎春總榷菸酒。汲汲圖改革。仿馬氏通攷之例。類分條繫。共爲九章。曰菸酒稅史。凡各國良規足資借鏡者。並附錄焉。全書告竣。屬余序之。余既舉菸酒之宜榷。及榷之宜得其道。及得其道。可爲裁釐之助者。告之。勉之。而復有所感者。則以今日物競天擇之時。哲學家言。用腦過度。則菸酒需用愈廣。安得使清靜敦龐。相與返於古也。是爲序。共和紀元十有八年十月四明張壽鏞。

菸酒稅史序

將於寰瀛棣通之世。鼎革甫成之日。昧設置之大計。違羣庶之嗜好。嚴法令求輸將。詡詡然曰。是寓禁於徵也。其術欺。矯其枉而過之。一任國人昏狂爭逐而不加整理。其害先中於民生而其利不及於國計。復曲爲之說曰。是自由貿易也。其術疏。吾國歷史上之稅法。租調庸其最普通矣。關於民食者鹽茶而外。祇有榷酤。而菸稅獨闕。菸酒之爲物。寒不可衣。饑不可飽。而國人消費之量與日俱增。舶來品復駸駸焉侵入禁之勢不可能。庫藏之收入亦視此爲調劑。改革之始。苦無成法可循。既不易窮流溯源。又無從彙核綜計。值此財政力求整飭之時。菸酒兩稅實亦佔一大部。況東西各國。對於菸酒或絕對禁止。或躋用國產。法令綦嚴。我國則絕不限制。將欲挽救而抵補之以塞漏卮要非明瞭乎過去現在狀況。固未易整齊畫一。措置有當。迎刃而解也。今部長宋公特設整理委員會。以程處長叔度秦處長頴春總其成。在會諸君以討論之資萃爲一編曰菸酒稅史。舉凡從前之沿革。現今之區域。以及各種章制規則辦法狀況。臚舉無遺。都分九章。雖或搜集未周。間有遺珠之憾。然後之手是編者研求參考。實已因應咸宜。範圍不過。豈特爲一時之掌故已哉。歲計之盈絀。商業之盛衰。將於此焉覘之。是爲序中華民國十八年九月中浣李調生。

菸酒稅史序

古者關津有禁。商賈有征。種別既繁。流衍尤複。是以司農掌計。課歲成書。筦権取贏。循年列表。凡所以詳變遷之序。著經度之規。紀實課功。昭示來許也。菸酒釐稅。始自晚清。時值軍興。藉以裕饟。事定之後。因仍不廢。然其稅固與百貨同征。未嘗有特稅之制也。民國肇建。歲用不充。司計者鑒於列邦菸酒稅率之重。實合寓禁於征之義。具化民贍國之功。於是夷考成規。審度時勢。遂有菸酒公賣之舉。惟其時政綱不舉。吏貪法弛。徵收既隨地而殊。稅率尤參差不一。十餘年來。雖國用稍資挹注。而流弊日以滋多。揉雜紛紜。迄無統緒。簡編記載。更付闕如。統一告成。百端興舉。去歲一月。宋公子文受任財政部長。承積弊之餘。值維新之會。銳意整頓。不遺餘力。叔度承乏菸酒稅處。亦以劃一稅率。改良征收為職志。乃請於部長。創設整理菸酒稅務委員會。藉集思之益。謀改進之方。詳定規章。剔除弊害。擘畫經時。規模略具。惟是載紀未備。原始不詳。著述不聞。績效無考。爰於本會特設編輯一股。舉凡稅制之緣起。稅率之增減。章程之變更。收支之盈絀。詳稽博採。以類相從。其事實之繁賾者。分節以敘之。其辦法之錯綜者。著論以明之。至於區域之界限。名色之異同。亦復分別紀注。取便觀覽。叔度初任總纂。旋調長捲菸稅處。而賡續其事者。則屬之秦君穎春。更延聘通才。分任編纂。蓋從事者十餘人。需時者九閱月。而全編始克告成。條分縷析。粲然可觀。夫行千里之途者。必先詳其程。引造百級之塔者。必當範其雛形。叔度纂輯是編。非所以表祿成勞。實藉以考鏡往跡。後之繼者。更因勢而利導之。自必日增月進。綱舉目張。裕國便商。可操左劵。是則叔度私衷所冀。而是編之作。爲不虛矣。武進程叔度。

菸酒稅史序

經制國用。視乎稅收。菸酒二者。列爲專稅。消費普及編氓。品質屬於奢侈。揆諸利用厚生之旨。適符求前却行之例。自來政治專家。公私撰述。同然一辭。主張重課。此固無間古今中外。而萬矢一的者已。遠稽我國榷酒制度。始於漢之桑宏羊。唐起貞元。宋元明清遞互損益。吾國菸草。於明季由呂宋輸種。前清末葉。漸次徵釐。流行之廣。與酒無殊。景阜嘗謂多種菸。少種穀。多釀酒。多耗穀。且均含毒質。妨礙衛生。故重徵不爲苛。薄賦不爲惠。此無他。非夙嗜者。雖強之而不能。嗜之者。卽禁之而如故。吾國嗜菸酒者。假以戶口十分一計之。每人每月平均一元。年耗幾達五萬萬元。甚矣。嗜好細故。沿習既久。積重難返。其數計至出人意料之外也。況自互市局開。舶來菸酒。塡塞市場。民性嗜奇。金錢外溢。不獨國家財政有關。卽論國民經濟。亦覺剝蝕靡遺。清季庫藏匱乏。始議特稅菸酒。藉資挹注。民國四年。前財政部設全國菸酒公賣局。各省設總分各局。五年設全國菸酒事務署。迄今二十餘年矣。然而省自爲政。絕不一致。稅率輕重懸殊。標準互異。名目複雜。辦法參差。良好收入。整理無方。散漫淩亂。莫可究詰。我國民政府定都金陵。統一南北。部長宋公東山再起。重綰度支。令程君叔度長菸酒稅處。理繁析紛。漸有

示。軌轍可循。嗣調長捲菸統稅處。而景阜實承其乏。視事之初。深虞覆餗。秉宋公之訓

方針。修改稅率。勉竭庸愚。蠡著成效。夫察往以知來。因利以懲弊。述沿革。資比較。菸酒史

步程君之成規。召集全國各局長及整理菸酒稅務委員。列席開會。集思廣益。擬定

之編纂。不容或緩。往者北政府菸酒署。亦嘗從事於此矣。歷時數年。耗款巨萬。未覩成

書。今程君造端於先。景阜踵事於後。姚君大中與分纂諸君。昕夕蒐討。無間寒暑。凡九

閱月而書成。惟是徵集資料。頗感困難。其爲案牘所未詳者。概從闕略。事實所限。無可

如何也。付梓有日。爰紀顚末。爲之序云。中華民國十八年九月梁溪秦景阜。

菸酒稅史凡例

一本編以叙述費稅歷史及其現行徵收狀况爲原則。尤注重於章制變遷。稅率增減。以及收支盈朒諸端。各從其類。俾便檢查。而於歷年因革損益之故。詳述源委。並足以資考鏡。

一本編共分十章。一沿革。二區域。三稅制。四公賣費。五菸酒稅。六牌照稅。七捲菸稅。八洋酒類稅。九收支概況。十整理概況。其事實較繁者。於每章之內更分若干節。依類輯述。以便檢查。至整理意見等類。列爲附錄。藉供參考。

一本編纂述。悉以檔案爲根據。其無案可稽者。概不著錄。以昭覈實。

一菸酒費稅。或創始於民國。或推行於季清。辦理已久。歷史較繁。本編第一章先將歷來徵收沿革。綜括叙述。以明源委。

一各省區域首將各局棧設置及變更情形。擇要叙述。而以各該省最近分區狀况列表說明。藉醒眉目。

一本編第三章所列。均以歷年部頒章則爲限。依類編列。其各省單行規程。分附每省之末。以便檢閱。

一公賣事屬創舉。案牘紛繁。各省因地制宜。頗多變通。本編第四章專就費率徵收方法經徵機關以及產銷狀況諸要端。於概說論其同。分省著其異。繁詞末節。無關宏恉。概從省略。仍於各節之後。綴以章規表說。並於全章之末。另附各省公賣費徵收盈絀概數表及費率表。俾便覽觀。

一各省菸酒稅範圍甚廣。如釐金雜捐燒課缸捐等項。均包括在內。省自爲制。尤甚公賣。故編纂之例。分省列節。悉同第四章。

一牌照稅爲一種特許營業稅。各省稅額以及徵收手續。均屬一律。間有呈明變通辦理之處。其事由亦甚簡單。與公賣費菸酒稅等情形迥異。故編次之時。不復逐省分節。但以概說爲第一節。以各省牌照稅爲第二節。而於第二節中分省依次編列。

一捲菸稅變遷較多。今之統稅。卽由紙菸捐遞嬗而來。本編第七章按沿革次序。分節敘述。首出廠捐。及二五捐。次特稅。而殿之以現行之統稅。窮源竟委。以便查考。

一洋酒稅舉辦較遲。近年始有統一徵收之規定。而各省徵收辦法。仍未能齊若劃一。本編第八章亦如牌照稅之例。分爲兩節。首節統叙徵收大旨。次節分述各省辦理洋酒稅情形。不復分省列節。以資簡捷。

一菸酒收入名目繁賾。論欵目有費稅牌照捲菸洋酒等項。論性質有徵收數實收數。有正款有雜款。本編第九章所列收數。專以各省歷年呈報之徵收數爲限。其開支經費。悉依核准預算編入。俾昭覈實。

一菸酒稅務。歷年以來。制度紛雜。積弊重重。國民政府成立。先就蘇浙皖贛鄂等省。澈底整理。以次推及各省。頗著成效。本編第十章首述各省整理成績。次及訓政時期分年工作計畫。藉爲改進之標準。

菸酒稅史總目錄

菸酒稅史上册目錄

菸酒稅史 卷一

第一章 沿革

第一節 菸酒稅之緣起

菸酒。奢侈品也。東西各國。有專賣者。有徵稅者。徵稅之國。稅率有重至百分之四百八十及百分之三百三十五者。有照原價徵至三倍者。專賣之國。則價由政府裁定。視經濟之盈虛。時爲高下。制度不同。恃爲收入大宗。則無或差異。蓋物質文明。庶政畢舉。國用增高。繼長不能不取給於民。任理財者。權衡輕重。與其於日用必需之物。錙銖相較。不如於無關生活之嗜好所需。重其義務。爲得均貧富之擔負也。

我國酒稅。自漢榷酤。代有因革。徵之通攷。編志綦詳。菸草發明較晚。淡巴菰之名。雖著載籍。而菸稅始於清初。並志菸酒。斷自清始。

順治康熙年間。頗重民食。製酒營業。禁例極嚴。商人奸利。往往假借稄票。託名腐朽。納幾微之票課。爲無限制之私燒。

燒鍋部課。缸房部課。起於乾隆年間。由商人赴部領照。下之州縣。歲徵其課。上之藩司。彙於戶部。課額關外小燒。歲徵庫平四百兩。等而上之。以二百兩爲一級。大燒有徵至千兩者。關內小燒。歲徵三十六兩。等而上之。爲四十二兩。缸房發酵以缸。出酒之多寡。以缸計之。燒鍋以池發酵。計課之法則舍缸舍池而吏以簡計也。

菸稅不立主名。視同百貨。常關稅率。菸類酒類。雖曾分別規定。而關與關殊。概其徵率。輕不減百分之二。重不及百分之五。菸行酒行。年納牙稅。其等次於絲行藥行。乾隆年間。吉林將軍創辦菸稅酒稅。黃菸百斤徵銀二錢。燒酒百斤徵銀四分。內地州縣徵收地方雜稅。縣縣不同。率不出斤一二文。閉關時代之財政與交通時代。蓋不可什一計也。

金田事起。釐卡議行。五口通商。海關制定。關東斗秤。塞北清源。接踵後先。異名同稅。而菸酒兩項。仍列於百貨之內。視關卡局所之所定稅率。分別照徵。海關全國一律。值百抽五。局卡各省不同。視其省之菸酒價格。自爲製定。要皆計之以釐。同光之交。無有指菸酒爲消費品而特殊注意者。

甲午戰後。庚子繼之。賠款旣多。戶部設計籌款。於百貨釐中提出菸酒糖茶四項。單獨加成。自光緒二十二年起十年之間。四增其率。計爲二十二年二成。二十六年二成。二十七年三成。三十年五成。皆照原有釐率累進遞加。於是我國菸酒。遂名消費品矣。

各省釐率。省與省殊。輕重尤不一致。廣東全省。平均超過原率二倍。而佛山一局。增至三倍三成。江蘇於循案照加之外。刱設甯屬門銷蘇屬坐賈兩捐。捐率不分菸酒名色。斤各徵制錢八文。坐賈附麗釐局。門銷委員專徵。此南洋方面之大畧情形也。至於北洋菸斤酒斤。原係州縣雜稅。至此一律劃出。設局專徵。另定稅率。菸酒不分種類。概徵制錢斤十六文。旋以銀貴錢賤。每斤改徵銀一分四釐。此北洋方面之大略情形也。

當是時。南洋菸酒於原率外。既增至十有二成或二倍乃至三倍三成。北洋菸酒新率。據官方報告。爲百分之三十有奇。而海關一方。爲條約縛束。船來菸酒。進口時仍徵百分之五。及子口百分之二五。關單所至。一驗放行。洋商持內地採運土貨執照。捆運菸葉。循例在第一局卡納稅一道。沿途查驗。不再重徵。而所納稅款。出口時仍准扣抵關稅。華商怨望。運葉船隻。紛紛冒掛洋旂。就輕避重。事經官商協議。改掛龍旗。而增率銳減矣。當事懲前毖後。議援洋藥稅例。謀之各國。增定海關菸酒進出口稅率。未及提案。而江漢義師。復我漢族矣。

第二節　民國菸酒稅狀況

國基初定。需用浩繁。百政之先。莫亟於充裕國庫。元二年間。一切稅收。仍前清之舊。民累而入不敷出。財政部起而理之。恐籠統加稅之普及全民也。於是外採各國良規。內計消費堦級。而菸酒公賣之議起。蓋惟菸酒爲消費品中之奢侈品也。

三年一月。公布販賣菸酒特許牌照條例。並施行細則。由財政部製定牌照申請書通告書罰金條例式樣。印刷成册。通行各省。省公署國稅廳。飭下縣局。依期舉辦。前清各省菸酒產銷。無正式調查統計。稅率省與省殊。省與省間。交互產銷。錯綜糅雜。無可得國內菸酒數量及商人營業狀況者。財政部將行公賣。先之以牌照。分整賣營業零賣營業兩種。零賣仍分甲乙丙三種。都爲四種。稅率整賣二十元。零甲八元。乙四元。丙二元。有效時間。一月至六月。七月至十二月。歲凡兩易。

四年四月。財政部呈准特設全國菸酒公賣局。擬定全國菸酒公賣暫行簡章。各省菸酒公賣局暫行章程。呈奉大總統批令先行試辦由部通行各省省公署財政廳督同部派專員。切實調查。各就本省情形。訂章籌備設局相地繁簡區畫分局駐地。規定分支各棧或稽征所。招商分投照章組織開辦。財政部先於三年刱辦牌照稅。並通行各省增加菸酒稅率。收數仍不暢旺。歲會全國僅征七百餘萬。至是行公賣法照章征費。從前菸酒原有各稅。悉仍其舊。蓋國庫空虛。專賣限於財力。商民疲敝。加率徒負其名。權衡至計。乃以官督商銷爲救時善制矣。至既辦公賣。仍征舊稅。則又絕續之交所資以調劑國用者也。

財政部鑒於各省稅率。原本不同。公賣費率。遂不加規定。僅以百分之十至百分之五十。樹之標準。征率如何由各省察定。各省以奉加稅另令。費稅並進。率重民力不勝。於是有單獨征費者。有部省協定。費稅渾合由公賣費中提成劃還省庫。作爲稅款者。有菸酒異其征率者。單獨征費之省。爲直隸山東河南山西江蘇浙江安徽江西陝西四川雲南廣西奉天吉林黑龍江察哈爾綏遠等省區。率莫重於贛百分之二十五。莫輕於奉百分之十二。未幾而減爲百分之六。若直若豫若皖若秦若蜀。則爲百分之二十。而蜀於八年增爲百分之二十五。秦於十年增爲百分之三十。察與綏則百分之十八。未幾而增爲百分之二十。晉與浙則百分之十五。而晉於十四年又核加二成。蘇鄂吉黑均爲百分之十二。魯與滇桂爲百分之十。湘省原百分之十五。九年併局歸廳。費稅渾合爲百分之三十。晰而分之。費稅各佔百分之十五。京兆費稅每百斤併征二元五角。閩酒征百分之五至百分之二十。菸征百分之十六至百分之二十。以品質之優劣而定。隴菸征百分之十六。酒征百分之二十。熱酒征百分之十。外省運入則百分之十二。菸葉從量。每百斤征二元。粵菸酒稅習慣商包，公賣法行。按比額加三分之一。未幾而去稅之名。統爲公賣費。新省僻遠。尚未舉辦。黔省開辦月餘。旋卽停止。此其大略也。是年各省公賣局先後成立。預算民國五年公賣費可收一千萬元。財政部呈請另設專署。乃置全國菸酒事務署。以鈕傳善爲督辦。宗旨在促進專賣。預定步驟。先併原有各稅。而以設廠製造。畫區種菸。諸策完成。公賣而專賣繼之。

五年四月。設改良菸酒委員會。七月。設統一征收籌備處。九月。會部派員分赴各省調查菸酒產銷公賣稅釐一切狀況。

六年一月。派員分赴天津漢口調查設廠事宜。旋後派員赴日調查菸廠建築機器使用菸葉薰製各法。爲設計張本。政府蓋重視菸酒公賣。爲當急之務矣。

二月。令各省公賣局局長擬具費稅統一征收辦法。方統一征收籌備處之設也。會部令行各省。凡財政廳經收菸酒原有各稅。統歸公賣局管理。雲南軍起。事未果行。各省之所謂燒鍋照課、缸房照課、麯稅、統捐、釐金、落地稅、擔頭稅、造場稅、旗菸捐、門銷捐、坐賈稅等。種種名目。雜然並存。征收機關。屬縣屬局。又不一致。至是復得請於政府。概由公賣局接管。費稅旣經歸併一局。統一征收。事機已熟。遂有是令。

七月。裁撤全國菸酒事務署。仍設全國菸酒公賣局。直隸財政部。時梁啓超爲部長。減政也。

十一月。李思浩代財政部事。派柳汝祥、鮑琚赴日實習種菸。

十二月。派郭涵赴日調查酒稅並關於酒類一切事宜。

七年八月。整頓各省包額。自四年捌辦菸酒公賣。國內頻有軍事。政失常軌。各省乘之。有官商勾通削減分支棧包額情弊。事爲財政部偵知。於是下令各省局分支棧包額非報經省局呈部核准。不得擅行變更。

十一月。財政部派秘書周家彥赴日調查菸草專賣制度。十二月。柳汝祥飽琚歸自日本。譯呈菸草專賣史概論六章。菸草耕作論六章。菸草製造論三章。汝祥琚皆農科畢業生。前年派赴日本實習種菸者也。

八年一月。復設全國菸酒事務署。任張壽齡爲督辦。

八月。核定山東薰菸費稅稽征法。民國初元。英美菸公司於濰縣所屬坊子地方。散放菸子。教民試種。囑華人張姓收賣薰製。農民獲利。安邱昌樂昌邑益都壽光諸城等縣。踵起仿種。浸成出產大宗。而倚恃洋商。不受制於分支各棧。省局乃於六年秋間。就地另設專卡。按斤併征費稅。成效不著。七年。改按爐座征收。爐分三級。大爐征銀十二元。中征十元。小八元。至是商人王月軒等呈請承辦。部省協議定爲官督商辦。此於分支各棧之外。與四川之菸葉郵包稅同爲特殊性質者也。嗣於十年改定征率爲大爐十二元。中十一元。小十元。

九年二月。通令各省改公賣局爲事務局。公賣局名稱爲財政部內設局時規定。至是改易。京內外署局乃始一致矣。

八月。頒定比較章程、菸酒署風聞各省分支棧所對於本產本銷。有私收小費不納正項。贛湘閩蘇等省菸商採運菸葉。有仍串通洋商持內地購買土貨聯單避免費稅各情事。實收數目與預算相差遠甚。於是召集各省局長或負責代表會議救濟。結果根據各省最旺年分加成定比。省局以下任事各員始知殿最矣。

十月。京直魯豫秦晉六省禁燒。內務部據各該省查報旱災重甚。民食告匱。遂禁燒。由菸酒署咨經國務院議決明年春耕集事弛禁。

十年八月。公布征收紙菸捐章程。任汪瑞闓為全國紙菸捐局督辦。我國之刱辦公賣也。為條約縛束。聲明外菸外酒另定辦法。並於四年六月。密飭各省財政廳詳密調查研究取締方法。六年八月。復飭各廳劃歸公賣局併辦。各省有檢同統捐或釐金併交者。有移交後公賣局仍委託釐金或統捐局卡代征者。有僅交統捐或釐金。而外菸外酒仍留歸統捐或釐金照舊辦理者。至是改辦紙菸專捐。遂與英美菸公司協訂聲明書十一條。書內聲明為出廠捐。不論等次。每五萬支捐二元。內地統捐依海關估價征百分之二・五。商埠租界免納統捐。海關崇文門另征之。內地再有重征者。公司憑捐單扣抵之。局設於上海。置分局於漢口天津兩處。以統率各省。此為紙菸專局征捐之始。

十二年三月。浙江省刱辦捲菸特稅。浙人周恭先主持省道。無款建築。建議當軸創辦特稅。於十一年十一月設處籌備。至是劃區設局派員起征。不逾年而蘇皖魯豫贛鄂川湘等省援踵仿辦。蘇省併定為教育基金。稅率百分之二十。以印花法行之。

十四年三月。菸酒署與英美菸公司續訂聲明書四條。連前銜接爲十有五條。各省既先後自辦特稅。公司抵制無效。據原聲明書第五條之規定。得向紙菸捐局扣抵捐款。因是補充聲明。該公司認納各省保護捐百分之五。爲取銷特稅交換條件。蘇皖魯豫贛鄂六省通電爭之。滬商會措詞尤烈。未幾蘇浙事起。上海總局由聯軍司令派人接管。北京政府改駐津駐青兩分局爲天津青島捲菸稅局。直隸菸酒署。

菸酒署先於本年二月。修正膠澳菸酒經征處征收菸酒稅費暫行章程。我國之接收膠澳也。委員彭占勳查報該埠菸不征稅。酒稅與內地迥別。經署令准酒類不分稅費。仍前征收。菸類照魯省現行費稅率設法試辦。卽以占勳充籌備處長。擬訂章則。於十二年八月開始征收。仍以占勳爲經征處長。其時所訂章則。頗有權宜之處。至是王孝豐爲處長。呈署修正之。並於四月籌定整頓燒鍋取締酒精征收啤酒各項辦法。署令允之。此膠澳征收菸酒費稅之經過情形也。

十五年八月。設全國機製酒類稽征處。訂定條例章則。頒行各省。征收機製酒類稅。江蘇先於本年六月援捲菸特稅例。剏辦洋酒稅。未幾而皖贛浙閩等省先後籌備。菸酒署因之征收機製酒類販賣稅。稅率與東南五省同爲百分之二十。以印花法行之。印花分一分二分一角五角四種。與東南各省之分爲七級。繁簡殊矣。

十六年六月。令京兆奉吉黑熱察綏七省。增菸酒費稅二成。十三年間。曾以軍用增菸酒費稅二成。旋因時事變更。通令撤消。至是我革命軍以主義戰勝。定都南京。北方搖動。當事謀固軍心。遂援案續征同時北方各省向征之捲菸吸戶捐，一律加征百分之十。

七月。加征京兆機製酒出廠稅百分之十。商人抗議，改爲出境者減半征之。

十二月。𠝹設菸草研究會。籌備專賣。咨由外交部轉知英美法意德比瑞士各駐使。調查駐在國菸草征稅或專賣制度章則名人著作，俾資討論。旋以力窮勢蹙，其事中寢。

我國民革命軍戡定幽燕。國民政府財政部長宋子文馳赴北京。派員分別接收各財政機關。所有菸酒署案卷。擇其重要者。運交首都菸酒稅處。並設置保管處。管理舊菸酒署案卷房產之在北平者。海內從茲統一。而菸酒之澈底整理，亦闢一新紀元。蓋舊菸酒署號令不出國門。日談整理。皆空言粉飾而已。

第三節　國民政府菸酒稅務狀況

國民政府統一政權。菸酒事務署職權由財政部所設之菸酒稅捲菸酒稅兩處。分別接管。

十六年六月。國民政府財政部分令皖閩菸酒稅新率未經頒行以前，暫依舊時稅率。照時價征收。鄂省並於是年歸併費稅，征百分之十七。湘省照率行之。

方國民革命之設政府於湖北也。財政部長宋子文以捲菸稅名目繁複。定率參差。商業國稅。同受其敝。倡議改征統稅。稅率百分之一二·五。舊章出廠捐二五捐及特稅均廢止之。先由湘鄂贛三省試辦。十五年十二月。公布實行。漢口英美菸公司擬具納稅條件，函允遵辦。翌年，奠都金陵。六月。公布征收捲菸統稅暫行簡章，稅率增至百分之五十。各省設捲菸統稅總局。直隸財政部。王孝賚主持江蘇總局。實行之初。暫按七折征收。爲體恤商艱計也。

十一月財政部公布華洋機製酒類營業牌照稅章程並施行細則。華洋機製酒類販賣稅。剏自十五年間。辦法未備。無牌照稅之規定。至是制定章則公布之。牌照分批發零售兩種。種分二等。批發一等征銀五十元。二等征銀十元。零售一等征銀十元。二等征銀五元。年分四季。以一四七十月爲換照時期。

財政部公布菸酒公賣暫行條例。先是皖閩省局請示菸酒公賣費稅。至是制定條例公布之。定率按規定之價格暫征百分之二十。

十七年一月。公布征收捲菸統稅條例。推行於蘇浙閩贛皖五省。財政部設捲菸統稅處。各省設捲菸統稅局。分別辦理征收及稽察事宜。稅率分舶來及國內製品兩種。前者除進口時照納海關正稅及子口稅外。另征統稅百分之二十。後者於出廠時征收統稅百分之二二・五。上年暫行簡章。雖征百分之五十。然商民遷延觀望。施行尙多窒礙。至是始由英美菸公司繕具納稅條件。函呈宋部長承認遵繳。由財政部派員駐廠駐關駐郵。實行監貼印花。稽核周詳。率減稅增。有由來也。

三月。公布菸類營業牌照稅暫行章程。並施行細則。捲菸盛行。菸類舊商。多數兼營其業。自捲菸稅總局剏辦捲菸牌照新稅。商人籍口重征。請求減免。財政部乃改訂章程。合併華洋菸類。同一征收。照牌分整賣零賣兩種。整賣劃分三級。甲級季征稅銀一百元。乙四十元。丙二十元。零售劃分五級。甲十二元。乙八元。丙四元。丁二元。戊一元。年分四季。以一四七十月上旬爲換照時期。原有之販賣菸酒特許牌照稅條例。聲明酒類仍援用之。

七月。蘇省改菸酒公賣費率爲百分之二十。蘇省原征百分之十二。至是依照暫行條例第七條之規定增收之。

八月。財政部令行各省廢止商包制度。並經費提成辦法。先是菸酒公賣規定官督商銷。各省征收機關。類多招商承包。提成給予經費。至是廢止之。已包者期滿日撤消。不再繼續。

九月。改設捲菸煤油稅處。財政部原設捲菸統稅煤油特稅兩處。至是合併之。捲菸事務。仍照原定條例施行。

粵省政府制定菸稅規程酒稅規程公布施行。粵省菸酒事務。除菸葉出產入境兩稅。係十五年七月財政部長宋子文在廣州時剏辦。由官設局征收。其餘費稅。向由商人承包。成效特著。未便與各省强同。至是改定規程。分菸酒兩類。第其物質高下。從量以次定率。菸以排計。酒以罎計。牌照以營業之狀況分十二級。

十二月一日。改定捲菸統稅稅率。除進口捲菸。仍照納海關稅外。無論船來或本國製品。一律征收統稅百分之三二·五。舊條例第三條。酌加修正。餘條與新章無抵觸者。繼續有效。呈請國民政府核定施行。英美菸公司原訂辦法第一條。亦照案修正。以昭劃一。

財政部頒布全國菸酒登記章程。通行各省籌辦登記事宜。部長宋子文鑒於菸酒稅務。歷十四年而成績不著。綜其大端。屬於上者。由各省之費率不一。屬於下者。由商包之專重比較。不事整理票照。既等具文。虛實難於稽核。而苛擾僞袒。串通中飽。種種流弊。緣此以生。知非實地調查。將菸酒產銷之多寡。價格高下。商戶之資本大小。營業盛衰。著之於册。不足以劃一征收。從事整頓。乃飭菸酒稅處處長程叔度擬訂登記章程。公布施行。積極辦理。漸著成效。各省登記精確者。與鹽戶之灘灶。糧戶之畝分鼎立爲三矣。

十八年一月。財政部整理菸酒稅務委員會成立。財政部旣令各省籌辦登記。同時制定整理菸酒稅務委員會章程。選任委員。討論整理方法。會內特設編緝股。編纂菸酒稅史。

財政部裁撤捲菸煤油稅處。設立捲菸統稅處。煤油稅項改由海關帶征。時部長宋子文已貫澈關稅自主之政策。須行新稅則也。

四月。湘鄂兩省捲菸統稅局先後成立。方十七年一月。財政部之征收捲菸統稅也。範圍限於蘇浙閩皖贛五省。至六月而益之以魯。至是湘鄂從之。河北捲菸稅。於五月間劃入統稅範圍。照章征收。河南旋亦設立捲菸統稅局。粵省亦已着手籌備。各省漸趨一致矣。

五月。整理菸酒稅務委員會開會。各委員及蘇浙皖閩直魯豫晉湘鄂川隴各省局均有提案。東三省亦派代表列席。依法會議。表決由部通飭各省遵辦者四案。由部通飭各省切實籌備者一案。由提案省局切實籌辦者一案。由提案省局擬訂章則呈部核准施行者四案。由會呈部採擇施行者二十一案。保留原案。俟第二次開會提出討論者十三案。都凡四十四案。而整理之基礎建此矣。

財政部公布酒類營業牌照稅暫行章程並施行細則。方十七年三月菸類牌照稅之改訂章程也。酒類牌照聲明援用舊章。至是改歸一律。分四季換領。稅率分整賣零賣兩種。整賣第爲三級。甲級季征稅銀三十二元。乙二十四元。丙十六元。零賣第甲乙丙丁四級。以八元四元二元五角按季按級征之。期限及換領月日視同菸類。而菸類牌照稅並修正第四條零賣戊級爲季征五角。

六月。財政部公布洋酒類稅暫行章程。財政部以前北京菸酒事務署所布機製酒類稅販賣條例。規定稅率爲百分之二十。與特種消費科稅從重之通例不符。且內地土酒有機製者而仿造洋酒有非機製者。名實亦多不合。因改定章程。核價征收百分之三十。火酒百斤以二十元爲征額。七月。蘇省裁撤門銷捐坐賈稅。方整理菸酒稅務委員之開會也。蘇局以門銷坐賈兩項捐稅。剏自晚清苛細特甚。提經大會表決。呈部廢止。至是以年度開始時實行之。

財政部核准皖局剏辦菸葉統稅。獎國產也。海關既行新稅。進口菸葉稅。視國產爲輕。皖省門臺子等處菸葉滯銷。商民奇困。呈部報可。改辦統稅。規定菸葉百斤共征費稅等三元六角。通行內地。不再重征。

八月。財政部核准魯省薰菸改辦統稅。濰昌壽諸各縣所產薰菸。向按爐座大小分三級征稅。由十二元十元八元改爲十二元十一元十元。尋改不分大小爐征十八元。限一千八百斤爲一爐。旺年僅征銀十七萬有奇。核與種菸地畝面積收獲數量相差遠甚。且沿途留難。商民煩擾。因援皖例改辦統稅。規定菸葉百斤征費稅等三元六角。通行各省。不再重征。商民稱便。而每年可增收數十萬元。

財政部修正菸酒公賣暫行條例。公布施行。菸酒事務。逐步改進。十六年所布條例。有應改之需要。因修正之。

九月。菸酒税史稿成。

菸酒稅史 卷二

第二章 區域

第一節 各省局之設置及其變遷

各省菸酒稅釐。向附於百貨厘金之內。由各關卡徵收。北方各省。又有征收燒鍋簡課者。始由地方官兼理徵收事務。亦未特設專官。清光緒二十八年。直隸省創辦菸酒稅。設立專局。由藩司督理其事。並按府區設立分局。征收菸酒稅。山東浙江等省先後仿照辦理。是爲菸酒專局成立之始。民國四年。開辦菸酒公賣。由財政部陸續派員分赴各省。照章籌備。劃區設局。是爲菸酒專局推行全國之始。各省公賣制度。始於民國四年三月。北京設立酒類公賣局。其所管區域。以北京城廂爲限。是年五月。又於財政部內特設全國菸酒公賣事務總局。籌辦全國公賣事宜。惟事屬創始。經營匪易。直至十二月間。方將各省區局棧一律成立。是時全國菸酒行政區域。於二十二行省之外。尙有熱河察哈爾綏遠川邊四特別區。連同京兆區。共計二十七省區。所有菸酒公賣事宜。除新疆川邊兩省區以地方窎遠。迄未開辦外。每省區設一菸酒公賣局。管理全省區公賣事宜。京兆菸酒公賣局即以原有北京酒類公賣局改組。加入菸類。推行京兆全區。察哈爾綏遠又以設治未久。合爲一區。設立一局。名曰歸察菸酒公賣局。於是全國菸酒行政。又暫分爲二十四省區。每省區中。又以各地情形不同。再由各該省區局長酌量劃分爲若干區。每區設分局分棧。而綜其成於省區局。先由財政部規定大省至多分九區。中省至多分七區。小省至多分五區。以爲標準。其各特別區比照小省辦理。仍由各該省區局長自行增減分別劃定呈報主管機關核准施行。

上列各省區局既已設置就緒。所有各省區向歸財政廳主管之菸酒稅捐及牌照稅等。自民國五年起至八年止。除奉天省外。（以抵借外債關係迄未將稅捐等移交）均經移交各省區公賣局接管。五年一月。菸酒公賣總局改爲全國菸酒事務署。其時各省區局仍名爲公賣局。嗣後專署旋裁旋設。迨至九年二月。該署官制成立。乃改各省區局爲菸酒事務局。所轄各區分局亦改爲菸酒事務分局。民國十一年八月。察哈爾都統以察屬各縣菸酒收入漸多。原有歸察區局遠駐歸化城。督促徵收。鞭長莫及。令飭歸察第三區分局局長節制察屬第四第七兩區分局監察所。以便整頓。當經全國菸酒事務署與察綏兩都統往復咨商。復據察屬各區分局所報征收稅費各款。自十一年八月起至十二年六月止。共計實收十五萬餘元。足徵察屬地方開拓愈形殷庶。其張家口一處。尤爲長城內外孔道。遂即變更舊制。改設專局。名曰察哈爾菸酒事務局。駐張家口。一切職權。援照各省區局辦理。其原設之歸察菸酒事務局。改爲綏遠菸酒事務局。仍駐歸化城。專管綏遠特別區菸酒費稅征收事宜。由全國菸酒事務署於十二年九月。呈經北京政府核准。此爲歸察兩區實行劃分之始。

民國十七年夏。國民軍克復京津。改北京爲北平。並將京兆直隸兩省區合併爲河北省。以北平爲省會。舊時京兆直隸兩省區局至此亦併爲一。名曰河北省菸酒事務局。駐北平。是年十二月。察哈爾改區爲省。將察屬原有豐鎮興和涼城集甯陶林五縣。劃歸綏遠省管轄。更在河北省劃出口北十縣歸察省管轄。所有各該縣菸酒稅費。當然分別轉移。以符省制。此爲最近河北察爾哈綏遠三省區域重行劃定之始。

此外若寧夏青海兩特別區。亦於十七年先後改區爲省。併將甘肅省舊制寧夏道屬各縣。劃入寧夏省管轄。西寧道屬各縣。劃入青海省管轄。即以寧夏爲寧夏省省會。西寧爲青海省省會。所有舊制寧夏西寧兩道屬縣之菸酒費稅收入。亦以轄境變更分別轉移。以歸一律。此爲寧青兩省區域實行劃定之始。

要之全國統一以後。國民政府財政部對於上列各該省菸酒區域。既經重行釐定。而其餘因革損益。亦復不少。茲將民國四年各省開辦菸酒公賣以來各省區局之設置。彙列一表於後。以備參考。

各省菸酒事務局一覽表

局名	成立年月	駐在地	省區局變更情形	管轄機關	備考
江蘇菸酒事務局	四年九月	江寧		分八區設分局八菸酒稅局五分局以下有各縣稽征所	該省於十八年七月一日起實行取消包商改設稽征所所長由省局委任仍歸各區分局節制
浙江菸酒事務局	四年九月	杭縣		分十區設分局十菸類專局三	上欄據十八年所報塡列

安徽菸酒事務局	四年九月	蕪湖	該局原駐安慶十四年八月遷蚌埠十二月遷回安慶十六年又遷蕪湖	五十分局兩專局	該省於十三年先後將各區分棧一律取消歸分局直接征收其餘所有支棧一律改爲分棧歸分局直接監督十六年將從前劃區制度完全取消又將原有稅局及稅捐所等酌量歸併
江西菸酒事務局	四年十月	南昌		分四區設區局四區局以下設分局分局以下設稽征所或稽征分所	該省自九年起至十二年止將公棧陸續取消另定區域歸分局或征收所直接征收稅費革命後又重行劃分如上欄
福建菸酒事務局	四年十一月	閩侯		分十區設分局十機製酒類稽征所二	上欄據十八年所報填列
湖北菸酒事務局	四年九月	漢口	該局原駐武昌革命後移駐漢口	七十三分局	該省於十六年廢除區制每縣設一分局十八年爲整理收支各款計又添設鄂西南北三管理局以六個月爲期
湖南菸酒事務局	四年十月	長沙		以縣爲區各設分局	該省廢除區制照十七年所報簡章按各縣區設立分局其稅收不甚暢旺之縣暫不設局以各該縣縣長等任之
山東菸酒事務局	四年九月	濟南	該局原駐濟南十七年夏以濟案發生移駐泰安至十八年遷回濟南並在青島設辦事處	十三區分局及菸草稽征所九處	上欄據十八年所報填列
河北菸酒事務局	四年三月	北平	四年三月設立北京酒類公賣局十二月改爲京兆公賣局均駐北平又直隸菸酒公賣局於四年九月成立駐天津十七年將京兆直隸兩局合併爲一遷入北平名曰河北菸酒事務局是年十一月又將口北十縣劃歸察省管理	十九區分局	上欄查照十七年所報清摺填列

河南菸酒事務局	四年八月	開封		十一區分局及各縣稽征所又有菸叶加價菸酒厘金火車菸酒捐等局	上欄據十八年王局長開化報告書填列
山西菸酒事務局	四年九月	太原		八分局五稽征處均直隸省局	上欄據十四年報告填列
陝西菸酒事務局	四年八月	西安		七區局所	上欄暫照十一年以前成案填列
甘肅菸酒事務局	四年十一月	蘭州		五十三分局	上欄據十七年呈報填列
四川菸酒事務局	四年九月	成都	五年六月經陳都督令飭取消十月恢復原狀七年軍事發生經周督軍另委省局長在重慶設立辦事處與成都省局對峙十二年以成都淪陷在重慶設置省局十三年經楊督理另委省局長在成都設局辦公與重慶省局對峙十五年川省統一合爲一局併推廣西康局所	三十區分局兩獨立監察所	上欄暫照十七年呈報填列
雲南菸酒事務局	四年十一月	昆明		四區分局及老鴉灘稽征所	上欄暫照六年分區輿圖填列
貴州菸酒事務局	四年十一月	貴陽	五年一月由貴州都督令飭取消		上欄取消理由爲所征費款入不敷出
廣西菸酒事務局	四年十二月	南寧	該局革命後改隸財政廳與印花稅處合併稱菸酒印花稅處十八年又改爲菸酒事務局	六區分局及鬱林分所	上欄據十八年所報填列

廣東菸酒事務局	四年九月	廣州	該局於革命後改隸財政廳稱菸酒稅處十八年又改爲菸酒事務局	四十一酒稅局及承包全省菸稅德安公司暨肇慶酒餅稅公司	上欄據十八年所報塡列
遼寧菸酒事務局	四年十月	瀋陽		委託財政廳所管各征收局兼辦公賣事宜	該省舊稱奉天省
吉林菸酒事務局	四年十月	吉林		一分局暨委託財政廳所管各征收局兼辦公賣事宜	
黑龍江菸酒事務局	四年十月	龍江		七分局及兼辦公賣之征收局	
熱河菸酒事務局	四年八月	承德		十四分局	該省共十五縣除承德歸省局直轄外每縣各設分局一所
綏遠菸酒事務局	五年一月	歸化城	該區初與察哈爾合設一局名曰歸察菸酒公賣局十二年九月經財政部呈准劃出察區專管綏區菸酒事宜名曰綏遠菸酒事務局	十四分局兩查驗處	上欄照十八年所報塡列
察哈爾菸酒事務局	十二年九月	張北縣	十二年由綏局劃出設立專局十七年又將河北省口北十縣劃歸該省管轄而以原有豐鎮等五縣劃歸綏遠省管轄	十二區分局及四稽征所卡	上欄根據十八年所報塡列
寧夏省					該省菸酒公賣僅舊寧夏道屬已開辦

青海省					該省菸酒公賣僅舊西寧道屬已開辦
西康省					該省菸酒公賣於十五年由川省推廣局所
新疆省					該省菸酒公賣迄未開辦

第二節　各省局所屬經徵機關及其駐在地點

各省菸酒公賣劃分區域設置局棧。始於民國四年。是時各該省區中除東三省外。大都一律成立。民國五年冬。全國菸酒事務署通令各省局接管菸酒稅捐。其時適値湘省分棧經理發現利用草票（所謂草票乃係非正式之小票代替正式納稅票據）私征肥己積壓稅款情弊。湘省局據以入告。於是始有改棧爲局之議。民國七八年間。皖贛兩省發現同樣情弊。於是有酌撤分棧收歸自辦。增設分局或稽徵處所直接徵收之規定。首由湘皖贛三省試辦。豫晉等省繼之。熱察綏三省又繼之。民國十五六年。國民軍克復湘鄂皖贛諸省。各該省局將舊時劃區制度完全廢除。改爲一縣或兩縣設一分局。民國十七年八月。國民政府財政部通令各省所屬機關。將原有包商及提成經費辦法。均至期滿日廢止。故現在各省於前項分區設棧舊制。多所變革。或裁撤分棧支棧。改設稽徵所。仍歸分局節制。或完全廢除舊制。遍設分局。直接徵收。現正次第整理。俾歸一致。茲將各省局現在所屬分局及其他徵收機關。分省列表。而以十餘年來各該局一切改革情形。附加說明。以資參攷。

江蘇菸酒事務局管轄區域表 民國十八年一月調查

名稱	駐在地	管轄境	備考
第一區分局	江甯	江甯　江浦　六合　高淳　溧水　句容　鎮江　溧陽　丹陽　金壇　揚中	民國四年開辦
第二區分局	上海	上海　寶山　川沙　嘉定　太倉　崇明　啟東	仝前
第三區分局	蘇州	吳縣　崑山　吳江　常熟　武進　宜興　無錫　江陰	仝前
第四區分局	松江	松江　南匯　青浦　奉賢　金山	仝前
第五區分局	泰興	泰興　靖江　海門　如皋　南通	民國五年開辦
第六區分局	揚州	江都　儀徵　泰縣　高郵　寶應　東台　鹽城　興化	民國四年開辦
第七區分局	淮陰	淮陰　淮安　阜甯　漣水　泗陽　灌雲　東海　沭陽　贛榆	仝前
第八區分局	徐州	宿遷　銅山　睢寧　邳縣　豐縣　沛縣　蕭縣　碭山	仝前
靖界稅局	泰興	專徵通過之菸酒稅	民國九年開辦
丹運稅局	鎮江	仝前	仝前
江南稅局	無錫	仝前	民國十五年開辦
江北第一稅局	淮陰	仝前	仝前
江北第二稅局	揚州	仝前	仝前

（說明）查蘇省菸酒公賣開辦時劃分八區菸酒稅向由百貨稅局兼征民國九年文前局長任內擇其收入較多之靖界丹運設專局上海蘇城二處由二三分局兼征其餘零星各處仍由各稅局兼征

迨至十五年分曲前局長任內又化散爲整添設江南專局及江北第一第二兩專局專征菸酒稅民國十八年復將各縣包商一律取消設置稽征所征收菸酒公賣費及牌照稅名曰某縣菸酒費稅稽征所但爲事實便利起見得將各縣菸酒兩項公賣費或牌照稅分別設所征收各該所所長由江蘇省菸酒事務局委任受該管分局局長之指揮監督管理征收菸酒費稅事務

浙江省菸酒事務局管轄區域表 民國十八年一月調查

名稱	駐在地	管轄境	備考
第一區菸酒事務分局	杭縣	舊杭州府屬八縣	
第二區菸酒事務分局	嘉興縣	舊嘉興府屬六縣	
第三區菸酒事務分局	吳興縣南潯鎮	舊湖州府屬六縣	
第四區菸酒事務分局	鄞縣	舊甯波府屬七縣	
第五區菸酒事務分局	紹興縣	舊紹興府屬七縣	
第六區菸酒事務分局	臨海縣海門鎮	舊台州府六縣	該分局原駐海臨縣城內民國十七年十月移駐於此
第七區菸酒事務分局	蘭谿縣	舊金嚴兩府屬十四縣	
第八區菸酒事務分局	永嘉縣	舊溫州府屬六縣	
第九區菸酒事務分局	麗水縣	舊處州府屬十縣	
第十區菸酒事務分局	常山縣	舊衢州府屬五縣	
浙西菸類專局	海甯縣硤石鎮	舊杭嘉湖三府屬	

閘堰菸類專局	蕭山縣潭頭鎮	蕭山縣	
曹娥菸類專局	上虞縣蒿壩	新昌上虞及舊甯屬之奉化縣	

（說明）民國四年七月照原有酒捐區域定爲公賣區域並將原有酒捐局改爲公賣分局辦理公賣事務照章兼收原有酒稅分爲九區頒發鈐記文曰浙江省第某區菸酒公賣分局兼管捐稅事宜鈐記各酒捐局所轄分局一律改爲稽征所民國六年二月又將原有第七區分局所轄舊衢州府屬五縣另成一區增設第十區分局民國九年復將一二三區公棧裁撤分別派員接收由分局查照局章征收費稅更將其他各棧經理因事去職者均不另行招補以爲悉數收回張本再本表係照該局十八年塡報本會調查表編列合併說明

安徽全省菸酒事務局所轄各分局局名地址一覽表 十六年十二月調查

名稱	駐在地	轄境	備考
懷甯分局	安慶		該局原屬第一區由省局直轄兼管桐城貴池青陽銅陵石埭秋浦東流七縣
桐城分局	湯家溝		
廬江分局			
太潛分局	太湖	太湖潛山兩縣	
望江分局			
秋東分局	秋浦	秋浦東流兩縣	

貴池分局			
銅陵分局	大通		
青石分局	青陽	青陽石埭兩縣	
繁昌分局			
蕪湖分局			該局原屬第三區分局兼管繁昌當塗宣城南陵涇縣寧國旌德太平廣德郎溪十縣十六年十月二十日又將該局收回由省局兼辦
當塗分局			
無爲分局			
和縣分局			
巢縣分局			
全椒分局			
滁來分局	滁縣	滁縣來安兩縣	
含山分局			該局原屬第四區監察所兼管合肥廬江舒城無爲巢縣和縣滁縣全椒來安九縣
合肥分局			
六安分局			
舒城分局			
南陵分局			
涇太分局	涇縣	涇縣太平兩縣	

宣城分局			
郎溪分局			
廣甯分局	廣德	廣德寧國兩縣	
休甯分局			該局原屬第五區分局兼管歙縣婺源祁門黟縣績溪五縣
黟縣分局			
歙縣分局			
祁門分局			
婺源分局			
績旌分局	績溪	績溪旌德兩縣	
霍英分局	霍山	霍山英山兩縣	
渦陽分局			
宿縣分局			
盱天分局	盱眙	盱眙天長兩縣	
鳳陽分局			該局原屬第六區分局兼管壽縣宿縣懷遠定遠靈璧鳳台六縣
定遠分局			
懷遠分局			
鳳台分局			

潁上分局			
阜陽分局			
太和分局			
亳縣分局			該局原屬第七區分局兼管阜陽潁上霍邱蒙城太和渦陽六縣
壽縣分局			
蒙城分局			
靈璧分局			
泗五分局	泗縣	泗縣五河兩縣	該局原屬第八區分局駐五河縣兼管泗縣盱眙天長三縣
霍邱分局			
宿松分局			該局原屬第二區分局兼管太湖潛山望江吳山霍山六安六縣
門台子專局			
蚌劉專局			

（說明）安徽菸酒公賣於民國四年開辦之初原分八區除第一區歸省局直轄外計設分局五監察所二民國五六年間省局接管菸酒稅捐及牌照稅後又添設專局二稅局五稅捐所十四民國九年以各分棧經理人征收費款積弊過深擬遂漸裁撤分棧歸分局直接辦理併將各縣支棧一律改爲分棧呈准全國菸酒事務署於十年一月起通令實行截至民國十三年九月始將各區分棧一律

取消民國十六年國民軍克復安徽復將從前劃區制度完全廢除改爲每縣或兩縣設一分局旋又接收皖北菸酒事務局改爲駐蚌辦事處於是全省菸酒行政完全統一並將原有稅局及稅捐所等酌量歸併計共設五十分局及兩專局凡各該局駐在地及管轄區域兩欄與局名無變更者概不贅列以資簡便

江西省菸酒事務局管轄區域表 十八年五月調查

名稱	駐在地	轄境	備考
第一區局	鄱陽縣	九江湖口奉新修水鄱陽浮梁樂平吳城八分局	該省現制設四區局管轄各分局第一區局原擬設在九江以鄱陽爲產菸之區故改駐鄱陽
第一區第一分局	九江縣	九江瑞昌彭澤德安四縣稽征所兼辦華洋機製酒稅局	九江開辦時爲第二區分局駐所又設第一分棧八年十一月分棧改稽征收所九年六月二區分局移駐鉛山河口鎮十年一月改徵收所爲九江分局現改今名
第一區第二分局	湖口縣	湖口全縣	湖口開辦時本九江分棧所屬支棧十一年八月改爲稽徵處由省局委員辦理十五年十二月改稱湖口分局現改今名
第一區第三分局	奉新縣	奉新武甯高安靖安四縣稽征所	奉新開辦時本爲高安第五區分局第一分棧所屬支棧十一年八月改爲稽征處由省局委員辦理十五年十二月改稱奉新分局現改今名
第一區第四分局	修水縣	修水銅鼓上高宜豐四縣稽徵所	修水開辦時亦爲第五區高安分棧所屬支棧十一年八月改爲稽征處由省局委員辦理十五年十二月改稱修水分局現改今名

第一區第五分局	鄱陽縣	鄱陽全縣	鄱陽開辦時本爲浮梁第三區分局所屬第一分棧八年七月改爲征收所由省委員辦理九年五月改稱鄱陽分局現改今名
第一區第六分局	景德鎮	浮梁萬年安義餘干餘江五縣稽征所	浮梁開辦時爲第三區分局駐在地十年一月改稱浮梁分局現改今名
第一區第七分局	樂平縣	樂平德興兩縣稽征所	樂平開辦時本爲浮梁第三區分局所屬第二分棧九年十二月改稱樂平分局現改今名
第一區第八分局	吳城鎮	吳城鎮都昌星子兩縣稽征所	吳城開辦時本爲南昌第一區分局第一分棧所屬支棧十一年九月改爲稽征處由省委員辦理十五年十二月改稱吳城分局現改今名
第二區局	省城	南昌新建河口廣豐豐城臨川南城黎川硝石各分局	
第二區第一分局	南新兩縣	南新兩縣暨縣屬市汊生米萬舍謝埠各分所	南新開辦時本爲南昌第一區分局所屬第一分棧十年四月改爲稽征處由省局委員辦理十五年十二月改稱南新分局現改今名
第二區第二分局	永修縣	永修進賢東鄉三縣稽徵所	永修開辦時本爲浮梁第三區分局第一分棧所屬支棧十年一月劃歸南昌分局十六年二月以南新改爲分局即以南昌分局移駐永修縣屬涂家埠現改今名
第二區第三分局	河口鎮	河口鎮鉛山上饒貴溪金谿弋陽橫峯六縣稽徵所	河口開辦時本爲第二區分局所屬鉛山支棧九年六月二區分局移駐河口鎮十年一月改稱河口分局現改今名
第二區第四分局	廣豐縣	廣豐玉山兩縣稽徵所	廣豐開辦時本爲第二區分局所屬廣豐支棧六年六月改爲征收所由省局委員辦理十年一月改稱廣豐分局現改今名

第二區第五分局	豐城縣	豐城全縣	豐城開辦時本爲南昌第一區分局所屬第二分棧十一年七月改爲稽征處十六年十二月改爲豐城分局現改今名
第二區第六分局	臨川縣	臨川宜黃崇仁樂安四縣稽征所及臨川縣屬李家渡上頓龍溪青泥流坊各分所	臨川開辦時本爲南昌第一區分局所屬第二分棧十一年七月改爲稽征處由省委員辦理十五年十二月改爲臨川分局現改今名
第二區第七分局	南城縣	南城資溪兩縣及南城縣屬珀玕裏墟丁家橋各分所	南城開辦時爲七區分局駐在地十年一月改稱南城分局現改今名
第二區第八分局	黎川縣	黎川廣昌南豐三縣稽征所	黎川開辦時本爲第七區分局所屬第二分棧之支棧十一年七月改爲黎川分局現改今名
第二區第九分局	硝石	南城東鄉	硝石開辦時本爲第七區分局所屬第一分棧之支棧十七年一月改爲硝石分局專征菸酒稅現改今名
第二區土膏粱分局	省城	城廂內外	土膏粱酒商於開辦時與省城丁酒漢酒福菸四幫合組第一區第一分棧八年一月呈准與第一分棧劃分另組省城土膏粱分棧十二年四月改爲稽征處由省局委員辦理十五年十二月改爲土膏粱分局現仍舊名
第三區局	樟樹鎮	樟樹吉安萍鄉三分局	
第三區第一分局	樟樹鎮	樟樹鎮清江新喻新淦峽江四縣稽征所	樟樹開辦時本爲吉安第四區分局所屬第三分棧十一年七月改爲稽征處十五年十二月改稱樟樹分局現改今名
第三區第二分局	吉安縣	吉安吉水永新甯岡安福泰和萬安遂川永豐蓮花十縣稽征所及吉安縣屬永陽固江兩分所	吉安開辦時爲四區分局駐在地十年一月改稱吉安分局現改今名

第三區第三分局	萍鄉縣	萍鄉萬載宜春分宜四縣稽征所	萍鄉開辦時本爲高安第五區分局所屬高安分棧之支棧十年一月改爲萍鄉分局現改今名
第四區局	贛縣	贛縣瑞金雩都三分局	
第四區第一分局	贛縣	贛縣南康上猶大庾崇義信豐龍南虔南定南九縣稽征所	贛縣開辦時爲第六區分局駐在地十年一月改稱贛縣分局現改今名
第四區第二分局	瑞金縣	瑞金甯都安遠尋鄔石城會昌六縣稽征所	瑞金開辦時爲第八區分局駐在地十年一月改稱瑞金分局現改今名
第四區第三分局	雩都縣	雩都興國兩縣稽征所	雩都開辦時本爲第六區分局所屬贛縣分棧之支棧十一年七月呈准改爲稽征所由省局委員辦理十五年十二月改稱雩都分局現改今名

（說明）江西菸酒公賣於民國四年九月開辦。分全省爲八區。每區各設一分局。其所屬分棧。或一二處或三四處。照區域之大小。分別規定。分局所屬有支棧。旋又將支棧改爲分棧。惟一縣以內有兩支棧或三四支棧者。則以收入最多之支棧改稱分棧。其餘仍稱支棧。如南新兩縣屬之市汊生米兩支棧是也。九年全國菸酒事務署以商辦不力。又將分支各棧一律撤銷。改分棧爲稽征所。支棧爲分所。其稽征員由分局呈請省局委任。嗣後又有將出産豐富稅收暢旺地方。改稽征所爲分局者。如鄱陽廣豐黎川是也。更有因收數短絀。改分局爲稽征所者。如奉新是也。再現在各分局均歸各區局管轄。合併說明。

福建菸酒事務局管轄區域表 十八年一月

名稱	駐在地	管轄區域	備考
第一區分局	福州	閩侯連江長樂福清平潭閩清古田屏南永泰	
第二區分局	泉州	晉江南安惠安同安永春安溪德化大田	
第三區分局	漳州	龍溪南靖長泰海澄平和詔安漳浦雲霄華安	
第四區分局	仙遊	仙遊莆田	
第五區分局	建甌	建甌建陽崇安浦城松溪政和	
第六區分局	延平	南平沙縣龍溪順昌將樂永安	
第七區分局	永定	長汀永定上杭武平寧化歸化連城清流龍巖漳平寧洋	
第八區分局	邵武	邵武光澤建寧泰寧	
第九區分局	三都	霞浦福鼎福安福寧寧德羅源	
第十區分局	廈門	思明金山東山	
閩侯區華洋機製酒類稽征所	福州	福州口	
廈門區華洋機製酒類稽征所	廈門	廈門口	

（說明）閩省於四年七月分全省爲五區。五年三月又分爲九區。九年十一月以戰事影響收數短絀。又將第六區分局歸併第七區。並以九區分局改稱第六區分局。其第九區即行撤銷。十年粵軍退出閩南。閩南一帶局所林立。並以政局靡常。忽裁忽置。無法統計。十八年據該局報告。則又分爲十區。此

十區中除第二第七第八第十四區於奉令廢止包商以前。改爲委辦。第一第九兩區。則於奉令後改爲委辦。第一局設稽征所十。而閩侯一縣。又則將土酒客酒土菸客菸各設稽征所一。又有福州市牌稽稅稽征所。共計五稽征所。其連江長樂永泰。則每縣設一菸酒稽征所。福清平潭兩縣。合設一菸酒照征所。閩清古田屏南三縣。合設一菸酒稽征所。第九局則每縣各設一菸酒稽征所。再華洋機製酒類稽征所。前隸印花稅局管轄。十七年奉部令改歸省局管轄。並於是年八月在福州口設立閩侯區稽征所。九月在厦門口設立厦門區稽征所。合併說明。

湖北菸酒事務分局管轄區域表 十六年十二月

名稱	駐在地	轄境	備考
襄陽菸酒事務分局	張家灣	襄陽縣	
黃岡菸酒事務分局	團風	黃岡縣	
均縣菸酒事務分局			
宜昌菸酒事務分局			
夏口菸酒事務分局	漢口	夏口縣	查原設第一區(武陽夏)分處於十五年九月成立十六年招商承包十七年改委辦並將武陽兩縣劃出另設專局
廣濟菸酒事務分局	武穴	廣濟縣	
孝感菸酒事務分局			
江陵菸酒事務分局	沙市	江陵縣	
天門菸酒事務分局			

漢陽菸酒事務分局			該局改組情形載夏口分局備考欄
沔陽菸酒事務分局			
光化菸酒事務分局			
黃梅菸酒事務分局			
黃陂菸酒事務分局			
武昌菸酒事務分局			該局改組情形載夏口分局備考欄
應山菸酒事務分局			
監利菸酒事務分局			
公安菸酒事務分局			
大冶菸酒事務分局	黃石港	大冶縣	
鄂城菸酒事務分局			
荊門菸酒事務分局	沙洋	荊門縣	
潛江菸酒事務分局			
石首菸酒事務分局			
宜都菸酒事務分局			
鍾祥菸酒事務分局			
當陽菸酒事務分局			

麻城菸酒事務分局			
應城菸酒事務分局			
蘄春菸酒事務分局			
松滋菸酒事務分局			
漢川菸酒事務分局			
棗陽菸酒事務分局			
京山菸酒事務分局			
蒲圻菸酒事務分局			
陽新菸酒事務分局			
雲夢菸酒事務分局			
枝江菸酒事務分局	江口鎮	枝江縣	
蘄水菸酒事務分局			
安陸菸酒事務分局			
咸寧菸酒事務分局			
嘉魚菸酒事務分局			
宜城菸酒事務分局			
建始菸酒事務分局			

長陽菸酒事務分局			
恩施菸酒事務分局			
穀城菸酒事務分局			
崇陽菸酒事務分局			
黃安菸酒事務分局			
利川菸酒事務分局			
鄖縣兼辦菸酒事務分局			以下二十縣暫由各縣縣長兼辦
通城縣兼辦菸酒事務分局			
鄖西縣兼辦菸酒事務分局			
隨縣兼辦菸酒事務分局			
遠安縣兼辦菸酒事務分局			
南漳縣兼辦菸酒事務分局			
巴東縣兼辦菸酒事務分局			
羅田縣兼辦菸酒事務分局			
秭歸縣兼辦菸酒事務分局			
竹溪縣兼辦菸酒事務分局			
通山縣兼辦菸酒事務分局			

竹山縣兼辦菸酒事務分局			
房縣兼辦菸酒事務分局			
保康縣兼辦菸酒事務分局			
興山縣兼辦菸酒事務分局			
五峰縣兼辦菸酒事務分局			
鶴峯縣兼辦菸酒事務分局			
宣恩縣兼辦菸酒事務分局			
來鳳縣兼辦菸酒事務分局			
咸豐縣兼辦菸酒事務分局			
武陽夏汾酒稅稽征分局	漢口	武昌漢陽夏口三縣	該分局係就第二區分處改組此分處於十五年九月成立十六年四月招商投標包辦一年至十一月二十五日撤包改委現又招商另包廢除區名改設分局
武陽夏菸酒牌照稅分局	漢口	武昌漢陽夏口三縣	此項牌照稅前因征收困難曾由第二區招商承包之人認辦設置稽征所茲爲劃一名稱起見又改所爲局
金口菸酒稽征分局	金口	武昌上游	
漢口許菸稽征分局	漢口	夏口縣	原名許菸稽征所爲十六年四月十一日增設者旋爲劃一名稱起見又改所爲局

（說明）該省於民國四年開辦菸酒公賣時按照前清籌餉專局所劃區域分爲八區設分局五監察所三旋又改爲十二區十五年國民軍克復武漢統一鄂省實行廢除區制改爲按縣設置分處並改

菸酒事務局爲菸酒公賣處十二月又將公賣處改爲菸酒事務局並將全省分征機關一律改爲分局於是湖北全省六十九縣各設分局一處其鄖縣等二十縣暫由各該縣縣長兼辦分局事務合之武陽夏汾酒稅稽征分局武陽夏菸酒牌稅分局金口菸酒稽征分局漢口許菸稽征分局凡七十三分局其分局駐在地在縣治者則第二第三兩欄概不塡注以資簡便

湖南菸酒事務局管轄區域一覽表　十八年五月

名稱	駐在地	轄境	備考
長沙分局			原爲省局直轄區
湘潭分局			原爲第一區分局八年改今名
湘陰分局			
益陽分局			
醴陵分局			
瀏陽分局			
沅江分局			
寧鄉分局			
衡陽分局			原爲第三區分局八年改今名
常寧分局			

常德分局			原爲第二區分局八年改今名
祁陽分局			
永興分局			
安仁分局			
澧縣分局	津市	澧縣	原爲第七區分局八年改今名
茶陵分局			
武岡分局			
會同分局			原爲第四區分局
城步分局			
郴縣分局			原屬第六區分局
邵陽分局			
新化分局			
沅陵分局			
石門分局			
南縣分局			
華容分局			
漢壽分局			

資興分局			
芷江分局			
瀘溪分局			
辰谿分局			
慈利分局			
湖鄉分局			
岳陽分局	城陵磯	岳陽縣	
道縣分局			
江華分局			
永明分局			
耒陽分局			
寧遠分局			
新田分局			
永綏分局			
保靖分局			
乾城分局			
鳳凰分局			

零陵分局			原屬第五區分局
衡山分局			
攸縣分局			
平江分局			
桂東分局			
臨武分局			
嘉禾分局			
汝城分局			
桂陽分局			
宜章分局			
藍山分局			
臨湘分局			
漵浦分局			
桃源分局			
龍山分局			
新寧分局			

（說明）查湖南菸酒公賣。於民國四年開辦之初。劃分七區、設分局五、監察所二。旋以各棧經理、每有

利用草票（草票注釋見前）私征肥己。積壓稅款情弊發生。於民國六年由省局呈准主管機關。將各地公棧陸續撤消。增設分局。其所需經費。即以各棧原提利益金及罰款項下開支。有一縣設一局者。有數縣合設一局者。截至民國八年十月。全省除湘南一帶外。共設廿三分局。革命以後。全省行政統一。又將舊時分區制度完全打消。改爲每縣設一分局。凡稅收不甚暢旺之縣。暫委各縣縣長兼辦。本表係按本民國十八年省局塡報產銷情形及費稅征收率調查表編造。凡各該局駐於縣治者。則第二第三兩欄從缺。以資簡便。又查該省原報表尾說明。有全省共計七十五縣。此次僅列六十縣。其餘十五縣均屬僻處邊陲。路途寫遠。交通梗塞。一時實難調查齊全。稍假時日。遵照補報等語。合併說明。

山東省菸酒事務局管轄區域表　十八年六月

名稱	駐在地	轄境	備考
第一區分局	歷城	歷城章邱齊河德縣平原禹城長清	
第二區分局	泰安	泰安新泰萊蕪	
第三區分局	滕縣	滕縣滋陽曲阜寧陽鄒縣泗水嶧縣汶上	
第四區分局	濟寧	濟寧金鄉嘉祥魚台荷澤曹縣鄆城單縣城武定陶鉅野	查該區之荷澤濟寧嘉祥鉅野單縣等縣產少數菸葉因收數過少未設專局暫由四區分局兼征
第五區分局	聊城	聊城莘縣陽穀壽張濮縣范縣觀城朝城東平東阿平陰肥城	
第六區分局	臨清	臨清武城夏津邱城堂邑博平茌平清平冠縣館陶恩縣高唐	
第七區分局	濟陽	濟陽濟東德平臨邑蒲台青城商河陵縣	

第八區分局	惠民	惠民陽信無棣樂陵濱縣利津霑化	
第九區分局	周村	長山鄒平淄川廣饒益都博山臨淄博興高苑桓台壽光	周村屬長山縣管轄因該村商務繁盛故特設分局以專責成
第十區分局	臨沂	臨沂郯城費縣莒縣沂水蒙陰日照	
第十一區分局	濰縣	濰縣掖縣平度昌邑昌樂臨朐安邱景芝鎮	查景芝鎮一處係高密安邱諸城三縣管轄產酒稍多故特設一棧以專責成
第十二區分局	諸城	膠縣高密卽墨諸城	
第十三區分局	烟台	福山蓬萊黃縣棲霞招遠萊陽文登榮城海陽牟來	烟台歸福山縣管轄因通商巨埠且以商務繁盛故特設分局以專責成
東路菸草稽征局	濰縣	濰縣昌邑昌樂臨朐安邱	
南路菸草稽征局	滋陽	泰安新泰萊蕪滕縣滋陽寧陽鄒縣嶧縣汶上	
沂水菸草稽征局	沂水	沂水	
益臨菸草稽征局	益都	益都臨淄	
恩武德菸草稽征局	武城	恩縣武城德縣	
新義菸草稽征局	德平義渡口	德平及德縣之新安鎮	
益廣燻菸稽征局	益都	益都廣饒	
濰安燻菸稽征局	濰縣	濰縣安邱	
臨朐燻菸稽征局	臨朐		
省局駐青辦事處	青島	青島市	十八年六月省局接收膠澳菸酒稅局呈准財政部改組爲駐青辦事處

說明

一查東省經征菸酒稅原分十區。四年開辦公賣。以膠東一帶逼近通商口岸。事務紛繁。添設兩區。西南一帶毘連蘇豫。稽查匪易。增設一區。連原有十區。共分十三區。相沿至今。各區所轄縣境及分局駐在地雖略有變更。而分局總數迄未改變。

一查魯省菸草稽征局原係東南兩路屬縣出產較多。設立專局。其餘零星產菸縣分。係擇地分設局卡。臨時征收。

一燻菸一項。按舊案辦法。於燻菸成熟時。就濰縣設燻菸稅費稽征總處。於益都安邱設立分處。其餘出產各縣。分設專卡。同時經征。

一青島菸酒稅務。曩以外交關係。設立菸酒稅經征處。直隸全國菸酒事務署。十四年十一月間。省當局以膠澳區域。改爲商埠。又將經征處改隸省局。派員改組。爲第十四區分局。十六年。又以膠澳稅務與省局章程抵觸。復改爲經征處。歸省公署管轄。十八年夏。因濟案解決。復經吳特派員改爲膠澳菸酒稅局。是年六月。復以外交關係。經章局長呈准改組爲省局駐青辦事處。其所管區域。以青島市爲限。

河北省菸酒事務局管轄區域表　查照十七年以前成案編列

名稱	駐在地	轄境	備考
省局直轄區	北平	舊京城廂及四郊	於各城門設立辦事處
第一區分局	通縣	通縣三河香河平谷	

第二區分局	長辛店	大興宛平涿縣良鄉房山	
第三區分局	武清	武清永清固安霸縣	
第四區分局	昌平	昌平順義密雲懷柔	
第五區分局	寶坻	寶坻薊縣安次	以上原屬舊京兆局管轄第五區分局於六年增設將第一區之寶坻薊縣第三區之安次劃入管理
天津辦事處	天津	天津縣境	
第六區分局	滄縣	寧河南皮滄縣靜海鹽山慶雲青縣	
第七區分局	清苑	清苑望都定縣蠡縣高陽新城安國滿城徐水安新唐縣莚縣博野容城寶興	
第八區分局	灤縣	灤縣樂亭盧龍撫寧遷安昌黎臨榆	
第十區分局	豐潤	豐潤遵化玉田	第九區原屬口北十縣於十七年十二月劃歸察省管轄十區以下名稱並未改編
第十一區分局	勝芳鎮	文安大城新鎮	
第十二區分局	易縣	易縣淶源淶水	
第十三區分局	河間	河間交河東光任邱吳橋獻縣阜城寧津故城肅寧景縣	
第十四區分局	衡水	衡水寧晉冀縣趙縣武邑高邑臨城新河隆平棗強南宮柏鄉	
第十五區分局	深縣	束鹿武強深縣定縣安平饒陽深澤	
第十六區分局	正定	正定槀城元氏贊皇晉縣無極行唐新樂欒城	
第十七區分局	邢臺	邢臺內邱任縣雞澤清河沙河廣宗南和平鄉鉅鹿	
第十八區分局	大名	大名濮陽南樂清豐長垣東明	

第十九區分局	永年	永年威縣廣平肥鄉曲周磁縣成安邯鄲	
第二十區分局	石家莊	平山阜平靈壽曲陽獲鹿井陘	以上原屬舊直隸局管轄

（說明）本省爲舊制京兆直隸兩省區各併而成舊京兆局管轄五區各設分局一舊直隸局管轄十三區設分局五監察所八民國十七年國民軍克復京津改北京爲北平由財政部派員接收京兆直隸兩局合併爲一改稱河北省菸酒事務局設置北平並在天津設立辦事處卽將原有區域改易名稱先京兆而後直隸依次編列凡二十區每區各設一分局是年十二月以察哈爾改區爲省又將本省第九區口北十縣劃歸察省接管第九區以下名稱並未改編相沿至今迄無變更

河南菸酒公賣局管轄區域表

依照民國六年劃區圖及十八年王局長報告書編列

名稱	駐在地	轄境	備考
第一區分局	開封	開封蘭封考城杞縣陳留通許尉氏洧川鄢陵中牟十縣	
第二區分局	周家口	淮陽太康扶溝西華商水沈邱項城上蔡汝南新蔡十縣	
第三區分局	襄城	襄城葉縣舞陽確山遂平西平郾城臨穎許昌新鄭長葛十一縣	
第四區分局	臨汝	臨汝登封禹縣郟縣寶豐魯山南召嵩縣伊陽九縣	
第五區分局	鄧縣	鄧縣新野泌源泌陽桐柏方城南陽鎮平內鄉淅川十縣	
第六區分局	清化鎮	武陟修武獲嘉新鄉延津封邱陽武原武溫縣沁縣孟縣濟源十二縣	

第七區分局	彰德	安陽湯陰淇縣汲縣滑縣濬源內黃臨漳武安涉縣林縣輝縣十二縣	
第八區分局	鄭縣	鄭縣滎澤河陰汜水鞏縣滎陽密縣孟津偃師九縣	
第九區分局	陝縣	陝縣澠池新安洛陽靈寶閿鄉盧氏洛寧宜陽九縣	
第十區分局	商邱	商邱永城夏邑虞城寧陵睢縣柘城鹿邑八縣	
第十一區分局	潢川	潢川光山固始商城息縣羅山正陽信陽八縣	
鄭縣菸葉加價局	鄭縣	鄭縣境	此係民國六年由財政廳所轄百貨釐金局內劃交公賣局接管
安陽菸葉加價局	安陽	安陽縣境	此係接管後增設
上蔡菸葉加價局	上蔡	上蔡縣境	仝上
許襄郟菸葉加價局	許昌	許昌襄城郟縣三縣	仝上
沁孟溫武菸酒厘金局	沁縣	沁孟溫陽武四縣	此係六年由財政廳所轄百貨厘金局內劃歸省局接管
南方新泌菸酒厘金局	南陽	南陽方城新野泌源四縣	仝上
陝靈閿盧菸酒釐金局	陝州	陝縣靈寶閿鄉盧氏四縣	仝上
武陟林輝菸酒釐金局	武安	武安涉林輝四縣	仝上
新鄉火車菸酒捐局	新鄉		十四年由財政廳所轄之火車貨捐局劃出

（說明）民國四年河南菸酒公賣局成立分全省一百零八縣爲十四區旋又改爲十一區每區設一分局每縣設立公棧及菸酒牌照兩稅稽征處受本區分局之監督又先後設立菸葉加價局三菸酒厘金局四以及新鄉許昌商邱鄭縣安陽洛陽陝縣開封等火車菸酒捐局十六年仿照湖北辦法將

棧處歸併改名爲菸酒公賣費稅所由各區分局督促進行至各區分局厘金加價局火車捐稽征處及各縣分卡則仍舊設立未予裁併火車菸酒捐局除新鄉外多歸各縣兼辦

山西菸酒事務局管轄區域表 十四年

名稱	駐在地	轄境	備考
第一區分局	省城	陽曲榆次太谷清源文水壽陽平定祁縣太原徐溝交城盂縣昔陽十三縣	此區設稽征所七
第二區分局	汾陽	汾陽孝義平遙介休離石臨縣方山中陽石樓九縣	此區設稽征所三而方山中陽石樓則招商承包
第三區分局	潞城	潞城襄垣黎城長治長子屯留壺關平順	此區設稽征所二而平順則招商承包
第四區分局	曲沃	曲沃汾城翼城臨汾襄陵吉縣鄉寧洪洞安澤浮山十縣	此區稽征所三
第五區分局	大同	大同渾源廣靈靈邱陽高天鎮懷仁應縣山陰九縣	此區設稽征所四而天鎮懷仁應縣山陰則招商承包
第六區分局	朔縣	朔縣左雲右玉寧武神池五寨偏關平魯	此區設稽征所二寧武至平魯各縣招商承包
第七區分局	運城	永濟臨晉猗氏虞鄉萬泉榮河解縣安邑夏縣平陸芮城十一縣	此區設稽征所一自臨晉至芮城招商承包
第八區分局	代縣	代縣繁峙忻縣五台崞縣靜樂定襄七縣	此區設稽征所二自五台至定襄招商承包
晉城稽征處	晉城	晉城陽城高平陵川沁水五縣	此處設稽征所二沁水招商承包
遼縣稽征處	遼縣	遼縣和順榆社沁縣武鄉沁源六縣	此處設稽征所一自和順至沁源招商承包
河曲稽征處	河曲	河曲保德興縣嵐縣岢嵐五縣	此處設稽征所二
霍縣稽征處	霍縣	霍縣靈石趙城汾西隰縣大寧蒲縣永和八縣	此間稽征所一自靈石至永和招商承包
新絳稽征處	新絳	新絳稷山聞喜絳縣垣曲六縣	此處設稽征所二

（說明）山西菸酒公賣於民國四年開辦之初原分七區計設分局五監察所二民國八年將各監察所一律改爲分局民國九年又將第一區劃出定襄靜樂兩縣第五區劃出代縣五台繁峙崞縣四縣合成第八區增設分局一處連同原有七分局共計八分局一面將曲沃菸厘局歸併第四區分局辦理一面將第三區劃出十一縣增設兩稽征處一駐晉城名曰晉高陽陵沁五縣稽征處一駐遼縣名遼和榆沁沁武六縣稽征處直隸省局民國十三年又將前列兩稽征處改爲晉城稽征處及遼縣稽征處並增設三稽征處一在第二區劃出八縣名曰霍縣稽征處一在第四區劃出六縣名曰新絳稽征處一在第六區劃出五縣名曰河曲稽征處合計設八區分局五稽征處一律歸省局直轄局處以下又分設稽征所有一縣設一所者有數縣合設一所者並有不在稽征所範圍以內商人包辦者此爲山西歷年設置機關劃區征收之大概情形也

陝西菸酒公賣局管轄區域表 民國十一年三月

名稱	駐在地	轄境	備考
第一區省局直轄	西安	長安臨潼渭南盩厔鄠縣咸陽興平醴泉藍田高陵涇陽三原富平耀縣同官淳化商縣商南雒南山陽鎮安柞水二十二縣	
第二區分局	鳳翔	鳳翔郿縣扶風岐山寶雞麟遊汧陽隴縣邠縣長武栒邑乾縣永壽武功十四縣	
第三區分局	大荔	大荔蒲城韓城郃陽澄城白水華陰華縣潼關朝邑十縣	

第四區分局	漢中	南城城固洋縣褒城沔縣留壩鳳縣畧陽鎮巴寧羌西鄉佛坪十二縣	
第五區分局	榆林	榆林葭縣神木橫山府谷綏德米脂清澗吳堡安定十縣	
第六區監察所	安康	安康紫陽洵陽白河磚坪平利漢陰石泉寧陝九縣	
第七區監察所	膚施	膚施延長延川甘泉靖邊定邊保安安塞宜川鄜縣洛川中部宜君十三縣	

（說明）陝西菸酒公賣於民國四年開辦時原分七區設分局五監察所二旋以第五區收入無多取消分局至十一年三月又將第五區分局實行恢復

甘肅菸酒事務總局所屬各分局一覽表　十七年二月

名稱	駐在地	轄境	備考
省城菸酒事務分局			該局原屬第一區由省局直轄兼管舊蘭山道屬十四縣
狄道菸酒公賣分局			
狄道菸酒稅捐分局			
靖遠菸酒公賣分局			
靖遠菸酒稅捐分局			
導河菸酒事務分局			
隴漳菸酒事務分局	隴西	隴西漳縣兩縣	
金家崖菸酒事務分局			

臨岷菸酒事務分局	臨潭	臨潭岷縣兩縣	百貨征收局兼辦
河北菸酒事務分局			
泥什菸酒事務分局			
定西菸酒事務分局			該縣縣長兼辦
渭源菸酒事務分局			該縣縣長兼辦
會寧菸酒事務分局			禁烟善後分局兼辦
平涼菸酒事務分局			該局原屬第二區分局管轄舊平涼道屬十六縣
固海菸酒事務分局	固原	固原海原兩縣	
靈崇菸酒事務分局	靈臺	靈臺崇信兩縣	
靜寧菸酒事務分局			該縣禁烟善後分局兼辦
涇川菸酒事務分局			該縣征收局兼辦
寧正菸酒事務分局	寧縣	寧縣正縣兩縣	寧縣縣長兼辦
慶環菸酒事務分局	慶陽	慶陽環縣兩縣	百貨征收局兼辦
鎭原菸酒事務分局			該縣禁烟善後分局兼辦
華亭菸酒事務分局			
隆化菸酒事務分局	隆德	隆德化平兩縣	隆德縣縣長兼辦
合水菸酒事務分局			

天水菸酒事務分局			該局原屬第三區分局管轄渭川道屬各縣
徽縣菸酒事務分局			
成縣菸酒事務分局			
武山菸酒事務分局			
伏羌菸酒事務分局			
武都菸酒事務分局			
秦安菸酒事務分局			
禮縣菸酒事務分局			
清水菸酒事務分局			該縣縣長兼辦
西和菸酒事務分局			
兩當菸酒事務分局			該縣縣長兼辦
文縣菸酒事務分局			
通渭菸酒事務分局			
寧夏菸酒事務分局			該局原屬第四區分局管轄舊寧夏道屬八縣
中衛菸酒事務分局			該縣禁烟善後分局兼辦
金積菸酒事務分局	金積堡	金積縣	
靈武菸酒事務分局			該縣征收局兼辦

鹽池菸酒事務分局	花馬池	鹽池縣	
鎮戎菸酒事務分局			
平羅菸酒事務分局			
武威菸酒事務分局	涼州	武威縣	該局原屬第五區分局管轄舊甘涼道屬各縣
甘州菸酒事務分局	甘州	張掖縣	
平涼菸酒事務分局			
古浪菸酒事務分局			
永昌菸酒事務分局			皮毛分所兼辦
鎮番菸酒事務分局			
西寧菸酒事務分局			該局原屬第六區分局管轄舊西寧道屬各縣
肅州菸酒事務分局	肅州	酒泉縣	該局原屬第七區監察所管轄舊安肅道屬各縣

（說明）甘肅菸酒公賣於開辦之初劃分六區設分局五民國八年以安肅道地方遼闊遠在關外近來收入漸多擬在第五區劃出另設第七區監察所合原有五區共計七區民國十七年又將舊時區制完全取消改爲一縣或兩縣設一分局並有爲各縣縣長或其他機關兼辦者

四川菸酒事務局管轄區域表 十七年十二月調查

名稱	駐在地	轄境	備考

第一區分局	成都	成都新都新繁溫江雙流	成都菸酒事務歸分局直轄其餘各縣每縣設一監察所每所設監察員由省局委任仍受分局指揮監督第二區以下類推
第二區分局	什邡	什邡彭縣廣漢	
第三區分局	中江	中江德陽羅江金堂	
第四區分局	綿陽	綿陽江油梓潼	
第五區分局	三台	三台射洪鹽亭遂寧	
第六區分局	閬中	閬中儀隴南部南江巴中	
第七區分局	廣元	廣元劍閣	
第八區分局	簡陽	簡陽資陽樂至	
第九區分局	資中	資中榮縣威遠安岳	
第十區分局	內江	內江隆昌榮昌富順	
第十一區分局	巴縣	巴縣江北璧山	
第十二區分局	合川	合川潼南武勝銅梁大足	
第十三區分局	南充	南充岳池蓬安蓬溪	
第十四區分局	渠縣	渠縣大竹廣安營山鄰水	
第十五區分局	達縣	達縣開江	
第十六區分局	涪陵	涪陵長壽酆都墊江	

第十七區分局	萬縣	萬縣忠縣梁山開縣	
第十八區		雲陽石柱巫山	此區未設分局僅設三監察所
第十九區分局	秀山	秀山	
第二十區分局	眉山	眉山彭山青神仁壽	
第二十一區分局	樂山	樂山峨眉犍為井研夾江	
第二十二區分局	宜賓	宜賓屏山慶符高縣南溪	
第二十三區分局	敘永	敘永古藺長寧珙縣	
第二十四區分局	瀘縣	瀘縣江安納溪合江	
第二十五區分局	江津	江津永川南川綦江	
第二十六區分局	郫縣	郫縣崇寧灌縣茂縣崇慶	
第二十七區分局	邛崃	邛崃新津大邑蒲江	
第二十八區分局	綿竹	綿竹安縣	
第二十九區分局	西昌	西昌越巂	
第三十區分局	會理	會理	
雅安獨立監察所	雅安		
漢源獨立監察所	漢源		

（說明）川省於民國四年間劃分二十一區設分局十監察所十連省局兼管成華兩縣直轄區共計

二十一區五年陳都督宦宣布獨立通令取消公賣是年冬羅前督軍規復公賣復經財政廳將所管之菸酒稅歸併川局一面將以前劃分之二十區分局監察所先後恢復原狀八年呈准前靖國軍總司令將各縣征收局經征菸酒稅歸併公賣分局一道征收改公賣費百分之二十爲百分之二十五卽將稅捐名目永遠取消同時又以原劃區域轄縣過多分局監察所稽察難周弊端百出卽將全省改劃三十區各設分局一每區轄縣少者二三縣多者五六縣每縣各設監察所一其分局駐在縣卽以菸酒征收事務歸分局辦理不再另設監察所其地方僻遠費收無多者暫不派員設所卽以鄰近分局或監察所兼管是年八月呈准前督軍署以各區分棧經收費款積弊太深逐漸收歸官辦設卡查驗至九年始將分棧次第收回十二年傅局長唯魯奉委赴川是時以成都方面尙屬軍事時期卽在重慶暫設總局十三年軍事結束後經楊督理在成都另委總局局長設置機關與重慶總局雙方對恃十五年冬又將重慶總局合併成都此川省十餘年來劃區設局之大概情形也

雲南菸酒事務管轄區域表　暫照六年四月所報輿圖摘列

名稱	駐在地	轄境	備考
省局直轄區	昆明	昆明昆陽易門安寧祿豐羅次富民嵩民宜良呈貢晉寧武定祿勸元謀玉溪路南澂江江川等處	
第一區分局	東川	羅平陸良馬龍尋甸宣威平彝霑益東川巧家昭通魯甸永善綏江大關彝良鎭雄等處	

第二區分局	大理	大理雲南鳳儀彌渡景東蒙化漾濞雲龍洱源鄧川賓川鶴慶永北華坪劍川蘭坪維西麗江中甸永北楚雄廣通摩甸鎮南鹽豐大姚姚安牟定仁和鹽興保山雲縣順寧緬寧鎮康龍陵騰衝永平等處	
第三區分局	蒙自	蒙自箇舊石屏建水阿迷廣西師宗邱北彌勒廣南富縣馬關文山等處	
第四區分局	通海	寧洱思茅瀾滄景谷鎮沅新平墨江元江通海黎縣河西嶍峨等處	
老鴉灘稽征局	老鴉灘		該處爲川菸入滇要道直隸省局

(說明)雲南菸酒公賣於開辦時在省城設立總局兼管省區昆明武定二分棧十二支棧第一區分局設東川縣轄四分棧十七支棧第二區分局設大理之下關轄四分棧三十二支棧第三區分局設蒙自縣轄四分棧九支棧第四區分局設通海縣轄二分棧十支棧通省九十六縣共十六分棧八十支棧此外並於老鴉灘設一稽征局歸省局直轄於仁和設稽征所歸楚雄分棧管轄此二局所係川菸入塡要道其各分棧支棧均在縣城設立

廣西省菸酒事務局管轄區域表 十八年三月

名稱	駐在地	轄境	備考
第一區分局	南寧	舊邕寧道屬各縣	十二年八月裁併第一區分局歸總局直轄
第二區分局	梧州	舊蒼梧道屬各縣	自開辦迄今駐在地及轄境均無變更
第三區分局	桂林	舊桂林道屬各縣	仝前
第四區分局	柳州	舊柳江道屬各縣	仝前
第五區分局			十二年八月裁撤
第六區分局	龍州	舊田南鉄南道屬各縣	十二年八月裁併第五區分局歸併該局兼理
鬱林分所	鬱林	舊蒼梧道屬五縣	自開辦迄今駐在地及轄境均無變更

（說明）廣西公賣區域照該局六年呈送圖說劃分六區各設分局十二年將第一區分局歸併省局直轄又將第五區分局歸併第六區分局辦理十七年八月財政部通令各屬廢止包商而廣西十七年度各區菸酒費稅適於令奉前呈准報商投標包辦其中公賣費完全商包牌照稅則有數縣無人投標改爲委辦或由縣長兼辦

廣東省菸酒稅局管轄區域表 十八年填報本會

名稱	駐在地	轄境	備考
省河酒稅分局	廣州市長堤	廣州市及河面	
斗鼎酒稅分局	佛山快子正街	南海五斗黃鼎兩司屬	

主簿酒稅分局	九江市橋東街	南海主簿司全屬	
神安酒稅分局	鹽步西林里三號	南海神安司屬	
江浦酒稅分局	官山墟	南海江浦司全屬	
江利酒稅分局	官窰市馬埗頭	南海三江金利兩司屬	
沙茭酒稅分局	花地福源東街第六號	番禺沙灣茭塘兩司屬	
慕德里酒稅分局	慕德里高塘圩	番禺慕德里司屬	
鹿步酒稅分局	廣州市惠愛西路達名里	番禺鹿步司屬	
花縣酒稅分局	新街站新民埠	花縣全屬	
恩開酒稅分局	開平長沙埠	恩平開平兩縣屬	
封開酒稅分局	封川縣前錦衣街	封川開建兩縣屬	
龍門酒稅分局	龍門縣城外東廊市高街	龍門縣全屬	
從化酒稅分局	從化縣城	從化縣全屬	
增城酒稅分局	增城新塘晒布地	增城縣全屬	
台赤酒稅分局	台山城通濟路	台山赤溪兩縣屬	
鶴高酒稅分局	鶴山沙坪墟	鶴山高明兩縣屬	
會寧酒稅分局	四會城考棚街	四會廣寧兩縣屬	
肇羅酒稅分局	肇慶塘基頭十七號	肇慶羅定鬱南雲浮新興等縣屬	

清佛酒稅分局	清遠城南山水閘口	清遠佛岡兩縣屬	
順德酒稅分局	大良莘村	順德縣全屬	
三水酒稅分局	西南中街	三水縣全屬	
中山酒稅分局	中山縣城	中山縣全屬	
新會酒稅分局	江門蓮塘街	新會縣全屬	
德慶酒稅分局	德慶縣城	德慶縣全屬	
東莞酒稅分局	廣九鐵路石龍市七賢坊	東莞縣全屬	
寶安酒稅分局	廣九鐵路深圳	寶安縣全屬	
兩陽酒稅分局	陽江河堤	陽江陽春兩縣屬	
瓊崖酒稅分局	瓊州海口	瓊州崖縣等屬	
高州酒稅分局	水東梅菉	高州縣全屬	
欽防酒稅分局	防城東興墟	欽縣防城兩縣屬	
雷州酒稅分局	雷州城內柳絮巷廣文第	雷州全屬	
廉州酒稅分局	北海市	廉州全屬	
海陸豐酒稅分局	汕尾正興街	海豐陸豐兩縣屬	
汕頭市酒稅分局	汕頭市	汕頭市全屬	
潮州十屬酒稅分局	汕頭市福平路	潮安澄海潮陽揭陽饒平惠來普寧大埔豐順南澳等縣屬	

惠州酒稅分局	惠州城	惠陽博羅龍川連平河源和平新豐紫金等縣屬
梅州五屬酒稅分局	興寧縣城	梅縣興寧蕉嶺五華平遠等縣屬
韶州酒註分局	韶關城	英德翁源曲江仁化樂昌乳源等縣屬
南始酒稅分局	南雄城仁壽巷五十七號	南雄始興兩縣屬
連陽酒稅分局	連陽城外永安街	連陽縣全屬
全省菸稅德安公司	廣州市濠畔街西頭三百六十三號	廣東全省
廣肇酒餅稅興業公司	廣州市十二甫	廣州肇慶兩府屬

（說明）粵省原有酒稅。劃分四十二區。菸稅則向歸包商承辦。並無區域可言。六年稅費合併。統名公賣。菸類照舊辦理。所有酒類公賣費區域。酌量裁併分爲三十三區。各設分局直接征收。據十八年該局所報告爲酒稅分局凡四十一處。又有德安公司爲承辦全省菸稅者。興業公司爲承辦包收廣肇屬酒餅稅者。共計四十三局所。

遼寧菸酒事務局管轄區域表 卽舊奉天省

名稱	駐在地	備考
省城稅捐征收局	瀋陽縣	
牛海稅捐征收局	海城縣	
新民稅捐征收局	新民縣	

遼陽稅捐征收局	遼陽縣	
通桓稅捐征收局	通化縣	
錦縣稅捐征收局	錦縣	
海柳稅捐征收局	山城子	
鉄法稅捐征收局	鉄嶺縣	
昌圖稅捐征收局	昌圖縣	
東豐稅捐征收局	東豐縣	
西安稅捐征收局	西安縣	
黎樹稅捐征收局	黎樹縣	
懷德稅捐征收局	公主嶺驛	
洮南稅捐征收局	洮南縣	
新賓稅捐征收局	新賓堡	
西豐稅捐征收局	西豐縣	
黑山稅捐征收局	新立屯縣	
遼康稅捐征收局	鄭家屯街(遼源縣)	
開原稅捐征收局	孫家台驛	
北鎮稅捐征收局	北鎮縣	

營口稅捐征收局	營口縣	
蓋復稅捐征收局	蓋平縣	
綏興稅捐征收局	綏中縣	
義縣稅捐征收局	義縣	
沙河稅捐征收局	安東縣	
孤山稅捐征收局	大孤山	
鳳城稅捐征收局	鳳城縣	
長甸稅捐征收局	長甸河口	
輯臨稅捐征收局	岔溝門	
撫松稅捐征收局	撫松縣	
安圖稅捐征收局	安圖縣	
長白稅捐征收局	長白縣	

（說明）該省征好公賣費原分十一區嗣經裁撤將公賣事務改歸財政廳所屬各稅局代征

吉林菸酒事務局管轄區域表

名稱	駐在地	備考
第一區分局	吉林縣城內	

長春稅捐征收局	長春縣	
雙城稅捐征收局	雙城縣	
榆樹稅捐征收局	榆樹縣	
阿城稅捐征收局	阿城縣	
扶餘稅捐征收局	扶餘縣	
賓縣稅捐征收局	賓縣	
濱江稅捐征收局	濱江縣	
農安稅捐征收局	農安縣	
伊通稅捐征收局	伊通縣	
五常稅捐征收局	五常縣境山河屯鎮	
磐石稅捐征收局	磐石縣	
依蘭稅捐征收局	依蘭縣	
寧安稅捐征收局	寧安縣	
舒蘭稅捐征收局	舒蘭縣境水曲柳崗鎮	
雙陽稅捐征收局	雙陽縣	
琿春稅捐征收局	琿春縣	
敦化稅捐征收局	敦化縣	

樺川稅捐征收局	樺川縣	
樺皮廠稅捐征收局	吉林縣境樺皮廠鎮	
樺甸稅捐征收局	樺甸縣	
烏拉稅捐征收局	吉林縣境烏拉鎮	
呢嗎口稅捐征收局	虎林縣	
東寧稅捐征收局	東寧縣	
缸窯稅捐征收局	吉林縣境缸窯鎮	
蛟河稅捐征收局	額穆縣境蛟河鎮	
同賓稅捐征收局	同賓縣	
濛江稅捐征收局	濛江縣	
延吉稅捐征收局	延吉縣	
長嶺稅捐征收局	長嶺縣	
方正稅捐征收局	方正縣	
饒河稅捐征收局	饒河縣	
額穆稅捐征收局	額穆縣	
汪清稅捐征收局	汪清縣	
和龍稅捐征收局	和龍縣	

富錦稅捐征收局	富錦縣	
同江稅捐征收局	同江縣	
密山稅捐征收局	密山縣	
德惠稅捐征收局	德惠縣	
綏遠稅捐征收局	綏遠縣	
穆稜稅捐征收局	穆稜縣	
勃利稅捐征收局	勃利縣	

(說明)該省原設分局五監察棧二嗣於五年一月將各分局棧裁撤除省城菸酒費稅事宜由第一分局征收外其他各縣菸酒費稅及燒鍋筒課等項則均由財政廳所屬各征收局代征

黑龍江菸酒事務管轄區域表

名稱	駐在地	轄境	
第一分局	呼蘭	呼蘭巴彥兩縣	
第二分局	綏化	綏化綏楞慶城三縣	
第三分局	海倫	海倫一縣	
第四分局	大賚	大賚泰來肇州三縣	
第五分局	拜泉	拜泉克山兩縣	

第六分局	安　達	龍江安達林甸三縣
第七分局	蘭　西	蘭西青岡望奎
肇東征收局		
木蘭征收局		
扎蘭屯征收局		
訥河征收局		
湯原征收局		
嫩江征收局		
通河征收局		
黑河征收局		
景星征收局		
呼倫貝爾征收局		
臚濱征收局		
室韋征收局		
奇乾征收局		
綏東設治局		
烏雲設治局		

呼瑪縣			
漠河縣			
蘿北縣			
通北縣			
龍鎮縣			

（說明）該省征收菸酒費稅除七分局局長由省局委派外至各縣知事及征收局長均由主管機關委派並由省局加給委任代辦徵收事宜

熱河省菸酒事務管轄區域表

查照九年成案編列

局名	駐在地	轄境	備考
承德分局	承德	承德縣境	該分局附設於省局內並於下板城設稽征所
赤峯分局	赤峯	赤峯縣境	該分局於烏丹城設稽征所
平泉分局	平泉	平泉縣境	該分局於黨壩設稽征所
凌源分局	凌源	凌源縣境	該分局於叨爾磴設稽征所
朝陽分局	朝陽	朝陽縣境	該分局於犍牛營子設稽征所
圍場分局	圍場	圍場縣境	
建平分局	建平	建平縣境	該分局於小哈爾道口設稽征所

豐寧分局	豐寧	豐寧縣境	該分局於大關鎮設稽征所
阜新分局	阜新	阜新縣境	
綏東分局	綏東	綏東縣境	該分局於鄂爾土坂設稽征所
林西分局	林西	林西縣境	
開魯分局	開魯	開魯縣境	
灤平分局	灤平	灤平縣境	該分局於二道橋設稽征所
經棚分局	經棚	經棚縣境	
隆化分局	隆化	隆化縣境	

（說明）民國四年當該省開辦公賣之初原分三區於圍場赤峯朝陽三縣各設分局一所招商承辦公棧九年將舊省區域暨公賣分棧支棧及稅捐處（征收菸酒釐稅者）一律取銷另行改組按縣設一分局除承德分局附設省局外全省共設十四分局其轄境較大者又酌設稽征所受分局指揮監督至於商務未盛之區則由各分局長委託其他機關代征或招商承包酌給津貼

綏遠菸酒事務局管轄區域表　十八年

名稱	駐在地	轄境	備考
第一區分局	歸綏	歸綏縣城及東南各鄉	查該局自開辦迄今並無變更
第二區分局	包頭	包頭一縣	查該局自開辦迄今並無變更

第三區分局	豐鎮	豐鎮縣城及鄉村以警區一二三區爲界	查該局在歸察菸酒合辦時代係屬第四區嗣劃歸察省於十八年一月復劃歸綏省改稱今名
第四區分局	五原	五原東勝臨河大佘太四縣	查該局在歸察菸酒合辦時代係屬第六區於十二年歸察菸酒劃分改稱今名
第五區分局	武川	武川一縣	查該局原係稽徵處屬於第一區於十四年改爲第五區分局
第六區分局	薩拉齊	薩拉齊一縣	查該局原係稽徵處屬於第二區於十四年改稱今名
第七區分局	隆盛莊	隆盛莊張皋大莊科各鎮以警區四五六區爲界	查該局原屬豐鎮嗣經察局改爲分局於十八年一月劃歸綏省改稱今名
第八區分局	興和	興和一縣	查該局在歸察菸酒合辦時代係屬第七區嗣劃歸察局又於十八年一月劃歸綏省改稱今名
第九區分局	河口	托克托和林格爾兩縣	查該局在歸察菸酒合辦時代係屬第五區嗣於十二年歸察菸酒劃分改爲第三區於十八年一月復改稱今名
第十區分局	集寧	集寧一縣	查該局於十八年一月由察省劃歸綏省改稱今名
第十一區分局	凉城	凉城一縣	查該縣原屬第三區嗣經察局改爲分局於十八年一月劃歸綏省改稱今名
第十二區分局	畢克齊	畢克齊察素齊兩鎮	查該鎮原屬第一區於十四年改爲第七區分局於十八年一月復改稱今名
第十三區分局	清水河	清水河一縣	查該縣原屬河口分局於十四年改爲第八區分局於十八年一月復改稱今名
第十四區分局	陶林	陶林一縣	查該縣原屬興和分局嗣經察局改爲分局於十八年一月劃歸綏省改稱今名
第十五區分局	固陽	固陽一縣	查該縣原屬於第一區之武川稽徵處於十四年改爲第九區分局於十八年一月復改爲第十五區分局
得勝口查驗處	得勝口		查該處係查驗進口菸草直隸總局
鎮川口查驗處	鎮川口		仝前

（說明）綏遠遠察哈爾於民國五年合併設局名曰歸察公賣局共分七區各設分局或監察所十二年九月於歸察兩查菸酒事務實行劃分案內即將原有歸察菸酒事務局改爲綏遠菸酒事務局專

管綏遠全區菸酒行政事宜其原設分局監察所者爲歸綏包頭河口五原四區十四年六月又將所有監察所及稽征所一併改爲分局共分九區據十八年該局報告又將豐鎮隆盛莊興和集寧涼城陶林四局自察省劃歸綏局管理連原有分局共計十五區分局並在得勝鎮川兩口添設兩查驗處

直隸省局

察哈爾菸酒事務局管轄區域表 十八年六月

名稱	駐在地	轄境	備考
萬全第一區分局	張家口	萬全縣一縣	
宣化第二區分局	宣化縣	宣化縣一縣	
蔚縣第三區分局	蔚縣	蔚縣一縣	
懷陽第四區分局	柴溝堡	懷安陽原兩縣	
張康第五區分局	張北縣	張北康保兩縣	
多倫第六區分局	多倫縣	多倫縣一縣	
懷來第七區分局	沙城堡	懷來縣一縣	
延慶第八區分局	康莊	延慶縣一縣	
涿鹿第九區分局	涿鹿縣	涿鹿縣一縣	
赤龍第十區分局	赤城縣	赤城龍關兩縣	

沽寶第十一區分局	沽源縣	沽源寶昌兩縣	
商都第十二區分局	商都縣	商都縣一縣	
大境門稽徵所	大境門外		
黃家堡稽徵卡	黃家堡		
紅廟稽徵卡	紅廟		
窰廠稽徵卡	窰廠		
尚和堡稽徵卡	尚和堡		

（說明）察哈爾菸酒事務在民國十一年以前與綏遠合併設局名歸察菸酒事務局於察哈爾地方設立第三第四兩分局及第七監察所十二年九月歸察兩區奉令劃分各設專局民國十四年仿照鄰省辦法除大境門稽征處歸總局兼領外其餘六稽征處一律改爲分局連原有四分局計十分局此外又有查驗所四分卡七均歸總局直轄民國十七年十二月察哈爾奉令改省將本省所屬豐鎮興和涼城阜寧陶林五縣劃歸綏遠省管轄河北省所屬萬全宣化蔚縣懷安懷來延慶涿鹿陽原赤城龍關十縣劃歸本省管轄

菸酒稅史 卷三

第三章 稅制

菸酒之收入一。而所以爲收入之制者五。曰公賣費。曰菸酒稅。曰牌照稅。曰捲菸稅。曰洋酒類稅。方民國初年。以上五項。悉由舊菸酒署主管。國民政府成立。因其制設菸酒稅處。以統率之。逮十七年一月。捲菸實行統稅。始由菸酒稅處劃分。另行設處專征。此菸酒行政機關由合而分之經過也。至其征收制度。則公賣行於土貨。牌照專稅營業。捲菸洋酒。按類征收。此四者。皆昉自民國。中央訂定專章。通行全國。雖各省因時因地。間或小有變通。而大致釐然。本一物一稅之恉。無疊床架屋之嫌。揆之部訂專章。要無牴牾。至菸酒稅一項。起自勝清季年。直隸創辦於前。各省踵行於後。掌度支者。但計稅額。不立經制。征收方法。省自爲政。重輕繁簡。隨地而殊。初無劃一之辦法。洎民國肇興。開辦公賣。原擬併稅入費。統一征收。故對於舊稅。亦未定有專則。本章所列。以部頒章則爲限。茲就行政機關之組織及公賣牌照捲菸洋酒諸端。略述制稅之由。遞嬗之迹。分別部居。每類均首列現行稅制。其歷年舊頒章則。依次編列。以便覽觀。菸酒稅一項。向無部頒章則。其各省單行章程。分附第五章各省之次。俾資參考。至本編對於捲菸統稅章制。僅擇載一二。以明大凡。求其詳備。另具捲菸統稅專史中。茲不贅述。其統稅以前舊章。仍依次編列。以昭一律。

(一) 組織

菸酒徵稅由來已久。勝清季年各省始設局專徵。然皆省自爲制。尚無統轄機關。民國四年五月。創辦公賣。財政部公布全國菸酒公賣局暨省局及分棧各項組織章程。統系井然。規制粗具。五年一月。改全國菸酒公賣局爲全國菸酒事務署。直隸政事堂。規定暫行編製十五條。六年八月。事務署裁撤。仍於財政部附設全國菸酒公賣局。賡續辦理。八年一月。恢復全國菸酒事務署。直隸國務院。九年一月。公布事務署官制。置督辦一員。特任。署長一員。參事二員。廳長二員。俱簡任。祕書四員。僉事八員。技正二員。俱荐任。主事十六員。技士六員。俱委任。辦事員錄事無定額。又附設檢查委員會。改各省公賣局爲事務局。公賣分局爲事務分局。十年十月。於上海設立全國紙菸捐局。由署管轄。嗣改爲捲菸稅局。十二年七月。事務署改隸財政部。財政總長兼任督辦。是年十二月。復改隸國務院。十四年八月。修正事務署官制。添設員額。十五年七月。署內附設機製酒稅總處。各省設立分處。專管機製酒稅事務。十六年三月。改全國菸酒署爲財政部菸酒署。財政次長兼任署長。改訂官制。並裁撤機製酒稅總處。歸併第二廳兼辦。十七年六月。南北統一。舊署完全結束。此前北京政府菸酒行政機關組織之經過也。國民革命。肇端粵東。創業之初。菸酒稅務。統由財政部辦理。未設專官。十六年。北伐告成。奠都金陵。典章制度。粲然具備。菸酒行政。初設菸酒稅處。主管費稅牌照捲菸洋酒等稅務。各省設菸酒事務局。及捲菸稅總局。十七年。捲菸改辦統稅。始與菸酒稅處劃分。另設專處。各省設捲菸統稅局。實行征收。其各省菸酒事務局以下。有分局。有分支棧。（分支棧現已廢止。改設稽征所）此國民政府成立後。菸酒行政機關組織之概況也。

（附註）各類均首列現行章則其歷年舊章依次附列於後並低兩格排印以醒眉目

財政部菸酒稅處組織章程 十八年十二月公布

第一條　菸酒稅處隸屬於財政部依財政部組織法第十五條之規定掌理全國菸酒稅一切事項

第二條　菸酒稅處設處長一人承部次長之命管理處務及指揮監督本處各員司暨所轄各機關

第三條　菸酒稅處設秘書一人承長官之命辦理機要及撰核文稿事項

第四條　菸酒稅處設左列四科

總務科

稅務科

稽核科

調查科

第五條　總務科掌理事務如左

關於籌議菸酒事務改革事項

關於商民請願事項

關於解釋法令擬訂章則各事項

關於考核各省局辦事成績及記錄職員進退獎懲事項

關於收發繕校文件事項

關於保管檔案事項
關於本處庶務事項
關於不屬於其他各科事項

第六條　稅務科掌理事務如左
關於菸酒稅率之審訂事項
關於徵收菸酒稅之監管事項
關於整理菸酒之製造及運銷事項
關於菸酒營業之取締事項
關於保管及印發各項單證事項

第七條　稽核科掌理事務如左
關於考核菸酒稅收成績事項
關於考核各局所報告事項
關於審訂菸酒各稅局之會計制度事項
關於編訂菸酒稅收支預算決算各事項
關於製印各項單證事項

第八條　調查科掌理事務如左

關於調查菸酒之製造轉運及銷售各事項
關於監理各局之查驗與緝私事項
關於菸酒製造銷售之統計事項
關於編製各項統計表册事項
關於其他調查事項

第九條　各科設科長一人科員書記官各若干人承長官之命辦理各該科事務僱員若干人辦理繕校各事務

第十條　菸酒稅處辦事細則另定之

第十一條　本章程如有未盡事宜得由菸酒稅處隨時呈請修正之

第十二條　本章程自公佈之日施行

國民政府財政部菸酒稅處辦細則 十六年十一月二十六日財政部公布

按國民政府成立之初菸酒捲菸兩稅統由財政部菸酒稅處主管嗣因捲菸稅事務較繁始由菸酒稅處劃出另設專處辦理本細則係未劃分時公布故條文內尚有關於捲菸稅事項與現行制度署有參差至菸酒稅處新辦事細則正在擬訂尚未公布

第一章　職掌分配

第一條　本處依照國民政府財政部組織法第二十三條之規定掌理全國菸酒捲菸徵稅一切事項

第二條　本處設左列四科

一，總務科

二，稅務科

三，稽核科

四，調查科

第三條　總務科掌理左列各事項

關於本處文牘收發掌卷繕校庶務及不屬於各科事項

第四條　稅務科掌理左列事項

關於菸酒捲菸稅率之審訂事項

關於徵收菸酒捲菸稅之監管事項

關於取締菸酒捲菸之製造及運銷事項

關於菸酒捲菸營業之取締事項

第五條　稽核科掌理左列事項

關於考核菸酒捲菸稅收之辦理成績事項

關於考核各局所報告事項

關於菸酒捲菸商營業賞罰事項

關於審訂菸酒捲菸各稅局之會計制度事項

關於編製菸酒稅捲菸稅收支預算各事項

關於製印保管及給發印花事項

第六條　調查科掌理左列事項

關於調查菸酒捲菸之製造轉運及銷售各事項

關於監理各局之查驗與緝私事項

關於稅收成績及各種菸酒捲菸製造銷售之統計事項

關於編製各項統計表册事項

七條　本處設處長一人副處長一人秉承部長次長掌理本處事務監督所屬各職員所轄各機關及考核其辦事成績

第八條　每科設科長一人科員若干人承長官命令辦理各該科事務書記雇員若干人辦理繕校各事務

第九條　本處設視察員若干人承長官命令分理稽核調查各事項

第二章　處理文件

第十條　本處文牘收發掌卷繕校各事項由總務科長遴派科員書記官雇員等分別專理之

第十一條　每日來文由收發員摘由分別塡入收文簿送由各該管科長批擬辦法送候處長核准然後發交科員敍稿

第十二條　科員接派來文速要之件隨到隨辦尋常文件至遲不得過三日其有特別原因不能依期辦理者應聲明理由其無庸辦理之件應隨時送交掌卷員掛號歸檔

第十三條　凡擬辦稿件應逐件署名蓋章摘由交收發員列入送稿簿內先送該管科長核閱蓋章轉送處長復核蓋章再送本部祕書長覆核轉呈部次長核判然後發繕但與其他各署司處有關者應將稿件分送有關之各署司處會章重要之件並應先行簽商辦法然後敍稿

第十四條　本處稿件經部次長判行後發還到處時應由處長覆閱發交雇員或書記官繕正交由校對員校對清楚後交收發員送印封發

第十五條　本處收存公文或印發文件原稿應由掌卷員摘由分類掛號塡註日期依其種類各立卷宗隨時歸檔並另立表册以便檢查

第十六條　各員調閱案卷須繕條蓋章送掌卷員憑條檢交還卷時取囘原條

第十七條　本處案卷祇備辦公時檢查不得攜帶出外

第十八條　如有未經部次長判行或雖經判行而屬於機要之事件各職員應嚴守祕密不得宣洩

第三章　考勤

第十九條　本處辦公時間定爲午前自九時起至十二時止午後自二時起至五時止遇必要時得延長辦公時間由處長臨時規定之

第二十條　本處設置考勤簿各職員到部必須親簽到部確實時間不得托人代簽其逾規定時間到部或先行散值者應向長官聲明理由並註明簿內

第二十一條　本處職員非有疾病及不得已事故不得請假如必須請假時須遵照本部職員暫行請假規則辦理續假亦如之

第二十二條　辦公時間除因公接洽來賓外其餘概不見客

第四章　附則

第二十三條　本處遇有特種事務須派專員辦理時呈請部長派委之

第二十四條　各省菸酒稅事務分別設立局所辦理其組織章程及辦事細則另定之

第二十五條　本處因職務上特別關係在滬設立辦事處其辦事細則另定之

第二十六條　本細則如有未盡事宜得隨時呈請部長修改之

第二十七條　本細則自公佈之日施行

行政院財政部捲菸統稅處組織章程

第一條　本處隸屬於國民政府行政院財政部管理全國捲菸統稅一切事項

第二條　本處設處長一人副處長二人承財政部之命管理處務及指揮監督本處各員司暨所轄各機關

第三條　本處設祕書二人承長官之命辦理機要及撰核文稿事項

第四條　本處設左列各科

第一科

第二科

第三科

第五條　第一科掌理事務如左

關於典守印信收發文件庶務事項

關於本處及所屬各機關職員之任免獎懲事項

關於保管檔案樣品官有物件事項

關於章則文稿之撰擬事項

其他不屬於各科一切事項

第二科掌理事務如左

關於稅務行政之設計處置各事項

關於印花之製造保管及發行事項

關於本處及所屬各省總分局預算決算之編擬核定事項
關於審查征收成績及考核各省總分局之報告事項
關於稅款之保管及報解事項
關於一切會計制度事項
第三科掌理事務如左
關於稅率之審訂事項
關於調查捲菸價格牌號產銷額類登記事項
關於捲菸營業之取締事項
關於海關郵局及菸廠之監查事項
關於查驗緝私及審核處罰事項
關於運照之保管及發給事項
關於編製各項統計表册事項
第六條　各科設科長一人科員書記官各若干人承長官之命辦理各該科事務書記僱員若干人辦理繕校各事務
第七條　關於本處所轄各機關尋常事項得以處令行之其最要次要事項以部令行之但於必要時亦得發處令

第八條　按照就關就廠征稅之原則於管轄區域內海關郵局菸廠得派員分駐辦理監查監收事宜其薪俸及各辦事細則分別另定之
第九條　本處設視察員稽核員各若干人承長官之命隨時派赴各省視察及分赴各菸廠稽核如查有違背定章或營私舞弊時須指實證據報告核辦並得酌量制止
第十條　本處辦事細則另定之
第十一條　本章程如有未盡事宜得隨時呈請部長核定之
第十二條　本章程自公布日施行

財政部直轄各省菸酒事務局組織章程　十八年五月公布

第一條　各省設置專局管理征收各項菸酒費稅事務直隸於財政部名曰某某省菸酒事務局
第二條　各省菸酒事務局置簡任局長一人置薦任副局長一人均由財政部分別呈請任命之
第三條　局長承財政部之命管理全省菸酒稅務副局長襄同局長辦理該局一切事務
第四條　各省局視事務之繁簡得設秘書一人課長兩人至三人其餘局員分別酌量設置呈部核定
第五條　各省財政廳對於菸酒事務局稽征費稅有輔助進行之責各省局長得以隨時咨行財政廳協助辦理

第六條　各省局應察酌菸酒産銷情形劃分區域設置分局

第七條　各省局查有菸酒産銷較少勿庸設置分局之區域得設稽征所

第八條　分局置分局長一人稽征所置稽征主任一人由省局令委並報部查核

第九條　各省局長關於菸酒事務得有發布局令督飭縣長辦理之權

第十條　分局長及稽征主任承主管省局之命令管理本區域之菸酒事務

第十一條　各分局所應將所轄區域菸酒産銷之情形及市價漲跌之狀態按月分別列表附以詳細説明呈由省局報部備查

第十二條　各分局所應將所征菸酒費税等款每十日解交省局一次不得逾延其在交通不便地方得由省局酌量情形變通辦理但仍不得過半月之限

第十三條　各省局每月征收之款除照部頒表式逐一填明及造具收入計算書分别呈部察核外應隨時繳交國庫存儲聽候提撥

第十四條　各省局每月應將本局及所轄各分局所俸薪公費等項按照核定預算數目開支並彙造計算決算各書表報部審核

第十五條　各分局所由主管省局局長隨時調查成績按照部定征收税捐考成條例分别獎懲之

第十六條　本章程施行細則應由各省局體察情形酌量擬定呈部核准施行

第十七條　本章程如有未盡事宜由財政部隨時修正之

第十八條　本章程自公布之日施行

財政部各省捲菸統稅局暫行組織章程

第一條　各省捲菸統稅局隸屬於財政部各設局長一人副局長一人承財政部之命綜理局務暨監督指揮所屬機關辦理捲菸統稅一切事項

第二條　各省局得設秘書一人掌理機要綜核各項文件及特別事項

第三條　各省局設兩課掌理左列事項

（一）第一課掌理關於撰擬文件典守印信保管卷宗及收發文件職員任免考核並庶務及捲菸進出境統計檢查各事項

（二）第二課掌理關於捲菸補征稅款及保管發納稅印花運照登記及偵緝事項

第四條　各省局設課長二人承長官之命分掌各該課事宜

第五條　各省局依其事務繁簡酌設課員調查員檢查員各若干人並得因繕寫文件酌用僱員若干人

第六條　各省局所設秘書課長課員調查員檢查員以及書記僱員均由局長委任轉呈財政部備案

第七條　江蘇省區因菸廠俱在上海商埠開設監查最關重要得由局長派委各區管理員駐廠駐

關駐郵辦事員仍呈財政部備案其他各省埠凡有菸廠各區均得照此辦理

第八條　各省局得於省內水陸交通扼要地點設立捲菸統稅查驗所分所專司檢查偵緝事宜但必須先呈奉財政部核准

第九條　各地查驗所長分所長均由各該省局委任仍須呈部備案

第十條　各查驗所直接隸屬於省局設所長一員於必要時得酌設查驗分所但須先呈省局核准方得設置

第十一條　各查驗所因事務之繁簡得設第一第二兩股分管檢查偵緝事項其職掌依照本章程第二條辦理

第十二條　各查驗所設股主任二人股員稽查員僱員各若干人由所長委派呈報省局轉呈財政部備案

第十三條　各分所得設分所長一員其稽查員僱員各若干人均由分所長委派轉呈省局備案

第十四條　各局會計主任如係由部派者應照部定章程辦理

第十五條　各省局及查驗所分所辦事細則由各該省局擬定呈部核准公布施行

第十六條　本章程如有未盡事宜得隨時修改之

第十七條　本章程自公布日施行

全國菸酒公賣局暫行章程

四年五月(三十日)呈奉令准通行遵照　（以下係歷年舊章故低兩格以醒眉目）

第一章　職員

第一條　全國菸酒公賣局附設於財政部管理全國菸酒公賣事務

第二條　全國菸酒公賣局由財政總次長督率辦理局內置職員如左

總辦一員

會辦一員

文牘主任二員

科長三員

科員至多不得過六員

辦事員無定額

錄事無定額

第二章　權限

第三條　總辦承財政總次長之命令掌理本局一切事務

第四條　會辦協同總辦助理本局一切事務

第五條　文牘主任員受總會辦之指揮辦理文牘事務

第六條　科長受總會辦之指揮辦理本科事務

第七條　科員辦事員承長官之命令辦理本科事務

第八條　錄事承局員之命令繕寫文件經理檔案

第三章　職掌

第九條　文牘處置文牘主任員二人辦事員若干人掌理事務如左

關於本局機要文電事項

關於布告公函書籍之編撰事項

關於公文之收發分科事項

關於參考書籍圖表之保存事項

關於檔案事項

關於錄事之監督考核事項

第十條　各科置科長一人科員一人至二人第一科掌理事務如左

關於製訂及核定法規事項

關於考核各省公賣局成績事項

關於稽查各省公賣情形事項

關於各省公賣局經費預算決算之核定事項

關於征收款項之稽核事項

關於編製統計表冊事項

關於調查報告事項

其他不屬於第二三科事項

第十一條　第二科掌理關於菸草公賣及稅捐事項

第十二條　第三科掌理關於酒類公賣及稅捐事項

第四章　附則

第十三條　本章程自奉大總統批准後施行

第十四條　本章程施行後如有窒礙之處得隨時修正呈請大總統核定

全國菸酒事務署辦事細則

第一條　本署除按照編制職掌外設置電務繕校監印三課隸於祕書處設置編製審核庶務會計收發五課隸於第一科分別派員掌理事務

第二條　第二三四五科卽以各省分別支配應辦事件由該科科長分別派員掌理

第三條　本署設統計處辦理統計事宜由督辦分派委員掌管

第四條　本署緊要文電隨時陳明督辦坐辦核示辦法尋常事件卽由處科酌定辦法辦理呈閱

第五條　有關係秘書處統計處或兩科以上之事件由處科協商辦理

第六條　本署辦公時間每日早九時至下午六時在此時間內不得擅離

第七條　文電到署由收發課電務課分別摘錄事由登簿卽日送由督辦坐辦率同祕書科長等同室核閱後再由祕書分配辦理

第八條　各科及統計處核辦稿件由科長主任簽字後均送祕書簽字再呈督辦坐辦畫諾

第九條　處科所收文件及所辦稿件暫由承辦員妥爲保存辦結後交錄事歸檔每一月由錄事編案一次呈由核閱

第十條　處科核辦稿件關於行查行催事項應另立專簿屆時未復者繼續行催

第十一條　左列各事項本署人員均應一律遵守違者由督辦酌量情節分別懲罰

一本署所辦一切事件除用本署名義正式公布外無論重要及普通事項各員及錄事均應一律嚴守祕密不得洩漏違者懲罰

二繕校文稿及譯錄電文應特別注意不得錯誤

三各員核辦稿件應認眞收存不得遺失

四各員有故不能到署辦公時應呈明督辦給假

第十二條　每星期日及放假日應由科員或辦事員輪流值日每次以一人爲限

第十三條　本規則自公布之日施行

第十四條　本規則如有未盡事宜得隨時修正公布施行

各省菸酒公賣局暫行章程

四年五月（二十七日）財政部訂定公布

第一章　省局及分局之組織

第一條　各省設置菸酒公賣局直隸財政部管理菸酒公賣並代征菸酒之各項稅捐事務名曰某省菸酒公賣局

第二條　各省菸酒公賣局置局長一人局員三人至五人司事四人至八人巡丁至多不得過十八人在此限内隨時詳部核定

第三條　各省財政廳長會同菸酒公賣局辦理菸酒公賣並稅捐等事務應同負完全責任

第四條　各省菸酒公賣局應酌量菸酒產銷之情形劃分區域設置分局名曰某省第幾區菸酒公賣分局

第五條　各省菸酒公賣局查有菸酒產銷較少之區域應勿庸設置分局得派監察員管理該區域菸酒公賣事務

第六條　分局置委員一人司事四人至六人巡丁至多不得過八人在此限内隨時由省局酌定報部查核

監察員辦事處置司事二人巡丁至多不得過四人在此限内隨時由省局酌定報部查核

第二章　權限及職掌

第七條　省局局長承財政部之命令管理本省之菸酒公賣及代征菸酒之各項稅捐事務仍應受中央特派監督財政長官之監督

第八條　省局局長有委用撤換分局監察員之權

第九條　省局局長關於主管事務得有發布局飭督率縣知事及征收局局長之權并隨時派員巡視考察各分局分棧之成績

第十條　分局委員及監察員承主管省局之命令管理本區域內之菸酒公賣事務並代征菸酒之各項稅捐

第十一條　省局直轄之區域由省局按照菸酒公賣分棧暫行章程招商組織分棧分局直轄之區域由分局招商組織分棧詳報省局核定之

第十二條　分棧承主管公賣局之監督指揮經理本區域內菸酒公賣事務

第十三條　分局所轄分棧之經理人如有變更時應由分局聲明理由詳請省局更換之

第十四條　分局所轄之分棧省局如認爲有改組之必要時得隨時撤銷飭令分局另行招商組織之

第十五條　分局應將所轄區域菸酒産銷之情形及市價漲跌之狀態按月分别列表附以説明詳由省局報部備查

第十六條　分局應將分棧繳存之公賣費及所征之菸酒稅捐等款須每半月解交省局一次

不得逾延
前項之規定交通不便之地方得由省局酌量情形變通辦理
第十七條　省局每月征收之款項除將菸酒稅捐各款遵照部令核定之數劃撥該省財政廳外應按月解交金庫存儲並一面報部聽候核撥
第十八條　省局每月應將本局及所轄各分局局員薪俸及局用公費按照部分數目造具預算決算詳報核定施行

第三章　附則

第十九條　本章程京兆熱河歸綏察哈爾等特別行政區域均適用之
第二十條　各省菸酒公賣局每半年由財政部考核成績如辦事得力收數確有成効者得呈請大總統給獎或由部酌與獎金辦理不力者亦照章懲處
第二十一條　本章程施行細則應由各省省局擬定詳部核准施行
第二十二條　本章程如有未盡事宜應由財政部隨時酌量修正公布施行
第二十三條　本章程自各省省局成立之日施行

各省區菸酒事務局辦事職掌規則

第一條　各省區設菸酒事務局管理全省或全區菸酒一切行政事宜

第二條　各省區菸酒事務局設局長一員承全國菸酒事務署之命監督指揮所屬職員辦理徵收菸酒稅費及整頓改良事務各省區稅務重要者得酌設副局長一員輔助局長整理局務

第三條　各省區菸酒事務局應設科分掌事務其職掌員額得由局長按事之繁簡自行規定轉呈全國菸酒事務署核准

第四條　各省區菸酒事務局於所轄區域內酌設事務分局及稽徵處遴員呈請全國菸酒事務署核准委任

第五條　各省區菸酒事務局因調查所轄區域內事務得酌設調查員

第六條　各省區菸酒事務局因核算繕寫事件得酌用僱員

第七條　各省區菸酒事務局辦事成績及徵解稅款由全國菸酒事務署隨時考核其辦法另定之

第八條　本規則自呈准日施行

第九條　本規則施行後如有應行修改之處得隨時呈明修正

菸酒公賣棧暫行章程　四年五月二十四日財政部訂定公布

第一章　組織

第一條　各省菸酒公賣事務由各該省菸酒公賣局招商組織菸酒公賣分棧經理其事

第二條　各省菸酒公賣局應就各該省所管地方劃分區域酌量設置分局每一區域內招商組織菸酒公賣分棧一所

第三條　各省菸酒公賣分棧各於本區內有組織公賣支棧之權

第四條　組織菸酒公賣分棧及支棧各商名爲第幾區菸酒公賣分棧或支棧經理人

第五條　凡商人願充菸酒公賣分棧經理人時應先將姓名住址籍貫職業等項分別開明并照第二項所列繳納公棧押款稟由各該管菸酒公賣分局詳准省局給予執照方准承充前項公棧押款以一千元以上五萬元以下爲定額由各省菸酒公賣局酌量情形分別徵繳

第六條　各省菸酒公賣局如於一區域內之菸酒公賣分棧已經甲商稟准承辦不得再許乙商另行組織但有因添設分棧之必要情形者不在此列

第二章　職務

第七條　各菸酒公賣分棧及支棧均應受各主管菸酒公賣局及分局之指揮監督執行其職務主管局得酌量其情形派代駐員監察之

第八條　菸酒公賣分棧及支棧遇有本區域內之菸酒商店開始或停止營業時應各報明各主管之公賣局

第九條　菸酒公賣分棧及支棧應按照主管公賣局製訂樣式之簿記將本區域內各菸酒商

店字號營業者之姓名及每年營業總收入等項詳細登記並報明主管之公賣局存查

第十條　菸酒公賣分棧及支棧應按照主管公賣局規定價格經理本區域內各商店菸酒買賣事宜

第十一條　菸酒公賣分棧及支棧應通知本區域內各商店須將每月產銷菸酒之數量及種類先期估計投棧報明

第十二條　菸酒公賣分棧及支棧接到各商店前項報告時應即前往檢查分別粘貼印照加蓋戳記並代徵公賣費自十分之一以上至十分之五以下其費額由公賣局定之

第十三條　菸酒公賣分棧及支棧承主管公賣局命令得隨時稽查本區域內各菸酒商店之單票簿據菸酒數量種類及關於營業上之狀態

第十四條　凡販賣菸酒之商店非貼有公賣局檢查印照之菸酒一律禁止販賣

第十五條　菸酒公賣分棧及支棧代徵公賣費時應遵填主管公賣局製訂之四聯票單以一聯給予商店一聯存棧一聯繳本管分局一聯解交省局

第十六條　菸酒公賣分棧代徵之公賣費應按旬解交主管之公賣局

第十七條　菸酒公賣分棧應由各主管公賣局按月於各該棧代徵公賣費內提給二十分之一以示鼓勵其支棧應得之利益由該區域內之公賣分棧算給

第三章　罰則

第十八條　各商店買賣菸酒如不受本區域內公賣分棧或支棧之檢查應由各該棧報明主管公賣局處以五十元以上五百元以下之罰金

第十九條　菸酒公賣分棧或支棧於本區域內查獲未貼印照之菸酒應報由主管公賣局扣留充公仍將該商店照章罰辦

第二十條　菸酒公賣分棧或支棧如有與本區域內菸酒商店串同舞弊或將所徵公賣費朦蔽侵蝕及妨害公賣種種行爲等情事經主管公賣局查明屬實者得由公賣局取銷經理人之資格没收其公賣押款并嚴行處治

第四章　附則

第二十一條　菸酒公賣分棧及支棧辦事細則應由各該棧自行擬訂報由主管公賣分局詳請省局核定

第二十二條　本章程如有未盡事宜得隨時由財政部修正公布施行

全國機製酒類販賣税總處簡章

第一條　全國菸酒事務署爲徵收全國機製酒類販賣税設立機製酒類徵税處

第二條　本處設總辦一員由全國菸酒事務署督辦於本署簡任各員中遴派兼充承全國菸酒事務署督辦之命辦理本處一切事務

第三條　本處爲辦理進行事務得呈准督辦於本署職員中調派四員至八員助理一切其職掌及辦事規則另定之
第四條　本處暫以一年爲試辦期間於試辦期內本處所有各項職員概不支給薪俸
第五條　本處體察各省區情形應否設立分處或委託各該省菸酒事務局兼辦隨時呈請督辦察核辦理
第六條　本處因調查各省區機製酒類營業情形應派調查員若干人由總辦開單呈請督辦委任之
七條　本處爲繕寫校對事件得呈明督辦批准後向各廳處調用辦事員及僱員
第八條　本章自奉令批准日施行其有未盡事宜得隨時呈明修正之

〔三〕公賣費

菸酒公賣民國四年開辦。其時鑑於歷來征稅制度。積弊甚深。本擬採用專賣辦法。以期根本改革。而產銷散漫。手續繁重。實行專賣。殊非一蹴可幾。爰於是年五月公布全國菸酒公賣簡章。招商組織公棧。實行官督商銷。爲暫時過渡之計。六月公布各省公賣局稽查章程。八月續訂征收菸酒公賣費規則。與簡章相輔而行。十六年國民政府成立。是年六月財政部公布菸酒公賣暫行條例。十七年八月。頒訂全國菸酒商登記章程。而包商期滿。不得再行繼續。及廢止利益金各案。亦於是年九月間由財政部通令遵辦。十八年八月。復將公賣條例修正。並擬訂菸酒公賣稽查規則及罰金規則。一併公布實行。立法益臻完密。至前後頒布關於公賣單照章則。有憑驗各單填用報查手續。填用查驗印照例言。取締單照辦法。及領用憑驗單月報冊式數種。一併附列於後。以備參考。

菸酒公賣暫行條例　十八年八月部令公布

第一章　總則

第一條　財政部爲整頓菸酒收入起見規定公賣暫行辦法以實行官督商銷爲宗旨

第二條　全國菸酒公賣法未頒布以前凡在本國製銷之菸酒均應暫照本條例辦理

第二章　經征機關

第三條　各省設菸酒事務局承財政部長命令辦理各省菸酒公賣事務並得酌量地方產銷情形劃定區域設立分局或稽征所

第三章　公賣方法及價格

第四條　凡商民製銷菸酒均應向該管分局或稽征所按照菸酒商登記章程之規定申請登記併應按月將出產或銷售菸酒品類數量列表呈報

第五條　凡人民實因自食欲於家內釀酒者須經主管局所許可給照方准開釀但每年以百斤爲限仍照本條例第七條之規定依率繳納公賣費

第六條　分局或稽征所每月於所轄區域內先期查明菸酒賣價呈報各該省局備案省局彙齊各分局報告呈報財政部查核

第七條　菸酒銷售應由各該省局規定價格暫以定價百分之二十爲菸酒公賣費率如有特殊情形得聲敘理由呈請另行核定

前項公賣費率每年修正一次先期由各省局開列菸酒各項名稱量數賣價並擬定征收費率呈請財政部核定頒行

第八條　凡菸酒商人繳納公賣費應由經征局所填給憑單給與收執

第九條　凡菸酒商人如須將貨物運輸他處銷售者除將應繳之公賣費依率繳納領取憑單外併應由經征局所填給驗單

第四章　憑證及檢查

第十條　凡菸酒兩類均須於包裹或盛佇之器具分別實貼公賣印照非經貼有公賣印照之菸酒一概不得販賣行銷

第十一條　關於征費憑單運銷驗單及公賣費印照均由財政部製印頒發之

第十二條　凡關於稽查私運私銷等事各該地方長官應協助經征人員按照本條例及稽查規則罰金規則之規定切實辦理同負責任

前項地方官吏如有協助得力或意存推諉得由財政部酌量情節分别呈咨奬懲之

第五章　附則

第十三條　本條例施行細則由各省局體察情形詳細規定呈請財政部核定施行

第十四條　本條例如有未盡事宜得隨時修正之

第十五條　本條例自公布之日施行

財政部菸酒公賣稽查規則 十八年八月部令公布

第一條　凡各省菸酒事務局及所屬經征局所因征收境内菸酒兩類公賣費爲預防隱匿偷漏起見得隨時派員稽查依照本規則辦理

第二條　稽查人員執行職務時應由主管機關發給稽查憑證以資識别並應知會當地縣警隨時

協助

第三條　稽查人員因緝拏大幫未經繳費領取單照之菸酒得隨時商同當地縣警酌撥隊警協助之

第四條　稽查人員執行職務時如欲調閱賬簿稽查貨品該商戶人等均不得藉端抗拒

第五條　稽查人員執行任務時不得向商戶額外需索及任意留難商人亦不得有串同舞弊行爲違者依法分別究辦

第六條　遇有隱匿大宗漏繳公賣費或繳費不足定率及私行買賣者無論何人均得告發

第七條　本規則如有未盡事宜得隨時修正之

第八條　本規則自公布之日施行

財政部菸酒公賣罰金規則 十八年八月部令公布

第一條　凡菸酒商人違背菸酒公賣條例及稽查規則者均依本規則分別處罰之

第二條　凡菸酒商人違背菸酒公賣條例第七第八第九第十各條之規定而製販或行銷者除將貨物沒收外並按照貨價處以二倍以上五倍以下之罰金再犯者照原罰金額加倍處罰三犯以上者加四倍處罰並得停止其營業

第三條　違犯菸酒公賣稽查規則第四條之規定有抗拒行爲者除强制執行外視其營業大小處

以三元以上三十元以下罰金

第四條　僞造或私改納費單照者應照僞造有價證劵律依法懲治

第五條　凡菸酒商人同時犯本規則兩條以上各依本條之規定併科之

第六條　前項罰金由處罰機關將所罰實數塡列部製五聯罰單內分別截給存繳幷列表彙報查核

第七條　前項罰金以五成充公五成獎給查獲及報告人充公之款應由局每屆月終彙解菸酒稅處轉解部庫核收

第八條　本規則有未盡事宜得隨時修正之

第九條　本規則自公布之日施行

第五聯

國民政府財政部徵收憑單

經徵機關存根

產地及銷場	商店字號及營業人姓名	菸酒種類數量	公賣價格	公賣費數目	聯單有效期間	粘貼種印照張數號數	經徵員署名蓋章	中華民國　年　月　日

國民政府財政部發給

字第　號收公賣費

第四聯

國民政府財政部徵收憑單

繳分局

產地及銷場	商店字號及營業人姓名	菸酒種類數量	公賣價格	公賣費數目	聯單有效期間	粘貼種印照張數號數	經徵員署名蓋章	中華民國　年　月　日

國民政府財政部發給

字第　號收公賣費

第三聯

國民政府財政部徵收憑單

繳省局

產地及銷場	商店字號及營業人姓名	菸酒種類數量	公賣價格	公賣費數目	聯單有效期間	粘貼種印照張數號數	經徵員署名蓋章	中華民國　年　月　日

國民政府財政部發給

字第　號收公賣費

第二聯

國民政府財政部徵收憑單

繳財政部

產地及銷場	商店字號及營業人姓名	菸酒種類數量	公賣價格	公賣費數目	聯單有效期間	粘貼種印照張數號數	經徵員署名蓋章	中華民國　年　月　日

國民政府財政部發給

字第　號收公賣費

第一聯

國民政府財政部徵收憑單

發給商店

產地及銷場	商店字號及營業人姓名	菸酒種類數量	公賣價格	公賣費數目	聯單有效期間	粘貼種印照張數號數	經徵員署名蓋章	中華民國　年　月　日

國民政府財政部發給

第一聯

發給商店

國民政府財政部徵收憑單

產地及銷場	商店字號及營業人姓名	菸酒種類數量	公賣價格	公賣費數目	聯單有効期間	粘貼種印照張數號數	經徵員署名蓋章	中華民國　年　月　日　國民政府財政部發給

第　字　號　收公賣費

第二聯

繳財政部

國民政府財政部徵收憑單

產地及銷場	商店字號及營業人姓名	菸酒種類數量	公賣價格	公賣費數目	聯單有効期間	粘貼種印照張數號數	經徵員署名蓋章	中華民國　年　月　日　國民政府財政部發給

第　字　號　收公賣費

第三聯

繳省局

國民政府財政部徵收憑單

產地及銷場	商店字號及營業人姓名	菸酒種類數量	公賣價格	公賣費數目	聯單有効期間	粘貼種印照張數號數	經徵員署名蓋章	中華民國　年　月　日　國民政府財政部發給

第　字　號　收公賣費

第四聯

繳分局

國民政府財政部徵收憑單

產地及銷場	商店字號及營業人姓名	菸酒種類數量	公賣價格	公賣費數目	聯單有効期間	粘貼種印照張數號數	經徵員署名蓋章	中華民國　年　月　日　國民政府財政部發給

第　字　號　收公賣費

第五聯

經徵機關存根

國民政府財政部徵收憑單

產地及銷場	商店字號及營業人姓名	菸酒種類數量	公賣價格	公賣費數目	聯單有效期間	粘貼種印照張數號數	經徵員署名蓋章	中華民國　年　月　日　國民政府財政部發給

第一聯

驗單

字第　　號

茲據　　報由　　起運左列　　類銷售　　省

別	
重量	
公賣價格	
公賣費總額	
驗單費數目	
驗單有效期間	

所有本(區)應納公賣費已如數收訖除另發征收憑單外應填發第一聯驗單交商執運

另填發　　字第　　號徵收憑單

中華民國　　年　　月　　日　　省　　區域經徵員　　蓋章

第二聯

驗單

字第　　號

茲據　　報由　　起運左列　　類銷售　　省

別	
重量	
公賣價格	
公賣費總額	
驗單費數目	
驗單有效期間	

所有本(區)應納公賣費已如數收訖除另發征收憑單外應填截第二聯驗單送

查照迅飭該管地方經徵機關俟該商運貨到時查明斤量照章徵收可也

另填發　　字第　　號徵收憑單

中華民國　　年　　月　　日　　省　　區域經徵員　　蓋章

第三聯

驗單

字第　　號

茲據　　報由　　起運左列　　類銷售　　省

別	
重量	
公賣價格	
公賣費總額	
驗單費數目	
驗單有效期間	

所有本(區)應納公賣費已如數收訖除另發征收憑單外應填截第三聯驗單送呈

國民政府財政部考查

另填發　　字第　　號徵收憑單

中華民國　　年　　月　　日　　省　　區域經徵員　　蓋章

第四聯

驗單

茲據　　報由　　起運左列　　類銷售　　省

別	重量	公賣價格	公賣費總額	驗單費數目	驗單有效期間

所有本(區)應納公賣費已如數收訖除另發征收憑單外應塡截第四聯驗單送呈

省局考查　　另塡發　　字第　　號徵收憑單

中華民國　　年　　月　　日　　省　　區域經徵員　　蓋章

字第　　號

第五聯

驗單

茲據　　報由　　起運左列　　類銷售　　省

別	重量	公賣價格	公賣費總額	驗單費數目	驗單有效期間

所有本區應納公賣費已如數收訖除另發征收憑單外應塡截第五聯驗單送

分局存查　　另塡發　　字第　　號徵收憑單

中華民國　　年　　月　　日　　省　　區域經徵員　　蓋章

字第　　號

第六聯

驗單

茲據　　報由　　起運左列　　類銷售　　省

別	重量	公賣價格	公賣費總額	驗單費數目	驗單有效期間

所有本區應納公賣費已如數收訖除另發徵收憑單外應塡具

第六聯　經徵機關存根
第五聯　送本區主管菸酒事務分局存查
第四聯　呈送省菸酒事務局考查
第三聯　呈繳國民政府財政部考查
第二聯　送該商指銷地方菸酒事務分局查驗
第一聯　交商執運

截取第六聯

存根備查　　另塡發　　字第　　號徵收憑單

中華民國　　年　　月　　日　　省　　區域經徵員　　蓋章

字第　　號

罰金聯單

第三聯　繳省局

姓名及年齡	住址及職業	處罰事由	查獲(某)類量數及價值	查獲地方	處罰金額

(某)區(經征機關)征收員(某)(署名蓋章)

中華民國　年　月　日　國民政府財政部給

字第　號罰金　元

罰金聯單

第二聯　繳國民政府財政部

姓名及年齡	住址及職業	處罰事由	查獲(某)類量數及價值	查獲地方	處罰金額

(某)區(經征機關)征收員(某)(署名蓋章)

中華民國　年　月　日　國民政府財政部給

字第　號罰金　元

罰金聯單

第一聯　給受罰人

姓名及年齡	住址及職業	處罰事由	查獲(某)類量數及價值	查獲地方	處罰金額

(某)區(經征機關)征收員(某)(署名蓋章)

中華民國　年　月　日　國民政府財政部給

罰金聯單

第四聯

繳分局

姓名及年齡	住址及職業	處罰事由	查獲(某)類量數及價值	查獲地方	處罰金額

(某)區(經征機關)征收員(某)(署名蓋章)

中華民國　年　月　日　國民政府財政部給

字第　號罰金　元

罰金聯單

第五聯

留經徵機關

姓名及年齡	住址及職業	處罰事由	查獲(某)類量數及價值	查獲地方	處罰金額

(某)區(經征機關)征收員(某)(署名蓋章)

中華民國　年　月　日　國民政府財政部給

字第　號罰金　元

財政部辦理全國菸酒商登記章程 十七年八月公布

第一條　本部整頓全國菸酒費稅規定登記辦法以調查產銷實數改革征收方法爲宗旨

第二條　凡各省菸酒製賣商及販賣商均應遵照本章程之規定辦理

第三條　凡商店發售菸酒不論整賣營業或零賣營業均爲販賣商其製造菸酒者爲製賣商

第四條　各省菸酒商登記以該省所屬各菸酒事務分局爲登記所由該分局局長會同各該縣縣長管理之

第五條　製賣商應將商號名稱地址經理人姓名及出產種類數量向主管分局登記所聲請登記

第六條　販賣商應將商號名稱地址經理人姓名及營業種類向主管分局登記所聲請登記

第七條　菸酒商登記體察地方情形得每年舉行一次其期限由省局核定之

第八條　菸酒商已逾法定期限尚未聲請登記時除照章處罰外仍由登記所派員檢查依法登記

第九條　菸酒商聲請登記時登記所認有疑義得派員檢查之

第十條　登記所自當事人聲請之日起須於三日以內將登記事務辦理完竣但有特別情事時得延長之

第十一條　登記所辦理完竣應繕具簿册呈報省局查核省局認有疑義得派員抽查之

第十二條　各縣登記簿册呈報省局核准後應於十日以內公告之

第十三條　前條之公告應於縣長公署前或分局張貼佈告之處揭示之

第十四條　登記確定後在本年度內不得變更

第十五條　違反本章程第五或第六條之規定而任意違抗者處十元以上一百元以下之罰金再犯者加倍處罰

第十六條　菸酒商聲請登記報告不實經派員檢查屬實者處五元以上五十元以下之罰金

第十七條　辦理登記人員如有實心辦事成績顯著者由省局呈請獎勵或酌予獎金其辦理不力或有營私舞弊情事由省局按其情節輕重依法懲辦

第十八條　本章程如有未盡事宜由本部隨時酌量修正公布施行

第十九條　本章程施行細則由各省局擬定呈請本部核准施行

第二十條　本章程自公布日施行

全國菸酒公賣暫行簡程　四年五月公布

第一條　政府整頓全國菸酒規定公賣辦法以實行官督商銷爲宗旨

第二條　全國菸酒公賣法未頒布以前菸酒公賣事務暫行按照本章程辦理

第三條　凡本國製銷之菸酒均應遵照本章程辦理

第四條　各省設菸酒公賣局酌量菸酒產銷情形劃分區域設置分局名曰某省第幾區菸酒

公賣分局

第五條　公賣分局於所管區域内分別地點組織菸酒公賣分棧招商承辦由局酌取押款給予執照經理公賣事務

第六條　凡商民買賣菸酒均應由公賣分棧代爲經理

第七條　已設公賣局地方應將原有之菸酒各項税釐牌照税及地方公益捐等暫由公賣局代收分撥

第八條　公賣局應酌量商情給予公賣分棧以相當之經費

第九條　公賣分局每月於所轄區域内先期規定菸酒公賣價格陳報各該省局核定後通告各分棧遵照施行

第十條　菸酒銷售應由公賣局核計其成本利益及各税釐捐等項外體察産銷情形酌量加收十分之一以上至十分之五定爲公賣價格隨時公布之

第十一條　凡分棧發售菸酒如有私自增減公賣價格者應由分局處以相當之罰

第十二條　各省公賣局征收款項就近繳存各該省支金庫並按月列表報部聽候核撥

第十三條　商民如私賣菸酒當照另訂稽查專章從嚴懲罰

第十四條　家釀自食者經公賣局許可給照每家每年以百斤爲限仍照章征收公賣費無照者一律嚴禁

第十五條　公賣局檢查方法以製定之印照簿據單票證明之不另收費印照上標明分量由公賣局印製發給公賣分棧派員查驗粘貼簿據單票由公賣局製定式樣發給公賣分棧遵用

第十六條　各省原有之稅釐均暫照各省核定之數征收

第十七條　凡商店販賣菸類酒類均須於包裹及盛儲器具上分別貼用公賣局印照方准出售以便稽查如查有印照與貨數不符者應照另章罰辦

第十八條　凡在本省運銷經甲區公賣局檢定貼有印照者如運至乙區時勿庸再貼其運至他省銷場仍應由該處公賣局檢定價格加貼印照

第十九條　稽查私銷私運等事項各該地方官應帮同局員按照專章辦理同負責任

第二十條　本章程施行細則由各該省局體察地方情形詳細規定呈請本部核定施行

第二十一條　本章程如有未盡事宜得隨時修正呈准施行

各省菸酒公賣局稽查章程 四年六月公布

第一章　稽查手續

第一條　各省菸酒公賣局關於菸酒公賣事務稽查之手續依本章程執行之

第二條　各省局所轄之各分局每月應造具收入支出各計算書連同各項單據詳送省局備

核

第三條　菸酒公賣印照及各項單據應由省局加蓋局印編列號碼發給各分局應用

前項印照單據應按照號碼依次應用不得紊亂次序每月已發若干應分別列表連同票根詳報省局備核

第四條　洋元銀兩銅幣等之換算各分局以收款當日之市價爲標準前項市價應由各分局按旬詳報省局

第五條　分局或分棧一切收支款項均應按日登錄簿記以備稽核

第六條　省局對於分局或分棧支棧等除照章程稽查外如認爲有必要時得依局章第九條派員巡視考查并有調閱各項案卷帳記單據之權

第七條　分局於所轄區域內各菸酒商店營業之狀態產銷數目之多寡市價之漲跌等事項應隨時詳報省局

第八條　分局應派司事隨時前往分棧視察公賣事務省局直轄之分棧則由省局派員監視

第九條　分棧或支棧於所轄區域內如有不受檢查或私自營業之菸酒商店得隨時密報主管公賣局派員前往查辦

第十條　分局於所轄區域內得派巡丁緝查私菸私酒或商由該管縣知事加派警察幫同辦理並准鄉鎮團首鄰近舉發但必有私菸私酒之實據妄報者反坐

第十一條　凡巡丁及鄉鎮團首查獲私菸私酒應報明主管局所聽候核辦不得私自處理並由局將所獲菸酒變價一半充公一半充賞

第二章　罰則

第十二條　省局對於分局之懲罰以左列方法行之

（一）記過　（二）罰薪　（三）撤差

第十三條　分局委員關於製訂之簿記表單倘不遵定式辦理或各項報告未能按期詳報者應記過一次記過三次者罰薪一月

第十四條　分局委員經徵款項如無特別理由逾期未解者罰薪一月

第十五條　分局委員如有與分棧支棧串同舞弊或將所徵款項朦蔽侵蝕等情事經省局查明屬實一面撤差一面詳報本部送交法庭按律懲辦

第十六條　省局或分局對於分棧支棧菸酒商店等之懲罰以左列方法行之

（一）罰款　（二）取消經理人之資格　（三）停止營業　（四）沒收押款

第十七條　分棧或支棧代徵公賣費如有不照定章私自增減其定額者應按增減額加三倍處罰

第十八條　分棧或支棧如有與菸酒商店串同舞弊及其他妨礙公賣種種行爲等情事經主

管公賣局查明屬實應照公賣分棧章程第二十條取消經理人之資格

前項情節較重者詳請省局沒收其押款

第十九條　凡菸酒商店如有販運或製造私菸私酒經主管公賣局發見後應將貨物沒收並得酌量情形加倍處罰處罰經三次以上仍再違犯者應由省局飭知地方官勒令停止其菸酒營業

第三章　附則

第二十條　省局直轄之分棧關於稽查之手續由省局直接執行之

第二十一條　監察員辦事處關於報告省局及稽查分棧等事項按照本章程分局應行之職務辦理

第二十二條　本章程如有未盡事宜由財政部隨時酌量修正公布施行

第二十三條　本章程施行細則由各省省局擬定詳請財政部核准施行

徵收菸酒公賣費規則　四年八月公布

第一條　各菸酒公賣局委託各該公棧代徵公賣費依本規則辦理

第二條　各省菸酒公賣區域應就產銷兩地均匀劃分其各區域内之公賣費即從產地徵收銷地專重緝私以昭周密

第三條　各省菸酒公賣區域如因有習慣或其他特別情形致產銷兩地不能均勻劃分時其菸酒應徵之公賣費應由產銷兩地各半分徵

第四條　菸酒公賣費如於一省內產銷兩地各半分徵時其公賣費折半額應各按產銷兩地之公賣費價格計算

第五條　產銷兩地如同在一省而分甲乙兩區域經甲區域內公棧徵過折半公賣費時應給予商人驗單執運俟運抵乙區域銷售地方再由該地方公棧按照本區公賣價格續徵半額並扣存驗單報由主管公賣局核辦

第六條　公棧徵收折半公賣費給予商人驗單時應隨徵驗單費大洋一角

前項驗單費菸酒各塡一票如同一菸類或酒類應不分重量之多寡抵按票數徵收

第七條　驗單用後列四聯式一聯存根一聯交商執運一聯送主辦公賣局存案一聯送指銷地點之公賣局核對其中間經過地方之公賣局應查驗在執運一聯上蓋戳註明經過日期

第八條　驗單應由各菸酒公賣省局照式印刷編列號數鈐蓋局印飭發各分局所轉交各該區域內之公棧遵照塡用報查

第九條　凡甲省運赴乙省銷售之菸酒其首先運經乙省之區域如非其銷場地點時該區域內之公棧應詢明指銷地方並查明貨色重量給予驗單放行

第十條　凡甲省運赴丙省之菸酒係藉乙省爲通過地運至丙省銷售者其首先經過乙省區

域內之公棧應詢明指銷地方並查明貨色重量給予驗單放行

第十一條　前列第九第十條之驗單費悉照本規則第六條第一第二兩項辦理

第十二條　甲省運銷乙省或藉乙省爲通過地之菸酒如經查明給予驗單其驗單用後列四聯式一聯存根一聯交商執運一聯送本管公賣局存查一聯送指運地點之公賣局核對其中間經過地方之公賣局應查驗在執運一聯上蓋戳註明經過日期

第十三條　驗單有效期間應由各該公棧於給發驗單時按商人指銷地點之路程遠近分別酌擬塡載如逾原定之有效期間該驗單卽作爲無效以杜一單兩用之弊

商人沿途阻滯致逾驗單內規定有效期間時如有確實事由足以證明無弊並能取具所在地殷實商號之保證書出爲擔保者應准赴所在地之主管公賣局稟請換給驗單免徵取驗單費

第十四條　本省所產之菸酒經本省甲區域徵過公賣費運銷丙區域中途如欲將菸酒加製造或改裝時應先報明所在地之公棧查明原運貨色斤量相符俟改裝後卽由該公棧分別補貼印照免征公賣費

前項菸酒經改裝後如超過原運斤量時應將超過斤量補征公賣費

第十五條　甲省輸入乙省之菸酒持有運銷乙省之驗單者中途如有將菸酒改裝情事應先報明所在地之公棧查明原運貨色斤量相符俟改裝後卽由該分棧換給驗單免征驗單費

前項菸酒經改裝後如超過原運斤量於換給驗單時仍應另取驗單費其公賣費俟達指銷區域再由該區域之主管公棧征收之

第十六條　本規則自各省菸酒公賣局成立之日施行

憑驗各單填用報查手續

一征收憑單改用五聯式（第一聯）給商執運（第二三四聯）由經征機關按月彙繳本管分局所該管分局所卽將第四聯截留存查第二三聯按月呈送省局省局卽將第三聯截留存查第二聯按月彙齊送署查核（第五聯）爲經征機關存根

一驗單改用六聯式（第一聯）給商沿途執驗（第二聯）由經征機關逕寄該商指銷地方菸酒事務局或分局查照徵收（第三四五聯）由經征機關按月彙繳本管分局所該管分局所卽將第五聯截留存查第三四聯按月呈送省局省局卽將第四聯截留存查第三聯按月彙齊送署查核（第六聯）爲經征機關存根

一罰金聯單改用五聯式（第一聯）給受罰商人收執（第二三四聯）由經征機關隨時送繳本管分局所該管分局所卽將第四聯截留存查二三兩聯按月呈送省局省局卽將第三聯截留存查第二聯按月彙齊送署查核（第五聯）爲經徵機關存根

以上所稱經徵機關係指直接徵收者而言如分棧支棧或分卡等皆是其由分局直接徵收

之處則分局卽屬經徵機關單內分局存查三聯卽由分局截留連同第一聯均作爲存根以備查考

一憑驗各單之順序均自左而右幷於右方裝訂成本以防散亂

一查驗印照現擬由本署另製半分一分五分一角一元五種印花頒發貼用在未經製訂以前各省暫照向章辦理

一各種存查聯單由經徵機關按月造具管收除在四柱月報呈繳分局由分局彙齊呈報省局省局彙齊造具總月報册送署查核月報册式另行頒發

塡用查驗印照例言

一查驗印照訂甲乙丙丁四種式樣由省局照式刷印甲種字及邊綫均用紅色乙種用黃色丙種用紫色丁種用黑色以誌區別其紙張須取單簿而結緻者

一甲乙兩種印照由省局編列號碼加蓋局印丙丁兩種面積較小應由省局編定號碼蓋用圖記發給各分局應用

一貼用此項印照時應由經徵員將憑單號數暨菸酒種類及重量並徵收費款數目分別產銷名目詳晰塡註以便查驗

一四種印照應按照菸酒重量分別發貼菸酒在一斤以上者貼用丁種十斤以上者貼用丙種

五十斤以上者貼用乙種一百斤以上者貼用甲種

一此項印照無論本銷外銷或外省輸入以及產銷並徵之菸酒均適用之原有印照一律取消

一此項印照專爲征收公賣費之用其有向他項稅捐塡發別種印花者應仍照向章辦理

（三）牌照稅

菸酒爲特種營業。東西各國。非經政府准許。不得製銷。我國販運菸酒。向無制限。民國三年。始仿日本稅則。訂定販賣菸酒特許牌照稅條例十五條。華洋菸酒一律辦理。另訂施行細則。於是年五月公布施行。十六年國民政府成立。是年十一月財政部公布機製酒類營業牌照稅條例及捲菸牌照稅條例。捲菸牌照由捲菸稅局經徵。旋以菸類牌照向章不分華洋。統歸各省菸酒事務局徵收。爲便於推行計。復將菸類牌照加以修正。另訂菸類營業牌照稅條例暨施行細則。將捲菸牌照歸入菸類牌照辦理。自十七年四月起。由各省事務局按新章徵收。十八年六月。復修正菸類營業牌照稅條例零售之負販者一項稅率。並修訂酒類營業牌照稅條例及施行細則。十八年六月。公布實行。

國民政府財政部菸類營業牌照稅暫行章程 十七年三月十三日部令公布十八年六月修正

第一條　凡售賣華洋菸類一律遵照本章程領取牌照始得營業

前項菸類凡土製菸絲機製捲菸及一切菸葉製造品均包括在內

第二條　菸類營業牌照由財政部製印頒發各省菸酒事務局分別發給

第三條　營業牌照分左列二種

第一種　凡以菸類大宗批發與零賣商人者爲整賣營業其種類如左

捲菸廠商之分公司及經理分銷處

各種製賣土菸店

菸草行

經理各種菸類批發店

第二種　凡販賣菸類零售消費者爲零賣營業其種類如左

開設店肆營售一切菸類者

他種商店兼售一切菸類者

零售菸類之攤房及負販者

第四條　具領前項牌照者每年依左列定額納税

整賣營業

捲菸廠商之分公司及經理分銷處　每季一百元

各種製賣土菸店及菸草行　每季四十元

經理各種菸類批發店　每季二十元

零售營業

開設店肆營業一切菸類者　每季十二元

他種商店大部份兼營一切菸類者	每季八元
他種商店零售一切菸類者	每季四元
設攤零賣菸類者	每季二元
零售菸類之負販者	每季五角

第五條　營業牌照應懸於衆目易見之處以便稽征機關隨時檢查

第六條　營業牌照不得轉賣讓與或貸用

第七條　營業停止時應將牌照繳還原領處註銷

第八條　違反本章程第一條及第六條之規定者應納稅額十倍以下一倍以上之罰金

此項罰金由處罰機關製給罰單爲憑

第九條　自本章程公布後所有以前頒佈之捲菸營業牌照章程及販賣菸酒特許牌照稅條例內之菸類條例一律廢止

第十條　如本章程有未盡事宜得隨時修正之

第十一條　本章程自公布之日施行

按本章程第四條零賣營業項下零售菸類之負販者原定每季一元十六年六月修正改爲每季五角

國民政府財政部菸類營業牌照稅章程施行細則　十七年三月十三日部令公布

第一條　凡菸類營業商人應向該管各省局或分局按照章程繳納稅銀領取牌照方准營業

第二條　每年以一月四月七月十月之一日爲換領新照時期不得逾限新營業者無論在每季之任何月分領照均作一季計算同時兼營批發及零售之商店須分別領照

第三條　凡具領牌照之業戶遇有遷地營業時應即呈報該管機關登記換領新照其所遷地點如在本管區域以外並應呈由原管機關通知該新遷區域管轄機關備案另領新照

第四條　營業牌照核准發給後如欲變更等級應於一個月以前聲請核辦

第五條　凡負販小商營業無一定地點者應將住所呈報該管機關登記如遇遷移亦應隨時呈報

第六條　凡由承繼人繼續營業者須呈報該管機關登記換給新照並應納費二角

第七條　業戶如停止營業時應於三日內報明該管機關並繳銷牌照

第八條　此項牌照應懸於衆目易見之處攤戶負販則隨身攜帶以備該管征經機關隨時檢查

第九條　牌照如有污損時得隨時申請換發每次納費二角或遺失應即覓取妥保申請該管機關核准補發並納費二角

第十條　如有違反本細則規定事項應照菸類牌照章程第八條處罰其有告發人者以罰金四成充賞

第十一條　細則自公布日施行如有未盡事宜得隨時修正

國民政府財政部酒類營業牌照税暫行章程 十八年六月公布

第一條　凡以售賣酒類爲業者須一律遵照本章程領取牌照始得營業

前項酒類專指一切土製酒類關於洋酒類及火酒類另章辦理

第二條　酒類營業牌照由財政部製印頒發各省菸酒事務局分别發給

第三條　營業牌照分整賣零賣兩種

第一種　凡以酒類大宗批發與零賣商人者應領整賣牌照整賣牌照分甲乙丙三等

(甲)每年批發在二千擔以上者

(乙)每年批發在一千擔以上者

(丙)每年批發在一千擔以下者

第二種　凡以酒類零星售與消費者應領零賣牌照

零賣牌照分甲乙丙丁四等

(甲)開設店肆販賣一切酒類者

(乙)他種商店兼售一切酒類者

(丙)零售酒類之設攤者

(丁)零售酒類之負販者

第四條　前項牌照每年分四季具領依左列定額納稅

（一）整賣

甲等　每季收費三十二元

乙等　每季收費二十四元

丙等　每季收費十六元

（二）零賣

甲等　每季收費八元

乙等　每季收費四元

丙等　每季收費二元

丁等　每季收費五角

第五條　營業牌照應懸於衆目易見之處以便稽征機關隨時檢查

第六條　營業牌照不得轉賣讓與或貸用

第七條　營業停止時應將牌照繳還原領處註銷

第八條　違反本章程第一條及第六條之規定者處以應納稅額十倍以下一倍以上之罰金

此項罰金由處罰機關掣給罰金聯單爲憑

第九條　本章程如有未盡事宜得隨時修正之

第十條　本章程自十八年七月一日施行

國民政府財政部酒類營業牌照稅暫行章程施行細則

第一條　凡酒類營業商人向該管省局或分局按照章程繳納稅銀領取牌照方准營業

第二條　每年以一月四月七月十月之一日至十日爲換領新照時期逾期不領者由征收機關催征之並征費整賣四元零賣甲種八角乙種六角丙種四角丁種二角催征用費准在該項內開支新營業者無論在每期之任何月份領照均作一期計算同時兼營批發及零售之商店須分別領照

第三條　凡具領牌照之業戶遇有遷地營業時應卽呈報該管機關登記其所遷地點如在原管區域以外並應呈由原管機關通知所遷地之管轄機關備案

第四條　營業牌照發給後如欲變更等級應于一個月以前聲請核辦

第五條　凡負販商營業無一定地點者應將住所報明該管機關登記如遇遷移亦應隨時呈報

第六條　凡由承繼人繼續營業者須呈報本管機關登記換給新照並應納費二角

第七條　業戶如停止營業時應於三日內報明該管機關並繳銷牌照

第八條　此項牌照應懸于衆目易見之處攤戶負販則隨身攜帶以備該管征收機關隨時檢查

第九條　牌照如有污損得隨時申請換發每次納費二角倘或遺失應卽覓取妥保申請該管機關

核准補發並繳費二角

第十條　如有違反本細則之規定應照酒類牌照章程第八條處罰其有告發人者以罰金四成充賞

第十一條　本細則自十八年七月一日施行如有未盡事宜并得隨時修正之

國民政府財政部洋酒類營業牌照章程 十六年十一月二十一日部令公布

第一條　凡以售賣華洋機製酒類爲業者須一律遵照本章程領有營業牌照始得開始營業前項酒類專指華洋機製洋酒及火酒類關於土酒另章辦理

第二條　機製酒類營業牌照由財政部頒發各省菸酒事務局分別發給其發給手續另定之

第三條　營業牌照分批發零售兩種

批發牌照分左列兩種

一等　各機製酒廠進口商酒廠分公司及獨家經理等須每季繳納牌照費五十元

二等　各分代理及批發機製酒類商店須每季繳納牌照費十元零售牌照分左列兩等

一等　各酒樓旅館及酒吧等類須每季繳納牌照費十元

二等　各零售機製酒類商店須每季繳納牌照費五元

第四條　同時兼營批發及零售之商店須分別領照

第五條　營業牌照不得轉賣讓與或貸用
第六條　違犯本章程之規定者處以應納牌照費十倍以下一倍以上之罰金
第七條　本章程自公布之日施行

洋酒類營業牌照施行細則　十六年十一月二十一日部令公布

第一條　凡營華洋機製酒類業者應具申請書向該管各省局分局取具牌照申請書依式呈請照章給發營業牌照
第二條　每季以一月四月七月十月之一日至十日爲換領新照時期不依期限換領者均作一計算
第三條　商人於停業時須將牌照繳還註銷
第四條　營業牌照一經核准發給後如欲變易種類或更換等級須於一個月前申請核辦
第五條　領有牌照商人遷地營業時須呈報該管機關登記並由該管機關通知所遷地之管轄機關備案
第六條　凡與營業牌照有關係之繼承營業人須呈報該管機關換領新照並納換照費二角
第七條　營業牌照須張貼店內當目地方以便檢査
第八條　牌照汚損時須得申請補發每次納費二角遇遺失時須另行繳費領取新照

第九條　違犯本細則者依照華洋機製酒類營業牌照章程第二條處罰並以罰金之四成賞給告發人

第十條　牌照費應由經徵機關另設賬部分別登記

第十一條　本細則自公布日施行

販賣菸酒特許牌照稅條例 民國三年公布

第一條　販菸草或酒類之營業分爲左之二種

第一種　整賣營業　凡以菸草或酒類大宗批發與零賣商人者爲整賣營業

第二種　零賣營業　凡以販賣菸草或酒類零星售與消費者爲零賣營業其種類如左

一甲種零賣營業　開設一定之店肆以零賣菸草或酒類爲全部分或大部分營業者

二乙種零賣營業　開設一定他種店肆兼零賣菸草或酒類者

三丙種零賣營業　無一定之店肆於道旁或沿戶零賣菸草或酒類者

第二條　欲爲前條之營業者須赴該管征收官署領取牌照前項之牌照由財政部頒發國稅廳轉給

第三條　持有前條牌照者每年依左列定額納稅

整賣營業　四十元

甲種零賣營業　十六元
乙種零賣營業　八元
丙種零賣營業　四元
兼營整賣與零賣或兼賣菸草與酒類者須領取兩種特許牌照各依定額納稅
第四條　前條之稅額每年分兩期完納
第一期　一月一日至一月末日
第二期　七月一日至七月末日
新營業者於領取特許牌照時完納其期之牌照稅
第五條　凡以販賣菸酒營業者須於店肆明記整賣或零賣字樣並特許牌照受領之年月日及其號數但丙種零賣營業者得將以上事項標明於易見之處
第六條　特許牌照不得轉賣讓與或貸用
第七條　特許牌照遺失或汚損時得敍明事由呈請征稅官署補給依前項之規定補領或更換特許牌照者須納規費銀二角
第八條　營業者廢業時須將特許牌照繳還該管征稅官署轉報國稅廳將原領牌照註銷
第九條　征稅官吏認爲必要時得檢查販賣菸酒營業者之牌照
第十條　無特許牌照者爲第一條之營業時除依第三條之規定繳足稅額並補領特許牌照

外處以左列之罰金

一初犯者處以一期稅額之三倍之罰金

二累犯者處以全年稅額之三倍之罰金三犯以上者不得復爲第一條之營業

前項之規定於兼營整賣與零賣或兼賣菸草與酒類僅領取一種特許牌照者准用之

第十一條　違反第五條之規定或爲虛僞之揭載及拒絕第九條之檢驗者處以一元以上三十元以下之罰金

第十二條　違反第六條之規定者處以二元以上五十元以下之罰金

第十三條　本條例自公布日施行

第十四條　本條例施行前賦課征收之關於菸酒各稅與本條例所定之稅性質不同者不因本條例施行失其效力

第十五條　本條例施行前爲第一條之營業者自本條例施行之日起須依第二條之規定領取特許牌照

修正販賣菸酒特許牌照條例施行細則 民國三年公布

第一條　販賣菸酒或酒類之業營者應提出申請書於該管經征局署請領特許牌照

前項申請書須塡具營業之種類及營業地方（除丙種零賣營業）及其住所居所氏名名

稱等二人以上共同爲營業者適用前項之規定連名提出申請書

第二條　領有特許之牌照營業者欲移轉販賣地方時應赴該管經征局署繳還舊照換領新照移轉販賣地方係在他管經征局署時應由該管經征局署將原呈之申請書通告於他管經征局署另行換給牌照

第三條　無一定店肆之營業者遇有變更居所時應敍明事由申告於該管經征局署

第四條　由承繼人繼續營業者須速申告於該管經征局署

第五條　營業者廢業時應於三日以內申告於該管經征局署繳銷特許牌照

第六條　經徵局署征收稅金時應給與收據於納稅人

第七條　凡在六月以前特許者當納全年分稅金在七月以後特許者納半年分稅金廢業在七月以後者當納全年分稅金廢業在六月以前者當納半年分稅金

第八條　丙種零賣營業者除牌照外須常攜帶納稅收據以便征收官吏隨時檢閲

第九條　酒館飯館販館販賣供給賓客飲用之酒類者當看作乙種零賣營業者

第十條　販賣酒類如係專供療病之用者（如藥酒之類其非藥酒不得援引此條）無須領取牌照

前項之規定係指外省外縣而言本京內外城之酒館飯莊不在此例不得援以藉口

第十一條　營業者屆期未納稅者該管經征局署即須行文督促之

第十二條　營業者自接奉督促公文之日起十日以內猶不納稅時特許牌照卽失效力
前項營業者自失效之日起五日以內應赴該管經征局署繳銷特許牌照
第十三條　營業者於特許牌照失效之日以後仍爲販賣營業者當看作無特許牌照營業者
第十四條　行文督促時須征收銀元二角至八角以爲稅費
第十五條　營業者違背條例時征收官吏可隨時傳案詰問并得請警官吏檢查其違犯事實之物件暨帳簿書類
因前項之檢查時應由本人家族或同居鄰居人中之已成年者臨場監視并開單備案
第十六條　有告發違背條例第十條及第十二條者調查屬實時給以罰金之三成以爲奬賞
第十七條　按照條例第十第十一第十二等條處以罰金時該管經征局署對於該營業人應先發通告書俟塡納罰金時并應繳給罰金收據
前項收據用四聯制編號一給納罰金人一存經征局署一存財政廳一繳財政部
第十八條　販賣菸酒特許牌照各省財政廳照式印刷編號加蓋關防轉發各地方經征局署應用該局署發給牌照時應於牌照下方加蓋某縣稅局或縣知事署發給等字樣戳記
第十九條　各地方經征局署由財政廳原有稅局分配每縣指定一處其無特設稅局者委託縣知事署代辦但京師地方由本部委託直轄征收官署辦理
前項各地方經征局署由財政廳指定或委託後應報明財政部查核

第二十條　該管經征官署應備置販賣菸酒特許牌照税賬簿登記或整理出納
第二十一條　各地方經征局署每期經征税銀應於次月解交財政廳彙解財政部核收
第二十二條　新營業者所納本期税銀經征局署每屆月終截數於次日連同新營業者名册解交財政廳彙解財政部核收
第二十三條　各地方經征局署報解税銀時應造具營業名册連同牌照存根解交財政廳彙總呈報財政部
第二十四條　每届納税之期前二十日由財政廳布告各地方經征局署揭示
第二十五條　依本細則所需之書類應備製某號至某號之各種格式前項書類均照本部前頒定式刊發應用
第二十六條　本細則自公布日施行

申請書

申請事　年　歲　縣人今於　爲
地方開設　字號販賣　係　賣營業每年應
納稅銀　元分兩期完納理合遵照販賣菸酒
特許牌照稅條例第二條申請
核明塡給特許販賣　牌照收執並隨完本期稅
銀　圓此申

申請人
保人

中華民國　年　月　日

申請人注意

一此項申請書營業人請領牌照時用之

一此紙由該管經征局署發給並無分文費用

一該管經征局署另備有塡寫格式申請人須照式塡寫

一今於二字之下塡寫營業地名如係外省或外縣人營業並將營業之省名或縣名塡入開設二字之下塡寫店肆字號如係丙種零賣營業無店肆字號者免塡

一數目字均應大寫如一二三等字須寫壹貳叁等字之類

財政部

菸類（整或零）賣營業牌照

營業種類	省縣別	營業人姓名籍貫	營業人地址	營業字號	每年稅額	每季繳稅數目	有效期間	經發機關	牌照號數	中華民國
										年 月 日

字第　　號

財政部

菸類（整或零）賣營業牌照存根

營業種類	省縣別	營業人姓名籍貫	營業人地址	營業字號	每年稅額	每季繳稅數目	有效期間	經發機關	牌照號數	中華民國
										年 月 日

財政部

酒類（整或零）賣營業牌照

營業種類	省縣別	營業人姓名籍貫	營業人地址	營業字號	每年稅額	每季繳稅數目	有效期間	經發機關	牌照號數

中華民國　　年　　月　　日

字第　　　號

財政部

酒類（整或零）賣營業牌照存根

營業種類	省縣別	營業人姓名籍貫	營業人地址	營業字號	每年稅額	每季繳稅數目	有效期間	經發機關	牌照號數

中華民國　　年　　月　　日

財政部

華洋機製酒類（批發或零賣）營業牌照

營業種類	省縣別	營業人姓名	營業人籍貫	營業地址	營業字號	每年稅額	有效期間	經發機關	牌照號數	中華民國 年 月 日

字第　　號

財政部

華洋機製酒類（批發或零賣）營業牌照存根

營業種類	省縣別	營業人姓名	營業人籍貫	營業地址	營業字號	每年稅額	有效期間	經發機關	牌照號數	中華民國 年 月 日

第甲聯　期納稅收據

某省菸酒事務局今據　　地方　　字號　賣菸
營業人　　違繳第　期稅銀　　元　核與該營業人販賣
菸酒特許牌照條例第三條應納稅額及第四條期限相符除如數核收填給收據
收執外合將甲聯截存備查

中華民國　　年　　月　　日　字第　　號

字第　　號稅銀　　元

第乙聯　期納稅收據

某省菸酒事務局今據　　地方　　字號　賣菸
營業人　　違繳第　期稅銀　　元　核與該營業人販賣
菸酒特許牌照條例第三條應納稅額及第四條期限相符除如數核收填給收據
收執外合將乙聯申送
全國菸酒事務署查核

中華民國　　年　　月　　日　字第　　號

字第　　號稅銀　　元

第丙聯　期納稅收據

某省菸酒事務局今據　　地方　　字號　賣菸
營業人　　違繳第　期稅銀　　元　核與該營業人販賣
菸酒特許牌照條例第三條應納稅額及第四條期限相符除如數核收外合將丙
聯填給該營業人收執爲據

右給該營業人　　收執

中華民國　　年　　月　　日　字第　　號

申請書

為申請事　　　年　　　歲　　　縣
人向於　　　地方開設　　　字號販賣　　　係
賣營業領有　　　字第　　　號特許販賣
牌照每年分期納稅茲因　　　情願廢業理合遵照販賣
菸酒特許牌照稅條例第八條將原領牌照繳還申請核明註銷此申
附繳　　　字第　　　號牌照一張
申請人　　　住
保人　　　住
中華民國　　　年　　　月　　　日

申請人注意

一此項申請書營業人廢業繳還牌照時用之
一此紙由該管經征局署發給並無分文費用
一該管經征局署另備有填寫格式申請人須照式填寫
一向於二字之下填寫營業地名如係外省或外縣之營業並將營業之省名縣名填入開設二字之下填寫店肆號如係丙種零賣營業無店肆字號者免填
一茲因二字之下須將廢業事由詳晰填寫
一繳還牌照後即行停止營業不得以存貨未完私行售賣
一數目字均應大寫如一二三等字須寫壹貳叁等字之類

存根

某省菸酒事務局查有販賣　營業人　於地方

開設　字號係　賣營業違反販賣菸酒特許牌

照稅條例第四條之規定過期未納稅款依本條例第

條應處以第　項所規定之罰金計應罰繳銀

元除通告外合行截存備查

中華民國　年　月　日　字第　號

字第　號罰銀　元

罰金通告書

某省菸酒事務局查有販賣　營業人　於地方

開設　字號係　賣營業違反販賣菸酒特許牌

照稅條例第四條之規定過期未納稅款依本條例第

條應處以第　項所規定之罰金計應罰繳銀

元限於五日內如數繳

納毋稍違誤特此通告

右通告販賣　營業人　准此

中華民國　年　月　日　字第　號

甲聯第　期納稅收據

某省菸酒事務局今據　地方　字號　賣菸
營業人　遵繳第　期稅銀　元　核與該營業人販賣
菸酒特許牌照條例第三條應納稅額及第四條期限相符除如數核收填給收據
收執外合將甲聯截存備查
中華民國　年　月　日　字第　號

字第　號稅銀　元

乙聯第　期納稅收據

某省菸酒事務局今據　地方　字號　賣菸
營業人　遵繳第　期稅銀　元　核與該營業人販賣
菸酒特許牌照條例第三條應納稅額及第四條期限相符除如數核收填給收據
收執外合將乙聯申送
全國菸酒事務署查核
中華民國　年　月　日　字第　號

字第　號稅銀　元

丙聯第　期納稅收據

某省菸酒事務局今據　地方　字號　賣菸
營業人　遵繳第　期稅銀　元　核與該營業人販賣
菸酒特許牌照條例第三條應納稅額及第四條期限相符除如數核收外合將丙
聯填給該營業人收執爲據
右給該營業人　收執
中華民國　年　月　日　字第　號

(四)捲菸稅

捲菸進口。始於晚清。自是以還。舶來品及在華製造品。銷場充斥。除納海關稅外。卽可通行內地。與土菸土酒應納稅項。輕重懸殊。有失內外均衡之旨。前全國菸酒署有鑑於此。爰於民國十年十月。公布征收紙菸捐章程十一條。規定征收出廠捐及內地二五捐辦法。於上海設立全國紙菸捐務總局。實行開征。首據英美菸公司備具聲明書。承認遵繳。並照會英使館備案。旋花旗大美東亞南洋等菸公司相率呈准仿辦。十二年二月。頒布征收雪茄菸捐章程九條。暨施行大綱五條。規定舶來品及華製品分別征捐。嗣菸商以捐則偏重華製。要求減輕。是年七月。復頒布修正雪茄菸捐暫行細則十一條。改爲舶來華製一律征捐。八月。海關修訂稅則。紙菸改按七等估價。內地二五捐亦援照辦理。由署訂定七等稅額表。通飭遵辦。(詳第七章)十四年八月。以各省辦理捲菸特稅。各菸公司紛請抵繳統捐。滬局收入。影響甚鉅。由署擬訂取銷特稅加征統捐分撥抵補辦法。並據英美菸公司備具續聲明書四條。函署遵辦。嗣以各省逡巡觀望。致未實行。十六年五月。前財政部菸酒署公布出廠加捐及加征特稅辦法。(詳第七章)北方各省。均經次第遵辦。嗣國民政府成立。十七年一月。公布征收捲菸統稅條例。規定加增稅率。統一征收。並據英美菸公司擬具納稅辦法。函陳財政部。遵照辦理。十七年十二月。復將捲菸統稅條例修正公布。英美菸公司原訂辦法。亦照案更正。稅率不論輸入或國製品。一律征收百分之三二·五。卽現行之稅則也。

財政部徵收捲菸統稅條例 十七年十二月公布

第一條　凡一切捲菸及菸葉製成之貨品除國內工製之菸葉菸絲外均應照本條例之規定完納捲菸統稅

第二條　捲菸統稅爲中央國稅由財政部於相當地點設立全國捲菸統稅總處征收之其各省應設捲菸稅局由總處酌量籌設呈部核定關於前項統稅上之驗查緝私事務由該原處辦理之

第三條　凡一切進口之捲菸及以菸葉製成之貨品除繳納海關稅進口稅百分之七五外應按照海關估價另納捲菸統稅百分之三二五凡一切在本國境內設廠製造之貨品應由主管機關以海關估價爲標準繳納捲菸統稅百分之三十二五准其行銷各省及租界商埠不再重征他項稅捐

第四條　關於捲菸粘貼印花事須由所在地捲菸稅局派員駐廠監貼不論在租界商埠之內或租界商埠之外銷售捲菸其箱上均應貼有印花違者以私論

第五條　凡省市各地方政府及軍警機關對於捲菸稅範圍內之檢查緝私事項由財政部咨行各主管機關所屬一體協助辦理

第六條　關於取締捲菸營業事項另定之

第七條　凡本條例未經規定事項由財政部隨時以部令行之

第八條　本條例自公布之日施行

按本條例係根據十七年一月公布之捲菸統稅條例將第三條內關於稅率各節酌加修正其餘各條並無變更其英美菸公司十七年一月所訂納稅辦法（辦法見後）亦於是時將原約第一條內納稅數目分別照案更正其更正手續以公函行之

英美菸公司修正納稅辦法

第一條　進口菸貨納稅率

海關稅及附加稅　值百抽七·五　國民政府統稅　值百抽三二·五

國內製造菸貨納稅率

國民政府統稅　值百抽三二·五

統稅應照海關估價等第計算如下

貨物名稱		納稅單位及稅額	
紙菸			關銀
甲	每千枝值關銀十二兩五錢以上及每菸枝上未印有菸牌或名稱者		八錢三分
乙	每千枝值關銀八兩五錢以上至十二兩五錢	每千枝	五錢三分
丙	每千枝值關銀六兩五錢以上至八兩五錢	每千枝	三錢三分
丁	每千枝值關銀四兩五錢以上至六兩五錢	每千枝	二錢八分

戊	每千枝值關銀三兩以上至四兩五錢	每千枝	一錢九分
己	每千枝值關銀一兩五錢以上至三兩	每千枝	一錢一分
庚	每千枝值關銀一兩五錢或以下	每千枝	六分

按照上列等第計算每所應納統稅如左

進口及國內製造紙菸

頭等每五萬枝箱	四〇四·六二五元
二等每五萬枝箱	二五八·三七五
三等每五萬枝箱	一八五·二五〇
四等每五萬枝箱	一三六·五〇〇
五等每五萬枝箱	九二·六二五
六等每五萬枝箱	五三·六二五
七等每五萬枝箱	二九·二五〇

第二條　統稅之徵收用購領印花辦法其印花由國民政府供給凡運銷貨物於施行統稅各省及將來施行統稅省分時公司須將印花貼於箱上

第三條　因繳納上開稅率之關係所有對於菸貨徵收任何性質之其他現行各稅一律取銷又在本辦法有效期內除依第一條所列舉各種稅率外不得別有課徵

第四條　購領印花款項公司須於每月月底後從速結算清繳

第五條　在適用統稅範圍各省內如有向公司貨物徵收第一條所列舉各稅以外之捐稅時公司得將此項捐稅數目於每月繳款內扣抵

第六條　如貼有印花之貨物未能售出因而銷毀時公司應收回購買該項印花之費凡當地稅局局員出具正式印文載明印花數目並證明貨物業已銷毀者該印文應認爲可以收回印花費之確實證據或公司遇必要時將貼有印花之貨物自本約所括省區轉運往不適用統稅各地經公司代理人申請後當地稅局須發給印文註明轉運事項並證明所納統稅印花數目應由公司收回

第七條　公司貨物所運往之省分無須繳納第一條所定統稅惟須經過適用統稅省分者應給予憑照准其免除任何性質之捐稅如貨物經過此項省分被徵收捐稅時該捐稅須如數償還公司

第八條　進口菸貨及國內製造菸貨運往本約所不包括之地點或運往外國者應免繳本約所載之統稅

第九條　如他公司菸貨於稅務上享受優越待遇則公司應享受同等待遇并得將公司與他公司所納稅率間之差數於按月繳款內扣除之

第十條　本約第一條所定稅率及第二條至第九條所定各種納稅之條件自民國十七年十二月一日起實行並自實行之日起算兩年間均繼續有效

徵收紙菸捐章程 十年八月一日公布

第一條　運銷內地紙菸除完納海關稅崇文門稅項外應遵照本章程之規定照納捐項

第二條　紙菸分舶來品與在華製造品二種均應徵內地統捐捐率均從價計算凡值百元者徵收二元五角其等第照海關規定辦理

第三條　在華製造品除前條規定值百抽二五外另於出廠時不論等次每箱五萬枝加徵出廠捐二元其不成箱者即以枝計

前項按枝計捐以五千枝爲標準每五千枝納捐二角凡不滿五千枝者亦以五千枝計算納捐二角五千枝以上即按一萬枝計算納捐四角一萬枝以上即按一萬五千枝計算納捐六角餘照此類推

第四條　紙菸菸商完納前項內地捐款後應由經徵機關塡發捐單注明種類價值捐數及指銷地點交由菸商分別執持粘貼以憑查驗

第五條　在華製造品徵收前項出廠捐應就廠按箱抽收不論行銷地點是否租界商埠一律照收不得援洋貨之例藉口行銷租界商埠希圖免納並於抽收後發給印花分別粘貼以資查驗

前項印花分爲十聯每聯二角按照第三條辦理

第六條　舶來品與在華製造品業經遵照第二第三條所規定之捐率分别納捐領有捐單或貼有印花所有經過局卡一律查驗放行其他内地零星雜捐釐金等項不再重徵

第七條　本章程俟呈准後施行無論華洋商人一律遵守

第八條　本章程如有未盡事宜得隨時酌量修正

民國十年八月全國菸酒事務署與英美菸公司原訂聲明書

第一條　全國菸酒事務署施行抽收香菸捐辦法英美菸公司（以後簡稱公司）允認遵辦并聲明下列各條

第二條　凡公司由通商口岸運往内地之香菸無論係由外洋運入或係在中國製造之品除海關税及運至北京之崇文門税外均應按價值分别四等（與進口香菸完納海關進口税分等之辦法同）繳納内地統捐其捐率如下

頭等每五萬枝納十二元三角七分五釐

二等每五萬枝納七元一角二分五釐

三等每五萬枝納四元一角二分五釐

四等每五萬枝納二元二角五分

第三條　凡公司在華製造行銷各省之香菸無論運往通商口岸或租界均按五萬支完納二

元之出廠捐卽在製造廠按箱繳納并由菸酒署發給印花票以備貼用此項印花票得由公司向菸酒署備款請領仍由菸酒署派員在廠查驗印花

第四條　不滿五萬支之香菸其納捐辦法應以五千支爲單位凡不滿五千支者亦應照五千支計算抽收如五千零一支卽照一萬支計算一萬零一支卽照一萬五千支計算餘類推

第五條　公司運銷之香菸已納內地捐及出廠捐後領有捐單及貼有印花所有各省之釐金及各種稅捐等項均准免納倘有向已經完納內地捐及出廠捐之貨徵收別項捐款者公司得將該捐單爲據以所捐之數抵繳以後應完之捐款惟店鋪營業稅牌照稅不在此例

第六條　公司運銷內地之香菸應納之內地捐得於每月月底按捐單所載捐款之總數撥交菸酒署

前項交款手續另行詳定

第七條　公司在通商口岸或商埠行銷之香菸除第三條所載出廠捐外他項捐款均不完納其在通商口岸或商埠售出由購主運往內地之香菸則按第二條完納捐款

第八條　其他公司行銷香菸倘所抽之捐較本公司爲輕其待遇較本公司爲優者本公司應享同等利益并得將所納之捐與他公司所捐之差數由應納捐款內扣除之

第九條　公司允認以上抽捐辦法時應聲明條約應享之權利毫不縮減或拋棄

第十條　公司允認以上抽捐辦法應由外交部正式達知英國使館

第十一條　以上收捐辦法自施行之日起於八年內有效

以上十一條爲十年八月三日原定之聲明書

民國十四年三月續訂聲明書

全國菸酒事務署駐華英美菸公司互允下列各條卽爲十年八月三日之聲明書及附函第六百九十一六百九十二六百九十三各號原訂辦法之續補條文而與原訂辦法現行聯爲一體

第十二條　菸酒署與公司將十年原訂辦法聲明照舊有效並同意下列各條一經各省聲明遵照十年原訂辦法暨下列各條辦理該省卽有抽收此項捲菸保護捐之權

第十三條　公司應照第十二條規定交納各省之捲菸保護捐其徵收標準與原聲明書第二條所定之內地捐同其捐率則倍之

第十四條　捲菸保護捐由公司依據菸酒署通知按照銷售各該省捲菸貼用保護捐印花數目按月撥交各該省

前項保護捐印花票由菸酒署印製發行

第十五條　菸酒署向公司抽收此項捲菸捐補助各省稅收後應保證各省遵照十年八月三日所訂聲明書第五條切實辦理倘何省有向貼有保護捐印花之捲菸徵收他項稅捐情事公司得按所徵數目於該省每月應得款內照數減交如所徵超過應交所差之數並得在應

交菸酒署全部月款內扣抵

花旗菸公司聲明書

第一條　花旗菸公司（以下簡稱公司）承認遵守全國菸酒事務署征收紙菸捐之辦法幷聲明下列各條

第二條　凡公司由通商各口岸運往內地之菸捲不論爲舶來品抑在華製造品除繳海關稅及運至北京之貨品繳納崇文門稅外應繳納內地統捐一道內地統捐之稅率按照菸捲價値之高下分爲下列四等

第一等每五萬枝	十二元三角七分五厘
第二等每五萬枝	七元一角二分五厘
第三等每五萬枝	四元一角二分五厘
第四等每五萬枝	二元二角五分

第三條　凡各公司在華製造行銷各省之菸捲無論運往通商各口岸或租界地均按五萬枝繳納出廠捐二元即在製造廠按箱繳納幷由菸酒署發給印花以備貼用此項印花票得由公司向菸酒署備款請領菸酒署幷得派員到廠稽查

第四條　不滿五萬枝之香菸其納稅方法應以五千枝爲單位凡不滿五千枝者卽照五千枝

計算抽收例如五千零一枝應照一萬枝計算一萬零一枝應照一萬五千枝計算是也餘類推

第五條　公司運售之菸捲其已經繳納內地統捐及出廠捐後領有捐單及貼有印花得免納各省一切釐金及各種稅捐等項倘有向已經繳納內地統捐及出廠捐之貨征收別項捐款者公司得將該項捐單爲據在以後應繳納內地統捐或出廠捐中如數扣除之但店舖營業稅及牌照稅不在此例

第六條　公司應繳納之內地統捐得於每月月終按照捐單所載捐款之總數繳納於全國菸酒事務署

上列繳款之手續其詳細辦法另定之

第七條　凡公司在通商口岸或商埠銷售之菸捲除按照第三條之規定應繳納出廠捐外不再繳納他項稅捐其由通商口岸或商埠出賣之菸捲由買主帶往內地者均按照第二規定征收

第八條　其他公司所行銷之香菸倘所繳之捐款較本公司爲輕其待遇較本公司爲優深藍司得享有同等之利益并得將所納之捐與他公司所納之捐之差數由應納捐額內扣除

第九條　凡公司應享條約上之權利不因本合同之規定而拋棄或減少

第十條　公司承認上列征稅辦法應由外交部照會駐京美國公使館

第十一條　以上收捐辦法自施行之日起於八年內爲有效期間

第十二條　中國中央政府之權力未能統一各省之前稅單征稅之辦法不適用於廣東廣西湖南貴州雲南各省

民國十四年三月續訂聲明書

全國菸酒事務署與天津花旗菸公司今茲增訂下列各款附於一九二二年（卽民國十一）三月十八日美使館移交外交部聲明書

第十三條　全國菸酒事務署與花旗菸公司今聲明遵守一九二二年卽民國十一年所訂之原協定並承認現訂之各附款各省凡有承認原協定及其附款者當有享受茲定之保護捐之特權

第十四條　本公司承認交付第十三條所定之省保護捐其征收標準與原聲明書第二條所定之內地捐同其捐率則倍之

第十五條　此項保護捐當由公司依據全國菸酒事務署通知按照銷售各該省捲菸貼用保護捐印花數目按月撥交各該省此項保護捐印花當由全國菸酒事務署印製發行

第十六條　菸酒署向公司抽收此項加捐補助各省稅收後應保證各省遵照一九二二年八月三日聲明書第五條切實辦理倘何省有向已貼保護捐印花之貨征收他項稅捐情事公

司得按所征數目於該省應得款内照數減交如所征超過應交所差之數並得在應交菸酒署全部月款内扣抵

征收雪茄菸捐章程 十二年二月呈准

第一條　凡運銷雪茄菸除完納海關常關崇文門各稅項外應遵照本章程之規定繳納捐款

第二條　雪茄菸捐分華製舶來兩種華製品值百抽五舶來品值百抽二五

第三條　雪茄菸捐無論華製品舶來品均以二十五支爲單位不滿二十五支者均照二十五支納捐

第四條　雪茄菸捐之等第比照海關新稅則規定分爲兩等其捐率如左

華製品每二十五支頭等納捐洋一角一分二厘二等納捐洋四分九厘每一百支頭等納捐洋四角五分二等納捐洋一角九分五厘

舶來品每二十五支頭等納捐洋五分六厘二等納捐洋二分四厘每一百支頭等納捐洋二角二分五厘二等納捐洋一角

第五條　雪茄菸捐之證華製舶來品各分兩等每等又分一百支裝二十五支裝兩種

華製品之二五捐證一百支裝者頭等爲深紅色二等爲深黄色二十五支裝者頭等爲深藍色二等爲深綠色

舶來品之二五捐證一百支裝者頭等爲淺紅色二等爲淺黄色二十五支裝者頭等爲淺藍

色二等爲淺綠色

此項捐證之票面概不列數應按照領用各等各種之枚數依第四條所列捐率分別計算繳納捐款（如華製品領用二十五支頭等深藍色捐證一枚卽應繳洋一角一分二厘餘依此類推計算）

第六條　凡運銷於中國警察權管轄各區域之雪茄菸不論華製品舶來品均須一律遵章納捐粘貼捐證

第七條　凡華製舶來之雪茄菸旣遵章納捐粘貼捐證所有經過各局卡一律查驗放行其他零星雜捐概不重徵

第八條　凡雪茄菸如未遵章程粘貼捐證以偷漏論輕則處以捐額三倍以上之罰金重則全數充公其有減等或匿枝及重用舊捐證等弊均依此處罰

第九條　本章程咨呈全國菸酒事務署核定後施行如有未盡事宜得隨時修正公布之

雪茄菸捐章程施行大綱

一雪茄菸捐等第照海關新稅則規定每千枝價值四十兩以上者爲頭等照六十兩抽捐四十兩以下者爲二等照二十五兩抽捐各等各捐證由各公司備款向本局具領貼用

一雪茄菸應按照等第將枝數捐證實貼盒面以便檢查其有未貼捐證及貼不足數者均照章處罰

一匣面所貼捐證應由貼捐證之公司於捐證與匣面之間騎蓋圖章如已貼捐證未蓋圖章或蓋不騎縫均以未貼論

一本局所設稽征機關及其他各局所遇有檢查經過雪茄菸已否粘貼捐證時各華洋商人應聽憑檢查不得拒絕其銷售雪茄菸之公司店鋪遇有本局携帶檢查證之職員及警察前往檢查時亦同

一本施行大綱華洋商人一律遵守其有未盡事宜由本局隨時修正公布之

修正征收雪茄菸捐暫行細則 十二年七月呈准

一雪茄菸等第原章定爲兩等每千枝價值四十兩（15合洋六十元）以上者爲頭等照六十兩抽捐每千枝價值四十兩以下十兩（15合洋十五元）以上者爲二等照二十五兩抽捐現新增兩等每千枝價值十兩以下七兩半（15合洋十一元二角五分）以上者爲三等照十一元抽捐每千枝價值七兩半以下者爲四等照四元抽捐

二雪茄菸納捐原章華製值百抽五船來値百抽二五現因開辦伊始特予變通無論華製船來均以値百抽二五爲率其頭二兩等概照原章第四條船來品之捐率納捐（每二十五枝頭等納捐洋五分六厘二等納捐洋二分四厘每一百枝頭等納捐洋二角二分五厘二等納捐洋一角）

添設之第三等捐率每百枝納捐洋二分五厘四等每百枝納捐洋一分不及百枝者照百枝

計算

三雪茄菸捐證之種類其頭二兩等照原章第五條之規定分別粘貼添設之三四兩等所用之捐證票面已列價額按等計枝貼用（一分爲赭色）（二分五厘爲紫色）

四凡已入公會之公司行棧需用捐證概由公會備款來局購用

五公會代購代售捐證需用手續經費得於向本局代購捐證時按照實繳價額扣提百分之七自行分別開支

六凡已入公會之公司行棧運銷雪茄菸除上海租界一隅外無論運往任何地點均須一律遵章購貼捐證並由公會擔任全責勸令各公司行棧不得有匿枝減等偷漏等事違者照罰

七凡未入公會之菸商運銷雪茄菸情形應由公會隨時調查報告本局

公會對於本局遇有關於雪茄菸事項委託辦理或諮詢時應爲切實之答覆不得推諉

九各公司行棧起運雪茄菸須於先一日以前將報請查驗單填明送局本局卽派員前往查驗給予捐單後方准起運或遇有臨時急於報關不及填單得用電話請驗亦可惟一面仍須補填送局以符手續

十本細則自實行日起以一年爲有效期間

十一征收雪茄菸捐章程除第二條第四條第六條已經本細則修改外其餘各條暨施行大綱全文均繼續有效

(五)洋酒類稅

洋酒與捲菸同屬奢侈之品。未辦專稅以前。除納關稅外。卽可通行內地。亦與捲菸同。民國十五年。前全國菸酒事務署以洋酒銷場日廣。各省稅制不一。亟應設法整理。爰訂徵收機製酒類販賣稅條例十一條。並擬訂罰金規則。於七月間一併公布施行。十六年。前財政部菸酒署訂定徵收機製酒類出廠捐施行規則十二條。於八月間公布施行。十六年。國民政府成立。公布印花稅條例。洋酒一項。歸入印花稅辦理。載明原條例第四類中。旋仍劃歸事務局照舊徵收。十八年六月。財政部菸酒稅處以機製酒稅名稱較狹。重加修正。改爲洋酒類稅。訂定暫行章程十三條。無論外人製造華人仿造及舶來品。均在徵收之列。並擬訂稽查規則九條。罰金規則十二條。一併公布施行。

國民政府財政部洋酒類稅暫行章程 十八年六月修正公布

第一條　凡在本國境內銷售洋酒類。均須按照本章程之規定依率納稅

前項洋酒類無論外人製造華人仿造及舶來品均屬之

第二條　洋酒類稅由各省菸酒事務局稽征之

第三條　洋酒類稅率暫定爲值百征三十按照價值抽收其火酒一項(卽奧滸)暫定爲每百斤征稅二十元

前項稅率每年修正一次先期由省局酌量情形擬定征率呈請本部核定頒行

第四條　洋酒類稅直接征收之販賣商人間接即征之消費者係就當地營銷商店稽征之

前項營銷商店無論躉賣零賣附賣均屬之

第五條　洋酒類以憑證爲征收稅款之證據憑證係長條式計分一分二分三分五分一角二角三角五角一元九種由財政部印製處交各省菸酒事務局發行或特許商店代銷

前項代銷規則應由各省局各就地方情形酌量擬定呈部核定施行

第六條　凡遵章納過洋酒類稅者由各該經征機關將部製前項憑證照所繳稅款如數檢發該納稅商人領取後貼于盛酒之單位容器上方准陳列銷售

第七條　凡貼有前項之征稅憑證之洋酒類得行銷內地不再征稅

第八條　裝盛前項酒類各種容器除船來品有原裝容器外凡在華中外商人製造之酒類均須選用能封口之瓶罐其容量至少以一斤爲限（其不及一斤者以一斤計算）非經貼有前項憑證者不得開器零售

第九條　違犯本章程暨各項規則者分別處以罰金

前項罰金規則另定之

第十條　營銷前項酒類商店無論躉賣零賣附賣均須備有後列各種賬簿載明確實數目以備稽查

（一）進貨簿

(二)銷貨簿

(三)存貨簿

(四)購入憑證簿

第十一條　本章程施行細則由各省局體察地方情形詳細規定呈請本部核定施行

第十二條　本章程如有未盡事宜得隨時修改之

第十三條　本章程自十八年七月一日施行

財政部洋酒類税稽查規則　十八年六月公布

第一條　凡各省菸酒事務局及所屬經征局所因征收境內洋酒類税款防隱匿偷漏起見得隨時派員稽查依照本規則辦理

第二條　稽查人員執行職務時應由主管機關發給稽查憑證以資識别並應知會當地警察隨時協助

前項稽查憑證不得轉假他人違者嚴行處罰

第三條　稽查人員因緝拏大帮未貼憑證之洋酒類得隨時商同當地縣署酌撥隊警協助之

第四條　稽查人員執行檢查時對於商戶前項酒類貨品數量應逐一驗明登記按照洋酒類税章程之規定定率飭令繳足税款照數給發部印憑證交由納税商人裹貼于單位之容器上以爲納

稅之識別並于已貼部印憑證上加蓋驗訖戳記以杜弊混

第五條　稽查人員執行檢查時如欲調閱賬簿該商戶人等均不得藉端抗拒

第六條　稽查人員執行任務時不得向商戶額外需索及任意留難營銷商人亦不得有串同舞弊行爲違者依法究辦

第七條　遇有洋酒類漏稅或納稅不足定率及私行買賣無憑證之前項酒類者無論何人均得告發

第八條　本規則如有未盡事宜得隨時修正之

第九條　本規則自十八年七月一日施行

財政部洋酒類稅罰金規則　十八年六月公布

第一條　凡洋酒類商人違背征收洋酒類稅章程及稽查規則者均依本規則之規定分別處罰之

第二條　凡商戶違背前項洋酒類稅章程第五條及第六條之規定於盛酒容器上不貼憑證或將已經用過之憑證揭下重貼者除將貨物充公外并按照貨價處以二倍以上五倍以下之罰金

第三條　凡商戶陳銷前項酒類憑證貼不足數者除責令照數補貼外并按漏貼憑證稅額處以十倍以上二十倍以下之罰金

第四條　違犯洋酒類稅章程第十條之規定不置賬簿或各簿記所載不實希圖朦混者處以二元

以上二十元以下之罰金
第五條　違犯洋酒類稅章程第十條及稽查規則第四條之規定不報查驗者除責令遵照規定手續辦理外並處以五元以上五十元以下之罰金再犯者加倍處罰三犯者加四倍處罰并得停止其營業
第六條　違犯稽查規則第五條之規定有抗拒行爲者除强制執行外視其營業之大小處以三元以上三十元以下之罰金
第七條　僞造或私改洋酒類稅憑證者應照僞造有價證劵律懲治
第八條　凡營業商人犯本規則兩條以上者各依本條之規定倂科之
第九條　前項罰金由處罰機關將所罰實數塡列部製五聯罰單內分別給發彙報并列表呈報
第十條　前項罰金以五成充公五成獎給查獲及報告人充公之款應由局每屆月終彙解菸酒稅處轉部庫核收
第十一條　本規則有未盡事宜得隨時修正之
第十二條　本規則自十八年七月一日施行

征收機製酒類販賣稅條例　十五年七月公布

第一條　凡在中華民國國境內銷售之機器製造酒類均須按照本條例所規定繳納販賣稅

本條所稱機製之酒凡從各國運華及外人在華製造之酒類暨華人仿造之洋酒類均屬之

第二條　機製酒類販賣稅率暫定爲百分之二十從價征收之

第三條　機製酒類販賣稅直接征之販賣商人間接征之飲戶即就當地營銷之商店稽征之（躉賣零賣附賣均屬之）凡未經納稅之洋酒一律不得銷售

第四條　機製酒類販賣稅納稅憑證以四種長條印花代行之（如省區均有特別標識）凡違章納稅之洋酒須將印花裹貼於盛酒之單位容器上始准陳列銷售凡貼有本省區機製酒類販賣稅印花者在本省區內無論何處均不重征

第五條　機製酒類稅印花由全國菸酒事務署印製發交指定之機關發售特許商店代銷代銷機製酒納稅印花規則另定之

第六條　稽查各洋酒販賣商店印花分爲定期稽查臨時稽查兩種得由各省區局斟酌當地情形辦理

關於稽查一切程序之規則另定之

第七條　裝盛洋酒各項容器除舶來品有原裝之容器外凡在華製造之洋酒均須選用能封口之瓶罐至少容量一斤爲限（其不及一斤者亦照一斤計算）非經貼有機製酒類納稅印花者不得開器零售

第八條　違犯本章程暨各項規則者分別處以罰金

罰金規則另定之

第九條　管銷洋酒商店無論躉賣零賣均須照製後列各種官定賬簿載明確實數目用備稽查

（一）進貨簿

（二）銷貨簿

（三）存貨簿

（四）購入印花簿

第十條　本章程如有未盡事宜得隨時修正之

第十一條　本章程自公布之日施行

機製酒類征稅分處稽查征稅規則　十五年八月公布

第一條　機製酒類征稅分處稽查各營業洋酒商店印花手續悉依本規則辦理

第二條　營業洋酒商店均須領取菸酒特別執照其商店種類如左

（甲）洋酒批發及專銷商店

（乙）兼銷及零銷洋酒商店

（丙）飯店及旅館

（丁）飯莊及餐館

前項執照由分處發給按季繳換新照一次

第三條　定期稽查每月兩次由稽查員協同巡警執行之臨時稽查不拘時日由處長指派稽查員二人以上執行之但每次稽查執行後卽須塡具報告書呈報分處

第四條　稽查憑證由分處長發給各稽查員執持如往洋酒商店稽查時須先將稽查憑證出示店員方得執行職務（密查時不在此例）

稽查憑證不得轉假他人違者從重處罰

第五條　稽查員驗明各洋酒容器所貼印花無訛卽於印花上加蓋戳記以爲查訖之證

第六條　稽查員到店稽查如欲調閱賬簿時該店人員不得抗拒

第七條　稽查員對于營業洋酒商店如有需索留難情形准由該商店據實呈控分處聽候查辦倘商店與稽查員有串同舞弊行爲一經察覺除將稽查員嚴懲外並將該商店從重罰辦

第八條　稽查員因執行職務必要時得協同警廳警員或商會職員辦理

第九條　分處於所轄區域內得隨時分派稽巡隊緝查私行買賣無印花之洋酒遇必要時得商由警廳加派巡警幇同辦理

前項所獲私酒經分處核定變價一半充公一半充賞

第十條　遇有洋酒漏稅或納稅不足稅率及私行買賣無印花洋酒者無論何人均得告發

第十一條　本規則自呈准之日施行

第十二條　本規則如有未盡事宜得隨時呈明修正之

徵收機製酒類販賣稅罰金規則

第一條　凡經稽查員查獲及經人告發之無憑證機製洋酒類應照本規則所訂各條辦理並應掣給受罰人罰單一聯爲據

第二條　罰金按十成分配有告發人者以五成給作奬金二成半歸處罰機關津貼辦公之用二成半充公如經稽查員查獲者以五成歸公二成半歸處罰機關二成半給查獲之人

第三條　營銷機製酒類之商店如不按照徵收販賣稅條例章程第二條及第四條之規定於盛酒之容器上貼用印花卽行銷售者應處以一元以上五十元以下之罰金

再犯者加倍處罰違犯二次以上者加十倍處罰

第四條　營銷機製酒類之商店如所貼印花不足徵收販賣稅條例第二條規定之數及揭下已貼用之印花重貼者除責令補貼外並處以十元以上一百元以下之罰金

第五條　違犯徵收販賣稅條例第九條之規定不照置備官定賬簿或各簿記所載不實希圖朦混者處以十元以上一百元以下之罰金

第六條　違犯徵收販賣稅條例第六條及稽查規則第　條之規定不服查驗者除責令遵照規定手續辦理外處以五十元以上百元以下之罰金

再犯者加倍處罰違犯二次以上者加四倍處罰并得停止其營業

第七條　違犯稽查規則第六條之規定有抗拒行爲者除强制執行外視其營業大小處以二十以上二百元以下之罰金

第八條　僞造或私改徵收機製酒類販賣稅之納稅印花者應送交法庭依法從重懲辦

第九條　稽查人員放棄職責及執行職務時與洋酒商人串通舞弊者一經察覺除將稽查人員依法斥懲外對於該舞弊商人從重處罰

第十條　一人而犯罰則二條以上者應卽依照各本條所規定分別處罰

第十一條　本規則如有未盡事宜得隨時修正之

財政部菸酒署征收機製酒類出廠捐施行規則

第一條　凡在中華民國國境內用機器製造之酒類出廠銷售者無論華洋商人均須遵照呈奉批准出廠捐率百分之十征收出廠捐

第二條　征收機製酒類出廠捐納捐憑證本地銷售者用出廠捐印花運外銷售者用出廠捐三聯捐單

第三條　出廠捐印花由本署印製處交機製酒類征稅處發售發售出廠捐印花應另製三聯售票單分別存發以備查考

四條　機製酒類在製酒當地銷售者應於出廠時貼用出廠捐印花於盛酒之容器封口上並於騎縫加蓋號戳

第五條　機製酒類由製酒地運至他境售者於出廠時繳納捐款由征收機關填用三聯捐單以一聯交商收執爲繳納捐款憑證一聯由征收機關截留存查一聯按月彙呈本署查核

第六條　機製酒類由製酒地運輸出境時除發給出廠捐捐單外應再由征收機關填用四聯運單以一聯存根一聯交商執運一聯由征收機關郵送指運地點之征收機關查核一聯連同出廠捐聯單按月彙呈本署查核

第七條　塡發運單每單運數至多以五十箱爲限每一運單應繳手續費銀壹角所有在出廠捐施行以前原有征收機酒運單費辦法應卽取銷前項運單暨出廠捐聯單互相關聯凡運酒商人應一併收執呈驗如有一種漏誤均應照章處罰

第八條　凡運機酒出廠如有違犯本規則之規定者得援用機酒販賣稅罰金規則分別處罰

第九條　機製酒類出廠三聯捐單暨四聯運單由本署印製發交征收機關塡用

第十條　本規則第七條之手續費應以五成繳署留備印刷單照之用五成留備該處之用

第十一條　本規則自公布之日施行

第十二條　本規則如有未盡事宜得隨時修正之

菸酒稅史卷四

第四章　公賣費

第一節　概說

民國四年四月。北京財政部以菸酒兩項類屬奢侈品。各國皆課極重之稅。中國稅率甚輕。收數又未大旺。非籌辦公賣。難期收效。因由部呈明前大總統。於本部特設全國菸酒公賣事務總局。積極進行。五月三日成立。隨訂定全國菸酒公賣暫行簡章二十一條。菸酒公賣分棧暫行章程二十二條。菸酒公賣稽查章程二十三條。（罰則在內）並簿記單照格式。呈准公布。各省均設菸酒公賣局。（九年三月。改爲菸酒事務局。）其未經開辦以前。暫設菸酒公賣事務籌備處。辦理調查及一切籌備事宜。（舊京師酒類公賣局成立最早。其時各省尚未籌備。後改併爲京兆菸酒公賣局）所訂公賣辦法。以官督商銷爲宗旨。各省公賣局酌量菸酒產銷情形。劃分區域。設置分局。各分局於所管區域內。分別地點。組織菸酒公賣分棧。招商承辦。凡菸酒銷售。由公賣局核計其成本利益。酌量加收十分之一以上至十分之五。定爲菸酒公賣價格。各分局每月於所轄區域內。先期規定公賣價格。陳報各該省局核定後。通告各分棧遵照施行。凡各省菸酒公賣分棧。於本區域內有組織公賣支棧之權。其組織各商。概名爲經理人。分棧及支棧所管區域內各商店。應將每月產銷菸酒之數量種類。先期估計。報由各該棧前往檢查。分別粘照加戳。並填用局製之四聯憑單。依公賣局規定之額。代徵費款。凡販賣菸酒之商店。非貼有公賣局檢查印照之菸酒。一律禁止販賣。所有各棧代徵公賣費內。准提給二十分之一。卽百分之五之利益金。（後以加入支棧之二釐五。故統名爲七五利益金。亦有不止七五者。）其稽查章程。凡省局對於分局以下。分局對於分支棧以下。分支棧對於各商店。均有稽查之權。所有施行細則。均由各該省局詳細擬訂。呈部核定施行。此當時規定公賣之大略也。是年六月。由部通令各省籌備處主任員。會同各該省財政廳。妥協籌備。又以各省情形不同。如確有窒礙難行之處。但與部章不背。准其變通辦理。續又訂定徵收菸酒公賣費規則十六條。規定凡各省公賣區域。應就產銷兩地。均勻劃分。其各區域內之公賣費。卽從產地徵收。如因習慣或其他特別情形。產銷兩地不能均勻劃分。其菸酒應徵之公賣費。卽由產銷兩地。各半分徵。惟甲區徵過產地折半公賣費時。應給予商人驗單執運。俟運抵乙區銷售地方。再由該地方公棧。按照本區公賣價格。續徵半額。至由此省運銷彼省者。其應納公賣費由產銷兩省各徵一道。於四年八月。由部通令遵行。並制定四聯執運驗單格式。同時頒發。（憑驗兩單。初係局製。九年四月。始規定由中央頒發。憑單改爲五聯。驗單改爲六聯。國民政府成立後。亦同斯制。）五年一月。改設專署。離部獨立。（六年八月。仍改署爲局。歸併財部。八年一月。又改爲專署。）其時各省公賣局。亦均依次成立。得以循序進行。（其各地方原有之菸酒各項稅釐。牌照稅。以及地方公益捐等。均由各公賣局代收分撥。）然公賣辦法。雖於部訂章程中規定明晰。而施行之際。乃仍無異一種徵稅制度。公棧經理。亦別成爲一種收稅之員。徒有公賣之名。並無公賣之實。與所謂官督商銷宗旨。相去倘遠。其從價收費一節。各省雖多遵行。但價格或未能每月核定。陳陳相因。漸乖本意。亦有不從價而從量者。而各棧經理。以洞悉商情。往往因緣爲奸。上欺下謾。攻訐之事。宿見不鮮。民國八九年間。各局中遂有呈請裁撤公棧設所稽徵之舉。其後他局援案辦理。歲歲有之。然此同彼異。各局始終未能一致。加以商包習慣。積重難返。流弊滋多。甚至有以費稅攤派各商戶者。而各局行政。則以四年六月部令中有准其變通辦理一語。遂至自爲風氣。畫一無由。參錯紛歧。匪伊朝夕。當專署成立後之一年。特於署內附設菸酒稅統一徵收籌備處。籌議關於菸酒稅統一徵收各事。並通令各省擬具辦法。旋以時局變遷。主張遂未能貫澈。其時惟舊京兆及廣東四川三處係屬費稅併徵。統稱爲公賣費。廣東省後又稱爲菸酒稅。此外各省則皆費稅分徵也。嗣前菸酒署因各局收數。每多短絀。乃於民國八年。訂立比較章程。其比較年額。根據最旺之年。酌加成數。並參照收入預算。酌量訂定。每年度更訂一次。並分別規定獎懲辦法。其長收者。於照章記功外。幷得酌給獎勵金。然歷年費收。迄亦未有起色。迨國民政府成立。經財政部於十六年六月公布菸酒公賣暫行條例十六條。十七年八月。又通令各省原有包商及提成經費辦法。均至期滿日一律廢止。同年同月。復通令將原有提給獎勵金辦法。自九月一日起。一律廢止。是時財政部長宋子文。承積弊之餘。值維新之會。銳意整頓。不遺餘力。菸酒稅處長程叔度。以菸酒費稅爲歲入經常之款。公賣費一項。範圍較廣。收入尤鉅。而積弊亦最深。推原其故。由於產銷既未詳悉調查。課稅遂無確定標準。加以制度不良。法章廢弛。甚至全省費稅。一任隱匿。而莫可究詰。各局以所定比額。責成經徵人員。經徵人員。以之攤派各戶名。雖公賣實等攤捐。各屬商民。所納稅額。各省局既無册可稽。故解款則前後套搭。徵稅則任意增減。濫索浮收尤所難免。而各局所發票照竟有經年累月。不加查考者。稅章等於具文收入永無起色。惟有辦理商戶登記。如鹽場之竈戶。漕糧之花名。庶幾按籍稽徵。稅無隱匿。而稅額可使周知。貪猾難爲姦。利實爲整頓費稅入手第一步辦法特擬定全國菸酒商登記章程二十條呈明部長由部通令各省菸酒事務局飭將施行細則及辦理方法詳晰釐訂呈候核奪。此法既立。耳目一新。徵特爲淨除積弊之機樞。亦可謂循行公賣之塗軌。惟是造端宏大。手續紛繁。殊非短時期所能蕆事。十八年五月。江蘇省局以十八年度行將開始。特擬具過渡辦法。提出財政部整理菸酒稅務委員會。擬俟十七年度屆滿。一律取消公棧。分縣設所稽徵。所長或遴員委任。令其繳納保證金。認比照解。或用投標制公開比額。以標額最高者委任辦理。當經大會通過。採用投標制。旋由局分別擬訂章則。呈部核准施行。迨開標事訖。每年公賣費及牌照稅額。乃由一百萬元驟增至一百五十餘元。此實能於暫時變通之中。行杜絕中飽之意。足爲各省局改良促進之先導者也。是年八月。財政部修訂菸酒公賣暫行條例十五條。公布施行。刪除各省菸酒公棧制度。改設稽徵所。凡菸酒銷售由各省局規定價格。暫以定價百分之二十爲公賣費率。此項費率。每年修正一次。同時復公布稽查規則八條。罰金規則九條。至是各省公賣費率。始得整齊。而向來積弊。亦可望依次革除矣。綜計全國菸酒公賣。除新疆全未舉辦。青海寧夏係屬新設省分。辦理情形未據呈報外。其現辦及曾經開辦之省。共二十五處。茲爲分節編列。一江蘇。二浙江。三安徽。四江西。五福建。六湖北。七湖南。八廣東。九廣西。十山東。十一山西。十二河北。十三河南。十四陝西。十五甘肅。十六四川西康。十七雲南貴州。十八遼寧。十九吉林。二十黑龍江。二十一熱河。二十二綏遠。二十三察哈爾。其各該省局所訂施行細則。及其他各項單行章則表件。逐節附列。並附各省公賣費徵收盈絀表。暨各省費率表。於本節之後。以備參考。至於外洋運華行銷。以及外人在華製造菸酒。當開辦公賣之初。北京財政部。曾經聲明應行另訂辦法。其未訂定以前。暫不徵取公賣費。現在此類菸酒。均已分別定率徵稅。另著於篇。

各省徵收菸酒公賣費定率表

省別	公賣費率	備考
江蘇	值百抽二十	蘇省民國四年開辦公賣原定費率爲值百抽十二·十七年七月一日起增至值百抽二十
浙江	值百抽十五	浙省開辦公賣之初雖以值百抽十五爲範圍仍分類從量規定歷久相沿遂完全以從量爲標準現行菸類每百斤最高收費三元六角最低五角酒類每百斤最高收費四元八角最低一角五分
安徽	值百抽二十	皖省公賣費率民國四年開辦迄今並無變更
江西	值百抽二十五	贛省公賣費率原定值百抽二十五今仍之
福建	酒類自值百抽五至值百抽二十 菸類自值百抽一·六至值百抽二十	閩省公賣費率向係分類規定有從量者有從價者其詳具福建公賣費篇中

湖北	費稅併征值百抽十七 內費百分之十二稅百分之五	鄂省公賣費率民國四年原定值百抽十二稅率係從量計算約 合值百抽五十六年三月改爲費稅併征百分之十七
湖南	費稅併征百分之十七 （費稅支配成數價照鄂省辦理）	湘省公賣開辦之初費率原定值百抽三十嗣改照鄂省辦理
山東	從量規定按時價約合值百抽十上 下	魯省公賣費率開辦之初卽從量規定按錢碼計算嗣迭次增加 並改征洋碼現行費率按斤計算每斤燒酒收費二分八厘八毛 菸葉菸絲均一分二厘
山西	值百抽十八	晉省原定費率爲百分之十五由十四年起核加二成招商包辦 其征收方法未盡從價
河南	值百抽三十	豫省公賣開辦之初定爲十分之二民國十八年以後將向征各 項附捐併入正稅合併征收公賣費每百元征三十元
河北	舊直隸屬值百抽二十 舊京兆屬每百觔費稅併征二元五 角	河北舊分直隸京兆兩省區公賣費率開辦之初卽經分別規定 自民國十七年兩省區合併改稱河北後費率仍照舊分別征收
陝西	值百抽三十	陝省公賣初辦費率定爲十分之二由十年十月加爲百分三十 再加爲百分四十十一年六月又減爲百分之卅五再減爲百分 之卅以廿分爲經常費欵以十分爲臨時增加
甘肅	菸類值百抽十六 酒類值百抽二十	甘省菸類多運銷東南由陝省經過凡出運過陝之菸則由陝局 代征公賣費百分之四惟仍列爲甘省收數十五年十二月會通 令加征費稅將菸酒公賣價格分別加增五成或三分之二不等 惟費率則照舊抽收
四川	值百抽二五	川省公賣費率於開辦時值百抽二十民國八年菸酒稅歸併公 賣一道征收改爲值百抽二五卽將稅捐名目永遠取消

廣東	土酒以三十斤爲一埕征稅九角紹酒百斤征稅三元六角土菸絲每排至多一元四角菸葉百斤外銷至多八元內銷至多二元五角外來菸酒又另行規定	粵省費稅並征當開辦之初即係從量規定旋又改費爲稅稅率比開辦時酒類加一倍以上菸類加三分之一以上惟內銷菸葉則至十五年始行征稅詳情載規程
廣西	值百抽十	桂省公賣費率開辦之初原定值百抽十二六年一月減爲值百抽十迄今未改
雲南	值百抽十	滇省公賣費率民國四年開辦時原定值百抽十五五年十二月一日起減爲值百抽十沿用迄今
遼寧	值百抽六	該省公賣費率於開辦時值百抽一二五年七月改爲值百抽六十五年十二月改爲值百抽四十七年四月又改爲值百抽六
吉林	值百抽十二	
黑龍江	值百抽十二	該省公賣費率開辦時值百抽一四五年七月改爲值百抽一二
熱河	值百抽十 外酒值百抽十二 菸葉從量每百斤征二元	熱河酒類公賣均係包池納費菸葉則商人包繳所定費率僅限零販之菸酒商適用之
綏遠	值百抽二十	綏省公賣開辦之初呈准費率爲值百抽十八嗣改爲值百抽二十
察哈爾	值百抽二十	察局成立之初察西各屬值百抽十八察東各屬值百抽二十由十四年七月改歸一律抽百分之二十

說明

一表列公賣費率均按現行定率填入其開辦以來變更情形於備考欄內分別注明

一公賣費率照章應從價計算間有從量計者並於備考欄內敘明之

一公賣費率照章不論菸酒種類皆一律辦理各省因產銷狀況不同間有分類規定者則以最高最低費率列入其詳另具各該省公賣篇中

各省菸酒公賣費徵收盈絀表

省別	收入最多年分全年收數	收入最少年分全年收數	備考
江蘇	六三二·一七四·〇四九元	三三九·二四〇·〇〇四元	上列各數係根據蘇局函送自四年至十七年分實收數目表查填十七年最多六年最少至十八年度改設稽征所取消分棧後該省公賣費收入預算已增一百一十六萬餘元
浙江	一·〇四〇·七二一·四七三	七五八·五五九·八〇六	上列數目係根據浙局函送自四年至十七年分實收數目表查填十七年最多十三年最少
安徽	二八九·〇一七·七〇三	一八九·六七〇·二〇二	上列數目係根據皖局歷年呈報收數表冊查填九年最多十二年最少
江西	二四四·四六一·三五五	一二〇·〇四三·〇〇〇	上列數目係根據贛局函送自四年至十七年分收數表查填十年最多五年最少

福建	四一七・四二〇・七八八	二九九・九七〇・八二九	上列各數係根據閩局歷年呈報收數表查塡十年最多九年最少
湖北	五〇二・三六四・五一六	三三二・七九〇・七〇一	上列各數係根據鄂局歷年呈報收數表查塡十三年最多十年最少
湖南	五一〇・三五五・七四〇		湘局歷年收數未據詳晰列報上列數目根據十七年度歲入預算查塡係費稅牌照三項總數
山東	五二五・九八五・二四五	三三九・四五七・七〇九	上列各數係根據魯局歷年呈報收數表查塡十三年最多八年最少
山西	五二〇・二七七・七八八	三八八・四四三・四五五	上列各數係根據晉局歷年呈報收數表查塡十四年最多十年最少
河南	二〇八・九八一・一〇五	一二九・五二七・五八二	上列各數根據豫局歷年呈報收數表查塡九年最多十年最少
河北	九九二・七二七・六〇七	六五四・七二三・一四一	河北舊分直隸京兆兩省區十七年六月間始合併上列各數係就該兩省區呈報之數綜合計算以十一年分收數最多十年分最少
陝西	二七六・九九五・三二六	一七六・一八八・四六三	上列各數根據陝局歷年呈報收數表查塡九年最多十年最少
甘肅	二五五・四七四・七三八	一七八・三七九・一七一	上列各數根據甘局歷年呈報收數表查塡十年最多十三年最少

四川	七八一•六七九•〇六〇		川省歷年收數未據詳晰列報上列之數根據十七年度收入預算填列係費稅牌照總數
廣東	五•五四五•一〇五•三一〇	三•一二三•一七三•五七〇	上列數目係根據粵省菸酒稅局函報自十五年至十七年分實收數查填十七年最多十五年最少至粵省費稅併征統名菸酒稅故上列之數係包括費稅兩項而言
廣西	六七一•三八三•七五〇	五二•五〇〇•五五〇	上列數目係根據桂局函送自四年至十七年收數表查填十七年最多十年最少
雲南	三一四•三三四•〇〇〇		滇省歷年收數未據詳晰列報上列之數根據十七年度收入預算填列係費稅牌照三項總數
遼寧	三•二三〇•四九〇•四〇八	五三五•三一四•六〇〇	上列各數係根據該省歷年呈報收數表查填十六年最多九年最少該省費款向收奉票表列郎以奉票爲單位
吉林	七二五•六八二•四三六	五〇三•九四四•九三三	上列各數係根據吉局歷年呈報收數表查填十五年最多十年最少
黑龍江	二八四•六一九•三九九	一五五•〇四二•五四五	上列各數係根據江局歷年呈報收數表查填八年最多十二年最少
熱河	一六三•六六五•九八三	一四七•三九七•二一三	上列各數係根據熱局歷年呈報收數表查填十二年最多十一年最少
綏遠	九八•〇一二•一八一	四二•一三九•一五八	上列各數係根據綏局函送自五年至十七年收數表查填十七年最多十二年最少

察哈爾	一三七·三四九·〇五四	二七·六〇七·九〇一	上列各數係根據察局函送自十一年至十七年收數表查填十六年最多十一年最少

說明

一表列各數以各省業經呈報有案者爲限

一表列各數依各省全年分實收數目比較盈絀分別查填

一各省征收盈絀均係自開辦起截至十七年分止其十七年以後收數各局尚未結報無從查填

一表列盈絀數目按各省平時收數填入其在軍事期內或有特別原因或全省各屬並未報齊者均不在比較之列

一表列各數均以現洋爲標準間有按票幣徵收者另於備考欄內註明之

第二節　江蘇公賣費

江蘇菸酒公賣民國四年六月財政部派員籌備。是月二十五日籌備處成立。參酌舊府屬轄境。劃全省爲七區。旋改八區。先從滬蘇入手。次及寧松徐海等處。以期循序漸進。七月十日。上海第二區分局成立。嗣省局及各區分局次第開辦。費率呈准暫按從價徵收百分之十二。俟成效稍著。再行酌加。民國十六年。國民政府成立。財政部整頓菸酒收入。規定公賣費率。一律按時値抽收百分之二十。令知蘇局飭屬自十六年九月一日起照新章徵收。旋菸酒各商。羣以營業蕭條。稅項繁重。厘金未裁以前。實難再增負擔。紛請緩免。當由蘇局呈准展緩至十七年一月一日施行。全國商會聯合會。復以厘稅未裁。商業凋敝。不堪重負、呈奉財政部令飭蘇局議復。蘇局據理力爭。部議體之。遂按照新定費率通飭各區籌辦。至十七年七月一日。始實行加徵至百分之二十。各棧所定費額。一律計成照加。皖省門台子菸葉運蘇。向在浦口照征公賣費一道。十八年七月間。皖商及英美菸公司。以稅重銷滯。迭請減免。經部核准。令知蘇局。凡皖省已征費稅之門台子菸葉過境。概免重征。以恤商艱。至第二區分局代徵直魯浙閩奉吉黑等省西菸銷地公賣費率。四年十月間。據蘇局呈准。照各該省當地費率代徵分撥。按月列册彙呈總署。分令各該省局編入計算。相沿迄今。此項費款。仍由蘇局經徵報解。

蘇省徵收公賣。採產銷併徵兼分徵制。本產運銷外省者。於產地徵足全費。貼甲種印照。產銷均在本境及由外省輸入本省銷售者。由產地或入境首棧徵足全費。貼乙種印照。已貼甲照或乙照者。本省境內。不再重徵。其本省此區運銷他區。所謂本產本銷者。於起運前按產地價格照率先徵半費貼丙種印照。俟貨抵指銷地點。再按銷地價格。補足半費。加貼乙種印照。方准出售。嗣以乙照係全費憑證。補繳半費。亦予加貼。既淆名實。尤易滋生弊端。復添丁照一種。本產本銷。補納銷地半費後。改貼丁照。以示區別。丙丁兩照。均無單獨行使之效用。更製改裝全費及半費印照兩種。專爲已納費款中途改裝或分運而設。不另收費。甲乙丙丁四照。以紅綠藍黑四色爲別。改裝全費半費兩照。以紫色及淡紅色爲別。印照之外。其納費憑單運銷驗單罰金聯單等項。均由部頒發應用。

公賣開辦之初。招商組織公棧。原爲溝通閡隔。免滋疑沮之計。蘇省定章。凡本客產銷菸酒。應納費款。由分支各棧。體察市情。計算成本捐稅利益。按旬分類擬訂公賣價格。呈由省局分局核准公布。照率征收。即由各該棧於每屆年度開始前。認定全年費額。分月照繳。繳不足額者。在保證金內扣抵。各分局負督催之責。而以省局總其成。征收由於商人。監督操諸政府。層層稽察。立法綦密。乃行之經年。流敝滋多。六年十二月。蘇局以該省公棧經理。舉自業商。攤繳押款。有類公司。商人短報偷漏。各棧扶同隱匿。視爲當然。積弊既深。費收日絀。呈准參照各厘稅局所補罰向章。酌定補征公賣費暫行辦法。布告各商。自七年八月一日起。責成江南北各稅所查驗補征。並以江北行銷菸葉爲數甚鉅。大都由上游鄂皖贛等省輸入。而以鎮江爲匯轉樞紐。該地公棧。稽查疏懈。漏費日夥。呈准於鎮江設立征收菸類公賣費專局。訂定征收辦法四條。由省局委員直接稽征。凡各省輸入菸葉。經過鎮江。由該局先征半費。塡發運單。貨抵銷地。再由各該地公棧。查驗單貨相符。補征半費。並將種類數量。按月造册。咨明鎮局。互爲核對。期袪商人匿漏之積弊。且樹公家委辦之基礎。旋該稽征所改爲駐鎮監察所。菸葉公賣費。仍由公棧征解。十三年六月。鎮棧虧欠鉅款。各幫商人爭充經理。相持不決。費收停頓。復據第一區分局呈經省局核准。設立駐鎮稽征所。由局委員稽征。十四年一月。該處公賣費。復准由商人組織分棧。照舊征收。委辦之制。甫經萌芽。而旋興旋輟。蓋包商制度行之已久。積重難返。理固然也。十七年一月。菸酒處長程叔度兼理局務。銳意整頓。先從增加費率入手。並由部擬訂菸酒商登記章程。令飭蘇局切實籌備。以爲根本整理之計。蘇省費收。始蒸蒸有日起之勢。而蘇局革新之基礎。亦由是而定。十八年一月。秦景阜繼長菸酒稅處。賡續督飭蘇局。根據原定計劃。參以最近狀況。徹底改革。藉樹各省之先導。適五月一日。財政部整理菸酒稅務委員會開會，蘇局提議，蘇省費稅。純用包商認繳制度。產銷數量。向無詳確調查。積年既久。權操包商。照額攤認。稅率章則。多未實施。國庫遂蒙其損失。前奉部令。廢除包商。辦理登記。根本整理。風清弊絕。舍此莫由。惟核實登記。既非短時期所能藏事，而十八年度。瞬將開始。貿然施行。恐致求贏轉絀。商包制度。爲世詬病。在所必廢。然其稅有定額。非無一長足取。倉卒委辦，又懼難於得人。熟權利害之間。籌一過渡辦法。凡現有分支各棧。十七年度屆滿。一律取消。每縣設立稽征所。所長或遴員委任。或用投標制。請酌核公決。委員會議決。自十八年度起。實行裁棧設所。所長採投標制。由部令局擬具江蘇菸酒費稅稽征所暫行章程十三條，投標規則十條。呈准照辦，即由局分縣核定公賣費及牌照稅比額。先期公布招商投標。於六月六日十日兩次由財政部派員監視。當衆驗封開標。全省一百數十稽征所。除六合等五所。以比額較高投標未能及額外，餘均以標額最多數者。遵章委任。義取公開。輿情翕服。先是蘇省公賣比額。原定全年六十餘萬元。而歷年收數。至多不過五十萬有奇。迄未足額。十七年增加費率。比額始加至八十餘萬元。迨廢除公棧。改設稽征所。費率悉仍舊貫。商民未加負擔。而公賣歲入。增至一百十六萬餘元。（牌照稅增加亦多詳見第六章）較之上年定額。逾三分之一以上。此皆向來包商取之於民。未盡歸公者。經此取消商棧。自由競投。包商之利既減。公家收入遂增。十八年七月。財政部宋部長以江蘇費稅。自裁棧設所後。歲入驟增。成績卓著。菸酒稅處處長秦景阜。江蘇菸酒事務局局長繆協僉。副局長姚大中。暨菸酒稅處稅務科科長吳孝勉。一併由部傳令嘉獎。藉彰勞績。

蘇局各屬解款。照章均有定限。然自開辦以來。在局在商。積欠纍纍。達數十萬元以上。當民國十五年間。曾由局呈准附設專處。設法清理。成立以後。迭經嚴催。而疲敝如故。成績甚尠。迨十八年度開始。裁棧設所。公賣牌照兩項稅額。增至一百五十餘萬元。（菸酒稅在外）而七八兩月分。各局所均能遵額依限照解。不爽毫厘。蓋既有延緩撤任之規定。復有證金扣抵之保障。令嚴罰必。莫敢嘗試。以往驗來。此後稅欵。當不致復有短欠。不第蘇省前次所未有。詢足楷模全國也。

蘇省東南殷庶之區。上海一隅。輻轂南北。又屬全國商業中心。菸酒產銷素旺。大抵本產首推燒酒。以江北泰興泰縣等處之土燒爲最著。洋河泗陽沭陽灌雲贛榆等縣之高粱次之。每年由上海鎮江泝內河抵浙皖。或沿江至皖贛鄂等省銷售者。爲數甚鉅。統名蘇燒。邇以火酒充斥。銷路漸減。無錫江寧吳縣等處。向產仿紹。近年浙商遷蘇釀造者亦衆。出產較盛。上海產青梅酒。以銷河北山東爲多。常州產之鬱金香。卽世所稱蘭陵美酒者。亦頗著名。菸類間有種植。爲數有限。輸入以菸葉爲最著。西菸高粱紹酒次之。菸葉產於廣豐宿松桐城等處。大部溯江入蘇。銷江北者。以鎭江爲樞紐。銷江南及轉運各省者。以上海爲總匯。亦有由陸路經浙至蘇者。其由滬運銷外洋者。亦復不少。菸絲來自甘肅。分青條黃條兩種。向由陝豫經漢口達上海。近多改走蒙古草地。經綏遠河北天津航海至滬。囤集行棧。揀淨改裝。分銷各省。高粱以來自牛莊河北爲多。紹酒產於浙江。皆先運上海。再由滬莊分銷各地。每年銷數甚旺。其川豫菸葉閩贛菸絲又次之。

江蘇省菸酒公賣暫行細則 民國四年八月十七日由部核准並於是年九月八日由局呈請修正

第一章 徵收

第一條 本細則所收菸酒公賣費。遵照部訂全國菸酒公賣章程第十條。就產銷各地市價暫行加收百分之十二。卽十分之一分二釐

第二條 各區公賣價格。由分棧或支棧體察市情。計算成本捐稅利益。按旬規定。經各分局監察所核准詳報省局刋布通知。市價如有漲落。得隨時規定之

第三條 公賣費按產地銷地菸酒市價分征其半。但販運出省或由他省輸入者。照本細則第七第九兩條辦理

第四條 販運菸酒。應先投棧報明數量。由棧派人查驗確實。核征公賣費。粘印照塡發聯單。方有運售之效力

第五條　公賣費由販運人隨時繳清如有短欠歸分棧照數墊繳

第六條　本細則所訂菸類除鄰省菸絲輸入照章檢定價格加貼印照一道征收外菸草不論本省外省輸入商店時均由棧檢查征費粘貼印照製成菸絲本省不再重徵

第七條　販運菸酒出省者應按起運之區市價由棧核征公賣費百分之十二粘貼甲種印照聽其運赴他省

第八條　凡在本省產地販運菸酒至銷地者暫先按產地市價征收一半公賣費百分之六俟抵銷地再照銷地售價地征銷地一半公賣費百分之六但於產地起運時應覓店保報明粘貼丙種印照另填部訂四聯驗單依限運到陳請銷地之分棧支棧轉繳省分局所核對另由銷地分棧或支棧加貼乙種印照方准銷售丙照無單獨施行之效用如有酒賣或偷運出省情弊照本細則第三十二條第二項辦理

（按本產本銷菸酒運抵銷地加貼乙照辦法嗣據該局呈准改爲加貼丁照）

第九條　凡輸入或產製之菸酒卽在本縣境內銷售者應按各該處市價由棧核征公賣費百分之十二粘貼乙種印照

第十條　販運菸酒已征過產銷地完全公賣費後粘有甲乙兩種印照者如再運往他處本省區域內不另徵收

第十一條　酒類由產釀之區域販運至十斤以上應赴各分支棧遵章繳納公賣費貼用乙種印照

方能行銷釀戶於十觔以下不准零售

釀酒之戶如有零售之必要應照本細則第十二條另設零沽商店仍嚴禁私行運販

第十二條　凡酒類產釀之區域零沽商店運至十斤以上應先赴各分支棧報完公賣費於儲器封口處粘貼乙種印照方准門市零沽仍由局棧隨時檢查不得以私酒混銷

第十三條　凡他處輸入菸絲及各種酒類認爲已完公賣費者零躉聽售但躉售必以有原貼印照爲憑

第十四條　分棧支棧代征公賣費應遵部訂棧章第十五條隨時塡記四聯憑單及日記簿分別繳存給執

第十五條　分棧支棧代征之公賣費款按旬或五日結總謄入收解簿內如有鈔款應照市價折合銀元連同銀錢市價單暨截存代征公賣費憑單兩聯塡用解單解赴省分局或監察所兌收掣取批迴收單爲據

征費支棧按五日一次解交分棧分棧按旬彙解省分局或監察所

第十六條　分棧代征公賣費照部訂棧章第十七條准於征起款內提給該棧二十分之一但由支棧經理征收之公賣費其所應提二十分之一按十成分攤分棧得三成支棧得七成按月由省分局核發不得坐扣

第二章　查緝

第十七條　各種印照應粘貼於菸酒包裹或盛儲器具封口處所並將種類數量月日填明照內

第十八條　商店輸入菸酒征費貼照後分棧支棧得依部訂棧章第十三條隨時檢查如有疑點立即報由省分局或監察所核辦

第十九條　省分局監察所對於分棧支棧得依部訂稽查章程第六第八兩條隨時派人巡察監視並有調閱賬記單據之權

第二十條　省分局監察所派出巡丁隨時發給巡緝印照如遇大宗私運菸酒不服盤查得持照就近報告所在地軍警協助緝捕

第二十一條　凡販運整躉之菸酒如未粘貼乙種印照及產釀之區販酒至十斤以上未貼乙種印照者均以私論

第二十二條　菸酒包裹或盛儲器具上所貼印照如有塗改舞弊形迹得干涉之

第二十三條　販運私菸私酒警察團首約保人等以及隣近居戶均有干涉舉發之權

第二十四條　征收局卡幷查菸酒飭陳公賣局聯單驗明是否相符如有未貼印照及趨避情事准即扣留知會所在區域內公賣局所核辦

第二十五條　省分局所巡丁未能遍設時依部訂局章第九條應由各縣知事及征收局員同負緝私之責如遇必要時得照章商由縣知事加派警察帮同辦理

第三章　處罰

第二十六條　省分局所辦事人員如有實心辦事成績顯著者由省局詳請獎勵或酌與獎金辦理不力或有他項情弊應依部訂稽查章程第十二三四五等條由省局察酌分別執行

第二十七條　分棧支棧代徵公賣費如有不照定章私自增減或巧立名目額外索費照部訂稽查章程第十七條處罰

第二十八條　分棧支棧如有與本區域內菸酒商店串同舞弊或將所征公賣費朦蔽侵蝕及其他妨礙公賣種種行爲經省分局所查明屬實應照部訂棧章第二十條辦理

第二十九條　分棧支棧於本區域內商店查獲未貼乙種印照之菸酒應報由分局所察酌情節照部訂棧章第十八條規定罰金範圍處以五十元以上五百元以下之罰金

第三十條　菸酒商店如不受本區域內分棧支棧檢查應依第二十九條報明省分局所照章處罰

第三十一條　菸酒商店與分棧支棧串同舞弊除分棧支棧照本細則第二十八條辦理外並將該商店依第二十九條罰金範圍分別處罰情節重者從嚴懲治

第三十二條　私運菸酒或有舞弊形迹一經發覺得依部訂稽查章程第十九條報經主管局察酌罰辦

粘貼丙照菸酒日久不到卽係中途酒賣或偷漏出省應照指銷地點公賣費半數著保人賠納如托詞延宕依本細則第三十七條辦理

第三十三條　公賣局巡丁及警察約保鄉鎭團首人等查獲私菸私酒應照部訂稽查章程第十一

條報經主管公賣局變價一半充公一半充賞不得私自理處鄰近舉發得於充賞款內提給賞金無實據妄報者反坐

第三十四條　徵收局卡查獲違法之菸酒經主管局所查實罰辦後應將處罰之欵提半給予該局卡之扦巡人等充賞

第三十五條　徵收局之扦巡及知事署之法警暨鄉團警察人等如有徇情賄縱或藉故敲詐情弊察出由省分局轉知該管長官嚴行處治

第三十六條　公賣局巡丁如無巡緝執照在外妄行職權或地方痞棍冒充巡丁滋擾得由被害人赴局報告均隨時送交該區域內之縣知事或司法官廳嚴行懲辦該巡丁等如有賄縱嚇詐情弊查覺加等嚴辦

第三十七條　凡菸酒商店受罰金之處分而延宕不繳者得由公賣局發交該管區域內之縣知事或司法官廳押追

第三十八條　省分局所收納罰金應隨時違填製定之罰金聯單按月解由省局轉儲金庫報部候撥

第四章　附則

第三十九條　省分局所辦事細則另訂之

第四十條　本細則凡與部訂各項章程未經載明或無抵觸者仍適用之

第四十一條　本細則如有未盡事宜或須變更之處仍得隨時詳請修正

第四十二條　本細則俟詳奉財政部核准日公布施行

修訂江蘇省菸酒公賣單照細則 五年二月九日經全國菸酒事務署核准（另有單照式樣附卷內）

一現訂甲乙丙丁印照四種又改裝全費半費印照两種以字跡顏色大小區別計甲照爲紅色乙照爲綠色丙照爲藍色丁照爲黑色改裝全費照爲紫色半費照爲淡紅色以便稽查巡丁一目了然凡完納公賣費全額半額及改裝之菸酒由分支棧或代辦處查驗明確應在每件封口處所分別粘貼以上各種印照一張塡明日期及種類數量分棧經理姓名並在貼照騎縫處加蓋查字棕戳以杜重復貼用之弊如有照貨相離或數量不符過多以及有塗改形迹貼不合法者一經發覺均應察酌情節違章懲罰

二征收公賣費憑單及改裝憑單嗣後應於數量以下註明件數並將所貼某種印照幾張自某號起至某號止一一塡載單內以爲稽查根據

三各縣支棧按旬截存征費憑單務須逐將單號商店產銷地以及征收公賣費數粘貼某種印照張數挨次開具征收細數清册結總彙由分棧陳報主管局所核轉並由各支棧按旬塡具單照四柱表一紙同送册表各式均先由省局製定通行遵辦以期一律

四凡先征一半公賣費粘貼丙照之菸酒如請領驗單出運未至指銷地點或因指銷地點有營業不

便者准商將所執驗單一聯持赴所在地分支棧報告改銷事由塡具三聯陳請書敍明原領某字驗單號數種類數量已完半費數目原運改運各地點簽名署押分支棧憑此陳請書卽以一聯存備彙繳二聯分送起運指銷或改銷各地局棧知照如不全數改銷者並准按改銷數量扣除換給驗單仍留一半公賣費俟抵實在銷地再行補征

五粘貼甲照菸酒起運出省必應遵章另請驗單護運惟貼有改裝全費照或丙丁兩照實係已完全費者請領驗單亦准與甲照有同等效用如無驗單應同乙照一律祗准在於本縣境內銷售

六凡本產本銷已完全費菸酒應限在本縣境內銷售如因營業關係復以原件分運他區他縣銷售者准商將征費憑單一聯持赴原征費之分支棧報明請領分運單塡明某號征費憑單或改裝單內粘貼某種印照自某號起至某號止之菸酒數量已完全費數目以及改銷地點卽以一聯存根兩聯給商護運俟抵實在銷地陳請分支棧驗明蓋戳放行並將甲聯截還由原征費之分支棧於所得利益項下按照分運單內征費提支數目核撥一半轉給銷地分支棧祗領以示均霑而免爭執但不出本縣境者無庸此單

七蘇省各區所用單照現分訂爲天地元黃宇宙洪荒日等九字每字聯單以一萬號爲止印照以十萬號爲止分別輪轉由省分局所編號存候分棧塡具請領簿載明某種單照各若干張自某號起至某號止字樣省分局所即在簿內年月日上蓋印照發其支棧直隸於分局或赴分棧請領單照者亦均照此手續辦理惟請領時必須眼同點數如有遺失單照毫無理由者每單一張罰銀五十

元每照一張罰銀二元此簿由省局刋刷飭發遵用

八各種單照均由省局印製發用除改運陳請書及分銷單係爲商人便利而設應准酌收紙工每張錢二十文外其餘甲乙丙丁及改裝全費半費特別等印照又征費改裝等憑單均係實用實支遵照定章不另收費惟各分局所赴省局請領單照時應將前領現領某種單照張數分別在於詳報文内敍明以便照數點發而資稽考

九單照内塡載數量必於所運菸酒不符至一成以上者方受遇罰之處分不及一成免議以杜苛擾

十此項細則蘇省各區應自奉文之日遵辦所有以前已印未用各種單照與現訂細則無甚抵觸者仍准繼續有效

江蘇省菸酒公賣局懲罰菸酒私販單行規則 民國五年二月九日由全國菸酒事務署核准

第一條　本規則依據部訂菸酒公賣棧暫行章程第十八十九等條及各省公賣局稽查章程第十一十六十九等條分別詳釋變通規定之如有買賣販運製造私菸私酒者均照本規則罰辦

第二條　凡販運菸酒至十斤以上未貼印照者得將菸酒全數沒收或依本規則第六條酌罰

第三條　凡販運菸酒如查其貨數多於印照之數至一成以上及有避重就輕情事者得將多餘之貨數沒收或依本規則第六條酌罰

第四條　凡販運菸酒如有不將印照實貼於包裹盛儲器具以上或將舊照影射重複貼用以及塗

改字跡有意朦混者得酌量情節照本規則第六條酌罰

第五條　商店私販菸酒如有不服檢查或恃强抗拒或持械聚衆及一切拒捕情事者除照部章處以五十元以上五百元以下罰金外並得酌量情形飭發地方官或警廳轉送法庭依律科處

第六條　本規則處罰私菸私酒區別如左

一　十斤以上五十斤以下照應征費欵加罰一倍

二　五十斤以上百斤以下照應征費款加罰三倍

三　百斤以上五百斤以下照應征費款加罰五倍

四　五百斤以上千斤以下照應征費款加罰十倍

前項之規定以十倍爲度但再犯積犯依此遞加處罰經三次以上照章勒令停止其營業

第七條　凡巡丁及警團約保卡巡人等擎獲私菸私酒均須隨時送交各該處公賣棧驗明封存由棧出具收條持報主管局所飭棧變價稟候核辦但爲數畸零者即由分支棧經理照章辦理以免遷延拖累

前項拏獲之私菸私酒如不交棧變價私相售賣者查出分別輕重處治

第八條　私菸私酒變價所得價值及本規則第六條處罰之款一律照部章一半充公一半充賞但本規則第五條罰金銀元不在此列前項充公菸酒變價及處罰之款應將承買人買單及受罰人切結同送主管局所以憑按月摘敍事由册報省局

第九條　本規則充公私菸私酒應按市價變售所有應完公賣費款即由承賣人遵章繳納貼照運銷

第十條　私菸私酒如係單獨拏獲者充賞之款應歸查獲人全得會拏者按成均分但應將拏獲情形隨時報由主管局所核定發給他人舉發者並准於充賞款內提給賞金

前項充賞之款均應取具受領人收據册報備核

第十一條　各分局所分支棧每月拏獲私菸私酒若干次變價若干元罰款若干元除册報省局外並應出榜宣布如有穩匿不報有意侵蝕者一經查覺或被告發從嚴懲處

第十二條　本規則自奉全國菸酒事務署核準之日通布施行如有未盡事宜仍得隨時詳請修正

江蘇省各縣菸酒費稅稽徵所暫行章程十八年六月呈部核准

第一條　本省各縣設置稽徵所徵收菸酒公賣費及牌照税名曰某縣菸酒費税稽徵所但爲事實便利起見得將各縣公賣費或牌照税分别設所徵收

第二條　各縣稽徵所所長由江蘇菸酒事務局委任受該管分局局長之指揮監督管理徵收菸酒費税事務

第三條　各縣稽徵所徵收菸酒費税應遵照部頒章則及本省各項單行章程辦理

第四條　各縣菸酒費税比額在産銷數量未經調查詳確以前以投標法定之投標規則另定之

第五條　稽徵所所長由省局委得標人充任之

第六條　各縣投標不及定額時得由省局遴員辦理或委任該縣縣長兼辦稽徵事務

第七條　稽徵所長應按照全年費稅比額預繳保證金十分之二此項保證金以繳納現金爲限並覓取殷實商號保結呈送省局存案

第八條　稽徵所長所徵費稅應照全年比額按月攤解足額繳由該管分局轉解省局不得拖延短欠

第九條　稽徵所長由省局委派後呈報財政部備案其任期一年不得中途辭職省局亦不得任意遷調或撤換但有左列情事之一者不在此例

一、逾期不繳稅款或繳不足比虧欠稅款至一月以上者

二、違反法令營私舞弊經省局查明屬實者

三、稽徵所長發生事故不能執行職務經省局核准者

稽徵所長因前項情事去職時倘有虧欠比額或預徵稅款隱匿不解等情除將保證金扣抵外如有不敷責令如數賠償保證人應同負責任

第十條　稽徵所任用職員由所長酌量事務之繁簡自行酌定呈由該管分局轉報省局備案

第十一條　稽徵所經費應由所長擬具預算呈由該管分局轉報省局核准備案其預算額以所徵費稅十分之一爲限不得超過

第十二條　本章程如有未盡事宜得隨時修正呈請財政部核准施行

第十三條　本章程自呈奉財政部核准之日施行

江蘇省各縣稽徵所承辦菸酒費稅投標規則十八年六月報部核准

一　各縣菸酒費稅由省局酌定最低投標比額登報公布投標人應赴省局投標以超過定額最多數者爲得標人

一　公賣費投標人以具有左列資格之一者爲限

一　現爲菸酒業商者

二　曾充各棧所經徵人員確有經驗者

一　投標人應先繳押標金照比額每千元繳納現金五十元比額不及千元者概以千元計算由省局掣給收據得標後准在保證金內扣抵未得標者照數發還

一　投標人繳納押標金後領取投標紙塡明標額簽字蓋章並註明姓名年齡籍貫職業住址自行封固並於封口加印火漆親赴省局投入標箱

一　投標人不得在本局塡寫投標紙

一　投標人赴局投標時應先將押標金收據繳局驗明方准投匭並由查驗員於收據上加蓋標已投訖戳記

一　投標紙所塡標額數目須用大寫字體（如壹貳叁肆等字）不准添註塗改

一　省局辦理投標事務於開標日由部派員蒞場監視

一　得標人應於開標後七日內照全年認額預繳現金十分之二作爲保證金逾限不繳即將押標金全數充公並取消得標資格以次多數遞補

一　開標時有二人以上標額相同者以抽籤法定之

江蘇省十八年度各屬菸酒公賣費稽徵所所長姓名及比額表

機關名稱	所長姓名	全年比額	備攷
江甯菸酒公賣費稽徵所	曹蔭民	四三·〇一〇元	
丹徒菸類公賣費稽徵所	蘇良	二〇·〇〇〇	
丹徒酒類公賣費稽徵所	王慶中	一七·二六九	
揚中菸酒公賣費稽徵所	佘雲濤	一·三六二	
溧陽菸酒公賣費稽徵所	葛滋華	一〇·〇三〇	
六合菸酒公賣費稽徵所	張君琢	五·六〇〇	
丹陽菸酒公賣費稽徵所	裴晉	一二·〇一二	
句容菸酒公賣費稽徵所	胡履平	三·七二〇	
高淳菸酒公賣費稽徵所	童志成	六·〇〇〇	
溧水菸類公賣費稽徵所	查荷舲	二·七〇〇	
溧水酒類公賣費稽徵所	李鴻安	二·七〇〇	

金壇菸酒公賣費稽徵所	唐維[illegible]	八・四二〇	
江浦菸酒公賣費稽徵所	馬福功	六・五〇四	
白酒兼太嘉寶菸酒公賣費稽徵所	李廣珍	八六・一〇〇	
西菸公賣費稽徵所	陸敬業	三二・四〇〇	
土黃酒公賣費稽徵所	朱孚衡	六九・六〇〇	
皮絲公賣費稽徵所	林滌新	二・二六〇	
菸葉公賣費稽徵所	沈子文	一五・〇一〇	
紹酒公賣費稽徵所	丁協	三五・五〇〇	
全區菸類公賣費稽徵所	姚少庭	三一・六二〇	
吳縣土黃酒公賣費稽徵所	吳國祥	二六・七〇〇	
蘇城紹酒公賣費稽徵所	馬方瑛	一〇・五〇〇	
吳縣酒類公賣費第一稽徵所	金鏜	二六・七〇〇	
吳縣酒類公賣費第二稽徵所	張康承	一二・九二〇	
吳江酒類公賣費第一稽徵所	吳聲韮	一七・三七六	
吳江酒類公賣費第二稽徵所	朱善慶	八・九〇三	
崑山酒類公賣費稽徵所	陳恭懷	一四・〇五〇	
無錫酒類公賣費稽徵所	竇樸	七一・三五五	

武進酒類公賣費稽徵所	高震	三七・六六〇		
宜興酒類公賣費稽徵所	周承宣	一一・〇六〇		
江陰酒類公賣費稽徵所	夏貽燕	一二・〇六〇		
常熟酒類公賣費稽徵所	殷程撰	二三・七三六		
松江菸酒公賣費稽徵所	張福鈞	一七・八〇八		
南匯菸酒公賣費稽徵所	陳學義	二四・七六〇		
青浦菸酒公賣費稽徵所	姚錫瓚	一二・九〇〇		
金山菸酒公賣費稽徵所	畢保東	一〇・八一二		
奉賢菸酒公賣費稽徵所	施守爛	六・九一二		
南通菸酒公賣費稽徵所	劉循禮	二九・〇八〇		
南通酒類公賣費稽徵所	陳稚南	三五・一三三		
泰興菸酒公賣費稽徵所	季邦栩	五七・五一九		
如皋菸酒公賣費稽徵所	李師鄭	二〇・一六〇		
海門菸酒公賣費稽徵所	繆鏞樓	一四・〇五〇		
靖江菸酒公賣費稽徵所	是貽勤	四・一一三		
江儀菸類公賣費稽徵所	繆桂林	六・一二〇		
高郵菸類公賣費稽徵所	徐棠	一・四八〇		

寶應菸類公賣費稽徵所	劉[illegible]人	一・八五八	
興化菸類公賣費稽徵所	仲障愚	二・八〇〇	
泰縣菸類公賣費稽徵所	孫啟華	四・〇〇〇	
東台菸類公賣費稽徵所	王義遠	四・一五〇	
鹽城菸類公賣費稽徵所	袁　鐸	二・二〇〇	
高郵酒類公賣費稽徵所	華樹之	七・二〇〇	
興化酒類公賣費稽徵所	易肇文	七・〇〇〇	
東台酒類公賣費稽徵所	張承錫	二一・二一二	
儀徵酒類公賣費稽徵所	胡鴻聲	三・九八八	
鹽城酒類公賣費稽徵所	韋蘭谷	六・八六〇	
寶應酒類公賣費稽徵所	仲縣良	三・二〇〇	
泰縣酒類公賣費稽徵所	李振良	三六・一五九	
江都酒類公賣費稽徵所	佘雲濤	二〇・一一二	
淮陰菸類公賣費稽徵所	蘇　彝	一・三〇一	
淮安菸類公賣費稽徵所	金人傑	三・九二〇	
漣水菸類公賣費稽徵所	吳榮堃	・八〇二	
泗陽菸類公賣費稽徵所	趙泰明	一・二一二	

阜甯菸類公賣費稽徵所	金人傑	四・〇一六	
灌雲菸類公賣費稽徵所	林卓然	一・三四六	
淮陰酒類公賣費稽徵所	查吉甫	三・五〇四	
淮安酒類公賣費稽徵所	許小齋	一・八一一	
漣水酒類公賣費稽徵所	陳嘉桂	一・四五四	
泗陽酒類公賣費稽徵所	胡化龍	七・五一六	
阜甯酒類公賣費稽徵所	戴彭庚	三・四一一	
灌雲酒類公賣費稽徵所	徐晉泰	一・五一一	
東海菸酒公賣費稽徵所	李德齋	四・〇〇〇	
沭陽菸酒公賣費稽徵所	徐睿屏	一〇・〇一五	
贛榆菸酒公賣費稽徵所	祝其昌	九・〇〇〇	
淮安土酒公賣費稽徵所	吳秉炎	一・四一五	
泗陽土酒公賣費稽徵所	熊士豪	一・一〇二	
銅山菸類公賣費稽徵所	曹子范	五・五〇〇	
豐縣菸類公賣費稽徵所	羅桂蘭	二・一〇〇	
沛縣菸類公賣費稽徵所	馮唯之	一・五〇〇	
碭山菸類公賣費稽徵所	汪君輅	一・五〇〇	

宿遷菸類公賣費稽徵所	邱桂輪	二・二〇〇
銅山酒類公賣費稽徵所	張佩	一六・一〇〇
豐縣酒類公賣費稽徵所	陸清亮	二・七〇
沛縣酒類公賣費稽徵所	李延	五・三〇〇
碭山酒類公賣費稽徵所	王冠五	三・四〇〇
宿遷酒類公賣費稽徵所	曹瑞卿	八・八五〇
邳縣菸酒公賣費稽徵所	朱瑞軒	七・三五〇
睢甯菸酒公賣費稽徵所	陳興華	六・五一一
蕭縣菸酒公賣費稽徵所	王文錦	一・七〇四
總計		一一六八・四七四

鎮江設局專征菸類公賣費辦法四條六年十一月二十九日呈報核准

一 鎮江由省局派員設局專征外來客菸產地半費塡給運單寄交指銷地點商棧征收銷場半費倘無殷實舖保則由鎮局完全征收以杜偷漏洒賣之弊

一 淮河上游由皖運來鳳陽菸草偷漏甚多應由鎮局於蔣垻設立稽征所以資稽查防堵

一 設局經費等項擬以原第八區監察所經費二百八十元樽節支用核實報銷俟將來征數暢旺

再事酌量擴充

一　凡由鎮局已收產地半費塡發運單其各區商棧征收銷場半費者須按月造具清册送鎮局核對藉防銷場半費之偷漏

第三節　浙江公賣費

浙江菸酒公賣。民國四年八月一日開征。初分全省爲九區。嗣改設十區。及浙西閘堰曹娥三菸類專局。費率呈准以百分之十五爲度。分別種類。從量征收。菸類原定菸絲每百觔三元六角。菸葉一元五角。菸筋六角。菸梗免費。酒類分紹酒。黃酒。土燒糟燒高粱白酒數種。每百觔征費銀自一角至一元二角。洋酒不征費。惟酒精每百觔征四元八角。指杭銷者加倍。五年三月。江山清湖等商務分會以各種菸葉。價値懸殊。同率納費。實欠平允。呈部飭局查照成本市價。酌分菸葉爲淨揀及上中次下五種。每百觔征費自五角至二元二角。十年十二月。浙局以黑條菸絲產於閩之仙游。行銷浙東金華永康武義蘭谿縉雲等縣者。向由甯波進口。照章繳納費稅。轉紹屬義橋壩。溯江以達銷地。年約二三千箱。質次。價廉。平均每百觔値十三四元。所定捐費幾逾原値之半。商人相率改由陸路小道肩挑入境。偷漏稅費。甬口收入驟絀。呈准暫照本省定率百分之十五。按時估本。從價抽收。

浙省公賣定章。採產銷併征制。不論菸酒。本產本銷者。由產地一道征足。塡給聯單。黏貼印照。省境以內。一律查驗放行。不再重征。本產外銷。同他省運銷本省。由入境第一局棧收足全費。給單貼照。任其行銷。征起費款。另册登列。按月彙撥指銷地局棧收解。甲省運銷乙省。道經浙省者。例不收費。四年十月。浙局以蘇燒指銷皖贛。及皖贛菸葉運蘇銷售。每年經過浙省。爲數甚鉅。遠指近銷。沿途灑賣。防不勝防。呈准另訂通過知照回照單辦法。單分三聯。一聯存查。二聯知照。三聯回照單。商貨入境。由首棧驗明數量。並責成妥商擔保。掣塡知照回照單。交商執持。沿途局棧查驗蓋戳。迨抵出境末棧。核數相符，截留知照單。塡明回照單。仍交該商於一月內繳回原發局棧核銷。

浙省公賣費無論本客產銷。均與菸酒稅同時征收稽查手續首查缸查鏃。次定價查缸查鏃。具詳菸酒稅篇。公賣價格由分支棧會同各本業公估擬訂。報由分局轉呈省局核定公布。非有特別原因呈准變更。不得私自漲落。每年訂價時期分三種。

一　菸類二期　新菸上市爲一期。臘尾春頭爲一期。

一　黃酒二期　新釀上市爲一期。過梅黴後爲一期。

一　燒酒四期　春夏秋冬各爲一期。

浙省菸酒收入。以黃酒爲大宗。次燒酒。次菸葉。黃酒全屬本產。缸額編查既定。卽可按册征收。辦法較爲簡捷。燒酒大部產於蘇省泰興橫涇寶堰南墓等處。其運入浙境。一由官塘而至嘉興。一由太湖而至湖州。尤以指銷杭州或轉運皖贛者爲多數。其應征捐費由入浙境之嘉興（第二區）分局湖州（第三區）分局照章征收。指杭銷者。一區分局但負稽查之責。不再征費。二三兩區。以比額關係。遂生減折招徠之弊。商人于中取巧。國稅受損甚鉅。歷年以來。浙局屢議將蘇燒捐費由二三區分局劃出。設局專征。十六年。國民政府成立。該局並擬有招商包繳辦法。均未見諸實行。十八年六月。財政部整理菸酒稅務委員會開會。浙局提議設立浙西燒酒事務專局。凡杭嘉湖三屬蘇燒土燒捐費。統歸該局征收。捐費各率。仍舊比額照原定二十九萬五千元加二成。共計三十五萬四千元。原有一二三三區分局專管土黃酒捐費。以專責成而資整頓。經大會議決照辦。呈由財政部令知浙局遵照辦理。

菸葉有本產。有輸入。本產菸葉。由浙西閩堰曹娥三菸類專局征收。輸入以產於江西者爲大宗。向由第十區常山分局入境專銷各區及他省。十六年五月。浙局以贛菸蘇銷。經過浙省。照章免費領用回照單以便查驗。歷年以來。商人往往沿途灑賣。請求出口末局於回照單通融蓋戳。繳回銷號。費稅影響甚鉅。當經訂定加蓋戳記辦法。凡蘇銷贛菸。經過浙境。由入口第十區分局在菸簍上加蓋棕色印戳。文曰「運蘇菸簍。如在浙省行銷。准由人民告發。五倍處罰。以一半充賞」以杜偷漏。

浙以產酒甲全國。而蕭紹所產尤勝。兩邑濱臨鑑湖。水質純潔。宜於釀酒。浙東西九區七十縣。以五區所產爲最多。出運占五分之四。行銷遍各省。間有出洋者。他區質味較遜。本銷居多。浙酒最著名者。曰醽醁。曰翠濤。曰百花酒。相傳西湖姥遺法。釀百花而成者。曰梨花春。醞熟梨花時。皆不易得。近時所習見。其上者。曰酒汗。以黃酒蒸溜而成。曰善釀酒。曰夾酒。曰三重酒。皆以酒製酒。以醇厚著。曰遠年。曰陳紹。以貯久著。曰兒女酒。越人子女初生。釀貯以待婚嫁款客之需者。尤爲名貴。通行者。曰加大。曰行使。曰放樣。曰京莊。皆以罎之容積大小計。通常自十觔至五十觔。有彩繪其罎曰花雕者。最多可容二百觔。邇以浙稅獨重。在蘇釀造。每缸可省捐費三分之二。遷釀日多。浙產日減。此外本產酒類。有糟燒土燒。爲數無多。菸葉產於松陽蕭山新昌嵊縣桐鄉等處。松陽菸葉。向銷日本。質地較優。菸絲以惢大昌之抗奇陳奇。行銷素廣。近來捲菸充斥。營業日落。輸入酒類。以蘇燒爲最著。牛莊高粱山西汾酒次之。菸類有鄧襄金堂菸葉。甘條建絲諸種。行銷亦多

浙江省菸酒公賣局暫訂施行細則 民國四年七月三十一日奉財政部核准

第一條　本細則依據財政部頒發各省菸酒公賣局暫行章程第二十一條及公賣棧暫行章程第二十一條稽查章程第二十三條並參酌本省情形合定之

第二條　菸酒公賣分局應管區域設置員額如左

第一區公賣分局置委員一人管理舊杭屬菸酒公賣兼徵捐稅事務

第二區公賣分局置委員一人管理舊嘉屬菸酒公賣兼徵捐稅事務

第三區公賣分局置委員一人管理舊湖屬菸酒公賣兼徵捐稅事務

第四區公賣分局置委員一人管理舊甯屬菸酒公賣兼徵捐稅事務

第五區公賣分局置委員一人管理舊紹屬菸酒公賣兼徵捐稅事務

第六區公賣分局置監察員一人管理舊台屬菸酒公賣兼徵捐稅事務

第七區公賣分局置監察員一人管理舊金衢嚴屬菸酒公賣兼徵捐稅事務

第八區公賣分局置監察員一人管理舊溫屬菸酒公賣兼徵捐稅事務

第九區公賣分局置監察員一人管理舊處屬菸酒公賣兼徵捐稅事務

第三條　各分局應遵部飭核定設一等司事一人二等司事三人監察所設一等司事一人二等司事二人並查照公賣局章程第六條第一第二兩項酌用巡丁詳報查核惟不得逾額定人數

第四條　各分局應遵照部頒程式之各項單照簿册分別填用

第五條　各分局應遵照公賣局章程第十條第十六條將原有菸酒捐稅由局代徵隨同所收公賣費分別繳解省局聽候照章存撥

前項解款期間酌量道里遠近由省局分飭遵照

第六條　菸酒公賣費額由省局遵照全國菸酒公賣暫行簡章第十條體察本省產銷情形隨時酌定公布施行

第七條　各分局組織分棧遵照公賣棧章程第二條各就本區招商組織菸酒公賣分棧一所菸酒兩種不能聯合熟悉時得各設分棧一所如產銷繁盛之區或分別種類或同一種類察酌有必須分設分棧者得酌量分設之

第八條　分棧支棧之組織應於該分局成立後一月之內完全成立其產銷繁盛及交通不便之區得延長一月

第九條　凡願充公賣分棧之經理人除照公賣棧章程第五條辦理外應將該區域內菸酒產銷之種類數量價值預計聲明並取具殷實商人保證稟由該管分局詳請省局核准給予執照承充

第十條　公賣分棧經核准承充後應按照估計每年約收公賣費之數預繳二成押款爲最低限度

第十一條　凡有多數商人同時在一區域內願承充公賣分棧之經理人所有押款數目應依公賣棧章程第五條第二項範圍以投標法行之最高額者爲合格

第十二條　凡支棧組織參照分棧各條辦理一律繳納押款

第十三條　前項押欵純以現金收入爲主由省局塡明收據給執劃洋期票一概不收

第十四條　分棧及支棧受省局及分局之指揮監督執行其職務如左

一稽查本區域內各菸酒商店之單票簿據菸酒數量種類及關於營業之狀態產銷數目之多寡市價之漲跌隨時報告

二查察本區域內有無未貼印照之菸酒及私自營業之菸酒商店隨時密報分局核辦

三報告本區域內菸酒商店之開始或停止營業

四督飭本棧範圍內各商店粘貼印照及代征公賣費

五彙催經征公賣費按旬解局

六受各主管局之特別委託事件

第十五條　菸酒價格由分棧及支棧會同各本業公估何種成本若干時價應定若干分別擬定詳開理由由各主管分局詳請核定通飭遵照非經特別原因詳准變更時不准私自漲落每年酌定擬價時間如左

菸類價格定爲二期新菸上市爲一期臘尾春頭爲一期

黃酒價格定爲二期春間新釀上市爲一期過梅黰後爲一期燒酒價格定爲四期分春夏秋冬爲四季

如遇市面有特別情形應行漲跌時應准陳明理由特予詳請核示飭遵

第十六條　分棧支棧及各商店應將規定價格逐一標示懸掛門首不得私自增減

第十七條　分棧及支棧應用左列各項簿冊單表由局頒發照式登記以備隨時檢查

一分支棧代征公賣費日記簿

二分支棧公賣費收解簿

三分支棧每旬每類市價表

四分支棧解款單

五商店存銷菸酒類登錄表

六製造場菸酒產銷登錄表

七銀錢市價單

前項簿冊單表內數目均應大寫年月日遵用陽曆如有筆誤應准點去從旁添註不准塗抹並須由經理人蓋章

第十八條　分棧及支棧地址定後非有特別情節不得率請遷移

第十九條　分棧及支棧對於職務奉行認眞代征公賣費核實報解迅速者於每年結束時由主管局詳請核給獎券

如有辦事不力繳款延緩或勾串舞弊及其他妨礙公賣一切不規則行爲者經主管局查明屬實應照稽查本章第十六條分別情節重輕詳請核辦

第二十條　查部章載支棧代征公賣費應得利益由分棧算給等語係指支棧由分棧組織而言查浙省菸酒多係產地城鄉情形各有不同自應酌量變通分支棧均歸分局直轄以資融澈商情惟准分棧得有稽察支棧之權以期整齊商務所有提給支棧二十之一經費內由分局扣給十分之一給與分棧作爲稽察之費

第二十一條　菸類印照應實貼菸件菸箱之包面上酒類印照應實貼泥頭與壜身交界之處查驗後於貼印照騎縫處加蓋橡皮圖記

第二十二條　印照除填明種類數量外應分別填註縣名及商人牌號

第二十三條　查察印照如有僞造除將僞造犯按律懲治外所有公棧經理人及貼用之商店查照稽查本章第十八條分別辦理

第二十四條　菸酒二項各處權量不一在權量制未奉頒布統一以前應暫仍各地習慣

第二十五條　分棧及支棧經主管局派常駐員監察或隨時檢查其單票簿據不得故意違延

第二十六條　分棧及支棧承主管局之命令稽查本區域內買賣菸酒各商店之單票簿據及菸酒種類數量該商店如有不受檢查情事應照棧章第十八條酌量處罰

第二十七條　酒類家釀自食者每家每年以百斤爲限經主管局許可給照仍照章征收公賣費無照及不預先報明者仍照私酒罰則辦理

第二十八條　罰則規定如左

一抗不遵繳公賣費者
一不受檢查者
以上二項應照棧章第十八條處罰
一販賣菸酒不貼印照者
一印照挖補及塗改月日補複用者
以上二項　照稽查本章第十九條辦理
一印照內所填數量種類與貨物不符者
一將印照故意揉碎毀滅其所填年月日及縣名牌號字迹者
一甲縣商號之菸酒貼用乙縣印照者
一將他戶印照粘貼朦混查與牌號不符者
以上四項除將原貼印照取銷外責令換領印照補繳公賣費仍加倍處罰
一用柿漆或鏃花水等物將印照輕貼浮貼以圖重用者
一印照不塡牌號月日及印照內所塡之月日數目字不用大寫希圖改塡複用者
一已繳公賣費故意不貼印照者
以上三項應加倍處罰
第二十九條　稽查手續不嫌詳密除遵照稽查章程辦理外如甲區與乙區或丙區有連帶關係之

處得由甲區分局逕行派員稽查乙區或丙區之分棧支棧不得抗違

第三十條　本細則未盡事宜由省局隨時酌量修正公布施行

附則

第三十一條　酒類既歸公賣凡釀酒之酒藥應歸公賣局製造專賣其向業酒藥之人由公賣局酌量雇用免其失業

第三十二條　各處酒作（紹稱開耙司務其餘各處均稱做酒司務）應各開明姓名籍貫年歲及向在某處營業取具商保向公賣局稟請領給執照始准營業嗣後每年換領一次以資稽考所有執照除照章繳貼印花稅外不收手料費以示體恤

第三十三條　凡已領有執照之酒作於新酒上市後預將在某處某商號造酒若干數詳確報告以爲次年領照之憑證若所報不實或並不來局報告者次年卽不得換領執照

第三十四條　燒酒吊坊自燒自賣最易隱漏應由公賣分局各就區域內編查一次查明每年所吊確實數目塡給執照仍准營業嗣後不准再行添設以示限制

第三十五條　燒酒用壜應規定五十觔一百觔兩種不得參差如亂用容量不齊之壜不及五十觔者以五十觔收費不及百觔者以百觔收費餘類推

第三十六條　本細則詳奉財政部核准後遵照施行

浙江菸酒事務局公棧勸懲規則

第一條　各公棧除遵照公賣棧暫行章程及稽查章程辦理外應依本條例之規定考核之

第二條　承充公棧經理人以二年爲限限滿無過仍得繼續承辦現充經理人自本條例公布日起算

第三條　各經理代征公賣費每年由主管分局核定數目呈報省局作爲比較定額

第四條　各經理每年應征費款依照比較額增收者記功以增收之成數爲記功之次數短收不及一成者記過短收一成以上者撤退

第五條　各經理逐日征存費款每五日連同票單解繳主管分局如有逾限應依左列之數分別處罰

三日以上者記過一次五日以上者記大過一次十日以上者記大過二次記過三次者撤換

第六條　以上四五兩條功過准其互抵

第七條　如因特別事故收數短絀及解款延期時得由主管分局將確實情形呈報省局核辦

浙江菸酒事務局督催員暫行規則

一　督催員到地查明該分局有無征存未解款項迅速專函揭報以憑核辦一面知照該分局卽日

掃解毋得違延

一　各棧經征公賣費應由督催員會同該分局長先飭各棧開具清單並查各棧征收簿册及單照存根核對有無遺漏及有無征存未解之款挪宕侵蝕諸弊

一　各棧如查有前條情弊發生時應即會同分局長專電呈候省局照章核辦

一　查明各棧征存未解確數由督催員掃數守提交由該分局長解省倘確有各戶拖欠應飭各棧立將欠戶姓名數目逐一開單由各棧經理人蓋章送交分局分別咨縣追繳

一　督催員飭棧開送欠戶名單時如該棧延不開送卽作已征未解論照稽查章程第十六條分別情節重輕呈報省局核辦

一　釀戶酒商舊欠新欠各款應由督催員會同該分局長切實傳諭勒限催繳如再抗延立卽咨縣照章懲處

第　區分局自民國四年八月成立之日起至六年　月　日止塡報清單

共領憑單數	
發給各棧憑單數	
實存憑單數	
共領印照種類張數	

發給各棧印照種類張數	
實存印照種類張數	
各棧解款單截至何日止填用張數	
各棧解款總數	
本局應征數	
本局報解數	
本局欠解數	

第　區分局長　填送

第　區　類第　棧自民國四年　月　日起至六年　月　日止填報清單

已領憑單張數	
憑單用剩張數　字號起至號止	
已領印照種類張數	
實存印照種類張數	
本棧應征數	
本棧報解數	

第　區　類第　棧經理　塡送

本棧欠解數

第四節　安徽公賣費

安徽菸酒公賣民國四年九月開辦。原定費率從價徵收百分之二十五。先是是年三月間。財政廳呈准菸酒稅照率加徵兩倍。實施有日。適創辦公賣。同時加稅。恐商情疑沮。決將加稅併入公賣辦理。故定率較高。皖商以蘇鄂公賣僅收百分之十二。皖費倍重。負擔失均。堅請核減。十二月十二日部令減至百分之二十。並將估價照市酌減。菸葉土酒每百斤估價六元。洋種菸葉高粱燒酒每百斤八元。菸絲原定按鑤收費。每鑤自每日徵費銀二角五分六厘至每月兩元。旋改按貨徵收。鳳陽門台子地方自改種炕菸葉後。出產日富。民國十五年門台子專局菸葉估價每百斤作銀八元。按率徵收公賣費一元六角。另有產稅常關稅鐵路貨捐同時徵收。與英美菸公司訂有辦法。歷經照辦。嗣皖局以菸葉市價日增。將估價重行改訂。每百斤作銀二十元。按率徵費四元。十八年七月間。鳳陽商會以洋商因稅重停收。農民生計垂絕。請減輕費稅。並據英美菸公司聲稱美國菸葉運華每担只收稅四元。門台子菸葉費稅合計須八元左右。負擔過重。不能繼續收買。各等情。由部令據皖局議復。菸葉滯銷實情。請將公賣費減為每百斤徵收二元二角。產稅八角。以資維持。當經核准暫予照減。仍將鳳陽常關暨津浦路貨捐局所徵稅捐一併豁免。嗣後門台子菸葉在皖省已納費稅。貼有票照。運經蘇鄂魯冀等省。概免重徵。由部分電各該關局遵照辦理。以恤商艱。

皖省公賣定章。係產銷併徵。本產菸葉銷於華商者。由起運時徵收。銷於洋商持有海關三聯單者。由經理菸行於未出售之前。遵繳全費。再行出售。卽先徵後售辦法。土菸絲由菸坊按月報明種類數量。

經分支棧派員查核相符。照徵費款。土酒釀戶。冬以池。夏以桶。酒池縱橫約五六尺。深七八尺。貯酒量約千斤上下。除按月報明數量。繳納費款外。每池年納六元。輸入菸酒。入境局棧。不徵公賣費。查驗種類數量。填給驗單。沿途核驗放行。俟抵銷地公棧。完納全費。方准出售。徵收單照。除憑驗單由總署頒發外。印照由省製。分三種。本產運銷外省者。貼甲照。本產本銷及客產本銷者。貼乙照。零星銷售者。貼丙照。五年七月間。各區商人。以營業性質。視市價爲轉移。已納費款之菸酒。因市情變遷。須分運或改銷者。原有憑單。不適於用。非仿海關撥貨單辦法。不足以資查核。又本區商人。向鄰省採買菸酒。回境銷售。照章由銷區公棧收費。而入境第一子口。往往先行征收。於各區棧費。影響甚鉅。亦須另刊憑證。呈准由省局另製分運單。及指銷券兩種。凡報請分運或改銷者。應將種類數目。呈明公棧。填給分運單。交商持運。俟抵銷地。即向該地公棧繳驗單貨相符。蓋戳任其行銷。又商人赴鄰省採辦菸酒者。報明種類數量。請領指銷券。以備沿途查驗放行。貨抵銷地。照繳費款後。即將此券繳還公棧。轉呈省局核銷。十七年十二月。皖局召集各縣分局長到省會議。積極整頓稅務辦法。當經議決議案六條。（一）實行公賣價格。凡各分局征收公賣費。應遵照部令。統按時值征收百分之二十。（二）照比征解。各分局報解費稅。應一律按照核定比額辦理。違章者從嚴懲辦。（三）按期解款。各分局甲月征起之款。應查照定章。於乙月五日解清。至乙月十日以前。須將單根票據。一律掃解。（四）實行獎懲。照比額征收二成以上者。記大功。增收三成以上者。酌量調優。全年度終了。總計能增三成以上者。除調優外。分別呈部酌獎。短收及一成者。記過。一成五以上者。記大過。二成以上者。撤懲。如侵蝕舞弊。查有實據者。咨送法庭。依法懲辦。（五）嚴禁各分局招商包繳費稅。（六）劃一表册格式。由省局訂定式樣。令飭遵辦。以上六案。由該局繕呈財政部。核准照辦。並咨行安徽省政府。轉令各縣縣長。及公安局。隨時協助辦理。以裕稅收。

公賣開辦之初。應征費款。由各縣支棧征收。嗣因鳳桐各屬。洋種菸葉產數日旺。英美等烟公司。相率在門台子等處設立經理處。採買菸葉。征收事務日繁。另設門台子蚌劉兩局。專征菸葉費稅。民國十五年。皖局以分支各棧。積弊日深。決將全省經征機關。根本改組。所有原設分局商棧。一律取銷。另於每縣各設分局一處。經征費稅捐三項。其比額在五千元以下者。併入隣縣分局兼辦。各縣分局。卽就支棧改組。原繳押金。仍由各該分局長擔任。全省共設五十分局。直接受省局指揮監督。門劉兩局仍舊。十八年六月。皖局以門台子及蚌劉兩菸葉統稅專局。均設在鳳陽縣境。邇來蚌劉專局事務極簡。無特設專局之必要。呈准將蚌劉專局。暫與門台子專局合併。改稱門蚌劉菸葉統稅專局。以專責成。

皖省菸酒收入。以本產菸葉爲大宗。輸入菸類。及本客酒類次之。宿松桐城鳳陽產菸最旺。宿松種菸始於清咸豐時。盛於光宣間。年產約三萬餘担。桐城年產二萬餘担。以東鄉周家嚾錢家舖等處所產最優。鳳陽產菸。不亞桐宿。民國五年。英美菸公司設立經理處。散給美菸種子。於小塔寺攷城等處農民。教以栽植施肥收穫烤藏之法。借以資本。定期收買。曆年以來。成積甚優。播種漸廣。爲皖省出產大宗。菸絲有珍奇白奇淨絲天香貢條白蘭等名目。大半自種自製。本產本銷。爲數無幾。酒類有高粱小麯酒米酒麥酒等項。以阜陽渦陽六安合肥休甯宿松滁州亳縣等處製釀最多。輸入菸類。如黃岡鄧州之菸葉。爲皖產白奇絲之原料。江西福建甘肅之條絲。亦輸入之大宗。酒類以紹酒爲最多。直隸山西等處之高粱燒酒及玫瑰葡萄酒次之。

安徽省菸酒公賣暫行細則 民國十五年修正

第一章　徵收

第一條　本細則遵照部定全國菸酒公賣章程就產銷各地情形辦理公賣事務

第二條　本省公賣費係就產銷各地菸酒市價暫行規定抽收十分之二爲公賣價格

第三條　各分局應將所在地銷售之菸酒分別種類計算成本稅捐利益及市價按旬呈報本局候核

第四條　征收公賣費時分局應遵填本局發給之聯單以一聯給與商人一聯存分局兩聯解交本局

第五條　各菸酒商繳公賣費後經征之分局應將本局印發之印照加蓋戳記標明數量及月日派人前往分別粘貼

第六條　各菸酒商販賣菸酒非貼有本局檢查之印照及領有繳費之聯單一律禁止販賣

第七條　本局印發之印照分甲乙丙丁四種應按照菸酒重量分別發貼菸酒在一斤以上者貼用丁種十斤以上者貼用丙種五十斤以上者貼用乙種一百斤以上者貼用甲種均應填明收費之

聯單號碼

第八條　凡貼有本局印照之菸酒如在本省區域以內銷售者祇受檢查不得重征公賣費

第九條　前項之印照單據由本局編號鈐印發給各分局遵照加蓋戳記依次應用每月共領若干共用若干繳銷若干下餘若干分別填表連同票根呈報本局備查

第十條　各棧征收公賣費應以銀元爲本位如未滿一元者准以零角或以錢照該地市價折合

第十一條　前項銀價各分局應按旬呈報本局查核

第十二條　各分局經收公賣費時應令各商人如數繳清按日登記於印發之簿記內如有短欠歸經征人墊繳

第二章　報解

第十三條　各分局經收之公賣費數目應按旬將所收若干結總連同銀元市價單暨截存收費聯單之兩聯檢齊呈報本局查核

第十四條　各分局經收公賣款項應按月呈解本局至遲不得過後月之十號

第十五條　各分局解款時應遵填本局印發之解款三聯單連同款項解赴本局兌收掣取批迴收單爲據

第三章　查緝

第十六條　各分局對於本區域內各菸酒商店及菸廠釀戶有檢查之權並承本局之命令得隨時

稽查各菸酒商店及菸廠釀戶之單票簿據菸酒數量種類及關於營業上之狀態

第十七條　各分局應按照本局印發之簿記將本區域內各菸酒商店字號營業者之姓名及每年銷數種類數量詳細登簿報明省局備查

第十八條　前項簿記由本局製定鈐印飭發遵用如該分局有變更時應概行繳存本局存查

第十九條　各分局遇有本區域內之菸酒商店開始或停止其營業時應報明本局核奪

第二十條　省局對於分局得依部訂稽查章程第六第八兩條之規定隨時派員稽查並有調閱各項簿記單據之權

第二十一條　各分局應通知該區域內各菸酒商店及菸廠釀戶須將每月產銷菸酒之數量及種類先期估計投局報明以便該局派人前往檢查分別粘貼印照核征應完之公賣費

第二十二條　各種印照應粘貼於菸酒包裹或盛儲器具封口處不准塗改擦損以杜流弊如所貼印照有形跡可疑或印戳不完全之處檢查人得干涉之立即報明該管分局核辦

第二十三條　凡在本省區域內販運整躉零賣之菸酒未貼有本局之印照者即以私論

第二十四條　凡販賣販運私菸酒者該地之警察團首約保以及隣居均有舉發之權應即報明該管分局核辦但必有私菸酒之實據妄報者反坐

第二十五條　凡巡緝私菸私酒由本局製定執照印發各分局遵用以杜假冒影射之弊不准妄發致滋流弊並將給領執照之人姓名籍貫詳報本局察核

第二十六條　凡巡緝時如遇有大宗私運菸酒不服盤查得持前項執照就近報告所在地之軍警協助緝捕

第二十七條　征收局卡扦查菸酒應飭該商將繳納公賣費聯單呈請驗明是否相符如有未貼印照或貼無印戳之照及印照上有塗抹添改字跡希圖偷漏趨避者准即扣留報知該區域內之分局究辦

第四章　處罰

第二十八條　分局經收公賣費如有不照定章私自增減或巧立名目額外需索應照部訂稽查章程第十七條處罰

第二十九條　分局如有與本區域內菸酒商店串同舞弊或將公賣費朦蔽侵蝕及其他妨礙公賣種種行爲經本局查明屬實應照部訂稜章第二十條辦理

第三十條　菸酒各商與分局串同舞弊及有妨礙公賣情弊除將該分局照前條究辦外並將該商按照部訂稜章第十八條規定罰金範圍察酌情節處以五十元以上五百元以下之罰金情節重者從嚴懲治

第三十一條　菸酒商店及菸廠釀戶如有不受本區域內分局檢查應由各該分局報明本局按照部訂稜章第十八條處罰

第三十二條　菸酒各商如有私運私製及未貼印照之菸酒一經發覺應照部訂稽查章程第十九

條處罰

第三十三條　凡巡丁及警察約保鄉鎭團首人等查獲私菸私酒應照部訂稽查章程第十一條報經主管分局將該項菸酒變價一半充公一半充賞不准私自理處鄰近舉發得於充賞款內提給賞金無實據妄報者反坐

第三十四條　征收局卡查獲違法之菸酒經主管分局查明罰辦後應將罰款提半充賞給予該局卡之扦巡人等

第三十五條　征收局卡及知事署之法警曁鄉團警察約保人等對於私菸私酒如有徇情賄縱或藉故敲詐情弊查出由主管分局轉知該管長官嚴行處治

第三十六條　各分局司巡人等對私菸私酒如有賄縱嚇詐情弊一經查覺或被人告發加等嚴辦

第三十七條　如有地方痞棍假借各分局名義指公撞騙或冒充司巡滋擾各商准被害人報告該管分局送交該管縣知事或司法官廳嚴行懲辦

第三十八條　菸酒各商如有僞造本局之印照單據意圖行使或貪小利而收受僞造物者查覺將該店封閉貨物充公外並將該商送交法庭按律懲辦

第三十九條　如分局有前項行爲除照部定棧章第二十條處理外並送交法庭嚴究懲辦

第四十條　凡菸酒商店受罰金之處分延宕不繳者得發交該管縣知事或司法官廳押追

第四十一條　主管分局收納罰金應隨時遵塡製定之罰金聯單除提半充賞外按月彙解省局轉

儲金庫報部候撥

第五章　附則

第四十二條　總局辦事細則另章訂之

第四十三條　分局辦事細則仍由各該分局自行擬訂報由總局核定

第四十四條　本細則凡與部訂各項章程未經載明或無抵觸者均適用之

第四十五條　本細則呈報立案自核准之日起一律實行如有未盡事宜得隨時修正公布之

整頓安徽菸酒費稅捐暫行章程十五年（此章程業已另行修正）

第一章　組織

第一條　安徽菸酒事務局所屬經征機關除菸葉統稅門台子暨蚌劉兩專局外所有八區分局及五稅局三稅所十四稅捐所明光支棧一律裁撤另設各縣菸酒事務分局併征費稅捐三項其比額在五千元以下者併歸鄰縣分局帶征改設五十分局劃定如下

懷寧分局　桐城分局　銅陵分局　貴池分局　青石分局局設青陽以石埭附之　秋東分局　霍英局設秋浦以東流附之　宿松分局　太潛分局局設太湖以潛山附之　望江分局　六安分局　霍英分局局設霍山以英山附之　蕪湖分局　繁昌分局　南陵分局　宣城分局　當塗分局　涇太分局局設涇縣以太平附之　郎溪分局　合肥分局　廣寧分局局設廣德以甯國附之　含山分局

巢縣分局　滁來分局局設滁縣以來安附之　舒城分局　廬江分局　全椒分局　無爲分局
和縣分局　休寧分局　績旌分局局設績溪以旌德附之　歙縣分局　婺源分局　黟縣分局
祁門分局　鳳陽分局　定遠分局　懷遠分局　靈璧分局　宿縣分局　壽縣分局　鳳台
分局　亳縣分局　阜陽分局　穎上分局　蒙城分局　渦陽分局　霍邱分局　太和分局
泗五分局局設泗縣以五河附之　盱天分局局設盱眙以天長附之

第二條　各縣菸酒事務分局就原有之支棧爲基礎改組之定名爲某某縣菸酒事務分局經理改爲分局長由菸酒事務總局另頒鈐記遴員委任

第三條　菸酒事務局僱用職員由分局長自行遴選但須開明年歲籍貫住址及原有職業呈報總局備案

第四條　各分局原有支棧經理所繳公賣費押金仍由各分局長查照原案担任

第二章　公費

第五條　總局辦公經臨兩費仍照呈准額定數開支

第六條　各分局辦公經費除仍照原案於征起費稅項下提支一成津貼外准予加支津貼一成牌照捐除提二厘公費外准予加支公費二厘均於解款時坐扣其原有八區分局五稅局三稅所之額定經費一律取銷

第三章　征收

第七條　費稅捐三項均暫照原定比額征收

第八條　各分局征收費稅捐須遵照各種定章辦理如有私出收據大頭小尾減成征收一票兩用以及以印照代聯單以納稅收據代牌照并其他違法情弊一經查覺或被人告發即予移送法庭按經征舞弊律從嚴懲治

第九條　各分局征收公賣費除填給五聯憑單外須於每張印照上標明聯單號數及數量月日征收菸酒稅須於稅票上填明商人姓名來往地址貨量稅額及月日征收牌照捐除填給牌照外另給納稅收據一聯照章填明以憑查攷

第十條　各分局征收費稅捐時應令各商人隨時如數繳清如有短欠歸經征人負責照數賠墊

第四章　報解

第十一條　各分局經征費稅兩項應按月分別造具書册連同單根尾照遝解總局

第十二條　各分局經征牌照捐年分兩期須按照定章僅一七兩月征齊報解捐款至遲不得過二八兩月其新設菸酒舖戶所納捐款隨時專案報解

第十三條　各分局經征費稅每旬所收總數須於第二旬之第二日先行列表呈報總局不論遠近以交郵日期爲準其表式另定之

第十四條　各分局經征甲月費稅不得過乙月十日報解總局不論遠近以匯款文件交郵日期爲準

第十五條 各分局經征各欵非經總局核准無論何處何人不得提撥如有私自移挪者責令經征人照數賠償

第五章 獎懲

第十六條 考核各分局比較盈絀分別懲獎一爲按月考核一爲按季考核惟牌照捐仍按兩期考核

第十七條 各分局經征費稅按月比長收者除坐支二成津貼外提三成作爲獎金（例如長收一千元除二成津貼二百元外實得長收款項八百元得提二百四十元之獎金分局得一成六以一成四解歸總局）

第十八條 季考平均長收在三成以上者調優

第十九條 各分局經征牌照捐於長收項下除坐支四厘公費外一律提三成獎金照第十七條之支配

第二十條 各分局經征費稅按月比短收一成以上者罰扣一成津貼短收二成以上者撤差短收三成者以押金按數扣抵

第二十一條 季考平均短收在一成以上者撤差

第二十二條 如有因特別情形以致短收者不適用第二十二十一兩條之規定但須隨時呈報總局核准派員調查確實方得免議

第二十三條　各分局經征牌捐按比短收一成以上者罰扣二厘工費短收二成以上者罰扣四厘公費

第二十四條　凡征收公賣費菸酒稅牌照捐各種章程與本章程不相抵觸者均適用之

第二十五條　本章程如有未盡事宜得隨時修正之

第二十六條　本章程自呈准令行之日實行

安徽菸酒事務局造送所轄各區縣酒類產數量價格及現行費稅兩率調查表

產地	酒類名稱	每年產額	行銷地點	公賣費率	菸酒稅率
第一區桐城縣	米酒　麥酒	約共四萬斤	本縣鄉鎮	十分之二	每担六角四分
第一區懷寧縣	土酒	約三十萬斤	本縣鄉鎮	十分之二	每担六角四分
第一區貴池縣	米酒	約十五萬斤	本縣及鄰境	十分之二	每担一元二角八分／六角四分
第一區銅陵縣	土酒	約十八九萬斤	本縣鄉鎮	十分之二	每担六角四分
第一區青陽縣	米酒　麥酒	約共十三萬四千斤	本縣鄉鎮	十分之二	每担六角四分
第一區秋浦縣	水酒　餘酒　花酒	約共十六七萬斤	本縣鄉鎮	十分之二	每担一元二角八分／六角四分
第一區東流縣	燒酒　加皮酒　甜酒	約共五萬斤	本縣鄉鎮	十分之二	每担一元二角八分／六角四分
第一區石埭縣	土酒	約共五萬二千斤	本縣鄉鎮	十分之二	每担六角四分
第二區宿松縣	土酒	約十萬斤左右	本縣鄉鎮	每担一元三角六分	每担六角四分

第二區潛山縣	米酒　稻酒	約共一萬一千斤	本縣鄉鎮	十分之二	每担六角四分
第二區太湖縣	米酒　稻酒　麥酒	約共二萬一千斤	本縣鄉鎮	十分之二	每担六角四分
第二區望江縣	米酒　稻酒	約共二萬斤	本縣鄉鎮	十分之二	每担六角四分
第二區六安縣	土酒　麥酒	約共五萬斤	本縣鄉鎮	十分之二	每担六角四分
第二區英山縣	燒酒	約共七萬斤	本縣鄉鎮	十分之二	每担六角四分
第二區霍山縣	土酒	約共九萬斤	本縣鄉鎮	十分之二	每担六角四分
第三區蕪湖縣	土酒　客酒	約共一百五十萬斤	本縣及鄰縣	十分之二	每担六角四分
第三區當塗縣	土酒	約十萬斤左右	本縣鄉鎮	十分之二	每担六角四分
第三區繁昌縣	土酒	約十萬斤左右	本縣鄉鎮	十分之二	每担六角四分
第三區廣德縣	土酒	約五千五百担	本縣鄉鎮	十分之二	每担六角四分
第三區郎溪縣	土酒	約五千五百担	本縣鄉鎮	十分之二	每担六角四分
第三區南陵縣	土酒　玫瑰酒	約一千九百担	本縣鄉鎮	十分之二	每担六角四分
第三區宣城縣	土酒	約五千五百担	本縣鄉鎮	十分之二	每担六角四分
第三區寧國縣	土酒	約五百餘担	本縣鄉鎮	十分之二	每担六角四分
第三區涇縣	土酒	約三百餘担	本縣鄉鎮	十分之二	每担六角四分
第三區太平縣	土酒	約三百餘担	本縣鄉鎮	十分之二	每担六角四分
第三區旌德縣	土酒	約二百餘担	本縣鄉鎮	十分之二	每担六角四分

第四區和　縣	大麥酒　米酒	約共九萬斤	本縣鄉鎮	每担一元二角	每担六角四分
第四區含山縣	土酒	約八萬斤左右	本縣鄉鎮	每担一元六角	每担六角四分
第四區滁　縣	大麥酒　米酒	約共五萬五千斤	本縣鄉鎮	每担一元二角	每担六角四分
第四區金椒縣	大麥酒　米酒	約八萬斤	本縣鄉鎮	每担一元二角	每担六角四分
第四區來安縣	大麥酒　米酒	約三萬斤	本縣鄉鎮	每担一元二角	每担六角四分
第四區合肥縣	土酒	約六萬三千斤	本縣鄉鎮	每担一元二角	每担六角四分
第四區廬江縣	土酒	約一百四十担	本縣鄉鎮	每担一元二角	每担六角四分
第四區舒城縣	土酒	約一百五十担	本縣鄉鎮	每担一元二角	每担六角四分
第四區無爲縣	大麥酒	約十萬二千斤	本縣鄉鎮	每担一元二角	每担六角四分
第四區巢　縣	米酒	約九萬斤	本縣鄉鎮	每担一元二角	每担六角四分
第五區歙　縣	土燒酒　五甲酒	約共十八萬五千斤	本縣及績溪縣	十分之二	每担四　六角
第五區休寧縣	土燒酒　元陳酒　四甲酒	約共六十九萬五千斤	本縣及歙縣	十分之二	每担四　六角
第五區婺源縣	燒酒　封罈酒	約共十六萬二千五百斤	本縣鄉鎮	十分之二	每担六角四分
第五區祁門縣	上等燒酒　次等燒酒	約共七萬九千斤	本縣及黟縣休寧縣	十分之二	每担四　六角
第五區黟　縣	燒酒　水酒	約共九萬七千五百斤	本縣及祁門縣	十分之二	每担四　六角
第五區績溪縣	土燒酒　龍口酒	約共八萬五千斤	本縣鄉鎮	十分之二	每担四　六角
第六區鳳陽縣	高粱　土酒	約共十二萬五千斤	本省及江蘇省	每担二元　一元六角	每担一元二角　六角四分

第六區鳳台縣	高粱 土酒	約共十一萬八千斤	本省隣縣	每担二元 一元六角	每担一元二角 六角四分
第六區懷遠縣	高粱 土酒	約共十三萬一千斤	本省隣縣	每担二元 一元六角	每担一元二角 六角四分
第六區定遠縣	高粱 土酒	約共十萬三千斤	本省隣縣	每担二元 一元六角	每担一元二角 六角四分
第六區宿　縣	高粱	約共三十六萬五千斤	本省及江蘇省	每担二元 一元六角	每担六角四分
第六區壽　縣	高粱 土酒	約共十萬七千斤	本省隣縣	每担二元 一元六角	每担一元二角 六角四分
第六區靈璧縣	高粱 土酒	約共十三萬四千斤	本省隣縣	每担二元 一元六角	每担一元二角 六角四分
第七區阜陽縣	高粱	約二十五萬斤	本縣鄉鎮	十分之二	每担一元二角
第七區潁上縣	高粱 土酒	約共八萬斤	本縣鄉鎮	十分之二	每担一元二角
第七區霍邱縣	高粱 土酒	約共八萬斤	本縣鄉鎮	十分之二	每担一元二角
第七區亳　縣	高粱	約十二萬斤	本縣鄉鎮	十分之二	每担四角
第七區蒙城縣	高粱	約八萬斤	本縣鄉鎮	十分之二	每担六角四分
第七區渦陽縣	高粱	約八萬斤	本縣鄉鎮	十分之二	每担四角
第七區太和縣	高粱 土酒	約共六萬斤	本縣鄉鎮	十分之二	每担四角
第八區五河縣	高粱 土酒	約共八萬六千斤	江蘇常州無錫	每担二元 一元六角	每担六角 七角
第八區盱眙縣	高粱 土酒	約共八萬七千斤	江蘇省及隣縣	每担二元 一元六角	每担六角 七角
第八區天長縣	高粱 土酒	約共八萬四千斤	江蘇省及隣縣	每担二元 一元六角	每担六角 七角
第八區泗　縣	高粱 土酒	約共八萬五千斤	江蘇省及隣縣	每担二元 一元六角	每担六角 七角

安徽菸酒事務局造送所轄各區菸類產銷數量價格及現行費稅兩率調查表

產地	菸類名稱	每年產額	行銷地點	公賣費率	菸酒稅率
第一區桐城縣	大葉 乾黃	熟年在兩萬担以內	本省境內及隣省	每百斤抽收費洋一元一角二分	每担八角
第一區懷寧縣	珍奇 白奇 淨絲 天香	約共三萬斤	本縣	十分之二	每担六角四分
第一區貴池縣	菸葉 菸絲	約共十八萬斤	本縣境內及隣縣	十分之二	每担粗菸六角四分 細菸一元二角八分
第一區銅陵縣	青條 淨絲 皮絲	約共兩萬斤	本縣	十分之二	每担六角四分
第一區青陽縣	淨絲 福條 元條	約共一萬七千斤	本縣	十分之二	每担六角四分
第一區秋浦縣	菸絲 福實 芬條	約共九千斤	本縣	十分之二	每担粗菸六角四分 細菸一元二角八分
第一區東流縣	熟菸 芬條 皮絲	約共四萬斤	本縣	十分之二	每担細菸六角四分 粗菸一元二角八分
第一區石埭縣	淨絲	約共一萬九千一百斤	本縣	十分之二	每担六角四分
第二區宿松縣	菸葉 菸絲 黃條	熟年在三萬担左右	江蘇江西等省	每担菸葉八角六分 菸絲四元二角 二元四角	每担八角
第二區潛山縣	天香 黃淨絲	約四千四百斤	本縣	十分之二	每担一元二角八分
第二區太湖縣	土菸葉	約四萬一千斤	本縣	十分之二	每担八角
第二區望江縣	土菸葉	約三萬二千斤	東流秋浦兩縣	十分之二	每担八角
第二區六安縣	土菸葉	約四萬五千斤	本縣	十分之二	每担八角
第二區英山縣	土菸葉	約六萬一千斤	本縣	十分之二	每担八角

第二區霍山縣	土菸葉	約五萬三千斤	本縣	十分之二	每担八角
第三區蕪湖縣	菸葉　菸絲	該縣向不產菸菸葉運自漢口菸絲運自上海	本縣	十分之二	每担六角四分
第三區當塗縣	菸葉　菸絲	約三萬餘斤	本縣	十分之二	每担六角四分
第三區繁昌縣	菸葉　菸絲	約四萬餘斤	本縣	十分之二	每担六角四分
第三區廣德縣	菸葉　香奇　淨絲	約二千餘担	宣城郎溪等縣	十份之二	每担六角四分
第三區郎溪縣	菸絲　白蘭　白奇　淨絲	約共二千餘担	本省隣縣及江蘇溧陽	十份之二	每担粗六角四分　細菸一元二角八分
第三區南陵縣	土皮絲　瑞香　淨絲	約共九百餘担	本縣	十份之二	每担六角四分
第三區宣城縣	菸絲　蘭香　淨絲	約共二千餘担	郎溪廣德及江蘇溧陽	十份之二	每担六角四分
第三區寧國縣	菸葉　建絲　元奇　貢條	約菸葉四百担　菸絲二百担	蕪湖宣城及徽州各縣	十份之二	每担粗六角四分　細菸八角
第三區涇　縣	菸葉　和平　白奇	約菸葉八百担　菸絲四百担	徽州宣城及南陵各縣	十份之二	每担粗八角　細菸一元二角八分
第三區太平縣	菸葉　淨絲　貢絲	約菸葉三百担　菸絲一百担	本縣境內及歙縣	十份之二	每担粗八角　細菸一元二角八分
第三區旌德縣	菸葉　金桂　建條	約菸葉二百担　菸絲一百担	本縣境內及徽州各縣	十份之二	每担粗八角　細菸一元二角八分
第四區和　縣	白奇　衛生　元絲　紅絲　白	約共三萬六千斤	本縣	十份之二	每担六角四分
第四區含山縣	菸葉　菸絲	約一萬四千斤	本縣	十份之二	每担六角四分
第四區滁　縣	元絲　白奇　紅絲　白絲	約共四萬九千斤	本縣	十份之二	每担六角四分

第四區全椒縣	瑞生　白奇　金桂　雪香	約共二萬四千斤	本縣	十份之三	每担六角四分
第四區來安縣	白奇　淨絲　衛生	約共二萬五千斤	本縣	十份之二	每担六角四分
第四區合肥縣	土菸	約共七萬四千斤	本縣	十份之三	每担六角四分
第四區廬江縣	土菸	約共六萬二千斤	本縣	十份之三	每担八角
第四區舒城縣	土菸	約一千二百餘担	合肥霍山兩縣	十份之二	每担八角
第四區無為縣	土菸	約九萬六千斤	本縣	十份之二	每担八角
第四區巢　縣	土菸	約七萬六千斤	本縣	十份之二	每担八角
第五區歙　縣	條絲	約二萬斤	本縣及績溪縣	十份之二	每担六角四分
第五區休寧縣	土菸絲	約二萬斤	本縣及歙縣	十份之二	每担六角四分
第五區婺源縣	瑞紀　海絲　石蘭	約四萬九千斤	本縣	十分之二	每担六角四分
第五區祁門縣	上奇條　中奇條	約二萬六千斤	本縣及休寧黟縣	十分之二	每担粗菸八角　細菸一元二角八分
第五區黟　縣	土皮絲　土菸絲	約二萬〇五百斤	本縣及祁門縣	十分之二	每担六角四分
第五區績溪縣	土皮絲　條絲	約共七千斤	本縣	十分之二	每担六角四分
第六區鳳陽縣	細菸絲　粗菸絲	約細菸葉四十八萬斤　粗菸葉三十五萬斤	本省及江蘇省	每担粗菸一元二角　細菸一元六角	每担粗菸八角　細菸一元二角八分
第六區鳳台縣	細菸絲	約二萬斤	本縣	每担六元四角	每担粗菸八角　細菸一元二角八分
第六區懷遠縣	土菸絲	約四萬斤	本縣	每担五元	每担粗菸八角　細菸一元二角八分
第六區定遠縣	粗菸絲	約四萬五千斤	本縣	每担二元五角六分	每担粗菸八角　細菸一元二角八分

第六區宿縣	粗菸絲	約四萬五千斤	本縣	每担二元五角六分	每担六角四分
第六區壽縣	粗菸絲	約二萬斤	本縣	每担粗二元五角六分 細菸六元四角	每担粗八角 細菸一元二角八分
第六區靈璧縣	細菸絲	約三萬四千斤	本縣	每担六元四角	每担六角四分
第七區阜陽縣	粗菸絲 黃條 皮絲	約四萬六千斤	本縣	十分之二	值百抽五
第七區潁上縣	皮絲	約六千斤	本縣	十分之二	值百抽五
第七區霍邱縣	皮絲	約九千斤	本縣	十分之二	值百抽五
第七區亳縣	皮絲	約一萬八千斤	本縣	十分之二	每担粗二角 細菸三角
第七區蒙城縣	皮絲	約八千斤	本縣	十分之二	每担六角四分
第七區渦陽縣	皮絲	約九千斤	本縣	十分之二	每担粗二角 細菸三角
第七區太和縣	粗菸絲 黃條 皮絲	約二萬五千斤	本縣	十分之二	每担粗二角 細菸三角
第八區五河縣	土菸葉 淨絲	約三萬六千斤	江蘇淮徐等縣	十分之二	每担粗六角 細菸一元二角
第八區盱眙縣	土菸葉 淨絲	約三萬三千斤	江蘇泗陽等縣	十分之二	每担粗六角 細菸一元二角
第八區天長縣	土菸葉 淨絲	約三萬九千斤	江蘇徐州	十分之二	每担粗六角 細菸一元二角
第八區泗縣	土菸葉 淨絲	約五萬五千四百斤	江蘇省	十分之二	每担粗六角 細菸一元二角

第五節　江西公賣費

江西菸酒公賣民國四年十月開征。其時贛省釀製新稅。甫經舉辦。公賣接踵施行。恐前力不逮。決定裁併新稅。加入公賣徵收。費率從價徵收百分之二十五。嗣因各商紛請減收。復將估價量予核減。酒斤菸件均照市八折估本。按本計率收費。十三年十月。因歷來稽征員司對於估本意存遷就。不能照市折算。通飭嗣後應一律查照現市核實增估。十六年。國民政府成立。旋通令各省取消各項附稅。贛局以該省公賣估價過低。核與定率相差甚鉅。而費款項下原收之一成賑捐。一成五食物捐。歷辦已久。商情帖然。現在公賣估價既難驟增。擬請即以上述二項附捐一併改爲正稅。呈奉部令照准。以資挹注。

贛省公賣。產銷併徵。本產本銷。本產外銷。均於產地徵足全費。給單貼照。省境以內。不再重徵。外省輸入者。入境首棧核給驗單。沿途查明蓋戳放行。俟抵銷地。始收全費。惟本產菸葉。在本省製造菸絲者。產地先收菸葉半費。製成菸絲再收菸絲半費。旋因外銷菸葉徵全費。而造絲之葉。產製分徵。往往指銷九江。潛運省外。漏卮非尠。復於九江特設專員。協同分局。嚴密稽查。以防偷越。五年十一月財政部以沿江各省夙產菸葉。江西廣豐瑞金等處。尤爲東南產菸最旺之區。向爲費稅收入大宗。自奸商冒用三聯單報運出洋。而沿途兜售灑賣。歲入受損甚鉅。飭據贛局擬具徵收菸葉費暫行簡章十四條。規定產菸區域。均應設立菸行。代客賣買。種戶非經行戶之手。不准自由售賣。呈准飭屬遵辦。七年五月十七日。據贛局呈稱。先征後售。業已實行。並將廣豐等處之伏葉提尖葉等。酌減估價。俾樂就範。惟客商買菸。輒與種戶直接交易區域遼闊專重產地猶慮百密一疏。奸商採菸。大都先趨九江。復由潯轉運長江各埠其中鎭江一埠。酒售最多江甯蕪湖等處。次之端在各省協力相維。不分畛域隨時嚴查罰辦。標本兼施庶足有裨稅務等語由部轉令蘇皖等省援照部訂閩菸稽查簡章。如遇運銷贛菸無贛局印照及驗單者責令補完費稅並從嚴處罰罰款以半充賞仍將罰辦次數案由按月咨贛局備考。

贛省公賣開辦之外。全省劃爲八區。徵收之權。完全操之棧商。旋將支棧。一律改爲分棧。六年六月。以廣豐產菸最旺稅務殷繁聯單充斥動涉外交原設商棧局面較小未克措置裕如呈准收回官辦改設廣豐徵收局直接稽征。肇基於此。嗣各省商棧把持稅務漸成叢弊之藪八年春贛局首倡裁棧設局之議。是年以後。將該省各棧。陸續收回。添設分局及稽徵處局處以下。設稽徵所及分所由省局委員辦理。嗣國民政府成立十七年十一月贛局以省境遼闊交通阻滯。分局直隸省局指揮莫及稽察難周呈奉財政部核准。改爲四級制照舊道屬轄境劃全省爲四大區省局以下。設區局區局以下設分局。區局爲承上啟下機關。而各縣原設之稽徵所暨分所。則由各該分局管轄專司稽征之責十八年四月。贛局以該省各分局。征收手續多沿原有陋習違反定章。加以轄境遼闊稅款未能依期清解。對於省局飭辦事件亦復多所遲誤。非有經驗豐富人員常川駐局監收指導不足以言整理。擬訂各辦分局設置監收員規則十一條。每一分徵機關。設一監收員由省局委派專司徵收上一切事務之監察。及徵解稅款領用票照之稽核督催解欵指導舛誤以及稽察弊端諸事項凡各分徵機關所用收支簿册。及解款收款書證。均須經監收員簽名蓋章。方能認爲有效。呈奉部令核准施行。是年五月。以南昌土膏梁分棧。及九江機酒稅稽徵所。所徵費稅本由各該處菸酒分局征收。旋以因人設事。另立專管機關。事類駢枝。徒縻國帑。呈准一併裁撤。仍分別歸併各該菸酒分局接管。以一事權。又以各分局比較。歷年短絀甚鉅。尙無救濟方法。呈准責令各分局長酌繳保證金。有短收或延欠者。以保證金扣抵。不足者再行查封財產備抵。以儆貪婪。嗣以各分徵機關報解稅欵。往往任意延緩。於稅務影響甚鉅。復擬具各分局解繳稅欵程限表。最遠者如第四區局所轄之雩都瑞金等處。以十二日或十日爲限。最近者如第二區之南新永修等處。以一日或二日爲限。於十八年七月間。呈奉財政部核准施行。

江西公賣。以菸葉爲大宗。占全省歲入十分之六以上。本產菸葉。約分上葉中葉下葉菸筋諸種。以廣豐瑞金瑞昌萍鄉爲最。鄱陽都昌平樂浮梁金溪進賢鉛山等處次之。自土貨三聯單盛行。費稅大絀。僅廣豐一隅。每年由潯關報運出口達十萬件以上。沿途灑賣鎭江者約五萬件。南京一二萬件。餘售蕪湖大通等處。在贛省內地灑賣者。尙不在內。歷經取締。未嘗稍戢。土條絲各處皆產。爲數無多。土酒分土高粱土燒酒水酒甜酒伏酒諸種。各縣零星製造。以樂平浮梁吉安等處所製較多。輸入者菸類以閩之條絲。甘之靑黃絲。酒類以浙之紹酒。鄂之漢高粱爲最多。

江西省菸酒公賣徵收暫行章程　民國四年呈奉財政部核准

第一條　本章程規定菸酒公賣費遵照部定全國菸酒公賣簡章第十條就本省產銷各地情形按

照菸酒成本征收百分之二十五分即十分之二分五釐爲暫定之公賣費額

第二條　全省應徵之菸酒公賣費遵照部定棧章以各區設立之菸酒公賣分棧及支棧爲代征機關

第三條　公賣費額係遵照部電將新稅併入在內公賣費開征之日即將省城已征及各縣議辦之釀造製造新稅概行停止

第四條　原有之菸酒通過稅（即統稅）及牌照稅照舊由原征之局縣征收遵　部電歸財政廳管理

第五條　凡行商坐賈販運菸酒應先投棧報明種類數量由分支棧派人查驗確實照章核征公賣費塡給聯單黏貼印照方有運售之效力印照分甲乙丙三種甲種爲指運出省之菸酒用之乙種爲本省運售之菸酒用之丙種爲零裝之菸酒用之

第六條　凡產銷販運應納公賣費之菸酒分別本省輸出外產輸入本產本銷甲產乙製四種照左列方法征收之

（甲）本產輸出運銷外省者（如鄱陽廣昌等縣菸葉運銷各省樂平燒酒運銷安徽之類餘例此）就產地征收全費發貼甲種印照

（乙）外產輸入行銷本省者（如福建皮絲漢口高粱銷售各處之類餘例此）就銷場征收全費發貼乙種印照

（丙）本縣釀造之酒行銷本縣及兼銷外縣者（如南昌土膏梁銷售省內外之類餘例此）就釀造之地征收全費發貼乙種印照

（丁）本省甲地產出之菸葉運至乙地刨製烟絲者（如廣豐菸葉運至玉山刨製烟絲之類）在甲地原收菸葉半費發貼乙種印照在乙地徵收菸絲半費發貼乙種印照

全費卽百分之二十五分半費卽百分之十二分五

已繳過公賣費之菸酒倘須改裝運售（如分罎爲瓶拆箱爲包由大改小由整改散之類）經分支棧檢查確實得發貼丙種印照以證明之設未繳費仍應補繳

第七條　凡已繳足公賣費之菸酒有聯單印照可憑者在本省區域內無論運售何處概不重征

第八條　公賣費查照省章凡以本國所鑄銀元及鷹光完納者一律照收日本龍洋每元補銅元二枚雜洋補銅元四枚小洋九折不及一元者每角收銅元十五枚

第九條　各區菸酒市價不一公賣價格由各分局就地體察行市按市酌定詳報省局

第十條　本章程如有未盡事宜隨時詳部修正

酌擬江西全省征收菸葉公賣費暫行簡章　五年十二月呈准公布

第一條　菸葉公賣費照章由主管公賣局督同各該區分支各棧辦理

第二條　菸葉公賣費遵照全國省征事務署通令查照江浙等省絲繭捐辦法責成產地行戶先征

後售
第三條　種菸人非經行戶之手不准自由售賣菸葉違者以私論
第四條　行戶應照該區公賣費棧所定費率報明種類斤兩繳納公賣費由公賣棧塡給聯單印照交行收執
第五條　行戶應將存儲菸葉逐日塡明四柱清單送交公賣棧查核
第六條　公賣棧隨時赴行檢察如有未經領貼單照菸葉卽以私論件數與清單不符亦照章罰辦
第七條　行戶不得以未經領單貼照之貨私自交易行戶如以未經領單貼照之貨出售經公棧查明後應由行戶如數補繳違則照章稟由主管公賣局勒令停止營業
第八條　行戶將菸葉出售販運時應將所領聯單送棧驗明單貨相符加蓋查驗戳記註明月日以杜重用之弊
第九條　凡屬產菸區域均應設立菸行代客買賣如有私自售賣除補征公賣費外並將該出售菸葉人加五倍處罰
第十條　凡客商販運菸葉單貨不符或無單照者經他棧或統稅局查出應將單外溢出之數及並無單照偷運之貨全數充公並查明原征公棧經理司巡暨經手行戶有無情弊分別核辦
第十一條　查獲偷漏罰款及充公變價之款照章提半充賞
第十二條　統稅局及其他經過各公棧查獲偷漏在三次以上或查獲大宗偷漏之貨由本局呈請

全國菸酒事務署從優給奬

第十三條　本簡章以呈請全國菸酒事務署核准之日施行

第十四條　本簡章如有未盡事宜隨時修正呈署核辦

江西現行菸酒費稅各率暨產銷徵收狀況表 民國十八年該省局造送

種類	市價	公賣費率	菸酒稅率	釐金	附加稅	徵收方法	產銷情形 產地	數量	銷地	數量
廣豐大菸	每百斤五元六角	全費一元四角 半費七角	三角七分五厘	無	二成市政捐一五食物捐中央地方各五厘附稅等	委員稽征認定比額	廣豐	約一百九十九萬餘斤	浙江安徽江蘇	共約一百八十五萬餘斤餘銷本地
廣豐剎菸	每百斤四元二角	全費一元另五分 半費五角二分五厘	仝前	無	仝前	仝前	廣豐	約六十四萬餘斤	仝前	約五十五萬餘斤餘銷本地
廣豐秋菸	每百斤二元八角	全費七角 半費三角五分	仝前	無	仝前	仝前	廣豐	約四十八萬餘斤	仝前	約四十七萬餘斤餘銷本地
廣豐大菸箱	每一件三元四角	全費八角五分	一角六分	無	仝前	仝前	廣豐	約四百餘箱	仝前	約四百箱餘銷本地
廣豐小菸箱	每百斤一元七角	全費四角二分五厘	八分	無	仝前	仝前	廣豐	約六百餘箱	仝前	約五百餘箱餘銷本地

鄱陽次菸	每百斤十一元	二元二角	二角八分一厘	無	二成市政捐一五食物捐一成販捐中央地方各五厘附稅等	仝前	鄱陽	約四十餘萬斤	湖北安徽湖南廣東江蘇	約三十八萬餘斤餘銷本地
鄱陽中菸	每百斤九元	一元八角	仝前	無	仝前	仝前	鄱陽	約六十萬斤	仝前	約五十二萬斤餘銷本地
鄱陽陳菸	每百斤九元	一元八角	仝前	無	仝前	仝前	鄱陽	約四十餘萬斤	仝前	約四十萬斤餘銷本地
鄱陽秋菸	每百斤八元	一元六角	仝前	無	仝前	仝前	鄱陽	約五十餘萬斤	仝前	約四十八萬斤餘銷本地
鄱陽脚菸	每百斤五元五角	一元一角	仝前	無	仝前	仝前	鄱陽	約八十餘萬斤	仝前	約六十餘萬斤餘銷本地
九江瑞金菸	每百斤七元	一元四角	九分三厘七毛	無	仝前	仝前	瑞金		江蘇安徽浙江	約十五萬餘斤
九江瑞金菸	每百斤六元二角五分	一元二角五分	八分五厘	無	仝前	仝前	瑞金		仝前	約十六萬餘斤
九江瑞金黃菸	每百斤九元三角七分五厘	一元八角七分五厘	八分五厘	無	仝前	仝前	瑞金		仝前	約十五萬餘斤
九江瑞金紅菸	每百斤三元七角五分	七角五分	四分七厘	無	仝前	仝前	瑞金		仝前	約二十萬餘斤

九江福建煙絲	每百包二十四元	六元		無	仝前	仝前	福建		九江	約二千包
黎川大葉	每件百斤十八元	一元六角五分	硝石完稅每件六角二分	無	仝前	仝前	黎川	約七千餘件	廣東江蘇浙江本省	外銷約七千件餘銷本地
黎川中葉	每件百斤十一元	九角	硝石完稅每件四角八分八釐	無	仝前	仝前	黎川	七千餘箱	仝前	外銷七千箱餘銷本省
黎川菸絲	每箱一百月八包二十四元	三元二角二分	硝石完稅每箱八角六分四釐	無	仝前	仝前	黎川	三千餘箱	仝前	外銷三千箱餘銷本省
廣昌菸草	每件百斤一十二元	一元二角五分	三角六分	無	仝前	仝前	廣昌	六千餘件	仝前	外銷六千件餘銷本地
都昌頂菸	每百斤七元三角三分六釐	一元四角六分七釐二毛	二角八分五釐	無	仝前	仝前	都昌	三十八萬餘斤	江蘇浙江本省	外銷三十餘萬斤餘銷本省
都昌次菸	每百斤五元九角三分六釐	一元一角八分七釐二毛	仝前	無	仝前	仝前	都昌	三十萬斤	仝前	外銷二十四萬餘斤餘銷本省
都昌腳菸	每百斤四元五角三分六釐	九角另七釐	仝前	無	仝前	仝前	都昌	四十餘萬斤	仝前	外銷四十萬斤餘銷本省
奉新上菸	每百斤十六元	三元二角	無	無	仝前	仝前	奉新	約二萬斤	本省各縣	約二萬斤

樂平土燒酒	每砠五十斤三元二角	四角	二角	無	仝前	仝前	樂平	約七千餘砠	安徽本省	約七千餘砠
奉新水菸	每百斤八元	一元六角	無	無	仝前	仝前	奉新	約八千斤	本省各縣	約八千斤
奉新菸絲	每百包十四元	二元八角	無	無	仝前	仝前	奉新	約一十萬另二千包	本省各縣	約一十萬另二千包
奉新菸絲	每百包九元	一元八角	無	無	仝前	仝前	奉新	約二千四百包	本省各縣	約二千四百包
奉新菸筋	每百斤二元	四角	無	無	仝前	仝前	奉新	約三萬斤	本省各縣	約三萬斤
土膏粱酒	每百斤九元	一元二角	二角	無	仝前	仝前	南昌	約八千二百石	本省各縣	約八千二百石
土燒酒	每百斤三元五角	七角	二角	無	仝前	仝前	南昌	約七百餘石	本省各縣	約七百餘石
甜酒	每百斤三元五角	七角	八角	無	仝前	仝前	南昌	約四千四百餘石	本省各縣	約四千四百餘石
樂平正燒酒	每砠五十斤三元六角	四角五分	二角	無	仝前	仝前	樂平	約四千餘砠	安徽本省	約三千餘砠

吉安水酒	每百斤九角三分三厘	二角三分三厘	正稅八分加稅一角	無	仝前	仝前	吉安	三百二十七萬二千斤	本境	三百二十七萬二千斤
吉安土燒酒	每百斤三元九角六分八釐	七角四分二厘	正稅二角加稅二角八分	無	仝前	仝前	吉安	九萬五千三百四十斤	本境及鄰縣	九萬五千三百四十斤
吉安糟燒酒	每百斤二元八角	半價三角五分	正稅一角加稅一角四分	無	仝前	仝前	吉安	三萬五千六百九十斤	仝前	三萬五千六百九十斤
漢酒	每百斤六元六角	一元六角	四角	無	仝前	仝前	漢口	二十萬斤	九江	
土紹酒	每百斤四元八角	一元二角	一角六分	無	仝前	仝前	九江	七萬斤	本省	七萬斤

說明

一贛省菸酒公賣費係按照成本估價値百抽二十五尙係民國四年成立之初所訂定現在百物昂貴菸酒估價自應增加正在調查各地情形一俟彙齊現行市價後呈部察核

一贛省菸酒稅於民國十四年由財政廳完全移交省局辦理所有稅率向係値百抽十歷來各局征收各按習慣稅率並不一致現悉按照舊章辦理並未更改

一贛省菸酒費稅率向不一律或甲地費稅高乙地乙地費稅轉高於丙其原因雖由於當初估價不

一而亦由各地貨物良窳不同之故

一表列菸酒各項係就各該地造報齊全產銷較旺者塡列

一附稅一項向有中央地方各五厘附稅一成賑捐一五食物捐等名目繁雜現已遵部令呈請取消將前項各附捐一律併入正稅征收現僅按照省政府議決案帶收二成市政捐

一征收方法係由各分局直接征收或所轄稽征所征收分局長由本局委任對於本局負比較責任

財政部江西菸酒事務局設置各區分局監收員規則　十八年五月財政部核准

第一條　本局因整頓各分征機關稅收得依照本規則設置監收員

第二條　監收員按每一分征機關設置一員

第三條　監收員缺分爲一二三等依各分征機關事務之繁簡定之

第四條　監收員對於各該分征機關應行使職權如左

(甲)關於征收上一切事務之監察事項

(乙)關於征解稅款及領用票照數目之稽核事項

(丙)關於報解稅款延期之督催事項

(丁)關於局內外職員征收上有無違法舞弊行爲稽察事項

(戊)關於本局臨時委任調查辦理事項

第五條　各該分征機關人員有誤解征收定章辦事手續欠缺者監收員負指導糾正之責至關於第四條所列各項職權行使時須隨時指明事實並酌量舉證呈報本局

第六條　監收員對於分征機關所用收支簿册及收款證解款書內均須簽章方能認爲有效

第七條　監收員到差及卸差各日期應隨時呈報

第八條　監收員有左列情事之一經本局發覺按情節輕重分別從嚴撤懲

(甲)向各該分征機關挪借款項或需索供應者

(乙)各該分征機關人員有違背法令行爲知情隱飾不即舉發者

(丙)得受規費及指送者

(丁)通同各該分征機關人員舞弊營私者

(戊)與菸酒營業人勾結有不利於各該分征機關行爲者

(己)不常川駐局及未經呈奉核准擅離職守者

(庚)放任職權或催提稅款不力者

第九條　監收員行文對於本局用呈對於各該分征機關用公函

第十條　本規則經呈報財政部備案如有未盡事宜得隨時呈明增删修正之

第十一條　本規則自公布之日施行

第六節　福建公賣費

福建菸酒公賣於民國四年十月。先就閩侯組織土酒分棧。開征公賣費。原定費率爲百分之二十。其土客兩項舊酒。亦一併收費。旋因酒商要求分別減免。經巡按使署決定辦法四條。(一)閩侯土酒公賣費以八罈爲一缸。(每缸約八百八十斤)每缸收費三元二角。(一)土客兩項舊酒。按照費率減收其半。(一)應繳公賣費儘一年之內分月勻繳。(一)原有酒捐照舊辦理。不再增加。前項辦法。由巡按使署出示曉諭。商民遂無異議。惟各縣菸酒產銷狀況各有不同。費率極爲複雜。民國八年。據調查員報告。或值百抽二十。或值百抽一五。或值百抽七五不等。家釀自食之酒、以成本較薄。從輕征收每百斤收費二角八分。並特製憑單。以示區別。十八年三月。據該局報告現行費率。或從價或從量。亦未一致。閩省收費規則。原訂客酒運達本省指銷地點。收公賣費一道。土酒由產地收公賣費一道。外省輸入之菸絲。檢定價格。加貼印照一道。征收菸草。無論本省外省。輸入商店或製造場所時。檢查征費。製成菸絲後。不再重征。惟菸草運往他省。應於起運之區。征收公賣費一道。當時所規定者如此。既而該局呈請變通菸類征收辦法。以閩侯所轄。設有菸葉商棧。專銷閩侯。不致零星難稽。擬就菸葉征收公賣費。製成菸絲後。不再重征。永杭龍巖二區產菸散漫。稽征不易。擬就製造菸絲廠征收菸絲公賣費。不征菸葉。其餘各區。各按本地產製之菸類。如能菸葉菸絲分征者。菸葉征半費。不能分征者。或就菸葉征全費。或就菸絲征全費。斟酌地方情形。變通辦理。經前菸酒署核准施行。

先是。永杭條絲。每担原收公賣費七元二角。菸捐五元。而商人往往朦稱洋商採運土貨。領用海關三聯單。希圖免納捐費。該局因於五年冬間。將捐費各減爲二元五角。以期抵制。然仍未能收效。於是該局爲取締三聯單起見。籌備清源治標二策。一曰責成廠主完納。以公賣費係加於售價。與別項稅捐不同。洋商採購土貨領用三聯單。雖爲約文所許。而賣價向由售主所定。洋商華商並無二價。今該菸公賣價格。既經由局核定。一經出售得價。公賣費卽在其內。嗣後凡洋商採購之菸。應由永杭分局委員及稽徵所各員。就製造菸廠。驗明單貨後。卽登記其担數包數。由售出廠主按數繳納。此清源之策也。一曰由各省公賣局責成各公棧嚴查罰辦。以此項三聯單皆由華商轉向洋商運動而來。並非眞正洋商自行採運。至經過第一厘局換給運單。每箱一担。華商賂洋商之費。亦須四元。洋商僅包運至出口而止。運單亦繳銷於出口之厘局。此後該菸與洋商毫無關係。如運達各省銷地或經過地。嚴行罰辦。則華商得不償失。三聯單之弊。不禁自絕。此治標之策也。當經前菸酒署通令各省局查照治標之策。轉飭所屬遵辦。嗣以各省多未實行。前財政部重申前令。擬訂稽查閩菸簡章六條。於民國七年五月通令各省局一體遵照辦理。

閩省辦理公賣。最初劃分全省爲九區。各設分局。其後屢有變更。今增置爲十區。並於閩侯廈門各設華洋機製酒類稽征所。該省公賣費款。向由分棧代征。而閩侯土酒產額最鉅。因分棧包繳費款。歷年短絀。遂取消分棧。另訂征收細則。於九年八月。設處稽征。其餘分棧。亦逐漸收回。改爲委辦。

閩省所產土菸。以連江福清永泰平和莆田仙遊沙永定等縣爲最多。福安長樂南平將樂順昌龍巖上杭等縣次之。土酒以老酒爲最多。燒酒次之。桔燒最少。外省輸入之客菸。惟西菸一種。客酒以紹酒爲最多。高粱大之寧波酒又次之。包酒最少。

福建省菸酒公賣分支棧暫訂施行細則 四年十二月十二日財政部核准

第一章　組織

第一條　分局或監察所駐在地由殷實妥商組織菸酒公賣分棧一所其菸酒兩種不能聯合熟悉時得各設分棧一所如產銷繁盛之區或分別種類或同一種類察酌有必須分設分棧者得酌量分設之

第二條　分局或監察所所轄區域範圍內距局所較遠之城鎭鄉地方再由分棧組織支棧其分棧經理人不能組織支棧時得由各該城鎭鄉殷實商人自行組織支棧直隸於分局

分棧之設立無非代分局向商店征收公賣費檢查各商店菸酒種類數量黏貼印照等事務須跟定部章認明題旨不得誤會妄圖壟斷專賣

第三條　凡願充公賣分棧之經理人除照部定公賣棧章第五條辦理外應將該區域內菸酒產銷之種類數量價値預計聲明並取具殷實商人保證稟由該管分局詳請省局核准給發執照承充

第四條　公賣分棧經核准承充後估計每年約收公賣費之數預繳二成押款爲最低限度

第五條　凡有多數商人同時在一區域內願充公賣費棧之經理人所有押款應依部定公賣棧章第五條第二項範圍以投標法行之最高額者爲合格

第二章　職務

第六條　分棧及支棧受省局及分局監察所之指揮監督執行其職務如左

一稽查本區域內各菸酒商店之單票簿據菸酒數量種類及關於營業之狀態產銷數目之多寡市價之漲跌隨時報告

二查察本區域內有無未貼印照之菸酒及私自營業之菸酒商店隨時密報分局核辦

三報告本區域內菸酒商店之開始或停止營業

四督飭本棧範圍內各商店黏貼印照及代征公賣費

五彙催經徵公賣費

六受各主管局之特別委託事件

七會同各本業公估菸酒何種成本若干時價應定若干應加收十分之二公賣費若干分別擬定稟由各主管分局詳請核定通飭

第七條　分棧支棧及各商店應將規定價格及公賣費逐一榜示送由各主管分局蓋印懸掛門首不得私自增減

第八條　分棧及支棧應用左列各項簿冊單表由局頒發照式登記以備隨時檢查

一分支棧代征公賣費日記簿

二分支棧公賣費收解簿

三分支棧每旬每類市價表

四分支棧解款單

五商店存銷菸酒類登錄表

六製造場菸酒產銷登錄表

七銀錢市價單

款項簿册單表內數目均應大寫年月日遵用陽歷如有筆誤應准點去從旁添註不准塗抹並須由經理人蓋章

第九條　支棧無論是否由分棧組織而成分棧均有稽察支棧之權以期整齊商務由分棧組織之支棧所有代征公賣費應得利益自應遵照部章由分棧算給今旣變通得由妥商自行組織支棧直接分局所有應給二十分之一經費應由分局如數提給自行組織之經理人

第十條　菸類印照應實貼菸件菸箱之包面上酒類印照應實貼泥頭與罎身交界之處查驗後於貼印照騎縫處加蓋橡皮圖記

第十一條　印照除塡明種類數量外應分別塡註縣名及商人牌號

第十二條　查察印照如有僞造除將僞造犯送分局會同縣知事按律懲治外所有分棧經理人及貼用之商店照稽查本章第十八條分別辦理凡查獲私運菸酒應行處罰者送交分局或監察委員照章處理分支棧不得賄縱或私自擅辦

第十三條　菸酒二項各處權量不一在權量制未奉頒布統一以前應暫仍各地習慣

第十四條　分棧及支棧經主管局派常駐員監察或隨時檢查其單票簿據不得故意違延隱匿

第三章　征收

第十五條　分支棧成立後應通知所轄菸酒各商店來棧報明菸酒種類數量由棧派人查驗確實按照擬定之價格核征公賣費十分之二黏貼印照填發聯單

第十六條　客酒除由起運之省已征公賣費一道外至本省運達指銷地點應再收一道公賣費貼給印照土酒除由產地起運之區核收一道公賣費外運達他省指銷地點再完一道公賣費菸類除鄰省菸絲輸入照章檢定價格加貼印照一道征收外菸草無論本省外省輸入商店或製造場所時均由棧檢查征費粘貼印照製成菸絲後不再重征惟菸草運往他省應於起運之區征收公賣費一道

漳廈永定二區產銷最盛征收法以另飭定之

第十七條　酒類由產釀之區域販運至十斤以上應赴各分支棧遵章繳納公賣費貼用乙種印照方能行銷釀戶於十斤以下不准零售

釀酒之戶如有零售之必要應照本細則第十八條另設零沽商店仍嚴禁私行運販

第十八條　凡酒類產釀之區域零沽商店運酒至十斤以上應先赴各分支棧報完公賣費於儲器封口處粘貼乙種印照方准門市零沽仍由局棧隨時檢查不得以私酒混銷

第十九條　凡他區輸入菸絲及各種酒類認爲已完公賣費者零躉聽售但躉售必以有原貼印照爲憑

第二十條　分棧代征公賣費按旬或五日結總膽入收解簿內如有錢欵照市價折合銀元連同銀錢市價單暨截存代征公賣費憑單兩聯塡用解單解赴分局或監察所兌收掣取收單批迴爲憑征費支棧按五日一次解交分棧按旬彙解分局或監察所

第二十一條　征收公賣費以足重銀元爲本位如繳小洋應照市價折合伸算甯福一區向用台伏應照前籌備處詳奉財政部批示以台伏一千零六十文申合大洋一元

第四章　附則

第二十二條　凡有本則未經載明者均照部章及另定之菸酒公賣分局監察所施行細則辦理如有未盡事宜得由各分支棧各按情形稟由分局監察所委員轉詳核明修改

第二十三條　本細則俟奉財政部核准之日公布施行

福建省菸酒事務局所屬閩侯土酒稽徵處徵收費捐暫行細則　十年三月十日菸酒署核准

第一條　閩侯土酒徵收方法於各庫製釀成酒時分別種類按埕貼照暫依原案以八埕爲一缸每缸徵收公賣費大洋三元二角酒捐台伏三元二角薯燒酒每埕甲種公賣費大洋八角酒捐台伏九百二十七文乙種公賣費大洋五角酒捐台伏四百七十文家釀土酒每埕公賣費大洋六角酒

捐台伏六百文桔燒酒每埕公賣費大洋五角酒捐台伏五百七十文廣酒每埕公賣費大洋三角酒捐台伏一百文燒酒每埕公賣費大洋八角酒捐台伏八百文

第二條　各酒庫甲月應繳費捐兩項儘限乙月十日以前照納逾限不繳或有短欠得由處派撥請願巡警前往催追參照部定菸酒牌照稅施行細則內所定督促辦法由欠戶給與巡警督促費以爲途用寄宿之需距處五里以外每警給費二角十里以外每警給費四角十五里以外每警給費六角二十里以外每警給費八角如因交通不便每警加給舟車費二角催追二次仍不淸繳者由處會縣飭派差警嚴傳該庫店東或當事人到案押追

第三條　閩侯土各酒庫店照習慣例以炊酒時間起至截炊時間止（每年九月爲起炊次年四月底爲截炊）爲查點釀酒缸數之期全年課歀城台地方每年自陽歷四月起至次年三月止各鄉每年自陽歷一月起至十二月止各照所炊缸額按月勻繳費捐其城台各酒庫店所釀之白酒燒酒等類及各鄉家釀土酒向係隨時釀售並無一定期限應隨釀隨報依率完納費捐

第四條　徵收土酒公賣費以足重大洋爲本位捐款以台伏爲本位如繳小洋銅元應照當日市價折合申算仍依本省原定公賣分支棧施行細則第二十一條之規定每台伏一千零六十文折合大洋一元由處塡給正式憑單

第五條　各酒庫如有因事閉歇應將全年課歀悉數淸完各店東或當事人如有滯欠課款逃避情事得由處會縣飭派差警將該庫存酒及器具標封變抵違者會縣傳案懲辦

第六條　各酒庫如有新開應先來處呈明違者照部定稽查章程第十九條辦理
第七條　各酒庫於每年起炊時囤酒處所若干應先據實報明本處以便派員按處實貼囤酒憑證如有添設或變更建築均須報處再行派員驗貼違者照部定稽查章程第十九條辦理
第八條　各酒庫每屆製釀土酒應先期來處報明請領炊酒簿據按日將所購米數及埕壜各數目並每埕每罎配米各若干隨時逐一登記按年釀酒終止後如有補炊亦應照常登記違者照部定稽查章程第十九條辦理
第九條　各酒庫炊酒應來處請領酒甑查驗證按罎實貼其查驗證內之年月日由各庫自行明白填載違者照部定稽查章程第十九條辦理
第十條　各酒庫所出紅白酒甑本處巡查到庫查驗相符應由該庫繕具繳證條蓋章繳與巡查帶回以憑查考違者處以十元以上五十元以下之罰金
第十一條　成酒未上樓時之先各酒庫應呈候本處派人按埕實貼印照並繕具承領印照若干張收條一紙加蓋本店號圖章後方可發售或就店零售如有先行售賣一經查獲卽以私酒論
第十二條　各酒庫本年所釀新酒應貼本處所發新酒印照如有乙年新酒混貼甲年舊照者一經查獲卽以私酒論
第十三條　各酒庫已售之酒如將印照揭下重貼一經察出卽照呈准閩省施行細則第三章罰則辦理

第十四條　各酒庫售運之酒所貼印照隨時應填當時之年月日數目字均須大寫如有日期不符卽照呈准閩省施行細則第三章罰則辦理

第十五條　各酒庫於釀酒期間之內按照慣例不得具報歇業如於未開釀以前倘有歇業應報本處查點存酒數目以存酒之多寡定消限之遲速每月終售銷若干報處查核登記如名爲歇業暗實寄炊他庫私運盤售查出從嚴罰辦

第十六條　各酒庫報歇業後應將存酒售清始准改爲盤賣之酒店存酒如未售清不得販運他號之酒入庫以杜寄炊之弊違者私販論

第十七條　各酒庫歇業已經報明本處後應將製酒器具囤酒場所開具清單送本處會縣查點封存如有轉售或租稅他商接受雙方均應呈報本處備查不得私相授受違者各處以二百元以上三百元以下之罰金

第十八條　本細則如有未經登載倘有臨時發生關於匿報私酒避完捐費各情弊應准土酒稽征處按其情節重輕照章處罰或呈請停止其營業

第十九條　本細則未盡事宜應准隨時呈請修改

第二十條　本細則呈奉全國菸酒事務署核准後卽爲發生効力

福建省現行菸酒費率暨產銷征收狀況表 十七年九月造送

種類	市價	公賣費率	征收方法	產銷情形：產地	產數	銷地	銷數
閩侯土酒	每缸六十元	值百抽十	委辦	閩侯	七千四百缸	閩侯	五千餘缸
閩侯薯桔燒酒	每罎二元	值百抽十	委辦	閩侯	四千九百六十罎	閩侯	四千九百六十罎
閩侯家釀土酒	無	每罎四角	委辦	閩侯	六百九十罎	自吃	六百九十罎
紹酒	每壜四元零	值百抽十	委辦	浙江		閩侯	三萬五千壜
寧波酒	每壜二元零	每壜一百九十二文	委辦	浙江		閩侯	二百壜
山東乾酒	每壜二十元	每壜二元	委辦	山東		閩侯	二千壜
山東色酒	每包一元零	每包二角	委辦	山東		閩侯	數十包
羅源土酒	每罎七元	每罎六角	委辦	羅源	九千五百罎	羅源	九千五百罎
羅源白燒酒	每百斤十二元	每百斤八角	委辦	羅源	五千斤	羅源	五千斤
羅源薯燒酒	每百斤八元	每百斤六角	委辦	羅源	三千斤	羅源	三千斤
羅源膏粱酒	每百斤五十元	每百斤二元五角	委辦			羅源	二千斤
古田土酒	每罎六元	值百抽十	委辦	古田	八千五百罎	古田	八千五百罎
屏南土酒	每罎六元	每罎五角	委辦	屏南	一千五百罎	屏南	一千五百罎

福安老酒	每罎五元八角	値百抽一三	委辦	福安	三千五百罎	福安	三千五百罎
福安冬酒	每罎五元	値百抽一三	委辦	福安	一千二百罎	福安	一千罎
福安白酒	每罎一元九角五分	値百抽一三	委辦	福安	五千罎	福安	五千罎
寧德紅酒	每千斤二十七元三角	値百抽十	委辦	寧德	一百三十二萬斤	寧德	一百二十五萬斤
壽寧紅酒	每罎五元	値抽百一三	委辦	壽寧	二百罎	壽寧	二百罎
壽寧白酒	每罎二元	値百抽一三	委辦	壽寧	四百罎	壽寧	四百罎
長樂土紅酒	每百斤二元五角	値百抽二十	委辦	長樂	一百六十萬餘斤	長樂	一百六十萬餘斤
長樂薯燒酒	每百斤二元五角	値百抽二十	委辦	長樂	一百六十餘萬斤	長樂	一百六十餘萬斤
連江土酒	每罎七元	每罎六角	委辦	連江	一萬九千八百餘罎	連江	一萬九千八百餘罎
連江白燒酒	每百斤十元	每百斤八角	委辦	連江	六萬餘斤	連江	六萬餘斤
連江薯燒酒	每百斤八元	每百斤六角	委辦	連江	一十萬〇三千餘斤	連江	一十萬〇三千餘斤
福清薯燒酒	每百斤八元	値百抽一五	包辦	福清	一十四萬一千餘斤	福清	一十三萬斤
福清土酒	每百斤八元	値百抽一五	包辦	福清	七萬斤	福清	五萬斤
永泰土酒	每罎七元	値百抽十	委辦	永泰	一萬餘罎	永泰	一萬餘罎
閩清土酒	每罎七元	每罎五角	委辦	閩清	一萬一千罎	閩清	一萬一千罎
晉江土酒	每斤六分	値百抽十	委辦	晉江	一十一萬斤	晉江	一十一萬斤
惠安地瓜酒	每罎七角五分	値百抽一五	委辦	惠安	四千罎	惠安	四千斤

南安薯燒酒	每斤一角	值百抽〇五	委辦	南安	四萬斤	南安	四萬斤
龍溪土酒	每甕一元五角	每甕二角	包辦	龍溪	三萬二千甕	龍溪	三萬二千甕
海澄土酒	每甕一元五角	每甕二角	包辦	海澄	一萬甕	海澄 同安 石碼	三千餘甕 四千餘甕 二千餘甕
南靖土酒	每甕一元五角	每甕二角	包辦	南靖	五千餘甕	南靖	五千餘甕
平和土酒	每甕一元五角	每甕二角	包辦	平和	二千六百餘甕	平和	二千四百餘甕
長泰土酒	每甕一元五角	每甕二角	包辦	長泰	一千五百甕	長泰	一千二百餘甕
漳浦土酒	每甕一元五角	每甕二角	包辦	漳浦	六千甕	漳浦	五千七百餘甕
雲霄土酒	每甕一元五角	每甕二角	包辦	雲霄	二千甕	雲霄	一千七百餘甕
詔安土酒	每甕一元五角	每甕二角	包辦	詔安	四千五百甕	詔安	四千餘甕
建陽紅酒 建陽白酒	每罎六元 每罎二元	值百抽一五	包辦	建陽	三千三百罎 一千一百罎	建陽	三千三百罎 一千一百罎
建甌紅酒 建甌上種白酒 建甌次種白酒	每罎四元 每罎六元 每罎二元	值百抽一五	包辦	建甌	一萬一千罎 三百罎 一千四百餘罎	建甌	一萬一千罎 三百罎 一千四百餘罎
崇安紅酒 崇安白酒	每罎四元 每罎二元	值百抽一五	包辦	崇安	一千八百罎 一千六百罎	崇安	一千八百罎 一千六百罎
浦城中種白酒 浦城次種白酒	每罎四元 每罎二元	值百抽一五	包辦	浦城	二千二百罎 六千五百罎	浦城	二千二百罎 六千五百罎
松溪紅酒	每罎四元	值百抽一五	包辦	松溪	四百罎	松溪	四百罎
政和紅酒 政和白酒	每罎四元 每罎二元	值百抽一五	包辦	政和	一千罎 一千五百罎	政和	一千罎 一千五百罎

南平紅酒 白燒酒	每百斤四元五角 十元	值百抽一五	包辦	南平	八十萬斤 六千斤	南平	七十萬斤 五千斤
沙縣紅酒 菊酒	每百斤三元三角三十二文 三元	值百抽一五	包辦	沙縣	五十萬〇二千斤 二十三萬餘斤	沙縣	四十七萬九十斤 二十一萬五千斤
順昌紅酒	每百斤三元	值百抽一五	包辦	順昌	一十八萬餘斤	順昌	一十六萬餘斤
將樂紅酒	每百斤三元	值百抽一五	包辦	將樂	二十萬餘斤	將樂	一十萬〇八千斤
尤溪紅酒	每百斤四元五角	值百抽一五	包辦	尤溪	二十萬斤	尤溪	十八萬斤
永安紅酒 白燒酒	每百斤四元二角 九元六角	值百抽一五	包辦	永安	八十五萬斤 五千斤	永安	七十七萬斤 四千斤
仙遊米酒	每百斤五元	值百抽一五	包辦	仙遊	十萬斤	仙遊	十萬斤
莆田土酒	每百斤九角	值百抽一五	包辦	莆田	七萬九千二百斤	莆田	七萬餘斤
永定土酒	每斤一角	值百抽十	委辦	永定	九萬斤	永定	九萬斤
永定燒酒	每斤二角	值百抽十	委辦	永定	四萬斤	永定	四萬斤
上杭土糟酒	每斤一角	值百抽十	委辦	上杭	七百五十埕	上杭	七百五十埕
上杭汽燒酒	每斤八分	值百抽十	委辦	上杭	三百四十埕	上杭	三百四十埕
龍巖土酒	每斤六分	值百抽十	委辦	龍巖	一萬甕	龍巖	二十萬斤
龍巖燒酒	每斤一角五分	值百抽十	委辦	龍巖	二千甕	龍巖	四萬斤
龍巖膏粱酒	每斤五角	值百抽十	委辦	龍巖	二十埕	龍巖	六百斤
金門地瓜酒	每担十二元		委辦	金門	九百餘担	金門	九百餘担
邵武冬酒	每百斤三元四角六分	值百抽二十	委辦	邵武	廿五萬斤	邵武	廿五萬斤

邵武紅酒	每百斤四元三角八分	值百抽二十	委辦	邵武	一萬斤	邵武	一萬斤
邵武汾燒酒	每百斤二十六元四角	值百抽二十	委辦	邵武	一千餘斤	邵武	一千餘斤
光澤冬酒	每百斤三元二角	值百抽二十	委辦	光澤	八九萬斤	光澤	八九萬斤
光澤土紹酒	每百斤四元	值百抽二十	委辦	光澤	八千餘斤	光澤	八千餘斤
光澤汾燒酒	每百斤二十六元四角	值百抽二十	委辦	光澤	五六百斤	光澤	五六百斤
建寧土冬酒	每百斤二元	值百抽一五	委辦	建寧	六十餘萬斤	建寧	六十餘萬斤
泰寧冬酒	每百斤二元	做百抽一五	委辦	泰寧	十四五萬斤	泰寧	十四五萬斤
閩侯樣葉中盤熱尾上尾腹仔	每担三元至十四元	值百抽一五	委辦	閩侯	五百担左右	閩侯 長樂	三分之二 三分之一
閩侯黃條菸	每箱十九元六角六分六	每箱抽三元九角三分	委辦	甘肅蘭州		福州 福寧	一千數百箱
連江客菸	每百斤十九元	每百斤六角	委辦	連江	二萬餘斤	連江	二萬餘斤
連江客菸葉	每百斤六元	每百斤三角	委辦	連江	十二萬餘斤	連江	十二萬餘斤
福安黃莊菸	每担八元	值百抽一三	委辦	福安	七八十担	福州福清羅源 長樂寧德政和 福安等縣	四五十担 三四十担
福安土菸絲	每担十四元	值百抽一三	委辦	福安	二千餘担	福安	二千餘担
福安紅莊菸	每担六元	值百抽一三	委辦	福安	四百餘担	福安	二三百担
羅源客菸	每百斤十八元	每百斤六角	委辦			羅源	四萬斤

長樂菸葉	每百斤廿四元	値百抽十	委辦	長樂	四萬七千餘斤	長樂	四萬七千餘斤
福清菸絲	每斤三角	値百抽一五	包辦	福清	十二萬斤	福清	十二萬斤
永泰土菸	每包一角	値百抽十	委辦	永泰	八萬四千包	永泰	八萬四千斤
平潭客菸	每包一角	値百抽十	包辦	平潭	八千四百包	平潭	八千四百包
閩清菸葉	每担卅餘元	每斤三文	委辦	閩清	六百担	閩清	五百餘担
古田樣葉	每担卅餘元	値百抽一一五	委辦	古田	五百担	古田	五百担
屏南菸葉	每担卅餘元		委辦	屏南	四百担	屏南	三百餘担
寧德紅莊菸	每百斤六元	每百斤三角	委辦	寧德	數百担	寧德	數百担
壽甯黃絲菸	每担十五元	値百抽一三	委辦	壽甯	三十餘担	壽甯	三十餘担
壽甯紅絲菸	每担十四元	値百抽一三	委辦	壽甯	四十餘担	壽甯	四十餘担
壽甯白絲菸	每担十三元	値百抽一三	委辦	壽甯	六十餘担	壽甯	六十餘担
晉江土菸	每百斤十元	每百斤五角	委辦	晉江	三千斤	晉江	三千斤
南安土菸	每百斤八元	每百斤四角	委辦	南安	一千餘斤	南安	一千餘斤
惠安土菸	每百斤八元	每百斤四角	委辦	惠安	二千餘斤	惠安	二千餘斤
惠安黑菸絲	每綑四十斤十元	每百斤四角	委辦	惠安	一千綑	惠安	一千綑
建陽黃菸絲	每綑廿元	値百抽一四	包辦	建陽	四百綑	建陽	四百綑
建陽黑菸絲	每綑十元	値百抽一四	包辦	建陽	六百五十綑	建陽	六百五十綑

崇安土菸葉	每綑十元	值百抽一四	包辦	崇安	一千二百綑	崇安 建陽 建甌 浦城	一千二百綑
崇安黃菸絲	每綑廿元	值百抽一四	包辦	崇安	六百綑	崇安 建陽 建甌 浦城	六百綑
崇安黑菸絲	每綑十元	值百抽一四	包辦	崇安	三百綑	崇安 建陽 建甌 浦城	三百綑
浦城黃菸絲	每綑廿元	值值抽一四	包辦	浦城	四百綑	浦城	四百綑
浦城黑菸絲	每綑一十元	值百抽一四	包辦	浦城	六百綑	浦城	六百綑
松溪黃菸絲	每綑廿元	值百抽一四	包辦	松溪	四十綑	松溪	四十綑
松溪黑菸絲	每綑十元	值百抽一四	包辦	松溪	七十綑	松溪	七十綑
政和黃菸絲	每綑廿元	值百抽一四	包辦	政和	六十綑	政和	六十綑
政和黑菸絲	每綑十元	值百抽一四	包辦	政和	一百五十綑	政和	一百五十綑
建甌黃菸絲	每綑廿元	值百抽一四	包辦	建甌	一千綑	建甌	一千綑
建甌黑菸絲	每綑十元	值百抽一四	包辦	建甌	一千綑	建甌	一千綑
長泰菸葉	每百斤十五元 每把六元	每百斤一元六角五分 每把六角六分	包辦	長泰	四千餘把	長泰 台灣 漳州 廈門 石碼	四千餘把
南靖菸葉	每百斤十五元 每把六元	每百斤一元六角六分 每把六角六分	包辦	南靖	四千餘把	南靖 台灣 漳州 廈門 石碼	四千餘把
平和菸葉	每把六元	每把六角六分	包辦	平和	一萬三千餘把	台灣 平和	五千餘把 八千餘把
莆田菸絲	每百斤四元	值百抽一四	包辦	莆田	一十七萬七千四百餘斤	莆田 浙江永康	八萬餘斤 九萬餘斤

仙遊菸葉絲	菸葉每百斤十二元 菸絲每百斤廿四元	值百抽一四	包辦	仙遊	七十萬斤	莆田 福清 惠安 泉州 永泰 福州	六十萬餘斤
尤溪皮絲菸	每斤五角六分	值百抽一四	包辦	尤溪	一萬餘斤	尤溪	八千斤
尤溪金絲菸	每斤四角	值百抽一四	包辦	尤溪	二千六百餘斤	尤溪	二千四百斤
南平條絲菸	每斤五角六分	值百抽一四	包辦	南平	二萬六千斤	南平	二萬四千斤
南平皮絲菸	每斤四角	值百抽一四	包辦	南平	三萬二千斤	南平	三萬斤
南平烏絲菸	每斤二角	值百抽一四	包辦	南平	二千斤	南平	一千四百斤
將樂皮絲菸	每斤四角	值百抽一四	包辦	將樂	三萬四千餘斤	將樂	三萬斤
順昌皮絲菸	每斤四角	值百抽一四	包辦	順昌	一萬六千餘斤	順昌	一萬五千斤
順昌正葉菸	每細三元八角四分	值百抽一四	包辦	順昌	五萬九千餘斤	順昌	五萬餘斤
順昌對葉菸	每細三元八角四分	值百抽一四	包辦	順昌	二萬四千餘斤	順昌	二萬斤
沙縣正葉菸	每細四元八角二分四	值百抽一四	包辦	沙縣	三十四萬四千餘斤	本地及鄰區	三十二萬一千斤
沙縣對葉菸	每細三元八角五分七	值百抽一四	包辦	沙縣	三萬六千餘斤	本地及鄰區	二萬四千斤
沙縣蓬葉菸	每細三元三角七分五	值百抽一四	包辦	沙縣	四萬餘斤	本地及鄰區	三萬二千斤
沙縣正絲菸	每斤五角四分二	值百抽一四	包辦	沙縣	一萬八千餘斤	本地及鄰區	一萬六千斤
沙縣金絲菸	每斤四角二分八	值百抽一四	包辦	沙縣	三萬五千餘斤	本地及鄰區	三萬四千斤
沙縣紅絲菸	每斤二角	值百抽一四	包辦	沙縣	八百斤	本地及鄰區	七百斤

永安條絲菸	每斤五角六分	值百抽一五	包辦	永安	一萬二千斤	永　安	一萬一千斤
永安皮絲菸	每斤四角	值百抽一五	包辦	永安	一萬八千斤	永　安	一萬六千斤
永定菸絲	每包三角	值百抽三元三角三分	委辦	永定	一萬一千五百担計二十三萬包	鄰區及各省	一萬一千五百担計二十三萬包
永定次菸葉	每担八元	值百抽三元三角三分	委辦	永定	五百担	鄰區及各省	五百担
龍巖條絲烟	每包二角五分	值百抽十	委辦	龍巖	四百五十担	本縣及甯洋漳平漳州各縣	四百五十担
龍巖葉菸	每担十元	值百抽十	委辦	龍巖	一百五十担	本縣及甯洋漳平漳州各縣	一百五十担
上杭菸絲	每包三角	值百抽三元三角三分	委辦	上杭	一千六百八十担	各　省	一千六百八十担
上杭次菸葉	每担八元	值百抽三元三角三分	委辦	上杭	三百担	各　省	三百担

稽查閩菸簡章 七年五月前財政部頒布

一各省所轄之各分局或分支棧凡有福建絲菸到境須隨時查驗曾否貼有閩局印照詳記件數重量指銷地點商人姓名按月呈報省局查核

二各分局或分支棧如查有未貼閩照之絲菸除令補完產銷各捐費外再按產地費加三倍處罰

三處罰之款以一半歸公一半充賞

四各分局如有與分支棧串同舞弊對於未貼閩照之絲菸私自賣放經省局查明屬實者得查照公賣局稽查章程第十五條辦理

五各分支棧如有與商人串同賣放經主管局查明屬實者得查照公賣棧暫行章程第二十條辦理

六各省局應將查驗到境閩菸數目暨罰辦起數按月呈報本部一面咨明閩局以資查考

福建省菸類產銷情形及費稅徵率調查表 十八年四月呈報

縣別	出產菸類名稱	每年產額	行銷區域	外銷數量	本銷數量	當地價格	公賣費率	其他稅率	淡旺時期	附註
閩侯縣	樣葉中盤熟尾土毛腹仔	五百擔左右	閩侯長樂	三分之一	三分之一	每擔十餘元至五十餘元	值百征二〇	捐值百征五文	七八為旺正二為淡	
	黃條菸	一千八百箱	福州甯福		一千數百箱	十九元六角六分六釐	三元九角三分三釐	捐每箱二兩	春夏淡秋冬旺	黃條菸由甘肅蘭州運入本縣銷售每箱約一百五十斤
連江縣	客菸	無	縣城	無	二萬餘斤	每百斤十九元	每百斤六角	捐每百斤四角	平均	
	客菸葉	無	縣城	無	十二萬餘斤	每百斤六元	每百斤三角	捐每百斤四角	平均	
福安縣	黃庄	七八十擔	福州福清羅源長樂甯德政和等處	四五十擔	三四十擔	八元	十分之一三絲葉各半		平均	每擔百斤
	紅庄	四百餘擔	福州福清羅源長樂甯德政和等處	二三百擔	百餘擔	六元	十分之一三絲葉各半		平均	

	土菸絲	二千餘擔	本縣	無	二千餘擔	十四元、	三十分之一		平均	
羅源縣	客菸		本縣	無	四萬斤	每百斤十八元	每百斤六百	菸捐四百	平均	
長樂縣	客菸葉	無	本縣	無	四萬七千餘斤	每百斤二十四元	費捐植百抽一十		平均	
福清縣	菸絲	無	本縣	無	十二萬斤	每斤三角	值百抽一五	百分之一	平均	
永泰縣	土菸	八萬四千包	本縣	無	八萬包	每包大洋一角三十文	百分之一〇	捐值百抽五	平均	每包約重一斤
平潭縣	客菸	八千四百包	本縣	無	八千四百包	每包大洋一角三十文	百分之一〇	捐值百抽五	平均	每包約重一斤
閩清縣	菸葉	六百擔	本縣	無	五百餘擔	每擔三十餘元、	每斤三文	無	無定	每擔百斤
古田縣	樣葉	五百擔	本縣城北區	無	五百擔	每擔三十餘元	值百徵一一五	值百徵五文	八九爲旺	每擔百斤
屏南縣	菸葉	四百擔	本邑	無	三百餘擔	每擔三十餘元				每擔百斤

寧德縣	紅庄菸	數百擔	本縣	無	一千二百擔產額不敷其餘均由福安霞浦輸入	每百斤六元	每百斤三角	捐及善後教育等每百斤五角六分七釐	七八兩月為旺季	該縣產菸不敷均由福霞浦輸入
壽寧縣	黃絲菸	三十餘擔	本邑	無	如產數	每擔十五元	費值百抽一三	捐值百抽一〇	平均	每擔百斤
	紅絲	四十餘擔	本邑	無	如產數	每擔十四元	費值百抽一三	捐值百抽一〇	平均	
	白絲	六十餘擔	本邑	無	如產數	每擔十三元	費值百抽一三	捐值百抽一〇	平均	
晉江縣	土菸	三千斤	城郊	無	三千斤	每百斤十元	每百斤五角	無	平均	
南安縣	土菸	一千餘斤	城郊	無	一千餘斤	每百斤八元	每百斤四角	無	平均	
惠安縣	土菸	二千餘斤	城郊	無	二千餘斤	每百斤八元	每百斤四角	無	平均	
	黑菸絲	年產約一千綑每綑約四十斤	城郊	無	二千餘斤	每綑約十元	每百斤四角	無	平均	每綑四十斤
建陽縣	黃菸絲	年產約四百綑每綑四十斤	城郊	無	如產額	每綑約二十元	值百抽一四	值百抽一〇	平均	每綑四十斤

	黑菸絲	年產約六百五十綑	城郊	無	如產額	每綑約十元	值百抽一四	值百抽一〇	平均	
崇安縣	土菸葉	年產約一千二百綑每綑約五十斤	本區域外行銷於建陽建甌浦城等縣	無	如產額	每綑約十元	值百抽一四	值百抽一〇	七八九十等月爲旺餘均屬淡	該區土菸葉係五夫出產以五十斤作爲一綑
	黃菸絲	年產約六百綑每綑四十斤	本區域外行銷於建陽建甌浦城等縣	無	如產額	每綑約二十元	值百抽一四	值百抽一〇	仝	四十斤爲一綑
	黑菸絲	年產約三百綑每綑約四十斤	本區域外行銷於建陽建甌浦城等縣	無	如產額	每綑約十綑	值百抽一四	值百抽一〇	仝	四十斤爲一綑
浦城縣	黃菸絲	年產約四百綑每綑約四十斤	本邑	無	如產額	每綑約二十綑	仝	仝	仝	四十斤爲一綑
	黑菸絲	年產約六百綑每綑約四十斤	本邑	無	如產額	每綑約十綑	仝	仝	仝	
松溪縣	黃菸絲	年產約四十綑每綑約四十斤	本邑	無	如產額	每綑約二十綑	仝	仝	仝	四十斤爲一綑
	黑菸絲	年產約七十綑每綑約四十斤	本邑	無	如產額	每綑約十綑	仝	仝	仝	
政和縣	黃菸絲	年產約六十綑	本邑	無	如產額	每綑約二十綑	仝	仝	仝	四十斤爲一綑

	黑菸絲	一百五十綑	本邑	無	如產額	每綑約十元	仝	仝	仝	
建甌縣	黃菸絲	年產約一千綑	本邑	無	年約八十斤	每綑二十元	仝	仝	平均	每綑四十斤
	黑菸絲	年產約一千綑	本邑	無	年約八十斤	每綑十元	仝	仝	平均	每綑四十斤
光澤縣	北路菸	五千斤	江西河口本邑	三千斤	二千斤	每百斤四十二元	費值百抽二〇	捐值百抽一〇		
長泰縣	菸葉	四千餘把	漳州石碼廈門	台灣每年約一千把	長泰一千五百餘把銷石碼廈門	每百斤十五元每把六元	每百斤一元六角五分每把六角六分	到漳者每把雜捐約二角到廈者稅釐每把二角	九月至三月爲旺四月至八月爲淡	銷台灣一千餘把銷廈門漳州石碼各處每把四十斤
南靖縣	菸葉	四千餘把	漳州石碼廈門	台灣每年約一千餘把	仝	仝	仝	仝	仝	每把四十斤
平和縣	菸葉	一萬三千餘把每把四十斤	漳州石碼廈門	台灣每年五千餘把	八千把左右	仝	仝	仝	仝	銷台灣五千把每把四十斤
莆田縣	菸葉	十七萬七千四百餘斤	莆田浙江永康	九萬餘斤	七八萬餘斤	菸絲每百斤四十元	值百抽四	捐款本地按店勻配出口每箱抽捐一元	上半年爲淡下半年爲旺	
仙遊縣	菸葉	七十萬斤	本地製造菸絲及運往莆田福清惠安泉州永泰福州各處	六十萬餘斤	十萬餘斤	菸葉每百斤十二元菸絲每百斤二十四元	值百抽四	菸葉每擔抽捐一元菸絲捐按店勻配	上半年爲淡下半年爲旺	出銷福清莆田福州惠安泉州永泰各處均系菸絲

尤溪縣	皮絲	一萬餘斤	本邑	無	八千斤	每斤五角六分	值百徵一四	捐值百徵五至一〇	平均
	金絲	二千六百餘斤	本邑	無	二千四百斤	每斤四角	費值百徵一四	捐值百徵五至一〇	平均
南平縣	條絲	二萬六千斤	本邑	無	二萬四千斤	每斤五角六分	費值百徵一四	仝	平均
	皮絲	三萬二千斤	本邑	無	三萬斤	每斤四角	仝	仝	平均
	烏絲	二千斤	本邑	無	一千四百斤	每斤二角	仝	仝	平均
將樂縣	皮絲	三萬四千餘斤	本邑	無	三萬斤	每斤四角	仝	仝	平均
順昌縣	皮絲	一萬六千餘斤	本邑	無	一萬五千斤	每斤四角	仝	仝	平均
	正葉	五萬九千餘斤	本地及鄰區	一千九百綑	五萬餘斤	每綑三元八角四分	仝	仝	平均
	對葉	二萬四千餘斤	本邑	無	二萬斤	每綑三元〇七分三釐	仝	仝	平均

沙縣	正葉	三十四萬四千餘斤	本邑及鄰區	各種菸類年約一萬細	三十二萬一千斤	每細四元八角二分四釐	仝	仝	平均	
	對葉	三萬六千餘斤	仝	仝	三萬四千斤	每細三元八角	仝	仝	平均	
	蓬葉	四萬餘斤	仝	仝	三萬二千斤	每細三元三角七分五釐	仝	仝	平均	
	皮絲	一萬八千餘斤	仝	仝	一萬六千斤	每斤五角四分	仝	仝	平均	
	金絲	三萬五千餘斤	仝	仝	三萬四千斤	每斤四角二分	仝	仝	平均	
	紅絲	八百斤	仝	仝	七百斤	每斤二角	仝	仝	平均	
永安縣	條絲	一萬二千斤	本邑	無	一萬一千斤	每斤五角六分	費值百抽一五	仝	平均	
	皮絲	一萬八千斤	本邑	無	一萬六千斤	每斤四角	仝	仝	平均	
永定縣	烟絲	一萬一千五百擔計二十三萬包	鄰區及各省	如產數	爲數微	每包三角	費值百抽三元三角三分	捐值百抽三元三角二分	八月至一月爲旺餘均淡	每擔百斤

	次烟葉	五百擔	鄉區及各省	如產數	爲數微	每擔八元	仝	仝	仝	
龍巖縣	條絲菸	四百五十擔	本縣及漳平甯洋漳州各縣	九十擔	約九萬包	每包二角五分	費捐一律值百抽十		平	均每擔百斤
	菸葉	一百五十擔	本縣及漳平甯洋漳州各縣	五十擔	約一萬斤	每擔十元	費捐一律值百抽十		平	均每擔百斤
上杭縣	菸絲	一千六百八十擔	運往外省及各地月售	如產數	爲數甚少	每包三角	費捐一律值百抽三元三角三分		八月至一月爲旺餘均淡	每擔百斤
	次菸葉	三百擔	仝	仝	仝	每担八元	仝		仝	
同安縣	無									
龍溪縣	無									
漳浦縣	無									
詔安縣	無									
雲霄縣	無									
海澄縣	無									
思明縣	無									

金門縣	無									

說明

謹查閩省各縣所產菸類均以斤爲本位以百斤爲一担或有以四十斤裝爲一細或稱一把因各縣情形不同而異其名稱至永定上杭龍巖等縣菸類製成菸絲之後始分包出銷每包約重一斤永泰土菸平潭客菸每包約重一斤

再查各縣稅率自開辦以來向不一致祇以新率未頒所有徵收辦法悉仍舊章合併聲明

福建省酒類產銷情形及費稅征率調查表 十八年四月呈報

縣別	出產酒類名稱	每年產額	行銷區域	外銷數量	本銷數量	當地價格	公賣費率	其他稅率	旺淡時期	附註
閩侯縣	土酒	七千四百缸	閩侯	無	五千餘缸	大洋六十元	捐費一律值百抽十		九月至三月爲旺	每缸八罎
	薯桔燒	四千九百六十罎	閩侯	無	四千九百六十罎	每罎二元	每罎二角	每罎二角	九月至七月爲旺	每罎百斤
	家釀土酒	六百九十罎	自吃	無	六百九十罎	無	每罎四角	每罎四角	九月至三月爲旺	
羅源縣	土酒	九千五百罎	本邑	無	九千五百罎	每百斤七元	每百斤六角	捐每百斤四角	夏季爲旺	每罎百斤
	白燒酒	五千斤	本邑	無	五千斤	每百斤十二元	每百斤八角	捐每百斤四角	夏季爲旺	
	薯燒	三千斤	本邑	無	三千斤	每百斤八元	每百斤六角	捐每百斤四角	夏季爲旺	
古田縣	土酒	八千五百罎	本縣	無	八千五百罎	六元	捐費一律值百抽一〇		冬春旺秋夏淡	每罎百斤

永泰縣	土酒	一萬〇一百餘埕	本縣	無	九千餘埕	每埕七元	費捐一律值百抽一〇		平均	每埕百斤
屏南縣	土酒	一千五百罈	本縣	無	一千五百罈	六元	五元	四角	冬春旺秋夏淡	每罈百斤
福安縣	老酒	三千五百罈	本縣	無	三千五百罈	五元八角	十分之一三	捐值百抽十	平均	每罈百斤
	多酒	一千二百罈	本縣	無	一千罈	五元	十分之一三	又	又	
	白酒	五千罈	本縣	無	五千罈	一元九角五分	十分之一三	又	又	
甯德縣	紅酒	一百三十二萬斤	本邑	無	每年約一百二十五萬斤	每千斤值二十七元三角	十分之一徵收	捐每千斤二元八角	一二三十一等月爲旺季	
壽甯縣	紅酒	二百罈	本邑	無	二百罈	每罈五元	費值百抽一三	捐值百抽一〇	十一月至四月淡五月至十月旺	每罈百斤
	白酒	四百罈	本邑	無	四百罈	每罈二元	費值百抽一三	捐值百抽一〇	又	
長樂縣	土紅酒	一百六十餘萬斤	本邑	無	一百六十餘萬斤	每百斤大洋二元五角	征十分之二	捐每百斤大洋四角	旺冬季	
	薯燒酒	三十餘萬斤	本邑	無	又	又	又	又	旺夏令	
連江縣	土酒	一萬九千八百餘罈	本邑	無	一萬九千八百餘罈	每百斤七元	每百斤六角	捐每百斤四角	夏季旺	每罈一百斤
	白燒酒	六萬餘斤	本邑	無	六萬餘斤	每百斤十元	每百斤八角	又	又	
	薯燒	一十萬三千餘斤	本邑	無	十萬三千斤	每百斤八元	每百斤六角	又	又	
福清縣	薯燒	十四萬一千餘斤	本邑	無	十三萬斤	每百斤八元五	費值百抽一	捐值百抽一〇	平均	
	土酒	七萬斤	本邑	無	五萬斤	又	又	又	平均	
閩清縣	土酒	一萬一千罈	本縣	無	一萬一千罈	每埕七元	五角	四角	夏秋淡春冬旺	每罈百斤
晉江縣	土酒	十一萬斤	城郊	無	如產數	每斤六十文	值百抽一〇	值百抽五	四月至十二月爲旺季	

惠安縣	地瓜酒	四千罈	惠邑	無	如產數	每罈七角五分每斤五分	値百抽一五〇	値百抽一	平均	每罈百斤
南安縣	蕃薯燒	四萬斤	南邑	無	四萬斤	每斤百文			平均	
同安縣	土酒	四萬斤	本邑	無	如產數	每斤八十文	費捐一律値百抽五		平均	
龍溪縣	土酒	三萬二千甕	本邑	無	二萬七千甕	每甕大洋一元五角	每甕約抽大洋二角	每甕大洋一角	三月至八月爲淡季二月至九月爲旺季	每甕五十斤
海澄縣	土酒	一萬甕	海澄同安石碼	石碼二千餘甕同安四千餘甕	三千餘甕	仝上	仝上	仝上	仝上	仝上
南靖縣	土酒	五千餘甕	本邑	無	五千餘甕	仝上	仝上	仝上	仝上	仝上
平和縣	土酒	二千六百餘甕	本邑	無	二千四百餘甕	仝上	仝上	仝上	仝上	仝上
長泰縣	土酒	一千五百甕	本邑	無	一千二百餘甕	仝上	仝上	仝上	仝上	仝上
漳浦縣	土酒	六千甕	本邑	無	五千七百餘甕	仝上	仝上	仝上	仝上	仝上
雲霄縣	土酒	二千甕	本邑	無	一千七百餘甕	仝上	仝上	仝上	仝上	仝上
詔安縣	土酒	四千五百甕	本邑	無	四千餘甕	每甕大洋一元五角	每甕約抽大洋二角	每甕大洋一角	三月至八月爲淡季二月至九月爲旺季	每甕五十斤
建甌縣	紅酒	年產約一萬一千罈每罈九十斤	本邑	無	如產額	每罈四元	値百征一五〇	値百征一	三月至五月爲旺季	一罈九十斤
	上種白酒	年產約三百罈每罈一百斤	本邑	無	如產額	每罈六元	仝	仝	仝	每罈一百斤
	次種白酒	年產約一千四百罈每罈九十斤	本邑	無	如產額	每罈二元	仝	仝	仝	每罈九十斤
建陽縣	紅酒	年產約三千三百罈每罈一百斤	本邑	無	如產額	每罈六元	仝	仝	仝	每罈一百斤
	次種白酒	年產約一千一百罈每罈一百斤	本邑	無	如產額	每罈二元	仝	仝	仝	每罈一百斤

崇安縣	紅酒	年產約一千八百罎每罎九十斤	本邑	無	如產額	每罎四元	仝	仝	仝	每罎九十斤
	次種白酒	年產約一千六百罎每罎九十斤	本邑	無	如產額	每罎二元	仝	仝	仝	仝
浦城縣	中種白酒	年產約二千二百罎每罎九十斤	本邑	無	如產額	每罎四元	仝	仝	仝	仝
	次種白酒	年產約六千五百罎每罎九十斤	木邑	無	如產額	每罎二元	仝	仝	仝	仝
松溪縣	紅酒	年產約四百罎每罎九十斤	本邑	無	仝	每罎四元	仝	仝	仝	仝
政和縣	土紅酒	一千罎	本邑	無	仝	仝	仝	仝	十一月至二月屬旺餘均淡	仝
	土白酒	一千五百罎	本邑	無	仝	每罎二元	仝	仝	仝	
南平縣	紅酒	八十萬斤	本區域	無	七十萬斤	每百斤四元五角	費值百征一五	捐值百抽五至十	按月平均征收無分旺淡	
	白燒	六千斤	仝	無	五千斤	每百斤十元	仝	仝	按月平均征收無分旺淡	
沙縣	紅酒	五十萬二千斤	仝	無	四十七萬九千斤	每百斤三元三角三十二文	仝	仝	無分旺淡	
	菊酒	二十三萬餘斤	仝	無	二十一萬五千斤	每百斤三元	仝	仝	仝	
順昌縣	紅酒	一十八萬餘斤	本縣	無	十六萬斤	每百斤三元	仝	仝	無旺淡	
將樂縣	仝	二十萬餘斤	仝	無	十萬八千斤	每百斤三元	仝	仝	仝	
尤溪縣	仝	二十萬斤	仝	無	十八萬斤	每百斤四元五角	仝	仝	仝	
永安縣	紅酒	八十五萬斤	本縣	無	七十七萬斤	每百斤四元二角	費值百抽一五	捐值百抽五至十	無旺淡	
	白燒	五千斤	仝	無	四千斤	每百斤九元六角	仝	仝	仝	
仙遊縣	米酒	十萬斤	本邑	無	十萬斤	每百斤五元	仝	捐值百抽一〇	一月至六月爲淡七月至十二月爲旺	

莆田縣	土酒	七萬九千二百斤	仝	無	七萬餘斤	每百斤九元	仝	捐値百抽一五	平均	
永定縣	土酒	九萬斤	仝	無	九萬斤	每斤一角	費捐一律値百抽一〇		無	
	燒酒	四萬斤	仝	無	四萬斤	每斤二角	仝		無	
上杭縣	土糟酒	七百五十埕	仝	無	七百五十埕	每斤一角	仝		無	每埕百斤
	汽燒酒	三百四十埕	仝	無	三百四十埕	王斤八分	仝		無	
龍巖縣	土酒	一萬甕	仝	無	二十萬斤	每斤六分	仝		無	該縣每甕二十斤
	燒酒	二千甕	仝	無	四萬斤	每斤一角五分	仝		無	
金門縣	地瓜酒	九百餘担	仝	無	如產數	每担十二元				每担百斤
邵武縣	冬酒	二十五六萬斤	仝	無	二十五萬斤	每百斤三元四角六分	費値百抽二〇	捐値百抽一〇	春冬屬旺夏秋屬淡	
	紅酒	一萬斤	仝	無	一萬斤	每百斤四元三角八分	仝	仝	仝	
	汾燒酒	一千餘斤	仝	無	一萬餘斤	每百斤二十六元四角	仝	仝	仝	
光澤縣	冬酒	八九萬斤	仝	無	八九萬斤	每百斤三元二角	仝	仝	仝	
	土紹酒	八千餘斤	仝	無	八千餘斤	每百斤四元	仝	仝	仝	
	汾燒酒	五六百斤	仝	無	五六百斤	每百斤二十六元四角	仝	仝	仝	
建甯縣	土冬酒	六十餘萬斤	仝	無	六十餘萬斤	每百斤二元	費値百抽一五	仝	仝	
泰甯縣	冬酒	十四五萬斤	仝	無	十四五萬斤	仝	仝	仝	仝	

（說明）謹查各縣酒類皆以斤爲本位以百斤裝成一墁或稱一埕八墁稱爲一缸有以五十斤裝

爲一襲者因各地情形不同其名稱不一至各縣稅率自開辦以來向不一致祇以新稅率尙未頒布所有征收辦法悉仍舊章合併聲明

第七節　湖北公賣費

湖北菸酒公賣民國四年九月一日開征。費率呈准從價征收百分之十二。概按銀幣計算。嗣以鄂省向用官票。規定法價一串五百五十文作洋一元。每串並帶收串串二十文。本產菸葉土酒暨輸入菸酒。均按價估本計率征費。武陽夏汾酒南酒按戶包繳。汾酒槽坊每灶年繳費二千五百串文。附灶一座。按正灶七折征收。南酒作坊每家年繳費七十二串至九十六串文。各縣鄉村零星土酒。由釀戶請領證券。按缸桶數目核定釀酒重量。每百觔估價六串文。收費七百二十文。本產菸絲以刨計。每刨一架。領菸刨證券一紙。月繳費錢三串文。十五年夏間。以官票日落。法價兌現。折耗甚鉅。改按原定法洋八折征現。嗣國民政府成立。十六年三月。以菸酒市價繼漲增高。各區征費。未能照市估算。公家損耗甚鉅。由鄂局擬訂費稅暫行條例。將原征公賣費百分之十二。菸酒籌餉稅捐百分之五。合併征收百分之十七。統按市價估本定率。計菸類本產菸葉以量計。分黃岡均縣等九種。每百斤收費稅自一元三角至兩元七角。菸絲以刨計。甲種每刨月收四元五角。乙種三元。輸入菸葉每百斤收費稅一元八角至五元一角。菸絲以包計。每百包收費稅自五元一角至十元零一角。酒類均以量計。本產分汾酒南燒等五種。每百斤收費稅一元至二元五角。輸入分紹酒佘店酒等七種。每百觔收費稅自二元五角至十四元。呈准自四月一日起實行。

湖北公賣原定征收方法。採產銷併征兼分征制。本產本銷者。斟酌地方情形。或由產地征收全費。或產銷各半分征。本產外銷。外產本銷者。由產地或入境首棧征收全費。凡收全費者。貼甲種印照。收半費者。產地貼乙照。銷地貼丙照。商人運銷菸酒。統由各區分支棧直接稽征。嗣商棧征費。積久弊生。買放偷漏。比比而是。十年十月。間由鄂局呈准改用投標方法。照原定比額。至少增五成。以標額最高者委充經理。照額繳納保證金十分之二。並豫繳一個月費款。以後分月勻解。不及額者。責令賠補。訂定投標提獎各辦法。於十一年起。分別實行。惟獎金一項。經全國菸酒署核定。增收在五成以內者。至多提百分之二十五。成以外者。提獎至多不得逾百分之三十。十二年二月間。鄂局以改辦投標。試行甫年。原定比額七十萬元。請准減額者有之。任意短解者有之。截止十一年十月止。實收短絀甚鉅。辦理不善。無可諱言。非改絃更張。不足以資整頓。呈准取銷投標。改爲招商包辦。照認額預繳保證金十分之三。取具殷實商舖兩家保結。並由分局隨時督催。如有虧欠。分局舖保同負賠償之責。另訂招商包辦簡章十七條。十二年二月一日起實行。二月以前欠款。另案清理。以清界限。嗣國民政府成立。整頓收入。修訂鄂省菸酒公賣費稅暫行條例。規定費稅併征。改訂征收方法。凡本客產銷。均費稅一道征收。本產由製造菸酒作坊及菸葉行莊。照率繳納。輸入菸酒由入口頭道處所征收。金堂鄧許菸葉由鄂運滬閩贛。菸絲由鄂入湘。均在漢口征收過境稅費。並由局擬訂投標簡章。三月間呈准施行。其時軍事甫定。商人多存觀望。僅一二兩區有人投標承辦。餘仍委員征收。嗣一二兩區投標期滿。一併改爲委辦。

湖北公賣開辦之初。照籌餉局原案。劃全省爲八區。每區酌設分支棧。司稽征之責。嗣以行之數年。與地方情形不甚適合。參照產銷狀況。改分爲十二區。旋卽取消商棧。按縣設立稽征所。仍由商人認額承辦。分隸各區分局管轄。十五年十一月。改組湖北全省菸酒公賣處。改分局爲分處。十六年四月。鄂處調查估本。增定比額。呈准照舊招商包繳。嗣以比額過高。無人承包。復改委辦。是年六月。以區縣層層管轄。隔閡既多。稽察難周。呈准取消分區制。按縣設置分處。概由省處遴派委員直接稽征。計全省六十九縣暨金口。各設一處。武陽夏汾酒。漢口許菸。另設稽征分處二。其偏遠縣分分處。由各該縣知事兼辦。另訂兼辦簡章。呈部函達鄂省政府通飭遵辦。嗣該省菸酒公賣處。以各分局經征費稅。往往無票收稅。或收多塡少。以及壓款生息。捏灾請免。積弊重重。莫可究詰。加以幣價懸殊。金融紊亂。稽察稍有不周。國庫蒙損非淺。爰卽遵照部頒稽核委員審核規則。擬具湖北菸酒公賣處稽核委員審核規則二十二條。由處酌設稽核委員四人。隨時分赴各屬實行稽察。並調查征收情形。產銷狀況。爲增訂比較之預備。一面考查各屬貨幣種類價格。以杜收現解紙之弊。於九月間呈准施行。十二月。爲統一名稱計。由部令飭改菸酒公賣處。爲菸酒事務局。分處改爲分局。一切征收章制。悉仍舊貫。十八年五月。鄂局以鄂省地大物博。產銷較旺。而歷年收數短絀。皆由省局督察難周所致。除鄂東距省會較近。尙易節制外。其西南北三區。距省既遠。交通阻滯。指揮監督。極感困難。呈奉財政部核准。添設鄂西鄂南鄂北三管理局。承省局之命。監督屬內各縣分局征收費稅事務。期收指臂之效。是年六月。以每縣設立分局。經費既鉅。而接壤之縣。對於商人運銷菸酒。往往各顧考成。減折招徠。如襄陽光化兩縣局於過境鄧菸佘酒。各自設卡截征。遂致發生爭執。似此之類。不一而足。於稅收影響甚鉅。擬具歸併辦法。除偏僻縣分。仍由縣長兼辦外。全省原設菸酒分局。共計五十三處。暫定歸併爲二十區。每區少則二三縣。多則三四縣。就產銷情形。比額多寡。交通狀況。酌量支配。分別劃定。既節糜費。尤便征收。由該局呈奉部令核准施行。

鄂省本產菸葉以黃岡均縣爲最。廣濟黃梅等縣次之。均縣產菸。上等爲加砠。下等爲二毛。每梱以七十二斤計。年約產十五萬梱。黃岡菸葉。分洋莊截頭二種。每包以一百四十斤計。年約產三萬一千包。廣濟黃梅等縣有提莊二花菸生等名目。每包以二百斤計。年約產三萬五千包。土菸絲各縣皆有。爲數無多。酒類本產以武陽夏汾酒爲多。行銷本省及蘇皖贛等處。向極著名。其次爲南酒谷酒米酒土燒酒土黃酒等。輸入菸類有鄧片鄧組及金堂清河壩瑞金郴州等處之菸葉。甘肅廣東福建江西等處之菸絲。酒類有紹酒露酒黃酒靑梅諸種。向以上游宜昌下游漢口爲菸酒運銷之中心焉。

湖北菸酒公賣稅費暫行條例　十六年三月呈准公布

第一章　總則

第一條　本條例查照舊章參酌鄂省菸酒產銷情形以整頓公賣稅費爲宗旨

第二條　依照原定區域設置十二分處爲經征機關但外商在內地設廠製造酒類者得派員就廠征收其征收方法另定之

第三條　各分處所轄各縣稽征所爲稽征便利起見得參酌地方情形呈請省處核准設立公棧

第四條　各分處暨各縣稽征所辦理征收公賣稅費事宜遇有違抗時得就近商請地方官廳協助

執行

第五條　各分處所於征解款内提百分之十作爲經費不另開支但應由省處按月核發不得坐扣

第六條　各縣縣長暨各該管警署員司有協助征收之責得由省處在該分處征解款内提百分之二爲縣長公署補助費提百分之一爲警署補助費

第二章　稅費定率

第七條　公賣費率應定爲百分之五十範圍以内暫照鄂省現行辦法征收百分之十二嗣後菸酒公賣價格增加隨時規定公佈

第八條　所有從前籌餉稅捐百分之五併入一次收足分别規定於左

甲菸類

鄂省菸類各區産况不同價格亦異有就本省製絲者有由鄰省運銷轉售出口者應收稅費分列於左

一本省菸類

黄岡菸葉　洋裝每百斤收稅費二元七角（每斤以錢平秤十六兩爲準餘倣此）

平裝每百斤收稅費二元二角（岡麻安三縣産）

優等菸夾每百斤收稅費二元七角

劣等菸夾每百斤收稅費二元二角

菸屑每百斤收稅費一元八角
均縣菸葉　每百斤收稅費二元一角
鄖縣鄖西菸葉　每百斤收稅費二元一角
山坡菸葉　每百斤收稅費二元六角（武嘉咸蒲四縣產）
廣濟菸葉　頭菸每百斤收稅費二元四角
三菸每百斤收稅費一元五角
黃梅菸葉　每百斤收稅費一元八角
應山菸葉　每百斤收稅費二元
孝感菸葉　每百斤收稅費一元四角
各縣土產菸葉　每百斤收稅費一元三角
菸刨分甲乙丙種
甲種菸刨　每把按月收稅費四元五角
乙種菸刨　每把按月收稅費三元
一外省菸類
川菸葉　金堂菸每百斤收稅費五元一角
變菸每百斤收稅費二元五角

毛菸每百斤收稅費二元一角

鄧洲菸葉　不分片紉每百斤收稅費二元一角

許洲菸葉　每百斤收稅費一元八角

福建條絲　每百包包稅費拾元〇一角

江西條絲　每百包收稅費五元一角

乙酒類

鄂省酒類有由本省自製者有由外省輸入者名稱不同價格亦異應收稅費分列於左

一本省酒類

汾酒　每百斤收稅費二元五角

南燒酒（高粱穀大麥等類所釀造）每百斤收稅費一元四角（按缸至少每月出酒百斤）

土紹酒　每百斤收稅費一元五角（按罈折淨）

米酒　每百斤收稅費七角

色酒　每十斤收稅費一角（本地酒改裝已收公賣費者現祗收稅如加皮玫瑰碧綠茵陳暨藥酒等類）

一外省酒類

紹酒　每百斤收稅費銀二元五角（按抎折淨）

佘店酒　每百斤收稅費二元五角

大麯酒（郎川酒）每十斤收稅費銀三角四分
天津五加皮酒　每十斤收稅費三角四分
廣東青梅酒　每十斤收稅費三角四分
馮了性酒　每十斤收稅費一元四角
藥酒（如達仁堂虎骨茵陳及史國公等類）每十斤收稅費五角

第三章　征收方法

第九條　凡絲菸作酒作菸葉行莊暨零售菸酒各店除遵照牌照稅條例領取營業牌照外其完納公賣稅費手續分列於左

一絲菸店用刨製者每刨每月刨製細菸百斤以上或刨製粗菸二百斤以上者照甲種完納稅費每刨每月刨製細菸百斤以下或刨製粗菸二百斤以下者照乙種完納稅費應由絲菸店將刨數暨刨製菸數報告於該管分處或稽征所核定按月征收發給票照方准銷售

二凡造酒者應先期報告該管分處所查定繳納稅費領取票照方准銷售歇業時限歇業後五日內報告

前項報告應守左列之規定但爲歇業之報告時不在此限

（一）舖店名號（二）正舖或棧房所在地（三）該舖司事人姓名年歲籍貫（四）酒甑之數（五）酒缸釀酒容量數（六）每日出酒之數（七）約計每月估出酒數造酒者經該

管分處或稽征所查定後給予造酒營業狀如因營業狀況之變遷於查定之數加多或減少時應先期報明
造酒店以酒類發售於其他行店或轉運時應領取印照粘於容酒器之封口處並領運票以備查驗
三凡行甑製酒銷售或代人釀酒者應將每月造酒數目報告於該管分處所查定領取造酒營業狀完納稅費
四凡釀酒自用在五十斤以上者應報由該管分處或稽征所查定照納稅費
五凡菸酒應粘貼印照方准門市零售但未經該管分處所認爲已完納稅費者爲便利起見得免粘貼如係運售仍以票照爲憑
六凡菸酒出口進口或由甲區運往乙區銷售統應在起運地之處所或經過之頭道處所完納稅費
七凡浙紹南紹建條入口無論水運陸運統由到達地之處所一次收足稅費如再分銷應塡給分撥票別處不得重征
八凡菸類出口進口完納稅費後領取印照粘貼包面並由運商於包頭蓋用某地某店圖記另領運票以備查驗
第十條　凡運販菸酒由起運所在地暨經過之頭道處所一次收足稅費後轉運外埠沿途處所查

驗貨票相符立予放行不得留難需索但各項菸葉運抵漢口時每百斤准收查驗費一角此外不得浮收

第四章　處罰

第十一條　凡菸酒未完納費稅而私自販賣者處以應完稅費五倍至十倍之罰金并得將菸酒全數充公

第十二條　凡菸酒商人報稅時有隱蔽偷漏而被查出者得勒令補足稅費並處以應補稅費五倍至十倍之罰金但每次罰金至少在三十元以上

第十三條　當收稅費人執行職務時拒絕其執行或避忌之或加以支障者處以五元以上五十元以下之罰金其涉及刑事範圍者送法庭按律處辦

第十四條　塗改票照及揭下重用者處以三十元以上三百元以下之罰金

第十五條　違反本條例第九條第一至第五各項及第八項之規定者處以三元以上三十元以下之罰金

第十六條　處本條例第十一至第十五條之罰金再犯者倍罰之三犯者又倍罰之三犯以上得停止其營業

第十七條　各分處所所收之罰金除提出充賞外應按月解由省處轉解金庫

第十八條　凡報告及拿獲私菸私酒照章充公者應呈由省處核令主管處所將菸酒變價以一半

充公一半充賞各分處所不得擅自處理

第十九條　本條例第十一第十二第十四第十五第十六等條所處之罰金應提給三成充賞但應解由省核發不得坐扣

第五章　附則

第二十條　本條例如有未盡事宜得隨時由省處呈部修改之

第二十一條　本條例自公佈日施行

湖北全省菸酒公賣處稽核委員審核規則　十六年九月呈准公布

第一章　總綱

第一條　本規則依據國民政府財政部稽核委員審核規則參酌本處特殊情事規定之

第二條　本處所屬全省各縣埠分處計六十九處區域遼闊賬目繁多暫設稽核委員四員隨時分途派往各分處審核

第二章　稽核任務

第三條　稽核委員每到達一處應先調閱該分處收支税費牌照税流水滚存底簿與日計表核對如查有征存款項登時點驗數目及貨幣種類代電馳報其征存之數達五百元以上守催令該分處卽日掃數專案會呈繳解

第四條　稽核委員每到達一處應於當日調齊各項征收支解款項總分賬簿文批收據及商戶領照納稅底册詳細審核如無虚濫情弊卽由該員於各賬册末行蓋章負責仍會同各該分處長造具四柱清册呈報本處查核（册式另定之）
第五條　稽核委員審核賬目有需查閲案卷核對存根之事務須隨時調取勿得憚煩
第六條　稽核委員應調查各該分處征收稅費牌照稅是否實塡票照有無違章浮收其登記賬簿是否實在如查有虚濫舞弊情事立卽密呈本處核辦每查畢一處卽按審核報告表據實塡報（表式另定之）
第七條　稽核委員審核各該分處簿記及會計手續如認爲應行改良之處應卽會同各該分處長修改呈報
第八條　稽核委員每達到一處應實地調查該處城鄉通用貨幣種類價格差率據實塡表報告（表式另定之）
第九條　稽核委員每達到一處應將該縣産銷菸酒情形全年菸酒營業旺淡月份相差成數實地調查審核原定旺淡平月比額是否適宜有無改良辦法增收把握密呈查核
第十條　稽核委員每至一處當日報告行抵該處日期查畢之後應將各項表册造辦齊全分別會呈專呈密呈於所在地交郵後始能他往並須報告他往程途暨起程日期本處將來卽憑各地郵局戳記以爲考核各委員行蹤之根據

第三章　權限

第十一條　稽核委員有向各分處長調閱各分處一切底簿案卷票照存根及向各分處員司查詢疑點之職權各該分處長及員司人等不得推諉或拒絕

第十二條　稽核委員審核各分處賬目認爲不實不盡或虛浮冒濫者得提起賬簿及其他證據呈賫本處核辦各該分處長不得推諉或拒絕

第十三條　稽核委員執行調查任務時各該分處應令員司聽受指揮不得推諉或拒絕

第十四條　稽核委員除依本規則執行任務及奉行本處特別委任外不得干涉各分處其他事件如無本處令各分處不得提交款項

第四章　懲奬

第十五條　稽核委員報告遲延或調查不實及表册不齊者記過一次其對於各分處賬目虛濫失於察覺者記大過一次失察各該分處舞弊者撤差扶同徇隱者以共同舞弊論

第十六條　稽核委員報告詳實曾經改良各分處簿記及會計手續呈准有案者記功一次舉發各分處賬目虛濫有據者記大功一次舉發各分處舞弊有據者或條陳改良辦法實施有効者以分處長存記委用其因條陳改良有效征收溢額者並得於該分處溢奬內酌提奬金

第十七條　稽核委員不得受各分處供應違者記大過一次其有受分處餽遺爲之隱飾者撤差懲追

第十八條　凡記功記過二次者作大功大過一次計記大過二次者撤差功過准其相抵

第五章　經費

第十九條　稽核委員每員每月支薪水洋九十元所需旅費自出發日起實支實報每月不得超過六十元仍應造具旅費計算書連同單據呈報本處核辦

第二十條　稽核委員旅費隨時由本處酌定往返日期于出發時核實發給其中途乏用非呈經本處令撥者不得向各分處借撥

第二十一條　稽核委員薪旅各費每月實報實銷由本處彙辦計算連同原賫單據呈賫財政部查核作正開支

第七章　附則

第二十二條　本規則呈奉財政部核准施行如有未盡事宜得由本處呈請修改之

湖北各縣縣長兼辦菸酒事務分局暫行簡章　十六年六月公布

第一條　湖北省偏遠縣分菸酒事務由湖北菸酒事務局查照成案暫委各該縣縣長兼該縣菸酒事務分局局長辦理之

兼分局之廢置由湖北菸酒事務局隨時呈報令遵

第二條　各兼分局長受湖北菸酒事務局之指揮監督執行各該縣菸酒事務關於征解考成比額

經費及各項册報一律遵照現行法令及成案辦理

第三條　設置兼分局縣分之縣長到任後務將到任日期呈報查考卽於到任日起兼任該縣菸酒事務分局局長不另加委

第四條　各兼分局長於交替縣長職務時應同時將兼辦菸酒稅務交接日期呈報查考交卸時並須將兼管菸酒稅款票照文卷器物等項移交淸楚取具後任印結方准離縣

第五條　各兼分局得由湖北菸酒事務局酌派稽征主任或一縣一員或數縣一員秉承兼分局長辦理稅務其薪給卽在提成經費內開支但該兼分局長認爲員司敷用時亦得於接辦後一星期內呈請免派

第六條　各兼分局辦理菸酒事務暫行借用縣印

第七條　湖北全省各縣縣警協助征收菸酒稅費暫行簡章第五條關於縣長公署之補助費兼辦縣分仍得照章提支

第八條　本簡章自呈准之日施行

第九條　本簡章如有未盡事宜由湖北菸酒事務局隨時呈准修改之

湖北全省各縣縣警協助征收菸酒稅費暫行簡章　十六年六月公布

第一條　本簡章查照前湖北全省菸酒公賣處呈准原案依據國民政府財政部原頒湖北菸酒公

賣稅費暫行條例第四條第六條規定明定各縣縣長公安局長協助征收菸酒稅費之責任

第二條　各縣縣長公安局長對於各該縣菸酒事務分局征收事宜應切實負責隨時充分協助遇有分局聲請執行事件不得推諉稽延並應領導該縣商會鄉團及其他各團體一致協助分局之進行

第三條　各縣縣長公安局長受湖北菸酒事務局委託事件有遵辦呈復之義務

第四條　各縣地方所發布之政令如與征收菸酒稅費有關係者應由該縣縣長呈報湖北菸酒事務局核辦如未經呈准以致影響稅收者應由該縣縣長負比額上之責任

第五條　按照各該分局每月征獲解款實數內提支各該縣縣長公署補助費百分之二公安局補助費百分之一俾資辦公均由各分局按月呈報湖北菸酒事務局核明令飭如數支付掣取印收呈賫抵解

第六條　各縣縣長公安局長協助不力致該縣分局收數短絀者得由湖北菸酒事務局呈請懲戒協助異常得力者亦得擇尤呈請獎勵

第七條　本簡章由湖北菸酒事務局照案呈准施行如有未盡事宜隨時呈請修改之

第八節　湖南公賣費

湖南菸酒公賣於民國四年十月開辦。原定費率爲百分之二十。各菸酒商人以江蘇浙江兩省均祇百分之十二。江西安徽兩省稅費併計亦祇百分之二五。紛紛援案請減。遂將費率酌量減輕。定爲百分之十五。民國六年二月局長易應崐建議攤稅入費。一道征收。共收百分之三十。以收起之款劃分五成作爲稅厘原有收數。另訂公賣費征收章程（章程附錄於後）呈准照辦。九年年底省當局將菸酒事務劃歸財政廳兼辦。並將原有菸酒物品稅及厘金一概免除。估定價格值百抽三十。一道征收。不再重徵。十七年秋湘省局正式恢復。卽由該廳將兼辦事務劃歸該局接管。當以湘省廳定稅率參差不一。原定菸酒價格比照時價相差過甚。影響稅收。卽由該局仿照湖北辦法按實在市價估計成本。不論本產外產。一律値百抽十七。改訂新率。並將新舊兩率對照列表。於七月間呈准中央核定施行。是年八月又將川鄂贛等省輸入之菸筋菸梗（爲土製條絲及捲菸原料）各按長沙市價分別征稅。九月間又將漢汾西汾兩酒稅率酌量改定。分呈國民政府財政部暨湖南省政府先後核准施行。十八年五月。該局呈報菸酒類調查表所塡稅率仍爲百分之十七。並未變更。其詳細辦法各有原表可查。不贅。

湘省征收公賣費。本產本銷之郴州葉菸及長沙土汾燒酒。衡州酧酒。湘潭易家灣之堆花等項。原定由產銷兩地公棧各半分征。嗣因長沙土酒係按原料估征。衡州酧酒費由包繳均經產地征足全費。且皆限於事勢。無可變更。若繩以產銷分征之例。殊於商人不便。因改爲由產地一道征收。無論運銷本省何區查驗單貨相符。不再征半費。至外產本銷之建條西條及蘇紹汾酒等項。原定由運入湘境。經過第一局棧驗明貨數塡給驗單放行。其應征湘境稅費。則須運抵銷地由起坡首棧征收。嗣因防止沿途酒賣之弊。規定外省輸入菸酒。經過湘境第一分局或征收處。呈驗所持產地局棧塡發驗單。若僅載運銷湖南字樣。並不指出縣分者。卽令照章全完費稅。發給憑單。詢明指銷之處塡發運單。運赴銷地。不再征收。若驗單已載明指銷縣分地名。則照舊章於經過第一局處驗明給單放行。仍不截征費稅。維時華商運輸建菸。往往藉掛洋牌。領用海關三聯單。希圖免納捐費。經前菸酒署通令各省區局嚴查罰辦。於是湘局與各菸商議定辦理漏稅建菸辦法三條。

(一)由湘省全體菸商承認。卽日緘達福建同業。一律遵章完費。領貼印照。此後如無產地印照驗單。湘商決不收買。

(二)現在運到未起之貨。除完本省稅費外。每石罰銀五角。

(三)自定議之日起。以六十天爲限。限內運到之貨。查無產地印照驗單聯單。除完本省稅費外。補完產地公賣費一道。限外運到之貨。如再無產地印照驗單聯單。卽予全數充公。

前項辦法。於民國六年三月呈准實行。

湘省幣制最爲複集。菸酒稅費向收票洋。民國七年。湖南省長公署通令湘省賦稅。一律征現。規定向征銀元者。實收光洋。向征制錢者。實收銅元。如以裕湘銀行兌現銀元銅元各票繳納者。概行照收。旋以湘省紙幣充斥。現金奇乏。裕湘銀行所出銀元銅元各票。又不多見。商民納稅。籌措極艱。其實無現金可收者。擬仿照財政廳折收洋價辦法。按月酌定折收標準。以利推行。呈奉前財政部核准照辦。

湘省辦理公賣。劃分全省爲八區。第一區由省局兼管。其餘七區各設分局。每縣組織分棧。爲代征公賣費機關。嗣因整頓稅收。遂籌議裁撤分棧。添設分局。自民國九年以後。該省菸酒兩稅歸併財政廳經徵。至十七年秋。尚仍劃歸菸酒事務局管理。並由該局取消劃區舊制。改爲每縣設一分局。

湘省酒業不甚發達。長沙常德湘潭岳陽衡陽等繁盛商埠。尚有專營酒業運銷本省各處。其餘各縣。大半在城區製造。僅供境內銷售。率以他項商業兼營酒坊。所產酒類。以米酒谷酒高粱酒三種爲大宗。各縣每年共產谷酒一千九百餘萬斤。米酒六百數十萬斤。高粱並各色雜糧酒五十餘萬斤。仿造蘇酒紹酒共二百餘萬斤。土產菸葉。以沅陵郴縣爲多。販運外縣。爲製造熟菸之原料。熟菸則長沙湘潭有散絲白淨干絲。岳陽有刨口芸香白建紫建。常德沅陵澧縣有京貢京蘭桂蘭上淨金桂淸香等名色。此外本省各處製造者。普通謂之黃絲土絲。每年各縣約產生菸葉二百數十萬斤。熟菸葉二百十餘萬斤。所銷客酒。以山西汾酒爲多。年約三百數十萬斤。蘇酒百餘萬斤。紹酒數十萬斤。漢口鏡面酒二百餘萬斤。客菸分生熟二種。熟菸以江西條絲爲多。年約一百二十萬封(每封十兩)福建條絲四十餘萬包。(每包十兩)貴州條絲十餘萬斤。廣東條絲四五千斤。生菸葉亦以江西輸入爲最多。年約八十餘萬斤。廣西二十餘萬斤。四川五萬餘斤。

湖南菸酒公賣費徵收暫行簡章 六年三月三日菸酒署核准

第一條　菸酒公賣費暫按實在成本徵收十分之三

第二條　原有菸酒物品稅及釐金一律免除惟牌照稅仍照另章徵收

第三條　各縣應徵之菸酒公賣費及牌照稅均由各縣公賣分局徵收但未改分局之處仍暫以各區設立之菸酒公賣分棧及支棧爲代征機關按旬解交主管公賣局核收轉解

第四條　各分局征獲費款按月檢同聯單報解省局核收上月征存之款限下月解到不得延誤

第五條　省局收到前項費款照章劃出五成按月撥解財政廳爲稅厘原有收數

第六條　凡應納公賣費之菸酒分別外產本銷本產本銷本產外銷居民自釀四種照左列方法徵收之

（甲）外省運來之菸酒（如建條西條花雕紹酒汾酒等類）先由進口厘局驗明貨數填載四聯驗單以一聯存根一聯截給商人爲報驗完費之據一聯按月彙送公賣省局查核一聯隨時封寄起坡征收機關核對相符照率收公賣費填給聯單發貼印照方准入市倘入市之後該商又須轉運他縣銷售者許向完費機關報明指運地點請領省局所製單行運單運抵指銷區域報驗准起不再重徵

（乙）本省所產之菸酒（如葉菸捲菸仿紹士汾蘇酒槽燒衡酒等類）均就產地征收公賣費填給聯單發貼印照如完費之後轉運他區銷售者適用甲項轉運之規定

（丙）本省所產運銷外省之菸酒應赴產地徵收機關報明指銷省分並候核收本省公賣費填發聯

單發貼印照請領驗單每驗單一紙繳納驗單費銀一角

(丁)各鄉居民自釀之酒應報明徵收機關完納全費領取費單印照方能開作否則以私酒論仍遵照部章每戶每年以百觔爲限

以上各種徵收手續應由各分局按照當地情形另訂詳細章程呈請省局核定施行

第七條　進口各厘局查驗進口菸酒塡送驗單等事由各該局長指定員巡兼辦或加派員巡辦理原支津貼各局統由公賣省局照案支給

第八條　凡有費單驗單及本省公賣局印照之菸酒經過本省各厘局驗明貨數相符一律免厘放行如無單照應卽扣留罰辦

第九條　印照應黏貼於菸酒包裹或盛儲器封口處並將種類量數月日塡注照內

第十條　公賣費款查照省章凡以湖南銀行銀圓票幣完納者與現幣一律照收小銀圓銅圓均照時價折收

第十一條　關於菸酒緝私及罰辦等事悉照稽查章程及私販懲罰章程辦理

第十二條　本章程如有未盡事宜隨時呈請全國菸酒事務署修正

湖南省菸酒公賣局懲罰菸酒私販單行規則　五年二月十一日菸酒署核准

第一條　菸酒商販如有買賣販運製造私菸私酒等項除遵照菸酒公賣暫行章程第十八條第十

九條各省菸酒公賣局稽查章程第十一條第十六條第十九條辦理外得照本規則處罰將處罰事實公佈

第二條　凡商店販運菸酒時如不將印照粘貼於包裹及盛儲器具上者以未貼印照之私菸私酒論卽將菸酒全數變價充公充賞免其處罰

第三條　商店私販如有不服檢查或恃强抗拒或持械聚衆及一切拒捕情事照本規則處罰外並得酌量情形飭發地方官法庭依律懲治

第四條　凡商人僞造印照送交法庭按照證據處以應得之罪

第五條　凡商店販運菸酒如將舊照影射或塗改字跡藉以朦混者卽將菸酒全數變價充公充賞並得酌量處罰

第六條　查獲私販之菸酒由主管公賣局飭發菸酒公賣棧變價承買前項菸酒商販仍向公棧繳納公賣費

第七條　私菸私酒變價所得價值照依稽查章程第十一條一半充公一半充賞處罰完結

第八條　凡商店販運菸酒時如查所運之貨多於單照之數者卽將其多餘之貨提出變價充公充免其處罰

第九條　查私菸私酒按照所獲菸酒重量多寡酌定罰金額數如左

一私販菸酒十觔以上五十斤以下罰銀壹圓至五圓

二私販菸酒五十觔以上百觔以下罰銀五圓至十圓

三私販菸酒百觔以上五百觔以下罰銀壹十圓至三十圓

四私販菸酒五百觔以上千觔以下罰銀五十圓至壹百圓

五私販菸酒千觔以上者罰銀壹百圓至三百圓爲止不再增加

前項之規定如係再犯則加一倍處罰三犯加二倍處罰並照章勒令停止其營業

第十條　本規則自奉菸酒公賣事務署核准之日施行如有未盡事宜得隨時修正詳請全國菸酒事務署核定

湖南菸酒事務局暫行擬定徵收菸酒稅一覽表

十七年七月報部

種類	產地	原定章程 估本	原定章程 稅率	暫行新章 估本	暫行新章 稅率	比較 增	比較 減	說明
郴州菸葉	本省	每百斤陸元	壹元八角	每百斤十六元	貳元七角二分	玖角二分		郴州菸葉爲湘省最優菸產倣照湖北黃岡洋裝菸稅例
寶慶菸葉	本省	每百斤四元	壹元貳角	每百斤十二元	貳元另四分	捌角四分		寶慶菸葉次之倣照湖北均縣菸稅例
湘潭菸葉	本省	每百斤四元	壹元貳角	每百斤十二元	貳元另四分	捌角四分		湘潭菸葉次之倣照湖北均縣菸稅例
長沙菸葉	本省	每百斤四元	壹元貳角	每百斤十二元	貳元另四分	捌角四分		長沙菸葉次之倣照湖北均縣菸稅例
各縣土葉	本省	每百斤四元	壹元貳角	每百斤十元	壹元七角	五角		各縣土產菸葉倣照湖北土葉稅略加
四川金堂菸葉	外省	每百斤十元	叁元	每百斤叁十元	五元一角	貳元一角		四川金堂菸葉爲最優等菸葉倣照湖北西條例
江西饒州菸葉	外省	每百斤陸元	壹元捌角	每百斤二十一元	三元五角七分	壹元七角七分		江西饒州菸葉照湖北西條例七折

温州菸葉	外省	每百斤陸元	壹元捌角	每百斤二十一元	三元五角七分	壹元七角七分		温州菸葉照湖北西條例七折
福建菸葉	外省	每百斤十五元	肆元五角	每百斤四十二元	七元一角四分	二元六角四分		福建菸葉照湖北建條例七折
許州菸葉	外省	每百斤六元	一元八角	每百斤二十一元	三元五角七分	一元七角七分		許州菸葉照湖北稅率畧加
福建皮絲	外省	每百包十五元	四元五角	每百包六十元	拾元二角	五元七角		建條照湖北稅率
江西條絲	外省	每百包五元	壹元五角	每百包三十元	五元一角	三元六角		西條照湖北稅率
菸筋	外省			每百斤四元	六角八分			菸筋來自川鄂贛諸省爲土製條絲及捲菸原料其價格約占長沙菸葉三分之一菸梗次之
菸梗	外省			每百斤三元五角	四角二分五釐			仝前
燒酒	本省	每百斤一元	叁角	每百斤五元	捌角五分	五角五分		燒酒照本省原稅遞加按缸征稅每缸以壹百貳十斤計算
土紹酒	本省	原係統包		每百斤六元	壹元〇二分			土紹酒原係包征
土汾	本省	每百斤二元	六角	每百斤九元	壹元五角三分	九角三分		土汾照本省原稅率略加
土蘇酒	本省	原係統包		每百斤五元	八角五分			土蘇酒原係包征
米酒	本省	每百斤壹元	叁角	每百斤四元	六角八分	三角八分		米酒照湖北米酒例
衡酒	本省	每百斤壹元	叁角	每百斤四元	六角八分	三角八分		衡酒性質與米酒同
漢汾	外省	每百斤八元	二元四角	每百斤二十五元	四元二角五分	一元八角五分		漢汾係外產故照湖北稅率遞加
西汾	外省	每百斤十元	叁元	每百斤三十元	五元一角	二元一角		西汾較漢汾爲優
花彫	外省	每百斤十元	叁元	每百斤三十元	五元一角	二元一角		花彫照西汾例

潤了性酒	外省	原無定章		每拾斤捌元	一元三角六分			潤了性酒照湖北例
大麯酒	外省	原無定章		每十斤二元	叁角四分			大麯酒照湖北例
各項藥酒	外省	原無定章		每十斤三元	五角一分			各項藥酒照湖北例
冬酒	外省	原無定章		每百觔六元	一元月二分			冬酒質與本省產米衡酒爲優故略加
蘇紹酒	外省	每百斤三元玖角		每百斤十五元	二元五角五分	一元六角五分		蘇紹酒照湖北紹酒例

（附註）按此表爲十五年七月呈准案件是年八月復經該局將川鄂贛等省運來之菸筋菸梗（爲土製條絲及捲菸原料）按照長沙市價呈准分別征稅其稅率則菸筋每百斤估本四元征稅六角八分菸梗每百斤估本二元五角征稅四角二分五厘及至九月復據酒商要求得漢汾每百斤原定征稅四元二角五分者改爲三元西汾每百斤原定征稅五元一角者改爲三元五角又燒酒一項稅則仍舊惟按缸計稅每缸以一百二十斤計算應即删除以符事實分呈國民政府財政部暨湖南省政府先後核准施行至於其他各種菸酒仍照此表辦理特爲注明

湖南省菸類產銷情形及費稅率調查表 十八年五月呈報

縣別	出產菸類名稱	每年產類	行銷區域	外銷數量	本銷數量	當地價格	公賣費率	其他稅率	旺淡時期	附註
長沙	長沙葉	約二千五百担	本縣及十八鎮鄉	約一千担	約一千五百担	每担約二十元	稅費併徵百分之十七		秋季旺其餘淡	新稅每担二元零四分每年輸入江西葉一千五百担福建葉二十六萬包西條八萬餘包

湘潭	霞灣葉	約一萬六千担	湘西一帶	約一萬担	約六千担	每担十二元上下	税費併徵百分之十七		秋季旺其餘淡	新章二元零四分每年輸入福建建條約一萬包江西西條一萬二千包江西西葉二千五百担
湘陰	土葉	五百餘担	本縣及常德	約二百餘担	約二百餘担	每担九元上下	税費併徵百分之十七		秋季旺其餘淡	新章二元零四分每年輸入福建建條二千餘包
益陽	伏葉 秋葉	三百餘担	本城及四鄉		三百餘担	每担十七元	税費併徵百分之十七		秋季旺其餘淡	新章百斤二元零四分每年輸入郴州葉六百餘担饒州菸葉四十餘担孝感菸葉六十餘担福建葉八千餘包江西葉一千五百包
醴陵	無	無					税費併徵百分之十七			税率照章每年輸入建條八千包西條八千包饒州葉六百担萍鄉葉四千担
瀏陽	土葉	七百担	本縣及醴陵長沙	一百担	六百担	每担六元餘	税費併徵百分之十七		秋季旺其餘淡	税率照章每年輸入江西葉一萬一千餘包福建葉約千餘包
沅江		無					税費併徵百分之十七			税率照章輸入福建葉一千六百包江西葉四千八百包寶慶葉一千八百担甯鄉葉三百担
甯鄉	土葉	三千担	本縣及華容沅江等縣	約千餘担	約千餘担	每担九元上下	税費併徵百分之十七		秋季旺其餘淡	税率照新章每年輸入福建葉一千二百包江西葉二千二百包
衡陽	土葉	四千餘担	醴陵寶慶湘潭等縣	三千餘担	約一千担	每担十五元	税費併徵百分之十七		秋季旺其餘淡	税率照新章每年輸入江西葉約十二三萬包福建葉萬餘包饒州葉萬餘包桂陽州葉約百餘担
常甯	土葉	四百餘担	本縣及四鄉	無	四百餘担	每担八元上下	税費併徵百分之十七		秋季旺其餘淡	税率百斤一元七角每年輸入江西葉三千餘包桂陽州葉二百餘担

常德		無					稅費併徵百分之十七			每年輸入浦市葉三百担郴州葉四千担下灣葉五百担苗煙二百担均州葉二百担寶慶葉百担四川葉八十担
祁陽		無					稅費併徵百分之十七			每年輸入江西葉一千三百包各縣土葉數百包
永興	土葉	約六百担	本縣		約六七百担	每担十二元	稅費併徵百分之十七			稅率百斤一元七角縣城偏僻扁幅狹小故無外處輸入
安仁		無					稅費併徵百分之十七			每年輸入江西葉萬餘包福建葉四百餘包桂陽葉十餘担
零陵	土葉	約一百担	本縣		約一百担	每担約十元	稅費併徵百分之十七		秋季旺其餘淡	稅率百斤一元七角每年輸入江西葉萬餘包全州葉八十担衡州葉四百担東安葉二百餘担
澧縣	土葉	三百餘担	本縣		三百餘担	每担十六元	稅費併徵百分之十七		秋季旺其餘淡	稅率百斤一元七角每年輸入江西葉約五百担湘潭郴州醴陵各縣土葉約千餘担
茶陵	土葉	八百餘担	本縣		八百餘担	每担十三元	稅費併徵百分之十七		秋季旺其餘淡	稅率照新章每年輸入福建葉四千包江西葉六千包
武岡	土葉	約七百担	本縣		約七百担	每担十六元	稅費併徵百分之十七		秋季旺其餘淡	稅率照新章每年輸入江西葉千餘担寶慶葉約五百担
會同		無					稅費併徵百分之十七			每年輸入外產葉約八百担

城步	旱葉	一百六十担	本縣		一百七十担	每担八元上下	稅費併徵百分之七十		秋季旺其餘淡	每年輸入外縣葉約數百担
郴縣	郴州葉	三千餘担	本縣及常德澧州等縣	二千餘担	一千餘担	每担二十元	稅費併徵百分之七十		秋季旺其餘淡	稅率百斤二元七角二分年豐可產五六千担外產輸入甚少
邵陽	土葉	約千餘担	本縣及長沙益陽新化等縣	數百担	八九百担	每担六元上下	稅費併徵百分之七十		秋季旺其餘淡	菸葉分頭二三等稅率頭等二元零四分二等一元三角六分三等六角八分外產輸入甚少
新化	土葉	約三百担	本縣		約一二百担	每担二十五元	稅費併徵百分之七十		秋季旺其餘淡	稅率百斤一元七角每年輸入福建葉千餘包
沅陵	土葉	一千六百担	本縣及常德洪江等縣	一千四百担	二百担	每担十六元	稅費併徵百分之七十		秋季旺其餘淡	稅率百斤一元七角每年輸入福建葉千餘担
石門	土葉	六百担	本縣及桃源澧縣	三百担	三百担	每担八元	稅費併徵百分之七十		秋季旺其餘淡	稅率照新章地處偏僻銷量無多故外產輸入甚少
南縣		無					稅費併徵百分之七十			每年輸入江西葉數百担外縣葉數百担
華容		無					稅費併徵百分之七十			每年輸入江西葉二百包福建葉一千五百包各縣土葉八百斤
漢壽	土葉	三十餘担	本縣及沅江	十餘担	二十餘担	每担五元	稅費併徵百分之七十		秋季旺其餘淡	稅率照新章每年輸入江西葉百餘包福建葉百餘包各縣土葉百餘包

資興	土葉	百餘担	本縣		百餘担	每担八元	稅費併徵百分之十七		秋季旺其餘淡	稅率照新章每年輸入郴州葉三百餘包
芷江	土葉	二百担	本縣		二百担	每担八元	稅費併徵百分之十七		秋季旺其餘淡	稅率照新章每年輸入各縣菸葉數百包
瀘溪	片素葉	約二百担	常德沅陵洪江等處	約二百担		每担九元上下	稅費併徵百分之十七		秋季旺其餘淡	稅率照新章每年輸入各縣菸葉及江西葉約數百担
辰谿	片素葉	三百四十担	常德沅陵洪江等處担	三百四十		每担九元上下	稅費併徵百分之十七		秋季旺其餘淡	稅率照新章每年輸入各縣菸葉及江西葉約數百担
慈利	土葉	六百餘担	本縣		六百餘担	每担十元上下	稅費併徵百分之十七		秋季旺其餘淡	稅率照新章每年輸入湘潭葉二百餘担福建葉數十担
湘鄉	土葉	三百担	本縣		三百担	每担十二元	稅費併徵百分之十七		秋季旺其餘淡	稅率照新章每年輸入江西葉二千餘担福建葉一千二百包郴州寶慶葉一萬五千担
岳陽		無					稅費併徵百分之十七			每年輸入湖北葉一萬三千餘担福建葉四千餘包江西葉五千餘包河南葉七千担各縣葉百餘担
道縣	土葉	十餘担	本縣		十餘担	每担八元	稅費併徵百分之十七		秋季旺其餘淡	稅率照新章每年輸入江西葉千餘包
江華	土葉	八百担	本縣		八百担	每担八元	稅費併徵百分之十七		秋季旺其餘淡	稅率照新章每年輸入江西葉千餘包桂陽葉四百餘担

平江	土葉	一千八百担	本縣及湘陰岳陽等縣	八百担	一千担	每担五元	稅費併徵百分之十七		秋季旺其餘淡	稅率照新章每年輸入福建葉千餘担
保靖	土葉	百餘担	本縣		百餘担	每担十元	稅費併徵百分之十七		秋季旺其餘淡	稅率照新章每年輸入四川葉百餘担
乾城	土葉	百餘担	本縣		百餘担	每担八元	稅費併徵百分之十七		秋季旺其餘淡	稅率照新章每年輸入外縣葉百餘担
鳳凰	土葉	一千九百担	本縣及常德縣	一千四百担	五百担	每担十元	稅費併徵百分之十七		秋季旺其餘淡	稅率照新章
桂東		無					稅費併徵百分之十七			每年輸入郴州葉六百担江西葉五百包
臨武	土葉	一百六十担	本城		一百六十担	每担四元	稅費併徵百分之十七		秋季旺其餘淡	稅率照新章每年輸入郴州桂陽葉三百餘担
嘉禾		無					稅費併徵百分之十七			每年輸入外縣葉千餘担
汝城	土葉	百餘担	本縣		百餘担	每担二十二元	稅費併徵百分之十七		秋季旺其餘淡	稅率照新章每年輸入江西葉三千餘包
桂陽	土葉	五百餘担	本縣及外縣	約四百担	約百餘担	每担十八元	稅費併徵百分之十七		秋季旺其餘淡	稅率照新章每年輸入外縣葉數百担

宜章	土葉	一百八十担	本縣		一百八十担	每担二十元	稅費併徵百分之七十		秋季旺其餘淡	稅率照新章每年輸入外縣葉三百餘担
藍山	土葉	八十餘担	本縣		八十餘担	每担三十元	稅費併徵百分之七十		秋季旺其餘淡	稅率照新章每年輸入外縣葉三百餘担
攸縣	土葉	八十餘担	本縣及鄰縣	二十餘担	六十餘担	每担十元	稅費併徵百分之七十		秋季旺其餘淡	稅率照新章每年輸入福建葉五百包江西葉千餘包
臨湘		無					稅費併徵百分之七十			每年輸入湖北葉百餘包
永明	土葉	一百五十担	本縣		一百四五十担	每担十元	稅費併徵百分之七十		秋季旺其餘淡	稅率照新章每年輸入江西葉五百包
耒陽	土葉	一千一百餘担	本縣及外縣	四百餘担	六百担	每担八元	稅費併徵百分之七十		秋季旺其餘淡	稅率照新章每年輸入江西葉四五千包福建葉四百包
甯遠	土葉	五十餘担	本縣		五十餘担	每担八元	稅費併徵百分之七十		秋季旺其餘淡	稅率照新章每年輸入江西葉四百包本省各縣葉四百包
新田	土葉	四十餘担	本縣		四十餘担	每担九元	稅費併徵百分之七十		秋季旺其餘淡	稅率照新章每年輸入江西葉五百包
漵浦	草葉	三百餘担	本縣		三百餘担	每担九元	稅費併徵百分之七十		秋季旺其餘淡	稅率照新章每年輸入福建葉三百餘担寶慶葉二百餘担

永綏	土葉四十担	本縣		三四十担	每担十元	稅費併徵百分之十七		秋季旺其餘淡	
衡山	土葉百餘担	本縣		百餘担	每担十元	稅費併徵百分之十七		秋季旺其餘淡	稅率照新章每年輸入江西葉八九萬包福建葉千餘包
挑源	土葉五百担	本縣		五百担	每担九元	稅費併徵百分之十七		秋季旺其餘淡	稅率照新章
龍山	土葉三百担	本縣及來鳳	百餘担	百餘担	每担十元	稅費併徵百分之十七		秋季旺其餘淡	稅率照新章
新甯	土葉三百担	本縣		三百担	每担十二元	稅費併徵百分之十七		秋季旺其餘淡	稅率照新章

說明

一此表係根據各稽查員及各縣分局局長調查表參考塡造因時間倉卒其中或有未盡之處容俟調查詳細再行彙報

一查湖南七十五縣此表僅列六十縣其餘十五縣均屬僻處邊陲路途窵遠交通梗塞一時調查難以齊全稍假時日遵照補彙

一查產菸之區係郴桂衡寶各縣年來遭共匪蹂躪百業俱廢菸葉生產因之銳減故稅收短少

湖南省酒類產銷情形及費稅徵率調查表　十八年五月呈報

縣別	出產酒類名稱	每年產額	行銷區域	外銷數量	本銷數量	當地價格	公賣費率	其他稅率	旺淡時期	附註
長沙	燒酒	四萬八千石	本縣及附近各縣	一萬一千石	三萬八千石	每石七元	稅費併徵百分之十七		秋冬季旺其餘淡	稅率燒酒每石收費八角五分湘汾每石一元五角三分蘇酒每石八角五分紹酒一元零二分
	湘汾	五百石	本縣及附近各縣	三百石	二百石	每石十二元	稅費併徵百分之十七		秋冬季旺其餘淡	每年輸入漢汾一千二百石洋酒五千餘瓶
	蘇紹酒	二千二百石	本縣及附近各縣	一千石	一千二百石	每石八元	稅費併徵百分之十七		秋冬季旺其餘淡	
湘潭	燒酒	二萬八千石	本縣及寶慶衡州一帶	一萬八千石	一萬石	每石八元上下	稅費併徵百分之十七		九十十一十二四個月爲旺其餘淡	燒酒米酒蘇酒每石收稅六角
	米酒	一千一百石	本縣		一千一百石	每石四元上下	稅費併徵百分之十七		九十十一十二四個月爲旺其餘淡	
	蘇酒	一千八百石	本縣及安源一帶	一千二百石	五百石	每石五元上下	稅費併徵百分之十七		九十十一十二四個月爲旺其餘淡	
湘陰	燒酒	八千四百五十石	本縣及平江沅江等縣	一千餘石	七千餘石	每石六元	稅費併徵百分之十七		四五六九十十一等月爲旺其餘淡	每石收稅八角五分
益陽	穀酒	二萬餘石	本縣及安化新化等縣	一萬六千餘石	五千餘石	每石八元	稅費併徵百分之十七		三四七八九十等月爲旺其餘淡	每石收稅八角五分每年輸入漢汾三百餘石湘蘇酒六百餘石

醴陵	燒酒	七千石	本縣及衡山耒陽等縣	千餘石	五千餘石	每石八元	稅費併徵百分之十七		四五十十一十二等月為旺其餘淡	每石收稅八角五分每年輸入蘇酒五百石西汾二千石漢汾三千石
	冬酒	四千石	本縣		四千石	每石三元	稅費併徵百分之十七			
瀏陽	燒酒	二千餘石	本縣及長沙醴陵等縣	四百石	一千六百石	每石八元	稅費併徵百分之十七		一十一十二等月為旺其餘淡	每石稅費八角五分
	穀酒	千餘石	本縣及長沙醴陵等縣	四百石	一千六百石	每石六元	稅費併徵百分之十七			
沅江	燒酒	九千六百石	本縣		九千六百石	每石八元四角	稅費併徵百分之十七		四五六十十一十二等月為旺其餘淡	每石稅費八角五分每年輸入長沙蘇酒二百四十石銅官湘潭燒酒四百石
甯鄉	燒酒	二千石	本縣		二千石	每石八元	稅費併徵百分之十七		春秋季旺其餘淡	每石稅費八角四分
	米酒	三千石	本縣		三千石	每石四元	稅費併徵百分之十七		春秋季旺其餘淡	
衡陽	衡酒	二千餘石	本縣		二千餘石	每石四元	稅費併徵百分之十七		九十十一十二等月為旺其餘淡	稅率照新章每年輸入漢汾十餘石洋酒四十餘打
	土蘇酒	二百餘石	本縣及祁陽郴州等縣	一百餘石	一百餘石	每石四元	稅費併徵百分之十七		九十十一十二等月為旺其餘淡	

	穀燒酒	三千餘石	本縣及祁陽郴州等縣	二千餘石	一千餘石	每石五元	稅費併徵百分之十七		九十十一十二等月爲旺其餘淡	
常甯	燒酒	八百餘石	本縣		百八餘石	每石七元	稅費併徵百分之十七			稅率照新章
	米酒	七千餘石	本縣		七千餘石	每石四元	稅費併徵百分之十七			
常德	米酒	萬餘石	本縣		萬餘石	每石六元二角	稅費併徵百分之十七		三八九十月爲旺其餘淡	稅率照新章每年輸入長沙土紹六百餘石長沙蘇酒六百石漢壽燒酒八百餘石漢汾四百餘石洋酒百餘打
	穀酒	千餘石	本縣		千餘石	每石八元	稅費併徵百分之十七		三八九十月爲旺其餘淡	
	膏粱酒	六百石	本縣		六百石	每石九元四角	稅費併徵百分之十七		三八九十月爲旺其餘淡	
祁陽	燒酒	三千餘石	本縣		三千餘石	每石八元	稅費併徵百分之十七		一二十一十二月爲旺其餘淡	稅率照新章
	水酒	二千餘石	本縣		二千餘石	每石五元	稅費併徵百分之十七		一二十一十二月爲旺其餘淡	
永興	水酒	千餘石	本縣		千餘石	每石五元	稅費併徵百分之十七		冬季旺其餘淡	稅率照新章

安仁	米酒	六百餘石	本縣		六百餘石	每石五元	稅費併徵百分之十七		冬季旺其餘淡	稅率照新章每年輸入湘潭燒酒二百餘石漢汾六十餘石
澧縣	燒酒	一萬五千餘石	本縣		一萬五千餘石	每石九元	稅費併徵百分之十七		冬季旺其餘淡	稅率照新章每年輸入西汾一千五百餘石
茶陵	米酒	六百餘石	本縣		六百餘石	每石五元	稅費併徵百分之十七		冬季旺其餘淡	稅率照新章每年輸入攸縣燒酒三四十石
武岡	米酒	一萬餘石	本縣		一萬餘石	每石四元	稅費併徵百分之十七		八九十月爲旺其餘淡	稅率照新章
會同	蘇酒	七百石	本縣及辰谿沅陵等縣	四百石	三百石	每石五元	稅費併徵百分之十七		十十一二爲旺月其餘淡	稅率照新章每年輸入西汾十餘石
	燒酒	八百石	本縣		八百石	每石六元七角	稅費併徵百分之十七		十十一十二爲旺月其餘淡	
	米酒	千餘石	本縣		千餘石	每石三元二角	稅費併徵百分之十七		十十一十二爲旺月其餘淡	
城步	米酒	一千四百三十餘石	本縣		一千四百三十餘石	每石三元	稅費併徵百分之十七		十十一十二爲旺月其餘淡	稅率照新章每年輸入漢汾十餘石
郴縣	米酒	二千餘石	本縣		二千餘石	每石二元	稅費併徵百分之十七		十十一十二爲旺月其餘淡	稅率照新章

	醇酒	五百餘石	本縣		五百餘石	每石九元	稅費併徵百分之十七	十一十二爲旺月其餘淡	
邵陽	米酒	一萬五六千石	本縣及武岡新甯等縣	三四千石	一萬一二千石	每石四元	稅費併徵百分之十七	十一十二爲旺月其餘淡	稅率照新章
新化	燒酒	二千餘石	本縣		二千餘石	每石八元	稅費併徵百分之十七	十一十二爲旺月其餘淡	稅率照新章
沅陵	燒酒	千餘石	本縣		千餘石	每石十一元	稅費併徵百分之十七	十一十二爲旺月其餘淡	稅率照新章
石門	穀酒	一千一百餘石	本縣		一千一百餘石	每石八元	稅費併徵百分之十七	十一十二爲旺月其餘淡	稅率照新章
南縣	燒酒	一萬零三百石	本縣		一萬零三百石	每石九元	稅費併徵百分之十七	四五六爲旺月其餘淡	稅率照新章每年輸入漢汾蘇酒數百石
華容	燒酒	一千五百石	本縣		一千五百石	每石九元	稅費併徵百分之十七	四五六爲旺月其餘淡	稅率照新章每年輸入漢汾十餘石
漢壽	土酒	五百餘石	本縣		五百餘石	每石四元零	稅費併徵百分之十七	四九十爲旺月其餘淡	稅率照新章每年輸入漢汾四十餘石蘇酒三十餘石
資興	水酒	千餘石	本縣		千餘石	每石三元	稅費併徵百分之十七	九十十一十二爲旺其餘淡	稅率照新章

	燒酒	三四百石	本縣		三四百石	每石八元	稅費併徵百分之十七		九十十一十二爲旺其餘淡	
芷江	土蘇酒	一千九百餘石	本縣		一千九百餘石	每石四元	稅費併徵百分之十七		九十十一十二爲旺其餘淡	稅率照新章
瀘溪	米酒	一千餘石	本縣		一千餘石	每石三元	稅費併徵百分之十七		九十十一十二爲旺月其餘淡	稅率照新章
	燒酒	二十餘石	本縣		二十餘石	每石八元	稅費併徵百分之十七		九十十一十二爲旺月其餘淡	
辰谿	米酒	一千餘石	本縣		一千餘石	每石三元	稅費併徵百分之十七		九十十一十二爲旺月其餘淡	稅率照新章
	燒酒	三百餘石	本縣		三百餘石	每石八元	稅費併徵百分之十七		九十十一十二爲旺月其餘淡	
慈利	米酒	二千餘石	本縣		二千餘石	每石四元	稅費併徵百分之十七		秋季旺其餘淡	稅率照新章每年輸入津市穀酒數十石
湘鄉	燒酒	六千餘石	本縣及寶慶衡州等縣	二千石	四千餘石	每石八元	稅費併徵百分之十七		秋季旺其餘淡	稅率照新章每年輸入漢汾百餘石蘇酒三十餘石
岳陽	燒酒	六千五百石	本縣及湘陰臨湘等縣	二千石	四千石	每石七元八角	稅費併徵百分之十七		秋季旺其餘淡	稅率照新章每年輸入西汾百餘石漢汾九百餘石

	穀酒	五千七百石	本縣及湘陰臨湘等縣	二千石	三千七百石	每石六元四角	稅費併徵百分之十七		秋季旺其餘淡	
道縣	米酒	六千石	本縣		六千石	每石四元	稅費併徵百分之十七		秋季旺其餘淡	稅率照新章
	燒酒	千餘石	本縣		千餘石	每石五元	稅費併徵百分之十七		秋季旺其餘淡	
江華	米酒	千餘石	本縣		千餘石	每石四元	稅費併徵百分之十七		秋季旺其餘淡	稅率照新章
	燒酒	三百餘石	本縣		三百餘石	每石五元	稅費併徵百分之十七		秋季旺其餘淡	
永明	米酒	三千餘石	本縣		三千餘石	每石四元	稅費併徵百分之十七		秋季旺其餘淡	稅率照新章
	燒酒	千餘石	本縣		千餘石	每石五元	稅費併徵百分之十七		秋季旺其餘淡	
耒陽	米酒	五千石	本縣		五千石	每石四元	稅費併徵百分之十七		秋季旺其餘淡	稅率照新章
	燒酒	一千石	本縣		一千石	每石五元	稅費併徵百分之十七		秋季旺其餘淡	

甯遠	米酒	五千餘石	本縣		五千餘石	每石四元	税費併徵七百分之十		秋季旺其餘淡	税率照新章
	燒酒	千餘石	本縣		千餘石	每石五元	税費併徵七百分之十		秋季旺其餘淡	
新田	米酒	六百石	本縣		六百石	每石四元	税費併徵七百分之十		秋季旺其餘淡	税率照新章
	燒酒	百餘石	本縣		百餘石	每石五元	税費併徵七百分之十		秋季旺其餘淡	
永綏	米酒	三百餘石	本縣		三百餘石	每石四元	税費併徵七百分之十		秋季旺其餘淡	税率照新章
保靖	米酒	六百石	本縣		六百石	每石五元	税費併徵七百分之十		秋季旺其餘淡	税率照新章
乾城	米酒	六百石	本縣		六百石	每石四元	税費併徵七百分之十		秋季旺其餘淡	税率照新章
鳳凰	米燒酒	六千餘石	本縣		六千餘石	每石九元	税費併徵七百分之十		冬季旺其餘淡	
零陵	米酒	二千七八百石	本縣		二千七八百石	每石四元	税費併徵七百分之十		冬季旺其餘淡	税率照新章每年輸入衡州土蘇酒五六十石漢汾四十石

	燒酒	八九百石	本縣		八九百石	每石五元	稅費併徵百分之十七		冬季旺其餘淡	
衡山	米酒	三千餘石	本縣		三千餘石	每石四元	稅費併徵百分之十七		冬季旺其餘淡	稅率照新章每年輸入湘潭燒酒百餘石
	衡山酒	二千餘石	本縣		二千餘石	每石四元	稅費併徵百分之十七		冬季旺其餘淡	
攸縣	米酒	四千餘石	本縣		四千餘石	每石四元	稅費併徵百分之十七		冬季旺其餘淡	稅率照新章每年輸入漢汾數十石
	燒酒	二千餘石	本縣		二千餘石	每石五元	稅費併徵百分之十七		冬季旺其餘淡	
平江	土燒酒	四千餘石	本縣		四千餘石	每石六元	稅費併徵百分之十七		冬季旺其餘淡	稅率照新章每年輸入西汾三四十石
	雜糧酒	四五百石	本縣		四五百石	每石六元	稅費併徵百分之十七		冬季旺其餘淡	
桂東	火酒	千餘石	本縣		千餘石	每石十元	稅費併徵百分之十七		冬季旺其餘淡	稅率照新章
	水酒	約千石	本縣		約千石	每石四元	稅費併徵百分之十七		冬季旺其餘淡	

臨武	米酒	約二千石	本縣		約二千石	每石四元八角	稅費併徵百分之十七		冬季旺其餘淡	稅率照新章
嘉禾	水酒	千石	本縣		一千石	每石四元	稅費併徵百分之十七		冬季旺其餘淡	稅率照新章
汝城	燒酒	百餘石	本縣		百餘石	每石八元	稅費併徵百分之十七		冬季旺其餘淡	稅率照新章
	米酒	五千石	本縣		五千石	每石四元	稅費併徵百分之十七		冬季旺其餘淡	
桂陽	燒酒	三千餘石	本縣		三千餘石	每石十二元	稅費併徵百分之十七		冬季旺其餘淡	稅率照新章
	米酒	三千餘石	本縣		三千餘石	每石六元	稅費併徵百分之十七		冬季旺其餘淡	
宜章	多酒	三百石	本縣		三百石	每石八元	稅費併徵百分之十七		冬季旺其餘淡	稅率照新章每年輸入湘潭燒酒百餘石
	水酒	二千餘石	本縣		二千餘石	每石四元五角	稅費併徵百分之十七		冬季旺其餘淡	
藍山	米酒	二千五百石	本縣		二千五百石	每石四元六角	稅費併徵百分之十七		冬季旺其餘淡	稅率照新章每年輸入寧遠燒酒百餘石

臨湘	燒酒	五千石	本縣		五千石	每石十一元	稅費併徵百分之十七		三月至八月爲旺其餘淡	稅率照新章每年輸入岳陽燒酒二千餘石
溆浦	米酒	九千石	本縣		九千石	每石六元四角	稅費併徵百分之十七		八九月爲旺月其餘淡	稅率照新章
桃源	米酒	八千石	本縣		八千石	每石五元	稅費併徵百分之十七		八九月爲旺月其餘淡	稅率照新章
龍山	米酒	四千石	本縣		四千石	每石五元	稅費併徵百分之十七		八九月爲旺月其餘淡	稅率照新章
新寧	米酒	二千石	本縣		二千石	每石四元	稅費併徵百分之十七		八九月爲旺月其餘淡	稅率照新章

說明

一此表係根據各稽查員及各縣分局局長調查表參考填造因時間倉卒其中或有未盡之處容俟調查詳細再行彙報

一查湖南七十五縣此表僅列六十縣其餘十五縣均屬僻處邊陲路途窵遠交通梗塞一時難以調查齊全稍假時日遵照補彙

一查酒類一項本產僅燒酒米酒土汾三種客歲因秋收不豐各縣厲行禁釀稅收大受影響月難徵解比額

第九節　廣東公賣費

廣東菸酒公賣。其一切辦法。向與各省不同。當四年籌備之初。即以該省情形特別。比照原有菸酒稅加成征收。六年一月。復將稅費兩項合併征收。名曰公賣費。其沽酒公賣費一項。則又與牌照稅混合征收。及至現在。則公賣費名稱。復改爲菸酒稅。種種情形。異常複雜。如欲强爲分析。又恐掛一漏萬。轉失眞意。茲將歷年辦理情形。略述如下。

四年八月。財政部呈派王秉必前往廣東。籌備菸酒公賣。是時粵省酒稅。適奉部令兩次加征。比照原稅已增一倍。由利源公司商人劉德譜承辦菸稅。總數亦由五十萬元遞加至八十五萬元。由協興公司商人李礪成承辦。併經財政廳呈奉部省核准有案。商民負擔驟增。甫認加稅。又辦公賣。着手困難。當由王氏秉承省長。呈准中央。即將菸酒公賣章程。量爲變通。擬照民國三年以前菸酒稅率。加收三分之一。責令劉李兩商分別加認征解。以期易於集事。又值西潦爲災。各種收入銳減。凡產銷暢旺地方。如廣肇惠等處。均多被災。公賣收入。僅由劉李兩商各認十五萬元。核與原定菸酒稅預算二百萬元之總數。相差過鉅。時有所謂酒業研究會者。以統一征收相號召。意在減稅。多方延抗。而菸類方面又以土產菸商與條絲菸商。意見紛岐。互相攻擊。致公賣前途。遷延未決。是年十二月一日。先將菸類公賣由省局呈准中央。以條絲菸商張福利（即裕源公司）承辦。每年包繳二十七萬元。至於酒類則以原有酒稅劉商屢請退辦。粵省對於此案。官辦商包。猶豫未決。雖有何棟臣等具呈省局認包酒類公賣費二十七萬元。亦以酒稅牽連。未能定案。五年四月六日。粵省宣布獨立。軍需孔亟。五月底。適有永安公司何立遂認包酒類公賣費二十萬元。呈經龍督核准。於七月十六日起餉。既而戰事又起。無形停頓。直至十月朱省長陸督軍相繼到粵。各商亦漸復業。所謂酒業研究會者。又以機關紛歧手續繁瑣。多方鼓動。以致甑戶歇業。菸行停創。復經朱省長咨准中央。於六年一月取消酒類認商永安公司承辦公賣權。並一面先令財政廳將原有菸酒稅移交公賣局接管。即照原定稅費兩率合併計算。名曰公賣費。實行統一征收。除菸類公賣費仍照舊案官督商辦。歸裕源公司張福和繼續承包收解外。其酒類公賣費一項。即由省局收歸自辦。設局征收。並於六年四月會同財政廳改訂酒類公賣費（酒稅在內）比額。會呈中央。此項總額全年計二百五十二萬餘元。此粵省籌菸酒公賣之經過情形也。現制公賣費併入菸酒稅內征收。其征收酒稅者為各屬分局。征收菸稅者為德安公司。合計菸酒兩稅（公賣費在內）收數十七年份共收五百五十四萬餘元。比較六年份幾增一倍。如是則廣東現行辦法。不啻規復六年統一征收成案。惟名稱則易公賣費為菸酒稅耳。更有酒餅稅一項。係十六年四月批歸廣肇興業公司承辦。其所管區域以舊廣州肇慶兩府屬為限。附錄於此以備參考。

粵省菸酒收入。而以酒稅為大宗。菸稅對於酒稅。僅占三分之一有奇。民國六年省局於接收菸酒稅暨取消酒類公賣認商永安公司以後。即召集全省酒行代表陳耀煌林子琴等。勸導磋商。議定將公賣費與原有酒稅及牌照稅歸併統征。造酒與沽酒均按埕各加公賣費半毫。其征收標準如下。

（甲）造酒者無論米酒泰酒及各種酒類。均以三十斤以內為一埕。每埕連原有酒稅共收銀四毫五仙。（原定酒稅四毫近加公賣費半毫故合四毫五仙實際則產銷分征公賣費屬於中央者

共合一毫耳）

（乙）沽酒者按照各等牌照認定埕數核訂如左。

甲等牌照原定每月沽土酒一百六十埕或洋酒一百六十罇以內者。征收牌照稅三元。現加公賣費八元。共收銀十一元、

乙等牌照原定每月沽土酒八十埕或洋酒八十罇以內者。征收牌照稅二元。現加公賣費四元。共收銀六元。

丙等牌照原定每月沽土酒四十埕或洋酒四十罇以內者。征收牌照稅一元。現加公賣費二元。共收三元。

丁等牌照原定每月沽土酒二十埕或洋酒二十罇以內者。征收牌照稅五毫。現加公賣費一元。共收一元五毫。

（丙）造酒兼沽酒者。按照甲乙兩種標準分別輸納。

此外尚有入口露酒紹酒等。向係按斤計稅。並非按埕計稅。現定露酒每百斤原收酒稅二元五毫者。加公賣費六毫五仙五文。共收銀三元一毫五仙五文。紹酒每百斤原收酒稅一元二毫者。加收公賣費三毫。共收銀一元五毫。其餘入口各種酒類均比照原有稅費率核計。自經此次改革以後。造酒者按飯計埕。沽酒者仍照牌照等級核算。既無機關兩歧之弊。亦無手續繁重之嫌。不可謂非粵省酒類公賣之一大紀念也。據十七年十月。廣東省政府財政廳菸酒稅局修正酒稅規程酒類課稅者。爲土

酒稅、外省輸入露酒汾酒紹酒各等稅、外省運入土酒稅、外國運入洋酒稅等。其以酒類營業應領牌照者。又分爲土酒牌照稅、洋酒牌照稅、藥酒牌照稅、酒館飯店開瓶沽酒牌照稅、酒餅牌照稅等分述如左。

（甲）土酒稅分米酒桊酒花酒三種。以三十斤以內爲大埕。每埕課稅大洋九角。小埕減半。（比較六年計增一倍）

（乙）露酒紹酒等入口稅。露酒每百斤征收稅費大洋七元五角。紹酒每百斤征收稅費大洋三元六角。（比較六年計增一倍四成）

（丙）外省運入土酒稅。如桂林三花酒之類。其容酒器與土酒同。每大埕課稅二元二角。如每埕超過三十斤者。作雙埕計。小埕減半。

以上乙丙兩項運入酒類。自民國十六年一月。照原額加二加倍征稅。（卽照民國六年稅率加二成再加一倍）其中乙項酒類。如由省外各屬。將露酒紹酒等運入省河發售者。每埕以三十斤爲率。另征過境稅銀四毫。民國十七年。奉令取銷過境稅。惟省河與寶安兩處。另有特別情形。仍准繼續征收。

更有各種酒類牌照稅。實與內地不同。卽以土酒牌照稅論。共分十等。每月征稅標準。則自一百二十元至七角五分爲止。又有特種牌照稅。專爲每月沽酒一千埕以外者而設。其稅率比照一等牌照。每月一百二十元之數。售酒多一百埕者。加征十二元。多二百埕者。加二十四元。餘類推。此外若洋酒牌照稅、藥酒牌照稅、酒館飯店開瓶沽酒牌照稅、酒餅牌照稅、以及酒餅稅費之各種征收標準。名目繁多。俱載酒稅規程。不復備述。此廣東酒類公賣之大概情形也。

粵省菸類。有土菸葉與條絲菸兩種。土菸葉以廣肇惠潮四屬產銷最盛。條絲菸來自福建永定上杭龍岩暨本省梅縣大埔等處。來路既有不同。商幫亦情形各異。當公賣開辦之始。由原包土菸稅認商協興公司。按照原稅抽收三分。加抽公賣費一分之標準。酌擬抽費方法如下。

出口原菸葉每百斤抽稅三元者。加抽公賣費一元。共抽四元。

出口淨菸葉每百斤抽稅四元五毫者。加抽公賣費一元五毫。共抽六元。

條絲菸每排抽稅九毫者。加抽公賣費三毫。共抽一元二毫。

（附註）此項條絲菸公賣費。於五年十一月。奉京署電准將外銷菸絲。每排減抽一毫。

上列標準。雖經協興公司分別規定。卒以所認公賣餉額。對於菸稅餉額。不足三分之一。另由條絲菸商張福和。按照協興公司所定標準。加認公賣費二十七萬元。呈經省局轉呈中央核准。於四年十二月一日開辦。十六日起餉。是謂菸類稅費分兩商包認之始。六年二月。土菸稅商協興公司李礪成退辦菸稅。復經省局呈准中央。即以包辦菸類公賣之張福和照李商所認餉額。兼辦菸稅。是謂菸類稅費由一商兼辦之始。及省局接收菸酒稅後。又將原有稅捐。併入公賣征收。仍歸張福和承辦。是謂菸類稅費實行併征之始。迨民國十七年十月。廣東省政府財政廳菸酒稅局修正菸稅規程。規定菸稅分為土菸絲稅、外銷菸絲稅、菸骨稅、菸葉出產及入境稅、條絲菸稅、條絲菸葉稅。關於營業者。另有牌照稅。除內銷菸葉出產及入境稅外。據十八年廣東菸酒稅局填報調查表所有一切菸稅。於十七年十一月一日起。批歸德安公司承辦。其課稅標準如左。

（甲）土菸絲稅。以排爲課稅標準。淨菸葉二十斤。連加製物料共重三十二斤。爲一排。因製造及運銷關係。分四種稅率賦課。第一第二兩種。各課大洋二元四角。第三種課大洋三元。第四種課大洋一元六角。

（乙）外銷菸葉菸骨稅。以百斤爲課稅單位。分四種稅率賦課。第一種八元。第二種四元。第三種五元。第四種六角。

（丙）內銷菸葉出產及入境稅。以百斤爲課稅單位。其稅率分爲三等賦課。上等菸葉課稅大洋一元五角。普通菸葉課稅大洋一元二角。紙碎菸葉課稅大洋六角。（此項出產及入境菸葉向不征稅。至民國十五年七月十五日始由政府派員分赴各屬征收）

（丁）條絲菸絲稅。分產銷及通過兩種。此項菸絲以十兩爲一包。九十包爲一件。產銷稅每件課稅大洋十二元。通過稅（爲外省菸絲經過汕頭轉運上海及其他各埠者）每件課稅大洋四元五角。

（戊）條絲菸葉稅。以百斤爲課稅單位。無論出產及入境。均課稅大洋十元。

東有菸類牌照稅。亦與內地情形不同。其稅率分爲十二級。特等每月三十二元。一等至十等則每月自二十八元遞減至一元爲止。小販每月五角。其詳細情形。俱載規程。不復贅述。此爲廣東菸類公賣之大概情形也。

上列菸酒兩稅經征手續。照現行菸酒兩規程。應由製造菸酒商店。赴該管機關。按十日彙繳一次。製取票據。方爲有效。但有特別情形經該管機關呈准菸酒稅局者得酌量變通之。其省外輸入菸酒應於報關時分報該管菸酒機關驗明數量。即日完稅。如係少數饋贈之品。應行征稅與否。按海關則例定之。既經納稅之菸酒。如欲轉售其他行店。或販運出境者。須赴該管機關繳費領取轉運票。貼於包面或埕口。以資識別。又採買菸葉時。先由買菸者將菸葉件數重量。列單報請該管機關派員驗明征足稅費。給予稅單。方准轉運行銷。

又廣東菸酒各商店。無論中外商人。均須於未開始營業前三日。塡具申請書。赴該管機關。核定等級。發給牌照。按月納稅。方准營業。其新設造酒店。更須請領造酒特許證。此項菸酒商店。每日刨菸或蒸酒數量。如有加多或減少時。卽隨時報告該管機關備案。倘所報不實。則卽照瞞稅罰則處分之。菸酒商店。如係歇業或頂盤時。必須先期五日。向該管菸酒機關報告。幷繳銷牌照。否則照章納稅。造酒沽酒店應納之牌照稅。必須按月淸繳。不得逾延。否則照等級及應納稅款每日科以滯納費十分之一。製菸售菸店。如有逾期納稅情事。則依照罰則辦理。詳細情形。均有明文規定。附列於後。茲不贅述。

又查民國六年。閩粵兩省取締建菸漏稅辦法。始因福建之永定上杭兩縣。爲條絲菸類出產最旺之區。地與粵省毘連。菸商紛紛購用海關子口三聯單。冒掛洋牌。希圖免納稅費。當由閩局擬具治標治本兩策。呈經北京菸酒署通行各省。先照治標之策。一律取締。如有不貼永杭印照者。一經查出。按照定限分別補費罰辦。一面由閩粤兩省局查照原定稅費兩率各減十分之四。閩省自十二元減爲五元。粤省自四元七角減爲二元。共合七元。比較各商購用子口單在香港託大升洋行包運赴汕化費七八元者。更屬減省。此即所謂治本之策也。

廣東公賣費率。始係根據原稅加成征收。初歸原包菸酒稅兩商承辦。嗣後征收機關名稱。無論如何變更。稅費兩項收入無論合併與否。均屬從量征收。並無公賣價格可言。至於經征機關。則自公賣開辦之日起。截至民國十七年止。菸類稅費以認商承包之時爲多。酒類稅費以設局征收之時爲多。全省酒稅分局現設四十餘處。廣肇等屬有一縣數局者。東北各屬有數縣一局者。其所收稅款。始以七二兌銀毫核收。三年夏間酒稅改征大洋。四年冬季開辦公賣包商所繳預餉額餉亦以大洋計算。菸類收入。至民國十七年。雖以大洋爲本位。格於舊習。仍以毫洋二五伸算云。

廣東菸酒公賣局征收稅費總表　民國六年二月呈報

菸類稅費類別表

種別			量別	原日稅費 正稅	原日稅費 附稅	原日稅費 稅計	加公賣費	現收總額	說明
土	菸	內消或入口者 排製	每排	元 、六〇	元 、三〇	元 、九〇	元 、三〇	元 一、二〇	王前任原准裕源公司不分內外消一律抽收三毫後奉令外消減收一毫實收二毫並將帶征經費豁免
		機製或手租製	每百斤	三、〇〇	一、五〇	四、五〇	一、五〇	六、〇〇	
	絲	外銷者	每排	、四〇	、二〇	、六〇	、二〇	、八〇	

類別	品名	單位					
生熟菸	菸	每排	、六〇	、三〇	、九〇		
	捲	每百斤	三、〇〇	一、五〇	四、五〇	一、五〇	六、〇〇
	菸原葉	每百斤	二、〇〇	一、〇〇	三、〇〇	一、〇〇	四、〇〇
	菸葉削骨淨葉	每百斤	四、〇〇	二、〇〇	六、〇〇	一、五〇	七、五〇
	菸骨	每百斤	、三〇	、一五	、四五	、一五	、六〇
條絲菸	菸產銷	每件	三、〇〇	一、五〇	四、五〇	一、五〇	六、〇〇
	絲經過	每件			一、五〇	、七五	二、二五
	菸葉	每百斤			八、〇〇	四、〇〇	一二、〇〇

備攷

（一）本表所稱排以二十斤淨葉爲額連加製物料不得過二十二斤

（二）菸捲指本省自製之捲菸倣吧晒呂宋菸者而言

（三）本表所稱件以九十包爲一件每包十兩

（四）本表所謂產銷本省出產運銷於本省或外省外埠者外省出產運至廣東地方及香港銷售者均包含在內

（五）凡未經製成菸絲之菸葉不拘何處運入均照額征收

菸類營業牌照稅費等別表 六年二月呈報

類別	等別		量別	月征牌照稅 正稅	月征牌照稅 附稅	月征牌照稅 計	月征公賣牌照費	統征額
專製或專售者	甲等	製	每日刨菸五十排以上	五、〇〇元	二、五〇元	七、五〇元	二、五〇元	一〇、〇〇元
		售	每月沽價千元以上	五、〇〇	二、五〇	七、五〇	二、五〇	一〇、〇〇
	乙等	製	每日刨菸三十排以上	三、〇〇	一、五〇	四、五〇	一、五〇	六、〇〇
		售	每月沽價七百元以上	三、〇〇	一、五〇	四、五〇	一、五〇	六、〇〇
	丙等	製	每日刨菸二十排以上	二、〇〇	一、〇〇	三、〇〇	一、〇〇	四、〇〇
		售	每月沽價五百元以上	二、〇〇	一、〇〇	三、〇〇	一、〇〇	四、〇〇
	丁等	製	每日刨菸十排以上	一、〇〇	、五〇	一、五〇	、五〇	二、〇〇
		售	每月沽價二百元以上	一、〇〇	、五〇	一、五〇	、五〇	二、〇〇
	戊等	製	每日刨菸不及十排	、五〇	、二五	、七五	、二五	一、〇〇
		售	每月沽價不及百元	、五〇	、二五	、七五	、二五	一、〇〇
兼製售者	以其數多者計征							

（説明）公賣牌照費係按照原定菸類牌照稅額征收三分之一

歷年菸類稅費收入每月平均表　六年二月呈報

類別	年別	起止日期	收入額每月平均
菸土		自一月一日起至三月底止	一二四、九九八元

生熟菸	二	自四月一日起至十二月底止	五六二、四九一	五七、二九〇元
		計	六八七、四八九	
	三	自一月一日起至十二月底止	七五〇、〇〇〇	六二、五〇〇
	四	自一月一日起至十二月底止	八五〇、〇〇〇	七〇、八三三
	五	自一月一日起至二月底止	一五〇、〇〇〇	三二、六一八
		自三月一日起至十月底止	九一、四一五	
		自十一月一日起至十二月底止	一五〇、〇〇〇	
		計	三九一、四一五	
條絲	元	自十二月一日起至十二月底止	三、三三三	
	二	自一月一日起至三月底止	九、九九九	四、五八三
		自四月一日起至十二月底止	四四、九九五	
		計	五四、九九四	
	三	自一月一日起至一月底止	四、九九九	四、八九八
		自二月一日起至十二月底止	五四、七七八	
		計	五八、七七七	
	四	自一月一日起至十月底止	五七、九八〇	五、九三七
		自十一月一日起至十二月底止	一三、二六四	

菸稅		計	七一、二四四	
菸稅	五	自一月一日起至二月底止	一三、二六四	
菸稅	五	自三月一日起至十二月底止		
菸稅	五	計	一三、二六四	
菸公賣費	四	自十二月十六日起至月底止	一、六五八	
菸公賣費	五	自一月一日起至二月底止	五〇、六三二	
菸公賣費	五	自三月一日起至八月底止	三、七六四	
菸公賣費	五	自九月一日起至十二月十五日止	一五、二〇五	
菸公賣費	五	自十二月十六起至十二月底止	一二、九一一	
菸公賣費	五	計	八二、五一二	六、八七六

備攷

（一）菸稅係商包承故牌照稅一項向未造册列報無從得其確數只每年由廳解部十三萬元作牌照稅額

（二）菸公賣費原分土生熟菸及條絲菸二種均由裕源公司包承土生熟菸每年認繳二十七萬元條絲菸每年認繳三萬三千七百九十三元由四年十二月十六日起餉至月底止平均得數如表至去年地方不靖稅收短縮自三月一日起奉鈞署准其儘征儘解並准在收

入項下開支經費故只得此數再土菸公賣費與條絲菸公賣費原分二項該公司混合造報故只得照列

（三）條絲菸稅由裕源公司承包每年認繳餉銀七萬九千五百八十六元自三月至十二月因地方不靖准其儘征儘解據該商報告三月至十二月共收稅一萬四千七百六十九元八毫八仙五文支出經費一萬七千零二十二元六毫七仙五文除收稅外實墊支經費銀二千二百五十元零七毫九仙故該款直無從填報合註明

（四）土生熟菸稅由協興公司包承五年份認餉九十萬元每月平均應繳餉七萬五千元後因地方不靖自三月一日起至十月止由財政廳核准其儘征儘解並得在收入欵內開支經費十一十二月仍照額定繳納故得數如表

（五）所收稅項原有畸零之數茲以元為單位以昭劃一小數概行棄除

本年菸類稅費收入預算表 六年二月呈報

菸稅			公賣費			合計
土生熟菸稅	條絲菸稅	計	土菸公賣費	條絲菸公賣費	計	
九〇〇、〇〇〇元	七九、五八六元	九七九、五八六元	一七〇、〇〇〇元	一三三、七九三元	三〇三、七九三元	一、二八三、三七九元

（說明）土生熟菸稅由協興公司商包每年認繳餉額九十萬元條絲菸稅由裕源公司認繳每年正稅六萬七千五百八十六元附稅一萬二千元共認繳七萬九千五百八十六元土菸公賣費由

裕源公司每年包繳二十七萬元條絲菸正稅加五認繳三萬三千七百九十三元故本年預算本可收一百二十八萬三千三百七十九元惟條絲菸稅費被奸商串用三聯票逃稅收入大形短縮前該商呈請核減經由王前任轉呈鈞署核奪在案恐本年收入不能達到此數耳

酒類稅費類別表　六年二月呈報

類別		量別	原日稅額	加公賣費額	現收稅額
土造酒		每斤	元 .四〇〇	元 .〇五〇	元 .四五〇
輸入酒	露酒	每百斤	三.五〇〇	.六二五	三.一二五
	紹酒	每百斤	一.二〇〇	.三〇〇	一.五〇〇
	其他	每埕	.三〇〇	.一〇〇	.四〇〇

（備考）輸入酒指從外省輸入者而言其他外酒如三蒸雙料料半色酒等是惟此項輸入極少

沽酒營業牌照稅費等別表　六年二月呈報

等別	量別	原日稅額	加公賣費額	現收總額
甲	月沽土洋酒百六十罇埕或以內者	元 三.〇〇〇	元 八.〇〇〇	元 一一.〇〇〇
乙	月沽土洋酒八十罇埕或以內者	二.〇〇〇	四.〇〇〇	六.〇〇〇
丙	月沽土洋酒四十罇埕或以內者	一.〇〇〇	二.〇〇〇	三.〇〇〇

丁	月沽土酒二十埕或洋酒二十罈以內者	、五〇〇	一、〇〇〇	一、五〇〇

（備攷）酒類公賣費王前任批准永安公司承辦原定比照原日造酒稅及輸入稅抽收四分之一而不收牌照稅嗣以該商辦理不善商戶反對未及推行局長到任遵鈞署電令將該商取消並將原定四分一費額以一半加入造酒及輸入酒稅以一半加入沽酒牌照稅均以每埕附加五仙計算故定現收額如表

歷年酒類稅費收入每月平均表 六年二月呈報

類別	年別	起止日期	收入額	每月平均	說明
酒	元	自十月二十日起至十二月底止	二〇〇、七三七、三九〇元	八六、〇三〇、三一〇元	此期由商人黃隆生代收共收稅九十七萬五千〇一十元〇二毛九仙一文平均得數如上每埕抽收二毫加一毫共三毫牌照費分甲等三元乙等二元丙等一元丁等五毛
	二	自一月一日起至九月底止	七七四、二七二、七九〇		
		自十月一日起至十二月底止	二三九、五六〇、六八二	八四、四八六、一二三	此期由沈之乾梁蕙斯官督商辦稅率同上
		計	一、〇一三、八三三、四七二		
	三	自一月一日起至八月底止	一、〇六二、八〇九、九三三		
		自九月一日起至十二月底止	三九七、四二〇、二九三	一二一、六八五、八五二	此期由財政廳官商混合辦理稅率同上
		計	一、四六〇、二三〇、二二六		
		自一月一日起至四月底止	七六九、二二六、三三九		自一月起每埕加收一毫共收四毫

稅	四	自五月一日起至十二月底止	九二二、一四〇、〇〇〇	一四〇、九四七、一九五	此期由商人劉德譜包承
		計	一、六九一、三六六、三三九		
	五	自一月一日起至十一月十日止	六七九、一八〇、九六三		此期設酒稅處辦理
		自十一月十一日起至十二月底止	一九一、六三二、五一五	七二、五六七、七八九	此期歸財政廳辦理自十二月二十八日起歸併本局
		計	八七〇、八一三、四七八		
酒公賣費	五	自十一月十六日起至十二月底止	四、二〇八、三三〇		酒類公賣費由永安公司包承自十一月十六日起餉內三千元係省河一月預餉四百元神安分棧押款已發還其餘各分局預餉

本年酒類稅費收入預算表 六年二月呈報

原日預定此額數	加四分一公賣費數	預定總比額數	預定八成收數	扣一成六經費預定總收數
二、二六五、七〇〇元	五六六、四二五元	二、八三二、一二五元	二、二六五、七〇〇元	一、九〇三、一八八元

說明

（一）五年一月設立酒稅處專辦改點飯爲點甑特定以入比額爲第一項

（二）現定公賣費無論土造酒及輸入酒均加收十分之二五即四分之一雖牌照費每埕每加收半毫比較原額略有不同惟本省酒稅向以商包爲多牌照稅一項向未列册造報無從得其確數去年收歸官辦又遇亂事發生收入短縮且各處酒稅多由民軍霸收牌照稅收入幾何更無由查攷故只得照四分之一併申算如第二項

(三)查民國以來歷年酒稅收入以民國四年收一百六十九萬餘元爲最高額實達比額八成以上惟查是年中自五月起至年底止八個月由劉德譜包商折閲數十萬未幾卽行退辦人所共知其餘各年收入無一達到八成者本年當兵燹之餘又在推辦公賣費伊始能否收到八成之數未敢預定耳

(四)酒稅處及財政廳向例均在收入項下扣支一成六厘以爲各分局及總局經費實際收入得八成四厘故本年假定總收數如第五項

菸稅規程 民國十七年

第一章 總則

第一條 菸稅分爲七菸絲稅外銷菸絲稅菸骨稅菸葉出產稅入境稅條絲菸絲稅條絲菸葉稅關於菸類營業另有菸牌照稅

第二條 本省出產及省外運入各種菸類除征收稅費外並征收牌照附加稅

第三條 凡經征稅費之菸類各地方團體機關不得巧立名目再征附加

第四條 各項菸類稅費及罰款均以大洋爲本位(以毫洋加二五伸算)

第二章 稅率及課稅標準

第一條 各種菸類均照左列稅率及課稅標準賦課之

第二條　土菸絲稅以排爲課稅標準淨葉二十觔製成連加裝物料共重三十二觔爲一排因製造及運銷關係分四種稅率賦課

第一種（刨製菸絲）	每排課稅大洋二元四角	
第二種（甲）（手鎅製菸絲）（乙）（機鎅製菸絲）	每排課稅大洋二元四角	機鎅製煙絲原定每排課稅大洋二元八角十六年六月修正章程改爲每排課稅大洋二元四角
第三種（外省運入菸絲）	淨葉重量三十觔課稅大洋三元	
第四種（運銷外洋菸絲）	淨葉重量二十觔課稅大洋一元六角	

第三條　外銷菸葉菸骨稅以百觔爲貨稅單位去淨菸骨者爲淨葉未去菸骨者爲原葉切去頭梗者又另爲一種菸骨復爲一種分四種稅率賦課

第一種（淨葉）	每百觔課稅大洋八元	
第二種（原葉）	每百觔課稅大洋四元	
第三種（切去頭梗原葉）	每百觔課稅大洋五元	
第四種（菸骨）	每百觔課稅大洋六角	

第四條　內銷菸葉出產及入境稅以百觔爲課稅單位其稅率分爲三等賦課

上等菸葉	每百觔課稅大洋一元五角	指菸葉切去頭梗者
普通菸葉	每百觔課稅大洋一元二角	指菸葉連頭梗者

低爛碎菸葉	每百觔課稅大洋六角

（備攷）菸葉出產及入境稅其開辦始於民國十五年七月十五日向由政府派員到各屬征收

第五條　條絲菸絲稅分產銷及通過兩種由本省出產之條絲菸絲運銷本省或外埠與外省出產之條絲菸絲運銷廣東地方及香港等處者課產銷稅由外省出產之條絲菸絲經過汕頭轉運至上海各江各埠者課通過稅以件爲課稅單位凡此項菸絲以拾兩爲一包每九十包爲一件

條絲菸絲產銷稅	每件課稅大洋十二元	
條絲菸絲通過稅	每件課稅大洋四元五角	另每件帶征公賣費一元五角

第六條　條絲菸葉稅以百觔爲課稅單位無論出產及運入每百觔均課稅大洋十元

第七條　菸類牌照稅之稅率分爲特等及一等至十等幷小販營業共分爲十二級賦課

等別	稅率	說明
特等	每月三十二元	以單獨製菸每日刨菸一百六十排至一百八十排者每月沽菸價三千二百元至三千六百元者如每日刨菸再多二十排及每月沽價再多四百元者遞加四元餘類推其用鈸用捲者均照等次征收
一等	每月二十八元	每日刨菸一百四十排者 每月沽菸價二千八百元以上者
二等	每月二十四元	每日刨菸一百二十排者 每月沽菸價二千四百元以上者
三等	每月廿元	每日刨菸一百排者 每月沽菸價二千元以上者
四等	每月十六元	每日刨菸八十排者 每月沽菸價一千六百元以上者

五等	每月十二元	每日刨菸六十排者 每月沽菸價一千二百元以上者
六等	每月八元	每日刨菸四十排者 每月沽菸價八百元以上者
七等	每月六元	每日刨菸三十排者 每月沽菸價六百元以上者
八等	每月四元	每日刨菸二十排者 每月沽菸價四百元以上者
九等	每月二元	每日刨菸十排者 每月沽菸價二百元以上者
十等	每月一元	每日刨菸十排以下者 每月沽菸價二百元以下者
小販	每月五角	小販擺賣或茶樓酒樓工人代售各種菸類每月沽菸價不及五十元者屬之

第三章　征收手續

第一條　製菸店應納之稅費限以十日彙繳一次如經該管分局呈准菸酒稅局者得酌量伸縮之

第二條　製菸售菸店應納牌照費均須按月清繳不得逾期違者依牌照罰則辦理

第三條　各種菸稅征收憑證由菸酒稅局製備四聯照票呈請廣東財政廳核定轉行菸酒稅分局塡發於征收稅費時以一聯發給納稅者以一聯呈繳菸酒稅局以一聯呈繳財政廳以一聯存分局備查

第四條　各種菸類稅費由菸酒稅分局直接征收按期繳局悉數解庫

第五條　凡商人繳納菸稅必須赴該管分局繳納同時領回完稅票照方爲有效

第六條　凡報領菸類牌照應塡繳請領牌照申請書送由該管分局查明核准後照章完納稅費方

得領牌
第七條　凡商人完稅後如遇遺失照票時應於即日赴主管局報請核明補發逾期不報一經查出即作私菸論
第八條　凡由省外輸入菸類應於報關時分報該管菸酒稅分局驗明即日完納稅費
第九條　凡由省外輸入菸類如係少數或饋贈之品其應征稅費與否按海關則例定之
第十條　製菸或售菸店以菸類發售於其他行店時須赴該管菸酒稅分局繳費領取轉運票貼於包面以資辨別
第十一條　凡採買菸葉時先由買者將菸葉件數重量列單呈報菸酒稅分局派員驗明收足稅費給予稅單方准買入并憑稅單轉運行銷但該稅單至少以每包一張爲限
第十二條　採買菸葉稅單定爲四聯票以一聯交納稅人以一聯呈繳菸酒稅局以一聯存該管分局以一聯繳財政廳備核

第四章　申報手續

第一條　凡新開製菸或售菸店無論中外商人均須於未開始營業前三日到該管菸酒稅分局報領牌照如未領照而營業經該局催促仍不報領者得停止其營業
第二條　凡請領牌照必須遵章填具申請書將左列事項填報菸酒稅分局核明給領

（一）商號

（二）司理人姓名
（三）年齡籍貫
（四）商號所在地
（五）擬領牌照等級
（六）有無兼營他業

第三條　菸酒稅分局據報請發牌照時應卽派員查明商人塡報等級各事項是否相符分別辦理

第四條　製菸或售菸店因營業狀態之變遷於每日刨製菸數如有或多或減少時必須隨時向該管菸酒稅分局報告倘查出不報卽照瞞稅罰則處分之

第五條　製菸店售菸店及小販如係歇業或頂盤時必須先期五日向該管菸酒稅分局報明幷繳銷牌照如不依期報明仍須照納稅費

第六條　製菸或售菸店如有遷鋪或改換商號名稱時必須先期三日向該管菸酒稅分局報告分別註册換照

第七條　凡販運菸類出境或由省外運菸入口者無論中外商人均須赴該管菸酒稅分局報告照章完納稅費

第八條　外省條絲菸無論運銷及經過本省地方須攜帶該省經完稅費票據向初入境所經菸酒局繳驗報明包數件數觔兩及運銷地點幷繳納稅費領取入口憑照方得起運

第五章　菸稅罰則

（甲）牌照違法處分

第一條　凡設店經營各種菸業或小販營業無論中外商人均須一律領取牌照繳納稅費方准營業違者照甲項第四條辦理

第二條　凡領得牌照須懸掛舖面易見之處以便稽查違者作未領牌照論按其所領牌照等級應納稅費數加倍處罰

第三條　各等牌照費均應按月清繳不得過是月下旬如有逾期以滯納論按照所納牌費每次處以十分之一罰款

第四條　凡無牌照而售菸絲菸葉者以私販論一經查出責令自營業之日起除補繳稅費補領牌照外并按照應納稅費數處以三倍之罰金如係小販營業除飭繳納稅費補領牌照外并罰銀五元

第五條　凡偽冒牌照除將牌照取銷飭照查定等級領牌外并處以一百元以上二百元以下之罰金

第六條　凡領得牌照如查出有減等瞞餉者除飭照查定等級領牌納費外并處以二十元以上一百元以下之罰金

第七條　菸店牌照不得轉售讓與或貸用違者除查照轉用期間應納稅費數責令補繳外并處以

十元以上五十元以下之罰金

第八條　關於第四五六七各條之規定如係線人告發經查明執獲有據者所有充賞應按照部廳新頒罰款充公規定支配表辦理

第九條　凡菸店對於菸酒稅局派出到店稽查人員用種種方法拒絕查驗者處以十元以上五十元以下之罰金

第十條　稽查員施行查驗發覺有犯本章程各條之規定時并得按照各條之規定分別辦理其觸犯刑律者除照章罰辦外仍將人犯送交法庭按律懲治

第十一條　凡同一居舖開設兩家商號各爲同類之營業或同一商號而分設支店者均應分別報領牌照違者按照甲項第四條之規定辦理

第十二條　牌照遺失或損壞不堪懸掛時必須報明該管菸酒稅分局核明補發并須納手數料一元仍將原領牌照同時繳銷

第十三條　凡繳納各項稅費必須按期清繳不得逾延如逾期未繳卽作滯納論應從逾期日起按照欠繳餉數每千元附加日息一元如有特別情形者得由該菸店擬具詳細事由呈報該管稅局轉呈菸酒稅局分別酌量核辦

第十四條　凡菸店如有不照甲項第三條及第十三條之規定辦理以其他方法抗納者該管菸酒稅分局得酌量情節輕重分別擬具辦法呈報直轄機關核辦

（乙）製菸違法處分

第一條　凡商店領取製菸報數表必須懸掛於該商店舖面每日未開工作前應將是日所捆菸排或所鍘所捲菸葉數目預先註明表上方准開工如有瞞匿短註排數重量無論多少一經查獲初犯處以二十元以上五十元以下之罰金再犯者倍罰之三犯者除照再犯加倍處罰外并將菸類充公取銷牌照停止營業

第二條　凡商店製菸無論用刨用鍘用捲應於每日上午開工前塡表如係開夜工應於每日下午五時預先塡表以便稽查倘已開工尙未塡表者不論日夜卽點明該店是日製菸若干按其應納稅費額數加倍處罰

第三條　凡省河以外各屬地方向係禁止夜間開刨開鍘製菸者不得入夜開工但爲利便工商起見如查明菸店係與該管稅局接近可以派員查驗者得先向該管稅局報明准予夜間開工如未經報明而私自開工者仍作私製論處以二十元以上一百元以下之罰金并將菸類充公

第四條　出產菸葉地方如有在鄉開刨製菸而無報數表可查應向該處菸戶查明某家產菸稅額若干除隨時將販出原葉數目報明備核外其餘卽係自刨之葉應按數核繳稅費倘有瞞匿卽照瞞匿實數應納稅費處以十倍之罰金

第五條　各商店製菸如遇稽查員到查必須以實情詳告如須查對賬簿書類時該商店務須交出查驗違者照牌照違法罰則第八條辦理

第六條　凡菸店將菸排遷往別處開刨或用機鉋製成菸絲未經完稅刨鈒者一經查出即將菸類充公并按照私製菸量除責令補繳稅費外并照稅額十倍處罰

（丙）運菸違法處分

第一條　凡販運菸絲菸葉菸仔及其他菸類必須赴該管菸酒稅局報明領取運照方准起運倘無運照或照與包面貨式不符者卽作私菸論除將私菸充公外并按照應納稅費數處以五倍之罰金若查驗貨物與照塡數量不符除照溢量補納稅費外并按照所補額處以十倍之罰金

第二條　凡外銷菸絲必須赴該管菸酒稅分局報明領取運照倘以少報多希圖影射瞞減內銷稅餉者除將菸類充公外每百觔并罰銀十元再多者照此類推不及百觔照百觔算

第三條　凡本國土製菸絲菸捲菸仔水菸及各等菸類由省外運入本省內地行銷必須向到達地菸酒稅分局完納稅費領取執照方准起貨倘查出以多報少每百觔罰銀十元不及百觔作百觔算如不領照私行偷運入口一經查獲卽將私菸充公并按照應納稅費數處以五倍之罰金

第四條　凡菸葉菸骨運出本省境外行銷者應由出售商人先赴該管菸酒稅分局報明完納稅費領取票據粘貼包面并領運照轉給採買商人收執仍由出售商人於包面蓋用某地某店出售圖記方准出售倘查出以多報少每百觔罰銀十元不及百觔作百觔算倘無照而私運出口一經緝獲卽照私菸充公買賣兩方并各處以應納稅費數三倍之罰金

第五條　凡菸葉菸骨販運廣東境內者應由出售商人赴該管菸酒稅分局報明領有完稅票據粘

貼包面並領運照轉給採買商人收執仍由出售商人於包面蓋用某地某店出售圖記方准出售違者照丙項第四條罰辦

第六條　凡採買菸葉菸骨商人在廣東境內運貨時須將運照向所經各菸酒稅分局繳驗并於運抵該地方菸酒稅分局繳銷倘查出貨與照內數量不符者除將溢量補納稅費外并按照所補額數處以五倍之罰金

第七條　屬內與鄰省交界地方倘有私運菸葉越境開創希圖瞞稅者一經查獲即照乙項第六條處以十倍之罰金如係無照私運或冒充製菸絲偷運出口者除將私菸充公外并按照應納稅費辦理

第八條　各項菸類無論肩挑舟車搭載繞道偷運或以別物遮障故意藏匿希圖瞞稅者均以走私論按照乙項第六條辦理

第九條　廣東省屬口岸凡有載運條絲菸菸葉各船隻及售賣或製造菸類各商店工廠倘有走私瞞稅一經緝獲即將貨物扣留按照本章各條規定分別罰辦其在未經設局地方准由稽查報知就近地方軍警協同緝獲罰辦

第十條　大埔梅縣南雄等屬條絲菸如在本處地方銷售者須先向所在稅局遵納稅費領有單據方准發售否則以私賣論除將菸充公外并照應納稅費數處以五倍之罰金若轉運來省仍須照章另完稅費以杜假藉廢照影射走私等弊違者照章處罰

第十一條　凡外省本省條絲菸運銷本省及香港上海與其他各埠者運經本省各口岸時須向該管菸酒稅局報明件數包數觔兩分別產銷通過兩種清完稅費領有票照方准放行如查有無照貨物以走私論貨照不符以短稅論均照丙項第三條規定分別罰辦

第十二條　凡條絲菸運至汕頭須列單赴局報到方得躉棧至付輪出口仍須攜同稅照關單向汕局報明件數包數觔兩運銷地點領取出口運照方准將貨過駁輪船如不報到及查無運照抑或貨單各異運銷省港菸類而混作通過稅報納者卽以抗匿稅費論照章處罰

第十三條　條絲菸運到汕頭放貯貨倉一時未卽出口者須於月終時列單報明是月到汕菸件若干出口菸件若干留存若干由局派員點驗如查有所報稅目不符卽係在本地私銷須照章補納稅費否則照短稅處罰

第十四條　凡汕頭往香港經稅條絲菸與上海廈門等處條絲菸運抵省城須先到省河稅局報明件數包數觔兩如已完稅者繳照驗銷其未完稅者遵章完納俟經稽查驗明貨照相符另給放行單據方准起貨若貨照不符或移甲作乙或無放行單據擅自起貨者照瞞匿處罰

第十五條　凡運省經稅條絲菸若轉銷各處地方須向所在稅局報明運銷處所店號領取運照方准轉運如無照以走私論照丙項第四條處罰

第十六條　凡菸絲菸包菸葉未經納稅而串領三聯運票希圖瞞稅者一經查覺應責令原售商號照所納稅項加五倍處罰如不遵罰卽指名拘究查封備抵

第十七條　凡廣西省運入廣東省之菸葉如擬於運入後如數復運出口者得一律免收入境稅費并每件加蓋復出口戳記其數目貨式不符者不得影射邀免違者以瞞稅論照瞞稅罰則處分之

第十八條　凡屬於前條菸類運入時須先向主管局報明并應照稅率先行完納入境稅費給予憑照并由該管稅局點驗標封俟原貨復運出口揭封驗明如無偷漏再按憑照計算應納出口稅費若干准其將運入時所納入境稅費抵作出口稅費并將憑照換取出口稅票驗明放行如計算稅款有餘卽行發還不足仍須補繳

第十九條　凡商人販運各種菸類如已完稅領照起運經過沿途所屬稅局覆驗溢量與照面所塡觔兩相差在百份之五者責令補稅免罰如在百分之五以上者照章罰辦

（丁）售菸違法處分

第一條　凡菸店買受未經完稅之菸類在僻靜處所私製菸類偷運回店銷售或假運別店白包菸絲回店改裝包面圖避稅費者一經查獲除將菸類充公外并按照應納稅費數處以十倍之罰金屢犯者除依本條罰辦外并停止其營業

酒稅規程　民國十七年

第一章　總則

第一條　本稅法酒類指米酒黍酒花酒三種外省酒外洋酒并屬之

（甲）米酒以稻赤粳等米及水爲原料加以酒餅使之醱酵而蒸成之者

（乙）泰酒原料與米酒同但泰酒於成飯時用冷水泡過速其醱酵之力其釀酒期可短米三酒分之一

（丙）花酒以米酒之糟粕爲原料而混和糖質使之醱酵而蒸成之

第二條　造酒者每日出酒埕數米酒泰酒以酒飯之埕數花酒以糟粕之缸數查定惟埕量以載水三十六觔缸量以載水八百觔爲率如超過本率之容量時得由查定人因其容量伸算之

第三條　酒飯之儲備得因酒之類別而異酒類儲飯定例如左

（甲）米酒得儲備酒飯三十天例如存飯一百八十埕則每日出大埕酒二埕小埕倍之多寡照此比例

（乙）泰酒得儲備酒飯十天例如存飯六十埕則每日出大埕酒二埕小埕倍之多寡照此比例

（丙）花酒得儲備糟飯七天例如存飯七缸則每日出大埕酒六埕小埕備倍之多寡照此比例

第四條　造酒者以非米類爲原料而出於前條甲乙丙三項範圍外者其查定之法由菸酒稅局詳考製酒原料之本質及出酒之成分幷其醱酵之遲速率另定之

第五條　造酒者以酒精火酒及烈性之物料或酒類和水成酒均在禁造之列

第六條　外省輸入之酒大別分爲露酒紹酒桂林三花酒各種其稅費以酒之種類及其重量而定

第七條　外洋輸入之洋酒分爲按月征收及按貨帶收兩種

第二章　稅率及課稅標準

第一條　本稅法規定課稅酒類分爲土酒稅外省輸入露酒汾酒紹酒各等稅外省運入土酒稅外國運入洋酒稅等關於酒類營業其應領牌照又分爲土酒牌照稅洋酒牌照稅藥酒牌照稅酒館飯店開瓶沽酒牌照稅酒餅牌照稅各種依照左列稅率賦課之

第二條　土酒稅分爲米酒黍酒花酒三種查儲飯之埕數缸數預定出酒之埕數以埕爲課稅單位埕分二種容酒在十五斤以內者爲小埕容酒在三十斤以內者爲大埕小埕每埕課稅大洋四角五分大埕每埕課稅大洋九角連公賣費三角在內

第三條　露酒紹酒等入口稅關於露酒汾酒及史國公五加皮虎骨木瓜等類均以百斤爲課稅單位征收稅費大洋七元五毛紹酒亦以百斤爲課稅單位征收稅費大洋三元六毛

（備考）查上列酒類稅費係自民國十六年一月起照原額連幷加二加倍征稅如由省外各屬將酒類運入省河發售者每埕以三十斤爲率另征收過境稅銀四毛民國十七年七月奉令取銷過境稅惟省河與寶安兩處自有特別情形仍准繼續征收

第四條　外省運入土酒稅（如桂林三花酒之類）以埕爲課稅單位大埕容酒三十斤每埕課稅一元二角如逾三十斤以外者作雙埕計小埕容酒十五斤每埕課稅六角

（備攷）查上項稅費係自民十六年一月起照原額連幷加二加倍征稅

第五條　土酒牌照稅分爲特等及一等至十等共計十一級賦課

等別	稅率	說明
特等		以每月沽酒一千埕以外者屬之每多百埕加征十二元以次類推
一等	每月一百二十元	沽一千埕以內者屬之
二等	每月九十元	沽七百五十埕以內者屬之
三等	每月六十元	沽五百埕以內者屬之
四等	每月三十元	沽二百五十埕以內者屬之
五等	每月十八元	沽一百五十埕以內者屬之
六等	每月十二元	沽一百埕以內者屬之
七等	每月六元	沽五十埕以內者屬之
八等	每月三元	沽二十五埕以內者屬之
九等	每月一元五角	沽十五埕以內者屬之
十等	每月七角五分	沽不及五埕者屬之

第六條　洋酒牌照稅按月分兩等征稅甲等征收大洋十元乙等征收大洋四元此外另有按貨帶征者即大罇三鞭佛蘭地威士忌及各式葡萄紅砵等酒粘貼稅票二角大罇波打啤酒及小罇三鞭佛蘭地等酒貼稅票一角小罇波打啤酒貼稅票五分

（備攷）此稅係對於洋酒販賣營業賦課之稅當開辦時原定以沽酒多寡爲課稅標準民國十

五年七月改訂分甲乙二等征收以發行洋酒之戶爲甲等零沽洋酒之戶爲乙等

第七條　凡本國工廠所仿製洋酒如崑崙張裕中國各公司之出產品其所納牌照稅費應照洋酒稅率半數完納但稅票至低以五分爲限

第八條　藥酒牌照稅分爲四等賦課關於此種藥酒樽頭票均加以藥酒字樣以爲標識俾免與普通酒票混淆

等別	稅率	說明
甲等	每月二十元	限領樽頭票六百張
乙等	每月十五元	限領樽頭票四百五十張
丙等	每月十元	限領樽頭票三百張
丁等	每月五元	限領樽頭票一百五十張

第九條　酒館飯店開瓶沽酒牌照稅分爲五等賦課凡酒館飯店開始營業請領牌照時須先報由酒稅分局具領牌照交一次過手續費二元并預繳三個月稅款作保證金方得沽酒

等別	稅率	
甲等	每月大洋一百元	凡在繁盛地段廳房在二十間以上茶價由半毫起至二毫以上者
乙等	每月大洋六十元	廳房十間以上不滿二十間茶價由半毫起至二毫以上者

丙等	每月大洋三十元	廳房不及十間茶價由半毫起至一毫以上者
丁等	每月大洋二十元	不論繁僻地段祇有房座而無廳座茶價不滿一毫者
戊等	每月大洋三元	祇有粉麵供客并無筵式發售者
特別牌	分月征十二元八元兩級	凡畫房酒吧包辦館等按其營業大小而領特別牌照

第十條　酒餅牌照稅凡專營酒餅業或兼營酒餅業以及甑酒商店如有自製酒餅以之甑酒者必須先領牌照方准營業此項牌照分甲乙二種以色別之甲種白底紅字乙種白底藍字領照後須掛於當眼易見之處以便稽查如牌照遺失或污損時補領牌照者須納手續費銀二毫此項牌照費分爲二等稅率賦課

甲等	一次過繳納大洋六元	每日製餅十鍋以上者	指發行之戶
乙等	一次過繳納大洋四元	每日製餅五鍋以上者	指自用之戶

第十一條　酒餅稅費之課稅標準有以件或觔計者其稅率分爲左列五種賦課

種類	課稅標準	稅率	附記
大餅	每篤一百六十件	大洋一元二角	如售往港澳出口外銷先行報明以有繳回洋關單據爲憑驗明屬實則准折半征大洋六角
細餅	每篤三百二十件	大洋一元二角	
酒餅丸	每百斤	大洋四角	如晒餅用之太和丸仍由廳規定運票發交製大餅店給其起運

太和餅丸	每百斤	大洋四角	不及百斤者照此核計
酒餅精	每百斤	大洋一元五角	不及百斤者照此核計

（備攷）酒餅稅費一項向來祗征牌照稅對於酒餅之出產及入境稅尙付闕如至民國十六年古部長爲增益稅收起見特舉行酒餅出產及入境稅先從廣肇兩屬試辦至十六年九月又將酒餅出產及入境稅名目改爲酒餅公賣費由廣肇酒餅行興業公司承辦每年認繳餉額大洋十七萬元但甑酒商店如有自製大餅以之甑酒者其應納稅費定每埕三十斤以用大餅七個伸計繳稅仍須領取牌照如係細餅卽以兩倍作大餅一倍核計如以餅丸甑酒以每埕用餅丸二十斤半核計自製餅與兼製餅丸之商店以製餅一觔用餅丸十五斤核計

第十二條　酒牌照附加稅係照加二征收由各屬局委承商於應繳稅費外加二代收代繳以一成撥充公路局路費以一成撥充中上七校經費

（備攷）牌照加二征收係自民國十二年十月十二日由廣東省長核准令行財政廳照辦

第三章　征收手續

第一條　造酒者應納稅費規定按旬一繳但如因地方有特殊情形經該管分局認爲必須變通時得呈請菸酒稅局核明酌量伸縮之

第二條　造酒沽酒店應納之牌照稅費必須按月淸繳不得逾延違者按照等級應納稅費數每日

科以滯納費十分之一

第三條 造酒特許證及沽酒牌照并各項稅費之征收憑證由財政廳製定四聯票照交由菸酒稅局轉行菸酒稅分局於征收稅費時以一聯給納稅商人以一聯繳菸酒稅局以一聯繳財政廳以一聯存分局備查

第四條 各種稅費由菸酒稅各分局或支局直接征收按期呈報廳局解庫

第五條 凡由省外輸入酒類無論中外販商均應於報關時分報菸酒稅分局核驗并須即日照章完納稅費

第六條 凡省外輸入酒類如係少數或饋送品其應征稅費與否依照洋關則例定之

第四章 申報手續

第一條 凡經營各種酒業無論中外商人均須領得牌照遵章繳納稅費方准營業

第二條 請領牌照須依左列事項報告該管菸酒稅分局或支局

（一）商號

（二）司理人姓名

（三）年齡籍貫

（四）商號所在地

（五）開業時期

（六）擬領某等牌照
（七）有無兼營他業
第三條　菸酒稅分局或支局據報請發牌照時應卽派員查明列報事項及等級是否相符分別辦理
第四條　凡新設造酒店須於未開業之前依照本局規定申請書塡明應報事項預先三日呈由該菸酒稅分局查明核發特許證方得營業其報告事項如次
（一）舖店名號
（二）正舖或棧房所在地
（三）司事人姓名年齡籍貫
（四）酒甑之數
（五）存飯之數
（六）每日出酒數
（七）約計每月沽出酒數
（八）有無兼營他業
第五條　造酒因營業狀況之變遷於查定每日出酒數量如有加多或減少時必須隨時間該管菸酒稅分局報告備案違者究罰

第六條　凡新開沽酒店須於未沽酒之前預先三日到該管菸酒稅分局報告請領牌照經該管稅局核明等級發給牌照方得沽酒其報告事項如次

（一）舖店名號

（二）正舖或棧房所在地

（三）司事人年齡藉

（四）酒甑之數

（五）存飯之數

（六）每日出酒數

（七）約計每月沽出酒數

（八）有無兼營他業

第七條　凡販酒出境除貼轉運票於各埕口外并須赴主管菸酒稅分局領取運照報明某店於某日運酒若干埕赴某地某店行銷由該分局塡給運照運抵該地方繳請驗放註銷

第五章　酒稅罰則

（甲）牌照違法處分

第一條　無牌照而賣酒者初犯處以半年稅額三倍之罰金再犯處以全年稅額三倍之罰金仍將酒類充公并停止營業

第二條　同一店而兼營兩酒類以上者（如沽土酒而兼營藥酒或洋酒）應分別請領牌照若僅領一種牌照者依照第一條罰辦

第三條　查定沽酒實數如認爲牌照應升等而延抗不遵者按其短匿一月稅數五倍處罰仍飭升等違者將原領牌照撤銷并停止其營業

第四條　各酒商如有歇業召頂情事限五日內將牌照繳銷違者責令照章補繳牌費并科以十元以上三十元以下之罰金

第五條　牌照遺失或毀爛時應報明主管菸酒稅分局核領新牌照違者處以一元以上五元以下之罰金

第六條　肩挑酒担沿途零賣而不領牌者科以一元以上五元以下之罰金

第七條　零沽洋酒戶如不按樽貼票而貯藏或發售者除全數補貼外處以五十元以上三百元以下之罰金貼票不足額者除飭補貼足額外并處以三十元以上二百元以下之罰金

第八條　凡酒樓餐館飯店已領牌納稅沽酒者顧客不得自攜酒類到飲違者處以一元以上十元以下之罰金其未經領牌沽酒之店如查有顧客攜酒到飲者該店與顧客均加倍處罰

第九條　凡領得牌照及特許證應懸掛舖面易見之處以便稽查違者作未領照論按其所領牌照等級應納稅費數加倍處罰

第十條　未領造酒特許證而製造酒類者依照應繳稅費一月之數處以五倍之罰金但不得在五

十元以下

（乙）造酒違法處分

第一條　造酒戶若以詐僞及其他不正之行爲（如儲飯用大埕及虛報停蒸之類）冀倖減免稅費之查定或已減免者依照應繳稅費一月之數處以五倍之罰金但不得在三十元以下再犯者倍罰之三犯者又倍罰之并即撤證停止其營業

第二條　造酒戶隱蔽其原料將酒飯藏匿別處使不得查定其出酒實數者一經查出除將私飯充公外按其匿稅之數初犯處以十倍之罰金再犯倍罰之三犯又倍罰之并即撤證停止其營業

第三條　造酒戶如以精火酒或烈性之物料或酒類和水成酒及以酒精火酒和飯蒸酒者初犯處以百元以上三百元以下之罰金再犯處以三百元以上六百元以下之罰金仍將酒類及造酒器物全部充公并即撤證停止其營業

第四條　造酒戶不依規定儲飯日數縮短日期開飯蒸酒者以瞞稅論按其增加出酒額除補稅外初犯處以月納稅額十倍之罰金再犯倍罰之三犯又倍罰之仍將其酒類及造酒器物全部充公并即撤證停止其營業

（丙）沽酒違法處分

第一條　沽酒戶隱蔽其賬簿書類有礙於查定其沽酒實數者按照造酒第二條辦理

第二條　沽酒戶如以酒精及烈性之物料或酒類和水成酒者其處罰與造酒第三條同若受造酒

戶所欺蒙能指供店名帶引拘究質訊屬實者得酌量減免處罰

第三條　沽酒戶買入之酒必須認明轉運票正確方得發賣如有銷售瞞稅私酒查明有據者初犯處以應繳稅費五倍之罰金幷將酒類充公再犯者倍罰之幷卽撤銷牌照停止其營業

（丁）運酒違法處分

第一條　凡省內運銷酒類如容酒器之封口無轉運票或有票而不全張抹糊黏閉或轉運票面不蓋起運者之店號圖章不填起運日期及運往地點店號或已填而數目字小寫（如壹作一之類）或將舊票揭下再用等弊均以私販論初犯處以應納稅費五倍之罰金但不得在五元以下再犯倍罰之三犯又倍罰之幷將其酒類充公

第二條　外省入口稅應於報關時分報菸酒稅局完納稅費請領轉運票粘貼依照前條辦理違者照應納稅費數初犯處以五倍之罰金再犯倍罰之幷將酒類充公

第三條　凡販酒出境除貼轉運票外幷須赴主管稅局領取運照報明某店於某日運酒若干埕或若干罇赴某地某店行銷由局填給運照運抵該地方稅局繳淸驗放註銷如無運照或照與酒數不符者均以私販論按照運酒違法處分第一條辦理

第四條　凡販運洋酒入口須攜同關單赴菸酒稅分局報驗完納稅費如查有瞞匿不報者除將酒類充公外幷處以一百元以上一千以下之罰金

第五條　凡酒業商人對於菸酒機關派出收稅或稽查員執行職務時如有拒絕其執行或避免其

查驗或加以支障者處以十元以上五十元以下之罰金其於刑法有規定者依照刑律辦理

第六條　被處罰而不遵繳被停止營業而不遵辦者得由菸酒稅機關報由軍警拘解縣署依法懲處或送司法機關辦理之

廣東省現行菸酒費稅各率暨產銷征收狀況表　十八年報部

種類	市價	公賣費率	菸酒稅率	附加稅	征收方法	產銷情形 產地	產銷情形 數量	產銷情形 銷地	產銷情形 數量	附記
菸葉	每百斤市價由十元至六十元因菸葉之優劣爲市價等差		外銷菸葉稅每百斤征稅八元五元四元菸骨征稅六角內銷菸葉稅每百斤征稅分一元五角一元二角爛葉征稅六角	按牌照稅額帶征附加一成築路費及一成學費共二成	征收菸酒稅款或委員征收或批商承辦現全省酒稅俱設局征收〃	廣州肇慶羅定各縣屬	一千二百八十六萬六千九百斤	廣州市佛山江門新會台山順德中山南海番禺肇慶等屬及梧州香港澳門		公賣費併入菸酒稅內征收下同
菸葉	每百斤由十二元至四五十元		同上	同上	同上	惠州潮州梅縣各屬	二百二十九萬三千斤	廣屬潮汕港澳梧州		
菸葉	上等每百斤三十六七元中等二十五元下等十七元至二十元		同上	同上	同上	南韶連各縣屬	四百六十六萬零二百七十一斤	東北江及廣肇屬港梧各埠		
菸葉	每百斤由十元至三十元		同上	同上	同上	高州雷州兩陽各屬	一百萬餘斤	茂名電白陽春廣州港梧等屬		

菸葉	上等約二十二三元下等約七八元		同上	同上	同上	瓊崖各縣屬	八萬餘斤	高雷江門香港各埠		
菸葉	同上		同上	同上	同上	欽廉屬內合浦靈山兩縣	一百萬餘斤	同上		
葉絲	每斤價上等一元二毫中等八毫九毫下等五毫五仙		每排征稅二元四角外省運入每三十斤課稅三元運出外洋每二十斤征稅一元六角均照大洋計算	同上	同上	廣州肇慶維定各縣屬惠州潮州梅縣各屬及汕頭市	合共五十一萬五千餘排合共九萬一千六百排			
菸絲	同上		同上	同上	同上	南韶連各縣屬	共計八千六百排			
菸絲	同上		同上	同上	同上	瓊崖屬	共計二萬八千排			
酒類	普通土酒上等每斤三毫中等二毫花酒及藥酒另計		大埕征稅大洋九角小埕征稅大洋四角五分	按照牌照稅額帶征附加築路費一成學費一成共二成	由廳委員稽征	廣州屬及肇慶維定等屬	一百八十萬餘排	本屬及外省南洋等		
酒類	同上		同上	同上	同上	惠州肇州汕頭市及梅縣各屬	七十四萬餘埕	同上		
酒類	同上		同上	同上	同上	南韶連各屬	三萬餘埕	同上		
酒類	問上		同上	局上	同上	高州欽州各屬	九萬餘埕	同上		
酒類	同上		同上	同上	同上	瓊崖各屬	一萬餘埕	同上		

第十節　廣西公賣費

廣西菸酒公賣。民國四年十一月一日開征。費率呈准從價征收百分之十二。概以大洋計算。其繳納、毫銀者。按一五補水。五年三月十五日。桂省宣布獨立。紳商咸請取消公賣。經該省都督令局將公賣費率減爲百分之十。並一律改收毫銀。免納補水。以示體恤。

廣西公賣採產銷併征兼分征制。本產菸酒即在本區銷貨者。征收全費。貼乙種印照。本產運銷本省他區者。按產銷地市價各半分征。產地貼丙照。銷地加貼乙照。但起運時須取具店保。酌定期限。以杜酒漏。本產運往外省銷貨者。由產地征收全費。貼甲照。外省輸入本省銷貨者。由入境首局征全費。貼乙照。零星製釀菸酒。按各該戶所有刨甑大小數目。核定能出菸酒數量。認定應繳費額。每五日清繳一次。以本省出產菸葉製造菸絲者。由產地按菸葉價格先征半費。製造成絲。再按菸絲價格補足半費。其運銷出省菸葉及外省輸入菸絲。仍照章征收全費。五年夏間。該省都督府令局免征菸葉費。專收菸絲。嗣復改爲菸絲菸葉均按百分之十征收全費。

桂省公賣開辦之初。按舊道屬酌分六區。除第一區由省局兼辦外。設分局五。各區酌設分支棧。招商承辦。專司征費之責。六年二月間。桂局以第二區所轄鬱林博向北流陸川興業等五縣。距該區分局過遠。指揮不便。督察難周。呈准將該五縣劃歸第一區管轄。增設駐鬱監察所。以利稅務。迨國民政府成立。曾將該省菸酒局撤消。設立菸酒印花稅處。總司菸酒費稅及印花稅務。隸屬財政廳管轄。嗣又恢復舊制。與印花稅處劃分。仍設全省菸酒事務局。

桂省菸酒收入。菸居十之六。酒居十之四。多屬本產本銷。間有輸入出運。如由廣東高廉輸入之生菸。各省輸入之藥酒。南寧出運之菸葉。爲數無幾。據十八年三月間桂局報告。菸類全省僅同正扶南鎮結忻城思林興業憑祥等七縣並無種植。餘均產之。區有金絲熟洋熟生菸黃菸紅菸里八笑蘭丹桂美蘭天香等名目。以武鳴爲最著。年約產二百萬觔。邕寧平樂蒼梧等縣次之。年各產數十萬觔。酒類各縣皆有醞釀。有雪梨茅根銀花玫瑰黃精紅蘭蛤蚧綠豆蔗酒粟酒糖酒水酒行酒平酒色酒汾酒火酒白酒黑酒黃酒東瓜燒六品燒單料料半雙料三花四花三熬六熬諸種。以邕寧宙平產數最鉅。年約四五百萬觔。上思貴縣平南富川思恩興業等縣次之。年產均在二百萬觔以上云。

廣西省菸酒公賣施行細則四年報部

第一章　征收

第一條　本省菸酒公賣事務悉遵部訂全國菸酒公賣暫行簡章辦理

第二條　各區菸酒價格由分棧或支棧體察市情計算運厘稅捐共成本若干應得利益若干加公賣費若干合併規定按旬報告各分局核准詳請省局刊布如市價有漲落時得隨時報明更定

第三條　公賣費應按產地銷地市價各半分征如由外省輸入者照本細則第五條辦理

第四條　販運菸酒應先投棧報明數量由分棧或支棧派人查驗征收公賣費粘貼印照塡發聯單方有運售之效力

第五條　本省產製之菸酒卽在本區域內銷售者應照該處市價核征公賣費粘貼乙種印照

第六條　販運菸酒赴外省應按起運之區市價核征公賣費粘貼甲種印照經過本省各區域不再征收

第七條　凡外省輸入之菸酒無論運往何處銷售應在入境之區域報明分棧照市價完納公賣費粘貼乙種印照經過本省區域不再征收

第八條　凡在本省產製菸酒之地販運至本省區域銷售者先按產製地市價征收一半公賣費粘貼丙種印照俟抵銷地再照該地市價補足一半公賣費粘貼乙種印照但起運時須取具店保並按指銷地點路程之遠近酌定期限填給部訂四聯驗單依限運到將商執驗單一聯繳由銷地分棧或支棧轉送主管局核對如逾限不到卽係中途洒賣或偷運出省應責成保人賠納倘托詞推延依本細則第三十二條辦理

前項驗單菸酒須各填一張如指銷不止一地者應報明種類數量每地填給一張每張應隨征單費大洋一角

第九條　販運菸酒已征過產銷地完全公賣費粘有甲種或乙種印照者如改運他處本省各區不另征收

第十條　凡創菸甑酒之戶如向係成躉發行者自應逐幫赴棧完納公賣費貼用乙種印照填給聯單若僅於門市零銷或由小商販售則未免散漫難稽當按各戶所有刨甑核計每日每刨甑能出

菸酒若干應令認定數目五日彙繳公賣費一次先期粘貼印照方准出售仍由局棧隨時稽查不得洒漏及以私菸私酒弊混

第十一條　公賣費由商店或販運人隨時清繳如有拖欠歸分支棧賠墊

第十二條　分棧支棧代征公賣費應遵部訂棧章第十五條塡寫四聯單及日記簿分别繳存給執

第十三條　分棧支棧征收公賣費照章按旬或五日結總謄入收解簿如有錢款應照市價折合銀元連同銀錢市價單暨截存代征公賣費憑單兩聯塡用解單赴省分局掣取批迴收單爲據

第十四條　查部定棧章第十七條分棧代征公賣費按月於征款提給二十分之一以充經費嗣由本局詳奉核准改爲二十分之一五現爲酌定如該欵係支棧經征者卽將應提二十分之一五作十成攤派分棧得三成支棧得七成由主管局核發不得先於解款内扣除

第二章

第十五條　凡菸酒經收公賣費後應將印照粘貼於包裹或盛儲器封口處並於照内註明日月及種類數量以便檢查

第十六條　省分局對於分棧支棧得依部定章程第六第八兩條隨時派人巡察監視並調閲賬簿單據

第十七條　分棧支棧對於本區域之菸酒商店得依部訂棧章第十三條隨時檢查如有疑點或發見私弊卽報省分局究辦

第十八條　省分局派出巡丁應發給巡緝印照如遇大宗私菸私酒不服盤查得執照就近請求營縣撥派軍警協助緝拿

第十九條　各分棧支棧如因路境分岐照管難周自願僱用巡丁以資查緝但須酌定名額報明省分局凡派遣出外時並須塡給執照蓋用圖記以爲憑信如有舞弊營私該分棧支棧應負責任並依本細則第三十六條辦理

第二十條　省分局因地方遼闊不能遍設巡丁應遵部訂局章第九條發布局飭督率各縣知事及征收局長同負緝私之責各分棧支棧如遇必要時得就近商請縣知事派警隊協同辦理

第二十一條　凡未粘貼印照之菸酒不得販運銷售違者以私論

第二十二條　販運菸酒單照數量不符或包裹及盛儲器所貼印照有塗改形迹經過區域各分棧支棧均得干涉之

第二十三條　征收局遇有往來船隻附載菸酒者應令船戶將公賣局聯單一併掛號繳驗司巡查驗時如見有未貼印照及單照數量不符情弊即扣留知會所在公賣局核辦

第二十四條　軍警鄉團以及鄰近人等均有干涉舉發私菸私酒之權

第三章　處罰

第二十五條　省分局辦事人員如有盡心職任卓著成績由省局詳部奬勵或給予奬金倘有誤公舞弊情事應依部訂稽查章程第十二三四五等條分別執行

第二十六條　分棧支棧代征公賣費如有不照定章私自增減或巧立名目額外需索應照部訂稽查章程第十七條處罰

第二十七條　分棧支棧如有與菸酒商店串同舞弊或所征公賣費朦蔽侵蝕及其他妨礙公賣費種種行爲經省分局查明屬實應照部訂棧章第二十條執行

第二十八條　分棧支棧在本區域內查獲未貼印照之菸酒應報由省分局依部訂棧章第十九條規定範圍酌核情節分別辦理

第二十九條　菸酒商店與分棧支棧串同舞弊除分棧支棧照本細則第二十七條辦理外並將該商店依第三十條罰金範圍處罰情節重者送縣嚴懲

第三十條　菸酒商店不受分棧支棧檢查應照部訂棧章第十八條報明省局處罰

第三十一條　製造私售菸酒或販運時有規避公賣費行爲一經發覺應報由省分局照部訂稽查章程第十九條分別辦理

第三十二條　粘貼丙種印照之菸酒逾限不到責成保人賠納公賣費半數而託詞推宕或商店受罰之處分而延抗不繳均得送交該管區域之縣知事或司法官廳押追

第三十三條　巡丁及軍警鄉團人等查獲私菸私酒應照部訂稽查章程第十一條報由公賣局變價以一半充公以一半充賞隣近舉發得於充賞款內酌量提給賞金

第三十四條　征收局卡司巡查獲違法之菸酒經公賣局核辦後應將處罰或變價之款提給半數

充賞

第三十五條　征收局司巡及軍警鄉團人等如有徇情賄縱或索詐情弊一經察覺卽由省分局知會該管長官懲治

第三十六條　巡丁如無執照在外妄用職權或地方痞棍冒充巡丁經局棧查出或被舉發均隨時送處該管區域之縣知事司法官廳懲治倘巡丁有賄縱嚇索情弊應加等嚴辦

第三十七條　分局收納罰金應隨時遵章塡寫聯單按月解赴省局報部候撥

第四章　附則

第三十八條　本細則如有未盡事宜或須變通辦理之處仍得隨時詳請修改

第三十九條　本細則俟詳奉核准之日公布施行

第十一節　山東公賣費

山東菸酒公賣於民國四年九月一日開辦。原定費率係照市價抽十分之一。嗣奉前財政部電令加稅因增爲十分之一・二五。所收稅費均以制錢爲本位。惟歷城征收紹酒魯酒以洋碼計算。濟甯征收紹酒以銀碼計算。其後洋價日高。征錢易洋虧耗甚鉅。民國九年四月局長陶珙呈准前菸酒署改征銀元。係參酌初編四年度預算時洋價折中定數。如每酒一觔向收公賣費京錢三十二文者。改爲收洋一分四厘。其費率較大。每觔收京錢三十六文及四十文者。每加京錢二文作洋九毫。依此遞推。菸葉菸絲黃酒等類。仿照辦理。其原收洋碼者。一仍其舊。既而山東省長以東省本年災情奇重。洋價又昂。舊時稅額尚屬征收爲難。再征洋碼。商力實有未逮。電請准照洋碼定案核減一成征收。經前菸酒署核准。自九年四月起至十年六月底止。爲減成征收之期。及限滿之後。又准省公署咨以東省上年災情奇重。地方元氣未復。請將減成原案自十年七月起再展半年。以示體恤。於是復展至十年年底爲止。至十一年一月一日。始照改征原案實行。又該省燻菸稅費向章係按爐抽收。每大爐收洋十二元。中爐十元。小爐八元。十年十一月。該局呈准大爐仍收十二元。中爐改收十一元。小爐九元。十四五年間。該省軍閥以內戰關係。急於籌餉。辦理特稅兩次。至十六年。又預征一次。前後三年之間。竟徵收五年額征之款。民不堪命。十七年夏。國民軍克復山東。當以濟案關係。暫在泰安組織省局。是年六月。據該局呈報全省菸酒收入民國十二年約收八十餘萬元。十三年約收九十餘萬元。十四年約收一百零三萬元。自表面觀之。雖係逐年遞增。然皆陋習相沿。有類攤派。而征收人員復又上下其手。不用聯單。流弊滋多。民困益甚。卽經該局呈准中央。暫照十六年冬間舊案。將酒類稅費各按二分八厘征收。菸類稅費各按一分二厘征收。以維現狀。一面依據向來成例。派員分赴各地挨戶調查。勘定納稅數目。發給門牌憑單各一。以備查考。其詳細辦法。另有復查專章附錄於後。至於復查結果。除膠東一帶以特別情形不計外。查各員勘定額數。有超過原案五倍或一倍以上者。有超過原案八成或七成以上者。更有不及原案七成或五成者。以最高最低兩額折中計算。約增兩倍有五。十八年二月。據該局報告。現行菸酒費率。燒酒每觔收洋二分八厘。黃酒每觔收洋八厘八毫。菸葉菸絲每觔收洋一分二厘。燻菸葉除按爐收稅外。每爐收費九元。旋以就爐徵收流弊滋多。此項燻菸葉向由英美南洋中裕東方等公司設廠收買。卽經該省局呈准財政部。援照皖省成案。改爲就廠徵稅。其徵稅定率。改爲每百斤徵收公賣費洋二元五角。稅洋一元二角。共計三元六角。一次統收。並經財政部通令蘇皖鄂及河北等省。對於此項既經完納費稅之燻菸葉。過境卽由各該局卡驗明單貨相符。立予放行。不再重徵。

魯省酒稅。向於甲年陰歷十一十二及乙年正二等月。由各區巡查委員前往各縣。會同縣知事。招集酒商。酌量營業大小。或查驗缸池。令將乙年全年費額。由酒商認定。分十二個月繳納。在產地一道收淸。其製造菸絲及銷售各商舖。亦大都量其營業大小。酌予認定費數。分月繳納。征收機關。係劃分全省爲十三區。各置分局。又設菸草稽征局六所。燻菸稽征局三所。凡關於稽查及催征各事項。均有專章規定。(章程附錄於後)惟燻菸一項。則於燻菸成熟期內。臨時設局稽征。按爐發給憑單。爲收費之憑證。該省舊章。費由分棧征解。稅由縣署征解。自國民政府財政部通令取銷商包後。該省因改分棧爲稽征。所稅費并征。委任主任辦理。改定者已及半數。及濟案解決。又在青島組織辦事處。暫照舊章。征收產地銷地及牌照等稅。

魯省土產之菸。大別爲菸葉菸絲爌菸葉三種。菸葉產於魯南泰兗魯東濰安一帶。每年約產二百萬觔。菸絲係各縣零星製造。每年約產百餘萬觔。爌菸葉產於魯東濰縣安邱益都一帶。每年可得一千五六百萬磅。土產之酒。則以燒酒黃酒爲大宗。燒酒除高苑一縣外。其餘各縣皆有燒鍋。每年約產一千三四百萬觔。黃酒產於魯東一帶。每年約產八百餘萬觔。此外又有勝紹公司所釀之魯酒。張裕公司所造之果酒。產數無多。營業亦不發達。其外省輸入者。菸則以福建之皮絲。蘭州之青條。河南之黃絲。酒則以牛莊之高粱。浙江之紹酒。爲五大宗。常年銷數。皮絲約四千餘觔。青條二千餘觔。高粱十五六萬觔。紹酒四五千罎。

魯省濰安一帶所產爌菸。其始末有足述者。民國二年。英美菸公司又在濰縣等處。演說種菸利益。散放美國菸種。勸人試値。是爲該處種植美菸之始。產菸處所。以濰縣爲最多。安邱次之。昌樂昌邑又次之。益都壽光諸城。所產較少。每畝可收菸葉二千六百餘磅。以生菸四磅烤得一磅計算。每畝約得乾葉七八百磅。每磅市價約合洋三角至七八角不等。由英美南洋各菸公司收買。民國八年。據調查員報告。菸葉之佳。以安邱爲最。其最佳者。可製三炮台大前門牌捲菸。其次可製使臣牌。濰縣之菸。大都製成翠鳥牌。其餘秤人牌雞牌。則爲昌樂等縣所產之葉。製成南洋公司收買之葉。則多製爲飛艇馬車等牌。此蓋聞之各該公司中人所言如此云。

山東菸酒公賣局擬訂稽查施行細則四年十一月十二日財政部核准

第一條　山東省菸酒公賣局除遵照稽查章程辦理外得隨時酌派稽查委員若干員或飭令各區常駐員兼充稽查委員

第二條　稽查員承局長之命令前往指定區域內稽查菸酒公賣事務

第三條　稽查員查過之區域如在承查時間內有發生公賣舞弊之事稽查員應同負責任

第四條　各區分局委員應各於所轄區域內隨時自行稽查

第五條　各區分局於稽查權力有不及時得咨商該管縣知事加派警察協助

第六條　各區分局得指揮各分棧支棧代查該區域內菸酒商店有無偷漏公賣事務

第七條　各區域內如有查獲私菸私酒而不服各分局之處分時得由分局委員咨會各該縣知事會同照章辦理

第八條　省局或分局對於分棧支棧商店有照章懲罰之事項應將事實理由擇要公布

第九條　各區分局於地方扼要之處酌派巡丁梭巡偷漏但須於出發時由局給予部定之巡緝執照以杜流弊回局之日卽行繳銷如派巡丁常駐巡查亦須給予常駐之巡緝執照

第十條　各分局設立伊始未免呼應不靈各縣知事自應照章實力協助同負責任酌擬奬懲如左

(一)各分局區域內各縣知事認眞任事或遇事維持導護俾公賣分棧得以照章征費毫無阻力者每屆年底將各縣知事詳請記功一次

(二)各分局區域內經各縣知事飭警巡緝境內無私酒私菸各公棧得以逐漸進步者每屆年底將各縣知事詳請記功一次

(三)各分局所轄分棧經各縣知事之協助及緝私公賣費得以暢收比較菸酒舊稅能增鉅額或至一萬元以上者每屆年底將各縣知事詳請記大功一次或專案請給優獎

(四)各區域內各縣知事奉行不力致公賣毫無起色者每屆年底將各縣知事詳請記過一次

(五)各區域內各縣知事遇事推諉私菸私酒並不照章幫緝致公賣費收數平常者每屆年底將各縣知事詳請記過一次

(六)各區域內如各縣知事不肯照章負責或有意反對或遇事掣肘致公賣事務別生阻力不克進行比較菸酒舊稅並有短絀者每屆年底將各縣知事詳請記大過一次或專案請交懲戒

第十一條　前條各事項分局委員之功過即由省局酌辦各縣知事由省局敍列事實詳請財政部核明轉咨本省巡按使辦理

第十二條　各分局委員各縣知事記功記過事項得互相抵除

第十三條　本細則應詳請財政部核准飭知到局之日施行

第十四條　本細則如有未盡事宜得由省局隨時修正詳請財政部核示

山東菸酒公賣局擬訂整頓菸酒公賣催徵規則七年四月十四日財政部核准

第一條　各棧代征菸酒公賣費甲月之款限於乙月十日以前批解分局核收如各商延欠不繳准各棧經理於乙月十日以前開具欠戶商號姓名數目清單呈報各該分局辦理如不開單呈報又不解款卽認爲經理已收未解立卽委員坐提

第二條　各分局接到分棧欠戶清單之後卽日咨請各該縣知事代爲催征

第三條　各縣知事接准分局咨送欠戶清單之後卽日票差分傳各該欠戶到案勒限清繳至遲不得過是月末日

第四條　各分棧如逾乙月十日之限尚未將欠戶清單開報者或雖開列清單而含有隱飾欺朦者均由各該分局咨請縣知事就近赴分棧查賬各分局駐在地之分棧並由分局委員會同縣知事查賬均勒令實報

第五條　凡經各縣知事代征之款所有照章應得二十分一五之利益卽歸縣署留支不再提歸分棧以昭公允而示懲勸

第六條　各欠戶延欠不繳屢催罔應者得由該縣酌量處罰或予以拘留

第七條　各縣代征之款應隨時開單咨解該管分局兌收一面飭知分棧照數發給印照

第八條　各縣處罰之款如該縣及分局因催征手續有應行補助之處得呈請本總局核准動支

第九條　各縣代征費款應隨征隨解不得挪移積壓如有催征出力者由本總局擇尤呈請財政部省長核給獎勵或記功如催征不力及查有挪移積壓情事卽呈請記過或請交懲戒

第十條　本規則係呈奉財政部省長核准施行如有未盡事宜得隨時修改並呈報部省長立案

再前條各限期係按普通平靖地方而言現有土匪出沒之處商業不無影響征費亦較困難應准酌予每月展限十日以上至多以一月爲度惟須先由該管分局呈經本總局核准有案至地方平靖之後卽不適用展限之規定

各縣知事征解菸酒稅費懲獎規則 十三年一月十九全國菸酒事務署核准

第一條　本規則自呈奉省長核准通令之日爲實行之期

第二條　東省菸酒稅及特許牌照稅乙年稅款向係甲年冬季委員會縣復查核定作爲一年定額民國九年曾經通令自九月起除憑單費向於給發時收繳牌照稅分上下兩期征收仍照舊章辦理外其各縣代征菸酒稅款統按查定全年數目按十二個月勻攤征解有案惟習慣相沿多半未能遵辦茲爲便利商民起見暫行照舊仍分四季繳納

第三條　各縣知事經征菸酒稅費例如甲季之款須儘乙季之首月掃解如有帶征公賣費係按月征收者則甲月之款須儘乙月十五日以前掃解牌照稅須儘每期之次月淸解其憑單費則須隨征隨解均不得蒂欠

第四條　各縣知事征解稅費如不遵第三條規定辦理時經省總局查明飭催倘置若罔聞再勒限電催一次電費由該知事擔任仍不遵辦者委員守提非俟完解不准銷差其所需往返川費統由該知事擔任照給

第五條　依第四條規定罰給川費時除交通便利區域川資一項按輪舟火車實用數給予其陸路則每日按大洋五元計算至到境坐守時旅費一項按每日大洋三元計算倘有延不照給或給不足數時一經委員呈明由省總局咨請財政廳核扣各該縣應領政費其電費一項由各縣知事隨時專款解局如不遵辦應同樣咨廳核扣

第六條　各縣知事急公將事如能照第三條規定依限完解不悞者由省總局彙案呈請省長分別記功調優以資激勸

第七條　依第四條之規定罰給委員川費仍不清解時除繼續委員催提外一面分別催征之勤惰虧欠情節之重輕呈請省長記過或撤懲以示儆戒

第八條　本規則如有未盡事宜得由省總局隨時增減呈請省長核准施行

覆查菸酒稅暫行章程及施行細則十七年九月報部

第一條　魯省菸酒稅向章每屆冬季委員覆查一次更定稅款換領牌單歷經辦理有案現屆覆查之期應仍照舊章辦理

第二條　此次覆查爲求核實起見責令各員親詣四鄉會同各該鄉長挨戶調查以求實在

第三條　委員覆查到縣必須將縣政府關於酒商報開報歇卷宗及上次定案底册詳加核閲以期明瞭比較數目

第四條　委員覆查所到區村須會同區村長遍歷調查核實勘定勘定之後並須由各區村長出具切結備案

第五條　各區村經委員覆查定案後如仍有隱匿偷漏及以多報少者一經查出或被人告發除嚴懲各該犯商外該區村長亦當受相當之處分

第六條　魯省菸酒税向係按斤計税大抵菸税以菸板或菸槓計斤酒税以酒池或酒缸計斤各菸酒商於覆查時率多隱匿少報斤數希圖朦混此次覆查務須按照各縣底案製造斤數切實查驗必使出一斤之菸酒納一斤之税以求核實其底案所無者必須隨處詢訪查勘庶私商不得繳幸國税可望增加

第七條　本局税費以燒酒爲大宗燒酒每池每年出酒約略總在萬斤以上而定税則總多不過五六千斤少或二三千斤千餘斤不等雖由恤商起見然亦不可過於少定此次覆查必須詳勘實定不可籠統增加菸税亦然

第八條　此次查税爲求核實劃一而兼顧商艱起見故酌定燒酒池座分甲乙丙丁戊五等所有各等定税數目分别列左

甲等　每月定稅六百斤全年七千二百觔
乙等　每月定稅五百斤全年六千觔
丙等　每月定稅四百斤全年四千八百觔
丁等　每月定稅三百全年三千六百觔
戊等　每月定稅二百斤全年二千四百觔

第九條　各商酒斤既經委員查定後務須月淸月欵不得拖延

第十條　魯省蒸製燒酒向以蒸燒一日爲一池出酒數量每間十日或十五日蒸燒一次如酒商將池口加大輪流蒸燒者則查照地方情形每十日或十五日內燒酒幾次卽爲幾池如不遵照卽由縣政府傳案查究

第十一條　魯省向有代池代燒之習如一家燒鍋而代燒數家者必須詳開地址姓名核實定稅按月清繳以免影射

第十二條　各代池代燒之戶自此次查定後如有含混不報被委查出或被告發者池主及代燒之戶均受同等之處分

第十三條　菸稅及黃酒則依照各該商製造數量切實查勘分月定稅不得含混

第十四條　查各縣製售菸絲之舖無處無之從前辦理菸稅未能遍及故無菸稅之縣甚多此次應一律按章查辦毋任隱漏

第十五條　魯省邊界縣分向有運售鄰省之菸酒各省稅率不同故不得不兼稅菸絲鋪及酒店以杜取巧而期平均定稅之標準卽以其銷售確數爲準

第十六條　菸酒稅費菸絲每斤各收費大洋一分二厘燒酒每斤各收稅費大洋二分八厘黃酒每斤各收稅費大洋八厘八毫如各縣稅款向有以菸捐酒捐爲名者一律改稱菸稅酒稅

第十七條　菸酒商於查定之後各發給門牌憑單一張收憑單費大洋一元門牌不另收費

第十八條　酒商如有他人代池寄燒之戶須分領憑單否則卽屬隱漏

第十九條　菸酒商一經查定稅額卽須認辦一年中途報歇必須繳足全年稅費方准歇業以杜取巧

第二十條　報歇期間須在六月以前呈明並拆銷菸拟菸槓平毀鍋池酒缸由縣政府查明情形轉報總局再候覆查員驗明屬實准其開除或於覆查稅案時彙案辦理

第二十一條　菸酒商如於覆查次年稅案時臨時報歇須預繳次年全年稅費經覆查員驗明確已毀去製菸製酒物品並無寄存他處菸酒始准歇業以杜私製偷運及趕燒寄頓之弊

第二十二條　如酒廠內有代池寄燒之戶已經歇業奉准有案而仍留空池或空缸及他造酒器具者必須當面平毀以杜影射而昭實在

第二十三條　菸酒商如無單牌而製造菸酒或寄製者卽係私商有礙同行權利一經印委查出或同行指揭查實卽按應交稅費加三倍處罰

第二十四條　曾作菸酒營業商人已准歇業有案尚有私製菸酒行爲者係明知故犯有意偷漏國稅一經查出或同行指揭查實卽按照第二十三條罰則再加倍處罰如情形較重者應送縣政府依法究辦

第二十五條　菸酒商有隱匿斤重偷設私池情事經委員往查抗拒查驗者以抗國稅律送縣依法究辦

第二十六條　稅案查定之後卽分別菸酒各商姓名地址及認定斤重造具淸册會同縣局委員三方會呈立案

第二十七條　憑單費於承領憑單時隨卽征收由縣政府於呈送會呈册報時批解

第二十八條　地方學務機關或保安警費等向由菸酒稅項加收附捐干涉國稅亦不得於正稅內提撥

第二十九條　巡查員赴鄉覆查稅案由縣政府酌量地方情形遴派妥員或派行政警察及保衛團公安局警等同往以便嚮導及隨時保護

第三十條　本章則係覆查案暫行規定如有未盡事宜得修正公佈之

第三十一條　本章則自公佈之日施行

山東省菸酒事務局調查菸酒稅罰款章程十七年九月報部

第一條　本局調查菸酒稅案必使出一斤之菸酒即納一斤之稅如查有未經報明領有憑單之菸酒營業商人得依本章程條例處罰之

第二條　菸商定稅係以菸版或烟槓計斤重以斤重計稅案如查有以多報少及隱匿私製等情依後開各條分別處罰

(一)烟商經巡查員定稅之後如查有製烟過多超過稅額五成以上者按其超過之斤重加三倍處罰

(二)烟商開始營業如未報明縣政府及分局未經巡查員定稅有案私自營業者一經同行告發或被查出按其製造多寡加三倍至五倍處罰

第三條　酒商定稅係按池計斤按斤計稅如定案後查有加大糟池私設缸口及隱匿私池代燒等情依後開各條分別處罰

(一)酒商查定斤重認稅之後如查有私自加大池口或於池底加缸缸底加缸者按其增加之數加三倍處罰

(二)酒商查定斤重認稅之後如查牆外或他院私自設池及未經報明私自開燒者按其私池之大小及營業之狀況加三倍至五倍處罰

(三)酒商認稅之後如查有以燒鍋假人蒸酒或於酒廠內代人設池者按其蒸酒斤重加三倍至六倍處罰燒戶並及代燒戶

第四條　各莊長須隨時調查本莊有無私商如經查覺即報縣政府及該管分局如隱匿不報被人告發者除照章罰辦私商外該莊長須受以相當之處分

第五條　如私商及莊長等不服罰辦抗不繳款者由縣政府依法懲辦之

第六條　菸酒私商如係再犯或屢犯者得依第二三四各條之規定加倍處罰之

第七條　征收此項罰金須塡給部頒之罰金聯單以昭信守

第八條　處分此項罰金以六成解總局以四成留充獎金

第九條　六成解局罰金結案後巡查員與縣政府會同抵辦核收

第十條　此項罰金如係巡查員查獲者充獎四成分作十成六成獎查案之巡查員四成獎縣政府

第十一條　此項罰金如係報告查獲者充獎四成分作十成三成獎告發人三成獎查案之巡查員二成獎分局二成獎縣政府

第十二條　本章程如有未盡事宜隨時以局令修改之

第十三條　本章程先行頒佈一面報部立案

第十四條　本章程自頒佈日施行

山東菸酒事務局巡查員服務細則（十七年九月報部）

第一章　總則

第一條　巡查員遵照一切部章及本局所頒發之各種條例切實奉行
第二條　巡查員出勤時由局長指定地區循環巡查
第三條　巡查員出勤時分明密兩種密查任務須嚴守秘密
第四條　巡查員出勤時所有薪資公費均由本局支給不得向各縣局棧需索
第五第　巡查員無直接征收稅費之權並不許干涉其他行政事務
第六條　巡查員遇有違背第四條第五條所規定者由局長懲戒之

第二章　職掌

第七條　巡查員出勤時之職掌如左
（一）關於確查各種酒類產銷額數事項
（二）關於確查各種菸類產銷額數事項
（三）關於確定各縣局菸酒稅額事項
（四）關於指定催解各縣菸酒稅費事項
（五）關於檢定各縣菸酒類稅費事項
（六）關於查定各縣局所報續開新開菸酒商斤重稅額事項
（七）關於覆查各縣局所報菸酒商停歇情形事項
（八）關於各縣局棧代征費稅利弊事項

(九)關於局棧商人串同舞弊事項

(十)關於菸酒事務改革事項

(十一)關於局棧挪用公款事項

第八條　上列職掌有單行章程者須照章程辦理之

第三章　程序

第九條　巡查員出勤時每到一縣一區出入境日期由縣局呈報

第十條　巡查員出勤時遇有須縣局協助處得請縣局助理之

第十一條　巡查員出勤時須照規定之巡查月報逐日填報巡查月報式樣另定之

第十二條　巡查員查畢一縣卽填報總報告表一紙報告表式樣另定之

第十三條　巡查員遇有緊急事務須立卽呈報或由電呈

第十四條　巡查員遇有查閱縣局關於菸酒事務文件及簿據時得商請縣長分局長查閱之

第十五條　巡查員遇有查閱各分棧文件簿據時可逕向分棧調閱之

第十六條　巡查員查定牌照及菸酒稅額時遇有照章罰金須會同縣局辦理之幷將詳細情形呈報本局

第四章　奬懲

第十七條　巡查員出勤成績優美者由本局奬勵之奬勵辦法如左

(甲)記功

(乙)擢升

第十八條　記功擢升照下列各項辦理之

(甲)記功

一　覆查稅額增加三成以上者記功

二　報告詳確者記功

三　服務勤恪者記功

四　調查迅實者記功

(乙)擢升

一　覆查稅額增加五成以上者擢升

二　舉發匿報者擢升

三　舉發賄賂者擢升

四　剷除積弊者擢升

第十九條　巡查員出勤不遵守各種條例辦理不善者由本局長懲戒之懲戒辦法如左

(甲)記過

(乙)罰薪

(丙)撤職

第二十條　記過罰薪撤職照下列各項辦理之

(甲)記過

一　服務不勤恪者記過

二　報告不詳確者記過

三　調查遲鈍者記過

(乙)罰薪

一　逾限不能到達巡查區域三分二以上者罰薪

二　調查不確實及虛僞報告者罰薪

(丙)撤職

一　覆查菸酒稅額不符原案者除撤職外依法懲辦但有特殊情形者不在此限

二　違背本細則第四條第五條撤職

三　收受賄賂者撤職依法懲辦

四　與各縣局串同匿報者撤職

五　逾限不能到達巡查區域三分一者撤職

第五章　附則

第二十一條　本細則有未盡事宜由局長變更之

第二十二條　本細則呈部存案

第十二節　山西公賣費

山西菸酒公賣由民國四年八月開始籌備。九月十一日成立省局。始則劃分七區。嗣擴充爲十四區。尋復併爲十二區。七年八月。因奉部令核減經費。遂重行規劃。仍爲七區。九年四月。復呈准增設分局一。並於各區域之廣闊者。增設稽徵處。歷經增至五處。共分局八。稽徵處五。各照章招商組織公棧。十年八月。復將各縣菸酒公賣棧。經派員收回自徵者。一律改稱某處第幾稽徵所。此晉省公賣費徵收機關之組織情形也。

晉省菸酒之產銷。本產菸類。名色紛繁。大別爲生菸熟菸兩種。生菸卽大小菸葉。產地最廣。要以曲沃代縣繁峙等處最多。熟菸產地。旱菸則太原汾洲平陽絳代解各屬。水菸則潞澤遼霍河保等處爲多。本產酒類不過數種。白酒最巨。產地以汾酒潞酒渾源爲大宗。黃酒次之。產地以陽曲平介代繁崞懷仁等縣爲最。柿棗酒又次之。以絳蒲解所產較多。此外省垣之本紹酒。榆次清源之葡萄酒。永濟之葉落酒。甜菜酒。芮城之玉黍酒等。則均爲數甚微。菸酒產額。按十四年調查數。菸產額二千四百八十二萬五千四百餘斤。酒產額一千六百五十五萬零二百餘斤。所產菸酒。除行銷張家口綏遠內外蒙及陝豫鄰境外。餘均行銷本省。外來之菸。以紙菸爲大宗。陝甘水菸。關東菸。福建菸次之。外來之酒。以洋酒南紹酒爲最多。露酒次之。

公賣費率。原定爲百分之十五。從價徵收。惟按之實際。費率未盡從價。並未盡按百分之十五徵費耳。至其徵收方法。在公賣開辦之初。按照通案規定。既力有不給。且勢有難行。遂酌定變通辦法。一曰戶包繳法。先派員會同各縣知事。將菸酒產銷之數。按戶調查一次。以近年產銷額最旺之數。加出若干。爲納費之定額。以現在市面銷售之價。加出若干。爲公賣價格。仍本從價徵收之義。使商戶擔負包繳之責。所謂各棧經理。僅以徵收稽查爲職務。經費由所征費款內扣支百分之七五。不另支給。如第一第二第三第四第五等區所屬各縣。皆使用此法。二曰按歲包徵法。如第十區所屬之岢嵐興縣第六區所屬之五寨平魯偏關等縣。地方凋敝。商民疾苦。專以釀造爲業者。寥寥無幾。間有於年豐農隙之際。釀酒零售。以博微利者。此等產地。通年費收。不逾百數十元。扣支經費。歲計不逾十元左右。經費甚微。既不能招商設棧。營業靡定。又不能按戶包徵。屢經籌度。遂定爲由商按歲包繳辦法。蓋意在省手續以資便利。節經費以維稅收也。嗣經逐漸改革進步。自七年五月以後。始漸將菸酒產銷最旺之區縣。先行收回。由局派人設棧經理。照章徵費。並由八年七月呈明。凡由局派員徵收之棧。得改設稽徵所。將向扣之七五經費。提解省局。酌盈劑虛。分別支配。其餘各縣。則仍舊繼續招商包辦。定有招商包收稅費通則。施行在案。至是晉省菸酒費稅。有自徵包徵之別。截至十三年以前。自徵縣分爲六十三。商包縣分計四十二。但其自徵之處。又有按貨實徵與分月包繳之差。茲就菸酒兩類之自徵辦法。分而述之。

一徵收菸類之方法

對於本產之菸。計分兩種。(子)按菸之製銷數量。核實徵收者。如第二區之孝義平遙等縣。第四區之曲沃。第八區之代縣繁峙忻縣。及河曲處所屬各縣。霍縣處所屬之霍縣是。(丑)按戶出產多寡。

分月包繳者。如第一第二兩區。及晉城遼縣兩處所屬各縣是。

外產本銷之菸。各區除商包縣分外。均按菸之種類數量照章核實徵收。間亦有行包繳之法者。

二徵收酒類之方法

對於本產之酒。因手續上不若菸類之易於考稽。故多採用包繳之法。辦法約分四種。(子)按缸數折合酒觔徵收者。法係每缸折合白酒卅餘觔。如第一區之榆次壽陽第八區之忻縣是。(丑)按酒戶大小及出酒多寡分月認繳者。如第一區之陽曲太原淸源第二區之汾陽第四區之臨汾第五區之大同渾源第六區之朔縣第八區之代縣及晉城遼縣霍縣三處所屬各縣是。(寅)按用糧多寡釀酒人數爲標準以徵收者。法係用糧一斗。出酒三觔。一人一日用粮六斗。出酒一十八觔。若兩人釀酒。用粮加倍。出酒亦倍。如河曲處屬之保德縣是。(卯)酒稅由缸戶散包分月繳納。酒費由客販於起運時報納者。如第三區之潞城襄垣長治長子屯留等縣是。

外產本銷之酒。與徵收外產之菸類同。

以上方法。費稅通用。至其徵費手續。備見附錄修正公賣費細則中。玆不復贅。此外曲沃所產菸葉。均係銷諸本縣菸坊。充製造原料。向係製成熟菸。分別納費。遂由十年一月呈准嗣後各縣菸戶。碻以菸葉銷之本縣菸坊。充製造原料。報經支棧查實。或曲沃支棧發給免費憑證。入境採買充作原料者。均免納費。其銷之吸戶或運銷出境時。仍令照章納費。更於八年二月呈准關於釀酒缸房。如有呈報歇業之家。其剩餘之酒。應查該房年納公賣費額。按月勻攤。每月應繳費款若干。再比照公賣價格折算酒之斤數。自封閉釀具之日起。存酒斤數。祇准以一月應繳費額所折合之數爲限。餘則仍令遵章納費。以杜取巧。他如對於已納費稅外銷之菸酒。則定有菸酒輸出通知書。以資核對。至於菸酒稅費之偷漏。暨菸酒產銷商店歇開。則有公賣稽查及檢查等規則。藉以輔助稽徵。俾資詳密。

迨至十三年冬間。奉山西兼省長令。將各縣費稅章程。分別修正。所有各縣應繳菸酒費稅。無論向係委收包收。均一律另行加額招商包辦。各分局處均行裁撤。未包出各縣。則由省署派委接徵。遂將公賣費菸酒稅。重加審核。一律核加二成。加收費稅率附表列後。由十四年一月起實行。除曲沃等數縣。由省署派委稽徵外。餘則仍爲商辦云。

山西徵收菸酒各項稅捐數目表

本表係按晉省十五年二月所呈徵稅說明書內所列之表移錄

菸酒名稱	市價	公賣費	菸酒稅	釐金	捐項	各數均按每觔計算
水菸	二角二分	三分三厘	二分一厘六毫	二分五厘	一分六厘四毫	
旱菸	一角二分八厘三毫	一分九厘二毫	一分零八毫	一分五厘	九厘	
菸葉	六分	九厘	五厘四毫	一分	四厘三毫	
皮絲水菸	一元	一角五分	二分一厘六分	二分五厘	五分一厘五毫	
清化水菸	二角四分八厘	四分四厘	二分一厘六分	二分五厘	一分九厘七毫	
甘陝棉菸	二角六分七厘	四分	二分一厘六分	二分五厘	一分八厘五毫	
白酒	一角二分五厘	一分九厘	一分四厘四分	七厘五毫	一分	

黃酒	八分三毫	一分二厘	七厘二毫	七厘五毫	五厘八毫
露酒	一角五分	二分二厘	一分四厘四毫	七厘五毫	一分一厘
葡萄酒	一分 三分	二分	七厘二毫	七厘五毫	八厘二毫
本紹酒	八分三厘三毫	一分二厘五毫	一分四厘四毫	六厘	八厘
南紹酒	八分六厘	一分三厘	一分四厘四毫	二分	八厘二毫

查晉省土產菸類名色紛繁約八百餘種類而言之大別爲水菸旱菸菸葉三種土產酒類不逾數種其各種價格則隨時漲落勢難固定茲就其十四年調查之數約計如左

旱菸每觔由五分九厘至一角四分九厘五毫

水菸每觔由六分三厘至二角五分三厘

菸葉每觔由三分五厘至九分二厘

雜菸每觔由三分四厘五毫至八分六厘

白酒每觔由五分七厘至一角七分六厘

黃酒每觔由四分至二角三分

露酒每觔由八分四厘三毫至一角六分九厘

葡萄酒每觔由一角三分至一角五分三厘

柿棗酒每觔由五分四厘至五分八厘三毫

表中所載各種價格爲當時行銷之最多者餘可類推

山西改定菸酒公賣費率表

本表係按晉局十四年四月所呈菸酒產銷調查表及十五年二月所呈徵稅說明書摘要編列

菸酒名稱	價格	每觔原定費率	每觔改定費率
旱菸	九分二厘 一角二分三厘 一角三分九厘五毫 一角四分九厘五毫	八厘 一分二厘 一分六厘 一分八厘二毫 一分九厘五毫	九厘六毫 一分四厘四毫 一分九厘三毫 二分一厘八毫 二分三厘四毫
水菸	一角三分九厘五毫 二角五分三毫	一分八厘二毫 三分三厘	二分一厘八毫 二分九厘六毫
曲沃熟菸	二角三分五毫	三分七厘	
菸葉	八分四厘三毫 三分九毫 四分六毫	一分一厘 五厘 六厘	一分三厘二毫 六毫 七厘二毫
白酒	八分四厘三毫 九分三厘 一角零七厘三毫 一角一分五毫 一角三分三毫 一角五分三毫 一角七分六毫	一分一厘 一分二厘 一分四厘 一分五厘 一分六厘 二分 二分三厘	一分二厘 一分四厘四毫 一分六厘八毫 一分八厘 一分九厘二毫 二分四厘 二分七厘六毫
柿酒	五分四厘	七厘	八厘四毫

查晉省菸酒種類繁多價格各異原定費率不外從價徵百分之十五加定費率則一律照加二成原表過慊冗贅茲就其大者塡列以見一斑餘則可推知矣

修正菸酒公賣施行細則 十三年九月訂

第一條 本細則依據部頒菸酒公賣暫行簡章參酌山西省情形規定之

第二條 山西省菸酒公賣事宜於省局之下設八分局五稽征處管理之其管轄區域及駐在地點如左

第一區菸酒事務分局設分局長一員管理陽曲楡次太原太谷祁縣徐溝清源交城文水平定盂縣壽陽昔陽十三縣菸酒事務列爲一等局駐陽曲

第二區菸酒事務分局設分局長一員管理汾陽平遙介休孝義離石中陽臨縣石樓方山九縣菸酒事務列爲二等局駐汾陽

第三區菸酒事務分局設分局長一員管理潞城長治長子屯留襄垣壺關黎城平順八縣菸酒事務列爲二等局駐潞城

第四區菸酒事務分局設分局長一員管理曲沃臨汾洪洞浮山安澤翼城襄陵鄉寧吉縣汾城十縣菸酒事務列爲一等局駐曲沃

第五區菸酒事務局設分局長一員管理大同懷仁渾源應縣山陰陽高天鎭廣靈靈邱九縣菸酒事務列爲一等局駐大同

第六區菸酒事務分局設分局長一員管理朔縣左雲右玉寧武神池五寨偏關平魯八縣菸酒事務列爲三等局駐朔縣

第七區菸酒事務分局設分局長一員管理安邑解縣夏縣平陸芮城永濟臨晉虞鄉榮河萬泉猗氏十一縣菸酒事務列爲三等局駐運城

第八區菸酒事務分局設分局長一員管理代縣忻縣繁峙崞縣五台定襄靜樂七縣菸酒事務列爲二等局駐代縣

晉高陽陵沁菸酒稽征處設委員一員管理晉城高平陽城陵川沁水五等菸酒事務駐晉城

河保興嵐岢菸酒稽征處設委員一員管理河曲保德興縣嵐縣岢嵐五縣菸酒事務駐河曲

遼和榆沁沁武菸酒稽征處設委員一員管理遼縣和順榆社沁縣沁源武鄉六縣菸酒事務駐遼縣

霍靈趙汾濕大蒲永菸酒稽征處設委員一員管理霍縣靈石趙城汾西隰縣大寧蒲縣永和八縣菸酒事務駐霍縣

新稷河聞絳垣菸酒稽征處設委員一員管理新絳稷山河津聞喜絳縣垣曲六縣菸酒事務駐新絳

第三條　各事務分局及稽征處於所管區域內各招商組織菸酒公賣公棧名曰第幾區某縣公賣公棧或某稽征處某縣公賣公棧（但爲稽征便利起見呈准仿京兆辦法得設置稽征所辦理之）

第四條　凡製銷菸酒均應遵照部章征收公賣費並應發給單照

第五條　菸酒公賣費之定率暫定爲百分之十五如有應行改定時得由省局呈請全國菸酒事務

署核准後公布之

第六條　各區菸酒公賣價格應由各分局處依據菸酒市價斟酌擬定呈請省局核准後公布之

前項價格概以銀元計算其適用制錢地方准按照銀元市價折合銷售

第七條　凡本省運銷外省之菸酒均由產地征收機關照章征收公賣費並塡給憑驗單粘貼印照

第八條　凡外省輸入本省之菸酒由銷地征收機關征收公賣費塡給憑單粘貼印照（但爲稽征便利起見得於入境第一征收機關征收之銷地不再另征）

第九條　凡本省所產之菸酒行銷本省者概由產地征收機關征收公賣費塡給憑單粘貼印照

以上各條所粘印照凡菸酒百斤以上者應貼甲種印照五十斤以上者應貼乙種印照十斤以上者應貼丙種印照一斤以上者應貼丁種印照

第十條　凡在本省內已經征足公賣費之菸酒無論運銷何區衹要單貨相符不再征費

第十一條　各征收機關征收菸酒公賣費應按月掃數解交主管分局處轉解省局但交通不便之處得酌量情形變通辦理解款規則另定之

第十二條　各征收機關征收菸酒公賣費須按月造報由主管分局處轉報省局

造報細則另定之

第十三條　凡稽查私菸私酒除省局分局處所暨支棧直接辦理外省城警察所及各縣公署警察所區公所均有協同稽查之責

第十四條　凡製銷菸酒及販運者如有違章行爲時得按照情節重輕予以懲罰如左

一種菸自吸年過三十斤以上者

一釀酒自飲年過百斤以上者

一購買私菸私酒者

一藏匿私菸私酒者

以上均除納公賣費外照費額加三倍處罰

一製銷私菸私酒者

一販運私菸私酒者

以上應將貨物充公或除納公賣費外再照費額加七倍處罰

一不受檢查者

一糾衆抗拒者

以上處罰以五十元以上五百元以下之罰金並送法廳及縣知事懲辦

第十五條　公賣棧如有違章行爲時得按照情節重輕予以懲罰如左

一私自增減公賣價格

一高抬銀元市價

一向製銷菸酒者索取私費

一私自處罰商人

以上應按營私所得數目加三倍處罰

一抗不報解公賣費

一縱容隱匿私菸私酒

一不遵主管分局處之命令

以上應取銷經理人之資格

一侵蝕公賣費及夥同侵蝕

一與菸酒商店通同舞弊

以上除取銷經理人之資格外並沒收其押款

如所員違犯前項九節時應按照本局局員奬懲規則分別辦理

第十六條　前兩條所列懲罰事項如認爲情節重大者得送法廳或縣知事懲辦

第十七條　本細則自公布之日施行其原定細則即行廢止

招商包收各縣菸酒費稅通則

一各縣菸酒公賣費及產銷稅察酌地方情形除設所自徵外兼採包收主義凡招包一切辦法悉依本通則之規定

二招商事宜由本局遴派專員或分局局長稽征處委員會同縣知事辦理

三包商須以具有左列資格之一者爲合格

甲菸行或酒行

乙舊包商

丙商會

丁公款局

丙丁兩項所列資格係指機關而言倘查係個人假借名義仍依戊項資格辦理

戊家道殷實信用素著之商人

前列五項資格須依次先儘甲乙丙丁四項認包如四項中無人認包方准戊項承包但歸戊項資格時須用投標法决定(投標規則另定)依前項投標時應由委員或分局處會同縣知事於五日前公佈之

四前條所列各項資格中如有因曾包費稅喪失信用者概不許承包

五本局察看情形如認爲數縣合包相宜者仍得酌量合包不受第三條限制

六包商認繳通年包額須達本局規定最低額以上者爲合格

費稅罰款及公賣項下之驗單費均不在包額以內

七包期以一年爲限在規定期內不得託故半途退包或藉口商戶歇業銷路疲滯請減包額

八包商認包費稅經印委呈奉本局核准後卽須取具二家以上殷實舖保照式塡具包保各狀並繳

十分之二現金押款專案呈送本局以憑填給包收憑證但包額較大者得由印委隨時令包商增覓鋪保以昭慎重前項包狀暨保狀各式另定之

九承包某縣菸酒費稅卽以某縣所轄區域爲限不准越界徵收

十包商包定後依公賣施行細則得組設支棧如一人承包數縣時並得組織分棧

十一包商徵收費稅悉依定章辦理不得巧立名目違章浮收

十二包商征收費稅以從前辦有成案者爲限倘向不徵收費稅者仍照舊辦理違者以浮收論

十三包定費稅各款照通年包額由本局酌定月解數目按月解繳不准絲毫短欠

十四包征菸酒公賣費菸酒稅須依包額全數解繳不得扣支經費

十五包商每月應解費稅包額以及代征罰欵驗單費須遵照解款細則辦理不得違延

十六包商征收費稅不論盈絀關於憑章印照均應按實征數目填載如有虛僞處以十元以上一百元以下之罰金或依公賣施行細則第二十八條第七項之規定辦理

十七每月應造之報告表及單照存根悉依造報細則辦理如一人承包數縣仍應分縣造報不得籠統

十八包商如查有菸酒商人偷漏費稅及其他違章行爲時須送由縣知事或該管分局處按費稅罰款規則分別罰辦不得私自處罰

十九縣知事及該管分局處對於包商應隨時嚴重監督

二十包商如有違章行爲時按其情節輕重依公賣施行細則第二十八條各項規定分別懲罰
二十一包商如有越界征收或減釀招徠等情事按所得數目處以十倍以上二十倍以下之罰金
二十二本通則如有未盡事宜得隨時修正公布之

擬定各縣菸酒輸出通知書施行辦法

一各稽征機關對於已納費稅本產外銷之菸酒於商號運往銷地時先將其發運數量件數及交貨地點商號每日按所報指銷地點彙塡一通知書（通知書式另定之）分別通知指銷地之稽征機關以資核對而防偷漏
二銷地稽征機關接到前項通知書應存候商號報驗時按書列數目核對之並依照本局檢查規則實行檢查如有不符照章處罰
三如由甲縣運至乙縣之菸酒若再轉輸出於丙縣銷售時仍按照前兩項之規定手續辦理
四銷地稽征機關接到通知書後如商號久不報驗得按照書列商號逕往施行檢查如貨實未到應由原發通知書機關查詢不得稍有含混
五凡係商包縣分包商對於前列各項辦法須一律照辦不得遲誤
六各稽征機關及包商於此項通知書實行後查有左列情事之一者分別記過減俸撤差及沒收押款取消包商資格
一產地商號報起運不塡發通知書經銷地查出者

一產地商號報起運時塡發通知書不足數經銷地查出者
一產地已發通知書之菸酒運到銷地未經查出者
一塡發通知書時與商號有通同舞弊行爲者
一銷地查出未接通知書或與書列數目不符之菸酒扶同隱匿不揭報者
七此項通知書應繳省局一聯每屆月終彙繳一次以資稽核
八此項通知書由本局製定蓋用局印頒發應用以昭畫一但騎縫上仍加蓋發通知書機關之鈐記或圖記藉示愼重

第十三節　河北公賣費

河北一省。舊分京兆直隸兩省區。民國十七年夏間北伐告成。始行合併。當時菸酒行政。各有不同。玆分述於下。

一　舊京兆屬

京兆菸酒公賣。創始於民國四年。最初設立北京酒類公賣局。辦理北京酒類公賣事宜。於五月一日實行。每觔提收加價銀二分五厘。至八月間。推行菸類公賣。亦僅以北京爲限。旋經部令通盤籌劃。推行京兆全區。是年十一月一日。京兆菸酒公賣局改組成立。規定各種菸酒公賣費率。（費率表附錄於後）大都自百分之十起至百分之五十爲止。幷劃分京兆二十縣爲四區。各設分局以管理之。其後因地面遼闊。稽查難周。復增設一區。共爲五區。

民國六年。京兆局長籌畫稅費統征。建議仿照外國專賣法。實行公賣。分飭各局試辦。先從第一區入手。而燒商全體反抗。嗣經分局長與各燒商議定變通辦理。改爲普通公賣。其法係於燒鍋出酒之時。由燒商核計成本利益。決定商價。報局加入公賣費。定價布告。其公賣費率。係將酒稅併入計算。一次征收。每百觔征收一元五角。作爲試辦。以六個月爲限。限滿之時。察看情形無礙。再增加至二元五角。由京兆局擬訂燒酒普通公賣章程。及稽查細則。（普通公賣章程及稽查細則附錄於後）呈准施行。此爲京兆費稅幷征之始。惟在民國二年。京直未劃分以前。直隸以菸酒稅抵押比國借欵。厥後京兆雖改爲特別區域。而所屬各縣之菸酒稅。尚由直隸越境征收。至是始商定。移交京兆局接管。當京兆之實行燒酒普通公賣也。為杜絕私銷起見。因規定製造兼營批發商時。重量限十斤以上為起碼。不得零星售賣。嗣各燒商以商力彫耗。請求以五觔起碼。因與燒商代表議定每燒鍋每月所出酒觔實數。承認十分之三為零酒。免納費欵。此議自民國七年二月十一日起實行。至今猶沿用之。

京兆辦理普通公賣。迄未能貫澈主張。於是該局規定各燒商每甑每日出酒。須在六百觔以上。始准開燒。若不足數者。一律毋庸營業。旋因相持日久。復改定每年自十月起至次年四月為旺月。五月至九月為淡月。每燒鍋旺月每日出酒六百觔。淡月每日出酒四百觔。以三十天計算。按月照章納費。至年節停工。及夏季採麯修理池竈等。均融於旺淡月之內。不得另報停燒減費。又以四區地居山僻。銷路無多。特准各燒鍋自八年一月起。除原認比較外。每月加出酒五十觔。按月繳費。不分旺淡。接任局長周家彥以其辦法兩歧。不足以利推行。乃召集四區所轄之昌順密三縣燒商。開誠曉諭。昌順兩縣燒商。承認自八年十月起。改照旺淡月出酒數目納費。惟仍以商力不勝。堅請核給年節休息及修理池竈等停燒免費日期。當酌擬通年給空曠三十天。融於各月之內。平均免除。由是第一第二第三第五各區燒商。紛紛藉口。因并議比照昌順兩縣辦法。一律通年給予空曠三十天。惟密雲僻處山陬。池甑狹小。每日平均出酒。僅止二百觔左右。應仍照旺淡折半征收。不再給停燒免費日期。並以現在十三家為定額。只准歇業。不准添設。亦不准增加池甑。以示限制。由周局長將擬議情形。具呈前菸酒署請示辦法。未及定案。周局長旋卽交卸。至民國九年一月。經局長馮應熊呈准除密雲一縣。暫照前案辦理外。其餘一律改為每年旺淡六個月。每年自陽歷十一月至次年四月為旺月。每日出酒六百觔。

五月至十月爲淡月。每日出酒四百觔。通年給予空曠四十天、平均每月曠工三天。端午中秋各一天、年節兩天、至燒商每月應納費稅、在初改七旺五淡之時。規定旺月納費三百十五元。淡月二百一十元。迄未能通行。及改爲六旺六淡。因又減爲旺月二百八十三元五角。淡月一百八十九元六角六分四厘。著爲定額。惟密雲一縣。則仍未就範。其後密雲燒商。僅承認自十一年三月起。每年每家共繳納費稅洋二千元。

二　舊直隸屬

直隸菸酒公賣。民國四年八月開辦。費率呈准從價征收十分之二。價格數目。由省局隨時核定公布。原訂估價。燒酒菸葉菸絲、不論本客產銷。每百斤作價十元、征費二元。輸入紹酒。同每四料罎以五十觔計。本產黃酒棗酒酪酒、照燒酒減半。嗣疊據天津酒商以直省燒酒。爲土貨出口大宗。津沽七十二甑。運銷歐美南洋者。十居八九。年來日酒充斥、華商本高稅重。競爭爲難、更加公賣。益形竭蹶。呈部飭局一再酌減。十月四日。核准津埠外銷燒酒。無論出洋出省、一律改爲從量。每百觔收津錢二千文。合銀元七角有奇。又以本銷燒酒。其時市值不逾九元。估價十元。暗耗甚鉅、十月二十九日。呈准第一區本銷燒酒、每百觔估價減爲九元。征費一元八角。第三五兩區運銷外洋。及第四區各缸房由張家口運往內外蒙古庫倫恰克圖等處。轉銷俄國之燒酒。皆與津酒事同一律。准援減費成案辦理。三五兩區本銷估價。並准以九元計算。惟報運出洋。不得超過產額五成以上。五年二月。各商以紹酒四料罎。實重僅四十觔有奇、易縣板柳菸葉。質次價廉、不及大葉之半。呈准四料罎改作四十斤。板柳菸照大業減半收費。十年一月。因北方各省旱災。遵院部電令照率增抽附加賑捐一成。以一年為期。十六年一月起。加收軍事附捐百分之六十。

直屬公賣定章。採產銷併征制。本產外銷者。於起運時征收。本產本銷者。於銷地征收。外省運銷本省。在入境本區銷售者。於入境時征收。在他區銷售者。入境首棧不收費款。查明種類數量。填給驗單。俟抵指銷地公棧驗明單貨相符。征收全費。五年五月。以十三區屬邢台邯鄲沙河等縣。輸入山西土酒。除銷本區外。大半運銷第九第十三等區。照章僅給驗單。沿途每多洒賣。呈准仿照酒稅辦法。由十二區公棧於入境時收足全費。給單貼照。任其行銷。本省概不重征。藉杜偷漏。征起費款。暨應得棧費。如數劃撥指銷地公棧結算具報。商舖零售菸酒。一觔以上均須貼照。十觔以上另給憑單。洋酒舖向燒鍋購酒。應由商棧將數目報明分局核填取酒憑單。單分三聯。第一聯存分局。第二聯呈省局。第三聯交商執持。以備向燒鍋購酒運回時沿途查驗之用。此單當日向分局繳銷。逾期無效。

公賣開辦之初。就行政便宜。以菸酒稅局原定轄境。劃分十三區。每區應各設分局一。始由各該菸酒稅局兼管公賣事宜。旋即另設分局。專辦公賣。各區費款。由分支棧認定年額。按月分繳。征收之權。操諸商棧。省分局處監督地位。嗣以實行以還。減量減價。弊竇百出。漸成積重之勢。自六年起。呈准從第三、四、六、八、十一、十二等區入手。將分支棧次第裁撤。由該管分局扼要設卡。直接征收。或招商包繳。

直隸舊為畿輔重鎮。菸酒產銷較旺。尤以本產燒酒為大宗。當順直稅務未經劃分之前。全省燒鍋一千五百餘家。迨大宛等二十縣改隸京兆。直境猶存一千三百餘家。全年出酒約三千萬觔。以天津灤縣出產最旺。遵化豐潤玉田容城新城衡水萬全蔚縣等處次之。本銷占五成以上。外銷四成有零。向由天津灤縣出口。大部運銷歐美南洋等處。爲中國土貨出口大宗。邇以美國酒禁益嚴。粵酒日酒行銷漸廣。直酒營業有日漸衰落之勢。輸入酒類有潞酒豫酒紹酒渾源燒酒諸種。年銷自十萬至四十萬觔。本產菸葉分大葉板柳兩種。七區易縣所產最旺。他縣尚有種植。爲數有限。全省年產大葉三百餘萬觔。柳葉七八十萬觔。菸絲五六十萬觔。除菸葉略有出運外。多數均屬本銷。輸入菸葉以關東菸葉爲最多。年約二百萬觔。昌平廣東山東等處菸葉各十餘萬觔。菸絲有蘭州青條曲沃條絲豫閩綿絲。年銷自十五六萬觔至四五十萬觔。

以上爲民國十六年以前京直兩局分立時辦理菸酒公賣之經過情形。及至十七年夏。國民軍既克京津。卽將京直兩局合併爲一。改組河北省菸酒事務局。初設天津。旣遷北平。並在天津設立辦事處。所有一切稅則及征收方法。卽由該局呈准中央。於三個月內。暫照舊章。分別辦理。凡從前附加之討赤捐討赤費軍事特捐善後特捐。一律取消。更將原有各區分局。先京兆而後直隸。依次編列。共二十區。其中惟第六區轄境。劃出天津一縣。歸辦事處直接征收。卽以六區分局移駐滄縣。是年十二月一日。復將第九區口北十縣菸酒事務。劃歸察省管理。於是河北省局轄境。又成十有九區。其第十區以下名稱。並未另行改編。相沿迄今。仍無變更。

十八年五月。該局以全省菸酒費稅。向由分局直接征收。或招商承包。辦法既不一致。收數亦難確實。加以連年軍事頻仍。統系不明。政令歧出。各地經征人員。往往利用時機。營私肥己。馴致所派員司。多係明委暗包。每屆承包之期。弊端百出。稽察難周。於是仿照蘇省公開投標辦法。將酒類中之棗黃酪醨等。菸類中之菸葉菸絲菸末等。及菸酒牌照稅。分縣分項。招商投標。此案於六月中旬呈准中央。距七月一日年度開始。不過半月。舊商包期亦將屆滿。時機匆促。即由該局按照蘇局章程。量爲變通。以各區分局駐在地。爲投標開標地點。自行規定。分令各分局尅日進行。限六月二十日以前辦理完竣。一面呈報中央備案。其預定最低標額。菸酒費稅兩項比較上年預算計增五萬六千餘元。至於燒酒一項。由各該燒商認定額征之數。仍照舊章繳納。不在投標新章範圍以內。此爲河北省局成立以後辦理菸酒行政之經過情形也。

京兆菸酒公賣局實行燒酒普通公賣章程（七年一月廿六財政部核准）

第一章　總則

第一條　本章程爲實行燒酒普通公賣而設名曰實行燒酒普通公賣章程

第二條　實行普通公賣以稅費統一取銷包納實行官督商銷爲宗旨

第三條　關於實行燒酒普通公賣手續均依照本章程辦理

第二章　酒商種類

第四條　實行普通公賣仍係官督商銷關於酒商應改定名稱如左

（甲）　製造商

（乙）批發商

（丙）販賣商

第五條　凡各縣商人設鍋釀造者爲製造商設立分支棧分售處躉運出售者爲批發商其零賣酒店統稱爲販賣商

第六條　製造商始業時須預先呈報主管公賣分局轉請總局發給執照始得開始製造否則認爲私燒

第七條　批發商（如京師京畿之分棧分售處等是）須呈准公賣總局立案後始得營業

第八條　製造商新業歇業及加減箇數或暫停釀造時均須於一星期以前報明主管公賣分局呈報總局備案

第三章　公賣價格

第九條　製造商應以出酒之成本及利益併計每百觔整賣合價格若干零賣每觔合價格若干報告於主管公賣分局定名曰商價

第十條　公賣分局接到所轄各製造商報告商價時應卽加入公賣費合成公賣價格出示公佈定名曰公賣價

第十一條　製造商整賣零賣價格規定公佈後無論售與批發商或販賣商均應依照公佈價格售賣不得私自增減

第十二條　多數製造商同在一村鎮內者其公賣價格須歸一律倘所報商價大小不一者公賣分局得以最大最小之商價平均核定

第十三條　公賣價格應每一月公佈一次如下月之價格與上月相同者製造商亦須照章報告主管公賣分局照章公佈

前項所謂每月一次者係指價格並無漲落而言如一月之内糧價飛漲飛落或因其他原因製造商亦得聲明理由報告主管公賣分局將公賣價格變更公佈之

第十四條　次月之公賣價主管局應於上月底規定公佈其各製造商應於上月二十五日以前將下月之商價報告到局

第十五條　各製造商如逾前條期限未經報告商價者主管公賣分局得依照上月之價公佈其所轄各製造商對於報告商價則以報單到局爲準其不報者作爲自行放棄報告商價之權得由主管局參照衆商報告價格主持公佈

第十六條　關於批發商之價格應由公賣總局公佈不得私自增減其公佈方法得準照第十三十四十五條規定方法辦理

第十七條　關於製造商每月公佈價格應由主管公賣分局每月彙編總表呈報公賣總局備案

第四章　運銷手續

第十八條　製造商以習慣上之便利兼營批發商時重量限十觔以上爲起碼不得零星售賣但製

造商因事實不得已之原因必須零星售賣者（如左近並無販賣商店期於購戶之便利）得暫准兼營另行規定零酒照花以資稽查

第十九條　批發商售酒限制（如京師分棧及京畿各稽征所所轄分棧分售處等是）仍依各地習慣以一罈爲起碼

第二十條　京師批發商祇准向京兆區域內製造商整運不得向他省區購買但因事實上之必要須請准公賣總局發給運單後始得向他省區購運仍須照納銷地公賣費

第二十一條　京畿批發商祇准向就近製造商整運不得向別地或別省購買並須由主管稽征所發給運單

第二十二條　販賣商祇准向就近批發商購買不得向別地或別省區購買以杜私運私銷及偷漏銷地公賣費情事

第二十三條　製造商除本地批發零售及運銷本地暨京兆其他縣境外對於運京及運銷他省者均應照塡黑色四聯驗單以爲到達銷地及沿途查驗之憑證

第二十四條　前條運銷之酒無論京師京畿及他省均應照開四聯發單粘貼印花以爲已征產地公賣費之憑證

第二十五條　運銷他省之酒無論製造商自運及他人販運如有中途洒賣或揑報指銷地點時查出後所有應征銷地公賣費歸起運製造商負責賠償

第二十六條　運銷之酒到達銷地時由運銷之商將乙聯驗單呈報主管公賣局或稽征所查驗數目相符後始得入棧售賣

第五章　公賣費率

第二十七條　自實行普通公賣之日起所有各區從前包納產地公賣費及直隸酒稅一律取銷改爲每百觔征收產地公賣費一元五角作爲試辦並須塡給四聯發單粘貼照花

前項試辦期間以六個月爲期至期如與製造商營業無損得行增加以每百觔兩元五角爲止

前項酒觔每觔應依照農商部規定官秤十六兩爲準

第二十八條　產地公賣費由製造商售與批發商或販賣商酒觔時按觔代收交納其交納期限按照本章程第四十九條辦理

第二十九條　批發商售賣酒觔仍照舊征收銷地公賣費每百觔兩元五角一律塡給三聯發單粘貼照花

第三十條　銷地公賣費由批發商或販賣商於發售酒觔時代收交納其交納期間按照本章程第四十八條辦理

第六章　運銷區域

第三十一條　本章程所稱京師者係指京師環城以內稱京畿者係指京師城外十里以內及豐台海甸南苑東壩暨附城關廂等地稱京兆者係指京兆尹所轄二十縣境內

第三十二條　京兆各區內製造商售賣酒觔塡給之聯單照花除京師及京畿豐臺羊坊海甸南苑東壩暨附城關廂等地點外對於本區境內或至京兆他區他縣境內均爲有效不再征費

第三十三條　京師及京畿關廂等處對於各地製造商所發之聯單照花除由批發商（卽京師南路各分棧及稽征所所轄各分棧分售處）整運外一律無效

第三十四條　他省之酒除由批發商報明運銷照收銷地公賣費外其自行運銷之酒一律認爲私運私銷得依照私酒規則處理

第七章　稽查權限

第三十五條　公賣總局得設稽查員若干人分赴京師京畿關廂常川往來檢查各批發商販賣店之賬簿酒數聯單是否相符

第三十六條　公賣分局於製造商附近之地點得設稽征所派稽征員常駐稽查

第三十七條　公賣分局得設稽查若干人隨時稽查所轄區內之製造商及販賣商

第三十八條　公賣總分局於前項三條規定外得再設密查員偵察各製造批發販賣各商有無弊竇及檢查常駐稽查等員有無通同作弊情事

第三十九條　製造商批發商販賣商等均應受公賣總分局之稽察

第四十條　稽查稽征等員不得受各商之供應違者以受賄論

第四十一條　關於稽查稽征各員等執行職務手續另以稽查細則規定之

第八章　報告手續

第四十二條　製造商批發商應設四柱總簿由公賣局發給每日應將上日原存本日新出及收售結存等酒觔數目分別記載不得遺漏

第四十三條　製造批發兩商應根據四柱簿填寫逐日報告單呈送於主管公賣局前項報告單京師批發商應送交公賣總局京畿批發商應送交主管稽征所製造商應送交主管分局所轄之稽征所均須逐日塡送不得遺漏

第四十四條　京兆各區稽征所稽征員接到前項報告單時應卽登記帳簿每五日彙交主管公賣分局京畿稽征所接到前項報告單時每五日彙報公賣總局

第四十五條　各區分局接到各稽征所前項報告單時應卽登入簿記並彙總列表報告於公賣總局作爲旬報

第四十六條　公賣總局接到前項報告單及各區旬報表時隨卽記載簿記每月彙總一次列表報部

第四十七條　前項報告每屆均須按期具報不得遺漏遲延

第九章　解款期限

第四十八條　京師批發商代收公賣費款每五日隨同聯單繳送公賣總局

第四十九條　京畿各批發商每十日將代收公賣費隨同繳局聯單送交所管稽征所轉繳公賣總

局

第五十條　各區製造商每十日將代收公賣費款隨同四聯單之甲乙丙聯繳查送交稽征所轉繳主管公賣分局

第五十一條　公賣分局每月將本區内收入之款彙總編列清册於下月十六日爲報解期限連同乙聯繳查聯單解繳公賣總局

第五十二條　前項解款期限均應遵照規定清解不得遲延

第十章　獎懲

第五十三條　實行普通公賣後製造商批發商等對於本章程切實遵行謹愼從事毫無過犯者得酌給獎勵金以示鼓勵

第五十四條　稽查稽征等員對於執行職務毫無過失勤愼從事確有成績者得酌予獎勵其獎勵分别如下

(一)　記功

(二)　加薪

(三)　呈請財政部給獎

第五十五條　製造批發兩商如查有不遵定章及種種舞弊者得由公賣總局分别懲罰其罰如下

(甲)　記過

（乙）罰金

（丙）存酒充公停止營業

第五十六條　如所犯情節重大涉及刑事範圍者除執行前條之規定外並須送交司法官廳從嚴懲辦

第五十七條　稽查稽征等員如有怠惰放棄職務或查有弊竇徇情不舉暨通同作弊情事查出後分別懲罰其罰則如下

（甲）記過

（乙）罰俸

（丙）撤差

前項奬懲每六個月由公賣總局執行甄別一次

第十一章　附則

第五十八條　本章程係屬試行實行後如遇事實不合及未盡事宜得隨時由公賣總局修增報部備案

第五十九條　自試行普通公賣之日起所有從前公賣章程與本章程抵觸者均不適用之

第六十條　本章程係京兆單行章程由公賣總局核定呈部備案後爲施行之期

京兆菸酒公賣費率表（四年十二月十日財政部核准）

菸類

一關東葉菸四川葉菸除各項稅釐捐項外按照產地價格每百觔值洋貳拾元

一各種菸絲（卽湘鄂粵閩蘇贛秦晉直浙等省所產之菸絲）來路過遠各省稅釐捐項以及產地價格確數委實無從調查當與菸行商董籌擬一律按照關東葉菸酌估每百觔值洋貳拾元

一關東大把菸葉除各項稅釐捐項外按照產地價格每百觔值洋壹拾元

一湖廣白菸并三河張家口冀州熱河等處大片菸除各項稅釐捐項外按照產地價格每百觔值洋壹拾元

以上各項或因外貨充斥或以來源較稀比較從前銷路日見短絀前已詳明格外減輕費率酌徵百分之十至百分之二十一律作爲甲種每百觔徵費貳元

一易州大菸北州菸葉（不分大葉蓬菸）山東菸葉菸毛除各項稅釐捐項外按照產地價格每百觔值洋六七八九元不等

以上各項價値較廉銷路雖不能如前之暢目前尚無虞滯塞酌徵百分之十五至百分之二十五一律作爲乙種每百觔徵費壹元伍角

一易州土板土柳各菸北州土板土柳各菸青菸蔴絨除各項稅釐捐項外每百觔值洋二三四元

不等

以上各項質劣價低銷路極廣若與貴重之品一律論費公家收數必大短絀酌徵百分之二十五至百分之五十一律作爲丙種每百斤征費一元

一本國鼻菸坯查係閩魯等省所產價格原質核與直省所產之菸毛相似卽照乙種例每百觔徵費壹元伍角

一聞藥坯查係本京屬青菸梗碾磨而成價格原質亦與青菸蔴絨等無殊卽照丙種例每百斤征費一元

酒類

一燒酒除各項稅厘捐項外按照產地價格每百斤值洋捌元之譜（查燒鍋現售每百觔拾元係有直省征收籌款稅在內剔盡實值不過八元）

一紹興黃酒除各種稅釐捐項外按照產地價格每罎叁元零合計每百觔值洋捌元之譜

一良鄉黃酒定州酒山東勝紹黃酒按其價格亦與紹酒無甚軒輊

以上酒類燒紹兩項銷路極暢良鄉勝紹定州等酒亦足爲燒紹兩種之充斥酌徵百分之三十每百斤均征費貳元五角

一土釀山東黃酒土釀清酒土釀料酒按其價格每百斤僅值洋四五元不等

以上各項價格雖與紹酒懸殊因其銷路尚暢若不嚴加取締紹酒必受抵制惟其釀製時需

攙已完公賣費之燒酒十成之二是以祇徵百分之二十五每百斤征費壹元

一土釀山西甜汾酒價格本與燒酒無異因釀製時需攙已完公賣費之燒酒十成之五且銷路甚微未便多徵每百觔僅徵費伍角

一藥酒原質本屬燒酒其價值之低昂全視泡製時之藥品高下是以比照燒酒例每百觔徵費貳元伍角

京兆菸酒公賣局稽查細則（七年一月念六財政核部准）

第一條　本細則係就部定各省菸酒公賣局稽查章程範圍內並按照本局普通公賣章程第四十條之規定一切稽查手續定名曰稽查細則

第二條　關於檢查燒鍋稽查途運及各稽征所辦事手續除遵照部定章程暨普通公賣章程外悉依照本細則執行之

第三條　總分局所設次條所列各員對於本細則均有遵守奉行之責

第四條　本局為輔助征收監督公賣起見得設稽查人員三種

（一）稽征員　本總局直轄之京畿稽征所及各分區之稽征所均設稽征員一名京畿稽征員除照章征收公賣費轉繳總局外並監督所管各批發商之進酒售酒京兆稽征員除按照章程征收公賣費轉繳分局外並監視所管各製造商之出酒發酒均於所轄地點之販賣商有監察稽查之

責

（二）稽查員　總局稽查員承總局局長之命令稽察京師京畿各批發商及販賣商之營業情形並奉總局令命隨時前赴各區抽查各製造商及稽征所稽征員之辦事成績分局稽查員承分局局長之命令稽查本區內之各製造商及販賣商並隨時監察各稽征所之稽征員辦事之勤惰前項總局稽查員分局局長因事實之便利得委任兼充分局稽查員職務但兼任人員一面須秉承總局局長之命令一面須遵奉分局局長之調度指揮應將調查情形隨時分別報告

（三）密查員　總局密查員無定額奉總局局長命令隨時密查京師京畿之批發販賣各商並京兆各區製造商有無營私舞弊情事並密查京畿及京兆稽征所稽征員勤惰及有無弊竇

第五條　稽查員檢查製造批發販賣等商之方法大別如下

（甲）製造商

（子）檢閱四柱簿

（丑）核算各商往來細賬

（寅）查核發單存根

（卯）檢查已未用照花

（辰）察核存酒數目

（乙）批發商

檢查方法（與製造商同）

（丙）販賣商

（子）檢查購酒發單

（丑）核算各項往來賬簿

（寅）查核存酒與發單帳簿

第六條　總局稽查員對於京師批發商京畿稽征所稽征員對於所管批發商京兆稽征所稽征員對於所管製造商每月至少須檢查存酒一次其因不得已之事故以致溢出應存之酒數時應於四柱簿收酒欄內另收餘酒並報告主管公賣局不得隱匿

第七條　總局對於京兆全區域內之製造商批發商分局對於本管分局內之製造商京畿稽征所稽征員對於所管批發商京兆稽征所稽征員對於所管製造商遇有必要時得隨時檢查之

第八條　各稽征所稽征員每日須於所管製造商之出酒數目與其列入四柱總簿之數核對一次

第九條　製造商每日發售酒斤十斤以上者均須照章開給發單幷於貯酒器具封口處粘貼查驗照花其十斤以下另照零酒規則辦理稽征所稽征員須隨時稽查單照與酒數並粘貼照花是否合法

第十條　製造商裝車整運時稽征員須眼同過罐除由製造商開給發單粘貼照花外稽征員須另填黑色四聯驗單交給運酒人隨車執運

第十一條　京師販賣商售酒及稽查手續另依取締私酒規則辦理京畿販賣商由京畿稽征所稽征員檢查但總局遇有必要時得隨時派員檢查之

第十二條　京兆各縣販賣商由所管公賣分局執行檢查並得責成稽征所稽征員隨時視察

第十三條　總局分局稽查稽征各員遇有形跡可疑之私販得隨時盤查詢問倘查得確係私酒京師京畿解請總局辦理京兆各縣解請主管各分局辦理

第十四條　各員查緝私酒如遇兩區交界或京畿與京兆相連之地點時必須雙方會同辦理倘於必要時得單方查緝用杜推諉以免此緝彼越

第十五條　查緝私販所運之酒須注意之點如左

（甲）整運之酒

（一）有無甲種印照

（二）有無製造商所開發單及稽征所所開黑色驗單有者察查單內有無可疑之點

（三）所運酒數與發單驗單內所開數目是否相符

（乙）罐運之酒

（一）有無製造商及批發商所開發單有發單者察其有無可疑之點並察其是否越境購買

右列二條在京師京畿境內如係販賣商售賣之罐酒須查明販賣商所開之發單並

另依丙種照花辦理
(二)曾否粘貼照花有照花者察其粘貼是否合法有無可疑之點
(三)所運酒數與發單內所開數目是否相符
(丙)零星販賣之酒
(一)貯酒之器是否合法
(二)有無原賣商店所開之發單及單內所開酒數是否相符
(三)粘貼照花是否合法有無可疑之點
右列各條於京兆各縣試辦期內製造商售賣之零酒另依零酒照花貼用法辦理
第十六條　稽查稽征各員執行職務時均須佩有總局或分局所頒之徽章巡丁須持有執照否則係屬冒充無論製造販賣批發等商得扭送來局依法懲辦
前項徽章執照非執行職務時不得隨意出示以昭愼重
第十七條　各員執行稽查職務巡緝私販時得請就地邀同駐在軍警協同辦理
第十八條　各地方軍警均得代爲巡緝私販走運之酒但須將緝獲之私酒私販移送本總局或主管分局罰辦變價不得自行處理其罰款及變價之款由主管分局照章提成移送緝獲之軍警機關轉給在事出力人員充賞
第十九條　凡私燒私運私售之酒准各該地方人民舉發查實處罰後得於罰金內提出二成獎勵

舉發之人妄報者反坐

第二十條　稽查稽征各員奉分局之命令檢查製造批發各商時不得受各商人之供應密查員並須暗中偵察不得出面以資秘密

第二十一條　稽查員奉令檢查製造商及京畿批發商時得會同各稽征所稽征員辦理

第二十二條　稽查員及密查員奉令檢查各商時每至一處至少須報告總局一次但密查員報告准用暗記以資慎密

第二十三條　各員對於調查之事均須詳慎切實得有證據不得虛飾

第二十四條　稽征員須隨時稽查巡丁有無串同各商營私舞弊情事並須約束巡丁遇有事件須秉承主管人員辦理不使有逾越範圍之舉動

第二十五條　本細則係依照京兆菸酒公賣局單行章程由總局核定呈部備案施行

第二十六條　本細則如有未盡事宜隨時由公賣總局呈請修正之

直隸全省菸酒公賣施行細則　四年六月二十五日財政部核准

一　本細則遵照財政部頒定章程參酌本省情形擬定試辦以實行官督商銷爲宗旨

一　本省菸酒公賣事宜遵章設立全省菸酒公賣局於天津

一　本省公賣區域暫以菸酒稅徵收局原管地方爲區域就區招商組織公賣分棧

前項分棧處所數目得由省局酌量該區情形核定之
一 前項分棧或菸酒兩項併辦或專就一項組織得從分棧商人之便
各區公賣事宜暫即併入原有菸酒稅徵收局辦理名曰第幾區菸酒稅征收局兼公分賣局
前項名稱俟於該管區內公賣成立時再行遵改
一 凡商人請願組織分棧須照部定菸酒公賣棧章程第五條所開事項稟由主管分局詳請省局核辦
一 分棧得於本區內組織支棧若干所共同經理公賣事宜但須稟由分局詳經省局之核准
一 分棧或支棧均得設經理一人分棧經理即以原商由省局給照承充支棧經理由分棧經理指名稟請分局詳由省局給照承充名爲第幾區公賣分棧或支棧經理人
一 前項分棧如係合資組織應由該商團體內推舉一人稟由分局詳請省局核准給照承充
一 已有分棧及支棧地方凡商民買賣菸酒均應受分棧或支棧之檢查
一 分棧經理人除遵照部定公賣棧章程執行其職務並受省局及主管分局之指揮監督外其應負之職任揭明如左
請領各種單票簿記印照及解繳各種單照根據
報告本區製銷菸酒數目
調查他區或外省運入菸酒數目

檢查本區菸酒商店買賣情形
改良包裹瓶罐形式
收解公賣費
其他關於調查報告本區菸酒營業事項
一　支棧經理人對於分棧負以上同等之責任但仍受省局及主管分局之指揮監督
一　分棧經費得由省局酌量情形詳奉部准給以相當之補助此條應俟分棧完全成立時實行之
一　本省公賣費遵照部定章程暫定加收十分之二其數目應由省局體察產銷情形隨時牌示飭遵
一　分棧代收公賣費應每月按照上中下旬三期由經理人按期繳由主管分局轉解省局并造具銷售數目詳册連同各種單照根據送交分局核明一併詳送省局覆核
一　菸酒公賣均須黏貼印照其類如左
一斤印照
五斤印照
十斤印照
五十斤印照
凡印照須於包裹及盛儲器具之接縫處黏貼倘查有貼不如法或有破損顯露影射痕迹者應

卽澈究

一 凡分棧向菸酒商店取貨須有三聯憑單塡明斤數加蓋戳記以備本局員役途遇檢查其憑單格式由本局規定遵用

一 凡分棧裝運菸酒出口除按照斤兩黏貼印照外并須將斤兩數目出口日期稟請主管分局發給運照方准起運

一 凡門市銷售十斤以上者應塡寫三聯發單并給予印照若干份以便商販分銷時分別貼用其零售一斤以上者應如法黏貼印照一斤以下者免貼

一 凡三聯單據一聯運銷一聯存棧一聯送交主管分局彙送省局備查

一 凡外省運來烟酒均照本細則辦理

一 凡違章運銷者一經緝獲全數充公其屢犯不悛情節較重者照章罰辦

一 凡分棧簿據存貨省局及分局均得隨時派員檢查

一 本細則如有未盡事宜得隨時修正詳准施行

舊直隸省本產菸酒調查表（民國八年派員調查報告）

種類	土產種名	各種市價	年銷本省	年銷外省	備考
菸類	大菸	每百斤約十元	約二百四五十萬斤	約四五十萬斤	
	柳菸	每百斤約五元	約三四十萬斤	約三四十萬斤	
	菸絲	每百斤約十元	約五六十萬斤	無	
酒類	燒酒	每百斤約十元	約一千七百萬斤	約一千三百萬斤	此項燒酒外銷一千三百萬斤係銷於外洋者
	黃酒	每百斤約五元	約五六十萬斤	無	
	果酒	每百斤約五元	約十餘萬斤	無	
	酪酒	每百斤約五元	約萬餘斤	無	

舊直隸省輸入菸酒調查表（民國八年派員調查報告）

種類	省別	種名	市價	年銷數量	備考
菸	福建	棉絲	每百斤十元至六元	十五六萬斤	
	奉天	關東菸葉	每百百斤三四十元	二百萬斤	
	京兆	昌平菸葉	每百斤約九元上下	十五六萬斤	

類別	產地	品名	價格	產量
類	河南	菸絲	每百斤十三四元	三四十萬斤
	山西	曲沃菸絲	每百斤十七八元	四五十萬斤
	廣東	老葉 幼絲	每百斤均十元至四十元	共十五六萬斤
	山東	菸葉 菸絲	每百斤均十五六元	均在七八萬斤上下
酒類	浙江	紹興酒	每百斤十餘元	二十三四萬斤上下
	山西	潞安酒	每百斤十五六元	四十萬斤上下
	河南	白酒	每百斤十二三元	十萬斤上下
	察哈爾	渾源燒酒	每百斤十元上下	十五六萬斤

河北菸酒事務局招商承包各縣酒類菸類稅費及菸酒照牌稅通則（十八年七月呈報）

一　本局爲剔除積弊整頓稅收起見除燒酒稅費及機製酒類稅外其餘酒類菸類稅費及菸酒牌照稅分別招商包徵

前項酒類指棗黃酪醯等酒而言菸類指菸葉菸絲菸末等而言

二　招包事宜由各區分局局長負責辦理

三　具有左列資格之一者得承包各項稅費

甲　菸行或酒行

乙　殷實商戶

丙　家道殷實信用素著之商人

四　凡包商承包各項稅費經分局呈奉省局核准後應即取具殷實舖保兩家以上之保結連同承包書一併呈解該管分局轉呈省局備案以憑填發包收憑證

五　包商承包菸酒類稅費以一年爲期由分局依全年包額按月酌量勻配報由省局核定於包收憑證內載明包商即依憑證所列數目於每月二十日前全數報解不得遲延如有延遲逾一個月以上者即將該包商撤銷另行招包

六　包商承包菸酒類稅費應按全年包額預繳十分之二作爲保證金由分局轉解省局存管非至包期最後兩個月不得抵解

七　包商承包牌照稅者以半年爲期須依投中包額預繳三分之二方准開徵下餘三分之一於十月一日以前掃數繳清如有遲交或交不足額情事應將該包商撤銷另行招包

八　包商承包某縣牌照稅或菸酒稅費得于徵收區域內設立稽征所卡受該管分局長之指揮監督辦理徵收事宜不得有越界徵收或減讓招徠等情事違者按照所收數目處以十倍以上二十倍以下之罰金

九　包商於承包期間以內不得中途託故退包或藉口商戶歇業銷路疲滯請減包額

十　包商徵收稅費應遵照規定稅率及各項章程辦理如有違章行爲按其情節輕重分別懲罰

十一　包商承包書包保結應各造兩分呈送分局以一分備案一分轉呈省局查核
十二　包商徵收稅費關於濕單印照均應按實徵數目填載不得稍有虛僞
十三　包商解款所需匯解各費概行自備
十四　省令附加賑款由包商隨同承包稅費照章帶收按月如數解繳不在包額之內
十五　包商查獲偷漏費稅應就近呈送該管分局或縣政府照章處罰並塡給省局頒發罰金聯單所收罰金按章提成外一律解交省局不在包額之內
十六　包商代徵驗單費與包額無涉應按月隨同正款報解不得違延
十七　本通則自公布之日施行

河北菸酒事務招商承包酒類菸類稅費及菸酒牌照稅投標規則（十八年七月呈報）

第一條　招商包收各縣酒類菸類稅費及菸酒牌照稅投標事宜由各分局局長負責辦理
第二條　投標日期地點及出包之最低額由分局長於舉行投標以前先行公布
第三條　舉行投標及開標時應由分局長函請所在地縣長當場監視
第四條　投標者應於投標以前取具分局所在地殷實舖保向分局聲明掛號如得標後不能依限呈繳保證金或託故退包應按照所投數目責令認繳十分之一之罰款抗不遵繳者由原舖保負責（但投標人一時難覓舖保如能按最低額預繳十分之一現金者亦得一律投標）
第五條　投標者應按標籤所載事項詳細塡明標籤式附後

第六條　投標時應將某某縣某種稅費分別填列不得合併一數

第七條　投標以認包數目最多者爲合格如所投數目相同時用抽籤法决定之（但所投數目不及最低額時不得承包）

第八條　投標完畢應當衆開視並將投標結果一面由分局公佈一面電呈省局核准

第九條　檢籤已畢應由分局封固加蓋印章呈送省局查核

第十條　投標合格者應於五日內取具承包書保結連同應繳保證金一併交由分局長轉送省局以便依期接辦

第十一條　招商承包通則另定之

第十二條　本規則自公佈之日施行

附標籤籤式

標籤

姓名	
籍貫	
職業	
舖保	
認包某縣酒類稅費數目	
認包某縣菸酒稅費較目	
認包某縣菸酒牌照稅數目	
認包某縣入境菸酒類稅費數目	

河北全省各區菸類及棗黃等酒稅費新定標額與上期預算數比較表

十八年七月呈報

區別	稅費別	上年預算數	本年預定最低標額
第一區	菸類稅費	二四二•元〇〇〇	一•二〇〇•元〇〇〇
	棗黃酒稅費		一〇•〇〇〇
	入境菸酒稅費		
第二區	菸類稅費	二•一六〇•元〇〇〇	三•〇〇〇•元〇〇〇
	棗黃酒稅費	九二•〇〇〇	一四〇•〇〇〇
	入境菸酒稅費		
第三區	菸類稅費	一•二〇〇•元〇〇〇	一•五〇〇•元〇〇〇
	棗黃酒稅費	一五〇•〇〇〇	二〇〇•〇〇〇
	入境菸酒稅費		
第四區	菸類稅費	三•五〇〇•元〇〇〇	五•〇〇〇•元〇〇〇
	棗黃酒稅費	三三〇•〇〇〇	四〇〇•〇〇〇
	入境菸酒稅費		
第五區	菸類稅費	六三六•元〇〇〇	九〇〇•元〇〇〇
	棗黃酒稅費	四三•〇〇〇	六〇•〇〇〇
	入境菸酒稅費		
第六區	菸類稅費	二•九五〇•元〇〇〇	四•〇〇〇•元〇〇〇
	棗黃酒稅費		
	入境菸酒稅費		
第七區	菸類稅費	一一•三〇〇•元〇〇〇	一五•〇〇〇•元〇〇〇
	棗黃酒稅費	一•一〇〇•〇〇〇	一•〇〇•〇〇〇
	入境菸酒稅費		

第八區	菸類酒稅費	二•七〇〇•元〇〇〇	三•五〇〇•元〇〇〇
	棗黃酒稅費	五六〇•〇〇〇	六〇〇•〇〇〇
	入境菸酒稅費	二•〇〇〇•〇〇〇	三•〇〇〇•〇〇〇
第十區	菸類酒稅費	四•〇〇〇•元〇〇〇	七•五〇〇•元〇〇〇
	棗黃酒稅費	三〇〇•〇〇〇	五〇〇•〇〇〇
	入境菸酒稅費		
第十一區	菸類酒稅費	三六九•元〇〇〇	四五〇•元〇〇〇
	棗黃酒稅費		
	入境菸酒稅費		
第十二區	菸類酒稅費	二五•六〇〇•元〇〇〇	三〇•七〇〇•元〇〇〇
	棗黃酒稅費		
	入境菸酒稅費	一•九二〇•〇〇〇	四•五〇〇•〇〇〇
第十三區	菸類酒稅費	三•二〇〇•元〇〇〇	五•一〇〇•元〇〇〇
	棗黃酒稅費		
	入境菸酒稅費	三〇〇•〇〇〇	八五〇•〇〇〇
第十四區	菸類酒稅費	三〇〇•元〇〇〇	四〇〇•元〇〇〇
	棗黃酒稅費	五〇•〇〇〇	七〇•〇〇〇
	入境菸酒稅費		
第十五區	菸類酒稅費	四•〇〇〇•元〇〇〇	八•〇〇〇•元〇〇〇
	棗黃酒稅費	四二〇•〇〇〇	六〇〇•〇〇〇
	入境菸酒稅費		
第十六區	菸類酒稅費	一•七〇〇•元〇〇〇	二•五〇〇•元〇〇〇
	棗黃酒稅費	二•五〇〇•〇〇〇	四•八〇〇•〇〇〇
	入境菸酒稅費		

區別	項目		
第十七區	菸類稅費	九·五〇〇·元〇〇〇	一五·〇〇〇·元〇〇〇
	黃酒稅費		
	入境菸酒稅費		
第十八區	菸類稅費	二·〇〇〇·元〇〇〇	二·五〇〇·元〇〇〇
	黃酒稅費		
	入境菸酒稅費	五〇〇·〇〇〇	八〇〇·〇〇〇
第十九區	菸類稅費	二·〇〇〇·元〇〇〇	二·五〇〇·元〇〇〇
	黃酒稅費		
	入境菸酒稅費	六〇〇·〇〇〇	九〇〇·〇〇〇
第二十區	菸類稅費	三·一〇〇·元〇〇〇	五·〇〇〇·元〇〇〇
	黃酒稅費	二·五〇〇·〇〇〇	四·一〇〇·〇〇〇
	入境菸酒稅費	三·四五〇·〇〇〇	七·〇〇〇·〇〇〇
天津	菸類稅費	一二〇·〇〇〇·元〇〇〇	一三〇·〇〇〇·〇〇〇
	黃酒稅費		
	入境菸酒稅費		
合計		二一七·二七二·元〇〇〇	二七三·七五〇·元〇〇〇

備考

查本表所列最低標額係據各區調查報告斟酌核定其增加數目因各區情形相懸過多未能有一律標準

合併聲明

河北全省各區菸酒牌照稅新定標額及上期預算數比較表　十八年七月呈報

區別	上期半年收入預算數	本期半年擬定最低標額數
第一區	三•一八〇•元〇〇〇	六•〇〇〇•元〇〇〇
第二區	九•三七五•元〇〇〇	一七•三〇〇•元〇〇〇
第三區	三•五七〇•元〇〇〇	六•七〇〇•元〇〇〇
第四區	二•三四〇•元〇〇〇	四•八〇〇•元〇〇〇
第五區	一•九〇〇•元〇〇〇	三•九〇〇•元〇〇〇
第六區	四•三七〇•元〇〇〇	六•五五五•元〇〇〇
第七區	八•五〇〇•元〇〇〇	一四•二五〇•元〇〇〇
第八區	六•二一〇•元〇〇〇	九•三一五•元〇〇〇
第十區	四•四二〇•元〇〇〇	六•六三〇•元〇〇〇
第十一區	一•二七〇•元〇〇〇	一•七〇〇•元〇〇〇
第十二區	二•六一〇•元〇〇〇	三•九一五•元〇〇〇
第十三區	六•七五〇•元〇〇〇	〇•一二五•元〇〇〇
第十四區	五•五〇〇•元〇〇〇	八•二五〇•元〇〇〇
第十五區	五•五〇〇•元〇〇〇	八•二五〇•元〇〇〇

第十六區	六•五〇〇•元〇〇〇	九•七五〇•元〇〇〇
第十七區	三•二八五•元〇〇〇	四•九二七•元〇〇〇
第十八區	一•五二五•元〇〇〇	二•〇三四•元〇〇〇
第十九區	九六〇•元〇〇〇	一•二八〇•元〇〇〇
第二十區	二•八九五•元〇〇〇	四•三四二•元〇〇〇
天津	一四•九五〇•元〇〇〇	三五•〇〇〇•元〇〇〇
合計	九五•六一〇•元〇〇〇	一六五•〇二三•元〇〇〇
備考	查職局此次所擬牌照稅最低標額係據各區調查報告斟酌核定比較上期預算數舊京兆各區均增八成以上舊直隸各區除十一十八十九三區加三成天津加二倍以上外餘均加五成以上	

第十四節　河南公賣費

河南菸酒公賣。於民國四年六月籌備。八月間成立省局。全省百零八縣。分十三區。每區設分局或監察所。共分局七。監察所五。各縣酌設分支各棧。招商組織。以次成立。五年十一月。裁撤道口分局汝南分所。改爲十一區。八年七月。呈准取消各區分棧。於各分局所內附設稽徵處。征收公賣費。其各縣支棧。悉暫仍舊。菸酒稅接收之後。每縣於公賣支棧之外。有菸酒牌照兩稅稽徵處。及十六年。又將棧處歸併。改名爲公賣費稅稽徵所。直隸各區分局。此豫省菸酒費稅征收機關之大略情形也。

豫省菸酒產銷。菸以菸葉菸絲黃菸黑菸爲大宗。洋菸葉及淨條菸次之。產地以鄂縣襄城許昌上蔡汝南泌陽安陽爲最多。全省年產總額七八百萬餘斤。酒以白酒黃酒爲大宗。小糟酒酩醯酒本地紹酒次之。產地以開封寶豐汝南南陽安陽靈寶禹縣爲最多。全省年產總額由六百萬至八百餘萬觔。（以上均十三年調查數）除行銷本境外。並運銷直魯陝鄂等省。其外輸菸酒。則有福建皮絲菸。湖北皮絲菸。山東旱菸。浙江紹酒。湖北紹酒。山西白酒。陝西白酒等。但除山西酒外。餘均較尠。所有菸酒各類名稱及價格。詳列附表。茲不贅敘。

公賣費率。從價定爲十分之二。開辦之初。徵收制錢。折合銀元解繳。產銷分征。未及半載。併爲產地一道征收。隔省輸入菸酒。如係在本省銷售。其應納之費。則由經過第一局棧一道征收。其本產菸葉。經當地製造後。始行出售者。則先按售價征收半費。其餘俟製成菸絲後。再按售價征足。但以本產本銷者爲限。均照章塡給憑驗各單。以憑查驗。惟開封地方。向不產菸。當地所銷。均係外輸。在四年十月。曾呈明定有提單辦法。凡開封菸商赴產地購買菸葉。發給提單。由產地征收半費。運回開封。再征銷地半費。以資變通。嗣以流弊滋多。於六年五月呈准取銷提單。改用定式驗單。所有費款。仍由產地征收全費。俟貨運抵開封。果有已由產地徵收全費之憑驗各單證明。再由開封局發還半數。以符原案。至洋商採買菸葉所徵之費。則徵諸賣戶。使其負擔轉嫁。是均通案以外之變通辦法也。

豫省公賣費征收方法。雖於四年九月六年三月。先後呈准核定公賣價格公佈施行。但按之實際。各區所徵費款。多係包商承辦。非菸酒商按月包繳。即由支棧經理定額包辦。其征收之法。亦有未盡按價徵費者。除外輸紹酒大罈按三十五斤。中罈按二十五斤。小罈按十斤計重。價格均照二角四分計算。每斤納費四分八釐。（河南通行酒罈加大爲大罈重五十斤行使爲中罈重三十斤放樣爲小罈重十五斤）英美南陽兩公司在許昌設廠買菸。每百斤則認繳費稅四元。（合百分之四）係格於時勢。變通辦理外。其他各區征收情形。備極紛歧。菸則有二百斤折爲百斤者。三百斤折爲百斤者。菸葉每斤價百文者。公賣則作價六十五文。菸絲每斤價百六十文者。公賣則作價百文。更有項葉每斤百文。棚葉每斤七十文。柳葉每斤三十五文。而公賣作價則均爲三十五文。酒則每斤有收十九文者。二十文者。有按百分之二十征收。而以數斤作一斤者。征收手續則有從價從量之殊。折算價值更有隨高隨低之虞。以故無印照無驗單之菸酒。數見不鮮。誠以公賣開辦之始。各商不易就範。故畧予遷就。日久則沿爲積習。更以該省戰事頻年。軍匪更迭。或自由設局。或强迫提款。紊亂情況。尤難究詰矣。迨八年以後。將五區所轄之南陽。六區所轄之新鄉。七區所轄之涉縣。八區所轄之鞏縣汜水及十區所轄各縣等支棧。先後由各分局取消經理。派員代征。又自十四年一月援稅捐通例征收公賣定錢洋折合辦法。一律改徵銀元。惟公賣價格各縣均有不齊。大抵最高額不過每斤二角征費四分。尚有一角或一角五分不等。實不及市上售價之半。但較之以前征收稍爲覈實耳。十六年六月河南省政府成立後。菸酒一項大加整頓。始則將各縣棧處歸併。改爲公賣費稅稽徵所。以便徵收。復於十七年九月由局訂定公賣費征收暫行簡章及各種稅捐簡章。呈部備案施行。更於十八年七月修正菸酒公賣費施行細則。呈准照辦。關於公賣征收。凡本省外銷及本省本銷或由甲區運往乙區各菸酒均由起運地局所收費。外省輸入菸酒則由經過頭道局所查驗填給驗單。俟達到指銷地點。再赴該管局所按率納費。凡由外省運銷其他省分之菸酒而藉本省爲通過地者。則照釐金辦理。若菸店赴產區購運菸葉。已在起運地局所納費。其在達到地之局所則須俟該菸店製成菸絲後。方能再行徵費。均係一次收足。餘則備詳原定章則。附錄於後。

又該省各項菸酒費稅。向皆附收五成（十四年起附加一成賑捐。十五年起附加四成舊鈔基金）至是亦將附加取消。併入正稅合併征收。公賣費一項。每值百元已征至三十元矣。此外被佔局棧則設法收回。菸酒商之售多報少及減低價格之積弊。亦嚴加取締。十八年三月。又令各區分局助理員切實調查菸斤秤價格。擬具核實斤秤價格辦法。分別實行。更舉辦菸酒登記。以爲菸酒產銷消長之考覈。十八年五月又奉部令。菸酒公賣應遵照部頒公賣暫行條例。擬具該省施行細則。俾昭劃一。現正擬辦。其他一切。各有改善。均在籌度進行中云。

財政部指令　第　號

令河南菸酒事務局

呈一件爲遵令修正菸酒公賣費施行細則請鑒核示遵由

呈及附件均悉查民國十六年本部頒布之菸酒公賣條例與現時情況頗有出入現正在審核改訂中該局所擬是項施行細則既係遵照本部前令分別修正在新條例未公布之前暫准照辦惟核閱十八條內裁憑單驗單罰金單統由省局呈請財政部領發省局加蓋關防編列號碼等語查本部領發上項各單時業將號碼編定無庸由局另行自編所有本條文編列號碼四字仍應删去以符事實而免紛歧仰卽遵照此令細則姑存

中華民國十八年七月三十一日

附原呈

呈爲呈送事案奉

鈞部第一二七三一號指令職局擬具河南菸酒公賣費施行細則請核示一案由奉令內開呈暨細則均悉除原文有案不全錄外尾開仰將此項細則分別妥爲修正再行呈候察奪飭遵此令計發還原擬施行細則一件本部征收稅捐考成條例及直轄各省菸酒事務局組織章程各一份等因奉此遵卽按照指飭事理并根據鈞部定章詳加審查業將原擬細則分別修正是否有當理合造具清册

備文呈請鈞部鑒核示遵謹呈

財政部長宋

計呈送河南菸酒公賣費施行細則一份　　河南菸酒事務局局長趙心德

河南菸酒公賣費施行細則

第一條　本細則遵照國民政府財政部頒佈菸酒公賣暫行條例並參酌本省現在征收情形擬訂之

第二條　本省產銷之菸酒均暫照本細則辦理

第三條　各縣應征之公賣費各由縣菸酒事務稽征所征收之但各分局所在地之稽征所應附設於分局之內卽由分局兼辦代征報解

第四條　各縣稽征所應將本區域內菸酒產銷之情形市價漲落之狀態以及商店所用刨池之數目按月詳細列表呈報主管分局彙報省局一次其表式另定之

第五條　各縣稽征所遇有本區域內之菸酒商店開始營業者應隨時報告主管分局備查

第六條　凡菸酒商店如欲歇業時須報告主管分局查明呈候總局核准後方准停止其營業

第七條　各縣稽征所應按照規定劃一價格核實征收不得私自增減其主管分局應負督察之責

第八條　凡製菸店所用刨數暨刨製菸數種類價格及造酒店所用池數或缸數暨每日出酒數應

按月詳細報告於稽征所核定照章征收公賣費發給單照方准銷售

第九條　征收公賣費時經征機關須遵填部製之憑單驗單憑單係五聯以第一聯給商人第二三四各聯分繳財政部及省局分局第五聯存經征機關驗單係六聯以第一聯給商執運第二聯送指銷地方之分局第三聯繳財政部第四五兩聯繳省局及分局第六聯存經征機關其繳財部一聯呈由省局彙轉

第十條　各菸酒商繳公賣費後該經征之稽征所應將印照加蓋戳記標明年月日黏貼於包裹及盛儲之器具封口處方准銷售如須運售他處並應領取驗單以備沿途查驗

第十一條　印照分甲乙丙丁四種應按照菸酒重量分別發貼菸酒在二十斤以下者貼用丁種百斤以下者貼用丙種三百斤以下者貼用乙種三百斤以上者貼用甲種均須填明收費之聯單爲號碼

第十二條、凡由本省運往外省銷售之菸酒統應在起運之局所完納公賣費報明運銷地點填給憑單收據其在本省經過局所一律查驗放行不得重征

第十三條　凡由外省輸入本省銷售之菸酒卽由進口頭道局所照章征收公賣費俟至指銷縣分再征菸酒稅如各商人有中途洒賣希圖漏稅者查明照章罰辦

第十四條　凡由外省運銷其他省分之菸酒而藉本省爲通過地則照釐金章則辦理

第十五條　凡菸酒產銷內地同在本省如由甲區運往乙區銷售經起運所在地或經過頭道稽征

所按照定率一次收足公賣費給予憑單驗單黏貼印照所有經過局所均應查驗單貨相符加蓋驗訖戳記標明月日立予放行不得留難需索

第十六條　凡菸店赴本省產菸區域購買菸葉已在起運地之稽征所一次完足公賣費其在到達之稽征所須俟該菸店改製成菸絲後方能按照所用刨數再征公賣費暨菸絲稅

第十七條　酒類家釀自食者每家每年以百斤爲限經稽征所許可給照仍照章征收公賣費其未預先報明者仍照私酒罰則辦理

第十八條　憑單驗單罰金由省局呈請財政部頒發省局加蓋關防「編列號碼」令各分局具領轉發各稽征所應用罰金單係五聯第一聯給受罰商人第二三四各聯分繳財部及省局分局第五聯存經征機關又查驗印照一種在財政部未經統一訂定以前由省局按照成格印製轉發

第十九條　發給驗單時應按商人指銷地點之路程遠近填明有限期間逾期即作無效以杜一單兩用之弊但有特別情形者應令取具保證書核明無訛准予換給驗單

第二十條　各縣稽征所如查獲私菸私酒及單貨數目不符等情事應即隨時扣留一面報明主管分局按照另訂罰則從嚴究罰即由分局轉報省局備案其情節較爲重大者并須先行請示辦理

第二十一條　各分局稽征所辦理合法超過比額或經征不力稅收短絀者由省局考核成績分別獎懲其獎懲辦法遵照財政部頒布征收稅捐考成條例獎懲之

第二十二條　各縣縣長暨各該管警所人員有協助征收之責凡各分局及稽征所辦理征收費稅

事宜遇有違抗時得就近商請縣政府及警所協助執行

第二十三條　各縣稽征所征收款項應按月就近繳解分局彙齊解省其月報等亦應送由主管分局彙轉以便考核

第二十四條　本細則如有未盡事宜得隨時呈請修改之

第二十五條　本細則自呈准公佈之日施行

河南省菸酒事務局所轄各縣菸類產銷數量價格及現行費稅兩率調查表（十四年五月呈送）

產地	菸類名稱	每年產額	銷行地點	當地銷數	外銷數	當地價格	公賣費率	事務局所征稅率
杞縣	紅菸葉 黃菸葉	三萬〇五百餘斤	通許尉氏洧川等縣及本縣鄉村	一萬三千餘斤	一萬七千五百餘斤	每斤制錢三百文	按錢值百抽二十文	菸稅每百斤按二元四角征收
鄢陵縣	黑菸葉 土菸葉	二萬三千餘斤	扶溝蘭封考城等縣及本縣鄉村	一萬一千餘斤	一萬二千餘斤	每斤制錢四百文	同前	同前
淮陽	黃粗嫩葉	三萬六千餘斤	商水陳留開封等縣及本縣鄉村	二萬五千餘斤	一萬一千餘斤	每斤制錢百五六十文	同前	同前
西華	紅白條菸	一萬七千餘斤	沈邱開封汝南等縣及本縣鄉村	五千餘斤	一萬二千餘斤	每斤制錢一百二三十文	同前	同前

太康	黃黑菸葉	五萬一千餘斤	鄰近等縣及本縣鄉村	二萬餘斤	三萬餘斤	每斤制錢一百二三十文	同前	同前
項城	紅黃菸葉	一萬三千餘斤	遂平確山長葛等縣及本縣鄉村	三千餘斤	一萬餘斤	每斤制錢二百二三十文	同前	同前
襄城縣	土菸葉 美種菸葉	土菸葉二百餘萬斤 美種菸葉三百餘萬斤	土菸葉銷豫北豫東各縣 美菸葉銷上海秦晉各省	土煙銷五十餘萬斤 美烟全銷外境	土菸銷一百五十餘萬斤 美煙銷三百餘萬斤	土煙每斤制錢二百文 美煙每百斤洋四元	同前	同前
上蔡縣	黃黑菸葉	六千餘萬斤	鄰近各縣及本縣鄉村	二十餘萬斤	四十餘萬斤	每斤制錢二百二三十文	同前	同前
汝南縣	黃黑菸葉	十三萬五千餘斤	鄰近各縣及本縣鄉村	五萬餘斤	八萬五千餘斤	每斤制錢一百八九十文	同前	同前
許昌縣	土洋菸葉	土菸葉一萬餘斤 洋菸葉二十餘萬斤	土菸葉銷尉氏洧川等縣 洋菸葉銷上海漢口	土菸葉三千餘斤 洋菸葉三萬五千餘斤	土菸葉七千餘斤 洋菸葉十六萬五千餘斤	土菸葉每斤制錢二百二十文 洋菸葉每百斤洋四元	同前	同前
郾城縣	土黑菸葉	一萬六千餘斤	羅山正陽新鄭等縣及本縣鄉村	五千餘斤	一萬餘斤	每斤制錢一百五六十文	同前	同前
臨潁縣	黃黑菸葉	一萬餘斤	周家口遂平新鄭等縣及本縣鄉村	三千餘斤	七千餘斤	每斤制錢一百五六十文	同前	同前

舞陽縣	水焊菸葉	五千餘斤	鄰近各縣及本縣鄉村	一千餘斤	四千餘斤	每斤制錢一百二三十文	同前	同前
禹縣	紅條菸 土菸葉	六萬餘斤	安徽江蘇及鄰近各縣並本縣鄉村	二萬餘斤	四萬餘斤	每斤制錢三百餘文	同前	同前
郟縣	土洋菸葉	土菸葉一萬五千餘斤洋菸葉二萬五千餘斤	鄰近各縣及本縣鄉村洋煙葉銷上海許昌煙公司	土菸葉七千餘斤洋烟葉全銷外境	土菸葉八千餘斤洋菸葉二萬五千餘斤	土菸葉每斤制錢一百五六十文洋菸葉每百斤洋四元	同前	同前
鄧縣	土黑菸葉 白淨葉	五百餘萬斤	湖北安徽江蘇陝西各省及本省各縣	一百餘萬斤	四百餘萬斤	每斤制錢二百四五十文	同前	同前
南陽	土黃焊菸煙	五萬餘斤	鄰近各縣及本縣鄉村	二萬餘斤	三萬餘斤	每斤制錢一百八九十文	同前	同前
新野	黑紅菸葉	三萬餘斤	湖北安徽江蘇各省及本縣	一萬餘斤	二萬餘斤	每斤制錢二百餘文	同前	同前
沁陽縣	黃黑焊菸葉	一百五十餘萬斤	山西歸化陝西各省及本省各縣鄉村	四十餘萬斤	一百一十餘萬斤	每斤制錢一百五六十文	同前	同前
濟源縣	黃黑菸葉	三萬餘斤	山西陝西山東各省及本省各縣鄉村	一萬餘斤	二萬餘斤	每斤制錢一百三四十文	同前	同前

安陽縣	土細洋菸葉	土菸葉十萬餘斤洋菸葉六萬餘斤	土菸葉銷山東直隸各省及本省境內洋菸葉銷上海漢口	土菸葉三萬餘斤洋菸葉全銷外境	土菸葉七萬餘斤洋菸葉六萬餘斤	土菸葉每斤制錢一百三四十文洋菸葉每斤洋三元六七角	同前	同前
汜水縣	黑黃菸葉	一萬餘斤	鄰近各縣及本縣鄉村	三萬餘斤	七千餘斤	每斤制錢一百三四十文	同前	同前
盧氏縣	土焊菸葉	十二萬三千餘斤	湖北山西陝西各省及本縣鄉村	三萬餘斤	九萬餘斤	每斤制錢一百一二十文	同前	同前
宜陽縣	黃土菸葉	三萬餘斤	洛陽新安閿鄉各縣及本縣鄉村	一萬餘斤	二萬餘斤	每斤制錢一百一二十文	同前	同前
永城縣	黃粗菸葉黑焊菸葉	二萬五千餘斤	鹿邑夏邑亳縣商邱各縣及本縣鄉村	一萬餘斤	一萬五千餘斤	每斤制錢一百一二十文	同前	同前
柘城縣	土焊菸葉	二萬四千餘斤	山東安徽湖北各省及本縣鄉村	一萬餘斤	一萬四千餘斤	每斤制錢一百一二十文	同前	同前
固始縣	黑黃菸葉	三萬餘斤	湖北直隸各省及本省各縣鄉村	一萬餘斤	二萬餘斤	每斤制錢一百二三十文	同前	同前
商城縣	土黃菸葉	二萬五千餘斤	湖北山東安徽各省及本省各縣鄉村	一萬餘斤	一萬五千餘斤	每斤制錢一百二三十文	同前	同前

備考	查開封城鄉以及各縣村鎮所售水旱菸絲名稱不一如皮絲煙福建條紫建條紫金條白建紅原條黃原條雜拌廣條門莊菸等類多係由福建廣東江蘇各省產地並本省產菸各區域購運各就銷地習慣製造成絲是以本表菸類名稱欄內僅就豫省產生菸葉各縣分別填列至於菸絲原料非盡由本省出產故未填列合併聲明

河南省菸酒事務局所轄各縣酒類產銷數量價格及現行費稅兩率調查表 十四年五月呈送

產地	酒類名稱	每年產額	銷行地點	當地銷數	外銷數	當地價格	公賣費率	事務局所征稅率
開封縣	白干酒甜黃酒本紹酒玫瑰露	十六萬五千餘斤	通許尉民扶溝各縣及本縣鄉村	六萬餘斤	十萬餘斤	每斤制錢三百二三十文	按錢值百抽二十文	酒稅每百斤按二元四角征收
陳留縣	白酒酪酥酒黃酒	二萬五千餘斤	杞縣太康鄢陵各縣及本縣鄉村	一萬餘斤	一萬五千餘斤	每斤制錢二百八九十文	同前	同前
新蔡縣	蒸黃酒	三萬五千餘斤	淮陽商水沈邱各縣及本縣鄉村	一萬五千餘斤	二萬餘斤	每斤制錢二百一二十文	同前	同前

汝南縣	白黃酒	二萬餘斤	隣近各縣及本縣鄉村	一萬餘斤	一萬餘斤	每斤制錢二百餘文	同前	同前
襄城縣	白黃酒	二萬三千餘斤	確山舞陽各縣及本縣鄉村	一萬六千餘斤	一萬七千餘斤	每斤制錢二百一二十文	同前	同前
許昌縣	燒黃酒	一萬餘斤	本縣各鄉村	一萬餘斤	無	每斤制錢一百八九十文	同前	同前
郾城縣	白酒 酪酤酒	二萬三千餘斤	確斤舞陽各縣及本縣鄉村	九千餘斤	一萬四千餘斤	每斤制錢一百八九十文	同前	同前
西平縣	黃蒸酒	三萬餘斤	隣近各縣及本縣鄉村	一萬餘斤	二萬餘斤	每斤制錢二百四五十文	同前	同前
禹縣	蒸黃酒	四萬餘斤	臨汝郟山各縣及本縣鄉村	二萬餘斤	二萬餘斤	每斤制錢二百二三十文	同前	同前
寶豐縣	白酒 玖瑰露	二萬餘斤	隣近各縣及本縣鄉村	六千餘斤	一萬四千餘斤	每斤制錢二百四五十文	同前	同前
南陽縣	黃酒 燒酒 本地紹酒	五萬餘斤	湖北及本省隣近各縣本縣鄉村	二萬餘斤	三萬餘斤	每斤制錢二百二三十文	同前	同前

新野縣	蒸酒 狀元紅酒	二萬餘斤	方城泌陽鎮平各縣及本縣鄉村	一萬餘斤	一萬餘斤	每斤制錢二百二三十文	同前	同前
唐河縣	白酒 黄酒	一萬五千餘斤	泌陽方城各縣及本縣鄉村	五千餘斤	一萬餘斤	每斤制錢二百一二十文	同前	同前
沁陽縣	白酒 黄酒	一萬五千餘斤	温縣孟縣及本縣鄉村	七千餘斤	一萬餘斤	每斤制錢二百三四十文	同前	同前
濟源縣	燒酒 黄酒	一萬餘斤	修武陽武各縣及本縣鄉村	五千餘斤	五千餘斤	每斤制錢二百三四十文	同前	同前
安陽縣	白酒 黄酒	五萬餘斤	隣近各縣及本縣鄉村	三萬餘斤	二萬餘斤	每斤制錢二百一二十文	同前	同前
臨漳縣	白酒 黄酒	二萬餘斤	湯陰内黄各縣及本縣鄉村	一萬餘斤	一萬餘斤	每斤制錢二百一二十文	同前	同前
武安縣	蒸酒 黄酒	三萬餘斤	邯鄲磁州及本縣鄉村	二萬餘斤	一萬餘斤	每斤制錢二百一二十文	同前	同前
濬縣	蒸酒 酩酼酒	二萬餘斤	隣近各縣及本縣鄉村	一萬餘斤	一萬餘斤	每斤制錢二百一二十文	同前	同前

滑縣	白酒 酩醁酒	二萬餘斤	隣近各縣及本縣鄉村	一萬餘斤	一萬餘斤	每斤制錢二百一二十文	同前	同前
陝縣	燒黃酒	三萬餘斤	靈寶縣偃師各縣及本縣鄉村	一萬餘斤	二萬餘斤	每斤制錢二百二三十文	同前	同前
靈寶縣	白黃酒	四萬餘斤	新安澠池各縣及本縣鄉村	一萬五千餘斤	二萬五千餘斤	每斤制錢二百二三十文	同前	同前
商邱縣	蒸黃酒	二萬餘斤	夏邑柘城各縣及本縣鄉村	一萬餘斤	一萬餘斤	每斤制錢二百一二十文	同前	同前
永城縣	白酒 黃酒	二萬餘斤	鹿邑虞城各縣及本縣鄉村	一萬餘斤	一萬餘斤	每斤制錢二百一二十文	同前	同前
信陽縣	燒酒 黃酒	三萬餘斤	隣近各縣及本縣鄉村	一萬餘斤	二萬餘斤	每斤制錢二百二三十文	同前	同前
固始縣	大麯酒 甜黃酒 蒸酒 小麯酒	二萬餘斤	湖北境內及本省各縣鄉村	一萬餘斤	一萬餘斤	每斤制錢二百二三十文	同前	同前
商城縣	大小麯酒 黃白酒	二萬餘斤	息縣羅山及本縣鄉村	一萬餘斤	一萬餘斤	每斤制錢二百二三十文	同前	同前

淮陽縣	黃酒 白酒	一萬餘斤	鄰近各縣及本縣鄉村	三千餘斤	七千餘斤	每斤制錢二百二三十文	同前	同前

備考	查豫省産酒各縣如開封等二十餘處係釀酒稍優之區平日行銷當地城鄉及運行鄰封各縣者故摘要填列其餘各縣城鎮鄉多有自行釀造然産額寥寥亦無提倡改良釀造新法是以僅供本處人民食用不能及遠故未填列合併聲明

第十五節　陝西公賣費

陝西菸酒公賣費創始於民國四年八月。公賣局於是年八月二十一日成立。劃分區域。計分局五。監察二。共爲七區。八年七月。菸酒釐稅由財政廳移交省局接收後。又就菸酒產銷狀況。於第一第二第四等區各添設分局。招商組織。以次開徵。在開辦之初。各縣支棧、由分棧自行組織。嗣因辦理不善。將分棧取銷。改由各區分局招商承辦支棧、以便稽征。此陝省菸酒費稅經征機關之組織情形也。

陝省菸酒產銷情形。本產之菸。以鳳翔寶雞爲大宗。漢中興安等處次之。酒以鳳翔八屬之燒酒爲最多。盩厔鄠次之。均行銷本省。外產本銷之菸。以甘肅蘭州秦州之棉菸白條爲大宗。四川金堂捲菸山西曲沃菸葉湖北均州菸次之。酒則浙江紹酒山西葡萄酒及洋瓶酒等。但均銷數無多。其各種菸酒價格時有漲落。其近年數目及各地產數等。詳列附表。茲不贅述。

公賣費率。瓶辦之初。僅徵十分之二。嗣奉省令將菸酒費一律加倍徵收。當經事務局呈請試辦。由十年十月起。本產菸酒。增加公賣費爲十分之三。即百分之三十。至十一月再增爲十分之四。即百分之四十。仍由產銷兩地各半分徵、當因省會及菸酒商民迭次要求核減。遂於十一年六月呈明減收。爲百分之三十五。乃商民等不肯承認。遂再減定爲百分之三十。並聲明此百分之三十費率。以二十分作爲經常費款。以十分爲臨時增加。定由是年十二月起實行。各項公賣。除由局棧直接實徵外。其自造零銷菸酒及偏僻各地所產之菸酒。則均核計產銷數量。依照規定費率定爲月比。由商人包繳。每月徵收一次、塡給憑單。不貼印照。本省所定印照。分菸酒兩類。菸圓酒方。各分甲乙丙三種。如數量過百觔者貼甲種印照。一百觔者貼乙種印照。不及百觔者貼丙種印照。公賣費由產地完納。但有滯礙之處。則仍由產銷兩地各半分徵。其徵收方法大畧如是。餘則備見附錄分支棧辦事細則中。

又甘肅蘭菸運銷東南各地。多由陝過境。向無徵費規定。祇以此菸在陝涇陽改裝。必須另貼印照。應由陝局塡給驗單。曾經呈准由甘省應徵公賣費內劃除百分之四。歸陝局補徵。市價則暫照甘省原定每百斤銀九兩之數計算徵收。其改裝之菸。在陝銷售者。則仍照陝省費率徵收云。

陝西省各區菸類產銷數量及現行費稅兩率調查表　十四年二月呈送

產地	菸類名稱	每年產額	銷地	當地銷數	外銷數	當地價格	公賣費率	事務局所征稅率
第一區	生菸葉	一十一萬觔	本區	一十一萬觔		五元	百分之三十	釐金值百抽五商稅照釐完十分之三
	自造水菸絲	五萬觔	本區	五萬觔		七元	仝前	仝前
	雜拌菸	五百觔	本區	五百觔		一十五元	仝前	仝前
第二區	生菸葉	二十萬觔	本區	二十萬觔		五元	仝前	仝前
	棉菸絲	一百二十八萬觔	本省	一百二十八萬觔		九元	仝前	仝前
第三區	自造水菸絲	二十一萬觔	本區	二十一萬觔		七元	仝前	仝前
第四區	黃絲菸	一萬觔	本區	一萬觔		五元	仝前	仝前

	紅葉菸	五萬觔	本區	五萬觔		四元	仝前	仝前
第五區	生菸葉	一萬觔	本區及蒙邊	九千觔	一千觔	五元	仝前	仝前
第六區	自造水菸絲	五千觔	本區	五千觔		七元	仝前	仝前
第七區	自造水菸絲	六萬觔	本區	六萬觔		七元	仝前	仝

說明　謹按本表所列菸數惟第二區產額稍多有專商製造其他均係小本營生時作時停僅供本地之用絕無指銷外省合併陳明

陝西省各區酒類產銷數量價格及現行費稅兩率調查表　十四年二月呈送

產地	酒類名稱	每年產額	銷地	當地銷數	外銷數	當地價格	公賣費率	事務局所徵稅率
第一區	燒酒	六十萬觔	本區	六十萬觔		八元	百分之三十	釐金抽百抽五商稅照釐完芬之三
	水酒	八萬觔	本區	八萬觔		七元	仝前	仝前
	葡萄酒	一千五百觔	本省	一千五百觔		六十元	仝前	仝前
	苦酒	一十二萬觔	本省	一十二萬觔		七元	仝前	仝前
	甜酒	三萬觔	本省	三萬觔		七元	仝前	仝前
第二區	燒酒	二百萬觔	本省	二百萬觔		一十一元	仝前	仝前

第三區	燒酒	一十二萬觔	本區	一十二萬觔		八元	仝前	仝前
第四區	燒酒	二十八萬觔	本區	二十八萬觔		八元	仝前	仝前
第五區	燒酒	二十萬觔	本區及蒙邊	一十一萬觔	九萬觔	八元	仝前	仝前
第六區	燒酒	二十八萬觔	本區	二十八萬觔		八元	仝前	仝前
第七區	燒酒	四十二萬觔	本區	四十二萬觔		八元	仝前	仝前
說明	謹按本表所列酒數惟第二區產額多係專門營業其他均半農半商谷賤則釀谷貴則停僅能行銷本地總少外銷合併聲明							

陝西菸酒公賣分支棧辦事細則　四年九月呈部令准施行

第一條　本細則遵照部章參酌地方情形擬訂之

第二條　分棧應用圖記由省局刊發文曰陝西第幾區菸酒公賣第幾分棧圖記支棧圖記由分棧刊發文曰陝西第幾區菸酒公賣某處支棧圖記

第三條　凡商人願充菸酒公賣分棧經理人應查照部頒暫行章程第五條先將商號姓名籍貫住址報明並將認繳押款如數解繳由省局發給執照方准承充

第四條　分棧經理人應先招菸酒本商如本商無人承充始可另招他商惟必須商號殷實確係正

當營業方准承充如有資本簿弱或假借商號者查出立即取銷支棧仿此
第五條　分棧應將所屬各支棧經理人商號姓名籍貫住址及所取押款造册報明主管局所由局所塡給執照並轉報省局查核
第六條　分棧有組織支棧之權支棧經理人如不得力准報明主管局所隨時撤換
第七條　分棧所用庫平庫稱由省局置發支棧即以頒發分棧之式爲標準距省窵遠之分棧由分局遵式製辦以省手續
第八條　分棧成立後應將所屬各縣菸酒種類切實調查分別某處某種係產場某處某種係銷場某種係由外境輸入某種係由本境輸出遵照所發表式詳晰列表送局以憑查考
第九條　分棧每屆月終應將所屬地方菸酒市價先期報明主管局所以便規定下月公賣價格其以銀圓交易者照報銀圓如習慣以銀錢交易仍應分別開報惟銀兩須折合庫平以歸劃一
第十條　各該棧按旬報告逐日銀錢兌換市價市平每兩兌錢若干庫平每兩兌錢若干必須分別聲明不得含混
第十一條　公賣價格以庫平規定公賣費應即按照庫平加收
第十二條　公賣費暫照十分之二加收收銀一兩准加火耗銀二分以免各該棧賠累
第十三條　各該棧經收銀兩既有火耗應即解繳足銀如收錢文即由各該棧按照市價兌換庫平足銀不得另加火耗其市價以收款之日爲準

第十四條　支棧收款月終解交分棧近者三日遠者不得過七日分棧收款轉解各局所至遲不得過下月十日並查照旬報彙造月報隨款賫送主管局所

第十五條　各該棧按旬應將所收公賣費數目暨填用某字某號憑單若干張印照若干張自某號起至某號止報明分棧由分棧彙報主管局所

第十六條　省局刊發征收四聯憑單由各分局具領轉發分棧分棧轉發各支棧填用後第一聯留存分棧第二聯解繳省局第三聯繳本管局所第四聯發給商店支棧祇將經理貨物款項各數目逐式登簿無庸存根

第十七條　征收憑單省局蓋用關防發分局分局加蓋鈐記發分棧分棧填用卽於年月日下蓋分棧圖記如轉發支棧填用分棧於另處加蓋圖記其年月日下之圖記由支棧蓋之以便識別

第十八條　印照分菸酒兩類酒圓菸方各分甲乙丙三種數量過二百觔者貼甲種過一百觔者貼乙種不滿百觔者貼丙種

第十九條　印照單據字頭號碼均須依照編列次序不得紊亂

第二十條　甲商已完公賣費分售乙商卽由各該棧粘貼分銷印照不再征費

第二十一條　征收憑單及各種驗單按照編定號數填用並將憑單中兩聯暨驗單丙丁兩聯按旬如數彙繳不准短少一號倘有錯誤污損不堪用者必須將全聯報繳若不報繳短一號憑單中兩聯者罰洋五十元短一號驗單丙丁兩聯者罰洋三十元

第二十二條　甲區所產之菸酒運赴乙區銷售照續頒征收規則自應在產地完納公賣費如有滯礙之處仍准填給驗單由產銷兩地各半征收

第二十三條　甲省運赴乙省銷售之菸酒照章應在銷場徵費其首先經過之區域如非其指銷地點應由該區域内之公棧詢明指銷地方並查明貨色重量給予驗單放行

第二十四條　凡甲省運赴丙省之菸酒係藉乙省爲通過地並無加製改裝停滯洒銷各項情事者仍查照前條給予驗單放行

第二十五條　公賣局開辦之前三日由各分棧支棧查明各菸酒商店存儲數目報由該主管局所派員前往粘貼印照填給憑單應納公賣費限期解繳

第二十六條　各該棧應刊查驗放行戳記查驗過境菸酒如果票貨相符立予蓋戳放行不得留難阻滯倘有偷漏影射等弊准其扣留報主管局所懲辦

第二十七條　距主管局所遙遠之分棧支棧查獲私運私銷如有不肯靜候報明辦理或不服盤詰情事即稟請地方官或警察局速派差警就近彈壓免致釀成事端

第二十八條　各菸酒商店如不受分棧支棧檢查應報明主管局所前往查辦酌量情節輕重查照部頒暫行章程第十八條處以相當之罰金

第二十九條　查獲私菸私酒照章一半充公一半充賞但關於懲罰事項各該棧均須報明局所不准擅自處理

第三十條　分棧或支棧如有與菸酒商店串通舞弊或將公賣費朦蔽侵蝕等情除查照部頒稽查章程第十六條罰則辦理外並查照暫行章程第二十條嚴行處治

第三十一條　本細則未盡事宜得隨時酌量修正

第三十二條　本細則自分支棧成立之日實行之

第十六節　甘肅公賣費

甘肅菸酒公賣。於民國四年十一月。開始創辦。成立省局。初僅劃分六區。繼則推廣定爲七區。計設分局六監察所一。以次招商組棧。其支棧之組織。均由主管分局招商承認比較。按比額十分之三交納押款。或有妥實舖保。則免交押款。呈由省局核準給予經理執照。其收數無多。如隴西漳縣導河等處、則由分局招商承辦。按季繳納包規。其他各區。亦强半招商認比包辦。餘則由各公棧照章經征提支百分之二十利益金。十八年春。又將舊制西寧寧夏兩區。劃歸青海寧夏兩省管轄。此甘省公賣費征收機關之組織。及區域變更之大畧情形也。

至甘省菸酒出產。以水菸爲大宗。菸分三種。其紅者謂之棉菸。亦名紅菸。青者謂之條菸。亦名青菸。黃者謂之黃菸。亦名水菸。各種之中。又分數等。其最下者謂之蔴菸。即各色菸之渣滓。但爲數無多。綜菸之產數。年約三萬二千四百六十餘擔。（十三年調查數）占公賣收數四分之三。行銷本省及滬閩陝晉新疆等處。產酒之區。不過四五縣。均行銷本省。產數年約一千二百四十六萬擔。（十三年調查數）銷亦如之。僅占公賣收數四分之一。出產之區。菸以皋蘭榆中狄道靖遠武山等處。酒以天水徽縣成縣甯夏等處爲最多。其各種價格。另見坿表。外產本銷者。有四川捲菸。陝西雜拌菸。福建皮絲菸。陝西鳳酒。浙江紹興酒等。但爲數甚微。此甘省菸酒產銷之概況也。

當公賣開辦時。規定費率。菸類爲百分之十六。酒類爲百分之二十。惟菸有陳菸新菸之分。陳菸費率。則又特定爲百分之十五。以示區別。先是因該省有菸莊豐盛源者。有陳菸五千擔。購於公賣開辦之前。請求免納產費。經迭次往復交涉。該商始將陳菸認繳百分之十一公賣費。呈經財政部電准。惟祇以此五千餘擔爲限耳。惟該省菸類運銷東南多由陝南經過。凡靑黃菸運到陝西涇陽。必須另行改裝加製。應由陝局加貼印照。塡給聯單。公賣開始。曾經該地菸商具稟陝局。願遵陝省費率繳納公賣費百分之四。由甘省產地費內劃撥。當經陝局呈奉財政部令照准。所有甘省菸公賣費除本銷外。凡出運赴陝之菸。新菸應收百分之十二。陳菸應收百分之七。其由陝局代征百分四之公賣費款。雖由陝局徵解。仍列入甘局冊報。卽由四年冬起實行。

五年一月。甘省菸商全體以歲災歉收。負擔過重。請減費率。當經由局呈准。按原定菸類費率暫減二厘。爲百分之十四。外銷過陝菸類。甘省收百分之十。陝西補收百分之四。是年十一月間。奉菸酒署電令。仍行恢復原定費率。迨十五年十二月。甘局呈稱現奉省署通令加征費稅。經一再稽核。將菸酒公賣價格分別加定。省垣條棉各菸。由十六年一月起。比照向價每觔約加價格五成七釐八毫。酒類每觔約加價格三分之二強。其餘各局棧由是年二月起。比照舊價槪加五成。仍按原定費率抽收公賣費。市價低落。再隨時核減。呈奉菸酒署核准施行。其價格表列於後。茲不贅述。至洋菸洋酒由子口落地後分運別處。始由各區按市價十分之一六抽收公賣費。但爲數有限耳。

本產菸酒運銷出省者。除有特別規定外。均由產地徵收全費。經過局棧查驗放行。其在省內甲區運銷乙區者。產銷兩地各半征收。商人運菸期限。向例運赴山陝川新等處。運單有效期間定爲兩月。十三年四月。據菸商呈請改定。凡運赴吉黑直魯豫蘇浙閩等處。運單有效期間爲六個月。赴山新者。爲

四個月川陝仍兩個月儻遇特別事故並准聲請變通辦理蓋甘省地處偏隅交通不便故所定運期視他省為長其他一切辦法附錄於後以資參考

甘肅省菸類產銷數量價格及現行費稅兩率調查表 十三年七月呈送

產地	菸類名稱	每年產額	銷地	當地銷數	外銷數	當地價格(每斤)	公賣費率	事務局所征稅率
皋蘭	青菸	一萬擔	本省及上海福建陝西山西新疆等省	五百擔	九千五百擔	七分六釐	運滬等處過涇陽者抽百分之十二其餘抽百分之十六	連皮三百五十斤為一擔徵稅捐正加銀五兩六錢一分六釐
	棉菸	五千擔	同前	二百擔	四千八百擔	同前	同前	同前
	黃菸	四百擔	同前		四百擔	同前	同前	同前
靖遠	條菸	八百擔	本省寧夏及上海福建	五十擔	七百五十擔	五分五釐	同前	連皮三百六十斤為一擔征稅捐正加銀二兩五錢
	黃菸	二百擔	同前		二百擔	同前	同前	同前

城	棉菸	一百擔	同前	二十擔	八十擔	三分五釐	同前	同前
金家崖	條菸	三百餘擔	上海陝西	五十擔	二百餘擔	三分八釐	百分之十六	連皮三百六十斤一擔征稅捐正加銀五兩六錢一分六釐
狄道	黃菸	三千五百擔	四川及本省	五百擔	三千擔	六分	同前	連皮三百六十斤一擔征稅捐正加銀四兩三錢二分
導河	黃菸	二百擔	同前	五十擔	一百五十擔	四分五釐	同前	同前每擔征稅捐正加銀二兩
隴西	黃菸	一百餘擔	本地及郭家壩	五十擔	一百擔	四分	同前	同前每擔征稅捐正加銀三兩
岷什	棉菸	五十餘擔	本省			四分	同前	同前
平涼	麻草菸	三十擔	本縣			一錢二分	同前	仝前每擔征稅捐正加銀二兩
武山（洛門）	黃菸	一百餘擔	四川	五十擔	一百擔	四分	同前	仝前每擔征稅捐正加銀二兩五錢

天水	中菸	一百餘擔	四川陝西	五十擔	一百擔	四分	同前	同前
伏羌（磐安鎮）	黃菸	三十擔	本縣			四分	同前	同前
平番	黃菸	五十擔	本縣			二分五釐	同前	同前

甘肅省酒類產銷數量價格及現行費稅兩率調查表 十三年七月呈送

產地	酒類名稱	每年產額	銷行地點	當地銷數	外銷數	當地價格（每斤）	公賣費率	事務局所徵稅率
天水	燒酒	二百餘擔	本地及秦安蘭州西寧等處	一百擔	一百餘擔	七分	百分之二十	每百斤徵稅捐銀二兩一錢
徽縣	燒酒	二百餘擔	蘭州及附近西寧等處	五十擔	二百擔	七分	同前	同前
成縣	燒酒	約三百擔	本省階文及洮岷一帶	五十擔	二百餘擔	七分	同前	同前

寧夏	白酒	五萬斤	本地			六分	同前	每百斤徵稅捐銀三兩
	玫瑰酒	三千斤	蘭州甘涼及陝西榆林山西包頭等處	五百斤	二千五百斤	六分	同前	同前
武威	青稞燒酒	三萬斤	本地及鎮番	二萬斤	一萬斤	九分	同前	同前
古浪	青稞燒酒	二萬斤	本地及永昌等鄰縣	八千斤	一萬餘斤	一錢二分	同前	同前
張掖	黃酒 酩醽	二萬斤	本縣			一錢一分	同前	同前
酒泉	黃酒 燒酒	一萬五千斤	本縣				每窖收銀一兩	同前
西寧	燒酒	約五千斤	本地及鄰縣			八分	百分之廿	同前
平涼	燒酒	約一萬斤	本地及鄰縣			上等八分 次等五分	同前	同前

甘肅菸酒事務局呈造核定增加菸酒公賣價格表 十五年十二月呈全國菸酒事務局核准

區別	棧別	原定菸類每觔價格	現定菸類每觔價格	原定酒類每觔價格	現定酒類每觔價格	備考
第一區	省城分棧	條棉次菸麻菸均七分六釐	條棉菸一錢二分次麻菸八分四釐	一錢六分	二錢六分	
	狄道分棧	黃菸六分	九分			
	導河支棧	黃菸四分五釐	六分八釐			
	靖遠支棧	青條菸五分五釐 次棉菸三分五釐	八分三釐 五分三釐			
	鹽場堡支棧	條棉菸七分六釐	一錢二分			
	泥什分卡	黃菸四分	六分			
	金家崖支棧	條棉菸五分五釐	八分三釐	一錢六分	二錢四分	
	隴西支棧	黃菸二分	三分	五分	七分五釐	
	定西支棧			一錢二分	一錢八分	
	渭源支棧	黃菸六分	九分			
	會寧支棧					
	漳縣支棧					
	臨岷支棧					

第二區	平涼分棧			九分	一錢三分五釐	
	靜寧支棧			五分	七分五釐	
	華亭支棧	五分	七分五釐	一角	一角五分	
	固海支棧			八分	一錢二分	
	靈崇支棧					
	涇川支棧					
	寧正支棧					
	慶環支棧					
	鎮原支棧					
	隆莊支棧					
	合水支棧					
第	天水分棧	四分	六分	七分	一錢五釐	
	徽縣支棧			七分	一錢五釐	
	成縣支棧			七分	一錢五釐	
	武山支棧	四分	六分	七分	一錢五釐	
	武都支棧	六分	九分			

區	棧				
三區	清水支棧			七分	一錢五釐
三區	伏羌支棧	四分	六分	七分	一錢五釐
三區	兩當支棧			三分	四分五釐
三區	西和支棧	四分	六分	七分	一錢五釐
三區	通渭支棧			七分	一錢五釐
三區	禮縣支棧	三分	四分五釐	七分	一錢五釐
三區	秦安支棧			七分	一錢五釐
三區	文縣支棧	一錢四分	二錢一分		
第四區	寧夏分棧			玫瑰酒一錢四分 燒酒六分	二錢一分 九分
第四區	中衛支棧	七分六釐	一錢一分四釐	六分	九分
第四區	平羅支棧				
第四區	金積支棧			六分	九分
第四區	靈武支棧			六分	九分
第四區	鎮戎支棧				
第四區	鹽池支棧				
	武威分棧	二分五釐	三分八釐	九分	一錢三分五釐

第五區	永昌支棧				
	平番支棧	四分	六分	一錢一分	一錢六分五釐
	古浪支棧			一錢一分	一錢六分五釐
	鎮番支棧				
	甘州分棧			一錢一分	一錢六分五釐
第六區	西寧分局	西寧及各屬三分 碾伯五分	四分五釐 七分五釐	八分	一錢 分
第七區	肅州監察所	六分	九分	每窖一兩	一兩五錢

說明

一　表內所列價格均以庫平銀核算

一　此次增加價格第一區各棧自十六年元月一日起其餘各棧自二月一日起一律照增加數目徵收

一　向不產菸酒地方未定價格者表內不再填列

一　此次增加價格均照原定數目以五成增加惟省城菸類貨色較高增加之數計五成七釐八毫

一　此次增加價格係因市價增漲故照章將價格提高倘以後市價跌落仍當酌量核減

一　本省菸酒公賣歷年收數有十六七萬元者二十萬元上下者今價格既加如果年穀豐稔雨暘應時不發生別項障礙則全年增出費款約在十萬元以上合併聲明

甘肅省菸酒公賣辦事細則 民國四年十二月呈奉前全國菸酒事務局令准施行

第一條 本細則依全國公賣暫行簡章參酌甘肅省地方情形規定之

第二條 凡甘肅省產銷之菸酒均暫照本細則辦理

第三條 甘肅省菸酒暫依左列之規定征收公賣費

一 甘肅省菸類行銷他省及他省輸入者按定價格征收公賣費百分之十六

一 蘭州運滙條菸靖遠運閩黃菸奉部示劃撥百分之四由陝局涇陽公棧抽收甘肅省按定價格征收公賣費百分之十二

一 甘肅省菸類行銷本省者產銷各半征收產塲按定價格征公賣費百分之八銷塲按定價格征公賣費百分之八

一 甘肅省酒類行銷他省及由他省輸入者按定價格征公賣費百分之二十

一 甘肅省酒類行銷本省者產銷各半征收產塲按定價格征公賣費百分之十銷塲按定價格征公賣費百分之十

一 甘肅省菸酒如有止征半費不至指銷地點希圖偷運出省者經省內公棧查獲卽以私論全貨變價充公充賞

第四條 部定四聯憑驗各單及甲乙丙三種印照由省局刊刻刷印蓋用關防再由各分局具領加

盡鈐記應照省局編列號碼依次應用並須細心粘塡以免混淆

第五條　販運菸酒出省者應遵省分局規定公賣價格粘貼甲種印照給予四聯憑單完納公賣全費俟達指銷省分卽由該管局所按照價格征收省外輸入本省菸酒如在本省銷售卽由入省第一公棧給予四聯驗單俟至指銷地點粘貼甲種印照按定公賣價格抽費若係經過本省而不卽銷售者只給四聯驗單隨收單費大洋一角免征公賣費

第六條　凡本省以內如甲區所產之菸酒欲運銷於乙區或丙區時應先覓保由甲區公棧征收半費粘貼丙種印照給予四聯驗單俟達指銷地點再由該管分棧按定價格另征半費加貼乙種銷售印照給予本銷驗單倘有不達指銷地點而在偏僻地方銷售者經公棧查出除照征半費外仍按情節處罰

第七條　甲區所產之菸酒仍在甲區地方銷售應由公棧粘貼丙種及乙種銷售印照給予四聯驗單征收公賣全費俟至指銷地點該處不得再徵

第八條　乙區所產之菸酒指運丙區銷售粘貼乙丙兩種印照已由乙丙區公棧分徵公賣費因行情疲滯不能全數整銷欲達丁區銷售時應由丙區公棧給予四聯分銷運單丁區公棧不得再征

第九條　凡販運菸酒無論本省外省一到指銷地點公棧查驗征費後應將憑驗各單收銷造報一律由分局轉繳省局如有任意延擱不卽繳銷者以舞弊論

第十條　憑驗各單及甲乙丙三種印照如有錯誤損壞漏印情事不能適用者應將原單照繳還補

發若不報繳短少憑驗各單一張罰銀三拾元短少印照一張罰銀拾五元

第十一條　各區分棧須挨次編列爲第幾區第幾分棧支棧仍須挨次編列爲第幾區第幾支棧由各分局造册詳報省局

第十二條　分支棧爲代征公賣費緊要機關凡各分局組織分支棧時須先考查平日行爲並認定產銷確實數目轉詳省局請發執照先行試辦俟半年期滿查看妥實方准承充正式經理人

第十三條　分支棧承主管公賣局之監督指揮得隨時稽查本區域内商店之菸酒數量種類並單票簿據及關於營業上之狀態惟不得故意滋擾

第十四條　各分支棧簿記及各項表册經省局製定由各分局具領轉發各[illegible]棧遵式製用

第十五條　分支各棧一切收支款項應按日登錄簿記以憑查考

第十六條　分棧征收款項應按旬報解主管局所支棧應按月報解該管分棧至遲以五日爲限違則記過

第十七條　各區銀錢兌換時有漲落應由各該棧逐日塡列市平換錢若干庫平換錢若干按旬報告主管局所不得含混

第十八條　分支棧每屆月終應將所屬地方菸酒市價先期報明主管局所以憑規定下月公賣價格

第十九條　分棧應將所屬各縣地方菸酒種類分別某處某種係產場某處某種係銷場某種係由

本境輸出某種係由外境輸入遵照所發表式逐項塡列送局以憑查考

第二十條　分支各棧遇有本區域內之菸酒商店開始營業或停止時應各報明主管局所以憑登記

第二十一條　分棧支用經費由所管局所於公賣費內提給二十分之一支棧應得二十分之一按十成分攤如收數全年過一萬元者分棧得二成支棧得八成收數過二千元者分棧得一成支棧得九成不及二千元者全給支棧均應由所管局所按月核發不得扣抵

第二十二條　分支各棧所轄區域內菸酒商店如有不受檢查或私自販賣情事得由各該棧隨時密報主管公賣局遵照部定罰則第十八十九兩條分別罰辦

第二十三條、各該棧應刻查驗放行戳記過境菸酒如果查驗貨票相符即加蓋戳放行不得留難阻滯倘有偷漏影射等弊准其扣留報由主管局所懲辦

第二十四條　距主管公賣局遙遠之分支各棧查獲私菸私酒如有不肯靜候報明核辦及不服盤詰情事應即報請地方官或警察局速派差警就近彈壓扣留知會主管局所核辦

第二十五條　凡分支棧巡丁及鄉鎭團首查獲私菸私酒應報明主管公賣局聽候核辦不得私自處理並由局將所獲菸酒變價一半充公一半充賞

第二十六條　分棧或支棧於本區域內查獲未貼印照之菸酒除由主管公賣局扣留充公充賞外仍將該商店照章罰辦

第二十七條　分支各棧代征公賣費如有不照定章私自增減其定額者應按減額加三倍處罰

第二十八條　分支各棧如有與本區域內菸酒商店及他區域販運之商人串通舞弊或將所征公賣費朦蔽侵蝕及妨害公賣種種行爲情事經主管公賣局查實者得由公賣局取銷經理人之資格并詳請省局沒收押款嚴行處治

第二十九條　本細則如有未盡事宜隨時由省局修正詳部核定

第三十條　本細則以詳部批准之日施行

第十七節　四川公賣費（附西康）

四川菸酒公賣。當民國四年八月籌備之初。適値災荒禁烤之後。各酒戶尙未完全復業。菸業收成亦不豐旺。又値財政廳所管菸酒兩稅。奉飭加征。正與菸酒公賣同時並舉。所有公賣費率。照値百抽二十規定。呈報主管機關核准備案。一面劃全省爲二十區。分別派員督促棧商。自是年九月起陸續開征。並於九月十九日。撤銷籌備處名義。正式成立省局。未幾而帝制發生。雲南倡義。川南一帶首先響應。尋至成都獨立。陳前督宧。通令各屬。自五年六月一日起。取銷公賣費名目。歸財政廳辦理。是於四川全省。僅剩川東一隅。若重慶五區分局。合江六區分局。萬縣八區分局等。尙能保持原狀。苟延殘局。至九月間。軍事略定。始經財政廳將全省公賣事務。移交省局接管。於是四川省局。復在成都組織成立。召集原任各區局所委員。飭回原差。恢復公賣費。一面擬具維持棧商辦法。將原有菸酒稅牌照稅。歸併代征。俾各商扣費較多。彌補戰時損失。呈准主管機關。轉飭財政廳。將此項稅照卷宗。於六年一月一日。交由省局接管。旋以政局變遷。省城兩經兵變。省外各局所。悉受駐軍監制。事權不一。未克切實進行。民國七年。軍事發生後。經周前督委任廖希賢充省局局長。在渝設立辦事處。於是四川一省。同時有兩總局發現。致所收款項。絕無統計可言。民國八年。呈准前靖國軍總司令部。將各縣征收局經征之菸酒稅。歸併公賣分局。一道征收。統名公賣費。値百抽二五。卽將稅捐名目。永遠取銷。同時又以原劃區域。轄縣過多。分局監察所。稽察難周。弊端百出。因將全省改劃三十區。各設分局。每區轄縣。少者二三縣。多者五六縣。每縣各設監察所。歸分局節制。分局駐在縣。則不設監察所。由分局直接辦理。其偏遠地方收費無多者。暫不設所。歸隣近局所兼管。是年八月。呈准前督軍署以各區分棧經收費款積弊太深。逐漸收回。改歸官辦。設卡查驗。至九年始將各分棧次第收回。民國十二年。成都方面發生軍事。又在重慶暫設總局。十三年二三月間。成都各屬軍事既定。漸有統一氣象。及至七月二十三日。復經楊前督理加委周廉為總局局長。並以菸酒事務局名義。暫用前公賣局關防。與重慶總局雙方對峙。於是四川全省同時又有兩省局發現。民國十五年冬。成渝兩局合併為一。設置成都。近數年來尙無變更。此川省歷年辦理菸酒公賣之大概情形也。

川省釀酒各戶。向係計桶按斤抽稅。民國八年。稅費合併一道征收後。即本此項成例辦理。惟改按斤抽收為值百抽二五耳。至於菸類。向由產地按斤抽收。民國八年稅費合併。一道征收後。則改為按照市價征收百分之二五。其詳細辦法。另見公賣規則。附刊於後。不復贅述。

又川省菸類以什邡新都金堂新繁各縣為出產大宗。其行銷外省者。又以菸葉為大宗。每年運往晉陝滇甘各省。銷額約在三百萬斤以上。由商販直接水陸運送者。占三分之一。由包裹郵寄者。占三分之二。以現行費率百分之二五。一道征收計算。全年應共征公賣費七八萬元。包裹一經郵遞。沿途局卡即無查驗之權。商人利用此機。購買菸葉。有在產地逕交郵局遞寄者。有運往省城再交郵局遞寄者。而局卡員司。亦以此項郵寄菸葉。沿途無人查驗。往往有收款不塡照單。或受賄放縱。任其一單兩用等弊。每年損失費款。亦在五六萬元之譜。當由省局於民國十五年。擬具取締辦法。呈經前菸酒署咨行交通部轉行四川郵務管理局協同辦理。並在省局內附設菸類郵件征費處。專司其事。更照郵局所收包裹辦法。特製印照。分十六斤八斤兩種。凡交郵菸葉包裹重十六斤者。征費四角。八斤者。征費二角。凡商人購菸須赴征費處繳費。領照。交郵時。須將印照粘貼郵包之上。郵局如遇未貼印照之菸葉包裹。不能收寄。並由征費處派員分赴各縣郵局專司查驗。於商人交包時在印照上加蓋驗銷戳記。其詳細情形另有簡章辦法六條附刊於後。茲不贅。

附錄民國五年川邊財政分廳開辦公賣經過情形（川邊現改西康省）

川邊財政分廳於民國四年。查照財政部開辦菸酒公賣通案。擬定章程。委本廳制用科科長兼任公賣局局長。即於五年一月四日設局。呈報開辦。全國菸酒事務署以該區組織辦法。不遵定章。當經明令指駁。並電該分廳撤銷該局。旋據四川巡按使暨川邊財政分廳先後咨呈到署。內稱特區公賣局於五年三月一日撤銷。距設局開辦之初。凡兩閱月。而實在開征之時。僅歷二十餘日。所征款項。共計錢一千三百九十二千九百四十四文。除開支外。實存錢合藏元八百十二元。又錢四百九十九文。附錄於此。以備參考。

四川省菸酒公賣暫行簡章施行細則 民國四年報部

第一條　本細則遵照中央頒發菸酒公賣暫行簡章並參合本省情形斟酌擬訂四川省菸酒公賣暫行簡章施行細則

第二條　本省設菸酒公賣局劃分區域除成華兩縣地方歸入省局直轄外應照電許財政部核准

定案將全省產銷兩地酌勻定爲分局十區監察所八區

第三條　分局十區每區設一分局名曰四川省第幾區菸酒公賣分局監察所八區每區設一監察所名曰四川省第幾區菸酒公賣監察所

第四條　省局直轄之成華區域應招商組織菸酒公賣分棧一所其分局監察所管轄區域多則七八縣少亦五六縣或全區設一分棧或三四縣設一分棧或一縣設一分棧悉聽委員會同地方官體察情形酌辦並不加以限制棧商招定統由省局遵照部頒樣式製給執照

第五條　分棧押款依棧章第五條以一千元以上五萬元以下爲定額其有不能取至千元者亦准通融辦理以恤商艱

前項押款繳納應由省局遵照部頒樣式製給收據塡表詳報財政部查核

第六條　分棧經理人征取押款係按全年應得棧費加倍繳押現甫開辦俟成效顯著者如核計棧費有與從前調查之數多寡參差者得由省局另飭分棧經理人酌量增減以昭平允

第七條　商民賣買菸酒依簡章第六條應由分棧代爲經理其依從習慣由經紀或買賣二家自相作成者亦應報知分棧不得私自交易

第八條　菸酒銷售應由分局監察所逐月按照本地市價加入本細則第九條所定公賣費定爲公賣價格詳報省局查核一面通告各分棧遵照執行其省局直轄區域內公賣價格每月則由省規定公布之

第九條　菸酒公賣費依簡章第十條應加收十分之一以上至十分之五本省無論菸酒統照現售市價加取十分之二十例如價銀乙百兩取公賣費銀貳拾兩多寡照此類推錢價準此取費

第十條　鏼菸舖購買摺菸鏼作絲菸發售物經改變原料則一既於原料征過公賣費改製以後應照電陳財政部核覆定案免予再抽以示體恤

第十一條　瀘州等處購買燒酒製造香花酒發售物雖改變原料則一槪於原料征過公賣費改製以後應照電陳財政部核覆定案免予再抽以示體恤

第十二條　本省酒類除產製燒酒老酒大麯小麯仿紹等酒整銷另售外尙有家釀之窨酒三白酒等名目以備冠婚喪祭之自用者均應報明分棧給予執照每家每年數在百斤以內免其征費若在百斤以上仍須作價征收

前項執照樣式由分棧自行製定之

第十三條　商民赴產地販買菸酒運赴本省或外省銷場售賣應在產地分棧完繳公賣費卽產地種菸燒酒之人自將菸酒運赴本省或外省銷場出售亦應在產地分棧先完公賣費以杜長途私行酒賣之弊

第十四條　本產本銷菸酒應由各商店逐日將銷售種類分量登記印簿以便稽查

前項印簿由商店自行置備送請主管公賣局或監察所蓋印發還遵用

第十五條　外運外銷菸酒均須於包裹及盛儲器具上封口處所分別粘貼印照塡給四聯憑單方

准出售沿途如查有未貼印照亦無單票或印照與貨數不符者應照另章罰辦

第十六條　凡在本省販運菸酒經甲區公賣棧檢定收費貼有印照者如運至乙區時只許查驗不再貼照及收費但若印照消滅或有塗改舞弊痕跡及自外省運入本省仍應由銷場公賣棧依本細則第九條征取公賣費加貼印照

第十七條　本省所產之菸酒經甲區征過公賣費運銷丙區域中途欲將菸酒改裝時應先報明所在地之公賣棧查明原運貨包斤量相符卽於改裝後分別補貼印照換給憑單免征公賣費並將換回憑單按月送繳主管公賣分局或監察所轉送省局查核其印照仍用部定甲乙丙三種由省局加蓋查驗二字以示區別

前項菸酒經改裝後如超過原運斤量時應將超過斤量補征公賣費

第十八條　甲省輸入乙省之菸酒持有運銷乙省之驗單者中途如有將菸酒改裝情事應先報明所在地之公賣棧查明原運貨色斤量相符卽於改裝後換給驗單免征驗單費並將換回驗單按月送繳主管公賣分局或監察所轉送省局查核其公賣費僅到指銷區域再由銷場公賣棧征收之

前項菸酒經改裝後如超過原運斤量於換給驗單時應另取驗單費每票收銀一角

第十九條　省局除照部頒樣式製定甲乙丙三種印照及四聯憑單驗單發給公賣分棧遵用外應置備簿照單表如左

一　菸酒公賣分棧登記簿
二　菸酒商戶調查表
三　巡緝私菸酒執照
四　罰金三聯單
五　公賣局收款二聯單
六　省局款項收支簿
第二十條　分局監察所應置備簿照單表如左
一　菸酒公賣登記簿
二　菸酒商店調查表
三　巡緝私菸酒執照
四　罰金聯單
五　公賣局收款二聯單
六　分局款項收支簿
前項簿照單表由省局照部頒樣式製定發給分局監察所蓋印遵用
第二十一條　分棧應置備簿據單表如左
一　菸酒商店調查表

二　分棧代征菸酒公賣費日記簿
三　菸酒類公賣費收解簿
四　分棧解款三聯單
五　每旬菸酒類市價表
六　銀錢市價二聯單
前項簿據單表由省局照部頒樣式製定發給分棧遵用
七　商店存銷菸酒類登錄表
八　製造場菸酒產銷登錄表
九　分棧代征某月分公賣費數目表
前項各表由省局抄錄部頒樣式發給分棧自行製用
第二十二條　本細則未經規定者悉照公賣簡章及部訂征收菸酒公賣費規則辦理
第二十三條　本細則由省局詳奉財政部核定施行
第二十四條　本細則如有未盡事宜應由省局隨時修改詳請財政部核准行之

四川省菸酒公賣局稽查章程施行細則 民國四年報部

第一條　本細則遵照中央頒發菸酒公賣局稽查章程並參合本省情形斟酌擬訂名曰四川省菸

酒公賣局稽查章程施行細則

第二條　分局監察所應依稽查章程第二條併照審計條例及院頒書式每月先期造具支付預算書詳送省局核定並於月終造具收入支出各計算書檢齊各項單據貼用印花編成單據粘存簿詳送省局查核

第三條　菸酒公賣印照應由省局印發分局監察所各按各區編號轉發分棧應用其省局直轄分棧則依稽查章第三條由省局編號印發併登錄簿記備考

第四條　菸酒公賣買四聯憑單驗單應依稽查章程第三條由省局蓋印編號發給分局監察所轉發分棧應用其省局直轄分棧則由省局編號印發併登錄簿記備考

第五條　分局監察所收到印照及憑單驗單應依稽查章程第三條第二項按照編定號碼依次發用不得紊亂次序每月已發若干未發若干分別列表連同票根詳報省局備核其省局直轄分棧收到照單亦應照此辦理

第六條　分局監察所所轄分棧收到印照及憑單驗單應照分局監察所辦法按號依次填用不得紊亂次序每月已發若干未發若干分別列表連同票根稟報主管分局監察所備核

第七條　分棧及支棧領到印照應妥愼保管不得遺失如有塡廢者須按月繳交省局或由分局監察所轉繳省局銷燬以昭鄭重

第八條　分棧每旬報繳代征公賣費凡銀錢之換算應依稽查章程第四條以本旬市價爲標準前

項市價應由分局監察所及省局直轄之分棧依稽查章程第四條第二項按旬詳報省局備查

第九條　分局委員及監察員對於分棧除依稽查章程第八條派令司事隨時往查外每月應親出巡視一次

第十條　分棧經理人對於支棧應隨時親往監視並得派人往查之

第十一條　分棧或支棧於本區域內如遇有不受檢查或私自營業之菸酒商店除依稽查章程第九條隨時密報主管公賣局或監察所派員往查外並得就近稟請縣知事代爲查辦

前項由知事查辦案件應於查辦決定後仍咨送主管局所執行

第十二條　分棧或支棧得於本區域內交界要隘設立驗卡盤查如有販賣菸酒出境未貼印照亦無憑單或雖有憑單而無印照以及印照與貨數不符者得隨時將貨扣留報明主管公賣局或監察所派令員司往查或就近稟請縣知事代爲查辦

前項由知事查辦案件應於查辦決定後仍咨送主管局所執行

第十三條　分局及監察所依稽查章程第十條於本區域內派丁緝查私菸私酒應遵用部定緝私執照發交巡丁攜帶如遇有私販菸酒不服盤查即持照報明所在地軍警團保協助會拿妥速將事免致延誤

前項執照式樣應由分局及監察所咨明各縣知事及駐防軍隊通行軍警團保一體知照

第十四條　團保隣佑查獲私菸私酒確有實據者依稽查章程第十條得以舉發妄報者反坐

第十五條　巡丁或軍警團保查獲私菸私酒除依稽查章程第十一條報明主管公賣局或監察所聽候核辦不能私自處理外但得就將近稟請縣知事代爲查辦

前項由知事查辦案件應於查辦決定前咨送主管局所執行

第十六條　分局或監察所於本區域內發見私菸私酒如有沒收變價充公或收入罰金案件除遵用部定罰金聯單外並應逐案宣示以昭大公

第十七條　分局及監察所每月應將本區域內發見私賣菸酒案件及懲罰情形逐案列表詳報省局查核

第十八條　分棧及支棧對於商店應繳公賣費應隨時催收如有拖欠延抗者得開單報明主管公賣局或監察所並可擧就近稟請縣知事派令丁役催繳違則喚追

第十九條　分棧對於支棧代征公賣費應隨時催收如有拖欠延玩者得報明主管公賣局或監察所並可就近稟請縣知事派令丁役催繳違則喚追分棧仍須負完全責任先行墊解

第二十條　省局及分局監察所對於分棧代徵公賣費應隨時催收如有拖欠延玩者省局得派員提解分局監察所得咨請縣知事就近協催勒繳倘有虧挪情事卽沒收押款作抵

第二十一條　分棧及支棧代徵公賣費按月照繕榜示送請主管公賣局或監察所蓋印發還張貼本棧門首俾衆咸知

第二十二條　支棧關於製訂之簿據單表不遵定式辦理或各項報告逾期未到者主管公賣局或

監察所得隨時糾正或催報之

第二十三條　支棧如有與菸酒商店串同舞弊及其他妨礙公賣種種行爲等情事經主管公賣局或監察所查實者除照棧章第二十條辦理外分棧應連帶負責

第二十四條　分局委員及監察員關於製訂之簿記表單不遵定式辦理經省局派員查實或各項報告未能按期詳送旬報逾限至半月月報逾限至一月者應依稽查章程第十三條記過一次記過至三次者罰薪一月如有記功准其抵銷

第二十五條　分局委員及監察員如有更換關於交代之手續應照部定征收官交代章程辦理

第二十六條　本細則經未規定者悉照稽查章程辦理

第二十七條　本細則由省局詳奉財政部核准施行

第二十八條　本細則如有未盡事宜由省局隨時修正詳請財政部核准行之

四川省菸酒公賣局擬定稅費合併後徵收酒公賣費規則 民國八年呈經川省長核定十七年補行報部

第一條　酒公賣費爲圖徵收及稽查之便利起見一律以釀酒之戶（以後簡稱酒戶）爲納費人

第二條　稅費合併後卽將徵收局代徵之酒統稅歸入公賣費內一道徵收定爲照市價收取百分之二十五其原有之酒稅一律廢止不再重徵

第三條　凡酒戶無論本規則發布以前已經開設之戶及以後新設之戶均須邀同殷實保人具狀

赴本區分棧報明住址以及釀酒種類安設桶數全年出酒斤數淡旺月每月出酒斤數注入底册由分棧轉呈分局發給執照以後方許營業

前項由酒戶報知之桶數或斤數經分棧或分局認爲不確實時得由分棧或分局主管人員赴開設地點實行檢查以查定之數爲準

第四條　前項之酒戶執照係指民國八年菸酒公賣局所改定之執照而言其以前由財政廳及菸酒公賣局爲酒稅所發之執照一律均作無效

第五條　本規則發布以前已經執有財政廳及菸酒公賣局爲酒稅所發之執照經營釀造業者限於本規則公布後一個月以内依照第二條之規定從新註册領照逾限以無照論

第六條　有左列情事之一者不得核准

（甲）　全年出酒斤量不滿四千斤者

（乙）　無一定住所及永久設備者

（丙）　對於從前之酒稅或酒公賣費有蒂欠未清者

前項蒂欠能於請領執照時同時清繳者仍予核准

第七條　凡未依照本規則領得執照而私行釀造所有釀造器具及已成之酒悉行沒收變價以一半歸公一半充賞

第八條　已經核准給照之酒戶應繳印照於每月前五日自向本區分棧或支棧按照該月出酒斤

數具領應繳公賣費以每月二十五日至末日爲繳納期不得逾限

第九條　凡已完足公賣費者由經收之分棧或支棧塡給四聯收據以一聯交納費人收執爲據

第十條　酒戶領到印照於每次售酒出運時必須按照所售之斤數粘貼於盛貯器具之封口處以爲該項酒觔實係已納事務費之憑證

凡酒戶自行運酒至釀造地以外自己開設之舖店出售時亦同

仿紹酒及泥酒須密封久貯後始行出售者於密封時卽須粘貼

第十一條　關於貼用印照之規則由局出示張掛各酒戶門首凡買酒之戶必須驗明所貼印照實無違反規章之處方能收受否則沿途查出一切處分均由購運之戶負擔

第十二條　酒戶已經納費領得印照嗣後因出酒有多不敷貼用時仍應補納補領不加限制

第十三條　酒戶已領未用之印照應妥愼保存無論因何事故致有損失時非另繳公賣費不得補領

第十四條　凡依照本規則印照粘貼合法之酒在本省區內無論何地均得通行不再征費

第十五條　依本規則第九條之規定應行貼用印照之酒並無印照者依部定稽查章程第十九條將該酒沒收後不再另科罰金

第十六條　依本規則第九條之規定應行貼用印照之酒握存不粘者除在查獲地方責令補貼完備照外照已完公賣費加兩倍處罰

第十七條　依本規則第九條之規定應行貼用印照之酒雖經粘貼並不貼在封口處有預備重用之嫌疑者由查獲地方責令照數另完公賣費另貼印照外原貼不合之印照即予塗銷作爲無效

第十八條　依本規則第九條應行貼用印照之酒貼不足數者除責令在查獲地方照不足之數補完公賣費補貼印照外照補完公賣費加三倍處罰

遇有貨照不符之酒（如本係大麯或仿紹而印照內又係燒酒及老酒之類）即由查獲地方責令照原定該酒價格補完公賣費補貼印照外並按短漏費數加三倍處罰

第十九條　酒戶如有減報漏費情事除補完公賣費外按觔加十倍處罰

第二十條　凡酒戶經處罰至三次以上或蒂欠至兩月以上者追回其執照停止其營業

第二十一條　受停止營業處分之酒戶所有釀造器具悉行沒收其餘酒觔及原料限一箇月內自行處理完畢由公賣局員會同會辦縣知事驗明報核

受停止營業處分之酒戶如有應繳款項不能清繳者得酌提相當之酒觔或原料變價抵充無可抵充及抵充不足者責成保人賠繳受停止營業處分之酒戶不得再行復業

第二十二條　酒戶欲自行歇業者分永久暫時兩種辦理

（甲）永久歇業者除繳照燬灶外其餘釀造器具應繳棧驗收俟代爲變價發給

（乙）暫時歇業者祗將鍋口繳棧驗封俟復業時報明啓封領用

第二十三條　暫時歇業者得免除歇業中之公賣費

第二十四條　凡自行歇業者關於酒舫及原料之處理仍適用第二十一條之規定

第二十五條　本規定適用之範圍以初釀所成之酒爲限其以已成之酒另加香料或藥料更名出售者不在此例

第二十六條　本規則未經規定事項依照財政部前頒發各項章程及本省前定各項細則辦理

四川全省菸酒公賣局擬定稅費合併後徵收菸公賣費規則 民八年經川省長核定至民國十七年補行報部

第一條　稅費合併後卽將徵收局代徵之菸統稅歸入公賣費內一道徵收定爲照市價收取百分之二十五其原有菸稅一律廢止不再重征

第二條　其餘一切規章悉照財政部前頒發章程及本省所定各項細則辦理

四川全省菸酒公賣局增訂處罰漏費私菸規則 民國八年經川省長核准至十七年補行報部

第一條　照章應行粘貼印照之菸並無印照者依部定稽查章程第十九條之規定除將該菸沒收外不再另科罰金

第二條　照章應行粘貼印照之菸握存不貼者除在查獲地方責令補貼完備外照已完公賣費加兩倍處罰

第三條　照章應行粘貼印貼之菸雖經貼用並不粘貼堅固有預備重用之嫌疑者由查獲地方責

令照數另完公賣費另貼印照外原貼不合之印照卽予揭銷作爲無效

第四條　照章應行貼用印照之菸貼不足數者除責令在查獲地方照不足之數補完公賣費補貼印照外照補完公賣費加三倍處罰

遇有貨照不符之菸（如本係柳葉菸或毛菸而印照內又係捲葉菸或環子菸之類）卽由查獲地方責令照原定該菸價格補完公賣費補貼印照外並按短漏費款加三倍處罰仍將原貼不符之印照督令揭毁

四川改良葉菸郵包征費設處專辦簡明辦法六條 民國十五年報署

一　設立川省菸類郵寄征費處附於總局之內

一　郵局收葉菸包裹限十六斤八斤兩種故本局葉菸郵寄印照亦分十六斤八斤兩種十六斤征費四角八斤征費二角

一　葉菸郵寄印照須粘貼包裹之上

一　呈請全國菸酒事務署暨四川省長公署咨請交通部飭西川郵務管理局凡葉菸包裹非粘有本局規定之郵寄印照及印照未經驗消一概不予收寄

一　商人欲購菸交郵須赴征費處繳稅領照幷由處填給四聯運單一聯存處備查一聯呈繳總局一聯交商執運備沿途驗卡查驗蓋戳之用一聯由商持赴購菸地方之局所呈驗轉繳總局備查

一　由征費處派員赴收葉菸包裹各縣之郵局專司查驗并於印照上蓋驗消戳記

四川全省菸酒事務局核定各種菸酒價格表 民國十七年十二月報部

菸類

種類價別	每包觔市價	徵發數目	價格
福建條絲菸	一元	二角五仙	一元二角五仙
甘肅上等棉菸	二角	五星	二角五仙
甘肅次等棉菸	一角	二仙五星	一角二仙五星
柳葉菸	同上	同上	一角二仙五星
秋菸	同上	同上	同上
提莊折泉菸	同上	同上	同上
大小樹菸	同上	同上	同上
刁毛菸	同上	同上	同上

乾油絲泉菸	同上	同上	同上
頂葉樹毛菸	八仙	二仙	一角
毛三菸	同上	同上	同上
折大菸	同上	同上	同上
白葉泉菸	同上	同上	同上
對掛毛菸	七仙	一仙七星五咔	八仙七星五咔
甲葉菸	同上	同上	同上
秋毛菸	同上	同上	同上
二黃菸	同上	同上	同上
順草大小菸	同前	同前	同前
紅絲折菸	同前	同前	同前
紅葉泉菸	同前	同前	同前
刁甲菸	同前	同前	同前
夾毛菸	六仙	一仙五星	七仙五星
亮子菸	同上	同上	同上
伏大菸	同上	同上	同上

秋泉壳菸	同上	同上	同上
捲葉菸	同上	同上	同上
土壳毛菸	五仙	一仙二星五咔	六仙二星五咔
倒掛毛菸	同前	同前	同前
土秋甲菸	同前	同前	同前
伏泉菸	同前	同前	同前
鬚頭雜菸	同前	同前	同前
脚葉菸	同前	同前	同前
順草么菸	同前	同前	同前
秋折菸	同前	同前	同前
鬚折菸	四仙	一仙	五仙
鬚二么菸	同前	同前	同前
秋么長葉菸	同前	同前	同前
環子菸	同前	同前	同前

酒類

大麯	一角一仙	二仙七星五咔	一角三仙七星五咔

陳色乾酒	七仙	一仙七星五咔	八仙七星二咔
燒酒	五仙	一仙二星五咔	六仙二星五咔
仿紹	六仙	一仙五星	七仙五星
老酒	二仙	五仙	五仙五星
漏水酒	同前	同前	同前

第十八節　雲南貴州公賣費

雲南菸酒公賣。民國四年九月一日籌備。十一月一日公賣局成立。是月八日。省區開征。旋値滇省宣布獨立。公賣無形停頓。五年二月八日。奉令繼續辦理。各區始陸續實行。費率呈准徵收百分之十五。按市計率。加徵各商購存菸酒。以六折計算。五年十月九日。雲南都督以滇省地瘠民貧。菸酒兩項原有稅釐附捐。已極繁重。加徵公賣費率過高。商力難勝。電部核准費率減爲百分之十。自五年十二月一日起實行。十六年六月。據該局呈報菸類酒類調查表。所塡費率。仍照五年成案辦理。

雲南公賣。採產銷併徵兼分徵制。本產外銷者。產地徵收全費。貼甲種印照。請領指銷驗單。方准起運。本產即在本區銷售者。產地徵全費。貼乙照。本產運往本省他區銷售者。照產地市價計率。先徵半費。貼丙照。塡給指銷單。俟貨抵銷地。核驗相符。再照銷地市價補足半費。加貼丙照。方准銷售。如願在產地一次完納者亦可。外省運入本省銷售者。由入境首局徵收全費。給單貼照。運銷省境。不再重徵。已納費之菸葉。製成菸絲。應照菸絲價格徵費。但原納之菸葉費。得以原給憑單爲證。照數扣抵。五年十一月。該局以川菸入滇。向在老鴉灘徵收公賣費。塡給憑單。到省後。分運外屬銷售者。原給憑單。既難分攜。無單出關。又干駁詰。呈准仿釐金辦法。川菸由省分運者。准持原憑單到省局換給出關票據。自原單塡發日起。以一百二十日爲限。逾期作廢。並於原單上註明蓋戳。以資稽考。六年五月二十九日。又以本產甲區運銷乙區菸酒。原定產銷各半分徵。實行以來。沿途酒賣。稽察難周。呈准嗣後本產本銷菸酒。無論指銷遠近。統由產地將公賣費一次徵足。粘貼乙照。丙照暫行停止。其運銷出省者。仍照向章辦理。

雲南公賣區域。全省九十六縣、除省區外、共分四區。設分局四。分棧十六。支棧八十。省區另設分棧二。又於老鴉灘特設稽徵所。專司稽徵入滇川菸費款、均直隸總局

貴州邊瘠之區。菸酒產銷有限。民國四年全國創行公賣、該省曾設局開徵、旋卽停止。茲就其大較約畧述之。該省菸酒公賣。四年七月二十四日籌備十一月一日省局成立實行開徵嗣各區相繼開辦、費率呈准從價徵收百分之十。採產銷分徵制。本產運往本省他區銷售者按產銷地市價各半分征本產本區銷售及本產外銷者、均於產地征收全費。外省輸入本省銷售者由入境首棧征收全費。五年一月間、該省巡按使、財政廳、以該省公賣局開辦數月。收數寥寥入不敷支於歲收無所裨益。疊次電呈財政部請予緩辦該省公賣局遂於是年一月二十七日取銷並飭所屬各局一律停徵。實行結束。黔省菸酒公賣迄今尚未恢復。

雲南全省征收菸酒公賣費暫行細則　四年十二月奉部核准

第一條　本細則與全國菸酒公賣費暫行簡章並部定菸酒公賣費規則同生效力

第二條　現奉部飭籌辦菸酒公賣事宜體察雲南產銷狀況擬値百抽百分之十五

第三條　部章甲乙丙三種印照應分別結貼以免混淆茲將貼法詳列於左

（一）本省所產菸酒運赴他省行銷者應在本省完納公賣全費粘貼甲種印照領取指銷驗單方

准起運此項甲種印照專貼運銷出省之菸酒不能在本省銷售

(二)凡在本省各區行銷之菸酒須先在該區公賣棧完納全費粘貼乙種印照方准上市售賣此項乙種印照專貼本省各區所賣之菸酒未貼乙種印照者即以私論

(三)甲區所產菸酒運至乙區售賣在產地應照該地價格征收公賣費一半粘貼丙種印照領取指銷驗單運赴銷地由銷地公賣局驗明數量相符照銷地價格補抽公賣費一半再加貼丙種印照方准出售以杜取巧如該商願在產地完納公賣全費者亦可

第四條　甲區產地菸酒已貼有乙種印照准在本區銷售如運赴乙區銷售必須請領驗單以便稽查前項規定甲區運赴乙區之菸酒請領驗單時其驗單有效期間按程站加二倍計算過期無效例如甲區至乙區計程五站其有效期間則定爲十五日餘類推

第五條　凡已貼乙種印照之菸酒但查數量價格驗單相符在本省各區售賣概不重征

第六條　滇省產銷類異常零星茲擬取締征收之法於左

(一)各分支棧成立後須先將所轄區域內煮酒賣酒之戶切實調查飭令到公棧報明領取公棧許可證方准煑酒賣酒此項許可證由公棧發給不取分文

(二)煑酒之戶既到公棧報明領證該公棧必先詢明姓名住處或係長煮抑僅短煮每月可出酒若干塡明證內以後仍核實銷數照章征費

(三)賣酒之戶既到公棧報明領證亦須詢明姓名住處或係自行煑賣抑係販賣每月約可銷酒

若干塡明證內以後仍核實銷數照章征費

(四)煑戶賣戶既經報明領證自應遵章繳稅公賣費並照公棧所定價格售賣不得任意增減

(五)有煑酒器具之戶如未領公棧許可證私自煑酒者一經公棧查獲或由該地警察團約舉發者即將所煑之酒充公器具沒收

第七條　滇省產銷菸類亦甚零星玆擬取締征收方法於左

(一)各分支棧成立後必先切實調查販賣葉菸絲菸之戶飭令到公棧報名領取公棧許可證方准販賣此項許可證仍由公棧發給不取分文

(二)販賣葉菸絲菸之戶既到公棧報明領證亦須詢明姓名住處每月約可銷菸若干塡明證內以後仍核實銷數照章征費

(三)販菸之戶既經報明領證自應遵章繳納公賣費並照公棧所定價格售賣不得任意增減

第八條　各種賣菸酒之人如要改業必須將公棧許可證繳銷方准改業

第九條　菸酒各種許可證以一年爲期每年更換一次逾期不換者作爲無效

第十條　此項許可證由各分支棧照所發式樣刊刻加蓋戳記並蓋經理人押章方生效力

第十一條　如有營他業之人欲改營兼營菸酒業者亦可報明分支棧領取許可證仍不取分文

第十二條　各分支棧如欲自營菸酒業仍照章辦理不得私自增減價格漏征如有各種情弊一經查出從嚴處罰

第十三條　凡躉賣兼賣之店由公棧發給菸酒按日存銷表按日登記每旬報知公棧存查

第十四條　各分支棧應按旬檢查菸酒店存貨一次如有不實不盡照章處罰

第十五條　凡營業菸酒各種商販如敢以多報少一經查出三倍處罰屢犯者追繳許可征勒令停業

第十六條　歇業之人如敢私自賣酒販菸一經拿獲將菸酒充公並照章懲辦

第十七條　菸酒種類各別價格高低不齊此項公賣費應就其種類分別定價以免偏枯

第十八條　本細則如有未盡事宜隨時修正轉詳財政部核定

第十九條　本細則由局長核定詳報財政部核准施行

雲南全省菸酒公賣局稽查細則　四年十二月奉部核准

第一條　本細則與部頒各省菸酒公賣局稽查章程同生效力

第二條　各分支棧成立後須先將所管區域内菸酒兩業躉賣兼賣零星售賣各商戶姓名住處每月產銷若干如有停業改業或新添之户均分別列表報告分局以便稽查

第三條　凡分局分棧巡丁以及各縣警察團保拿獲私菸私酒均須送交各該處局棧眼同驗明菸酒成分稱過數量加封暫存如係警團單獨拿獲者由公棧出具收條一面會同稟報本管分局一面就近稟報地方官衙門照章將私菸私酒充公分别輕重處罰以免遷延拖累

第四條　各鄉鎮街場零星售賣菸酒者必須隨帶許可証無許可証者以私論發現私菸私酒十斤以上者由分支棧經理照章處罰必須將事由姓名年籍處罰金額詳細填明罰金單發給受罰人收執並將罰金單一聯按月由公棧彙齊稟報該管分局查考倘罰金入己並不填單發覺時從嚴懲處

第五條　各分支棧每月拿獲私菸私酒若干次變價若干元罰款若干元除填給受罰人單據並彙報分局外務須另造表册一份稟報就近該管地方官衙門備案並出榜宣布以免弊混

第六條　城市街場有私菸私酒發現時分局巡丁暨分支棧自應隨時查拿如在鄉村小寨偏僻處所或私販估抗或力難制服卽報地方頭人團保同往輔助查拿以免滋事

第七條　無論分局巡丁分支棧暨警團等除已報明領證之菸酒戶卽由公棧隨時檢查以免疎漏外遇有私藏菸酒之戶必須搜查時應先報該管地方長官及經理許可後方准入室搜查不得擅入人家致干嚴究

第八條　各縣警察團約均有幫同公賣局稽查私菸私酒之責如所管區域內有煑酒種菸並售賣菸酒之戶得由公賣局委託詳細調查報知該處公棧不得漠視

第九條　無論分局巡丁分支棧並各縣警團拿獲私菸私酒均須交公棧出售照本日公賣價格核算如不交公棧變價私相售賣者查出分別輕重處治

第十條　無論分局巡丁分支棧並各縣警團單獨拿獲私菸私酒者賞需全得如會同拿獲者按成

均分但必須將拏獲情形會同公棧稟報分局核定發給以免紛爭

第十一條　部定章程內載私菸私酒變價之款一半充公一半充賞充公之款應由分支棧按月報解分局彙解省局充賞之款准由分支棧坐扣存儲候稟分局核定照發仍須由受賞之人出具領結稟報分局備案

第十二條　本細則如有未盡事宜由各分局斟酌情形修正

第十三條　本細則由省局核定詳報財政部核准施行

雲南全省菸酒公賣局組織分支公棧細則 四年十二月奉部核准

第一章　分棧之支配

第一條　滇省地廣山多縣治距離窵遠民情渙散商務零星如每區僅設分棧一所不特稽查難週且恐懷疑觀望招商不易現擬變通辦理每一區內暫行組織分棧若干處以期交通敏活稽查便利茲將擬設分棧處數開列如左省區擬在省城設分棧一所武定縣設分棧一所共二所

第一區擬在東川昭通曲靖霑江各設菸酒分棧一所共計四所

第二區擬在下關保山鶴慶楚雄順寗各設菸酒分棧一所共計五所

第三區擬在蒙自廣西各設菸酒分棧一所文山廣南或分設菸酒公賣分棧各一所或併爲一所

第四區擬在通海思茅各設菸酒分棧一所共計二所

第二條　滇省共計九十六縣除已設分棧十八處不另設支棧外其餘各縣均設支棧一所某處支棧應由某分棧組織特爲規定以免紛爭

富民　嵩明　呈貢　羅次　易門　宜良　晋甯　安甯　祿豐　昆陽　各支棧歸昆明分棧組織

元謀　祿勸　支棧歸武定分棧組織

霑益　羅平　尋甸　陸良　馬龍　平彝　宣威各支棧歸曲靖分棧組織

江川　休納　路南　各支棧歸徵江分棧組織

巧家支棧歸東川分棧組織

魯甸　綏江　鎭雄　永善　大關　彝良　各支棧歸昭通分棧組織

牟定　摩芻　大姚　鎭南　鹽興　姚安　鹽豐　廣通　各支棧歸楚雄分棧組織

鳳儀　雲南　雲龍　洱源　蒙化　彌渡　漾濞　賓川　鄧川　景東　大理各支棧歸下關分棧組織

麗江　中甸　蘭坪　劍川　維西　永北　華坪各支棧歸鶴慶分棧組織

鎭沅　他郎　甯洱　景谷　瀾滄各支棧歸思茅分棧組織

河西　黎縣　嶍峩　元江　新平各支棧歸通海分棧組織

邱北　師宗　彌勒各支棧歸廣西分棧組織

富縣支棧歸廣分棧組織

馬關支棧歸文山分棧組織

阿迷　箇舊　建水　石屏各支棧歸蒙自分棧組織

永平　騰衝　龍陵　鎮康各支棧歸保山分棧組織

雲縣　緬甯各支棧歸順寧分棧組織

第三條　各區分棧均須挨次編列爲第幾區第幾公棧

第四條　各區支棧仍須挨次編列爲第幾區第幾分棧第幾支棧

第二章　押款之限制

第五條　各分棧押款由各區分局長體察該地產銷菸酒數目酌量征收詳解省局

第六條　各分棧經理人遵照局定數目繳納押款分棧所取各支棧押款總額不得逾分棧所繳數目十分之八餘照此類推以杜取巧而示限制

第七條　各分棧經理組織支棧時須先將支棧經理人姓名履歷押款數目稟報本管分局由分局長查明屬實轉詳省局發給執照先行試辦照半年期滿查看妥實方准承充正式經理人

第八條　各支棧經理人繳納押款與分棧時須向分棧取具收到押款憑單即以此項憑單在該管分局陳驗領取試充執照以昭信實

第九條　各支棧押款憑單由該管分局發給式樣歸各分棧自行照式繕寫加蓋分棧戳記并經理

人押章

第十條　此項支棧經理人之押款歸該管分棧妥爲保存不給利息如支棧經理人告退時應卽如數發還將憑單取回批銷繳存該管分局備案以杜後患

第三章　分支棧經理人之資格

第十一條　分棧經理人須年三十歲以上六十歲以下有左列三項資格之一者爲合格

家道殷實爲一方所尊仰者

經商有年確有閱歷者

曾充官吏素有聲望者

第十二條　支棧經理人須年在二十五歲以上六十歲以下有左列三項資格之一者爲合格

殷實老成爲一縣所推許者

曾辦商業有信用者

曾辦公益事業品行端正者

第四章　分棧經理之權利

第十三條　分棧經理有保薦支棧經理人之權但必須遵照以上資格保薦二三人稟由本管分局長選充

第十四條　分棧經理有更換支棧經理人之權但必須將理由稟報分局長查明核准方能更換

第十五條　分棧經理有隨時稽查所管各支棧賬據登記簿之權

第十六條　部章所定每月各棧代征公賣費准提二十分之一以示鼓勵此項提給之款按十成攤分經收支棧得九成該管分棧得一成准由解款坐扣仍須備領抵據以期簡易而清眉目

第十七條　各分支棧經理人於所管區域内認爲必須設分店支店處所抑或委託商店代征菸酒公賣費均應隨時稟報該管分局核定詳請省局核准

第十八條　各分支棧所領票單表據印照均應遵照部章辦理如有塡誤塡壞之件亦須逐件聲明繳銷以昭鄭重

第五章　分支棧解款之期限

第十九條　各縣支棧須先將各鄉場支店距支棧之程站稟報本管分局暨分棧各分棧亦須先將各支棧暨各鄉鎮分店距分棧之程站稟報本管分局均由分局列表詳報省局備查

第二十條　支棧每月所征菸酒公賣費應按旬解交本管分棧除程棧期限外祇准留清理票根造辦表册時間三日不得遲悞逾期者照章處罰

第二十一條　分棧彙解各支棧公賣費仍須按旬解繳本管分局除程站期限外祇准留清理票據造辦表册時間五日不得延遲逾限者照章處罰

第六章　分支棧經理之奬罰

第二十二條　分支棧一年期滿能征收鉅款者詳報省局長轉詳財政部分別給奬

第二十三條　分支棧經理之罰則詳列於左

收費而不塡給票據者

收多報少希圖侵蝕者

恃符撞詐被人控告者

以上三項經本管分局幷地方官查明確有證據先將經理人資格取銷沒收其押款交法庭按例懲辦

登記含糊間有侵蝕者

收款不解推延挪移者

欺詐浮冒希圖漁利者

以上三項經本管分局長查實取銷經理人資格幷沒收其押款

征收不力難期振作者

性情浮躁屢釀事故者

以上二項應取銷經理人資格

不照定額價格私自增減者照章處罰

解款逾期者照逾限日期計算每日罰銀一元

遺失印照票據毫無理由者每票一張罰銀五拾元每照一張罰銀貳元

以上處罰條款現就明顯者大致規定但發生事件情節不同其有舞弊營私不在規定法規以內者得參照應罰各節斟酌情形比附定擬仍將理由事實詳報省局查考

第二十四條　各分棧經理如犯沒收押款條件支棧有犯經分棧舉發者僅收現犯之支棧押款分棧免議如係通同舞弊則分支棧押款全數沒收數分棧有犯支棧併不知情者祗收分棧一部之押款如支棧知情不舉發者幷沒收其押款其支棧舞弊分棧不知情僅失覺察者得由各分局長斟酌情形將分棧處罰以示區別而免偏枯

第七章　附則

第二十五條　本細則如有未盡事宜得隨時修正詳候財政部核辦

第二十六條　本細則由省局核定詳報財政部核准施行

雲南省菸類產銷情形及稅費徵率調查表　十八年八月報部

縣別	出產菸類名稱	每年產額	行銷區域	外銷數量	本銷數量	當地價格	公賣費率	其他稅率	旺枯時期	附註
昆明	草菸 川菸	二萬斤 一萬餘斤	本地	無	全銷內地	四十五元 三百五十元	百分之十	釐稅約百分之五	無	
富民	土菸	二萬五十斤	本地及昆明	一萬五十斤	一萬斤	四十元	百分之十	同	秋冬旺春夏枯	
宜良	黃菸葉	十萬斤	同	約六萬斤	約四萬斤	二十餘元	同	同	同	
嵩明	土菸葉	五萬斤	本地	無	全銷內地	三十元	同	同	同	

安寧	土葉絲菸	二萬斤	本地	無	同	三十元 三十五元	同	同	同	
呈貢	草菸	二萬餘斤	本地	無	同	二十元	同	同	同	
晉寧	上等菸葉	三萬斤	本地	無	同	二十元	同	同	同	
羅次	葉菸	一萬斤	本地	無	同	三十元	同	同	同	
祿豐	土菸葉	萬餘斤	本地	無	同	三十元	同	同	同	
昆陽	草菸	五萬斤	本地	無	同	三十元	同	同	同	
易門	絲菸	一萬斤	本地	無	同	五十元	同	同	同	
武定	土葉菸	五萬斤	本地及永井	約二萬斤	約三萬斤	四十元	同	同	同	
元謀	菸葉絲	二千斤 二千斤	本地	無		四十元 五十元	同	同	同	
徵江	土絲菸	五萬餘斤	本地及迤南一帶	約四萬斤	約萬餘斤	四十元	同	同	同	
玉溪	菸葉	十萬斤	本地及附近各縣	約八萬斤	約二萬斤	三十元	同	同	同	
江川	上等菸	七萬斤	本地及附近徵江竹園等處	約四萬斤	約三萬斤	三十元	同	同	同	
路南	菸葉絲	萬餘斤	本地	無		三十元	同	同	同	
陸良	土絲菸	五六萬斤	本地及徵江等處	約四五萬斤	約一萬餘斤	二十五元	同	同	同	
曲靖	草葉黃絲菸	一萬餘斤	本地	無		三十元	同	同	同	
霑益	草菸	一萬餘斤	本地	無		二十五元	同	同	同	

馬龍	土菸	一萬餘斤	同	無		二十元	同	同	同	
尋甸	中等土菸	一萬餘斤	本地	無		三十元	同	同	同	
祿勸	土菸葉	萬餘斤	同	無		二十五元	同	同	同	
平彝	土菸	二萬餘斤	同	無		二十元	同	同	同	
羅平	土菸	約二萬餘斤	同	無		二十元	同	同	同	
中甸	草菸	二三千斤	同	無		二十元	同	同	同	
楚雄	草菸	一萬斤	同	無		四十元	同	同	同	
廣通	草菸	一萬斤	同	無		四十元	同	同	同	
牟定	土菸	五千餘斤	本地	無		三十四元	同	同	同	
大姚	草菸	二三萬斤	同	無		十六元	同	同	同	
姚安	草菸	六七千斤	同	無		十六元	同	同	同	
鹽興	土菸	五六千斤	同	無		三十元	同	同	同	
鹽豐	灶戶沖菸	六千餘斤	同	無		三十元	同	同	同	
會澤	草菸	二萬斤	同			二十五元				
巧家	土菸 土假川菸	七八千斤	同			二十五元 四十元				
昭通	草菸	五萬斤	同			三十元				

大關	草菸	二萬斤	同			二十元				
魯甸	土菸	一萬斤	同			十五元				
永善	土菸	二萬餘斤	本地			二十元				
綏江	土菸	二萬餘斤	本地			二十元				
鎮雄	土菸	七萬斤	本地及附近各縣	五萬斤	二萬斤	三十五元				
彝良	草 細絲 水菸	五六萬斤	本地			十二元 十六元				
鹽津	菸葉	一萬餘斤	同			二十元				
宣威	草菸	三萬斤	同			二十元				
雲龍	草菸	七八千斤	同			三十元				
蒙化	水菸 土葉 絲菸	十萬斤	本地及大理鳳儀祥雲等處	七八萬斤	亖萬斤	三十五元 二十五元 三十五元				
漾濞	草菸	二三千斤	本地			三十元				
祥雲	土菸	萬餘斤	本地			三十元				
雙柏	上中草菸	一萬餘斤	本地			上二十二元 中三十元				
景東	土菸葉 絲菸	七八千餘斤	本地及鎮沅	五六千斤	二千斤	十元 十五元				
賓川	土葉菸 絲菸	十萬斤	本地及大姚祥雲川邊各處	七萬斤	三萬斤	十七元 二十五元				

永平	土菸	三四千斤	本地			三十元
鎮康	土草菸	二萬斤	同			十元
順寧	土葉菸	二萬餘斤	同			二十元
大理	草菸	萬餘斤	同			二十元
鳳儀	土葉菸	二萬斤	同			十元
彌渡	土菸絲 絲菸	三萬斤	同			十五元
洱源	土葉菸	一萬餘斤	同			十二元
鄧川	草菸	四五千斤	本地			十二元
騰衝	土絲菸	一萬斤	本地			五十元
龍陵	土菸葉 絲菸	十餘萬斤	本地及保山蒙化等處	十萬斤	三萬斤	十二元 十五元
緬寧	草菸	四五千斤	本地			二十元
雲縣	菸葉 菸絲	一萬餘斤	本地			三十元 四十元
永北	菸	十萬斤	本地及華坪永平川邊等處	七萬斤	三萬斤	二十元
華坪	草菸	二萬斤	本地			十元
麗江	土葉菸	七八千斤	本地			二十五元
蒙自	上土菸 下土菸 土菸葉	三十餘萬斤	本地及箇舊文山等處	二十餘萬斤	十萬斤	三十三元 二十七元 二十元

箇舊	蒙自通海彌勒菸	無	無	無	三十萬斤	三十五元 三十元 三十五元				
阿迷	草菸	三萬斤				三十元				
石屏	草菸	一萬斤	本地			二十元				
建水	菸絲葉	一萬斤	同			二十元 十五元				
瀘西	菸絲葉	三萬斤	同			三十五元 四十元				
邱北	土葉菸	一萬餘斤	同			二十五元				
彌勒	上中菸絲 下菸葉	十餘萬斤	本地及箇舊	五萬斤	六七萬斤	三十五元 二十八元 二十二元 十八元				
文山	土菸葉 土菸絲	七八千斤	本地			七十元				
馬關	草菸	五六千斤	同			八十元				
鶴慶	草菸	七八千斤	同			二十五元				
劍川	草菸	二三千斤	同			二十元				
維西	草菸	二三十斤	同			二十元				
蘭坪	草菸	二千斤	同			二十五元				
通海	土絲菸 土葉菸	七十萬斤	本地及迤東迤南各縣	五十萬斤	二十萬斤	二十四元				

河西	菸絲	二萬餘斤	本地			二十五元				
富縣	廣草菸	十餘萬斤	本地			二十元 四十元				
師宗	中菸葉	一萬斤	同			二十元				
鎮南	土菸	一萬餘斤	同			二十元				
黎縣	菸	七八萬斤	同			二十二元				
嶍峨	搭甸草菸	三萬斤	同			四十元				
寧洱	土菸葉	一萬餘斤	同			三十元				
鎮沅	菸草	五千斤	同			三十元				
墨江	草菸	五六千斤	同			三十元				
思平	菸葉	一萬餘斤	同			五十元				
元江	草菸	五萬斤	同			三十元				
新平	土菸	一萬餘斤	同			三十元				
景谷	草菸	一萬餘斤	同			二十元				
瀾滄	黃葉菸	一萬斤	同			二十元				
西疇	草菸	七八萬斤	本地及近各縣	六萬斤	三萬斤	四十元				
廣南	草菸	六萬斤	本地			三十五元				

保山	草菸	二十萬斤	本地			三十元				
曲溪	黃菸	二萬斤	本地			二十元				

雲南省酒類產銷情形及費稅徵率調查表

十八年八月報部

縣別	出產酒類名稱	每年產額	行銷區域	外銷數量	本銷數量	當地價格	公賣費率	其他稅率	淡旺時期	附註
昆明	雜糧酒	二三十萬斤	本地	無		三十元	百分之十	教育經費百分之十 酒籠稅約百分之五		
富民	谷酒	十萬斤	本地及昆明	約五萬斤	約五萬斤	二十元	同	酒籠稅約百分之五		
宜良	大麥酒 穀子酒	五萬斤 四萬餘斤	本地及昆明	約四萬斤	約五萬斤	二十八元 三十元	同	每百斤徵酒稅一元五角		
嵩明	穀酒 雜糧酒	一萬餘斤 三萬餘斤	本地及昆明	約二萬斤	約二萬餘斤	三十元 二十八元	同	同		
安寧	谷酒	五萬斤	本地及昆明	約二萬斤	約三萬斤	二十四元	同	同		
呈貢	膏粱酒	七萬斤	本地及昆明	約三萬斤	約四萬斤	二十六元	同	同		
晉寧	谷酒	六萬斤	本地及昆明	約三萬斤	約三萬斤	二十八元	同	同		
羅次	中等酒 上等酒	一萬斤 二萬斤	本地	無	全銷內地	三十元 二十六元	同	同		
祿豐	雜糧酒 穀酒	二萬斤 二萬斤	本地	無	全銷內地	二十六元 二十八元	同	同		
昆陽	谷酒	八萬斤	本地及昆明	六萬斤	二萬斤	二十五元				

易門	谷酒	四萬斤	本地	無		二十元				
武定	谷大麥酒	二三萬斤	本地及永井	無		四十元三十五元				
元謀	膏粱酒	二萬斤	本地	無		二十五元				
澂江	谷酒	八九萬斤	本地及迤南一帶	約五萬斤	約四萬斤	二十四元				
玉溪	谷酒	九萬斤	本地及附近各縣	約三萬斤	約六萬斤	二十元				
江川	雜粮谷酒	三二萬斤	本地及附近徵江竹園等處	約二萬斤	約三萬斤	二十元二十四元				
路南	谷子雜粮酒	二萬斤四萬餘斤	本地及箇舊	第萬餘斤	約五萬斤	二十五元二十二元				
陸良	市酒	八萬斤		無		十五元				
曲靖	大麥谷酒	八萬斤	本地	無		二十元				
霑益	谷子酒	三萬斤	本地	無		二十元				
馬龍	谷酒	八千斤	本地	無		二十二元				
尋甸	中等谷酒	四萬斤	本地	無		二十元				
祿勸	谷子雜粮酒	五六萬斤	本地	無		二十元十五元				
平彝	谷酒	九萬斤	本地			十五元				
羅平	谷酒	七萬斤	本地及迤南一帶	約二三萬斤	約四五萬斤	十元				
楚雄	谷酒	十萬斤	本地及附近各縣	二三萬斤	六七萬斤	二十二元				

廣通	谷子酒 大麥酒	二萬斤 三萬餘斤	本地			二十二元 二十元			
牟定	谷酒	十萬斤	本地	無		十五元			
大姚	谷酒	十五萬斤	本地及會理	十萬斤	五萬斤	十三元			
姚安	谷酒	二萬斤	本地	無		十五元			
鹽興	谷酒	七萬斤	本地			二十元			
鹽豐	谷酒	三萬斤	本地			十五元			
會澤	谷酒	七萬斤	本地及附近各縣	約四萬斤	約三萬斤	十五元			
巧家	谷酒	二萬斤	本地			十五元			
昭通	谷酒	十五六萬斤	本地及附近各縣	約十萬斤	約五六萬斤	十五元			
大關	燒酒	四萬斤	本地			十五元			
魯甸	谷酒	一萬餘斤	本地			十五元			
永善	土燒酒	約六萬斤	本地			十五元			
綏江	谷酒	五萬斤				十三元			
鎮雄	谷酒	約三萬斤	本地			十三元			
彝良	燒酒	八萬斤	本地			十元			
鹽津	膏粱酒	二三萬斤	本地			二十元			

宣威	雜粮酒	八九萬斤	本地及附近各縣	五萬斤	三四萬斤	十二元			
雲龍	燒酒	約五萬斤	本地			十元			
蒙化	麥酒	六七萬斤	本地及大理鳳儀祥雲等處	三萬斤	三四萬斤	十五元			
祥雲	包谷大麥酒	十萬斤	本地			十二元			
雙柏	谷酒	八萬斤	本地			十三元			
景東	谷酒	五六萬斤	本地及鎮沅	二萬斤	三四萬斤	十元			
賓川	苞麥酒	七萬斤	本地及大姚祥雲川邊各處	三萬斤	四萬斤	十五元			
永平	谷酒	三萬斤	本地			十元			
鎮康	包谷酒	十餘萬斤	本地			六元			
漾濞	燒酒	四萬斤	本地			十二元			
順寧	升酒	七八萬斤	本地			二十元			
大理	市酒	十萬斤	本地及附近各縣	五萬斤	五萬斤	五元			
彌渡	谷酒	十餘萬斤	本地			八元			
鳳儀	谷酒	四萬斤	本地及大理永平雲龍各處	二萬斤	二萬斤	十元			
洱源	大麥酒	三萬斤	本地			十元			
鄧川	市酒	八萬斤	本地			五元			

騰衝	市酒	十餘萬斤	本地			八元				
龍陵	谷酒	二十餘萬斤	本地及保山蒙化等處	十萬斤	十餘萬斤	十元				
緬寧	谷酒	六萬斤	本地			十元				
雲縣	雜糧酒	十萬斤	本地			十元				
永北	酒	十萬斤	本地及華坪平川邊各縣	四萬斤	六萬斤	十元				
華坪	包谷酒	六萬斤	本地			九元				
麗江	谷酒	二萬斤	本地及維西中甸各處	一萬斤	一萬斤	二十元				
蒙自	市酒	九十萬斤	本地及箇舊文山等處	六十萬斤	三十萬斤	十二元				
箇舊	蒙自彌勒酒	無	無	無	六十餘萬斤	十五元 十七元				
阿迷	酒	十餘萬斤	本地			七元				
石屏	雜糧土酒	四萬斤	本地			二十五元				
建水	市酒	五萬斤	本地			二十五元				
瀘西	市酒	十萬斤	本地			十二元				
邱北	谷酒	七萬斤	本地			十元				
彌勒	谷酒	十餘萬斤	本地及箇舊	七萬斤	五萬斤	十五元				
文山	包谷酒	十餘萬斤	本地			二十五元				

馬關	包谷酒	十餘萬斤	本地			四十元				
鶴慶	慶酒	十萬斤	本地及附近各處	七萬斤	三萬斤	十元				
劍川	雜粮酒	二萬斤	本地			十五元				
維西	谷酒	一萬斤	本地			十元				
中甸	谷酒	一萬斤	本地			十元				
蘭坪	谷酒	一萬斤	本地			十元				
通海	燒酒	十二萬斤	本地及迤西迤東各縣	七萬斤	五萬斤	十元				
河西	市酒	二萬斤	本地			二十元				
富縣	土雙 單酒	十餘萬斤	本地			十八元 十六元				
師宗	谷酒	五萬斤	本地			十元				
鎮南	谷酒	八萬斤	本地			十元				
黎縣	酒	五萬斤	本地			二十元				
嶍峨	谷子酒	八萬斤	本地			二十元				
寧洱	谷酒	三萬斤	本地			十五元				
鎮沅	上等酒 中等酒	三萬斤	本地			九元 七元				
墨江	谷酒	一萬斤	本地			十元				

思茅	谷酒	一萬餘斤	本地			二十五元			
元江	谷酒	五萬斤	本地			二十元			
新平	市酒	八萬斤	本地			十元			
景谷	谷酒	三萬斤	本地			十五元			
瀾滄	谷酒	三萬斤	本地			十元			
西疇	燒酒	十五萬斤	本地			二十元			
廣南	上中等酒	十餘萬斤	本地			二十元 十五元			
保山	谷酒	二十餘萬斤	本地			二十元			
曲溪	谷子酒	一萬餘斤	本地			三十元			

貴州省菸酒公賣施行細則

第一章　征收

第一條　本細則所收菸酒公賣費係遵照部訂全國菸酒公賣暫行簡章第十條參酌本省產銷各地市價暫定加收百分之十五文

第二條　各區公賣價格由各該區分棧或支棧體察市情核計成本利益捐稅等項按旬擬定報經各分局監察所核准刊布通知如有漲落得隨時規定但仍須由各該分局監察所按月詳報省局

第三條　凡販賣菸酒者應先投棧報明數量由棧派人查驗確實核徵公賣費粘貼印照填發聯單方准運售

第四條　公賣費販運人隨時繳清如有短欠歸分棧照數墊繳

第五條　凡由省外運入銷售之菸酒照章檢定價格加貼印照征收公賣費一道其本省所產之菸葉如繳納公賣費後製成絲菸者不再重征

第六條　販運菸酒出省者應按起運之區市價由棧核征公賣費分別粘貼印照始准運赴他省

第七條　凡在本省販賣菸酒由此區產地運至彼區銷售者先由產地之分棧按照市價征收公賣費一半俟抵銷地時再由銷地之分棧按照售價征收公賣費一半但須於起運時粘貼丙種印照並塡給四聯驗單商人依限運到後卽將執照單一聯除由銷地之分棧或支棧轉繳省局核對另由銷地分棧或支棧加貼乙種印照方准銷售丙照無單獨施行之效用如有洒賣或偷運出省情弊查出照本細則第三十二條第二項辦理

第八條　凡產製之菸酒卽在本區境內銷售者應按各該處市價由棧核征公賣費粘貼乙種印照

第九條　販運菸酒已征過產銷地完全公賣費後粘有乙丙兩種印照者如再運往他處本省區域內不另征收

第十條　酒類由產釀之區域販運至十斤以上應赴各分支棧遵章繳納公賣費貼用乙種印照方能行銷釀戶於十斤以下不准零售與販運人

釀酒之戶如有零售之必要應照本細則第十一條另設零沽商店仍嚴禁私行運販

第十一條　凡酒類產釀之區域零沽商店運酒至十斤以上應先赴各分支棧報完公賣費粘貼印照方准開市零沽仍由局棧隨時檢查不得以私酒混銷

第十二條　凡自釀自售之零沽酒店應按旬計算銷售之數量先赴分棧報明繳納公費領取印照始能釀售如未經領照或領照而所釀酒浮出所報之數者查出章照處罰

第十三條　凡他處輸入菸絲及各種酒類認爲已完公賣費者零躉聽售但躉售必以有原貼印照爲憑

第十四條　分棧支棧代征公賣費應遵部訂棧章第十五條隨時塡記四聯單及日記簿分別繳存給執

第十五條　分棧支棧代征公賣費按旬或五日結總謄入收解簿內如有錢款照市價銀元連同銀錢市價單暨截存代征公賣費憑單兩聯塡用解單解赴省局分局或監察所兌收掣取批迴收單爲據

征費支棧按五日一次解交分棧分棧按旬彙解省局分局或監察所

第十六條　分棧代征公賣費照部訂棧章第十七條准於征起款內提給二十分之一但由支棧經理征收之公賣費其所應提二十分之一按成分攤分棧得三成支棧得七成按月由省局分局核發不得坐扣

第二章　查緝

第十七條　各種印照應粘貼於菸酒包裹或盛儲器具封口處所並將商號及菸酒種類數量月日填明照內

第十八條　商店輸入菸酒征費貼照後分棧支棧得依部訂棧章第十三條隨時檢查如有疑點立卽報由省分局或監察所查核辦理

第十九條　省局分局及監察所對於分棧支棧得依部訂稽查章程第六第八兩條隨時派人巡察監視並有調閱賬記單據之權

第二十條　省局分局及監察所派出巡丁隨時發給巡緝印照如遇大宗私運菸酒不服盤查得持照就近報告所在地地方官或軍警協助緝捕

第二十一條　販運整甕之菸酒如未粘貼乙種印照及產釀之區販酒至十斤以上未貼乙種印照者均以私論

第二十二條　菸酒包裹或盛儲器具上所貼印照如有塗改舞弊形迹查明照章罰辦

第二十三條　販運私菸私酒警察團首約保人等以及鄰居戶均得干涉舉發之

第二十四條　征收局卡檢查菸酒飭除公賣局聯單驗明是否相符如有未貼印照及趨避情事准卽扣留知會所在區域內公賣局所核辦

第二十五條　省局分局巡丁未能遍設時依部訂局章第九條應由各縣知事及征收局員同負緝

私之責如遇必要時得照章商由縣由知事加派警察幫同辦理

第二十六條　省局分局辦事人員如有實心辦事成蹟顯著者由省局詳請獎勵或酌與獎金其辦理不力或有他項情弊者應依部訂稽查章程第十二三四五等條由省局察酌分別執行

第二十七條　分棧支棧代征公賣費如有不照定章私自增減或巧立名目額外索費者照部訂稽查章程第十七條處罰

第二十八條　分棧支棧如有與本區域內菸酒商店串同舞弊或將所征公賣費朦蔽侵蝕及其他妨礙公賣種種行爲經省局分局查明應部部訂棧章第二十條辦理

第二十九條　分棧支棧於本區域內商店查獲未貼印照之菸酒應報由省局察酌情節照部訂棧章第十八條規定罰金範圍處以五十元以上五百元以下之罰金

第三十條　菸酒商店如不受本區域內分棧支棧檢查應依本細則第二十條報明省局分局照章處罰

第三十一條　菸酒商店與分棧支棧串同舞弊除分棧支棧照本細則第二十八條辦理外並將該商店依第二十九條罰金範圍分別處罰情節重者從嚴懲治

第三十二條　私販菸酒或有舞弊形迹一經發覺得依部訂稽查章程第十九條報經主管局察酌罰辦

第三十三條　公賣局巡丁及警察約保鄉鎮團首人等查獲私菸私酒應照部訂稽查章程第十一

條報經主管公賣局變價一半充公一半充賞不得私自處理鄰近舉發得於充賞款內提給賞金無實據妄報者反坐
第三十四條　征收局卡查獲違法之菸酒經主管局所查實罰辦後應將處罰之款提半給予該局卡之扦巡人等充賞
第三十五條　征收局之扦巡及知事署之法署警暨鄉團警察人等如有徇情賄縱或籍故敲詐情弊察出由省分局轉知該管長官嚴行處治
第三十六條　公賣局巡丁如無巡緝執照在外妄行職權或地方痞棍冒充巡丁滋擾得由被害人赴局報告均隨時送交該區域內之縣知事或司法官廳嚴行懲辦設巡丁等如有賄縱嚇詐情弊查覺加等嚴辦
第三十七條　凡菸酒商店受罰金之處分而延宕不繳者得由公賣局發交該管區域內之縣知事或司法官廳押追
第三十八條　省局分局收納罰金應隨時遵填製定之罰金聯單按月解由省局轉儲金庫報部候撥

第四章　附則

第三十九條　本細則如有未盡事宜或須變更之處仍得隨時詳請修正
第四十條　本細則詳奉財政部核准施行

第十九節　遼寧公賣費（卽舊奉天省）

奉省菸酒公賣於民國四年八月開辦。是時東三省以歐戰方興。邊防吃緊。劃作特別區。鎮安上將軍得以便宜行事。又以南滿路綫三里以內。皆屬外人勢力範圍。措施困難。十倍他省。當公賣開辦伊始。各燒商多方抵制。或竟聲稱遷入南滿鐵路附屬地內營業。而奉省歲入又以酒稅爲大宗。始基不慎。後患堪虞。卽由段上將軍電准財政部變通辦理。存公賣之名。行加稅之實。於十一月一日起。規定公賣費率。除本省各燒鍋所產白酒每斤定價一角。徵費一分二釐外。其餘各種菸酒均按值百抽十二。不設分局分棧。委託財政廳所管徵收局代辦。實行開徵。卽由各該征收局與原有菸酒兩稅同時抽收。如是則費稅兩項在官廳方面。一爲中央稅款。一爲地方收入。固屬截然兩事。在商人方面。仍屬一次繳納。不過向產地局卡或入境第一局卡。分掣兩種票據而已。民國五年四月。由全國菸酒事務署咨經財政部分飭東三省財政廳。凡委託代徵公賣費之各徵收局。如有辦理不力者。准由省公賣局查明。隨時咨廳撤換。以資整頓而利進行。旋以關內不靖。各燒商乘機請求減免。復經張巡按使核定自五年七月一日起。減半徵收。除白酒每斤徵收六釐外。其餘菸酒值百抽六。民國十五年十二月起。又將白酒公賣費比照其他菸酒。一律改爲從價徵收。其費率卽根據五年成案。值百抽六。民國十六年。又先後將菸酒兩項費率各減二釐。實徵百分之四。卽白酒每斤定價五角。征費二分。菸葉每斤定價三角四分。徵費一分四釐。民國十七年四月。因奉票跌落。又將白酒一項規復從量舊制。每斤改徵均價大洋六釐。（均價辦法見後）其菸葉及雜酒。亦按均價大洋估價值百抽六。其經過情形。畧述於下。

奉省向無現大洋。所有公賣費款。始按歷次所定費率。以小洋十二角核收大洋一元。名曰一二大洋。在開辦之初。以之解繳金庫。尚無出入。旋以現金缺乏。票價跌落。逐漸虧耗。截至十七年四月。此項一二大洋一元。實合現大洋一角八分。始由省局呈准省公署。改照按月均價大洋折收。此項均價大洋。由省署按月核定公布。四月份均價大洋。即以一二大洋二十元作一元核收。實際則是月均價大洋一元。卽折收奉天小洋二百四十角。

奉省菸酒兩項產銷數目。以各燒鍋所產白酒為大宗。此項燒鍋。照民四調查表。計二百七十五家。每日出酒觔數。大班四百斤。小班三百斤至二百五十斤不等。小酺無規定斤數。合計大小班及小酺。每日出酒總數。約十九萬六千餘斤。每年以開燒十個月計。應共產五千八百八十餘萬斤。以每斤征費一角二分計算。則民國四五年間。應得七十萬餘元。又查民國四年調查菸酒產銷稅額表。酒類本產。年約七千二百四十餘萬斤。（此數含一切酒類在內）輸入年約三百三十餘萬斤。兩共七千五百餘萬斤。菸類本產。年約得九百五十餘萬斤。輸入年約九百五十萬餘斤。兩共一千八百餘萬斤。據民國十四年產銷數量表。燒鍋三百餘家。年造白酒七千一百萬餘斤。菸類本產一千一百七十萬斤。兩相比較。酒類產數。十四年減少一百萬餘斤。菸類產數。十四年增加二百餘萬斤。至於該省最近產銷情形。末附該省局十八年九月塡報之菸酒調查表。不贅。

修改奉天省菸酒公賣暫行變通簡章　五年七月廿八日報署核准

第一條　本簡章依全國公賣暫行簡章參酌奉天省地方情形變通規定之
第二條　奉天省菸酒公賣事務暫照本簡章辦理
第三條　凡奉天省所產及在奉天省製或在奉天省銷菸酒均暫照本簡章辦理
第四條　奉天省菸酒暫依左列之規定征收公賣費
一奉天省產出酒類燒酒就產地按稅捐成例以班數計觔每觔價格按一角計征公賣費一分二釐各種雜酒就產地按價格每角征公賣費一分二釐
二奉天省輸入酒類就銷地檢定價格每角征收公賣費一分二釐
三奉天省產出菸類就產地按照價格每角征收公賣費一分二釐
四奉天省輸入菸類就銷地檢定價格每角征收公賣費一分二釐
五已就產地或銷地收過公賣費之菸酒改製出售者按價格每角征收公賣費一分二釐
六已就產地或銷地收過公賣費之菸酒改裝出售者免收公賣費如改裝後超過原運觔量應按照超過數目補征公賣費
以上菸酒公賣各費由民國五年七月一日暫雖減半征收俟大局平定再行規復
第五條　奉天省緩設菸酒公賣分局公賣分支棧暫由省局委任各稅捐局代辦本管轄境內菸酒公賣事務擔負分局分支棧應負之一切責任其辦事細則另規定之
第六條　奉天省產出之菸酒除燒鍋燒酒照第七條第二項辦理外販賣或運銷時須先赴該管稅

捐局卡計數繳納公賣費領出印照粘貼於包裹或盛儲器具上由稅局填給甲種驗單執運並填給征收憑單發商收執其不貼印照或貼不足額或有印照而無驗單者均以私論

前項印照遵照部式分甲乙丙三種甲種自一百斤至二百斤乙種自十斤至一百觔丙種自一觔至十觔由省局製定蓋印發交稅捐局具領貼用時填明量數

前項印照於本省菸葉包裹上有實在無法粘貼時得粘連於丙種驗單第二聯執運之後加蓋騎縫戳記以備稽查

前項甲乙丙三種執照另有加印改裝字樣者專為第四條第六項改裝出售菸酒之用其填用手續均照本條第二第三兩項辦理

前項甲種驗單遵照部式修改以第一聯存查第二聯交商執運第三聯繳省局查核第四聯送指銷地方公賣機關查照於填給時每張照部章收驗單費一角

第七條　奉天省產出之燒酒暫准各燒商援照稅捐成例按三月一季繳納公賣費以求簡便惟每日蒸酒班數仍遵例各於季首報明該管稅捐局轉報省局查核不得任意增減菸類及他種酒類應繳公賣費仍須隨時照繳

前項燒酒各燒鍋暫准時取具兩家以上殷實舖保或銀錢期票向該管稅捐局領貼印照驗單行運至季尾時按本季蒸酒班數繳清公賣費現款後再由稅捐局填給征收憑單

第八條　由甲局境內運至乙局境內銷售之菸酒中間經過他局地面時沿途各該局卡應查驗其

執運聯單註明經過月日蓋戳放行

第九條　由甲省運至乙省銷售之菸酒中間經過本省時沿途各該局卡查驗其執運聯單在執運一聯上註明經過月日蓋戳每單一張照部章收費一角另行填給乙種驗單放行

第十條　由甲省運入本省銷售之菸酒其首先經過之局卡如非其指銷地點應查驗其執運聯單在執運一聯上註明經過月日蓋戳每單一張照部章收費一角另行填給乙種驗單放行

前二條適用乙種驗單遵照部式修改以第一聯存查第二聯交商執運第三聯繳省局查核第四聯送指銷地方公賣機關查

第十一條　凡菸類由本局境內運銷於甲地後復轉銷於乙地或由甲局卡運銷於乙局卡境內後復轉銷於丙局卡境內者其轉境辦法另規定之

第十二條　甲乙兩種驗單如菸酒同運時應各塡一張如同一菸類或酒類應不分重量之多寡祇按單數收費

第十三條　甲乙兩種驗單有效期間應於發給時按商人指銷地點之路程遠近分別酌塡如逾原定期間該驗單卽作爲無效以杜一單兩用之弊

商人沿途阻滯致逾驗單規定有效期間時如有確實事由足以證明無弊並能取具所在地殷實商號之保證書出爲擔保者應准赴所在地公賣機關請於原單註明事由蓋戳

第十四條　家釀自食者應受稅捐局之檢查每家每年以百觔爲限逾百觔者計其所逾之額照應

收公賣費數目加倍議罰並沒收其逾額之菸酒其本業菸酒者不得再有家釀自食

第十五條　奉天省菸酒公賣除就各稅捐局所管地面徵收公賣費外另由省局設監察員八人隨時承局長之指揮分赴各局卡執行菸酒公賣稽查事務其職務另定之

前項監察員平時駐於省局隨時承局長之指揮幫同局員辦事

第十六條　代辦菸酒公賣各稅捐局按原有菸酒稅額爲比較酌分一二三等依左列之規定給予辦公津貼費

一等省城牛海新民昌圖遼陽五局每局月給六十元

二等西豐東豐黑山錦縣海龍西安梨樹懷德遼康開原通桓洮南十二局每局月給五十元

三等鐵嶺北鎮營口蓋復綏興義縣沙河孤山鳳城長甸柳河法庫新賓輯臨撫松長白安圖十七局每局月給四十元

以上各稅局津貼由民國五年七月一日起各減支大洋十元俟原費規復再行議加

第十七條　除燒酒價格每觔按一角計不另規定外代辦菸酒公賣事務之稅捐局每月應將所管境內次月之菸酒公賣價格規定詳報省局查核如有意外漲落須於文內聲明

第十八條　各稅捐局對於菸酒商店得執行左列之罰則

一菸酒商人如不受本管稅捐局之核查處以五十元以上五百元以下之罰金

二查獲未繳公賣局費之菸酒扣留充公仍將該商店處以五十元以上五百元以下之罰金

三查獲未繳納公賣費之菸類確係肩挑小販除將菸觔全數充公外酌處以一元以上五元以下之罰金

前項情事如被監察員查出時得會同稅捐局執行同一之罰則

第十九條　稽查私銷私運等事項由省局通飭各縣知事督率團警按照章程協助各稅捐局認眞辦理

第二十條　本簡章有應更訂或廢止時由省局酌擬詳全國菸酒事務署核辦

第二十一條　本簡章自奉全國菸酒事務署核准公佈之日施行

修改奉天省稅捐局代辦菸酒公賣事務暫行細則 民國五年七月一日報署核准

第一條　本細則按照奉天省菸酒公賣暫行變通簡章及部章所載爲變通簡章所未詳者規定之

第二條　奉天省各稅捐局暨兼辦稅捐局之縣知事代辦菸酒公賣事務除遵守奉天省菸酒公賣暫行變通簡章外均應遵守本細則辦理

第三條　各稅捐局局長暨兼辦稅捐之縣知事由財政廳咨會省局加飭委任稅捐局局長暨兼辦稅捐之縣知事有更替時依前項規定辦理

第四條　代辦菸酒公賣事務之稅捐局局長暨縣知事辦理菸酒公賣事務不力者省局得分別情節輕重咨會財政廳按征收官奬懲條例辦理

第五條　代辦菸酒公賣事務之稅捐分卡員司辦理菸酒公賣事務不力者省局得分別情節輕重飭令主管局長縣知事撤懲之

第六條　各稅捐局暨兼辦稅捐之縣知事代辦菸酒公賣事務行用公文仍用稅捐局鈐記及縣知事印

第七條　各稅捐局卡暨兼辦稅捐之縣公署代辦菸酒公賣事務均懸代辦奉天省菸酒公賣事務字牌其式樣如左

代辦奉天菸酒公賣　第　區　本稅局卡所管境內公賣事務

寬一尺　長五尺

凡局卡及兼辦稅捐之縣公署均懸此牌如有由縣委任兼辦稅捐之其他分機關同

第八條　各稅捐局暨兼辦稅捐之縣知事應於開辦之始將所管分卡及委任兼辦稅捐之分機關及分征員司姓名報明省局查核分卡分機關員司有更易時亦同

第九條　各稅捐局暨兼辦稅捐之縣公署代辦菸酒公賣事務均督率原有員司丁役兼辦不另增設

第十條　各稅捐局暨兼稅捐之縣公署照章應得之津貼辦公費准其自由支配一切用費均在其內不得超過額定數目

第十一條　各稅捐局暨兼辦稅捐之縣公署領支津貼辦公費應依左列各項辦理

一津貼辦公費得於解款內按月坐扣仍照領款解款手續處領處解

二津貼辦公費須按月造具支出計算書連同單據黏存簿呈送省局彙轉全國菸酒事務署核銷

第十二條　各稅捐局暨兼辦稅捐之縣公署代辦菸酒公賣事務應用照單按左列各項詳請省局核發具領

一甲乙丙三種印照

二甲乙丙三種改裝印照

三甲種四聯驗單

四乙種四聯驗單

五征收憑單

六轉境執照

七罰金四聯單

八巡緝私菸酒執照

第十三條　各稅局暨兼辦稅捐之縣公署代辦菸酒公賣事務應用簿表按左列各項由各局自行置用

一解款單

二款項收支簿

三代征菸酒公賣費日記簿

四公賣費收解簿

五代征公賣費數目表

六菸酒市價表

七銀錢市價表

八菸酒商店調查表

九商店存銷菸酒類登錄表

第十四條　領用甲乙丙三種印照及甲乙兩種四聯驗單征收憑單罰金聯單轉境執照須按月造具四柱清册連同應繳一聯詳報省局查核

第十五條　菸酒市價表銀錢市價表製造場菸酒產銷登錄表菸酒商店調查表均須按月塡報一次

第十六條　燒商蒸酒班數應按稅捐成例於每季季首查明各商班數列表分報省局查核

第十七條　除燒酒公賣費一項外其餘菸類酒類每月收入公賣費驗單費私菸酒變價及罰金按照稅捐解款成案於次月十五日以前全數解到省局逾限者援照稅捐解款章程辦理

第十八條　收入私菸酒變價除一半充賞外其餘一半儘數解交省局

第十九條　收入私菸酒變價及罰金應將獲私地點承緝員役及其他協緝人員辦理情形私貨量

數變價數目隨時詳報省局查核

第二十條　各稅捐局局長暨兼辦稅捐之縣知事有更替時依照征收官交代辦法由離任官與繼任官將關於辦理菸酒公賣應行交接各事項分報省局查核

第二十一條　各稅捐局暨兼辦之縣公署應依左列事項受監察員之稽查

一關於領用各項印照聯單憑單事項

二關於收款解款數目事項並於收支解款簿上蓋用監察員圖章

三關於緝私變價罰金數目辦法事項

四關於表報菸酒產銷數目事項

五關於規定菸酒價格事項

六關於銀錢市價事項

第二十二條　各稅捐局局長暨兼辦稅捐之縣知事代辦菸酒公賣事務由省局考核成績如辦事得力收數確有成效者依照部章第廿條詳請全國菸酒事務署呈大總統給獎或由署酌予獎金

第二十三條　各稅捐局暨兼辦稅捐之縣公署代辦菸酒公賣務如有收數暢旺時由省局酌核改進等級照章加給津貼辦公費

第二十四條　本細則有應改訂或廢止時由省局酌擬詳全國菸酒事務署核辦

第二十五條　本細則自奉全國菸酒事務署核准公布之日施行

奉天省菸酒公賣局監察員辦事規則 五年七月廿八日報署核准

第一條　本規則依據奉天省菸酒公賣暫行變通簡章及稅捐局代辦菸酒公賣事務暫行細則內關於應行稽查事項規定之

第二條　本局監察員均應遵守本規則辦事

第三條　監察員稽查菸酒公賣事務應遵守稅捐局代辦菸酒公賣事務暫行細則第二十條規定各項辦理

第四條　監察員出差稽查每查一局應將到局離局日期及稽查情形詳報省局查核前項詳報應借用稅捐局鈐記其關於應守秘密文件不在此限

第五條　監察員稽查菸酒公賣事務凡各項印照聯單登記簿與各項收解款數如經查核相符監察員應於登記簿上註明月日蓋章各項查核如有不符監察員得商同主管局長縣知事查明更正其情節重大者得詳請省局核辦

第六條　監察員沿途得稽查菸酒製造場及販運私菸私酒依奉天省菸酒公賣暫行變通簡章第十八條之規定辦理

第七條　監察員查獲私菸酒除照奉天省菸酒公賣暫行變通簡章第十八條會同稅捐局執行罰辦外其私菸酒變價一半充賞數目得由稅捐局查核情形分配領受其全部或一部

燒商蒸酒班數經監察員稽查不符者以私酒論

第八條　監察員稽查菸酒公賣事務凡菸酒市價產銷數目銀錢市價如有查報不實得商同主管局長縣知事設法整頓主管局長縣知事有失察或放棄職務時應密詳省局

第九條　監察員辦理稽查菸酒公賣事務有得力者由省局考核成績優劣援經征官條例詳請全國菸酒事務署給獎以示鼓勵

第十條　監察員辦理稽查菸酒公賣事務有不力者由省局酌量情節重輕分別撤懲或記過

第十一條　監察員稽查旅費每員每日連僕從不得逾大洋三元一切舟車膳宿郵電雜支均在內

前項旅費在出差期內應支之款准其按日流用

第十二條　監察員照章領支旅費應按照旅費規則檢同單據粘存簿詳請省局彙送全國菸酒事務署核銷

第十三條　監察員應行稽查事項有爲本規則所未規定者得承省局長之命令稽查之

第十四條　監察員除本規則規定職務外得隨時向稅捐局催解公賣款項

第十五條　本規則有應修改之時由省局酌擬詳全國菸酒事務署核辦

第十六條　本規則自奉全國菸酒事務署核准公布之日施行

奉天省擬訂菸觔轉境辦法　五年三月廿八日報署附有三聯照式

一已就產地或銷地收過公賣費之菸轉境銷售不出奉省境內者須執原單原照向本管稅局請領轉境執照始准起運
二未向本管稅局請領前項執照即將收過公賣費之菸轉運者以私菸論照章罰辦
三轉境執照用三聯式以第一聯存本管稅局第二聯繳送省局第三聯交商執運繳由轉銷地之稅局轉送省局查核
四轉境執照由省局編號印發如稅局塡用時將第三聯給菸酒商執運第一第二兩聯截留分局存送
五轉境執照到轉銷地點後如不照章送交該處局卡驗繳由省局查出飭原發稅局責成發運商人追查運商補繳公賣費以示懲儆
六菸觔轉境凡原領驗單一張能請領執照一張不得以二張以上之驗單彙領執照一張如以驗單內原有量數分次轉運者凡分運一次發給執照一次並在驗單上由稅局塡明轉運每處若干量數一次以備查核
七菸商領用轉境執照概不收費其印刷工本由省局單照費項下節省開支以示體恤
八菸商請領轉境執照時如原單原照驗無舛錯務須立時塡給不得留難
九凡請領執照轉運菸觔者其經過沿途各局卡查驗量數蓋戳塡註經過月日等手續仍照定章辦理

十凡將原單原照遺失者不准報領轉境執照

十一既經稅局驗明原單照發給轉境執照卽將驗單存該管局卡註銷其印照由驗單上揭下改粘於轉境執照之後於粘連處加蓋戳記

其一單量數分次轉運者俟運畢時再將驗單註銷其印照按每次分運量數分劈改粘

十二此項辦法自全國菸酒事務署核准公佈之日施行

轉境執照
第一聯存根
奉天省菸酒公賣局

茲據　　報由　　轉運左列菸類至　　地方　　銷售

菸別	包數	重量	驗單字號	原徵局卡	轉運期間

除填具第二三聯交商執運到指銷地點繳由稅局彙送省局查核外特截留第一聯存根備查（截留彙繳省局查核）

中華民國　　年　　月　　日奉天省代辦菸酒公賣事務　稅捐征收局

字第　　號

轉境執照
第二聯繳驗
奉天省菸酒公賣局

茲據　　報由　　轉運左列菸類至　　地方　　銷售

菸別	包數	重量	驗單字號	原徵局卡	轉運期間

除填具第一三聯交商執運到指銷地點繳由稅局彙送省局查核外特截取第二聯送請鈞局存查（存根備查）

中華民國　　年　　月　　日奉天省代辦菸酒公賣事務　稅捐征收局繳

字第　　號

轉境執照
第三聯發商執照
奉天省菸酒公賣局

茲據　　報由　　轉運左列菸類至　　地方　　銷售

菸別	包數	重量	驗單字號	原徵局卡	轉運期間

除填具第一二聯存根備查截留彙繳省局查核外特截取第三聯交該商執運俟到指銷地點繳由該管稅局彙送省局查核

中華民國　　年　　月　　日奉天省代辦菸酒公賣事務　稅捐徵收局給

奉天財政廳所屬各稅捐徵收局境內燒商家數班數並每日出酒觔數總表

民國四年十二月報部核准

局別／類別	家數	班數			出酒觔數	摘要
		大	小	小醋		
省城徵收局	一四	四六班	無		一八、四〇〇觔	
遼陽徵收局	二〇	五八	無		二三、二〇〇	
新民徵收局	二一	三六	三	二	一五、六〇〇	
錦縣徵收局	一〇	無	一八		五、四〇〇	
沙河徵收局	七	七班半	無		三、〇〇〇	
牛海徵收局	一三	三四	無		一三、六〇〇	

昌圖徵收局	七	大 三四	小 無	一三、六〇〇	
鐵嶺徵收局	三	大 一〇	小 無	四、〇〇〇	
海龍徵收局	一五	大 五	小 一一	五、三〇〇	
遼康徵收局	四	大 八	小 無	三、二〇〇	
開原徵收局	五	大 一二	小 無	四、八〇〇	
營口徵收局	一	大 三	小 無	一、二〇〇	
懷德徵收局	八	大 一八	小 無	七、二〇〇	
新賓徵收局	五	大 一〇	小 無	四、〇〇〇	

通桓徵收局	一五	大 一五	小 五	七、五〇〇
西豐徵收局	一三	大 一二	小 四	六、〇〇〇
孤山徵收局	四	大 六	小 無	二、四〇〇
梨樹徵收局	七	大 一九	小 無	七、六〇〇
西安徵收局	一六	大 無	小 一三	六、六〇〇
法庫徵收局	四	大 九	小 無	三、六〇〇
東豐徵收局	九	大 七	小 三	三、五五〇
綏興徵收局	一三	大 無	小 一三	三、九〇〇

		大	小	小醋	
義縣徵收局	八	無	一三		三、四五八
洮南徵收局	一四	一三半	無	三	五、七四〇
鳳城徵收局	四	八	無		三、二〇〇
柳河徵收局	一〇	四	八		四、〇〇〇
長甸徵收局	九	一〇	無		四、〇〇〇
黑山徵收局	七	一九	無		七、六〇〇
北鎮徵收局	四	七	無		二、八〇〇
輯臨徵收局	五	無	五班半		一、六五〇

撫松徵收局		大		該局燒商小醑並未按班向來按觔每月計算惟此表係按日之數如一併列入自覺混雜不清故剔出未列此表僅列分表
		小		
合計	二七五	大 四一一	一九六、〇九八	
		小 一〇五半		
		小醑 五		
備考	一本總表填列共計大班四百一十一班每班四百觔共酒十六萬四千四百觔又小班八十九班半每班三百觔三班每班二百五十觔十三班每班二百六十六觔共酒三萬一千零五十八觔又小醑二班每班一百二十觔一班一百觔共酒六百四十觔以上統共酒十九萬六千零九十八觔係照每天出酒數目核編			

奉天省菸類產銷稅額調查表

民國四年十月十五日報部

區別＼類別	局別	產出額 內銷	產出額 外銷	輸入額	稅額	銷售戶數
第一區	省城	無	無	五六九、五八五	一一、八七七、一二〇 元釐	五五二
	鐵嶺	無	無	五九一、八二七	三、八七五、〇六〇	一五六
	合計	無	無	一、一六一、四一二	一五、七五二、一八〇	七〇八

第二區	新民	無	無	五七八、四九一	九、二五五、八三〇	三二三
	北鎮	三、五〇〇斤	無	二九三、三四〇	四、七三三、四四〇	二四一
	黑山	無	無	七七、八三〇	一、二四五、二〇〇	一八二
	合計	三、五〇〇斤	無	九四九、六六一	一五、二三四、四七〇	七四六
第三區	遼陽	一五、〇〇〇	無	二三〇、〇〇〇	三〇〇、〇〇〇	一一〇
	合計	一五、〇〇〇	無	二三〇、〇〇〇	三〇〇、〇〇〇	一一〇
第四區	營口	三六二、五一一	無	三六〇、二六一	一一、五六四、三五〇	四五
	牛海	無	無	一四〇、六八六	二、〇九〇、〇〇〇	四一一
	蓋復	無	無	二、三三四、四二六	三七、九七二、〇六〇	二八八
	合計	三六二、五一一	無	二、八三五、三七三	五一、六二六、四一〇	七四四
第五區	錦縣	無	無	九七七、三六八	一五、六三七、八八〇	三五〇
	綏興	無	無	一五六、五八六	二、五〇〇、七二〇	一七五
	義縣	七、六三五	無	三八二、一六三	五、六二〇、〇〇〇	七二
	合計	七、六三五	無	一、五一六、一一七	二三、七五八、六〇〇	五九七
第	沙河	無	無	二三八、三四四	三、四六八、〇〇〇	三六五
	鳳城	無	無	七三、〇〇〇	四七五、〇〇〇	八五

第六區	孤山	無	無	一一六、九〇〇	一六八、〇〇〇	一六三
	長甸	五、五〇〇	無	二〇、〇〇〇	二〇一、〇〇〇	四七
	合計	五、五〇〇	無	四四八、二四四	四、三一二、〇〇〇	六六〇
第七區	海龍	一、〇〇〇、〇〇〇	六〇〇、〇〇〇斤	無	二五、〇〇〇、〇〇〇	一二五
	柳河	一、五七〇、〇〇〇	三、四三八、〇〇〇	無	一六、〇六五、〇〇〇	四三
	西豐	三七、六一五	一五〇、四五八	一二七、一〇〇	四、七二〇、〇〇〇	一三一
	東豐	一五六、〇五〇	六三五、三〇〇	三、五〇〇	一〇、九六七、〇〇〇	九二
	西安	三四、九八五	九六、五〇〇	七、〇〇〇	二、二〇四、〇〇〇	八四
	合計	二、七九八、六五〇	四、九二〇、二五八	一三七、六〇〇	五八、九五六、〇〇〇	四七五
第八區	梨樹	無	無	三八五、九五九	五、八三三、〇〇〇	一七二
	遼康	無	無	八四九、五〇〇	一三、五九一、九九〇	三〇六
	懷德	無	無	一三〇、七五三	二、〇四二、〇五〇	一八七
	合計	無	無	一、三六六、二一二	二一、四六七、〇〇〇	六六五
第九區	昌圖	無	無	四〇五、〇〇〇	三、四七二、〇〇〇	二四〇
	法庫	無	無	二八三、一二七	四、五三〇、〇三〇	一〇〇
	開原	二〇七、九七七	四五〇、〇〇〇	五〇〇	一〇、三〇八、〇〇〇	一六〇

區	第十區							第十一區		總
合計	新賓	輯臨	撫松	通桓	長白	安圖	合計	洮南	合計	計
二〇七、九七七	二八五、〇〇〇	四〇、〇〇〇	無	二五六、〇〇〇	無	無	五八一、〇〇〇	一三七、六〇〇	一三七、六〇〇	四、一一九、三七三
四五〇、〇〇〇	無	三八、五〇〇	無	無	無	無	三八、五〇〇	無	無	五、四〇八、七五八
六八八、六二七	一九五、〇〇〇	三、四〇九	無	二二五、〇〇〇	無	無	四二三、四〇九	無	無	九、七五六、六五五
一八、三一〇、〇三〇	七、九四七、〇〇〇	六七六、〇〇〇	無	七、九七三、〇〇〇	無	無	一六、五九六、〇〇〇	二、二〇二、〇〇〇	二、二〇二、〇〇〇	三二八、五一四、六九〇
五〇〇	一二〇	五〇	無	一三〇	無	無	三〇〇	三〇〇	三〇〇	五、八〇五

說明

一　本表各欄填列之數係以稅捐局之調查報告爲根據

一　本表各欄填列之數係民國三年全年分各稅捐局統計之數其銷售戶數係就目下實有之數填列

一　本省除外國菸公司外無菸類製造場故僅列銷售戶數

一　本表產出額欄內內外銷各數目均係本省所產之菸葉其輸入額欄內係內地之菸絲外國之菸捲及吉林省產之菸葉三種

一　第十區長白撫松安圖三縣菸類均係零星住戶自種自食是以並無產出輸入各數

奉天省酒類產銷稅額調查表 民國四年十月十五日報部

區別	局別	產出額 內銷	產出額 外銷	輸入額	稅額	燕酒戶數	銷售戶數
第一區	省城	四、五三八、六八八斤	一、九四九、○三一斤	一七、七四○斤	一○四、一四七元二八○釐	一七	五七四
	鐵嶺	五、○○○、○○○	一、○○○、○○○	九二○、○○○	二五、四一六、○○○	三	一六五
	合計	九、五三八、六八八	二、九四九、○三一	九三七、七四○	一二九、五六三、二八○	二○	七三九
第二區	新民	三、九一九、四三○	七五○、○○○	二○○	七四、七一四、○八○	一五	三三○
	北鎮	九一三、八○○	無	二、七○○	一四、六二○、○○○	三	二一○
	黑山	二、一一五、九○○	無	無	三四、四五四、四○○	七	一九二
	合計	六、九四九、一三○	七五○、○○○	二、九○○	一二三、七八八、四八○	二五	七二二
第三區	遼陽	二、○○○、○○○	五、○○○、○○○	一○、○○○	一三二、五五六、八○○	二三	一○○
	合計	二、○○○、○○○	五、○○○、○○○	一○、○○○	一三二、五五六、八○○	二三	一○○
第四區	營口	三二八、八○○	無	五七三、八八五	一四、四四二、九六○	一	九五
	牛海	一、五八三、七五八	三、五八四、六七二	無	八一、九七二、○○○	一三	二七一
	蓋復	三六○、七三三	無	一三三、八二七	五、三八三、九六○	九	二七五
	合計	二、二七三、二九一	三、五八四、六七二	七○七、七一二	一○一、七九八、九二○	二三	六四一

第五區	錦縣	一、四一四、〇八四	四一六、〇〇〇	八、九三〇	二九、三四二、四三〇	一一	一八六
	綏興	七四三、五三六	三八二、四五〇	一、三〇〇	一八、五三七、三七〇	一三	一〇三
	義縣	三六五、五五三	五二二、三四五	無	一五、七八一、七七〇	一〇	九二
	合計	二、五二三、一七三	一、三二〇、七九五	一〇、二三〇	六三、六六一、五七〇	三四	三八一
第六區	沙河	五〇二、二九六	一、二二六、六八〇	三八九、五六四	三二、八八五、九九〇	一四	九
	孤山	六七二、一五〇	無	六八、二四〇	一一、七七八、八〇〇	三	一三二
	鳳城	二四三、〇〇〇	無	四、五〇〇	三、八一六、〇〇〇	六	六二
	長甸	一、四五三、九六〇	無	二〇〇	二三、八一五、〇〇〇	九	一七三
	合計	二、八七一、四〇六	一、二二六、六八〇	四六二、五〇四	七二、二九五、七九〇	三二	三七六
第七區	海龍	九〇〇、〇〇〇	二、一〇〇、〇〇〇	無	四〇、〇〇〇、〇〇〇	二一	一六〇
	西豐	一、〇五六、二二八	七〇三、四六〇	一、七五五	三八、一九四、〇〇〇	一三	一六〇
	柳河	四、八四六、五〇〇	無	無	七七、五四四、〇〇〇	一〇	一二〇
	東豐	六五八、四四〇	二九一、一四〇	一四七、八三〇	一七、五五八、四〇〇	九	一一二
	西安	一、七〇八、四〇〇	四二六、五二〇	二五六、八四〇	二七、三三四、四〇〇	一六	二二〇
	合計	九、一六九、五六八	三、五二一、一二〇	四〇六、四二五	二〇〇、六三〇、八〇〇	六九	七七二
第	梨樹	一、五六三、七八〇	六九三、九四〇	三四八、五八〇	四一、七〇〇、八〇〇	七	三二四

八區	遼康	一、二六六、一三七	無	無	二〇、二五八、一九〇	八	三五五
	懷德	八四八、〇〇〇	一、七二〇、〇〇〇	無	四一、〇八八、〇〇〇	九	一六五
	合計	三、六七七、九一七	二、四一三、九四〇	三四八、五八〇	一〇三、〇四六、九九〇	二四	八四四
第九區	昌圖	三、二二〇、〇〇〇	三、二二〇、〇〇〇	七、〇〇〇	七一、〇四〇、〇〇〇	七	二三五
	開原	一、二四七、四五三	五〇〇、〇〇〇	無	二七、九五九、二五〇	六	二二〇
	法庫	九〇二、五七八	二二五、六四〇	無	一八、〇五一、一七〇	四	七五
	合計	四、三七〇、〇三一	三、九四五、六四〇	七、〇〇〇	一一七、〇五〇、四二〇	一七	五三〇
第十區	新賓	六八二、八六〇	一、六六、二九〇	一八八、九五〇	八、二〇九、六〇〇	五	一三〇
	輯臨	四五六、五〇〇	三〇〇、〇〇〇	無	一二、一〇四、〇〇〇	九	九〇
	撫松	五〇、〇〇〇	無	無	八〇〇、〇〇〇	二	三三
	通桓	一、二八八、二〇〇	八五八、八〇〇	無	三四、三五二、〇〇〇	一五	一二五
	長白	四、三二五	無	無	六九二、〇〇〇	三	八〇
	安圖	二、四七〇	無	無	三九五、二〇〇	二	八五
	合計	二、四八四、三五五	一、四二五、〇九〇	一八八、九五〇	六六、五五二、八〇〇	三六	五四三
第十一區	洮南	一、〇五七、六二〇	三九一、二八〇	三一三、八〇〇	二八、二〇三、二〇〇	一四	三二〇
	合計	一、〇五七、六二〇	三九一、二八〇	三一三、八〇〇	二八、二〇三、二〇〇	一四	三二〇

總計	四六、九一五、一七九	三五、五二八、二四八	三、三九五、八四一	二、一三九・一四九、〇五〇　三一七	五六、九六八

說明

一 本表各欄塡列之數係以各稅捐局之調查報告爲根據

一 本表各欄塡列之數係民國三年全年分各稅捐局統計之數其蒸酒及銷售戶數係就目下實有之數塡列

一 本省產出酒類燒酒一項向係以班計斤占本表內外銷兩欄之多數其餘各種產出雜酒爲數無多亦併計於內

一 本省輸入酒內紹酒一項多以罎計各稅局調查表不載斤數本表不論大中小罎平均每罎以十斤計算併計於輸入額內

編者按此表所列產出額及蒸酒戶數兩欄數目係指白酒元酒（卽土黃酒）及一切酒類而言與財政廳四年十二月呈報燒商家數班數並每日出酒斤數表專列白酒班數觔數者微有不同特此誌明以免誤會

奉天各省區菸類產銷數量價格暨現行費稅兩率調查表

十四年一月十四日報署

產地	菸類名稱	每年產額	銷行地點	當地銷數	外銷數	當地價格	公賣費率	事務局所徵稅率	財政廳稅局所徵通過或產地稅率

通桓東豐西安新賓西豐沙河孤山鳳城長甸輯臨撫松安圖長白	產葉菸柳菸二種	約產千三百萬斤	銷行外省及所轄境內	約銷全數三分之一	約銷全數三分之二	每百斤價十元	按價收百分之六	無	按價收百分之一六
省城遼陽牛海營口蓋復	仝	約產一百五十萬斤	仝	仝	仝	仝	仝	無	仝
新民錦縣黑山北鎮綏興義縣	仝	約產一百二十萬斤	仝	仝	仝	仝	仝	無	仝
海柳鐵法昌圖梨樹懷德洮南遼康開原	仝	約產六百萬斤	仝	仝	仝	仝	仝	無	仝

說明

查本局所轄境內全年約產一千一百七十萬斤產菸最富之區爲東北各縣而西南等縣次之本省約銷全數三分之一其外銷者以直隸山東爲最多當地價格高低不等平均每百斤十元作價公賣費率原定按價收百分之一二嗣因菸商請輕率令減半現卽按百分之六費率徵收再查本局自開辦以來僅收公賣費一項所有菸捐稅釐暨牌照等項向歸財政廳徵收本局無從塡列合併聲明

奉天各省區酒類產銷數量價格暨現行費稅兩率調查表

十四年一月十四日報署

產地	酒類名稱	每年產額	銷行地點	當地銷數	外銷數	當地價格	公賣費率	事務局所徵稅率	財政廳稅局所徵通過或產地稅率
通桓東豐西安新賓西豐沙河孤山鳳[illegible]長甸輯臨撫松安圖長白	燒酒	約產一千八百萬觔	銷行當地暨鄰省	約銷全數之半	約銷全數之半	每百觔價十元	按價徵收百分之六	無	按價收百分之一六
省城遼陽牛海營口蓋復	燒酒	約產二千萬觔	仝	仝	仝	仝	仝	無	仝
新民錦縣黑山北鎮綏中義縣	燒酒	約產一千二百二十萬斤	仝	仝	仝	仝	仝	無	仝
海柳鐵法昌圖梨樹懷德洮南遼康開原	燒酒	約產二千一百萬斤	仝	仝	仝	仝	仝	無	仝

說明

查本局境內僅產燒酒一宗其他酒類多係外界輸入境內共燒商三百餘戶全年約產燒酒七千一百萬觔銷行當地暨鄰省者各半當地價格每百觔平均十元仍按百分之六費率徵收再查本局僅收公賣費一項向無其他稅率之規定致酒觔稅暨牌照稅向歸財政廳徵收故事務局所徵稅率一欄無從填列合併聲明

遼寧省菸類產銷情形及費稅徵率調查表

十八年九月報部

縣別	出產菸類名稱	每年產額	行銷區域	外銷數量	本銷數量	當地價格	公賣費率	其他稅率	旺淡時期	附記
省城分局	雜菸	五八、五九七	本境與省內各縣及關裏朝陽	四一、〇〇〇	一七、五九七	一角	六釐		每年七月至次年四月爲旺期五月至六月爲淡期	該局經收外省及外縣輸入葉菸二百四十二萬九千零九十一觔每觔一角二分絲菸二萬七千六百零一觔每觔四角五分產額欄雜菸即各種香煙價每觔一角
遼陽分局										該局經收外省及外縣輸入葉菸六萬零四百九十七觔每觔二角絲菸四百零二觔每觔四角
海城分局	雜菸	六〇〇	本境		六〇〇					該局經收外省及外縣輸入葉菸三萬八千七百七十八觔每觔一角二分絲菸一千五百三十二觔每觔四角雜菸欄係香煙

渾龍局分	葉菸	三、四一九、一七四	本境及本省外縣關裏大連	三、二〇〇、〇〇〇	二一九、一七四	一角			每年十一月至次年三月爲旺期四月至十月爲淡期	
昌圖局分										該局不產菸經收外省及外縣輸入葉菸十六萬二千九百三十觔每觔一角一分
東豐局分	葉菸	四九四、七七五	本境及外縣唐山大連山東金州	三三二、〇〇〇	一六二、七七五	一角				
西安局分	葉菸	六七九、六四九	本境及關裏外縣吉林大連江省	五五二、〇〇〇	一二七、六四九	一角				
梨樹局分										該局經收外省及外縣輸入葉菸十九萬三千六百六十一觔每觔一角絲菸二千三百一十五觔每觔三角三分
懷德局分										該局經收外省及外縣輸入葉菸十一萬七千二百零二觔每觔一角五分

營口局分	雜菸	一、三六五	本境與省內各外縣		一、三六五	一角一分				該局經收外省及外縣輸入葉菸二十八萬七千零二十六觔每觔一角七分絲菸二十八萬七千五百八十五觔每觔二角七分五釐雜菸欄內係香煙
錦縣局分	雜菸	二、三八三	本境		二、三八三	一角二分五釐				該局經收外省及外縣輸入葉菸五千九百七十四觔每觔二角絲菸一萬六千九百三十三觔每觔二角九分雜菸欄內係香煙
沙河局分	雜菸	四、九〇〇	本境		四、九〇〇	一角五分				該局經收外省及外縣輸入葉菸三十三萬七千零七十觔每觔二角二分九釐絲菸四萬零一百九十觔每觔二角雜菸欄內係本境所造香煙
通遼局分	葉菸	四四一、二三六	本境及外縣山東關裏	三五一、〇〇〇	九〇、二三六	一角				
柳河局分	葉菸	四〇八、一五四	本境及外縣	三三七、〇〇〇	七一、一五四	一角				
新民局分										該局經收外省輸入葉菸三千觔每觔二角絲菸五十觔每觔四角

通化局分	葉菸	六八、五八〇	本境及外縣	五三、〇〇〇	一六、五八〇	一角
遼中局分						該局報雖有菸商售菸皆由外縣輸入已繳過公賣費致表無數
西豐局分	葉菸	二七八、六二五	本境及外縣大連	二六七、〇〇〇	一一、六二五	一角
桓仁局分	葉菸	一三〇、二五三	本境及外縣	一〇七、五〇〇	三、七五三	一角
開原局分						該局經收外省輸入葉菸八萬二千九百三十觔每觔一角一分絲菸三百觔每觔二角
黑山局分						該局報雖有菸商係由本省輸入已繳過公賣費

長甸局分	鐵嶺局分	遼源局分	金川局分	鳳城局分	法庫局分
		葉菸	葉菸	葉菸	
		六九三、八五五	七、九三五	一七三、一八二	
		本境及外縣關裏	本境及外縣	本境及外縣	
		五五七、二〇〇	七、〇〇〇	八八、〇〇〇	
		一三六、六五五	九三五	八五、一八二	
		一角二分五釐	一角二分五釐	一角七分五釐	
該局經收外省輸入葉菸一萬另二百四十六觔每觔二角絲菸四十九觔每觔三角	該局經收外省輸入葉菸二十萬另七千一百二十四觔每觔一角七分絲菸四十觔每觔四角	該局經收絲菸五十觔每觔四角			該局不產菸經收外省輸入葉菸一千七百三十六觔每觔一角七分五釐絲菸一百四十觔每觔四角

義縣局分										該局不產菸經收外省輸入葉菸三萬二千九百九十九觔每觔一角七分五釐
興京局分	葉菸	三四二、四五七	本境及外縣關裏	二六五、四〇〇	五七、〇五七	一角二分五釐				
北鎮局分										該局不產菸經收外省輸入葉菸四百六十觔每觔二角
輝南局分	葉菸	二四、八六五	本境及外縣	一五、二〇〇	九、六六五	一角二分五釐				
洮南局分										該局不產菸經收外省輸入葉菸三萬三千七百四十觔每觔一角七分五釐絲菸三百觔每觔四角
岫巖局分	葉菸	一六、五九〇	本境及外縣	三、〇〇〇	一四、五九〇	一角二分五釐				

局分				備考
彰武局分				該局不產菸當地菸商售品概由本省外縣輸入已繳過公賣費矣表從闕
康平局分	葉菸	八七〇本境	八七〇二角	
開通局分				該局不產菸經收外省輸入葉菸四千一百八十二觔每觔一角七分五釐
本溪局分				該局不產菸經收外省輸入葉菸四千四百六十八觔每觔二角
錦西局分				該局不產菸當地菸商向由本省外縣輸入已繳過公賣費
興城局分				該局不產菸經收外省輸入葉菸五百一十觔每觔一角七分五釐

綏中局分										該局不產菸經收外省輸入葉菸四萬四千五百六十八斤每斤一角七分五釐絲菸四千七百二十三斤每斤二角雜菸四十七斤每斤二角
膽榆局分										該局不產菸經收外省輸入葉一千一百四十三斤每斤二角
臨江局分										該局菸商係由本省輸入已繳過公賣費
清原局分	葉菸	一三、九一八	本境及外縣關裏	一四、九一八	一二八、〇〇〇	一角二分五釐				
蓋平局分										該局不產菸經收外省輸入葉菸五十八萬一千七百一十五斤每斤二角二分五釐
安廣局分										該局不產菸經收外省輸入葉菸二百另五斤每斤二角

洮安局分							該局不產菸經收外省輸入葉菸五百觔每觔二角
綏東局分	葉菸	七〇〇	本境		七〇〇		
突泉局分	葉菸	四九九	本境		四九九		
雙山局分							該局不產菸屬境菸商向由本省輸入均係已繳過公賣費之菸
莊河局分							該局不產菸經收外省輸入葉菸一百觔每觔二角雜菸九百九十一百七觔每觔一角二分五釐
撫順局分							該局不產菸經收外省輸入葉菸三千另九十一觔每觔二角雜菸四百零六觔每觔一角二分五釐

台安局分										該局不產菸經收外省輸入葉菸六十八觔每觔二角
盤山局分										該局不產菸當地菸商向由本省產菸處輸入均已繳過公賣費之菸
複縣局分										該局不產菸經收外省輸入葉菸一萬二千八百五十七觔每觔二角
輯安局分	葉菸	四、七五〇	本境		四、七五〇	二角二分五釐				
撫松局分	葉菸	二、一六七	本境		二、一六七	仝				
安圖局分	葉菸	一、三八九	本境		一、三八九	仝				

長白分局	葉菸	一四、三九三	本境		一四、三九三	仝	

說明

查職局歷經設立五十八分局經過情形已詳酒類產銷情形表內茲按各該分局於民國十七年份經收各種菸類費款所核之觔量分塡名稱及產額欄內至其行銷區域與所銷數量與酒類情形相同亦就驗單繳驗聯內所載行銷地點及所銷槪數詳加查該分塡行銷區域及外銷本銷量數各欄再當地價格一欄均按各分局所報全年各月市價平均計算逐爲塡列費率一欄因所有菸類均按六釐從價徵費故照六釐塡列其他稅率一欄頗與菸稅及牌照稅性質相同職局現不經收無憑查塡暫行從闕各菸產銷旺淡時期一欄就實際考核葉菸以每年十一月至次年三月爲旺期四月至十月爲淡期雜菸以每年七月至次年四月爲旺期五月至六月爲淡期各種雜菸卽係利用本省所產之菸葉加以香料仿製南菸湖菸皮菸包菸等類總名爲雜菸再查於民國十六年八月奉令按徵收公賣費數十分之二附收臨時軍費隨同費款彙解歷經理在案合倂聲明

遼寧省酒類產銷情形及費稅徵率調查表

十八年九月報部

縣別	出產酒類名稱	每年產額	行銷區域	外銷數量	本銷數量	當地價格	公賣費率	其他稅率	旺淡時期	附記

省城局分	燒酒	[illegible]、七五、二〇〇	本境與省內各縣	一、一四五、〇四〇	四、五八〇、一六〇	每觔作價一角	六釐		每年九月至次年三月爲旺期四月至八月爲淡期	該局經收外輸酒六萬九千二百二十六觔每觔價格平均約值均價大洋一角五分從價每角收六釐公賣費
	黄酒	三、九六二	本境		三、九六二	每觔平均約值一角	仝			
	雜酒	二四、七六一	本境及本省各縣	一七、二八〇	一七、二八二	每觔平均約值三角	仝			雜酒欄內係本省自製藥酒露酒等類
遼陽局分	燒酒	二、一四二、八〇〇	本境及外縣大連山東天津金州	四、四五七、〇〇〇	六、六八五、八〇〇		仝		九月至次年三月旺期四月至八月淡期	該局經收外輸土酒九百七十五觔每觔價格平均約值均價大洋一角五分
	黄酒	一五、五四〇	本境				仝			
	雜酒	二八四	本境		二八四		仝			雜酒欄內係露酒

海城分局	燒酒	四、七七四、四〇〇	本境及外縣山東大連	一、四三三、三二〇	三、三四一、〇八〇		仝		九月至次年三月爲旺期四月至八月淡期
	黃酒	六、二六五	本境		六、二六五		仝		
海龍分局	燒酒	四、〇二七、六〇〇	本境及外縣	一、二〇八、二八〇	二、八一九、三二〇		仝		九月至次年三月旺期四月至八月淡期
	黃酒	一、三五〇	本境		一、三五〇		仝		
昌圖分局	燒酒	四、二六二、二〇〇	本境及外縣	一、二七八、六六〇	二、九八三、五四〇		仝		九月至次年三月旺期四月至八月淡期
	黃酒	七五〇	本境	七五〇			仝		

	雜酒	一、一三五	本境及本省各縣	五七二	五六三		仝		仝	雜酒欄內係露酒
東豐分局	燒酒	三、三四四、八〇〇	本縣境及外	一、〇〇三、四四〇	二、三四一、三六〇		仝		九月至次年三月旺期四月至八月淡期	
	黃酒	一、〇八五	本境		一、〇八五		仝		每月平	
西安分局	燒酒	三、三三二、四〇〇	本縣境及外吉林大連	一、〇〇五、七二〇	二、三二六、六八〇		仝		九月至次年三月旺期	
	黃酒	二、四四七	本境		二、四四七		仝		每月平	
梨樹分局	燒酒	二、一八六、〇〇〇	本縣境及外吉林	六六五、八〇〇	一、五二〇、二〇〇		仝		九月至次年三月旺期	

懷德局分	燒酒	二、四五九、六〇〇	本境及外縣吉林關裏	七三七、五八〇	一、七二二、〇二〇		仝	仝	
	雜酒	一、三九六	本境		一、三九六		仝	每月平	雜酒欄內係露酒藥酒
營口局分	燒酒	六九五、二〇〇	本境及外縣大連旅順烟台		六九五、二〇〇		仝	九月至次年三月爲旺期	該局經收外輸土酒六萬二千五百另八觔每觔價格平均約值均價大洋一角五分
	黃酒	五一、〇八〇	本境		五一、〇八〇		仝	每月平	
	雜酒	三〇	本境		三〇		仝	仝	
錦縣局分	燒酒	一、六二八、八〇〇	本境及外縣	四八八、六四〇	一、一四〇、一六〇		仝	九月至次年三月爲旺期	該局經收外輸土酒四千五百五十二觔每觔平均約值均價大洋一角五分

	黃酒	三、六八三	本境		三、六八三		仝		每月平	
	雜酒	二、二四八	本境		二、二四八		仝		仝	雜酒欄內係露酒
沙河分局	燒酒	一、三四二、五八七	本境及外縣山東	四五、四〇〇	九三九、八〇〇		仝		九月至次年三月爲旺期	該局經收外輸土酒一千九[illegible]八十觔每觔平均約值均價大洋一角五分
	黃酒	一六五、三九六	本境		一六五、三九六		仝		每月平	
	雜酒	一、〇三五	本境		一、〇三五		仝		仝	雜酒欄內係露酒
通遼分局	燒酒	二、二六八、四〇〇	本境及外縣	八六七、四〇〇	一、三〇一、〇〇〇		仝		九月至次年三月爲旺期	

	黃酒	一、九二〇	本境		一、九二〇		仝		每月平
柳河分局	燒酒	四六〇、八〇〇	本縣境及外	一三八、二四〇	三二二、五六〇		仝		九月至次年三月為旺期
新民分局	燒酒	二、四三八、四〇〇	仝	七三一、五〇〇	一、七〇六、九〇〇		仝		仝
	黃酒	三、四〇〇	本境		三、四〇〇		仝		每月平
通化分局	燒酒	四一六、〇〇〇	本縣境及外	一二四、八〇〇	二九一、二〇〇		仝		九月至次年三月為旺期
	黃酒	三、〇〇〇	本境		三、〇〇〇		仝		每月平

遼中分局	燒酒	九三二、二〇〇	本縣境及外	三五三、五〇〇	五七八、七〇〇		仝	九月至次年三月爲旺期
[illegible]豐分局	燒酒	一、〇三三、六〇〇	仝	三一〇、一〇〇	七二三、五〇〇		仝	仝
	黃酒	三五、六〇〇	本境		三五、六〇〇		仝	每月平
桓仁分局	燒酒	六九三、八四〇	仝		六九三、八四〇		仝	九月至次年三月爲旺期
	黃酒	一、八〇〇	仝		一、八〇〇		仝	每月平
開原分局	燒酒	九四九、六一〇	仝		九四九、六一〇		仝	九月至次年三月爲旺期

	黃酒	八、二六〇	仝		八、二六〇		仝		每日平	
黑山分局	燒酒	一、一五、二〇〇	仝		一、一五、二〇〇		仝		九月至次年三月爲旺期	
拉甸分局	燒酒	五三、一六〇	仝		五三、一六〇		仝		仝	
	雜酒	二六	仝		二六		仝		每月平	雜酒欄內係[illegible]酒
鐵嶺分局	燒酒	一、四一、一六〇	本境及外縣	四三、一六〇	一、〇〇八、〇〇〇		仝		九月至次年三月爲旺期	
	黃酒	七、〇七〇	本境		七、〇七〇		仝		每月平	

	雜酒	四四〇	仝		四四〇		仝		仝	雜酒欄內係露酒
遼源分局	燒酒	一、八二七、〇〇八	本境及外縣	五四五、〇〇〇	一、二七二、〇〇八		仝		九月至次年三月爲旺期	該局經收外輸土酒八百四十五觔每觔平均約值均價大洋二角
	黃酒	三九〇	本境		三九〇		仝		每月平	
	雜酒	一、四二六	仝		一、四二六		仝		仝	雜酒欄內係露酒
金川分局	燒酒	一八八、八〇〇	本境及外縣	五六、六〇〇	一三二、二〇〇		仝		九月至次年三月爲旺期	
鳳城分局	燒酒	五五三、二〇〇	本境		五五三、二〇〇		仝		仝	

	黃酒	五、六〇〇	仝		五、六〇〇		仝		每月平	
	雜酒	一四四	仝		一四四		仝		仝	雜酒欄內係露酒
法庫分局	燒酒	四三八、〇〇〇	仝		四三八、〇〇〇		仝		九月至次年三月爲旺期	
	黃酒	一、六五〇	仝		一、六五〇		仝		每月平	
義縣分局	燒酒	一、二〇〇、四〇〇	本縣境及外	三六〇、〇〇〇	八四〇、四〇〇		仝		九月至次年三月爲旺期	
	黃酒	三、五三〇	本境		三、五三〇、〇〇〇		仝		每月平	

興京分局	燒酒	五三,七〇〇	仝		五三,七〇〇		仝		九月至次年三月爲旺期	
	黃酒	七四〇	仝		七五〇		仝		每月平	
北鎮分局	燒酒	一,二九〇,〇〇〇	仝		一,二九〇,〇〇〇		仝		九月至次年三月爲旺期	
輝南分局	燒酒	三一,三八〇	仝		三一,三八〇		仝		仝	
洮南分局	燒酒	二,三〇九,二〇〇	本境及外縣	六九三,〇〇〇	一,六一六,二〇〇		仝		仝	
	雜酒	二五〇	本境		二五〇		仝		每月平	雜酒欄內係露酒

岫巖局分	燒酒	七二〇、〇〇〇	本境及外縣	三六〇、〇〇〇	三六〇、〇〇〇		仝		九月至次年三月爲旺期	該局經收外輸土酒二百觔每觔價格平均約値均價大洋二角
	黃酒	一八、一三六	本境		一八、一三六		仝		每月平	
彰武局分	燒酒	四八七、六〇〇	本境及外縣	二四三、八〇〇	二四三、八〇〇		仝		九月至次年三月爲旺期	
康平局分	燒酒	五四、〇〇〇	本境		五四、〇〇〇		仝		仝	
開通局分	燒酒	五〇二、四〇〇	本境及外縣	一五〇、〇〇〇	三五二、四〇〇		仝		仝	
本溪局分	燒酒	四九六、四〇〇	仝	一五〇、〇〇〇	三四六、四〇〇		仝		仝	該局外輸土酒一百五十斤每斤價格平均約値均價大洋二角

	黃酒	一、三三〇	本境		一、三三〇		仝		每月平	
	雜酒	三、四五九	仝		三、四五九		仝		仝	雜酒欄內係露酒
錦西局分	燒酒	一四六、四〇〇	本境及外縣	四三、九〇〇	一〇二、五〇〇		仝		九月至次年三月爲旺期	
興城局分	燒酒	五九九、二〇〇	仝	一八〇、〇〇〇	四一九、二〇〇		仝		仝	
綏中局分	燒酒	一、一一六、一三七	本境及外縣關裏	五八〇、〇〇〇	五三六、一三七		仝		仝	
瞻榆局分	燒酒	九七、六〇〇	本境及外縣	三〇、〇〇〇	六七、六〇〇		仝		仝	

臨江分局	燒酒	三五〇、八〇〇	仝	一七〇、〇〇〇	一八〇、八〇〇		仝		仝
清原分局	燒酒	一一〇、〇〇〇	仝	五〇、〇〇〇	六〇、〇〇〇		仝		仝
	黃酒	七六〇	本境		七六〇		仝		每月平
蓋平分局	燒酒	三三七、九七二	本境及外縣	一六〇、〇〇〇	一七七、九七二		仝		九月至次年三月爲旺期
	黃酒	二六、三五〇	本境		二六、三五〇		仝		每月平
安廣分局	燒酒	一八、四〇〇	仝		一八、四〇〇		仝		九月至次年三月爲旺期

洮安局分	燒酒	一三、〇〇〇	仝		一三、〇〇〇		仝		仝	
鎮東局分	燒酒	六八、八〇〇	仝		六八、八〇〇		仝		仝	
突泉局分	燒酒	一〇七、六〇〇	仝		一〇七、六〇〇		仝		仝	
雙山局分	燒酒	三、〇〇〇	仝		三、〇〇〇		仝		仝	
莊河局分	黃酒	八、五三四	仝		八、五三四		仝		每月平	
	雜酒	四八	仝		四八		仝		仝	雜酒欄內係露酒

撫順局分	燒酒	一四六、〇〇〇	仝		一四六、〇〇〇		仝		九月至次年三月爲旺期	
	黃酒	一、九〇〇	仝		一、九〇〇		仝		每月平	
台安局分	燒酒	四六、四〇〇	仝		四六、四〇〇		仝		九月至次年三月爲旺期	
盤山局分	無									查該局自十七年十一月由北鎮分局劃設迄十二月份報無收項無憑查填
復縣局分	燒酒									燒酒欄內外縣輸入八百五十斤
	黃酒	四、四三〇	同		四、四三〇		同		每月平	

輯安分局	燒酒	一〇二、〇〇〇	本境及外縣	三〇、〇〇〇	七二、〇〇〇	同		九月至次年三月爲旺期
撫松分局	燒酒	一四、一五〇	本境		一四、一五〇	同		同
	黃酒	三〇〇	同		三〇〇	同		每月平
安圖分局	燒酒	一〇、六四七	同		一〇、六四七	同		九月至次年三月爲旺期
長白分局	燒酒	四五、七四〇	同		四五、七四〇	同		同
	黃酒	三〇〇	同		三〇〇	同		每月平

【說明】查職局所屬各分局由民國十七年一月至五月爲三十五處於六月經財政廳劃添柳河輝南法庫復縣莊河岫巖興城開通彰武清原遼中黑山等十二稅局又於十一月劃添康平錦西瞻榆台安金川雙山鎮東洮安突泉盤山安廣等十一稅局職局亦卽循案陸續增設二十三分局連同原有三十五分局計之共爲五十八分局按各該分局於民國十七年份經收各種酒類公賣費所核之斤量依式分列名稱及產額內至各酒商運售區域查係坐銷各分局屬境內者居多行銷各該局境外之省內各縣者次之而遠銷省外各埠者尤屬無多茲就各分局運銷驗單繳驗聯內所載行銷地點及所銷概數詳加查核分塡行銷區域及外銷本銷數量各欄再查當地價格一欄所有燒酒向係奉令從量徵費每斤作爲均價大洋一角黃酒雜酒向係從價徵費計全年平均市價黃酒每斤約核均價大洋一角雜酒每斤約核均價大洋三角各局情形並無出入故塡一局以爲標準餘未逐欄塡列其各種酒類所徵費款雖有從量從價之分而定率均係六釐此項費率原爲一分二釐於民國五年七月奉令暫行減半徵收六釐俟大局平定再行規復迄今仍之所收費款自民國十七年四月改以均價大洋爲本位詳見近三年收入概況表總說明欄內原表所列其他稅率一欄頗與酒稅及牌照稅性質相同職局現不經收無憑查塡暫行從闕各酒產銷旺淡時期就燒酒一項考核向以每年九月至次年三月爲旺期四月至八月爲淡期餘如黃酒雜酒以及外處輸入土酒等類產銷數量每年各季各月查無出入故無旺淡之差未便擅塡以昭核實再查於民國十六年八月

奉令按徵收公賣費數十二分之二附收臨時軍費隨同費款彙解歷經遵辦在案理合聲明
再查本局僅收本國人民製造之菸酒公賣費一道至本省應徵菸酒稅等項向歸財政廳辦
理所有洋酒種類數量時價銷場概況徵收稅率以及每年收數開支經費本局均無案可稽
又民國十五年頒布機製酒類販賣稅條例後本省並未另設專處仍由財政廳督飭各稅局
辦理至其收支情形未詳又自國民政府成立後關於洋酒稅仍由廳辦理該項洋酒均由外
人運銷並無設廠製造者至華人方面僅錦縣玉和釀酒公司一家其出品係福壽牌白蘭地
洞庭春白雲漿益壽醪多福汁醍醐露等葡萄酒等類至每年出產若干因其係在免費期限
內未據呈報無從查塡至該公司免費期限至民國二十年六月底止合再聲明

第二十節　吉林公賣費

吉林菸酒公賣於民國四年開始籌備。十月十日先就省城地方實行開征。其費率則按市價值百抽十。照章組織分局分棧。旋受奉天影響。本省各燒商援例請免。延不繳款。五年一月。經吉林巡按使咨准財政部。仿照奉天辦法。規定公賣費率。除白酒每斤定價一角。征收一分二厘外。其餘酒類菸類值百抽十二。並將已設分局分棧一律裁撤。所有菸酒公賣征費事宜。由省局委託財政廳所屬各征收局代辦。於是全省公賣費。一律開征。其辦理不力者。照東三省特別規定。省局有隨時咨廳撤換之權。一切征收辦法。悉與奉天相同。民國五年七月。因奉天公賣費減半征收。各燒鍋又復延不繳款。以相要挾。至六年五月。始經省當局咨准全國菸酒事務署。將各燒鍋所欠五年七月至六年一月七個月公賣費款。准予減半繳納。二月以後。一律恢復原狀。仍照百分之十二征收。民國八年。以本省菸葉運銷外省爲多。經省局呈准主管機關。將產地菸葉未經過買賣行爲者。得從地方習慣。按指銷地價格征收公賣費。其未運出產地時經過買賣行爲者。亦得由該管局卡按價檢定征收。是又與奉天辦法大同小異者。

吉省菸酒收入。向係征收現銀。旋以銀根奇緊。始有折收小洋或吉錢之舉。其折收標準。清季每銀一兩自三吊五百文至三吊三百文不等。民國元二三年。則由五吊二百文漲至二十吊。民國五年。每銀一兩。核收小洋一元六角五分。當開辦公賣時。菸酒費率照章以大洋計算。則又將每銀一兩以七二合大洋。然後再以一二合小洋。或照銀價七二合收吉錢。民國六年八月。雖有遵奉部電改收大洋之議。卒以財政廳所征各稅。延未照辦。議格不行。

吉省菸酒兩項產銷數目。以本省各燒鍋所產白酒爲大宗。凡商人開設燒鍋。應先具殷實商號兩家以上之圖書保結。隨繳領票小費（卽領照費）大洋一百四十五元。報由征收局核轉主管機關。請發造酒執照。方能開始營業。呈報筒課。年繳課銀四百兩。分四季繳納。如添一筒。卽加課銀二百兩。餘類推。此項燒鍋家數。照民國四年調查。全省共有二百三十四家。每筒開燒一日。謂之一班。每班出酒斤數。自四百五十斤至四百斤不等。全年除因事停燒。以十個月計。出酒四千四百十四萬斤。以每斤征費一分二厘計。應得五十三萬餘元。民國二年度菸酒統計表。酒類產銷數。本產白酒占百分之九十七。他省輸入之酒。占百分之三。以百分之九十七除本產全年出酒之數。再以百分之三相乘。則四年他省輸入之酒。應得一百三十六萬餘斤。如是則吉省四年酒類產銷總數。應得四千五百五十萬零五千餘斤。至於菸類。則黃菸占十分之九。其餘輸入之菸占十分之一。以二年度菸稅收入十萬零九千餘元之總數。用值百抽十推求原價。則吉省四年菸類產銷原價。至少在一百零九萬餘元左右。嗣後地方逐漸開闢。菸酒產銷數量。當然有增無減矣。

第二十一節　黑龍江公賣費

江省菸酒公賣。於民國四年八月開辦。九月。由省局呈准主管機關。暫照浙江辦法。先從省城着手。在分棧未成立以前。委託龍江征收局代辦。即於十月一日將省城各種菸酒。按照市價值百抽二十五。先行開征。旋受奉吉影響。各燒商羣起反抗。阻礙進行。菸酒公賣無形停頓。民國五年一月。經朱巡按使擬訂簡章六條。特將白酒一項另行提出。參酌奉吉辦法。每斤定價一角。照各地征收局向來辦法按班計斤。按斤徵費一分四釐。至外省輸入之菸酒及本省出產之菸葉並各種雜酒。均按市價值百抽十四。由省局轉呈主管機關核准試辦。即於是月全省一律開徵。所有菸酒公賣徵費事宜。在已設分局地方歸分局直接辦理。在未設分局地方。由省局委託各徵收局代辦。其各徵收局辦理不力者。照奉天成案。省局有隨時查明咨廳撤換之權。各該局徵費手續與奉吉略同。凡商人運銷菸酒。於產地或入境第一局卡繳納稅費。取得票據以後。無論轉運本省任何地方。概不重徵。如有大批貨物分運他處售銷者。須向當地局卡聲明理由。掣取驗單。方能起運。起運以後。沿途局卡祇有查驗之權。並無重徵之例。其單貨不符者。補徵罰辦。即以所課罰金一半充公。一半充賞。及達到指銷地點。則由商人報經局卡查驗完畢。方准售銷。至於燒鍋自產白酒。則按照每月報開班數。於月底彙總繳納。其轉運手續與前例同。此爲清季江省規定徵收各種稅捐辦法。沿襲應用。較奉吉兩省似爲周密。民國五年七月。因奉天公賣費減半徵收。江省各燒鍋援例請求。復經畢巡按使將公賣費率核減二釐。改爲值百抽十二。白酒則每斤徵費一分二釐。嗣後省局接管菸酒稅及牌照稅。收數驟增。關係重要。又將稅收暢旺之區。由省局會同財政廳令飭各該征收局將菸酒稅收入事件。交由就近分局接收整頓。計自民國四年開辦公賣起。至民國十三年止。先後將呼蘭綏化海倫拜泉大賚安達蘭西七分局組織成立。兼管巴彥慶城綏楞克山泰來肇州龍江林甸青岡望奎等縣。其餘若肇東訥河湯原蘿北愛琿呼倫等縣。則以收入較次。或歸各征收局代征。或歸縣知事兼辦。此又與奉吉兩省大同小異者。民國十六年。江省開辦特稅。由省當局規定將各燒鍋應繳公賣費。連同原有酒稅及新辦特稅。歸各燒商分別包定總額。每年分兩期繳納現款。即以十分之六劃作稅費。十分之四劃作特稅。此又爲江省菸酒公賣之一大變遷也。（參觀白酒包稅辦法）

江省昔無大洋。與奉天同。菸酒收入。於民國四年開辦公賣時。以小洋十二角作大洋一元核收。惟在邊遠之區。實無小洋者。則照財政廳按月規定法價。折收江錢或羌帖。此又與奉天辦法略有出入者。及至民國六年。以現金缺乏。票價跌落。又將稅費收入。以小洋十三角作大洋一元核收。自此以後。紙幣價格愈趨愈下。直至民國十六年。又將白酒一項。改爲包稅。實收現大洋。此又爲奉吉所無者。

江省菸酒兩項產銷數目。以本省各燒鍋所產白酒爲大宗。民國四年開辦公賣。照財政廳酒稅預算十九萬元之數。以每斤徵稅二分五釐推算。則爲七百六十萬斤。連其他酒類。約在一千萬斤左右。以每斤徵費一分四釐計算。應得十四萬元。民國八年。增至二千一百六十七萬斤。民國十二年。又遞減至一千二百十三萬斤。至於菸葉本屬少數。暫付缺如。又查江省各燒鍋每日造酒數目。亦係按班計斤。與奉吉兩省大略相同。五年冬季。經省局派員調查。切實整頓。按照筒口大小。核計容糧（分紅糧包米雜糧三種）多寡。將每日造酒數目。重新規定、自四百五十斤至二百餘斤爲止。凡按月開燒停燒、或添班減班、必須報明當地局卡查核。其每日開燒一筒者。謂之一班。開燒兩筒者。謂之兩班。一晝夜共燒一筒者。以兩班計。餘類推。又商人開設燒鍋、如呈報領照手續、與奉天同。旋又廢止燒課、執照改發整賣牌照。民三調查、共計八十一家。至十二年、共增至一百九十五家。而呼蘭海倫拜泉等縣爲最多。

江省巡按使署五年一月新訂簡章六條 此案由省局轉報

一　本省出產白酒每斤定價一角征產地公賣費大洋一分四釐

一　外省輸入之酒類及本省之雜酒均按市價征費十成之一・四

一　本省出產及外省輸入之菸類均按市價征費十成之一・四

一　產銷印照照章粘貼違者以私酒論

一　本省出產之白酒照各地征收局實征數目按班計斤按斤征費

一　不設分局公棧之地點其公賣費暫委託征收局代收

黑龍江省各徵收局暨縣知事設治員辦理菸酒公賣考成條例 五年一月十九日報署核准

一　各縣征收局自此次奉文之日起於五日內實行開征者記功一次如經過二十日後尚未開

征者記大過一次經過一月者記大過兩次一個半月以上者由局咨財政廳撤換

一各征收局所經征之公賣費收數能超出預算額者記功一次如能增至萬元以上得由廳局詳請給獎

一關於征收釐稅考成條例所定各條苟與本條例不抵觸者亦準用之

一各縣知事或設治員如能認眞維持俾公賣事務毫無窒礙者記功一次

一各縣知事或設治員如奉行不力致公賣事務毫無起色者記過一次

一各縣知事或設治員不肯照章負責或意存反對致公賣事務別生阻力不克進行者由廳局詳請嚴懲

一以上各條所定奬懲辦法各徵收局由局會同財政廳酌辦各縣知事由省局分別事實會同財政廳詳請巡按使辦理

一各徵收局局長各縣知事各設治員記功記過事項得互相抵銷

一本條例如有未盡事宜得詳請修正

一本條例以公布之日施行

黑龍江省菸酒公賣暫行簡章施行細則　五年四月報署核准

第一章　總則

第一條　本細則依部定全國菸酒公賣暫行簡章第二十條體察本省地方情形酌量規定

第二條　本省菸酒公賣辦法依全國菸酒公賣暫行簡章第一條規定以實行官督商銷爲宗旨

第二章　公賣區域之畫分

第三條　本省菸酒公賣局酌量所屬菸酒產銷情形暫行畫分區域如左

第一分局　呼蘭（對青山附）木蘭

第二分局　綏化（雙河鎮附）

第三分局　璦琿

其餘龍江景星大賚泰來安達林甸肇州肇東訥河克山嫩江巴彥通河湯原綏楞慶城鐵驪青岡蘭西海倫拜泉通北龍門呼瑪蘿北漠河各縣局均暫委各該地征收局代征

上列各分局各征收局區域如於事實上應行變更時由省局重行釐訂報署備案

（附注）編者按第三分局於民國六年移駐海倫兼管望奎縣境七年又將巴彥縣境劃入第一分局綏楞縣境劃入第二分局一面在大賚縣增設第五分局兼管泰來縣境七年又在拜泉縣增設第五分局兼管克山縣境嗣後又陸續在安達蘭西等縣設立分局兼管鄰近各縣菸酒事務而其餘各縣仍由各征收局代辦

第三章　公賣機關之設置

第四條　本省按照前條所定區域設置分局或委託各該地征收局管理各該屬菸酒公賣事務

本省菸酒公賣局施行細則另定之

第五條　各區應設菸酒公賣分棧暫由各該分局征收局兼行其職務

第四章　經理公賣之程序

第六條　凡商民買賣菸酒均應由各該管分局及征收局代爲經理

第七條　各分局及各征收局於開辦之始應按照省局所定菸酒類產銷各商一覽表分別詳細調查按欄登記報告省局存查嗣後菸酒商店如有增設停閉或其他之變更時應隨時登記具報

第八條　分局及征收局每月應將所轄區域內菸酒之種類按照市價加收公賣費十分之一四定爲公賣價格但白酒市價每斤暫定大洋一角征費一分四釐公賣價格定爲一角一分四釐

（附注）編者按江省費率於民國五年七月經畢巡按使挂芳鑒於奉省公賣費減半征收辦法實征百分之六循燒商請求特減二釐實征十分之一二餘同本條原文再嗣後各條所有一四字樣在是年七月以後均應一律改爲一二

第九條　前條公賣價格由各分局各征收局按月酌定先期陳報省局核准施行但該月內公賣價格如無變更者僅須具文聲明備查

各分局或各征收局所管之一縣局境內對於同種類之菸酒不得有二個以上之公賣價格

第十條　凡在本省出產之菸酒應由產地商人投局報明種類數量由局派人查驗確實按照公賣價格核征全數公賣費十分之一四並在貨物封口處所粘貼印照方准銷售

第十一條　外省輸入本省銷售之菸酒其公賣費由指銷地分局或征收局卡按照公賣價格征收全數公賣費十分之一四粘貼印照方准銷售但商如願在入境第一局卡繳納公賣費者亦可

前項菸酒其未在首先運經之分局征收局卡照章繳納全數公賣費粘貼印照者該地分局或征收局卡應遵照徵收公賣費規則第九條之規定詢明指銷地方並查明貨色重量相符給予驗單放行

第十二條　外省運至他省之菸酒經過本省地方者應由各該分局或征收局卡認眞查驗以免隱匿洒賣之弊

前項經過本省之菸酒如運貨商人自願在本省銷售者應報明就近分局或征收局卡繳納全數公賣費粘貼印照方准在本省各地銷售

第十三條　凡本國菸酒各商能仿造外國菸酒者應酌量減輕其公賣費

第十四條　依前條之規定得減輕征收之公賣費至少須在十分之一以上

第十五條　凡本國販酒各商在本省銷售外國酒類時應一律照繳全數公賣費

第十六條　凡外國人在本省製造或銷售中國菸酒者亦一律征收全數公賣費

第十七條　本省沿邊各地外國人販賣之外國酒類應照該地征收洋酒稅例一律征繳全數公賣費

第十八條　前三條征收公賣費辦法依第十條規定行之

第十九條　本細則公布以前未開征地方中外產銷各商現存之菸酒應分別報明就近分局或各征收局卡照各該地公賣價格繳納全數公賣費粘貼印照方准出售

第二十條　上列各條規定之公賣費一律由產銷各商隨時繳納現金如有短欠歸各局照數按月墊清

第二十一條　販運菸酒已經本省征過全數公賣費貼有印照者如再運往他處在本省區域內不另征費

第二十二條　各局經征公賣費時應遵依菸酒公賣棧暫行章程第十五條填給四聯單以一聯給商店一聯存局暫以兩聯送交省局

前項聯單填給時應按照單列各欄分別填註並將所用印照某種字號張數逐一開列其公賣費數目如有折收江鈔小洋或羌帖者亦應將折收幣別數目連同大洋數於各聯騎縫內照章註明

第二十三條　各局應將每日經徵公賣費登錄日記簿

第二十四條　各徵收局每月於征收公賣費內得提給津貼二十分之一五以示鼓勵

第二十五條　凡已征過全數公賣費之菸酒各商店得計算成本輕重酌加賣價以獲利益

第二十六條　各商店於出售菸酒時均應填給發單加蓋圖記並分別登記簿據以資檢查

第五章　經徵款項之報解

第二十七條　徵收公賣費一律以大銀元計算其羌帖小洋銀兩官帖等幣均隨同本省財政廳規

定各幣標準價折核征收並隨時分報省局備案

第二十八條　各分局征收局征存之款於未解省局以前應遵照省局指定之官辦公司行號將現金暫爲存儲

前項徵存款項應按月將數目隨塡解款單逕解省局核收但交通不便地方其解款期限經專案詳請省局核准變通者得仍照各該局規定解款程限辦理

第二十九條　各分局徵收局每月征存款項數目照章造具收入計算書於該月經過後詳報省局彙報全國菸酒事務署備核

前項計算書所列款項數目換算方法應按照財政廳之規定章程辦理

第三十條　各分局征收局應按月將收入類別數量征收公賣費總數暨折收幣別數目等分別塡列收入表隨同截繳省局票根於每月經過後詳送省局核存其表式另定之

第三十一條　省局接到欵項時應驗明款單相符隨時登錄簿記按月將報解各款繳存支金庫並列表報告全國菸酒事務署聽候指撥

第六章　監察及稽查方法

第三十二條　各分局及征收局經征公賣事務除由省局酌派稽查員常川實地稽查外並得委託財政廳各該地賦稅督查員等就近監察之如各屬有將出酒斤數以多報少或私運菸酒不貼查驗印照或以公賣價格私自增減或有其他舞弊及應行注意事項稽查督查等員得隨時詳報省

局核辦

第三十三條　各分局及征收局承省局命令得隨時稽查本區域內菸酒各商店之票單簿據菸酒數量種類及關於營業上之狀態

第三十四條　凡各種菸酒如於包裹及盛儲器具上封口處所未粘貼本省公賣局印照或其印照與貨數不符者一律禁止販賣

第三十五條　凡關於稽查私菸私酒事務各該地方官及設立分局地方之征收局均應依全國菸酒公賣暫行簡章第十九條幫同辦理同負完全責任

第三十六條　凡各分局征收局辦理菸酒公賣應用印照簿據單票均由省局製定編號蓋印發給依次應用不得紊亂次序每月用存數目及各字號應造具清册詳報省局以便檢查前項印照簿據單照應由各局預估所需數目具領備用

第七章　處罰

第三十七條　凡各分局征收局經理公賣事務如有左列各款之一者由省局按照稽查專章分別懲處

一　不遵用省局印製之簿據單票者

二　不遵定限報解公賣費者

三　任意增減公賣價格者

四　與菸酒商店串通舞弊及不認眞稽查者

五　代征公賣費不照定額及有朦混侵蝕等情弊者

六　其他妨害公賣之種種行爲者

第三十八條　凡商店買賣菸酒如不受本區域內分局征收局之檢查及有隱匿等情弊者應由各該局按照稽查專章酌量罰辦仍隨時報明省局查核

第三十九條　各分局征收局於本區域內查獲未貼印照之菸酒及其他私釀私種私運私賣等情事應按照稽查專章酌量處罰仍隨時報告省局查核

第八章　附則

第四十條　本省財政廳管理之菸酒稅及特許牌照稅暫由本省各征收局卡仍照舊章辦理但須將按月收款分報省局查核彙報全國菸酒事務署核辦

第四十一條　前項各征收局經征之菸酒稅及特許牌照稅如有關於應行請示或變更者由財政廳會同本局批答之

第四十二條　本細則施行後所有本省貨牙公司關於菸酒兩項辦法一律無效

第四十三條　本細則俟全國菸酒事務署核准之日施行如有未盡事宜或應變通之處得由省局隨時詳准修改

黑龍江菸酒公賣局稽查章程施細行則　五年四月報部核准

第一條　本省關於菸酒公賣稽查手續除遵照前頒各省菸酒公賣局稽查章程辦理外並依本細則行之

第二條　各種印照應粘貼於菸酒包裹或盛儲器具封口處所並將數量種類月日分別塡明照內以便稽查如有塗改舞弊情事得干涉之

第三條　省局分局征收局對於販賣菸酒各商得隨時派遣員司巡丁監視並有調閱案卷賬記單據之權

第四條　省局分局征收局派出巡丁隨時發給巡緝執照如遇大宗私運菸酒不服檢查得持照就近報告所在地軍警協助緝捕

第五條　凡販運零躉之菸酒如未粘貼全數公賣費之印照者均以私販論

第六條　凡私自販運菸酒者警察及屯長鄉約並鄰近居戶均有干涉舉發之權

第七條　凡分局征收局卡遇有販運菸酒者應檢驗其印照聯單與貨數是否相符如有未貼印照及趨避情事准卽扣留照章罰辦

第八條　縣知事設治局及設置分局地點之征收局應遵照全國菸酒公賣暫行簡章第十九條之規定與公賣分局及不設分局地點之各征收局同負緝私之責如遇有必要時各分局或征收局並得商由各縣局各警察所加派警察或巡丁幫同辦理

第九條　員司巡丁警察鄉約屯長等查獲私菸私酒應照部頒稽查章程第一條報經主管公賣分

局或征收局將貨物變價一半充公一半充賞但不得私自處理如鄰近居戶舉發者得於充賞款內酌量提給賞金無實據報告者分別處罰

第十條　公賣分局征收局如有與本區域內菸酒商店串同舞弊或將所征公賣費朦蔽侵蝕及妨害公賣種種行爲經省局查明屬實得按照情節輕重分別詳請懲治其串同舞弊之菸酒商店得處以五十元以上五百元以下之罰金

第十一條　凡私自販運或製造私菸私酒一經查獲除將貨物沒收外並得酌量處罰菸酒商店違犯上項之規定時按照前頒稽查章程第十九條辦理

第十二條　公賣分局或征收局經征公賣費時如有不遵省局核定公賣價格私自增減者按照前頒稽查章程第十七條照增減額加三倍處罰

第十三條　公賣分局或征收局如減少產銷數目登錄簿記或不遵定章貼用印照塡寫票據者除照隱匿數目加三倍處罰外仍由省局分別情節輕重詳請全國菸酒事務署從嚴處懲

第十四條　菸酒商店如將全國所造之菸酒冒用外國牌號假充洋菸洋酒者即停止其營業並照應征公賣費加倍處罰

第十五條　凡運銷之菸酒查無印照者或印照與貨數不符或沿途私自出售者將舞弊人及通同舞弊人以私販菸酒論

第十六條　凡菸酒商店受罰金之處分延宕不繳者得移交經管區域內之各縣局或司法官廳押

追

第十七條　各分局征收局所收納之罰金應隨時遵填製定之罰金聯單按月解由省局轉交支金庫存儲報告全國菸酒事務署備撥

第十八條　各分局征收局如有與產銷各商串同舞弊情事地方官或設置分局地點之征收局局長查有實據得隨時密報省局核辦

第十九條　前條舞弊人與通同舞弊人如查有確實證據者除照章處罰外其舉發之地方官或征收局局長由省局詳請全國菸酒事務署巡按使或咨行財政廳從優獎敘以昭激勸如知情不報者酌量記過挾嫌妄報者送交法庭按律懲辦

第二十條　省局分局征收局派出員司巡丁巡視各商店公賣事宜時由各主管局發給憑照以資信守如有在外招遙者得分別情節輕重酌量罰辦

第二十一條　省局分局征收局所用之員司巡丁如有藉端需索栽贓訛詐者得送交法庭按律懲辦

第二十二條　省局分局征收局員司巡丁如有侵吞公款或收賄縱放情事得送交法庭按律懲辦

第二十三條　省局分局征收局及一切人員如有僞造關於菸酒公賣之印信憑照及各項單據者得送交法庭按律懲辦

第二十四條　分局征收局不將征收各款存儲省局指定之公司行號私行寄放者酌量記過或撤

差若意圖自己或第三人之利益將征收各款私行寄放者送交法庭按律懲辦

第二十五條　本細則自全國菸酒事務署核定之日施行如有未盡事宜得隨時詳准修改

江省十六年白酒包稅辦法此案由省局轉報

一　本辦法係俯循各燒商代表請求辦理凡在本省開設燒商營業均應遵守

一　燒商包納凡稅酒費及特稅按照全年計算分爲上下兩期每年一月至六月六個月爲上期七月至十二月六個月爲下期

一　燒商無力燒全年者准按期包納稅款其在一期中間開燒不足六個月者亦應照一期稅款全數繳納

一　燒商已納稅款除賣錢捐及牌照費不計外應按左列數目包納稅款

甲每日開燒一班出酒四百五十斤者全年共包納現大洋六千六百元每期現大洋三千三百元

乙每日開燒一班出酒四百斤者全年共包納現大洋五千八百六十四元每期現大洋二千九百三十二元

丙每日開燒一班出酒三百五十斤者全年應共包納現大洋五千二百三十四元每期現大洋二千六百十七元

丁每日開燒一班出酒三百斤者全年包現大洋四千四百元每期二千二百元

戊每日開燒一班出酒二百五十斤全年包現大洋三千六百六十六元每期一千八百三十三元

己每日開燒一班出酒二百斤者全年包現大洋二千九百三十四元每期一千四百六十七元

庚每日開燒一班出酒一百五十斤者全年包現大洋二千二百元每期一千一百元

其開燒兩班三班者應按班數繳納稅款但臨時加班者准按三箇月報繳一次

一　本辦法自公布之日施行

第二十二節　熱河公賣費

熱河菸酒公賣自民國四年六月開始籌備。八月十九日成立省局。全境十五縣。劃分三區。各設分局。按縣招商組織分支等棧。五年七月。以第一區之經棚第二區之林西開魯三縣爲極北邊邑。以收入不敷開支。招商包辦。至七年十一月復將林經兩縣公賣收回。派員直接辦理。又自五年五月。曾由局呈准各縣添設酒捐經理員。分駐公賣棧內。專徵酒捐及牌照稅。旋經呈准裁棧改局。於九年一月實行。先將各縣公棧併入稅捐處。以爲過渡。再由處改組分局。每縣設一分局。各縣往來要道及商務繁盛地方。酌設稽征分所。派員經徵。共分局十五。稽徵分所十。此熱區菸酒費稅征收機關之組織情形也。

熱河菸酒產銷。本產菸葉。無縣無之。產額最鉅者。首推赤峰。開魯。次則綏東阜新朝陽建平凌源等縣。年產總額約一百一十餘萬斤。多係本銷。（十三年調查數）輸入者以關東菸及山東捲菸爲多。山西棉菸福建菸湖北菸次之。本產之酒。以燒酒爲大宗。露酒菓酒藥酒較尠。產區則赤峯最多。次則綏東阜新朝陽凌源平泉等縣。年產總額約一千八百餘萬斤。行銷本區及蒙邊等處。（十三年調查數）輸入者有南紹酒啤酒等。但均寥寥。其各類菸酒名稱及價格。詳列附表。茲不贅述。

公賣費率。原定爲百分之十。開辦之初。本擬照章將菸酒兩項。一律從價征收。惟熱區產酒。係建池造釀。舊有酒捐。均屬按池包繳。按季付款。公賣開辦。從價征收。按月繳款。商民極端反對。爰經呈准變通辦法。照酒捐向例。將本產之酒。按池徵費。其池之尺副細數。詳見菸酒稅篇。整池一副。按全年出酒十萬斤計征公賣費大洋一千元。每尺合洋九角七分餘。半池一副。初按全年出酒五萬斤計。征費六百元。後以尺寸較整池之半爲多。改按全年出酒六萬一千五百斤計。征公賣費洋六百十五元。其餘輸入暨小燒並零售之酒。及各種菸類。則仍照定章按價十分之一征收。所有費款。並准燒商按季繳納。七年五月。據商會呈以外酒充斥。本產受損。請增加外酒費率。當經改定輸入各酒每百斤征費二元。合十分之二。本產仍舊。以資抵制。更於是年十月。呈明熱區酒池按之舊章規定以整半池爲限。其尺寸不及半池者名曰小燒。向在禁止之例。擬請開放小燒。規定小燒尺副以三百廿方尺爲最小限度。約合半池之半。所有費捐。均按尺寸計徵。每尺徵收公賣費洋一元。亦令按季繳納。呈准實行。其餘之零酒及菸類。均按照定率納費。征收之法。大抵本產本銷。征收全費。甲區運乙區者。則各半分征云。

八年三月。於取銷公賣區域裁棧改局案內。呈准改定菸酒稅捐公賣費單行章程。關於酒池尺副及費捐征收方法。重行規定。公賣費項下。定爲包池酒類公賣費及零菸零酒公賣費二種。包池公賣則屬於燒戶應納之費。即上述之按池包繳者。零菸零酒公賣則屬於販賣商人應納之費。即照定率所完納者。本產酒類已納包池費後。若燒戶自行運銷各縣。由產地分局領持指銷驗單。（指銷驗單專爲燒戶運酒憑証）除以承德向無燒鍋。本產之酒行銷該處。仍應按定率征費一道外。其他各縣。概予免征。其運銷外省者亦同。此外各商人販運本產菸酒及外產輸入菸酒。則均按定章由產地及入境局所征費一道。一切辦法。備見原章。附錄於後。

熱區所謂菸葉產地費者。向例並非征諸產地。故菸葉一項。始未收費。八年七月。始由局擬定試辦菸葉產地費章程。呈准將四鄉菸葉。就產地征費每百斤征公賣費二元。開辦之始。先事調查。再委托各區巡警擔任覆查後由省分局委員征收。所有一切職務。責令分局或稅捐處會同縣知事辦理。按收入提支百分之七・五利益金以資分配至十三年九月。又呈菸葉費自實行以來。隱匿情事在所不免。請改爲招商包辦。按歷年實收數目作爲標額。令由縣署分局會同佈告招商投標。並另行規定一種印照名曰招商包征產菸費特別印照。頒發分局轉發包商作爲收款憑証。擬定暫行簡章。呈准備案施行。乃自商包章程頒布以後。各縣商民依額承包者寥寥無幾。不得已仍責令各分局自行征解。推厥原由。大抵警察巡差私收規費。從中阻撓。而各分局亦以自征爲便。因之收數終未暢旺。復於十四年四月呈明前情。請改定辦法。增加經費。另定標額。事飭分局招商投標。以期簡捷。當奉署令照准。惟比額則定爲一萬元。仍按七五提支經費。如超過比額。准在溢支數內提給百分之二十。作爲經費及獎勵金。於是年十二月實行。

至熱區於改定單行章程通飭施行之後。尚有例外數點。其圍場一縣。向僅估計酒量。不按尺寸。酒池尺幅。較規定尺寸短少。與定章不符。當七八年間。曾經派員整頓。飭令改築。迄未就範。嗣復派委實地勘查。該縣碻有特別情形。應予變通。當於十年十月呈由都統咨准將圍場縣燒戶整半酒池照原章規定池積。小燒照勘定實積。一律按捐費數目百分之八十折收。以示體恤。又十二年冬呈以經棚林西灤平三縣。外縣之酒充斥。爲保護本產起見。援照承德成案。加征零酒公賣費暨酒稅。凡本產酒類運銷該三縣者。每百斤征公賣費一元。更於林灤兩縣加征酒稅。由十三年一月實行。十四年八月。又以朝陽縣果酒公司所用燒酒原料有係自釀已繳費稅。有係購自本城燒戶。與普通果酒不同。亦經呈准變通辦理。按照定率減半征收。此皆於定章以外之變通辦法也。

又該區運銷菸酒向係遵照通案。貼用印照。十四年九月。呈准仿照湖北分撥票辦法。另定一種照花。名曰熱河燒戶銷酒照花。分甲乙兩種。每酒十斤至四十斤。貼用乙種。四十斤至百斤。貼用甲種。凡各縣燒商運銷境內之酒。已經貼用照花。即免貼印照。其販運出境者。仍用通案頒定印照。以資稽查。是與前述之菸葉產費特別印照。均爲該區之單行辦法也。

綜熱河菸酒公賣之征收。酒則包池。菸葉則包商。其餘外產本銷各菸酒。則照章征費。此其大較也。餘詳附表。茲從略焉。

熱河菸類市價表

菸葉名稱	現時價格	原產地	年銷總額
菸葉	每觔大洋一角五分六釐	本地所產	
蘭花菸	每包大洋一角五分七釐	福建	
潮菸	每包大洋一角三分七釐	潮州	
皮菸	每包大洋一角三分六釐	山西	
老葉菸	每包大洋三角一分五釐	福建	

幼絲菸	每包大洋一角一分	福建
高棉菸	每觔大洋三角六分八釐	山西
次棉菸	每觔大洋二角八分九釐	山西
定子菸	每塊大洋一分七釐三毫	湖北
白定子菸	每塊大洋三分一釐五毫	湖北

熱河酒類市價表

酒類名稱	現時價格	原產地	年銷總額
高燒酒	每觔大洋一角五分七釐	本地所產	暢
次燒酒	每觔大洋一角二分六釐	同上	暢
黃酒	每觔大洋一角二分六釐	同上	暢
玫瑰酒	每觔大洋二角五分二釐	北京	平
南紹酒	每觔大洋二角五分二釐	紹興	平
啤酒	每瓶大洋六角三分一釐	由外洋運來	平
葡萄酒	每瓶大洋七角一分	中國宣化或由外洋運來	
馮了性藥酒	每兩大洋一角六分		

備考	說明
查熱河各縣燒鍋每年約產高次兩種燒酒二千一百九十餘萬觔其餘黃酒玫瑰酒南紹酒啤酒葡萄酒產銷數目未能預定	查以上各種酒類各縣價值不一擬暫照各處現時市價酌加十分之一抽公賣費

熱河公賣局徵收菸酒稅捐公賣費單行章程 八年三月呈奉菸酒署令准照辦

第一章　總則

第一條　本章程係根據熱河菸酒各稅舊章並參酌現時整頓辦法修定之

第二條　熱河菸酒稅收除遵照部頒各項章程辦理外其酒捐公賣費菸酒稅基於歷來特別情形須變通徵收者適用本章程之規定

第二章　酒捐

第三條　凡中國商民欲在熱境建池造酒經營燒業者須將獨辦或合股主東姓名籍貫暨設業地點池數尺寸開燒月日預先一月塡具申請書連同永遠長燒甘結暨殷實商舖保結各一紙報由該主管公賣分局派員勘丈池副圖粘說轉呈公賣總局核准立案給發製酒憑照方准營業

第四條　製酒憑照由總局用堅厚白紙製就三聯編號蓋印俟分局呈送燒戶申請書核准時按條填註一聯截留備案一聯發分局存查一聯交燒戶懸掛作爲特許營業憑證

前項申請書由總局製發各分局應用憑照每張徵費大洋三元隨同申請書繳納如有汚損或遺失時得呈請更換補給不另收費

本章程施行後凡舊有燒戶未領憑照者一律補領以照劃一

第五條　第三第四兩條各項之規定凡燒戶報止復開及請加季燒者均適用之

第六條　燒戶酒池定爲三種

（甲）整池一付共池七個每池深長各七尺寬三尺計立方尺一百四十七合計七池共一千零二十九立方尺全年出酒按十萬觔計算

（乙）半池一付共池七個每池深長各六尺寬二尺五寸計立方尺九十合計七池共六百三十立方尺全年出酒按六萬一千五百斤計算

（丙）小燒向在禁止之列七年秋季呈准開放池數不拘多寡全付以三百二十立方尺爲最小限度在此限度以上不及半池之規定者皆名爲小燒准予造燒其建池不滿此限度者仍禁止營業

前項酒池尺寸均以部定營造尺爲準

第七條　整半池酒捐仍照舊章征收計整池一付全年征正捐及解費銀一千一百零七兩七錢按

一五折合大洋一千六百六十一元五角五分半池一付全年征正捐及解費銀六百七十七兩七錢一分一釐按一五折合大洋一千零一十六元五角六分八釐此後册報卽以銀元爲本位

第八條　小燒造釀便易稅率較重應納捐款一律按尺計算每立方一尺全年征正捐及解費大洋一元七角於開放小燒之中仍寓維持整半池之意如小燒酒池擴充合整半池尺寸時卽改照整半池捐數繳納以昭公允

前項捐率凡舊有燒戶其酒池尺寸不及半池合小燒新章之規定者適用之

第九條　熱河地處極邊各縣氣候既不一致燒戶用糧亦有不同酒池尺寸雖異而出酒觔數常有參差如該管公賣分局對於七八兩條之規定認爲有變通之必要者准將該縣特別情形具呈總局查核辦理

第十條　各燒戶全年酒捐仍按四季攤繳季清季款不得拖欠

第十一條　燒戶報開應納酒捐自開燒之月起按月計算

第十二條　各燒戶原有酒池准予擴充增改不得請減

第十三條　常年開池燒酒者謂之長燒有長燒以外再於某季請加季池者謂之季燒仍照舊章辦理此外短期造燒一律禁止

第十四條　燒戶報開整池或半池經過第三四兩條手續營業在一年以上不欠捐款者得請加季燒但小燒及整半池開燒在一年以上而中間曾經報止者不得享季燒權利以示限制

第十五條　季燒開始不論季首季尾以扣足三個月爲一季如一季期滿再請續加者仍以三個月爲限不得請加一二月或四五月以免參差

第十六條　各燒戶請加季燒其池副不得小於原有之整池或半池

第十七條　季池酒捐依第七條規定整池或半池每池應徵之數按池清繳

第十八條　燒戶呈報歇業無論正池季池均須於前一月報由該主管公賣分局轉呈總局核准後方得繳銷製酒憑照如未經核准擅行止閉或呈報過晚致分局轉呈逾限者仍照章征捐

第十九條　燒戶呈報止閉經總局核准憑照繳銷後所有酒池甑器如暫時止燒者由該主管公賣分局長親於池內四週滿蓋白石灰印池外釘板重加十字封條重要酒器亦照驗封誌其永遠歇業者將池甑分別折毁藉防流弊

第二十條　燒戶報止復開經過第三四兩條手續後應候該主管公賣分局勘驗啟封開始營業不得自行撤除封印先期造燒

第二十一條　燒戶止閉無論在季首秋尾除完納全季正捐外仍照舊章預繳空捐一季但加季酒池准予免繳

第二十二條　凡燒戶於本季內呈准止閉於次季內仍就原池復開者其本季預繳之空捐准悉數充作次季正捐若復開在歇業後二季或二季以上者其復開時之應納酒捐仍照第十一條辦理不得以前次預繳空捐作抵

第二十三條　燒戶報閉如實係破產經法庭或商會宣告有案暨有確實証明者除完納正捐外應繳空捐准予豁免

第三章　公賣費

第二十四條　熱河係特別區域與內地情形不同所有各屬燒戶應納各費款按池征收名曰包池酒類公賣費其販賣菸酒商人繳納者則曰零酒公賣費

第二十五條　包池酒類公賣費分別規定如左

（甲）整池一副全年出酒按十萬斤計算共征公賣費大洋壹千元

（乙）半池一付全年出酒按六萬一千五百斤計算共征公賣費大洋六百十五元

（丙）小燒不論出酒斤數一律按尺計算每一立方尺全年征公賣費大洋一元

右列各燒戶包池費係參照酒捐成案辦理其池付尺寸詳於第六條各項之規定

第二十六條　各燒戶包池費繳納期限適用第十條之規定

第二十七條　燒戶報開報止時該月內應納公賣費仍照舊截日計算

第二十八條　燒戶報開報止除依酒捐章程規定各項手續辦理外併須於呈內按陽曆聲明起止公賣費用月日以免牽混

第二十九條　零菸零酒公賣費率分別規定如左

（甲）菸類公賣費本產與外省輸入均按價抽收十分之一

（乙）酒類公賣費本產本銷者按價抽收十分之一外省輸入者按價抽收十分之二

第三十條　各縣分局成立原分公賣區域卽行廢除所有零菸零酒公賣費均歸一次征收以省手續

第三十一條　印照及指銷驗單遵照部頒程式參以本區情形分別規定如左

（甲）印照分甲乙二種每種又分特別普通以示區別

（乙）指銷驗單分甲乙丙三聯式甲聯存根乙聯交商執運丙聯送指銷地方之公賣局所核對其中間經過地方之公賣局所應查驗在執運一聯上蓋戳注明經過日期

前兩項規定之印照驗單均由省局印製編發

印照須粘貼菸酒包裹或盛儲器之封口騎縫處以防一照兩用之弊

驗單專爲燒戶運酒之憑証發給時應照章隨征驗單費大洋一角其零賣菸酒商人不得請領

凡無印照或驗單之菸酒槪以私論

第三十二條　燒戶所產酒類欲自行運銷熱境各縣者須向產地公賣分局報明運酒數目暨指銷地點請領指銷驗單至銷貨地方將所執驗單送由該管公賣局所收回核對後除承德一縣給貼普通乙種印照再徵公賣費十分之一外其他各縣若查驗單貨相符卽給貼特別乙種印照准其銷售不再重征

第三十三條　凡發給燒戶驗單時務於當日將丙聯逕寄指銷地方之公賣局所以便查核但逾期

酒未運到應由指銷地方之公賣局所按照丙聯驗單填載數目向起運地方局所根究並報省局核辦

第三十四條　指銷驗單有效期間按程站加倍計算例如指銷地點五日可達到准以十日爲限餘類推逾期無效

第三十五條　商人販賣本產菸酒由起運地方公賣局所驗明粘貼普通乙種印照照章征費後無論運銷熱境何縣查驗貨照相符卽准出售槪不重征

第三十六條　本產酒類已由燒戶包池繳費如甏批運赴外省銷售無論燒戶自運或他商販運起運時報由該管公賣局所驗明除燒戶加領指銷驗單外均給貼特別甲種印照免予征費沿途經過局所查驗放行不得留難阻滯倘中途欲改銷本境應向銷貨地方公賣局所報驗有指銷單者改貼特別乙種印照卽准銷售無指銷單者改貼普通乙種印照仍照章征公賣費十分之一

第三十七條　本產外銷菸類起運時報由該管公賣局所估值征公賣費十分之一給貼普通甲種印照沿途經過局所查驗照貨相符卽予放行倘欲改銷本境應向附近公賣局所報明就原貼印照上加蓋改銷本境戳記方准發售

第三十八條　外省菸酒運入熱境銷售由入境第一公賣局所查驗酒類估值徵費十分之二菸類估值十分之一分別給貼普通甲種印照至銷貨地方報由該處公賣局所驗明照貨相符卽准出售不再重征

第四章　菸酒稅

第三十九條　菸酒稅未劃分以前凡百貨稅之一熱河單行稅則分別出產落地過路三稅稅率有抽四抽五之別手續亟爲複雜兹定統一辦法除酒稅另定專條外菸類本產分內銷與外運兩稅外產分輸入與過境兩稅各改作一次徵收以昭簡便

第四十條　菸酒稅四聯票照由省局製就編號蓋印頒發各分局所應用該局所併自刊（本產內銷）（本產外運）（外產輸入）（外產過境）木戳四個遇商人報納菸酒稅查驗後如係本產本銷於稅票上加蓋本產內銷木戳甲聯存查乙聯繳驗丙聯交納稅商人收執丁聯交商人蓋章郵寄省局本產外運暨外產輸入與過路均應於稅票上加蓋木戳以資分別

前項聯票完稅在五角以上者征票費銅元二枚不及五角者免征

第四十一條　本產本銷之菸由產地運銷時合出產落地兩稅一次征收估値抽百分之十給予本產內銷聯票無論運銷熱境何縣查驗貨票相符不再征落地稅倘已納銷稅而欲將全貨改運外省者應報由出境公賣局所驗明就原給聯票上加蓋改銷外省戳記放行亦不再收過路稅

第四十二條　本產外銷之菸起運時合出產過路兩稅一次征收估値抽百分之十給予本產外銷聯票卽出境在六十里外查驗貨票相符不再征過路稅如中途運回欲改銷熱境在銷貨地方公賣局所報驗後就原給聯票上加蓋改銷本境戳記卽准發售亦不再徵落地稅

第四十三條　外產菸類運熱銷售入境時由第一公賣局所估値抽落地全稅百分之五給予外產

輸入聯票無論運銷熱境何縣查驗票貨相符概不重徵

第四十四條　外產運過熱境之菸由入境第一公賣局所估値抽過路半稅百之二五給予外產過路聯票無論經過熱境何縣查驗票貨想符卽予放行不再重征倘入境後欲改銷熱地在銷貨地方公賣局所報驗後將過路聯票繳銷另給外產輸入聯票仍征落地全稅百分之五票費照章徵收

第四十五條　本產酒類領有公賣方面之指銷驗單者除運銷承德一縣每酒百觔仍照舊另徵稅洋一元給予本產內銷聯票外若在承德以外熱屬各縣均免徵稅

第四十六條　凡無指銷驗單之本產酒類無論運銷熱屬何縣統照承德縣辦理每酒百觔徵落地稅大洋一元給予本產內銷聯票併照章徵收票費

第四十七條　本產外銷之酒貼有公賣方面特別甲種印照者仍照向章免征

第四十八條　外省運銷熱境之各項酒類由入境第一公賣局所查驗估値抽落地稅一道稅率規定如左

（甲）燒酒每百斤征稅洋二元

（乙）紹酒估値征稅洋百分之十二

（丙）洋藥酒估値征稅洋百分之十五

第四十九條　前條各項外酒征稅後給予外產輸入聯票無論運銷熱境何縣查驗貨票相符概不

重征

第五十條　凡運過熱境外酒由入境第一公賣局所按照落地全稅之數估値征過路半稅例如燒酒落地稅二元半稅一元紹酒落地稅十二元半稅六元餘類推給予外産過路聯票此後任過熱屬何縣查驗票貨相符卽予放行概不重征倘入境後欲改銷熱地在銷貨地方公賣局所報驗後將過路聯票繳銷另給外産輸入聯票仍分別征落地全稅併照章隨征票費

第五章　罰則

第五十一條　人民私燒破獲時查明該私燒酒池尺寸起止日期及每日出酒斤數除勒令補納應認捐費併照應認數目科以十倍罰金如破該犯之産尙不足應納捐費暨罰金之數者其欠款照刑律規定罰金之例處以相當徒刑

第五十二條　燒戶暗增池副加班趕燒或報開未經勘驗而先自私燒者破獲時查明其暗增加班或先期私燒池副尺寸起止月日及每日出酒斤數除勒令補納應認捐費外併照應認數目科以五倍罰金如破産不能繳納者仍按前條規定辦理

第五十三條　燒戶報止池甑封釘後私起造燒者照人民私燒罰辦損壞封釘者處以三百元以下之罰金

第五十四條　燒戶呈報開閉如已經勘驗未到指開日期而先行開燒或已屆指閉日期未經封錮而猶造釀者處以五百元以下之罰金

第五十五條　零賣菸酒商人如不報貼印照私自營業偷漏稅費者查獲時除貨物完全充公外科以應認稅費十倍之罰金其無力繳納者按罰金數目處以相當徒刑

第五十六條　零賣菸酒商人如已貼印照而所有貨物與印照數目不符者除不符之餘貨完全充公外科以應認稅費五倍之罰金

第五十七條　商人販運酒類如與燒戶串通冒領指銷驗單希圖減免稅費發覺時除燒戶處以百元以下罰金外商人照偷漏例辦理

第五十八條　指銷驗單逾期失效而猶塗改重用者查出貨物完全充公併照刑律規定僞造公文例辦理

第五十九條　商人販運本產酒類轉銷外省已貼特別甲種印照而中途改銷本境不換貼普通乙種印照者照偷漏例辦理

第六十條　凡運過熱境之外省菸酒征收過路半稅後改銷本境不換領聯票另納落地稅者照前條辦理

第六十一條　酒捐罰款以三成充賞七成歸公公賣罰款以五成充賞五成充公

第六章　附則

第六十二條　本章程自呈准之日施行

第六十三條　本章程施行後所有熱河菸酒稅費捐各項舊章不再適用

第六十四條　本章程如有未盡事宜暨應行變通之處得隨時呈請修改

熱河菸酒公賣局改訂試辦菸葉產地公賣費暫行簡章　八年九月呈准施行

第一條　熱區本地菸草雖非大宗出產而各縣皆有公賣收費向於販賣時執行置產地於不問未免挂一漏萬損失收入茲擬自本年起一律由產地征費以昭核實

第二條　產地菸葉公賣費率暫從量計每菸草百斤征費大洋二元於菸葉成熟收穫時向種戶一次征足給貼印照憑單無論販運熱區何處發賣征收機關查明照貨相符除照章另征菸稅外不再重征費款舊有之甲乙區域亦一律取銷以昭劃一而省手續

第三條　熱區地面寥闊每縣僅一公賣分局棧或稅捐處實行產地公賣費均苦鞭長莫及若派員專辦又慮糜費過重查各縣區設有巡警分所各鄉亦有分駐所就地調查較易集事擬暫令各縣公賣分局或稅捐處會同縣知事委令襄助以資便捷而臻周密

第四條　各縣公賣分局或稅捐處會同縣知事辦理產地菸葉公賣應以調查爲入手辦法調查手續分初查覆查二次

(甲)初查於菸草下種時責令巡警行之縣公賣分局或稅捐處會同縣知事於每年菸草下種後飭令縣總警局轉行所屬各區鄉駐在巡警查明所管境內種菸之戶居址姓名所種菸草若干畝及預計收菸約數填具初次調查表於一箇月內造報縣知事令同公賣分局或稅捐處轉呈

省局查核一面由該分局或稅捐處派司分赴各處協同各區鄉原報巡警勘驗如有遺漏或失實之處會同聲明更正以期征實而免流弊

（乙）覆查於菸葉將成熟時由省局派員行之初查經過後菸葉將成熟未收穫之前一月各地駐在巡警報由縣知事會同公賣分局或稅捐處轉請省局派員攜帶初次調查表分赴各縣協同各區鄉警挨戶逐畝覆加調查所種地畝熟菸重量是否與初查表相符另記覆查表併面同種戶估計得菸斤數由種戶認可以爲收費標準如覆查與初查不符應於覆查表內聲明事實理由以資查考

前項初查覆查表由省局製印頒發每表填備四份一份存巡警分駐所一份留縣署一份交公賣分局或稅捐處一份呈送省局

第五條　各縣區鄉駐在巡警對於所屬區域內種菸各戶經初查填表由公賣分局或稅捐處派員勘驗後如遇水旱天災損失菸苗須立報縣署暨公賣分局或稅捐處令呈省局派員查驗以杜弊混而免偷漏

第六條　菸葉成熟收穫後十日內公賣分局或稅捐處會同縣知事派員攜帶較準之秤分赴各區鄉協同駐在巡警按覆查表向種戶實地秤量菸葉照章征收產地公賣費給貼印照憑單所有菸量不得少於覆查表內種戶認可之數

第七條　菸葉產地費隨收隨交該管公賣分局或稅捐處收存俟征清後由公賣分局或稅捐處會

同縣知事核算總數將應繳費款於半月內由公賣分局或稅捐處造具收入計算書暨憑單存根印照存用册報解省局查核

第八條　各縣公賣分局或稅捐處會同縣知事辦理產地菸葉公賣費照章按收入提支百分之七五利益金以百分之三五作局縣會派收費員旅費以百分之四給襄辦巡警作爲津貼不得再請經費亦不得向種菸之戶於應征費外多收

第九條　收費員協同巡警實施秤菸征費時對於種戶細裝菸葉每細應令以五十斤或二十斤爲度以便分貼印照不得任其籠統一細貼一印照致種戶欲行分賣而有印照難分之患亦不得零星裝細多耗印照

第十條　各縣無巡警之區鄉由公賣分局或稅捐處委託征收支局卡代辦若無征收支局卡或直接自辦或招商包辦一切手續均依本簡章規定辦法辦理不得少異征收支局卡代辦或招商包辦菸葉產地公賣費均直隸各該縣公賣分局或稅捐處受其指揮

第十一條　本簡章如有未盡事宜得隨時呈請修改

第十二條　本簡章自呈准之日施行

初查表式

縣　區　鄉產菸初次調查表

種戶姓名	居址	種菸畝數	坐落何處	菸種名稱	預計收菸重量	勘驗是否符合	說明

中華民國　年　月　日

調查巡警署名蓋章

勘驗委員署名蓋章

覆查表式

縣　區　鄉產菸覆查表

種戶姓名	熟菸畝數	坐落何處	菸葉名稱	實計收數重量	種戶認可	比較預計收數		說明
						增	減	

中華民國　年　月　日

調查巡警署名蓋章

調查委員署名蓋章

熱河菸酒事務局擬定招商包辦產菸公賣費暫行簡章 十三年九月呈准施行

第一條 熱區產菸公賣費自民國八年呈准就地征收以來逐年收入殊鮮起色推厥原因其中隱匿舞弊種種情事層見疊出本年力求整頓援照原定產菸簡章第十條之規定今由各縣知事菸酒分局會同招商包辦以期增收

第二條 招商包辦產菸費經商人認定標額後應先由縣知事會同分局擬具布告頒發各區鄉警察所張貼通衢要道俾種戶一體知悉免致包商斂款時發生誤會

第三條 產地菸葉公賣費費率向係從量計算每菸百斤征洋二元本年招商包辦應於佈告內敘明包商斂款仍以規定費率爲衡不得格外多收致起糾紛

第四條 包商認定標額後除出具承認包辦產菸公賣費按期繳款不敢無故中途輟止等情甘結外再取具殷實商號連環保結分送縣局備案會同發給手諭並傳知環保商號擔負完全責任

第五條 招商包款應定期限分三期繳足第一期以具結之日爲限（首先繳納一次以抵押款）第二期以九月底爲限第三期以十一月底爲限（均指陽曆而言）各包商務依定限照繳不得故意延長逾限不繳追詢原保商號

第六條 商人認定包額後無論年景豐歉及遇水旱偏災等事原認包款照數分期繳納概不予減如包商在未繳足包款期間發生他故不能履行時統歸環保商號擔負

第七條 包征產地菸葉費經種戶繳納自應發給收據惟公賣憑單關係重要未便交由包商隨便填用致滋弊混由局另行規定一種印照名曰招商包征產菸費特別印照頒發分局轉諭包商成總領用

第八條 前項特別印照只限包征產菸費貼用其餘零菸零酒以及包池等項概不適用種戶繳款領此印照將來販菸經過局所以此爲憑征收機關亦有所考驗驗後加蓋某局驗訖戳記以防重用

第九條 包征產菸費特別印照管轄分局先詢包商應需若干預繳工本來局請領以便照數印製因照內定有年分只准本年產菸填用來年不能再用是以未便多印致費工本兼示限制

第十條 招商包辦產菸均直隸縣公署及分局督責包商應受指揮對於種戶務宜和平種戶亦不得抗拒倘有騷擾勒索情事舉發由縣依法處理

第十一條 包商每期包款由分局經收後照數解繳總局絲毫不得提扣一面咨縣知照此項包款單獨具文報解不得與零包費款相混

第十二條 本簡章自呈准之日實行設有未盡事宜隨時呈請修改其原有簡章概不廢除將來直接經征時仍可適用

特別印照式樣

熱河菸酒事務局

招商包徵產菸費特別印照

今據　　　地方菸戶　　　在十三年
分栽種　　　菸業經稱准照章繳費將來
販運菸葉經過徵收局卡查驗印照與
菸斤相符應予放行發給菸戶收執
菸葉壹　　　計重
已徵公賣費
縣包商
中華民國　　年　　月　　日發給

每張收回工本大洋一分

填照方法

今據兩字之下應填地名菸戶兩字之下應填稱戶姓名栽種兩字之下應註明菸葉名稱菸葉壹三字之下應填明捆數計重兩字之下應填明斤數已徵公賣費五字之下填明洋數縣包商三字上塡縣名下蓋商人名章每菸一捆以五十斤爲度准給一照照數收費五十斤以上再給一照依次遞加

第二十三節　綏遠公賣費

綏遠菸酒公賣。民國四年冬間籌備。五年一月一日實行開征。其時綏遠察哈爾合設歸察菸酒公賣局於歸化。綜管兩區菸酒事務。費率呈准綏察均按百分之十八征收。由各區局棧按市訂價。呈准公布照率征費。計生菸水菸每件百觔收費三元。口菸鼻菸減半。燒酒每缸戶以月出酒九百觔計征費十九元八角。直晉豫等省運蒙菸酒。酒類援天津出洋成例。每百觔征津錢二吊文。合銀元七角有奇。菸類征收全費。嗣第三六兩區費率增爲百分之二十。旋各區一律照加。十一年八月。察屬劃設專局。綏屬改組綏遠菸酒事務局。費率仍舊。十六年二月。該局以公賣價格自七年檢定後。迄未重訂。核與現值相懸不啻倍蓰。呈准分別照市釐訂。菸類分皮絲、老葉、鼻菸、關東、易州、蘭花、羅芳、定州、生菸、水菸、代州、金錢、土菸等十三種。每百觔征費自一元二角六分至四十元。酒類分燒酒紹酒兩種。燒酒每百觔征費一元二角。紹酒倍之。

綏遠菸酒公賣。採產銷併征制。本產本銷。本產外銷者。均由產地分局征足全費。給單貼照。行銷境內。不再重征。客產輸入本境銷貨者。入境首局不征費款。僅給驗單。俟抵銷地由該處分局征收全費。方准銷售。但爲稽征上便利計。亦得由入境首局征收之。五年一月。歸察局以該屬運銷菸酒。全恃庫恰貿易爲大宗。察哈爾係赴庫孔道。每年直晉豫等省菸酒由該處運銷內外蒙古者。爲數甚鉅。庫倫未辦公賣。銷地無費。殊失負擔之平。矧口外地面遼闊。名爲運蒙。沿途酒賣。尤屬防不勝防。呈准各省出口菸酒。統由該屬張家口大境門外第三區分局代征銷地公賣費一道。經過歸察境內。不再征費。旋據直隸菸酒公賣局呈稱。山西等省運蒙菸絲。在各該省起運時。已納產地費一道。貨抵張家口。復由直屬第四區分局征收銷地費一道。產銷均已征足。通過察境。自無再行重征之理。請飭歸察局停止征收。而歸局則以張家口僅係通過地點。定章向不征費。前項菸絲銷場。均在察屬各縣及內外蒙古。自應由察征收。情詞各執。當經前全國菸酒事務署派員前往張家口查明詳情。會同直歸兩局擬具簡章。所有出口菸類。直隸歸察兩局應同等征費。每百觔各收洋三元。其征收辦法。分菸商及雜貨店兩項。凡由菸商購運者。卽由該商報明歸察局。照率納費。如由雜貨店購買零色菸絲運往大境門外各溝村莊銷售。或鄉間自用。在直局已納公賣費者。出口時歸察局查驗放行。不再重征。以示體恤。惟應以兩筐之內爲限。呈署核准施行。至進口甘菸。係通過性質。察屬祇征稅釐。向不收費。

綏察公賣開辦之初。兩屬共分七區。屬綏者四區。屬察者三區。分支各棧、僅人口殷庶。商業較盛。如歸化張家口等處。招商承辦、餘區均由分局酌設稽征所直接稽征。其清水河和林格爾等縣。暫行委託清源局或雜捐局兼辦。嗣卽分別收囘。改設稽征所。十一年八月。察區劃設專局。綏屬仍分四區。十四年十月。呈准改爲九區。十八年一月。綏察轄境重新釐定。原隸察屬之豐鎮隆盛莊興和集寧涼城陶林等六區分局。劃歸綏遠管轄。連同向設九區。共計十五區。並於得勝鎮川兩口分設查驗所。直轄總局。專查進口菸類。

綏遠菸酒收入。恃菸類爲大宗。大抵進口西菸最鉅。關內出口菸類次之。本產菸葉質次味劣。爲數最微。西菸分靑條紅條兩種。產於甘肅蘭州一帶。向由甘豫運抵漢口。復沿江經贛皖達滬。揀淨改裝分銷各省。嗣因沿途費稅較重。相率改道東北。走蒙古草地。由包頭鎮張家口入關。沿平綏遼平路經天津航海達滬。每年通過綏境約五萬件上下。關內出口之菸。大半來自河北晉豫等省。有生菸水菸金錢菸等名目。年約一萬餘件。以張家口爲屯轉樞紐。銷綏區者十之四五。餘銷內外蒙古及甘新等省。酒類則各縣均產燒酒。口外氣候奇冷。冬令禦寒。農家拌種。視爲必需。與內地專供消耗者稍異。雖鄉僻亦多製備。除本銷外。內以蒙古爲銷場。年來外蒙酒禁綦嚴。銷路漸減。客產有紹酒燒酒玫瑰露等。又有山西渾源河北蔚縣宣化所產燒酒。每年經過綏遠運銷庫恰。爲數亦多。

綏遠菸酒事務局修正菸酒公賣施行細則 十五年七月二日呈准修正

第一條　綏遠菸酒公賣事務遵章設立全區菸酒事務局於歸化城

第二條　綏遠菸酒事務劃爲九區其管轄區域及駐在地點如左

第一區菸酒事務分局管理歸綏縣城及東南各鄉菸酒事務駐歸化城列爲一等局由總局兼辦

第二區菸酒事務分局管理包頭一縣菸酒事務駐包頭列爲一等局

第三區菸酒事務分局管理托克托和林格爾兩縣菸酒事務駐河口列爲二等局

第四區菸酒事務分局管理五原東勝大佘太臨河等四縣菸酒事務駐隆興長列爲二等局

第五區菸酒事務分局管理武川一縣菸酒事務駐武川列爲二等局

第六區菸酒事務分局管理薩拉齊一縣菸酒事務駐薩縣列爲二等局

第七區菸酒事務分局管理歸綏縣屬畢克齊察素齊兩鎭菸酒事務駐畢克齊列爲三等局
第八區菸酒事務分局管理清水河一縣菸酒事務駐清水河列爲三等局
第九區菸酒事務分局管理固陽一縣菸酒事務駐固陽列爲三等局
第三條　各區分局管轄地面內遇有衝要處所得酌設分卡附屬該分局協同稽徵以期周密
第四條　凡製銷菸酒均應遵章征收公賣費並應發給單照
第五條　菸酒公賣費之定率暫定爲百分之二十如有應行改定時得由省局呈請全國菸酒事務署核准後公布之
第六條　各區菸酒公賣價格應由各該分局依據市價斟酌擬定呈請省局核准後公布之
前項價格概以銀元計算其適用銀兩或制錢地方應按照市價折合銀元
第七條　凡已在綏遠各區繳納公賣費之菸酒除照章塡給憑單粘貼印照外如運銷外省或由甲區運銷乙區者並應塡給驗單
第八條　凡由外省輸入之菸酒由銷地分局徵收公賣費塡給憑單粘貼印照但爲稽征便利起見得於入境第一道分局征收之
第九條　凡本省所產之菸酒行銷本省者概由產地分局征收公賣費塡給憑單粘貼印照
第十條　菸酒公賣應貼印照分爲甲乙丙丁四種凡菸酒百斤以上者應貼甲種印照五十斤以上者應貼乙種印照十觔以上者應貼丙種印照一斤以上者應貼丁種印照

第十一條　凡在綏遠境內已經征足公賣費之菸酒無論運銷何區祇要單貨相符不再征費

第十二條　各區分局及該管分卡征收菸酒公賣費應按月造報並將征款隨同一併掃數呈解省局但交通不便之處得酌量情形變通辦理

第十三條　凡稽查私菸私酒應照本局稽查施行細則辦理

第十四條　凡製銷菸酒及販運者如有違章行爲時應照本局菸酒費稅罰款規則辦理

第十五條　省局及各分局員司額數俸薪等級另以預算定之

第十六條　省局長承全國菸酒事務署之命令掌理本局一切事務仍應受中央特派監督財政長官之監督

第十七條　省局長遵部訂各省菸酒公賣局暫行章程第八第九條執行其職務

第十八條　本局各科員司受局長之指揮辦理一切事務其分科事權應遵照本局各科主掌事務規則辦理之

第十九條　各區分局局長承省局長之指揮督率司巡掌理其應行之職務

第二十條　本局設立會議室遇有一切進行事務得由局長督同會議以資整頓

第二十一條　職員如有建議事件得提出建議書由局長督同討論核奪

第二十二條　本局職員及各區分局局長成績除征收盈虧按照考核章程辦理外得按該員成績每年年終考核一次分別奬懲

第二十三條　本細則如有未盡之處得呈請修改之

第二十四條　本細則自呈奉事務署核准後公布施行其原定暫行細則即行廢止

綏遠局改訂菸公賣費價格費率 十六年二月呈署核准

一　生菸每百觔公賣價格二十元以百分之二十征洋四元
一　水菸每百觔公賣價格二十元百分之二十征洋四元
一　金錢菸每百觔公賣價格十八元百分之二十征洋三元六角
一　定州菸每百觔公賣價格二十元百分之二十征洋四元
一　易州菸每百觔公賣價格四十元百分之二十征洋八元
一　代州菸每百觔公賣價格十八元百分之二十征洋三元六角
一　關東菸每觔公賣價格六十元百分之二十征洋拾貳元
一　鼻菸每百觔公賣價格六十元百分之二十征洋十二元
一　老葉菸每百觔公賣價格六十元百分之二十征洋十二元
一　蘭花菸每百觔公賣價格四十元百分之二十征洋八元
一　皮絲菸每百觔公賣價格二百元百分之二十征洋四十元
一　羅芳菸每百觔公賣價格四十元百分之二十征洋八元

綏遠菸酒事務局現行菸酒費税各率暨產銷徵收狀況表 十八年三月呈部

種類	市價	公賣費率	菸酒税率	釐金	附加税	徵收方法	產銷情形 產地	類量	銷地	數量
水菸	每百斤六十元	檢定價格每斤百二十元徵收百分之二十	每百斤徵洋一元七角	每百斤徵洋一元九角二分	附加税三成	委員稽查	河南清化等處		本省及外蒙等處	二十餘萬斤
生菸	每百斤五十元	檢定價格每百斤二十元徵收百分之二十	同前	每百斤徵洋九角六分	同前	同前	山西曲沃孝義等處		同前	一百萬斤上下
金鏤菸	每百斤四十五元	檢定價格每斤百十八元徵收百分之二十	同前	同前	同前	同前	同前		同前	十萬斤上下
鼻菸	每百斤一百元	檢定價格每百斤六十元徵收百分之二十	同前	每百斤徵洋一元九角二分	同前	同前	河北省		同前	一千餘斤
燒酒	每百斤二十五元	檢定價格每百斤十二元徵收百分之十二	每百斤徵洋二元	每百斤徵洋二元五角六分	同前	同前	本省各縣	一百餘萬斤		
黃酒	每百斤二十元	檢定價格每百斤六元徵收百分之二十	同前	每百斤徵洋一元二角八分	同前	同前	同前	三四萬斤		
本產土菸	每百斤二十元	檢定價格每百斤六元三角徵收百分之二十	每百斤徵洋四角二分五釐	每百斤徵洋四角八分	同前	同前	本省歸薩托和清等縣	二千斤上下		

【說明】查本省銷售生水各菸均由外省輸入每年約在一萬餘件除本省居民需用十分之四五外其餘均銷售於外蒙甘新等處至本產燒酒向以外蒙爲銷場近年因蒙古禁酒輸出極形徵末產額

亦因之銳減其本產土菸係屬農民自用品質極劣故出產甚微職局收入向以蘭州水菸爲大宗該菸最旺之時每年到綏約在五萬件上下例征通過稅釐各一道稅額約在二十萬元之譜因不在本省銷售係屬通過性質故本表未經列入合併聲明

第二十四節　察哈爾公賣費

察哈爾菸酒事務向與綏遠合設一局名爲歸察菸酒事務局。歸察局屬之第三第四兩區分局及第七區監察所皆屬本區所管轄自民國十一年八月與歸察劃分成立專局所有該區徵收情形在未設專局以前已備見綏遠篇中茲不贅述。

察哈爾菸酒事務局由民國十一年八月成立。就舊有區域幾經變更始定爲十分局二稽征所四稽徵卡四查驗處十七年十一月由河北將口北十縣劃歸本區十八年一月將本區原屬之豐鎮隆盛莊興和集寧涼城陶林六區分局劃交綏遠管轄其征收機關亦隨之有所更變已詳區域章中茲畧焉。

察區菸酒產銷酒以燒酒爲大宗黃酒次之菸則產有土菸亦名口菸爲數極微全年產額酒類約二百五十萬餘斤土菸則僅一萬五六千斤（十三年調查數）行銷本境及蒙邊等處輸入者酒則直隸酩酒燒酒黃酒浙江紹酒山東黑龍江浙江之露酒啤酒等菸則直隸土南菸河南水菸山西旱菸奉天東菸山東鼻菸等而西菸行銷爲數尤鉅。

察區菸酒公賣之征收多襲歸察局時代之舊制當察局成立之初規定徵收方法凡在察區納費以後准其行銷綏遠不再重徵惟張家口一處爲入蒙孔道所有直隸山西菸酒行銷內外蒙一帶運經該處應納銷地之費零販菸酒由直屬四區分局征收其整運出口貨量滿兩篼以上者則由察屬局所徵費係當時歸察直隸兩局會定辦法察局成立亦仍舊貫公賣費率察西各屬值百抽十八菸費

以銀爲本位。酒費以錢爲本位。察東各屬值百抽二十。統以洋爲本位。本地缸戶所產之酒。係按各戶產額估定出酒數量。按月徵費。而各燒戶每有於旺月加燒。淡月報歇。以爲取巧。十三年七月。呈准擬定限制停燒辦法。凡本區所屬缸戶。有藉詞報歇者。自停燒之日起。除繳清以前一切稅費外。並須補繳六個月費稅。若於六個月內呈請復業者。准將補交之費。按月扣抵。不再重徵。本產土菸。則就產地徵收公賣費。輸入菸酒。運銷察區。或蒙庫地方。則通於行銷入境時徵收產費。均一次徵足。但察區自改組後。一切辦法。既多仍舊。遂致各屬紛歧。迨十四年七月實行加比之時。遂呈將全區費率。照察東例。改歸一律。並查定價格。各種菸酒。每百斤價計西菸十七元五角。口菸九元。鼻菸八元五角。水菸十三元。燒酒十元零八分。黃酒七元。酩酒念元。南酒啤酒各三十元。均按百分之二十抽費。俾昭劃一。自是年九月起實行。

察哈爾菸酒公賣釐稅徵收數一覽表 十四年八月呈准

類別 菸酒	公賣價格	公賣費徵收數目	釐稅徵收數目	備考
西菸	每百斤十七元五角	每百斤三元五角	每百斤九角六分	張北沽源多倫等縣只收公賣費不收釐稅
口菸	每百斤九元	每百斤一元八角	每百斤四角八分	
鼻菸	每百斤八元五角	每百斤一元七角	每百斤四角八分	
水菸	每百斤十三元	每百斤二元六角	每百斤一元九角二分	

燒酒	每百斤十元零零八分	每百斤二元零一分六釐	每百斤二元五角
黃酒	每百斤七元	每百斤一元四角	每百斤一元二角五分
酪酒	每百斤二十元	每百斤四元	每百斤三元
南酒	每百斤三十元	每百斤六元	每百斤三元
啤酒	每百斤三十元	每百斤六元	每百斤三元

各項菸酒粘貼各種印照章程

一斤以上至十斤以下者均用丁種印照

十一斤以上至四十九斤以下者均用丙種印照

五十斤以上至九十九斤以下者均用乙種印照

一百斤以上者均用甲種印照

凡粘貼印照專指公賣費其厘稅則無須貼用

察哈爾全區菸類產銷數量價格及現行費稅兩率調查表 民國十三年份

產地	菸類名稱	每年產額	銷行地點	當地銷數	外銷數	當地價格	公賣費率	事務局所徵稅率	財政廳稅局所徵並過或產地稅率
河南	水菸	無定額	察區本境	二十六萬五千八百斤	無	每百斤由三十元至四十元不等	察東值百抽二十每百斤收洋三元六角察西值百抽十八每百斤收銀二兩一錢二分四釐	察東張沽多三縣釐稅由直省徵收餘均每百斤徵稅一元九角二分	無

山西	西菸（郎阜菸）	無定額	察區本境及外蒙庫倫各地	約三十五萬觔	約六十萬斛	每百斤由三十元至四十元不等	察東值百抽二十每百斤收洋三元五角察西值百抽十八每百斤收銀二兩〇八分八釐	察東張沽多三縣釐稅由直省經徵餘均每百斤徵稅九角六分	無
直隸	土南菸	無定額	察區本境及外蒙庫倫各地	約三萬四千九百斤	約三萬斤	每百斤八九元	察西值百抽十八每百斤收銀一兩〇四分四釐察東無	釐稅每百斤九角六分	無
直隸省本區	土菸（郎口菸）	無定額約一萬三四千觔	察區各屬及外蒙庫倫各地	約十一萬五千斤	約十萬斤	每百斤七八元	察東值百抽二十每百斤收洋一元八角察西值百抽十八每百斤收銀一兩〇四分四釐	察東張沽多三縣釐稅由直省徵收餘均每百斤徵稅四角八分	無
奉天	東菸	無定額	察區	九千九百一十七斤	無	每百斤二十七八元	察東值百抽二十每百斤收洋三元五角察西無	釐稅由直省經徵	無
山東	鼻菸	無定額	察區及外蒙庫倫各地	約一萬一千四百斤	約二萬斤	每百斤由三十元至四十元不等	察東值百抽二十每百斤收洋一元七角察西無	釐稅由直省經徵	無
直隸	南菸	無定額	察區及外蒙庫倫各地	約一萬八千八百斤	約二萬斤	每百斤由二十三四元至三十五元不等	察西值百抽十八每百斤收銀二兩零八分八釐察東無	釐稅每百斤徵洋九角六分	無

察哈爾全區酒類產銷數量價格暨現行費稅兩率調查表　民國十三年份

產地	酒類名稱	每年產額	銷行地點	當地銷數	外銷數	當地價格	公賣費率	事務局所徵稅率	財政廳徵稅或產地局所徵稅率

察區各屬直隸省	燒酒	約計二百五十萬觔	無定額	察區本境暨外蒙庫倫各地	約計一百三十五萬觔	約計一百十一萬五千觔	每百觔由十元至十四五元不等	察東值百抽二十每百斤收洋二元〇一分六釐察西值百抽十八收錢二串七百文涼城陶林抽二十收錢三串文按每制錢一串照市價約合洋三角六分	察東除張沽多三縣釐稅由直隸省經徵外餘均每百斤抽釐稅二元五角其豐涼集隆四縣按額十分之五六繳稅	無
察區各屬直隸省	黃酒	約計十二萬五千觔	無定額	察區本境	十二萬三千零四十二觔	無	每百觔八九十元不等	察東值百抽二十每百斤收洋一元四角察西抽十八收錢一吊三百五十文涼城陶林抽二十收錢一吊五百文	察東張沽多三縣釐稅由直省經徵餘均每百斤收洋一元二角五分	無
直隸省	酪酒	無定額	察東各縣	三千零二十九觔	無	每百觔十五元至十八元不等	察東值百抽二十每百斤收洋一元四角五分六釐察西無	察東釐稅由直省經徵察西無	無
察西各屬直魯黑浙等省	露酒（即各種藥酒）	無定額	察西各屬	一百六十四觔	無	每百觔由十五元至三十元不等	察西值百抽十八每百斤收錢十吊零八百文涼城陶林抽二十收錢十二吊文察東無	察西釐稅每百斤二元察東無	無
山東黑龍江	啤酒	無定數	察東各屬	一百二十觔	無	每百觔二十七八元	察東值百抽二十每百斤收洋二元〇二分六釐察西無	察東釐稅由直省經徵察西無	無
浙江	南酒	無定額	察東各屬	七百三十四觔	無	每百觔二十二三元	察東值百抽二十每百斤收洋二元八角察西無	察東釐稅由直省經徵察西無	無
浙江	紹酒	無定額	察西各屬	三百四十觔	無	每百觔二十一二元	察西值百抽十八每百斤收銀四兩三錢二分察東無	察西釐稅每百斤三元察東無	無

菸酒稅史上册勘誤表

章	節	頁	行	字	勘誤	更正	備考
首		一	一二	一八	九	十	宋序
		三	九	二九	九	十	張序
		五	一三	三	九	十	李序
一	一	一	七	一二	鎦	鐳	
	三	九	一三	五	命下脫	軍	
		一〇	一四	三八	照牌	牌照	
		一二	一	一三	僞	偏	
			八	六	須	頒	
二	二	一三	一〇		與	英	第四欄
			一五	一五	過	（衍文）	
		一九	二	七	又則	則又	
			四	一	照	稽	
		二九	四		察	密	第四欄
		三二	三	一五	各	合	
			七	一六	九	十	

章	節	頁	行	字	勘誤	更正	備考
		三四	一六		間	處設	第四欄
		三九	一三	二四	五	六	
		四三	九	三	塡	滇	
	一	四四	七		鐵	鎮	第三欄
			一一	一一	令奉	奉令	
				一六	報	招	
		四六	二一		縣	（衍文）	第三欄
		四七	三	四	註	稅	
		四九	一三	六	好	收	
		五二	八	一二	棧	所	
		五二	九	一六	錫	鍋	
		五五	九	二二	園	團	
			一〇	七	省	有	
		五六	一六	五	遠	（衍文）	
			一七	八	査	區	

		五七	三	三	四	六	
		五八	一二	五	阜	集	
三	三	二	九	七	房	戶	
		四	一二	三〇	征經	經征	
			八	一三	寄售起	應另行	
		九	七	二七	一下脫	季	
		一〇	三	一六	部	簿	
	五	二	四	一四	處	發	
			七	六	後	裏	
		三	八	二八	款	預	
		九	八	六	上下脫	未	
		一〇	一四	一四	處	發	
四	一	四	九	二九	餘下脫	萬	
		五	三	三八	取	收	
	二	四	一二	二	省下脫	爲	
		一七	一六	九	敷	數	
三		三	六	九	簫	蕭	
		九	六	五	項下脫	應	
	四	三	一四	二二	曆	歷	
		一五	四	四	金	仝	
		一六	六	五	瑩	璧	
	五	一	二	三四	前	商	
		二	六	八	外	初	
			一五	一	辦	區	
		三	四	二九	欲	款	
		五	一五	一三	省征	菸酒	
	六	二三	四		綑	元	自第四行至第九行第七欄第二綑字均應改爲元字
		三二	五		王	每	表七欄
	七	六	一一	六	丙	兩	
		七	二	二	洲	州	第三行許洲作許州
	八	六	一五	四	杳下脫	獲	
		八	七		二	三	表五欄
		九	八	三二	得	將	
			一四	六	類	額	

	一〇	八		實	資	表三欄
	一九	二		百八	八百	第五欄
九	二	七	三〇	籌下脫	辦	；
·	三	一六	九	逮	迨	
	八	一四		租	級	表四欄
	一五	八		毫下脫	附	說明欄
	一六	九	五	此	比	
	一八	一	二四	裝	製	
	二一	七	五	辨	辦	
	二六	四	一三	及	(衍文)	
	三〇	二	三五	三酒	酒三	
		一一	二八	備	(衍文)	
	三二	一六	二五	沾	沽	
	四〇	八	八	以下脫	酒	
十	七	五	二	處	交	
		六	一七	壜	塡	
一一	一〇	四	八	百下脫	斤	
	一一	三	一四	收下脫	稅	
	一二	一三	一〇	奢下脫	稅	

	一五	五	三	第	條	
		一三	一一	稅費	牌照	
一二	一	八	一九	洲	州	
	四	一三		分	毫	第四欄第五行至第八行末一字分當作毫
	五	一	六	毫	厘	
	六	一三	一〇	毫	厘	
	八	五	二九	等	縣	
一三	二六	一一		敷	數	第五欄
		一二		十四	四十	第四欄
		一三		百	衍文	第四欄
	二九	九	六	務下脫	局	
	三一	九		一下脫	五	第四欄
	三四	一四		零上脫	一	第三欄
一四	四	四	一五	領	頒	下兩行之領均作頒
		六	五	裁	載	
	一〇	一	三	輯	縣	
	一三	四		斤	穎	第四欄
	一五	二		偪	偃	表四欄
一五	一	四	一二	織	棧	

一		三	八		抽	值	第九欄
一	一七	一	二	三六	業	葉	
一		二	六	二三	池	也	
一		三	八	二一	撒	撤	下行撒亦同
一		四	一	一〇	酌下脫	量	
一		九	七	八	買	費	
一		一二	二	二二	但	衍文	下三字將亦同
一		一二	八	九	經末	未經	
一		一四	一六	二	照	(衍文)	
一		一六	五	八	寶	賓	
一			一四	一一	貼	照	
一		二一	四	六	仙	星	第三欄又第四欄第一個五字應作二
一	一八	三	二	七	銷下脫	酒	
一		四	二	一七	稅	納	
一		一三	四	二〇	數	如	
一		一四	一〇	一	徵	澂	
一		二一	六		徵	澂	第四欄
一		三〇	一一	一五	由	(衍文)	
一			七	一七	部	照	

一	一九	二	一〇	二	一角二分	一分二厘	
一			一二	三	八	九	
一		四	一四	九	准下脫	隨	
一		五	七	一一	查下脫	核	
一		六	一五	一五	核	檢	
一	二一	一五	五	七	稅酒	酒稅	
一	二二	九	八	三一	照	查	
一			一二	一五	秋	季	
一		一三	一一	二八	納下脫	產	
一		一四	三	一六	想	相	
一		二三	一	一五	納下脫	後	
一			五	二五	驗下脫	考	第一驗字
一	二三	二	八	二五	察	綏	
一		七	二		類	數	第九欄
一			三		斤百	百斤	第三欄
一			七		十二	二十	第三欄末二字
二四		五	一		觔	百	第五欄
一					百	觔	第五欄

周蓓 主編

專題史叢書

程叔度 秦景阜 撰

河南人民出版社

烟酒税史

（下册）

本書系由民國中央政府財政部烟酒税處負責整理全國烟酒税事宜的資料匯編。分爲上下兩册，分沿革、區域、税制、公賣費、烟酒税、牌照税、卷烟税、洋酒類税、收支概况、整理概況10章，記述了烟酒税的起源、管理機構的演變、各地烟酒税的制度、烟酒税的收支及整頓情况

菸酒稅史下册目録

菸酒稅史 卷五

第五章 菸酒稅

第一節 概說

吾國菸酒稅之名稱緣始於前清末年。其時當庚子以後。各省多方增籌新稅。以爲應付賠欵維持國用之計。舊直隸省首先創辦菸酒稅。設立專局。他省繼之。然其辦法實各不同。有屬於創辦者。如福建湖北廣東山東山西河北河南貴州等省及四川之酒稅是也。有因舊日厘金加成抽收者。如江蘇浙江安徽江西湖南廣西陝西甘肅雲南等省及四川之菸稅是也。有以各屬原有此項舊稅爲基礎者。如遼寧吉林黑龍江等省是也。微特戶部無劃一之法制。卽各省亦少厘定之章程。一紙文書飭屬舉辦者。居其多數。此外仍復有課有捐有厘有關稅有洋菸酒落地稅（洋菸酒稅現已另徵）其浙江之缸照捐。河北遼寧吉林黑龍江等省之鍋帖捐。係屬釀造稅性質。其名尤著。又若江蘇之門銷坐賈甘肅之担頭稅。廣西之廠稅。則其始有類州縣陋規。皆爲數至微者也。（門銷坐賈十八年七月廢止）稅率既甚參差。且有從量從價之不同。收稅或以銀計。或以洋計。或以錢計。因利就便。尤爲極不整齊。民國肇興。始於三年八月。由北京財政部製就表式。令飭各省財政廳將菸酒產製情形及成本稅率各節。調查塡報。是年十一月。部設雜稅整理處。籌增菸酒收入。並經製定菸酒出產輸入各表式。通飭調查。且飭附送現行各項章程。又於四年二月。通令增加酒稅。凡黃酒每百斤稅率不得少於八角。燒酒每百斤不得少於一元五角。各種菓酒藥酒每百斤不得少於二元。各省菸酒加稅實昉於此。是年三月財政部奉大總統發交財政討論會擬呈整理菸稅章程二十七條。整理酒稅章程二十九條。由部通令各省財政廳參考辦理。其中最要之點。一爲種菸釀酒。均須給照。方得准種准釀。一則將菸酒兩項各省原有各項稅捐。歸併計算。酌加徵數。一道收淸。均屬正本淸源之法。但各省廳並未籌議及此。惟一律改用洋碼一條。見諸事實。至以各縣署及各徵收局爲徵收機關一條。則仍沿舊制。無所變革。及至公賣局成立。則事勢又一變矣。是年四月開辦菸酒公賣。各省均籌設菸酒公賣局。五年一月菸酒事務改設專署。各省公賣局漸次成立。遂由部署通令各該省財政廳。將由廳管理之菸酒稅捐等項。一併移局接管。以便進行。除邊寗一處因抵借外債關係。貴州菸酒公賣局甫設旋撤。川邊（卽今西康省）並無菸酒公賣局。仍歸財政廳主管外。其餘均經陸續移交。並節經各該局將原徵機關分別。收回歸菸酒分局自辦。民國六年因各省商人反對公賣。以名目繁多。易滋紛擾等詞。陳由全國商務聯合會轉請酌定稅率。統一徵收。遂於是年二月。由署通令各省菸酒公賣局。各就本省菸酒情形擬具稅費統一徵收辦法。呈候彙案核辦。並於署內附設菸酒稅統一徵收籌備處。派員分別籌備。期於最短期間督促實現。數月之內。各局先後呈覆到署者。已逾三分之二。旋以政局變遷。取消專署。設局歸併財部。而十餘年來。菸酒稅捐。悉仍舊貫。積習相沿。莫能變革。識者病之。綜計菸酒稅與公賣費其相異之處。蓋有五點。一公賣起於中央。菸酒稅則成於各省。二公賣費名稱僅一。菸酒稅則種類綦繁。三公賣費有通行之章程。菸酒稅則無一定之規則。四公賣費有從價之規定。菸酒稅則從價從量。

參差不齊。五公賣費自始卽由菸酒局徵收。菸酒稅則或由厘局或歸縣署代征故整理菸酒稅其難倍蓰於整理公賣也迨國民政府成立於十八年五月特開財政部整理菸酒稅務委員會。各委員提出議案。多有以統一徵收爲言者。若能通盤籌劃。或逕行專賣。則費稅積弊。不難一掃而空矣。上項稅法。肇自前淸。各省尤多殊異。除新疆向無此稅。青海寧夏。係屬新設省分。辦理情形。未據呈報外。餘依公賣費之例。按省分節。敘述源委。一概說。二江蘇。三浙江。四安徽。五江西。六福建。七湖北。八湖南。九廣東。十廣西。十一山東。十二山西。十三河北。十四河南。十五陝西。十六甘肅。十七四川。川邊。十八雲南。十九貴州。二十遼寧。二十一吉林。二十二黑龍江。二十三熱河。二十四綏遠。二十五察哈爾。共分二十五節。並附各項單行章程於各節之後。備觀覽焉。

第二節　江蘇菸酒稅

江蘇菸酒稅本係併入百貨厘金征收。清光緒二十八年始劃分專稅。民國因之。甯屬名厘金。以錢碼計。遇卡各抽一道。蘇屬名貨物稅。以銀碼計。由首卡一道抽收。原訂稅率。甯蘇互異。而甯屬又有大勝關下關淮河裏下河長江各局捐率之不同。其章則有甯章蘇章清淮通用專章清淮車邏專章之分。民國四年三月。財政部通令增加菸酒稅。據江蘇財政廳呈准酒稅照向章加收五成。菸稅仍舊辦理。迨江北厘金改稅。始訂定劃一稅率。從量按觔計算。一律改收洋碼。惟菸葉統捐則以件計。凡運北及甯章蘇章均另有稅率。具詳附表中。當民國初年。蘇省菸酒稅統由財政廳所屬各稅所經征。四年八月。公賣局成立。翌年三月。由局遴章接管。仍委託各稅所代征。單照改由省局刊發。稅欵解由省局彙撥財政廳備用。八年八月。蘇局以稅所代征。管理考核。均有困難。呈准將全省運銷較旺地方靖界丹徒運北上海蘇城等五稅所代征之菸酒稅。先行接收。設靖界稅局於泰興。設丹運稅局於鎮江。由局派員專司征稅。上海蘇城兩處歸併第二第三兩分局兼辦。十四年間。復由局商明財政廳。將其餘各地菸酒稅一律收回。設立稽征處。招商認辦。旋因認商濫設分卡。擾商病民。且任意拖欠稅款。復由局擬訂歸併辦法十條。呈奉核准照辦。將包商取消。除隣近各分專局之處分別劃歸兼征外。添設江南稅局於無錫。江北第一第二兩稅局於清江浦揚州。專管揚衆車等二十一處菸酒稅務。全省菸酒稅至是始由蘇局完全接收。其稅率章制。悉仍舊貫。

甯屬門銷捐。創辦於勝清季年。原定每觔收制錢八文。由縣署傳知各商認定捐額。分期繳納。卽於售諸食戶時。除正價外。按斤加收。民國四年三月。江蘇財政廳於部電加征菸酒稅案內。呈准每觔加收四文。共合十二文。五年三月。與菸酒稅同時由廳移交公賣局接管。仍委託各縣知事代征。六年三月。廳局以各縣代征大都委託一二司事或經董辦理。稅款任意延欠。難期起色。會擬整頓辦法八條。呈准由各區公賣分局實行接收。交由各分支棧經征。十五年因錢價逐年低落。每百觔收制錢一千二百文。僅合銀元四角有零。公家虧損過鉅。改為每石征捐銀六角。

蘇屬坐賈稅與門銷捐同一性質。向按用米多寡或銷酒數量估計應納稅額。由舖戶分期認繳。當清季開辦之初。蘇五屬一律征收。民國初年由財政廳所屬各稅所經征。各縣或繳或否。未能完全遵辦。其認繳各縣年額亦甚微薄。均係列入菸酒稅內造冊具報。嗣菸酒稅改設專局。或歸併各分專局兼辦。坐賈稅亦先後改由各分專局經征。十一年蘇局以各縣商包坐賈稅積弊日深。控案纍纍。擬具征收簡章六條。規定另刊三聯專票。繳解稅款期限。以及改收洋碼各辦法。呈奉前菸酒署核准。自十二年一月起實行。十八年五月一日。財政部整理菸酒稅務委員會開會。蘇局提議蘇省菸酒稅制棼亂。公賣牌照之外。又有通過稅及甯屬之門銷捐。蘇屬之坐賈稅。名目繁多。除通過稅應與厘金同時裁撤外。門銷坐賈歲入無多。病商實甚。擬於本年度終了。卽行廢除。以恤商艱。當經大會可決。呈部核准。自十八年七月一日起實行廢止。

江蘇菸酒稅各種稅率與數量表

菸類

水菸大箱	每百觔稅銀貳元
水菸小箱	每百觔稅銀壹元叁角
水菸末	每百觔稅銀伍角陸分
紅旱菸	每百觔稅銀玖角捌分
黃旱菸 菸末同	每百觔稅銀伍角陸分
雜拌菸	每百觔稅銀柒角
鼻菸	每一罐稅銀肆分貳厘
潮菸	每百觔稅銀捌角肆分
菸葉	每百觔稅銀捌角伍分
菸筋	每百觔稅銀貳角捌分
皮絲菸 上等每箱一百包	每一箱稅銀壹元肆角
皮絲菸 次等每箱一百包	每一箱稅銀壹元壹角
淨絲 每箱二百四十包	每一箱稅銀壹元
大小錠菸	每百錠稅銀貳分捌厘

酒類

高粱酒	每百觔稅銀壹元貳角陸分
紹興酒	每百觔稅銀肆角貳分
燒酒 即土酒	每百觔稅銀柒角伍分
黃酒	每百觔稅銀貳角壹分

附運北統捐菸類稅率表

夾菸 每件二百觔	每件稅銀壹元壹分伍厘
簍菸 每件一百六十觔	每件稅銀捌角壹分貳厘
包菸 每件一百二十觔	每件稅銀陸角玖厘
土菸 每件二百觔	每件稅銀陸角陸分肆厘
皮絲 每件一百包	每件稅銀壹元壹角
菸筋	每件稅銀貳角捌分
桐城菸葉 每件二百觔	每件稅銀柒角陸分五厘
國旗宿松桐城菸葉 每件二百觔	運瓜鎮每件稅銀陸角

附運南統捐菸類稅率表

夾菸 每件二百斤	每件稅銀壹元伍角叁分
小夾菸 每件一百七十斤	每件稅銀壹元叁角

簍菸 每件一百六十斤　每件稅銀壹元壹角玖分

小簍菸　每件稅銀捌角伍分

包菸　每件稅銀壹元貳分

菸筋　每件稅銀貳角捌分

附甯蘇屬菸類稅率表

夾菸　甯蘇每件稅銀九角二分三厘二角八分

簍菸　甯蘇每件稅銀七角三分八厘二角二分五厘

小簍菸　蘇屬每件稅銀壹角柒分

包菸　寧蘇每件稅銀五角五分四釐一角七分

菸筋　甯蘇每件稅銀貳角捌分

皮絲　蘇屬每件稅銀貳角貳分伍厘

土菸　寧蘇每件稅銀六角六分四釐一角七分

桐菸　寧蘇每件稅銀六角九分二釐一角七分

附菸類認捐稅率表

夾菸　每件稅銀肆角

菸葉　每件稅銀肆角

菸觔　　每件稅銀壹角陸分

附錄前財政廳處罰貨物稅漏稅罰則

查菸酒稅原由財政廳統於貨物稅內征收稅款其漏稅罰則於征收章程第五章第十二條載明本省產貨外省運入之貨及各處分運貨物經過第二機關如有減折隱匿及以細作粗者將貨扣留照應稅之數補足外凡補完正稅在十元以上者並加罰四倍數在六元以上者加罰三倍數在三元以上者加罰二倍數在一元以上者加罰一倍不及一元者補稅免罰均塡補罰稅票給執其有繞越闖抗情節較重者得呈請加重處罰或照海關例全數充公所有充罰之款以一半奬給查出之稽征員一半解省充公等語

江南北各稽徵處分別歸併辦法　十五年十月呈奉核准

一蘇省各稅所兼徵之菸酒稅除靖界丹徒運北江寗六合上海蘇州早經收回設立專局並歸併一二三區分局處兼辦外其餘江南方面無錫平盛同里震澤武丹常海崑太崇明宜南江陰吳淞閔行五庫十三處江北方面楊衆車阜寗鹽城樊孔姜東通如泰輿灣邵靑東海門寶高宿窰徵龍錢蔣墩瓜泗荷花池十六處前由劉前局長商明財政廳先後收回招商認包辦理未能妥善現在閔行五庫已歸併二四區分局楊衆車已由淮海籌備處接收其餘各處另設專局分別歸併

二江北方面淸江浦揚州各設一專局淸江浦專局卽以淮海籌備處改設定名爲江北第一菸酒稅局徵收楊衆車鹽城阜甯靑東宿窰徵追錢六處菸酒稅揚州專局定名爲江北第二菸酒稅局徵收姜東樊孔灣邵寶高瓜泗蔣壩六處菸酒稅江南方面另設一專局定名爲江南菸酒稅局徵收無錫平盛震澤同里崑太江陰常海武丹宜南九處菸酒稅荷花池地鄰鎭江歸併丹運局吳淞近在上海歸併二區分局通如泰興崇明海門與靖界鄰接歸併靖界局分飭兼辦

三江北第一菸酒稅局第二菸酒稅局及江南菸酒稅局各設局長一人由省局遴選熟悉稅務人員充任另刊鈐記發用靖界丹運二局及二區分局仍用局中鈐記不另刋發

四專徵兼徵各局應設分卡巡船等項應由各局長體察地方情形分別設置一面酌派司巡認眞防查以免偷漏繞越

五徵收菸酒稅率及應用票照印花暨一切徵收方法在新章未經核定呈准以前暫照舊章辦理

六徵收歲比應由省局分別規定發交各該局分淡旺月訂定比額呈核至各分局長考成悉照本局規定辦法辦理

七經徵菸酒稅款暨領用票照應按旬將某處分卡徵收某種某款若干及某處分卡塡用某種票照等項若干分開四柱淸册呈報省局備核

八徵收菸酒稅款應按旬連同票根一聯解繳省局上旬之款次旬末日以前必須解到如有特別情形者准呈明改爲月解一次但上月徵存之款仍不得逾次月上旬末日解到

九各局經費經省局核定後由該局長等自行支配編造支出預算書册呈送省局核轉支出計算書册本月者限下月二十日以前編造連同單據呈送彙轉

十本辦法如有未盡事宜隨時修改呈核

徵收坐賈稅簡章

一徵收坐賈稅另由本局刊刷三聯專票蓋印編號令發各稅所填用

二坐賈稅無論向來分季繳者或分半年繳者應一律改爲一月一繳各該稅所亦應按月報解不得延欠

三坐賈稅除向征銀元者外凡徵收錢者悉按七折扣合銀元繳納

四徵收坐賈稅經費准照江北門銷捐例在於徵稅項下扣支二成以資辦公

五嗣後徵收坐賈稅款如有不塡給本局所發此項徵稅專票者及額外浮收需索情事一經查覺或被告發依法辦理

六以上各條應自呈奉核准之日起實行

江蘇省各稅局十八年菸酒稅比額表

名稱 區別	全年比額	備攷

第一區	四・二三六元	分局兼徵
第二區	二〇・二八〇	同上
第三區	三〇・八〇〇	同上
第四區	一一一	同上
靖界菸酒稅局	一〇二・四〇五	專徵
丹運菸酒稅局	三二・一〇〇	同上
江南菸酒稅徵收局	二五・二二四	同上
江北第一菸酒稅徵收局	一四・四〇〇	同上
江北第二菸酒稅徵收局	一四・五八〇	同上
總計	二四四・一三六	

第三節　浙江菸酒稅

浙江菸酒稅分酒捐菸捐二種。向與百貨厘金同收併報。清光緒二十二年。部飭於正厘外。加收二成。另冊列報。劃分專稅。權輿於是。二十六年。續加二成。翌年。湊還庚子賠款。加三成。三十年。籌練兵經費。加五成。加額均另案報解。正厘仍係混列百貨釐金。併案報銷。民國三年。財政部設立雜稅整理處。整理各項雜稅。始將菸酒稅全部劃作中央專款。部准菸類捐率。菸葉菸絲菸筋以衡計。每百觔捐銀自五角至三元。紙菸雪茄以枝計。每百枝自三分至六角。鼻菸以瓶計。每瓶四角四分。十七年九月。奉令增收菸捐五成。除紙菸雪茄業歸捲菸統稅局征收。又本省坊製菸絲及贛菸通過蘇銷。呈准免加外。其餘一律照加。計菸葉菸絲兩項現行捐率每百觔自一元至四元五角。酒類捐率原定紹酒土黃酒土燒酒均征缸照印花兩捐。缸照以缸計。不論種類每缸五百觔捐銀二角。開辦迄今尚無變更。印花以衡計。清季創辦之初。紹酒每百觔捐銀二角。嗣遞加至二角八分。民國元年。省議會議決增至三角六分。出運倍之。四年。部令加抽酒稅。財政廳呈准本莊加倍征收。每百觔征七角二分。出運加三分之二。凡第五區所產均以紹酒論。餘區爲土黃酒。本莊捐率約減四分之一。出運加倍。土燒酒印花捐原定每百觔四角四分。民國四年。增至八角八分。出運加倍。十六年春間。五區分局以酒捐過重。紹釀日少。稅收日絀。呈准自十七年起。免納出運加捐。以紓商力。且養稅源也。糟燒蘇燒高粱捐率同土燒酒精每百觔捐銀三元五角二分。指杭銷者。加倍至地方附稅。菸酒均按正捐加收二成。此關於捐率之變遷也。其征榷制度。大要可分四端。

一。本產酒捐清光緒二十七年開辦。全省設九局。民國肇建。省議會議決招商認繳。歲收驟絀。旋復收回官辦。四年八月。創辦公賣。就原設捐局改組。酒捐即由各分局兼辦。征收方法。以查缸爲入手。民國三年。部准酒捐章程。紹酒黃酒二項。起十二月訖翌年二三月間。爲編查釀缸時期。每縣或村由釀戶推舉經董若干人。每屆冬釀。先由經董查明確實缸數。開具戶名缸册。呈報酒捐局。所遴員會董。逐戶計米點工。核胚驗甑。復查屬實。分別發給缸照。以爲全年收捐標準。仍由財政廳嚴密抽查。如經董或查缸員報告不符。分別照章罰辦。通同舞弊者。送交法庭依法懲處。編查既竣。限各釀戶於半月內遵照查定缸額。按缸計罎。按罎核算捐額。填具分期勻繳憑單。邀同業及經董簽名擔保。逾期不繳或繳不足額者。保證人負完全責任。

二。輸入酒捐以蘇燒爲大宗。一由吳縣滸官塘達嘉興。係浙屬第二區管轄。一由宜興越太湖抵湖州。屬三區轄境。向章由入境第一經征機關一道征收。嗣因二三兩區。各願比較。減折招徠。商人避重就輕。多方繞越。蘇燒捐額日益短絀。十一年五月間。呈准在第一區屬長安硤石添設補驗處二。另將原設塘棲查驗所改爲補驗所。專事補驗二三兩區杭銷蘇燒捐費。每日應將查驗船戶酒類數量起捐及運銷地點。暨有無補征捐費。詳細登記。按旬分送一二三三區分局查考。補征之款。按旬分解。十二年浙局召集各區會議。決定於二三兩區外。另設一局。專征入境蘇燒及一二三三區土燒捐費。庶珍域既泯。稅收自裕。嗣因時局變遷。迄未實行。迨十八年五月整理菸酒稅務委員會開會。復由浙局提議設立浙西燒酒事務專局。經議決呈准施行。具詳第十章中。

三本產菸捐。向由厘捐局經征。民國成立菸類與百貨厘金。一律改收統捐。公賣開辦，照章由局接管。仍委託各統捐局代征。六年二月浙局以浙省菸類本產居多。產地散漫。稽查非易。且由統捐局代辦各局減量折價。收數難期起色。呈准將地勢衝要比額較多之處。先行收回設立浙西菸類專局於硤石。並於浙東設立曹娥松陽閘堰三局。專征本產菸捐。七年二月。裁撤松陽菸捐局。併入九區分局兼辦。原定捐章本產菸葉無論近銷遠銷。概由經過第一經征機關一道征收。其向有行使海關三聯單者。應先捐後售。准將捐數加入貨價計算。菸絲由經征機關於每月末日派員分赴各菸坊查驗菸鏍鏍工確數。按製成菸絲收捐給票。以後無論運銷何處。准其按月先行約數指明銷地報請發給分運單印花。實貼起運。以便查驗。其設櫃另售者。並准自由售賣。不再另征。

四輸入菸捐。原與本產菸捐同由統捐局經征。民國六年本產菸類設局專征。而輸入菸捐。如杭縣嘉興等處。仍舊辦理。嗣因統捐局代征。指揮稽核。每感不便。積弊日深。收數日絀。九年一月起。呈准陸續收回交由各區分局督飭所屬核實稽征。

財政部核定浙江省征收菸捐章程 四年三月呈部

第一條　本章程對於本省區域內運銷菸件及坊戶製造菸絲適用之

第二條　菸捐應照左列捐率征收

一菸葉　每百觔　捐銀乙元五角

二各種水旱潮煙絲	每百觔	捐銀三元
三江西運蘇過境之菸葉菸箱	每百觔	捐銀一元
四菸筋	每百觔	捐銀五角
五上等雪茄煙	每百枝	捐銀六角
六下等雪茄煙	每百枝	捐銀三角
七上等紙煙	每千枝	捐銀六角（以三炮台嚥頭牌爲限）
八下等紙煙	每千枝	捐銀三角
九鼻煙	每瓶	四角四分

第三條　前條一二三四五所列各款除本省製造菸絲收捐辦法應照第四條以下各條規定辦理其餘不論本省外省貨物亦無論遠銷近銷均由經過之第一征收局按率十足征收但左列各款不在此限

一向辦先捐後售者仍照舊辦理先捐後售按率十足征收

二在海關完納子口半稅持有子口稅單者仍照約章及洋貨落地捐章程暨歷辦成例辦理

第四條　本省製造菸絲應於每月末日由各征收機關派員分赴各坊查驗或就坊點驗存貨或核計菸鏢鏢工或證以該坊簿册及實在銷路情形照製成煙絲數目收捐給票

第五條　征收菸捐之機關如左

一各統捐征收局
二各洋廣貨捐征收局
三各特別委託機關
第六條　依前條之規定各統捐征收局之征收範圍以商人運通過之貨物爲限其有輪船裝運自浙海甌海兩關進口者由該處之洋廣貨捐征收局收捐至本省製造之菸絲一項有統捐局所在地方由統捐征收局經征無統捐局設置之處則由國稅廳籌備處或委託專員或委託縣知事辦理
第七條　本省各坊製造菸絲無論運銷何處准其按月預先約數指明運赴地點報請該管征收機關給發分運單印花任意行運其設櫃另售者並准自由售賣
第八條　製造菸絲坊戶如有私製菸絲匿報漏捐至三次以上者除照征收統捐章程處罰外得由該管征收機關報明國稅廳籌備處吊銷牌照禁止營業
第九條　菸類行運應由征收機關按件飭領印花黏貼箱口或包件封口處
第十條　菸捐捐票及菸件分運單仍適用統捐暨洋廣貨捐聯票及統捐分運單其坊戶製造菸絲捐票暨分運單由國稅廳籌備處製成編號蓋印頒發
印花由國稅廳籌備處製成蓋印頒發
第十一條　菸絲捐票用三聯式第一聯爲繳單由征收機關按旬繳國稅廳籌備處第二聯爲捐票

由征收機關塡給納捐者第三聯爲存根由征收機關存查

第十二條　菸絲分運單用四聯式第一聯爲繳單由征收機關塡給分運單後按旬截繳國稅廳籌備處第二聯爲分運單由征收機關塡給分運者第三聯爲驗單由征收機關連同分運單塡給分運者由經過之征收第二局查驗截留按旬呈繳國稅廳籌備處第四聯爲存根由征收機關存查

第十三條　本章程未盡事宜適用統捐征收章程之規定

第十四條　本章程呈請財政部核定後頒布施行如有應行修正事項由國稅廳籌備處隨時呈部核辦

酌擬整頓酒捐章程　民國五年二月二十一日修正

第一條　凡係本省造釀之酒概照本章程分別收捐其收捐手續亦依本章程辦理

第二條　酒捐分兩項如左

(一)缸照捐

(二)印花捐

第三條　前條第一項所列缸照捐近似營業免許稅應由釀酒之戶每年領執釀戶缸照按缸承納缸容五百斤者每缸納捐二角缸之容量不止五百斤者按斤推加未領缸照者卽爲私釀

前條第二項所列印花捐卽屬銷場稅凡已經釀成裝壜行銷本境或境外之酒槪應照前淸紹酒

舊章領貼廳頒印花其印花種類及捐數遵照臨時省議會修正特別捐率辦理

第四條　每縣或每村應由各釀戶或辦理酒捐人員舉選酒捐經董一人或數人（以事之繁簡捐之多寡爲衡）於每年開釀時先由經董查明確實缸數先期報告收捐局所聽候辦理酒捐人員隨時前往會同調查卽於該處印花捐項下酌提二厘爲經董夫馬費用倘報告不實或通同舞弊一經察出或被人告發查實後除將經董名職取消外仍與釀戶一體處罰

第五條　每年二三月（卽陰歷正二月）各處辦理酒捐人員應赴所轄鄉鎮會同酒董切實調查酒缸按戶塡給廳頒釀戶缸照並發給釀戶門牌責成各釀戶掛貼門首以備稽查缸照式及門牌由廳另行刊製

第六條　各處辦理酒捐人員於查缸給照後因捐務之進行或因人告發知有匿漏未報之酒均得隨時復查如各處釀酒時間氣候遲早不同辦捐人員亦得便宜行事倘釀戶抗不受查或因而汚辱查缸人員卽照統捐暫行法及刑律辦理

第七條　釀酒各戶當員董查缸時務將酒業牌號眞實姓名年歲籍貫及釀酒缸數合成斤數詳細報告不得稍涉含混倘有匿缸不報及以多報少者一經察出或被告發查實後將漏報缸數除責令繳足缸照捐印花正附捐稅暨公費外應統計以上應繳各項數目照加一倍處罰

第八條　辦理酒捐人員調查酒缸由廳刊製查缸表式頒給塡註呈廳備查不得舛漏其查缸發照時及復查時均於照上加蓋年月日查驗員姓名戳記以專責成

第九條　已經查缸給有缸照之釀戶如有添釀或原有隱匿知過自行首報者准補給缸照補收缸照捐免照第七條處罰

其被人告發者查實後除補給缸照征收缸照捐外所收罰款以五成給予告發人充賞

第十條　無論何人如知他人有私釀不報之酒或釀多報少情事但能指證確實情形足資官廳調查者均得據實告發官廳對於告發人姓名應守秘密不得宣布惟告發人仍應將姓名職業住所報明以便傳詢及傳領充賞罰款

第十一條　查缸後各釀戶應於給予缸照之日起限半個月內繳清缸照捐並塡具呈繳缸照捐及應領印花繳捐數目之憑單邀經董及同業之人簽名作保倘逾限抗不繳納者着落保證人担負責任

第十二條　每年查缸後卽照各該釀戶釀酒缸數按缸計罎責令釀戶分作四期勻數領足全數印花倘願領小式印花者照印花價額折算（譬如釀酒百缸本應領加大印花壹千張如領放樣則須三千張領京莊則須五千張）

所釀之酒如只銷售本境者每期請領印花時應聲明酒係本銷卽按數給予本莊印花如酒係出運者亦應聲明酒係出運卽加倍給予出運印花或領幾成出運幾成本莊者亦聽釀戶之便

第十三條　釀戶全年印花除照第十二條所規定分期領用外其銷售萃於一時提前請領者聽釀戶之便惟不得藉口銷售在於秋冬遲領前二期之印花

第十四條　釀戶全年印花應照缸數分期領足不得短少倘有灌罏盈餘之酒准予額外加領印花不以匿缸論

第十五條　釀戶全年應領印花以缸計罏核定數目後即填具呈繳印花捐憑單單內填明釀酒缸數分期應領印花張數(以加大印花計)應繳捐數邀同經董及同業人作保倘有虧欠憑保追繳前項所定釀戶承繳印花捐憑單由酒捐局刊製二聯式編號蓋印頒發第一聯給釀戶收執第二聯留存酒捐局所釀戶按期請領印花或繳納捐款時應將第一聯交由經董請酒捐局核明收發辦捐人員即將發給印花數目日期收到捐欵數目日期於第一第二兩聯內對照填註

第十六條　釀戶承繳之印花應於領印花時即行繳清不得拖欠短少如本坊零售不領印花者亦聽其便惟捐款應照缸照上之數核收

第十七條　各釀戶銷售本境之酒應貼本莊印花一張銷售境外之酒應貼出運印花二張以便稽核而杜漏匿如違章不貼印花及有別項取巧情弊者查出另照印花捐罰則辦理

第十八條　酒捐印花均由廳刊製蓋印頒發每年更換一次自新印花行用之日起三個月內所有上年舊式印花仍准一體行用逾期無效如果上年之酒實有積存未經銷盡准由釀戶報明辦捐人員前往點驗確實將舊印花收回截角繳銷換給新印花

第十九條　廳頒印花應於印花上加蓋行用是項印花之縣名戳記不准互相通用(如紹蕭所用印花即蓋紹蕭戳餘姚所用印花即蓋餘姚戳記)

第二十條　辦理酒捐人員發給釀戶印花應照憑單填註釀戶牌號此戶印花彼戶不得移用以免釀戶將漏捐所餘印花轉售取利

第二十一條　酒捐以有無黏貼印花爲曾否納捐之標識其出運路酒照章領貼印花外仍應報明罎數及運銷目的地由酒捐局所填給聽頒運單經過沿途統捐局一律報候查驗如果印花貨單相符卽蓋戳放行倘有加僞白罎情事扣留捐罰

第二十二條　燒酒一項由司另刋燒酒印花照修正特別捐率分別收捐其各處燒酒原料係由黃酒糟燒製者應於查缸時核其糟數可製燒酒若干責令釀戶一體承領印花如數納捐

第二十三條　本章程如有未盡事宜得由財政廳隨時修正施行

浙江菸酒印花捐罰則

一白罎行銷不貼印花及出運之酒僅貼本莊印花者

一印花挖補及塗改月日挭稽復用者

一本處坊號之酒貼用他縣印花者

一由他處運來之酒僅貼各該處之本莊印花者

以上四項按應納捐額五倍處罰

一大壜粘貼小壜印花酒類名目不符者

一舊印花截止後仍然貼用者

一用柿漆或鑤花水等物將印花輕貼浮貼以圖重用者

一將印花故意揉破毁滅所塡年月日及牌號字迹或出運之酒兩印花重疊粘貼致下張印花上之年月日及釀戶牌號不能查驗者

以上四項按應納捐額四倍處罰

一印花不塡坊號月日及印花内所塡之月日數目字不用大寫希圖改塡復用者

一將他戶印花粘貼矇混查與牌號不符者

以上三項按應納捐額三倍處罰

一行使僞造印花者

以上一項除送司法官廳按律辦理仍將貨物全數充公

附則

一本罰則科算之法應先令繳納正捐再按各本條所定處罰倍數額核計罰款

一違犯本罰則所定至二條以上者應併計科算

一本罰則如有未盡事宜得由各酒捐征收局隨時呈請修正

（按）此係開辦酒捐時訂定

浙江酒捐印花新舊捐率一覽表

類別	舊率	加征捐率	減征捐率
紹縣外本莊加大	一角八分	三角六分	三角六分
本莊行使	一角八分	二角一分六釐	二角一分六釐
本莊放樣	六分	一角二分	一角二分
本莊京莊	三分六釐	七分二釐	七分二釐
本莊燒酒	二角二分	四角四分	四角四分
出運加大	一角八分	三角六分	三角
出運行使	一角八厘	二角一分六厘	一角[illegible]分
出運放樣	六分	一角二分	一角
出運京莊	三分六厘	七分二厘	六分
出運燒酒	二角二分	四角四分	四角四分

(按)浙省尚有最近捐稅費各率詳細數目表列入第十章

浙江菸酒公賣局擬訂征收菸酒捐費考成條例　七年七月十八日核准

第一條　本省征收菸酒捐費依本條例之規定考核之

第二條　菸類捐費比較年額依據某年收數卽以是年逐月收數作爲月額前項比額每三年更訂

一次由省局呈明財政部省長覈定

第三條　酒類捐費比額除蘇燒應照第二條辦理外分爲左之二種

一缸額比較　二收數比較

每年編查缸額依據最近三年缸數平均核計應征捐費爲標準卽以是年編定缸額核計捐費作爲是年逐月應征捐費之定額前項比額每年由省局呈明財政部省長備案

上年欠款及積年舊欠應自新酒開征時截數造報匀作十分計算併入新酒按月帶征

第四條　如有新增及免除等項應於比較內聲明不准含糊隱匿

第五條　除酒類缸額應於每屆查缸完竣時考核外其征收考核時期如左

一按三月考核於會計年度開始後每屆三月行之

一年滿考核於會計年度屆滿時行之

各局每月收數及盈絀緣由按月列表呈報省局查核

第六條　每屆考核之期征收官任事未及一月者免議

第七條　一年度之內遇第二次三月考核應將第一次考核收數併計遇第三次考核應將第一次第二次考核收數併計

第八條　各局長之考成

(甲)關於菸類捐費之考成

三月考核　依照比較額增收者記功以增收之成數爲記功之次數其短收不及一成者記過一次短收一成以上者撤退

年滿考核　依照按年比較額增收成數尤多者由省局核明呈由財政部省長呈請獎勵短收者撤退

(乙)關於酒類捐費之考成

缸額考核　依照比較額增加者記功以增加之成數爲記功之次數如能增至四成以上者由省局呈明財政部省長呈請獎勵其短至一成者記過一次短二成者撤退

收數考核分爲左之二種

(一)三月考核照額征足者記功其短收不及一成者記過短收一成以上者撤退

(二)年滿考核照額征足並能將舊欠掃數征起者由省局呈明財政部省長呈請獎勵短收者撤退

以上缸額與收數兩項功過准其互抵

第九條　一年度內前後兩任者按照在任期間所增之數分別獎勵

前後兩任查照淡旺月分按月比較增收短收互異者分別奬罰不得牽算
查缸期間前後兩任者應由後任負責
第十條　各局人員如有侵吞隱匿或浮收病商等弊查有實據應受刑事處分者移送法庭依法追
辦
第十一條　各局所收之欵應照民國六年間通行報解捐費款項規則分別按旬按月於經過五日
內呈解如有逾限依左列之數分別處罰
五日以上者記過一次　　十日以上者記大過一次
半月以上者記大過二次　　一月以上者撤退
第十二條　如因特別事故收數短絀及解款延期時須將情形報由局查明實在呈請省長復覈無
異咨明財政部核辦
第十三條　各局任用人員依左列各項之資格
一保准免考暨試驗及格分發之縣知事
二曾經保荐核准之分發荐任職
三本條例未公佈以前曾任分局長二年以上確有成績者
四曾任荐任職二年以上並無虧空參追之案者
現任各局人員其接事在本條例公布之前者應由省局長確切查明分別去留更調加具切實考

語呈由財政部省長復核嗣後應照本條例之規定不得故違

第十四條　省局各科主任人員供職在一年以上勤愼無誤者由局長核明呈請財政部省長註册以本局所屬各局局長存記任用如有異常出力者得由局長呈明財政部省長呈請獎勵

第十五條　各局人員任期以一年爲限任滿無過仍准繼續連任

第十六條　本條例自奉財政部省長核准施行

各區釀缸觔數一覽表　十六年分査填

區別	轄縣	種類	年釀次數	每缸大小觔數	黃酒每缸內提糟燒觔數
第一區分局	杭縣	黃酒 白酒	一次	四百五十斤 四百五十斤	八斤
		土燒 家釀	一次	五百斤 四百五十斤	
	餘杭　臨安 於潛　海寧 富陽　新登	土酒 土酒 燒	一次	四百五十斤　臨五百斤 於五百五十斤　富海五百斤新同上 五百斤 五百斤	八斤 八斤 海寧酒糟向不吊燒售 猪食吊醡之用

第二區分局	嘉興　嘉善　平湖　崇德　桐鄉　海鹽	黃酒　土燒	一次	五百斤　五百斤	二十四斤
		家釀	一次	每罎五十斤	
第三區分局	吳興　德清	黃酒　土酒　白酒	一次	四百五十斤　五百斤　四百五十斤	二十八斤
	長興　武康　安吉　孝豐	黃酒　黃酒　土燒	一次	四百五十斤　四百五十斤　五百斤	二十八斤　二十八斤
第四區分局	鄞縣　慈谿　奉化　鎮海　定海　象南	黃酒	一次	四百斤	糟燒土燒向未著令彙征
第五區分局	紹興　蕭山　餘姚　諸暨　上虞　新昌　嵊縣	黃酒	一次	五百斤	同上
第六區分局	臨海　黃巖　仙居　天台　寧海　溫嶺	黃酒	一次	五百斤	四斤十兩
	臨海　溫嶺　仙居	白酒	一次	七十斤　五十斤	
第七區分局	蘭谿　金華　永康　武義　義烏　東陽　浦江　湯溪　建德　桐廬　分水　淳安　遂安　壽昌	黃酒	一次至十次	各縣大小缸釀酒斤兩不等六十斤、一百斤、二百五十斤、九十斤、四十斤、五百斤、六百斤、一百五十斤、四百斤、二百七十五斤、五百五十斤、二百九十斤、三百斤、六百二十五斤、六百五十斤、二百斤、	黃酒內提糟燒約每百斤提二斤十三兩五百斤提十四斤金東永武湯等五縣作猪食料不提糟燒

	建德　遂安　淳安	土燒	一次至十三次	建五十斤　二十斤　遂三十斤　淳三十斤　二十斤	
第八區分局		黃酒	冬令一次至四次	大五百斤　小二百五十斤	每大缸五百斤提十斤零星釀戶小缸類推
	永嘉　瑞安　平陽　泰順	郎　土燒　米燒		永五十斤　瑞平泰一百斤	
第九區分局	麗水　青田　縉雲　松陽　宣平　遂昌　雲和　龍泉　慶元　景寧	黃酒	一次至十八次	大五百斤、三百斤、三百五十斤、二百五十斤、二百斤、一百斤、一百五十斤、五十斤、四十斤、一百二十斤、六十斤、七十斤、八十斤、一百三十斤、	每五百斤缸提十八斤半　龍泉景寧（無）
第十區分局	衢縣　龍游　江山　常山　開化	黃酒	四次至十二次	五百斤、六十斤、五十斤、三百斤、二百五十斤、一百八十斤、二百二十斤、二百四十斤、江山六十斤、開化六十斤、	無糟燒
	衢縣　龍游　常山　開化	土燒	一次至十二次	五十斤　一百四十斤　二十斤　三十斤　四十斤　二十五斤	

第四節　安徽菸酒稅

皖省菸酒征稅。自宿松之菸葉始。清咸同之間。創行釐金。菸酒視同百貨。並納厘稅。光緒二十四年。宿產菸葉運輸出境。沿途厘捐繁重。明定稅則。每筴重二百觔。在華陽厘局納統捐三角。蕪湖關納稅三角。南京牙厘總局納六角。二十七年。整理菸酒收入。設所專征。無論菸酒。均仿直隸定率減半。每觔征收制錢八文。民國成立。一律改用洋碼。三年。財政部核准整頓菸酒稅章程。改訂稅率。菸類分菸葉菸絲雪茄紙菸等十級。第一至五係土菸。征出產落地兩稅。每百觔出產稅率自八角至二元。落地稅率減十分之二。第六至十為洋菸。單征落地稅。每百枝稅率自九厘至三角。酒類分紹興高粱香賓鷄克等十六級。第一至四係土酒。每百觔出產稅率自六角四分至一元二角。落地稅率減二成。第五至十六為洋酒。每打落地稅率自六分六厘至八角。自三年十一月一日起實行。是年冬。財政部設立雜稅整理處。四年二月。呈准自七月起分期遞加出產落地兩稅。菸類最高增至每百觔六元六角。酒類增至三元七角八分。五月間。復呈准按照現行稅率加兩倍抽收。分期遞加辦法。隨案取消。九月間開辦公賣。決定併加稅於費率中。原征菸酒稅。仍照舊率征收。

皖省菸酒稅開辦之初。出產落地兩稅。與行厘並征。民國三年。部准新章。始免除行厘。專征產銷。產銷在一縣境內者。僅征出產稅一道。如運銷他縣者。抵銷地再征落地稅一道。他省運入者。由入境第一厘局征收入境稅。與出產稅同率。抵銷地再征落地稅一道。輸入菸葉已納落地稅。製成菸絲。再征半稅。洋菸洋酒有子口單者。繳銷關單後。征收落地稅一道。無關單者。與入境土貨同。惟外交官及教士由本國運華專備自用之菸酒確無販賣行爲者准予免稅。

淸季劃分專稅。擇繁盛地方設所征收。其餘菸店菸攤酒池燒鍋由縣責成商舖。按季認捐包繳。民國三年改訂稅章。共設分所七處。宿松桐城兩所。專收菸類出產稅。其餘菸酒產銷兼征。分所範圍以外者由縣署或厘局代征。四年九月。公賣局成立。六年一月。由財政廳將菸稅先後移交公賣局接收征起稅款。自六年一月一日起。逕解省局彙撥。各專征代征機關暫仍舊貫。嗣陸續收回設專局二。稅局五。稅所三。稅捐所十三。分別經征。十五年改組公賣分局。以縣爲單位。全省設分局五十。除門台子蚌劉兩專局仍舊外。其餘菸酒稅均由各縣分局兼征。嗣復將門台子蚌劉兩專局合併。改稱門蚌劉專局焉。

安徽省修正整頓菸酒稅章程 民國十五年重行修正

第一條　征收菸酒稅適用本章程之規定

第二條　凡專賣或兼賣菸酒店舖行商無論何人運售均應遵照本章程納稅但領事館教堂由各該國運入之菸酒確係自用並無販賣行爲者不在此例

第三條　本省菸酒稅向係出產稅落地稅與行釐並征茲改爲祇征出產落地兩稅其行釐卽併於兩稅之內

第四條　征收菸酒稅之機關如左

各縣菸酒事務分局

第五條　完納出產税或同等之入境税領有税單經過本省局卡不再抽税惟運至銷售之地應再抽落地税一次出省者免抽

第六條　本縣土産土銷之菸酒只征出産税外來之菸酒照征落地税（如菸葉係來自他處已完納落地税者製成菸絲減半征收）洋酒洋菸領有子口税單者運至指運之地繳銷税單後照完落地税一道無子口税單者照内地土貨辦法於經過第一局卡征收入境税給照運行俟運至銷售之地再征收落地税一道

第七條　菸酒税則如左

（甲）菸類

一菸葉每百觔出産税（入境税同餘仿此）八角落地税六角四分

二菸觔每百觔出産税一角落地税八分

三黄菸每百觔出産税一元二角八分落地税一元

四上等皮絲每十包出産税三角落地税一角八分

五下等皮絲每十包出産一角落地税八分

（乙）酒類

一紹興酒每百觔出産税八角落地税六角四分

二高粱酒每百觔出產稅一元二角落地稅九角六分

三玫瑰酒（金波虎骨五加皮等）每瓶出產稅一分二厘落地稅八厘

四土酒每百觔出產稅六角四分

五（大小）瓶銅頭香賓每打收捐洋（五角 三角二分）

六三星勃蘭地每打收捐洋八角

七舍利每打收捐洋二角三分

八（大小）瓶口立沙每打收捐洋（五角 三角二分）

九巴得混每打收捐洋三角二分

十紅酒每打捐洋二角六分

十一（大小）瓶薄荷酒每打收捐洋（八角 五角）

十二威士克每打收捐洋五角

十三（大小）瓶皮酒每打收捐洋（一角五分 一角）

十四大瓶東皮每打收捐洋六分六厘

十五鶴克每打收捐洋五角

十六小巴得每打收捐洋一角

第八條　凡菸酒按觔抽稅者應按淨貨十足抽收除包皮照除外稅則重量均不折不扣

第九條　除第一條所指外無論何人不得以自用名目請免菸酒稅
第十條　征收出產落地稅或扼要抽收或稽查帳簿征收或約估其釀造之數征收由各征收員斟酌情形辦理總以無隱無漏爲主
第十一條　批發商號已完出產落地稅之菸酒須運往他處時得呈請征收機關查明逐件黏貼印花給予分運單起運不再抽稅
第十二條　菸酒稅票分運單印花均由本局製就蓋印由各征收機關領用
第十三條　本章程未載明事宜適用整頓厘捐章程之規定
第十四條　本章程呈奉軍民兩署核准施行
（按）皖省征收菸酒稅現經該局另行擬訂菸酒稅單行規則呈准實行詳第十章

第五節　江西菸酒稅

贛省菸酒自清咸豐五年開辦厘金。卽與百貨一併收厘。厘率從價征收百分之二。坐賈另收門厘。嗣厘率改爲百分之五。免徵坐賈。十年。籌補軍需。厘率復加至百分之十。庚子以後。各省攤還賠款。贛以整頓厘金。改辦統稅。於光緒三十年實行。稅率仍按百分之十計算。按貨分別訂定。菸葉每百斤抽錢一千三百文。嗣酌減四成。改爲七百八十文。酒類分玫瑰碧綠高粱紹興藥酒黃酒土燒土高粱土紹青缸花莊冬酒伏酒水酒白酒甜酒新酒等項。稅率每百斤自一百文至一千三百文。旋因籌練兵經費。將各屬產銷之酒。分別價值多寡。按斤酌加二成。名曰新章酒稅。民國三年。改徵洋碼。卽照錢數折算。四年六月。呈准酌加進口菸酒通過稅。其本產因籌辦釀製稅。僅化零爲整。並將二成新章名目取消。一律改稱正稅加稅。由財政廳訂定統稅簡明稅則。菸類分土菸葉上葉中葉下葉菸筋菸拐土條絲福條絲數種。稅率正附合計自每百觔銀元四分七厘至一元陸角。酒類分水酒甜酒伏酒土紹土燒土高粱紹酒漢高粱數種。稅率正附合計每百觔自銀元一角八分至一元二角。相沿迄今。尙未變更。

厘金開辦之初。雖僅值百抽二。而遇卡征收。不立程限。旋定分抽法。厘率增至五厘。首卡捐三。次卡捐二。卽可通行全省。不再重征。商賈稱便。嗣稅率增至值百抽十。首卡三分。次卡二分。三卡四卡與首卡次卡同。所謂兩護兩驗也。迨改辦統稅。規定經過四卡以上者。由第一局口完十分。僅過二卡。准照邊界新章完半稅五分。倘逾銷地再過第三局口。續完五分。本釀本銷。非販運過境者。概不納稅。三十一年。因商人運貨僅過一卡者。向祇完厘三分。新章改完五分。負擔過重。爲體恤商艱計。改爲零星販運不出卡者。一律納三分。進口菸酒。由入境首卡征銷場稅十分。民國成立。征收方法。悉仍舊貫。

贛省菸稅。以廣豐廣昌等處本產菸類爲最著。而福建菸絲與南安贛州所出通稱瑞金菸者次之。自改辦統捐後。瑞金菸一項。原定由發貨地填給護照。照定率先抽五分。出口末卡再抽五分。嗣鄱湖廣豐廣昌等菸葉改辦統捐。均著成效。而瑞金菸仍多由旱道出口。厘務受損甚鉅。當經改定辦法。一律在贛局完足統捐。填給護照印花。經過各卡。但查件數。不准開箱。四月間詳定在向口塘卡先驗貨物。填發憑單。再飭商人持單赴贛州菸捐分局呈驗無訛。繳清統捐。再貼印花。換給護照。以便通行。

酒稅首推樂平土燒。改辦統捐之初。卽先由樂平入手。其餘土酒。由起票之卡。一律改辦統稅。至外來酒類。查明入口途徑。設法堵緝。一併歸起票局口報完統稅。由局塡發統稅執照印花。將產地種類及壜罐簍缸重量。一併詳細載明。以便沿途查驗。

贛省菸酒稅。前淸與百貨厘金同由厘金總局所屬各厘卡征收。咸豐十年。改總局爲牙厘局。光緒三十年。改辦統稅。牙厘局改稅務局。改卡爲局口。民國初年。裁撤稅務局。各局口歸財政廳管轄。改稱統稅局。四年。菸酒公賣局成立。六年一月。由財政廳將菸酒統稅一併移交公賣局接管。仍委託各統稅局代徵統稅。單照由公賣局刊發應用。九年十二月。贛省菸酒事務局以菸酒統稅由各統稅局代徵。並非該局直轄機關。殊多隔閡。指揮稽核。均有難周。呈奉全國菸酒署核准。將已經取消商棧。由分局直接徵收。各地之菸酒統稅。先行收回。交各該處分局兼徵。以後凡取消分支各棧。卽將該處統稅收回。俾得循序進行。嗣據該局呈報陸續收回各統稅局代徵之菸酒統稅。由分局經徵。至十四年始接收完竣。一切稅則稅率。迄今仍照舊辦理。

贛省菸酒稅除上述通過稅外、尚有屬於產地稅性質者、民國四年二月間贛局以該省菸酒祇收通過、不征產製、頃奉部飭加重菸酒兩稅、凡本產運銷各屬及省外者、仍照收通過稅外、其在產地銷售者。擬辦菸類製造稅、及酒類釀造稅。稅率規定百分之十。烟絲分上中下三種。平均估價一百元征稅十元。釀酒分土高粱土燒丁酒水酒四種。分別估價征稅、每百斤自八分至八角。由各舖戶按月照查明數目。遵率繳納。擬具暫行規則六條。呈准先從省城設局。於六月一日實行開征。其餘各屬正在分別籌備。適開辦公賣。遂將製菸釀酒兩稅併入公賣辦理。省城已設稅局。卽行取消。自是以來。製釀菸酒。除出運者完納通過稅外。僅征公賣費。概不收稅。迨十六年以後。國民政府成立。贛省菸酒經征機關。雖小有改易。而一切章則暫按舊章辦理。

江西菸酒公賣局第一區區域內所屬各統稅局菸酒稅率表

南昌統稅徵收局

種類	數量	稅率
鄱湖菸葉	每百斤	正稅二角八分一厘三毫 加稅加二分

種類	數量	稅率
菸筋	每百斤	正稅七分八厘一毫無加稅
土高粱酒	每百斤	正稅二角 加稅二角八分
甜酒	每百斤	正稅八分 加稅一角

吳城統稅徵收局

種類	數量	稅率
本條菸	每箱一百零八包	正稅五角零七厘六毫 加稅一角零二厘
菸葉	每石一百斤	正稅二角三分四厘四毫 加稅四分六厘八毫
土燒酒	每石一百斤	正稅二角 加稅二角八分
土水酒	每石一百斤	正稅八角 加稅一角

謝埠統稅徵收局

種類	數量	稅率
鄱湖菸葉	每百斤	
菸筋	每百斤	
土高粱酒	每百斤	

（說明）查以上三項稅率與南昌統稅局同

李家渡統稅徵收局

種類	數量	稅率
土條菸	一百包	正稅四角七分 加稅九分四厘
土膏粱酒	一百斤	正稅二角 加稅二角八分
水酒	一百斤	正稅八分 加稅一角
漢膏粱酒	一百斤	正稅四角 加稅八角
紹酒	一百斤	正稅三角二分 加稅七角八分

黃江口統稅徵收局

種類	數量	稅率
土條菸	一百包	正稅四角七分 加稅九分四厘
菸筋	一百斤	正稅七分八厘一毫 無加稅
中菸葉	一百斤	正稅四角六分八厘八毫 加稅二分
下菸葉	一百斤	正稅三角一分二厘五毫 加稅二分
土紹酒	一百斤	正稅一角六分 加稅三角五分

市汊統稅征收局

種類	數量	稅率
菸筋	一百斤	正稅七分八厘一毫 無加稅

鄱湖菸葉	一百斤	正稅二角八分一釐三毫 加稅二分
土條菸	一百包	正稅八角 加稅二分
土膏粱酒	一百斤	與南昌統稅局同
甜酒	一百斤	同上
伏酒	一百斤	正稅一角六分 加稅一角九分
多酒	一百斤	同上

滸灣統稅征收局

種類	數量	稅率
菸葉	一百斤	正稅三角五分一釐六毫 加稅七分零三釐
土條菸	每箱一百零八包	正稅五角零七釐六毫 加稅一角零一釐五毫
菸筋	一百斤	正稅七分八釐一毫 無加稅
土燒酒	一百斤	正稅二角 加稅二角八分

滁槎統稅征收局

種類	數量	稅率
鄱陽菸葉	一百斤	正稅二角八分一釐三毫 加稅二分
都昌粗條菸	一百包	正稅三角二分 加稅二分

菸筋梗	每石	正稅七分八釐一毫無加稅
土燒酒	一百斤	正稅二角加稅二角八分
水酒	一百斤	正稅八分加稅一角

江西菸酒公賣局第二區區域內所屬各統稅局菸酒稅率表

湖口稅局

種類	重量	稅率
瑞昌中菸葉	一百斤	徵進口十分稅四角六分八釐七五
雩都瑞金菸葉	一百斤	徵出口二分稅一角二分五釐
廣昌廣平鄱陽都昌黎川等處菸葉	一百斤	徵出口二分稅七分零三一二五
建條烟	一百包	徵出口二分稅三角二分
土條烟	一百包	徵出口二分稅一角六分
菸梗	一百斤	徵出口二分稅一分五釐六二五
菸筋拐	一百斤	徵出口二分稅一分五釐六二五
菸灰	一百斤	徵出口二分稅三分一釐二五
膏粱酒	一百斤	徵進口十分稅四角加稅八角

紹興酒	一百斤	徵進口十分稅三角二分 加稅七角八分
土燒酒	一百斤	徵出口二分稅四分六八七五
水酒	一百斤	徵出口二分稅三分一二五

二套口稅局

種類	重量	稅率
菸葉	一百斤	八十文
膏粱酒	每罎	六十文

弋陽稅局

種類	重量	稅率
菸葉	一百斤	正稅二角八分一釐二五
菸巾	一百斤	正稅七分八釐一二
菸拐	一百斤	正稅四分六釐八八
土條菸	一百包	正稅七角八分一釐二五
水酒	每石	正稅八分 加稅一角
土酒	每石	正稅二角 加稅二角八分

上饒稅局

種類	重量	稅率
土菸葉	一百斤	正稅三角五分一釐六
土燒酒	一百斤	正稅二角

姑塘稅局

種類	重量	稅率
鄱湖菸葉	一百斤	正稅二角八分一釐二
都昌菸葉	一百斤	正稅二角八分一釐二
土條菸	一百包	正稅八角
本條菸	一百包	正稅四角六分八釐九
菸筋	一百斤	正稅七分八釐一
土高粱酒	一百斤	正稅二角加稅二角八分
真紹酒	無	
土紹酒	無	
樂平燒酒	無	

德安稅局

種類	重量	稅率

種類	重量	稅率
土條菸	一百包	正稅一千文
菸葉	一百斤	正稅三百六十文
菸筋	一百斤	正稅一百文

瑞昌稅局

種類	重量	稅率
上菸葉	一百斤	正稅六角二分五釐
中菸葉	一百斤	正稅四角六分八釐七五
下菸葉	一百斤	正稅三角一分二釐五
菸筋	一百斤	正稅九分三釐七五

龍開河火車貨稅局

種類	重量	稅率
土條菸	一百包	正稅一角六分
中菸葉	一百斤	正稅六百文 二分稅一百二十文
菸葉	一百斤	正稅九十文
福條菸	每簍九十六包	正稅一元四角 加稅二角
雲葉	一百斤	正稅一百六十文

種類	重量	稅率
菸筋	一百斤	正税二十文
土燒酒	一百斤	正税二角 加税二角八分 二分税四分

廣豐稅局

種類	重量	稅率
菸葉	一百斤	正税三角七分五釐

（附記）查收數較少各稅局其所征稅率與隣境稅局同合併登明

江西菸酒公賣局第三區區域內所屬各統稅局菸酒稅率表

鄱陽稅局

種類	重量	稅率
珠湖菸葉	一百斤	正税二角八分二釐　加税二成
蓮湖菸葉	一百斤	正税同上　同上
土條菸	一百斤	正税八角　同上
菸筋	一百斤	正税七分八釐一毫　無加税
菸拐	一百斤	正税四分六釐九毫　無加税

種類	重量	稅率
土膏粱酒	一百斤	正稅二角 加稅二角八分
土燒酒	一百斤	正稅 加稅同上
樂平燒酒	一百斤	正稅二角無加稅

景德鎮稅局

種類	重量	稅率
鄱陽菸葉	一百斤	正稅二角八分一釐三毫
菸筋	一百斤	正稅七分八釐一毫無加稅
樂平燒酒	一百斤	正稅二角無加稅

樂平稅局

種類	重量	稅率
土條菸	一百包	正稅八角無加稅
菸筋拐	一百斤	正稅七分八釐一毫 加稅四分六釐九毫
土酒	每壜	正加稅各一角

都昌稅局

種類	重量	稅率
菸葉	一百斤	正稅二角八分一釐二毫無加稅

菸筋	一百斤	正稅七分八釐一毫　同上
土條菸	一百包	正稅八角　同上

瑞洪稅局

種類	重量	稅率
菸葉	一百斤	正稅錢三百六十文　無加稅
土條菸	一百包	正稅錢四百文　無加稅
菸筋拐	一百斤	正稅錢一百文　無加稅

角山稅局

種類	重量	稅率
菸葉	一百斤	正稅二角八分一釐 加稅五分六釐
菸筋	一百斤	正稅七分八釐　無加稅
菸拐	一百斤	正稅四分七釐　同上
土條菸	一百二十包	正稅八角 加稅一角六分
樂平土燒酒	一百斤	正稅一角九分五釐 加稅二角

古縣渡稅局

種類	重量	稅率

樂平燒酒	一百斤	正稅二角無加稅

涂家埠稅局

種類	重量	稅率
土條絲菸	一百包	正稅八角無加稅
本條絲菸	一百包	正稅四角七分 加稅九分四釐
菸筋	一百斤	正稅九分四釐無加稅
土菸葉	一百斤	正稅四角七分 加稅九分四釐
土燒酒	一百斤	正稅二角 加稅二角八分

江西菸酒公賣局第四區區域內所屬各統稅局菸酒稅率表

三湖稅局

種類	重量	稅率
土酒	一百斤	正稅二角 加稅二角八分
冬酒	一百斤	正稅八分 加稅一角

神岡山稅局

種類	重量	稅率

土菸葉	一百斤	正稅三百六十文無加稅
菸筋梗	一百斤	正稅一百文同上
土燒膏粱酒	一百斤	正稅二角 加稅二角八分
冬水酒	一百斤	正稅八分 加稅一角

沿溪渡稅局

種類	重量	稅率
菸葉	一百斤	正稅三角五分一釐五毫 加稅七分零三毫
土燒酒	一百斤	正稅二角 加稅二角八分
冬酒	一百斤	正稅八分 加稅一角

江西菸酒公賣局第五區區域內所屬各稅局菸酒稅率表

泮鄉稅局

種類	重量	稅率
瑞金雩都菸葉	每石	正稅三百九十文
建土條菸	每包	正稅五十文
土菸葉	每石	正稅二百文

汾酒	每罈	正稅三百五十文
蘇酒	每罈	正稅一百八十文
燒酒	每罈	正稅六十四文
藥酒	每瓶	正稅十文

上高稅局

種類	重量	稅率
菸筋	一百斤	正稅七分八釐一毫
水酒	一百斤	正稅七分八釐一毫 加稅九分三釐七毫

宜春稅局

查該局向無菸酒稅收入

江西菸酒公賣局第六區區域內所屬各統稅局菸酒稅率表

贛縣稅局

種類	重量	稅率
瑞金菸葉	每石	正稅六角零九釐 加稅二角零三釐
雩都菸葉	每石	正稅四角九分四釐 加稅一角一分七釐

江口税局

赣州土菸叶	每石	正税三角五分二釐 加税七分
广昌菸叶	每石	正税二角五分 加税五分
福建菸丝	每石	正税八角 加税二角
雩都菸丝	每石	正税六角 加税二角
赣州土菸丝	每石	正税四角 加税二角
土高梁燒酒	每石	正税二角 加税二角八分
土封缸紹伏酒	每石	正税一角六分 加税三角五分
水冬酒	每石	正税八分 加税一角

良口税局

种类	重量	税率
土酒	一百斤	徵半税 正一角 加一角四分

种类	重量	税率
土條菸	每包	正税四釐七毫
菸筋	每石	正税七分八釐一毫
土菸叶	每百斤	正税三角五分一釐六毫

土紹酒	每石	正稅一角五分六釐二毫
冬酒	每石	正稅七分八釐六毫
土燒酒	每百斤	正稅一角九分五釐三毫

筠門嶺稅率

種類	重量	稅率
菸葉	一百斤	徵半稅一角七分五釐八毫

信豐稅率

查該局向無菸酒稅收入

江西菸酒公賣局第七區區域內所屬各統稅局菸酒稅率表

南城稅局

種類	重量	稅率
菸葉	一百斤	銷本省徵正稅三角五分一釐六毫 出江徵正稅二角 加稅均二成
菸筋	一百斤	正稅七分八釐一毫
土紹酒	一百斤	正稅一角六分 加稅三角五分

硝石稅局

種類	重量	稅率
土條菸	每箱	正稅五角零七釐六毫
菸葉	一百斤	正稅三角五分一釐五毫六
菸筋	一百斤	正稅七分八釐一毫二五
菸拐	一百斤	正稅五分二釐

江西菸酒公賣局第八區區域內所屬各統稅局菸酒稅率表

大庾稅局

三江口稅局

白口塘稅局

查以上三稅局均向無菸酒稅收入

江西省城試辦製烟釀酒兩稅暫行規則

第一條　本省所產烟酒兩類除運銷外省及本省各屬照章徵收統捐外其在產地銷售者向未收稅茲爲增加歲收遵照　部飭創辦烟類製造稅酒類釀造稅

第二條　製烟釀酒舖戶各屬皆有自應一律收稅以示普及惟現在各委員及各縣知事調查烟酒

兩類報告尙未齊全勢難同時舉辦因就省城先行設局試辦以樹風聲而便推廣

第三條　省城烟酒稅征收局設局長一員總理全局事務由本廳遴員派委局中各項員司丁役即由該局長遴選任用派定職務詳報本廳查核該員司等如有舞弊營私情事該局長應負完全責任其每月經費現在開辦伊始暫由本廳酌核開支俟試辦數月各屬局所設齊再行統計收數酌盈劑虛詳細規定總以不溢出

部定十分之一爲限

第四條　製烟釀酒兩稅稅則本應遵照　部飭加倍辦法惟本省對於烟酒兩類之出產向未規定稅率無可依據因就出產總額及銷售價格核定値百抽十以資試辦仍俟彙齊各屬調查報告通盤籌畫擬定稅則詳候　財政部暨　巡按使核定通行遵辦茲將暫定稅額開列於左

一製造烟稅　查製成烟絲約分上中下三種以現時售價平均計算每一百斤値洋貳拾元應徵收洋貳元

一釀造酒稅

甲　土膏粱酒現時售價每一百斤値洋捌元應征收洋捌角

乙　土燒酒現時售價每一百斤値洋柒元應征收洋柒角

丙　丁酒現時售價每一百斤値洋伍元應征收洋伍角

丁　水酒現時售價每一百斤値洋捌角應征收洋捌分

前項稅欵由烟酒各業戶依照調查證内報明製造釀造額數按月親赴征收局完納該局核收後如無短少卽塡給稅單以爲證據如該業戶等於本月應完之稅或全未繳納或繳不足數一俟下月開始卽由該局將該業戶欠繳稅額加收一倍以戒玩延一面詳報本廳備案如該局長扶同徇隱延不執行一經本廳查出卽付懲戒該業戶仍照前加收一倍

第五條　該局徵收烟酒兩項稅欵由廳仿照統稅局所用稅單改爲三聯以甲聯存局備查乙聯繳廳查核丙聯發給各業戶收執分別刋刷每聯騎縫之處由廳編列字號蓋用廳印發給應用並由廳刋刻木質鈐記一顆文曰江西省城烟酒稅征收局鈐記飭發該局長祗領以便塡發稅單及辦理一切公文表簿分別蓋用

第六條　該局征收稅欵均以大洋計算所有折合洋元價格均應依照解　部之各項新稅辦理經收人等不得額外浮收致干懲處

右列各條係爲試辦省城製造烟酒兩稅暫行規則如有未盡事宜得由本廳詳請修改增加隨時飭知該局長遵辦

（按）此項章程係民國四年呈准嗣開辦公賣卽將釀酒製菸稅併入費欵征收此章卽行廢止

第六節　福建菸酒稅

福建酒捐。於前清光緒二十六年十月間。先就省城開辦。通飭各屬陸續仿行。定率每酒一缸。捐洋一元六角。大罎二角。中罎一角。小罎三尖。皆收自本產土酒。至三十二年。乃推及客酒。紹酒每小罎捐洋三尖。中罎六尖。大罎之花雕。一角二尖。高粱大罎如之。五加各酒。每包六瓶。收捐三尖。甯波溫州各酒捐率與紹酒同。土酒捐。先由商人承包。嗣因欠課多月收歸官辦。其收捐時期。或按月或按季。惟省城則按月收繳一次。菸葉捐於光緒二十八年開辦。先是。沙縣職商源茂昌稟稱該邑年售菸葉三四千担。每担重六十斤。上等之葉。每担抽小洋二角。中等一角。下等五仙。全年認繳七兌番六百元。遇閏照加。請予試辦。經稅厘局行查核准。嗣因包商求退。乃改由本業繳解。增額至龍番八百元。分四季征收。

此前清征收菸酒稅之大略情形也。

前清時閩省酒捐。爲國家稅。菸捐爲地方稅。民國劃分國地稅欵。因將菸酒兩捐。一并列作國家收入。三年二月。據該省國稅廳籌備處呈。以閩省菸捐向歸賈捐辦理。稅率既輕。征收復未普及。酒捐則全省年額僅有五萬六千餘金。光復以還。原有捐額破壞殆盡。請將菸酒兩捐。改爲直接經征。以資整頓。先從省城着手。次及各縣。並聲明設立全省菸酒捐總局。兼征閩侯菸酒捐。藉節經費。並規定菸酒捐則。經前財政部核准照辦。其年七月。財政廳以各縣原有酒捐。向由地方知事兼辦。其間隱匿不報。與夫報而不實者。在在皆是。自非另設專局不可。呈部准設各縣菸酒分局十三處。以專責成。嗣因統一征收起見。將前項菸酒稅於六年一月一日由財政廳移交菸酒事務局接管。

閩省菸酒稅率。閩侯土酒。原定每缸收捐洋一元六角。每缸約八百八十斤自三年二月起。定爲每缸收台伏三元二角。外縣土酒照市價收十分之一。土菸捐係按照售價值百抽十或值百抽五。惟永杭條絲每担原收公賣費七元二角。菸捐五元。而商人往往藉掛洋牌。領用三聯單。希圖免納捐費。遂於五年冬間。將捐費各減爲二元五角。以期抵制。並擬具清源治標二策。呈由部署通令各省查照治標之策。嚴查漏稅。建菸語在該省公賣篇、十三年三月據該局報告現行菸酒稅率。（稅率表附錄於後）或從價或從量。亦未一致。此外菸酒厘金。向係附於百貨捐局內抽收。本產菸酒如就本地銷售。不經厘卡者。祇完菸酒稅。若運銷他處及外省輸入之菸酒。經過厘卡時。先完厘金。到地後再行征稅。其厘率類多從量。而輕重間有不同云。

福建省暫行規定菸酒捐則罰則　四年二月廿三日財政部核准

土烟土酒捐則

一　各縣製造土菸土酒。應照閩侯轄菸酒捐課合征數由各分局核定會縣出示曉諭征完並詳報本廳菸酒捐總局立案

一　菸捐分別出產地銷場地兩項抽收

一　菸捐分菸絲菸葉兩種

一　菸葉捐抽自出產者其捐率分別優劣按照售價值百抽十或爲值百抽五

菸酒捐規則

一　製造菸酒舖自各分局開辦之日起按月各該分局派人征收一次納捐後照塡總局所領聯單加蓋戳印交各該菸酒商收執爲據

一　製造菸酒舖每遇釀酒製菸應先期赴局報明由各該分局派人查明征捐

一　販賣菸酒店戶欲兼營製造者應照製造菸類酒類捐則辦理

一　製造及販賣欲歇業移轉他處時應先期具報菸酒捐分局如離該分局路途太遠卽就近赴各縣委員征收所報明

一　家釀土酒及菸擔在家自製菸絲應先報明年計釀製若干量數後由局派員查驗屬實照菸酒舖戶捐率加四成征收捐款前次家釀菸擔省城原係加倍征收現暫從輕以示體卹

菸酒捐罰則

一　凡製造菸酒舖未經領有特許牌照擅自開張者應照　部頒特許牌照施行條例罰則辦理

一　凡新營業菸酒舖如已領有牌照未及認捐擅將菸類酒類私賣經菸酒捐局查知或被告發除照數抽捐外並另處以三十元以下之罰金

一　造酒舖戶有匿報埕數製菸舖戶有匿報刨數一經菸酒捐局查出應由該分局長體察情形分別輕重輕則照加三倍科罰重則全數充公或移縣懲究

一　販賣菸酒舖匿其製造菸酒而不報明除將該菸類酒類照章抽捐外並另處以二十元以下之

罰金

一　製造菸酒舖如敢抗違菸酒捐局調查或加以把持阻礙處以二十元以上五十元以下之罰金或移縣將爲首抗拒之人提案究辦

一　家釀及菸擔須先赴菸酒捐局報明認捐違者一經查出卽將所釀酒數所造菸數勒令加倍納捐並處以二元以上十元以下之罰金

一　進口菸類酒類匿不報捐者以及隱匿不全報捐者如經查出除照本則抽捐外並加三倍科罰倘係有心偷漏或乘潮乘風駕舟遠颺或繞道闖越强行挑逃者一經拿獲卽將人船一併扣留送縣懲辦並將偷漏之菸酒全數充公

一　進口菸酒兩項除經菸酒捐局照數抽捐外應按照種類分別粘貼該分局印票以資標識查考而杜漏匿倘無印票之菸酒各舖戶人家不得私相授受如被查獲除將菸酒類全數充公罰辦外並處買者五元以下之罰金

福建省現行菸酒稅率表　十八年三月造送

種類	市價	菸酒稅率
閩侯土酒	每缸六十元	值百抽十
閩侯蕃枯燒酒	每罈二元	值百抽十

閩侯家釀土酒	無	每罎四角
紹興酒	每埕四元零	值百抽〇五
甯波酒	每埕二元零	每埕九十文
山東乾酒	每埕二十元	每埕八角
山東色酒	每包一元零	每包一角
羅源土酒	每罎七元	每罎四角
羅源白燒酒	每百斤十二元	每百斤四角
羅源薯燒酒	每百斤八元	每百斤四角
羅源膏粱酒	每百斤五十元	每百斤二元五角
古田土酒	每罎六元	值百抽十
屏南土酒	每罎六元	每罎四角
福安老酒	每罎五元八角	
福安多酒	每罎五元	
福安白酒	每罎一元九角五分	
甯德紅酒	每千斤二十七元三角	每千斤二元八角
壽甯紅酒	每罎五元	值百抽十
壽甯白酒	每罎二元	值百抽十

長樂土紅酒	每百斤二元五角	每百斤四角
長樂薯燒酒	每百斤二元五角	每百斤四角
連江土酒	每罎七元	每罎四角
連江白燒酒	每百斤十元	每百斤四角
連江薯燒酒	每百斤八元	每百斤四角
福清薯燒酒	每百斤八元	値百抽十
福清土酒	每百斤八元	値百抽十
永泰土酒	每罎七元	値百抽十
閩清土酒	每罎七元	每罎四角
晉江土酒	每斤六分	値百抽〇五
惠安地瓜酒	每罎七角五分	値百抽十
南安薯燒酒	每斤一角	値百抽〇五
龍溪土酒	每甕一元五角	每甕一角
海澄土酒	每甕一元五角	每甕一角
南靖土酒	每甕一元五角	每甕一角
平和土酒	每甕一元五角	每甕一角
長泰土酒	每甕一元五角	每甕一角

漳浦土酒	每甕一元五角	每甕一角
雲霄土酒	每甕一元五角	每甕一角
詔安土酒	每甕一元五角	每甕一角
建甌紅酒 上種白酒 次種白酒	每罎四元 六元 二元	值百抽十
建陽紅酒 白酒	每罎六元 二元	值百抽十
崇安紅酒 白酒	每罎四元 二元	值百抽十
浦城中種白酒 次種白酒	每罎四元 二元	值百抽十
松溪紅酒	每罎四元	值百抽十
政和紅酒 白酒	每罎四元 二元	值百抽十
南平紅酒 白燒酒	每百斤四元五角 十元	值百抽〇五至十
沙縣紅酒 菊酒	每百斤三元三角三十二文 三元	值百抽〇五至十
順昌紅酒	每百斤三元	值百抽〇五至十
將樂紅酒	每百斤三元	值百抽〇五至十
尤溪紅酒	每百斤四元五角	值百抽〇五至十
永安紅酒 白燒酒	每百斤四元二角 九元六角	值百抽〇五至十
仙遊米酒	每百斤五元	值百抽十

莆田土酒	每百斤九元	值百抽一五
永定土酒	每斤一角	值百抽十
永定燒酒	每斤二角	值百抽十
上杭土糟酒	每斤一角	值百抽十
上杭汽燒酒	每斤八分	值百抽十
龍巖土酒	每斤六分	值百抽十
龍巖燒酒	每斤一角五分	值百抽十
龍巖膏粱酒	每斤五角	值百抽十
金門地瓜酒	每担十二元	
邵武冬酒	每百斤三元四角六分	值百抽十
邵武紅酒	每百斤四元三角八分	值百抽十
邵武汾燒酒	每百斤二十六元四角	值百抽十
光澤冬酒	每百斤三元二角	值百抽十
光澤土紹酒	每百斤四元	值百抽十
光澤汾燒酒	每百斤二十六元四角	值百抽十
建甯土冬酒	每百斤二元	值百抽十
泰甯冬酒	每百斤二元	值百抽十

閩侯樣葉、中盤、熟尾、土尾、腹仔	每担三元至十四元	值百抽〇五
閩侯黃條菸	每箱十九元六角六分六釐	每箱二兩
連江客菸	每百斤十九元	每百斤四角
連江客菸葉	每百斤六元	每百斤三角
福安黃莊菸	每担八元	
福安土菸絲	每擔十四元	
福安紅莊菸	每擔六元	
羅源客菸	每百斤十八元	每百斤四角
長樂菸葉	每百斤二十四元	
福清菸絲	每斤三角	值百抽十
永泰土菸	每包一角	值百抽十
平潭客菸	每包一角	值百抽十
閩清菸葉	每担三十餘元	
古田樣葉	每担三十餘元	值百抽〇五
屏南菸葉	每担三十餘元	

甯德紅莊菸	每百斤六元	
壽甯黃絲菸	每担十五元	值百抽十
壽甯紅絲菸	每担十四元	值百抽十
壽甯白絲菸	每担十三元	值百抽十
晉江土菸	每百斤十元	
南安土菸	每百斤八元	
惠安土菸	每百斤八元	
惠安黑菸絲	每綑四十斤十元	
建陽黃菸絲	每綑二十元	值百抽十
建陽黑菸絲	每綑十元	值百抽十
崇安土菸葉	每綑十元	值百抽十
崇安黃菸絲	每綑二十元	值百抽十
崇安黑菸絲	每綑十元	值百抽十
浦城黃菸絲	每綑二十元	值百抽十
浦城黑菸絲	每綑一十元	值百抽十
松溪黃菸絲	每綑二十元	值百抽十
松溪黑菸絲	每綑十元	值百抽十

政和黃菸絲	每綑二十元	值百抽十
政和黑菸絲	每綑十元	值百抽十
建甌黃菸絲	每綑二十元	值百抽十
建甌黑菸絲	每綑十元	值百抽十
長泰菸葉	每百斤十五元 每担六元	每把二角
南靖菸葉	每百斤十五元 每把六元	每把二角
平和菸葉	每把六元	每把二角
莆田菸絲	每百斤四元	捐按店勻配出口每箱一元
仙遊菸葉絲	菸葉每百斤十二元 菸絲每百斤二十四元	菸葉每担一元 菸絲按店勻配
尤溪皮絲菸	每斤五角六分	值百抽〇五至十
尤溪金絲菸	每斤四角	值百抽〇五至十
南平條絲菸	每斤五角六分	值百抽〇五至十
南平皮絲菸	每斤四角	值百抽〇五至十
南平烏絲菸	每斤二角	值百抽〇五至十
將樂皮絲菸	每斤四角	值百抽十
順昌皮絲菸	母斤四角	值百抽十
順昌正葉菸	每綑三元八角四分	值百抽十

順昌對葉菸	每綑三元零七分二釐	值百抽十
沙縣正葉菸	每綑四元八角二分四釐	值百抽十
沙縣對葉菸	每綑三元八角五分七釐	值百抽十
沙縣蓮葉菸	每綑三元三角七分五釐	值百抽十
沙縣皮絲菸	每斤五角四分二釐	值百抽十
沙縣金絲菸	每斤四角二分八釐	值百抽十
沙縣紅絲菸	每斤二角	值百抽十
永安條絲菸	每斤五角六分	值百抽〇五至十
永安皮絲菸	每斤四角	值百抽〇五至十
永定烟絲	每包三角	值百抽三元三角三分
永定次菸葉	每担八元	值百抽三元三角三分
龍巖條絲烟	每包二角五分	值百抽十
龍巖菸葉	每担十元	值百抽十
上杭菸絲	每包三角	值百抽三元三角三分
上杭次菸葉	每担八元	值百抽三元三角三分

第七節　湖北菸酒稅

湖北菸酒稅清光緒二十五年開辦。先是咸豐五年。鄂省舉辦厘金。菸酒與百貨一併征收。厘率爲百分之二。光緒二十年。部准於正厘外加收三成。迨二十五年。添練新軍。設籌餉局。創辦菸酒稅。稅率菸葉每百觔收錢五文。定子菸每塊一文。雙毛減半。福建皮絲每包四十文。贛絲減半。蘭州青條每觔二十文。過境蘭菸大箱每箱二串文。小箱一串二百文。土酒原花每觔八文。黃酒甜酒減半。輸入汾酒每簍八百文。每罈四百文。紹酒每京罈一百五十文。小罈一百文。花雕大號八百文。二號六百文。三號三百文。南酒一百文。與厘金並行。二十七年。呈准免收正厘。稅率加倍。其加厘三成。仍舊征收。嗣以本產僅征菸葉稅。不征菸絲。若於製成菸絲。按鏍計稅。取諸食戶。並不爲苛。遂呈准另征鏍稅一項。按鏍按月納稅。民國因之。惟菸葉一項。向係除皮每百觔按七十觔計算。稅票不列重量。易生糾紛。改爲無論產銷。每百觔除皮一律按九折計算。稅票須詳細塡載。以杜弊混。四年五月。財政部通飭各省加收菸酒稅。六月。鄂省財政廳擬具整頓菸稅酒稅施行細則。稅率一律改用銀元。無銀元地方。以錢一串五百文作一元。仍照向章每串帶收申串二十文。菸類本產分菸葉菸筋菸絲三種。每百觔征稅自四角至一元五角。輸入者鄧州蘭州杭奇金堂四種。以觔計。每百觔征稅自一元五角至二元。建絲贛絲以包計。每包征稅自六分至一角。紙菸雪茄以枝計。每百枝征稅自六分至六角。酒類本產分漢汾原花小麯。包穀南酒黃酒土酒甜酒及酒麯等。每百觔征稅自八角至二元。輸入分西汾藥酒紹酒三種。每百觔征稅自一元五角至二元。呈奉財政部令准施行。迨國民政府成立。十六年三月。呈准公布公賣稅費暫行條例。將原征籌餉稅捐作爲百分之五。與公賣費百分之十二。合併征收。改爲稅費共征百分之十七。一律按現値市價分別種類從新更訂費稅應征數目。其細數具詳公賣篇中。

湖北菸酒兩項。清咸豐五年後。開辦厘金。卽由百貨厘金局征收。光緒二十五年創辦菸酒糖籌餉專稅。於漢口宜昌沙市老河口張家灣團風武穴法泗洲蔡甸等處。設立專局。擇要添設分局分別抽收。其距離專局較遠地方。卽由各縣署代征。民國成立。因節省經費起見。將菸酒稅專局取消。歸併百貨產銷征收局經征。分立票單。另冊報解。其由各縣署代征者。照舊辦理。四年開辦公賣。五年四月各縣局向征菸酒稅捐。由財政廳移交公賣局接管。初仍委託縣局兼辦。嗣陸續由公賣局實行收回。交由各分局及稽征所經征。十六年三月。公布公賣稅費暫行條例。將菸酒稅捐及公賣費合併征收。

湖北菸酒征收厘金時。外省客貨。征於入境第一卡。本省土貨。征於產地出運第一卡。供本省銷售落地之貨。征於各大市鎭。嗣開辦菸酒籌餉稅。分別出產落地兩項抽收。凡本產菸葉。無論整捆零葉。概須落行。不得私賣。責成牙行各自稽查。凡落行售賣者。應赴縣局報明。覆驗完稅。貼花給票。行銷本省。經過局卡。照驗免稅。本產酒類。由縣局查明轄境內共燒熬若干戶。設燒鍋或酒缸若干。一晝夜出酒若干。由各該戶按月照數遵率繳稅。本產菸絲。按鑪查明每日製絲數目。按月繳稅。行銷本省不再重征。輸入菸酒。由商人赴該管各縣局報明數量。查驗相符。照率完稅。掣票貼花。方准銷售。其不在鄂境落地者。免納稅項。民國四年六月。呈准公布菸稅及酒稅施行細則。規定發給執照及改訂稅票印花各辦法。本產菸葉。由征收官署於每年產菸時。責令業戶呈報畝數產額。核明給予種菸執照。爲本年征收菸稅之標準。本省製造菸絲及釀造酒類各店鋪。由征收官署於每年十二月間。責令製菸釀酒各戶。據實報明全年出產數量。核明發給鏢菸或釀酒執照。爲次年征稅之根據。外商或本省商人赴出產菸酒地方採運菸酒或產地商人販運菸酒至他處銷售者。均應請領販運菸酒執照。載明數目。於販運出境時。照率納稅給票。方准起運。本產地方之菸酒。即在本地銷售者。由征收官署按戶查明銷額。飭令按月照繳稅款。方准銷售。外省菸酒運銷或通過本省者。由入境第一征收官署驗明出產省分運單。照章征稅給票。方准銷運。其銷售本省者。即由銷地征收機關令知將運單繳銷。凡稅票分三種。一本省運銷四聯稅票(運銷外省加給運單)。二本產本銷三聯稅票。三外省運銷本省四聯運票(經過本省者同)。征稅印花亦分三種。一本省運銷印花。二本產本銷印花。三外省運銷本省印花(經過本省者同)。釀戶自飲者以二百觔爲限。另製免稅印花一種。以示區別。十六年三月。呈准稅費合併征收。改訂征收方法。具詳公賣篇鄂省稅費暫行條例中。

湖北省徵收菸稅施行細則 四年六月呈准

第一章 總則

第一條 本細則遵照部定整理菸稅章程規定之

第二條 本省出產菸葉菸絲行銷本省境內暨運售外省者一律於產地之徵收官署按照稅率一次徵足除關稅外本省境內不再重徵

第三條　外省菸葉菸絲運銷本省境內暨通過本省運往他省行銷者一律於進口之徵收官署按照稅率一次徵足除關稅外本省境內不再重徵

第四條　凡進口雪茄紙捲等菸應遵部章第二十條之規定辦理

第五條　凡出境菸葉如有先捐後售者得責成牙行仍照舊辦理先捐後售按率十足征收

說明　鄂省菸葉地戶菸商應納稅款向由牙行代繳此次加重稅率恐不肖行戶串通菸商請領三聯採運土貨單希圖取巧故規定於右

第六條　向未徵收菸稅地方應遵部章及本細則認眞調查一律啟徵

第七條　征收菸稅應按斤計算不得折減

第八條　產地菸稅有向歸本業殷實商人承包者應將該商歷年販賣菸葉菸絲觔數確切查明責令該商照新定稅額增加按月清繳仍照本細則第四章各條之規定領用稅票印花其有延欠者照部章辦理

第二章　稅率

第九條　本省出產菸類酌定於左

菸葉每百觔完洋壹元五角

菸筋每百觔完洋四角

菸絲每百觔完洋壹元五角

外省運銷菸類酌定於左

鄧州菸每百觔完洋壹元五角

蘭州菸每百觔完洋壹元五角

福建上等皮絲每包完洋壹角

福建次等皮絲每包完洋捌分

江西上等皮絲每包完洋捌分

江西次等皮絲每包完洋陸分

杭州奇品每百觔完洋貳元

金堂菸每百觔完洋貳元

上等紙菸每千枝完洋捌角

次等紙菸每千枝完洋陸角

上等雪茄每百枝完洋陸角

次等雪茄每百枝完洋叁角

第三章　徵收區域

第十條　徵收菸稅官署規定如左

一各縣知事

一向係兼徵菸稅之各徵收局卡

第十一條　向係兼徵菸稅之徵收局卡應以該局駐在地方爲經徵區域其局卡經徵區域以外之菸稅仍歸縣知事稽征由縣局會商妥協劃清界限繪圖貼說詳廳備案

第十二條　同一縣境有兩徵收局卡向係兼征菸稅者應由縣知事兩征收局長照前條之規定會商辦理

第十三條　經征菸稅各局如因事實上之必要得會商縣知事協助辦理

第十四條　不經征菸稅之各征收局卡對於菸葉菸絲過境或起坡時仍須按照章程切實查驗

第四章　徵收方法

第十五條　徵收官署於每年產菸時遵照部章第二條所指各項責令地戶據實報明並約定產菸額數給予種菸執照爲本年徵收菸稅之標準

第十六條　種菸執照於每年六月以前換給舊照繳銷

第十七條　外省或本省菸商赴產菸地方採運菸類應照部章第三條第四條辦理

第十八條　產菸地方之菸商欲販菸至他處銷售者應依照部章第三條之規定先向本管徵收官署請領准其販菸執照載明商店字號指銷處所於販菸出境時呈驗執照按照所販菸類之數量在本管徵收官署繳納稅款掣取稅票方准起運

第十九條　前兩條規定之販菸執照於菸商繳納稅款掣給稅票時同時將執照截銷由征收官署

繳聽備查

第二十條　產菸地方之菸商卽在本地銷售者應由該管徵收官署按戶查明銷額飭令按月照繳稅款掣給稅票

第二十一條　外省菸類運銷本省或通過本省者應由經過之第一徵收官署照部章第九條之規定驗明該省所給運單令照本省新章繳足稅款掣給稅票其運銷本省者卽由到達運銷地點之徵收官署復驗令將運單繳銷

第二十二條　依上列各條之規定於掣給稅票時卽行按件給予菸稅專用印花令其粘貼

第二十三條　稅票之種類區別於左

一本省運銷菸類四聯稅票

二本產本銷菸類三聯稅票

三外省運銷本省四聯稅票（經過本省者同）

前項本省運銷菸類稅票如係運銷至外省者查照部章由徵收官署加給運單

第二十四條　菸稅專用印花之種類區別於左

一本省運銷菸類印花

二本產本銷菸類印花

三外省運銷本省印花（經過本省者同）

第二十五條 凡運銷菸類之菸商應完稅款無論本省外省菸類如經第一徵收官署一次徵足到達指銷地點後復欲運銷鄂境以內其他地方及外省者應持原領稅票向該管征收縣局驗明請領菸類分撥單行經本省境內查明單貨相符不再重征惟分撥之貨不得逾於原領稅票之八成其分撥期間應以給票之日起算滿六個月爲限逾限不准分撥並於分撥足額時由徵收官署將原票收回塗銷未足額者蓋用某月日分撥若干戳記

第二十六條 本產本銷稅票不得適用前條之規定換給分撥單以杜朦混

第二十七條 運銷稅票換領分撥單時不重印給花

第二十八條 本產本銷稅票及印花在准銷之本境以外卽爲無效

第二十九條 本省製造菸絲原名鏢稅應仍照向章由該管征收縣局於每年十二月間查定全年鏢成菸數責令菸商加蓋牌名戳記發給鏢菸執照爲來年征收菸絲稅之標準

第三十條 鏢菸執照每年受查後換給新照舊照繳銷

第三十一條 鏢菸商店按月鏢菸數目應於上月二十五日後三十日前據實開具報單加蓋牌名戳記報明該管征收縣局派員隨時抽查

第三十二條 鏢菸商店每月呈報鏢菸額數全年統計不得少於查定之數如有溢出應按月據實報明不得隱匿

第三十三條 鏢菸商店如因特別事故預計全年所鏢菸絲不及查定之數並約短若干應先期取

具同行證明切結據實陳請聽候縣局復查仍報本廳備案

第三十四條　本細則第十五條之種菸執照第十七條第十八條之販菸執照第二十九條之𨻶菸執照第二十三條之各種稅票印花及運單第二十五條之分撥單均由財政廳製印頒發

前項執照印花運單遵照部章概不收費

第三十五條　菸稅向征錢文者一律照新章核定稅率改征銀幣如無銀幣地方得以一串五百文作銀幣一元交納

第三十六條　菸稅征收銀幣如因銀幣缺乏查照上條以錢計算者其從前申串錢文應准免收

第五章　經費

第三十七條　征收菸稅經費照實收數提支百分之十二以百分之十之總額充各縣局經征經費其支配細數由財政廳酌量另定之所餘百分之二釐由各縣局提解財政廳專充委員調查督催經費

說明　鄂省原定菸稅征收經費各縣係坐支百分之十五各局因係兼征未支經費但此次實行整理亦應量爲籌給俾資辦公又遵奉部電財政廳應委員查催故總提百分之十二規定如右

第三十八條　各縣局經收罰款除部章第十二條規定全數充賞第十四條規定三成充賞應以七成充公外第十六條罰款得比照第十四條以三成充賞七成充公所有充公之款按月繳解財政

廳

第六章　比額

第三十九條　各縣局菸稅比額另定之

第四十條　各縣局菸稅比較考成照部頒鹽稅考成條例辦理

第七章　報解程限

第四十一條　縣局征收菸稅應按後開解款期限另文另册解省不得列入他項稅款册內以免混淆

第四十二條　凡征收菸稅縣局於發過種菸執照鏍菸執照兩種每年造報一次其販菸執照稅票印花運單分撥單各種應遵部章第二十三條之規定按月造册報廳以憑彙造總册報部查核

第四十三條　各縣距省五百里以內者應按月解省五百里以外者准兩月報解一次惟上月已收確數仍應先行詳報或電報以憑查考

第四十四條　各局無論遠近應將本月經收菸稅於下月隨同百貨稅款解廳核收

第四十五條　收稅清册票照印花四柱清册式樣由財政廳擬定頒發

第八章　附則

第四十六條　本細則於奉部核准後定期施行之

第四十七條　本細則如有增減事項得詳部修正之

湖北省征收酒稅施行細則 四年六月呈准

第一章 總則

第一條 本細則遵照部定整理酒稅章程規定之

第二條 本省出產酒類行銷本省境內暨運售外省者一律於產地之征收官署按照稅率一次征足除關稅外本省境內不再重征

第三條 外省酒類運銷本省境內暨通過本省運往他省行銷者一律於征收官署按照稅率一次征足除關稅外本省境內不再重征

第四條 凡進口酒類運銷本省內地者應遵部章第二十二條之規定辦理

第五條 向未征收酒稅地方應遵部章及本細則認真調查一律啟征

第六條 征收酒稅應按斤計算不得折減

第七條 產地酒稅有向歸本業殷實商人承包者應將該商歷年釀酒斤數確切查明責令該商照新定稅額增加按月清繳仍照本細則第四章各條之規定領用稅票印花其有延欠者照部章辦理

第二章 稅率

第八條 本省出產酒類規定如左

漢汾每百斤完稅洋一元五角

南酒　土酒原花小麯包穀酒等類每百斤完稅洋八角
黄酒　甜

麯稅每百斤完洋二元

外省運銷酒類規定於左

西汾每百斤完稅洋二元

紹酒每百斤稅完洋一元五角（各號花雕同）

藥酒每百斤完稅洋二元

第三章　徵收區域

第九條　征收酒稅官署規定如左

一　各縣知事

一　向係兼征酒稅之各征收局卡

第十條　向係兼征酒稅之征收局卡應以該局卡駐在地方為經征區域其局卡經征區域以外之酒稅仍歸縣知事稽征由縣局會商妥協劃清界限繪圖貼說詳廳備案

第十一條　同一縣境有兩征收局卡向係兼征酒稅者應由縣知事兩征收局長照前條之規定會商劃分辦理

第十二條　經征酒稅各局如因事實上之必要得會商縣知事協助辦理

第十三條　不經征酒稅之各征收局卡對於酒類過境或起坡時仍須按照章程切實查驗

第四章　征收方法

第十四條　征收官署於每年十二月間遵照部章第二條所指各項責令釀戶據實報明並約定釀酒額數給予釀酒執照爲來年征收酒稅之標準

第十五條　釀酒執照每年換給一次舊照繳銷

第十六條　釀酒商店按月釀酒數目應於上月二十五日後三十日前據實開具報單加蓋牌名戳記報明該管征收縣局派員隨時抽查

第十七條　釀酒商店每月呈報釀酒額數全年統計不得少於查定之數如有溢出應按月據實報明不得隱匿

第十八條　釀酒商店如因特別事故預計全年所釀酒類不及查定之數並約短若干應先期取具同行證明切結據實陳請聽候縣局復查仍報本廳備案

第十九條　關於釀酒自飲之戶應遵部章第十七條之規定給予免稅執照納免稅執照費洋一元但釀酒額雖在二百斤以內而向係征稅其自飲零賣不能確定者依慣例照章征稅不給免稅執照

第二十條　釀酒免稅執照應自請領之日起限半月内將酒釀熟分別存貯向征收縣局請領免稅印花塡明地名姓名日月眼同粘貼並繳銷執照不准再釀以杜弊混

第二十一條　無照私釀暨釀酒自飲之酒逾於額定釀數或販賣私售情弊准由其他釀戶查實報告

第二十二條　外省或本省酒商赴產酒地方採運酒類應照部章第三條第四條辦理

第二十三條　產酒地方之酒商欲販酒至他處銷售者應依照部章第三條之規定先向本管征收官署請領准其販酒執照載明商店字號指銷處所於販酒出境時呈驗執照按照所販酒類之數量在本管征收官署繳納稅款掣給稅票方准起運

第二十四條　前兩條規定販酒執照於酒商繳納稅款掣給稅票時同時將執照截銷由征收官署繳廳備查

第二十五條　產酒地方之酒商卽在本地銷售者應由該管征收官署按戶查明銷額飭令按月照繳稅款掣給稅票

第二十六條　外省酒類運銷本省或通過本省者應由經過之第一征收官署照部章第七條之規定驗明該省所給運單令照本省新章繳足稅款掣給稅票其運銷本省者卽由到達運銷地點之征收官署復驗令將運單繳銷

第二十七條　依上列各條之規定於掣給稅票時卽行按件給予酒稅專用印花令其粘貼

第二十八條　稅票之種類區別於左

一本省運銷酒類四聯稅票

二本產本銷酒類三聯稅票
三外省行銷本省酒類四聯稅票（經過本省者同）
前項本省運銷酒類稅票如係運銷至外省者查照部章由征收官署加給運單
第二十九條　酒稅專用印花之種類區別於左
一本省運銷酒類印花
二本產本銷酒類印花
三外省運銷本省酒類印花（經過本省者同）
四釀戶自飲酒類免稅印花（別以黃色擬用黃表紙）
第三十條　凡運銷酒類之酒商應完稅款無論本省外省酒類如經第一征收官署一次征足到達指銷地點後復欲運銷鄂境以內其他地方及外省者應持原領稅票向該管征收縣局驗明請領酒類分撥單行經本省境內查明單貨相符不再重征惟分撥之貨不得逾於原領稅票之八成其分撥期間應以給票之日起算滿六個月爲限逾限不准分撥並於分撥足額時由征收官署將原票收回塗銷未足額者蓋用某月日分撥若干戳記
第三十一條　本產本銷稅票不得適用前條之規定換給分撥單以杜朦混
第三十二條　運銷稅票換領分撥單時不重給印花
第三十三條　本產本銷稅票及印花在准銷之本境以外卽無效

第三十四條　本細則第十四條之釀酒執照第十九條之免稅執照第二十二第二十三條之販酒執照第二十八第二十九條之各種稅票印花及運單第十三條之分撥單均由財政廳製印頒發前項執照運單印花除免稅執照外概不收費

第三十五條　酒稅向征錢文者一律照新章核定稅率改征銀幣如無銀幣地方得以一串五百文作銀幣一元交納

第三十六條　酒稅改征銀幣如因銀幣缺乏查照上條以錢計算者其從前申串錢文應准免收

第五章　經費

第三十七條　征收酒稅經費照實收數提支百分之十二以百分之十之總額充各縣局經征經費其支配細數由財政廳酌量另定之所餘百分之二厘由縣局各提解財政廳專充委員調查督催經費（照菸稅施行細則加入）

第三十八條　各縣局經收罰欵除部章第十一條規定五成充賞應以五成充公第十三條全數充賞第十四條規定三成充賞應以七成充公外第十六條罰欵得比照第十四條以三成充賞七成充公所有充公之欵按月繳解財政廳

第六章　比額

第三十九條　各縣局酒稅比額另定之

第四十條　各縣局酒稅比較盈絀成數照部頒厘稅考成條例辦理

第七章　報解程限

第四十一條　縣局征收酒稅應按後開解欵期限另文另册解省不得列入他項稅欵册内以免混淆

第四十二條　凡征收酒稅縣局於發過釀酒執照每年造報一次其免稅執照販酒執照稅票印花運單分撥單各種應遵部章第二十五條之規定按月造册報廳以憑彙造總册報部查核

第四十三條　各縣距省五百里以内者應按月解省五百里以外者准兩月報解一次惟上月已收確數仍應先行詳報或電報以憑查考

第四十四條　各局無論遠近應將本月經收酒稅於下月隨同百貨稅欵解廳核收

第四十五條　收稅清册票照印花四柱清册式様由財政廳擬定頒發

第八章　附則

第四十六條　本細則於奉部核准後定期施行之

第四十七條　本細則如有增減事項得詳部修正之

第八節　湖南菸酒稅

湖南菸酒稅。（卽物品稅今爲晝一名稱起見。故通稱爲菸酒稅。）始於前清之厘金加收。光緒二十一年。戶部以先後稟陳籌餉各案通咨各省遵辦。二十二年十一月。湘撫稟明將菸酒兩項於厘金常額外。另加三成。二十六年。復加三成。並前征數共爲六成。均由各厘局附於正厘征收。此項厘金加收。其後卽改稱爲菸酒稅者也。

湘省菸酒稅在前清時每年派定額征銀二十萬兩。而實在認解之數。僅及四分之一。民國成立。積欠尤鉅。因卽豁免舊欠。注重新收。四年三月。財政廳規定菸酒稅值十取二。而商人以稅率過重。滋爲口實。因於九月間改爲值十取一。又以菸酒兩項尚有應納厘金。而厘局舊章。係取千分之二十八。凡外產本銷之貨。征收入口厘落地厘兩道。本產外銷之貨。征收出山厘出口厘兩道。本產本銷之貨。征收過江厘落地厘兩道。合計爲百分之五。議將此項厘金。併入稅率之中。定爲百分之十五。厘金名目。卽行免除。復於是年十一月。呈部核准。六年二月。湘局呈准攤稅入費。一道征收。共收百分之三十。十七年七月。該局復參照湖北菸酒稅章程。改訂稅率。是年十月。又修正一次。均經國民政府財政部核准試行。稅率表附錄於該省公賣費篇中。茲不贅述。

湘省征收菸酒稅辦法。凡外省運來之菸酒。槪由第一厘金局卡征收入口稅。到埠銷售之時。卽不重征。其未經厘局估征者。仍由各縣知事查明承銷之店肆銷數。照率征收銷場稅。本省自製之菸酒。均責成各縣知事查明城鄉菸酒作坊。實在出品額數。照率征收出產稅。如有運往外省未征出產稅者。

則由經過厘金局卡照征出口稅。各鄉民家釀自食之酒。應自赴縣署報明納稅。各縣署征收菸酒稅以一成爲開支。縣署坐支七厘。餘三厘解交財政廳。其由厘局兼收者。准於正稅內坐支五厘。作爲補助經費。此民國初年財政廳兼辦菸酒稅之大略情形也。其後爲統一征收起見。前項菸酒稅於民國五年四月一日由財政廳移交菸酒事務局接管。然費稅征收機關在表面上確屬統一。而實際稅款。仍由財政廳飭縣知事委任公棧征收。或另委員紳駐棧征收。遇有轉運他區銷售之菸酒。則棧商縣委須雙方塡給運單。方能起運。手續紛繁。及湘局呈准攤稅入費。於是菸酒稅統由公賣費征收機關負責征收。候解到省局。再行劃分五成。撥解財政廳。作爲菸酒稅原有收數。蓋湘省菸酒費稅之征收權至是始完全統一焉。

第九節　廣東菸酒稅

廣東菸酒兩稅。清光緒二十一年。因需餉孔亟。由戶部籌辦重抽各省菸酒釐金。咨經粵督奏明。凡菸酒兩項釐金。無論外來土銷。一律加抽兩倍。光緒二十五年。奉准部行籌還俄法英德各款內。飭將菸酒兩項照從前所抽之數。再加一倍。共加三倍。儘解藩庫。備還四國借款本息。光緒二十七年。行在戶部以新定賠款數鉅。期迫。令將菸酒兩項就現在抽釐數目再加三成。凡內河省埠海口外海。一律照加。歸省城菸絲行崇安堂。鶴山菸葉行公和堂。省城酒行福志堂分別照認。共計銀二萬二千四百餘兩。是爲廣東菸酒稅由商包辦之始。光緒二十八年。開辦酒稅甑捐。由各州縣辦理。歲收二十餘萬元。宣統三年。酒稅由康濟公司承包。按埕抽收。原認年餉一百四十萬元。菸稅由土菸商崇安堂羅葆臣等承包。連條絲菸在內。全年認繳三十五萬元。自四月一日起實行。嗣因條絲菸行不願與土菸歸併。纏訟數月。又將條絲菸稅劃歸該行商人辦理。年繳稅額三萬元。即在原定三十五萬元內劃出扣算。於是年七月實行。此清代征收菸酒稅之大概情形也。

民國元年十二月。菸稅批歸土菸稅商協興公司李礪成承辦。年認正餉五十萬元。比較清季計增十五萬元。以三年爲期。二年三月。該公司奉令於正餉之外附加五成。以充軍餉。自四月一日起帶收代繳。三年一月。該公司又奉財政廳令將正附兩稅歸併。年繳七十五萬元。四月間因各商紛紛加餉認辦。當經電奉財政部飭仍歸協興公司加餉繼續辦理。其所繳餉數仍照原額七十五萬元。四年加十萬元。連原餉共八十五萬元。五年加五萬元。連原餉共九十萬元。旋有劉露泉等具呈省當局願認菸稅超過九十萬元之數與李商爭辦相持數月。擬改投標亦未解決。復經李商到京呈請財政部批准。仍歸李商照九十萬元之數承辦。旋以粵省軍興協興公司股東方面意見紛歧。稅收亦難足額。六年二月。李礪成呈請退辦。經省局轉呈財政部奉准以原辦菸類公賣費認商張福和兼辦菸稅。卽照李商認定九十萬之數繼續認解。未幾而稅費歸併征收。統名公賣。仍歸張商包辦。菸稅名稱於是消滅至於酒稅。則民國元年十月委商董黃隆生黃竹坪等承辦。預算全年可收酒稅及牌照稅一百八十餘萬元。而實在征解之數短絀甚巨。二年十月收歸官辦。設立酒稅總局。遴委員董分赴各屬分局接替。自是年十一月起截至三年八月底止。共征酒稅及牌照稅一百四十六萬餘元。三年九月。又將酒稅總局裁撤。歸併財政廳辦理。截至四年一月。共收六十萬餘元。均按一成六扣支經費。如是則官辦時公家實收酒稅每月僅得十萬餘元。比較元年所定預算相差過鉅。旋有利源公司劉德譜等赴廳請求認繳酒稅一百六十二萬元。牌照稅十八萬元。共計一百八十萬元。以六年爲期。自第二年起每年遞加餉銀十二萬元。至第六年加至二百四十萬元。當經財政廳批准。自四年五月起由劉德譜接辦酒稅。一面呈請省當局轉咨中央備案。是爲粵省酒稅重行商辦之始。五年四月粵省獨立。該商承辦酒稅不無損失之處。屢請退辦。旋有所設酒業研究會者因反對公賣藉端阻撓。影響稅收。復經省長電准中央決定稅費合併歸省局主管。統名公賣費。設局征收。酒稅名稱於是消滅。是爲酒稅復歸官辦之始。總之粵省菸酒稅費兩項自經六年統一征收以後。直至民國十七年爲止。課稅名稱雖互有變更。而征收機關。菸類商包。酒類官辦。則始終如一(參觀本省公賣費章)此民國時代改革菸酒稅之大概情形也。

廣東菸稅係屬從量征收。自民國元年起至五年止。由協興公司李礪成承包。六年統一征收以後。由裕源公司張福和承包。其稅率如左。

出口原菸葉每百斤抽稅三元歸併公賣後共征四元

出口淨菸葉每百斤抽稅四元五毫歸併公賣後共征六元

條絲菸每排抽稅九毫歸併公賣後共征一元二毫

上列三種。除條絲菸外。均屬本省出產。其征稅標準。專指出口而言。民國三年。曾有商人條陳原定菸稅章程。係屬菸絲及出口洋菸葉。若就內地出產菸葉處所。另征菸葉稅。尚可抽餉七十萬元。當由協興公司查復議格不行。（此項菸葉現制業已抽稅詳公賣費章。）

廣東酒稅。亦係從量征收。土酒抽自釀戶。其容酒器在三十斤以內者。爲大埕。十五斤以內者。爲小埕。茲將歷年稅率列舉如左。

土酒一大埕。照原率每埕課銀二毫。民國三年一月起。加抽五成。連原稅共抽三毫。民國四年一月起。加抽一毫。連原稅共抽四毫。六年一月起。歸併公賣後。加抽一毫。產銷分征。在釀戶連原稅共抽四毫五仙。釀戶兼零售者。連原稅共抽五毫。專門零售者。僅抽五仙。以原來酒稅章程。抽自釀戶。不再重征售戶故也。小埕照歷年大埕稅率減半征收。核計土酒每斤至多不過合內地大銀元一分六厘有奇。

入口露酒。如汾酒五加皮酒史國公酒等類。照原率每百斤抽一元四毫。民國三年一月。加抽五成。連原稅共抽二元一毫。民國四年一月加抽四毫。連原稅共抽二元五毫。六年一月歸併公賣後共抽三元一毫五仙五文。核計每斤至多不過合內地大銀元三分一厘有零。餘同前。

入口紹酒。照原稅率每百斤征銀一元零五仙。民國四年一月起。加抽一毫五仙。連原稅共抽一元二毫。六年一月。歸公賣費後共抽一元五毫。核計每斤至多不過合內地大銀元一分五厘。本省土黃酒照歷年稅率減半抽收。餘同前。

此外復有外省釀造露酒。經過本省口岸。轉運外洋售銷者。照本省酒稅定章應納半稅。民國四年。有新加坡僑商在天津釀造大批露酒。運至汕頭暫存。再往外洋。曾經當地酒稅公所照章辦理。責令繳存全稅。該商不服爭議頗久。旋經巡按使仿照海關子口稅章程。規定此項露酒征收辦法。自四年七月咨部飭廳實行。

一此項復運出口露酒。如在三個月內。並未改裝。或已赴酒稅公所報請准單。並由公所派人眼同改裝並未抽換攙水及酒精者。准照原章將繳存全稅退還。

二此項復運出口露酒。如未照上列手續。擅自拆包改裝。無論有無攙水及酒精者。祇退半稅。其餘半稅仍作征收之欵。

廣東菸酒兩稅。於民國五年十二月。經財政廳遵奉京署省署命令。移交省局接管。並於是月三十日由廳局會電歸併辦法如下。

一歸併後仍照公賣局章程會同財政廳秉承省長辦理。

二歸併後由局統一征收。除菸酒公賣費照舊逕解中央外。其菸酒釐稅收入。逕照部電。聽候省長分別留解。

右案於民國六年一月一日起。歸省局完全接管。至稅費兩項。如何合併征收。詳見公賣費篇。

第十節　廣西菸酒稅

廣西菸酒收入。向與百貨稅厘混合征收。其由各常關經征者。曰關稅。由各厘捐局經征者。曰厘金。由各府縣經征者。曰廠稅。其稅率均係從量征收。清光緒三十年奏准。將厘金改爲統稅。各府縣廠稅。列入正供。常關稅照舊辦理。

常關稅爲梧潯兩關征經。酒以罈計。分紹酒汾酒燒酒桂酒京酒等類。稅率自二分四厘至五厘爲止。菸以觔計。分菸葉菸絲菸骨。稅率每百觔自二錢四分至五分爲止。均以銀兩計算。

厘金設卡抽收。酒以罈計或以觔計。其以罈計者。如蘇酒三白酒紹酒燒酒露酒黃酒之類。稅率自九分至一分五厘。以觔計者。如衡酒汾酒之類。稅率每百觔自一錢三分至三分。菸以包計。如條絲菸絲菸葉菸梗之類。稅率每百包自二錢九分至四分爲止。均係銀兩計算。光緒三十年奏准將厘金改爲統稅。即以四道抽收之厘。併爲一道征收之稅。由經過第一局卡統征一次。發給執照。或到地或出境時驗明繳照。不再重征。惟賀縣出產土貨及蒙江餉捐。仍照厘金舊章辦理。不在統稅範圍之內。

廠稅始於清乾隆以前。由各府縣就地指定用途。設廠抽收。所收稅款。向不申報。嗣後始改列爲各府縣之雜收入。遂成司庫之正款。其稅率隨地而異。桂林府開辦最早。菸類每百斤征銀四錢二分至一錢四分。酒類每罈征銀五錢八分至四厘。更有酒鍋油糖榨帖等費。光緒二十七年因攤解賠款。由藩司建議。每間領帖一張。繳費二十元。亦有數家合領一帖者。亦有由州縣承包者。平均每年約共收銀八千兩。三十四年。又因籌辦洋款不敷三千兩。由藩司詳准撫院核定。以一萬一千兩爲定額。從宣統元年起由經征總局包征包解。除按額解司外。增收之數。作爲練兵專款。並於二年二月。奏明有案。

以上爲清代辦理菸酒兩稅情形。其所征欵項。均與百貨稅款混合。或與其他稅收合併。尙未列作專款。民國初元。政體變更。此項稅收。循舊辦理。六年二月。遵照中央統一征收成案。由財政廳將所管菸酒統稅。連同牌照稅。先後移交該省公賣局接收。惟菸酒稅一項。除桂林縣屬前經改辦坐稅。就地征收外。其他各屬菸酒。均係報關納稅。由各統稅征收局兼收。與百貨稅彙總報解。並無專卷可以移交。當經省局呈明中央。將此項稅收。仍歸各統稅局繼續兼征。照舊經解財政廳核收。省局僅負督征之責。及至七年四月。始將稅款解局核收。十三年九月。該省當局爲節省經費起見。將該省菸酒事務合併印花稅局辦理。名曰廣西印花菸酒局。旋經國民政府財政部以印花及菸酒兩項稅收性質截然不同。非劃清界限。不足以明職責。疊令該局將菸酒事務劃出。另設專局。並與省當局一再咨商。至十八年五月。始將廣西菸酒事務局實行恢復。以明統系。

先是廣西印花菸酒局於十八年四月。所報現行菸酒費稅各率。暨產銷狀況表。對於菸酒征稅事項。沿用招商包認舊制。核其稅率。菸類除菸葉每百斤征稅八角外。其餘各種生熟菸及條絲等類。均每百斤征稅二元。酒類如雪梨酒蛤蚧酒汾酒等類。均每百斤征稅三元四花三花酒等類。均每百斤征稅一元五角。雙料酒等類。均每百斤征稅七角五仙。及菸酒事務局實行恢復以後。所有各種稅率。仍照原章辦理。惟對於經征機關。則聲明候各該商包期屆滿。再行遵照部令改爲委辦云。

第十一節　山東菸酒稅

山東菸稅自前清光緒二十八年創辦。每百斤收制錢一百五十文。粘貼印花一張。嗣仿照河南章程。改為每斤收制錢三文。此外尚有菸絲舖捐。係按營業大小。隨時酌定。塡給單牌收執。全年收入無幾。故併入菸稅造報。

酒稅自光緒二十七年創辦。每斤收制錢八文。嗣仿照直隸章程加為每斤制錢十六文。按池計酒。按酒計稅。先行派員調查數量。由各縣征解。至東海關代收進口菸酒稅。均係每斤收銀六厘。此前清征收菸酒稅之大略情形也。

民國初年。魯省征收菸酒稅。仍沿用前清所定之稅率。其後菸稅改為每斤收京錢二文。燒酒每斤收京錢三十二文。黃酒每斤收京錢十文。惟安邱黃酒則收京錢八文。民國九年四月。魯局以征錢易洋。虧耗甚鉅。呈准前菸酒署改征洋碼。如酒稅每斤向收京錢三十二文者。改為收洋一分四厘。菸葉菸絲黃酒等類。仿照辦理。其原收洋碼者。一仍其舊。旣而因東省災情奇重。洋價又昂。復准暫照洋碼定案核減一成征收。以紓商力。至十一年一月。始照改征原案十足征收。至於燻菸稅費。向章係按爐抽收。每大爐收洋十二元。中爐十元。小爐八元。十年十一月。該局呈准大爐仍收十二元。中爐改收十一元。小爐九元。十四年改為不論等級。每爐收十八元。十八年二月。據該局報告現行菸酒稅率。燒酒每斤收洋二分八厘。黃酒每斤收洋八厘八毫。菸葉菸絲每斤收洋一分二厘。燻菸葉除按爐收費外。每爐收稅洋九元。十八年八月。魯局以該省菸葉薰製之後。向由英美南洋中裕東方等公司設廠收買。

從前就爐征收。流弊滋多。呈准仿照皖省成案。設置專局及稽征所卡。征收定率改爲從量每百觔收稅洋一元二角。（公賣費每百觔收二元四角）一次收足。並由財政部通令蘇皖鄂等省菸酒局運照對於魯省已納費稅之爐菸過境。一體查驗放行。不再重征。

魯省菸酒稅先歸財政廳管理。嗣因統一征收起見。於民國五年一月。始移交菸酒事務局接管。其征收方法。向係甲年冬季委員會同縣知事查驗各地菸酒產銷數量。定乙年應交之稅額。名之曰復查。查定後。由各縣知事代征代解。並訂有縣知事征解菸酒稅懲獎規則及交代專則。呈准施行。惟菸葉稅則全省設卡十三處。統由委員兼辦。民國十七年十一月。該局擬訂復查章則及調查菸酒稅罰款章程。以資整頓。先是。該省公賣費由分棧征解。自國民政府財政部通令取銷商包後。該省因改分棧爲稽征所。菸酒稅亦歸稽征所經收。不復由縣代征。今改定者已及半數。

魯省本產菸酒。除在出產地方收稅一道外。仍於運經第一局卡征收厘金一道。其餘經過局卡。則查驗放行。不再重征。外省輸入者。其征收厘率及次數與本產菸酒相同。該省厘金係分河海陸三路征收。河路厘金定章爲值百抽二。其實菸則以每箱或每包計算。酒則以每罎計算。名爲從價。實係從量。沿海厘金由東海關代征。菸酒每百斤抽收庫銀六錢。並代征一種內地菸酒捐。名曰新業稅款。至運赴各縣銷售之時。則不復另征稅捐。如由陸路輸入者。由鐵路貨捐局征收。名曰統捐。值百抽二・五。此魯省征收菸酒厘金之大略情形也。

膠澳係山東東南濱海之一隅。先爲德人租借。歐戰發生。德軍退出青島。暫由日本管理。民國十一年冬。交還中國前全國菸酒事務署以該地華洋雜居。劃作特別區域。十二年春間。派員設立籌備處。籌備菸酒稅征收事宜。四月一日接收完竣。實行開征。八月改爲經征處。直隸京署。並於台東鎮李村沙子口等處。設分處三。派員分別稽征。該埠爲軍事要區。菸酒產銷。向不甚旺。菸類無本產。大抵均由濰縣及各省輸入。爲數無多。本產燒酒。青島市內常業者六家。李村十六家。年產約共三十萬斤。黃酒俗名高老。全區釀戶四十家。每年約產二十萬觔。輸入紹興酒青梅酒混合酒。每種年約銷六萬餘觔至九萬餘觔。當日人管理時代。菸類無稅。酒稅由日商大萊號包繳。十一年度全年認額九千元。截至十二年三月末日止期滿。稅率從量計算。分燒酒高老紹興青梅混合五種。每百觔稅銀自二元至三元五角三分。征收辦法。本產常業燒鍋。按每日出酒數納稅。非常業者。先一日呈報製數納稅。黃酒分等計算。輸入酒類。分水陸兩路。存於火車站及海關。由酒商赴大萊號報明。發給提單。派員核數征稅貼花放行。無花者爲私酒。不由輪船火車運入者。亦以私論。通過者不征稅。由商人塡繳欠稅執據。俟驗明數量銷地。發給驗單。撤銷執照。我國接收設處以後。改訂稅制。本產征產地稅。輸入征銷地稅。菸酒一律征收。稅率酒類沿日商舊例。菸類參照山東定率。分菸絲菸葉菸末三種。每百觔自八角八分至三元六角六分。征收辦法。大致悉仍舊貫。十二年六月間。以膠澳菸葉。向由濰縣輸入。濰商不明特別區界限。藉口產地已納費稅。堅求免征。經該處呈准。膠澳商埠範圍。自滄口村以內。卽爲特別區。無論由各省或山東運入菸酒。均須遵繳銷地稅。十四年四月至九月。先後據該處呈請。膠澳面積窄小。地瘠民貧。年來商業不振。稅收日絀。亟宜切實整頓。綜其大要。約有數端。一日增加燒池酒觔也。市內燒鍋池口計二十四座。每座月報出酒四百觔。前定三十二缸爲一池。池長二米達五。寬一米達五。深一米達四四爲率。而缸無定量。商人往往以大缸釀製出酒倍增。春秋上缸。無從取締。冬日下池。又藉口定限不能容納。以二池作一池報稅。漏匿甚鉅。請每池月加二百觔。一曰規定黃酒等級也。黃酒釀戶。狡詐百出。前定分等征稅辦法至善。請參照舊案。明定黃酒釀戶分二等。一等最少月製九百斤。二等七百五十觔。不及者。勒令停業。超過者。照數增稅。一曰取締火酒也。日商大祥洋行大笠原藥房批售大宗工業用火酒。奸商攙水冒充白乾出售漁利。既礙衛生。尤妨稅務。請於簡章內加入兩條。從嚴取締。一曰查覈洋商驗單也。菸酒由青轉口。照章報領驗單。專爲沿途查驗之用。例繳單費一元。洋商竟不遵領。國體稅權。均受影響。請行知膠海關。嗣後洋商進出口菸酒。查無驗單。應予扣留。以維主權。各等語。當以該埠所定燒池尺寸與熱河局前報熱境燒池容積。每座增加十餘立方尺。而出酒量反少二倍以上。相懸過鉅。應改爲每座月加四百觔。共出酒八百觔。其明定黃酒等級。取締火酒。查核驗單各節。均准照辦。由前菸酒署令知該處遵照。將簡章修正。呈報備案。並函知膠海關監督查照辦理。嗣以該經征處收入無多。將該處撤消。改設分局。歸山東菸酒事務局管轄。十七年夏間。國民革命軍戡定齊魯。旋濟案發生。青島爲日軍駐紮。迨十八年夏間。青島菸酒事務始由魯局接收。設立魯局駐青辦事處。着手整理。事詳整理概況章。

山東各縣知事經征菸酒稅款交代專則 十三年八月十九日全國菸酒事務署核准

第一條　凡征解菸酒稅款應依本專則之規定行之

第二條　各縣知事經收菸酒稅牌照稅憑單費各款征解各有定限照章應月清月款不得帶欠

第三條　各縣知事遇有交替接任人員應將前任征存解支完欠各數逐款查明照章限五日內開摺呈報如查有侵挪情事責成接任人員隨時電請核示如未設電局之處卽以快郵代電行之

第四條　卸任人員任內征完解欠菸酒各稅限三日內造册移交新任新任限十日內核覆再限十日會銜造册結報來局總計至遲不得逾越一月

第五條　卸任人員如有征存未解稅款應悉數移交後任於半月內代爲批解倘不移交帶省自解者應於卸任半月內清解倘逾限不解欠數在伍百元以下者由省總局咨警察廳派警押追在伍百元以上者並呈明京署省署從嚴懲處

第六條　接任人員接收前任移交稅款應按前條之規定限期代爲批解倘逾限不解卽照征解菸酒稅懲奬規則委員守提罰給委員往返川旅各費其有侵挪情事並不隨時電請核示者所有虧短稅款該接任人員應負完全責任

第七條　本專則自呈奉京署省署核准通行之日爲實行之期

第八條　本專則如有未盡事宜由省總局隨時呈明京署省署增改之

覆查菸酒稅暫行章程及施行細則　十七年十二月核准

第一條　魯省菸酒稅向章每屆冬季委員覆查一次更定稅款換領牌單歷經辦理有案現屆覆查之期自應仍照舊章辦理

第二條　此次覆查爲求核實起見責令各員親詣四鄉會同各該郵長挨戶調查以求實在

第三條　委員覆查到縣必須將縣政府關於酒商報開報歎卷宗及上次定案底册詳加核閲以期明瞭比較數目

第四條　委員覆查所到區村須會同區村長週歷調查核實勘定勘定之後并須由各區村長出具切結備案

第五條　各區郵經委員覆查定案後如仍有隱匿偷漏及以多報少者一經查出或被人告發除嚴懲各該犯商外該區郵長亦當受一相當之處分

第六條　魯省菸酒稅向係按斤計稅大抵菸稅以菸板或菸槓計斤酒稅以酒池或酒缸計斤各菸酒商於覆查時率多隱匿少報斤數希圖朦混此次覆查務須按照各縣底案製造斤數切實查驗必使出一斤之菸酒納一斤之稅以求核實其底案所無者必須隨處詢訪查勘庶私商不得徼幸國稅可望增加

第七條　本局稅費以燒酒爲大宗燒酒每池每年出酒約略總在萬斤以上而定稅則極多不過五六千斤少或貳叁千斤千餘斤不等雖由恤商起見然亦不可過於少定此次覆查必須詳勘實定不可籠統增加菸稅亦然

第八條　此次查稅爲求核實劃一而兼顧商艱起見故酌定燒酒池座分甲乙丙丁戊五等所有各等定稅數目分別列左

(甲)等　每月定稅六百斤全年七千二百斤

(乙)等　每月定稅五百斤全年六千斤

(丙)等　每月定稅四百斤全年四千八百斤

(丁)等　每月定稅叁百斤全年叁千六百斤

(戊　等　每月定稅二百斤全年二千四百斤

第九條　各商酒斤既經委員查定後務須月清月款不得拖延

第十條　魯省蒸製燒酒向以蒸燒一日爲一池出酒數量每間十日或十五日蒸燒一次如酒商將池口加大輪流蒸燒者則查照地方情形每十日或十五日內燒酒幾次卽爲幾池如不遵照卽由縣政府傳案查究

第十一條　魯省向有代池代燒之習如一家燒鍋而代燒數家者必須詳開地址姓名核實定稅按月清繳以免影射

第十二條　各代池代燒之戶自此次查定後如再有含混不報被委員查出或被告發者池主及代燒之戶均受一同等之處分

第十三條　菸稅及黃酒則依照各該商製造數量切實查勘分月定稅不得含混

第十四條　查各縣製售菸絲之舖無處無之從前辦理菸稅未能遍及故無菸稅之縣甚多此次應一律按章查辦毋任隱漏

第十五條　魯省邊界縣分向有運售鄰省之菸酒各省稅率不同故不得不兼稅菸絲舖及酒店以杜取巧而期平均定稅之標準卽以其銷售確數爲準

第十六條　菸酒稅費菸絲每斤各收稅費大洋一分二厘燒酒每斤各收稅費大洋二分八厘黃酒每斤各收稅費大洋八厘八毫如各縣稅款向有以菸捐酒捐爲名者一律改稱菸稅酒稅

第十七條　菸酒商於查定之後各發給門牌憑單一張收憑單費大洋壹元門牌不另收費

第十八條　酒商如有他人代池寄燒之戸須分領憑單否則卽屬隱漏

第十九條　菸酒商一經查定稅額卽須認辦一年中途報歇必須繳足全年稅費方准歇業以杜取巧

第二十條　報歇期間須在六月以前呈明並拆銷菸板菸槓平毀鍋池酒缸由縣政府查明情形轉報總局再候覆查員驗明屬實准其開除或於覆查稅案時彙案辦理

第二十一條　菸酒商如於覆查次年稅案時臨時報歇須預繳次年全年稅費經覆查員驗明確已毀去製菸製酒物品並無寄存他處菸酒始准歇業以杜私製偷運及赶燒寄頓之弊

第二十二條　如酒廠內有代池寄燒之戸已經歇業奉准有案而仍留空池或空缸及他造酒器具者必須當面平毀以杜影射而昭實在

第二十三條　菸酒商如無單牌而製造菸酒或寄製者即係私商有礙同行權利一經印委查出或同行指揭查實即按應交稅費加三倍處罰

第二十四條　曾作菸酒營業商人已准歇業有案倘有私製菸酒行爲者係明知故犯有意偷漏國稅一經查出或同行指揭查實即按照第二十三條罰則再加倍處罰如情形較重者應送縣政府依法究辦

第二十五條　菸酒商有隱匿斤重偷設私池情事經委員往查抗拒查驗者以抗國稅律送縣依法究辦

第二十六條　稅案查定之後即分別菸酒各商姓名地址及認定斤重造具清册會同縣局委員三方會呈立案

第二十七條　憑單費於承領憑單時隨即征收由縣政府於呈送會呈册報時批解

第二十八條　地方學務機關或保安警費等向由菸酒稅項加收附捐干涉國稅應一律取消亦不得於正稅內提撥

第二十九條　巡查員赴鄉覆查稅案由縣政府酌量地方情形遴派委員或派行政警察及保衛團公安局警等同往以作嚮導及隨時保護

第三十條　本章則係覆查稅案暫行規定如有未盡事宜得修正公佈之

第三十一條　本章則自公佈之日施行

山東省菸酒事務局調查菸酒稅罰款章程 十七年十二月國民政府財政部核准備案

第一條　本局調查菸酒稅案必使出一斤之菸酒即納一斤之稅如查有未經報明領有憑單之菸酒營業商人得依本章程條例處罰之

第二條　菸商定稅係以菸版或菸槓計斤重以斤重計稅案如查有以多報少及隱匿私製等情依後開各條分別處罰

一　菸商經巡查員定稅之後如查有製菸過多超過額稅五成以上者按其超過之斤重加三倍處罰

一　菸商開始營業如未報明縣政府及分局經巡查員定稅有案私自營業者一經同行告發或被查出按其製造多寡加三倍至五倍處罰

第三條　酒商定稅係按池計斤按斤計稅如定案後查有加大糟池私設缸口及隱匿私池代燒等情依後開各條分別處罰

一　酒商查定斤重認稅之後如查有私自加大池口或於池底加缸缸底加缸者按其增加之數加三倍處罰

一　酒商查定斤重認稅之後如查墻外或他院私自設池及未經報明私自開燒者按其私池之大小及營業之狀況加三倍至五倍處罰

一　酒商認稅之後如查有以燒鍋假人蒸酒或於酒廠內代人設池者按其蒸酒斤重加三倍至六倍處罰燒戶並及代燒戶

第四條　各莊長須隨時調查本莊有無私商如經查覺即報縣政府及該管分局如隱匿不報被人告發者除照章罰辦私商外該莊長須受以相當之處分

第五條　如私商及莊長等不服罰辦抗不繳款者由縣政府依法懲辦之

第六條　菸酒私商如係再犯或屢犯者得依第二三四各條之規定加倍處罰之

第七條　征收此項罰金須填給部頒之罰金聯單以昭信守

第八條　處分此項罰金以六成解總局以四成留充奬金

第九條　六成解局罰金結案後巡查員與縣政府會同抵辦核收

第十條　此項罰金如係巡查員查獲者充奬四成分作十成六成奬查案之巡查員四成奬縣政府

第十一條　此項罰金如係報告查獲者充奬四成分作十成三成奬告發人三成奬查案之巡查員二成奬分局二成奬縣政府

第十二條　本章程如有未盡事宜隨時以局令修改之

第十三條　本章程先行頒佈一面報部立案

第十四條　本章程自頒佈日施行

修正膠澳菸酒經征處征收菸酒稅章程

第一條　本章程按照膠澳地方習慣情形參考山東通行章程規定之

第二條　本章程在膠澳特別區域範圍以内適用之

第三條　凡釀造燒酒黄酒各商家須來處呈報字號坐落開設年月及缸數池數並每日出酒確數菸商亦須呈報銷售名色數目由本處註册派人覆查再行分别給領門牌憑單以昭核實前項門牌憑單仿照舊章規定除門牌不收費外其憑單援照山東成案繳費一元以五成解署以五成留支

第四條　凡菸酒商販俱照本處所查營業種類請領特許牌照照章先納税金始准銷售

第五條　特許牌照種類及税額参照部章及東省單行法規定之

第一項整賣牌照年繳　四十元

第二項零賣牌照五種

甲種年繳	十六元
乙種年繳	八元
丙種年繳	四元
丁種年繳	二元
戊種年繳	一元

上列各種無論菸酒零售整賣俱應請領

第六條　特許牌照遵照部定式樣規定之

第七條　販賣菸酒營業分爲整賣零賣俱照第四條之規定請領特許牌照並盛儲器上仍須貼粘印照如未領特許牌照及未粘貼印照者查出卽以私貨論

前項印照種類附列於後

第八條　凡商販兼賣菸酒兩項者應遵照部定牌照稅條例第三條之規定領取兩種特許牌照仍依兩種繳納稅金

第九條　特許牌照一年期滿例須更換一次如過期一月未報閉歇並不更換至查出時復以閉歇未及呈報者卽以隱匿論

第十條　牌照稅全年分爲兩期繳納按接收時期自陽歷四月一日起至六月末日止爲第一期（係援照部定修正條例第七條凡在六月以前特許者辦理）自七月一日起至十二月末日止爲第二期設有中途閉歇時須先期呈報菸商亦同

第十一條　本章程自接收日期凡在十二年六月以前特許者當納全年分稅金在七月以後特許者當納半年分稅金其廢業在七月以後者當納全年分稅金在六月以前者當納半年分稅金

第十二條　無論新舊菸酒商店俱須遵照第十條之規定繳納稅金所領牌照不得讓與轉賣或貸用

第十三條　此項特許牌照純係國家稅性質與地方營業稅不同凡營菸酒商業者如不明瞭可來

處詳閱條例以免誤會

第十四條　粘貼印照種類遵照署定式樣規定之

甲種　百斤以上者適用之

乙種　五十斤以上者適用之

丙種　十斤以上者適用之

丁種　一斤以上者適用之

上列無論菸酒零售整賣俱須粘貼以示區別

第十五條　產銷藥酒如虎骨史國公馮了性等類以及其他各種藥酒所含酒精超過尋常酒類數倍查照膠澳地方習慣法辦理按燒酒稅率加倍征收並須於盛儲瓶類上口粘貼特別印花方准售賣此項印花亦須繳費

凡瓶裝酒類無論其由他處運銷本區域或由已粘貼印照之盛儲器皿改裝瓶類者應一律粘貼特別印花並照繳納印花費

第十六條　特別印花由本處規定呈准試行

第十七條　凡運銷膠澳區域範圍以內之菸酒無論由山東以及其他省分運到銷售者均一律征收銷地稅

第十八條　凡在膠澳區域範圍以內製造之菸酒無論坐銷行銷均一律征收產地稅其稅率與銷

地稅率俱照從前膠澳地方徵收數目並參考內地通行章程規定之

第十九條　應征酒類產銷地稅率（查本埠酒類尚未定稅捐名稱應按其產製者征收產地稅運銷者征收銷地稅）

燒酒　每百斤　征收大洋三元五角

黃酒　每百斤　征收大洋二元六角五分

紹興酒　每百斤　征收大洋二元九角六分

青梅酒　每百斤　征收大洋三元五角三分

混合酒　每百斤　征收大洋貳元整

上列混合酒包括五加皮玫瑰露葡萄酒啤酒及其他等類因其水分較多姑從減輕

第二十條　前項酒類按照現時調查列入如遇有本章程所未載之名稱得由本處查明列入隨時呈請增定

第二十一條　凡年關釀造黃酒自食者經本處許可發給印照每家以百斤爲限仍照章征收稅款其無照者查出或經人告發俱以私釀論

第二十二條　應征菸類銷地稅率（查本埠非產製菸地全係運銷自應遵照山東現行章程稅率規定征收銷地稅）

菸絲　每百斤　征收大洋三元六角六分

菸葉　每百斤　征收大洋一元九角

菸末　每百斤　征收大洋四角八分

上列菸類祇分三種其菸料之僞質若蔴絨等類均按菸末征收稅款

第二十三條　凡菸酒商店歇業以及改換字號必須先期呈報並俟繳銷門牌憑單等項再由本處派員查明將製造菸酒器具眼同平毁拆卸以杜隱匿

第二十四條　凡由火車輪船運來菸酒須由商人來處報明罎瓶箱捆等數並斤重若干再由本處派人同赴關站驗明發給三聯驗單始准提運

此項驗單係由本處規定式樣呈准施行

第二十五條　凡由火車輪船運來菸酒經商人報明不在本埠銷售運往他處須由本處派員詳查無訛再行發給六聯單始准運行

此項驗單係由京署頒發照章繳費

第二十六條　商人報告車船運貨到埠經本處發給三聯驗單後如在本埠銷售卽按照單內所列數目斤重繳納稅款其爲經過之貨仍照膠澳從前習慣由商人呈繳欠稅執據俟驗明運往何處發給六聯驗單再行撤銷執據

前項商人運來貨物如有中途罎破瓶碎數量短少須有殘破器具證明始准照數免除

第二十七條　本處稽查員以及巡差皆攜帶本處證書上註姓名蓋有印章商號須先驗明設有冒充詐騙行爲准菸酒商販來處報明按法懲辦

第二十八條　凡菸酒商販抗不納稅亦不請領特許牌照並不受稽查員及巡差之查驗督催該稽

查員等得持證書投報就近警署請求保護制止如有恃蠻毆辱情事卽報告本處備文送交法庭按律懲辦

第二十九條　凡酒商匿報私燒菸商繞越偷漏無論何人准其隨時告發查護後照章給奬前項奬金按罰款之多少除撥解外再行酌量提給

第三十條　凡菸酒商販私運私燒以及隱匿偷漏等弊照後列之規定處罰

一私運菸酒經本處查獲或經他人告發按照應納稅款數目分別處以五倍之罰金

二酒池酒缸違背原報之數或蒸時不報事後平毀缸池以及所報酒數與所釀之數加增均照出酒數目應納正款加十倍處罰

三菸酒商販隱漏稅款初犯者處以應納正款三倍之罰金

四菸酒商販隱漏稅款累犯者得照初次遞加罰金

五菸酒商販隱漏稅款三犯者除照章遞加罰金外勒令停業

六銷售菸酒未貼印照及特別印花者按照其原數應納正款加三倍處罰

七初犯者所運菸酒在百斤以下查明確係無心偷漏除令照章繳納正款外處以一元以上十元以下之罰金

八凡運銷膠澳區域以內之各種洋酒一律征收銷地稅並按照瓶裝酒類加貼特別印花

九凡產銷酒類各商家如有不顧妨碍衛生以工業用火酒（一名酒精）或其他有礙衛生之物質

攙入酒類漁利者一經查出卽按其存貨數量之價值十倍處罰再犯者處以二十倍之罰金並勒令停業其查獲之火酒及已攙火酒之酒類應卽沒收傾棄

十凡產銷酒類各商家均不准兼售火酒如經查出卽照前條處罰

十一凡釀造燒酒各商家須遵照規定尺寸建設池口其用缸時須照池口容積折合缸數計算出酒數量其不遵照規定尺寸立池者亦按規定池口之容積折算出酒數量征收稅款

茲規定池缸尺寸及出酒數量如下

池口尺寸　　長二米達五　　寬一米達五　　深一米達四四

缸口尺寸　　無論缸口大小均按容積折合池數

每池出酒數量　　每池二個每月按出酒八百斤征收產地稅

十二凡釀製黃酒各商家須按一二兩等納稅一等每月至少認製九百斤二等七百五十斤其出酒數量超過此數時卽按超過之數加收稅款

第三十一條　本章程如有未盡事宜得隨時呈請修正之

第十二節　山西菸酒稅

山西菸酒兩項。向有釐有稅。有雜捐。稅係從量征收。由商認繳。釐則於出產通過地局卡稽徵。捐則有酒課。係由酒行攤交。隨糧代徵。地方附加捐。由縣知事代徵。十年冬又附加一成振捐。十三年冬又附加二成軍需捐。除酒課已經財政部令自八年度豁免外。茲就該省之厘稅沿革。分而述之。

晉省菸酒厘金。惟曲沃代縣繁峙等處。因係產菸最富之區。特於代繁及曲沃兩處設局專徵。其餘之菸酒厘金。則併入百貨釐卡統徵。併解爲數無多。菸酒產銷稅。剏辦於清季。民國因之。其徵收之法。菸則除曲代繁三縣仍舊照徵產地厘。免徵產稅外。餘如新絳臨汾商城襄陵介休等處產菸之區。均先在產地納稅一道。名曰菸稅。由以上各處運銷本省境內。達到銷地。更納銷稅一道。其經過省城南關及代縣之陽明堡者。又納過條稅一道。（其性質與通過稅同）及行銷出境經過省邊釐卡。又納釐金一道。酒則爲本省普通產品。其在產地納稅一道。名曰產稅。由甲縣運往乙縣。更納銷稅一道。行銷出境。又納釐金一道。蓋晉省菸酒稅係以縣爲單位者也。其徵收各率。釐則從量。水旱細菸每担徵銀八錢。各種粗細菸葉菸絲。每担徵銀二錢。冲酒每百罎徵銀一兩。紹酒每大罎徵銀六分。小罎徵銀三分。汾潞燒藥各酒。每担徵銀三錢。稅則曲代繁三縣納產釐每百觔徵洋一元一角。其他各縣旱菸每百觔徵一元零八分。水菸每担徵二元一角。燒酒每担徵洋一元四角四分。黃酒每担徵洋七角二分。洋菸運銷入境。則有落地商稅。火車貨捐。按價抽百分之一・五。嗣因裁撤貨捐。照原價作八五折。按百分之三抽收落地稅一道。洋酒輸入。除納子口稅者。行銷本省。免收釐金外。其在銷地均征落地商稅一道。每十打征洋一元。征收機關。厘歸釐局及百貨釐卡。稅歸貨捐征收局或縣知事代征。此晉省從前辦理菸酒厘稅之大略情形也。

民國五年十月。由財政廳將菸酒稅劃歸公賣局接管。六年。又將曲代兩厘局亦交局接辦。晉局接收之後。一切辦法。均暫沿舊例。而其經過情形。迄今約分三期。

方菸酒公賣局接辦之初。除菸酒稅及曲代厘金由局接收外。其餘各卡所收菸酒厘金。向列百貨厘金之內。由晉省釐稅處(由省署設立)招商包繳。難於剔除。則仍由廳屬釐卡徵收解廳。挹注晉省政費。每年約三萬元。暫時不能劃撥。其已接辦之菸酒稅厘。則由局加委各征收局釐卡。仍行兼辦。七年春間。晉省署以地方政費不敷。咨財政部核准。裁撤徵收局。將稅厘增加比額。招商承包。仍以六年度實解局數爲標準。作爲國稅。其新加比額及從前徵收局原提一九經費。仍由省局扣提。一併劃歸財政廳充作地方政費。是爲晉省費稅分包辦法之時期。

嗣經公賣局呈請自九年度起。再由局收回辦理。其商包長餘及節省一九經費。共八萬八千餘元。則仍照舊案。按年解廳。作爲省款。是年四月。由事務局(公賣局由九年三月改稱事務局)呈准將代繁菸釐局裁撤。增設第八區分局。曲沃菸厘局併歸第四區分局。並於各縣菸酒產銷及收數較多之處。由所屬稽徵所連同公賣費。一併自徵。餘則仍舊招商包繳。其自徵包商之別。及按貨實徵與分月包繳之差。與公賣費同。已詳公賣篇中。十一年三月。復呈准將曲代繁三縣產地厘名目取消。改爲產稅。按當時菸之稅率征收。每百觔徵洋一元零八分。以歸一律。向徵之紙菸釐一項。因中央改徵二五統捐及出廠捐奉令免徵該省向所徵數自十一年一月起由中央按月撥還每月四千元。至是晉省局所轄之菸酒稅名目始稱統一。遂於十三年九月改訂辦法更定稅率以昭整齊擬定菸酒輸出通知書辦法商包辦法等以資核實。是爲晉省自徵包徵兼採之時期。

迨十三年冬間晉省長令自十四年起與公賣費同時加增稅率裁撤局處由認商承辦是爲晉省費稅一律招商包辦之時期。

山西省修正征收菸酒產銷稅暫行辦法 十三年九月訂

一本辦法依照部章參以本省情形規定之

一菸酒兩類之產銷稅率規定如左

甲 水菸每斤征收銀元二分一釐六毫

乙 旱菸每斤征收銀元一分零八毫

丙 本產本銷菸葉每斤征收銀元五釐四毫

曲沃代縣繁峙三縣菸葉仍照向章規定稅率分別征收本產本銷係指本省各縣所產菸葉運銷於本省各縣者而言

丁 燒酒（紹汾潞葡萄及各種藥酒均屬之）每斤征收銀元一分四釐四毫

戊 黃酒每斤征收銀元七釐二毫

己　柿酒每斤征收銀元三釐六毫

一商人納稅不問數目多寡一律依上列稅率繳納銀元其銀元未經通行之處如菸酒商人願繳銅元者由經徵機關按應納稅銀數目依當地時價核實折合不得有絲毫出入

一凡進口各種外國菸酒概不徵產銷稅（惟財政廳向征之外國紙菸及洋酒落地稅係屬山西地方稅悉仍其舊不在此例）

一商人販賣菸酒如產銷在同一縣境依第二條所列各項稅率祇收一道倘甲縣之菸酒運銷乙縣時除於甲縣產地納稅一道外仍應於乙縣再納銷場稅一道

一菸酒商人納稅後由經征機關塡給本局頒發之四聯收稅憑單以爲納稅執據

一經征機關每屆月終應將用過憑單繳局存根一聯彙齊連同稅欵於下月十五日以前分別解繳以資稽核

一本辦法自公布之日施行其原訂辦法卽行廢止

山西改定菸酒產銷稅率表

十三年冬間晋省將公賣費稅等項一律核加二成招商包辦十四年一月實行本表照十五年二月所呈說明書內迻錄

菸酒名稱	每觔原定稅率	每觔改定稅率	比較增數
皮絲水菸	二分一釐六毫	八分	五分八釐四毫
陝甘棉菸	二分一釐六毫	六分	三分八釐四毫

清化水菸	二分一釐六毫	四分	一分八釐四毫	
水菸	二分一釐六毫	三分	八釐四毫	
旱菸	一分零八毫	一分三釐	二釐二毫	
代縣菸葉	一分零八毫	一分零八毫		因外銷特別加重此次不再增加
菸葉	五釐四毫	六釐五毫	一釐一毫	曲沃菸葉因供本地製菸不徵稅
紹酒	一分四釐四毫	四分	二分五釐六毫	
燒酒	一分四釐四毫	一分七釐三毫	二釐九毫	
黃酒	七厘二毫	八釐六毫	一釐四毫	
葡萄酒	一分四釐四毫	一分七釐三毫	二釐九毫	清源所產專案呈准減半徵收
柿酒	三釐六毫	四厘三毫	七毫	
棗酒	三釐六毫	四釐三毫	七毫	

第十三節　河北菸酒稅

河北省舊分直隸京兆兩省區。茲將該兩省區辦理菸酒稅情形分述於下。

一　舊京兆屬

舊京兆屬。自順直劃分區域後。原征菸酒稅。因奥款關係。仍由直隸征收。酒稅征收辦法。具詳直隸菸酒稅篇。菸稅係分兩項征收。一爲近畿所產之菸。經最先經過之局征收後。發給驗單。運往各地銷售者。一爲京兆菸商請領征收局護照。塡明菸額。分赴山東福建等省採買菸葉。回京驗貨納稅後。再加工製造。運往各地銷售者。迨菸酒稅由京兆局接收。酒稅併入公賣征收。菸稅爲數無多。全年不過一萬餘元。或由各分局自征。或歸認商包辦。嗣以分局自征者。大率收數短絀。遂擬一律改爲招商承包。由該局訂定包辦各區菸稅章程。呈奉全國菸酒事務署核准施行。

二　舊直隸屬

清季菸酒稅。直省開辦最早。該省除菸酒稅外。尙有部課及厘金兩項。茲分述於左。

(一)菸酒稅　清光緒二十八年。値庚子以後。賠款浩繁。國用日蹙。各省舉辦菸酒稅。爲補苴計。直屬實爲之倡。原定稅率。不論菸酒每觔收制錢十六文。三十二年。錢價日落。司庫向以銀計。征錢解銀。折耗甚鉅。每觔改收庫平銀一分四厘。民國二年七月。改兩爲元。每觔合銀元二分二厘。三年。財政部設立雜稅整理處。通令菸酒加稅。四年四月。呈准每觔加收三厘。共合二分五厘。凡本產燒酒菸葉菸絲。輸入山西白酒豫晉菸葉甘豫菸絲。均征全稅。本產棗酒黃酒酪酒板柳菸葉。質次價廉。照率減半。輸入紹酒。閩廣菸絲減十分之一。紹酒每百觔並扣還關稅厘金四角一分。寧波酒扣還三角七分。關東菸葉與關稅合征二元五角。關稅八角。菸稅一元七角。

清季定章。分出產落地兩稅。本產本銷外銷。均征出產稅。輸入征落地稅。名異率同。凡本產酒類由燒鍋及黃棗酪酒作坊按觔照率加價代收。卽由各該鍋坊認定全年稅額。分季遞繳。認稅燒鍋運銷酒類。由總局發給護照。在順直境內除崇文門稅課照舊完納外。內地各關卡一律免征。如征收官吏留難需索。准其指控。護照時效一年。過期另請換發。作坊運酒。塡給運單。載明種類數量。以資查驗。菸葉由集市官秤手按觔征稅。打成蔴包。粘貼印花。在本縣境內零售者。塡給驗照。運銷他處者。塡發運單。限期運赴指銷地點。向該地稅局繳銷。逾限作廢。本產菸絲。向例征葉不征絲。嗣以輸入菸絲。有仿照本產式樣製造者。易滋影射。遂一律征收。由菸絲作坊認定全年稅額。按季照繳。製絲所需菸葉。准予免稅。由各該作坊報明種類數量。請領購絲護照。持赴產菸地購買。產地及沿途稅局驗明照貨相符。無違碍情事。卽於護照空白處簽註蓋戳放行。凡輸入酒類菸葉菸絲。均由入境第一局卡照率征稅。給單貼照。任其行銷。惟關東入關菸葉。商准稅務處與關稅合征。分撥由店棧代商向該處分卡報運納稅。塡給合征菸葉稅執照及運單。在順直境內除北京商稅外。別無落地稅項。照分三聯。一交商。一呈總局。一繳關監督公署。征起稅款。按月照率撥還該關列收。

菸酒稅創辦之初。順直稅政。尙未劃分。全省設專局十五。統轄於直隸籌餉局。每區擇要酌設分卡。不宜設卡之處。由局招商認額包辦。一年爲期。凡順天府屬及察屬張獨多三縣菸酒稅。均歸直隸征收順屬駐軍及察防旗餉，亦由直撥發。民國三年，順直劃分區域，大宛等二十縣隸京兆，張獨多三縣歸察哈爾，直省以菸酒收入業已全部抵借奧款，關係國信，未便輕議更張，呈准順察兩屬菸酒稅仍歸直隸征收，軍旗各餉由直照撥。四年八月，創辦公賣，照章菸酒稅應由公賣局接管，直省仍以奧債未清，經征機關遽行變更，恐影響稅收率及借款，呈准暫緩移交。五年十一月間，以通案所關，兩次由部令催。六年二月，直省財政廳呈准由局接辦，後征起之款，除開支經費外，按月由局悉數撥廳備用。京察菸酒稅事同一律，仍一併歸直省公賣局管理，以符原案。五月一日實行移交，即由各區公賣分局兼征。嗣復劃歸京察兩區征收。

(二)菸酒厘　菸酒稅尚未開辦以前，業已征收，定率從量計算。菸絲每擔征銀四錢五分，紹酒三錢五分，專征客貨，不及本產。凡入境菸酒，無論已未納稅，均須由經過第一厘金局卡驗貨收厘，省境以內不再重征，辦法與統稅相似。全省置厘局十三，環津沽者十有一，十二、十三兩局在黃河沿岸。凡菸酒自晉豫輸入者，沿途未設厘局，雖客產亦不征厘。征起款項與百貨厘金混合報解財政廳，列收無從分晰。又常關稅亦屬通過稅性質，輸入黃酒、菸絲，出運露酒，暨由民船出口及運銷內地之燒酒，皆在鈔關投稅，稅率與厘金大致相同。菸絲、燒酒每百觔征稅銀四錢五分，稅額向與雜稅併冊列報。公賣成立後，厘金、常稅均未劃分。

(三)燒鍋部課　稅厘之外，有燒鍋部課，係製造稅性質，開辦最早。清制凡開設燒鍋，應將地址、牌號及每年出酒數量詳細呈部核准，給予部帖，始准開燒。原定每座年納部課銀四十二兩，由各燒鍋自行赴部繳納。旋改爲每年認銷五千觔以上者。完京平銀四十二兩。不及五千觔者。完二十四兩。由直隸籌餉局代收彙解。民國二年七月。改征銀元。計分六十元及三十六元二級。嗣因小燒資本微薄。設立較易。限制較寬。私燒私售。防不勝防。復經呈准改爲一級制。不及五千觔者。勒令繳照停業。以杜弊混。部課執照。原由部頒。民國因之。四年八月。公賣成立。改由省局刊製。呈部署蓋印頒發。應用燒鍋之外。有用缸糟粮蒸燒者曰缸房。向征缸稅。舊章以家計。每家年納銀一兩五錢。由各屬批解司庫。清宣統元年。部章改令缸房分別換領部照。與燒鍋一例納稅。

京兆菸酒事務局招商包辦各區菸稅章程

一本局爲整頓各區菸稅收入剔除稽征弊竇並使商民曉然擔負國稅實在情形起見特將各區菸稅一律從新招商包辦以期有益於國無病於民

二包辦區域以本局各區分局管轄地方爲限卽以每一分區爲一包辦區域或總包全區或分包數縣均可

三包辦稅率以本局查察各該縣境產菸情形並原定征收比額酌核規定之數爲最低標準額數以比較各該商等具稟認願繳稅能超過標準稅額最多數者爲合格各縣標準稅額詳於另附清單

四包辦稽征事宜應悉遵照定章按斤征稅並分別塡用單照不得違忽遺漏稽征重量以度量衡官秤爲準

五按月征起稅款限於每次月五日以前掃繳該管分局轉解本局清楚不得遲延帶欠並將用過憑單存根貼用照花數目一併隨同開繳查核

六包辦期限以呈奉批准之日起扣足一年爲期倘於承包期內辦理認眞稅收能有起色得由本局酌核情形飭再接續辦理仍以一年爲限如有舛錯或發見格外需索及舞弊情事應卽隨時核奪取銷另行招商辦理

七包商呈請包辦菸稅須詳細開具辦法聲明情願認繳最高稅額數目分明旺月繳稅若干淡月繳稅若干覓具殷實鋪商兩家出具保結連同應行遵守事項甘結并按照所認旺月應繳稅款額數兩箇月現款以爲包辦菸稅之保證金一併附繳清楚以憑給發執照前赴該管區分局秉承指揮開征辦理倘承辦以後有不能按照規定月份日期繳納稅款時卽將該商包辦資格取銷并沒收其預繳之保證金

八包商得於認定之區域適中地方設立辦事處一處稱名曰第某區徵收菸稅辦事處並爲稽征便利起見得於其他城鎭鄉村分設辦事處分處惟須先將成立地點日期及分派辦事人等姓名年歲籍貫或有無與之預定比額等項詳細呈報該管分局分別咨行地方行政官署并轉呈本局立案備查

九包商對於自行分派各分辦事處辦事人等均應完全負責倘有發見不法行爲悉惟該包商是問

十征收稅費所需各種聯單照花等件均由該包商隨時呈向該管分局核發應用以明統系而資稽

考

十一該包商倘於包辦境內查有私販私銷不服指導納稅者得准隨時稟報查辦或即連同人證扭送就近分局或局設之稽征所核奪究辦以資協助

十二包商得照定章呈請核准按照認包稅額領取二十分之一補助費以資辦公

十三包辦稅數以所包區域內之本產菸類為限其由外境輸入者應不在內歸於另行征收報解

十四章程未盡事宜悉依本局原有各項章程規則辦理之

十五本章程自公佈日施行

第十四節　河南菸酒稅

河南菸酒收入除公賣費牌照稅之外。更有數項。曰菸酒稅。曰菸酒厘金。曰菸酒火車捐。曰菸葉加價。曰瓶酒特捐。茲分述如次。

豫省菸稅。始於清光緒卅年夏季。酒稅始於光緒廿九年冬季。創辦之初。係就各縣境內菸酒坊每家一年銷售之數。定爲常額。飭各坊認銷。每坊售菸絲一觔加價八文。售酒一觔亦加價八文。由各縣徵解。此外如襄城河內修武等縣。復有菸葉稅。每斤抽錢三文。亦照菸絲辦法定額認銷。菸酒厘金向附諸百貨厘內統征。百貨厘則肇自咸豐八年。其稅率漸次加重。抽收章則多係從量。大抵以值百抽一二五爲率。由各厘金局卡徵解。火車菸酒捐則係火車貨捐之一部。自清光緒卅年豫省始有鄂豫火車貨捐。其後直豫汴洛道清等各路均仿照辦理。分別設局抽收。定章照海關半稅值百抽二・五爲率。蓋亦屬厘金性質。菸葉加價始由光緒廿二年。先就鄧州上蔡襄城之菸葉開征。每斤抽制錢二文。嗣改爲每斤抽錢三文。均由各該州縣辦理。即前所謂菸葉稅也。至宣統三年七月。復設鄧縣菸葉加價局。許臨襄郏鄢菸葉加價局。專司徵收。當時所以名爲加價者。深恐洋商採買抗不納稅。故不向買者征收。而責令行戶代繳。蓋爲抵制子口稅單而設。至瓶酒捐則民國以後開辦。其稅率爲值百抽十。民國成立。對於菸酒稅一項。始則就菸絲酒斤兩稅再加八文。菸葉亦照原稅加增一倍。由四年四月實行。嗣又改征洋碼。酒及菸絲每斤抽一分六厘。菸葉每斤收洋六厘。除許臨襄郏鄢加價局（該局向征布煤厘碗茗等稅兼征菸葉加價）安湯林棉煤厘局各兼徵菸葉加價。鄧縣加價局專徵菸葉加價。沁孟溫武徵收局帶徵沁陽一縣菸酒稅外。（沁陽煤厘局併歸武溫孟徵收局）其餘所有菸酒稅。則由各縣知事征收。或委託菸酒商代辦。或由房書經手。大抵均係包繳。菸酒厘金。則仍附百貨之內。由經過厘金局卡直接統征。多係從量。間亦從價。厘率各不相同。所徵款項。或抽洋碼。或收錢文。亦不一致。火車貨捐。則於舊有捐局之外。更有鄭縣開徐洛陽等各貨捐局。以次成立。菸酒附於百貨之內。征收情形與厘金相同。凡各種菸酒。在本境產銷者。均照章納稅。其本省輸出及外省輸入者。經過第一局卡征收厘金或菸葉加價。其運經鐵路者則征火車貨捐。均一次征收。惟豫省菸酒衡量。各地迥殊。有以廿餘兩爲一斤者。有數十兩爲一斤者。商人報稅。遂藉口以二百斤或三百斤折爲百斤。而征收手續。益復紛歧。各項稅率。雖定而按之實際。未盡準確也。

民國五年四月。財政廳將菸酒稅劃歸公賣局接管。六年一月將菸酒厘金繼續移交。仍由各縣暨征收局代辦。所收各款解局核收。六年九月。呈准將菸酒稅改由各區分局派員自征。菸酒厘金。則派員分駐各厘局內經征。除鄧縣加價局已直屬本局外。其沁孟溫武徵收局及許臨襄郏鄧徵收局。因兼徵百貨厘金。其局長由財政廳委任。亦由局加派專員。分駐局內征收菸葉加價稅。八年二月始由省局設立陝靈閿盧菸酒厘金專局。自征厘金。其他厘局所代征菸酒厘金。亦均以次接管。至是豫省菸酒稅厘徵收統系。漸次劃一。截至民國十三年秋季。菸酒稅遂一律收回。併入各區。招商承辦。稅率則由十二年加征五成。無論菸酒每百斤征洋二元四角。菸葉每百斤徵洋九角。菸酒厘金暨菸葉加價。除陝靈閿盧厘金專局及鄧縣加價局外。餘均由局派員直接設局經征。或歸各區分局兼征。其繼續成立之局所有沁孟溫武菸酒厘稅征收局。武陟菸酒厘征收局。南方新沚菸酒厘征收局。林輝菸酒釐金局。其歸各區兼辦者。安湯林局代征釐金歸七區分局。禹縣局代征釐金歸四區分局。周家口代征釐金歸二區分局。菸葉加價則有許襄郟安陽上蔡等加價局。各司稽徵。均直隸省局。

至菸酒火車捐。前於該局由財政廳接收菸酒稅時。已將洛陽開徐火車貨捐之菸酒部分。陸續劃分。惟徵解款項。則實際仍歸原有各局代辦。其沿京漢之鄂豫直豫菸酒火車捐。迄未接收。迨十四年秋。始咨商財政廳。將菸酒火車捐移交。當卽規定菸酒捐率。通飭遵辦。各路分設稽徵處。所有捐率從量征收洋碼。菸葉紙菸土酒洋酒一律照徵。關於紙菸一項。曾經南洋公司及上海捲菸稅局迭次爭議。認爲與二五統捐違背。終以火車菸酒捐本係舊稅。在二五捐章實行以前。早經併入百貨征收。向抽錢文。此次不過改訂洋碼。並非新加之稅。交涉結果。仍然納捐。共有新鄉許昌商邱鄭縣安陽洛陽陝縣開封等各火車菸酒捐局分司征收。此外豫省近年輸入各種瓶酒。銷場充斥。本地土酒大受影響。遂呈准自十五年一月起實行抽收特種瓶酒捐。捐率從價抽收百分之三十。以裕稅收。

十六年六月。河南省政府成立之後。關於菸酒事務。均由局重加整頓。始則將各縣棧處歸併。名爲菸酒公賣稽徵所。其他征收機關。若各釐金局。則均改爲專辦火車菸酒捐局。除許昌新鄉而外。多歸各分局兼辦。加價局及稽徵所。亦有各分局兼辦者。並劃一衡量。統以十六兩爲一斤。通飭遵用。火車所運菸酒。以紙菸洋酒爲最多。自運抵銷地子口稅單繳銷之後。與土產菸酒同等納稅。一面修定各項章則。通令施行。呈部備案。計有菸酒稅菸酒釐金火車菸酒捐菸葉加價國產瓶酒洋酒印花稅等各種暫行簡章。其各種税捐。向皆征收附加五成。至是亦併入正税征收。合計菸酒税每百斤征洋三元六角。小麯酒酪醽酒每百斤征洋七角五分。菸酒釐金及菸葉加價均每百斤征一元三角五分。瓶酒印花税及火車捐均値百抽十。洋酒印花税則値百抽廿。其征收辦法。則均詳原章。附錄於後。以資參考。

河南菸酒税徵收暫行簡章　十八年五月呈准

第一條　本省征税菸酒税應暫依本簡章規定辦理

第二條　各縣菸酒税由各縣菸酒稽征所征收之

第三條　菸酒税率仍照向例不分菸酒種類每百斤征洋三元六角惟小麯酪醨酒每百斤征洋七角五分

第四條　征收菸酒税概以十六兩爲一斤不准有私自加減情事

第五條　凡販賣或兼賣菸酒店舖均應遵照本簡章納税

第六條　製造捲菸之機器每盤每月至少應報菸壹萬捌千斤每一菸刨每月至少應報菸四百五十斤每一酒池或缸十口每月至少應報酒四百五十斤均須照數收税不得私自增減

第七條　凡由本省運往外省銷售之菸絲須在起運之稽征所納税所有經過本省局所一律查驗放行不得重征

第八條　凡外省運來各種菸酒如其產地局已載明指銷縣分地名者須到達指銷縣分由該縣稽征所照章收稅貼粘印照入市銷售其進口頭道局所或中途經過局所祗能查驗放行不得留難征稅若產地所發驗單未經載明指銷縣分地名者即由進口頭道局所照章收稅貼粘印照如各商人有中途洒賣票貨不符希圖漏稅者查明照章罰辦其罰則另定之

第九條　凡菸酒產銷兩地同在本省如甲區運往乙區銷售須到達指運地點由該縣稽征所抽收若在產地銷售其菸酒稅即在產地抽收

第十條　酒類家釀自食者免稅但每年以一百斤爲限若有暗行銷售情事一經查出仍應按隱匿漏稅罰辦

第十一條　凡商店繳納菸酒稅後由稽征所立即遴填發給之聯單以甲聯交商人乙聯呈交省局丙聯繳分局丁聯存稽征所

第十二條　菸酒稅執照暫由省局印製編號令各分局具領轉發各稽征所應用

第十三條　各菸酒商對於運銷之菸酒及所用刨數池數或缸數不准有以多報少及隱匿不報情弊違者處罰其罰則另定之

第十四條　各稽征所征收菸酒稅款應悉數交由分局彙解省局

第十五條　本簡章如有未盡事宜得隨時呈請修改之

第十六條　本簡章自呈准之日施行

河南菸酒釐金徵收暫行簡章 十八年五月呈准

第一條　本簡章係按照豫省現在征收辦法擬訂之

第二條　菸酒釐金稅率仍照向例不分菸酒種類每百斤征收洋一元三角五分

第三條　征收菸酒釐金概以十六兩爲一斤不准有私自加秤情事違者依法嚴懲

第四條　凡由外省輸入本省之菸酒卽由進口釐金局照章抽收釐金

第五條　凡由本省運銷外省之菸酒應於起運時抽收釐金如起運地未設釐金專局俟出口時抽收

第六條　第四第五兩條之規定均係指由旱路轉運而言如由火車轉運進口或出口者均應按照火車捐章則辦理

第七條　凡由甲省用旱路運往乙省之菸酒藉本省爲通過地應由進口釐金局抽收塡給執照所有經過本省菸酒釐金局驗明貨票相符卽在票上加蓋驗訖戳記隨時放行不得留難

第八條　凡由甲省用旱路運往乙省之菸酒藉本省爲通過地照章報繳釐金後如改用火車轉運並應按照火車捐章則辦理

第九條　凡商人販運菸酒如有隱匿偷漏或以多報少者應按照暫行罰則分別辦理

第十條　菸酒釐金執照暫由省局印製編號令發各局應用

第十一條　商人繳納躉金後該局應將執照塡給商人一聯存根一聯留局備查其繳核一聯按月呈繳省局以備攷核

第十二條　各局按月應將躉金執照舊存新領開除實存各數造具四柱清册隨同月報呈送查核

第十三條　各局征收菸酒躉金全年比額另表定之

第十四條　各局征收菸酒躉金如有超過比額或稅收短絀者由省局攷核成績按照獎懲條例分別獎懲

第十五條　本簡章如有未盡事宜得隨時呈請修改之

第十六條　本簡章自呈准公佈之日施行

河南火車菸酒捐徵收暫行簡章 十八年五月呈准

第一條　凡在河南境內由平漢隴海道清各路所有用火車載運之菸酒征收捐款均應遵照本簡章辦理

第二條　征收火車菸酒捐按貨値抽收百分之十不得私自增減

第三條　凡出省之菸酒應於上車起運時卽行查明收捐塡給捐票在本省境內經過火車捐局一律查驗放行不得重征

第四條　凡外來菸酒應於落地時收捐先由入境第一道火車菸酒捐局詢明來自何處銷售何地

立即塡給驗票收執一面將菸酒數目及過境日期通知指運地方之火車菸酒捐局征收捐款其中間經過之各局如果查明商人並未持有驗票以及貨票不符情事應隨時扣留查究

第五條　凡轉運省內各地之菸酒如在甲局照章完捐後持有捐票行經乙局驗明貨票相符即在票上加蓋驗訖戳記標明月日仍交商人執運隨時放行不得留難

第六條　凡轉運省內臨火車站各地之菸酒如商人趨避捐款由旱道轉運應於落地時仍按照本簡章第二條之規定辦理

第七條　如由甲省以火車運往丙省之菸酒藉本省爲通過之地仍應照章收捐

第八條　火車捐執照暫由省局印製編號令發各局應用

第九條　凡用火車由外運來之菸酒未到銷售地方中途提前下車改由旱路繞越轉運意圖不完捐款者或票貨不符以多報少希圖不完捐款等情弊一經查出從嚴處罰其罰則另訂之

第十條　征收火車菸酒捐仍用原定之三聯票各局應查照現定捐率按式塡寫分別給商存繳不得疏漏

第十一條　各局所用驗票除存根一聯留存備案外其繳核一聯應按月塡明菸酒數目呈繳省處以備攷核

第十二條　各局應按月將火車捐票暨驗票舊存新領開除實存各數造具四柱清册隨同月報呈送查核

第十三條　各局應在所收捐款內按百分之九八報解正款提出百分之二另解省局作爲票照印刷費各局塡給商人票照不得需索分文查出嚴加懲辦

第十四條　各局征收火車菸酒捐逐月比額由省局考查情形另行規定分別飭知以資遵守

第十五條　各局征收火車菸酒捐如有超過比額或短收捐款者依本局奬懲條例辦理

第十六條　本簡章施行後如有窒礙時得隨時呈請修改之

第十七條　本簡章自呈准公佈之日施行

河南菸葉加價徵收暫行簡章　十八年五月呈准

第一條　本簡章係按照豫省現在征收辦法擬定之

第二條　菸葉加價稅率仍照向例不分菸葉種類每百斤征收洋一元三角五分

第三條　征收菸葉加價概以十六兩爲一斤不准有私自加秤情事違者依法嚴懲

第四條　凡由產地購買之菸葉無論運銷何處均應遵照本簡章第二條之規定辦理

第五條　凡商人完納加價後應立卽塡給執照起運所有經過本省各加價局驗明貨票相符卽在票上加蓋驗訖戳記標明月日仍交商人執運隨時放行不得留難

第六條　凡商人購買菸葉如有隱匿偷漏以多報少者應按照暫行罰則分別辦理

第七條　菸葉加價執照暫由省局印製編號令發各局應用

第八條　征收菸葉加價各局應將省局印發之三聯單以一聯給與商人一聯留存各局一聯呈交省局以備攷核

第九條　各局按月應將菸葉加價執照舊存新領開除實存各數造具四柱清册隨同月報呈送查核

第十條　各局征收菸葉加價全年比額另表定之

第十一條　各局征收菸葉加價如有超過比額或收數短絀者由省局攷核成績按照奬懲條例分别懲奬

第十二條　本簡章如有未盡事宜得隨時呈請修改之

第十三條　本簡章自呈准公佈之日施行

河南國產瓶酒及洋酒印花統税徵收暫行簡章　十八年五月呈准

第一條　凡菸酒商店販賣國產瓶酒及洋酒應納統税須照本簡章之規定辦理

第二條　國產瓶酒税按照實售價格百分之十抽收洋酒税按照實售價格百分之二十抽收其價格表另定之

第三條　國產瓶酒及洋酒税由各縣稽征所以印花票征收之其印花票由省局印發各分局轉給

第四條　粘貼印花須於分析售賣時貼於所裝之瓶按照定率如數粘貼

第五條　貼用印花票應由酒店按照左列規則辦理
一輸入國產瓶酒或洋酒須於卸貨時報由稽征所派員驗明粘貼印花方准銷售
二粘貼印花票時須於騎縫處加蓋本商號之圖記
三國產瓶酒或洋酒不得漏貼印花或貼不足數
四曾經貼用之印花票不准揭下再貼
以上各項違者處罰其罰則另定之
第六條　凡由省外入境之旅客隨身所帶之國產瓶酒或洋酒不得逾一瓶如果逾限須於入境時即行報明補貼印花票
第七條　僞造或改造印花票者一經查覺咨送法院治罪
第八條　本簡章如有未盡事宜得隨時呈請修改之
第九條　本簡章自呈准之日施行

第十五節　陝西菸酒稅

陝西菸酒兩項、向有釐有稅、有商稅、菸酒釐金創始最久。(清咸豐年間創辦)係附在百貨釐內、由各局卡徵收。釐率約值百抽四，五。起運落地各抽一半。民國成立之初。仍舊照章辦理。惟相沿既久。漸形紊亂。各地每自爲風氣。任意抽收。或多或少。貨票絕不相符。其未設局卡之處。則應抽半釐。全歸無着。民國二年九月。經國稅廳籌備處呈准財政部改辦統稅。先就西路產酒最盛之區。於鳳翔設酒稅專局。專司稽徵酒稅、盩鄠另設分局。兼收百貨釐稅。訂立章程。按原定統捐定率十成收足。一稅之後。運銷陝境、概不重徵、徵收之法、係印製稅票四種、按簍分貼、稅票由燒房承領、代貼稅款、亦由燒房按月繳局。准提百分之五作爲代征經費。沿途局卡。如查有偷漏情弊。應由燒房同負責任、旋復呈請將菸糖兩項。亦擬按統捐章程十成收足。惟此次改厘爲稅。僅由西路着手。推行於鳳寶扶郿隴麟岐盩鄠汧十縣、其餘均仍照舊章辦理。

陝省各地更有菸酒商稅者、亦附諸百貨商稅之內●由百貨商稅局及各縣隨同徵收。(百貨商稅係民國元年十月由前財政司就前清各府署所徵之稅、收回自辦。厘定暫行章程。呈准辦理。先就舊有者開辦。故祗一十五處。嗣後逐漸添設局卡。仍未普及。)惟稅率複雜。徵收亦不一致。四年四月。財政廳呈准整理菸酒稅。更定章程。規定於菸稅酒稅外。按照本章加抽新稅。其章程要點摘錄如左。

甲。菸稅分造場稅(或曰作坊稅)及菸觔稅二種。

造場稅徵諸造菸場所。按各家產菸。計數收稅、水菸油絲金桂菸漢菸均每觔征錢十文。菸葉每觔徵五文。仿造捲菸每百支徵廿文。雜拌菸每觔徵二十文。

菸觔稅徵諸販賣菸商。各於其起運地點或入場局所徵收之。

各官署對於造場稅之徵收方法。如有稽查爲難時。得調查產菸額數。按觔計稅。分月包繳。

造場所繳到稅款。由官署給發繳納證單。

乙。酒稅分造場稅（亦名燒鍋稅）及酒觔稅二種。

造場稅徵諸造酒場所。按各家產酒計數收稅。每觔徵錢二十文。鳳盩已設局地方。每觔徵錢十五文。

其餘各項。與甲款所列之菸稅同。

各縣酒稅酒捐燒鍋捐或報解歸公。或留備自用。自本章程施行以後。凡關於酒類收入。均一律報解。不得留支。

民國五年二月。菸酒釐稅由財政廳逐漸劃歸公賣局接管。當將鳳翔酒稅專局。完全接收。一切用人行政。暫仍其舊。應撥陝省款項。亦由徵收機關逕解財政廳。其餘釐稅則均委托各縣徵收局兼辦。六年三月。據陝西公賣局呈稱。陝省兼辦菸酒釐稅之釐金局凡四十一處。商稅局十三處。其在公賣分局或分局附近者。計釐局十二處。商稅局五處。擬將各該局代徵之菸酒釐稅。劃歸公賣分局兼辦。其距分局窵遠而收數多者。計釐局六。商稅局二。擬擇要設公賣分局。劃歸接管。此外菸酒釐稅收數少者。則仍託代徵局所暫行辦理。原設徵收機關。釐金商稅分爲兩局。現擬將菸酒釐稅歸併入境第一局卡徵收。經過他處。查驗放行。並將釐稅合爲一票。分行填寫。以便稽查。當奉菸酒事務署令照准試辦在案。迨七年春。財政廳呈請整頓商稅辦法。除舊有稅局不計外。通省釐局自七年八月起。均兼徵商稅。凡有貨物無論出境入境。每於徵收釐金之時。卽按釐章代徵商稅。發給稅票。下卡不再重徵。釐率按值百抽五。商稅則比照釐章徵收三成。以歸劃一。至是公賣局亦呈明另發菸酒稅票。通飭各該釐局遵照廳章征收菸酒商稅。截至九年度調查報告。該省菸酒釐稅自劃歸菸酒事務局接管以來。除鳳翔設酒稅專局外。如第一區一二分局第二區一二分局第三區分局第四區一二三分局第六區分局。均兼徵釐稅。楡林商稅。由第五區監察所經徵。餘則仍由百貨釐稅局照章代徵。

至稅釐各率。除西路鳳寶各屬十縣因由釐改稅稅率卽同釐率外。餘則全省一致。外產與本產相同。均一道征足。惟過境蘭菸則徵有不同。先是甘肅蘭菸運過陝省。原定釐章每擔計重三百斤應完釐銀二兩四錢。於陝西長武入境先完三分之一。銀八錢合洋一元二角。由涇陽起運再完三分之二。銀一兩六錢合洋二元四角。又潼關商稅先年由百貨釐局兼辦。每擔蘭菸再按釐章征十分之三。銀七錢二分。民國四年潼關設立關稅監督。將此稅劃歸該關徵收。作爲中央專款。及七年財政廳更定由各釐局兼徵商稅辦法。於是蘭菸在長武完釐之後應完稅銀二錢四分。在涇陽完釐之後應完稅銀四錢八分。而潼關亦改定稅章。爲值百抽二·五。前後合計。已屬不輕。嗣經涇陽菸業要求核減。遂由廳呈准將涇陽應徵商稅酌減爲二錢四分。事務局接辦後一仍其舊。

陝省洋菸洋酒持有子口稅單者。均免徵釐稅。紙菸則於民國十二年十月起始徵營業特稅。照價值

百抽三十撥充西北大學專款

第十六節　甘肅菸酒稅

甘肅菸酒。向與百貨同征釐金。前清光緒二十三年改辦統捐。其稅則無論輸入出運。均以擔計算。每擔二百四十觔。各視品質之高下。別爲等級。以定課則之輕重。總以值百抽五爲率。惟甘肅所產。以水菸爲大宗。酒則甚少。且全係本銷。水菸一項共分七等。稅捐由每擔收庫平銀八錢五分至四兩三錢二分。酒則僅列在雜貨類之第四等。每擔徵銀九錢。民國成立。仍沿舊制。惟酒稅已增至每百觔抽洋一元五角。餘則尚無甚變更也。民國三年七月。國稅廳籌備處以甘省水菸有條菸棉菸之別。其條菸中有淨絲混絲。價格相等。擬均按三成加收。棉菸一項。狄道產與省城產品質相等。而統捐則狄菸少納四成。擬改與省城菸同等完納。其餘各屬所產品質高低不一。稅率亦因之遞減。擬分爲四等。照章完捐。以昭平允。嗣該省財政廳以酒稅每百觔向抽洋一元五角。擬改爲每百斤抽三元。均先後呈部核准施行。

六年二月。菸酒稅捐由財政廳移交菸酒公賣局接受後。暫令釐局兼辦。稅款仍解財政廳。迨七年二月。始由省局實行接受。擬定歸併徵收菸酒稅捐暫行辦法。呈部核准。其辦法如左。

一　省城徵收局菸酒一部分收入及河北徵收局全部收入均歸公賣局管理

一　各徵收局有代徵菸酒稅捐者。由財政廳委員後。咨由公賣局加委

一　各徵收局代徵稅捐款項按月直解財政廳。一面將收數清冊分報公賣局以便稽核。

一　劃歸公賣局直接徵收之菸酒稅捐款項每月終掃數解廳並將收入數目清冊咨送公賣局。

一各徵收局所用菸酒稅票。均由公賣局印發。惟未設公賣局卡地點。經過第一百貨徵收局卡時仍照百貨稅票第四條之規定。須將貨票送驗。並在票上加蓋驗訖戳記。

一關於徵收菸酒稅捐經費。遵照部章辦理。

甘省公賣局接辦菸酒稅捐之初。尚屬局部接收。未能普及全省。至八年七月以後。甘省菸酒稅捐。除狄道徽縣靖遠等處。仍歸財政廳屬百貨徵收局委員兼辦。由公賣局加委外。其餘各縣。均劃歸公賣局接辦。迨九年五月以後。甘肅全省菸酒稅捐。始完全歸菸酒事務局管理。（公賣局自九年以後改爲事務局）各地稅捐。由所在地公賣分局棧徵收。

先是甘省菸酒稅捐率迭經國稅廳籌備處財政廳先後改定加徵辦法。迨公賣局接辦之初。仍沿舊制。惟燒酒稅率。每擔二百四十觔。完稅至七兩二錢。商民負擔既重。因之弊竇滋生。於是有於燒酒起運時。向徵收局所每擔補錢三四串五六串不等。要求免塡大票。沿途局卡查驗時。仍復處處補錢四五百六七百不等。相沿日久。積成習慣。事務局於接辦菸酒稅時。擬定稅捐細則。臚列稅率。呈奉菸酒署令准試辦。至是復經呈請將酒稅每擔減去十分之三四。剔除補錢之舊弊。擬定酌減酒類稅率。一併呈准施行。至其徵收方法。本產菸酒。由起運局棧一道征足。經過局棧驗票放行。外產本銷者與本省土產菸酒同。

再甘肅菸酒稅捐之外。尚有擔頭稅。此項稅率。本無定則。向由財政廳商稅局經徵。歸包商辦理。包商則以包額多寡。定稅率之高下。有此縣菸酒。每擔徵稅銀三錢。或錢百餘文。而彼縣則徵至六七錢或錢二三百文者。又紙菸洋酒。於進口時領有子口稅單。達到指銷地。應納落地半稅。給予稅票分運他處。驗票放行。此項落地稅。亦係財政廳管理。民國九年。甘局呈請飭廳移交。旋據該廳呈稱。擔頭稅係就脚貨抽捐。無論何貨。一律抽收。係地方特稅。與菸酒附稅性質不同。洋菸洋酒。領有子口稅單者。運入內地。向不完稅。嗣因進口貨物。奸商恃稅單爲護符。任意影射。包攬統捐。受損甚鉅。幾經交涉。始酌納半稅。且收數寥寥。强使劃分。必致牽動統捐全局。以上兩稅均難移交。遂於九年八月由菸酒事務署令飭緩議云。

甘肅菸酒公賣局擬訂征收菸酒稅捐菸酒牌照辦事細則（八年十一月呈奉全國菸酒事務署令准施行）

第一條　本局遵照全國菸酒公賣暫行簡章第七條將甘肅原有之菸酒各項稅釐牌照稅及地方公益捐等由公賣局代收分撥其收數較旺之狄道徽縣等處另設菸酒稅捐征收分局以期審愼

第二條　凡關於菸酒稅捐及菸酒牌照征收事項均遵照本細辦理

第三爲　菸酒稅率遵全國菸酒公賣暫行簡章第十六條均暫照各省核定之數征收

甲一省城水菸條棉菸等凡係出境及本省銷售準連皮三百五十斤爲一擔每擔完納統捐庫平銀四兩三錢二分加完銀一兩二錢九分六釐

二金家崖水菸數量稅率凡係出境及本省銷售正加與上同

三平番黃菸凡係出口及本省銷售準連皮三百六十斤爲一擔每擔完納統捐庫平銀二兩五錢

四狄道黃菸凡係出口及本省銷售準連皮三百六十斤為一擔每擔完納統捐庫平銀二兩五錢九分二釐加完銀一兩七錢二分八釐

五靖遠黃菸條菸凡係出口及本省銷售準連皮三百六十斤為一擔每擔完納統捐庫平銀一兩八錢加完銀七錢

六武山洛門伏羌磐安鎮黃菸凡係出口及本省銷售數量稅率正加與上同

七天水中菸凡係出口及本省銷售準連皮三百六十斤為一擔每擔完納統捐庫平銀一兩四錢加完銀一兩一錢

八導河黃菸凡係出口及本省銷售準連皮三百六十斤為一擔每擔完納統捐庫平銀一兩二錢加完銀八錢

九泥灣什川凡係出口及本省銷售準連皮三百六十斤為一擔每擔完納統捐庫平銀一兩加完銀二兩

十平涼廳草菸凡係出口及本省銷售準連皮三百六十斤為一擔每擔菸納統捐庫平銀八錢五分加完銀一兩一錢五分

十一凡四川捲菸陝西雜拌菸進口者準二百四十斤為一擔每擔完納統捐庫平銀二兩四錢

十二鳳翔旱菸進口準二百四十斤為一擔每擔完銀二兩

十三皮絲菸進口二百四十斤為一擔比照本省棉菸完銀五兩六錢四分六釐

乙二燒酒玫瑰露酒出口及本省銷售每百斤完納統捐洋一元五角加完洋三元
二凡南酒燒酒進口數量税率正加與上同
三酒麯無論出進口或本省行銷準二百四十斤爲一擔完銀一兩二錢
第四條　凡菸類酒類有本細則所未登載者按照該處土產貨包照上類推
第五條　凡商人發運菸酒時須先報明所在公賣局棧或菸酒税捐征收分局查驗完税塡給四聯大票將執照查驗兩聯交給運商賫核一聯按旬呈報省局存根一聯留公棧或分局備查
第六條　查驗一聯由經過第一公棧或菸酒税捐征收分局查驗截留按旬呈報省局以資考核如查有大頭小尾情事立將發票局棧撤委除將贜款如數追繳外仍按輕重加處十倍以下三倍以上罰金如經過第一局棧將截留聯票不卽時呈繳被發票局棧已將賫核聯呈賫致無從核對以通同作弊論
第七條　凡菸酒落地後商人復欲分運他處者得向該處公棧或菸酒税捐征收分局呈請明白塡給分運單隨收票價銀一錢不再征税
第八條　各公棧或菸酒税捐征收分局得於所轄境内衝要地方設卡查驗並刊查驗放行戳記過境菸酒如果查驗貨票相符卽予蓋戳放行不得留難阻滯倘有偷漏影射等弊准其扣留報由該局委員察核轉呈辦理
第九條　商人偷運菸酒一經查獲照本省向定統捐章程第十一條將查獲菸酒儘數充公變價以

六成報解四成獎給書巡以資鼓勵並將該商照應完稅捐按五倍處罰如商人連犯於查獲後加倍處罰委員查獲偷漏在三次以上照項多寡分別記功倘藉端訛索於查明或告發後分別輕重撤辦

第十條　各局經費照章由所收稅捐內提給一成作爲開支惟所提經費達五百元至千元者應解交省局二成二千元至五千元者應解交省局三成以補省局添設專科及各項經費

第十一條　各局領獲大票牌照等須妥爲編號登記挨次填用每月報册應以四柱清册詳細列報

第十二條　各局征獲款項應於下月五日內起解遲則分別記過

第十三條　各局經征稅款如有不遵定章私自增減稅額者查明應按減額加三倍處罰

第十四條　各局比較及每月應解銀兩另表規定

第十五條　每月收數逾所定比較一成者記功二成以上者記大功記大功三次者年滿查看得繼續辦理

第十六條　每月收數短原定比較一成者記過二成以上者記大過記大過二次者得隨時撤換後仍追繳短解銀兩

第十七條　菸酒牌照稅仍照向章分列等級半年征收一次

第十八條　凡商人或有歇業者須將原領牌照呈請核銷

第十九條　各項附加捐如係地方公益用項照全國公賣簡章由公賣局代收分撥並册報本局備

案

第二十條　本細則以呈署核准之日施行如有未盡事宜得隨時修正

甘肅菸酒事務局呈擬定酌減稅率簡明辦法　九年一月呈奉署令照准

一查菸酒暫行辦事細則第三條乙目第一項燒酒玫瑰露酒出口及本省銷售每百觔完納統捐洋一元五角加完洋三元茲擬於正捐及加完數內各減三成計每百觔實完捐銀三元一角五分

一寫票局所應將減成字樣另行註出以便下局查驗

一經過局卡驗票放行不得再事留難致滋擾累

一寫票及查驗局所倘不遵此次定章仍有補錢弊混之處一經查出或被告發卽行將該委員撤差從重嚴辦

一該商人如有仍蹈故習有貨無票一經查獲除將貨物充公外處以五倍以上十倍以下之罰金

一此項簡章如有未盡合宜之處得隨時修正呈請酌奪

一此項簡章以奉到指令批准之日實行

第十七節　四川菸酒稅　附川邊

川省酒稅。於清光緒三十年開辦。專供練兵新餉。宣統二年收入最旺。民國二年。國稅廳籌備處釐訂各局比較。卽照此酌量增減辦理。其征收稅率。凡本省出產大麯仿紹各酒。每斤各征錢八文。小麯諸色酒。每斤各征錢四文。外省運來紹酒汾酒雒陽酒等。每斤各征錢八文。各局征收酒稅。其屬於本省釀戶（如燒房醩房之類）自造者。計桶按斤抽稅（九七平十六兩作一斤）一稅之後。無論販運川境何處。經過局卡。驗票放行。不再重征過道稅。各酒戶計桶按斤納稅。暨各局稽征辦法。訂有簡章二十二條。以資遵守。民國四年。財政廳奉電加征酒稅。照部定限期。應自四月一日起實行。當以川省春夏亢旱爲災。糧貴禁釀。請求緩辦。遷延至五月間。始經財政廳呈准財政部。暫照原稅加倍征收。凡從前酒類每斤征錢四文或八文者。改爲每斤征錢八文或十六文。旋又有改征銀元之議。卽原徵八文或十六文者。改爲征銀元八釐或一分六釐。卒以川省錢荒銀貴。未克實行。至於菸類。在前清時。向附於百貨抽釐。民國初元。改辦統捐。一仍其舊。三年改爲產地統稅。規定稅率。每淨菸葉一斤。征錢四文。由買戶完納。一稅之後。無論運銷川境何地。概不重征。其從前所征過道稅。概予免除。惟常關稅仍照章征收。

上列菸酒兩稅。於民國六年一月。由財政廳連同牌照稅。一併移交省局接管。其一切經征手續。仍照舊章。暫不變更。民國八年。又將各縣征收局經征菸酒稅。歸併公賣分局。一道征收。統名公賣費。值百抽二五。其詳細辦法。備載公賣費章。茲不贅。

此外尚有成都關所管之常關過道稅一種。其征收稅率。如有菸類每捆征稅錢三十八文。酒類每挑征銀七仙五星者。附列於此。以備參考。

附錄民國四年川邊財政分廳開辦酒稅情形　川邊現改西康省

川邊各屬產酒甚微。菸類則向不出產。外省輸入之菸酒更屬稀少。邊地風氣初開。地方行政。悉取寬大主義。對於菸酒兩項。向不征稅。民間多係自釀自飲。絕少專營釀售業者。即衝繁縣治。及比較繁盛村莊所銷菸酒。亦屬零星細數。且各屬向無關卡。無從征稅。民國四年開辦酒稅。當以前項零星酒類。散處各地。按斤抽稅手續極繁。而所得稅款恐不敷開支經費。即由財政分廳擬具辦法。分灘瀘定九龍康定等十五縣。分別包繳。每年多者二百元。少者三四十元。年共一千二百八十元。（並未明定稅率）呈經財政部核定施行。再川邊各屬惟瀘定一縣。前隸內地。產高粱糯米。釀酒之戶較多。每年產酒約三萬斤左右。除在本地出售外。行銷鑪城（即康定）及關外等處。凡漢民所沽飲者。均自內地運來。價值極昂。而運售者均屬零星小販。來去無常。每年銷售亦屬少數。至於蠻民。則自行釀造青稞酒。土人名曰蠻沖。質劣味薄。水分亦重。

川省酒稅簡章　二年十二月四川國稅廳籌備處呈部核准

第一章　稅則

第一條　本省出產大麯仿紹各酒每觔各征錢八文小麯諸色各酒每觔各征錢四文

第二條　外省運來紹酒汾酒雜陽酒等類每觔各征錢八文

第二章　征解方法

第三條　川省酒稅自前清開辦卽係按觔征收近來各屬間有烤戶囫圇包攤以及鄉保按場攤派者辦法多歧易滋流弊現値改良稅法應由各征收局切實整理仍以計桶按觔抽收爲標準凡以觔數爲斷者均按九七平十六兩作爲一觔不得加重分兩

第四條　本省所產酒觔旣征統稅無論販運川境何處經過關卡祗能驗票放行概不再征過道稅

第五條　酒稅向以征錢爲原則前次財政司規定折銀一道合庫原期簡易詎各屬折合未能劃一現在稅收應折銀兩概以正九七平爲準由九七平用一零四三合庫列報

第六條　酒稅折銀總數以釐爲限自毫以下之畸零五棄六取譬如六毫則申爲一釐其五毫以下不計

第七條　酒戶應納稅項除以銅圓銅錢外其有呈繳生銀二元以及鈔票者雖可聽隨民便一律收用但須遵照都督整頓幣制條規並本處通告辦理不得歧異

第八條　各屬場鎭有距城在百里以外所收稅項以錢易銀送局彈收者亦須照章折合倘敢浮報責令首人照賠

第九條　呈解酒稅應需繩鞘解費准照正副稅辦法每距省百里解銀百兩者支銀一錢二分其餘由此類推不及百里以百里計如解鈔票或由銀行匯兌減半支給

第三章　淸查方法

第十條　酒戶烤酒所用酢桶一切裝酒之器種類不同大小各別從前囫圇包攤彙計畸輕畸重在所不免遇有停歇尙須自覔頂認以致業酒者視爲畏途怨讟繁興現在宜從調查器具入手其法如左

甲　各屬應先確查城鄉現開酒戶家數並姓名住址

乙　城鄉酒戶何處係用何種裝酒之器每器實能容酒若干觔分別調查明晰

丙　城鄉酒戶每月何家烤酒幾次每次若干酢桶按照現查每一裝酒之器重量彙計每月實出酒觔若干務期得其眞相

丁　城鄉酒戶歷年坐簿並從前認定原案仍可作爲依據參考

戊　前項考查確實後再分別月分淡旺飭令酒戶自邀同業殷實富戶各一人出具保認各結存案備查

第十一條　征收局淸查酒戶時間統以一月爲限查畢卽將各結彙齊列表呈報來處以憑另頒新照其前淸舊照無論已開未開一律追繳送處銷燬俾杜影射

第十二條　酒稅每月認定之數或有加桶減桶者應責成各戶先期十日協同經收首人赴局報告核准以便稽查揑報者處罰

第十三條　酒戶私行加班趕烤在在宜防應由征收局設立循環印簿各一本發給酒戶將逐日所

出桶數登註簿內路近者五日遠者十日交由收稅首人送局查核過硃循去環來以資周轉

第十四條　前項循環簿據各局長員隨時不動聲色攜往切實稽查如所烤酒觔查有較簿註之數溢出多觔者其爲私行加班趕烤無疑卽將多烤之酒照章處罰

第十五條　酒戶資本缺乏停貿雖所不禁惟前清時代凡歇業者一律燬竈繳鍋殊無區別現在規定久暫辦法二種如左

甲　無力烤煮永久停歇改業者除燬竈外應將鍋口繳局驗收俟代變價發給

乙　暫行停歇仍須復開祇將鍋口繳局驗封俟開設時報明啟封領用

第十六條　酒戶歇業之先務將酒觔銷完邀同約保鄰佑同業各一人出具實無隱匿酒觔連環切結並聲明因何歇業理由方准繳照註銷免稅如有明停暗烤情弊查出照章處罰連出結保人並究

第十七條　酒觔非頃刻所能造就如有私烤難免隣佑耳目應責成隣佑隨時查報

第四章　納稅時間

第十八條　酒稅應征之款由酒戶逐日按桶計觔交首人經收不得蒂欠

第十九條　首人經收酒稅距城在十里以內者逢場繳局一次在十里以外者十日或半月繳局一次由局登簿給據

第二十條　酒稅上月應收之款責成征收局催齊以下月初五日爲截清之限

第二十一條　酒戶如有抗延由首人呈局咨縣嚴追經收首人如有挪欠由征收局開單送縣催繳

第五章　塡註單據方法

第二十二條　酒税連四串票爲收税證據調查確憑關係極爲重要照章由局先期赴處請領備用

第二十三條　酒税票內酒戶姓名出酒次數觔數上納錢數年份月日均須逐一塡註並於騎縫處塡明號數收税數目楷書大寫不得塗改以杜弊混

第二十四條　本處須發酒票對驗一聯務須按月隨册呈送備核不得遺漏

第二十五條　酒税罰款串票照章由處須發其塡法應照第二十三條辦理

第二十六條　酒税遇有附加之款委託征收局代收者應於聯票加蓋代收某款收訖戳記

第二十七條　酒税收數按月責成征收局查照册報分場造具花名細數榜示咨由縣行政公署會印過硃分發城鄉張貼週知

第六章　坐扣支款之規定

第二十八條　酒税收錢百釧准就地扣支錢五釧專作經收首人辛力紙張及送錢入城脚資之用此外不得多扣

第七章　造報册表方法並解款限期

第二十九條　造報酒税遵用陽曆月分按月收數列爲一册正罰款分爲兩表不得將數月收款混合塡報

第三十條　酒稅月報册表以專列解款爲斷地方附加之款不得牽混開列

第三十一條　酒稅正罰款四柱專表均係遞推鈎核總數之用務分别粘附册尾以憑鈎稽

第三十二條　酒稅四柱表舊管一欄凡上月實存稅項業已解清者祇於下月舊管項下註明申解月日其未解清者上月實存之數務與下月舊管之數上下銜接毋得有參差不符等弊

第三十三條　酒稅解表專備呈解銀兩時塡用所有按站解費應於解表列支不得在月表開除並於解文拉雜聲敍致礙鈎核

第三十四條　上月酒稅册表統限下月初十日内由征收局造送來處以憑詳核登記

第三十五條　各局酒稅收款距省在三百里以内者限兩個月呈解一次在三百里以外者限三個月呈解一次其收數已至五千兩以上不待兩月三月亦須立時呈解

第三十六條　酒稅起解時間均以定限下月中旬爲斷

第三十七條　酒稅起解日期銀數管解人姓名由何路取道赴省距省幾站約計何日可到均限前十日具文報查

第八章　造報册表並解款遲延處分

第三十八條　酒稅月報册表既定呈送限期如有造報遲延除去道途遠近程限外應分逾限之久暫以定處分之重輕詳列如左

甲　呈報逾限至一月者罰一個月俸銀百分之三

乙　呈報逾限至兩月者罰一個月俸銀百分之五
丙　呈報逾限至三月者罰一個月俸銀百分之七
丁　呈報逾限至三月以上者酌量撤換
第三十九條　解款酒稅前已定明限制如有逾限未解應扣道途遠近程限分定處分詳列如左
甲　起解逾限至一月者罰一個月俸銀百分之五
乙　起解逾限至兩月者罰一個月俸銀百分之七
丙　起解逾限至三月者罰一個月俸銀百分之十
丁　起解逾限至三月以上者酌量撤換
第四十條　罰俸撤換處分局長專負責任均由本處主之
第四十一條　酒稅解款逾限不到由處委員守提其委員往返旅費責令遲解之員賠繳

第九章　罰則

第四十二條　匿報減報酒稅除補完正稅外應按舫加十倍處罰其首人侵蝕者除追還侵蝕外應加二十倍示罰
第四十三條　酒稅罰款攤爲十成以三成充賞七成易銀專款報解不得與正稅牽混

第十章　附則

第四十四條　各局局長辦理此項酒稅如有阻碍情事得與所在地方官會同商辦倘地方官置之

不理呈明本處嚴飭協助以免掣肘

第四十五條　本章程係採擇舊法及財政司原定簡章斟酌規定呈明財政部立案轉飭各局遵守各局於奉到日卽生效力

第四十六條　酒稅收數比較另以專章規定

第四十七條　本章如有未盡事宜仍當隨時審酌增改報部續訂

四川葉菸出產稅簡章　三年八月財政廳呈報核准

第一條　本章程係遵奉財政部飭征收葉菸產地統稅凡川省境內出產各種葉菸均應照章納稅

第二條　葉菸統稅專就出產之地統征一次由買商完納一稅之後無論運銷川境何地概不重征其從前所征過道統捐悉予除免惟常關稅應仍舊完納不在免征之限

第三條　川省菸稅責成各廳縣征收局長經收並專委地方縣知事會同辦理

第四條　葉菸稅率不分摺葉柳葉及其他名稱凡成梱成挑販買者統按每淨菸一觔征錢四文觔數多寡照算

第五條　菸梱輕重不一應由各征收局就產菸之城鎭市場設置官稱較準天平十六兩爲一觔委派妥人經理

第六條　凡買賣各種葉菸成交後由買戶經記向本處經收菸稅首人報明梱數觔數過稱納稅掣

取税票

第七條　販買葉菸完税後如須運出外境銷售先期持執税票赴局報告各征收局查驗菸票相符卽按捆給予印花以備沿途照驗

第八條　買賣葉菸在五觔以上無論短販自吸均應照章納税

第九條　凡鄉間農戶自種自吸並不擕菸赴場售賣者與夫本境用戶買菸自吸其數在五觔以下者概免征税

第十條　販菸完税後不拘運往何處銷售所納税錢准其加入價内售賣

第十一條　買商運菸經過統捐第一局卡應執納税單報驗該局卡查驗菸捆觔數與税單印花相符卽將納税票繳驗一聯裁留並於税單印花上加蓋某局卡驗訖戳記立予放行不得留難阻滯

第十二條　買戶將所買葉菸轉賣他商運銷或分售他商經過第一局卡均以菸捆貼有印花爲憑捆觔印花相符卽予放行

第十三條　各廳縣原有葉菸捐款收作地方公用曾經詳准有案者卽由征收局照抄原案申賫財政廳應否仍准抽收聽候核示如無呈准案據應概予公布取銷以恤商艱

第十四條　各局應用税票及印花由財政廳印製何局需用若干隨時備文專丁赴廳請領

第十五條　税票用四聯式買客納税時卽由收税人塡票註明捆數觔數及完税數目裁留第一聯按五日一次送繳征收局彙存按月造册詳報隨文賫送財政廳查核第二三聯裁給買客於運菸

出境經過第一局卡報驗由該局卡裁留第二聯按月詳送財政廳備考並於第三聯票內加蓋某局卡驗訖戳記交買客執收以次局卡驗明單花數目相符即予放行第四聯存根由收稅人按月結算收數繳局備案

第十六條　各廳縣產菸之地距城遠近不一其征收菸稅應由各征收局長會同知事體察地方情形或就地選委本處公正殷實首人經理或由局委派穩妥司事往收均可仍酌定辦法詳請立案

第十七條　各產地向有菸市行店經紀代客買賣應仍照舊所取行用亦暫從習慣仍由各征收局查明確數報查

第十八條　菸稅責成行店經紀隨時注意凡買賣成交該經紀即同買客赴收稅處報明過稱納稅如有偷漏情弊查實除征正稅外買客加五倍處罰行店經紀從嚴革辦如經理收稅之人從中串弊照買客應完稅數加十倍處罰

第十九條　漏稅經人告發其罰金准提三成充賞七成申解

第二十條　徵收經費應援照油酒等稅成案准扣支百分之五如收稅錢百釧准扣錢五釧以三釧撥作各場收稅人辛力紙筆運費以二釧補助征收局費用

第二十一條　菸稅收入錢文應由各征收局按市換易生銀銀元申解省庫以免折收滋弊所需解費准照酒糖各稅規定之數扣支

第二十二條　征解菸稅數目仍應按月造冊詳報其冊表式樣另定刊發

第二十三條　本章程以奉財政部核定公布之下月一日實行如有未盡事宜由財政廳隨時修正報部立案

第十八節　雲南菸酒稅

雲南菸酒兩項。向與百貨混合抽釐。名曰菸酒正釐。清光緒二十年後。叠准部咨加徵之款。名曰菸酒加釐。二十九年。奉諭仿照直隸稅則加徵之款。名曰菸酒稅。此三種釐稅。均歸釐金局經徵。菸類抽釐。舊章土菸每百斤抽釐八分。川菸每百斤抽釐一錢。清光緒二十年八月。川菸每百斤抽釐三錢。連正釐一錢。共四錢。二十五年。於抽正加釐外。再加一倍。共抽八錢。以四錢爲正釐。四錢爲加釐。至於土菸則規定每百斤抽正釐二錢。加釐二錢。三十年開辦菸稅。土菸分兩項徵稅。土菸絲於現抽正加釐外。每斤徵稅錢十六文。折合庫平一分六釐。每百斤合徵稅銀一兩六錢。土菸葉於現抽正加釐外。每斤徵稅錢八文。折合庫平八厘。每百斤合徵稅銀八錢。又川菸稅一項。無論絲菸葉菸。每斤於現抽正加釐外。徵稅錢十六文。折合庫平一分六釐。每百斤合徵稅銀一兩六錢。光緒三十二年。重訂通省釐章。四川葉菸又改爲每百斤抽正加釐各五錢。四川絲菸又改爲每百斤抽正加釐各六錢。合計是時釐稅兩項徵收定率。以每百斤計算。土絲菸共徵銀二兩。土葉菸共徵銀一兩二錢。川絲菸共徵銀二兩八錢。川葉菸共徵銀二兩六錢。酒類抽厘舊章。土製清酒每百斤抽釐銀六分。四川仿紹每罎抽釐銀一錢。川陝大麯酒每百斤抽釐銀三錢。清光緒二十年後。遂將清酒每百斤於原抽正釐六分之外。加抽釐銀六分。四川仿紹每罎原抽正釐一錢。外加抽釐銀五分。川陝大麯每百斤原抽正厘三錢。外加抽二錢。旋又將土酒一項於現抽一錢二分之外。加抽一錢二分。三十年開辦酒稅。土酒每百斤於原抽正加厘外。仿照直隸稅則征稅銀六錢。大麯酒百觔於現征正加釐外。徵稅銀一兩。仿紹酒每罎於原抽正加厘外徵稅銀一錢五分。三十二年。重訂通省厘章。又將土酒一項定為每百斤正加釐各抽二錢。共四錢。合計是時釐稅兩項徵收定率土酒每百斤共徵銀一兩。大麴酒每百斤共徵銀一兩五錢。仿紹酒每罎共徵銀三錢。民國六年二月。據滇省長電稱全省菸酒釐稅每年約收銀十萬餘兩。稅由地方官經徵。釐由釐金委員經徵。而菸釐一項。又併入百貨之內。作為比較。是年七月。該省財政廳將菸酒釐稅連同牌照稅一併移交該省公賣局接管。先期會定辦法。凡菸酒釐稅及牌照稅移交該省公賣局接管以後。所有釐稅牌照兩項收入。仍歸各縣知事各釐局委員繼續經徵。按月繳解省局。省局甲月收款。於乙月五日內彙集總數。除開支經費外。儘數解廳。以供本省經費。省長委任縣知事時。分令省局知照。以便會同財政廳加委該知事兼辦酒稅及牌照稅徵收事宜。至交卸時。亦應將酒稅及牌照稅列入專案。交與新任會銜結報省局查核。各釐局委員更換時。由廳局會委。縣知事每月解款。遲至三箇月者。由廳局會呈省長撤換。勒追各釐局委員上月收款。如過下月九日仍未起解者。照釐金章程議罰。又各知事各委員按月徵收數目。應咨行公賣分局。以便就近稽查。同負責任。當經廳局會呈北京財政部及雲南省長先後核准施行。十七年十二月。據雲南印花菸酒局呈報十五年費稅收入數目計公賣費一萬二千餘元。酒稅三萬九千餘元。菸釐稅五十萬零一千餘元。牌照稅一萬餘元。共計五十六萬二千餘元。十八年。菸酒劃設專局。據該局填報菸類酒類調查表。對於徵收釐稅定率。菸釐稅約徵百分之五。酒釐稅約徵百分之五。或每百斤徵收一元五角。其詳細辦法已載公賣費章。茲不贅述。

第十九節　貴州菸酒稅

貴州菸酒收入在清代有三。由釐金局經徵者。曰菸酒釐。由縣知事經徵者。曰菸酒稅。由地方紳董經徵者。曰菸酒捐。釐與稅收入較多。捐則爲數極微。且係地方雜捐。不立經制。茲略焉。

清代菸酒釐。向與百貨混合抽收。宣統三年預算。始行分析。列菸釐五千四百餘兩。酒釐一千九百餘兩。考其稅率。本產菸類以斤計。每百斤土條絲菸抽銀二錢。水菸抽銀四錢。頭菸抽銀一錢。腰菸抽銀六分。脚菸抽銀三分。輸入菸類。建條絲菸每箱四百包抽銀二錢。次者減半。呂宋菸每盒抽銀二分。洋金花菸每百斤抽銀二兩四錢。本產酒類每百斤茅酒徵銀一兩。燒酒徵銀一錢。其他土酒徵銀六分。輸入酒類。汾酒每百斤抽銀四錢。紹酒每罎抽銀二分。蘇酒每罎抽銀二分。清光緒三十一年奉部飭連同茶糖一併增收。規定菸酒兩項每百斤於現行釐金之外。一律加抽八錢。雖經通飭各屬遵辦。未能一律實行。菸酒稅向附於百貨雜稅之內徵收。在前清時各屬未能一律舉辦。收數亦散漫難稽。考其稅率。隨地而異。遠不如釐金劃一。如貴陽大定遵義銅仁等十屬。徵收菸稅單位。或以百斤計。或以一挑計。所徵稅銀自一兩二錢八分至五分爲止。如大定黔西銅仁三屬徵收酒稅單位。以每百斤計者。或徵二錢四分。或徵一分。以每一挑計者。或徵一錢。或徵四分。

以上爲清代徵收菸酒釐稅之大概情形。民國二年。國稅廳籌備處成立。查照光緒三十一年成案。通令各局將菸酒兩項於原抽釐稅以外。每百斤一律加徵八錢。並一面呈報北京財政部備案。民國三年。財政廳修正釐金抽收定率表。菸酒兩項一律改爲值百抽十五。適値歐戰方興。經商會呈准省當局。暫緩實行。仍由各釐局照向章辦理。

先是國稅廳籌備處以該省造酒各戶向未完納國稅。而各地方因辦理公益酌收之經費。（此即各地方官紳經徵菸酒稅捐）稅率既不劃一。負擔尤欠公平。即經另訂專章。將製造販賣兩商各分三等領照繳費。方准營業。造酒商應繳納造酒稅。販賣酒商應繳納販賣酒稅。並將從前各種地方收入一律取消。於民國三年呈奉財政部核准。通令各縣知事於八月一日開始實行。其所需經費。即在造酒稅項下酌提百分之十。以四成補助經徵機關。四成解廳作爲辦理此項稅務及印刷各費。其餘二成由廳酌量補助地方公益費用。其原定稅率。造酒執照費第一等六十元。第二等四十元。第三等二十元。（此項稅率以與牌照稅同時施行。奉部令減輕）分兩期繳款。販賣酒執照每年更換一次。其照費亦分三等。第一等三元。第二等二元。第三等一元。造酒各戶分三等徵稅。上等如茅酒之類。每斤值銀二錢以上者。徵收造酒稅二分五釐。中等如各種燒酒仿紹酒之類。每斤值銀二錢以下八分以上者。徵收造酒稅一分五釐。下等如土酒夾酒雜酒米酒之類。每斤值銀八分以下者。徵收造酒稅一分。統由造酒各戶照廳頒簿記將所造酒斤按日登載。年分四期。彙總完納。至於販賣酒稅。亦分三等。上等酒每斤三分。中等酒每斤二分。下等酒每斤一分。其酒名估價與造酒稅同。民國五六年間。復經財政廳將造酒稅章程。連同菸酒釐稅章程。陸續修正。凡各種酒類已經納過造酒稅者。不再完納釐金。其未納造酒稅者。仍由各釐局照章抽釐。造酒執照不分等級。每張繳納照費一元。以五年爲期。期滿更換。仍應繳費。造酒稅分五等完納。每百斤改徵銀元自二元五角起至五角爲止。本省特產茅酒

（原産遵義縣屬之茅台村）特別規定每百斤徵收造酒稅四元五角。仿造茅酒或其他酒類每斤價值在二錢以上者照茅酒課稅。至於菸酒釐稅菸類統由經過第一釐局卡照各該地銷價徵收厘金。絲菸值百抽十五。葉菸值百抽十。又查五年份該省菸酒收入計造酒稅一萬二千二百餘元。菸厘一萬四千餘元。酒厘一千六百餘元。共計二萬七千八百餘元。

貴州財政廳擬定整理菸酒釐稅簡章 五年十月呈報

第一條　本章程係依據現行菸酒厘稅則例並參酌本省商情訂定所有全省菸酒厘稅徵榷事宜悉依本章程規定辦理

第二條　凡菸統由經過第一厘金局卡準各該地銷價徵收厘金其標準如左

甲絲菸　即值百抽十五

乙葉菸　卽值百抽十

第三條　省內運銷之摺菸得照前條第二項減半徵收

第四條　洋商運銷之紙菸仍照財政廳成案每大盒（卽五十小盒）抽厘銀八分運經本省各局不再加收

第五條　外省輸入之酒徵收厘金辦法與第二條同其徵收標準准該條第一項辦理

第六條　菸酒兩項除照前舉各條徵收釐金外在百貨雜稅徵收辦法未變更以前仍照各該局向

例應征銀數徵收雜稅但第四條所舉之紙菸不在此例

第七條　內地運銷之酒征收造酒稅其章程另定之但未經請照納稅造酒運售者仍由各釐稅局

按本章程征收釐稅

第八條　本章程未盡事宜得由財政廳查酌修改呈准施行

第九條　本章程自奉都督批准各屬局奉到公布十日後實行

第十條　本章程實行後原頒販賣菸酒特許牌照條例同時取消

貴州財政廳修改徵收造酒稅簡章　七年六月呈報

第一條　本簡章係依據前國稅廳公布造酒稅簡章並參酌本省造酒商情訂定所有全省酒稅徵

榷事宜悉依本章規定辦理

第二條　凡城鄉市場經營造酒者非申請該管地方官署發給造酒執照不准營業但曾請有前國

稅廳或財政廳執照尚未滿五年者仍繼續有效

第三條　造酒執照由財政廳製印頒發各縣備用凡領照營業者每照一張繳納照費一元自領之

日起滿五年一換換照時仍應繳納照費

第四條　凡照費於請照換照時繳納不准延欠

第五條　本章程第二條所認爲繼續有效之執照仍照第二條自發給之日起算滿五年後更換但

此項執照前繳照費不止一元者期滿換照時准免繳費

第六條　各縣署應於每月經過後十日內將月內請照戶名先行造册連同照費彙報財政廳並另抄册函知附近各釐税局備查

第七條　凡照章繳納照費領照營業者應照左列等級繳納税銀

甲每觔價在一錢六分以上不及二錢者每百斤納税銀二元五角

乙每觔價在一錢二分以上不及一錢六分者每百斤納税銀二元

丙每觔價在八分以上不及一錢二分者每百斤納税銀一元五角

丁每觔價值不及八分每百斤納税洋一元

戊每觔價值不及四分者每百斤納銀五角

第八條　本省特產之茅酒每百斤納税銀四元五角仿造之茅酒或其他酒類每斤價值在二錢以上者準茅酒課税

第九條　凡造酒戶之造酒種類數量及應納税銀由營業人自行按照造酒税逐日登記簿應行記載事項覈實登記遇必要時得由財政廳或該管縣署派員檢查

前項逐日登記簿由財政廳印發分爲單月用及雙月用之兩種各商請領按照雙單月循環應用於發給時每兩册共收工本銀一角

第十條　遇前項檢查時應將登記簿册立即呈驗不得藉詞拒絕遇必要時並得檢查所有營業簿

第十一條　派員檢查時發現有登記不實情事者科以五元以上二十元以下之罰金被人告發有確證者同

第十二條　凡造酒戶應納稅銀均按月呈繳該管縣知事核收

第十三條　各縣署收到前項稅銀應塡給納稅憑單所有稅款及稅單繳驗均限於下月上旬造册彙解財政廳核辦不准擱延

第十四條　凡造酒戶釀成之酒得於運銷時向就近徵收機關請領運酒憑單運經本省各釐局卡查驗貨票相符除將繳驗截存彙繳財政廳查核外即便放行不准需索規費或重徵稅釐但未經請照者不在此例

第十五條　本章程第十三條所舉之納稅憑單第十四條所舉之運酒憑單均由財政廳印發由各該縣知事加蓋騎縫印轉發塡用

第十六條　本章程公布後有不遵章請領執照私營造酒業者一經查出或被告發除勒令歇業外並科以十元以上五十元以下之罰金

第十七條　造酒稅既經實行凡各屬地方向抽酒捐無論何項費用均一律停止但經呈奉前國稅廳或財政廳核准照辦者得仍其舊

第十八條　前條核准附徵之地方酒捐徵收時應於財政廳印發之納稅憑單附加捐欵欄內詳晰塡註與省稅共計塡入稅捐總數欄內並於月終册報查核

第十九條　凡經收造酒稅捐人員如有舞弊及擅出墨飛浮收侵蝕者照所得之數處以十倍以上三十倍以下之罰金徵收官如有前項情弊者照徵收釐稅考成條例第十四條處罰

第二十條　本章程自財政廳公布後各地方官奉到出示曉諭滿十日爲實行期

貴州省徵收造酒稅簡章施行細則七年六月呈報

第一條　本細則係依據現行徵收造酒稅簡章訂定

第二條　商民依照簡章第三條請領換領之執照在五年期內因故遺失者准向各該主管縣官署呈報查實後得不收照費另給執照但給照時每張須繳納紙價二角前項另發之執照有效期限以截至失照滿限之日爲止

第三條　簡章第五條准免繳費之規定限於一次

第四條　各商請領執照應懸挂於造酒屋壁容易注視處所以備檢查

第五條　簡章第九條規定之縣署檢查應由各縣知事分區委定專員隨時行之如有檢查不力或通同舞弊情事一經查實除將該區檢查員罰辦外並由財政廳將該知事稽徵不力議處

第六條　簡章第十六條規定之罰金如係民間自煮自食每年在一百斤以下者得酌減之

第七條　簡章第十一條及第十六條規定之罰金係由人民告發者得提三成充賞由各區檢查員告發者得以二成獎給檢查員一成補助縣官署公費各掣收據連同其餘七成解繳財政廳核收

第八條　各縣依簡章第十三條之規定按月繳解稅款須查明該縣造酒商戶逐一造册連同納稅憑單存根解廳核收如有不能按月繳稅之戶須查明理由隨文聲報其無不得已事故任意欠稅至二月以上者應即勒令歇業

第九條　甲縣酒商運酒至乙縣銷售查無運酒憑單爲證者乙縣檢查員得將運售之酒暫行扣留報由主管縣署行查甲縣果係未請執照私造私售之酒即由甲縣照章處罰乙縣照運售酒數補徵稅款後即將扣留之酒發還原商不得再有處罰

前項甲縣收入之罰金應由甲縣扣提三成咨交乙縣給獎後再將餘款呈解財政廳核收

第十條　各縣造酒商所塡逐日登記簿應於月終納稅時呈由該縣官署於應納稅額一欄塡註納稅總數加蓋徵稅圖記

第十一條　各商所塡逐日登記簿年滿時除換簿登記外應將已換簿記連同該年分納稅憑單彙呈縣署轉交財政廳查核

第十二條　各縣每屆月終應於徵獲稅款內照提百分之十除留四成補助征收機關外其餘百分之六應即於月終解款時隨同稅款專案呈解財政廳核收作爲印刷費暨撥助地方公益之用

第十三條　本細則如有未盡事宜得由各縣知事呈請財政廳查酌修改

第二十節　遼寧菸酒稅(卽舊奉天省)

奉天菸酒稅向附於斗稱課內抽收爲數甚微菸稅値百抽二酒稅未詳清光緒三十二年仿照直隸章程改定菸葉一斤收東錢(奉省通用錢幣)一百文捲菸千枝收東錢一千文嗣改爲葉菸十斤捲菸千枝收小洋一角七分六釐(是時奉省徵收各稅以小洋十一角折合大洋一元小洋一角七分六釐適合大洋一角六分)高粱酒(卽白酒)一斤收東錢一百文黃酒減半外來酒品按罈估計每十斤收東錢一千文此清代徵收菸酒稅之大概情形也

民國三年經國稅廳籌備處先後呈准將菸酒兩稅改爲每百斤徵收大洋一元六角(卽每斤徵稅一分六釐)按照當時市價以小洋十一角折成大洋一元比較清季原定菸稅每十斤徵收小洋一角七分六釐之標準無甚出入以奉天小洋市價在清季及民國元二年間凡屬國家稅收均以十一角折成大洋一元故也前項稅率相沿既久並無變更惟自三年以後則以小洋十二角折成大洋一元卽所謂一二奉大洋也十七年四月又因奉票大跌改收均價大洋此項均價大洋由省署按月核定施行(是年四月份均價大洋卽以一二大洋二十元作一元)其辦法詳見奉省公賣費篇此民國時代徵收菸酒稅之大概情形也

奉省酒稅以各燒鍋所產白酒爲大宗白酒就產地徵稅其徵稅成例向分四季辦理季首由燒商報明蒸酒班數季尾由徵收局按班徵稅商人隨時請領護照行運俟繳稅後再給稅票始爲正式納稅之憑證實際則按班計斤不無盈絀此項燒鍋數目照民國四年財政廳所報調查表全省計二百七

十五家。每日出酒斤數約分左列三種。

(一)大班四百十一班。每班四百斤。計出酒十六萬四千四百斤。

(二)小班一百零五班。每班三百斤或二百五十斤。計出酒三萬一千零五十八斤。

(三)小醑五班。每班一百二十斤或一百斤。計出酒六百斤。(小醑班數並無確切規定。該表摘要欄聲明此爲約計之數。)

上列三種每日出酒共計十九萬六千零九十八斤。全年以十箇月計應共產五千八百八十餘萬斤。按一六征稅應得九十四萬餘元。其餘黃酒果酒。爲數甚微。至於他省輸入之酒。運至銷地。其征稅方法與本產同。

菸類有菸葉菸絲菸捲三種。除菸捲另載專章不計外。菸葉爲土產大宗。菸絲則來自關內。菸葉產量以東北各縣爲最富。西南各縣次之。向歸產地征稅。其來自吉林者。仍收銷場稅一道。至於菸絲。則運入本省。展轉分銷。卽到處納稅。絕似內地釐金。

全省菸酒產銷數。據民國四年調查報告如左。

(一)酒類　本產年約七千二百四十四萬餘斤(此數含一切酒類在內)輸入年約三百三十九萬餘斤。共計七千五百八十四萬餘斤(民國三年稅額一百十三萬餘元)

(二)菸類　本產年約九百五十二萬餘斤。輸入年約九百五十萬餘斤。共計一千八百餘萬斤

民國三年稅額二十二萬餘元)

又照民國十四年產銷數量價格及現行稅費兩奉調查表摘列如左

(一)酒類。 燒商三百餘家年造白酒七千一百萬斤。以省城遼陽營口蓋平復州各屬爲最多行銷當地暨鄰省各半。每百斤作價十元。徵費六角。徵稅一元六角其他酒類多由外省輸入。銷數無多。

(二)菸類 有葉菸柳菸二種。本產一千一百七十萬斤。產量最富者。爲東北各縣。本銷三分之一。外銷三分之二。以直隸山東兩省爲多。每斤作價十元。徵費六角。徵稅一元六角。

照上列兩數比較酒類產數十四年計減一百餘萬斤。(若專就白酒言仍屬有盈無絀) 菸類產數。十四年計增二百餘萬斤。

又奉省菸酒稅暨燒課及牌照稅照前菸酒署統一徵收成案。應由財政廳移交省局接管。但奉省於民國六年。以酒稅一項曾向朝鮮銀行抵借日金二百萬元。約定以三年爲期自民國五年八月一日起至八年八月一日止。分年歸還。當經奉省長咨准連同其他菸酒稅課。一併暫緩移交。仍歸財政廳繼續辦理。迄今尚未交局云。

第二十一節　吉林菸酒稅

吉林菸酒兩稅。於乾隆四十四年由將軍福康安創辦。每黃菸百斤徵稅二錢。燒酒（即白酒）百斤。徵銀四分。光緒二十五年。將軍長順奏准吉林菸酒稅加半徵收。計菸百斤徵銀三錢。酒百斤徵銀六分。三十二年將軍達桂奏准改徵黃菸值百抽十。燒酒每百斤抽錢三吊二百文。釀家販戶一律照徵。其雜菸雜酒值百抽十。至三十三年東三省督撫奏准改爲黃菸百斤徵錢三吊二百文。燒酒百斤徵銀一兩四錢。旋從燒商之請。改爲酒稅按吉錢三吊三百文折銀一兩交納。雜酒雜菸悉仍其舊。惟販酒之稅一律蠲免。宣統年間菸稅新章。黃菸每百斤徵錢三吊二百文。其餘菸絲菸捲雪茄及各種雜菸仍照舊章按菸商售出之價值百抽十。酒稅新章燒酒百斤徵銀一兩四錢。各燒商按四季繳款。每銀一兩准照吉林官價折合吉錢三吊三百文（嗣改以五吊二百文折銀一兩）黃酒栗酒明流等酒以及外來雜酒按照售價每吊徵錢一百文。此清代徵收菸酒稅之大概情形也。

民國三年。吉林菸稅又將本省所產黃菸。改爲值百抽十。在銷地徵收。旋以銷地徵收流弊滋多。仿照江蘇貨物稅章程由起運地第一局卡照章徵稅。外省或本省所屬租借地運來之菸由本省邊境或租借地界外之局卡照章徵稅。凡產地價格小於銷地者。以銷數最多之市場爲標準。（吉省銷菸數目以省城爲最多）至於酒稅。又以銀價奇昂。若照原定每兩合五吊二百文折收吉錢。公家虧耗甚巨。亦於是年改照時價折收。燒商否認。經國稅廳籌備處呈准主管機關暫照八折核收。並聲明俟銀價稍平再行免折。又有華商匿居租界。設鍋造酒。規避燒課。運銷租借地外之事件發生。遂又規定取締辦法。由租借地外經過之第一局卡照章徵稅。並於每酒一斤納過稅銀一分四釐外。（此卽清季稅率若按七錢二分折合應得大洋二分左右）另按每斤加徵稅銀一分四釐以抵關稅及燒課之不及。

民國六年。省局曾奉部電。將菸酒稅及公賣費。一律改徵大洋。卒以財政廳所管各稅。格於舊習。未能照辦。遷延既久。無形停頓。此民國時代徵收菸酒稅之大概情形也。

吉省產銷菸類。分黃菸雜菸兩種。黃菸爲本省所產。所徵稅款。占全省菸稅十分之九。雜菸爲外省輸入。所徵稅款。占全省菸稅十分之一。民國二年度徵收總額。黃菸稅計九萬九千五百十六元。雜菸稅計九千五百三十九元。共計十萬零九千零五十五元。酒類分白酒（卽燒酒）雜酒兩種。白酒爲本省燒鍋釀造。所徵稅款。占全省酒稅百分之九十八。雜酒爲外省輸入。如紹酒洋酒等。所徵稅款。占全省酒稅百分之二。民國二年度徵收總額。白酒稅計二十四萬五千七百七十元。雜酒稅計四千九百三十四元。共計二十五萬零七百零四元。總計二年度菸酒兩稅徵收總額。實爲三十五萬九千七百五十四元。

統觀上列情形。吉省菸酒兩稅。實以各燒鍋所產白酒稅爲大宗。全省燒鍋總數。據民國四年調查。共計二百三十四家。其出酒數目。常年無確切標準。在從前雖有每班出酒四百斤至四百五十斤之規定。而歷年報數。均未足額。又以每年夏季必須淘灶。每次約停燒十餘日或二十餘日不等。此外或因原料缺乏。或因資本停滯。或因勞工缺乏。以致停燒者。在所不免。曾經財政廳通令各屬。轉飭各燒商。

每日每班出酒至少以四百斤爲度。常年開業之日。除停燒期間不計外。以十箇月估定出酒額數。共計四千四百十四萬斤。(其中每家每日不止一班者)以每百斤徵稅一兩四錢計應得六十一萬七千九百六十兩。再以七二折合大洋應得八十五萬八千餘元。比較民國四年報部估計酒稅徵收總數。尙屬相符。惟與民國二年度菸酒兩稅徵收總額。驟增兩倍有餘。推原其故。端由吉省黃菸稅二年度每百斤徵稅三吊二百文。民國四年改爲値百抽十。酒稅銀每兩照官價五吊二百文核收。民國四年改爲按市價八折徵收。(例如每銀一兩市價二十吊八折收十六吊)此吉省菸酒稅額所以驟見增加也。

又吉林菸酒稅及牌照稅。於民國五年六月一日。由財政廳公賣局會定交接辦法六條。擇要摘錄如左。

第二條　菸酒稅暨牌照稅。向歸徵收局徵收。擬仍由省局飭委兼辦。暫不變更。

第三條　兼辦菸酒稅各局。其原定考核比較方法。暫通用之。

右案自九月一日起。經財政廳通飭各屬將菸酒稅牌照稅兩項收入之款。報解公賣局。彙總轉撥該省財政廳應用。此項稅銀每兩以小洋一元六角五分核收。其撥款辦法。於同年十一月二十四日由廳局會訂三條辦法如左。

一自九月份起菸酒稅牌照稅各稅捐。令各局逕解省局。並分報財政廳備查。

一除牌照稅係中央專款外。菸酒稅款照各局送交金庫原收據登記財政廳遇有軍費支付。隨時具印領送局請撥。月終結算。分別會呈備案。

一商明代理金庫。用保管收據三聯單各手續。以符銀行通章。俾收撥國家地方兩項稅款。有所依據。

此外尚有燒鍋筒課及領照費兩項稅收。照前菸酒署統一徵收成案。亦應一律移交。嗣經省局呈請令催。始於六年二月十日。由前全國菸酒事務署咨准財政部轉飭財政廳實行移交省局接收。其歷年徵收辦法如左。

吉省燒課始於乾隆年間。宣統三年火災。舊卷被燬。殘缺不全。民國二年以前。分為兩等。大燒鍋年納課銀二千七百六十九吊二百二十二文。（當時以每兩三吊折合銀九百二十三兩有奇）小燒鍋年納課銀四百兩。旋以紙幣過多。向之納錢二千九百餘吊者。僅能合銀一百餘兩。小燒鍋援例請求。公家損失過鉅。即經省署呈准將前項燒課自三年一月起。改為按筒徵銀。每日開燒一筒。年納課銀四百兩。二筒六百兩。餘類推。是年三月。將原發燒鍋執照。改為特許製造酒類執照。分令各燒戶一律換領。並酌收手續料一元。其新營業者。仍照舊例征收領照費銀一百兩或二百兩。此項燒鍋總數。據民國四年調查。共有二百三十四家。每家統照四百兩計算。全年約收銀九萬三千六百兩。以七二折大洋。應得十三萬元。

又吉省向無大洋。所有上列稅課兩項收入。或征銀兩。或徵小洋及吉錢。其歷年折合大洋標準。詳載公賣費章茲不贅。

吉林財政廳取締華商匿居租界造酒巧避課銀辦法 民國三年八月報部核准

（一）各局征收酒稅及驗票時如查出該酒商未納燒鍋票課及販賣菸酒特許牌照稅擅行起運者應令照章補繳票課稅銀如係租界運出無前項課稅者應依本省燒鍋酒稅章程於每酒一觔納稅銀一分四釐外另按每觔征稅銀一分四釐以抵顧稅燒課之不及仍依販賣菸酒特許牌照稅條例納整賣營業稅

（二）徵收前條租界內運出之酒稅由租界外經過之第一征收局或征收分局查收

（三）租界外經過之第一征收局或征收分局征收第一條稅銀後應即塡給四聯納稅證幷於證內註明商號酒名重量簍數指銷地點仍分別酌定期限責令取具殷實舖保俟酒到指銷地時將該納稅證繳由指銷地之征收局或征收分局按月繳廳以免影射

（四）租界外經過之第一征收局或征收分局征收第一條稅銀後沿途各征收局驗明單貨銷地時效相符應卽放行不再重征

（五）商人有違反第一條者處以第一條應納稅銀三倍之罰金

（六）各征收局有違反第三條第四條者付懲戒

第二十二節　黑龍江菸酒稅

江省菸酒兩稅向歸地方衙門征收。爲數甚微。酒稅一項。按戶征收。每年每戶。不論造酒若干。只收中錢(江省通用錢幣)一百五十一吊三百文。光緒十六七年間。改收銀兩。每年收稅銀九十二兩八錢。光緒三十二年。援奉吉兩省成案。仿照直隸辦法。奏准加抽菸酒兩稅。按現行市價每吊征錢七十二文。照百分比例計算。僅合百分之七有零。自此以後。除菸稅在清代迄未變更外。光緒三十四年。又將酒稅一項。改爲出場統稅。征收銀兩。按斤征稅一分一釐。每月由燒商報明出酒斤數。按數繳稅。凡已稅之酒。運往他處分銷。則由該管局卡發給酒斤轉運票一紙。以便經過第一局卡查驗放行。此外並無附加雜款。至於菸類。則由買主報納稅款。運銷他處。驗票放行。其辦法與酒稅同。惟納稅時酒無雜款。菸則外加雜款一成(例如菸稅應繳一吊。連雜款一成共繳一吊一百文)爲稍異耳。此清代征收菸酒稅之大概情形也。

民國初年。將菸稅按市價改征百分之十一。民國三年七月。該省財政廳又將酒稅改爲按斤征大洋二分。以一二折收小洋二分四釐。所謂一二大洋是也。並一面將燒課一律免除。民國四年。又將酒稅加征大洋五釐。計每斤共征大洋二分五釐。呈准核定施行。六年七月。復經該省巡按使將酒稅核減五釐。規復三年七月成案。每斤實征二分。十六年。又將白酒稅一項。與公賣費及本省特稅。由燒商合併包繳。其每日開燒一班。出酒四百斤者。全年共包納現大洋五千八百六十四元。分上下兩期繳納。每期實繳現大洋二千九百三十二元。餘類推。(參觀公賣費章白酒包稅辦法)又本省特稅稅率若干。包稅文內並無規定標準。僅言十分之六劃作稅費十分之四劃作特稅。以此推算。則特稅率實爲每斤征收二分一釐三毫。換言之民國十六年白酒一斤合稅費及特稅三項共征大洋五分三釐三毫。此民國時代征收菸酒稅之大概情形也。

江省菸酒兩稅以各燒鍋所產白酒爲大宗。全省燒鍋總數。民國三年共計八十一家。截至十二年共增至一百九十五家。此項燒鍋自同治年間始征筒課。當燒鍋開始營業時。必先報明筒數。取具同業殷實商號三家以上之聯環圖書保結。呈由縣署加具印結。呈請主管機關核發執照。完納課稅。方准營業。聯環保結中有所保燒鍋如有虧課情事。情甘代爲賠補等語。凡開設燒鍋者。除出酒若干應照章完納正項費稅外。每筒每年另繳筒課江銀二百兩。分上下兩季繳納。民國三年共征銀一萬六千八百兩。嗣以酒稅既改爲每斤征收二分。同時將筒課一項呈准蠲免。以紓商力。至於各燒鍋按月開燒停燒日期。仍應隨時申請主管局卡核定。轉報省局彙呈財政部備案。一面於月終將開燒筒數停燒日期以及全月得酒數目。造具清冊。隨同應繳酒稅款項。繳由局卡核收。此江省征收白酒稅之大概情形也。

江省菸酒出產數目自民國四年起至十二年止列表如左

年份	酒類	菸類	備考
四年	一·〇〇〇萬斤	六〇萬斤	
五年	一·一二五	六九	

六年	一・三五四	七六	
七年	一・七六七	八二	
八年	二・一六七	八五	
九年	一・八七〇	七二	
十年	一・六五二	八〇	
十一年	一・五七九	七六	
十二年	一・二一三	六九	

右係按照十三年菸酒稅統計表編列核與三年財政廳酒稅改征大洋二分請免筒課案內所載民國二年產銷酒類共征一千五百零八萬斤之總數其盈虛消長大致相符惟民國十二年燒鍋家數比較三年既增一倍有餘而出酒數目則自九年以後逐年遞減十二年產酒總數減至一千二百十三萬斤則酒商之報告不實可知矣

又呼倫貝爾地方於民國九年取消獨立之初一切從寬省局對於菸酒兩項亦取漸進主義不分稅費照舊征收其稅率照售價值百抽十一暫不設立分局即由省局委託呼倫征收局（在海拉爾）臚濱縣知事（在滿洲里）賓韋縣知事（在吉拉林）奇乾河設治局（在奇乾河）兼辦按收數百分之十提充經費呈准前菸酒署核定備案民國十一年又在呼倫地方改設分局以便整頓

又江省菸酒稅於民國五年由財政廳移交省局接管即由廳局會呈中央分令各征收局交由就近

分局接收。其未設分局地方。即由各該征收局繼續兼辦自九月一日起。將經征稅款。報解省局核收。仍由省局隨時彙撥財政廳發放本省軍政各費。此民國五年。廳局交接菸酒稅之大概情形也。

此外又有菸酒賣錢捐。即百貨一成捐之一種。每逢月尾。由各征收局查照各商店賣貨流水簿按賣價總數。征收百分之一。此項賣錢捐。照前菸酒署統一征收成案。亦應一併劃歸省局接收。惟所收款項。向係混入百貨捐抽收。一時殊難劃分。故暫從緩議云。

第二十三節　熱河菸酒稅

熱河菸酒收入除公賣費牌照稅而外向有酒捐及菸酒稅酒捐征諸燒戶爲收入大宗菸酒稅征自行銷商人祗及菸類並外省輸入各酒本產之酒則僅限於銷承德者有稅餘則以既納酒捐概予免征嗣經更變情形又有不同其遞嬗之迹有可述者

熱河酒捐始於前清光緒廿八年照各燒戶酒池大小按年納捐以供兵餉之需嗣以辦理參差極不整齊因於光緒卅二年經熱河都統札飭各屬將酒池劃一尺寸以京裁尺爲斷整池一副計七池每池長深各七尺寬三尺合一百四十立方尺七池共一千零廿九立方尺全年出酒以十萬斤計征收捐銀一千一百兩半池一副亦七池每池長深各六尺寬二尺五寸合九十立方尺七池共六百三十立方尺全年出酒以五萬斤計征捐銀五百五十兩後以半池尺寸較整池之半爲多全年又加捐銀一百廿三兩共征六百七十三兩所有各池捐銀每百兩附征解費銀七錢小燒則按年出酒觔數比照整酒捐例每百斤征銀一兩一錢捐款則均按季繳納如有停燒並須照交空捐一季以杜取巧至菸酒稅原爲百貨稅之一以酒言之本產之酒無縣無之既征酒捐概不再稅惟向例承德縣境四十里內不准開設燒鍋城鄉舖戶均銷外縣運來之酒故本產燒酒僅限於行銷承德者每百斤抽稅六角五分其外產輸入之紹酒藥酒等則普通征收值百抽四或值百抽五不等四年五月財政廳呈准擬定加抽酒稅試辦章程除本產燒戶之燒酒已完酒捐仍不再稅外關於運銷商販及零沽酒店各種之酒加重抽收外產各酒分別抽收過路落地兩稅行銷各縣一律照征嗣因籌辦公賣各商販以

一者並舉。力有不給。堅請取消。磋商再三。始承認以限於運銷承德之酒。本產燒酒每百斤征稅一元。外產之燒酒。每百斤征稅二元。紹酒值百抽十二。菓酒藥酒值百抽十五。其餘各縣仍按向例辦理。菸稅則分出產過路落地三種。本產本銷者征出產稅一道。在本境運銷百里外者。又征落地半稅。本產外銷者亦征出產稅一道。出境在六十里外者。又征過路半稅。外產內銷者。入境時征落地稅一道。卽不再征。外產運銷過境者。入境時征過路半稅。如改銷熱境。再征落地稅一道。其稅率均按值百抽四或值百抽五。由征收局或縣知事代征。

五年五月。財政廳將酒捐連同牌照稅劃歸菸酒公賣局辦理。公賣局接辦之初。暫照舊制。飭由征收局縣照征。嗣以指揮不便。擬定章程。呈准由省局委員專征各縣酒捐及牌照稅。名曰酒捐經理員。分駐各縣。除經棚向無酒捐。林西開魯酒捐無幾。仍託代征機關征收。圍場赤峯朝陽三縣由各該棧經理兼辦外。其餘各縣。視事務繁簡。定爲一二兩等。每縣設置一員。駐公賣棧內。專司稽征。於五年十二月呈准施行。六年一月。又經財政廳將菸酒稅交局接管。仍由局會廳令委征收局辦理。其稅率及辦法。亦仍舊貫。七年四月。呈經熱河都統照准按承德辦法。外產內銷之酒。燒酒每百斤征稅二元。紹酒值百抽十二。洋酒藥酒等項值百抽十五。各縣一律照征。以歸劃一。是年九月。又呈准變通酒捐舊章。將按季繳捐辦法。改爲按月繳捐。凡燒戶開業。准自開燒之月起捐。惟不滿一季報歇者。仍照季追捐。短期開燒。概行禁止。並於呈准開放小燒公賣案內(見公賣篇)規定按池征捐。每尺之酒年納酒捐及解費一元七角。按季繳款。此外經棚一縣。酒稅向歸地方官征收。自民國三年由直隸劃歸之後。卽經部派員連同多倫合設專局征收正雜各税。酒捐一項，迄未舉辦，至八年一月。始由局呈准援照各縣成案辦理。

八年二月。取銷公賣區域，裁撤公棧，各設分局。於九年一月實行。將各縣中有商會代辦之税捐處。由局委員接辦。俾歸一律。復將税捐處改爲分局。舊有名目盡予取消。並規定公賣費菸酒税捐單行章程，關於菸酒税捐明定正副酒池尺寸捐數税率及征收辦法。本產本銷之菸。由產地運銷時合計產落地一次併征百分之十。本產外銷之菸。合計產過路一次併征百分之十。外產內銷者。入境收落地全税百分之五。外產過境者抽過路半税百分之二·五。屬於酒者。除酒捐照舊外，本產酒類本銷者領有公賣指銷驗單。（即交納包池公賣費之酒）行銷承德照舊每百觔征税一元，其他各縣均予免征。但無指銷驗單。（無指銷驗單即係普通酒商所販之酒。蓋指銷驗單僅限燒戶始能給領也）則運銷各縣，仍按承德縣辦法每百觔征落地税一元。外銷者貼有公賣甲種印照。即已納過產地公賣費者。則予免税。外產酒類。則依向定税率由入境局所一道征税。運過熱境則由入境局所照落地全税之數征過路半税。一切辦法。詳見公賣篇。茲不贅述。

第二十四節　綏遠菸酒稅

綏遠菸酒稅收舊與察哈爾合設一局。駐歸化。名爲歸察菸酒公賣局。統轄兩屬菸酒事務。凡在當地產銷菸酒。綏屬八縣向有菸釐一項。由各地方征收。民國三年。經財政廳設立清源局。每縣各設一局。並改稱菸稅。分入境落地二道分征。酒則由各縣缸房包認繳稅。清源局成立。僅於包頭鎭抽收就地零沽之酒稅。其各處包繳之制。猶未能悉予變革也。其他偏僻之區。則仍由縣知事征收。但爲數亦甚尠耳。察屬之張獨多三縣菸酒釐稅。則歸舊直隸之七徵收局暨四分局征收。察西之豐涼興陶四縣因向不產菸。僅有酒釐。歸財政廳所屬之雜捐局或縣知事代辦。至十一年二月。始舉辦菸釐。此外凡由內地出口之大宗菸酒。經過該區轉運赴蒙。應納稅款。則由塞北關監督經征。綏屬全區。卽當塞北關之轄境。迨六年一月。經財政廳將向征之菸酒各釐。劃分接管。是年五月。又准塞北關將所征菸酒稅移交。除子口運入菸酒。仍由塞北關查驗辦理外。餘均由局令飭各分局辦理。未設局處。則檄委分關代收。至是綏屬之菸酒稅收。始歸統一。十一年八月。綏遠設立專局。十四年三月。呈請將酒稅加增一倍抽收。十七年二月。由察哈爾將豐鎭興和涼城集甯陶林五縣劃歸綏遠。征收區域因之更變。各項稅率亦迭有更改。計本產燒酒每百斤征稅洋二元。釐金二元五角六分。黃酒稅同。但釐金則每百斤征一元二角八分。土菸每百斤征稅四角二分五。釐金四角八分。輸入之水菸金錢菸鼻菸每百斤各征稅洋一元七角。水菸鼻菸每百斤征釐金一元九角二分。生菸金錢菸每百斤征釐金九角六分。各再征附加三成。由分局委員就入口及銷地稽征。其收入大宗向以外省輸入之生菸水菸爲最。

次則本產燒酒。以外蒙爲行銷之所。收數亦巨。茲錄綏遠菸酒稅率及產銷狀況表以資參考

綏遠省現行菸酒稅率暨產銷徵收狀況表　十八年三月造報

種類	市價每百斤價	菸酒稅率每百斤征率	盤金每百斤征率	附加稅	征收方法	產地	數量	銷地	數量
水菸	六十元	一元七角	一元九角二分	附加三成	委員稽征	河南清化等處		本省及外蒙等處	廿餘萬斤
生菸	五十元	仝前	九角六分	仝前	仝前	山西曲沃孝義等處		同前	一百萬斤上下
金錢菸	四十五元	仝前	仝前	仝前	仝前	仝前		同前	十萬斤上下
鼻菸	一百元	仝前	一元九角二分	仝前	仝前	河北省		同前	一千餘斤
燒酒	二十五元	二元	二元五角六分	仝前	仝前	本省各縣	一百餘萬斤		
黃酒	二十元	仝前	一元二角八分	仝前	仝前	同前	三四萬斤		
本產土菸	二十元	四角二分五釐	四角八分	仝前	仝前	本省歸綏托和青等縣	二千餘斤		

第二十五節　察哈爾菸酒稅

察哈爾菸酒事務局。自民國十一年八月。由歸察菸酒事務局劃分成立。就歸綏原轄之第三四兩區分局暨第七監察所改組。所產菸酒。以燒酒爲大宗。黃酒酪酒次之。菸則祇有口菸一種。其餘均係來自外省。所有直晉菸類。均行經該區運銷内外蒙古一帶。爲數甚巨。關於菸酒之徵收。除牌照公賣而外。有菸酒稅菸酒釐等。向例釐由財政廳徵收。稅則由張多殺虎二關監督征收。菸酒釐已於六年一月由財政廳移交菸酒局接管。而菸酒稅一項。則迄未劃撥察區。菸酒稅則屬於張多關範圍之内。故本區所徵者。祇菸酒釐及燒鍋照稅。而該區之張北沽源多倫三縣菸酒釐稅。又因抵借外債關係。由直隸之四分局征收。其察西之豐鎮涼城興和陶林。則向不產菸。僅有酒釐一道。自外輸入者。亦未征稅。故察區之菸酒稅甚爲簡少。至十一年四月。始於察西各縣舉辦菸釐。惟察區所徵釐稅。向有減折爲四成五成。或收錢收銀。並無劃一辦法。專局成立之後。仍沿舊制。至十四年八月。呈准劃一稅率。從量征收。菸類每百斤由九角六分至一元九角二分。酒類每百斤由二元五角至三元不等。卽於是年九月實行。燒鍋營業執照費。大缸戶全年六十元。小缸戶全年卅六元。年分兩期交納。十五年一月。始將張沽多三縣菸酒釐稅收回自徵。十六年八月。呈准援照晉省大同辦法。抽收過境西菸釐。每百斤暫收四角八分。附加二成軍費。嗣又加二角四分。共收七角二分。一次征收。十七年十二月。察哈爾改省。奉令將所屬之豐鎮興和涼城集甯陶林五縣。劃歸綏遠。同時將河北之萬金宣化懷安蔚縣懷來延慶涿縣赤城龍關陽原十縣。劃歸察省管轄。計察省共轄十六縣。分爲十二區。各設分局。更於繁衝鎮市酌設稽征所或稽征卡等。菸酒釐率。亦迭有增損。其河北十縣。仍按原定釐率。統由各分局各卡處委員稽徵。西菸過境。則由平綏路稅捐聯合征收局代征。其稅率及菸酒名稱附表於後以資參考。

察哈爾省萬全宣化懷安蔚縣懷來延慶涿鹿赤城龍關陽原等十縣現行菸酒費稅各率暨產銷征收狀況表

種類	現行市價	公賣價格	公賣費率	菸酒釐	徵收方法	產銷情形 產地	類量	銷地	數量
西菸	每百斤五十元	每百斤十五元	按價抽百分二十每百斤三元	從量每百斤收釐二元五角	各縣設立分局或分卡委員稽征	產自山西甘肅等省	西菸約分錠菸包菸兩種每年產量不詳	運銷本省各縣及內外蒙古	每年約銷十餘萬斤
口菸	每百斤廿餘元	每百斤十元	仝上每百斤二元	仝上	仝上	產自本省宣化城龍關等縣	菸葉每年約產十餘萬斤	仝上	仝上
鼻菸	每百斤五十餘元	每百斤八元五角	仝上每百斤一元七角	仝上收釐四角八分	仝上	產自山東省	鼻菸細末每年產量不詳	仝上	每年銷數甚微
水菸	每百斤百餘元	每百斤十五元	仝上每百斤三元	仝上收釐二元五角	仝上	產自甘肅省屬縣	菸絲每年產量不詳	仝上	每年約銷千餘斤
燒酒	每百斤二十餘元	每百斤十元	仝上每百斤二元	仝上收釐弍元五角	仝上	產自本省各縣	每年產燒酒二百八十餘萬斤	仝上	每年約銷二百八十餘萬斤

察哈爾省張北康保多倫沽源寶昌商都等六縣現行菸酒營稅各率暨產銷征收狀況表

種類	現行市價	公買價格	公賣費率	菸酒釐	征收方法	產銷情形 產地	產銷情形 類量	產銷情形 銷地	產銷情形 數量
黃酒	每百斤十餘元	每百斤五元	仝上每百斤一元	仝上收釐一元二角五分	仝上	仝上	每年約產黃酒廿餘萬斤	仝上	每年約銷二十餘萬斤
酪酒	每百斤三十餘元	每百斤二十元	仝上每百斤四元	仝上收釐三元	仝上	仝上	每年約產酪酒五千餘斤	仝上	每年約銷五千餘斤
南酒	每百斤四十餘元	每百斤三十元	仝上每百斤六元	仝上仝上	仝上	產自河北浙江等省	南酒每年產量不詳	仝上	每年約銷一萬餘斤
啤酒	每百斤五十餘元		仝上每百斤十元		仝上	產自河北省	啤酒每年產量不詳	仝上	每年約銷四千餘斤

種類	現行市價	公買價格	公賣費率	菸酒釐	征收方法	產銷情形 產地	產銷情形 類量	產銷情形 銷地	產銷情形 數量
西菸	每百斤五十餘元	每百斤十七元五角	按價抽百分二十每百斤三元五角	從量每百斤收釐九角二分	各縣設立分局或分卡委員稽征	產自山西甘肅等省	西菸約分錠菸包菸兩種每年產量不詳	運銷本省各縣及內外蒙古	每年約銷八九十萬斤
口菸	每百斤廿餘元	每百斤九元	仝上每百斤一元八角	仝上收釐四角八分	仝上	產自本省宣化赤城龍關等縣	菸葉每年產量約十餘萬斤	仝上	每年約銷十餘萬斤

鼻菸	每百斤五十餘元	每百斤八元五角	仝上　每百斤一元七角	仝上　仝上	仝上	產自山東省	鼻菸細末每年產量不詳	仝上	每年約銷一萬餘斤
水菸	每百斤百餘元	每百斤十三元	仝上　每百斤二元六角	仝上　收釐一元九角二分	仝上	產自甘肅省蘭縣	菸絲每年產量不詳	仝上	每年銷數甚微
西菸過境				每百斤七角二分	由平綏路稅捐聯合征收局代征	產自甘肅省	每年產量不詳	運銷平奉暨江南各省	每年運往各省約百卅萬餘斤
燒酒	每百斤廿餘元	每百斤十元零零八分	仝上　每百斤二元〇一分六釐	從量每百斤收釐二元五角	各縣設立分局或分卡委員稽征	產自本省各縣	燒酒每年約產六十餘萬斤	運銷本省各縣及內外蒙古	每年約銷六十餘萬斤
黃酒	每百斤十餘元	每百斤七元	仝上　每百斤一元四角	仝上　收釐一元二角五分	仝上	仝上	黃酒每年約產十餘萬斤	仝上	每年約銷十餘萬斤
酪酒	每百斤三十餘元	每百斤廿元	仝上　每百斤四元	從量每百斤收釐三元	仝上	仝上	酪酒每年約產千餘斤	仝上	每年約銷千餘斤
南酒	每百斤四十餘元	每百斤卅元	仝上　每百斤六元	仝上	仝上	產自河北浙江等省	南酒每年產量不詳	仝上	仝上
啤酒	每百斤五十餘元	仝上	仝上　仝上	仝上	仝上	產自河北省	啤酒每年產量不詳	仝上	每年約銷百餘斤

說明

一 查本省所轄十六縣除張北沽源康保寶昌商都多倫等六縣係察省舊屬外其萬全宣化蔚縣懷安陽原懷來涿鹿延慶赤城龍關等十縣原屬河北省管轄十七年十二月因察哈爾改省始奉國民政府命令劃歸察省管轄該張北等縣與萬全等縣先前既爲兩省所定菸酒費稅各率自多不同本擬卽籌劃一俾利徵收惟因萬全等縣新轄未久遽行變更恐商民誤爲加稅諸多不便現仍各循舊章故本表亦分別填列

一 查察局成立較晚迭經軍事每年菸酒產銷情形向無統計且萬全等縣劃歸未久諸多未諳故本表所列產銷數量均係約數

一 查本省除宣化赤城等縣產有口菸一種外其西菸鼻菸水菸均係來自外省故產量不詳

一 查本省除燒酒黃酒酩酒三種各縣均有釀造外其南酒啤酒則係來自外省故產量不詳

菸酒稅史 卷六

第六章 牌照稅

第一節 概說

菸酒特許營業稅。本屬列邦成法。民國三年一月。北京政府創辦菸酒營業牌照稅。制定販賣菸酒特許牌照稅條例十五條。公布施行。隨於二月間由財政部公布販賣菸酒特許牌照稅條例施行細則十四條。又於七月間公布修正販賣菸酒特許牌照稅條例施行細則二十六條。前頒細則。卽行取消。上項稅法之規定。凡販賣菸草或酒類之營業。分爲二種。第一種整賣營業。凡以菸草或酒類大宗批發與零賣商人者屬之。第二種零賣營業。凡販賣菸草或酒類零星售與消費者屬之。內又分甲乙丙三種。開設一定之店肆。以零賣菸草或酒類爲全部分或大部分營業者。爲甲種零賣營業。開設一定之店肆。兼零賣菸草或酒類者。爲乙種零賣營業。無一定之店肆。於道旁或沿戶零賣菸草或酒類者。爲丙種零賣營業。欲爲前項之營業者。須赴該管徵收機關領取牌照。凡整賣營業每年納稅四十元。甲種零賣營業每年納稅十六元。乙種零賣營業每年納稅八元。丙種零賣營業每年納稅四元。凡兼營整賣與零賣。或兼賣菸草與酒類者。須領取兩種牌照。各依定額納稅。凡牌照准承繼營業。而不得轉賣讓與或貸用。廢業須繳。遷地須換。徵稅官吏得隨時檢查之。如無牌照而營業者。除依條例所規定繳足稅額。並補領特許牌照外。仍分別處罰。其處罰等差及其他罰則。均訂定於條例之內。各省徵收機關由各該國稅廳指定各地方經徵局或委托縣知事辦理。（其時各省正設國稅廳籌備處嗣即改爲財政廳）每年以一七兩月爲納稅之期。新營業者於領取牌照時完納其期之稅。營業者屆期如不納稅。該管經徵機關須行文督促之。行文督促時並徵收銀元二角至八角。奉文督促十日以內猶不納稅。特許牌照即失效力。凡徵收稅金應給收據與納稅之人。是年二月。經財政部通令各省國稅廳籌備處。即於三年第一期開始徵收。以其時一月已過。故以七月一日以前爲第一期有效期間。飭令妥速籌辦。所有牌照式樣由財政部規定。並各種書據定式。經部先後令發製印給領應用。（牌照整賣紅色、甲種零賣藍色、乙種零賣黃色、丙種零賣紫色、）隨即遵照籌辦。於三年第一期開始徵稅者居至多數。亦有遲至第二期或四年第一期者。五年一月。北京設立全國菸酒事務署。其時各省菸酒公賣局依次成立。（後改爲菸酒事務局）由部署通令各省財政廳將牌照稅及菸酒稅等一併移局管理。除遼寧一處因抵借外債關係。貴州公賣局纔設即罷。新疆川邊（即今西康省）並無公賣局。均仍歸財政廳主管外。其餘各省直至民國八年始完全由局接管。接收以後。並經各該局將所屬此項牌照稅陸續收歸菸酒分局或稽徵所自辦。然猶仍舊貫者亦復不少。計自開辦以來。各省實行收稅。發生兩種困難。一販賣外菸外酒應否一體給照徵稅。條例內未經明白規定。商人每多抗延。其二丙種零賣以道旁沿戶零星售賣爲範圍。此種每多貧苦小民。年稅四元。擔負尚覺稍重。其第一問題。經財政部六年六月寒電解釋。販賣菸酒牌照係屬營業稅性質。外菸外酒自應一律辦理。其第二問題。則凡有呈請添設丁戊兩種者。部署均予照准。以免窒礙。至於製造各商其徵收販賣稅與否、以是否對於消費者兼有售賣之行爲爲斷。他若前領牙帖之牙行、各省亦多有飭領牌照者。徵收經費原定扣支百分之二。印刷紙張及郵電等費。准其核實支銷。然提成經費。亦有不止百分之二。且有增至百分之十或十五者。（此項牌照稅以係屬新稅。當時財政部曾有十成之一獎勵金之規定後未實行）比年各省收數短絀。前署以縣吏承徵。每多弊竇。飭局迅速收回自辦。並屢飭調查整頓。各菸酒局多有比照費稅之例。訂定比較。呈署立案。長收者分別提獎。然實際上或係招商包繳。不盡以實具報、夙由縣署經徵之處、亦未能悉數收回。也徵收稅率、除熱河呈准自十六年起。整零營業。均酌加十分之五外。餘皆照條例定額。惟廣東一省。民國元年。卽有菸牌費酒牌費名目。其定率較之三年新例爲重、奉部令照舊辦理。於全國爲獨異。迨至國民政府成立。於十六年六月。由財政部公布菸酒牌照費暫行條例十一條。各省均未及實行。十七年三月。復由部公布菸類營業牌照稅暫行章程十一條、施行細則十一條。令飭各省菸酒事務局遵照辦理。（十六年十二月。曾由部公布捲菸牌照稅章程、歸各省捲菸稅局徵收。嗣因商民以既領菸酒牌照。復領捲菸牌照。近於一稅兩徵。環請豁免。故特將捲菸牌照稅廢止。並修正菸酒牌照內菸類稅則。納入捲菸稅。公布施行。）凡售賣華洋菸類。一律須向該管各省局或分局繳納稅銀。領取牌照。始得營業。營業牌照計分二種。第一種整賣營業。凡以菸類大宗批發與零賣商人者屬之。共分三等。甲捲菸廠商之分公司及經理分銷處。每季納稅一百元。乙各種製賣土菸店及菸草行。每季納稅四十元。丙經理各種菸類批發店。每季納稅二十元。第二種零賣營業。凡販賣菸類零星售與消費者屬之。共分五等。甲開設店肆營售一切菸類者。每季納稅十二元。乙他種商店大部分兼營一切菸類者。每季納稅八元。丙他種商店零售一切菸類者每季納稅四元。丁設攤零賣菸類者。每季納稅二元。戊零售菸類之負販者。每季納稅一元。牌照皆由財政部製印頒發各省菸酒局分別發給。（牌照整賣甲紅色花邊。乙綠色花邊。丙黑色花邊。零賣甲紅色寬邊。乙綠色寬邊。丙黃色寬邊。丁粉紅色寬邊。戊黑色寬邊。）每年以一月四月七月十月之一日至十日。爲換領新照之期。不得逾限。新營業者。無論在每季之任何月分領照。均作一季計算。其他普通規定。與三年條例無大參差。至酒類營業仍照舊章徵稅。十七年十一月。復經財政部將施行細則內第二條修正公布。加入逾限催徵費。自二角至四元。十八年六月。又將第四條修正公布。凡零賣營業之負販者。每季稅額減爲五角。其酒類營業牌照稅暫行章程十條。於十八年五月始行公布。同時公布施行細則十一條。酒類牌照亦分二種。第一種整賣營業。凡以酒類大宗批發零賣商人者屬之。計分三等。甲每年批發在二千擔以上者。每季納稅三十二元。乙每年批發在一千擔以上者。每季納稅二十四元。丙每年批發在一千擔以下者。每季納稅十六元。第二種零賣營業。凡以酒類零星售與消費者屬之。計分四等。甲開設店肆販賣一切酒類者。每季納稅八元。乙他種商店兼售一切酒類者。每季納稅四元。丙零售酒類之設攤者。每季納稅二元。丁零售酒類之負販者。每季納稅五角。餘與菸類畧同。（牌照分色亦同菸類。惟零賣丁種係黑色寬邊。）尙有公布洋酒類營業牌照章程七條。並該章程施行細則。詳見洋酒類稅章。自十七年三月頒布菸類牌照稅章程以後。各省在此期間。菸酒牌照稅率固屬彼此懸殊。徵稅時期。每年亦有兩期四季之別。至是始得漸同軌轍。惟廣東現行菸酒牌照稅。較之元年所定稅率。又有增加。倘難求其劃一耳。綜計全國菸酒特許牌照稅。除青海寧夏兩省係屬新設省分。辦理情形未據呈報外。其餘各省所有開辦時期。以及其他情形。均依次分列於第二節中。單行章則之有關係者。一併附錄。以存梗概。

第二節　各省牌照稅

江蘇

該省菸酒牌照稅。於三年第一期開始徵收。向歸各縣代徵。徵收經費。三年九月經該省財政廳呈准自四年起。扣支百分之七。其三年分准支百分之十。自菸酒公賣局成立。於五年接管後。收歸分局自辦。歷係商人認額包繳。與公賣費同。旋於局中附設牌照稅徵收處。專司其事。十五年三月。該局以稅收疲滯。規定督促費一項。逾限一月者。照部章加徵二角至八角。逾限至二月者。須徵四角至一元六角。再有逾限。計月依次遞加。以資整頓。十七年九月。國民政府新頒菸類牌照稅章程。該局呈請加徵督促費。每照分別徵費自二角至四元。於菸類牌照施行細則內明白規定。是年十一月修正細則第二條。加入催徵費。卽據該局所請也。該省牌照稅。向不過徵收十四五萬。十八年七月投標委辦案內。增額超過一倍有餘。且按月徵足。毫無短欠。與公賣費同。

浙江

該省菸酒牌照稅。於民國三年第一期開始徵收。菸酒公賣局。係於民國六年接管。向由各縣代徵。徵收經費。初係照章按百分之二扣支。嗣經該局於十一年間呈准改支百分之四。該省紹興釀戶牌照稅。原經國稅廳籌備處訂定辦法。以五十缸以上爲整賣。二十缸以上。爲甲種零賣。五缸以上爲乙種零賣。不及五缸。爲丙種零賣。十年十二月。該省菸酒局以各釀戶承領牌照。仍有集會多數小戶共領一照。或請照一張寄附多數小戶等弊。特由局擬訂專章。凡釀酒八十缸以上者領整賣牌照。四十缸以上八十缸以下者。領甲種零賣牌照。二十缸以上四十缸以下者。領乙種零賣牌照。十缸以上二十缸以下者。領丙種零賣牌照。另添丁戊兩種。五缸以上十缸以下。領丁種。五缸以下者。領戊種。丁種每年納稅二元。戊種一元。該局以收數短絀之故。於七年六月。呈請核准調查牌照稅辦事規則八條。又於是年九月。呈准各縣考成條例十二條。並規定比額視上年收數普加四成。復於十二年四月。呈准檢查牌照暨罰金規則十三條。十五年十月。呈准修正考成條例十四條。迨國民政府成立。公布菸類牌照稅新章後。該局於十七年五月。呈請將菸類牌照稅經費。增支至百分之七。奉部令准支百分之五。

安徽

該省菸酒牌照稅。於三年第一期開始徵收。向歸各縣代徵。自菸酒公賣局成立。於六年接管後。遂有由各菸酒分局收回自辦者。徵收經費。係照章扣支百分之二。三年八月。該省財政廳擬訂變通辦法四條。呈部核示。部對於所訂辦法內。凡開設他種店肆。實係小本經營。兼零賣中外菸酒。查明所貯土菸不足五斤。紙菸僅一二盒者。得領丙種牌照一條。認為與原定條例不合。飭令遵照條例。仍以無一定之店肆為限。但該省後來仍係照此變通辦理。迨國民政府成立。於菸類牌照新章已經公布。酒類牌照新章未公布之前。曾經該局呈准所有酒類牌照稅。催徵費援照菸類徵取。

江西

該省菸酒牌照稅。於民國三年第二期開始徵收。隨由該省國稅廳籌備處擬訂徵收販賣菸酒牌照稅辦事專則二十條。呈部核示。部以第六七兩條辦法未協令飭修正。旋據修正呈復。復經部核第六條所定乙種零賣營業。其範圍實係甲種。應改照甲種納稅。第七條所定丙種零賣營業。其範圍實係乙種。應改照乙種納稅。該省此項稅款。向由各縣及各統捐局並保商局等代徵。自菸酒公賣局成立於五年接管後。先將河口樟樹鎭兩處收歸分局及稽徵所辦理。十四年六月。由局呈准將各分局駐在地之牌照稅收回自辦。（開辦之初。曾於省城設立菸酒牌照稅經徵所。四年一月。併入南新兩縣）徵收經費。向係照章按百分之二扣支。嗣經財政廳呈准自五年一月起。另收手續料百分之三。以二分留各署局自行開支。以一分解廳作爲刷印牌照等項之用。其原在正稅內扣支百分之二舊章卽行廢止。十四年六月。由局呈准整頓獎懲章程十六條。十五年一月。復經呈准規定比額。招商包辦。但詳細情形。未據該局呈明有案。迨至國民政府成立後。十八年三月。據該局呈稱。贛省此項牌照稅原由各縣移歸各菸酒分局兼辦。上年七月。經前局長劃出改設專局。派人認額承辦。半載有餘。弊端百出。請將全省牌照稅總分局一律取消。自四月一日起。查照蘇省辦法。於局內附設牌照稅徵收處專任其事。厲行整頓。並擬呈整頓大綱八條。財政部以大綱內第六條尙有未妥。令飭修改。旋據修正呈核。奉令照辦。

福建

該省菸酒牌照稅。於民國三年第一期開始徵收。向歸各縣代徵。自菸酒公賣局成立。於六年接收後。至十年四月。始由局呈准一律收歸各稽徵所各分棧自辦。惟如閩侯等縣。不無包辦性質。（開辦之始。省城牌照稅歸菸酒捐總局徵收並綜核各縣牌照稅事宜。）徵收經費。初係照章按百分之二扣支。嗣經呈准提支百分之十。

湖北

該省菸酒牌照稅。於民國三年第二期開始徵收。隨由該省國稅廳籌備處擬呈菸酒牌照施行簡章八條。奉部令第六條內稱各縣局彙解稅款。上半年以六月爲限。下半年以十二月爲限等語。應改爲均於收款次月解繳。開辦之始。係歸各縣及各徵收局代徵。各縣所需經費。在經徵菸酒糖捐經費內開支。各局不另支經費。四年二月。經財政廳呈准。一律由縣徵收。徵收經費。係照章扣支百分之二。民國六年。經菸酒公賣局接管。十二年七月。呈准添設零賣丁戊兩種牌照。丁種每年納稅二元。戊種一元。自十三年起。以收數不暢。由局擬定比額。呈准改爲商包。十六年後。國民政府成立。該省稅務係歸前武漢政治分會財政委員會直接管轄。牌照稅率。因之大變。營業牌照。整賣營業按月徵稅。零賣營業半年徵稅。皆視銷貨之多寡。定徵收之等差。整賣以百分之一爲率。零賣以千分之五爲率。十八年四月。由部派員接收。乃遵部章辦理。

湖南

該省菸酒牌照稅。於民國三年第二期開始徵收。民國五年。由菸酒公賣局接管。七年十月。經局呈准添設零賣丁戊兩種。丁種每年納稅二元。戊種一元。徵收經費。初請提支百分之十。經部核令照章扣支百分之二。然事實上仍支百分之五。八年七月。由局呈准扣支百分之十。添補巡查人員舟車之費。

向歸各縣代徵。嗣後漸改爲招商包辦。

廣東

該省原有菸酒牌費。係民國元年開辦。菸牌費共分五等。一等年納六十元。二等年納三十六元。三等年納二十四元。四等年納十二元。五等年納六元。酒牌費共分四等。一等年納三十六元。二等年納二十四元。三等年納十二元。四等年納六元。三年一月。北京政府公布菸酒特許牌照稅條例。該省擬於本年第二期取消舊稅。遵辦新稅。是年十月。財政部令飭該省財政廳仍照舊章辦理。但將牌費名目。改爲牌照稅。民國十七年。該省菸酒稅局修正菸酒規程。其中菸牌照稅以刨菸排數及售菸價値之多寡爲標準。計分十一等。特等每月納稅三十二元。一等二十八元。二等二十四元。三等二十元。四等十六元。五等十二元。六等八元。七等六元。八等四元。九等二元。十等一元。小販五角。酒類牌照稅、亦分十一等。以沽酒埕數之多寡爲標準。一等每月納稅一百二十元。二等九十元。三等六十元。四等三十元。五等十八元。六等十二元。七等六元。八等三元。九等一元五角。十等七角五分。其特等爲每月沽酒一千埕以上者。每多沽百埕。於百二十元外。加徵十二元。以此類推。此外復有洋酒牌照。藥酒牌照。酒飯館開瓶沽酒牌照。酒餅牌照等稅。均按月照徵。具在菸酒規程中（菸酒規程附列於第四章廣東一節之後）。十八年七月。該省菸酒局局長將該省現行稅則。與財政部新頒牌照稅章程不符各節、明呈到部。經部令飭由局妥擬辦法。在此過渡時間。暫行照舊辦理。

廣西

該省菸酒牌照稅。於民國三年第二期開始徵收。民國六年由菸酒公賣局接管。向歸各縣代徵。經費係照章按百分之二扣支。嗣後卽係招商包辦。國民政府成立後。據該局於十七年十二月。呈明如此。十八年四月。經該局呈部。凡各種製賣土菸店。如係開一架刨者。請每季收稅十元。兩架刨者二十元三架刨者三十元。四架刨以上。四十元。奉令照准。

山東

該省菸酒牌照稅。於民國三年第二期開始徵收。向由各縣代徵。自菸酒公賣局成立。於五年接管後。歷城菸酒濰縣臨朐安邱等處菸類。逐由菸酒分局自辦。徵收經費。向按百分之三・五扣支。三年十一月。由該省財政廳呈准添設零賣丁戊兩種牌照。丁種每年納稅二元。戊種一元。十三年四月。由局呈請嚴查弊漏。實行整頓。旋經擬訂整頓規則十五條。以近三年徵收平均數作爲比較定額。如徵收超過二成至五成者。在溢收數內留支二成。超過五成以上者。留支三成。作爲各區巡查員及加派臨時委員調查各費。並查辦得力具有成績各員奬勵金之用。國民政府成立後。據該局於十七年七月呈請增加經費至百分之七。奉部令最多亦不得過百分之五。該省膠澳一處牌照稅。當該埠特設菸酒經徵處時。徵過十二年上下兩期。爲數甚微。十三年間。卽以商人始終不肯承認。呈准暫時停辦。十四年該處改爲菸酒分局。歸山東省局管理。此項牌照稅。仍未徵收。十五年七月。乃由山東省公署改組爲膠澳菸酒經徵處。並將舊章修改。公布牌照稅稅率。仍照三年部章辦理。國民政府財政部於十八年夏。接收山東菸酒事務局。由局呈准改爲駐青辦事處。一切徵收方法。暫照舊章。

山西

該省菸酒牌照稅於民國三年第一期開始徵收。向歸各縣代徵。自菸酒公賣局成立接管後。於八年十月呈准將分局駐在之陽曲等七縣收囘自辦。餘仍照舊辦理。徵收經費係照章扣支百分之二。八年十二月呈准凡收囘自辦之處。均支百分之五。六年四月。曾由該局呈請派員調查七八兩年又迭經整頓檢查各一次。收數較前倍增。十三年八月。該局復呈准整理規則十六條。並請將辦理不能認眞之淸源等三十七縣收囘歸稽徵所自辦。是年五月呈准添設零賣丁種牌照。每年納稅二元。自十四年起。經省公署飭局改爲招商包辦。

河北（原係京兆直隸兩省區）

舊京兆屬

京兆菸酒牌照稅於民國三年第一期開始徵收。其時順直尙未分治。此項牌照稅係由舊直隸省主管經徵。是年七月。順直劃分。隨由順天府府尹訂定經徵販賣菸酒特許牌照稅辦事附則十九條。呈部核准施行。順天旋改爲京兆。第二期以後。卽歸京兆財政分廳接管。並接收第一期未完事宜。其京城地面仍照舊章歸左右翼稅務監督經管。迨京兆菸酒公賣局成立，乃於五年七月移局辦理。徵收經費。准按百分之十五支給。稅款向由各縣代徵。自十三年第二期起。始由局次第收回招商承辦。十二年七月。該局曾擬訂整頓辦法十條。呈准實行。以各縣十年下期及十一年上下兩期收數平均作爲比額。規定溢收至十成之二以上。准於溢收數內提支十分之五。以二成作爲獎勵金。以一五補助局用以一五報解京兆尹公署。是年九月。復經局呈准於局內附設整理菸酒牌照委員會。附呈簡章八條。十三年十一月。呈准各區承徵菸酒牌照稅經理員辦事規程十一條。則適在招商包辦時代。十四年一月。又呈准整理京師牌照稅辦法十條。十七年一月。呈准包辦條例三十四條。經逐年調查整理。收數尚有可觀。

舊直隸屬

直隸菸酒牌照稅。於民國三年第一期開始徵收。隨由該省國稅廳籌備處擬訂直隸省經徵販賣菸酒特許牌照稅辦事附則十八條。呈部核准施行。開辦之初。除天津等十五縣歸原有之菸酒稅局徵收外。其餘概由各縣代征。征收經費。係照章按百分之二扣支。自民國六年由菸酒公賣局接管後。除分局駐在處由該分局辦理外。餘仍舊貫。迨至十四年二月。始由局呈請完全收回自辦。並呈明派員分別調查。切實整頓。以近三年平均收數作爲比額。隨經呈准獎懲章程十五條。規定溢收至十成之二以上者。於溢收數內提支一成。溢收至四成以上者。於溢收數內提支二成。作爲獎勵金。該省此項牌照稅。凡燒鍋售酒者。皆領整賣牌照。

河南

該省菸酒牌照稅。於民國三年第一期開始徵收。菸酒公賣局於五年接管。向係各縣代徵。嗣經該局陸續收回自辦。及至十三年間。計收歸各分局辦理者。共有七十七縣。徵收經費。係照章按百分之二扣支。六年十一月。該局以各縣牌照稅往往有名無實。呈准遴派專員。前往各屬檢查登記。嗣後續派數次尙著成效。十年八月。經該局呈准。凡雜貨牙行。將菸酒代客買賣者。除牙帖稅外均按照零賣營業之甲種納稅。其代客買賣之完全菸行或酒行曾已領有牙帖者。一律改換牌照按整賣定率納稅。

陝西

該省菸酒牌照稅。於三年第一期開始徵收。民國五年。由菸酒公賣局接管。向歸各縣代徵。徵收經費。係照章按百分之二扣支。

甘肅

該省菸酒牌照稅。於民國三年第一期開始徵收。向歸各縣及百貨徵收局代徵。初辦時以每年收數不過千餘元。故並未提支經費。民國八年。始由菸酒公賣局接管。旋經該局極力整頓收數大增。十五年二月。乃由局呈准提支經費百分之十。

新疆

該省菸酒牌照稅。於民國三年第二期開始徵收。向歸各縣代徵。以該省並未設立菸酒公賣局。故此項牌照稅歷由財政廳主管。亦無提成經費。但每年由廳將牌照工本造報支銷。其蒲犂尉犂婼羌且末布爾津河博樂澤普承化布倫托等九縣及七角井等十分縣。或以地境荒凉。或以設治在後。始終未辦。

四川

該省菸酒牌照稅。於民國三年第二期開始徵收。向由各徵收局代徵。徵收經費。照章按百分之二扣支。三年九月。經財政廳呈准凡由烤戶代人釀造。免領牌照。惟迹近批發者。仍須飭領整賣或零賣牌照。俾符條例、嗣菸酒公賣局成立於民國六年接管。迨國民政府成立後。據該局於十七年十二月呈明該省菸酒牌照稅稅率及徵收期限、歷係查照三年部章辦理。

西康（卽舊川邊）

該省菸酒牌照稅於民國三年開始徵收。三年十一月。該區財政分廳擬呈川邊販賣菸酒特許牌照稅推廣條例施行細則二十二條。部令將施行細則改爲施行附則。並令該區三年份稅項。既擬於本年十二月一日起徵、其附則內所規定四年一月開辦期限。應卽修正。向由各縣代徵。無提支經費。以並未設立菸酒公賣局。故此項牌照稅歷歸財政廳主管。

雲南

該省菸酒牌照稅。於三年第二期開始徵收。民國六年。由菸酒公賣局接管。向歸各縣代徵。徵收經費。係照章按百分之二扣支。

貴州

該省菸酒牌照稅。於民國三年第二期開始徵收。向由各縣代徵。徵收經費。係照章按百分之二扣支。三年四月、經該省國稅廳籌備處規定以開設一定之店肆販賣菸草或酒類爲全部分營業者。爲甲種專賣營業。每年納稅四十元。以專於道旁或沿戶零賣菸草或酒類者。爲乙種專賣營業。每年納稅四元。以開設一定之店肆以販賣菸草或酒類爲大部分營業者。爲甲種兼賣營業。每年納稅十六元。

以開設一定之他種店肆兼零賣菸草或酒類者。爲乙種兼賣營業。每年納稅八元。嗣後專賣又添丙丁。二種。丙種每年納稅二元。丁種一元。兼賣添丙種一種。每年納稅四元。該省此項牌照稅。民國五年獨立時代。曾經省令停辦。旋卽恢復。惟查考六七兩年冊報。所辦不過數縣而已。該省菸酒局甫設旋罷。故無接收之事。

遼寧（卽舊奉天省）

該省菸酒牌照稅。於民國三年第一期開始徵收。隨由該省財政廳擬呈解釋販賣菸酒特許牌照稅條例及劃一之辦法十五條。第三條規定凡丙種零賣營業之擔荷籠筐沿途叫賣者。暫予免稅。部令以解釋既已刷印通行。暫准照辦。仍於來年將解釋本條修正。以符通案。該省此項稅款向由各稅捐徵收局代徵。歷歸財政廳主管。菸酒局成立後。以抵借外債關係。並未移交接收。徵收經費。係照章按百分之二扣支。凡燒鍋售酒。均照整賣納稅。

吉林

該省菸酒牌照稅。於三年第一期開始徵收。向歸各稅捐局代徵。自菸酒公賣局成立。於五年接管後。所有省城牌照稅。改歸第一分局徵收。餘仍照舊辦理。徵收經費。係照章按百分之二扣支。十三年九月。該省菸酒局呈稱。造酒商家。應否起領牌照。奉前菸酒署令。該燒鍋等所造之酒。如均係大宗批發。既經領有特許執照。（按此爲特許釀造執照。）自可免其另領營業牌照。若並在舖內零售。是兼有售賣之行爲。與特許牌照稅條例第一條第二種之零賣營業性質相同。自應遵章另領營業牌照。以杜取巧。

黑龍江

該省菸酒牌照稅。於三年第一期開始徵收。初由各縣及設治局各徵收局代徵。自菸酒公賣局成立於五年接管後。除一二三四五各分局及望奎稽徵處係直接徵收外。餘均仍舊辦理。其沿中東路綫各站之菸酒商販。於九年十一月始由局呈明一律徵收牌照稅款。該省徵收經費係照章按百分之二扣支。當開辦之初。經國稅廳籌備處呈部。凡菸酒商號同一字號而分櫃營業者。可否免納同類兩份牌照稅。奉令仍應一體並納。

熱河

熱河省原係特別區。該區牌照稅。於民國三年第一期開始徵收。其初由各稅務徵收局代徵。自菸酒公賣局於五年接收後。自六年起。改由菸酒稅捐局經徵。間有由各縣處代徵之處。九年以後始歸菸酒分局辦理。徵收經費。係按百分之五扣支。自十六年第一期起。呈准整賣每年加稅二十元。零賣甲種每年加稅八元。乙種每年加稅四元。丙種每年加稅二元。凡燒戶其資本在五千元以上。領整賣照。資本在五千元以下。酒池尺寸不及整賣半池。全年出酒不及三萬斤者。領零賣甲種照。

綏遠

綏遠原係特別區。該區菸酒牌照稅。於民國三年第一期開始徵收。隨由該區國稅廳籌備處擬訂歸綏境內徵收販賣菸酒特許牌照稅暫行章程十五條。呈部核准施行。惟第五條酌分牌照顏色部令應俟用完以後。仍照部頒照色刷用。第九條所定本年一二兩期完納日期。暫准變通。嗣後仍須遵照條例辦理。初辦之時。此項牌照稅除五原東勝武川三縣外。均係塞北稅釐徵收局所屬各分局代徵。嗣由財政廳收回歸各清源局及各縣代徵。徵收經費准按百分之七扣支。當各省菸酒公賣局成立之始。該區係與察哈爾合併名爲歸察菸酒公賣局。當將兩屬菸酒牌照稅於民國六年一並接管。迨至十一年八月。察哈爾局成立。歸察又分爲兩局。各屬代征之牌照稅亦於是年收回自辦。

察哈爾

該省原係特別區。該區菸酒牌照稅於民國三年第一期開始徵收。向由各縣代徵。歸察合設菸酒局時。亦屬仍前辦理。迨至十一年八月。設立專局。始由局收回自辦。徵收經費與綏遠同。

浙江菸酒公賣局調查販賣菸酒特許牌照稅辦事規則 七年六月

第一條　此次調查牌照。除舊處屬轄縣較多。交通不便。限四箇月查竣外。其餘各屬均限三箇月查竣。委員所至之處。務須妥速從事。不得遲延致誤期限

第二條　各縣城廂內外暨各鄉村。凡屬菸酒營業店肆。應照販賣菸酒特許牌照稅條例及修正施行細則之規定。均須逐一調查。不得稍有遺漏

第三條　調查菸酒營業店肆時。應詢其有照無照。無則飭令立卽赴縣繳稅領照。有則吊閱。如驗明非本期發給之照。或經過數期。漏未繳換者。飭令立卽赴縣按期補稅領照。並查明中間是否停止

營業分別照章處罰

第四條　各菸酒店肆如係整賣或甲種營業而朦領零賣或乙丙等種牌照者從寬免究既往飭令自本期起補捐改領

第五條　委員查得有犯第三四條之情節者立即函知縣署查照縣署俟接到委員公函日起經過五日仍未據營業者來署繳稅領照應即行文派警勒限督催如再違延立即封閉

第六條　委員每一縣調查完竣應將調查狀況列表呈報本局查核

第七條　縣知事俟委員查畢一箇月內結束呈報並將徵存稅款掃數解省

第八條　委員每員月支薪水五十元旅費每日兩元計六十元辦公費二十元由本局於徵收牌照稅項下支給事竣造册報銷各該委員不得再由縣署供應

浙江省各縣徵收菸酒牌照稅考成條例　七年九月

第一條　各縣徵收菸酒牌照稅依本條例之規定考核之

第二條　各縣徵收菸酒牌照稅七年分暫定一試辦額

前項定額因浙省自民國三年起徵牌照稅後各縣於每年內多未能按期徵齊報解則某縣某年收數若干無憑彙核以爲是年收數比額之依據自應體察情形分別酌定各縣比較辦法由菸酒公賣局會同財政廳呈明財政部省長覈定試辦一年後再行更訂

第三條　前項比額於年終考核之

第四條　年額盈收一成以上者記功一次二成以上者記功二次三成以上者記大功一次四五成以上者呈請省長咨部獎勵

第五條　年額短收一成以上者記過一次二成以上者記過二次三成以上者記大過一次四五成以上者由菸酒公賣局會同財政廳呈請省長撤任

第六條　一年内二期兩任者由菸酒公賣局查核各該任徵收情形會同財政廳分别呈請獎懲

第七條　如因特别事故收數不能足額時應將確實情形呈報核辦

第八條　各縣經徵税款按期連同名册收據牌照存根等件一併解送如有交卸時須逐一移交後任會同造册呈報菸酒公賣局備核

第九條　各縣徵收官如有侵吞税款情弊查明按法懲辦

第十條　各縣徵收官署之辦事人員如有侵吞舞弊等事除查明按法追究外其侵吞之款先着徵收官如數墊繳

第十一條　每期徵收税款限於一月内掃數清解如有故意匿延酌量懲處

第十二條　本條例自奉財政部省長核准施行

浙江省檢查販賣菸酒特許牌照税暨罰金規則　十二年四月

第一條　應領牌照之各鋪戶於每期徵收稅款前一箇月內卽每年六月及十二月內由各縣警察官廳會同經征官署檢查一次但初次檢查時應於一箇月以前會同出示曉諭定期實行

第二條　檢查普通販賣菸酒店肆牌照其等級應以牌照稅條例第一條第一第二兩種規定爲標準檢查普通釀酒坊戶牌照應以前國稅廳籌備處規定按缸分等辦法爲標準檢查紹蕭兩縣釀戶牌照應以規定紹蕭兩縣特種釀戶牌照辦法爲標準

第三條　檢查時應驗明所執牌照如果等級相符卽於牌照內加蓋某年月日某人查訖戳記如等級不符發生疑義得隨時檢查進出賬據以資證明

第四條　檢查時應吊閱最近期內納稅收據驗其稅款已未繳納如未繳納卽依照本規則第六條規定辦理

第五條　檢查時遇有未領牌照或僞載等級及違反條例第五第六第九各條之規定者應由警察官廳會同經徵官署依照條例第十第十一第十二各條處以相當之罰金仍勒令依照規定等級繳足稅款補領或換領牌照

第六條　凡檢查案內處分罰金或追繳稅款時應由經徵官署會同警察官廳將核定罰金數目及應繳稅款數目通告該管營業人於十日內照數清繳如逾限不繳卽照修正販賣菸酒特許牌照條例施行細則第十二第十三兩條辦理或將該營業人傳案押繳

第七條　凡徵收罰金追繳稅款應由經徵官署隨時分別塡具省局印發之罰單及收據交由警察

官廳轉給該營業人收執

第八條　每期檢查限一箇月竣事一經結束卽行查照原有營業名冊格式造具本期查定營業名冊會送省局前項名冊上期限一月十五日以前下期限七月十五日以前到省以便委員前往復查

第九條　復查委員到境時由該縣經徵官署警察官廳酌派員警攜帶查定營業底冊隨同委員前往各鄉鎭依照本規則第二第三第四各條實地復查如有未領牌照僞載等級及違反條例第五第六第九各條者卽行會同經徵官署及警察官廳依照本規則第五第六第七條辦理復查委員每於一縣查竣後隨時將該縣復查情形會報省局如有補領牌照之戶並須造冊同送惟復查委員不得經手稅款以淸權限

第十條　徵起罰金如由經徵官署糾發者以五成留充經徵人員獎賞以三成撥充警察津貼以二成解省充公如由警察糾發者以五成留充警察獎賞以三成留充經徵人員津貼以二成解省充公如由復查委員糾發者以四成留充復查委員津貼以二成留充警察獎賞以二成留充經征人員獎賞以二成解省充公

第十一條　徵起罰金於每期報解稅款時由經徵官署塡具支解表取具領款人收據檢同罰單掃數淸解不得任意匿留支解表另定之

第十二條　檢查人員如有得賄包庇或藉端勒索情弊一經查實卽呈請撤懲重則移交法庭按律

懲處

第十三條　本規則如有未盡事宜得隨時呈請修正

浙江省修訂各縣徵收菸酒牌照稅考成條例 十五年十月

第一條　各縣徵收菸酒牌照稅依照本條例之規定考核之

第二條　各縣徵收菸酒牌照稅以十五年上期檢查牌照查定稅數爲標準分別酌定比額由省局呈明全國菸酒事務署浙江總司令浙江省長覈定辦理其七年份暫定比額廢止之

第三條　前項比額於每年終考核之

第四條　按照年額盈收一成以上者記功一次二成以上者記功二次三成以上者記大功一次四五成以上者呈請省長優予獎勵

第五條　按照年額短收一成以上者記過一次二成以上者記過二次三成以上者記大過一次四五成以上者呈請省長從嚴懲處

第六條　前項功過准其互抵

第七條　一年內經徵上下期牌照稅關於兩任者由省局查核各該任徵收情形分別呈請獎懲

第八條　如確因天災人事特別事故以致收數不能足額時應先期聲敍理由呈報省局核辦

第九條　各縣經徵稅款應按期連同名册收據牌照存根等件依限一併解送遇有交卸時須逐一

移交後任會同造册呈報省局備核

第十條　各縣徵收官長如有侵呑稅款情弊查明依法懲辦

第十一條　各縣徵收官署之辦事人員如有侵呑舞弊情事除查明按法追究外其侵呑之款應先責成徵收官長如數墊繳

第十二條　每期徵收稅款務須依限掃數淸解如有故意匿延呈請酌量懲處

第十三條　第五分局征收紹蕭兩縣釀戶牌照稅以十五年份查定缸數應徵稅銀定爲比額依照本條例規定各項考核之

第十四條　本條例呈奉全國菸酒事務署浙江總司令浙江省長核准施行如有未盡事宜得由省局隨時修正呈請辦理

安徽省菸酒特許牌照稅辦法 三年八月

第一種　整賣營業凡以中外菸酒大宗批發與零賣商人並查明該店肆自製菸絲有菸刨四張自釀土酒月出二十石以上者

第二種　零賣營業凡以販賣菸草或酒類零星售與消費者爲零賣營業其種類如左

甲種零賣營業開設一定之店肆以零賣中外菸酒爲全部分或大部分查明自製菸絲有菸刨二張自釀土酒月出十石以上二十石以下者

乙種零賣營業開設一定之店肆以零賣中外菸酒僅有菸刨一張每月釀酒不及十石或他種店肆兼零賣中外菸酒一部分者

丙種零賣營業以無一定之店肆爲限但以開設他種店肆實係小本經營兼零賣中外菸酒查明所貯中菸不足五斤紙菸僅二三盒（每盒五十包）或酒不足五十斤者

江西省徵收販賣菸酒特許牌照稅辦事專則 三年五月

第一條　菸酒特許牌照稅省城城廂內外由國稅廳籌備處派員直接徵收此外則委任各稅局及各縣知事署徵收其局署管轄地點依另表之規定

第二條　各該局署自奉文後應將菸酒牌照稅條例暨施行細則江西徵收菸酒牌照稅辦事專則用端楷繕寫揭示於該局署門首仍將奉發佈告於所轄區域內廣爲粘貼俾衆週知

第三條　各該局署將佈告條例細則及辦事專則揭示後應將特許牌照申請書分送該地方各菸酒業戶飭令照式塡寫於本年七月內到局署請領牌照

第四條　徵收牌照部章每年分第一第二兩期現在時屆四月第一期稅洋姑從寬免應自第二期開始徵稅

第五條　贛省有製造水菸旱菸或開設糟坊棧房釀造土紹興酒並穀燒大麥燒酒以及樂平燒酒丁坊酒紫酒冬酒等類凡屬大宗販賣者均以整賣營業論其兼售門市者卽爲兼營兩業

第六條　各地隨時釀造質薄料酒零賣不兼賣他種酒類者准比照乙種納稅

第七條　各地方開設雜貨店帶賣料酒不兼賣他種酒類者准比照丙種納稅

第八條　凡他種店肆兼賣菸草酒類不分中國品外國品均照乙種領照納稅兼營兩業者應領取兩種特許牌照

第九條　各菸酒業戶至局署請領牌照時應隨手塡給至多不得逾六小時之限

第十條　各菸酒業戶領取牌照後應遵照部定條例將整賣或某種零賣字樣幷受領之年月日及號數標明於招牌之上其丙種零賣營業亦應標明於易見之處

第十一條　營業者違反前條之規定時各徵稅局署得檢查其牌照

第十二條　特許牌照稅贛省以七月一日爲實行之期其有遲至八月尙未請領者經徵稅局署查出後照條例第十條處罰其處罰時應先發通知書

第十三條　各局署徵收此項牌照稅准扣支百分之二爲辦事費不得對於請領人別立名目額外需索違者以贓論

第十四條　特許牌照及罰金收據請領牌照申請書補領更換牌照申請書繳還牌照申請書罰金通告書均由國稅廳籌備處刊印頒發

第十五條　依條例第七條第二項之規定每期頒發特許牌照時概不收費如有中途遺失及汚損補領或更換時應收規費銀二角

第十六條　此項牌照稅暨補領更換牌照所納規費在國幣未經實施以前以徵收庫平七二銀元或英洋及民國銀行英洋鈔票爲主如有以日本龍洋及鈔票或爛洋交納者日本龍洋及鈔票每元補水銅元二枚爛洋每元補水四枚其不及一元者每角收銅元十四枚

第十七條　經徵各局署所收稅銀應於下月十日以前造具營業名册連同牌照存根專款解交國稅廳籌備處不得遲延壓擱

第十八條　本專則所未及者悉照部定條例及施行細則辦理

江西省整頓菸酒牌照稅比較及懲奬章程　十四年六月

第一章　總則

第一條　本章程係依據江西菸酒牌照稅現時情形規定之

各分局稽徵處征收菸酒牌照稅依本章程之規定考核之未收回牌照稅縣分亦適用之

第二章　比較

第二條　徵收比較辦法分爲左列二種

一接期比較依據本期比額視收數盈絀定之

二按年比較總計全年各期比額視收數盈絀定之

三比較額暫照九年呈准數參酌十一十二十三年度各屬收數分配呈明事務署核定辦理

第三章　考核時期

第四條　考核時期列左
一按期考核於每期屆滿時行之
二按年考核於一年屆滿時行之
第五條　每屆考核之期分局長稽徵處委員任事未及一期或未及一期即已離差者免予考核
第六條　分局稽徵處每期收數及比較盈絀按期列表呈報省局查核年終由省局彙齊呈署備核

第四章　獎懲

第七條　各分局稽徵處按照比額增收者應有左列之獎勵
一增收一成至二成者記功一次並酌給獎金
二增收二成以上者記大功一次並提四分之一給獎
三增收三成及四成者除記大功外並從優提支四分之二給獎
四增收五成以上者除記大功並以四分全數給獎外再行專案呈請獎敍
附註　提成給獎辦法於年終核計從增收數內提支二成以一成爲省局辦事員司獎金以一成劃爲四分作爲各分局處獎金
第八條　按照比額短收者應有左列之懲罰
一短收一成者記過一次

二短收二成者記大過一次
三短收三成以上者除記大過一次外並罰薪一月
四短收五成以上者撤差
未收回牌照稅縣分如得罰薪撤任處分呈請省長令行之
第九條　各分局稽徵處所收款項應按月解清甲月之款限於乙月內解到每逾限五日記過一次逾限至一月者委提
第十條　凡記過三次者準大過一次記功三次者準大功一次功過准其相抵但一年內除相抵外記過仍在五次以上者應卽撤差
第十一條　各分局稽徵處奬金另款存儲記功者得由省局酌量情形給予奬金以示鼓勵
第十二條　省局奬金應如何分給員司得由省局隨時酌定之如成績卓著須另行從優奬敍之處再由省局呈請辦理
第十三條　一年內各分局長稽徵處委員前後兩任如各滿一期者卽按一期內增收之數於年終分別酌給奬金如有短收亦應分別懲處
第十四條　各分局稽徵處如因特別事故不能足比額時須先據實在情形呈報並於比較表備考欄內聲明緣由得由省局考核屬實呈請免議

第五章　附則

第十五條　本章程於呈奉核准後施行

第十六條　本章程如有未盡事宜隨時呈請修正之

江西菸酒事務局整理牌照稅大綱　十八年五月

一關於菸類酒類洋酒類營業牌照稅自十八年夏季起改歸本局直接辦理以資整理

二各外屬稅款按菸酒稅徵收區域分派專員經徵南昌市稅款則由本局逕行徵收

三各處應徵稅款比額由本局酌量當地稅收情形核定責成徵解足額

四經徵人員如有短欠稅款或違法舞弊查有實據者立予撤差依法追辦

五經徵人員非有前條所列情事辦理期間內不得輕予更調以資保障

六原有徵收辦法有未盡適宜及弊端所在應由征收人員詳細調查據實報由省局擬具改革方法呈部核定飭遵

七商人完稅逾期者應照章征收催征經費再有違章抗欠情事則由征收人員會同當地地方警察官署强制執行

八征收稅款遵照部定各類牌照稅章則辦理嚴禁浮收及勒索等弊

湖北國稅廳籌備處頒發各縣局菸酒牌照施行簡章　三年五月

一各種煙酒牌照以指定各縣局爲發行機關
二各局發行牌照應由該局派員兼辦不准另支薪水惟各縣調查催稅手續較繁應在規定徵收菸酒糖經費內提給亦不得另請開支
三各縣局查明應領煙酒牌照鋪戶分別種類限期呈領倘有阻撓違抗者應即勒令歇業
四煙酒各鋪戶應繳稅款滯納逾一月者照應完稅額加罰十分之一逾兩月者遞加逾三月者勒令閉歇
五應繳牌照稅逾限滯納有殷實鋪戶勒限擔保者得免其處罰但祇以一箇月爲限
六各縣局彙解稅款上半年以六月爲限下半年以十二月爲限違者照章懲處
七烟酒鋪戶散處市鎭應由各縣局隨時派人檢查幷函知該地方警署飭警協同檢查以輔進行
八烟酒牌稅款各縣局應另文繳解不得與他款混淆以便專解

山東整頓牌照稅獎徵規則 十三年五月

第一條　本規則對於縣局及巡查委員查辦菸酒牌照稅適用之
第二條　凡販賣菸酒營業者照章每年分上下兩期赴該管征收官署領取牌照按等納稅惟魯省商民納稅知識尙多簡單未盡實行茲爲利於推行起見應循舊每期派委各區巡查員或臨時委員會同地方官分別查辦一經查定應由巡查員一面給領牌照一面給納稅收據隨時飭繳稅款

交縣彙解

第三條　此次實行整頓必須切實詳查嚴杜隱漏凡開設一定之店肆者須審察其營業狀況及資本之厚簿嚴定等第舉例如左

一販賣菸草或酒類大宗批發者須領整賣牌照如兼營零賣者幷須兼領甲種牌照

二開設一定之店肆零賣菸草或酒類者須領甲種牌照

三開設一定之店肆資本較小者須領乙種牌照

四除實係肩挑零賣者外不得領取丁戊兩種牌照

第四條　魯省燒鍋各商雖屬製造範圍而多半兼營零賣或大宗批發應一體分等領照各依定額納稅

第五條　酒館飯館供給賓客飲用之酒類者率多未經領照認稅此次實行整頓須恪遵部頒細則第九條規定一律認領乙種牌照

第六條　販賣菸酒各商應納牌照稅往往上期之款遲至下期始行繳納甚有上下兩期併至年終繳納者殊屬違背定章此次實行整頓須恪遵定章上期稅款不得過一月末日下期稅款不得過七月末日

第七條　各商應納稅款倘不遵照定期呈繳如無他項滯礙居心玩違者滯納一月罰加一倍再不遵辦時卽按月遞加征收以儆效尤

第八條　各縣局每期經征牌照稅款須恪遵部頒細則第二十二條規定務於每期之次月解交省局逾期不解卽派員守提並罰給委員往返川旅各費

第九條　山東菸酒牌照稅呈奉全國菸酒事務署核定以近三年實收平均數總額洋柒萬柒千元爲比額自十三年一月起如征收溢額超過二成至五成按溢征數目准支十分之二超過五成以上准支十分之三爲奬勵金

第十條　前條應得奬金省局得提支十成之四作爲加派臨時委員薪水川資再提二成作爲分奬在事勤勞員司與彌補不列預算之一切費用下餘十成之四爲各縣局及巡查各員之奬勵金

第十一條　各縣局及巡查員臨時委員如查辦認眞按各該縣近三年實收平均數爲比較標準征收溢額時按第十條規定應得奬金成數除省局提支十成之六下餘四成再分作十成計算所在縣局各准提給十成之二下餘六成提奬查辦之巡查員或臨時委員以資鼓勵

第十二條　各縣局溢額奬金應由省局彙齊核明後再行發給具領不得就款留支

第十三條　查辦牌照稅照章印委共同負責所在地方官如有放棄責任致滋貽誤者得由省總局分別重輕呈請省長記過撤懲

第十四條　各巡查委員既實行給奬應潔已奉公忠勤職務倘有查辦不力或有串通商民改低等第及其他情弊者一經查實或別經發覺輕則記過撤差重則依法嚴懲

第十五條　本規則如有未盡事宜得隨時修正呈請全國菸酒事務署核准施行

摘錄山東膠澳菸酒經徵處章程第二章內關於牌照稅章程 十六年

第三條　凡釀造燒酒黃酒各商家須來處呈報字號坐落開設年月及缸數池數每日出酒確數菸商亦須呈報銷售名色數目由本處註册派人覆查再行分別給領門牌憑單以昭核實前項門牌憑單按照山東成案除門牌不收費外其憑單每張繳費一元以五成解省以五成留支

第四條　凡菸酒商販俱照本處所查營業種類請領特許牌照照章先納稅金始准銷售

第五條　特許牌照種類及稅額參照部章及東省單行法規定之

第一項整賣牌照年繳　四十元

第二項零賣牌照五種

甲種年繳　十六元

乙種年繳　八元

丙種年繳　四元

丁種年繳　二元

戊種年繳　一元

以上各種特許牌照無論菸酒零售整賣俱應請領

第六條　特許牌照遵照部定式樣規定之

第七條　販賣菸酒營業分爲整賣零賣俱照第四條之規定請領特許牌照

第八條　凡商販兼賣菸酒兩項者應遵照部定牌照稅條例第三條之規定領取兩種特許牌照仍依兩種繳納稅金

第九條　特許牌照一年期滿須更換一次如過期一月並不更換或閉歇未報者至查出時即以隱匿論

第十條　牌照稅全年分爲兩期繳納自陽歷一月一日起至六月末日止爲第一期自七月一日起至十二月末日止爲第二期設有中途歇業時須先期呈報

第十一條　凡在每年六月以前特許者當納全年分稅金在七月以後特許者當納半年分稅金其廢業在七月以後者當納全年稅金在六月以前者當納半年稅金

第十二條　無論新舊菸酒商店俱須遵照第十條之規定繳納稅金所領牌照不得讓與轉賣或貸用

第十三條　此項特許牌照純係國家稅與地方營業稅不同凡營菸酒商業者如不明瞭可來處詳閱條例以免誤會

第十四條　粘貼印照種類遵照通行式樣規定之

甲種　一百斤以上者適用之

乙種　五十斤以上者適用之

丙種　十斤以上者適用之

丁種　一斤以上者適用之

以上印照無論菸酒零售整賣於盛儲器上俱須粘貼以示區別

山西省整理菸酒牌照稅暫行規則 十三年八月

第一章　總綱

第一條　本規則以整理各縣菸酒牌照稅增加歲收爲主旨

第二條　菸酒牌照稅整理手續悉依本規則之規定

第二章　牌照種類

第三條　菸酒牌照除部章規定整賣甲乙丙四種外參酌晉省商情添丁種一類年納稅金二元每期一元

第四條　菸酒營業依販賣菸酒特許牌照稅條例規定等第應領用整賣甲乙丙等種牌照者仍各照舊辦理外其新增之丁種僅適用於肩挑攜籃兼營菸酒業者

第三章　整理方法

第五條　此次整理先依各縣商業狀況之繁簡人民生活程度之高低爲比附將全省各縣折衷釐分特甲乙丙四等再就向日收入按等比較何縣收數與商業狀況懸殊爲整頓之初步

第六條　此次整理須先查全縣菸酒商戶若干再按營業之大小嚴定等次令其各領相當牌照凡

從前數家朋領一照或牌照與營業不符者一律更定之

第七條　牌照係屬營業稅非同其他費稅可比各縣間有由商會或菸酒行按年包繳者殊失牌照稅之原則此次概應糾正由菸酒商戶按家直接承領

第八條　牌照稅委託各縣知事代辦兼顧難周除分局駐在縣已收歸分局辦理外應再擇商務較繁收數反減各縣收歸稽徵所兼辦俾可徐圖畫一藉謀徵收上之便利

第九條　凡收歸分局所辦理之牌照稅所在地之縣知事仍負協助進行之義務如因協助得力稅收特別增益者得分別請獎勛章部章以酬勞績

第十條　凡歸縣知事代辦之處駐在地之稽徵所同負稽查之責以防菸酒商影射取巧不得以責非己任漫不加察

第四章　檢查程序

第十一條　菸酒商戶之開閉既時有增減營業之大小亦復時易應實施以左列之檢查

一特別檢查

二尋常檢查

第十二條　各縣牌照如認爲有整頓之必要時得隨時派員特別檢查之其尋常檢查由額設調查員每年分期辦理之

第十三條　派員檢查時關於一切手續悉依檢查菸酒牌照暫行章程辦理

第五章　檢査功過

第十四條　檢査後收數之增減除歸分局所徵收者經徵之員依本局辦理徵收人員考成暫行規則分別奬懲外其檢査委員增收一成以上記功三成以上記大功五成以上升等減收不及一成記過一成以上記大過三成以上撤換但減收具有特殊理由者得酌免其處分

第六章　附則

第十五條　本規則施行後凡從前關於牌照各項法規及晋省原有單行法如不相抵觸者仍一體適用之

第十六條　本規則如有未盡事宜得隨時酌量修正之

京兆經征販賣菸酒特許牌照税辦事附則　三年八月

第一條　本附則遵照特許牌照税條例並施行細則規定凡經徵局署人員均應遵守

第二條　收税機關凡爲菸酒税徵收局住在地點如昌平通縣兩縣由各該征收局經理縣知事補助之其餘各縣委託縣知事署代爲辦理

第三條　各知事局員於局署内附設經徵販賣菸酒特許牌照税所並委任人員認眞辦理其有集鎭遼闊商人往來不便者得由知事或局員會同知事酌定地點委託公正士紳代辦仍由知事局員負完全責任並先報明本公署備査

第四條　丙種零賣每年稅額四元原定爲兩期完納如有實在無力按期完納者得變通按四季分完

第五條　營業者於領取特許牌照時完納本期之牌照稅後繼續營業値完稅之期逾法定期限未完者得督催或押追之

第六條　檢查販賣菸酒營業除由本公署隨時派員檢查外各經徵局署應常川認眞檢查遇有違反條例之營業卽照章分別罰辦

第七條　檢查各營業縣知事得飭派各城鄉村鎭所駐之巡警辦理經徵局員得會同縣知事飭派之

第八條　本條例施行之初人多觀望請領者必稀應由該局署逐日派員調查督催

第九條　各局署奉到施行令後除照細則第十三條辦理外應將條例及細則印刷多張隨同出示曉諭

第十條　牌照書據應由各局署擬定數目隨時詳請頒發

第十一條　施行細則第十一條之營業名册應造送兩份一份詳存本公署一份詳由本公署送財政部備查其册式另定之

第十二條　各局署每月報解稅款其距京較近及交通便利地方至遲不得逾次月十日

第十三條　各經徵局署准於所收稅款內提支百分之二爲徵收費至本公署應行開支紙張薪工

等項卽由稅款項下核實報銷以期撙節

第十四條　燒鍋部課係屬製造特許稅與販賣稅性質不同應照條例第十四條辦理

第十五條　此項新稅按照部飭准提十分之一爲本公署及各局署出力員司獎勵金之用應以每年六月十二日奉到財政部分配明文後行之

第十六條　查獲私犯應處罰金准以一成給予查獲私販之警士

第十七條　各局署每年能徵收至五千元以上者由本公署陳由財政部特別獎勵

第十八條　本附則自公布日施行

第十九條　本附則如有未盡事宜得由本公署隨時修訂陳部查核

整理京兆各縣菸酒牌照稅辦法　十二年七月

一擬令飭各縣知事將經徵菸酒牌照稅一項列入交代案遇有交替之時報局查核

一擬令飭各縣分飭警所將所轄各村鎮之菸酒各商戶逐一淸查分別應納牌照稅款種第列表報局

一擬由局揀派得力人員會同分局駐在稽征員與該縣警員復查嚴定種第

一將各縣十年下期及十一年上下兩期收數平均互相乘除得其適中之數列爲比額

一如於比額之外溢徵至二成以上者准按照溢征之數提支十分之五作爲各署局補助辦公費用

卽由溢征款內留支前項補助費應如何分別支配由局酌量規定

一溢徵之款縣署仍准按照向章提支百分之二爲辦公費

一上期溢征之數應併入原定比額數內作爲次期比額征收如額者准按本期增加之比額數目（指溢征二成以上者而言）提支十分之三作爲各署局補助辦公費用如於比額之外再能溢征至一成之上者仍准照前提支十分之五分別補助

一經此次淸查之後各縣應仿照京師辦法編訂鐵牌以示考核

一收到稅款卽須給照給牌不得別出收據轉滋流弊

一各縣知事辦理出力稅收溢額者除補助辦公費用外仍由局呈請尹署記功奬勵其弛廢不理稅收短絀者由局據實呈請尹署分別記過撤任以示懲勸

京兆菸酒事務局整理牌照委員會簡章　十二年九月

第一條　本會掌左列各事項

一關於籌畫及整頓京師京兆牌照稅項改進事項

二關於調查京師京兆各菸酒商戶繳納稅款事項

三關於審定京師京兆各菸酒商戶完納牌照稅數種第事項

四關於製發京兆各縣菸酒商戶編訂鐵牌事項

五關於辦理京兆各縣稽徵牌照稅加委專員及考核成績事項
六關於核定京兆各縣牌照稅收比額事項
七關於稽核京兆各縣徵解牌照稅款比較盈絀事項
八關於審查京兆各縣經收牌照稅款溢徵提奬事項
第二條　本會附設於京兆菸酒事務局內
第三條　本會置委員長一人由京兆菸酒事務局局長兼任之總持會務監督各職員辦理
第四條　本會置委員若干人就京兆菸酒事務局科長主任科員分局局長各員中由委員長指派兼任之
第五條　本會爲繕寫文件事宜得酌用僱員並得由京兆菸酒事務局書記中指派兼充之
第六條　本會會議規則另定之
第七條　本簡章如有未盡事宜得隨時呈請修正之
第八條　本簡章呈請全國菸酒事務署核准備案自奉准日施行

京兆各區承徵菸酒牌照稅經理員辦事規程　十三年十一月

一徵收各縣菸酒牌照稅事宜遵照全國菸酒事務署收回試辦得由本局按縣遴派承徵牌照稅經理員負責承辦

一關於各該縣之徵收牌照稅事宜經理員應遵照本局牌照各章程辦理

一關於各該縣某期牌照稅應徵之數應由經理員遵照另表規定比較之數徵收不得短少如有短少卽由承保人負責繳呈本局另表規定之數係依據各縣徵收實數及派員調查確數規定

一承徵牌照稅經理員應取具殷實鋪保二家經本局核定並得預繳保證金次期如仍准承徵應將原保覆查一次如有不實情形應由該承徵經理員另取妥保以資信守

一經理員應於該期開徵之始按照該期應徵之數如比額在千元以上預繳本期金額三分之一如比額在千元以下者預繳二分之一又於該期第三月一日在千元以上者繳納金額三分之一在千元以下者繳納金額四分之一餘數於該期終了後十五日以內掃數繳清

一承徵經理員如果辦理成績優越超過比較十分之一以上應准繼續辦理次期如能遞增得以繼續承徵每期均能遞增得以繼續辦理六期藉資熟手而示獎勵

一經理員辦理該期牌照仍應按照法定手續領取牌照及納稅收據並鐵牌各項依法塡用如額繳款於該期終了後十五日內並應將照據存根及用賸照據分別造具册表呈繳以憑查核於册報未經核准以前不得以經理清結論

一經理員如半途辭職應繳稅款遵照規定承辦是期比較之數完全繳清方准辭職如有短少由承保人負責清繳

一關於牌照罰款應遵照章程辦理所罰之款以五成解局以五成辦公備具理由專案呈報不得有

私罰情事

一各縣知事為地方行政長官仍由本局委託協助該經理員遇有對於菸酒商戶接洽事項得逕行秉承妥助辦理其各縣向支百分之二辦公費卽由經理員按期賫送取具收據呈報備案

一經理員承徵牌照事宜除遵照關於牌照各法令辦理外於試辦期內應遵照本規程辦理如有未盡事宜及應修改之處由本局隨時辦理

整理京師菸酒牌照稅辦法 十四年一月

一每年上期及下期舉行京師全城調查各一次偵察偷漏審核等第

二牌照等第由調查員照章核定後卽時付予通知書

三商人對於上項等第通知書如有不服限五日內呈請復查附繳復查費五角但經第二次調查核定後不得再有變動

四曾領牌照各戶如有延欠稅款情事照左列各項辦理

(一)凡延繳本期稅款者以無照營業初犯論除追繳正稅外得處以一期稅額三倍之罰金

(二)凡積欠上期稅款者以無照營業累犯論除追繳正稅外得處以全年稅額三倍之罰金

(三)凡積欠兩期以上稅款者以無照營業三犯以上論得停止其營業照第九條處分之

五未領牌照各戶其延欠之稅款照左列兩項辦理

（一）已經呈報定等查明定等日期比照上條辦理但定等在五日以內得免罰金

（二）未經呈報者查明開張日期比照上條辦理但開張在十日以內得免罰金

六凡應行補繳之正稅及罰金倘新定等第高於舊定等第時得以新定等第爲準

七凡對於稅款罰金之督促文告得照章徵收費用丙種二角乙種四角甲種六角整種八角

八凡督促文告到達後滿十日仍不報納正稅並繳呈罰金初犯者得以再犯論再犯者得以三犯論

九凡停止營業各戶無論專賣與兼賣自宣布後即日會同地方警察官署將其所有菸酒提局變價並封閉其店肆

上項菸酒變價後抵扣應繳之正稅及罰款有餘發還不足另繳

十以上辦法於呈明後施行其從前本局所訂關於牌照稅臨時規則與此抵觸者一律廢止

京兆各縣菸酒牌照稅包辦條例 十七年一月

第一章 總則

第一條 本局爲整頓各縣菸酒牌照稅收起見依照民國十三年呈准收回由局招商承徵辦法並參酌現時徵收狀況特訂條例以資整飭

第二條 包辦各縣菸酒牌照稅商人仍定名爲經理員

第三條 經理員應遵照本局牌照稅各項章程暨本條例規訂各條辦理

第四條　經理員應由本局遴選負責承徵

第二章　遴選

第五條　遴選手續須由願承包人依照本局指定縣分具稟呈請經本局調查合格任用之

第六條　凡願充任經理員者應先期具稟書明姓名年籍住所職業經驗出身並聲明願照包額承包

第七條　經理員資格須有正當職業並具有稅務相當之經驗者爲合格

第八條　經理員經本局遴選後須塡具自願遵章辦理志願書

第九條　經理員應於遴選後三日內遵照定章覓具殷實舖商兩家出具保結並預繳稅款呈候查核給委辦理

第十條　已經遴選之經理員應於承包之始按照所認包額預繳稅款作爲保證包額在千元以上者預繳全額三分之一如在千元以下者預繳二分之一不得短少

第十一條　經理員倘於遴派後發生障礙不願承包或逾三日期限不能遵照一切定章辦理者卽應另選遞補

第十二條　經理員以一人一縣爲限不准兼包他縣以專責成

第十三條　各縣包額數目以本局呈奉核准之包額爲標準

第十四條　經理員於每期終結後如仍准繼續承徵時應將原保復查一次如有不實情形應卽另

覓妥保以資保證

第十五條　保證商號每期中途不准退保

第三章　包額

第十六條　各縣包額數目另表規定之

第十七條　前項包額按照十三十四十五三年度原訂數目平均計算並參照現時實徵狀況酌量增減自十六年度起卽依此次更訂包額爲標準

第十八條　前項包額每三年更訂一次但遇有特別變遷時得由本局隨時呈請更訂之

第四章　時期

第十九條　各縣菸酒牌照遵照部頒販賣菸酒特許牌照稅條例第四條之規定每年仍分兩期如左

第一期包額除預繳外應陸續解至五月底掃數繳清

第二期包額除預繳外應陸續解至十一月底掃數繳清

第二十條　一年度內分爲兩期徵收其包額各別計算不得牽扯

第五章　保障

第二十一條　每期包額應照所認數目繳足如有短少卽撤銷承徵資格並責令舖保負責賠繳

第二十二條　上期款至五月底下期款至十一月底仍未清解卽不得繼續承包

第六章　奬懲

第二十三條　經理員依照包額溢徵者卽以所溢之數作爲奬勵並得繼續承包

第二十四條　經理員依照包額徵足而無他項錯誤者亦得繼續承包

第二十五條　經理員依照包額短繳者除撤退並按照所短之數責由鋪保賠繳外仍以經理不善論

第二十六條　經理員如中途辭職應將所認本期包額完全清繳方准解除責任如有短少仍責由鋪保賠繳

第二十七條　經理員辦理該期牌照應遵法定手續領取照據鐵牌等項依法塡用並應予每期終了時將照據存根及用賸照據分別呈繳以憑查核未經核准以前不得以經理清結論

第二十八條　經理員如有侵呑隱匿或浮收病商以及與商人串通舞弊減收等情一經查有實據除撤退外應受刑事處分移送法庭分別懲處

第二十九條　經理員如有私印照據或徵收稅款不給正式照據者除撤退外應移送法庭嚴懲

第三十條　如因天災時變或其他必不可抗之事實致包額不能繳足時應先期聲敘確實理由呈報核辦

第七章　附則

第三十一條　各縣知事爲地方行政長官仍由本局委託協助辦理其各縣向支百分之二辦公費

卽由各經理員於每期終了時賫送縣署取具正式印收呈送抵解

第三十二條　本條例如有未盡事宜得由本局隨時呈請修正之

第三十三條　本條例施行後凡從前對於徵收牌照稅所訂各項法令與本條例不相抵觸者仍適用之

第三十四條　本條例自呈奉核准公布之日施行

直隸省經徵販賣菸酒特許牌照稅辦事附則　三年四月

第一條　本附則遵照特許牌照稅條例並施行細則規定凡經徵局署人員均應遵守

第二條　收稅機關凡爲菸酒稅徵收局住在地點如天津昌平通縣文安易縣淸苑萬全灤縣豐潤河間衡水深縣正定邢臺大名等縣由各該徵收局經理縣知事輔助之其餘各縣委託縣知事署代爲辦理

第三條　各知事局員於局署內附設經徵販賣菸酒特許牌照稅所委令科長科員或辦事員認眞辦理其有集鎭遼闊商人往來不便得由知事或局員會同知事酌定地點委託公正士紳代辦仍由知事局員負完全責任並先報處備查

第四條　丙種零賣每年稅額四元原定爲兩期完納如有實在無力按期完納者得變通按四季分完

第五條　營業者於領取特許牌照時完納本期之牌照税後繼續營業值完税之期逾法定期限未完者得督催或押追之
第六條　檢查販賣菸酒營業除由本處隨時派員檢查外各經徵局署應常川認眞檢查遇有違反條例之營業卽照章分別罰辦
第七條　檢查各營業縣知事得飭派各城鄉村鎭所住之巡警辦理經徵局員得會同縣知事飭派
第八條　該管經征局署應逐日派員調查造册督催
第九條　各局署奉到施行令後除照細則第十三條辦理外應將條例及細則印刷多張隨同出示曉諭
第十條　牌照書據初次由本處酌量發給嗣後由各署擬定數目隨時呈請頒發
第十一條　施行細則第十一條之營業名册應造送兩份一份呈存本處一份呈由本處送財政部備查其册式另定之
第十二條　各局署每月報解税款其距津較近及交通便利地方至遲不得逾次月五日其餘至遲不得逾次月十日
第十三條　各經徵局署准於所收税款内提支百分之二爲徵收費
第十四條　燒鍋部課係屬製造特許税與販賣税性質不同應照條例第十四條辦理
第十五條　此項新税曾奉財政部令准提十分之一爲國税廳及各局署出力員司奬勵金之用應

以每年六月十二月奉到財政部分配命令後行之

第十六條　各局署每年能徵收至五千元以上者由本處呈由財政部酌予獎勵

第十七條　本附則自奉部令核准之日施行

第十八條　本附則如有未盡事宜得由國稅廳籌備處隨時修訂

直隸省試辦整頓菸酒牌照稅比較及懲獎章程　十四年六月

第一章　總則

第一條　本章程係直省單行規章卽依據直省牌照稅現時情形規定之

第二章　比較

第二條　直省牌照稅現在整頓期間暫定二種比較辦法如左

一按期比較

一按年比較

按期比較依據本期比額視收數盈絀定爲本期比較如兩期互有盈絀總計並無出入卽可作爲按年比較

第三條　比較額每三年更訂一次其第一次之比額俟奉准後另定之

第三章　考核時期

第四條　考核時期如左

一按期考核

一按年考核

按期考核係將本期收數比較盈絀呈報省局備查

按年考核係年終由省局將各分局呈報兩期收數比較盈絀彙齊呈署查覆

第五條　每屆年終考核之期分局長任事未及一期者應免考核

第六條　各分局長任事未及一期者即已離差自應免予考核

第四章　獎懲

第七條　各分局征收牌照比額增收者應有左例之獎勵

一長征一成至二成者記功一次並酌給獎金

二長征二成以上者記大功一次並提四分之一給獎

三長征三成及四成者除記大功外並從優提支四分之二給獎

四長征五成以上者除記大功並以四分全數給獎外再行專案呈請獎敍

第八條　按期比較其短收者應有左例之懲罰

一短征一成者記過一次免獎

二短征二成者記大過一次並停止獎金

三短征三成以上者除記大過一次停獎外並罰薪一月

四短征五成以上者撤差

第九條　記功一次者可以抵記過一次記大功一次者可以抵大過一次記過三次者以大過一次論其記大過三次者應卽撤任

第十條　各分局記功者得由省局酌量情形給予獎金以示鼓勵

第十一條　獎金應如何分給員司得由省局隨時酌定之如成績卓著須另行從優獎敍之處再由省局呈請辦理

第十二條　一年內各分局長前後兩任如各滿一期者卽按一期內增收之數於年終分別酌給獎金如有短收亦應分別懲處不相牽混

第十三條　各分局如因特別事故不能足比較額時須先據實在情形呈報並於比較表備考欄內聲明緣由不准牽混得由省局考核屬實呈請免議

第五章　附則

第十四條　本章程於呈奉核准後施行

第十五條　本章程如有未盡事宜隨時呈請更正修補之

四川販賣菸酒特許牌照稅簡章

第一條　本簡章係遵照販賣菸酒特許牌照稅暫行條例並販賣菸酒特許牌照稅施行細則參酌本省地方情形規定

第二條　販賣本省外省外國各種菸酒開設店鋪者無論舊有新開均應遵照此項簡章辦理

第三條　菸酒整賣營業應依條例指載以大宗批發爲斷

一開設葉菸發莊行店者

一開設本省外省各種菸草發莊行店者

一華商販賣外國各種紙菸捲菸在川境內地開設發莊行店者

一開設本省外省各種酒類發莊行店者

一華商販賣外國各種洋酒在川境內地開設發莊行店者

第四條　菸酒之甲種零賣營業應依條例以開設分銷店鋪或開設店鋪以販賣某種菸酒爲大部分營業者爲斷

一專賣葉菸開設分銷店鋪者

一專賣本省外省各種菸草開設分銷店鋪者

一專賣本省外省各種酒舫開設分銷店鋪者

一專賣外國各種紙菸捲菸開設店鋪不兼他項營業者

一專賣外國各種洋酒開設店鋪不兼他項營業者

第五條　菸酒之乙種零賣營業

一開設他種店鋪兼賣本省外省外國各種菸草紙菸捲菸者

一開設他種店鋪兼賣本省外省外國各種酒類者

第六條　菸酒之丙種零賣營業

一設攤零賣本省外省外國各種菸草紙菸捲菸或酒類者

一擔負零售本省外省外國各種菸草紙菸捲菸或酒類者

以上兩項應按所販菸酒每日銷售能獲利至三百文以上者均應領取牌照照例納稅其資本過薄每日獲利不及三百文者免給牌照納稅以示體恤

第七條　菸酒整賣營業者年納特許牌照稅銀四十元零賣營業者甲種年納稅銀十六元乙種年納稅銀八元丙種年納稅銀四元

第八條　此項牌照稅責成各廳縣徵收局局長或兼充徵收局局長之各廳縣知事經收凡有前項營業者均須邀保自赴各徵收局遵式投具申請書註明整賣零賣種類及營業人姓名籍貫地址字號全年額若干塡列照內並將本期稅銀繳納

第九條　凡有兩種營業者必須分領兩項牌照各依定額納稅區別爲二

一整賣與零賣兼營者（無論賣酒賣菸如整賣者年納四十元兼有何種零賣者又按納何種稅額餘仿此類推）

二菸草與酒類兼賣者（譬如菸草之甲種零賣者年納十六元兼有酒類之甲種零賣者又年納十六元其餘仿此類推）

第十條　每年稅額應分兩期完納第一期以陽歷一月第二期以陽歷七月爲限

第十一條　川省菸酒牌照稅自民國三年七月一號開辦凡菸酒營業之戶均自陽歷七月一號至月底限內邀保具書領取特許牌照並將稅項隨同完納嗣後繼續營業即次年陽歷一月一號至月底照納次年第一期稅項繳還舊牌照換領新牌照毋庸再具申請書按期照此辦理此後如有新營業者仍准隨時邀保具書領取牌照將本期稅項分別種類全數完納

第十二條　販賣菸酒者應於店鋪門首懸訂木牌寫明整賣零賣並受領牌照年月日號數字樣其丙種零賣者亦應將木牌標識於易見處以便徵收官吏隨時檢查倘標記不實不服檢查者應依條例處一元以上三十元以下之罰金並不得轉賣或借與他人冒名作用違者應依原頒條例處二元以上五十元以下之罰金

第十三條　原領牌照如有遺失或污損准邀保赴徵收局遵式敍明事由投具申請書請求補領或更換牌照但每次須納規費銀二角

第十四條　販賣菸酒者下期如欲廢業須於上期之一月以前邀保自赴征收局遵式敍明事由投具申請書連同原領牌照繳局經局員查明實無弊混將照呈繳本處註銷方得免稅

第十五條　販賣菸酒逾期未領牌照者一經查出或被舉發除分別整賣零賣種類飭令依期繳足

稅項補給牌照外仍處以條例所定之罰金如下

一初犯者處以一期稅額之三倍罰金

二累犯者處以全年稅額之三倍罰金三犯以上不准營業

三菸酒兼營僅領一項牌照者分別初犯累犯三犯以上仍依上項規定處罰

第十六條　販賣菸酒漏領牌照希圖匿稅凡約保隣佑暨同業人均有舉發責任如敢扶同隱匿者處以五角以上十元以下之罰金

第十七條　此項牌照由本處遵照部頒定式石印編號蓋用關防發交各徵收局再於牌照下方加蓋某縣徵收局戳記轉發嗣後如有新營業者應先期備具印領專丁呈請發給此外尚有請領補領更換繳還四種申請書並罰金通告書暨罰金收據均由本處照式刊製編列字號令發各局填用仍准隨時專丁來處請領

第十八條　各徵收局對於販賣菸酒違犯條例處罰時應先發通告書飭其違限於五日內將罰金如數繳納填給收據交執其收據分甲乙丙丁四聯以甲聯存局乙聯呈處送部丙聯繳處備查丁聯給納罰金人

第十九條　菸酒牌照正稅規費罰金概以元計應一律征收銀元惟規費僅有三角如以錢交納者准照現元市價折收易成現元呈解嚴禁加平補水等弊所收罰金以一成充賞九成作解

第二十條　各徵收局呈解此項銀兩時每百元每百里准扣支解費一角二仙包括繩鞘夫價在內

各按程途遠近計算

第二十一條　各徵收局於開辦後應將此項菸酒營業分別整賣零賣各種類造具花名細册載明填發何種牌照各若干限開辦一月內遵照現發册式填寫呈報本處嗣後按月收數填表報告一次至解銀時加具解表以便核對茲由本處擬定報解表式兩種令發遵用其式如下

報收表式第一欄發出牌照張數（如本期有補領更換者卽於第六欄內說明）

第二欄稅額收入

第三欄規費收入

第四欄罰金收入

第五欄解實存數

第六欄說明

以上爲報收表直行六欄

報解表式第一欄呈解稅銀數目（如有補收新稅卽於第四欄內說明）

第二欄呈解規費數目

第三欄呈解罰金數目

第四欄說明

以上列爲解表橫行四欄

第二十二條　每年第一期收入以陽歷二月爲起解定限第二期收入以陽歷八月爲起解定限其新營業者隨時繳納本期稅項由徵收局於月終截數次月列入報收表內呈請發給牌照仍歸各期並案申解

附記　本簡章現經呈部核定通令各徵收局遵辦於奉到日卽行發生效力如有未盡事宜隨時增改報部立案

川邊販賣菸酒特許牌照稅推廣條例施行細則 三年十一月

第一條　本細則係遵財政部頒發販賣菸酒特許牌照稅條例參酌川邊地方情形推廣規定

第二條　販賣本地川省外省外國各種菸酒開設店舖者無論舊有新開均應遵照此項細則辦理

第三條　菸酒整賣營業應依條例指載以大宗批發爲斷

一開設菸葉發庄行店者

一開設川省外省各種菸草發庄行店者

一華商販賣外國各種紙菸捲菸在邊境內地開設發庄行店者

一開設本地川省外省各種酒類發庄行店者

一華商販賣外國各種洋酒在邊境內地開設發莊行店者

第四條　菸酒之甲種零賣營業應依條例以開設一定店舖零售爲斷

一專賣葉菸開設分銷店舖者
一專賣川省外省各種菸草開設分銷店舖者
一專賣本地川省外省各種酒觔開設分銷店舖者
一專賣外國各種紙菸捲菸開設店舖不兼他項營業者
一專賣外國各種洋酒開設店舖不兼他項營業者

第五條　菸酒之乙種零賣營業
一開設他種店舖兼賣川省外省外國各種菸草紙菸捲者
一開設他種店舖兼賣本地川省外省外國各種酒類者

第六條　菸酒之丙種零賣營業
一設攤零賣本地川省外省外國各種菸草紙菸捲菸或酒類者
一挑負零售本地川省外省外國各種菸草紙菸捲菸或酒類者
以上二項應按所販菸酒每日銷售能獲利至三百文以上者均應領取牌照照例納稅其資本過薄每日獲利不及三百文者免給牌照納稅以示體恤

第七條　菸酒整賣營業者年納特許牌照稅銀四十元零賣營業者甲種年納稅銀十六元乙種年納稅銀八元丙種年納稅銀四元

第八條　此項牌照稅暫責成各縣治知事委員經手征收凡有前項營業者均須自邀保赴縣治遵

式投具申請書註明整賣零賣種類及營業人姓名籍貫地址字號全年額若干塡列照內並將本期稅銀繳納

第九條　凡有兩種營業者必須分領兩項牌照各依定額納稅分別爲二

一整賣與零賣兼營者（無論賣菸賣酒如整賣者年納四十元兼有何種零賣者又按納何種稅餘仿此類推）

一菸草與酒類兼賣者（譬如菸草之甲種零賣者年納十六元兼有酒類之甲種零賣者又年納十六元其餘仿此類推）

第十條　每年納稅應分兩期完納第一期以陽歷一月第二期以陽歷七月

第十一條　川邊菸酒牌照稅自民國四年一月一日關內外一律開辦凡菸酒營業之戶均自陽歷一月內邀保具書領取特許牌照并將稅項隨同完納嗣後繼續營業即依期納稅繳還舊牌照換領新牌照毋庸再具申請書按期照此辦理此後如有新營業者仍准隨時邀保具書領取牌照將本期稅項分別種類全數完納

第十二條　販賣菸酒者應於店舖門首懸定木牌寫明整賣零賣並受領照年月日號數字樣其丙種零賣者亦應將木牌標識於易見處以便征收官吏隨時檢查倘標記不實不服檢查者應依條例處一元以上三十元以下之罰金並不得轉賣或借與他人冒名作用違者應依原頒條例處二一元以上五十元以下之罰金

第十三條　原領牌照如有遺失或汚損准其邀保赴縣治遵式敍明事由投具申請書求補領或更換牌照但每次須納規費銀二角

第十四條　販賣菸酒者下期如欲廢業須於上期之一月以前邀保自赴縣治遵式敍明事由投具申請書連同原領牌照繳縣治經查明實無弊混將照呈繳本廳註銷方得免稅

第十五條　販賣菸酒逾期未領牌照者一經查出或被舉發除分別整賣零賣種類飭令依期繳足稅項補給牌照外仍處以條例所定之罰金如下

一初犯者處以一期稅額之三倍罰金

二累犯者處以全年稅額之三倍罰金三犯以上不准營業

三菸酒兼營僅領一項牌照者分別初犯累犯三犯以上仍以上項規定處罰

第十六條　販賣菸酒漏領牌照希圖匿稅凡約保隣佑暨同業人均有舉發責任如敢扶同隱匿者處以五角以上十元以下之罰金

第十七條　此項牌照由本廳遵照　部頒定式石印編號蓋用關防發交各縣治再於騎縫處填註征收稅銀加蓋縣治印轉發嗣後如有新營業者應先期備具印領專丁呈請發給此外尚有請領補領更換繳還四種申請書並罰金通告書暨罰金收據均由本廳照式刊製編列字號令發各縣治填用仍准隨時專丁來廳請領

第十八條　各縣治對於販賣菸酒違犯條例處罰時應先發通告書飭其違限於五日內將罰金如

數繳納塡給收據交執其收據分甲乙丙丁四聯以甲聯存縣治乙聯呈廳送部丙聯繳廳備查丁聯給納罰金人

第十九條　菸酒牌照正稅規費罰金概以元計一律征收銀元如以藏元或錢交納者准照現元市價折成生銀再以七一折成現元計算呈解嚴禁加平補水等弊所收罰金以三成充賞七成作解

第二十條　各縣治呈解此項銀兩時每百元每百里准扣支解費一角二仙包括繩鞘夫價在內各按程途遠近計算

第二十一條　各縣治於開辦後應將此項菸酒營業分別整賣零賣各種類造具花名細册載明塡發何種牌照各若干限開辦一月內遵照現發册式塡寫呈報本廳嗣後按月收數塡表報告一次至解銀時加具解表以便核對茲由本廳擬定表式兩種令發遵用其式如下

報收表式第一欄發出牌照張數如本期有補領更換者卽於第六欄內說明

第二欄稅額收入

第三欄規費收入

第四欄罰費收入

第五欄實存解數

第六欄說明

以上列爲報收表直行六欄

報解表式第一欄呈解稅銀數目（如有補收新稅卽於第四欄內說明）
第二欄呈解規費數目
第三欄呈解罰金數目
第四欄說明
以上列爲申解表橫行四欄
第二十二條　每年第一期收入以陽曆二月爲起解定限第二期收入以陽曆八月爲起解定限其新營業者隨時繳納本期稅項由縣治於月終截數次月列入報收表內呈請發給牌照仍歸各期幷案申解

奉天省解釋販賣菸酒特許牌照稅條例及劃一之辦法 三年八月

第一條　販賣菸草或酒類之營業分爲左之二種
按此條應分爲三種解釋（一）販賣玆所謂販賣者與普通之所謂販入賣出者稍有不同應包括製造者而言或自己製造之酒類菸草而爲賣出或買入他人所造之酒類菸草而爲賣出均係本條之所謂販賣（二）菸草或酒類所謂菸草者如中國之菸葉菸絲及其他各項菸草又如外國之紙菸菸絲及其他各項菸草之類皆是所謂酒類者如中國之燒酒紹酒元酒及其他各種酒類又如外國之啤酒波蘭地酒葡萄酒及其他各項酒類皆是（三）所謂營業者以得利益爲目

的繼續而爲之之營業也若偶存少數之菸草或酒類不賣渡於人者不在此限

第一種　整賣營業　凡以菸或酒類大宗批發與零賣商人者爲整賣營業

按大宗批發如菸酒之按箱按簍或百斤以上之批發者皆是販賣者批發與商人是商人與商人之關係然亦有販賣者直接與消費者爲大宗之批發者似已出於第一種範圍之外要知整賣以大宗批發爲第一要素而是否零賣商人或直接消費者可以不問故凡具備第一要素以大宗批發爲業者無論賣與直接銷費者或兼營零賣皆屬本條之所謂第一種營業

第二種　零賣營業　凡以販賣菸草或酒類零星售與消費者爲零賣營業其種類如左

按整賣與零賣之區別一卽大宗批發與零賣之區別二卽販賣者賣與商人與販賣者賣與消費者之區別旣有大宗批發情形雖兼營零賣或有賣與商人情形兼又賣與消費者均前項所謂第一種營業茲所謂零賣營業者係專指零星售賣不大宗批發與商人者而言

一甲種零賣營業　開設一定之店肆以零賣菸草或酒類爲全部或大部分營業者

按全部者卽專爲菸草或酒類不雜他種營業者也大部分者以菸草或酒類爲主業而兼爲其他之附營業者也按此種營業專視其全部分或大部分爲菸草或酒類營業與否爲斷至店肆之廣狹非所注重也

二乙種零賣營業　開設一定之他種店肆兼零賣菸草或酒類者

按所謂他種店肆卽以其他營業爲主部分而兼爲菸或酒之營業者也按此種與前甲種大部分

營菸業或酒業者最易混淆應於實際上依其店肆狀況及營業情形定之
三丙種零賣營業　無一定之店肆於道旁或沿戶零賣菸草或酒類者
按此種共分二類一無一定之店肆於道旁零賣菸或酒類者如在路旁支設牀橙而爲菸或酒營業之類二無一定之店肆沿戶零賣菸或酒營業者如負擔提筐沿路喝賣菸捲或酒類是也
第二條　欲爲前項之營業者須赴該管征收官署領取牌照前項之牌照由財政部頒發財政廳轉給
按此條依細則第十八條第十九條及第一條應分如左之數種手續
一依細則十八條由財政廳照財政部頒發牌照式樣印刷編號加蓋關防轉發各稅局應用該局發給牌照時應於牌照下方加蓋某稅局發給字樣戳記
二依細則十九條由財政廳於原有稅局委託承辦其無特設稅局者委託兼辦稅局之縣知事辦理
三依細則第一條販賣菸類或酒類之營業者應提出申請書於該管稅局或兼辦稅捐之縣知事請領特許牌照申請書應塡之種類如左
營業種類　營業地方（丙種不在此限）住所（生活根據地）居所（現在所居之地或暫居之地）氏名名稱若二人以上共同營業者則連名提出申請書
第三條　持有前條之牌照者每年依左列定額納稅

躉賣營業　四十元

甲種零賣營業　十六元

乙種零賣營業　八　元

丙種零賣營業　四　元

按丙種牌照稅每年定爲四元在道旁支設牀橙營業者賣數較多令其領照納稅尙不至過於竭蹶若擔負筐籠沿戶呼喝餬口維艱者亦令其繳納四元牌照稅似於窮民生計大有妨害茲擬在道旁支設牀橙者應照丙種領照納稅至於沿戶呼喝者免領牌照

兼營躉賣與零賣或兼賣菸草與酒類者須領取兩種特許牌照各依定額納稅

按此項兼營躉賣與零賣雖其營業之種類同而營業之事項不同兼賣菸草與酒類雖爲營業稅之營業同而營業之種類不同故前者須領甲乙二種牌照後者須領菸酒二種牌照但均照定額分別納稅

第四條　前條之稅額每年分爲兩期完納

第一期　一月一日至一月末日

第二期　七月一日至七月末日

新營業者於領取牌照時完納其期之牌照稅

按本條應分爲三種解釋如左

一納稅期前之手續　依細則第二十四條每屆納稅之期前二十日由財政廳布告各地方經征局署揭示

二納稅期中之手續　此更分爲二類

甲納稅期間　每年爲一月及七月卽由一月一日至一月末日與七月一日至七月末日凡在各該月日內投稅領照者均視爲適例之相當期間否則則有以下之手續

(一)依細則第十一條營業者屆期未納稅時該管經征局署卽須行文督促之(卽催促也)

(二)依細則第十二條營業者自接奉督促公文之日起十日以內猶不納稅時特許牌照卽失效力自失其效力之日起五日內應赴該管局所繳銷牌照

(三)依細則第十三條營業者於特許牌照失其效力以後仍爲販賣營業者當視爲無特許牌照而營業者

(四)依細則第十四條行文督促時須征收銀元二角至八角以爲催征費

乙分期應納之金額

依條例第三條稅額既定爲每年若干是稅額有唯一之性質應以一次交納爲是但必責令營業者一次繳納全額籌措恐亦不易故條例分定爲二期於是稅額亦不得不分半征收如每年四十元者每期應納二十元每年應納十六元者每期應納八元其他准此並不准前多後少或前少後多以免雜亂

三納稅期後之手續又更分爲左之二種

甲過期後新營業者之稅額　新營業者請領特許牌照若適值一月或七月之時納稅金額固無問題若其開業在六月以前或在七月以後應如何辦理不可不有一定之辦法按細則第七條凡在六月以前特許者當納全年分稅金在七月以後特許者當納半年分稅金

乙過期後廢業者之稅額　廢業在七月以後者當納全年分稅金廢業在六月以前者當納半年分稅金

（注意）本條例實行雖在七月以後納稅金額亦援此條照半年計算

丙收據　依細則第六條經征局署征收稅金時應給與收據於納稅人

丁賬簿　依細則第二十條該管經征局署應備置販賣菸酒特許牌照稅賬簿登記或整理出納

戊經征稅銀　依細則第二十一條各地方經征局署每期經征稅銀應於次月解交財政廳彙解財政部核收

己經征新營業者之稅銀　依細則第二十二條新營業者所納本期稅銀經征局署每屆月終截數於次日連同新營業者名册解交財政廳彙解財政部核收

庚營業名册牌照存根　依細則第二十三條各地方經征局署報解稅銀時應並具營業名册連同牌照存根解交財政廳彙總呈報財政部

第五條　凡以販賣菸酒營業者須於店肆明記整賣或零賣字樣並特許牌照受領之年月日及其

號數但丙種零賣營業得將以上事項標明於易見之處

按此條販賣菸或酒業者應用木板或匾如左之記載

（特許）躉賣 零賣 兼賣 菸酒商 商號 姓氏 本牌照某字第幾號於某月日受領）

但丙種零賣者依細則第八條除備此記載幷牌照外須常攜帶納稅收據以便征收官署隨時檢查

第六條　特許牌照不得轉賣讓與貸用

按轉賣者卽甲之牌照轉賣於乙是也讓與者卽甲之牌照以兌換贈與還賬及其他有償或無償之方法讓與於乙是也貸與者卽甲之牌照以有償或無償貸借於乙是也查此種牌照旣言特許自與營業者有不可分離之關係況牌照更塡有營業者之姓名若任其輾轉授受弊竇甚多且於稅收影響尤大故爲條例所不許但於此有應分晰解釋者卽細則第四條由承繼人繼續營業者可申告於該管經征局署是也按轉賣讓與之承受者一般法律上無不認之爲承繼人之一種旣同是承繼人在此則不許在彼則許之似不免疑問之發生殊不知法律上所謂承繼人者共有二種一爲特定繼承人一爲一般承繼人前者卽轉賣讓與之承受者後者卽細則第四條營業者之子或其他之包括承繼者（如無親子或以弟或姪繼承之類）在轉賣讓與之承受人與轉賣者爲兩人資格不得因承繼權利而主體變爲一人在第四條營業者與營業者之子或包括承繼人是爲一人資格故而權利之主體亦當然爲一個故因人格唯一與否之不同而牌照權之能否移

轉遂因之而異在營業者之子或其他之包括承繼人准其執持其父或相承人之牌照繼續營業在營業者轉賣或讓與之承受方則不准執持營業者之牌照繼續營業此不獨條例暨細則之本意如是而一般法理上亦莫不如此解釋者也

第七條　特許牌照遺失或汚損時得敍明事由稟請征稅官署補給

依前項之規定補領或更換特許牌照者須納規費銀二角按此條容易領會解釋從略

第八條　營業者廢業時須將特許牌照繳還該管徵稅局署轉報財政廳將原領牌照註銷

按廢業者卽因虧賠或其他事故不能繼續營業者也當營業者廢業時依細則第五條應於三日內申告於該管經征局署繳銷特許牌照幷轉報於財政廳

於此有應附及者尙有轉地與轉業按此二種雖與廢業不同而其應繳銷牌照其理由無不相同故附解如左

一轉地又分爲二項

甲有店肆之轉地　依細則第二條已有特許牌照之營業者欲移轉販賣地方時應赴該管經徵局署繳還舊牌照換領新牌照移轉販賣地方係在他管經徵局署時應自該管經征局署將原呈之申請書通告於他管經征局署另行換給牌照

乙無一定店肆轉居所者　依細則第四條此等丙種營業遇有變更居所時應敍明事由申告於該管經征局署

二轉業　此爲條例及細則所未定不能謂事實上所必無如整賣變爲零賣零賣變爲整賣或甲種變爲乙種酒業變爲菸業亦須繳銷舊牌照換新牌照

第九條　征收官吏認爲必要時得檢查販賣菸酒營業者之牌照

按違背條例之發見共有二種一檢查二告發

一檢查　按本條檢查所謂必要時者如有本條例第六條之情形而爲營業或有第七條之情形未補換牌照而爲營業或過第四條完納稅期未納稅金而爲營業及依第三條完納零賣稅而爲整賣與完乙種第二種而竟爲第一種或未納稅領照虛僞爲第五條之手續而營業之類之時皆是此時當檢查其牌照若發現其違犯條例時依細則第十五條徵收官吏可隨時傳案詰問幷得請警察官吏檢查其違犯事實之物件暨賬簿書類但檢查時應由本人家族或同居鄰居人中之成年者臨場監視幷開單備案

二告發　當營業者違背第十條及第十二條例時有告發者調查屬實時給以罰金之三成以爲獎賞

第十條　無特許牌照者爲第一條之營業時除依第三條之規定繳足稅額並補領特許牌照外處以左列罰金

一初犯者處以一期稅額之三倍罰金

二累犯者處以全年稅額之三倍罰金三犯以上者不得復爲第一條之營業前項之規定於兼營

整賣與零賣或兼賣菸草與酒類僅領取一種特許牌照者準用之

按第一條各種營業皆爲條例所規定若許任意違背而爲營業故意規避情殊可惡故除遵照第三條補領稅照外對於初犯者處以一期稅額三倍之罰金如零賣甲種者而爲整賣應處二十四元累犯者處以全年額三倍之罰金如上例卽四十八元三犯以上不得復爲第一條之營業但累犯者對於已處一次罰金之後更犯者而言若初犯條例罰金而又發見違犯其他之條例者是爲俱發不在此限至於兼營整賣與零賣或兼賣菸草與酒類僅領一種牌照者雖與不領牌照而營業者情形稍有不同但其取巧則一故亦準用本條之規定

第十一條　違反第五條之規定或爲虛僞之揭載及拒絕第九條之檢驗者處以一元以上三十元以下之罰金

按此條應分爲三項說明

一違反第五條之規定不爲揭載者　查不爲揭載尙有牌照不過怠於揭載耳情節稍輕茲按照第一條之種類與本條處罰範圍酌定如左

整賣十元　零賣甲種零賣五元乙種零賣三元丙種一元

二違反第五條爲虛僞之揭載者　查此類大概皆係本爲整賣而故意領納零賣稅照或納領乙種牌照而爲甲種營業或領一照而兼兩種營業之類情節與前同而手續不同自應於裁量範圍中加重如左

整賣三十元　甲種零賣二十元　乙種十元　丙種五元

三拒絕第九條之檢驗　按此乍見似乎情節甚輕不知適於條例者必不拒絕拒絕者必不適於條例關於前言顛倒虛僞等弊必居其一故於處罰範圍中亦須酌量從重茲規定處罰如虛僞記載

第十二條　違反第六條之規定者處以二元以上五十元以下之罰金

按第六條轉賣已得相當價格讓與貸用有有償無償之分因其情之不同處罰範圍應如左表

	轉賣	讓與貸用有償	讓與貸用無償
整賣	四十元	三十二元	十六元
甲種零賣	三十元	二十四元	十二元
乙種零賣	二十元	十六元	八元
丙種零賣	十元	八元	四元

犯以上三條處罰時依細則第十七條應由該管經征局署對於該營業人先發通告書俟繳納罰金時并應塡給收據此項收據用四聯制編號一給納罰金人一存經征局署一存財政廳一繳財政部

附依細則第二十五條所需各種書類應備製某號至某號之各種格式　如請領牌照申請書
補領更換牌照申請書　繳還牌照申請書　罰金通告書　罰金收據此項書類均照部頒定式刊發運用

第十三條　本條例自公佈日施行

按此條例擬定九月一日實行應依細則第七條征收營業半年稅金

第十四條　本條例施行前賦課征收之關於菸酒各稅與本條例所定之稅性質不同者不因本條例施行失其效力

按奉天向辦有菸酒捐與條例所定菸酒牌照稅性質不同蓋菸酒捐係就物品而征收之稅牌照係就營業而征收之稅二者絕不相蒙故當並行不背

第十五條　本條例施行前爲第一條之營業者自本條例施行之日起須依第二條之規定領取特許牌照

歸綏境內徵收販賣菸酒特許牌照稅暫行章程　三年六月

第一條　販賣菸酒特許牌照稅除遵照財政部頒布條例及施行細則外悉照本章程辦理

第二條　歸綏境內征收販賣菸酒特許牌照稅由塞北稅釐征收各局辦理各屬知事協助進行其武川五原東勝三縣由歸綏國稅廳籌備分處委任縣知事辦理

第三條　照部定販賣菸酒特許牌照稅條例第一條營業者不論城鄉一律征收
第四條　各屬開辦販賣菸酒特許牌照稅除由國稅廳布告外各屬知縣仍應按照部令剴切布告限期赴該管征收機關申請納稅
第五條　菸酒牌照計分四色
整賣朱色
甲種零賣黑色
乙種零賣黃色
丙種零賣綠色
第六條　各征收機關應先調查所轄境內菸酒營業者共有若干戶如逾布告期限不申請納稅者應先勸導倘仍抗不申請得通知地方官傳案限令遵照
第七條　販賣菸酒營業抗不納稅應照販賣菸酒特許牌照條例第十條處罰
第八條　販賣菸酒商民對於領繳牌照手續暨完納稅款期限除違反販賣菸酒特許牌照稅條例第十條各款外倘有誤會或無意過失者各該征收機關均應剴切指導不得任意科罰
第九條　歸綏開辦較遲勢難照部定販賣菸酒特許牌照條例第四條所定期限征收茲改第一期七月一日至七月末日第二期十月一日至十月末日
第十條　販賣菸酒特許牌照稅應按第一第二兩期分立賬簿載明牌照等次號數營業地址字號

或氏名及納稅年月日

第十一條　經征員司有違反部章通同舞弊者一經查出從嚴懲究

第十二條　販賣菸酒特許牌照稅額每期征足後應隨時分類彙總呈報國稅廳報部

第十三條　徵收販賣菸酒特許牌照稅於所收稅款內暫留十分之一作爲征收費用俟財政部訂有統一辦法再行令飭遵照

第十四條　本規則自公布之日施行

第十五條　本規則有未盡事宜由歸綏國稅廳隨時更正

附則

四種牌照內有效期間本年第一期應塡自本年給照之日起至本年九月末日止第二期應塡自本年十月一日起至本年十二月末日止

菸酒稅史　卷七

第七章　捲菸稅

第一節　概說

捲菸流行。盛於清代。其初僅征關稅。洎乎民國。始課產銷。考其遞嬗之跡。約分三期。一曰征收紙菸捐時期。二曰加征特稅時期。三曰改辦統稅時期。粵自道光中葉。海禁既弛。各國菸草。始漸輸入。然爲數尙微。海關征稅。未列專門。嗣進口漸蕃。咸豐八年。改訂稅則。主其事者昧於稅理。菸草入諸免稅之列。致四十餘年間。久爲無稅之貨。迨光緒二十八年。始編列稅則。與百貨同科。値百征五。是爲正稅。半正稅者。爲子口已納正子稅。運入內地。沿途關卡。概免稅厘。銷商埠者。並子口而免之。其中外商人在國內設廠仿製捲菸者。征收之制有二。一出廠時納正稅一道。稅率百分之五。國境以內。不再重征。此機器仿製洋貨例也。一經過通商各口。每担征出口正稅銀四錢五分。復進口稅半之。此土貨例也。是時列邦先進。方重稅奢侈物品。以蘄合國民經濟之原則。而我國猶墨守舊章。制率之輕。亘東西各國。蔑與倫比。則協定關稅階之厲也。季清以還。捲菸風行全國。舶來之品。日益發達。國內菸廠。亦接踵而起。駸駸乎有一日千里之勢。關稅而外。各省間有征收銷場落地等稅。大抵招商承辦。收入無幾。不第固有稅源。棄同敝屣。而消耗之品。稅率太輕。尤足助長侈靡之風習。此舊菸酒事務署所以有征收紙菸捐之舉也。

先是。民國四年。政府籌備公賣。各國公使。照詢意見。財政部爰有洋菸另訂辦法之聲明。迨公賣實行。各省菸酒公賣局。征收洋菸費稅。外商拒絕照繳。扣貨交涉。時有所聞。積牘盈尺。歷歲未決。十年春。菸酒署召集英美菸公司代表。籌擬劃一征收方法。於稅率區域年限諸端。迭生爭議。歷夏徂秋。幾經曲折。始就範圍。八月間。公布征收紙菸捐章程。規定出廠二・五兩捐。出廠捐專征在華製造之品。不論等次。每五萬枝捐洋二元。租界內地。一律照納。二・五捐。按價值百抽二・五。舶來華製諸菸。運銷內地。均應遵繳。銷租界及約開商埠者。免之。首據英美菸公司繕具納稅辦法。函允遵章繳稅。即世所稱聲明書也。細繹捐章。如定率過輕。免稅區域太廣。期限較長。皆其疏漏之處。中央急於籌款。利其速成。外人乘機挾持。遂不惜曲爲遷就。然紙菸征稅。事屬創舉。廠捐統捐。規制粗具矣。

創辦紙菸捐。爲均負擔也。乃實行以來。洋菸定率較輕。且一稅之後。通行無阻。土菸稅費重疊。本鉅價昂。原有營業。侵銷幾盡。商困日亟。呼籲時聞。菸酒署迭議加捐。期資調節。外人藉詞條約。多方推諉。而各省特稅。遂紛紛舉辦矣。

捲菸特稅。創自浙省。自中央公布捐章。定率較輕。地方嘖有煩言。值浙江籌辦省道。費無所出。爰於出廠捐二・五捐外。另課特稅。爲挹注之計。時十二年三月也。浙既實行。蘇亦踵起。寖假而皖贛湘鄂以及直魯晉陝。相率仿辦。推行遂徧全國。開辦之初。稅率大都同於浙省。值百征二十。惟陝征十之三。粵遞加至二分而取一。桂設督銷。近於專賣。值十征七。爲率獨高。嗣北方各省。加收附捐。倍於原率。任意遞增。漸無制限。各國公使。疊生抗議。各菸公司。復要求扣抵統捐。相持經年。案懸未決。政府擬辦統稅。

爲解紛之計。未克實行。而保護捐之議緣之而起。
保護捐者。英美菸公司建議爲各省取消特稅之抵補。菸入內地。既納此捐。保證不再重征者也。十四年八月。該公司另繕納稅辦法四條。專函送署。與十年原訂辦法。相輔而行。卽所謂續聲明書也。征收方法。悉同二・五捐。捐率倍之。由署分電各省徵詢意見。僉以稅率相懸太甚。或表示反對。或意存觀望。遷延未決。值政局變更。事遂中輟。

保護捐之議既寢。乃別謀加征之方。十六年春。海關加稅實行。進口捲菸。正附合計。已達百分之十。華製品舊征廠捐。嚴格統計。不及百分之一。有失內外均衡之旨。爰定出廠加捐辦法。於原征廠捐外。另征加捐百分之六・五。三月間公布施行。青島局首先遵辦。直隸等處。亦相繼舉行。其時南方各省已屬國民政府範圍。廢除雜捐。改征統稅。捲菸稅務。煥然一新矣。

國民革命。發端粵東。捲菸之征印花稅也。粵實創其先例。定率初爲値百征二十。繼增至五十。按市估價計稅。貼花方之各省。爲率獨高。而稅制簡易。推行數載。商民便之。迨國民革命軍規復湘鄂。建政府於漢口。財政部長宋子文本除繁去苛之指。爲與民更始之圖。倡議劃一稅則。除出廠捐外。舊征二・五捐。吸戶捐。特稅。一律取消。改辦統稅。値百征一二・五。先由湘鄂贛三省試辦。十五年十二月公布。卽據英美菸公司函允遵繳。創辦之始。定率較輕。爲循序漸進計也。未幾國民政府奠都南京。翌年六月。財政部公布征收捲菸統稅暫行簡章。稅率增至百分之五十。嗣又改訂征收捲菸稅章程。稅率仍舊。開征伊始。商人多持觀望。江蘇爲捲菸製銷中心。暫准通融。按印花面額七折征現。體恤不爲不至。

而外商囿於積習。租界商埠。猶未就範也。嗣政府改組。部長宋子文。復領度支。詳察商情。着手整理。以稅率增加過驟。商力或有不勝。擬量予輕減。藉利推行。時國府成立半載。政令劃一。誠信允孚。外商對於租界商埠。亦有遵章納稅之表示。爰於十七年一月。公布征收捲菸統稅條例。定率國外輸入品。征百分之二十。國內製造品征百分之三二·五。先就蘇浙皖贛閩五省推行。英美菸公司。先有成議。至是。繕具納稅辦法。函部遵繳。綜其要點。約有數端。五省境內。一稅通行。破省界。便商賈。一也。稅率高下。隨價遞增。均負擔。免偏枯。二也。征稅發花。權操總處。各省局所。僅司查驗。杜流弊。利推行。三也。駐關駐廠駐郵各員。稽核產運。監視貼花。正本清源。防徼杜漸。四也。至其最關重要者。尤爲租界之征稅。海通以還。外人恃條約爲護符。視租界同甌脫。百貨俱然。捲菸尤甚。緣捲菸行銷。商埠爲鉅。與內地壤境交錯。繞越私運。稽察難周。公家損失。爲數不貲。捲菸稅創行多年。收數無幾。揆其癥結。實在於是。自新章實行。租界內地。一律征收。數十年已墮之稅權。一旦恢復。不特菸稅蒙其庥利。中國財政史上。亦關一新紀元矣。四月間。雪茄菸亦援案改征統稅。十一月。復有劃一稅則。增加稅率之舉。無論舶來國製。一律改征百分之三二·五。呈准將征收條例修正公布。英美菸公司納稅辦法第一條。以及雪茄菸稅率。均照案更正。以昭劃一。

自是以還。稅率增加。規制粗具。而稅收仍無顯著之起色。十八年二月。捲菸稅處處長程叔度蒞事。伊始積極整頓。以邇來菸廠林立。輸入日增。而調查產運。尚多疏漏。區域限於五省。施行尚未普及。收入自難激增。整理之方。首在實行登記。及推廣區域兩端。蓋登記重於產。登記備。則產數可徵。匿漏自尠。

區域重於銷。區域廣則懋遷無滯。稅源自充。是年四月。公布捲菸登記暫行章程。舶來品國製品。均須呈請登記。中國稅務向乏統計。每有興革。擿埴索塗。難期收效。自是而產製運銷之數。始按籍可稽矣。統稅區域。原以蘇浙等五省爲限。四月間西征軍戡定武漢。鄂省遵章改辦統稅。湘亦繼之。蓟魯粵桂等省。情形較爲複雜。經部處函電解釋。並核定協款辦法。自五月至十一月。河北山東廣東相繼改辦統稅。河南廣西籌備就緒。不日開征。偏遠如遼甯省。亦知統稅辦法。實較特稅爲優。悉遵部定條例。按照統稅稅率征收。南北各省。大致就範。次以走私漏稅。在在宜防。重要關鍵。端賴查緝。原訂章程。時移勢易。揆之事實。扞格良多。復經分別修正。改訂查驗及處罰各章程。於八月間分別公布。於是經制畢張。施行無滯。收入日裕。十一十二兩月。以上海一隅。其收數自二百餘萬元。激增至三百餘萬元。成績昭然矣。

總之。吾國捲菸稅。自民國十年十一兩年。專征出廠捐二·五捐。月收十餘萬元。定率既輕。稅收自絀。十二年至十六年間。各省加征特稅。而歲入仍無起色。則辦理未善。無可諱言。十七年以後。國民政府改辦統稅。收數漸見增益。然其初月收不過六七十萬元。加稅以後。亦僅百萬有奇。洎乎最近。加意整理。實施登記。統一征收。蓟魯鄂粵。悉入範圍。嚴取締。重查緝。捲菸稅務。始蒸蒸有日起之勢。每月稅收。由百萬而驟增至三百餘萬。粵甫實行。尚未列入。加以該省及豫桂等省。預計月收可達四百萬元。不期年間。施行幾遍乎全國。歲入數倍於曩時。收效之宏。進步之速。誠非始願所及。裨益國庫。良非淺鮮。抑有進者。捲菸收入。以專賣爲極軌。日本三島之地。自實行專賣。收入激增。昭和三年度純益。計二萬萬元而弱。我國地廣物博。產銷之額。倍蓰東鄰。果由統稅進而專賣。衡以各國先例。不難估歲入最重要之地位。現正擬定計畫。分期進行。蓋改辦統稅。爲籌備專賣之階梯。而實行專賣。則固訓政時期政府先務之工作也。茲自開辦紙菸捐。迄實行統稅止。分節敍述。除統稅業已另刊專史。本編僅敍大綱外。特稅一項。向由各省主辦。其無案可稽者。概從簡略。以昭翔實。

第二節　出廠捐及二・五捐

出廠捐及二・五捐。通稱紙菸捐。民國十年創辦。先是晚清以還。紙菸銷場。日益充斥。限於條約。征稅甚微。自民國四年。開辦公賣。財政部聲明洋菸另訂辦法。內外負擔。益形軒輊。迨八九年間。直魯等省。扣留英美菸公司紙菸。責令納稅。英使疊生抗議。糾紛經年。案懸未決。該公司知相持非計。亦冀平允辦理。十年春。前全國菸酒事務署。召集該公司代表董事冒賴斯。經理柏思德。來署討論劃一征收之方。該代表等對征稅無異議。惟稅率最高僅允百分之二・五。期限要求十年。於商埠免稅重征扣抵諸端。爭持尤力。先擬具草案呈署。復經詳加審核。逐條商改。歷時經半載。會議逾十次。始克就範。英美菸公司既有成議。乃由署訂定征收紙菸捐章程。分兩項征收。一爲內地二・五統捐。凡舶來品及國製品。運入內地及自關商埠。均應照繳。銷租界及約開商埠者免之。一爲出廠捐。凡國內製造品。於二・五捐外。加征此捐。雖定率較輕。而租界商埠。與內地同等征收。爲挽回稅權計也。八月。呈准公布。是月三日。英美菸公司。繕具聲明書十一條。函送菸酒署。承認遵章納稅。原書有效期間。規定八年。同時另函聲明二事。一廣東廣西雲南貴州湖南等省。在未核定照章施行以前。紙菸捐章。暫不適用。一商埠免納統捐。以城廂爲限。十二日。由署鈔錄聲明書。咨行外交部。照會英使館查照。十月十一日。實行開征。旋大美花旗兩菸公司。援案備具聲明書。函允遵繳。而南洋東亞等公司。亦相繼照辦。紙菸統一征稅。實樹基於是。

紙菸捐務。事屬創舉。開辦伊始。卽係設局專征。其經征機關。有總局。分局。總分局以下。有督察所。查驗所。分所。分卡。遞層監督。而總其成。於前全國菸酒事務署。民國十年。捐章既經公布。前菸酒署以紙菸製運行銷、以上海爲樞紐。呈准於該埠設立駐滬紙菸捐務總局。遴派總辦常川駐滬。以便管理。設分局於天津漢口。設督察所於山東。旋改分局。皆有菸廠之處。酌設查驗所分所分卡於各省重要地點及商埠。凡分局督察所。皆經征廠捐。其各省應繳二・五捐一項。均在滬記帳。按月由總局結算。上海出廠捐。亦由總局經征。查驗所卡。專司查緝。不征捐款。華洋各菸廠。由當地總局或分局。派員駐廠專司稽查製運及監視貼花事宜。局所次第成立。卽於十月十一日實行開征。嗣滬局以紙菸捐務局名稱。涵義較狹。呈准改爲捲菸稅務總局。各局及查驗所卡。亦一律照改。以昭劃一。迨十六年。上海總局及漢口分局。已屬國民政府範圍。僅直隸青島兩局。尚隸北京政府。爰由前財政部菸酒署。呈准將青島天津兩分局。一律改爲捲菸稅務局。直隸菸酒署管理。十七年六月。南北統一。天津捲菸稅局由財政部派員接管。改組河北捲菸統稅局。仍照征出廠二・五兩捐。以甫經收復。地方情形尚多扞格。不得不暫仍舊貫也。十八年五月。河北省及平津兩市。協撥教育基金及經費問題。由部分別核定。始將二・五捐出廠捐。暨該省向征之吸戶捐。概行撤消。改辦統稅。所屬各分所卡。改爲查驗所。十八年三月。濟案解決。青島局亦由山東捲菸統稅局派員接收。改組藉歸一律。

紙菸捐率。分內地統捐及出廠捐兩種。內地統捐值百抽二・五。估價分等標準。比照海關進口紙菸稅則辦理。開辦之初。計分四等。

等級	海關每千枝估價	內地統捐每五萬枝應納稅項

第一等　值過四兩半及無商標　十二元三角七分五厘

第二等　值過三兩半不過四兩半　七元一角二分五厘

第三等　值過一兩半不過三兩半　四元一角二分五厘

第四等　值一兩半以下　二元二角五分

民國十一年。海關進口紙菸稅則。由稅則委員會議決修正。改分七等征收。紙菸捐分等標準。既係援照海關辦理。自應照案改訂。爰由前菸酒署訂定七等估價征稅表。通令滬局轉飭各菸公司。一體遵辦。

一千一百零五元二角六分以上爲頭等卽新一等

捐額三十一元一角二分五厘

七百五十一元五角八分以上至一千一百零五元二角六分以下爲二等卽新二等

捐額十九元八角七分五厘

五百七十四元七角四分以上至七百五十一元五角八分以下爲三等卽新三等

捐額十四元二角五分

三百九十七元八角九分以上至五百七十四元七角四分以下爲四等卽原一等

捐額十元零五角

二百六十三元八角七分以上至三百九十七元八角九分以下爲五等卽原二等

捐額七元一角二分五厘

一百三十二元九角三分以上至二百六十三元八角七分以下爲六等（即原三等）

捐額四元一角二分五厘

一百三十二元九角三分以下爲七等（即原四等）

捐額二元二角五分

出廠捐捐率係從量計算。不論菸品高下。每五萬枝一律征銀兩元。五千枝征二角。即以五千枝爲單位。不及五千枝者。亦以五千枝計。其二·五捐納稅單位亦照此辦理。

二·五出廠兩捐從價從量定率顯殊。納稅憑證亦緣之而異。出廠捐憑證。用印花。整箱粘貼。由前菸酒署製印。頒發滬局轉發應用。開辦之初。僅製一種。式長方。色淺綠。面額以銀數計。每枚二角。備五千枝箱領貼。十枚爲一張。值二元。則五萬枝箱用之。嗣添印一元二元兩種。一元者紫色。二元者紅色。合原有二角者共計三種。爲便於征收計也。二·五統捐本以捐單爲納稅之憑證。單分三聯。一交商執運。二繳全國菸酒署。三存根。嗣各菸公司以紙菸出廠須先運通商口岸再行分運銷地。捐單由滬填發。窒礙殊多。要求頒發空白捐單。由公司轉發各分公司。自行填用。否則請派員隨菸前往。以便照數填發。當以空白捐單流弊滋多。派員一節手續過繁。亦難辦到。爰擬添用二·五印花。按箱實貼。以便查驗。此項印花本照納稅等級分爲四種。以紅黃綠白爲別。每等復分五千枝一萬枝五萬枝三級。按支計等。不載捐額。十一年捐率改爲七等。二·五印花亦添加三種。以淺紅淺綠及紫色爲區別。藉昭一律。十二年一月，滬局以聲明書規定，紙菸納捐，以五千枝爲單位。故二・五印花，亦以五千枝爲限。惟拆箱零售菸枝，以少數納多數之捐，事實上每感困難。經召集各公司會議，決定量予通融，添設二・五小印花一項，每張十聯，每聯五百枝，等級顏色，均同大印花，惟式略小，專限零數貼用。過五千枝者，整箱拆箱，均用大印花，以示限制。呈署核准施行。二・五捐單及印花，向由滬局自製。十四年七月間，擬改由署製，式樣業經擬定，以時局變遷，未及實行。

紙菸捐，採一道征收制，由出廠及起運時征收，其稽征方法，分國內製造品及舶來品兩項。國內製造品，出廠銷售，應由各菸公司照應納捐額，向總局或分局購領出廠捐印花，報明駐廠員，逐箱驗明封固，監視貼花。在當地免稅商埠行銷者，即可任其發售。其運銷內地者，將種類牌號等級枝數及指銷地點，報明總局或分局，查驗相符，照數記帳訖。填給二・五捐印花及捐單，印花實貼箱面，捐單隨菸執運，以便沿途檢查。貨達指銷地點，仍將捐單持赴該地紙菸稽征機關，蓋戳繳銷，藉杜一單兩用之弊。記帳之款，按月由各該菸公司，儘月底前開單向滬局結算清繳。已納二・五捐之菸，沿途經過各關卡，凡內地厘金雜捐，一律蠲免，不再重征。有重征者，准該公司持收據送請滬局核明，於每月應繳二・五捐內扣抵。實行之初，各菸公司誤會捐章，持海關子口稅單及常關稅單，呈請抵繳二・五捐者，踵相接，手續既繁，爲數尤鉅。當以子口稅及五十里內常關稅，均由海關管理，自屬海關範圍，揆之捐章，海關稅除外之規定，及議訂捐章之時，該公司代表，曾有不涉海關範圍之聲明，自無准抵之理。其五十里外常關稅，應准通融抵繳，以示體恤，節經令飭滬局，剴切解釋，分令遵辦，嗣各菸公司持常關稅單。抵繳二·五捐者。辦法漫無限制。公家受損甚鉅。前菸酒署以抵繳辦法。關鍵全在重征。必先有重征之事實。始有抵繳之可言。復經咨行財政部。令飭各常關轉飭所屬。嗣後遇有捲菸經過。應查明於稅單上加蓋已納及未納二·五捐戳記。已納者爲重征。自可准抵。未納者既非重征。未便扣抵。其理甚明。關單既經蓋戳。庶商人呈請抵繳時。可以分別准駁。俾免混淆。其由此免稅商埠運銷其他免稅商埠。須經過非免稅區域者。照章免征二·五捐。於起運時。由菸公司將種類支數及指運地點。報明總局或分局。核明填發免稅運照。交商執運。俟達指運地點。卽將運照呈送該地稽征機關。驗明蓋戳。彙送總局核銷。運銷免稅區城者。出廠捐仍應照納。惟運往國外者。准予免繳。以示提倡。至船來品征收方法。凡在進口當地。免稅商埠範圍內銷售者。除海關稅外。其他捐項。概免征收。運銷內地者。應照納二·五統捐。其呈報記帳。請領單花。以及運銷其他免稅商埠。應領免稅運照。悉與國製品同。

紙菸捐征收區域。除粤桂滇黔湘及東三省外。其餘各省區。本係完全包括在內。然統捐一項。因有商埠免捐之規定。而區域問題。卽因之以起。免捐區域之爭議。由來已久。本不自紙菸始。海通以還。外人要求商埠四方概免厘金。區域非常廣泛。國庫稅權。受損非鮮。嗣中英議訂煙台條約。中國提議免納厘金。應以租界爲限。俾免漫無限制。草約業已簽字。英政府以議會爲藉口。拒絕批准。至今成爲懸案。迨紙菸捐開辦。菸商要求租界商埠。一概免征統捐。迭經前菸酒署令飭滬局。嚴行交涉。並以免捐區域。應以中國警察權所不及者爲限。此外無論商埠內地。均應照征。各商堅持成見。迄未就範。嗣經暫行通融。由滬局與各菸公司。協定免稅區域表。凡免稅者。七十九處。以約開商埠爲範圍。其自闢商埠。

不在免征之列。並聲明協定各地。如以後發現有不應免捐者。仍可隨時更正。由署錄表函准外交部。將全國約開自闢商埠地點。詳細列表見復。其中數處本係自闢商埠。滬局誤列免稅區之內。復經令飭分別改正。爭議始略告結束。迨十七年。國民政府改辦統稅。租界內地一律征收。免稅問題。始完全解決矣。

紙菸捐款由出廠及起運時。一道征收。然起運之後。沿途查驗。及偵緝私運私售。關係綦重。捐章既經實行。卽由前菸酒署令飭滬局擬具罰則九條。規定查獲私菸及漏稅捲菸。應照章處罰。塡給罰金聯單。單爲三聯式。一存根。一交商。一繳署。由滬局製印。發交各局所應用。罰金款項。五成充公。五成充賞。除處罰外。仍責令照章補足稅款。另塡補繳紙菸二・五捐或出廠捐印照。交商實貼。以便稽考。呈准通令各省菸酒事務局及各常關監督。飭屬一體遵辦。並由署另文規定補繳捐款及五成充公罰金。除由各捲菸查驗所卡辦理者。仍解滬局外。由其他征收機關查獲罰辦者。所有補征捐款及罰金。應按月繳由各該主管機關。轉解菸酒署核收。以清款目。

出廠二・五兩捐外。又有雪茄菸捐。保護捐。及出廠加捐。皆關係重要。有足資記載之價値。雪茄菸與紙菸同屬奢侈之品。紙菸捐章實行未幾。政府訂定征收雪茄菸捐大綱。及施行細則。捐率一項。原定舶來品征百分之二・五。華製品包括廠捐在內。征收百分之五。均比照海關稅則。分二等征收。嗣各商以華製品定率過高。不第商力難勝。尤背政府提倡國內工業之意。相率請減。復經核准。不論華製舶來。統按百分之二・五征收。並於海關原定一二等之外。添設三四兩等。俾値低者不致照高價納稅。以示體恤。一二等納捐標準。以二十五枝爲限。三四等以百枝爲限。分等計枝定率征稅。

等級	估價	支數	捐額	捐證顏色
一等	每千枝值四十兩以上者照六十兩納捐	二十五枝	五分六厘	淺紅色
		百枝	二角二分	淺藍色
二等	每千枝值四十兩以下十兩以上者照二十五兩納捐	二十五枝	二分四厘	淺黃色
		百枝	一角	淺綠色
三等	每千枝值十兩以 七兩以上者照十元納捐	百枝	二分五厘	赭色
四等	每千枝值七兩以下照四元納捐	百枝	一分	紫色

等級捐率。既經核定。卽將施行細則。加以修正。公布施行。納稅憑證。分捐證及捐單兩項。統由滬局製發。捐證爲橢方式。貼於最小容器之上。共分四等。一二兩等。復分百枝二十五枝兩級。三四等僅百支一級。共六級。均以顏色爲區別。載明等第支數計率征收。不列稅額。捐單分三聯式。與紙菸捐單同。其征收方法。亦大致無異。惟雪茄菸商店。在滬者大部分均入雪茄菸營業公會。所需捐證。統由公會赴局購領。轉發各商貼用。得扣支手續費百分之七。作爲公會經費。以資酬勞。此其異也。

保護捐創議於民國十四年。時各省特稅紛紛舉辦。英美花旗大美東亞等菸公司。以違背條約。極力反對。各國公使。復迭向外交部提出抗議。前全國菸酒署曾函電各省停止征收。迄未照辦。各菸商亦以空言反對。無補事實。十四年春。英美菸公司提議加征保護捐。爲各省取消特稅之抵補。所謂保護捐者。卽既征此捐。運銷各省。保證不再重征之意。捐率一項。菸酒署原議加百分之十二·五。租界商埠。一律照繳。蓋各省特稅原征百分之二十。非照此加征。不足相抵。該公司初擬百分之二·五。一再交涉。始允加至百分之五、其征收辦法。及分等估價標準。悉照二・五統捐辦理保護捐印花分七等。由前菸酒署印製。發交公司貼用。每月按各省貼用之數函報總署。核數相符通知公司。如數逕交各省收用。惟既納保護捐後。各省仍征其他雜捐。應在保護捐內扣抵。由英美菸公司擬具續聲明書四條專函送署。與前聲明書相輔而行。嗣大美花旗兩菸公司。亦援照繕具續聲明書由美使署轉送備案。前菸酒署以稅率過輕。恐不敷抵補。須先得各省同意再行公布。當經分電徵詢意見。而各省或意存觀望。或表示反對。時隔經年。迄未實行。値時局變遷。事遂中寢。

先是。保護捐未經籌議以前。曾由前菸酒署。擬具統一捲菸稅務案。增加稅率專征廠捐統捐。其餘二・五捐及特稅。一律取消。亦以各省意見參差。逡巡未行。迨保護捐之議。無形停頓。復擬先加廠捐藉爲統一征收之初步。十六年五月。前菸酒署以捲菸一項。年來銷路日廣。價値愈增。其中外商人在華製造之品。行銷尤鉅。而考其應納稅項。僅於出廠時。每五萬枝納洋二元。既無從價遞增之率。又乏等第高下之分。嚴格統計。尙不及値百抽一。以特別奢侈之品。而課以至微極輕之稅。揆之稅法原理先進成規。均難適合。審察財政狀況及征收情形。出廠加捐。有不容稍緩者。舉其理由約有數端。國家製稅。首貴均衡。必內外兩得其平。庶足收自由貿易之效。而免畸輕畸重之虞。東西各國大抵皆然。茲查舶來品捲菸。在海關附稅實行之後。除二・五統捐與華製品同等征收無庸計算外。進口時應納正稅百分之五。再加奢侈品附加稅百分之五。合計爲百分之十。而華製品應納廠捐不及値百抽一。稅率相懸。逾於十倍。內外負擔。既失均衡。不特國際貿易海關稅收。胥必受其影響。而律以物極必反之理。華製品絕端之優勢。恐亦終難維繫於悠久。此則不第爲進口稅率均平計。卽進而爲華製品商業前途計。應行加稅者一也。出廠稅名目。始見於馬凱條約。繹其原文。本係國產稅之義。又查中日公立文憑第三款內載日本政府允中國政府。任便酌量。課機器製造貨物稅餉。但不得比中國臣民所納加多。或有殊異等語。是外人在華製造之品。應與國產品同等納稅。英日各約。主張原屬相同。我國土菸土酒現行稅率。有值百抽至八十者。平均亦在百分之三十以上。而華製品捲菸。合出廠二·五兩捐僅百分之三有奇。不但土菸土酒稅率過高。競爭非易。卽按之各國商約本恉。亦復大相逕庭。此對於土菸酒稅率言。應行加稅者二也。近世課稅。每注重於貨物之性質。奢侈之品。應課重稅。業爲舉世所公認。前年華府會議。對於我國海關附稅。議定奢侈普通。分別征收。亦卽此意。今在華機器製造之貨物。如綿紗綿布等普通物品。出廠時均須完納百五正稅一道。捲菸有害衞生。尤非尋常奢侈品之比。乃所納廠捐。反較普通品低出數倍。輕重倒置。莫斯爲甚。此對於普通機製品稅率言。應行加稅者。三也。綜此三端。出廠加稅。應行舉辦。無待詳辯。矧中央各省。財政困難。達於極點。尤宜亟籌開源之計。藉爲分別挹注之資。至征收手續。前此紙菸出廠捐。本應向署繳納。嗣爲便利計。始暫由滬津等局征收。日久相沿。遂成積重之勢。此次於原有出廠捐外。另征出廠加捐一道。俾各省收入。不致受其影響。庶免發生爭執。加稅印花。由署製發。仍由各捲菸稅局經征。既可爲居簡馭繁之計。尤足收駕輕就熟之效。其稅率定爲百分之六·五。卽爲保持均平原則起見。緣海關附稅實行後。進口捲菸應納正附兩稅。共計百分之十。設出廠稅率。卽按進口稅。扣除二成原料稅計算。則應爲百分之八。今廠捐及加稅兩項合計不過百分之七・五。實已格外體恤。該商等自可樂於繳納。當經擬訂加稅辦法。於是年六月間令飭天津青島兩捲菸稅務局遵照實行。嗣據青島局呈報南洋菸公司。業已遵辦。英美菸公司。初曾拒絕繳納。經剴切解釋。亦卽遵繳。惟天津一處因英美東亞等公司反對甚力。先由直隸省長電准暫緩實行。嗣以青島業已照辦。直隸未便獨異。復經一再勸諭。旋卽一體開征。

紙菸收入。當十年十月以前。捐章尚未實行。各省間有征收釐金及銷場落地等稅者。或招商包繳。或由稅局經征。爲數甚微。迨捐章公布。前菸酒署商准各省將向征稅厘一律取消。原有收入由署核定數目。飭令滬局按年撥還。計蘇省三萬元。魯省四萬元。山西四萬八千元。江西商捐局及保商局共九千餘元。鄂豫貨捐局一萬餘元。均核實定案。其餘各省則視需要爲多寡。以舊直隸爲最鉅。原定年撥十萬元。嗣加至三十萬元。卽由津處照撥。其向由商人包繳者。迭據各商以期限未滿。中途取消。損失甚鉅。呈准分別包額多寡年限久暫。酌量發還。計舊京兆直隸河南江蘇山東等省。撥還最多者五萬元。最少者三千餘元。由滬局分別發給。以示體恤。自是各省紙菸捐。始統由滬局征收。原定全年收入預算出廠捐一百四十萬。二・五捐二百六十八萬。雪茄菸捐五萬元。共四百十三萬元。而實收數目。全年出廠捐約收一百二三十萬元。二・五捐一百四五十萬。收入不能暢旺。雖緣於定率之太輕。而商埠免捐。常關准抵。均屬極大漏卮。然開辦以後。中央收入年增三百萬元。於國用不無裨補。十二年。各省開辦特稅。各公司要求扣抵滬局收入。幾完全無着。迭經交涉。始允先扣一小部分。每月約千元上下。其餘仍照數繳。現十六年加征六・五廠捐。成效頗著。津青兩局每月可增二十萬元。然中央政柄已弛。各省自爲政令。雖有增收。亦徒供軍閥之橐盛耳。至開支經費。原定以實收數一成五爲範圍。計十一年度。滬局及所屬各分局所卡經常臨時兩項經費。共支三十七萬六千一百十四元。十二年度支三十八萬三千五百元。十三年度同。十四年度以從前開支過濫。令飭該局切實核減。全年至多不得逾三十萬元。十五年以後。至改辦統稅止。滬局由蘇省接收。政局屢更。收支紊亂。預算決算。等於具文矣。

征收紙菸捐章程見上册稅制章

英美菸公司聲明書見上册稅制章

英美菸公司續聲明書見上册稅制章

雪茄菸捐章程見上册稅制章

雪茄菸捐施行細則見上册稅制章

征收紙菸捐罰則十一年十一月呈准施行

第一條　商人私運紙菸未經完納出廠捐暨內地二・五捐經查驗機關查獲後應照本規則罰辦

第二條　查獲未經完納出廠捐暨內地二・五捐之紙菸除查明種類數目按照征收紙菸捐章程

責令補納出廠捐暨內地二・五捐外按照應納捐款數目至少以三倍處罰重則全數充公
第三條　商人運銷紙菸如單貨不符多出之貨卽以私運論其有將用過印花或捐單影射塗改藉圖朦混者均照第二條辦理
第四條　查獲私運紙菸責令補繳捐款暨罰金後應塡給補征紙菸內地二・五捐暨補繳紙菸出廠捐印照並罰金聯單交商執領
第五條　查獲私運紙菸補征處罰後所有罰金准提五成作爲獎賞
第六條　各查驗機關每月查獲私運紙菸除照章罰辦並隨時公布外應於月終將種類數目查獲地點補繳捐款暨罰金數目呈報本總局查核
第七條　稽查及巡丁人等查獲私運紙菸應報明主管局所聽候核辦如有私自處理者卽以賄放論其有局所隨同隱匿者查明分別嚴懲
第八條　本罰則如有未盡事宜得隨時修改
第九條　本罰則自公布之日施行

未辦捲菸稅前各省收稅情形

前菸酒署籌擬創辦紙菸捐通函直隸山西河南甘肅浙江山東陝西安徽湖北江蘇福建歸綏熱河江西各省區菸酒局調查征收紙菸捐辦法嗣據分別呈復摘要錄下（以呈報先後爲次序）

安徽省

上等紙菸每千支二角四分中等每千支一角二分下等每千支九分此外值百抽二・五

山西省

奉閻省長頒發稅則紙菸照售價八五折估價值百抽三

熱河省

公賣費　本國紙菸值百抽十二・五　外國紙菸不收

牌照稅　外菸本產均按牌照條例分類征收

菸　稅　國貨值百收五　外貨除承德一縣每萬支征十三元不分等次其餘各縣均值百抽五

山東省

洋商	甲等	每箱價自	八百一元至一千六百元	征十元
	乙等	每箱價自	二百六十一元至八百元	征八元
	丙等	每箱價自	二百一元至二百六十元	征三元三角七分
	丁等	每箱價自	一百一元至二百元	征一元六角八分
	戊等	每箱價自	一百元以下	征一元三角
華商	上等		三百元以上	征四元

下等　三百元以下　征一元五角

歸綏區

每箱估價　二百四十六兩者　收十二元一角八分

每箱估價　一百四十兩者　收六元九角三分

每箱估價　一百二十兩者　收五元九角四分

每箱估價　一百八兩者　收五元三角五分

每箱估價　一百六兩者　收五元二角五分

每箱估價　九十八兩者　收四元八角五分

每箱估價　九十兩者　收四元四角五分

每箱估價　八十八兩者　收四元三角六分

每箱估價　七十兩者　收三元四角六分

每箱估價　六十四兩者　收三元一角七分

每箱估價　五十六兩者　收二元七角七分

每箱估價　四十六兩者　收二元二角八分

每箱估價　四十兩者　收一元九角八分

每箱估價　三十兩者　收一元四角八分

每箱估價　十八兩者　收九角

其餘菸絲呂宋菸臨時估抽

福建省

紙菸每一大匣作一斤抽三錢六分加一附稅

陝西省

紙菸

等級	數量	抽釐	抽稅
一等	每五萬枝	十一元二角五分	三元三角七分五
二等	每五萬枝	五元二角五分	一元五角七分五
三等	每五萬枝	四元五角	一元二角五分
四等	每五萬枝	三元	九角

呂宋菸

每大箱抽釐七元五角　每小盒抽釐四角五分

每大箱抽稅二元二角五分　每小盒抽稅一角三分五

江蘇省

原定紙菸請領半稅單運銷內地經過沿途局所驗放俟貨入華鋪時令按値百抽二・五以等

級與英美菸公司未經議定適有上海和記公司經理鄔卓然等情願出爲代繳初年繳一萬八千元現已遞加至三萬元南洋公司紙菸一并包認在內其餘各公司捲菸仍由各局所估本征稅

甘肅省

商人運紙菸來甘遇有無子口票照及免稅運單者征收費額定以三百八十四斤爲一擔每擔值洋三百餘元收費六元五分二厘約合值百抽二　征稅捐照財政廳舊日辦法定以二百四十斤爲一擔每擔值二百餘元征稅捐庫平銀五兩五錢約合值百抽四未照支數計算亦無華洋分別

江西省

九江保商局照海關稅則征收半稅

上等　每千支征銀五錢

下等　每千支征銀九分

前駐滬捲菸捐局認解各省協款數目表十一年至十二年先後核定

浙江　每年八萬元　解至十四年五月

山東　每年四萬元每季一万元解至十三年冬季

中華教育社 每年一萬二千元解至十三年二月上半月

第六混成旅服裝費 每年四萬元十三年分解過一萬元

直隸 每年三十萬元自津處收入全被截留年溢撥三四十萬元

福建省 每年五千元

江蘇省 每年三萬元

湖南 每年一萬二千元

湖北省公署 每年二萬元

湖北菸酒局 每年二萬元

江西商捐局 每年一千一百十一元二角二分五厘

九口保商局 每年八千六百三十五元五角七分五厘

鄂豫貨捐局 每年一萬二千千文

山西 每年四萬八千元

前駐滬捲菸稅務局發還各省紙菸捐包商津貼數目表十二年核准

河南及京兆 發給紙菸捐包商黃恩瀚津貼銀元二萬七千元

豫省及京兆紙菸捐係黃恩瀚一人承辦據該商呈稱豫省於十年一月間呈准試辦一年中途撤

消賠墊五萬餘元京兆於十年二月間呈准試辦一年組織一切計籌墊三萬六千餘元等語當經駐滬紙菸捐務總局核定發給該商津貼二萬七千元

直隸　發給紙菸捐包商沈則鳴孔式卿津貼銀元二萬七千元

直省紙菸捐係沈則鳴孔式卿二人承辦據該商呈稱自十年六月一日起認辦不及半年賠墊五萬餘元等語當經駐滬紙菸捐務總局核定發給該商津貼二萬七千元

江蘇　發給紙菸捐包商和記公司津貼及收回舊印花價共計銀元五萬元

蘇省紙菸捐向由和記公司承辦歷年已久據該公司呈稱前經財政廳核准展期至十一年十二月底爲止自十年十一月起取消認案虧累達十萬元等語當經駐滬紙菸捐務總局查核以該省包商期限較長尙有一年餘未滿且有財政廳售出之舊印花五千九百七十七張合洋二萬四千五百二十五元責令該商如數繳銷計發給該商津貼及收回舊印花價共銀元五萬元

山東　發給紙菸捐包商黃恩瀚津貼銀元三千一百三十八元八分

魯省紙菸捐係黃恩瀚承辦據該商呈稱於九年十一月呈准試辦一年十年五月二十五日收回官辦自十年四月英美菸公司發生抗議記賬認捐將及兩月虧累甚鉅該公司記賬期內應繳捐款除包額外尙餘銀三千一百三十八元八分請如數發還等語當經照准作爲該商津貼

以上河南直隸京兆江蘇山東五省區計發給紙菸捐包商津貼銀元一十萬七千一百三十八元八分

修正紙菸出廠六·五加捐暫行辦法 十七年三月津局擬定呈奉菸酒署核准施行

一是項加捐凡津廠製造紙菸均一律就廠徵收其運銷約開商埠暨向來不完二·五捐各地者六·五廠捐亦不得免徵但上海菸廠製造紙菸運銷津局範圍內者滬局得免一切捐稅則津菸運滬此項六·五廠捐亦得免徵以示平允而便運輸

一非津廠製造紙菸凡屬華製者其出廠時有未完過是項加捐者於菸貨到地時仍應補徵六·五廠捐與舊有二元廠捐一體辦理

一加增廠捐創辦伊始各菸公司不無多費一切手續准予酌給手續費二成如納捐一百元者給予手續費二十元即於繳捐時照數提給以示格外體恤

紙菸二五捐印花式樣

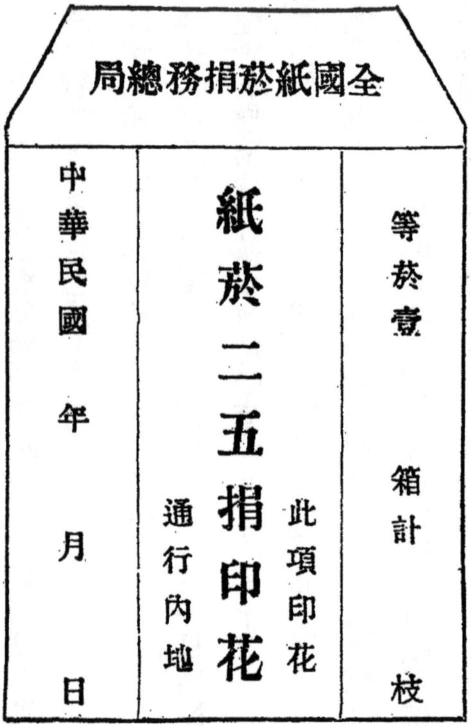

紙菸二·五捐單式樣

第三聯

紙菸二五內地捐單

茲據　　報由　　起運左列紙菸種類銷售　　省

等第	箱數	價格	捐額	運銷地點	有效期間

應納紙菸二五內地統捐已記帳訖除填具第一聯捐單交商執運外由經徵機關截取此聯存根備查

中華民國　　年　　月　　日　　經徵員　　蓋章

捐字第　　號

第二聯

紙菸二五內地捐單

茲據　　報由　　起運左列紙菸種類銷售　　省

等第	箱數	價格	捐額	運銷地點	有效期間

應納紙菸二五內地統捐已記帳訖除填具第一聯捐單交商執運外截取此聯送呈全國菸酒事務署考查

中華民國　　年　　月　　日　　經徵員　　蓋章

捐字第　　號

第一聯

紙菸二五內地捐單

茲據　　報由　　起運左列紙菸種類銷售　　省

等第	箱數	價格	捐額	運銷地點	有效期間

應納紙菸二五內地統捐已記帳訖每按月底卽向紙菸捐局結總繳款特填具此聯紙菸捐單交商執運除經過海關及崇文門應遵章繳稅外其餘經過各處一律查驗放行貨抵指銷地點後此單應向該地稽徵機關加蓋驗銷戳記仍將此單交由該商持向填發捐單機關繳銷

中華民國　　年　　月　　日　　經徵員　　蓋章

第三節　特稅

捲菸特稅者。於中央向征出廠二・五等捐外。另行加征。創辦自浙。各省繼之。稅率自百分之二十至八十。在南方爲特稅。在北方爲吸戶捐。名稱雖殊。要皆以取諸吸戶爲主恉。開辦之初。均屬地方稅性質。民國十六年春。北京政府改組前財政部菸酒署。於呈准劃一度支案內。將奉吉黑熱察綏舊京師京兆等省區向征之吸戶捐。由財政廳劃出。設局專征。直隸部署。始改爲中央專款。嗣國民政府成立。南北各省陸續改辦統稅。原征特稅及吸戶捐。遂完全取消。

浙江特稅

浙江捲菸特稅。創行於民國十二年。先是。十一年冬。省政府定議。大興省道。費無所出。以捲菸爲奢侈品大宗。各國均從重征抽。且有作爲官營事業。由政府獨占製賣。不許自由營運。良以消費物品。與生活必需品不同。寓禁於征。多取非虐。比年以來。各種華洋捲菸。行銷國內。日廣一日。而稅法尙仍舊貫。亟應設法加征。以裕收入。乃參酌各國先例。開辦捲菸吸戶捐。卽以征起稅款。充省道經費。定名爲捲菸特稅。稅率值百抽二十。凡本省境內人民。購吸捲菸。均須照章繳納。違者處罰。但爲手續便利計。規定由販賣商店代爲粘貼印花。許按票面扣提百分之十五。作爲酬金。故此項特稅。雖係按貨值計算稅率。而實爲直接消費稅之一種。與釐金統稅等貨物稅性質。截然不同。

特稅用途。原定專充省道經費。所有浙江省征收捲菸特稅暫行章程。暫行罰則。總分局章程。總分局經費概算。臨時支出概算。及省道經費保存支付規則。均經省議會先後通過。咨送省公署公布施行。自十四年度起。其收入支出。並經列入興築省道經費歲出入預算書。作爲特別會計。每月經征稅款。除扣支各該月預算規定之征收經費外。悉數撥解省道局支用。故此項特稅。不特完全屬省地方稅性質。卽與其他一般之省地方稅性質。亦微有區別。

浙省開征捲菸特稅。始于民國十二年三月一日。事屬創舉。在本國尚無成規可循。先期特派專員設處籌備。名曰浙江省征收捲菸特稅籌備處。於十一年十一月八日開始辦公。凡釐定章制。訂製印花。錄用人員。及調查捲菸之品名牌號銷數價值。暨整賣商號等事項。均於此時期內分別辦理。至次年二月間。大致就緒。是爲籌備時期。

十二年二月二十一日。浙江省征收捲菸特稅總局正式成立。籌備處卽於是日撤銷。至三月一日。第一第二第三第四各區分局及各該區內稽征員分駐所同時成立。一律啟征。其餘各區亦陸續開辦。定章總局下設分局及稽征員分駐所。全省計劃分八區。每區各設分局。其（一）設有捲菸整賣商店或分棧處所。（二）接近商埠貨物運銷要隘。（三）銷物繁盛處所。（四）車站輪埠。（五）水陸要衝。（六）海口及（七）鄰省交界地方。則分別酌設分駐所。茲錄八區分局地點及管轄區域如下。

區別	地點	管轄區域
第一區	省城	舊杭屬
第二區	嘉興	舊嘉屬

第三區　吳興縣　舊湖屬

第四區　鄞縣　舊寧屬（舊台屬甯海一縣亦暫歸管轄）

第五區　紹縣　舊紹屬

第六區　海門　舊台屬

第七區　蘭谿　舊金衢嚴屬

第八區　永嘉　舊溫處屬

征收方法。按照暫行章程第二第七條之規定。係用省道特稅印花。責令販賣商店。購備粘貼。惟施行以後。辦法頗有變更。舉辦之初。係用散征制。由各分局自征自解。其印花稅票。即由各分局自行發售。或於所轄境內擇宜委託分售。更由分售處分設支銷所。此項分售處。依法區為二類。即（甲）繳納保證金二千元以上。呈請經售者。（乙）受分局委託。免繳保證金。充當經售者。但為便利推行。融洽商情起見。實居少數。行之期稔。覺菸商承辦之分售處。遠不逮別業商人銷售成績之優美。且流弊百出。經各分局查獲處罰者不少。概見。從十三年一月起。乃變更舊制。將各區菸商承攬之印花分售處一律收回。另組。或由分局自行發售。是為散征時期。

印花稅款。定章限每五日由分售處解分局一次。即由分局轉解金庫。掣取庫收。隨文呈解總局。隨征隨解。頗收季節淡旺之影響。致每月預計不能得確切之收數。又由局所單獨稽征。亦不無疏隔之處。十二年十二月間。爰由總局另定公棧章程及施行細則。規定各棧所管區域內之特稅印花分售處。

卽責由公棧繳納保證金。負責承辦。承辦人應按照全年銷數。預計稅額。除扣提酬金外。按月分三旬繳解。不得短欠。如銷不及額。應負按旬如額賠繳之責。又在承辦期內。並不得要求減少認辦稅額。或中途退辦。而稽征查驗處罰等事。則仍由各分局照章辦理。其要點蓋在商任其責。而官綜其成。以聯合互助之精神。收督促進行之效果。十三年二月。第一第三兩區。首先試辦。頗著成效。其他各區。亦相繼實行。是爲公棧時期。

十二年爲舉辦特稅之第一年。草創伊始。推行不無阻滯。綜計全年。售出印花票面金額爲一百十六萬八千餘元。十三年。除第四區外。各區公棧。先後成立。增至一百三十六萬九千餘元。十四年。第四區公棧。亦經告成。而其他各棧。承辦一年期滿。經將各區認額。分別增加。一面整頓稅務。嚴密稽征。全年銷額。合計已增至一百九十七萬二千餘元。計比第一年。增收百分之六十九。比第二年。增收百分之四十四。收數頗爲暢旺。十五十六兩年。政局不定。收數未能起色。至十七年一月。國民政府改辦捲菸統稅。浙省特稅。卽行取消。

江蘇特稅

浙江特稅。既經創辦。十三年春。蘇省亦繼起仿行。定名爲捲菸營業特稅。由江蘇省議會議決。在省內經營捲菸業者。均應遵繳。征起之款。完全指撥教育經費。由江蘇教育經費管理處。擬訂征收章程。呈請省長。核准施行。

營業特稅。由教育經費管理處。視全省捲菸營業狀況。酌定全年稅額。招商承辦。劃全省爲若干捲菸營業區。各區設征收局。由承辦捲菸營業特稅總局。酌定各區征收比額。委員辦理稅收事務。由總局主管。受教育經費管理處。隨時監督及稽察。

特稅稅率。爲百分之二十。按捲菸批發市價。隨時規定菸類稅則表。公布遵辦。納稅憑證。用印花。印花式樣。由管理處核定。交由承辦總局刷印。分別頒發各區征收局。於征收稅款後。將憑證逐一粘貼於最小容器之上。憑證票面。按銀數計算。

營業特稅稽征方法。凡各區捲菸商店行棧。向外省或外區購買捲菸。應先報由本區征收局。塡發採辦單。赴採運地。向該地捲菸征收機關呈驗。換領運菸出境單。隨貨運回。並於起運時。按箱粘貼查驗單。迨運菸入境。呈報本區征收局。驗明相符。塡列驗單。實貼箱面。方准運入棧店。俟發售時。再行送往征收局。照率繳足稅款。由局將憑證印花。按最小包聽。逐一粘貼。加蓋騎縫圖章。方准銷售。至外省菸商來蘇採購捲菸出省者。應驗明各該本省征收機關發給之採運單。核明相符。塡給運菸出省單。准其免稅出省。如在蘇省境內沿途售賣者。查出後從嚴處罰。其各菸公司運菸至本省或外省通商口岸之分公司。暨各地分公司。轉運至其他分公司者。既係公司間互行搬運。與經營菸業之店棧採運不同。另行塡給捲菸公司分運出境單。或分運出省單。以便查考。

蘇省特稅。既經開辦。各洋商菸公司。迭生抗議。謂爲有背條約。嗣由蘇省教育經費管理處。以征收特稅。爲內政主權。外人不得干涉。詳細解釋。呈請省長嚴詞駁復。境內華商。次第遵繳。嗣高郵寶應等處。

時有西人或雇工。往來內地。肩負捲菸。沿途兜售。抗不納稅。復以兜售之人。如係華商店夥。當然照章罰辦。如係洋商則通商條約本禁外人在內地開設行棧。更無可僱華人入內地零賣之規定。尤應禁阻。呈請省長根據條約。一再向各該國領事。嚴重交涉。一面由局積極進行。歷時既久。內地各屬。完全照納。惟租界地方。警權不及。迄未征收。

民國十六年六月。國民政府公布征收捲菸統稅暫行簡章。取消特稅。試辦統稅。稅率值百征五十。嗣又改訂征收捲菸稅章程。稅率仍舊。設立江蘇捲菸稅總局。專司稽征。嗣各商籲請核減。經該局呈准。暫按票面七折征現。實收合百分之三十五。十七年一月。由財政部公布捲菸統稅條例。租界商埠一律征收。先由蘇浙閩皖贛五省實行。其詳細辦法。具詳統稅篇中。

舊京師屬吸戶捐

舊京師屬吸戶捐。民國十五年一月開征。與南方各省之特稅。同一性質。先是各省特稅。紛紛舉辦。十三年冬。舊京師地方。以教育經費支絀。籌擬援案征收。由前京兆尹會同京師警察廳主持。擬與京兆各縣。同時合併辦理。已定十四年二月一日實行。時前菸酒署。與英美菸公司議訂撤消各省特稅。加征保護捐一案。業有成議。各省已辦特稅。正由署電請取消。京師舊都所在。自未便於此時開辦。致生枝節。經署商准京兆尹。從緩辦理。嗣保護捐以事未克實行。十四年冬。該區吸戶捐。續擬開辦。京師京兆。分別征收。除京兆區另由京兆尹管理外。京師所屬。由京師警察廳主辦。以京師城郊為範圍。訂定京師吸戶捐局暫行章程。於十五年一月十日實行開征。

舊京師屬吸戶捐稽征機關。於警察廳內設立京師捲菸吸戶捐局。於四城四郊。設四分局。定名爲第一第二第三第四分局。每分局兼管各該城郊征收事務。

吸戶捐捐率。原定按批發價格。征收百分之二十。嗣兩次加征。合計至百分之四十。納捐價格。由總局訂定捲菸價格稅率表。隨時公布。征收憑證。爲長條式。面額以銀元計。分二厘三厘四厘五厘六厘八厘九厘一分二分四分五分一角二角等十四種。以顏色爲區別。此捐完全取諸吸戶。惟因便於征收起見。概由商家代征。洋商菸公司由華經理負責辦理。運銷捲菸之商店。須於售出之前。按照表列價格稅率。於最小容器之包聽封口處。粘貼憑證。加蓋商號戳記於騎縫處。方准出售。其整箱起運者。應備足憑證。隨菸攜帶。不得短少。以便檢驗。其菸多證少。或有菸無證者。以漏稅論。

吸戶捐開辦之始。係招商包辦。全區組織承辦總所。凡各菸商征捐領花。統由該所承辦。先由該所向總局備價領購憑證。轉發各菸公司或商店應用。總所領用憑證。准按九折交款。小經理家。按九七折。各菸公司按九五折。遞層扣支。作爲代征經費。嗣以承辦總所之設立。本屬一時權宜之計。征稅貴於簡捷。多一層機關。即多一層之流弊。爰於十六年一月。取消承辦總所。由局直接辦理。各菸公司。及各代銷商店。與總局訂定合同。購領憑證。按九折繳款。小經理家向公司購菸。隨帶憑證。係按九六折繳價。由斯推算。即小經理家每百元得利益四元。公司及代銷家得六元。而直接向本局領憑證者。則照九五扣計。較優百分之一。至運菸到平銷售者。向章一抵平站。即應納捐領證。至是復改爲先行登記。

俟發售時。再行購證照貼。並於購證日起。寬限十日交款。皆所以示體恤也。

十六年七月。前北京政府改組爲劃一度支計。呈准各項中央收入。統應劃歸財政部接管。吸戶捐事同一律由財政部咨行內務部轉令京師警察廳。於八月一日。移交財政部菸酒署接管。所有總分各局及征收辦法。一律仍舊辦理。惟該局所屬。舊京師城郊地方商業繁盛交通四達。菸商走私漏稅。最應嚴密防止。原設稽查人數較少不敷支配。自八月分起添設稽查員二十四員。分班梭巡。以杜弊混。

京師吸戶捐由部署接收之前。軍費浩繁。庫款支絀。財政部奉令籌措接濟。當經呈准於原征吸戶捐百分之二十外。按價格加征百分之十。合計百分之三十。通令各省實行。時京師吸戶捐係警察廳主管。對於加征手續粘貼加捐憑證以及扣支經費等項。屢經磋議。迄未解決。故遷延未辦。迨奉令接收。始於九月一日起實行加征。其加征辦法。仍由吸戶捐總分局帶征。以十分之一留充經費。餘款悉數解部。加征憑證因趕印不及。卽以原用憑證照數加貼。商人原有津貼折扣。亦槪按正捐成數照提。以昭劃一。

京師吸戶捐由部署接收以後。關於征收上。尙有應特別注意者。卽核定英使館用菸辦法。及防止倒票(卽一票二用)之規定二端。十六年十月間。京師吸戶捐局以開征以來。華商均已遵辦。而外商往往藉使館或軍隊自用爲詞。强求免稅。爲數甚鉅。相沿既久。不肖華商多方影射。處理既感困難。捐收尤受損失。爰由該局詢明英使館每月需用紙菸約二十萬枝。並呈准限制運菸辦法。凡英使館每次用菸之時。由領事開具證明單。詳細列舉支數運達日期等項。以便放行。由財政部咨行外交部照會莫使查照辦理。又京師吸戶捐憑證。向由各菸公司承銷。倘能恪遵捐章辦理。惟市上行銷之菸。猶多倒票案件。揆其緣因。皆由外境奸商暗中輸入。正當商人受損不少。由局呈准訂定防止倒票辦法。並添置送菸三聯單。凡批發菸件。除隨菸應帶足憑證外。另塡三聯單交商執持運送。以憑檢查。於十一月二十日起公布施行。

十七年三月間。以中央財政支絀。行政經費短少甚鉅。復由部署呈准。於正捐及附加軍費外。按價再加臨時政費百分之十。以應要需。其加征辦法。悉照加征軍費成案。一律辦理。是年六月間。南北統一。京師吸戶捐局。由河北捲菸稅局接管。照舊征收。十八年春。北平市政府擬定於北平市範圍內。另征捲菸捐百分之十。未幾河北改辦統稅。向征吸戶捐。一律取消。

舊京師爲故都所在。捲菸行銷甚廣。開征吸戶捐以來。其初僅收正捐百分之二十。每月約收五六萬元。十六年加征軍費百分之十。收數半於正捐。兩共約合七八萬元。全年約收一百萬元。十七年加征臨時政費。爲時甚暫。收入與附加軍費不相上下。至開支經費。該局及各分局原定支出預算。月支九千五百四十二元。十六年由部接收改組。每月經費減爲八千五百四十二元。追添設稽查員二十四員。月支薪給共計一千元。既經准予追加該局總預算。又恢復原定之數。至經費之外。另有提支獎勵金辦法。按月於正捐內提百分之五。附捐內提百分之十。均以一半留局。一半解部署。作爲獎勵金。留局之款。由局酌量支配。具報。解署之款。按月由局造册。連同正附款項。一併呈解部署。核收備用。

舊京兆屬捲菸吸戶捐

舊京兆屬範圍。凡向時順天府二十縣。除北平城郊外。均屬之。先是十三年冬。該區捲菸吸戶捐。原擬與舊京師合辦。嗣因事中輟。迨十五年一月十日。復實行開征。設立京兆全區地方捲菸吸戶捐總局。各縣設立分局分區。招商承包。捐率原定百分之二十。嗣兩次加至百分之四十。其憑證分二厘四厘六厘八厘等項。征收方法。大都與京師相同。是年八月間。奉軍第三四方面軍。駐紮京兆各屬。因籌餉關係。吸戶捐改由該軍與京兆尹合辦。捐款全數充餉。迨十六年九月一日。由財政部呈准。改歸菸酒署接管。並於是月起。加征臨時軍費百分之十。加征辦法。與京師同。十月。呈准改組。十七年二月。復加臨時政費百分之十。合前共征百分之四十。旋南北統一。舊京兆與直隸合併。改設河北省。該局由河北捲菸統稅局接收。暫按舊率征收。十八年五月。河北省捲菸實行改辦統稅。原有吸戶捐。同時取消。至舊京兆屬吸戶捐收入。開辦之始。每月約收一萬元。十六年。由前財政部菸酒署接收。加征臨時軍費。正附合計。每月收入增至一萬四五千元。至開支經費。原定預算月支五千零八十二元。嗣核減二百元。計支四千八百餘元。十六年十月。改組後。添設幫辦一員。月支薪水二百元。每月支出預算。仍恢復舊額矣。

舊直隸屬吸戶特捐

舊直隸屬捲菸吸戶特捐。於十四年二月二十三日開征。捐率百分之二十。設立直隸省捲菸吸戶特捐處。直隸於省署。各屬設立分局分卡。實行征收。其納稅憑證及征收辦法。大致與舊京兆京師等處相同。開辦之始。該局以天津一隅。爲北方商業中心。全省行銷之捲菸。均由津埠分運而往。該埠租界林立。因條約束縛。爲中國警察權所不及。捲菸製銷營業。皆麕集其間。不法商人。遂恃爲走私漏稅之淵藪。且與內地壤境。犬牙相錯。私菸侵銷。尤屬防不勝防。非嚴行稽查。不足以杜偷漏而裕收入。爰擬定偵緝辦法。注重津埠。凡內地租界交界之處。由處分派稽查。日夜梭巡。其津浦京奉各車站。爲數省通衢。尤關重要。亦派稽查。嚴密查緝。其有上下旅客夾帶私菸。逾于一定數目者。卽應責令照章補納吸戶特捐。粘貼印花。以重稅務。十六年三月間。該省以軍事方殷。需款甚急。各項捐稅。業已一再加征。惟捲菸一項。爲奢侈品。非尋常日用貨物可比。雖稅率較重。不爲苛虐。當經呈准。於原征吸戶特捐百分之二十外。按照捐率。加收軍事附捐百分之六十。征起之欵。專供前方軍餉。於是月十六日起。公布施行。嗣該省吸戶特捐處。以按原征捐率。加收百分之六十。於計算捐數。及憑證面額。每多畸零。例如菸價每小匣十枝。售洋八分。原征百分之二十。計一分六厘。照率加收百分之六十。應爲九厘六毫。數目過細。手續過繁。呈准改爲加征百分之五十。卽照原率增收一半。較爲簡捷。俾易推行。嗣財政部菸酒署。於六月間。令飭各省局。將原收吸戶捐。一律按價加收百分之十。作爲臨時軍費。該省附捐甫經開辦。呈准免加。以紓商力。該省吸戶捐正捐全年約收一百萬元。附捐約收五十萬元。

遼寧吸戶特捐

遼寧舊爲奉天省。該省捲菸吸戶特捐。於民國十四年開辦。先是遼寧吉林黑龍江三省捲菸稅當關辦紙菸捐以前卽係另案辦理。英商聯合菸草公司。日商東亞公司。在舊奉省均設廠自製。三省行銷之菸。大部均係該兩公司出品。民國初年聯合公司曾與奉省當局商訂出廠稅辦法。業有成議。中間忽生波折。遂爾中輟。九年十二月。東亞公司與該省訂定辦法八條。凡在奉製造之菸。行銷三省境內（商埠在內）完值百抽五之稅一道。卽可通行。不再重征。銷境外者。仍赴關納稅。定十年一月一日實行。嗣聯合公司。亦援案另訂納稅辦法。於二月一日開征。迨十四年。始於出廠稅外加征特捐。於財政廳內附設捲菸吸戶捐局。總司征榷。其各屬征收事宜。卽由廳屬各百貨稅捐局經征。捐率按市價抽收百分之二十。征起之欵。呈准由各稅捐局提支百分之十。作爲各該局經費暨提奬之用。餘欵全數報解總局。轉解省庫。並由總局於九十分內另提百分之五。作爲刷印憑證之工本。十六年五月間。前財政部菸酒署因籌濟軍餉。通令各省將原征吸戶捐一律加收百分之十。奉省初因手續未經辦妥。遲未加征。嗣經部署迭次令催。旋准該省長咨復。已於是年七月一日起實行加征。所有加捐憑證。暫以該省原有憑證照數實貼。其各稅捐局及總局提支經費。奬金及工本辦法。悉照舊案辦理。以昭劃一。

吉林省吸戶特捐

吉林省捲菸吸戶捐。於十四年七月一日開辦。捐率按哈洋賣價。征收百分之二十。歸財政廳兼管。卽由廳屬各稅捐局經征。吸戶捐印花。由廳印製。頒發所屬。轉發貼用。十六年四月。前財政部菸酒署通令加征吸戶捐百分之十。該省各屬。遵於六月起至八月。陸續照案加收。惟附捐印花。先因趕印不及。令各菸商凡購領印花一元。繳正附稅一元五角。不另給花。以資便捷。嗣部署以此項辦法易滋流弊。其時正在規定劃一吸戶捐名稱。及由署製發印花辦法。當經令知該廳在未定統一辦法以前。附捐印花。暫用該省原製印花照五成之數加貼。俾昭核實。是年十一月。各省捲菸吸戶捐一律改設專局。由部署直隸。一案業已呈准公布。該省遵於是月十八日組織專局。訂定組織章程。呈准照辦。該省吸戶捐收數。正捐全年約收一百餘萬。附捐減半。正捐解財政廳。附捐解部。藉充軍費。

黑龍江吸戶特捐

黑龍江捲菸吸戶特捐。十四年開辦。捐率。按市價收百分之二十。由財政廳所屬各稅局經征。全省設立捲菸吸戶特捐事務處。綜理征收事宜。十六年春。財政部呈准附加臨時軍費百分之十。該省先擬由省自辦。捐款解歸省收。當由前財政部菸酒署電請照解中央。以濟要需。嗣准咨復。已令處轉飭各局。自七月十五日起。實行帶征。按月報解部署核收。惟吸戶捐印花。原以二厘爲最小限度。加征附捐。趕印不及。請暫行照舊貼花。附捐不另加貼。以免延緩。當經通融照准。全年收數。正捐約一百萬元。附捐約合正捐之半。

廣東印花稅

廣東捲菸印花稅。於民國十四年。與酒類同時開辦。設立省河菸酒印花檢查所。於省城。潮梅。各設分局。實行征收。稅率原定舶來品。征收百分之四十。國內製造品。征收百分之二十。以示提倡國內工業之意。十六年五月以捲菸品屬奢侈。應課重稅。由廣州政治分會核定。不論中西出品。概按批發價格。征收百分之五十。十八年四月。國民政府令飭改征統稅。該省以軍餉所關。呈准暫按原率征收。以三二・五解國庫。以一二・五解省庫。迨是年十一月一日。始取消印花稅。完全改征統稅。至印花稅征收方法。菸類進口。由公司預領特許證。到達時。持證赴局報明。派員點驗封存。准其自行入倉。迨銷售時。抬往檢查所開箱。逐包粘貼印花。始准銷售。惟各商實際批發售價。往往超過呈准納稅價格。有多至二三十元以上者。一經復查。均稱連同佣金在內。實屬漫無限制。嗣經該省呈准將佣金加入批發價內。計算征稅。以杜取巧。

廣西省特稅

桂省捲菸征收制度。最爲特殊。蓋仿各國專賣之意。省政府設立廣西紙菸製造廠。由財政廳派員主辦。屬於省營事業。該廠所出紙菸。僅征正稅一道。卽可通行全省。不再重征。稅率按售價百分之十一切附捐。概予蠲免。納稅手續。先由該廠向廣西督銷局請領印花。暫行記帳。俟貼用若干。按月結算繳欵。權利至爲優越。至外省輸入之菸。稅率苛重。稅制尤繁。計特種印花稅百分之二二・五。貼特種印花稅票。督銷稅百分之四七・五。貼督銷證。兩項正稅。共合百分之七十。此外復加建設經費一成五厘。係將成本稅項。併計在內。再行加征。故正附各稅總數。與成本比例。已達百分之九五・五。意在限制輸入。故方之各省定率獨高也。十八年春。財政部以各省相繼實行統稅。令飭該省與粵省同時改征。以昭一律。嗣因籌備需時。暫准照舊抽收。該省原設督銷局於梧州。南寧龍州鬱博等處均設立督銷分局。六月間財政部派員分別接收。改組廣西捲菸統稅局及梧州分局。南寧等處則改設查驗所。現粵省已於十一月一日起改辦統稅。該省因時局關係。尚未改辦。

山東吸戶捐

魯省捲菸吸戶捐。辦法至爲紛亂。開辦之初。原征百分之二十。十六年三月。與直隸同時按原率加征百分之六十。十七年以後。烟台等處軍隊尤雜。於吸戶捐外。復加征特稅貨物捐等項。有就廠征收者。有就貨征收者。稅率有從價者。有從量者。各屬各軍。自爲政令。時國民革命軍已克復山東。財政部設立山東捲菸統稅局。實行改辦統稅。十八年一月。省政府以籌賑爲名。復於統稅外加征吸戶捐百分之二十。膠濟路貨捐局亦於已納統稅之貨再抽貨物稅百分之八十。一物數稅。辦法至爲參差。改辦統稅。徒存其名。迨十八年五月。魯省煙台等處駐軍。由中央政府核定月撥協餉三十萬元。由省政府負責改編。原征雜捐一律取消。而該省省政府主席陳調元接事伊始。復毅然將吸戶捐停征。該省全境始一律改辦統稅矣。

河南特稅

豫省捲菸特稅。民國十二年開辦。全省設總局。各屬設立分局分卡。實行征收。稅率百分之二十。以粘貼稅標。爲納稅憑證。十五年。帶征附捐四成。卽於稅票上。加蓋附加四成字樣。不另粘標。十六年。復將該省原辦火車菸酒捐內。關於捲菸一部份。變更辦法。計價征收。定其捐率。爲値百抽十。三項合計共合値百抽三十八。名目繁雜。公私咸感不便。嗣國民政府成立。該省捲菸稅局。改稱捲菸統稅局。暫仍照舊征收。十八年八月。財政部令飭改辦統稅。九月間。該局呈准於未辦統稅之前。先將各項稅捐一律撤消。改按統稅稅率百分之三二・五。照原估價格。一道征收。核實貼標。以紓商力。自十月一日起。凡運入豫省境內未經納稅之菸。一律照新章實行。仍由部核定自十二月一日起。改征統稅。令飭該局切實籌備。如期實行。嗣因時局關係。屆期尙未改辦。特稅收入預算。全年一百餘萬元。實收約八十萬元。

陝西吸戶捐

陝省捲菸吸戶特捐。於民國十三年開辦。捐率。按價征收百分之三十。其吸戶捐印花及征收方法。與各省大致相同。征起之欵。全數撥充西北大學經費。

此外各省捲菸特稅。如江西於十三年七月起。招商包辦。稅率百分之二十。全年比額二十萬元。綏遠察哈爾熱河等處。均於十四年開辦。稅率亦皆百分之二十。其未經呈報各省。則概從簡略。以昭翔實。

（附註）本節附件分省編列。首浙江江蘇。爲南方創辦特稅最早之省分。次舊京師京兆。爲北方開辦吸戶特捐之舉例。其餘各省。凡有案可稽者。均依次列入。以資參考。

浙江省征收捲菸特稅暫行章程 十四年一月公布

第一條　本省徵收捲菸特稅專供興築省道之用凡浙省境內人民購吸捲菸須按照價值百分之二十繳納捲菸特稅

前項所稱捲菸爲紙捲菸及雪茄捲菸

第二條　捲菸特稅以浙江省道特稅印花徵收之

前項特稅之收入歸入省地方預決算辦理

前項特稅印花歸省長公署印製由捲菸特稅局隨時備文請領

第三條　設置總分局辦理徵收捲菸特稅事宜其章程另定之

第四條　總局長由省行政長官委任分局長由總局長委任之

第五條　特說印花之種類式樣按照稅率貼用之其計算方法由總局分別訂定

第六條　計算捲菸之價值黏貼印花以售賣時最小之容器爲標準

（容器係指罐盒包）

第七條　貼用印花之手續應由販賣商店按照左列各項之規定辦理

甲　輸入捲菸於卸貨時須報由稽徵員逐箱檢查實貼驗單不得匿漏

乙　捲菸輸入商店或寄頓處所後須查照驗單向稽徵員掣取領取印花單收執備用

丙　原箱捲菸批發時須將領取印花單隨貨交付如拆箱批發卽應購備印花分授承受人

丁　零賣店或商人對於未備印花之捲菸不得承購

戊　凡捲菸一經開箱或開原封時（原封係指箱內之總盒或包）須將印花立時逐件黏貼（件係指最小之容器）

己　黏貼印花時應在印花上加蓋與營業特許牌照名號相符之騎縫圖章

庚　黏貼印花不得遺漏或不足稅率

第八條　承辦貼用印花而墊款繳稅得照印花票面扣提百分之十五之酬金

第九條　凡由外省入境之旅客隨身所帶捲菸以五十枝爲限如逾此數須於下車起岸時交候稽徵員查驗補貼印花不得隱匿

第十條　違犯本章程之各項規定應處以相當之罰金規則另定之

第十一條　舉發違犯本章程之各項規定而爲負責之見證者以罰金之半數與之

第十二條　僞造印花照刑律僞造有價證券論罪

第十三條　曾經貼用印花不得揭下再貼

第十四條　本章程施行細則由總局擬就呈請省行政長官核定之

第十五條　本章程自公布日施行

浙江省徵收捲菸特稅總局章程　十四年一月公布

第一條　徵收捲菸特稅總局直隸於省行政長官辦理全省捲菸特稅事項

第二條　總局設局長一員

第三條　總局設科長二員科員若干員稽查若干員分任事務均由局長委任呈報備案其分科職掌如左

第一科掌理關於擬訂規則撰擬文牘函電辦理經徵人員任免獎懲保管發行印花稅票並稽查稅務檢查稅票與罰金及不屬於他科事務

第二科掌理關於稽核稅票稅款等册報辦理簿記統計暨一切出納款目事項

總局爲繕校收發文件整理檔案監用印信辦理庶務得酌用雇員

第四條　總局經常臨時經費另表定之

第五條　本章程自公布日施行

浙江省徵收捲菸特稅暫行罰則 十四年一月公布

第一條　違犯本章程第一條之規定者除責令補貼印花外處以左列之罰則

甲　初犯者處以一元以上二十元以下之罰金

乙　再犯者處以十元以上一百元以下之罰金

丙　違犯二次以上者處以二十元以上二百元以下之罰金

第二條　違犯本章程第七條甲乙丙項之規定除責令補照規定手續辦理外處以左列之罰則

甲　初犯者處以五十元以上五百元以下之罰金

乙　再犯者處以一百元以上七百元以下之罰金

丙　違犯二次以上者處以二百元以上一千元以下之罰金

第三條　違犯本章程第七條丁項之規定除責令補貼印花外處以左列之罰則

甲　初犯者處以一元以上五十元以下之罰金

乙　再犯者處以二十元以上二百元以下之罰金

丙　違犯二次以上者處以五十元以上五百元以下之罰金

第四條　違犯本章程第七條戊己項之規定者處以一元以上五十元以下之罰金

第五條　違犯本章程第七條庚項之規定者除責令補足印花外照本罰則第四條處罰

第六條　違犯本章程第九條之規定除責令補貼印花外照本罰則第一條處罰

第七條　違犯本章程第十三條之規定除責令補貼印花外照本罰則第三條處罰

浙江省徵收捲菸特稅施行細則　十五年五月修正呈準　省長核准施行

第一條　徵收捲菸特稅事宜在省城設總局各區設分局

第二條　特稅印花之式樣種類按照稅率貼用之計算方法由徵收捲菸特稅總局分別訂定呈由

省行政長官核准公布施行

第三條　各種捲菸之品名價值及貼用印花表式由徵收捲菸特稅總局隨時調查每六個月一次編製宣布之

第四條　凡輸入捲菸如車站船埠卸貨時須經稽徵員面同當地承受是項捲菸之商店或其代理人將所卸捲菸箱數與關單或運單所載核對相符後卽逐箱檢查所貯捲菸品名及最小容器之罐數或包數或盒數塡列驗單逐箱滿漿實貼俟該商店將原箱捲菸輸入商店或寄頓處所後應卽日由稽徵員查照驗單將應領何項印花及張數塡列與驗單號數相同之領取印花單交由該商店收執俟發售時持向就地印花分售處或支銷所購買印花並於掣給驗單及領取印花單時由該商店在該單存根繳核兩聯及第三聯內加蓋與營業特許牌照名號相符之圖記以憑稽考前項領取印花單於購買印花後卽將該單繳由該印花分售處或支銷所繳由本管分局備查均隨時由印花分售處或支銷所掣給收回領取印花單憑條一紙該項領取印花單如有遺失仍應查核單根照應領印花票面罰令賠償

第五條　零菸報驗仍照塡驗單但不給發仍照掣領取印花單卽時購備印花

第六條　凡拆箱批售及報驗零菸持單購備印花後應將所購印花及收回領取印花單憑條連同捲菸報由分局或稽徵分駐所經稽徵員查驗相符發給小驗單滿漿實粘並在印花背面及菸盒小驗單騎縫處加蓋商店與特許牌照相符之圖記仍於小驗單上加蓋驗單第某號戳記（凡箱

內無總盒或總包者應即粘貼印花無庸報領小驗單）

第七條　整箱捲菸經查驗貼單發給領取印花單後如欲改運本省別區行銷應報由本管分局查明核准將領取印花單呈繳註銷另掣捲菸特稅通知單一聯執運並於通知單上加蓋據繳某字第某號領取印花單准予註銷字樣之戳記其餘一切手續須照單內各項規定辦理（零菸祇能在本區以內發售不得侵銷他區）

第八條　凡在租界或通商口岸未經報驗實貼驗單之捲菸欲經過市場運赴別區銷售應報由本管分局查明核准補貼驗單註銷同號領取印花單掣給捲菸特稅通知單執運並於單上加蓋據繳某字第某號領取印花單准予註銷字樣戳記其餘一切手續須照單內各項規定辦理

第九條　凡已報驗掣有領取印花單之整箱捲菸如欲改銷別省（零菸不得改銷他省）應報由本管分局查明核准將領取印花單呈繳註銷另掣捲菸出境通知單一聯執運並於通知單上加蓋據繳某字第某號領取印花單准予註銷字樣之戳記其餘一切手續須照單內各項規定辦理

第十條　凡霉菸（以已黏貼印花者爲限）欲退回上海應請求當地警所商會出具證明書報由稽徵員查明於菸件黏貼印花騎縫處加蓋霉菸戳記連同霉菸持赴本管分局請領運菸出境通知單一聯執運一切手續須照單內各項規定辦理

前項霉菸經警所商會出具證明書查明蓋戳後由本管分局查明種類枚數報由總局核准發給霉菸退還票價證准其將原價領回

設置公棧區域本管分局應於呈報總局時將查明種類枚數通知公棧

第十一條　銷售印花應照票面一律以大洋計算核收

第十二條　印花稅票由分局發售之但得酌量情形於其所轄境內擇宜委託印花分售處及由分售處分設支銷所由分局長完全負責並呈報總局備查其印花分售處暫行規則另定之

第十三條　設置公棧區域前項稅票之發售照公棧章程施行細則第五條辦理

第十四條　各菸店菸攤陳列之空包須經稽徵員加蓋空包戳記方許陳列

第十五條　各菸店菸攤開聽拆包零售之原聽原包須留存候驗

第十六條　凡印花須粘貼牢實不得稍有浮起設有膠質受潮欠粘應補用膠水粘實

第十七條　印花上加蓋騎縫圖章字須清晰以一見卽能辨識爲主

第十八條　旅客呈驗之逾限捲菸應將其捲菸扣留送交就地分局或印花分售處並卽掣付購貼印花證令於限內持證前赴就近印花分售處補購印花實貼眼同加蓋印花分售處圖記後如數領回該證卽繳由分局彙報總局查考如逾限不領卽將捲菸拍賣不再發還

第十九條　商販違章捲菸經查獲將貨扣留送交分局或警所後卽行判罰揭示限期繳款給領倘逾限不到卽將該菸充公拍賣不再給還

第二十條　凡係違章或漏稅應行補貼印花不得扣取酬金

第二十條　本局所派稽查員稽徵員或委員執行職務時商店商人買戶不得抗拒

第二十一條 稽查漏稅除由總局隨時派員執行外所有縣知事警察所均應共同負責

第二十二條 本細則如有未盡事宜得由總局隨時修正之

第二十三條 貼用印花票方式如左

第二十四條 設置公棧區域之輸入捲菸除依本細則第四條規定辦理外並依公棧章程施行細則第八條規定辦理

浙江省捲菸特稅公棧章程 十五年五月修正呈奉 省長核准施行

第一條 捲菸特稅公棧以本區域內殷實商人呈准組織之

第二條 公棧設總董一人副董若干人由呈准人公舉設辦事員若干人由總副董遴派

第三條 設立公棧區域得由呈准人按照本區內全年銷數預計稅額按月三旬繳解並於呈准之日預繳保證金若干

前項預計稅額每屆對年該計逾出之數仍應照數補繳

第四條　呈准人得按照所繳稅額扣提百分之若干爲酬金
前項公棧一切用費卽在酬金內開支由呈准人自由支配
第五條　設立公棧區域凡本區內入市菸數由公棧詳列簿册按日登記由分局督同稽徵員逐日
檢閱按月呈報總局查考
第六條　設立公棧區域一切查驗發單手續仍照本局定章辦理
第七條　設立公棧區域凡經過本區轉運他區之菸仍照本局定章辦理
第八條　設立公棧區域凡捲菸須先經由公棧方得入本區內各市廛交易違者以私論
第九條　設立公棧區域凡私運私售仍由分局督同稽徵員照章查罰應補稅者並責令經由公棧
補稅以收官商互助之效
第十條　本章程如有未盡事宜得隨時修正呈奉
省行政長官核准施行

公棧章程施行細則　十五年五月修正呈奉　省長核准施行

第一條　捲菸特稅公棧之區域依現行徵收捲菸特稅分局之區域劃分之但得由總局體察情形
合併數區設立之
第二條　各區捲菸特稅公棧得於本區內設有稽徵員分駐所地方擇要設立分棧（分棧名稱用

第一第二等字樣）

第三條　捲菸特稅公棧於呈准時須附呈殷實銀行錢莊或商號保單

第四條　捲菸特稅公棧於呈准一年內不得要求減少認解稅額並不得中途退辦

第五條　捲菸特稅公棧所管區內之特稅印花分售處由公棧繳納保證金負責承辦區內應設分售處若干處支銷所若干處由公棧自行支配但每次所領印花不得超過所繳保證金之數此外一切手續仍照印花分售處暫行規則辦理惟規則之第一第二第三第五第十三等條均不適用

第六條　捲菸特稅公棧對於呈准之實繳稅額如有收不足額時應負按旬如額賠繳之責

第七條　捲菸特稅公棧章程第三條後項之補繳稅額其實繳數目不得少於其應補繳額百分之五十

第八條　凡捲菸輸入各捲菸特稅公棧或其所設之分棧區域內應由該公棧或分棧立時出具證明單交商實貼箱面後赴稽徵所呈請查驗照章辦理並得由公棧或分棧隨時派辦事員會同各該區稽徵員檢查如未經公棧證明貼單逕向稽徵所呈報查驗應由稽徵員通知公棧並令其向公棧或分棧補具證明單方與照章辦理

第九條　捲菸特稅公棧應遵照公棧章程第五條之規定設置印刷簿記逐頁編號由分局加蓋騎縫圖章按日登記其證明之入市捲菸數量各分棧亦應設同樣簿記登記並須逐日將登記各項錄送主管公棧以便登記備查

第十條　分局檢查前條簿記如無錯誤應於每日總結行內加蓋檢查訖之紅色戳記並摘錄數量名稱以備呈報

第十一條　捲菸特稅公棧繳解稅款上旬之款次旬首日卽應解交分局轉入金庫不得延遲如延至五日以外每延一日卽由總局按照本旬應繳稅額在所繳保證金內扣提百分之一之滯納罰金仍令其於繳解本旬稅款時將所扣銀數帶繳補足保證金原額如延至十五日以上除將保證金全部充公外卽將該公棧撤銷仍追繳按旬應解之款

第十二條　捲菸商店不得拒絕公棧之檢查

第十三條　本細則如有未盡事宜得由本局隨時修正呈候省行政長官核准施行

浙江省十三四年各區售出捲菸印花票面金額比較圖

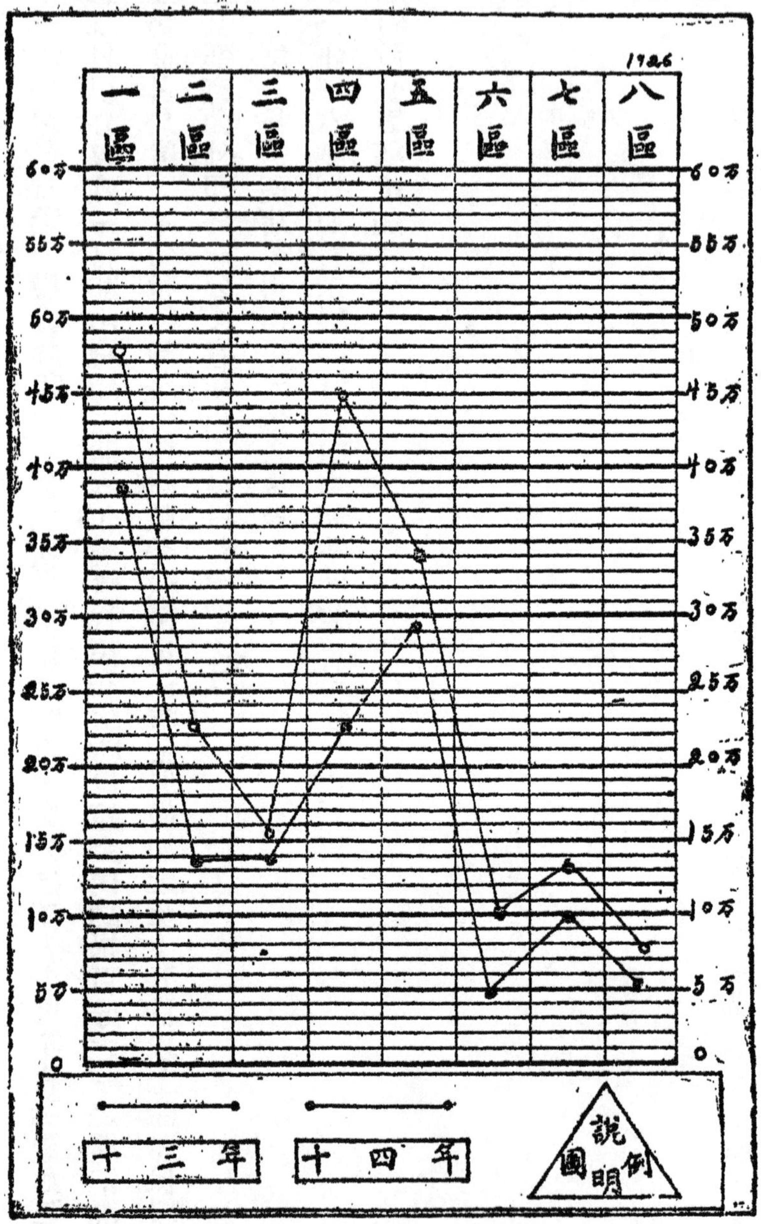

各區公棧實繳認額百分比例圖

十四年

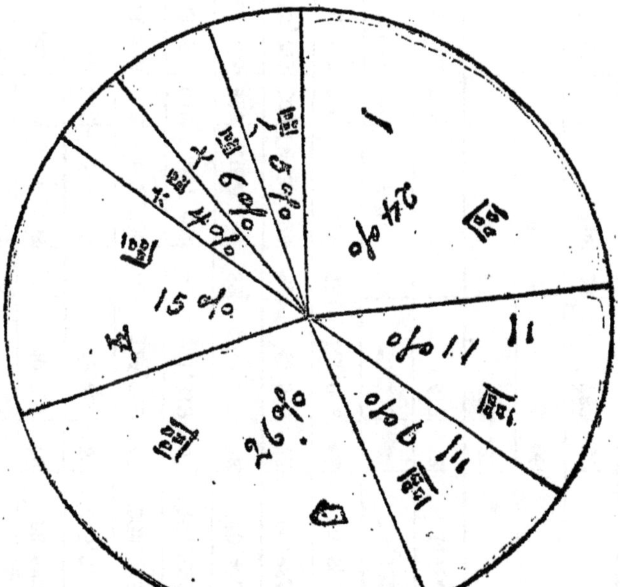

十二十三十四三年售出印花票面金額比較表

印花類別	印花銷數						票面金額					
	十二年		十三年		十四年		十二年		十三年		十四年	
	張	枚	張	枚	張	枚	元		元		元	
二釐	29,286	10	40,227	06	54,753	61	5,857	220	8,045	412	10,950	722
四釐	5,939	73	49,850	57	141,296	45	2,375	892	19,940	228	56,518	580
六釐	202,213	87	124,083	48	525,796	82	121,328	322	74,450	088	215,478	092
八釐	104,394	52	271,319	01	497,481	44	83,515	616	217,055	208	397,785	152
一分	769,433	42	862,7○0	78	1,035,146	32	769,433	420	862,730	780	1,035,146	320
二分	26,885	90	45,548	74	33,629	99	53,771	800	91,097	480	67,259	980
三分	1,890	88	1,009	63	842	78	5,672	640	3,028	890	2,528	340
四分	19,403	42	10,118	91	5,143	24	77,613	680	40,475	640	20,572	960
五分	1,480	30	419	19	63	52	7,401	500	2,095	950	317	600
六分			52	37	351	78			314	220	2,110	680
七分			5	06	23	46			35	420	164	220
八分			787	44	2,944	98			6,299	520	23,559	840
九分			17	61	2,153	92			158	490	19,385	280
一角	4,112	69	4,348	32	2,036	97	41,126	900	43,483	200	20,369	7○0
共計							1,168,096	990	1,369,210	526	1.972,147	466

修正江蘇省捲菸營業特稅徵收章程

第一條　依江蘇省議會議决案對於在省內營紙捲菸雪茄等業者徵收捲菸營業特稅

第二條　全省劃分捲菸營業區每區設徵收局區之大小得隨時依營業狀况變更之

第三條　由江蘇教育經費管理處視全省捲菸營業狀况酌定全年稅額招商承辦（承辦規則另定之）其各區徵收局由承辦總局分定比額委員辦理之

前項辦理商人以有中華民國國籍身家殷實者爲限

第四條　依省議會議决百分二十之標準暫定菸類稅則表所有捲菸憑證由承辦總局印刷發行惟憑證式樣及憑證上應行附加文字由教育經費管理處定之凡依則納稅之菸須於最小之容器上貼用憑證其手續以稽徵規則定之

第五條　承辦捲菸營業特稅總局綜核全省稅收事務江蘇教育經費管理處得派員稽查之

第六條　凡在省内捲菸營業之躉賣商或零賣商不拘有無公賣局牌照均須向各區徵收機關領捲菸營業執照其執照由教育經費管理處印交承辦總局頒發至規則照原案辦理

第七條　僞造憑證或曾經貼用揭下改造再貼者照刑律僞造有價證券論罪

第八條　違反本章程及各種規則者處以罰金罰金條例另定之

第九條　本章程及各規則條例由教育經費管理處呈請

省長核定施行

修正江蘇省徵收捲菸營業特稅稽徵規則 民國十五年十一月公布

第一條　凡本省各區經營捲菸業店棧之菸商向外區或外省購菸入境應先報由各區徵收機關塡發採辦捲菸單持赴採菸地之徵收機關呈驗換領運菸出境單隨貨運回

前項採辦捲菸單如不遵領照採辦捲菸單規則第四條辦理

第二條　菸商依照領單運菸手續於捲菸起運時由發單機關眼同驗明按箱黏貼查驗單以憑沿途查驗至運菸入境時應將運單報繳徵收機關按單查驗箱數並將捲菸種類品名及容器之爲罐爲盒爲包查核無誤再由徵收機關詳細塡列驗單（驗單由總局印發各區分局備用）實貼箱面方准運入店棧

第三條　已貼驗單之捲菸發售時應送由徵收機關按照應納稅銀照數收訖即將憑證逐一粘貼於各種最小容器上

配發憑證應照票面一律以大洋計算核收

粘貼憑證無論爲罐爲盒爲包應一律實貼在銜口開闔處並於容器及憑證上由徵收機關加蓋騎縫圖章

第四條　凡外區菸商到境採運捲菸須向征收機關呈驗採辦捲菸單報領運菸出境單外省菸商

到境採運捲菸須有該管徵收機關給發之採辦捲菸單照方准填給運菸出省單（如在上海由總局所設之上海發單處填發）以憑沿途查驗

前項出境出省貨物如查無運單者照章處罰依照前項手續補單放行如已領運單逾限不到或沿途洒賣及單貨不符者照章分別補稅處罰

凡查無運單之貨物如有已經銷售之事實或係設計藏匿希圖偷運者係屬避稅營業除照章處罰外並得將貨物充公

如將運單遺失者應按照菸數應納稅銀賠繳補單放行

第五條　捲菸公司搬運菸貨於分公司並非營業者應報由當地稅局填給捲菸公司分運出境單（如在上海起運由總局所設之上海發單處填發）不遵照領單者應將菸貨扣留照章處罰補單放行

倘未經領單而查有已經銷售事實者得照第四條第三項辦理

第六條　各區內經營捲菸業之店棧無論躉賣零賣均須按照稅則購領憑證送由徵收機關監同逐件粘貼加戳後方准發售如有違章不貼私售無證捲菸者除照額補稅外並予照章處罰

各區分局對於實貼憑證不能依照本規則第三條辦理者應照獎懲條例第八條處罰

第七條　吸戶對於未貼憑證之捲菸不得承購違者照章補稅處罰

外來旅客攜帶捲菸在五十枝以上者應將逾額之菸向徵收機關購貼憑證如不遵者將其捲菸

扣留照章處罰

商販違章攜帶多數捲菸一經查獲扣留處罰

第八條　管理處及總局各查驗所各征收機關所派查驗稽查稽征人員執行職務時商店商人買戶不得抗拒

第九條　遇有漏稅或不足稅率之貨物無論何人皆得告發稽查稽征查驗人員如有需索留難情弊准據實緘告管理處及總局查明懲誡

第十條　凡經稽查員查獲或經人發告之無憑證捲菸及查驗所查獲違章運銷之捲菸應照罰則規定各條由所在區稅局核辦處分或轉送縣署及就近警區局所執行之並應掣給受罰人罰單一聯此項罰金按十成分配有人告發者以五成獎之二成半歸公二成半歸處罰機關津貼辦公之用經查驗員稽查員查獲者除二成半歸公二成半歸處罰機關外以二成半獎給查獲人員二成半歸查獲局所之津貼

充公貨物之獎金亦如前項分配之

第十一條　稽查偷漏稅欵暨照章執行處罰各縣知事警察廳暨各警區局所均應同負責任由省長嚴定考成執行之

第十二條　本規則如有未盡事宜隨時由管理處酌量修正之

修正江蘇省征收捲菸營業特稅罰金條例　民國十五年十一月公布

第一條　違犯稽征規則第二條之規定起運時不遵領運單入境時不將運單遵繳請驗及第三條第一項暨第六條第一項不報領憑證黏貼者除責令補照規定手續辦理外處罰如左

（一）初犯者照應納稅銀數處以三倍以上四倍以下之罰金但零星捲菸情節較輕者得採照本條例第二條第一款辦理

（二）再犯者照應納稅銀數處以四倍以上五倍以下之罰金

（三）違犯二次以上者照應納稅銀數處以五倍以上六倍以下之罰金

（四）違犯稽征規則第一條第二項及第四條第二項並第五條第一項者比照上三款處罰如係違犯第四條第三項及第五條第二項有避稅營業情形者並得將貨物充公

（五）凡非經營捲菸業之店棧或不設店棧私藏無證捲菸出售者查出照本條處罰外並得將貨物充公

第二條　違犯稽征規則第七條第一項第二項之規定不依則納稅者除責令補稅外處罰如左

（一）初犯者照應納稅銀數處以一倍以上二倍以下之罰金

（二）再犯者照應納稅銀數處以二倍以上三倍以下之罰金

（三）違犯二次以上者照應納稅銀數處以三倍以上四倍以下之罰金

第三條　違犯稽征規則第七條第三項之規定攜帶多量之捲菸應照本條例第一條處罰如有避稅營業情形者得將貨物充公

第四條　罰金以倍數計者如不滿一元統以元計（例如聯珠牌每盒納稅銀數四角處以二倍罰金應繳八角以元計則須繳一元如三盒稅銀爲一元二角罰金則應繳二元餘類推）

第五條　凡貼證不足或漏蓋騎縫圖章發售商店未向稅局聲請補足弊混攙售者處罰如左

（一）初犯者處以一元以上五十元以下之罰金

（二）再犯者處以十元以上一百元以下之罰金

（三）違犯二次以上者處以二十元以上二百元以下之罰金

第六條　違犯稽征規則第八條第一項抗拒查驗確有事實證明者處罰如左

（一）初犯者處以十元以上百元以下之罰金

（二）再犯者處以二十元以上二百元以下之罰金

（三）違犯二次以上者處以三十元以上三百元以下之罰金

第七條　凡將憑證揭下再貼或將舊證藏匿塗改弊混者處罰如左

（一）初犯者處以二十元以上二百元以下之罰金

（二）再犯者處以四十元以上四百元以下之罰金

（三）違犯二次以上者處以六十元以上六百元以下之罰金

第八條　凡違犯本條例第五第六第七各條者處罰案之罰金再犯者不得少於初犯犯二次以上者應依次遞加（例如初犯者罰一元則再犯時至少處罰二元以上）

第九條　凡有稽征責任人員當執行職務時遇有前列各條之違犯行爲知情故縱者依前列各條之規定同樣處罰

第十條　凡有違犯本條例二條以上之情事者各依本條例併科處罰

第十一條　凡查獲違章之菸經判定罰金後而犯事人不遵限了結或查獲時情虚避匿拋棄不問者均得將所扣之菸變價抵繳

第十二條　凡屬充公處分須先詳敍案情呈報總局核准惟整箱貨物須由總局報經省處核准方得執行

第十三條　凡罰金處分應酌定限期責令繳款遇必要時得將該商販送交縣公署或警察機關拘押追繳或將該商店發封

江蘇全省捲菸營業特税總局修正運單單式暨填用規則 民國十五年十一月公布

運單種類列左

採辦捲菸單

運菸出境單

運菸出省單

捲菸公司分運出境單

以上五種運單用法說明如左

（一）採辦捲菸單　（經營捲菸業店棧之菸商向外區或外省採辦捲菸用）

（說明）欲杜偷漏必先嚴查捲菸之進口欲查進口須令菸商於採運捲菸時先向稅局潄領採辦捲菸單持赴外區或外省採購庶幾稅局對於捲菸之運入得以查照單根按數查驗

（二）運菸出境單　（經營捲菸業店棧之菸商運至外區用）

（說明）凡外區菸商來本區採菸須將該管稅局發給之採辦捲菸單呈驗方准給以此項出境單蓋轉售於外區之菸本區並不收稅若不憑採辦捲菸單然後給以出境單則無以杜指遠銷近之弊

（三）運菸出省單　（經營捲菸業店棧之菸商運菸至外省用）

（說明）此項出省單須憑外省菸局該管征收機關給發之採辦捲菸單照方能塡發否則本省菸商設有借名出省而仍銷售本省者卽於本省稅收有妨是以行用此單應請省長咨明各省凡來蘇省採辦捲菸應塡採辦捲菸單照發交菸商携帶來蘇呈驗以憑塡給運菸出省單一面仍由本總局向各省捲菸特稅總局接洽辦理

（四）捲菸公司分運出境單　（捲菸公司運菸至本省各分公司用）

（說明）上海洋商各捲菸公司運菸至本省通商口岸各分公司及上海華商各捲菸公司運菸

捲菸公司分運出省單

至本省各分公司暨各地分公司轉運至他地分公司之菸均屬公司與公司間互行搬運與經營捲菸業店棧之菸商採辦不同自應另定運單以資稽考

（五）捲菸公司分運出省單　（捲菸公司運菸至外省各分公司用）

以上五種運單均各另訂塡用規則詳定塡發手續俾便遵守

江蘇全省捲菸營業特稅總局查驗所章程

一　查驗所以稽查本省各區捲菸運銷額數爲目的

二　查驗所之地點於捲菸運輸之要道酌量設置

三　爲便於統轄及督促起見設立總所分所支所總所主任分所長支所長均由總局委任分支所查驗員除總局委任外得由分支所長遴員呈請總局核派

四　凡遇有出境過境入境之捲菸均須查驗該捲菸有無運單及查驗單（查驗單由分局隨同運單按箱發貼）並應查明該菸運輸性質是否應用此項運單

五　凡出境過境入境之捲菸均須按照運單所塡日期查察是否過限其運輸路綫是否係到達地所應經過之處菸名箱數枝數是否單貨相符如均無錯誤應於運單上蓋某所驗訖戳記並在箱上蓋某號查訖棕戳設有不符照本章程第八條辦理

六　蓋戳放行後應分別出境過境入境將菸名箱數枝數限期及出境過境入境日期運單查驗單

等號數填具報告書報告分所由分所分別登入旬報表按旬報告總所每屆月終仍由分所造具全月分類詳表報告總所核報總局(表式另定之)

七　凡無運單之捲菸或已領運單沿途灑賣及單貨不符者應查照現行稽征規則罰金條例及運單填用規則分別處分

前項處分應由查驗分所酌送就近之縣公署或警察機關或分局辦理一面報告總局

八　不應用此項運單之捲菸應責令照章更換如係意圖指遠銷近者應照章辦理

九　總局除向查驗員掣取切實可靠舖保發給查驗證外應將查驗章程登報並向各處發貼通告如查驗員有不照章程及需索敲詐得賄私放情事應責成該所長查明實據呈報總局核辦如緊急時得一面送請當地官廳懲辦並准人民向總局指控以憑查究

十　本章程如有未盡事宜得隨時呈省修正之

前京師捲菸吸戶捐局暫行章程（十五年公布）

第一條　凡在京師區域內購吸捲菸者均應遵照本章程規定向京師捲菸吸戶捐局繳納捲菸吸戶捐

第二條　捲菸種類分紙捲菸雪茄捲菸

第三條　捲菸吸戶捐率按捲菸價格百分之二十徵收

第四條　徵收捲菸吸戶捐方法以貼用捲菸吸戶捐憑證行之

第五條　捲菸吸戶捐憑證由京師捲菸吸戶捐局製備發交中外販賣商人按照捐率負責粘貼外區憑證不通用之

第六條　貼用憑證程序如左

一　凡中外販賣商人輸入捲菸卸貨時須報由調查員逐箱檢查塡列查驗單實貼箱面

二　捲菸運進商店或寄頓處所時須查照查驗單向調查員領取吸戶捐憑證聯單收執原箱批發時須將該聯單隨貨交付承買人

三　捲菸拆箱批發時須將捲菸吸戶捐憑證照數分配交與承買人

四　捲菸已經開箱或開箱內之總盒總包時須將捲菸吸戶捐憑證逐件粘貼於最小之容器上（包括罐或包或盒及雪茄捲菸之枝而言）

五　粘貼捲菸吸戶捐憑證時須在捲菸吸戶捐憑證上加蓋該商號騎縫圖章（圖章必須與營業特許牌照名號相符）

第七條　零售商店或小販賣商遇有未備捲菸吸戶捐憑證之捲菸不得承買及轉賣

第八條　已經貼用之憑證不得揭下再貼

第九條　凡由區外入境之旅客隨身携帶捲菸以五十枝爲限如遇此數須於入境時交調查員查驗補貼本區捲菸吸戶捐憑證不得隱匿

第十條　凡違犯本章程第五條至第十條之規定者按罰金規則處以相當罰金

前項罰金款項之收入得充作獎金按分配罰款獎金規則獎給原發覺人或告發人

罰金規則暨分配罰款獎金規則均另定之

第十一條　僞造捲菸吸戶捐憑證以僞造有價證券論罪

第十二條　京師捲菸吸戶捐局組織章程暨稽徵規則另定之

第十三條　本章程自呈奉核准之日施行

京師捲菸吸戶捐局組織章程　十六年呈准

第一條　本局直隸於

財政部菸酒署辦理京師捲菸吸戶捐徵收事宜

第二條　本局遇有重要事件由局呈請

部署核示遵行

第三條　本局組織如左

一置局長一人辦理全局事務副局長一人會辦一人幫辦一人襄理全局事務以上四人由

部署委任

二置科長二人分任各科事務

三置科員十四人事務員二十人分任各科事務
四置書記二十二人分任繕寫一切文件
五置調查員八十人分任調查事務
以上四項人員均由局長委任
六置巡差四十名分任巡查事務
以上請由京師警察廳調用
第四條　各科職掌如左
一總務科掌管文牘會計徵收庶務分設四股其監印收發附設文牘股內
二稽徵科掌管憑證調查分設兩股其發行憑證附設憑證股內
第五條　本局經費另表定之
第六條　本局辦事細則獎懲規則另定之
第七條　本章程自公佈日施行其有未盡事宜得隨時修正之

京師捲菸吸戶捐局稽徵規則 十六年公布

第一條　京師捲菸吸戶捐局稽徵事宜由局秉承
財政部菸酒署辦理其辦事程序除別有規定外悉依本規則行之

第二條　吸戶捐憑證之種類式樣及按照捐率表黏貼方法由本局分別訂定呈由財政部菸酒署核准公布之

第三條　各種捲菸之品名價值及貼用憑證表式由本局編製公布之其品名價值有變更時隨時查明通告一切悉照捐率表黏貼方法辦理

第四條　吸戶捐憑證得由各菸公司各代銷家直接與本局訂立承銷合同以資遵守除各菸公司字號及經理人姓名呈報本局備案外其所訂合同應由殷實舖保負責擔保並由本局隨時派員查驗

第五條　各菸公司及代銷家由境外運到捲菸應先將名稱支數箱數報告本局由本局駐守車站調查員查明後每箱蓋上查驗戳記再行發給查驗單或運菸通知單（如到貨時隨時卽購買憑證者發給查驗單如不購憑證者先行發給運菸通知單爲憑以後購憑證時再行發給查驗單）查驗單係三聯一聯存局一聯貼在捲菸箱上一聯由該菸公司或代銷家購領憑證時繳回本局運菸通知單由駐守車站調查員蓋章將此單交與運菸人始能起運俟運到該菸公司或代銷家由駐守該處調查員驗明始能進棧並應於查驗後將該單蓋章呈繳本局如無前項查驗單或通知單者作爲私菸論呈報本局核辦

第六條　訂立合同之各菸公司各代銷家所購憑證須隨菸配購相符並應將領取憑證三聯單逐一塡明一聯存該商號一聯交本局徵收股核算一聯交本局發行處俟發行處接有徵收股傳票

將該聯單核對後再行發給憑證

本局門售憑證以現款購買者均用二聯單一聯存徵收股一聯存發行處

第七條　凡各菸公司各代銷家購入憑證應分別拆箱整箱照左列規定貼用之

一當拆箱時須查照本局捐率表最小之容量黏貼憑證並蓋騎縫圖章

二已拆箱未拆總包總盒應照最小之容量配就憑證將憑證背面加蓋該商號以及年月日圖章其總包總盒蠟紙用刀劃開將憑證背面與劃開處合爲一起由調查員蓋用本局暗記圖章然後將憑證塞入蠟紙內

三如整箱發售其箱上須有查驗單由調查員蓋上年月日以及本局暗記圖章並隨帶相當之憑證（所帶憑證須蓋上年月日以及本局暗記圖章）

前項規定各菸公司各代銷家應一律遵守如有違反該菸公司或代銷家應按違章嚴行重罰駐守調查員亦連同辦理

第八條　各菸公司各代銷家所有整箱之菸或零菸以及每日進出之菸均由駐守調查員塡明已購未購之憑證表核算無訛再由各菸公司各代銷家蓋上圖章以便本局派員隨時查核如檢查不符照章科罰駐守調查員亦連同辦理

第九條　凡整箱貼菸經實貼查驗單後如欲改運別省區行銷（零菸不得改運別省行銷）應先期由各菸公司或代銷家呈報本局由本局查明後再行發給捲菸出境通知單一聯執運一切手

續須照單內規定辦理否則依照違犯章程處罰

第十條　凡售菸已貼憑證欲退回各菸公司者應由公司呈報本局由本局核明酌辦

第十一條　銷售憑證應照票面一律以大洋核收

第十二條　無論菸公司或代銷家等購領憑證之後不得再向本局退換

第十三條　各捲菸商店菸攤陳列之空包空盒須由本局調查員加蓋本局查驗圖章（查驗章上注明空包字樣）以便識別

第十四條　凡憑證須黏貼堅固不得稍有浮起

第十五條　凡捲菸匣上罐上所貼之憑證該商號加蓋騎縫圖章字須清晰以一見卽能辨識爲主

第十六條　旅客漏捐捲菸或已貼他省之印花應將其捲菸扣留送本局由補票處開單照章補購憑證蓋上騎縫圖章

第十七條　查貨時發現商販違章捲菸以及偷漏情事將貨會警送區罰辦或先送本局訊明後再送廳處罰如該商願在本局處罰限五日繳款給領倘逾限不到卽由本局將貨充公拍賣不再給還

第十八條　本局所派調查長調查員巡差等如檢查商店商人買戶等不得拒絕均有徽章執照爲憑倘調查長或調查員差等對於檢查有不合規則之行爲准據實呈控以憑查辦

第十九條　本規則如有未盡事宜由本局呈明

財政部菸酒署隨時修正之

第二十條　本規則自呈奉核准之日施行

京師捲菸吸戶捐局罰金規則　十五年公布十六年修正

第一條　凡不依照本局現行章程貼用憑證之捲菸經本局調查員或各警察區署人員發覺或人民舉發查實時除應論罪者外均按本規則規定科以罰金

第二條　本規則罰金標準除別有專條外依左列各欵規定

(甲)本欵罰金爲一元以上二百元以下依左列之標準科罰之

一　初犯　科一元以上二十元以下之罰金

二　再犯　科十五元以上一百元以下之罰金

三　累犯　科五十元以上二百元以下之罰金

(乙)本款罰金爲一元以上五百元以下依左列標準科罰之

一　初犯　科一元以上五十元以下之罰金

二　再犯　科三十元以上二百元以下之罰金

三　累犯　科一百元以上五百元以下之罰金

(丙)本款罰金爲五十元以上一千元以下依左列標準科罰之

一　初犯　科五十元以上五百元以下之罰金

二　再犯　科三百元以上七百元以下之罰金

三　累犯　科五百元以上一千元以下之罰金

前項所列各款罰金在規定範圍內可視其情節重輕酌量科罰但再犯累犯現科之數不得少於最近前科之數

第三條　凡犯有左列各款情事之一者除責令補貼憑證外得依第二條甲款所定分别科以罰金

一　捲菸粘貼憑證數目與捐率不符者（違犯章程第五條）

二　在京師區域内粘貼非京師捲菸吸戶捐憑證者（違犯章程第五條）

第四條　凡犯有左列各欵情事之一者除責令照章補貼憑證外得依第二條乙款所定分别科以罰金

一　已經貼用之憑證揭下再貼者（違犯章程第九條）

二　由區外入境之旅客携帶未貼憑證之捲菸逾五十枝吕宋菸逾一盒以上並有隱匿情形者（違犯章程第十條）

第五條　凡犯有左列各款情事之一者得依第二條丙款所定分别科以罰金

一　販賣捲菸商人不負責粘貼吸戶捐憑證者（違犯章程第五條）

二　販賣捲菸商人粘貼吸戶捐憑證不在最小之罐或包或盒或枝上粘貼者（違犯章程第六

條第四款）
三　販賣捲菸商人粘貼吸戶捐憑證不在憑證上加蓋商號騎縫圖章或雖經加蓋而與該商號營業特許牌照名號不符者（違犯章程第六條第五款）
四　販賣捲菸商人輸入捲菸不向本局報明菸名箱數聽候檢查而私自起運者（違犯章程第六條第一款）
五　販賣捲菸商人起運捲菸不向本局請領驗單逐箱粘貼或雖經請領粘貼而菸名字號及日期有與驗單所載不符者（仝前）
六　捲菸運進商店或寄頓處所不照驗單領取吸戶捐憑證聯單者（違犯章程第六條第二款）
七　捲菸自商店或寄頓處所原箱批發時不將吸戶捐憑證聯單隨貨交付承買人者（仝前）
八　販賣捲菸商人於捲菸開箱批發時未將憑證照數分配承買人者（違犯章程第六條第三款）
九　其他不服檢查希圖朦混者（涉及第六條第一款）
前項所列應罰各款倘有補貼憑證之必要時應並責令照章辦理
第六條　凡違犯本規則同時涉及各條二款以上者得各依本款規定併科處罰
第七條　凡在京師區域內購吸捲菸不遵照本局現行章程規定繳納捲菸吸戶捐者除責令補貼憑證外得照菸價百分之五十科以罰金

第八條　凡菸商假借名義倩人販運無憑證捲菸希圖漏捐者得將捲菸一律沒收

第九條　凡違犯本規則應科罰金者如實在無力繳納得就其罰金之全部或一部以一元折算一日改爲拘留

第十條　凡有僞造捲菸吸戶捐憑證或行使僞造憑證者應依章程第十一條規定移送法庭按律從重懲辦之

第十一條　本規則如有未盡事宜得隨時呈請修改

第十二條　本規則自呈奉核准之日施行

京師捲菸吸戶捐局防止倒票辦法佈告　十六年十一月呈准

查本局吸戶捐憑證由各菸公司按照捐率表將應貼憑證連同捲菸發交各菸商鋪並蓋上騎縫圖章自辦理以來各菸公司均能遵照局章既無菸多證少之弊亦無不蓋騎縫圖章情事是各菸公司守法奉公良堪嘉慰惟查近來往往發生倒票之事而倒票之菸由於外境暗中輸入似此情形於各菸公司銷路固受損害卽於本局捐收亦有影響茲擬訂防止倒票辦法因恐各菸公司不明此項手續不知此中利益茲將辦法佈告於後

一各菸公司發往各菸商鋪整箱整條整匣之菸須給三聯式之送貨單不論條箱匣數之多寡均須有送貨單方能運送此單由駐守公司調查員蓋章在當日限定時間內爲有效過時作廢如查無送貨

單者照局章辦理

一各菸公司推車售菸人等無論整條整匣之菸一律拆開照捐率粘貼憑證加蓋騎縫圖章始能出外發售如查有推車售菸人等將未拆開整條整盒之菸在街市零售者係某公司之菸卽應由某公司負其責任

一各菸公司發售之菸應一律開箱將憑證分配插入條內或匣內加蓋本局騎縫戳記後始能往外運送以重局章如查有另條另匣或成箱之菸未將憑證插入或憑證插入並無本局騎縫戳記卽照局章辦理

一各菸商鋪出售之菸原應將整條整匣內之每一小包上一律粘貼憑證以防倒票惟爲體恤商鋪便利起見其以整條匣出售者准于十條五匣以內之每一小包實貼憑證加蓋商號騎縫戳記卽可出售如在十條五匣以上得將各菸公司原發整條匣之菸以及原來插入之憑證並有本局騎縫戳記出售至於筒菸不限支數一律在筒上照貼違則照章罰辦

一防止倒票辦法係杜絕外來倒票之菸輔助各菸公司各菸商鋪發展銷數並整理捐收起見自辦法實行以後於菸公司等之營業上信用上利益匪細菸公司等均應明瞭本局之輔助均實遵行

一以上各條自十一月二十日起一律實行

前京兆全區地方捲菸吸戶捐暫行章程 十四年公布

第一條　凡在京兆境內人民購吸捲菸均應遵照本章程規定繳納捲菸吸戶捐此項捐款等爲撥充京兆地方辦理教育慈善及各項事業之用

第二條　捲菸種類分紙捲菸雪茄捲菸

第三條　凡購吸捲菸捐率按價值加收百分之二十

第四條　捲菸吸戶捐以貼用捲菸吸戶捐憑證行之

第五條　捲菸吸戶捐憑證應由販賣商店負責粘貼

第六條　貼用憑證應照所定捐率於售賣時粘貼在最小之罐或包與盒上以爲納捐之標識

第七條　貼用憑證程序如左

甲　輸入捲菸卸貨時須報由稽征員逐箱檢查塡列驗單實貼箱面

乙　捲菸運進商店或寄頓處所須查照驗單向稽征員掣取領取憑證聯單收執原箱批發時須將該聯單隨貨交付

丙　捲菸拆箱批發須將憑證照數分配交與承買人

丁　捲菸已經開箱或開箱內之總盒總包時須將憑證逐件粘貼於最小之容器不得遺漏或貼不足額

戊　粘貼憑證時應在憑證上加蓋與營業特許牌照名號相符之騎縫圖章

第八條　零售商店或小商遇有未備憑證之捲菸不得承買及轉賣

第九條　已經貼用憑證不得揭下再貼

第十條　凡由區外入境之旅客隨身携帶捲菸以五十枝爲限如逾此數須於下車起岸時交稽征員查驗補購憑證貼花不得隱匿

第十一條　僞造憑證以僞造有價證券論得請法庭按律論罪

第十二條　違犯本章程各項規定者得處以相當之罰金

第十三條　舉發違犯本章程各項之規定經查有實據者以罰金之半數充賞

第十四條　爲辦理京兆全區捲菸吸戶捐事宜在京兆尹公署所在地設置總局

第十五條　捲菸吸戶捐憑證由總局印製發行

發行憑證須將額數呈報京兆尹公署並咨財政廳備案

第十六條　總局爲征收便利起見得斟酌情形劃分區域規定捐額督催承辦商辦理

第十七條　承辦商得直接或間接委托各地殷實商店爲承售所代銷憑證

第十八條　凡捲菸商店墊款承購憑證得照憑證票面扣提相當之酬金

第十九條　總局所收捐款應按月照數造册咨解京兆財政廳並呈報京兆尹公署備案

第二十條　總局各項開支按照預算由收款項下作正開支呈報京兆尹公署並咨財政廳備核

第二十一條　本章程未盡事宜另定規則行之

第二十二條　本章程自公布之日施行

前京兆捲菸吸戶捐總局改組章程 十六年八月呈准

第一條　本局遵　部署令改名曰京兆捲菸吸戶捐局直隸於　財政部菸酒署征收京師城郊以外各縣區捲菸捐款

第二條　本局遵令改組如左

一置局長一人辦理全局事務副局長一人幫辦一人佐理全局事務以上三員由　部署委任

二置科長二人分任各科事務

三置科員十人助理各科事務

四置調查員六人分任調查事務

五置書記四人分任繕寫一切文件

六置分局長一人稽征員十八人稽查員二十人巡查十五人分任各縣區稽征事務以上各員遵部署令由局長委任

第三條　各科職掌如左

一第一科掌管文牘調查憑證分設三股其監印收發附設文牘股內

二第二科掌管會計庶務征收分設三股

第四條　本局辦事細則獎懲規則另定之

第五條　本局經費另册定之

第六條　本章程自公布日施行其有未盡事宜得隨時呈請修正之

奉天財政廳會同外交部特派奉天交涉員與日商東亞菸草會社商訂製造菸捲納稅辦法　九年十一月訂定

(一)東亞菸草株式會社在奉省所製造之菸捲行銷東三省各地方(包括商埠與內地)應繳納值百抽五之稅金(卽從價論稅之意)

(二)業經繳納前項稅金之菸捲銷售於東三省境內無論過路及落地等稅均不再征(卽一稅之後不重征之意)

(三)東亞菸草株式會社將自己製造之菸捲輸送於東三省以外之各地方逕赴海關照章納稅其不在奉省製造之菸運入東三省銷售者仍照向來章程辦理

(四)中國政府對於在中華民國製造菸捲稅有比較此稅減輕或有利待遇時東亞菸草公司亦准均霑之

但將來中國政府訂定菸捲劃一稅則中外商民均行遵守時東亞菸草公司亦應一律辦理

(五)納稅應用奉省通行貨幣

(六)本辦法規定後經過一個月後實行

但在本辦法未訂前所有記賬之菸捲另案辦理

奉天財政廳會同外交部特派奉天交涉員與駐華聯合菸草有限英國公司商訂製造菸捲納稅辦法 十年二月訂定

第一條　駐華聯合菸草公司在奉天所製造之菸捲及菸絲銷售於東三省境內（奉天吉林黑龍江）無論商埠或內地當按所值價格繳納值百抽五之稅金其價格另表開列

第二條　業經繳納前項稅金領有運照該公司之紙菸及菸絲可以自由經過東三省境內大小代理店及販商任意銷售不再重征

第三條　該公司在奉天所製之菸捲及菸絲若欲輸運東三省以外之地方時須逕赴海關照章納稅其不在奉省製造之菸捲運入東三省銷售者仍照向章辦理

第四條　中國政府對於在中國以內製造之菸捲及菸絲有比較此稅減輕或有特別利益待遇時該公司亦准均沾之但將來中國政府決定菸捲劃一稅則中外商人均行遵守時該公司亦應一律辦理

第五條　稅金在奉天省城稅捐局繳納應用奉省通行貨幣

第六條　納稅之後准在奉天省城銷售若運往他處該公司應領免重征之運照此照隨貨發往所指明之地點以便該處稅局查驗

第七條　該辦法由中華民國十年卽西歷一千九百二十一年二月一號實行係根據日商東亞菸草株式會社辦法亦暫以十年爲期滿如無異議繼續仍爲有效（惟東亞係一月一號實行聯合公司遲一月者因二月一號始奉領事通知前項辦法請願故也）

商訂附則五條如下

一　第一條所陳之價格表如原料價有起落時可隨時增減之

二　聯合公司遇有新製之菸捲出售時其價格可與品質等級價格類似品之價格爲比例

三　第五條云奉省通行貨幣卽指奉天一二大洋而言

四　第六條所云免重征運照卽向奉天省城税捐局報領塡明指銷地點到地由該處税局驗明相符將照收回呈繳財政廳

五　本辦法定議後應由財政廳呈請省長分咨吉江兩省轉飭該省各税捐局一體照辦其奉省各税捐局由廳通令知之

吉林捲菸吸戶捐局章程（十六年公布）

第一條　本局遵照　部署令定名曰捲菸吸戶捐局徵收吉林全省捲菸吸戶特捐

第二條　本局設局長一人辦理全局事務

第三條　本局設秘書一員辦理一切機要事務

第四條　本局分設二科曰第一科第二科

第五條　第一科管理捐務暨考核功過核算交代各事宜

第六條　第二科管理收解款項出納經費暨製發單票各事宜

第七條　第一科設科長一員主辦本科一切事務設科員八員分司本科各項事務

第八條　第二科設科長一員主辦本科一切事務設科員六員分司本科各項事務

第九條　局設科長科員得以財政廳員委任兼充

第十條　兩科酌設雇員若干名分司繕寫核算登記各事

第十一條　本局辦事細則及應支經費另定之

第十二條　本章程自呈准公布日施行其有未盡事宜得隨時呈請修正之

第四節　統稅

紙菸捐開辦二載而浙創特稅。越數年。仿行徧於全國。自是以還。中央有出廠捐二·五捐。各省有特稅。吸戶捐稅制益雜。定率益紛。非改絃更張。不足以資整理。前全國菸酒事務署曾集會討論。委員某倡議改征統稅。當局韙之。以事中寢。旋關稅會議開會。復有統一捲菸稅提案。亦逡巡未行。其時北京政府。壤境日削。各省軍閥竊據。政令之弛。由來漸矣。迨國民革命軍既建政府於漢口。財政部長宋子文以捲菸一項。爲現世良好稅源。東西各國。莫不恃爲收入大宗。我國以稅法之紊亂。致成效之未彰。值茲庶政革新之會。亟應澈底整頓。藉裕歲收。爰於十五年十二月間。訂定征收捲菸統稅辦法。稅率按市價值百抽一二·五。估價標準。以二十元爲一級。每五萬枝值九十元以下者。納稅十元。逾九十元者。每增二十元。加稅二元五角。不及二十元者。亦以二十元計。納稅憑證以印花購領印花或繳現或記帳。記帳者。月終結算。暫由湘鄂贛三省試辦。運銷三省境內。已納統稅者。除出廠捐外。概免重征。銷三省以外者。免稅起運。稅則既經公布。旋據英美菸公司擬具納稅辦法。函部允認。照繳捲菸之征統稅。嚆矢於是。

未幾國民政府奠都南京。十六年六月。財政部擬訂征收捲菸統稅暫行簡章。稅率加至百分之五十。按批發價格計率征收。舊征出廠捐及各項雜捐。一律蠲免。規定舶來華製捲菸。就關就廠就郵征收各辦法。另定施行細則。分別公布。通令遵辦。時政府初建。各省稅政未臻劃一。租界商埠海關諸問題。尙未解決。實行三月。成效未彰。九月。復由財政部另訂征收捲菸稅章程。稅率仍爲百分之五十。各省設立捲菸稅總局。專司全省征收事務。下設分局分卡。並由商人組織公棧。協助政府監貼印花及緝私事宜。於稅款內酌提若干。充公棧經費。稅章既經公布。商人以定率過高。羣請酌減。由江蘇捲菸稅總局。呈准暫按七折征現。實收合百分之三十五。較之原率。減削已鉅。內地各處。次第遵辦。而外商溺於積習。租界商埠。猶未就範。

捲菸印花之減折征收也。本一時權宜之計。嗣政府改組。部長宋子文。復領度支。以轄境漸就敉平。政令日卽統一。遂決計酌減稅率。推廣區域。實行統稅。外商屬望尤殷。對於租界商埠。並有遵章納稅之表示。爰於十七年一月十八日。公布征收捲菸統稅條例。征收區域。暫以蘇浙閩皖贛五省爲範圍。是月二十七日起。租界內地。一律照辦。餘省俟整理就緒。隨時擴充。先是。中國捲菸營業。以英美菸公司爲最巨。既定推廣統稅範圍。卽與磋商納稅手續。業有成議。追條例公布。首據該公司繕具納稅辦法。函允遵繳。英美菸公司就範。其餘各菸商皆迎刄而解。實行以前。商人購存舊稅印花。照價塡給退稅證。准其抵繳新稅。較量新舊稅率。新率實減百分之一二·五。一轉移間。退還之款。達百萬以上。爲體恤商艱計也。越三月。各雪茄菸公司。援案擬具辦法。函部核准。自四月一日起實行。辦法大致同於捲菸。惟分等估價。標準略異。蓋亦比照海關進口例也。自創辦統稅。幾經曲折。至是始完全實行。

統稅稽征機關。有總處。省局。查驗所。分所。駐關駐鄉辦事處。駐廠辦事員。凡稽查製運。監視貼花。由駐關駐鄉駐廠各員辦理。而發花收款。權操總處。各省局所。僅司查緝。總處居簡馭繁。省局權分事專。一洗從前特稅由各局卡自行征稅貼花。節節留難。層層中飽之弊。稅務進行。頗蒙其利。此其特色也。國民政府成立之初，捲菸稅務由財政部菸酒稅處主管。迨十七年一月實行統稅，於部內特設捲菸統稅處，常駐上海，以該埠爲捲菸製運中心，取便控制也。九月，與煤油稅合併，改爲捲菸煤油稅處。十八年二月，煤油稅歸併海關征收，始復舊稱。駐關、駐郵、駐廠三項，握稽征鎖鑰，尤以上海爲樞紐。先由總處主辦，嗣歸蘇局管理。十八年二月，駐關、駐郵由總處收回，擬加擴充，以利進行。駐廠仍由局轄。各省省局先設蘇、浙、閩、皖、贛五處，嗣薊、魯、鄂、湘、粵、桂、豫等省統稅局相繼成立。查驗所分三等，視事務之繁簡，異其組織，分所無等差，此各省所同也。滬上菸廠林立，分區管理，其制略殊。全埠分八區，設管理員長一人，各區各設管理員，會同駐廠員專司監督各菸廠納稅貼花出廠事宜。

統稅稅率，原定舶來品按價征百分之二十，國製品征百分之二二·五。前者已納進口關稅百分之五，後者納原料進口稅約合百分之二·五，定率稍差，制內外之平也。十七年冬，部處以統稅區域亟應擴充，而各省現行特稅有征至百分之七八十者，方之中央定率，高出甚鉅，統稅稅率非酌量增加，難期推行盡利。十一月八日，召集中外菸商，徵詢加稅意見，咸無異議，惟要求稅率不宜過高，增加不宜過頻，以紓商力。爰即核定自十七年十二月一日起，統稅稅率加至百分之三二·五，除舶來品另納海關稅外，舶來、國製同等納稅，於內外均衡之中，仍寓提倡國內工業之意。擬具修正統稅條例，呈請國民政府明令公布。其英美菸公司納稅辦法第一條，同時函據該公司遵照修正。（雪茄菸稅率旋亦照案增加。）即日通知各公司，自十二月一日起，領貼新製印花，方准起運；購存舊花，限十日內繳換。各公司知加稅在卽，儘量輸入加製，冀期前出運，一月之間，售出印花達一百四五十萬方之鉅。

時。超越甚鉅。復以存花過多。呈准展期一月。至十七年年底止。舊花仍准出廠。惟舊稅印花自十二月一日起不再出售。以示限制。

統稅分等征收。係比照海關進口稅則辦理。捲菸分七等。雪茄菸分六等。其分等標準。視批發價格爲衡。而批發價格。卽由海關估價加關稅及免稅部分申算而得。申算之方式有二。

(一) $\dfrac{\text{海關估價}}{\dfrac{\text{成本}}{\text{成本＋關稅＋免稅部分}}}$＝批發價格

(二)(成本＋關稅＋免稅部分)×海關估價＝批發價格

其途殊。其歸一也。開辦之初。海關正稅爲百分之五。免稅部分百分之七。合成本百分共計爲一一二。故批發價格以一一二申算。嗣海關新稅率捲菸進口稅增至百分之七·五。定自十八年二月一日實行。統稅批發價格自應隨之修正。改爲以一一四·五申算。由部分別修正公布。卽現行之分等稅額也。

捲菸統稅分等征收標準及稅額表

等級	每千枝海關估價（關平銀）	每五萬枝海關估價（銀元）	以一一四·五乘海關估價伸爲批發估價	按三二·五稅率應納統稅數目
一等	十二兩五錢以上	九三七·五〇〇元以上	一〇七三·四四〇元以上	四〇四·六二五元

二等	八兩五錢以上	六三七·元五〇〇以上	七二九·元九四〇以上	二五八·元三七五
三等	六兩五錢以上	四八七·元五〇〇以上	五五八·元一九〇以上	一八五·元二五〇
四等	四兩五錢以上	三三七·元五〇〇以上	三八六·元四四〇以上	一三六·元五〇〇
五等	三兩以上	二二五·元〇〇〇以上	二五七·元六三〇以上	九二·元六二五
六等	一兩五錢以上	一一二·元五〇〇以上	一二八·元八一〇以上	五三·元六二五
七等	一兩五錢以下	一一二·元五〇〇以上	一二八·元八一〇以下	二九·元二五〇

雪茄菸統稅分等征收標準及稅額表

等級	海關每千枝估價（關平銀）	以一一四·五乘海關估價伸爲批發售價（銀元）	按三二·五稅率每千枝應納稅數
一等	四十兩以上	六八·元七〇〇以上	二九·元二五〇
二等	二十兩以上	三四·元三五〇以上	一二·元六七四
三等	十兩以上	一七·元一八〇以上	七·元三一三
四等	五兩以上	八·元五九〇以上	三·元六五六
五等	三兩以上	五·元一五〇以上	一·元九五〇
六等	三兩以下	五·元一五〇以下	一·元四六三

土製捲菸稅率同而征收略異。最初行於皖省。類皆小本經營手工木機廉價零售。部處爲維持貧民

生計起見。另訂單行征收章程。准其按包貼花。仍照稅率估計征收。以示通融。

統稅印花類別凡三。曰捲菸。曰雪茄菸。由部處製發。曰土製捲菸。由省局刋用。捲菸印花。整箱粘貼。凡七種。每枚五千枝。式長方。票面載明稅額。以等級及顏色爲區別。初印花紋簡陋。易於僞造。嗣改細紋精製。每十枚聯爲一張。加印號碼。及甲乙等字樣於角端。俾易鑒別。雪茄菸印花。逐包貼用。凡六種。式窄長。每種復以枝數分級。一至五等。皆分二十五支五十支。六等分五十支一百支各兩級。專載等級。不列稅額。亦以顏色爲區別。土製捲菸印花。逐包粘貼。式亦窄長。載銀數。不列等第。以昭簡捷。

統稅採一道征收制。辦法本極簡易。然以出品產地之不同。區域征免之互異。分別辦理。其制斯繁。首爲征稅。征稅之別三。一曰船來品。由進口商塡黃色報單。經關員簽字。持報駐關辦事處。核給征收稅款單。向總處繳稅給據。仍請辦事處派員領花監貼。自繳稅暨貼花期以十四日。逾限者沒收之。旣貼花。運本埠者。劃花拆箱。逐條蓋戳。運外埠者。申請總處頒發運照。送辦事處塡入印花號碼。交商執運。二曰國內鐵機製造品。由菸廠申請總處核明支數等第。繳稅領花。訖。經駐廠員逐箱驗明。監貼加戳。銷本埠者。立卽運往。銷外埠者。領照起運。與船來品同。三曰土製品。由菸商申報省局。核明征稅。發花。派員監貼於每小包之開口處。出運者。領土製捲菸運照。隨菸起運。次爲免稅。商人運菸至非統稅區域。應申請總處。核發免稅運照。出運之時。由陸路者。應具轉運公司之保證書。經水路者。取輪船公司之提單副本。分別繳驗。起運以後。應將統稅區域邊境稽征機關之監視出境保證書。及指運地點征稅機關蓋戳之隨菸運輸聯。遵限呈驗。免稅手續。始告完畢。逾期不繳驗者。以漏稅論。復次爲退稅。退稅之途綦繁。曰黴變災損。黴變須整箱同牌。災損應有確證。曰重征。須呈驗重征之收據。曰改運。已納稅貼花。改運非統稅區域者。須證明到達。始准退稅。曰錯貼。曰掉換。皆在退稅之列。凡退稅者。核驗屬實。照額填給退稅證。准其抵繳統稅。復次為補稅。已納舊稅捲菸。運回原廠改運。須剷除舊花補足稅款另貼加稅後新印花。方准起運。皆所以重稅制也。

統稅以就廠就關。整箱貼花為原則。而零菸白菸之出廠。私運之進口。沿途之洒賣。在在宜防。取締查緝。不容漠視。取締者。禁遏於製運之初。查緝者。嚴杜於既運之後。前全國菸酒署。駐滬捲菸稅務局。原訂征收紙菸捐罰則。尚無取締零菸出廠之規定。嗣因走漏日甚。當於十五年訂定。查獲零菸出廠及漏稅菸件。除貨物充公外。應處該菸廠以照價三十倍罰金之辦法。是年十一月。英美南洋兩菸公司。承認遵辦。並由興業廣東兩銀行。認定款額。具函擔保。迨改辦統稅。公布取締規則。處罰之數。仍援前案規定。英美南洋兩公司。亦照舊辦理。其餘各菸公司。於十七年四月間。函令援案出具志願書藉資保證。至查驗一項。當統稅開辦之初。曾有查驗處罰規則之規定。嗣以條文簡略。與現情尚多扞格。復與取締規則分別修正。改訂查驗所查驗章程。及捲菸漏稅處罰章程兩種。於十八年九月。呈准公布。查驗注重轉批零售及轉運分運。轉批零售者。須呈驗發票。核對簿據。轉運分運。須驗照蓋戳。監視起運。處罰則重科廠商。藉為正本清源之計。

征收規制。具如右述。其尤關重要者。厥為推行整理。蓋統稅雖實行經年。其中手續未臻完備。稅率尚未增加。施行區域有限。故稅收雖增。尚未充分。十八年春。捲菸統稅處處長程叔度。蒞任正值增加稅率復經銳意整理。首由改良登記入手。舊訂取締菸廠規則。本有製銷捲菸。應先登記之規定。然手續未備。商人每多觀望。是年四月。公布捲菸登記暫行章程。分國內製造。及國外輸入兩項。國製品登記。先菸廠。次牌名。輸入品登記。由進口商之呈報。其登記程序。首申請。應具申請書。及登記表。委託代捲者。並具保證書。次核准。核准者。以總處復函爲憑。未登記者。禁其領花起運。已核准者。他人不得仿冒。事章既立。正當商人。爭先呈報。數月之間。捲菸牌名已登記者達三千有奇。營業之盛。可以覘矣。登記實行。同時着手區域之整理。十八年四月。西征軍戡定武漢。財政部派員接收湖北捲菸統稅局。實行改辦統稅。該省本與英美菸公司另訂合約。自行征收。既改統稅。定自四月八日起。由滬納稅起運漢廠製品。由漢征收。至湘省行銷捲菸。皆由滬漢運往。向例貨抵湘境。始納稅貼花。至是亦遵中央定章。於起運時征稅。仍由鄂局按月撥還湘局銀六萬元。以資挹注。魯省先於十七年六月間。設立捲菸統稅局。改收統稅。惟青島濟南。尚未收回。各屬駐軍。尤雜。稅制紛紜。省政府復加征吸戶捐。統稅僅存其名。十八年五月。青濟先後接收。煙台龍口等處駐軍。經中央核定。月給協餉三十萬元。各項雜捐。一律取消。吸戶捐。亦宣布停止。改辦統稅。始克完全實現。河北情形。尤爲複雜。十七年夏。南北統一。財政部設立河北捲菸統稅局。籌辦統稅。而該省省政府。及平津市政府。仍設局征收吸戶捐如故。統稅局亦暫按舊率征收。十八年春。部處迭電照章改征。平市業已遵辦。而河北省及津市。以教育基金及經費支絀。一再遷延。經部處核定。於征起稅欵內。每月撥助河北省政府十萬元。北平市政府經費三萬元。天津市政府教育補助費六萬元。始於五月一日起。實行改辦統稅。並由部處分電熱察綏晉等省。一體遵照。由津運往菸件。已納統稅者。不再重征。以昭一律。粵省向征捲菸印花稅。稅率值百抽五十。歷辦已久。十八年春夏間。部令籌改統稅。以軍需所關。呈准暫按舊率征收。以三二・五歸國庫。以一七・五歸省庫。八月。部派專員前往會同籌辦。並擬訂辦法四條。規定由滬購花撥款辦法。其尤要者爲逐包逐聽。加貼檢查證一端。粵地與港澳安南廣州灣等處。壤境犬牙相錯。非逐包貼證。不足以杜流弊。業於十一月一日起實行改征。豫省原征捲菸稅捐。合計百分之三十八。自十月分起。呈准運入豫境之菸。由該省先按統稅稅率三二・五征收。核實粘貼捐證。爲暫時過渡之計。仍由部處核定自十二月一日起。遵照統稅章程辦理。桂省稅率尤高。約合百分之九十五以上。本令與粵省同時改征統稅。均以時局關係。尚未實行。遼甯吉黑三省。有特殊情形。自開辦紙菸捐。卽另案辦理。統一後因之。本年春。部處銳意推廣。迭與磋議。現定暫由該省財政廳按照部頒統稅條例征收。於是南北各省。悉同軌轍。蓋自實行統稅。樹其基。至改良登記。推廣區域。而其用始宏。舉國一致。收入日增。此最近推行整理之明驗也。

捲菸製運樞機。全在商埠。綜計全國。約分數區。在北方者曰天津。薊晉熱察綏等省。皆係津埠運銷範圍。曰青島。魯及豫東屬焉。曰遼甯。關外三省屬之。在中部者曰上海。蘇浙閩皖贛屬之。曰漢口。鄂湘川豫陝甘等省行銷之菸。皆仰給於漢埠。在南方者曰廣州。粵桂滇黔屬之。每區皆有製造輸入。而尤以上海爲總匯。故由滬分運而往者。徧全國。皆有不以南北省區爲限。統稅開辦之初。範圍較狹。每月收入約六七十萬元。嗣稅率加至百分之三二・五。月收亦僅百萬有奇。最近加意整理。推廣區域。十八年度收入預算本處每月可收二百二十萬元。河北四十五萬元。山東二十萬元。湖北三十五萬元。總計三百二十萬元。而實在收數亦在三百萬元以上。粵省近甫實行收入預算未經編列。至開支經費十八年度預算總處月支二萬五千五百二十四元。各省已設局者。蘇浙皖贛閩薊魯鄂湘粵桂豫等十二省共支一十七萬零六百十三元六角。總計一十九萬六千二百零七元六角。此收支之大較也。

(附註)捲菸統稅係十五年十二月現任財政部長宋子文在漢口政府任內創辦嗣迭經變更逮十七年一月復經宋部長與英美菸公司改訂辦法於部內設立捲菸統稅處各省設捲菸統稅局照新章征收是年十一月修訂條例增加稅率公布施行卽現行之制度也本節附錄章則自十五年創辦起迄十七年一月以前止逐項分別編列至十七年以後僅擇要刋入上册稅制門內其詳細規程表册現正編輯捲菸稅史本編不復贅錄以省篇幅

財政部征收捲菸統稅辦法布告 十五年十二月漢口公布

爲布告事照得捲菸一項純爲奢侈品重征捐稅固屬無嫌惟名目過繁如吸戶捐二五捐特捐出廠捐等有値百抽十者有値百抽十五者或至二十三十不等未免太煩我國民革命軍所至要當與民剔厘弊政除去繁苛玆將二五捐暨吸戶捐各名目均行取消統爲一稅名曰捲菸統稅一律値百抽一二五譬之九十元以上一百一十元以下之菸價作一百元計納稅洋十二元五角在此價再加二十元者增稅洋二元五角餘照遞加如不及二十元者亦以二十元計算皆以本部頒發整印花爲代

價由各該省一次征足不完他稅其出廠捐仍照舊辦理上項辦法除已定辦法各省外就湖北湖南江西三省行之如屬於國民政府管轄範圍者亦以此爲標準除通令外合行布告仰中外商民人等一體遵照毋違切切此布

附捲菸統稅稅率表

菸價	稅率
一九十元以下	十元
一九十元以上至一百一十元以下	十二元五角
一一百一十元以上至一百三十元以下	十五元
一一百五十元以上至一百七十元以下	二十元
一一百七十元以上至一百九十元以下	二十二元五角
一一百九十元以上至二百一十元以下	二十五元

凡至二百一十元以上每再加二十元加稅洋二元五角其不及二十元者亦以二十元計算

部長宋

中華民國十五年十二月　日

英美菸公司致捲菸統稅局承認照部章納稅函

逕啟者關於國民政府財政部民國十五年十二月三十一日所公布對於紙烟及其他烟草製造品之統稅辦法如下列各條手續確係國民政府施行此種統稅之本意應請

貴局予以承認以便奉行

甲　吾人認爲値百抽一二・五之統稅按照布告中稅率表所列係對於已經黏有應貼印花之一切烟件擔保其不再納厘金及其他任何種類之捐稅政府對於此種烟件無論其在公司或經理人或吸戶手中均予以完全保護俾得運輸上之自由便利及銷售上之流暢無阻

乙　一二・五統稅之印花得由敝公司按照需要向國民政府購買其賬目應於每月月終結算換言之敝公司對於購買印花應得有一個月之信用其賬目於每月月終後從速清結

丙　如已經完納統稅之紙烟及其他烟件又須繳納他種捐稅厘金或其他雜稅時公司得以所納之款在應納國民政府稅欵中扣抵

丁　公司應納之統稅以烟件實行銷售於湖北湖南江西三省者爲限如烟件由該三省經過運往中國他處或運往外國又或烟件始意銷售於該三省嗣又由公司改運中國他處時應無須完納統稅或該三省之其他捐稅如公司對於本條所指烟件竟須完納統稅公司得以所納之欵在嗣後應納國民政府稅欵內扣抵

戊　此種公布之統稅永遠有效嗣後無論有何變更應於三個月以前通告製造烟件之商家

再者上列各條辦法如經

貴局贊同後并由
財政部正式承認此致
捲菸統稅捐局

英商駐華 英美烟公司（有限公司）謹啟

全國捲菸統稅暫行簡章理由書 十六年六月發表

捲菸一物。爲世界最大之消耗。故各國寓禁於徵。稅率恆視他物特重。我國人士本愛國之熱忱。有謂宜定爲公賣者。有謂宜改爲專賣者。惟依現在國家政治之情形與夫財政之能力經營之人才。似非一蹴可及。無已其分統稅公賣專賣爲三時期。以次漸進。要以專賣爲歸宿。公賣爲中樞。而以統稅爲先導。今先就捲菸統稅辦法約舉大要如左。

一征收之稅率

查各國捲菸稅率。有值百抽百或百五十者。日本甚至值百抽三百五十。中國捲菸稅捐。向有中央所定之二五稅每百元收二元五角。出廠稅每五萬枝收二元。各省復收特稅。或係值百抽二十或係值百抽五十。名目不一。至十六年一月。國民政府財政部定名爲捲菸統稅。從前名目均行取銷。其稅率定爲一二·五。未克通行。今擬參酌各地情形。仍照統稅辦法。定爲值百抽五十。將上列各稅捐一律取銷。期收整齊劃一之效。

一　征收之方法

從來製造品徵稅之辦法。其最良者莫如就來源處征收。既可節省糜費。又能杜絕偷漏。便利商民。法至善也。曩者各省捲菸特稅爲免避交涉之難。據其名曰吸戶捐。旨在不征於外商而徵於華人。故徵稅在銷場一方。偷漏侵蝕。既所不免。商人且有留難之苦。不知列邦尊重吾國主權及行政完整。權早見於華會條約。徵收稅項。係行政之一。行政既許完整。徵稅豈容干涉。如本年一月二十八日漢口英領事提交政府說帖第五條內載中國用適當方法。捐稅不歧視英人與英貨。且爲各處人民所繳者。英政府准備使在華英人照繳等語。顯係表示外僑遵從所在地稅法之意。是捲菸若經定爲統稅。就廠徵收。廠製之品旣一體完納。舶來之物卽在進口時照章收稅。易收執簡馭繁之功。

以上兩端。係專就捲菸統稅而言。統稅旣行。管理自易。行之數年。改爲公賣。自不難於就範。俟財力稍裕。人才養成。進而由國家建廠製菸。實行專賣。逐漸改進。較無流弊。惟此種捲菸稅項。論其性質。必應定爲國稅。其從前指作省教育費及省縣經費等項。自應另籌抵補。將來國稅地方稅另行劃分。卽從大體解決。務使教育省縣等費另有確定抵補之款。而全國捲菸收入統歸國庫。以供中央之用。內外相維。爲計良得。此亦當預爲計議者也。

全國捲菸統稅暫行簡章　十六年六月公布

第一章　總則

第一條　凡國內烟廠製造或商人運銷外來之捲菸。除廣東浙江外。均照本簡章納捲菸統稅。

第二章　稅率

第二條　捲菸統稅稅率爲值百抽五十之稅率原有中央之二五稅出廠稅及各省之特稅等名目一律廢除

第三章　征取機關

第三條　各省設捲菸統稅總局承財政部之命管理各地捲菸稅務

第四章　徵收方法

第四條　徵收捲菸稅。以貼用印花稅票行之。

前項印花稅票由財政部印製發行之。

第五條　徵收方法分爲兩種。

甲國內烟廠製造之品。於裝箱出廠時。加貼印花。

乙外國運銷之品。於關棧卸貨時。驗明收稅加貼印花。

第六條　凡已貼印花之捲烟。如再運往他處分銷時。一體驗放。不再收稅。

第七條　凡貼用捲烟稅印花。須以現金向各省捲菸統稅總局。或指定之分售處所購買之。

第五章　罰則

第八條　僞造憑證或曾經貼用改造再貼者。照刑律僞造有價證劵例治罪、

第九條　查有漏匿情弊。或查驗時憑證未經實貼。希圖再用。以及違犯本簡章之規定者。應酌量情節輕重處以相當之罰金。

第六章　徵收經費

第十條　捲菸統稅徵收經費由本部另定之。

第七章　附則

第十一條　本簡章未盡事宜。另以細則規定之。

第十二條　本簡章自公布日施行。

江蘇捲菸統稅征收暫行細則

第一條　江蘇省境內各製造捲菸廠。應遵照部章向江蘇捲菸統稅總局繳納現金。購領印花。以備成包裝盒裝罐時貼用。但因特別情形經江蘇捲菸稅總局之許可。得以銀行錢莊及殷實商店之存單或半個月內兌現之票據備抵。惟不得超過應繳稅款十成之五。

第二條　貼用印花時駐廠監查員。須在場監視。

第三條　已貼印花捲菸裝箱時。駐廠監查員須逐箱驗明。滿漿實貼查驗單。並加蓋騎縫戳記。

第四條　駐廠監查員執行前兩條職務。並每日監視捲菸出廠後。均須按日填具日報表封送總局查考。

第五條　凡商人持內地稅局藍色報單到中國銀行海關收稅處繳納奢侈品稅時。該處應邀同江蘇捲菸統稅總局所派駐行監收員查核。如該單載有舶來品紙捲烟及雪茄捲烟。即詢明捲烟品名數量。查照總局稅率表算明應貼印花銀額。由該處一併帶收。並將號收交與監收員暫行保管。

第六條　駐行監收員俟海關收稅處交到號收立時填具換領印花單。交與完稅商人持赴總局換領統稅印花。

第七條　總局遇商人持單前來換領印花。即照單檢配。填就查驗單。並於印花背面加蓋查驗單號戳記。立派監查員率同該商隨帶提單前赴躉棧按箱實貼。查驗單加蓋騎縫戳記後。即在換領印花單上蓋查驗訖戳記。連同印花交與該商。令其持蓋戳之換領印花單赴監收員處換取號收。以便隨帶印花運銷各處。俟開箱時照章實貼發售。

第八條　江蘇捲菸統稅總局商准江海關在關設置捲菸統稅查驗欓。派員常駐該欓。查閱進口船名商號倉單關單並土貨進口單等項事件。遇有紙捲菸及雪茄捲菸進口。隨時報告駐行監收員。並報告總局查攷。

第九條　駐關監查員及駐行監收員於執行以上各條執務後。應填具日報表送總局查考。

第十條　郵寄紙捲菸及雪茄捲菸。應由郵包稅專局飭令寄件人到江蘇捲菸統稅總局及其所屬機關繳足統稅購貼印花。方許寄遞。

第十一條　黏貼印花時。應即在印花上加蓋騎縫圖章。

第十二條　凡已購貼印花之捲菸。如遇廣東省政府行文採運時。得由承運菸商呈請江蘇捲菸統稅總局驗明准照已貼印花票面銀額抵算現金換領印花。

第十三條　全國捲菸統稅暫行簡章施行以前運往江蘇各處之捲菸至同簡章施行日尙寄頓各菸公司棧房者須一律報由各該處查驗所加貼查驗單依率購足印花。方許出棧銷售。

第十四條　本細則如有未盡事宜。由江蘇捲菸統稅總局隨時修正。呈請財政部核准施行。

第十五條　本細則自呈奉財政部核准之日施行。

（附注）中華民國十六年六月至九月卽係照此施行。

江蘇捲菸統稅總局派駐上海郵務局監查員辦事規則

一監查員承本總局委員之命。派駐上海郵包稅局。查徵外國進口輪船郵寄包裹內之舶來品捲菸統稅。

一監查員應遵照本規則服務。不得違悞。

一監查員每日到郵包稅局辦事時間。應依照郵包稅局及郵務局包裹處職員同一鐘點。

一監查員查徵外國進口輪船郵寄包裹內之舶來品捲菸統稅。其手續卽照江海關監督署徵收附稅同一辦法。凡遇外輪進口郵寄包裹。如有捲菸或雪茄菸在內。應卽責令領取該包裹人依照本總局稅率照完捲菸統稅。其未經遵完統稅換領本總局印花呈驗之前。郵務局包裹處。不得予以給領。

一監查員查徵前項捲菸統稅。應先查明捲菸種類品名。按照本總局稅率。收清稅銀給予換領印花單。着其持赴本總局換領統稅印花。俟領足印花呈送郵務局包裹處驗明領出包裹後。卽於包裹面按包實貼查驗單。

一監查員執行實貼查驗單時。先須核對印花與菸數是否相符。後將查驗單滿漿實貼於捲菸包裹之上。加蓋騎縫戳記。一面收回換領印花單。加蓋查驗訖圖記。每日將收回之單隨同日報表繳銷。

一監查員每日查徵此項捲菸統稅數目。應按照本總局所頒日報表塡造一份送核。

一監查員查徵前項捲菸統稅。如遇郵寄包裹內捲菸或雪茄菸係新出品。爲本總局稅率表所未規定者。應卽查明市値。呈報本總局核辦。

一監查員對於郵包稅局暨郵務局包裹處一切規則。均須表示尊重。所有郵包稅局郵務局包裹處各辦事職員。尤須和協。遇事接洽。出以和平。俾免發生誤會。

一監查員在辦公時間。不得擅離。如有重要事務。亦須先行請假。呈候核准。

一本規則如有未盡事宜。由本總局隨時修改。令飭遵照。

(附注)中華民國十六年六月至九月卽係照此施行。

江蘇捲菸統稅總局修正派駐海關監查員辦事規則

一監查員承本總局委員之命。派駐海關監查進口舶來品捲菸。
一監查員應遵照本規則服務。不得違怠。
一監查員每日到關辦事時間。應依照海關華洋辦事職員同一鐘點。
一監查員每日應到海關查閱進口船名單艙單關單各件。如有舶來品進口捲菸。應即抄單具報本總局備查。一面轉知駐行監收員。俾便查核。
一監查員每日應到海關土貨進口部。注意調查進口土貨。有無夾帶舶來品捲菸。轉由他口改用土貨進口單進口等情。隨時具報本總局核辦。
一監查員應受本總局隨時指派。率同來局換領印花之菸商。前赴躉棧查驗菸箱。按箱滿漿實貼查驗單。並於騎縫加蓋戳記。蓋戳時須一半蓋於箱上。一半蓋於單上。
一監查員執行貼單蓋戳後。核對菸商所領本總局統稅印花單貨相符。即在本總局換領印花單上加蓋查驗訖圖記後。將該單繳回本總局稅務科。
一監查員應將每日查驗菸件暨經貼查驗單。核對菸商所領印花數目。按照本總局所頒日報表。分別逐項填載呈報。
一監查員對於海關關棧一切規則。均須表示尊重。所有海關華洋職員。尤須和協。遇事接洽。出以和平。俾免發生誤會。
一監查員在辦公時間。不能擅離。如有重要事務。亦須先行請假。呈候核准。

一本規則如有未盡事宜由本總局隨時修改令飭遵照。

江蘇捲菸統稅總局修正派駐中國銀行海關收稅處監收員辦事規則

一監收員承總局委員之命。派駐中國銀行海關收稅處監收進口舶來品捲菸統稅。

一監收員應照本規則服務不得違怠。

一監收員每日到收稅處辦事時間。應依照中國銀行海關收稅處辦事職員同一鐘點。

一商人報運外國舶來品捲菸進口時。應向監收處領取黃色報單正副兩份照格塡寫送經海關查核後。將副張連同海關中文餉單至中國銀行收稅處遵照本總局稅率。繳納捲菸統稅後。該項黃報單。卽由監收處保存。俾便稽核。

一監收員審核黃色報單時。應先向海關收稅處進口奢侈品稅驗單權查對藍色報單。凡遇單內列有舶來品捲菸或雪茄菸。查與所呈黃色報單相符。應由收稅處查照本總局稅率表。附收捲菸統稅。一俟稅銀收清。卽塡給換領印花單。交與菸商持赴本總局換領統稅印花。以便實貼。

一監收員查核黃色報單時。如遇舶來品捲菸或雪茄菸係新出品。爲本總局稅率所未規定者。應查明市值。呈報本總局核辦。

一監收員應隨時會同本總局關務科調查海關征稅情形。

一監收員遇有特別重要交涉事件發生。應隨時報告本總局請示遵行。

一監收員應將銀行收稅處代收捲菸統稅銀數。每日列表報告本總局。

一監收員因編製簿記繕寫表册。得酌用雇員。

一監收員如有意見陳述。得於關務稅務會議時。請予列席。

一監收員對於銀行海關收稅處一切規則。均須表示尊重。所有銀行收稅處職員。尤須和協。遇事接洽。出以和平。俾免發生誤會。

一監收員在辦公時間。不能擅離。如有重要事務。亦須先行請假。呈候核准。

一本規則如有未盡事宜。由本總局隨時修改。令飭遵照。

（附注）同前。

江蘇捲菸統稅總局駐廠監查員辦事規程

一駐廠監查員。應遵照本規程服務。不得違怠。

一駐廠監查員。應于每日啟廠時到廠辦公。閉廠時隨衆出廠。

一各菸廠製成捲菸。駐廠監查員。應立令該廠將印花實貼每聽每盒每包封口處。並加蓋該廠騎縫小戳記。貯匣裝箱之後。即將本局所發驗單。逐箱滿漿實貼。並加蓋本局所頒戳記。其零星不裝箱者。應就整條或整匣封口處。加蓋本局所頒驗訖戳記。然後聽其出廠發售。

一菸廠粘貼印花時。監查員須查照本局所發稅率表。核明是否足數。或有無錯誤。

一驗單上蓋戳須一半蓋於單上一半蓋於箱上。

一各菸廠出菸無論自製代製。均須於製成時令其貼足印花。

一各菸廠每日出菸數目。應按照本局所發日報表逐項填明呈報。

一菸廠監查員如發現僞造印花及重用印花。應隨時呈報本局。

一註廠監查員對於各菸廠。新出捲菸牌名價格應隨時呈報本局。

一駐廠監查員遇有重要交涉事件。應隨時報告本局。候示遵行。

一駐廠監查員在辦公時間。不得擅自離廠。倘有重要事務須事先繕具假條。呈候核准。由局派員代理。

一駐廠監查員。對於廠中一切規則。均應表示尊重。遇有與菸廠接洽之事。尤應心平氣和。以免發生誤會。若菸廠有刁抗及與監查員爲難情事。准隨時呈請本局核辦。

一在職各員由本局隨時派員巡察。每一個月考核一次。如辦事勤能。當予記功加薪。其異常出力者。特別優奬。如有辦事怠忽或擅自離廠者。當分別輕重。予以記過罰薪撤差處分。倘有收受陋規通夥舞弊者。按律懲處。

一本章程如有未盡事宜。由本局隨時修改令飭遵照。

（附注）同前。

江蘇捲菸統稅查驗所章程

第一條　捲菸統稅查驗所直隸於總局。承委員之命督率所屬人員辦理本所管轄境內查驗事務。

第二條　查驗所設所長一員由江蘇捲菸統稅總局委任。

第三條　查驗所設文牘一員。查驗員若干員。巡役若干名。其人數依事務之繁簡由總局核定設置。

第四條　各查驗所因轄境內必需之配備。得設查驗分所。分所設主任一員。查驗員及巡役若干人。均由所長呈請總局核准設置。

第五條　查驗所及所屬分所人員。均由所長任免呈報總局備案。

第六條　查驗所經費表另定之。

第七條　本章程自公布日施行。

（附注）同前。

查驗所查驗規則

第一條　凡菸件經過查驗所時。無論整箱零件。均須逐件詳細查驗。並於菸箱查驗單上加蓋某查驗所驗訖戳記。

第二條　各菸店存菸。應隨時抽查有無重用及漏貼印花或貼不足額情事。

第三條　查驗時如遇違章菸件。應即扣留。違章罰辦。其情節較重者。須呈報總局核辦。

第四條　查驗時如遇頑抗不服者。得商請當地警察協助辦理。

第五條　每日查驗菸件須依照日記報告表詳細登列。按旬呈報總局。

第六條　本規則如有未盡事宜。隨時由總局修正施行。

捲菸製造廠特別倉庫規則

第一條　凡捲菸製造廠因所製捲菸係預備運往左列地方銷售者。得依本規則呈請江蘇捲菸統稅總局批准。設置特別倉庫。

一　外國。

二　國內免貼統稅印花地方。

第二條　特別倉庫經江蘇捲菸統稅總局驗明合式。方許設置。其啟閉由總局所派駐廠監查員司之。

第三條　設置特別倉庫之廠。須於製造中預計行銷第一條所列各地之數量。填具聲明書申請免貼統稅印花。

第四條　免貼印花之捲菸。應於成包成盒成罐後。立時請監查員驗明數量監視裝箱。仍貼查驗單。加蓋騎縫戳記。並於箱上蓋免貼印花字樣戳記。

第五條　免貼印花之捲菸。應於每日閉廠前一時。悉數移貯特別倉庫。不得遺漏。

第六條　特別倉庫出納簿。應備一式者兩份。一份由監查員執掌。一份由廠執掌。每日登記完畢。互相核對交換蓋章。

第七條　特別倉庫內所貯捲菸。應遵照江蘇捲菸統稅總局免稅出運規則請有准單方得出倉起運。是項准單。監查員應於出運後連同當日日報表封送總局查核。

第八條　特別倉庫每旬由總局派員檢查一次。

第九條　如在第一條所列以外地方。查有偷銷特別倉庫捲菸時。除將該廠特別倉庫撤消外。並查明該廠免稅出運之捲菸總數。按照罰金細則一律處罰。

(附注)同前。

江蘇捲菸統稅總局規定處置存菸辦法

(甲)自七月一日起。無論整箱零盒菸件。凡未貼過印花者。一律購貼值百抽五十之統稅印花。其整箱出運。並須加貼驗單。違卽罰辦。

(乙)自七月一日起。凡已貼過值百抽二十之特稅印花者。以七月底爲限。在此限內。一律補貼百分之三十統稅印花。違卽罰辦。

(丙)自八月一日起。凡查出未貼足值百抽五十統稅印花者。雖有特稅印花。仍以漏稅論。照章罰辦。

(附注)同前。

江蘇捲菸統稅總局免稅出運規則

第一條　捲菸製造廠特別倉庫內之捲菸。須運往外國銷售時。應由該捲菸廠將通關出口手續辦理完畢。備具申請書檢同出口各項書類呈請總局核明製給准單。持交派駐該廠監查員照單提箱出倉立時起運。

第二條　凡捲菸製造廠特別倉庫內捲菸。須運往免貼統稅印花地方銷售時。除依前條規定辦理外。並由總局塡發運單。

第三條　運單分爲三聯。第一聯存根。存於總局。第二聯通知書。於製給運單時。立郎郵寄運到地方捲菸稅務機關。第三聯運單。製交出運者以憑提貨出運。但到達後。應將本聯請運到地方捲菸稅務機關加蓋依限如數運到字樣戳記。立時交郵寄還總局。查考

（附注）同前。

出運申請書

捲菸公司。今有後開各種捲菸裝運。　　地方業將通關出口手續辦理完畢。理合檢同出口各項書類　　件具書申請

核明製給准單以便出倉起運。此上

江蘇捲菸統稅總局。

計　開

捲菸牌名	箱數	箱貯支數

中華民國　年　月　日　捲菸公司（蓋章）

（附注）同前

聲明書

捲菸公司。今因預備運往特別倉庫規則第一條所列地方銷售。擬製後開各種捲菸。遵照規則塡具聲明書。申請

准予免貼統稅印花。此上

江蘇捲菸統稅總局。

計開

捲菸牌名	箱數	箱貯支數

中華民國　年　月　日　捲菸公司（蓋章）

（附注）同前

江蘇捲菸統稅總局罰金細則

第一條　違犯部頒全國捲菸統稅暫行簡章第一條之規定不納統稅者。除處以與統稅印花票面銀額同數之罰金外。並將捲菸充公。再犯者。加倍處罰。

捲菸箱未貼查驗單及條盒未蓋戳記者。均照前項規定辦理。

第二條　違犯部頒全國捲菸統稅暫行簡章第二條規定之稅率者。除責令依率補足外。並處以與補足稅銀同數之罰金。再犯者。加倍處罰。

第三條　運銷捲菸有左列各款情事之一者。爲有漏匿情弊。

一捲菸箱所貼查驗單。無騎縫戳記者。

二箱上雖貼有查驗單。其所裝捲菸。照章應貼印花而未照貼。或雖貼而種類不符。或未全貼者。

三船來品菸箱上雖貼有查驗單。照章應隨帶印花運銷。而不隨帶。或雖隨帶印花。而種類不符。張數不足者。

第四條　有前條第一款情弊。其箱內所裝捲菸。又未照貼印花者。依第一條規定辦理。

有前條第二款第三款情弊者。除責令遵章照貼或遵章貼足外。並處以匿漏稅銀十分之一以上。十分之五以下之罰金。再犯者。加倍處罰。

第五條　運銷最小容器之捲菸。其印花並未實貼。或雖貼而尚有餘存者。爲未經實貼。希圖再貼。除責令實貼。或將餘存印花繳案銷燬外。並處以希圖再貼銀額十分之五以上。十分以下之罰金。再犯者。加倍處罰。

第六條　凡有本細則二條以上情事。各依本條併科之。

第七條　本細則所列各條情事。無論何人。皆得負責舉發。實則以罰金之半獎之。虛則依律反坐。

（附注）同前。

浙江捲菸統稅總局徵收統稅暫行細則

第一條　浙江省境內菸商向省內外菸廠菸商運銷捲菸。(包括紙捲菸及雪茄捲菸)必須遵照全國捲菸統稅暫行簡章第二條之規定。貼足蓋有浙字之全國捲菸統稅印花方准運銷。

第二條　省內菸商欲採運省外捲菸入境者。須先塡具報告單向本總局或分局換取採運憑照。方准向菸廠採運。

第三條　省內菸廠運菸往他省銷售時。須向本總局請領出運憑照。方許出境。於境內不得中途卸貨。違則沒收充公。

第四條　省外菸廠接到浙省商人之採運憑照後。須報請浙江捲菸統稅總局駐該地之辦事處驗明。並照數塡具請購印花憑單。領取印花。隨請派員就廠監視。在捲菸最小容量器上將印花實貼。加蓋騎縫圖章。裝箱後。逐箱實貼查驗單。加蓋騎縫圖章。並於單上蓋明出廠日期及到達地點戳記。方准起運。

第五條　商人由省外運入貼有本總局查驗單之捲菸。均須直接運進本總分局指定之保管倉。中途不得卸貨。違則沒收充公。

第六條　商人運入之捲菸。到達指定之保管倉後。卽須向本總分局按照請購印花憑單。繳納現金。繳訖後。由局逐箱實貼分運證。蓋明出倉日期。及到達地點戳記。方准出倉銷售。

第七條　前條運入保管倉之捲菸。於出倉時。須由商人繳納保管費。其時間在一月以內者。每箱以五萬支計算。每月一元。一月以上者。每月二角五分。惟保管時期最多不得過一個月。如逾限不繳稅款。卽由局將菸發賣。所得價款。除扣取應繳稅款外。餘數發還。

第八條　凡運入浙境之菸。不運進本總分局指定之保管倉。及不遵照本細則規定之手續購貼印花。繳納稅款者。概作私菸論。禁止境內商人批售。違則按照罰則。嚴重處分。並將其菸沒收充公。

第九條　凡已貼印花之菸。霉壞不能銷售。經驗明後。祗准照票面銀額抵算現金。換領印花。

第十條　他省商人採運捲菸。經過浙境者。須先向本總局派駐菸廠所在地點之辦事處。請領過境憑照。於菸到達境內時。向本總分局報驗放行。不得在境內卸貨。違則沒收充公。

第十一條　旅客入境。携帶未貼印花或已貼他省印花之捲菸。以五十支爲限。逾此數者。按照本細則第八條之規定辦理。

第十二條　本總局徵收統稅以前。已運入浙江境內之捲菸。須一律報由該管各分局或查驗所。依照稅率購貼印花。方准銷售。

第十三條　本細則如有未盡事宜。得由本總局隨時呈請財政部修正之。

第十四條　本細則自呈奉財政部核准之日施行。

（附注）本細則經財政部於中華民國十六年六月核准施行。

征收捲菸稅章程　十六年九月公布

第一條　財政部訂定征收捲菸稅章程。凡捲菸及一切菸葉製造品。除土製各種菸絲另章辦理外。均依照本章程之規定徵收之。

第二條　凡捲菸及一切菸葉製造品。均須依照本章程規定。完納稅款。方准在中華民國領土內運銷。

第三條　捲菸稅爲中央稅。各省捲菸稅收事項。由財政部設局管轄辦理之。

第四條　關於與捲菸稅收有連帶關係之檢驗緝私事務。由各省捲菸稅局辦理之。

第五條　捲菸及一切菸葉製造品。應完稅額。按照批發價格百分之五十。以黏貼印花方法徵收之。

第六條　關於捲菸廠黏貼印花事項。由所在地捲菸稅局派員駐廠監貼。並由財政部派員隨時到廠。視察監督之。

第七條　關於國外進口之捲菸。及一切菸葉製造品。由所在地捲菸稅局。派員駐關徵收之。

第八條　捲菸製造商因協助政府執行檢驗緝私職務。得集合菸商組設公棧。其辦法另定之。

第九條　凡省市各地方政府及各軍警機關。對於捲菸稅範圍內之檢驗緝私事項。由財政部咨行各主管機關通飭所屬一體協助辦理。

第十條　關於取締捲菸營業事項另定之。

第十一條　凡本章程未經規定事項。由財政部隨時以部令行之。

第十二條　本章程自公佈之日起施行。

徵收捲菸稅施行細則

第一章　轉運與發照

第一條　本施行細則依據徵收捲菸稅章程。規定關於徵稅及與徵稅有連帶關係之一切辦事手續。

第二條　捲菸製造商於製造貨品時。須就廠貼足印花。再向該管區內之捲菸稅局請領捲菸准運執照。方准起運沿途經過局所驗照放行。

第三條　商人於請領准運執照時。須將擬運捲菸種類數量。製造商應納稅額。運往地點等。分別依式填具聲請書。呈由該管捲菸稅局核發應用。

第四條　運商將捲菸貨品運至達到地點時。應即報請該地之捲菸稅查驗所查驗。並將捲菸准運執照繳銷。

第二章　完稅手續

第五條　凡運出製造廠之捲菸貨品。均須照章貼足印花。方得銷售。此項印花。可由製造商或運商向各該管捲菸稅局購買。印花價格照票面發出。不折不扣。

第六條　凡運銷不在捲菸廠貼足印花之捲菸及一切菸葉製造品。須先由銷售地菸商向當地捲菸稅機關報領採辦憑照。持向批發地捲菸稅機關換領准運執照。方准起運。於到達銷售地時。須卽將准運執照報繳該管機關。並請領印花。貼足稅額。方准銷售。

第七條　凡由國外入口之捲菸及菸葉製造品。須於完納關稅後。由運商向該管捲菸稅局照章完納捲菸稅。方准銷售。

第三章　檢查與緝私

第八條　凡捲菸製造廠及販運捲菸商人。其所販運及存儲捲菸貨品。均須受該管捲菸稅局之檢查。

第九條　凡運銷捲菸如查有違章情事。其屬於無固定營業場所之小販。檢查人員得會同就地警察將證人證物扣留。其屬於商店製造廠者。當會警證明後。呈報該管長官核辦。

第十條　凡人民偵知有偷漏走私情事。得隨時向各捲菸稅局或檢查所據實舉發。

第四章　罰則

第十一條　凡販運或買賣無印花無准運執照之捲菸貨品者。應按照應貼印花額加倍處罰。或全數充公。其情弊較重者。得併行之。

第十二條　凡僞造印花者。查獲送交法庭。按律懲處。

第五章　賞格

第十三條　按照第十一條所規定之罰款。以四成歸公。六成充賞。其充賞之款。以三成獎給舉發人。三成分獎在事出力人員。

第六章　附則

第十四條　本施行細則。如有未盡事宜。得由各省捲菸稅局隨時擬補充辦法。呈部核准施行。

各省捲菸稅局辦事通則

第一條　各省捲菸稅局遵奉財政部頒佈各項章則。執行各該省內關於捲菸稅收及與稅收有連帶關係之一切職務。

第二條　各省捲菸稅局職掌如左。

一　關於給領部頒捲菸印花及徵收稅款事項。

二　關於稽核菸商貼用印花事項。

三　關於捲菸運銷之檢驗及緝私事項。

四　關於捲菸運銷之發照事項。

五　關於緝獲偷漏之賞罰事項。

六　關於調查及統計捲菸稅收成績編造報告並設計改良稅收事項。

七　關於捲菸製造之調查統計及捲菸商品銷售狀況事項。

八　關於取締捲菸營業事項。

第三條　各省捲菸稅局局長由財政部派充之。

第四條　各省捲菸稅局職員其等級在課長以上者由各該局長呈請財政部核委之。

第五條　各省捲菸稅局得呈准財政部於各該局所轄區域內擇要設立查驗所。

第六條　各省捲菸稅局征起稅款一律解繳財政部。其解繳手續另以部令規定之。

第七條　各省捲菸稅局經費應編造預算呈請財政部核准支領。並須按月編造決算呈部查核。

第八條　凡關於兩省或兩省以上之事項發生相連關係或疑問時由各該省局等呈部核示遵辦。

第九條　各省捲菸稅局分課辦事細則。由各該局擬訂呈部核定施行。

第十條　本辦事通則自頒佈之日起施行。

捲菸商人設置公棧辦法

(一)財政部爲嚴杜私運私銷。特准菸商自行集合組織公棧。協助捲菸稅局稽查菸廠粘貼印花並緝私事項。

(二)公棧辦事人員由商人自行推舉呈請該管省區捲菸稅局備案。

(三)公棧辦事人員。得由公棧呈請該管省區捲菸稅局。分派於各檢查所協助緝私事務。

(四)公棧對於捲菸稅行政上之興革事項。得隨事建議於財政部。

(五)公棧經費及華商菸廠奬勵金由財政部於公棧商人繳納稅款項下酌撥三成。給予公棧負責人員酌量分配之。

（六）公棧辦事細則。由商人自行擬定。呈由該管省區捲菸稅局轉呈財政部核示遵行。

江蘇捲菸稅局組織暫行章程

第一條　江蘇捲菸稅局隸屬於財政部菸酒稅處。管理徵收江蘇全省捲菸稅事務。

第二條　江蘇捲菸稅局設局長一人。由財政部呈請簡任。承財政部暨菸酒稅處之命。管理局務。指揮監督所屬職員。辦理江蘇全省捲菸稅一切事宜。

第三條　江蘇捲菸稅局設副局長一人。由財政部任命。補助局長辦理局務。

第四條　江蘇捲菸稅局因事務之殷繁。得設秘書主任一人。秘書四人。助理秘書四人。承局長副局長之命。分任辦理機要及綜核文稿。編訂章制。暨其他不屬各科事項。由局長副局長遴員委任。呈報財政部暨菸酒稅處備案。

第五條　江蘇捲菸稅局設左列各科。

第一科

第二科

第三科

第四科

第六條　第一科掌理事務如左。

一　關於典守局印鈐碼電本及收發繕校文件事項。
二　關於職員進退及奬懲事項。
三　關於保管檔案及書籍樣品官有器具事項。
四　關於庶務事項，
第七條　第二科掌理事務如左。
一　關於整理徵收及處置漏稅事項。
二　關於發行印花運單事項。
三　關於捲菸廠註册及編定稅率表事項。
四　關於審查徵收成績事項。
第八條　第三科掌理事務如左。
一　關於稅款出納事項。
二　關於保管現金有價證券及登記審核簿記事項。
三　關於編造預算決算事項。
四　關於承領及保管印花事項。
第九條　第四科掌理事務如左。
一　關於海關及菸廠監查事項，

二　關於調查捲菸出品價格牌號及產銷額數事項。

三　關於稽核免稅塡發驗單准單及貼用印花事項。

四　關於審核各種單票存根繳核事項。

第十條　各科設科長一人。由局長副局長遴員委任。呈報財政部暨菸酒稅處備案。承局長副局長之命。掌理各科事務。

第十一條　各科設科員四人至八人。由局長副局長遴員委任。承局長副局長之命。受科長之指揮。分掌各科事務。各科辦事細則。由局長副局長根據本通則另定之。

江蘇捲菸稅局因事務之殷繁。得設辦事員助理各科事務。

第十二條　江蘇捲菸稅局設稽查長一人。稽查員四人至八人。由局長副局長遴員委任。承局長副局長之命。分任稽查捲菸運銷及偷漏事宜。

第十三條　江蘇捲菸稅局本就關就廠徵稅之原則。得於管轄區域內海關菸廠及中國銀行附稅徵收處派員分駐監查監收。其員額視關廠數目而定。每處不得過三人。監查監收員辦事規則另定之。

第十四條　江蘇捲菸稅局得於所轄區域內分設查驗所。每所設所長一人。由局長副局長遴員委任。承局長副局長之命管理該管區內一切查驗事宜。其應設查驗所之地點及稽徵員額視事務之繁簡地方之扼要。由局長副局長編定。分呈財政部菸酒稅處核准備案。查驗所之規則經費另定之。
第十五條　江蘇捲菸稅局關於繕寫文件及核算等事得酌用雇員。
第十六條　江蘇捲菸稅局經費另定之。
第十七條　本暫行章程如有未盡事宜得由局長副局長斟酌情形隨時修改分報財政部菸酒稅處備案。
第十八條　本暫行章程自江蘇捲菸稅局成立日施行分呈財政部菸酒稅處備案。

菸酒稅史　卷八

第八章　洋酒類稅

第一節　概說

洋酒類稅。原名機製酒類販賣稅。民國十五年八月間創辦。在未辦機製酒稅以前。進口洋酒。僅納值百抽五之海關正稅。及值百抽二・五之子口半稅各一道。即可通行內地。沿途關卡。概免稅釐。其運銷租界商埠者。並子口稅亦予免征。稅率之輕。實近世各國所罕有。迨民國四年創行公賣。對於洋菸洋酒。有另訂辦法之聲明。是以公賣專限土貨。內外稅率。輕重懸殊。洋酒日益暢銷。土酒營業日漸衰落。華商迭請政府設法維持。平均負擔。迨十五年春。蘇豫等省洋酒。已先後定率征稅。當菸酒署。熟權利害。審度時宜。知長此放任。國計稅權。胥受其敝。爰於七月間。派定專員。開始籌備。擬訂征收機製酒類販賣稅條例十一條。外國運華。及中外商人在華仿製之洋酒。均應照章征收。稅率從價計算。值百抽二十。就營銷商店。稽征直接取之商人。間接征之飲戶。以印花法行之。印花分一分。二分。一角。五角四種。統由京署製印頒發各省區機製酒類征稅分處應用。（各省區均有特別標識。取易區別。）貯酒容器。以一觔爲限。不及一斤者。亦按一觔征稅。已納稅貼花之洋酒。省境以內。不再重征。並擬訂機製酒類征稅分處稽查規則十二條。規定營銷洋酒商店。均須請領特別執照。按季繳換新照一次。以便檢查。稽查分兩種。一曰定期稽查。每月兩次。由稽查員知會巡警協同執行。一曰臨時稽查。不拘時日。由處長指派稽查員二人以上執行之。稽查員驗明各洋酒容器所貼印花種類數目。與應納稅額相符。即於印花上加蓋戳記以資識別。分處所轄區域內得隨時分派稽巡隊緝查私行買賣無印花之洋酒。遇必要時得商由警廳加派巡警帮同辦理。查獲私酒。經分處核定變價。一半充公。一半充賞。另訂罰金規則十二條。處罰之多寡。視違章情節重輕以為差。凡商戶銷售洋酒不遵定章納稅貼花者。處罰自十元以上百元以下。再犯倍之。三犯加十倍。印花貼不足額或舊花重用者。處罰自五元至五十元。不服查驗者同。偽造或私改印花者。送交法庭依法懲治。上項條例規則於十五年八月間呈明公布施行。即於署內附設機製酒類征稅總處。綜理各省機製酒類販賣稅事務。設總辦一員。職員四員至六員。概由署內原有職員中調用。不復另支薪給以資樽節。其各省征稅事宜由總處體察情形。或應設處專征。或由各省區菸酒事務局兼辦。視事務之繁簡。呈署核准辦理。總處於是月三日正式成立。先後抄錄章則。分別咨函各部署暨京師稅務監督警察廳總商會。並令行各省區菸酒局遵照辦理。自稅章公布以後。首由京兆入手舉辦。是月十一日京兆機製酒類征稅分處成立。二十一日實行開征。其時北京為舊都所在之地。有特殊情形。各國公使藉口課及洋酒有背條約。疊生抗議。京署據理力爭。幾經曲折。始克就範。其餘各省除蘇豫先已徵收外。直鄂綏等省區皆次第開辦。嗣前菸酒署以機製酒稅就營銷商店征收。係銷塲稅性質。起運之地照章本不征稅。惟各省區既未一律開辦。則征收手續自不得不分別辦理。以照平允。當經另定塡發免稅運單暨預征收據辦法。商人運銷洋酒。其指銷地已辦機酒稅者。應向起運地征稅處報明種類數量及指銷地點。由處核驗相符。塡給四聯免稅運單交商持運，一面咨明指銷地方經徵機關，俟貨抵銷地後。查驗單貨符合，照率征稅貼花。任其銷售。其銷地尚未開辦機酒稅者。則應由起運地徵稅處。照率徵足稅款，填給預徵收據。俟銷地開辦機酒稅後，再按填發運單手續辦理，於是年十月間。製定單據式樣，通令遵辦。以補條例之未備。十六年三月，復以機製酒稅事務較簡。將總處裁撤，歸併菸酒署第二廳兼管。其各省徵稅處係經徵機關。照舊辦理。國民政府成立之初。機酒徵稅，悉仍舊貫，迨是年七月。始有改歸印花稅處徵收之命。先是各省機製酒稅，自創辦以來。或設處專征。或由菸酒局兼辦，直接間接。均由部署統轄，惟閩省洋酒火酒。則屬於五項特種印花之內。歸該省印花稅處經徵。嗣國府成立。財政部召集財政會議，各省印花稅處處長，另組討論整頓稅收辦法。僉請援照閩省成案。將各省洋酒火酒稅，一律劃歸印花稅處經徵。稅收庶有增益之望。擬具提案。提交大會議決，呈請財政部核准。通令各省菸酒局。於八月一日起。遵照移交。並由部訂定特種印花稅率，洋酒從價值百抽三十，火酒（卽奧加可）從量每百觔收二十元。列入印花稅條例第四類中。分別照徵。實行數月。稅收毫無起色，十月二十五日。復由部通飭各省印花稅處。自奉文之日起，將洋酒火酒兩稅，移交各省菸酒局，仍照舊章辦理，以資整頓，十八年六月。蘇省酒商，以機製酒稅，顧名思義。當然以機製者爲限。非機製之洋酒。似不在徵稅之列，呈請財政部解釋，經菸酒稅處函知蘇局核議辦法，旋據復稱機酒名稱，範圍較狹。易滋誤會。請改稱洋酒類稅。俾資賅括，當由處根據機製酒稅條例。參酌最近情形，分別修正。擬訂洋酒類稅暫行章程十三條。凡外人在華製造。華人仿造，及船來之洋酒。均應遵章納稅。洋酒稅率。暫定從價值百抽三十。惟火酒（即奧加可）一項。從量每百斤徵稅二十元。統由各省菸酒事務局經徵。稅率每年修正一次。由省局酌量擬訂。呈部核定頒行。納稅憑証分一分二分三分五分一角二角三角四角五角凡九種。由部製印。分頒各省局發行。或特許商店代銷。至施行細則。由各省局體察地方情形。詳細擬訂。呈部核准施行。並另訂洋酒類稽查規則九條。稽查人員執行職務。應通知警察會同辦理。必要時並得要求駐軍協助。每次檢查洋酒商店。應將酒類貨品數量。逐一登記。飭令遵率納稅。發給憑証。交商實貼蓋戳。以杜弊混。遇有漏稅或納稅不足定率。及私行買賣無憑証之洋酒類者。無論何人。均得告發。又訂定洋酒類稅罰金規則十二條。凡違反稅章第五第六兩條之規定。盛酒容器不貼憑証或用過憑証揭下重貼。除貨物充公外。并按貨價處以二倍至五倍之罰金。憑証貼不足數者。除補足外。處以漏貼憑証稅額十倍至二十倍之罰金。偽造或私改舊証者。應按偽造有價証券律懲治。其餘簿記不實。不服查驗等項。分別輕重處罰。較之原訂罰金規則。頗為詳備。處罰之款。以五成充公。五成給獎。充公罰款。按月彙解菸酒稅處轉解部庫核收。以上三種章則。均提出整理菸酒稅務委員會議決。呈部核准公布。於十八年七月一日施行。洋酒稅制。屢經修正。益臻完備矣。

洋酒類稅之外。復有洋酒出廠捐及牌照稅兩項。出廠捐係屬出產稅性質。十六年七月間。前菸酒署以原定機製酒類販賣稅。直接係就銷地商店徵收。間接取之飲戶。與製造商人並無關涉。近來國內製酒之廠。逐漸設立。出貨甚多。獲利較厚。而出產稅制。尚未規定。洋酒來華。有進口正子兩稅。照其時海關新定稅率。正子稅合計約為百分之十二·五。銷售時仍須照納販賣稅。而在華仿製洋酒出廠時獨無絲毫之負擔。實不足以昭平允。遂擬訂徵收機製酒類出廠捐施行規則十二條。凡在中國境內用機器製造之酒類出廠銷售者。無論華洋商人。均應遵繳出廠捐。捐率爲百分之十。納稅憑証分兩種。當地銷售者用印花。出運者用捐單。印花分五釐二分三分三級。捐單分三聯。出運者除捐單外。另給四聯運單。專爲沿途查驗之用。每單以五十箱爲限。繳手續費銀一角。以五成留處。五成解署。作印刷經費。於八月九日呈奉令准。由前菸酒署分行遵辦。舊京兆屬酒廠較多。首先實行。其餘各省或以並無機製酒廠。或因時局關係。遷延未辦。迨十七年六月。南北統一。舊署結束。其北平地方向征機酒出廠捐。雖仍照舊辦理。而各省則迄未徵收也。

華洋機製酒類營業牌照稅　民國十六年開辦。先是商人販賣洋酒。應納營業稅。統按民國三年公布之販賣菸酒特許牌照稅條例辦理。前項條例規定華洋菸酒一律照納。故洋酒卽包括在內。迨十五年八月。舉辦機製酒類販賣稅。本擬將機酒營業稅另行規定。嗣以與販賣稅同時並舉。恐商情疑慮。別生枝節。是以暫定特別營業執照辦法。凡營銷洋酒商店。除照舊請領酒類特許牌照遵章按級納稅外。應另領洋酒特別執照。其商店種類分四種。(甲)批發及專銷商店等。(乙)兼銷及零售洋酒商店等。(丙)旅館。(丁)餐館。特別執照由各省區徵稅處製印編號。頒發。按季繳換新照一次。專爲便於稽核而設。概不收稅。十六年國民政府成立。以特許牌照係營業稅性質。按之制稅原理。稅率輕重。應以營業大小資本多寡爲標準。洋酒土酒價格懸殊。營業資本大小迥異。同等納稅。殊欠平允。爰訂華洋機製酒類營業牌照章程七條。規定售銷洋酒火酒者。均應分等領照。按季繳費。牌照分兩種。曰批發曰零售。批發復分兩等。各機製酒廠進口商分公司及獨家經理等屬一等。季繳費銀五十元。各代理及批發機製酒類商店屬二等。季繳費十元。零售亦分兩等。各酒樓旅館及酒吧間屬一等。每季繳費同於批發之二等。各零售機酒類商店屬二等。季繳費五元。同時擬訂施行細則十一條。規定換照納稅每季以一月四月七月十月之一日至十日爲期。已領照而中途變更種類等級者。須一個月前申請核辦。有關係之承繼營業人請換新照。或汚損申請補發牌照者。每次繳換照費二角。於十一月二十一日由部令公布施行。機製酒類營業牌照稅至此始有專章。其原有特許菸酒營業牌照稅條例內關於洋酒者一律廢止。以免抵觸。

洋酒稅之創辦情形及稅制之變遷。略如上述。至各省辦理情形。迄今尙未斠若劃一。凡濱臨海口交通便利銷數暢旺之處。雖次第遵章開徵。而邊瘠之區銷場無幾。大都未能照辦。故本章第二節各省洋酒稅不復如費稅等篇按省分次敍述。僅據業已開徵呈報有案者。逐省編列。而以江蘇河北兩省敍述最詳。蓋洋酒銷場南以江蘇。北以京津爲最著。而征收專稅則蘇省創行最早。章制最完。至河北之北平。舊都所在。各國使館駐在地方。向有特殊情形。辦理較難。成績尤著也。此外如陝西安徽甘肅向征之洋酒落地稅。察哈爾之洋酒公賣費。浙江之火酒公賣費。以及山東張裕公司仿製洋酒繳納費款。則係機製酒稅未經開辦以前業已征收者。茲均附列於各省之次。以備參考。

第二節 各省洋酒類稅

江蘇省

洋酒徵稅。創自蘇省。由江蘇菸酒事務局經征。該省本屬產酒區域。自洋酒暢銷。土酒大受影響。十四年十月間。據江蘇菸酒維持會理事呈稱。中國土酒自民國四年開辦公賣。稅費屢加。合計稅率已達百分之六七十。洋酒除納極輕之海關稅外。並無其他稅項。銷場因之日增。長此遷延。不設法維持。土酒將日漸淘汰。國計民生。兩被其害。請迅予籌征洋酒稅。以均負擔。蘇局熟權利害。知洋酒征稅。實有不能稍緩之勢。當經呈准先從江寧試辦。十四年十月間籌備。十五年二月一日開征。稅率先係從量計算。酌照海關稅則。分別種類。逐項規定。凡香賓白蘭地各種瓶裝葡萄酒汽酒甜酒金雞納酒畏士忌杜松燒酒糖酒瓶裝啤酒。均以箱計。每箱稅率最高七元四角。最低二元一角八分。各種桶裝葡萄酒桶裝甜酒桶裝威末酒桶裝各種果汁酒桶裝啤酒等項。以加倫計。每英加倫稅率最高一元三角二分。最抵一角七分。此外日本清酒以斤計。每擔稅率五元三角八分。嗣復改爲從價百分之二十計算。另訂稅率表。各種洋酒均以瓶計。以象頭白蘭地稅率爲最高。每瓶收洋七角。以五星太陽及青島各種啤酒爲最低。每瓶各收洋一角。惟酒精以磅計。每磅征稅一角三分。十七年八月。改歸江蘇印花稅處經征。遵照印花稅條例第四類之規定。洋酒稅率增至從價百分之三十。火酒從量每百斤征稅二十元。十月一日奉部令。復由該處移交蘇局。照舊章征收。十八年六月。財政部改訂洋酒類稅暫行章程。洋酒稅率復增至百分之三十。火酒從量每百斤征收二十元。

蘇省洋酒稅征收方法。當籌辦之初。卽經擬訂征收洋酒稅施行大綱五條。及江蘇征收洋酒稅暫行章程六條。規定在蘇省境內營洋酒業者。均責成各區分局、遵照定章。按率收稅、發給省局印製之憑證、實貼最小貯酒容器之上。始准銷售。納稅憑證。原定一分五分一角二角三角四角五角七種、嗣復添二分三分兩種、共計九種。省內洋酒商店。除遵章納稅外。無論躉賣零賣。均須向當地經征機關、請領營業執照。以便考核。不收照稅。並另訂稽征規則八條。及罰金條例五條。凡入境洋酒。先由征收機關。驗明種數類量。填給洋酒查驗單。以爲按率征稅之根據。各商在開辦洋酒稅以前。積存之貨。亦應照數補稅貼花。漏稅洋酒、無論何人。皆得告發。一經覆查屬實。應照章處罰。罰金按十成支配。五成充獎。其餘五成。二成五歸公、二成五留充處罰機關津貼辦公費。至各區商人。赴上海採購洋酒。應先向本區分局。請領採運洋酒單。填明種類數目。交商持赴上海。照單採購後、向駐滬之第二區分局呈驗單貨相符、免稅放行。俟運回本區。再由該管分局、查驗征稅。以免弊混。迨十八年六月。財政部訂定洋酒類稅暫行簡章。暨稽查罰金各規則•公布施行。蘇省征收洋酒稅。卽遵照新章辦理。以昭劃一。

蘇省洋酒稅開辦之初。原擬另行設局專征。業已派員籌備。嗣以洋酒進口、向推上海爲最著。因外交關係。一時尙難就範、其餘各區、銷數較少。設局經費。入不敷支。且洋酒稅與菸酒稅。捐同一性質。各局所向征之稅。捐正擬實行歸倂。洋酒一項自未便另設機關。致多糜費。當經呈准先從江寧開辦。卽歸第一區菸酒分局兼管。城內及下關、各設稽查員一人。嗣逐漸推廣至鎮江蘇州揚州等處。旋第二三四六七八等區。相繼實行。均援第一區例。由各分局兼征。惟第五區所屬地方。因銷數甚微。迄今尙未開辦。又上海租界地方爲中國警權所不及，洋酒征稅，叠與交涉，迄未解決。十六年六月間，蘇局於上海設立洋酒稅事局，派員前往籌辦，擬按捲菸統稅辦法，國內製造洋酒由駐廠委員於出廠時，國外輸入洋酒由駐關委員於進口時分別征收，實貼憑證，不分租界華界，一律照辦。各國酒商及駐滬領事先曾迭起反對，嗣多方交涉，正値磋議進行，漸次解決。七月間奉財政部令飭將洋酒火酒兩稅仿閩省辦法，自八月一日起，劃歸江蘇印花稅處開征，並准印花稅處咨請即日移交。當於是月二十七日將關於洋酒稅卷宗及承辦人員名冊一併咨送該處接收，並令知各區分局遵照移交。上海洋酒稅局未及開征，即行結束。租界征稅問題亦無形停頓。嗣印花稅處接收後，於上海設立華洋機製酒類特稅征收局，委派局長，實行開征。租界方面仍未照辦。其餘各縣即由該處轉飭各縣印花稅分處兼辦。旋以成效未著，復經財政部令飭該處於是月三十日交還江蘇菸酒局照舊章征收。上海特稅征收局即行取消，仍歸第二區分局兼管。十八年七月各區取消公賣分棧，改設稽征所，洋酒稅一項亦援案改設稽征所，即由各區分局兼辦。

蘇省洋酒稅當十五年二月間實行之初，原係試辦性質，故收入預算未經規定。自十五年二月一日起至六月底止，共徵一萬六千餘元。十五年度因軍事影響，全年度僅收一萬七千餘元。嗣後收數每月約一千餘元。十八年度改辦稽徵所，從新整頓，規定收入預算計第一二三四六七八等七區，全年度共收二萬七千一百元，以第一區最多，爲一萬四千元，第四區最少，計一百二十元，至開支經費舊定洋酒稅施行大綱第三條規定援照本省現行捲菸營業稅通則，於收數內扣提三成，以資辦公，並於五月間省局會議決定。扣支三成經費。內以一成爲省局辦公印刷等費。由各分局於每月解款時。隨同正稅一併呈解。其餘二成由各該分局留支辦公經費。通令所屬一體遵照。十七年九月國民政府財政部。通令各局。征收費稅。原定提成經費辦法。自十八年度起。一律廢止。各區洋酒稽征所。遂按照征收事務之繁簡。由省局訂定支出預算。大致範圍。至多以所征稅額十分之一爲限。

中國行銷洋酒。向以蘇省爲最著。蓋上海一隅。爲華洋商業中心。由外洋進口各種洋酒。大部分均先抵上海。再行分運各省銷售。該埠華洋商人。設廠仿製洋酒者。爲數亦復不少。祇以租界關係。收稅問題。迄未解決。故稅收未臻暢旺。此外尚有火酒一項。年來奸商用以攙水。冒充燒酒。獲利至厚。進口日多。每恃租界爲淵藪。雖迭經設法禁止。終難盡絕根株。現正由部籌擬取締辦法。以重衛生而裕稅收。

浙江省

浙省洋酒。與火酒分別征稅。洋酒稅創辦於民國十五年九月間。由各區分局及稽征所經征。稅率按價征收百分之二十。估價標準。計白蘭地每瓶作價一元七角五分。征稅三角五分。廣東葡萄酒每瓶作價五角五分。征稅一角一分。啤酒每瓶作價二角五分。征稅五分。香賓估價稅率。同於白蘭地。薄荷酒每瓶作價一元五角。征稅三角。十八年六月。財政部改訂洋酒類稅章程。洋酒稅率增至百分之三十。當經令飭浙局遵辦。納稅憑證爲印照。共分九種。以面額多寡及顏色爲區別。一分爲青蓮色。二分爲果綠色。三分爲赭色。五分爲深藍色。一角爲紫色。二角爲茶綠色。三角爲粉紅色。四角爲淺藍色。五角爲大紅色。已納稅貼照之洋酒。運銷本省境內。不再重征。浙省洋酒。均由上海輸入。按諸定章。洋酒類稅，應征於銷地之鋪戶。起運地方，例不征稅。惟起運之後，經過蘇境，沿途灑賣，頗有防不勝防之勢。十八年七月間。呈准採用販運洋酒護照辦法，凡浙商由滬購運洋酒赴浙銷售者，先向浙局報明種類數目。請領護照，由滬起運時，驗照免稅放行，俟抵浙境銷地，覆驗照貨相符，如數納稅，始准銷售。

浙省洋酒營業牌照稅，向係與普通菸酒牌照稅同等繳納，洋酒稅開辦後，仍照舊辦理。僅令營銷洋酒各商戶。於原有牌照外，另領洋酒營業執照一紙，不另收費。嗣民國十六年十一月，財政部公布機製酒類營業牌照稅章程，通令各省局遵辦，自十七年一月起，浙省洋酒商戶，始按新章繳納牌照稅。凡洋酒商分批發零售兩種，按季納稅，與各省同。

浙省火酒公賣費及火酒捐兩項，於十五年四月開辦。其時因火酒一項，奸商往往攙和水分，充作燒酒，性極激烈，有礙衛生，且於原有土酒銷路，尤多影響。爰訂取締章程，加重征稅，凡輸入火酒，每百斤本銷納公賣費四元八角，捐三元五角二分，附稅七角零四厘，合計費捐稅三項，每百斤共納九元零二分四厘，指銷杭屬者，再按原納數目加一倍抽收，惟藥品所用火酒，應先期報明數目，呈請核准發給採運火酒護照，准按定率四分之一征收。十八年六月，財政部改訂公布洋酒類稅章程，火酒稅率改為從量征收，每百斤納稅二十元。當經令飭浙局遵辦，火酒納稅憑證，亦用印照，分本莊，指杭銷，及藥用本莊，藥用指杭銷四類，每類各分一斤，二斤，五斤，三種，共十二種，均用墨色印，每照注明應納稅捐數目，以便查驗。

浙省洋酒火酒稅費，均由菸酒局所屬各分局暨稽征所經征。十六年，國民政府成立，財政部為整頓印花稅計於七月間。令飭浙局。將洋酒火酒兩稅。自八月一日起。改歸印花稅處接管。曾由浙局令飭所屬遵照移交。時逾兩月。浙省印花稅處迄未接收。九月間復奉部令。仍責成菸酒局照舊章征收。復經浙局令飭各分局遵照繼續辦理。

江西省

贛省洋酒稅。本由捲菸稅局兼辦。十七年一月。始移交該省菸酒事務局接管。稅率從價。按百分之三十計算。白蘭地每瓶估價二元五角。征稅七角五分。葡萄酒每瓶估價五角。征稅一角五分。啤酒每瓶估價三角八分。徵稅一角一分五厘。與加可（卽火酒）每打估價二元五角。徵稅七角五分。

菸酒事務局接辦洋酒稅之初。在九江設立機製酒稅稽征所。專征機酒稅。每月收數不過六七百元。而經費月支四百餘元。出入相抵。所餘無幾。旋改爲按實收數目。提支二成辦公費。餘款照解。十八年五月。贛局以機製酒稅收入無多。九江稽征所因人而設。有類駢枝。徒糜公帑。無裨稅收。呈奉財政部核准。將該所裁撤。改歸第一區局所屬第一菸酒分局兼辦。於六月間實行。並將稅務加以整理。每月平均收數。約近千元。仍提支經費二成。以資辦公。

贛省洋酒。均係由他處輸入。本省無華洋商人設廠仿製者。銷數以九江南昌等處爲數較多。種類以白蘭地葡萄酒啤酒火酒等行銷較廣。

福建省

閩省洋酒類稅。本由該省印花稅處經征。該處於普通人事印花之外。另辦特種印花稅五項。洋酒火酒兩項。亦特種印花稅也。十七年七月間。財政部令飭各省菸酒局、援照閩省成案。將洋酒火酒兩稅。於八月一日起、一律劃歸印花稅處接管。嗣以收數無多。復於九月間令飭交還菸酒局照舊章征收。閩省洋酒火酒兩稅。亦於是時由印花稅處移交菸酒事務局接管。當於福州設立閩候區華洋機製酒類稽征所。嗣復於廈門設立廈門區華洋機製酒類稽徵所。由省局委員辦理。

閩省洋酒稅率。在印花稅處經徵時。卽按百分之三十徵收。火酒每百斤徵收二十元。（與十八年六月改訂之部章同、）嗣由菸酒局接管。仍照舊辦理。迄今未改。十七年度福州共收稅銀一萬六千七百五十九元、廈門共收一萬七千五百九十四元。

湖北省

鄂省洋酒稅。十五年九月間。由前全國菸酒署委令湖北捲菸稅局總辦。兼充湖北機製酒稅稽徵處處長。實行開徵。稅率值百抽二十。按貨價照率徵稅。納稅憑證用印花。以面額大小爲區別。是年秋間。國民政府成立。洋酒稅一項。由該省菸酒事務局經管。因案卷散佚。整理需時。略有停頓。迨冬間甫經繼續開征。適前湖北財政處另設洋酒印花檢查所。是項稅務卽由該所接管。嗣復設湖北捲菸洋酒印花統稅局。該省原設洋酒印花檢查所。亦卽裁併統稅局辦理。嗣捲菸洋酒印花統稅局改組爲捲菸稅局。專收捲菸稅款。並呈奉武漢臨時財政整理委員會核准。洋酒稅暫由捲菸稅局帶徵。十七年二月。移交鄂省菸酒局接管。改設分局。擬訂徵收洋酒稅暫行條例十條。遵照印花稅條例第四類之規定。將洋酒稅率改爲從價值百抽三十。火酒從量每百斤收二十元。並另訂罰金規則十一條。呈准公布施行。年額定爲十萬元。增率之初。華洋各商。羣持異議。檢查交涉。動多困難。嗣經剴切勸導。始各就範。十七年三四五等月。實徵稅洋三萬七千七百餘元。並於宜昌等繁盛商埠。設置檢查所。訂定檢查規則。及各縣分局補徵洋酒稅辦法。分別施行。

鄂省洋酒營業牌照稅。向與普通菸酒牌照稅。同等征收。十五年。國民政府成立。頒定湖北菸酒營業牌照稅條例。洋酒包括在內。仍歸菸酒局主管。徵收方法。分整賣零賣兩種。凡製造廠及分棧經理批發者。屬整賣。整賣牌照。應按月納稅。每月按銷售貨價百分之一徵收。有淡旺月者。按全年平均計算。以每月月終爲徵稅期。分特等及一等至八等共九種。稅率月售二千元以上者爲一等。按月納稅二十元。以此遞推。自二等至八等。每月售貨價值在一千八百元一千六百元一千四百元一千二百元一千元八百元六百元以上者。每月納稅自一十八元一十六元一十四元一十二元一十元八元以至六元。其售價在二千二百元以上者爲特等。凡每月售價加二百元者。遞增稅洋二元。凡酒樓酒店。不營批發。及其他商店。兼售洋酒者。屬零賣。零賣牌照。每年分兩期納稅。一月七月爲征稅期間。按每月銷售貨價千分之五征收。分八等。每月售酒五百元以上者。爲一等。每期納稅一十五元。以此遞推。自二等至八等。每月售酒在四百元三百元二百元一百五十元一百元五十元三十元以上者。每期納稅自十二元九元六元四元五角三元一元五角以至一元。十六年三月。規定湖北洋酒牌照稅條例。洋酒營業。不分零賣整賣。一律按每月銷售貨價百分之五納稅。共分十一等。自一等至九等。每月售價在二千元一千五百元一千元八百元六百元四百元二百元一百五十元一百元以上者。月納稅自一百元七十五元五十元四十元三十元二十元十元七元五角以至五元。其百元以內者。爲十等。月納稅二元。二千二百元以上者爲特等。每售價加二百元。遞增稅十元。是年十一月。財政部頒定機製酒類營業牌照稅章程。分批發零售兩種。按季納稅。批發一等季繳五十元。二等十元。零售一等季繳十元。二等五元。通飭各省遵辦。鄂省洋酒牌照稅。遂遵照部訂新章征收。以昭劃一。

廣東省

粵省洋酒印花稅。民國十四年。與捲菸同時舉辦。設立菸酒印花檢查所。省河潮梅各設分所。實行開征。其餘各屬。由各印花稅機關兼辦。稅率原定舶來品。按價抽百分之四十。國內製造品減半。十六年五月。改訂稅率。不論華洋製品。一律按百分之五十征收。嗣洋酒稅由該省菸酒事務局接管。稅率仍照舊辦理。十八年八月起。始遵照部頒洋酒類稅暫行章程。改按百分之三十征收。新定收入預算。全年度省河收六萬元。汕頭九千六百元。瓊崖六千元。中山一千八百元。新會六千元。其餘各屬。自數百元至數千元不等。

民國十七年。粵局擬訂酒稅規程。呈准公布。關於洋酒牌照稅。分按月征收及按貨帶征兩種。按月征收者。以沽酒多寡。爲課稅之標準。民國十五年七月。改訂稅則。按月分兩等征收。批發洋酒之戶。屬甲等。月稅大洋十元。零沽洋酒之戶。屬乙等。月稅大洋四元。請領牌照手續。與土酒同。其辦法具詳牌照稅篇。

按貨帶徵者。亦由舖戶繳納。稅率大樽三鞭佛蘭地威士忌及各式葡萄酒紅砵等酒。每樽納稅二角。

大樽波打啤酒及小樽三鞭佛蘭地等酒。納稅一角。納稅後給以稅票。貼於樽口。凡本國仿製洋酒。如寬崙張裕中國各公司之出產品。其所納牌照稅費。應照洋酒稅率減半完納

此外又有藥酒牌照稅一項。按月分四等納稅。甲等月繳牌照稅二十元。乙等十五元。丙等十元。丁等五元。以營業大小售酒多寡為標準。甲等每月限領樽頭票六百張。乙等四百五十張。丙等三百張。丁等一百五十張。

輸入洋酒。無論中外商販。均應於報關後。即日攜同關單。赴該處菸酒稅分局報驗。完繳稅費。如查有隱匿不報者。除將酒類充公外。并處以一百元以上一千元以下之罰金。零沽洋酒戶。如不按樽貼票。而貯藏或發售者。除全數補貼外。處以五十元以上三百元以下之罰金。貼不足額者。除補足外。並處以三十元以上三百元以下之罰金。

河北省

河北舊分京兆直隸兩省區。十七年六月間。北伐告成。南北統一。始合併京直兩省區為河北省。茲將未合併前各該省區征收洋酒稅情形。分別述之。

（一）舊京兆屬

舊京兆洋酒稅原名機製酒稅。民國十五年。前菸酒署頒布機製酒類販賣稅條例。各省相率遵辦。其成績較優者。厥維京兆。是年七月間。由前菸酒署派員籌備。八月十一日。京兆機製酒類征稅分處正式成立。二十一日。實行開征。分處設處長一員。處員若干。僱員無定額。為便利稽征起見。得於境內酌

設稽征所計京奉京漢兩車站各設稽徵所一處。其餘京師各城門及內外城各處。由分處派員稽查。以杜偷漏。翌年三月。華洋各商强半就範。經費亦早經核定。該處處長本係總處總辦兼任。嗣以機酒稅事務較簡。無設總處必要。將總處裁撤。改分處爲京兆機製酒類徵稅處。處長由署另行派員接任。十七年三月。該處以機酒稅務開辦經年。關於組織章制。尚付闕如。不足以資遵守。由處審察情形。酌擬職掌章程十一條。置處長一。由財政部菸酒署派委。科長三。由處長委任。呈報部署備案。科員四。書記三。均由處長委任。稽查員巡查員無定額。由處長酌派。又擬辦事細則十一條。規定內部各科辦事權限。一併呈奉財政部菸酒署核准照辦。各稽徵所悉仍舊貫。

京兆機酒徵稅處開辦之初。一切徵收章則。均遵照署頒總章辦理。稅率爲從價百分之二十。估價辦法。由分處隨時調查酌定。尚無一定之標準。徵稅規則。亦迄未訂定。十六年五月三十一日。該處以機酒稅率原定百分之二十。惟酒類繁多。價值難以確定。商民任意朦報。易涉紛歧。又露酒藥酒。亦與洋酒同一性質。尚無明文規定。徵收無不困難。當經切實調查種類市價。參酌徵收現狀。擬具機製酒類名稱價值稅率表。每種洋酒。分名稱。商標。產地。經理或製造公司。容器區別。折中單位價格及稅率等七項。逐項詳細塡註。計白蘭地一項。價格每瓶自一元至三元五角。稅率自二角至七角。威士忌價格每瓶六角至三元五角。稅率自一角二分至七角。香濱酒價格每瓶自七角至四元五角。稅率自一角四分至九角。汽酒價格每瓶自四角至三元。稅率自八分至六角。克利索酒價格每瓶自五角至三元五角。稅率自一角至五角。把德酒價格自六角至三元。稅率自一角二分至六角。金酒價格自一元至兩元。稅率自二角至四角。葡萄酒價格自四角至二元八角。稅率自八分至五角六分。啤酒價格自二角至五角。稅率自四分至一角、露酒藥酒等項價格每瓶自二角五分至一元八角。稅率自五分至三角六分、火酒每小瓶價三角。稅率六分。其餘羅木酒可可酒密酒薄荷酒外國燒酒等項。每瓶最高價四元五角、最低價四角。稅率自九角至八分。並擬訂徵收機製酒類販賣稅施行規則十三條。凡製造批發或零售各種機製酒類之商店。均應遵照稅率表納稅。表內未列之洋酒。按市價臨時規定表列價格。有變更時。隨時修正。各商店運送機製酒類出境。須報處核發運單。凡售賣露酒藥酒等項。除瓶售桶售。照表列稅率。納稅貼花外。其以他種容器裝置零銷者。則舍印花而用執照。凡零售露酒藥酒。應請領零售執照。按月繳捐、捐率分四等。甲等月售三百觔以上者。納捐九元。二百觔以上者六元。一百觔以上者三元。五十觔以上者一元五角。三十觔以上者九角、不及三十觔者。亦按三十觔納捐。嗣該處以機酒稅印花。前此各處長任內。均係勸商預購。票未用盡、又勸續購。層纍增積。易滋弊混。購存未貼印花。各商店究有若干。亟應清查確數。擬函知商會轉知各商。將舊存印花。送處蓋戳。并擬具查驗印花辦法四條。於七月間。呈准實行。

此外尚有出廠捐一項。係遵照十六年七月。前財政部菸酒署公布之機製酒類出廠捐規則辦理。捐率從價徵收百分之十。京兆區內機製酒廠。以雙合盛啤酒公司爲最巨。該公司以年來營業困難。一再呈請緩辦、當經核定。暫予通融。酌減稅率。凡在本京銷售者。出廠徵足全捐百分之十。其運往他埠者。於出廠時先徵半額。其餘俟抵銷地。酌量補徵。以示體恤。嗣該處以出廠捐加徵之後。稽查處罰諸章則均須酌加修正。當經按照署頒稽查及罰金規則。參照京兆徵收狀況。加入關於出廠捐事項。擬訂京兆機製酒類徵收處徵收出廠捐及販賣稅稽查規則十二條。又罰金規則十二條。於十七年三月間呈奉核准施行。

京兆機製酒類徵稅處收入預算。原僅販賣稅一項。十五年度定額為每月二萬元。全年度合計二十四萬元。十六年度同。嗣於十六年八月間開辦出廠捐。全年約可增收六萬元。合計年收三十萬元。至開支經費。創辦之始。核定暫按收數百分之二十開支。嗣十五年度核定支出預算。該處經費月支三千元。全年度支三萬六千元。十六年冬。因開辦出廠捐添設駐廠稽查及各門巡查等項。呈准自十一月分起每月加支二百六十元。又因添設幫辦一人。稽查員二人。月支薪水三百八十元。亦於是月呈准照數追加。故十六年度下半年預算月支三千六百四十元。全年度應支四萬三千六百八十元。翌年五月間。該處復以每年自二月分起為各廠出酒旺月。不得不多遣員司逐處調查。往返車饍之資。每月挪墊三百元。於六月一日呈奉核准自十七年二月至七月止。每月追加臨時調查費銀三百元。

京兆機製酒稅章制稅率及收支預算情形。略如上述。惟該區機酒徵稅創辦伊始。最感困難者。厥為外商抗稅之交涉。當十五年八月分處成立。布告實行開徵。中外各商即羣起反對。關於華商方面。節經會同商會召集各商。剴切勸導。一面函請警察廳隨時協助。訂定於徵起稅款內按月提成補助警餉。及優給代銷印花商戶經手費各辦法。凡銷印花百元以上提支三元。二千以上每百元提支十五元。(以試辦三箇月為期。期滿即行停止。)並由處多方開導。即據次第遵繳。外商方面未訂協定關稅條約各國亦無異議。惟英日法義諸國駐京公使均藉口條約規定。對於洋酒除海關正子稅外。不得另徵其他稅項。疊次提出抗議。照會外交部函署轉令取消。節經前菸酒署據理駁復。一面於北京東西車站扼要地方嚴密稽查。遇有運到洋酒。不遵章納稅者。概予扣留。相持稍久。各國酒商漸次就範。日商渡邊新治郎由日本運京洋酒。於十五年十一月十九日照章如數繳稅放行。英商司馬武德洋行。運華洋酒亦經遵繳。並議定嗣後英商運酒來京。不論等次每打（十二瓶）暫行征稅一元。義德等國。復先後承認照繳。獨法國公使始終堅持不稍讓步。蓋法以產酒著全歐。運銷中國之洋酒大半均屬法產。利害既切。故堅持尤力也。八月以後。車站屢次扣留法商洋酒。如大豐理格正昌桑斯各洋行。及北京飯店等所運爲數甚鉅。疊接法使節略。以中法天津條約第二十七條。載明該約規定之稅款外。不得加征。故此次對於洋酒征收稅項。法人實難承認等語。當以機製酒類販賣稅。係中國內政。與條約無關。外人萬難干涉。節經函請外交部往復力爭。法使理屈詞窮。始允派員會同外交部菸酒署。議訂辦法。十月間。第一次與法使館參贊商定。凡法商運京之酒。其商店設於使館界內。而銷於界內外國人者。得由法使館出具證明書免納稅款。如在界外。則無論買賣者屬何國人。均應遵章繳稅。正擬雙方簽訂辦法。該參贊忽以接法政府復電批駁爲詞。拒絕簽字。事遂中輟。旋又續行磋商。至十六年一月。由該處與法商會及法參贊訂定法商運銷洋酒征稅暫行辦法八款。規定使館界內界外。法國商店銷售洋酒。除有關稅協定各國之購戶。另訂辦法外。不問批發零售。或在店內飲用。或攜酒出店。均應照章納稅。領貼印花。其有關稅協定各國人。在使館界內或界外所購自用酒類。以每日每人一瓶至十二瓶或每月一桶爲限。(三百六十里脫)過此數目。應令納稅。法國酒店。每次售酒，均應發給售貨單。載明種類瓶數。惟對於有關稅協定各國人自用之酒。應給特種售貨單。加蓋征稅處及法商會雙方所定精細號碼印記。如華商店內，發現有此項印記之自用酒品。應追究來源，補稅罰辦。法國酒店及法人。輸運自用酒到京。須繳驗海關證據。及法使館證明書，每次繳納查驗手數料四元。於十六年二月十日。由征稅處及法商會換約簽字。並另備甲乙兩種聲明書，聲明前項辦法。以試辦三箇月爲期。期滿雙方果能履行。再行繼續辦理。自是以後，法商售酒納稅問題。雖告一段落。而前項辦法。罅漏甚多。日義均已遵辦。法商獨示優異。各國必請援例，一也，自用之酒。限制過寬。漏稅必鉅。二也。使館界外。亦予免稅，有損國權。三也。十六年三月。總處裁撤。前菸酒署以上項納稅辦法。係前總辦陶毅。以總處名義簽訂，並未據正式呈准。且協訂之初。雙方既聲明以試辦三箇月爲期，現經詳加察核。與徵稅條例。頗多抵觸之處。實行以來。尤多窒礙，當於六月間。令飭京兆征稅處。函知法商會。試辦期滿，卽行取消。與華商一律納稅，嗣據法使提出抗議。並以巴黎來電。已停止運酒來華，藉爲要挾之具。並由法使館參贊迭次來處。面求仍繼續原訂辦法辦理。當由署督飭京兆處。據理駁斥。並嚴查法商運京洋酒。扣留征稅，其時英商每箱納稅一元之辦法。業經設法交涉，該國商人。允於五月分起取消原案。照章按率繳稅。自是有約無約各國。均已完全照辦。法人自知理曲。未便再行堅持。六月二十七日，法商理格洋行。由津運京金酒七十箱。允遵章納稅，計估價七百五十元。納稅百分之二十。計洋百五十元。是爲法商洋酒遵章納稅之始。嗣後大豐等行。相繼遵辦。此案糾紛經年，至此遂告解決，於稅權國計裨益非鮮。當由署令知京兆處將辦理出力人員擇尤獎敍。以昭激勸。

京兆產銷洋酒。本產以啤酒爲多。尤以雙合盛製造者行銷最廣。每月出產約一萬箱左右。本銷者占十分之一。餘均運銷外埠。此外如玉泉山啤酒公司及果酒公司數家。出產無多。輸入洋酒皆由天津運入。或來自外洋。或由上海轉口而來。大都均屬法產。以白蘭地威士忌香濱金酒紅白葡萄酒等項爲多數。名目不下數百種。京兆徵稅處籌備之始。分派稽查調查員各數十人。分赴京城內外。詳細調查。共計洋酒公司製造廠西餐館飯莊客棧公寓雜貨店乾果舖之售賣洋酒者。計四千三百五十餘家。京兆各縣。尚不在內。每年銷數達二三百萬元。

(二)舊直隸屬

舊直隸屬機製酒稅自民國十五年開辦。該省機製酒稅事務處處長。即由菸酒局局長兼任。一切章制。大致均照署頒章則辦理。惟稅率爲百分之十五。印花由該處自行製用。該省天津地方爲北方各省商業中心。洋酒進口。大都先至天津。再行分運各省。凡在該省本境銷售者。由駐津徵稅處估價按率徵稅。其運赴他省者。由津處塡給運單。詳載種類數量及指銷地點。並註明到地納稅等語。交商持運。俟貨抵銷地。即赴該處徵稅處繳單驗貨。納稅貼花。再行銷售。

如上所述。爲京直未經合併以前情形。迨十七年六月南北統一。合併京直二省區。改稱河北省。原有機製酒類徵稅處。改隸河北菸酒事務局管轄。機製酒稅仍按舊章徵收。十八年六月財政部公布洋酒類稅暫行章程。稅率增至値百抽三十。由部令飭河北菸酒局遵照辦理。

山東省

魯省當機酒稅制未頒布以前。行銷洋酒。向未徵稅。惟煙台張裕釀酒公司。所出葡萄酒等。每年包繳公賣費三千六百元。該公司製銷各種洋酒。財政部爲提倡國貨起見。曾經核准免稅。嗣開辦公賣。該公司迭請免納。當經前菸酒署核准。該公司每年製銷酒類。無論多寡。全年認繳公賣費三千六百元。以示體恤。十八年六月。國民政府財政部修訂洋酒類稅暫行章程。規定洋酒稅率。從價徵收百分之三十。火酒從量每百斤徵稅二十元。令飭魯省菸酒事務局遵辦。即由該局着手調查洋酒種類貨價。規定稅則。令飭所屬各分局所籌備開徵。以裕稅收。

河南省

豫省洋酒稅。原稱瓶酒捐。十五年一月一日開徵。河南菸酒事務局。以豫省當京漢隴海兩路中心。交通便利。各種瓶酒。充斥市面。向無徵稅之規定。本省土酒銷路。大受影響。於十四年十二月間。擬具抽收瓶酒特種捐辦法。對於各種瓶酒。就實在市價。按率徵稅。稅率定爲百分之十。奇零之數。用四捨五入之法計算。訂定酌抽瓶酒特種捐率表。分老牌白蘭地及葡萄露酒等十一種。估價自七角至四元。稅率自一角至四角。納捐憑證用印花。分甲乙丙丁戊己六種。由省局印製。呈奉前菸酒署核准。自十五年一月一日起實行。十八年六月。財政部改訂洋酒稅新章。由部令飭豫局遵照辦理。

甘肅省

甘肅洋酒。向不徵稅。嗣因奸商借海關子口單影射漏稅。及夾帶土貨等弊。莫可究詰。始於民國三年。

仿陝西辦法。凡領有海關子口單之洋酒。運抵甘肅銷售。貨抵指銷地點。應按海關估價。完納落地半稅百分之二·五。如係分運他處者。則僅驗票放行。免徵落地稅。嗣該省財政廳整頓菸酒稅。呈准公布辦事細則。規定玫瑰露酒出口及在本省銷售者。每百斤納統捐一元五角。並完加捐洋三元。九年一月。以稅率過重。復經呈准正捐及加完數目。各減三成。計每百斤實完三元一角五分。此甘省以前徵收洋酒露酒稅捐之概況也。至機酒稅實行後。該省遵辦情形。尚未據報。

熱河省

熱河洋酒。行銷無多。該省菸酒公賣局未成立前。多倫稅關所轄經棚分局。徵收洋酒稅。率計皮酒火酒波藍的酒香頻酒葡萄酒以及各種外國酒各種藥酒。均按估價百分之五收稅。此屬於關稅性質者也。四年六月。熱河呈准酒稅章程第二條。載明各種外來果酒藥酒。均按價百分之十五抽收過境稅落地稅各一道。（入境時徵收過境稅。抵銷地再收落地稅一道）嗣公賣局成立。各種菸酒費稅均由該局經徵。旋以該屬各果酒商如朝陽之三盛永德源隆兩家。以燒酒釀成果酒。所用燒酒原料一係自製。一係轉購。均已納過費稅。釀成果酒。應否再徵。呈請前菸酒署核示。當以燒酒改製果酒售價既增。自應另徵費稅。惟為體恤商情起見。改為按定率減半征收。於十四年七月間令飭該局遵照辦理。

十五年。開辦機製酒稅。通令各局查照開徵。旋據該局呈復。熱地商務蕭條。洋酒銷路無幾。請暫從緩辦。迄今該省辦理情形。尚未據報。

綏遠省

綏遠洋酒稅向由塞北關徵收。凡商人在綏境運銷洋酒。如無子口稅單者。概由該關收進口稅一道。稅率計分三等。上等每斤收二角中等一角四分下等八分。嗣菸酒稅移交公賣局接管洋酒一項。仍照塞北關稅則徵收。十五年七月前菸酒署頒布機製酒類販賣稅條例。該局遵於是年十一月一日。在局內附設綏遠機製酒類徵稅處。調查貨價。按百分之二十。擬訂稅率。實行開徵。其價格計分三星白蘭地每瓶三元。葡萄酒八角。五星啤酒五角。站人酒六角。香濱酒二元。豆目酒同雲山酒七角。火酒三角。香膠酒一元。應需印花。按月由局呈請前菸酒署製印加蓋特別標識。頒發應用。並呈准按實收數提支百分之二十。作爲辦公經費。以資挹注。國民政府成立後。綏遠洋酒稅仍照舊章徵收。該省洋酒。均由外省輸入。本省尚無設廠仿製者。每年行銷洋酒。如白蘭地等酒約計二三千斤。本省銷售十分之四五。餘均教堂醫院購備自用。

察哈爾省

察哈爾省。自十七年南北統一後。該省改定境界。舊直隸屬口北道所轄宣化等十縣。劃歸該省管轄。故該省徵收洋酒稅原有區域。及口北十縣。辦法各有不同。茲分別述之。

察省原有區域。除劃歸綏遠省各縣外。爲張北康保多倫沽源寶昌商都等六縣。各該縣行銷洋酒。以啤酒爲大宗。向係費稅並徵。公賣費按價徵收百分之二十。（市價每百斤五十餘元。公賣價格定爲三十元。徵費六元。）菸酒稅每百斤從量徵收三元。由各縣分局或分卡委員稽徵口北宣化等十縣行銷洋酒。亦以啤酒為大宗。僅徵公賣費一項。不收稅厘。每百斤定價五十餘元。按百分之二十收費十元。亦由各縣分局及分卡委員徵收。

該省行銷啤酒大都產自河北。運銷本省及內外蒙古等處。其餘各種洋酒。銷數極微。

吉林省

吉省洋酒稅一項向歸海關徵收。其在濱江關經徵者。為哈埠附近各處製造之酒。分啤沃酒。色酒。燒酒。火酒。瓶火酒五種。於出口時。從價收百分之五。在延吉琿春兩分關經徵者。為日本造之酒。分日本酒。啤酒。酒精數種。於進口時。從量徵收。有每擔徵四角者。有每打徵八分五厘者。每百觔徵五錢者。此皆屬於關稅範圍者也。

吉省各屬製造酒精工廠。年產數量約在十萬餘箱。每箱十八公觔。共計一百八十萬公觔。輸入酒精約七千四百餘箱。合十三萬餘公觔。吉省稅則。不論本產輸入。向分飲料及用品兩種。飲料酒精每箱作價大洋一元。用品酒精作價每箱一角二分。均按值百抽五徵收稅費。十七年二月間。據該省哈爾濱滿州酒精公司呈稱。該公司於十三年由中日俄三國合組。其時吉省西比酒廠僅四家。銷路尚佳。嗣添設十餘家。俱在特區由外人頂名營業。而該公司因稅捐增加。銷數漸減。營業困難。請飭取締。以維商業。當經前菸酒署核准。咨行該省省長。並令飭吉林菸酒局。該省西比酒廠。應以現設者為限。不得再行增設。藉資維持。

黑龍江省

江省洋酒徵税。在清季係就沿邊一帶先行試辦。以瑷琿爲最早。呼倫次之。黑河又次之。税率瑷琿每桶抽羌洋二十元。呼倫按關税辦法。從價值百分者徵五分。黑河徵收慣例。以運輸遠近而定税率。由哈埠運來者。每桶税羌洋十元。由江北運來者。每大桶税羌洋七十五元。每桶約合千餘觔。大桶三千餘觔。民國以後。仍舊辦理。

洋酒專税開辦較遲。情形較簡。各省册報。亦多漏略。上述各省。均屬業經開徵。或呈報有案者。其餘各省。如安徽對於領有子口單之洋酒。運達銷地。徵收銷場税。陝西對於輸入洋酒。於銷地徵收落地半税。其向係併入百貨厘金或統税內徵收者。如奉晋如湘桂如川如新疆如滇黔皆屬之。凡斯諸省。自洋酒税章程頒布後。辦理詳情若何。尚未據報。此外新設行省。如西康甯夏等處。辦理情形。亦未呈報。然洋酒税制劃一。全國通行。以此例彼。自可逐漸推行也。

江蘇全省菸酒事務局征收洋酒税施行大綱 十五年二月公布

一　在江蘇省境內營銷洋酒之商人凡有外酒輸入應照菸酒牌照捐例一律徵收營業税

二　各店舖商人應按照洋酒之貨價遵照本局規定税率表計數繳納領貼憑證

三　辦理此項洋酒税即援照本省現行捲菸營業税各區通則第八條辦法於收數內扣提三成以資辦公

四　如查有匿漏情弊以及違犯各項規定者應酌量情節輕重處以相當之罰金

五 各項徵收章程稅率及罰金條例由本局擬定呈請全國菸酒事務署暨江蘇軍省兩署核准公布施行

江蘇省徵收洋酒稅暫行章程

第一條 凡屬江蘇省內銷售洋酒之營業均照菸酒牌照捐例責成各區分局遵照定章按率收稅

第二條 暫定洋酒稅率表(附後)由本局印發憑證凡依則納稅之洋酒須於最小之容器上貼用憑證其手續以稽徵規則定之

第三條 凡在省內營洋酒之躉賣或零賣商均須向所在地徵收機關領取營業執照

第四條 僞造憑證或曾經貼用揭下私改再貼者應查照刑律僞造有價證券條例論罪

第五條 違犯本章程及各種規則應按照本局規定罰金例分別處罰

第六條 本章程如有未盡事宜得隨時提出修改公布施行

憑證九種

分五角 四角 三角 二角 一分 五分 三分 二分 一分

江蘇省征收洋酒稅稽徵規則 十五年二月公布

第一條 凡有洋酒輸入內地營業於入境時得由各該地所設之徵收機關查驗箱數並查明其所

貯洋酒種類發給查驗單以便按照稅率徵收稅銀

第二條　粘貼憑證於最小容器上均應實貼在封口開闔處並於容器及憑證上騎蓋圖章

第三條　各地徵收機關於此項稅收實行稽徵之日起凡營洋酒之商店均須將原有存貨按照稅則補購憑證一律粘貼方能發售

第四條　各地徵收機關所派稽查稽徵人員執行職務時商店商人及買戶均不得藉端反抗但稽查稽徵人員亦不得有需索留難情弊致干懲處

第五條　遇有洋酒漏稅或不足稅率私行發售者無論何人皆得告發

第六條　凡經稽查員查獲及經人告發之無憑證洋酒應照罰則規定之各條分別辦理此項罰金按十成分配有告發人者以五成奬之二成半歸公二成半歸處罰機關津貼辦公之用經稽查員查獲者以五成歸公二成半歸處罰機關二成半給查獲之人

第七條　稽查偷漏稅款暨照章執行處罰各縣知事警察均應協同負責

第八條　本規則如有未盡事宜得由各徵收處呈請省局修正之

江蘇省徵收洋酒稅罰金條例　十五年二月公布

第一條　違犯本章程第二條之規定不依則納稅者除責令納稅或補稅外處罰如左

一　初犯者處以一元以上五十元以下之罰金

二再犯者處以十元以上百元以下之罰金

三違犯二次以上者處以三十元以上五百元以下之罰金

本局規定罰金辦法係用三聯單式除存根及繳局各一聯外其餘一聯應掣給受罰人

第二條　違犯稽徵規則第一條之規定不服查驗者除責令補照規定手續辦理外處罰如左

一初犯者處以五十元以上五百元以下之罰金

二再犯者處以一百元以上七百元以下之罰金

三違犯二次以上者處以二百元以上一千元以下之罰金

第三條　違犯稽徵規則第四條之規定有抗拒情形者比照上兩項加倍處罰

第四條　有稽徵責任人員當執行職務時遇有前三條之違犯行爲知情故縱者依前三條之例同様處罰

第五條　一人而犯本條例二條以上者各依本條併科處罰

江蘇菸酒局保管收發洋酒稅憑證辦法　十五年五月規定

一　保管及收發憑證人員應派科員及辦事員各一人辦理以專責成

二　各種憑證應設分格木櫃分別種類次序置放以免混亂

三　主管科應立收發憑證簿各一本分別登記收發憑證種類及數目

四　各種憑證如遇補充之時應由主管人員隨時酌定數目簽呈局長核准交由庶務處飭印

五　各種憑證規定每整張合四十條各區徵收處請領數目應按整張數目具領以便稽考

六　各區徵收處每次請領憑證應備具文領並帶同領證印簿由科核實送請局長批准再行發給以昭慎重印簿擬仿照票照之例由局印發

七　各種憑證存數應由經管人隨時與册數查對如有短少情事歸保管人負責

八　發給各種憑證時應由領證人眼同點清領後如有汚損及短少情事歸領證人負責

九　各區徵收處應按月造具用存憑證四柱清册呈繳以便考核

江蘇省菸酒事務局徵收洋酒稅率一覽表　十七年修訂

牌名	西文	每瓶稅率
三星白蘭地	Brardy	陸角伍分
象頭白蘭地	Brandy	柒角
廣東三星象頭白蘭地	Brandy	陸角
廣東葡萄酒	Claret or Nook	壹角柒分
葡萄酒	Laret or Nook	貳角陸分
口利沙	Caracda	陸角伍分

香賓酒	Chnhpagne	陸角伍分
薄荷酒	Popper Mint Nine	肆角伍分
青島啤酒	Beer	壹角
太陽啤酒	Beer	壹角
五星北京牌啤酒	Beer	壹角
紅爲四開	Whiskey	玖角
哈末爲四開	Whiskey	捌角
法凡姆酒	Yehmouth	叁角伍分
意凡姆酒	Yehwouth	叁角捌分
元芳波德文	Port wine	肆角伍分
一號波德文	Portwine	叁角
舍利酒	Sherry	肆角伍分
井酒	Gin	肆角貳分
紅酒	Claret or Red Wine	叁角陸分
火酒	Anohohol or Spirits	壹角叁分
酒精	Spirits	每磅壹角叁分

附記　查洋酒牌名繁多以後如出有他種名目酒類援引稅例估價照章抽收

此表係十七年規定按百分之二十徵收十八年奉令改按百分之三十徵收新稅率表現正在編中訂

江蘇省各區局十八年度洋酒類稅稽徵所比額表　十八年六月呈准

名稱／區別	全年比額	備攷
第一區洋酒類稅稽徵所	一四・〇〇〇	分局兼辦
第二區洋酒類稅稽徵所	九・〇〇〇	同上
第三區洋酒類稅稽徵所	一・七〇〇	同上
第四區洋酒類稅稽徵所	一二〇	同上
第五區洋酒類稅稽徵所	無	
第六區洋酒類稅稽徵所	一・二〇〇	同上
第七區洋酒類稅稽徵所	二四〇	同上
第八區洋酒類稅稽徵所	八四〇	同上
總計	二七・一〇〇	

福建洋酒種類數量時價及銷場狀況列表於下　十八年呈報

洋酒種類	數量	時價	銷場狀況

三星白蘭地	約四百箱	三十二元	分銷福州及廈門各市
三邊	約四十箱	五十三元六角	同上
車梨	約一百六十箱	一十六元七角五分	同上
戚司忌	約二百箱	三十一元零五分	同上
鐵鋼白蘭地	約六十箱	二十六元五角五分	同上
砵酒	約一百六十箱	二十七元零五分	同上
紅酒	約一百六十箱	十元	同上
戚母	約四百箱	一十六元零五分	同上
淸酒	約六十箱	三十元	同上
獅葡萄	約三百六十箱	十元	同上
太陽啤酒	約六百箱	一十二元	同上
德國啤酒	約五百箱	一十元零六分	同上
英國啤酒	約一百五十箱	一十九元三角	同上
上海啤酒	約一千六百箱	一十四元	同上
五星啤酒	約六百箱	一十八元	同上
火酒	約一千九百連	十元	同上

湖北菸酒事務局徵收洋酒稅暫行條例

十七年二月公布十八年國民政府公布洋酒類稅暫行章程卽按新章辦理

第一條　凡在湖北省販運或製造各種洋火酒者一律由本局征收或設立分局辦理

第二條　左列各項無論中外商人其運銷鄂省或鄂省轉運他埠者應一律遵照本條例第三條之規定完納

一　外國製造各種洋酒

二　本國各地設廠仿製各種洋酒

三　西法製造之土酒及火酒酒精汽酒等

第三條　洋火酒稅率暫依財政部印花稅則第二條第四類第一二兩項辦理計錄財政部印花稅條例如左

一　洋酒（本國仿製者同）照價値貼印花百分之三十

二　奧加可（卽火酒酒精等）每百斤貼印花二十元

第四條　征收洋火酒稅以驗貼印花稅票爲憑

前項印花稅票由財政部頒發經本局加蓋印記發行

第五條　凡商人運銷洋火酒應先報明貨價購貼印花其未經完足稅額者不得發售

第六條　商人購領印花稅票應貼於容器之上以資查驗

第七條　凡轉運他埠之洋火酒除照章完稅外應投局報驗塡發運銷憑照

第八條　凡已貼用之印花稅票不得揭下重貼并不得擅自塗改

第九條　本條例施行細則及暫行罰則另定之

第十條　本條例自呈准公布之日施行如有未盡事宜得隨時呈請修改之

湖北菸酒事務局徵收洋酒稅暫行罰則 十七年二月公布十八年洋酒類稅暫行章程公布即按新章辦理

第一條　凡洋火酒商人有反違洋酒稅暫行條例之事件依本罰則處罰之前條處理違反案件有必要時得請地方行政機關或外交官協同辦理之

第二條　凡在湖北省販運或銷售洋火酒不遵暫行條例報購貼用印花稅票者除將該項貨物沒收依左列各項分別處罰

一　初犯處該項貨物應納稅額一倍以上五倍以下之罰金

二　再犯處五倍以上十倍以下之罰金

三　三犯以上處十倍以上二十倍以下之罰金

第三條　凡在湖北省販運或銷售洋火酒不遵暫行條例貼足印花稅票者除責令補貼稅票外依第二條各項之規定處罰

第四條　凡將印花稅票揭下重貼或移換瓶箱容器者依第二條之規定辦理

第五條　凡僞造或塗改洋酒印花稅票以僞造有價證券論

第六條　凡轉運洋火酒不遵章請領憑照或已領憑照而中途卸貨不報明繳銷希圖復行假冒行使者依第二條之規定辦理

第七條　凡抵抗稽征不服查驗者處十元以上五百元以下之罰金其涉及刑事範圍者送法院按律處罰

第八條　洋火酒箱瓶桶內夾帶他種違禁物品者除將洋火酒全數沒收外送各主管機關處辦

第九條　凡罰金及貨物充公變賣價値均以六成分別提獎舉發人及辦事人員以四成繳部

第十條　凡收繳罰金時應發給五聯罰金聯單

前項聯單由財政部頒發

第十一條　本罰則自呈准公佈之日施行如有未盡事宜得隨時呈請修改之

湖北洋酒營業牌照稅條例　此章現已廢止遵照國民政府洋酒類營業牌照章程辦理

第一條　凡營業洋酒不分躉賣零賣均按銷售貨價百分之五征收如有淡旺月者按全年平均就算每月月終爲征稅期間

第二條　洋酒營業如左

洋酒製造廠及批發店

雜貨店兼售洋酒者
外國商行兼批發洋酒者
西餐館西式點心店兼售洋酒者
旅館兼營洋酒業者
外國俱樂部及酒排間
西藥房及他種菜館兼售洋酒者
第三條　洋酒牌照稅分定等級如左
每月銷售貨價在二千元以上者爲一等月納稅洋一百元
每月銷售貨價在一千五百元以上者爲二等月納稅洋七十五元
每月銷售貨價在一千元以上者爲三等月納稅洋五十元
每月銷售貨價在八百元以上者爲四等月納稅洋四十元
每月銷售貨價在六百元以上者爲五等月納稅洋三十元
每月銷售貨價在四百元以上者爲六等月納稅洋二十元
每月銷售貨價在二百元以上者爲七等月納稅洋十元
每月銷售貨價在一百五十元以上者爲八等月納稅洋七元五角
每月銷售貨價在一百元以上者爲九等月納稅洋五元

每月銷售貨價在一百元以內者爲十等月納稅洋二元

第四條　凡每月銷售貨價在二千二百元以上者爲特等每二百元遞加稅洋十元以此類推

第五條　本條例所未規定事項均適用湖北菸酒營業牌照稅條例及施行細則各條之規定

第六條　本條例自公布之日施行

廣州市洋酒運入種類數量時價及銷場概況表　十八年九月呈報

洋酒種類	商標	製酒地或運入	運入數量 十八年一月至七月	運入數量 十七年	每箱毫洋時價印花不在內	銷場概況	備考
一打莊五星白蘭地	英雄牌	江蘇無錫	七〇箱	七五箱	一七元六〇〇	頗受國人歡迎比前較旺	崑崙公司出品
一打莊三星白蘭地	仝	仝	二〇〇	二一五	一六〇〇〇	仝	仝
一打莊紅白葡萄酒	仝	仝	二八〇	二三〇	一〇八〇〇	仝	仝
一打莊三星大紅砵	仝	仝	八〇	七〇	一二四〇〇	仝	仝
二打莊五星白蘭地	仝	仝	五		一九二〇〇	仝	仝
二打莊三星白蘭地	仝	仝	二〇	一〇	一七六〇〇	仝	仝
二打莊三星大紅砵	仝	仝	一九		一三六〇〇	仝	仝

二打莊三星紅白葡萄	仝	仝	二一	一五	一二	〇〇〇	仝	仝
一打莊三星白蘭地	十字牌	本市河南	五	一二	一四	四〇〇	貨色平常銷場平淡	中華國貨酒廠出品
二打莊三星白蘭地	仝	仝	五	四	一五	四〇〇	仝	仝
一打莊紅白砵酒	仝	仝	一二	三〇	九	六〇〇	仝	仝
一打莊紅白葡萄酒	仝	仝	八	一五	七	二〇〇	仝	仝
一打莊紅砵酒	三A牌	仝	一〇	二六	一三	〇〇〇	仝	仝
一打莊白砵酒	三B牌	仝	一〇	三八	一三	〇〇〇	仝	仝
一打莊紅砵酒	紅印牌	仝	一〇	一〇	一三	〇〇〇	仝	仝
一打莊三十五年白蘭地	金葉	烟台張裕公司	二一		二五	二〇〇	年前銷場頗旺現亦平淡	張裕公司出品
一打莊十六年白蘭地	高月	仝	八〇		二三	六八〇	仝	仝
一打莊葡萄酒	櫻甜紅	仝	一九		七	八七五	頗受國人歡迎	仝
仝	大宛香	仝	五〇		九	四五〇	仝	仝
一打莊葡萄酒	佐談經	仝	一四		七	八七五	仝	仝
四打莊大砵酒	雙鳥牌	烟台醴泉廠	三〇		一五	一二〇	新到本市營業平淡	烟台醴泉公司出品永源公司代理

六打莊紬砵酒	仝	仝	三〇		一五	一二〇	仝	仝
一打莊斧頭白蘭地	特別牌	外國運入	一	四	一三〇	〇〇〇	現因價昂銷場平淡	
仝	X〇牌	仝	三	七	八〇	〇〇〇	仝	
仝	S〇牌	仝	五	六	六二	〇〇〇	仝	
仝	V〇牌	仝	五	一一	五二	〇〇〇	銷場平淡	
仝	三星牌	仝	六一〇	九〇三	四八	〇〇〇	銷場極旺	
二打莊斧頭白蘭地	仝	仝	一五二	二四六	五二	〇〇〇	仝	
一打莊馬爹利	藍三星	仝	九七	一六八	四七	五〇〇	仝	
二打莊馬爹利	仝	仝	一七	三八	五二	〇〇〇	仝	
一打莊五星地	金葉	仝	五	二三	五四	〇〇〇	銷場平淡	
二打莊斧頭地	五星	仝	二	七	五四	〇〇〇	仝	
一打莊白蘭地	和記嘜	仝	五	三	三一	〇〇〇		
一打莊屈臣地	E嘜	仝	二〇	四六	五八	〇〇〇		
一打莊白蘭地	蜂巢嘜	仝	一二四	一〇二	三二	〇〇〇		
四打莊扁樽地	斧頭嘜	仝	二五	一八	五五	〇〇〇		
四打莊三星地	仝	仝	一五	三三	五五	〇〇〇		

四打莊三星酒辦	仝	仝	一四	二四	一〇	〇〇〇	康慶贈品	
一打莊白蘭地	揸花嘜	仝	二三	二八	三八	〇〇〇		
仝	雙斧頭	仝	二	五	三九	〇〇〇		
仝	紅十字	仝	二六	一一	三七	五〇〇		
二打莊白蘭地	仝	仝	一三		四〇	〇〇〇		
四打莊白蘭地	仝	仝	九		四二	〇〇〇		
一打莊白蘭地	馬標地	仝		九	三三	〇〇〇		
一打莊三星地	老臣啤	仝	三	七	三六	〇〇〇		
二打莊白蘭地	紅雞嘜	仝		一四	二六	〇〇〇		
一打莊白蘭地	仝	仝	一〇	一四	三四	五〇〇		
一打莊白蘭地	紅獅嘜	仝		七一	三〇	〇〇〇		
仝	廿字嘜	仝	五三	九	二四	〇〇〇		
二打莊白蘭地	仝	仝	三		二五	〇〇〇		
四打莊白蘭地	仝	仝	三		二六	五〇〇		
一打莊車釐地	仝	仝	四	七	五三	〇〇〇		
二打莊車釐地	仝	仝	一	四	五五	〇〇〇		

一打莊白蘭地	鄆文旬地	仝	七	六	五六	〇〇〇	
八打莊扁樽地	藍三星	仝	四	一一	五二	〇〇〇	
一打莊威士忌	方鷄	仝	一〇	四七	五四	〇〇〇	
仝	E字牌	仝	五	一五	四八	〇〇〇	
一打莊威士忌	紅牌	外國運入	三四	九一	五〇	〇〇〇	
仝	白牌	仝		一八	六五	〇〇〇	銷場頗旺
仝	鹿頭	仝	四一	六二	四二	〇〇〇	
仝	域多利	仝	五八	一八五	五六	〇〇〇	
仝	英皇	仝		三	四八	〇〇〇	
仝	及笠	仝	一二	七	四五	〇〇〇	
仝	特別牌	仝	三一	五四	三六	〇〇〇	
仝	黑牌	仝	二	三〇	六六	〇〇〇	
仝	三角牌	仝	七	一六	四五	〇〇〇	
仝	曆克高	仝	一五	二一	四四	〇〇〇	
一打莊砵酒	小地文一星	仝	三	一二	四三	〇〇〇	
仝	[illegible]印嚜	仝	八〇	一七二	二八	五〇〇	

仝	BBB月光嘜	仝	四一	二五	二〇	〇〇〇		
仝	寶蓋嘜	仝	一八	二九	三一	〇〇〇		
仝	貓嘜	仝	二三	四〇	二二	〇〇〇		
仝	BBB華記月光	仝	一五	五〇	一八	〇〇〇		
仝	燿列嘜	仝	四	一八	三〇	〇〇〇		
仝	金頭	仝	六	一六	三一	五〇〇		
仝	西洋嘜	仝	二	一〇	二三	〇〇〇		
仝	雙錨嘜	仝	一四	三〇	二一	〇〇〇		
仝	屈臣D砵	仝	二九	二三	二四	〇〇〇		
仝	屈臣T3砵	仝	一三	一〇	一八	〇〇〇		
仝	他力砵	仝	二	一五	一七	五〇〇		
仝	長谿杯砵	仝	二〇	二五	三〇	〇〇〇		
仝	太平砵	仝	一一	二九	一九	〇〇〇		
仝	三石砵	仝	三	一二	三二	〇〇〇		

仝	幾丁体	仝	七	一〇	四五	〇〇〇
四打莊啤酒	雙獅紅菓啤	仝	五五	一二〇	一七	五〇〇
六打莊啤酒	仝上	仝	九五	一八〇	一七	五〇〇
四打莊啤酒	雙斧頭	仝	五	四〇	二四	〇〇〇
六打莊啤酒	仝	仝	六五	九〇	二四	〇〇〇
四打莊啤酒	公仔嘜	仝	一二	二〇	二四	五〇〇
六打莊啤酒	仝	仝	二九	八	二五	〇〇〇
四打莊啤酒	象嘜	仝	八	一五	二五	〇〇〇
六打莊啤酒	仝	仝	二一	二〇	二五	〇〇〇
仝	天神啤	仝	三三		二〇	〇〇〇
仝	坡士傘啤	仝	二〇	一五	二二	〇〇〇
仝	砲台啤	仝	一〇八	一三三	一八	〇〇〇
四打莊啤酒	砲台啤	仝	一三五	二一七	一八	〇〇〇
仝	太陽啤	仝	一九五	五九七	一七	〇〇〇
仝	馬頭啤	仝	一二		一七	五〇〇
六打莊啤酒	仝	仝	五	六二	二〇	〇〇〇

仝	太陽啤	仝	五		一七	〇〇〇	
仝	手牌啤	仝	五五	八〇	二四	〇〇〇	
八打莊啤酒	萬字啤	仝	六六	八二	二二	〇〇〇	
四打莊啤酒	仝	仝	五	一五	二三	〇〇〇	
仝	匙啤	仝	五	五六	二四	〇〇〇	
四打莊波打酒	貓嚜	仝	三二	五八	四七	〇〇〇	
八打莊波打酒	仝	仝	二〇	二八	五八	〇〇〇	
十打莊波打酒	仝	仝	八	五	六二	〇〇〇	
一打莊毡酒	高頓毡	仝	四二	一二八	二六	〇〇〇	
仝	和尙毡	仝	三八	一五	二四	五〇〇	
仝	屈臣毡	仝	五	二五	二五	〇〇〇	
仝	貓桶毡	仝	一九	七二	二三	五〇〇	
一打莊汽酒	寶蓋嘜	仝	四九	八二	二六	〇〇〇	
仝	雜嘜	仝	一四	二〇	二四	〇〇〇	
二打莊汽酒	竹瓷嘜	仝	二	一七	二七	〇〇〇	
一打莊三鞭酒	朦嚜	仝	一	七	八六	〇〇〇	

仝	西洋邊	仝	四	二三	四三	〇〇〇		
二打莊三鞭酒	仝	仝	一	二	九二	〇〇〇		
一打莊薄荷酒	葫蘆嘜	仝	五	一〇	三二	〇〇〇		
二打莊薄荷酒	仝	仝	五	一一	三四	〇〇〇		
一打莊車利	希令牌	仝	八	二〇	四四	〇〇〇		
仝	什嘜	仝	六	一〇	三八	〇〇〇		
二打莊車利	仝	仝	四	五	四五	五〇〇		
一打莊橋蘅梳	瓦瓶	仝	二	六	二七	五〇〇		
二打莊橋蘅梳	仝	仝	一	四	二八	五〇〇		
一打莊威末	意大利	仝	五九	七〇	二一	〇〇〇		
仝	法蘭西	仝	四三	五二	二〇	〇〇〇		
一打莊冧酒	樹嘜	仝	一〇	二三	一六	〇〇〇		
一打莊冧酒	花嘜	仝	八	五	一六	五〇〇		
一大莊甜酒	大字牌	仝	一	三	六四	〇〇〇		
仝	利橋酒	仝	二	二一	四八	〇〇〇		
一打莊丫橋酒	丹麥	仝	四	九	二八	〇〇〇		

汕頭市洋酒運入種類數量時價及銷場概況表

一打莊茄士酒		仝		三	三○	○○○		
一打莊葡萄酒		仝	二	一九	一八	○○○		
一打莊哈咕酒		仝	二	七	二九	○○○		
二打莊哈咕酒		仝	二	三	三一	○○○		
一打莊白酒	文加宜	仝	一九	七七	四○	○○○		
仝	什嚜	仝	五	一四	三八	○○○		
二打莊白酒	文加宜	仝	三	一二	四二	○○○		
一打莊紅酒	飛鳥	仝	二○	九二	二三	○○○		
仝	什嘜	仝	四	一一	一七	○○○		
仝	馬塞耳	仝	三	二	一七	五○○		
仝	意大利	仝	五	二一	二四	○○○		
仝	鹿頭嘜	仝	一○	五	一八	○○○		
其他什酒一打莊		仝	四三	一○八				
仝　二打莊		仝	一一	三○				

洋酒種類	製造地或運入	運入數量	每打時價	銷場概況	備考
啤酒	外國運入	貳仟四百餘打	四八〇	頗暢銷	以上數目係該屬最近一年內運入數量合註明
威士忌酒	仝上	貳百餘打	三三六〇	仝上	
白蘭地酒	仝上	壹千餘打	二八八〇	仝上	

前京兆機製酒類徵稅處與法國商會擬訂暫行納稅辦法 十六年二月擬訂

按此項辦法係十六年二月訂定當時聲明以試辦三個月爲期嗣試辦期滿卽由處通告法商會廢止旋法商運京酒類卽遵販賣稅條例一律納稅

總辦閣下敬啟者關於北京法國人或法商店輸入酒類問題經北京法國商會（以下簡稱法商會）與京兆機製酒類徵稅處（以下簡稱徵稅處）彼此討論後成立暫行辦法法商會對於此項暫行辦法表示同意

一方面爲便利徵稅處徵稅起見並其他一方面爲便利接收寄於法國輸入商人或僑民之酒類起見法商會與徵稅處議定辦法如下

（甲）北京東交民巷界內界外法國售酒商店（以下簡稱法國售酒店所）及附帶或代銷之售酒店所均商定遵照本暫行辦法辦理

（乙）凡法國售酒店所售酒於購酒之人除有關稅協定條約各國人另定辦法外不問其爲大宗爲

零賣或在店內飲用或攜酒出店均令購者按照徵稅處章程購貼酒稅印花（以下簡稱印花）於酒箱及酒瓶上始准攜酒出店

（丙）為便利酒類徵稅統計起見使館界內之法國售酒店所每次向界外送酒時除乙款規定所售之酒按瓶貼有徵稅處印花外凡係有關稅協定條約國之外人所購自用之酒類塡給特種售貨單並在其瓶及箱上加蓋○字精細符號為記至運此項自用酒時法國售酒店所願照下開之數目得每日每人一瓶至十二瓶或一半瓶至二十四半瓶或每人每月一桶（每桶以三百六十里脫為限）

過此數目均令購者按照徵稅處章程購貼印花

送酒人及購酒人均不得將○字酒攜入帶售酒類商店及賣酒之所每日每人如買十二大瓶者不能兼買二十四半瓶又每月買桶酒者（每桶以三百六十里脫為限）不得再買瓶酒

（丁）使館界外之法國售酒店所對於購酒者除乙款規定所售之酒按瓶貼有徵稅處印花外凡係有關稅協定條約國之外人所購自用之酒類塡給特種售貨單並在其瓶及箱上加蓋精細○字符號為記至其購酒之數目法國售酒店所願照下開數目每日每人一瓶至十二瓶或一半瓶至二十四半瓶或一月每人一桶（每桶以三百六十里脫為限）過此數目均令購者按照徵稅處章程購貼印花

送酒人及購酒人均不得將○字酒攜入帶售酒類商店及賣酒之所每日每人如買十二大瓶者

不能兼買二十四半瓶又每月買桶酒者（每桶以三百六十里脫爲限）不得再買瓶酒

（戊）爲便利徵稅處事務起見法國售酒店所於每次售酒時發給售貨單一紙載明購主姓名酒類瓶數惟對於有關稅協定各條約國之外人所購之自用酒則於售貨單上加蓋徵稅處法商會雙方所定之號碼印花（其號碼印記由雙方議定樣式照式鐫刻均交法國售酒店所蓋用）如號碼用罄倘有新購自用酒主來店則法國售酒店所應由法商會卽行通知徵稅處領取新號碼以備蓋用

（己）法商會爲便利酒類統計起見每一個月願將北京所有法國酒店（一）一般購主數目售酒種類數量及所貼印花數目（二）自用酒購主（除在京交民巷界內飲用者外）姓名住址售酒種類數量按照征稅處所給號碼分報總數均分別開具清單交徵稅處查考

如於華商店內發現印〇字之自用酒品除追究來源罰辦該商店外並應由該商店負補稅之責任

（庚）法國售酒店所由法運酒到京時（一）須有載明運至何店及詳細數量之海關證據（二）須有法國公使館騎縫簽證書二份一份提交徵稅處駐站稽查員查核一份則由法商持執

上項經稽查員驗明屬實後立將貨物放行不得藉故延宕扣留並不得重征稅銀但查驗手續料應由運酒人擔負每次收手續料四元由稽查員付收條爲憑

（辛）法國人自用之酒運到京時（一）須有載明運至何處及詳細數量之海關證據（二）須有法國

公使館騎縫簽證書二份一份提交徵稅處駐站稽查員查核一份由該法人持執
上項經稽查員驗明屬實後立將貨物放行不得藉故延宕扣留並不得重徵稅銀但查驗收續料
須由運酒人擔負每次收手續料四元由稽查員掣付收條爲憑順頌
日祉

北京法商會會長

中華民國十六年　　月　　日
西歷一千九百二十七年　　月　　日

甲種聲明書　十六年二月

總辦台啓　鄙人對於今日之談話尙有如下之意見再爲聲明
一京兆機製酒類徵稅處（以下簡稱徵稅處）在使館界内不得徵稅但爲便利徵稅處統計起見所有使館界内界外之法商均遵照本日法商會致徵稅處函内暫行辦法各款辦理尙有關係之法商店或法國人違背此項辦法時徵稅處自得要求法商會負責並設法處置各該商人使其一律遵守並補繳印花如徵稅處稽查違背此項辦法法商會亦得函請徵稅處處置
一俟中法兩國訂定酒稅新協定後並兩方聲明以前各辦法均作廢時則此項辦法自應停止實行
順頌

日祉

北京法國商會會長

中華民國十六年　二月　日

西歷一千九百二十七年　二月　日

甲種聲明書 十六年二月

會長閣下敬啟者接奉

貴會長本日來函聲明如下

京兆機製酒類徵稅處（以下簡稱徵稅處）除使館界外自當均得施其稽查但爲便利征稅處事務起見所有使館界內界外之法商均遵照本日法商會致徵稅處函內暫行辦法各款辦理倘有關係之法商店或法國人違背此項辦法時徵稅處自得要求法商會負責補繳印花並設法處置各該商人使其一律遵守如徵稅處稽查違背此項辦法法商會亦得函請徵稅處處置一俟中法兩國訂定酒稅新協定後並兩方聲明以前各辦法均作廢時則此項辦法自應停止實行

順頌

日祉

京兆機製酒類征稅處總辦

中華民國十六年　二月　日
西歷一千九百二十七年　二月　日

乙種聲明書　十六年二月

總辦台鑒　鄙人對於近日與
貴總辦談話尚有聲明如下
京兆機製酒類徵稅處（以下簡稱徵稅處）與法國商會擬定之辦法在今日簽字以今日起三個月止作爲試辦徵稅時期如雙方試辦果能履行再行繼續辦理再該項暫行辦法試辦期間內如法國售酒店所對於徵稅處自願另訂簡便納稅方法仍不妨碍本暫行辦法時法國商會自不反對

北京法國商會會長

中華民國十六年　二月　十　日
西歷一千九百二十七年　月　日

乙種聲明書　十六年二月

會長閣下敬啟者接奉
貴會長本日來函聲明如下

京兆機製酒類徵稅處（以下簡稱徵稅處）與法國商會擬定之辦法自實行之日起三個月止作爲試辦如雙方試辦果能履行再行繼續辦理

再該項暫行辦法試辦期間內如法國售酒店所對於徵稅處自願另訂簡便納稅方法仍不妨碍本暫行辦法時法國使館及法國商會兩方面均勿庸過問

京兆機製酒類徵稅處總辦

中華民國十六年　月　日

西歷一千九百二十七年　月　日

京兆機製酒類徵稅處試辦徵收販賣稅施行規則 十六年五月修正公布

第一條　凡在京兆境內銷售之舶來或在華製造機製酒類之商店或飯莊除照章完納海關稅崇文門稅並遵照販賣稅條例暨稽查徵稅規則罰金規則外均應按照本規則規定施行

第二條　現經公布機製酒類稅率表凡製造批發或零售各種機製酒類之商店或飯莊均應遵照表內所定稅率納稅

第三條　前項稅率表未經開列之酒類應依價值高下臨時規定之

第四條　前項稅率表內所列酒類品名價值有變更時得隨時修正之

第五條　各商店運銷機製酒類於卸貨時須先照章購買印花經本處稽查員逐箱檢查塡發驗訖

執照粘貼箱面以資証明

第六條　各商店或飯莊於機製酒類開箱批發或零售時須將印花逐件粘貼於最小之容器上加蓋該字號騎縫圖章如整箱批發時應將印花隨貨交與承買人

第七條　各商店運送機製酒類出境時須先報由本處塡發運單以便放行

第八條　凡商店或飯莊所販賣之各種露酒藥酒均應按照機製酒類販賣稅率一律繳納販賣稅

第九條　凡售露酒藥酒除瓶售桶售粘貼印花繳納販賣稅外其用他種容器裝置零銷者應依下列等級按月請領零售執照繳納月捐

等級	每月零售斤數	捐額
甲等執照	三百斤以上	九元
乙等執照	二百斤以上	六元
丙等執照	一百斤以上	三元
丁等執照	五十斤以上	一元五角
戊等執照	三十斤以上	九角

第十條　凡各商店或飯莊請領前項零售露酒藥酒執照後均應依照販賣稅條例第九條之規定製備進貨銷貨存貨三項賬簿以憑稽考

第十一條　前項執照以戊等爲最低額凡每月銷售不及三十斤者應按照每月銷售三十斤之捐

額納捐

第十二條　凡未經繳納販賣稅或月捐之露藥酒一律不得銷售倘有抗繳漏稅等弊得由處依照罰金規則酌量處罰

第十三條　本規則自呈准之日施行無論華洋商人一律遵守

京兆機製酒類徵稅處機製酒類名稱價值稅率表

酒類名稱	商標牌號	產地	經理或製造公司	容器區別	折中單位價格	稅率
白蘭地 Cognac	三星斧頭牌	法	漢內賽公司 Jas. Hennessy Co.	銀頭大號白瓶	元 2.50	元 0.50
白蘭地 Grande Champagne Cognac	紅五星牌	法	別司快脫公司 Bisquit D Co.	紅頭細高白瓶	2.70	0.54
白蘭地 John Exshaw Brandy	金三星牌	法		鐵絲套白瓶	2.50	0.50
白蘭地 Cognac	藍三星牌	法	瑪退爾公司 Martell	藍頭白瓶	2.50	0.50
白蘭地 Cognac	黑三星老頭牌	法	別司快脫公司 Bisquit Co.	紅頭青瓶	2.40	0.48
白蘭地 Cognac	三星大金葉牌	法	狄尼司公司 Denis M.Co.	錫頭白瓶	2.00	0.40
白蘭地 Beehive Brandy	黑三星蜂巢牌	法	阿狄西窪公司 Adet Seward Co.	藍頭白瓶	2.40	0.48
白蘭地 Fine Eau de Vie Cognac	五帽牌	法		銀頭直頸白瓶	2.50	0.50
白蘭地 Cognac	八耳牌	法	慎昌洋行經理 Dubois F.&C.Co.	直頸白瓶	2.50	0.50
白蘭地 Old Liqueur Brandy	藍四星牌 PB 紅色	法	白定內脫公司 P. Bardinet Co.	草套直頸白瓶	1.70	0.34

白蘭地 Fine Pale Brandy	M.B.R.黑色花形字	法	梅利公司 Marie Ba.ndR. Co.	金頭白瓶	1.30	0.26
白蘭地 Grande Champagne Cognac	地圖牌 S. K. T. 紅色花形字		哀絲開蒂公司 S. K. T. Co.	白頭白瓶	1.20	0.24
白蘭地 Grande Champagne Cognac	Cultivateur1565	法		金頭白瓶	1.50	0.30
白蘭地 Thorton Champagne Cognac	雙斧牌	中國灌		錫頭白瓶	1.00	0.20
金葉白蘭地 Gold Leaf Cognac	圓形金地白五星	法		青瓶	2.50	0.50
櫻桃白蘭地 Kirsebar Liqueur Cherry Brandy	(PFH) 八金錢牌	英	希林公司 P.F.Heering Co	紅頂黑頭青瓶	3.50	0.70
櫻桃白蘭地 CherryBrandy	(PFH) 八金錢牌	英	P.F.Heering Co. 希林公司	黑頭小號青瓶	1.60	0.32
白蘭地 Cognac	三星斧頭牌	法	Jas. Hennessy Co. 漢內審公司	銀頭小號白瓶	1.30	0.26
白蘭地 Choicest Old Liqueur Brandy	C.O.L. 牌	法	Caldbeck and Macgregor 闌爾皮克公司	金頭直頸高瓶	2.50	0.50
白蘭地 Cognac	上帽下雙獅牌	法	L.noir Co. 利拿埃公司	藍頭黃瓶	2.50	0.50
櫻桃白蘭地 CherryBrandy		法	Marie B.R. Co. 梅利公司	紅頭長頸方瓶	2.50	0.50
櫻桃白蘭地 Cherry Brandy	小金三星牌B白色	法	P. Bardinet Co. 白定內脫公司	矮身黑瓶	1.60	0.32
櫻桃白蘭地 Cherry Brandy	金紅獅頭牌		品判公司 Knipper Co.	紅頭黃瓶	1.20	0.24
櫻桃白蘭地 Cherry Brandy	樹桑日牌	法	蘭皮公司 Labbe Franco	紅頭矮青瓶	1.20	C.24
杏白蘭地 Apricot Brandy	紅星牌 (B) 紅色	法	白定內脫公司 P.Bardinet Co.	灰頭矮形白瓶	1.90	0.38
杏白蘭地 Apricot Brandy	金色花形字 M.B.R.	法	梅利公司 Marie B. and R. Co.	長頸方瓶	1.50	0.30

杏白蘭地 Abricotine	P.G.牌	法		小長瓶	1.80	0.36
杏白蘭地 Abricotine	青天海水牌	法	葛洛脫公司 Guillot Co.	白瓶	2.20	0.44
桃白蘭地 Peach Brandy	金色花形字 M.B.R.	法	梅利公司 Marie B. and R. Co.	大方形瓶	2.80	0.56
黑櫻桃白蘭地 BlackCherry Brandy	金色花形字 M.B.R.	法	梅利公司 MarieB. and R. Co.	長頸方瓶	2.80	0.56
白蘭地 Juies Brandy	三星牌	中國		圓白瓶	0.30	0.06
白蘭地 Elmendorfer		德	衣耳敏衛夫公司 E.F. Elmendorf	紅頭白瓶	1.30	0.26
威士忌 Old Highland Whisky	W&S Red Labal	蘇格蘭	約翰公司 John Waiker and sons Co.	紅頂金頭白方瓶	3.50	0.70
威士忌 Spey Royal Scotch Whisky	金色瓢形	蘇格蘭	及佰塔公司 W. and A. Gilbey Co.	白頭黃瓶	2.00	0.40
威士忌 Royal George Scotch Whisky	雙飛鳥牌	蘇格蘭	極姆司買丁公司 Jame martin Co.	黃頭圓瓶	3.00	0.60
威士忌 Canadian Club Whisky	皇帽牌 W.綠色	加拿大	黑蘭姆公司 Hiarm Walker and sons Co.	金頭黃瓶	2.20	0.44
威士忌 Canadian Club Whisky	皇帽牌 W.綠色	加拿大	黑蘭姆公司 Hiram Walker and sons Co.	金頭黃扁瓶	0.85	0.17
威士忌 Canadian Club Whisky	皇帽牌 W.綠色	加拿大	黑蘭姆公司 Hiram Waiker and sons Co.	金頭小號黃扁瓶	0.50	0.10
威士忌 Scotch Whisky	ML 鹿牌	蘇格蘭	卻司美金來公司 Chos Mackinlay Co.		3.40	0.68
威士忌 Kentucky Whisky	圓形紅花地白十字	美紐約	可克公司 TheCookandBeoheimer	黃紙青瓶	1.20	0.24
威士忌 Kentucky Whisky	圓形紅花地白十字	美紐約	可克公司 TheCookandBeoheimer	小號青瓶	0.60	0.12
威士忌 Gold label Whisky	獅馬牌	英	姜黑公司 John and Haig Co.	綫形黑瓶	3.40	0.68

0.66	3.30	瓶黑頭白	司公恩及 James Buchnana Co.	英	牌白黑 Black and White	Scotch Whisky 忌士威
0.30	1.50	瓶白頭灰		英	頭皇七第皇華德愛	Edward VII Whisky 忌士威
0.50	2.50	瓶黑頭白	司公克皮爾開 Caldveck and Macgregor	英	V.O.S. 色紅 牌獅站	Scotch Whisky 忌士威
0.16	0.80	瓶方白頭金	司公夫史約 Joseph Thorton Co.	新英 坡加	金色 牌獅雙色金	Old Whisky 忌士威
0.30	1.50	瓶青頭錫	司公爾衰米 Mitchell Brothers	蘭格蘇	牌穀司來克 Clasgow	HeatherDew Whisky 忌士威
0.20	1.00	瓶青頭錫	司公判氚 Knipper Co.		牌雄獅紅金 Golden Perfection	Scotch Whisky 忌士威
0.20	1.00	瓶黑頭金	司公孫 Sun and Usgul banch Co.		牌星黑小二	Whisky 忌士威
0.55	2.80	瓶　黑		英	Blue Cap	John Begg Whisky 忌士威
0.56	2.50	瓶黑紙黃	司公生勃勞 Robertsons Co.	英		Robertsons Whisky 忌士威
0.90	4.50	瓶青大頭金	司公來滿帕 Pomerry and Greno	法	牌帽金 Veuve Pommery	Champagne 賓香
0.53	2.80	瓶青號小頭金	司公來滿帕 Pomerry and Greno	法	牌帽金 Veuve Pommery	Champagne 賓香
0.50	2.50	瓶青大頭金	司公脫衣麻 Moot and Chandon	法	牌星金 Brut Imperial	Champagne 賓香
0.50	2.50	瓶黑大頭白	司公蓋陸泡 Pol Roger Co.	法	牌馬獅金	Champagne 賓香
0.36	1.80	瓶青大頭金	司公根陸屈 Trocken	德	色黑W illbury W	Champagne 賓香
0.30	1.50	瓶 青 大	司公天蘭葛 Gratien and Meyer	法	Cartero	Champagne 賓香
0.30	1. 0	瓶青小頭金	司公酒內被啱 Urbana Wine Co.	美	Brut	GoldEseal Champagne 賓香

香賓汽酒	Champagne	三銀星牌 VeuveAmiot	法		紫紅頭小青瓶	0.90	0.18
汽酒	Vin Monsseux	飛鳥牌 Cabinet	德		金頭小青瓶	0.80	0.16
香賓汽酒	Baroude Galan	紅圓形中鳥翼牌	法	強史東公司 R. Johnston Co.	金頭小青瓶	0.70	0.14
香賓汽酒	Baroude Galan	紅圓形中鳥翼牌	法	強史東公司 R. Johustan Co.	金頭大青瓶	2.50	0.50
香賓汽酒		銀三星牌 VeuveAmiot	法		紫紅頭大青瓶	2.00	0.40
香賓	Champagne	武人牌 Golden state	法		金頭大青瓶	3.00	0.60
香賓	Champagne	Veuve Montreau	法		金頭大青瓶	2.00	0.40
香賓	Champagne	金獅牌 Minchinbury	法	杯福特 Penfolds Wines	金頭小黑瓶	0.70	0.14
香賓	Champagne	金獅牌 Minchinbury	法	杯福特 Penfolds Wines	金頭大黑瓶	1.50	0.30
香賓	Champagne	皇帽牌	美	黑蘭姆公司 Hiram W. and S. Co.	金頭青瓶	1.00	0.20
香賓	Champagne	皇帽牌 Grand Vin Royal	法	濮林司公司 Pinoe Adelbert Co.	紫紅頭小瓶	1.20	0.24
香賓	Champagne	馬內卡 Dno de Monaco	法		紫頭大白瓶	1.50	0.30
香賓	Champagne	六角形中 紅色	法	羅協公司 G. Rosset Co.	金頭小白瓶	1.00	0.20
香賓	Champagne	黑虎牌	法	路易士陸登公司 Louis Roudon Co.	金頭青瓶	1.30	0.26
汽酒	Vin Monsseux	獅牌 Cinzano	義大利	司拜客令 Sparkling Moscats.	銀頭青瓶	1.00	0.20
汽酒	Vin Monsseux	獅牌 Cinzano	義大利	司拜客令 Sparkling Moscats.	銀頭小青瓶	0.50	0.10

汽酒 Vin Monsseux	三帽牌	法	顯都 Shateau de la Lorie	紫紅頭大白瓶	3.00	0.60
汽酒 Imperator Monsseux	一帽牌	法	康脫 Comte de st. Laurent	紫紅頭大白瓶	2.20	0.44
汽酒 Imperator Monsseux	一帽牌	法	康脫 Comte de st. Laurent	紫紅頭小瓶	1.20	0:24
汽酒 Imperator Monsseux	金色皇帽牌	法	麥爾司 Marquis de Crag	紫紅頭大瓶	0.80	0.16
汽酒 Vin Monsseux	紅色	法	Brande Raval	紫紅頭小瓶	0.40	0.08
汽酒 Grand Vin Monsseux	雙獅牌 Clos Des Volois	法		金頭青瓶	1.00	0.20
橘子克利索 CuracaoOrange	Cusenier	法	克賽尼公司 E.CusenierFilsAineCo.	紅頭黃缶瓶	1.65	0.33
橘子克利索 CuracaoOrange	Cusenier	法	克賽尼公司 E.CusenierFileAine Co.	紅頭小缶瓶	1.00	0.20
紅白克利索 Curacao	紅色圓印花牌 Triple Sec	法	克賽尼公司 E. Cusenier F.A. Co.	紅頭白缶瓶	2.25	0.45
白克利索 Curacao Chypre	人頭牌	法	白定內脫公司 P. Bardinet Co.	有柄細頸黃缶瓶	2.40	0.48
白克利索 Curacao Chypre	人頭牌	法	白定內脫公司 P. Bardinet Co.	小黃缶瓶有柄細頸	1.40	0.28
紅白克利索 Red Curacao	雙獅牌 Triple Sec	法	白定內脫公司 P. Bardinet Co.	紅頭黃缶瓶	1.30	0.32
克利索 Curacao	Triple Sec	法	梅利公司 Marie B. and R. Co.	紅蓋黃頸白瓶	1.50	0.30
克利索 Curacao	Double	法	開才拿夫公司 F. Cazanove	紅頭黃缶瓶	1.60	0.32
克利索 Curacao	Sec	法	開才拿夫公司 F. Cazanove	白頭白缶瓶	1.50	0.50
克利索 Curacao	三獅牌	義大利	發來跌利公司 Fratelli Pramos	藍頭白瓶	2.00	0.40

0.20	1.00	白缶瓶		法	三圓形八金錢牌	Curacao 克利索
0.22	1.10	錫頭白缶瓶	蘭皮公司 Labbe François	法	Doux 洋房牌	Curacao 克利索
0.50	2.50	紅頭黃缶瓶	薄爾司公司 Bols	荷蘭	Bols 紅紙黑字	Curacao Blanc 克利索
0.50	2.50	紅頭黃缶瓶	薄爾司公司 Bols	荷蘭	Bols 紅紙黑字	Curacao Orange 橘子索克利
0.10	0.50	黑頭黃缶瓶	納盆司公司 Nuyens Co.	法	雙紅獅牌	Dubb Orange Curacao 橘子克利索
0.60	2.50	黃缶瓶	特勒來晶爾公司 B. Dubranil and Fils.	法	大飛鷹雙獅牌	Orang Curacao 橘子克利索
0.43	2.40	紅漆頭白缶瓶	納盆斯公司 Nuyens Co.	法	雙紅[illegible]牌	Curacao 白克利索
0.60	3.00	白頭黑瓶	山特門公司 Sandeman	葡萄牙	Sandeman	White Port 白把德
0.50	2.50	白頭黑瓶	山特門公司 Sandeman	葡萄牙	Sandeman	Dours Port 紅把德
0.50	2.50	金頭青瓶	及爾培公司 W. A. Gilbey Co.	葡萄牙	金獅馬牌	Invalid Port 把德
0.24	1.20	黑瓶	上海源和洋行 Martinez Gomes Co.		人頭鳥翼獸身牌	Superior Port 把德
0.40	2.00	黑瓶	梅利公司 Marie B. and R.	英		Findlater's Port 把德
0.42	2.10	黑頭黑瓶	獨狐公司 Dow		Dow	Dow's Port 把德
0.24	1.20	黑瓶	阿路煞公司 Arosa	葡萄牙	獅杯 Arosa	Old Port Wine 把德
0.12	0.60	黑頭青瓶	聖克蘭挨公司 H. St. Clair Small wood	葡萄牙	黑帽牌	Findlater's Port 把德
0.1	0.60	藍頭青瓶	西屋獨樂公司 Caodoro Gross Pries		Kjobenhaun	Superio Old Port 把德

把德	White Lisbon Port	Lisbon	葡萄牙	及而培公司 W. and A. Gilbey Co.	金頭青瓶	1.20	0.24
把德	Spanish Red Port	Spanish Red	西班牙	及而培公司 W. and A. Gilbey Co.	銀頭青瓶	2.00	0.40
金酒	Very Old Gin	Bols	荷蘭	薄爾司公司 Bols	玻璃瓶	1.40	0.28
金酒	Very Old Gin	Bols	荷蘭	薄爾司公司 Bols	黑頭黃缸瓶	1.40	0.28
金酒	Old Tom Gin	紅獅牌	英	婆此公司 Pooch Co.	錫頭白瓶	1.70	0.34
金酒	Dry Gin	狗頭牌	英	高登公司 Gordon Co.	黃頭大扁方白瓶	2.00	0.40
金酒	Dry Gin	紅地金字	英	御蘭士隊公司 Charles Day Co.	白頭白方瓶	1.00	0.[illegible]0
金酒	Dry Gin	鹿頭牌	Cellars	西的爲克公司 J. Sedywick Co.	白瓶	1.20	0.24
白葡萄酒	Saint Leu	紅M人馬牌	法	明麥西公司 Min Marceau	金頭白瓶	1.00	0.20
白葡萄酒	Graves Marceau	紅M人馬牌	法	明麥西公司 Min Marceau	金頭白瓶	1.00	0.20
白葡萄酒	Grande Reserve	紅M人馬牌	法	明麥西公司 Min Marceau	金頭白瓶	1.20	0.24
紅葡萄酒	Claret Marceau	紅M人馬牌	法	明麥西公司 Min Marceau	紅頭黑瓶	1.00	0.20
副號紅葡萄酒	Claret Marceau	紅M人馬牌	法	明麥西公司 Min Marceau	紅頭黑瓶	0.50	0.10
紅葡萄酒	La Cour Marceau	洋房牌	法	明麥西公司 Min Marceau	紅頭黑瓶	[illegible].50	0.30
白葡萄酒	Turpin Monopole	方鑽石牌	法	脫炳公司 Turpin F. and R.	黃頭白瓶	1.20	0.24
紅葡萄酒	Fleurbru e At. Julien	金帽牌	法	脫炳公司 Turpin Freres and Riout	紅頭青瓶	1.20	0.21

0.21	1.20	黃頭白瓶	脫炳公司 Turpin Frer.s and Riou	法	金帽牌	Calpimont Graves 白葡萄酒
0.[illegible]0	1.00	黃頭白瓶	脫炳公司 Turpin F. and R.	法	金帽牌	Sauternes 白葡萄酒
0.20	1.00	黃頭白瓶	脫炳公司 Turpin F.a-d R.	法	金帽牌	F.eur y 白葡萄酒
0.20	1.00	黃頭白瓶	脫炳公司 Turpin F. and R.	法	紅色白字 TFR	Montjoli 紅葡萄酒
0.20	1.00	金頭白瓶	脫炳公司 Turpin F. and R.	法	黑帽牌	Royal Turp'n Sauternes 白葡萄酒
0.20	1.00	紅頭黑瓶	脫炳公司 Turpin F. and R.	法	金帽牌	Nyse Certhy Medco 紅葡萄酒
0.14	0.70	黑頭青瓶	開爾皮克公司 Caldbeck and M. Co.	法	金獅牌	St. Estephe 紅葡萄酒
0.[illegible]5	0.75	黑　瓶	開爾皮克公司 C.ldbeck and M. Co.	法	人箭牌	St. Julie ı 紅葡萄酒
0.24	1.20	紅頭黑瓶	脫炳公司 Turpin F. and R.	法	紅[illegible]牌	La Four de Mars 紅葡萄酒
0.50	2.50	白頭黑瓶	山特門公司 Sandeman Co.	英	Sandeman	Good Madeira 紅葡萄酒
0.60	2.50	錫頭青瓶	山特門公司 Sandeman Buck Co.	西班牙	Sandeman	Malaca 紅葡萄酒
0.20	1.[illegible]0	紅頭青瓶	陶福脫 Dur'o t Vivens		Cleatear 樓房牌	Medco 紅葡萄酒
0.16	0.80	金邊黑綴黑瓶		法	星月牌	Medoo 紅葡萄酒
0.[illegible]0	1.60	紅[illegible]青瓶	克利四門公司 Ed. Kressmann Co.	法	獅牌	Medoo 紅葡萄酒
0.14	0.70	紅頭青瓶	四克六段公司 S.hroderandSchylerCo.	法	S.S. 金帽牌	Medoo 紅葡萄酒
0.56	2.8[illegible]	大肚青瓶		西班牙	一星牌	Chablis Mo:opo le 白葡萄酒

0.30	1.50	灰頭青瓶	貴御特公司 GuichardPotheretandFils	法	☆ 藍地銀星	Chablis Monopo'e	白葡萄酒
0.40	2.00	紅頭黑瓶	貴御特公司 GuichardPotheretandFils	法	☆ 藍地銀星	Peaure	紅葡萄酒
0.20	1.00	錫頭白瓶	克利四門公司 Ed. Kressmann Co.	法	獅牌	Graves	白葡萄酒
0.20	1.00	黃頭白瓶	潑利力挨公司 G. Preliar Co.	法	球牌	Sauternes	白葡萄酒
0.24	1.20	金頭白瓶	路易士公司 Louis Eschenaner	法	上藍下紅	Eschenaner Monopole	白葡萄酒
0.08	0.40	紅頭青瓶	貴御特公司 GuichardPothreetandFils		☆ 藍地銀星	Pommord	紅葡萄酒
0.28	1.40	大號蛋形瓶		義大利	皇帽花地三角	Fassati	紅葡萄酒
0.15	0.75	小號蛋形瓶		義大利	皇帽花地三角	Fassati	紅葡萄酒
0.24	1.20	紅[illegible]黑瓶	葛洛司公司 J. L. Garros.	法		Pommord	紅葡萄酒
0.50	2.50	大圓瓶	狄翁公司 Dijon Co.	法		Chablis	白葡萄酒
0.50	2.50	大圓瓶	可林公司 Collin	法		Chablis	白葡萄酒
0.16	0.80	紅頭圓瓶	飛而史公司 L.D. Fils Co.		金葡萄牌	St. Julien	次等葡萄酒
0.16	0.80	小號紅頭圓瓶	飛而史公司 L. D. Fils Co.		金葡萄牌	St. Julion	次等葡萄酒
0.08	0.40	大圓瓶	飛而史公司 L. D. Fils Co.		藍色	Graves	白葡萄酒
0.20	1.00	紅頭黑瓶	卡班天公司 A. Corpentier Co.	法	C,盾,(紅色圓形)	Parillac	紅葡萄酒
0.20	1.00	紅頭黑瓶	求利公司 Jules Sabourin Co.	法	金色	Chateau Lafite	紅葡萄酒

白葡萄酒	Finest Graves	金地白字	法	利求公司 Jules Sabourin Co.	金頭白瓶	1.60	0.32
白葡萄酒	Chianti Bianco	上金帽下紅方白十字	義	可鴿連帖公司 E. Cogliati Co.	草套紅頭矮白瓶	1.20	0.24
紅葡萄酒	Medoc	金色	法	西葛拿來脫公司 Seignouret Freres Co.	紅頭青瓶	0.80	0.16
紅葡萄酒	Creme de Cassis	紅紙印花	法	克賽尼公司 Cusenier Co.	藍頭白瓶	1.80	0.36
紅酒	Dubonnet	貓牌	法	杜本內公司	紅頭大青瓶	1.40	0.28
紅酒	Dubonnet	貓牌	法	杜本內公司	紅頭小青瓶	0.70	0.14
紅葡萄酒	Musiguy Chabolle	樓房牌	法	亞而盤脫公司 Albert Morot	紅頭大肚青瓶	2.50	0.50
白葡萄酒	Chablis	樓房牌	法	亞而盤脫公司 Albert Morot	黃頭大肚青瓶	3.00	0.60
紅葡萄酒	Pommord		法	味屋蘭公司 L. Violland	紅頭黑瓶	2.50	0.50
紅葡萄酒	Monopole	金鷹牌 Red top	法	希特西克公司 Heidsieck C .	紅頭青瓶	2.50	0.50
白葡萄酒	Creme de Cassis		法	克賽尼公司 Cusenior Co.	銀頭青瓶	1.60	0.23
白葡萄酒	Graves		法	開爾皮克公司 Caldbeck Co.	綠頭小白瓶	0.50	0.10
紅葡萄酒	Beaune		法	開爾皮克公司 Caldbeck Co.	青瓶	1.00	0.20
白葡萄酒	Barsac	雙獅牌	法	羅齊公司 A. de Luze and Fils	金頭青瓶	1.60	0.32
白葡萄酒				陳玉山公司	直白瓶	0.60	0.12
櫻甜紅		紫葡萄牌	烟台	張裕公司	青瓶	1.06	0.20

正甜紅		烟台	張裕公司	青　瓶	1.00	0.20
大宛香	雙麒麟牌	烟台	張裕公司	藍頭直　白瓶	0.70	0.14
葡萄酒	雙獅三　牌	天津	三　公司	紅頭黑瓶	0.70	0.14
紅葡萄酒	海軍旗徽牌	天津	廣大公司	紅頭　瓶	0.50	0.10
葡萄酒 Tipo Red Wine	地白十字牌	義		草套　頭蛋形瓶	0.70	0.14
羅木 Black Head Rum	黑頭牌	法	開才拿夫公司 Cazanove	草套紅頭黑瓶	1.40	0.28
羅木 Old Nick Rum	黑女頭牌	法	梅利公司 Marie B. and R.	草套紅頭黑瓶	1.40	0.28
羅木 West Indies Rum	黑女頭牌 Rhum Nagrita	法	白定內脫公司 P. Bardinet	草套青瓶	1.40	0. .8
羅木 West Indies Rum	黑女頭牌 Rhum Nagrita	法	白定內脫公司 P. Bardinet	草套黃色扁瓶	0.80	0.16
羅木 Old Genuine Rum	紅圓六角白星牌	法	惠廉姆公司 William Charleston Co.	草套黑瓶	1.50	0.30
羅木 Tiger Head Rum	虎頭牌	法	麥的尼虧 Martinique	草套黑瓶	1.40	0.28
羅木 Saint James	海棚牌 Rhum de Plantations	法		紅頭白方瓶	1.80	0.36
羅木 Jamaica Rum	黑人牌	法	開樹皮克公司 Coldback Co.	紅頭黑瓶	1.40	0.28
羅木 Bacardi Rum	黑蝙蝠牌	法		黑　瓶	4.50	0.90
羅木 Champion Old Rum	人頭牌	法	金因把德公司 King Inport Co.	黑　瓶	6.50	0.10
橘子必得 Orange Bitters	房屋牌 Bols	荷蘭	薄爾司公司 Bols Co.	紅頭白瓶	1.50	0.30

橘子必得	Orange Bitters	紅獅牌	英	飛加生公司 Filed San Co.	黃頭白小瓶	1.[illegible]0	0.30
紅色必得	Fernet Branca		義	勿蘭跌利公司 Fratelli Branca E Comp.	錫頭青瓶	2.00	0.40
紅色必得	Fernet Branca		義	勿蘭跌利公司 FratelliBranca E Comp.	小號錫頭青瓶	1.00	0.20
芳香必得	Aromatic Bitte s	獅馬牌	英	健其皮哀司公司 J. G. B. S. Co.	小黑圓瓶	1.90	0.38
必得	Augrstu a Bitters	金獅牌	英		青　瓶	7.50	1.50
紅可可酒	Creme de Cacao Extra	紅色圓印花牌	法	克賽尼公司 E .CuseuierFilsAiveCo.	紅頭矮青瓶	1.20	0.24
可可	Cacao Chonao		法	開才拿夫公司 F. Cazanove.	紅頭黑瓶	1.60	0.32
可可酒	Creme De Cacao Tohuvao	一黑，樹牌	法	白定內脫公司 P. Bardinet	白頭黑矮瓶	1.60	0.32
副號可可酒	Creme De Cacao Tohuvao	一黑，樹牌	法	白定內脫公司 P.Bardinet	白頭黑矮瓶	0.90	0.18
可可	Cacao Chonao		法	撥爾托公司 Puerto Cabel s	草頭紐黑瓶	1.50	0.32
可可	Cacao		法	梅利公司 Marie Co.	矮 黑 瓶	大2.50 小1.30	大0.50 小0.20
可可	Cremede Cacao	入樹牌	蘭荷	薄爾司公司 Pols	頭矮青瓶	1.80	0.36
爲木	Vermouth	Alion marseille	法	拿一來公司 Noilly Part Co.	白紙絲花邊 錫頭青瓶	1.20	0.24
爲木	Vino Verm uth	飛人牌 Martini and Rossi	義	麥的尼公司 Martini and Rossi	錫頭青瓶	1.20	0.24
爲木	Finest Vermouth	象頭牌	義	Garner queloh Co.	頭大青瓶	0.60	0.12
爲木	Vermou h Ita ians	雙女牌	義	愛麥乞公司 A Marchi and Cia	錫頭青瓶	1.20	0.24

車蘭酒	Light Day Sherry	Sandeman	西班牙	山特門公司 Sandeman Buck Co.	白頭青瓶	2.40	0.48
車蘭酒	Sherry	Spanish Shery.	西班牙	及爾培公司 W. and A. Gilbey Co.	白頭黃瓶	1.80	0.36
車蘭酒	Gats Sherry	貓牌	法	愛[illegible]華公司 Edwardt John Burke	錫頭青瓶	0.80	0.16
士道酒	Calder's Milk Stout	牛牌	英		中號鐵蓋青瓶	0.50	0.10
士道酒	Calder's Milk Stout	牛牌	英		小號鐵蓋青瓶	0.35	0.07
士道酒	Ex. Stout	獅牌	英		小號鐵蓋青瓶	0.30	0.06
士道酒	Stout	獅牌	法	克利四門公司 Ex. Kressmann Co.	小　青　瓶	1.25	0.25
士道酒	Invalid English Stout	老頭牌	英		小號黑瓶	0.30	0.06
士道酒	Calder's Imperial Stout	人虎利	英	呼而生姆公司 Wholesome & Invigorating	小號黑瓶	0.40	0.08
白色蜜酒	Anisethe Superfine		法	梅利公司 Marie B. and R.	錫頭白瓶	2.00	0.40
白色蜜酒	Maras Chino	Bols	荷蘭	薄爾司公司 Bols Co.	頭長方瓶	2.00	0.40
黃蜜酒	Creme de Menthe Glaciale		法	梅利公司 Marie B. and R.	藍頭大肚白瓶	1.60	0.30
紅蜜酒	Aloderme s	鷹球牌	義	勿蘭跌刺公司 Fra[illegible] Li Fram a.	藍頭白瓶	2.00	0.40
黃蜜酒	Chartreuse	七　十字球牌	法	葛尼挨公司 L. Garnier	漆頭中號白瓶	2.50	0.50
白蜜酒	Maras Chino	老頭牌	法	白定內脫公司 P. Baudnet	草套　頭白瓶	1.50	0.30
黃蜜酒	Chartreuse	七　十字球牌	法	葛利埃公司 L. Garnier	漆頭大號白瓶	4.50	0.90

0.34	1.70	大頭細腰白瓶	蓋法侖加公司 Get Franoı Revvl	法		Peppermint	綠薄荷酒
0.20	1.00	小頭細腰白瓶	蓋法侖加公司 Get Franoı Revel	法		Peppermint	綠薄荷酒
0.16	0.80	頭白瓶	哀蘭克洛克司 A Lacroix	法	Mervei lə 字	Peppermint	綠薄荷酒
0.26	1.30	藍白瓶	婆滿公司 Bommer Lunder	德		HermG.Dətbli fsen flens bury	德燒酒
0.14	0.70	青瓶	阿爾叛公司 Aalbory	丹麥	地白十字	Tafiel Akvavit	丹麥燒酒
0.16	0.80	中號漆頭花玻璃瓶	哀虧聶哀脫 Equnniahte	俄	矮樹牌	Stonobce	俄燒酒
0.08	0.40	小號漆頭花瓶	哀虧聶哀脫 Equnniahte	俄	矮樹牌	Stonoboe	俄燒酒
0.24	1.20	大白瓶		俄	獅頭牌	Stonoboe Buho	俄白燒酒
C.23	I.C0	頭青瓶	皮根公司 G. Picon	法	手牌 Philippeville	Am r Picon	皮根酒
0.56	2.80	大圓瓶	薄爾司公司 Bols Co.	荷蘭	美女牌	Kummei	克美耳酒
0.:0	1.50	黑頭黃方瓶	科發樂房	上海		Kummel	克美耳酒
0.60	3.00	大號白頭長頸瓶		法	漆印花	Benedictine D.O.M	豆木酒
0.32	1.60	小號白頭長瓶		法	漆印花	B.ned.ctine D.O.M.	豆木酒
0.50	2.50	頭方瓶	蘭皮公司 Labbe Eranoois	法	桃牌	P.ach Liqueur	桃汁
0.40	2.00	頭白瓶				L'quentPunosh	貢喜黃色酒
0.26	1.30	頭白瓶		法	劍球牌	Dogen Nard Hauser	北房子

太非而阿闊脫	Tafel Aquavit	八角藍　牌	法	盎特遜公司 Andersen Nissen Co.	藍頭白瓶	1.50	0.30
艾草酒	Absinthe	地白十字	法	及爾士公司 Jolls Pernod	銀頭圓瓶	5.50	1.10
艾草酒	Absinthe	大綠鷹牌	法	勿侖加公司 Franco Suisse	銀頭圓瓶	2.60	0.52
培洛酒	Extra Dry	雙　獅		培洛公司 Ph.de Baro Co.	金頭黑瓶	1.00	0.0
益壽酒	Suze	奇山牌	法商	雷旭洋行	高圓瓶	2.00	0.40
火酒	Spirit of Wine		各國	北京裝瓶	小黑瓶	0.30	0.03
德啤酒	Beck's Beer	鑰匙牌 Key Brand	德	皮克公司 Beck Co.	鐵蓋大黑瓶	0.50	0.10
德啤酒	Prima Lager Bier	兵馬牌	德		鐵蓋小黑瓶	0.20	0.04
站人啤酒	Lager Bier	美女牌（站人）	德	上海順發洋行	錫頭青瓶	0.50	0.10
站人啤酒	Lager Bier	美女牌	德	上海順發洋行	小號錫頭青瓶	0.35	0.07
九　啤酒	Breme Beer	九　牌	非律賓	信中公司	小　青　瓶	0.20	0.04
僧帽啤酒	Nycarlsbery Beer	僧帽牌白卍字	丹麥	東亞公司	鐵蓋大青瓶	0.50	0.10
僧帽啤酒	Nycarlsbery Beer	僧帽牌白卍字	丹麥	東亞公司	鐵蓋小號青瓶	0.30	0.0
馬頭啤酒	Rupper Beer	馬頭牌	德	開爾皮克公司 Caldbeck M. Co.	大號細長瓶	0.50	0.10
馬頭啤酒	Rupper Bee	馬頭牌	德	開爾皮克公司 Caldbeck M. Co.	小號細長瓶	0.20	0.06
雙獅啤酒	Light Beer	小雙獅牌	日本		鐵蓋小瓶	0.30	0.03

五星啤酒		五星牌	北京	雙合盛	大瓶	0.50	0.03
五星啤酒		五星牌	北京	雙合盛	小瓶	0.20	0.04
獅牌啤酒	R[illegible]nmer Beer	獅牌			鐵蓋小青瓶	0.[illegible]0	0.03
紅玫瑰露			北京	商號自製	大瓶 小瓶	0.35 0.25	0.07 0.0
白玫瑰露			北京	商號自製	大瓶 小瓶	0.35 0.25	0.07 0.05
佛手露			北京	商號自製	大瓶 小瓶	0.35 0.25	0.07 0.05
狀元			北京	商號自製	大瓶 小瓶	0.35 0.25	0.07 0.0
蓮花白			北京	商號自製	大瓶 小瓶	0.35 0.25	0.07 0.05
茵陳			北京	商號自製	大瓶 小瓶	0.35 0.25	0.0 0.05
五加皮			北京	商號自制	大瓶 小瓶	0.35 0.25	0.07 0.05
桑仁密酒			北京	商號自製	大瓶	0.35	0.07
金橘露			北京	商號自製	大瓶	0.35	0.07
桂花露			北京	商號自製	大瓶	0.35	0.07
史國公藥酒			北京	六必居等藥店	大瓶	0.40	0.08
虎骨酒			北京	同濟堂等藥店	大瓶 小瓶	1.[illegible]0 0.60	0.24 0.12
果子露			北京	商號自製	大瓶 小瓶	0.45 0.[illegible]0	0.0[illegible] 0.03

綠茵陳			京兆	同濟堂等藥店	大瓶 小瓶	0.60 0.30	0.12 0.01
五加皮			京兆	同濟堂等藥店	大瓶 小瓶	0.60 0. 0	0.12 0.03
虎骨藥酒			京兆	同仁堂等藥店	桶 大瓶 小瓶	1.80 1.64 0.83	0.36 0.32 0.16
茵陳酒			京兆	同仁堂等藥店	桶 大瓶 小瓶	1.20 1.00 0.50	0.24 0.26 0.10
加意長生酒			京兆	同仁堂等藥店	桶 大瓶 小瓶	1.80 1.64 0.84	0.36 0.32 0.16
參茸藥酒			京兆	同仁堂等藥店	桶 大瓶 小瓶	1.80 1.64 0.82	0.36 0.32 0.16
五加皮酒			京兆	同仁堂等藥店	桶 大瓶 小瓶	1.06 0.78 0.29	0.20 0.15 0.08
備考	如華洋商人躉批來貨或整箱零售均按箱容器實數照表內稅率計算徵收						

前京兆機製酒類征稅處章程 十七年三月核准

第一章　總則

第一條　本處隸屬於財政部菸酒署專司徵收京兆區域內機製酒類稅務

第二章　組織

第二條　本處置處長一員由財政部菸酒署派委

第三條　本處置三科每科置科長一員由處長委任呈報財政部菸酒署查核

第四條　本處置科員四人書記三人由處長委任分科辦事及繕錄文件

第五條　本處置稽徵員巡查員其員額無定數視事之繁簡由處長酌派

第三章　權限及職掌

第六條　處長承財政部菸酒署命令管理本處徵稅一切事務監督指揮進退本處職員

第七條　科長承處長之命管理本科事務科員佐理之

第八條　本處置左列各科

第一科　掌理事務如左

一擬辦文電事項

一典守關防事項

一保管文牘擋案事項

一收發文件事項

一關於本處員司奬懲事項

一關於本處不屬於第二三科之一切事項

第二科　掌理事務如左

一稽核稅收整頓稅務事項

一調查機酒價值及銷路暢滯事項
一指揮稽查巡查巡丁出外查驗巡緝事項
一關於塡發及管理運單牌照及各單照事項
一關於查驗運銷并稽查偷漏事項
一關於編造本科月報淸册事項
第三條　掌理事務如左
一關於收支稅款事項
一關於編造月報表册事項
一關於辦理預算決算事項
一關於庶務事項
一關於保存印花及核發事項
第九條　本處各科辦事細則另定之
第十條　本章程自呈准後公佈日施行
第十一條　本章程施行後如遇有應行修改之處得隨時呈明修正

前京兆機製酒類征稅處辦事細則 十七年三月核准

第一條　本處各科應依據呈准職掌規則辦理一切事務
第二條　本處稿件無論屬於何科均由三科科長及承辦人員會同簽名後呈處長畫閱
第三條　本處文件均由第一科擬稿呈處長閱定惟關於第二三科職掌事件應由主管科擬具草稿由第一科覆核呈處長閱定
第四條　各主管科如須調閱舊卷應塡寫調卷證註明某項事宜某卷幾件用畢仍送還第一科保存將調卷證收回
第五條　外來文件應先由第一科擬呈處長閱過再行分送主管科辦理辦竣後送交第一科存案
第六條　本處辦公時間以處令酌定之
第七條　星期日及放假日各科均應有人値日每科每次派科員一人書記一人輪留當値
第八條　當値人員不得藉事推諉倘實因有事萬不能到須先一日聲明與下次應値人員互換
第九條　本處設考勤簿本處人員科長以下一律畫到
第十條　稽查規則另定之
第十一條　本細則自公佈日施行如有應行更改之處得隨時修正

財政部菸酒署京兆機製酒類徵稅處徵收出廠捐販賣稅稽查規則 十七年三月核准

第一條　機製酒類徵稅處稽查各製銷洋酒廠店之手續悉依本規則辦理

第二條　製銷機酒之廠店均須領取特別營業執照懸掛門首以備考查其廠店種類如左

(甲)洋酒製造廠

(乙)洋酒批發及專銷商店

(丙)兼銷及零銷洋酒商店

(丁)飯店及旅館

(戊)飯莊及菜館

前項執照由本處發給按季繳換一次

第三條　定期稽查每月一次由稽查員協同巡警執行之臨時稽查不拘時日由處長指派稽查員執行之但每次稽查執行後即須填具報告書呈處備考

第四條　稽查憑證由處發給各稽查員執持如往各洋酒廠店稽查時須先將稽查憑證出示方得執行職務（密查時不在此例）稽查憑證不得轉假他人違者從重處罰

第五條　稽查員驗明各洋酒納稅憑證無訛時即於捐單或印花上加蓋戳記以爲查訖之證

第六條　稽查員執行職務時如須調閱各廠店賬簿等項時該廠店人員不得抗拒

第七條　稽查員對於洋酒廠店如有需索留難情形准其據實來處呈告聽候查辦倘各廠店與稽查員有串通舞弊行爲一經查覺除將稽查員嚴懲外并將各該廠店從重處罰

第八條　稽查員因執行職務必要時得商同警廳警員或商會職員辦理

第九條　凡查獲私行買賣未納捐稅之洋酒應由處核定變賣一半充公一半充賞

第十條　遇有洋酒偷漏捐稅或所納捐稅不足稅率及私行買賣者無論何人均得告發

第十一條　本規則自呈准之日施行

第十二條　本規則如有未盡事宜得隨時呈請修正之

財政部菸酒署京兆機製酒類徵收出廠捐販賣稅罰金規則

十七年三月奉前北京財政部菸酒署核准

第一條　凡經稽查員查獲暨經人告發之無捐稅憑證及不足稅率違犯定章之機酒應照本規則所訂各條辦理

第二條　凡經稽查員查獲暨經人告發之無捐稅憑證及不足稅率違犯定章之機酒應將人證帶處分別充公處罰所處罰金應由處製備三聯罰款單以一聯掣給受罰人一聯存處一聯呈署查核

第三條　罰金按成分配以五成給作告發人或查獲人獎金以二成五歸處津貼辦公之用以二成五解署但稽查員巡有在事異常出力者得由處呈請特予給奬以資鼓勵

第四條　製造營銷機製酒類之廠店如不按照徵收條例第二條第四條及第七條之規定即行銷售者應處以十元以上百元以下之罰金

再犯者加倍處罰違犯二次以上者加十倍處罰並得停止其營業

第五條　違犯徵收出廠捐販賣稅條例第九條之規定不照置備官定賬簿或各簿記所載不實希圖朦混者處以二元以上二十元以下之罰金

第六條　製造營銷機製酒類之廠店如所納捐稅不足徵收條例第二條規定之數暨揭下已貼用之印花重貼者除責令補貼外並處以五元以上五十元以下之罰金

第七條　違犯徵收條例第六條暨稽查規則第三條之規定不服查驗者除責令遵照規定手續辦理外處以五元以上五十元以下之罰金

再犯者加倍處罰違犯二次以上者加四倍處罰並得停止其營業

第八條　違犯稽查規則第六條之規定有抗拒行爲者除強制執行外處以三元以上三十元以下之罰金

第九條　僞造或私改徵收機製酒類出廠捐販賣稅之納稅憑證及有其他重大情事者應由處將人證送交該管警察廳依法懲辦

第十條　稽查人員放棄職責怠於執行職務時與機製酒類商人串通舞弊者一經查覺除將稽查人員依法撤懲外對於該舞弊商人從重罰辦

第十一條　一人而犯罰則二條以上者應即依照各本條所規定分別處罰

第十二條　本規則自呈准之日施行如有未盡事宜得隨時呈請修正之

魯省華洋機製酒類種類價目單 十八年八月呈報

牌名	數量	價格	税率	銷場
象頭白蘭地	每瓶	三元五角	按百分之卅	濟南青島煙台
正三星白蘭地	每瓶	三元五角	同	同
次三星白蘭地	每瓶	一元三角	同	同
正葡萄酒	每瓶	一元二角	同	同
次葡萄酒	每瓶	八角	同	同
口利沙	每瓶	三元五角	同	同
香賓酒	每瓶	三元五角	同	同
薄荷酒	每瓶	三元	同	同
青島啤酒	每瓶	六角	同	同
太陽啤酒	每瓶	一元	同	同
五星北京啤酒	每瓶	六角	同	同
紅爲四開	每瓶	五元五角	同	同
哈末爲四開	每瓶	五元	同	同

法凡姆酒	每瓶	二元九角	同	同
意凡姆酒	每瓶	二元六角	同	同
元芳波德文	每瓶	三元	同	同
一號波德文	每瓶	二元	同	同
舍利酒	每瓶	三元	同	同
井酒	每瓶	二元八角	同	同
紅酒	每瓶	二元四角	同	同
象頭白蘭地	每瓶	二元一角	同	同
三星象頭白蘭地	每瓶	一元七角	同	同
香賓酒	每瓶	三元	同	同
最次等香賓酒	每瓶	二元	同	同
紅為四開	每瓶	三元	同	同
哈末為四開	每瓶	二元	同	同
堪鐵為四開	每瓶	二元七角	同	同
生消白臘為四開	每瓶	二元四角	同	同
衛衛酒	每瓶	二元	同	同

汽酒	每瓶	一元八角	同	同
怡方爲四開	每瓶	二元八角	同	同
黑白爲四開	每瓶	三元	同	同
白牌爲四開	每瓶	三元	同	同
黃牌爲四開	每瓶	三元	同	同
生酒蜜糖爲四開	每瓶	三元	同	同
帽牌爲四開	每瓶	三元一角	同	同
白馬爲四開	每瓶	三元	同	同
常海爲四開	每瓶	三元	同	同
象頭爲四開	每瓶	二元七角	同	同
屯不爾爲四開	每瓶	四元	同	同
中國葡萄酒	每瓶	一元三角	同	同
金葉白蘭地	每瓶	二元	同	同
五星紅頂白蘭地	每瓶	二元七角	同	同
五星白蘭地	每瓶	二元七角	同	同
杏子白蘭地	每瓶	三元四角	同	同

川力白蘭地	每瓶	三元四角	同	同
中國高月白蘭地	每瓶	一元三角	同	同
德國鷹牌白蘭地	每瓶	一元七角	同	同
黃頭應五爾把德混	每瓶	二元四角	同	同
金頭把德混	每瓶	二元四角	同	同
亨此把德混	每瓶	二元四角	同	同
星牌把德混	每瓶	二元三角	同	同
白頭把德混	每瓶	二元三角	同	同
元茅把德混	每瓶	一元七角	同	同
象頭把德混	每瓶	一元七角	同	同
EOF把德混	每瓶	一元六角	同	同
一號把德混	每瓶	一元三角	同	同
三愛把德混	每瓶	一元	同	同
紅三星把德混	每瓶	二元七角	同	同
應瓦爾合利	每瓶	二元四角	同	同
榭歷合利	每瓶	一元三角	同	同

金牌舍利	每瓶	二元四角	同	同
元茅舍利	每瓶	一元七角	同	同
皮塔郎姆	每瓶	四元	同	同
女頭郎姆	每瓶	一元六角	同	同
男頭郎姆	每瓶	一元六角	同	同
虎頭郎姆	每瓶	一元六角	同	同
意凡滿	每瓶	一元六角	同	同
法凡滿	每瓶	一元四角	同	同
德凡滿	每瓶	一元三角	同	同
永昌白酒	每瓶	一元七角	同	同
元和白酒	每瓶	一元三角	同	同
鷹牌白酒	每瓶	一元七角	同	同
獅呈酒	每瓶	一元七角	同	同
十呈酒	每瓶	二元	同	同
四羅呈酒	每瓶	三元一角	同	同
唐母呈酒	每瓶	三元	同	同

紅酒	每瓶	一元八角	同	同
紅頭口立沙	每瓶	二元	同	同
薄荷酒	每瓶	二元	同	同
白頭口立沙	每瓶	二元	同	同
小白頭口立沙	每瓶	一元	同	同
紅頭紅酒	每瓶	二元	同	同
白頭紅酒	每瓶	一元八角	同	同
藍頭紅酒	每瓶	二元七角	同	同
蒙母大香賓	每瓶	五元	同	同
蒙母小香賓	每瓶	二元八角	同	同
泡麥南香賓	每瓶	六元	同	同
桔子必得四酒	每瓶	二元	同	同
阿普生酒	每瓶	五元二角	同	同
考克退爾酒	每瓶	三元	同	同
度下南酒	每瓶	一元四角	同	同
雪鐵羅四酒	每瓶	一元七角	同	同

好克混酒	每瓶	二元四角	同	同
金葉酒	每瓶	二元	同	同
德國啤酒	每瓶	三角六分	同	同
三星啤酒	每瓶	二角	同	同
青島啤酒	每瓶	二角六分	同	同
五星啤酒	每瓶	二角六分	同	同
美女啤酒	每瓶	三角五分	同	同
大瓶俄斯克	每瓶	八角	同	同
小瓶俄斯克	每瓶	四角	同	同
說明	查機製酒類在前魯省並未開辦茲因奉到部令辦理華洋機製酒稅因將調查所得據以填列			

河南省酌抽瓶酒特種捐表 十二年呈准

種類	每瓶價格	抽收捐額
老牌白蘭地酒	二元八角	三角

新牌白蘭地酒	二元	二角
香濱酒	四元	四角
老牌五星皮酒	二元	二角
新牌五星皮酒	七角	一角
葡萄露酒	二元	二五
五加皮酒	七角	一角
玫桂露酒	八角	一角
香蕉露酒	八角	一角
佛手露酒	八角	一角
橘子露酒	八角	一角
說明	按外來酒類繁多不及備載此表祇就銷售最多者開列餘以類推	
附注	此表係十二年據該省菸酒局呈署核准此後有無改易未據呈報	

菸酒稅史卷九

第九章　收支概況

第一節　概說

各省菸酒收入自前清咸豐初年。始抽厘金。所征款項。卽由厘稅局與百貨厘稅混合報解。並無專案可查。光緒二十年後。各省督撫。迭奉部咨。加抽菸酒兩項厘稅。或設專局征收。或歸原有厘局兼辦。惟創辦伊始。着手困難。仍由各該督撫自定辦法。以致省自爲政。名目繁多。或稱菸酒稅捐。或稱菸酒加厘。或稱門銷坐賈。或稱缸捐筒課。其性質既不相同。册報又多混合。界限不清。難爲分析。民國肇興。一切辦法。悉仍其舊。二三兩年。財政部核定菸酒稅爲中央專欵。通飭各省。酌量加征。並須劃清款目。專案報解。而各省財政廳所造收支款册。尙沿舊例。與其他各稅混合具報者。仍居多數。積重難返。改正匪易。菸酒收支各數。亦無專册可查。民國四年。創辦菸酒公賣。於財政部特設全國菸酒公賣局。專司其事。督促各省切實進行。數月之間。規模粗具。於是各省局按月收支款項。始有專册報部。惟是年所報數目。以公賣費一項爲限。

各省公賣機關。於民國四年三月。先在北京設立專局。征收酒類公賣費。旋又加入菸類。推行各省。是年八九月以前。爲財政部派員設局時期。五年一月以前。爲各省實行開征時期。故四年份收入支出各款。由各省局分月具報者。多則七八月。少則一兩月。合計是年下半年收入總數。實爲一百七十七萬餘元而各省所支經費約占百分之十九。

五年一月。北京政府以各省公賣業已辦有成效。當卽改全國公賣局爲全國菸酒事務署以便整頓。旋經該署擬訂統一征收辦法。呈准照辦會同財政部通令各省財政廳將原有菸酒稅及牌照稅一併移交各省公賣局接管此案自呈准之日起。截至民國八年爲止。疊據各省廳局先後會呈一律遵辦。各省局接管菸酒稅後。有併稅爲費統名公賣者。有費稅併征分解者。有費稅分征分解者。其辦法雖各不相同而收支之數統系分明。一洗從前混合報解之弊。至於牌照稅。係民國三年開辦向屬中央專欵。各省局接管以後仍照舊章辦理。合計民國八年。全國菸酒費稅牌照三項共收一千六百五十五萬餘元。較四年增一千四百七十八萬餘元。以半年計實增六百四十六萬餘元。支出約占百分之十。而各省經征機關所提七五棧費及其他提成經費。尙不在內。

當民國四年開辦公賣之初北京政府對於外交方面。卽有洋菸洋酒另定辦法之聲明。故紙菸一項。遞至民國十年。始由前菸酒署分令各省加征內地出廠等捐此項紙菸捐據民國十四年各屬呈報征收之數約在三百萬元左右。而兩廣雲貴湖南奉天等省尙不在內。及國民政府成立。又將內地出廠等捐名目一律取消。改辦捲菸統稅。其詳細情形另載捲菸稅史。不復贅述。

先是外來各種洋酒。於入口時僅納關稅一道。卽可進入內地。暢銷無阻。而本國土酒則又稅率累增。銷場遞減。各省土酒商人爲平均負擔計。屢申重征洋酒稅之請。民國十五年二月。始由蘇省依據商民請願實行征收洋酒銷場稅。皖浙等省。接踵仿辦。於是前菸酒署創辦機製酒類販賣稅。呈准北京政府。於是年十月。分令各省。一體施行。旋以軍事頻仍。各省實收數目。册報不全。無從稽考。民國十七年。北伐告成。後經國民政府財政部將此項收入。連同其他費稅。通令各省調查確數。旋據各屬呈報十七年度收入數目。如蘇浙閩贛湘鄂冀察等省。共計約收洋酒稅四十四萬餘元。

要之。全國菸酒收入。雖創始於清代。而各省册報較爲完全者。則在民國七八年間。及至北伐告成。國民政府財政部。對於此項收入各款。切實整理。故十七年度全國菸酒收入。以費稅牌照洋酒稅四項統計。共收二千六百五十七萬餘元。比較八年增一千萬餘元。支出占百分之十强。至於各省經征機關所提七五機費。及其他提成經費。則於民國十七年八月。經財政部通令廢除。其征收經費。一律列入預算。作爲正式開支。於是全國菸酒支出。始有統一正軌。此又與四八兩年。情形較有不同者也。

第二節　歷年菸酒費稅收入概況

各省菸酒費稅歷年收入數目以決算書爲依據。惟菸酒公賣。創始於民國四年。至五年一月。各省一律開征。是時西南各省以反對帝制倡義興師。其他各省或入軍事範圍。或爲軍閥把持。前項決算書經各屬循例具報者。實居少數。是年夏。大局略定。各省局奉令接收財政廳所管菸酒稅及牌照稅等。此項收入由各局開列專册報部。惟菸酒稅名目繁多。約略計之。分爲稅課捐厘四種。依照向來習慣悉歸納於菸酒稅中計算。自是以後。政變迭起。各省總局征起稅款大半由地方截留。延不具報。致收入數目。益形混亂。民國八年。菸酒署重行恢復。即由該署將各省所報收入數目。加以整理。以年份計分年列册。於是全國費稅收數。自八年起至十四五年爲止。始有帳册可查。然册列數目。僅以北京政府所轄區域爲斷。重以數年之中。戰事頻興。册內各數。每多闕略。更難查考。及至十七年夏。國軍克復平津。全國統一。即經財政部將舊菸酒署卷宗。派員接收。設處保管。查原卷所列各省決算計算各書。大都缺而不全。是篇所列收入數目。凡各省費稅收入。自四年起至十六年止。悉以按月收入計算書爲準。其計算書不全者。則或以案牘爲憑。或照各局原報預算。以年份計。酌量補列。其無案可稽者。概付缺如。以昭翔實。至於最近之十七年收入。則照國民政府財政部成案。以年度計。分別編列。除捲菸稅收另載專史外。茲將歷年收入數目。分別列表如左。

全國菸酒費稅歷年收入數目表

年份	費稅總數	備考
四年	一•七七四•四九七元	本年各省開征期先後不一並非全年數目
五年	八•一一一•八四三	
六年	一二•一〇四•七六四	
七年	一二•三八六•六二七	
八年	一六•五五五•〇二一	
九年	一二•八〇七•七七三	
十年	一二•八〇二•六九二	
十一年	一四•五二九•六五六	
十二年	一五•四六五•九五六	
十三年	一五•六四一•八二九	
十四年	一一•八七四•一五七	
十五年	一六•七八四•二四四	
十六年	二四•七九一•九七九	
十七年	二六•五七四•八九一	

全國菸酒費稅民國四年收入表

省別	費稅總數	省別	費稅總數	備考
江蘇	一六三・一八四元	甘肅	七・四六二元	
浙江	二九八・七〇五	四川	三五九・一八三	
安徽	七五・三二四	廣東	四九・五〇〇	
江西	一四三・九〇五	廣西	一一・二四五	
福建	一三・九四二	雲南	九・四六五	
湖北	一三三・八四九	貴州	七五〇	
湖南	六七・一三九	遼寧		
山東	七八・六二一	吉林	三一・八九五	
河北	一五〇・八五一	黑龍江	一二・二六〇	
河南	六八・一五一	熱河	二三・五一一	
山西	三二・二二七	綏遠		綏局於五年一月開征
陝西	四三・三二八	察哈爾		察省是年下半年與綏遠合設一局名曰歸察菸酒公賣局
合計	四年分各省共收一百七十七萬四千四百九十七元			

說明　本年收入專指公賣費一項編列而各省開征期均不一致所收款項或一二月或三四月各有參差

全國菸酒費稅民國五年收入表

省別	費稅總數	省別	費稅總數	備考
江蘇	六三九·八一二元	甘肅	一九九·六八三元	
浙江	九五五·七六四	四川		
安徽	二三一·七四八	廣東	八六·五七六	
江西	三九九·九八五	廣西	一一四·九五八	
福建	三三〇·〇三五	雲南		
湖北	五一九·三三六	貴州		黔省菸酒公賣於是年一月經省當局令飭取消迄今尚未恢復
湖南	一七五·三三一	遼寧	五七三·五二七	
山東	七七九·一四二	吉林	五九四·九〇九	
河北	八二四·六九二	黑龍江	二五四·三二七	
河南	三〇九·二六五	熱河	一七八·三一五	
山西	四二一·八七七	綏遠	八七·八三二	
陝西	四三四·七二九	察哈爾		
合計	五年各省共收八百十一萬一千八百四十三元			

說明

本年各省收入各款有包括公賣牌照菸酒稅三項者有專指公賣費一項者均以年份計算以下照此類推

全國菸酒費稅民國六年收入表

省別	費稅總數	省別	稅費總數	備考
江蘇	六九九·四二一元	甘肅	二三八·一四二元	
浙江	二·一八七·九四七	四川		
安徽	三九四·九八七	廣東		
江西	四〇四·二五七	廣西	二四七·二六七	
福建	七七三·九一五	雲南		
湖北	六八三·九〇〇	貴州		
湖南	二七三·四一八	遼寧	四六〇·二四一	
山東	五六〇·一五三	吉林	一·〇二七·一九九	
河北	一·三七〇·八八二	黑龍江	五〇六·三二三	
河南	四三三·一八七	熱河	四九〇·三四三	
山西	六八九·四八六	綏遠	一六五·八四七	
陝西	四九七·八四九	察哈爾		
合計	六年各省共收一千二百一十萬零七百六十四元			

全國菸酒費稅民國七年收入表

省別	費稅總數	省別	費稅總數	備考
江蘇	七四九·七二三元	甘肅	三四二·六二一元	
浙江	二·〇五〇·七八九	四川		
安徽	四六〇·九〇五	廣東		
江西	三七一·一八九	廣西	四一五·一三〇	
福建	五九四·一五〇	雲南		
湖北	五五七·四〇七	貴州		
湖南	一四〇·九八〇	遼寧	四六五·六六五	
山東	六六二·五二〇	吉林	八七〇·九二〇	
河北	一·七四九·五七一	黑龍江	六七一·一九三	
河南	五七二·九一二	熱河	三八五·九七八	
山西	八二七·四〇二	綏遠	二三二·五四五	
陝西	二六五·〇二七	察哈爾		
合計	七年各省共收一千二百三十六萬六千六百二十七元			

全國菸酒費稅民國八年收入表

省別	費稅總數	省別	費稅總數	備考
江蘇	八七八·〇三三元	甘肅	五二一·四五一元	
浙江	二·〇八五·一七二	四川		
安徽	四六六·六六四	廣東		
江西	三八七·〇五一	廣西	四七九·七四五	
福建	九〇四·〇四八	雲南		
湖北	一·三一一·五四二	貴州		湖北照預算數填列
湖南	四六六·三二〇	遼寧	四六〇·二四一	
山東	七〇六·二九三	吉林	一·四七六·一七八	
河北	二·三九六·七五七	黑龍江	七八三·三四三	
河南	一·〇三四·九五六	熱河	三八五·九七八	河南照預算數填列
山西	一·一六六·四三一	綏遠	二七六·六八五	
陝西	三六八·一三三	察哈爾		
合計	八年各省共收一千六百五十五萬五千零二十一元			

說明

本年各省財政廳所管菸酒稅及牌照稅截至是年除遼寧以外債關係外均經各省局接收管理其所收款項即包括費稅牌照三項而言與七年以前情形不同

全國菸酒費稅民國九年收入表

省別	費稅總數	省別	費稅總數	備考
江蘇	八九八・三八三元	甘肅	四七一・一七二元	
浙江	一・九八九・六二四	四川		
安徽	四七四・一〇九	廣東		
江西	三三六・六七八	廣西	四七七・〇五三	
福建	五七六・一四七	雲南		
湖北	五七八・七二八	貴州		
湖南	五八六・二三二	遼寧	五三五・三一五	湘省照八九兩年度預算編列
山東	九四三・六七六	吉林	一・三七五・五七一	
河北	五九二・三一三	黑龍江	六三二・九八九	河北收入係指舊京兆屬所收數目
河南	四二八・五四七	熱河	三七九・七五六	
山西	八四四・三二一	綏遠	二三〇・〇七五	
陝西	四五七・〇八四	察哈爾		
合計	九年各省共收一千二百八十萬零七千七百七十三元			

全國菸酒費稅民國十年收入表

省別	費稅總數	省別	費稅總數	備考
江蘇	八五三·五八九元	甘肅	五四三·四六七元	
浙江	二·一三三·四三一	四川		
安徽	三八二·六九〇	廣東		
江西	二八三·三四九	廣西	五二·五〇一	
福建	七七三·九八七	雲南		
湖北	五二二·八三〇	貴州		
湖南	一五六·一七八	遼寧	五四九·三六六	湘省自此年起歸併財政廳管理
山東	九四四·五六〇	吉林	一·四一八·二〇六	
河北	一·五三三·五九四	黑龍江	六一一·八三五	
河南	三一六·八九九	熱河	四一一·四八九	
山西	八三八·四二六	綏遠	一九一·三三八	
陝西	二八四·九五七	察哈爾		
合計	十年各省共收一千二百八十萬零二千六百九十二元			

全國菸酒費稅民國十一年收入表

省別	費稅總數	省別	費稅總數	備考
江蘇	八五七・四三六元	甘肅	三七七・九九二元	
浙江	二・〇六三・三二一	四川		
安徽	三二七・五七五	廣東		
江西	二五六・八六八	廣西	九六・七四一	
福建		雲南		
湖北	六四二・二四九	貴州		
湖南	一六〇・四三四	遼寧	二・四〇二・八四五	遼寧費稅牌照三項合計
山東	九九五・八三二	吉林	一・七四六・九八〇	
河北	一・六三九・〇五五	黑龍江	五九〇・一一〇	
河南	三八六・四〇五	熱河	四二五・六四三	
山西	九七三・一四九	綏遠	二三四・一二九	
陝西	三五二・八九一	察哈爾		
合計	十一年各省共收一千四百五十二萬九千六百五十六元			

全國酒菸費稅民國十二年收入表

省別	費稅總數	省別	費稅總數	備考
江蘇	八六三・二〇四元	甘肅	四七一・一五二元	
浙江	二・〇四〇・四〇三	四川		
安徽	二八五・四〇四	廣東		
江西	二六六・九四〇	廣西	一五九・八一六	
福建	五六八・二六一	雲南		
湖北	八五四・五一二	貴州		
湖南	一〇七・七三四	遼寧	一・九〇一・九二一	
山東	一・〇二三・一八五	吉林	一・九〇二・一八三	魯省有膠澳收數包括在內
河北	一・九五一・二二六	黑龍江	四七一・五三九	
河南	四六二・八六九	熱河	四三七・五二五	
山西	一・〇三三・九七〇	綏遠	一七一・七三三	綏省是年將察屬正式劃出改稱綏遠專局
陝西	三二七・三九五	察哈爾	一六四・九八四	察省是年由歸察局正式劃分設置專局
合計	十二年各省共收一千五百四十六萬五千九百五十六元			

全國菸酒費稅民國十三年收入表

省別	費稅總數	省別	費稅總數	備考
江蘇	五九八・六〇五元	甘肅	四二九・一八八元	
浙江	一・七九九・四六七	四川		
安徽	四八四・七五五	廣東		
江西	二六四・四一〇	廣西	一九八・八三九	
福建	五六八・二六一	雲南		
湖北	七二五・七三七	貴州		
湖南	一八一・五九三	遼寧	二・五〇二・一九〇	
山東	一・〇八三・二〇六	吉林	一・九二九・四三五	
河北	一・五八一・五四一	黑龍江	三六六・四一四	
河南	六五〇・五四四	熱河	五六一・二五九	
山西	九九〇・六四二	綏遠	二〇三・二七四	
陝西	三四六・二九四	察哈爾	一六五・二一五	
合計	十三年各省共收一千五百六十四萬一千八百二十九元			

全國菸酒費稅民國十四年收入表

省別	費稅總數	省別	費稅總數	備考
江蘇	七九六・二七〇元	甘肅	元	
浙江	二・〇九五・三八九	四川		
安徽	九六九・五一〇	廣東		
江西	二五九・九五四	廣西	一九・二四三	
福建		雲南		
湖北		貴州		
湖南	一九二・六〇三	遼寧	二・七五六・三〇七	
山東		吉林	一・六八〇・〇四三	
河北	四六一・六五〇	黑龍江	七一三・一〇〇	河北收入係舊京兆一區收數
河南		熱河		
山西	一・一五六・二三六	綏遠	三七五・二九〇	
陝西		察哈爾	二二三・五六二	
合計	十四年各省共收一千一百八十七萬四千一百五十七元			

全國菸酒費稅民國十五年收入表

省別	費稅總數	省別	費稅總數	備考
江蘇	九七三·〇〇七元	甘肅	元	
浙江	一·八七二·〇三六	四川		
安徽	四八四·五五五	廣東	三·二〇四·八二一	
江西	一七九·八七八	廣西	五七四·七七七	
福建		雲南	六七二·七一五	
湖北		貴州		
湖南	一〇一·三四三	遼寧	三·八四九·六五一	
山東		吉林	二·〇九四·四三五	
河北	三六〇·五三一	黑龍江	八四二·四九一	河北收數指舊京兆一區
河南		熱河		
山西	九七六·七四六	綏遠	三七一·六三六	
陝西		察哈爾	二二五·七二二	
合計	十五年各省共收一千六百七十八萬四千二百四十四元			

全國菸酒費稅民國十六年收入表

省別	費稅總數	省別	費稅總數	備考
江蘇	八三六•四〇三元	甘肅	六〇〇•〇〇〇元	
浙江	二•四二二•三八七	四川	七六四•五一七	
安徽	二六五•二九七	廣東	五•六一三•一九八	
江西	五六五•〇〇〇	廣西	七六四•九一二	
福建	四七六•二〇五	雲南	一一〇•七一七	
湖北	五五〇•九三三	貴州		
湖南	二〇六•三五七	遼寧	三•二三〇•四九〇	
山東	一•〇八三•九八七	吉林	二•〇九四•四三五	吉省收數照十五年編列
河北	一•七二〇•九九四	黑龍江	八四二•四八五	
河南	一•〇八〇•〇〇〇	熱河		
山西	九一〇•九四四	綏遠	三七三•六二二	
陝西		察哈爾	二七八•九九六	
合計	十六年各省共收二千四百七十九萬一千九百七十九元			

全國菸酒費稅民國十七年收入表

省別	費稅總數	省別	費稅總數	備考
江蘇	一•一一三•七九一元	甘肅	四三四•六五〇元	
浙江	二•六一二•六二八	四川	五二六•一七三	
安徽	五八三•七三八	廣東	六•二二〇•九五四	
江西	二九五•四〇五	廣西	一•〇五二•三二七	
福建	六二一•〇四四	雲南	三三五•二二一	
湖北	八〇•三三一	貴州		該省菸酒局尚未恢復
湖南	一九〇•〇八二	遼寧	三•二三〇•四九〇	湘省收數自十七年九月該省局重行恢復起至十八年五月止遼寧照十六年收數編列
山東	四二七•三七二	吉林	二•〇九四•四三五	照十五年收數編列
河北	一•四四六•〇五九	黑龍江	八四二•四八五	照十六年收數編列
河南	一•六〇一•五七九	熱河	三九四•四九〇	
山西	一•〇〇一•一六七	綏遠	二六一•三一一	
陝西		察哈爾	四一九•一七五	
合計	十七年各省共收二千六百五十七萬四千八百九十七元			

第三節　歷年菸酒費稅支出概況

全國菸酒機關支出經費。向分兩種辦法。一編列預算。呈報主管機關核定支給。一照收數由各省提成開支。前者屬於公賣費範圍者爲多。後者屬於菸酒稅範圍者爲多。惟公賣費當民國四年開辦之初。取官督商銷主義。省分各局則正式開支經費。分支各棧則提給七五獎金。是又於一種收入之內。而兼支兩種經費者。菸酒稅始於前淸末年。或設專局征收。或歸百貨厘局征收。或歸縣公署兼辦。所支經費。除專局外。或提成開支。或在百貨經征費內開支。省自爲政。向不一律。及至民國五年。各省局接管菸酒稅後。對於征收問題。有一仍舊貫者。有改歸分局分棧征收者。有另設稅捐局處專司其事者。所支經費。一律列入預算。作爲正式開支。察其內容。仍多按成支給。不過改換名目而已。民國七八年間。湘皖贛等省以各分棧積弊過深。無法整頓。於是有改棧爲局之舉。其他各省陸續仿辦。所需經費。卽在各棧原提七五獎金項下移轉支給。民國十年以後。捲菸洋酒兩稅先後開辦。或專設機關經征。或歸各省局兼辦。其征收費用。則又有兼採提成辦法者。旋以各省軍事頻興。以致此項支出之款。混亂異常。無法查考。及國民政府成立。曾經財政部將各省提成經費辦法。連同包商舊制。於民國十七年八月。通令各省於期滿日一律廢止。於是全國菸酒經費支出。始有統一正軌。茲將歷年支出經費數目分別列表如左。

全國菸酒費稅歷年支出經費表

年份	各省支出經費	備考
四年	三三二•七六七元	本年各省公賣局成立期間先後不一故支出經費亦不一致
五年	一•二七二•六四七	
六年	一•四八〇•九四二	
七年	一•四九六•九五三	
八年	一•五四四•一三九	
九年	一•五九七•九四九	
十年	一•五二一•七七三	
十一年	一•四三五•七八五	
十二年	一•五五八•二五三	
十三年	一•五七三•五八四	
十四年	一•〇八三•八八一	
十五年	一•二八三•九六二	
十六年	二•六三三•七三七	
十七年	二•九九七、七九一	

全國菸酒費稅民國四年經費表

省別	支出經費總數	省別	支出經費總數	備考
江蘇	二六•七〇六元	甘肅	二•六四〇元	
浙江	二三•四〇三	四川	二〇•四四四	
安徽	一一•七八六	廣東	一•八三一	
江西	二〇•五五一	廣西	九•八一四	
福建	三•〇三三	雲南		閩省係十一十二兩月經費
湖北	二〇•二四八	貴州		
湖南	六•二二五	遼寧		
山東	五九•六五五	吉林	六•二八五	
河北	七三•九二六	黑龍江	六•五八六	
河南	一八•一八六	熱河	四•八一八	
山西	六•六五七	綏遠		綏遠原名歸綏局五年開辦
陝西	九•九七三	察哈爾		
合計	四年各省共支三十三萬二千七百六十七元			

說明

本年各省局所支經費專指公費一項而言惟各局開辦日期並不一致故所支經費或五六月或一二月均照舊案以年份計算

全國菸酒費稅民國五年經費表

省別	經費總數	省別	經費總數	備考
江蘇	七八•五四〇元	甘肅	二六•三四六元	
浙江	一九六•九三九	四川		
安徽	四七•四九六	廣東	二一•〇六二	皖省專指公賣費一項
江西	四六•九一一	廣西	三九•八四一	
福建	六三•六〇〇	雲南		閩省經費專指公賣費一項
湖北	六六•四二六	貴州		貴州公賣局經省當局令飭取消迄今尚未恢復
湖南	九九•六四〇	遼寧	五六•二一四	
山東	一五四•〇八七	吉林	二三•八二四	
河北	一〇七•二八八	黑龍江	一六•三五五	
河南	六九•二七七	熱河	二三•〇二六	
山西	五五•三二三	綏遠	三〇•〇一四	
陝西	五〇•五三九	察哈爾		是年綏省菸酒事務尚與綏省合併辦理名目歸綏菸酒公賣局
合計	五年各省共支一百二十七萬二千六百四十七元			

說明

本年各省局所支經費有包括公賣牌照菸酒稅三項者有專指公賣費一項者均以年份計算以下照此類推

全國菸酒費稅民國六年經費表

省別	經費總數	省別	經費總數	備考
江蘇	七六・三三八元	甘肅	一七・〇二二元	
浙江	二〇一・六三六	四川		
安徽	五二・九二〇	廣東		皖省專指公賣費一項
江西	五三・五一一	廣西	六三・八六二	
福建	九二・八九六	雲南		
湖北	一〇二・九八二	貴州		
湖南	一六七・八七六	遼寧	三六・九五三	
山東	一一八・一四〇	吉林	二八・九六〇	
河北	一四一・八六二	黑龍江	二二・九三三	
河南	六四・八五一	熱河	三四・三九七	
山西	一一五・二二四	綏遠	三八・三六八	
陝西	五〇・二三一	察哈爾		
合計	六年各省共支一百四十八萬零九百四十二元			

全國菸酒費稅民國七年經費表

省別	經費總數	省別	經費總數	備考
江蘇	一〇六•一九五元	甘肅	三五•五六四元	
浙江	二三二•一二九	四川		
安徽	四〇•一八五	廣東		皖省專指公賣費一項
江西	五五•九一一	廣西	四一•三八〇	
福建	八〇•三〇一	雲南		
湖北	一〇二•九七七	貴州		
湖南	九五•六五二	遼寧	三九•一二六	
山東	一一六•七九六	吉林	二七•八三〇	
河北	二〇四•二八〇	黑龍江	三二•六〇一	
河南	七一•一〇三	熱河	四二•五九四	
山西	九四•〇三六	綏遠	四二•三〇三	
陝西	三五•九九〇	察哈爾		
合計	七年各省共支一百四十九萬六千九百五十三元			

全國菸酒費稅民國八年經費表

省別	經費總數	省別	經費總數	備考
江蘇	一一八・四〇四元	甘肅	四一・三二三元	
浙江	二〇四・九二四	四川		
安徽	六四・〇五六	廣東		
江西	五八・九一一	廣西		
福建	八四・五〇一	雲南		
湖北	九七・〇三六	貴州		
湖南	五八・二二〇	遼寧	四五・六九八	
山東	一一九・三〇四	吉林	三四・〇五六	
河北	一九九・七四〇	黑龍江	六一・一四〇	
河南	八〇・五八〇	熱河	五六・一三六	
山西	一一三・一八七	綏遠	四六・八六二	綏省經費照報會表編列以年份計算下同
陝西	六〇・〇六二	察哈爾		
合計	八年各省共支一百五十四萬四千一百三十九元			

說明

本年支出經費數目除川粵桂滇綏五省外均照八年度預算編列又各省財政廳所管菸酒稅及牌照稅截至是年除遼寧外均經各省局先後接收管理其所支經費卽指費稅照三項而言與七年以前情形不同

全國菸酒費稅民國九年經費表

省別	經費總數	省別	經費總數	備考
江蘇	一二〇·七八三元	甘肅	四六·一二二元	
浙江	二〇七·三二四	四川		
安徽	六六·四五六	廣東		
江西	六一·二六七	廣西		
福建	八六·九〇一	雲南		
湖北	九九·四三六	貴州		
湖南	六〇·六二〇	遼寧	四五·六九八	
山東	一三一·七〇四	吉林	三四·〇五六	
河北	二二一·四七六	黑龍江	七一·六三六	
河南	八二·九八〇	熱河	六〇·五七六	
山西	一一五·五八七	綏遠	四二·八六五	
陝西	六二·四六二	察哈爾		
合計	九年各省共支一百五十九萬七千九百四十九元			

說明

本年支出經費數目除川粵桂滇四省外均照九年度預算編列

全國菸酒費稅民國十年經費表

省別	經費總數	省別	經費總數	備考
江蘇	一二〇•七八三元	甘肅	四六•一二三元	
浙江	二〇七•三二四	四川		
安徽	六六•四五六	廣東		
江西	六一•二六七	廣西		
福建	八六•九〇一	雲南		
湖北	九九•四三六	貴州		
湖南	湘省自此年起歸併財政廳辦理	遼寧	四五•六九八	
山東	一三一•七〇四	吉林	三四•〇五六	
河北	二二一•四七六	黑龍江	六一•六三六	黑省經費照九年度預算除去呼倫貝爾設局費一萬元編列
河南	八二•九八〇	熱河	六〇•五七六	
山西	一一五•五八七	綏遠	三七•三〇九	
陝西	六二•四六二	察哈爾		
合計	十年各省共支一百五十二萬一千七百七十三元			

說明
本年支出經費數目除川粵湘桂滇綏六省省外均照九年度預算編列下同

全國菸酒費稅民國十一年經費表

省別	經費總數	省別	經費總數	備考
江蘇	一二〇・七八三元	甘肅	四六・一二三元	
浙江	二〇七・三三四	四川		
安徽	六六・四五六	廣東		
江西	六一・二六七	廣西		
福建		雲南		
湖北	九九・四三六	貴州		
湖南	仝前年度	遼寧	四五・六九八	
山東	一三一・七〇四	吉林	三四・〇五六	
河北	二一一・四七六	黑龍江	六一・六三六	黑省經費仝九年
河南	八二・四八〇	熱河	六〇・五七六	
山西	一五・九八七	綏遠	三八・七三三	
陝西	六二・四六三	察哈爾		
合計	十一年各省共支一百四十三萬五千七百八十五元			

全國菸酒稅費民國十二年經費表

省別	經費總數	省別	經費總數	備考
江蘇	一一〇•五八九元	甘肅	四九•六一〇元	
浙江	一〇七•八四五	四川		
安徽	六四•〇五六	廣東		
江西	八二•八七一	廣西		
福建	八五•九六六	雲南		
湖北	九八•六一六	貴州		
湖南	仝前年度	遼寧	四一•一一七	
山東	一三六•〇〇〇	吉林	五〇•五九三	
河北	一〇七•六七六	黑龍江	七二•四三二	
河南	八〇•五八〇	熱河	五六•六一六	
山西	一〇〇•七〇〇	綏遠	三一•四三八	
陝西	六四•五四八	察哈爾	三〇•〇〇〇	察省菸酒事務於是年八月由綏局正式劃分另組菸酒事務局
合計	十二年各省共支一百五十五萬八千二百五十三元			

說明　本年支出經費除川粵湘桂滇綏六省外均照十二年度預算編列

全國菸酒費稅民國十三年經費表

省別	經費總數	省別	經費總數	備考
江蘇	一一〇·五八九元	甘肅	四九·六一〇元	
浙江	二〇七·八四五	四川		
安徽	六四·〇五六	廣東		
江西	八二·八七一	廣西		
福建	八五·九六六	雲南		
湖北	九八·六二六	貴州		
湖南	仝前年度	遼寧	四一·一一七	
山東	一三七·三〇四	吉林	五〇·五九三	
河北	二〇七·六七六	黑龍江	七二·四三二	
河南	八〇·五八〇	熱河	五六·六一六	
山西	一〇〇·七〇〇	綏遠	三二·四六五	
陝西	六四·五四八	察哈爾	三〇·〇〇〇	
合計	十三年各省共支一百五十七萬三千五百八十四元			

說明

本年支出經費除川粵湘桂滇魯綏七省外均照十二年度預算編列

全國菸酒稅費民國十四年經費表

省別	經費總數	省別	經費總數	備考
江蘇	一一〇·五八九元	甘肅		
浙江	二一五·三四六	四川		
安徽	八五·〇三八	廣東		
江西	八三·七一一	廣西		
福建		雲南		
湖北		貴州		
湖南	仝前年數	遼寧	四一·一一七	
山東		吉林	五〇·五九三	
河北	二〇七·六七六	黑龍江	七二·四三二	
河南		熱河		
山西	一〇〇·七〇〇	綏遠	六五·六七九	
陝西		察哈爾	五一·〇〇〇	
合計	十四年各省共支一百零八萬三千八百八十一元			

全國菸酒稅費民國十五年經費表

省別	經費總數	省別	經費總數	備考
江蘇	一一〇·五八九元	甘肅		
浙江	二三〇·〇四六	四川		
安徽	八五·〇三八	廣東	一八四·六三一	粵省經費照十八年報會表編列以年份計算皖省照十四年編列
江西	八三·七一一	廣西		
福建		雲南		
湖北		貴州		
湖南	仝前年數	遼寧	五〇·六〇六	遼省經費係奉大洋
山東		吉林	五〇·五九三	
河北	二〇七·六七六	黑龍江	七二·四三二	
河南		熱河		
山西	一〇〇·七〇〇	綏遠	五七·七八六	
陝西		察哈爾	五〇·一五四	
合計	十五年各省共支一百二十八萬三千九百六十二元			

全國菸酒費稅民國十六年經費表

省別	經費總數	省別	經費總數	備考
江蘇	一七九·〇〇〇元	甘肅	九九·一二〇元	甘省經費係照省局經臨兩費填列
浙江	三六二·八七〇	四川	五八·五四八	
安徽	七〇·七五二	廣東	二九八·九九一	皖省預算專指省局經臨兩費編列其分局經費係提成開支未列預算粵省經費係照報會表填列以年份計算
江西	一九〇·五四〇	廣西		
福建	五九·七〇〇	雲南		閩省經費專指省局經常費一項
湖北	一七四·九〇四	貴州		
湖南	仝前年度	遼寧	一七二·八五六	遼省經費係奉大洋
山東	一三七·三〇四	吉林	五〇·五九三	魯省經費照十三年度核定數填列吉省經費照十五年填列下同
河北	三八四·一七九	黑龍江	七二·四三三	河北經費有機製酒類分所經費在內與十五年以前情形不同黑省經費照十五年填列下同
河南	一三一·二九二	熱河		
山西	八九·一〇〇	綏遠	四八·四五九	
陝西		察哈爾	五三·〇九六	
合計	十六年各省共支二百六十三萬三千七百三十七元			

全國菸酒費稅民國十七年經費

省別	經費總數	省別	經費總數	備考
江蘇	一七九·〇〇〇元	甘肅	一〇四·一六〇元	
浙江	四〇四·一四六	四川	一八八·七七四	
安徽	三二一·五六三	廣東	五三·三二八	粵省專指總局經費一項分局經費暫照舊案提成開支惟查十八年度總分各局預算共列二十一萬三千餘元
江西	一九〇·五四〇	廣西		桂省支出預算未核定惟查十八年度總分各局預算共列二十四萬元
福建	一三七·八二〇	雲南	三四·九三二	
湖北	一八二·一〇四	貴州		
湖南	一五六·四〇三	遼寧	五八·五四九	湘省菸酒收入自本年九月起由財政廳劃出另設專局征收
山東	一五〇·〇七一	吉林	五〇·五九三	
河北	三八〇·九四六	黑龍江	七二·四三三	
河南	一三一·二九二	熱河		
山西	八九·一〇〇	綏遠	五四·〇一七	
陝西		察哈爾	五八·〇二〇	
合計	十七年各省共支二百九十九萬七千七百九十一元			

說明　各省開支經費除蘇浙等省業經核定確數外其餘各省册報不全有指公賣一項者有費稅併列者亦有按以前舊案編列者故列年數目不無參差應俟續編稅史時再行修正合併聲明

菸酒稅史 卷十

第十章 整理概況

第一節 概說

自近世言理財者。競以重課奢侈物品。爲調節民生。增益國帑之計。而菸酒收入。遂居各國財政上重要之地位。我國菸酒。當勝清咸豐初葉始抽釐金。光緒季年加征專稅。其時主計政者。但論款額。不立經制。是以各省定率參差。稅則繁複。實行較久。成效未彰。民國三年。舉辦特許牌照。四年創行公賣。定制較爲劃一。收入始稍增加。然招商設棧。已開包辦之漸。按期認繳之制行。而估價定率等於具文。單照規章。形同虛設。浮收中飽。稽核無從。矧時局遞變。軍閥鴟張。勢力所及。巧立名目。恣意誅求。狡黠之徒。復因緣以爲利。以致邇年以來。稅制愈紛。歲入日絀。前菸酒署曾迭次召集會議。討論補救之方。而因循之病中於內。積重之勢成於外。雖有改革計畫。卒難見諸實施。且國產菸酒。多係農民商販。種釀販售。非若廠商大賈之資本雄厚。自舶來菸酒。侵銷市場。土菸土酒。幾有一蹶不振之勢。而又零星散漫。非若其他機製貨物。可以就廠稽徵。扼要不繁。是以菸酒之整理。較之其他稅務。尤爲困難。十六年。國民革命軍底定江表。奠都金陵。十七年春。部長宋子文。重掌度支。承積弊之餘。各省菸酒稅務。紊亂已甚。非統一稅權。不足以言整理。而劃一稅率。改良稽徵方法。亦均目前切要之圖。爰以程叔度爲菸酒稅處處長。飭其分別籌畫。積極進行。一面組織整理菸酒稅務委員會。分組討論。蘄收集思廣益之效。先是。民國初年菸酒收入。本屬中央專款。嗣各省藉口計授。相率留用。迨國府肇建。軍事方殷。各處駐軍。仍有就地委派局長。截提稅款。皖贛等省。情形尤爲複雜。往往互相爭攘。時起糾紛。至是始定菸酒稅爲國家專稅、局長由中央簡派。徵起稅款。悉數報解部庫。地方不得截留。以前駐軍所委局長。一律取消。由省局接收辦理。並召集各省局長。核定每月解款數目。於是稅權漸臻統一、稅款始按期解部矣。現行費率。係民國四年頒定。以十分之一至十分之五爲範圍。立限過寬。以致重輕高下。隨地而殊。且公賣價格。自當時估訂以來。迄未改定。核與現在市價。相差倍蓰。尤失負擔之平。十六年六月間。曾由部公布條例。規定費率、一律按市價抽百分之二十。荏苒經年。尚未實行。迨各省局長由部派員接收。事權既一、復申令遵辦。蘇省於十七年七月起。首先改按新率徵收。稅則劃一。收入日增。其鄂贛等省原定稅率。與新章不甚懸殊。悉暫仍舊貫。以免紛更。至徵收方法。最足滋生流弊者。厥爲包繳制度。歷年費稅收數。有減無增。揆其癥結。實在於是。方公賣開辦之初。利其速成。招商設棧。原屬一時權宜之計。乃積之既久。稽徵之權。完全操諸包商。既無册籍足資查攷。匿報浮收。莫可究詰。把持壟斷。相習成風。非根本撤銷。雖有整理計畫。終難期其貫澈。十七年八月。財政部明令各省包商期滿一律取消。不得繼續。藉示廓清積弊之決心。惟以包商取消以後。由公家直接稽徵。必對於產銷實況洞悉靡遺。方足杜躧漏之弊。乃訂菸酒商登記章程。分製賣販賣兩項。凡商號名稱地址。製販種類數量。均應逐戶聲請登記。當經公布通飭各省着手籌備。此制一立。產製運銷。均有確數。按籍稽徵。則商人負擔。既免偏枯。貪猾無所欺隱。執簡馭繁。無逾於此。十八年春。秦景阜繼任菸酒稅處處長。時部處銳意與革。廢除包商。事在必行。惟登記章程。雖經公布。創行之始。手續綦繁。各省籌備未竣。商人仍多觀望。際年度接續之交。貿然施行。恐求盈轉絀。影響歲收。五月間。整理菸酒稅務委員會開會。由江蘇局提議、裁撤分棧。改設稽徵所。投標委辦。以爲過渡之計。經委員會議決通過。呈准自十八年度起施行。計投標結果。公賣牌照兩項。較十七年度增加五十餘萬元。蓋自由競投。舊商既難把持。稅收自見增益。十餘年壟斷之習。亦於以剷除、而其重要關鍵、尤在保證充實、延欠撤懲兩端、令嚴罰必。莫敢嘗試。是以實行半載。各所均能按額遞解。無愆期會。此則治法治人。允宜兼顧者也。旋河北局呈准援照辦理。投標新額、增加亦鉅。特許營業牌照。係民國三年公布、華洋菸酒、一律分四級。每年按兩期納稅。歷行已久。惟稅率高下。應與營業大小。資本多寡爲比例。舊章分級。過於單簡。與現在情形。未能適合。菸類牌照。曾於十七年改訂公布。惟肩販一項。季納稅銀一元。亦覺過重。且土酒仍照舊章辦理。同一菸酒營業。稅率懸殊。尤非事理之平。由處援照菸類辦法。增廣等級。改訂稅率。擬具酒類牌照稅章程。並將肩販一級。無論菸酒。一律改爲按季納銀五角。較之舊章。減少一倍。於平均負擔之中。仍寓體恤小本營業之意。蘇省向徵之門銷捐。坐賈稅兩項。前清時業已徵收。與費稅並行。跡涉苛細。經該局擬請自十八年度起。概予蠲免。以蘇民困。浙西土燒。蘇燒捐費。積弊最深。亦經浙省局擬請特設專局。切實整頓。每年可盈收一二十萬元。凡此諸案。或剔除積弊。增裕歲收。或減輕負擔。培養稅源。均經提出整理菸酒稅務委員會議決通過。呈准照辦。實行以來。成效昭著。風聲所樹。耳目一新。自菸酒稅處處長以下。由部擇尤嘉獎。以彰勞績。此外最近整理。足資記述者。如菸葉一項。向爲土產大宗。自魯皖等省農民。

改種美菸。收穫愈豐。播植益蕃。邇來因各省費稅重疊。成本漸增。華洋商人相率停運。不第稅收銳減。於商業民生。均有影響。十八年八月。核定皖省菸葉改徵統稅。於產地一道抽足。經過各處驗票放行。概免重徵。魯省相繼仿辦。稅則既極簡易。定率復核減逾半。商民稱便。爭先採購。一時收入驟盈數倍。土菸酒之徵統稅。當以此爲嚆矢。又公賣暫行簡章。係四年開辦時公布。邇來時移勢易。事實上每多扞格。於稅務進行。關係至鉅。爰於八月至十二月間。擬具公賣暫行條例。及稽查罰金各規則。暨菸酒稅處組織章程。先後呈准公布。並以菸酒稅務。相沿已久。而在官在私。尚乏專門著作。復於整理委員會內設編輯一股。編纂菸酒稅史。程叔度秦景阜相繼任總纂。凡九閱月而全書告成。於是章制咸備。軌轍可循。而稅收乃日臻起色矣。總之各省菸酒稅務。自部處着手整理。以來。成績最優者。厥惟蘇浙兩省。蘇省十八年度收入額爲一百八十餘萬元。較從前約增一倍。浙省除原額二百餘萬元外。尚可盈收五六十萬元。次爲安徽。該省稅務向稱疲敝。自整理後。全年可收一百萬元。以上三省。每月核定解部之款。均能按額遄解。復次爲魯薊贛鄂閩湘等省。或因軍事甫經敉平。或以天災匪患。地方元氣。尚未完全恢復。稅務進步較緩。然十八年度收入額。業已均有增加。自十餘萬元至數十萬元不等。其餘各省。或尙在軍事期內。或有特殊情形。果使匕鬯不驚。海宇乂安。得以從容整理。全國一致之效。固不難計日而待也。茲將各省整理情形。分節敘述。並將表件章則。彙列於後。以供參考。

第二節　江蘇菸酒稅務整理概況

蘇省菸酒公賣。自民國四年開辦以來。純用包商制度。省局以所定比額。責令包商征解。包商以之攤派各戶。名雖公賣。實等攤捐。故蘇省菸酒公賣。行之十年。而產銷數量。商戶多寡。從未有精確之調查。稅額任其隱匿。章則等於具文。庫帑損失。不可勝數。閭閻以輸納爲苦。包商以把持成風。積習相沿。驟難變革。菸酒費稅。歷年徵收總額。僅由五十餘萬。遞增至於百萬。歷任經征人員。屢議改革。而其效弗彰。則以征收之權。操自包商。稍議更張。羣情疑沮。卒未能見諸施行也。

十七年一月財政部長宋子文重掌度支委菸酒稅處處長程叔度兼領蘇局事務。以蘇省菸酒費稅。亟待整理。而整理之道。當自廢除包商始。惟包商制度。行之已久。一旦改弦更張。非倉卒所能奏效。而在此籌備時期。費稅必至停頓。重以時值軍興。部處催款。急於星火。舍近圖遠。勢所難能。乃定標本兼治之法。以籌備撤銷包商爲治本之計。而以增加費率以濟軍需爲治標之方。先是。各省公賣費率。省自爲政。輕重懸殊。蘇省向徵百分之十二。較鄰近各省爲輕。十六年。財政部令各省公賣費改徵百分之二十。自九月一日施行。蘇局遵令籌備。通飭各區分局遵照部令。實行加徵。而積習相沿。阻撓橫生。各屬商民請求免予加徵之文。積牘盈尺。時逾數月。迄未實行。至是。蘇局重申前議。各省商會聯合會。復以菸酒公賣征收百分之二十。原案爲裁厘加稅統一稅收起見。今菸酒一切產銷等稅。尚未取銷。民力難堪。請在舊稅未取銷以前。新稅暫緩施行等情。呈奉財政部令飭蘇局議復。旋據復稱。蘇省菸酒公賣費。原係按照時價征收百分之十二。鄰省因時價歷年增高。早經加征。蘇獨率由舊章。而物價按年遞增。由今視昔。奚啻倍蓰。蘇局但飭增加費率。尚未按價征收。是於加費之中。仍寓體恤之意。至以財政原理而論。菸酒爲奢侈之品。本非日用所必需。東西各國。征稅獨重。無非寓禁於征。且稅率旣重貨價卽隨之而增。是負擔此稅者。不在菸酒業商。而在消費之人。原呈所稱各節。詞多偏宕。於理無當。揆時度勢、未便允行。部議韙之。令飭照案加征。蘇局遵令籌備。至十七年七月一日實行開征、總計是年度菸酒費稅實收數凡一百二十萬元左右。較十六年度實收數約增二十萬元。

先是各省產銷菸酒向乏精密之統計征收費稅每難核實、於是前菸酒稅處處長程叔度建議。各省菸酒費稅。欲圖根本之整頓。惟有調查產銷實數、按戶登記。核實征收。貪吏猾胥。無從欺隱。務使積弊盡除、國課得歸實濟、部令准如所請。於十七年十二月通飭各省遵辦。此項登記方法。爲整理費稅之基礎、各該業商果能據實報登、毫無隱漏、則按册課稅、不難弊絕風清。無如事屬創舉。觀望懷疑。實居多數、非旦夕所能收效。而十七年度瞬將終了。若據此甫經草創之登記、貿然施行。其結果必致開支陡增。稅收支絀。利未行而害先見矣。十八年五月。財政部整理菸酒稅務委員會開會。蘇局提議。商包制度。勢在必廢。然而按期納稅、比額不致短少。其長亦有足取者。至欲樹根本而資整理、非實行委辦不可。然委辦難在得人。蘇省各屬菸酒商類。皆散處城鄉。及於僻遠、而各區情形。又復不同。苟非熟悉地方情形者。率加委任。恐欲應急需而利目前、或反不如包商遠甚。處此改革之際。絕續之交。勢必有一辦法。能兼此兩者之長。而無兩者之弊。方足以兼籌並顧。迭經熟權利害。通盤籌劃。擬一過渡辦法。先分縣設立稽征所。每所委所長一人。所長之產生。約分兩種。一擇熟悉菸酒情形者委任辦理。仍令繳納保證金。認比照解。一用投標制。公開比額。先期布告招標。以標額最高者委任辦理。當經議決採用投標制。以昭公允。蘇局根據此案。自十八年度開始之日起。將各縣分支各棧。一律取銷。改設稽征所。各所比額。在產銷數量未經調查詳確以前。以投標法定之。所長由省局委得標人充任。並擬具章則呈部核准頒行。惟本省菸酒費稅包商沿襲已久。此次驟議更張。阻力至多。且各商習聞投標之法辦理者稍不審愼。易滋流弊。於是懷疑觀望。極難就範。蘇局爲取信商民計。乃條列數事。登報公布。凡投標人領取標紙後。不得在本局塡寫標紙。以防泄漏。投標期限。以投標日之上午九時至十二時爲限。卽於是日下午開標。由部處派大員監視。並准各商到局參觀。於是各商知此次投標絕對公開。事歸核實。羣疑盡釋。綜計投標結果。公賣費牌照稅兩項。標定一百五十三萬餘元。較十七年度約增五十四萬餘元。較十六年度實收數幾增一倍。綜計十八年度各項菸酒費稅比額。凡一百八十萬餘元。至本省各屬征解稅款。積欠甚鉅。揆厥所由。蓋有二端。一由省局定比。未能考察實情。核實規定。一由包商積習未能革除。故各年度預算數與實收數相差甚鉅。歷久相沿。匪伊朝夕。自程叔度兼局以來。嚴飭所屬按期征解。稅收日見起色。迨十八年度裁撤分支各機。改設稽征所。各所長預繳保證金全年稅額十分之二。欠解稅款一月以上者撤職。通飭各屬照章執行。各所長自十八年七月就職以來。時經四月。大都按期報解。罕有短欠。良以此次整理。自標定比額。以及任用所長。無少瞻徇。故能令出惟行。而無所扞格也。

蘇省菸酒厘稅。原屬百貨厘金。公賣局成立以後。劃歸蘇局管轄。其收入以靖界菸酒稅局爲最鉅。惟吾國厘稅。創於前清咸同之間。法久弊生。該局轄地尤廣。設卡甚多。所有各項職員及司巡人等。綜計不下一百數十人。而原定經費。僅月支銀九百五十元。員司所得薪給。旣不足以贍其身家。自不能振刷精神。共圖整理。整理之道。惟有增加經費以清其源。嚴行督察以清其流。十八年度該局每月增加經費銀五百五十元。仍屬不敷支配。而十八年度支出預算早經核定。礙難追加。爰將省局原設督察員一律裁撤。此項月薪共一千零八十元。悉數撥充該局經費。一面派遣專員實地稽核。自是該局稅收日見增加。此蘇局整理菸酒稅之經過情形也。

蘇省菸酒除厘金外。尚有寗屬之門銷捐。蘇屬之坐賈稅。其法創自清季。自公賣牌照開辦後。此項捐稅悉仍舊貫。綜計全省收入僅十萬餘元。事屬苛細。跡近重征。爰於此次整理案內提出財政部整理菸酒稅務委員會議決取銷。以紓民力。此於整頓之中。仍寓體恤之意。節民財以培養稅源。於民有益而於國無損者也。綜計此次整理費稅。為國庫增加收入五十餘萬。為商民蠲除苛稅十餘萬。是以輿情翕然。成績昭著。部令在事人員菸酒稅處處長秦景阜稅務科長吳孝勉江蘇菸酒事務局局長繆協僉副局長姚大中均予嘉獎。以示激勸。

第三節　浙江菸酒稅務整理概況

浙以產酒甲全國。自清季開辦酒捐。查缸定稅。立法較密。成效較著。民國創行公賣。卽照酒捐原案計缸加征。事尚核實。是以四年至十一二年間。捐費收數遞有增加。由是以還。積久弊生。缸額漸多隱匿。菸葉菸絲蘇燒土燒等項產銷散漫。稽核未周。繞越偷漏。日甚一日。而時局多故。主稅務者因循一時。未遑整理。十三年以後。僅能勉維現狀。實緣於是。

十七年六月財政部任余大鈞為浙江菸酒事務局局長。姚烈為副局長。積極整理。以浙省菸酒收入。

向以酒稅爲大宗。歲計盈虧。全視缸額消長爲轉移。而積弊之深。亦莫查缸若。考諸定章。每屆冬釀。於臘尾春頭之際。由省局派員。逐戶編查缸額。爲全年征收標準。辦法本極扼要。乃歷年以來。各分局於釀坊正缸之外。不免匿額折收。營私肥己。習行既久。視同當然。其各屬產酒之區。鄉村零釀。或五六缸。或二三缸。輒有不肖員司。勾同鄉警。暗索規費。並不呈報。缸額日減。歲收日絀。職是之由。此外紹酒一項運銷出省者。向於正項捐費外。另征加捐一道。紹屬酒坊。以捐稅偏重。相率遷至上海無錫金壇等處。就地製釀。名曰仿紹。彼長此消。亦缸額減少之一因。前經浙局呈准自十七年起。免除出運加捐。以期減輕負擔。防止遷釀。缸額漸有增加。然酒捐弊竇之最深者。尤在匿報缸額一端。非澈底清釐。稅收終無起色之望。當經該局長等。通令所屬。確查缸額。禁止巧立名目。收受規費。以爲正本清源之計。惟是歷年既久。漸成積重難返之勢。一經核實辦理。向之藉以爲利者。莫不暗中阻撓。冀遂私圖。復經呈准設立稽查員若干人。隨時分途查察。並於是年查缸之際。由該局長等親赴各區實地抽查。稽核既嚴。奸猾遂無所藉手。漏報漸少。缸額陡增。尤以第五區成績最優。較從前約加一倍以上。總計全省十八年分紹酒黃酒應征捐費。達一百七十六萬餘元。較十六年增七十餘萬元。較十七年增三十餘萬元。（細數見附表）稅率未更。人民負擔並無增加。而國庫收入。歲盈數十萬元之鉅。所謂有裨於國。無損於民者。然十餘年根深蒂固之積弊。逐漸剷除。其間排異議。斥浮言。固幾經波折。而始克告成也。蘇燒入浙銷場頗盛。一沿官塘以達嘉興。一越太湖而抵湖州。嘉湖分屬第二第三兩區。轄境應征捐費。即由該兩區分局分認征解。其指杭銷者。亦於入境時收足。到杭不再重征。因之二三兩區各顧比較。

相率減輕捐費。以爲招徠商人之具。甚且互爭運道。時起齟齬。商人避重就輕。以減折多寡爲從違。以致折扣愈低。收入益絀。迨其結果。比較仍難征足。而國庫損失已不貲矣。又土燒一項。亦屬浙西出產大宗。應納費項。向係招商組織燒酒分支棧經征。每年與黃酒同時査缸定稅。以爲全年征稅根據。然燒酒隨時可以煎吊。與黃酒製法迴異。一次檢定。斷難核實。各該棧商串同隱匿。任意延欠。積弊之鉅。尤甚蘇燒。以上二者。原定比額。全年共計二十九萬五千元。開辦以來。迄未征收足額。其間雖經屢議更張。然以經征機關未能統一。征收辦法。互有參差。卒難收效。十八年五月。財政部於部內設立整理菸酒稅務委員會。召集各省局局長。討論進行辦法。爰由浙局提議設立浙西燒酒事務專局。以爲澈底整理之計。經委員會議決。呈部核准。令飭浙局遵辦。是年七月一日。專局正式成立。當由浙局將二三兩區向征之蘇燒土燒捐費。一律劃歸該專局管理。比額照加二成。共計三十五萬餘元。浙西各屬原設之燒酒分支棧。概予撤消。由專局收回直接稽征。於是事權既一。減折招徠及商棧把持之弊。完全袪除。稅務始克漸循正軌。蘇燒土燒之稽征方法。向章不甚周密。以致流弊滋多。自專局成立。卽行着手整理。綜其大要。約有數端。(一)運銷蘇燒船隻。向係艙面點罎。艙內扦量。再行合成觔數。計算捐費。原定棧罎每罎作二百二十觔。而實重有達四百二十觔者。隱匿甚多。其船式近來亦多改造。並有發現桅艙墊板等弊。舊法扦量。已不適用。當經浙局訂定各種核實罎量及改訂扦量辦法(見後)分別公布。以昭劃一。(二)蘇燒由湖州分運西路。向有先裝木桶。領貼印照。迨抵銷地。換罎零售。無照可貼。與白罎私酒無甚區別。易滋弊混。當經該局添設蘇燒批發桶口封一種。飭商於起運時領貼桶口。

到達銷地。報明稽征機關。督同換罎貼照。又存坊土燒。從前稽核不嚴。每有客燒冒充。冀圖漏稅。亦經該局另製土燒罎口封。編列號碼。派員逐坊點驗存酒。按罎實貼。以杜影射。(三)十八年分各坊原認土燒缸額。每戶多者一百餘缸。少僅數缸。嗣經該局核實調查。以計缸驗灶點工等法。推求每年煎吊次數。與認額相去懸殊。當卽責令各坊。暫按認額加兩倍繳稅。以後逐年詳查確數。照數加征。藉昭核實。以上各節。均經浙局督飭該專局。切實進行。數月以來。浙西燒酒事務。始煥然有日新之勢。十八年七八九三月。收數驟增。不特較之從前幾加一倍。卽衡以本年新訂比額。尚能盈收三成以上。此皆改設專局。統一征收之明驗也。

贛菸蘇銷。通過浙境。援諸定章。例不征費。而骫法之徒。每藉銷蘇爲名。冒領驗單。入浙後沿途銷賣。防不勝防。稅收影響甚鉅。浙局前於本省原有知照回照單(詳見第四章第三節)之外。增加指銷省分到達地知照回照單兩聯。對於指銷地點稽核辦法。規定綦密。果能認眞填報。互相核對。則遠指近銷之弊。不難根本肅清。曾由浙局咨飭遵辦。十七年秋間。復經該局咨請蘇局申令所屬一體遵照填送。藉重稅務。其浙產菸葉。由第九區報運出境者。所有護照及憑驗單照。既不遵章填註。亦不隨菸繳銷。以致一單兩用。屢見不鮮。浙西曹娥等處。並有奸商猾胥。互相勾串。將整菸冒充碎菸者。弊竇重重。莫可究詰。當經浙局通飭各屬。切實禁止。一面多派得力稽查。不論本客菸類。一體扼要伺察。迭次破獲弊混案件。從嚴懲罰。風聲所播。不法者有所顧忌。始漸斂迹。十七十八兩年。菸葉歉收。洋莊停辦。而全年捐費。較之十五十六等年。仍增收近十萬元左右。此整理菸稅之經過也。

浙局收入。向有外銷名目。如菸捐二五行用酒捐二厘經董夫馬費。公賣費五厘利益金。皆係財政廳經征及商包時代。核准應提之款。由局收回直接征收後。仍照舊提支以補省分局經費之不足。雖名外銷。實同規費。前局長蕭鑑任內節經呈准將外銷名目取消。關於上項收入。悉數作爲正款報解部庫。斯亦化私爲公增加收入之一端也。

浙省菸酒捐費原定比額二百萬元。十六年以前。最多年分約收二百一十餘萬元。本屬直解中央之款。嗣因協撥四師軍餉。由省全數截留。迨國民政府成立。十七年春。財政部部長宋子文積極整理。召集財政會議。劃分國家稅地方稅性質。並核定浙局每月應解部庫銀十五萬元。由是浙省菸酒稅始復爲中央專款。自茲以還。清除宿弊。認眞編查釀缸。定額漸增。十七年全年收二百六十一萬元。較從前約增四分之一。十八年收入額原定二百六十三萬餘元。然自燒酒設立專局。核實稽征。牌照遵照部章。按季征收後。據該局預計。燒酒捐費全年可增十餘萬元。牌照稅盈收亦鉅。是皆超越比額以外者也。

第四節　安徽整理菸酒稅務概況

安徽菸酒收入。自清季開征專稅。民國創辦公賣。規制粗立。成效未彰。十餘年來。權操軍署。凭權之吏。擅行委任。課稅所入。任意截留。弁髦部令。蔑視定章。上下朋比。迭相侵蝕。是以人民負擔遞有增加。而國庫轉以日絀。迨國府肇建。始積極整理。以統一事權爲入手。先是高鏡史如璋。呂世芳。婁震歐。相繼任省局局長。皆設局蚌埠。及北伐軍入皖。以馬翰中爲局長。設省局於蕪湖。皖南分局。均已受命。而皖北各處。仍由蚌局指揮。遂成分治之勢。十七年二月。財政部以潘耀榮爲局長。張貽志副之。旋改屠方爲副。時婁震歐恃駐軍之援。征榷如故。幾經督促。始將蚌埠總局取消。至皖北各分局長。或受駐軍委任。或係婁震歐令充。或爲馬翰中所派。常有一局數長。互相爭攘。時起糾紛。加以軍隊把持。土劣壟斷。每新舊交接。此迎彼拒。相習成風。積弊之深。甲於他省。改革之始。爲因勢利導計。擇用當地優秀份子或駐軍推荐忠實人員。分別委任。前往接收。經營兩月。漸次就範。事權既一。稅務進行。始趨正軌。十七年九月。屠方繼任局長。呂彝伯爲副。其時皖南菸酒事務。雖已統一。商人仍沿包征之習。從中把持。各分局解款稽遲。且多短欠。以致省局應解部款。每難足額。揆其重要原因。皆由分局比額。自馬翰中任內酌量增訂。遂有新比舊比之名。新比雖經施行。而分局仍照舊比報解。是以數目相懸甚鉅。由省局召集各分局長開會議決。(一)實行公賣價格。部頒公賣費率。係照時價估計。按百分之二十征收。而各分局仍多拘守舊率。未能一律改訂。應遵章辦理。以裕國稅。(二)斟酌於舊比新比之間。由分局認定每月解款之最低限度。(三)限定分局本月費稅。應於下月十日以前掃解省局。(四)議定分局長短解溢解懲奬辦法。(五)包辦稅收。弊端乃生。應恪遵部令。嚴行遏止。(六)分局長交替。新舊任應負責結束及催繳欠款。勿得諉延。(七)根據部令擬定登記施行細則。澈底辦理菸酒商登記事項。以上各節。均經分飭遵行。由是咸知警惕。力顧考成。而省局月解部款。始能按期如額報解。十八年二月。程壽慈繼任局長。凡諸設施。初仍踵行上年議決辦法。惟各分局長大率以認解新比成數。劃限自封。致每月征解之款。僅敷解部及經征費用。非根本整理。難期進步。復由該局嚴飭所屬。遵照部訂登記章程。徹底調查。以爲將來規定稅額之標準。而商民狃於舊習。明知一經登記。不能仍前隱匿。深閉固拒。相率遷延。雖以懷寧省會之區。蕪湖通商之埠。猶復飾辭推宕。嗣經令派登記員八人。一再巡行督促。始獲有成。皖省費稅收入。向恃菸葉爲大宗。鳳陽懷遠等處所產尤爲著名。後經英美菸公司散放美菸種子。收穫益良。銷路益廣。民國十五六年。門台子及蚌劉兩專局。所征菸葉費稅。曾達二三十萬元之鉅。徒以本省費稅之外。既有其他稅捐。而運經江蘇等省。復須另納費稅一道。上年英美烟公司以外洋輸入菸葉。每担僅納關稅四元。而皖省菸葉費稅。總計約增一倍。担負過重。竟至停收菸葉。不第省局收入銳減。而在商民囤積百數十萬元之菸葉。於社會金融影響尤鉅。迭經環請維持。由局呈部規定征收炕菸葉統稅辦法。一次征足之後。無論經過何地。均稽而不征。本年五六月間。鳳陽等處土年舊菸。始由外商悉數收買。復布種新菸。稅源既裕。收入自增。國計民生。裨益非淺。皖省連年兵革。歲比不登。重以一二稅蠹。又復假設公會。任意把持。如合肥等縣。其尤著也。皖南北寇盜充斥。而皖南屯溪等處受害尤烈。菸酒商散處城鄉。皖省征稅。例須派員四出。挨戶征收。邇來交通梗阻。行路艱難。地方官長。向鮮協助。委員少則未敢深入窮鄉。多則所費頗鉅。其征得之款。中途被掠者。比比皆是。凡此天災人事。在在足以影響稅收。迭經分別擬具辦法。排除困難。積極整理。收入稍有起色。分局經費。向於征收費稅內坐扣百分之二十五。牌照稅扣百分之八。雖事實上已甚竭蹶。而值此整頓稅務之時。少一分開支。即多一分收入。爰於無可設法之中。爲竭力撙節之計。定自十八年度起。征起菸酒費稅統按百分之二十扣支。幾經擘畫。順勢利導。始底於成。本年夏秋。最淡之月。加以旱荒匪患。而解部之款。仍不愆少者。以開源節流。同時并行。各分局長亦能羣策羣力顧全考成也。十八年八月。呂彝伯升任局長。吳簡為副。以稅收盈絀。全視分局長之賢否。當經嚴加甄別。擇尤撤換。並令一律遵章繳納保證金。以實行保障公帑。並根據產銷情形。參酌征收狀況。擬具整理辦法。(一)各分局務照十八年度比額。十足征解。甲月費稅。儘乙月上旬解省。牌照稅務於每年一四七十等月內征解。不得短延。(二)各分局向來積弊。務應澈底剷除。否則一經查出。立黜不貸。如有執行職務。直接或間接圖利者。以違法論。(三)確定納稅之標準。皖省酒缸。有大缸小缸空缸之別。酒池有大池小池之分。學徒菸刨例減費稅、各地辦法不同、而揆其實在數量。大率低減甚鉅、亟應釐定標準。以杜偷漏、(四)釐定稅率。同一土酒。同一土菸。甲縣公賣價格。與乙縣迥殊。負擔不平。莫此為甚。亟應按時查定。以昭劃一。(五)實行登記章程。分局所轄菸酒商製賣販賣產銷數量及牌照等項。向無顯明記載。以致分局長交代之時。常有串同商儈。低減費稅之征額。以貽累後任者。故分局長雖經更調。而稅收仍難增益、或竟短絀者。職此之由。宜令分局將登記表冊。抄呈省局彙報部處備案。一面詳細揭示。俾眾周知。當新舊交替時。並應編列擋冊。專案交代。以重稅額。(六)重定比額。分局於新比舊比之外。復有按比認成之例。已甚錯雜、且各分局比額。均有淡旺之分、然有本無淡旺而強分者。亦有雖分淡旺而實不相符者。均屬不切於事情。至新訂十八年度比額。雖與事實較近。仍宜根據登記表冊。重定準確比額。使分局按照征解。庶全年歲入預算。可有確定之把握。(七)派遣分局主任。省局例有總稽查及稽查員各若干人。巡行視察。制非不善。惟每至分局。少留卽去。其於真實情況。仍未周知、乃由省局委派主任一員駐分局辦事。將征收狀况隨時詳細報告以備參考。(八)釐訂章程。省局前此印行菸酒費稅章程。已太半不適於用。一經誤引即起糾紛至省局分局專局辦事章程。亦向未呈准施行。亟宜詳細規定以資遵守。當經擬訂省分局辦事細則。專局組織條例保證金規則。菸酒稅規則分別呈准施行以上諸端既經分別進行。各分局報解費稅數目驟增。除支省分局經費外。八九兩月。例解財政部銀六萬元。並溢解銀六萬元以此推算全年稅收已超過一百萬元以上。十八年十月。呂彝伯吳簡他調以沈樂康吳孝勉繼任。

皖以產菸著。然開辦公賣以來。全年收入不過三四十萬元。嗣經接收各分局切實整理。收數漸增。十七年財政部核定該局每月稅收除開支經費外應解部銀三萬元。餘存尾款。則積有成數隨時掃解。十八年度預算收入額。如地方無特殊情形可達一百萬元。較前增加一倍以上。循軌以進。自能日起有功也。

第五節　江西菸酒稅務整理概况

贛省菸酒公賣開辦之初由商棧經征事同包繳。流弊滋甚且全省出產。以廣豐等處之菸葉為大宗。不肖商人冒領出洋三聯單免費起運沿途洒賣。漏卮尤鉅是以開征數載收入寥寥九年呈准取消商棧。改設稽征所。直接稽征。菸葉一項。厲行先征後售辦法。三聯單漸次減少。歲入始稍有增益。嗣後時局多故。省當局取便一時。復委商人包辦。加以駐軍干涉稅政。把持分局。原有章制。破壞無餘。收入因之銳減。十七年秋。財政部鑒於該省稅務混亂狀况。爰任唐適為贛省菸酒事務局局長。實行接收整頓。始能遵照部章辦理。力袪包商舊習。但積弊已深。廓清不易。固非旦暮之間所能撥而正之也。

贛省轄境遼闊。分局有在千里以外者。省局鞭長莫及。監督難周。唐適接事之初。請就原有四道區域。設區局四。第一區局原設九江。旋移設鄱陽。第二區局設南昌。第三區局設樟樹。第四區局設贛縣。區局負承上啟下督率稽考之責。又以各分局自林金藩向省政府承包以來。舊制全廢。一切辦法。多無定章可循。征解手續。復紊亂無序。故擬於各分局各設監收員一人。就近督催指導。先後經部將所擬章則修正核准施行。而着手整理之初。所最感困難者。厥爲牌照稅局之處置。該省牌照稅自民國十四年由各縣收回後。初曾招商包繳。旋歸併各分局兼征。十七年七月。林金藩任內。復改歸吳焜榮承包。年額原定十三萬七千元。試辦半年。設總局於南昌。設分局於各屬。糜費較鉅。包額多難解足。九月間。復改包期爲一年。減包額爲十萬元。迨唐適到任。仍准吳焜榮照額繼續承包。翌年春。該包商捲攜鉅款離職潛逃。局中職員星散。負責無人。征解實況。亦無從查考。乃由省局召集該局員司。責令繳呈重要卷牘鈐記票照等項。查明該包商經收各款。登報宣布。並乘機將該局撤銷。通令各牌照分局。來省會議結束辦法。規定自十八年夏季起。牌照稅歸併總局辦理。按照菸酒費稅征收區域。設置專員負征收之責。擬訂牌照稅整頓大綱。呈部核准施行。

贛局各屬解款疲緩。已成習慣。至是亦由省局酌定各屬稅款。五日一解。按月結報。計其程途之遠近。定時日之多寡。逾期款尚未到者。卽行派員守提。責成欠款之局。擔負委員川資旅費。區局長監收員督催不力者。各予以相當處分。分局漸知儆惕。解欵始稍有起色。

十八年六月。唐適他調。以韓兆鴻繼任。王春渠副之。頗能銳意整頓。如南新之土膏梁公賣費征收事宜。從前設有專局。九江之機製酒稅。亦設有專征機關。事等駢枝。徒糜公帑。至是呈准以土膏梁征稅事宜歸併南新分局。九江機製酒稅征收事宜。歸併九江分局。又以吳城地方爲貨物囤積之所。從前外來菸酒。均沿統稅舊案。於入境經過湖口時。徵足稅款。至吳城存棧。運銷內地分售。則轉請吳城統稅分局發給分銷單。交商轉運。以菸酒範圍之事。仍由統稅機關處置。不足以明權責。而入境運銷種類數量。亦復無從稽考。因於統稅改征特稅之時。改訂辦法。由省局刊發分銷單。交吳城菸分局塡發。以呈局一聯彙同收回湖局所發稅單。呈送省局。乃有稽考。流弊以減。繼又廢止廣豐等分局給與牙行鼓勵費。緣廣豐等分局於先徵後售案內。凡完公賣費者。均給牙行以三厘鼓勵費。以期抵制關單。近年關單已逐漸減少。贛局乃呈准廢除。以節庫欵。而於各屬比較之盈絀。解欵之遲速。考核尤爲認眞。至是贛省菸酒稅務。始漸有軌轍可循。旋又鑑於區局及監收員二職。設立既久。疲玩漸生。於事務上無多裨益。復於十八年十月。呈准將原設四區局全行裁撤。各局監收員。改爲督征員。額設六人。附設助理員十二人。分爲六組。指定區域。周巡督察。兼負各分局考查整理責任。每年上期以二月至五月。下期以八月至十一月。爲出發考察時期。其餘各月。爲集合研究討論一切改良辦法時期。以督征員兼督察監收之責。免去各分局承轉之煩。而年節庫欵達七萬餘元。部令嘉勉焉。

贛居長江下游。菸酒產銷。不減皖鄂。而稅務疲敝。爲各省最。民國以來。開辦菸酒公賣。年收約二十萬元上下。菸酒稅約數萬元。共計最多年分不過四十萬元。少者僅十餘萬元。國民政府成立。十六十七兩年軍事未平。包繳制度屢廢屢復。迄難澈底袪除。而軍人干預稅政。强索分局甚至以武力相要。稅蠹復藉軍人之勢。以爲挾持分局長成績不良者。格於情勢。既難予以撤懲。其成績優良者。或轉不能久於其位。該省稅務疲敝。揆其癥結。實在於是。自由財政部接收以後。迭次嚴詞電令省局長對於各分局長之任用。不得畏葸曲徇。倘有强行干預者。卽據實陳報。以憑呈請府院制止。省局長賴此電令。稍稍振奮。十八年度預算額。爲六十餘萬元。自七月起以迄十一月。本史告成。稽其報册。皆按月差可及額。漸有整理之望矣。

第六節　湖北整理菸酒稅務概況

鄂省菸酒稅創於前清光緒季年。菸酒糖合辦籌餉捐。由各縣署征解。總其成於籌餉局。民國三四年間開辦牌照稅及公賣費。均由公賣局及各區分局征收。十一年籌餉捐歸併公賣局。一律改爲招商包繳。十六年取消包商。廢除分區制。按縣設處。省局改爲公賣處。旋仍改處爲局。洋酒稅於十五年夏間開征。此其大略也。當包辦以前。病在短收。包辦以後。弊在浮收。軍閥時代。立法不完。所依據取之商民者。惟全國菸酒署之公賣簡章。而其實仍對貨征稅。所執以考核包商者。惟逐年包辦之合同。而未嘗履行條例。其時支棧組織無異。分局在上者。祇問包額。不問其他。稅率既未研求。票照亦不注意。包商假征收權以操縱壟斷。罔顧稅法。任意侵漁。無所不爲。而於包額仍多藉端減免延欠。於是國敝於上。商困於下。而利則全歸中飽。民國十五年九月武漢初復。菸酒商民以不明性質。認爲苛捐雜稅。羣請取消。前湖北菸酒事務局局長華煜受任之始。暫仍習慣。規畫起征稅收。幸未中斷。是年十二月改設公賣處。以殷安華爲處長。鄂省公賣價格。係民國初年規定。名雖從價征收。核與市價相去奚啻倍蓰。當經設會調查。估本計率。草擬稅費暨牌照條例及票照程式。先後呈奉部令頒行。自是稅法始漸有準則。十六年夏。華煜繼任鄂處處長。以分區包辦積弊過深。且層遞管轄。間接征解。虧短頻聞。考核不及。每爲駐防雜軍整區盤踞。流弊尤甚。經呈准廢除區制。按縣設處。直接委員稽征。是年十一月復改處爲局。全省共七十餘分局。自是各縣征收情形。產銷狀況。總局始得直接考查。顧實行經年。稅收仍無起色。各分局比額。純出估攤。毫無根據。經費係按成提支。收數較少之局。卽竭力樽節。亦難敷衍。各分局長不得不假手於員司。員司復依賴乎土著。其初人地生疏。惟土著是問。其繼情形稍熟。則勾土著以爲弊。大都略解稅款。卽已盡職。章程條例。匪所習聞。稅率雖定。多未照征。運銷過境者。例外浮收。本產本銷者。以多報少。加以時局不靖。萑苻四伏。征收人員時被戕害。分局長之庸懦者。則畏縮不前。狡黠者又設法轉包。於是稅務仍落於土著稅蠹之手。實際狀況。分局長仍茫然不知。交代之時。向無眞實稅收底册移交。已成通例。或因交通梗塞。文報罕通。竟無交代可言。其有駐軍所委人員。遷就加委。或係瞻徇情面委用者。更恃護符。漫無忌憚。視考成爲具文。置稅法於不顧。追隨軍去職。更無交代可查。十七年秋。擬訂分局辦事細則。各種登記月報册式。督飭塡報。注重票照。詳細解釋。俾有遵循。對分局長施行保證辦法。嚴禁轉包。並以各分局往往因經費不敷。挪用正稅。致時有虧欠。擬改提成制爲預算制。一面併縣分等設局。以資撙節。報部之後。未及施行。是冬鄂北道路初通。河南鄧菸積貨南來。襄陽一縣。一月收數。曾及全省月額之半。光化一縣。一月收數。竟與該縣年額相埒。及積貨銷盡。

鄂北仍形短收。旋鄂局由武漢財委會管轄。一切章程票照。另行改訂。征解稅務。淩雜無序。棼如亂絲。十八年五月。肅清三楚。財政部以呂長鏞為鄂局局長。承軍事之餘。值淡征之月。首先規復部章。着手整理。分局經費。暫仍提成。一面擬設管理局三處。以為控制。卒以本年春夏蓮旱。嚴禁燒熬。稅收完全無着。且自軍興以來。駐軍調動。防務空虛。共匪乘機。以是道途梗塞。商賈不行。鄧菸許菸。亦遂絕跡。不南稅務。僅能勉維現狀而已。十八年九月。章子梅繼任局長。吳士鑄為副。時軍事甫平。元氣未復。西北一帶。土匪遍地。鄂東數縣。共黨鴟張。市面蕭條。稅收驟減。各分局每月解款二三成者有之。經年不解分文者亦有之。擅挪稅款以充經費者有之。甚至於交卸時挾款遠颺。無從追繳者亦有之。表冊之錯亂。單票之零落。比比皆是。並有終年無呈報隻字者。當經積極整理。以注重人選為入手。總局職員。悉以操守可信。辦事勤能者充任。各分局長擇尤撤換。又設臨時督征員數人。分途監察。隨時報告。以資考核。分局區域。原有一人專辦一分局者。有一人兼辦二分局者。有由縣長兼辦者。歷任忽分忽合。漫無標準。茲復量為變通。將比額較大之兼局。分別委員接辦。各專責成。比額較小之兼局。仍由一人專辦。俾利進行。並規定辦事手續。解款程序。編發各項部章。清理各分局舊欠。嚴厲督促。隨時考察。期先恢復舊狀。再行進展。辦理月餘。粗有頭緒。又值討逆軍事。鄂省適當其衝。營業停滯。稅源涸絕。復經遴派幹員。分赴完善區域。設法催征。藉資維持。計九月份征起六萬九千三百七十餘元。十月份征起九萬七千二百九十餘元。十一月份征起九萬零八百九十餘元。平均統計。與部定比額。業已不甚相遠。鄂省在民國初年。全年費稅不過四五十萬元。嗣改辦投標。比額雖增。迄難足數。迨國民政府成立。加意整理。雖軍事頻仍。地方凋敝。十七年度。共征一百零五萬元。十八年度。已增至一百二十萬元。此後大局敉平。不難日有起色也。

第七節　山東菸酒稅務整理概況

魯省菸酒專稅。始於前清光緒季年。稽征方法。於年終派員查定稅額。翌年按額征收。民國四年。開辦公賣。卽照酒稅定額。計率加抽。惟濰縣一帶之薰菸。則係按爐分八元十元十二元三等征收。費稅兩項。向征制錢。嗣錢價日落。折耗甚鉅。九年呈准改征銀元。按原收錢數。分別折合。每觔約收數厘至一分數厘。歲收始漸有增加。然稅額名雖查定。實係攤派。各縣設置經理。由商人承充。專司征解。仍係包辦性質。單照憑證。視同具文。向未核實塡報。流弊滋多。是以歷年以來。僅能維持原狀。迄無進步可言。嗣後軍閥盤踞山東。時事日非。特捐預征。名目纍纍。薰菸爐稅。取消舊制。按爐概征十八元。遽將歷年查稅之例。延不舉行。蓋派員查稅之際。正趕辦特捐預征之時。迫不及待。是以三年以來。迄未查稅。均依十二年分舊案照征。計十四十五兩年。各加特捐兩季。十六年加預征一年。是三年中實征五年之稅費。括民財以逞私慾。民力盡而敗亦隨之。理固然也。十五年分雖有查稅之名。卒以萑苻遍地。僅定全省三分之一而止。爾時歇業者衆。顧業雖停而名猶在籍。負担依然。民不堪命。十六年冬。又預征十七年份全年稅費。並爲擴充收入計。改訂稅費則率。燒酒稅費各改征二分八厘。黃酒稅費各改征洋八厘八毫。菸絲菸葉稅費。均各改征一分二厘。是年收入。無卷可查。計自十二年四月以迄十七年六月。周龍岐梁繼恆王成章吳寶彝等相繼爲魯局局長。類皆秉承軍閥之命而行。是年四月。直魯軍潰敗日軍以護僑爲名。接踵而至。五月一日。國民革命軍收復魯垣。旋五三慘案發生。自濟南沿膠濟路以至青島。悉爲日人駐軍之所。魯局益形混亂。六月八日。財政部任閔天培爲魯省局局長。在兖州就職。旋移濟寧。嗣遷泰安設局理事。維時魯局破碎不全。災荒荐至。惟有暫維現狀。徐圖恢復。以現行稅制稅率核與部章值百抽二十之規定不相悖謬。故一仍其舊。惟菸類牌照稅率有新章。遵照實施而已。一面設備訓練班。訓練查稅人員。是時濟泰路上商旅裹足。稅務幾於停頓。閱時四月。稅款始徵有收入。可供解兌。未幾閔天倍去職。山東省政府主席孫良誠派總指揮部軍需處長李廷振代理局務。是年十月。巡查員訓練告竣。因卽出外查稅。除膠青登萊各屬縣尚未肅清。無從着手外。其他各縣大致查定。約佔全部三分之二。惟於薰菸一項。殊形棘手。濰安一帶日軍把持。土匪復時相出沒。產菸區域適當其衝。不得已而出於招商承辦之途。益都臨淄等縣。次第包定。而最旺之濰縣安邱無敢應者。然薰菸製運向有定期。稍縱卽逝。爰派幹員密赴安濰。設計開征。迄難實現。益臨各縣。認定之款。又大半爲駐軍截留。一年之中。僅益都解到薰菸稅一萬元而已。十八年五月。財政部以章達爲魯局局長。陳習之爲副。馳往接辦。適當省政府接收濟南。省局亦由泰遷濟。一面赶赴青島接收膠澳菸酒事務。該埠華洋雜處。一切張弛因革。應付殊爲棘手。經章陳等多方接洽。始有端倪。接收之後。統籌全局。先之以清理。繼之以改革。成績斐然可觀。約略舉之。可分數端。

一魯省各棧經理向由商選。於商人方面不免多所偏護。章達等遵照部章。改爲委辦。而於人材主義。尤所注重。將委任各縣征收主任之權。屬諸分局。俾負全責。倘無相當人材。准由商方推選。俾可因地制宜。但責令取具殷實連環舖保用資保證。既係委辦。即可隨時甄別。以定去留。自不致再蹈把持舊習。且保證確實。尤足杜積欠及捲逃之弊。

一青島向稱特別區。先有膠澳菸酒經征處直轄於前北京菸酒事務署。旋又改隸於山東省公署。十四年劃爲魯局第十四區分局。三閱月而仍歸省署管轄。其稅制稅率多不同於內地。大致分爲出產通過銷場三種。迨章達等接收魯局後。改爲山東菸酒事務局駐青辦事處。局長兼管處務。另委正副主任及員司分任其事。一切稅制稅率。悉遵部章辦理。惟改革伊始。關係外交。遇事動多牽掣。相機因應。切實進行。數月以來。漸次就範。

一魯省薰菸葉按爐征稅。每爐一座征稅十八元。爐有大小。稅無輕重。年自秋季開征。冬季結束。征稅洋十餘萬元。其最旺年分。亦僅征十七萬元而已。部長宋子文飭其統籌改善辦法。以稅增而不擾商民爲主旨。乃於十八年秋間援照皖省門台子統稅辦法。取消按爐征收之制。訂爲按照重量收稅。每百斤稅銀一元二角。費銀二元四角。直接征之於收買薰菸華洋商人。其一切厘稅貨捐。一概免除。設專局於濰縣。設分卡於膠濟鐵路沿線各站。事權既一。手續尤簡。商家農民。咸稱便利。自十月開征起至十二月終。已征統稅銀六十萬元有奇。預算至十九年一月結束。止可超過七十餘萬元。較之從前增收四倍以上。據魯局及華洋商人報告。僉以本年雨水不勻。菸葉品質少劣。若在豐稔之年。則收數尚不止此也。

一魯省費稅向由各縣經理攤繳票照一項。迄未核實塡報。至是始由省局嚴令各分局遵章照領實行塡用。並隨時派員分赴各屬調查。按月彙報稽核。

考魯省菸酒收入民國初年約收六七十萬元。自九年改征銀元。每年約收一百萬元上下。十二年以後軍閥恣意搜括。民力已瘁。加以五三之變。商業停滯。稅源日竭。國民政府接收於徧地瘡痍之日。承破碎之餘。招集流亡。設法勸導。菸酒各商次第復業。稅收始漸有起色。十七年地方未靜。收數較短。十八年度收入額爲一百五十餘萬元。較之從前約可增四成以上。而薰菸統稅尙不在內也。

第八節　福建菸酒稅務整理概況

閩省菸酒收入當民國紀元前。菸捐一項係併入賈捐項下辦理。酒捐雖係另征。爲數亦屬無幾。民國二年設立菸酒捐總局。四年開辦公賣。越兩載始將菸酒捐歸併公賣局辦理。公賣開征之初。尙能循序進行。自七年以後。該省疊經戰事。政局屢更。各分局大都爲海陸軍所佔據。閩侯等處。且有海軍稽核所名目。各區人員無不由軍閥任免。有任事數月或年餘而分局長與省局長從未一面者。其紊亂情形爲各省所罕有。民國十五年。國民革命軍入閩。上下游各縣紛紛克復。是時因軍餉關係。均由駐軍委員接充。嗣福建財務委員會成立。卽將閩省菸酒局併入。設股辦理。民國十六年一月。復將該局規復。委楊子候接充局長。旋國民政府財政部飭令改爲菸酒公賣處。委盧家駒爲處長。吳暲爲副處長。是年仍改爲菸酒事務局。第一區分局於二月間由福建財務委員會核准由劉賢吁認額領辦。全年認繳課額二十二萬元。第二區分局因該處設有興泉永財政處。管理該區收入。而駐軍複雜。所有稅款多自由提撥。財政處亦無統馭之權。旋經核定全年比額三萬六千元。派委劉炳煌前往接收。尙未就緒。又值新編軍高義郭鳳鳴各部退據泉州。稅收復形紊亂。迨後海軍雖入駐泉城。而漳廈海軍警備司令部因墊付十一軍餉項問題。另設漳泉財政整理處管理該區稅款。其意俟收足墊款。始能交還。第三區分局則歸漳龍財政處提撥。至福建省政府成立後。始由閩局招商承包。全年課額由六萬九千六百元增至九萬九千六百元。廈門稅收。仍屬海軍範圍。未能交還。而漳州月課。亦仍由漳泉財政處征收。第四區分局自福建省政府成立後。由閩局派委接辦。全年課額由一萬八千元增至二萬四千元。第五區分局月認五千元。第六區分局令包商領認年繳八萬一千九百餘元。第七區分局接壤贛粵各縣。稅收雖由汀邵財政處派委經征。而按月課款。仍多被過境軍隊提撥。曾經核定比較派員前往辦理。未久。復值共匪犯境。土匪蜂起。經征人員。疊被戕害。第八區分局全年課額二萬四千元。綜計全省全年課額約有六十餘萬元。且款均撥付就地軍餉。事權未能統一。民國十七年二月。財政部以史家麟爲局長時。第一區範圍係福州福寗兩屬十五縣。其在海軍防地者有十一縣之多。第三區分局係由漳泉財政處投標委辦。閩局不得過問。當經設法交涉。先將第一區分局管轄之海軍防地各稽征所一律收回。其二三兩區派員前往接收辦理。四區分局則加課領辦。五六七八區分局亦經分別派員前往整頓。是年稅額除支經費外。約收七十萬元。比較盧任有盈無絀。惟洋酒火酒兩稅。前經財政部令由印花稅局移歸菸酒局辦理。嗣印花稅局以特殊情形。呈奉部令仍歸印花稅局兼辦。俟財政統一。再行交還。至是一二三四各區業與海軍當局磋商取回。其餘各區亦經派員與各駐軍接洽收回。財政既已統一。洋酒火酒。亦經先後奉令劃歸該局辦理。八月。由部通令各省將原有包商辦法。截至期滿日一律廢止。該局以閩省菸酒稅辦理情形至爲複雜。從前軍閥割據。各自爲政。稅率既不一致。市價又甚紛歧。產量若干。銷數幾何。均無調查足資攷核。迨國民革命軍入閩。一切稅捐。仍取包商辦法。照舊征收。廢止包商實行委辦。自屬清本澄源之計。惟目前各商包額。是否實在。稅率市價以及產銷情況如何。倘非派員按縣調查。難期翔實。對於核定比額。亦多窒礙。比較未能確定。則委辦之後。深恐課款反減於包商。由局擬具派員調查辦法。呈部核准照辦。並支給旅費二千元。以資應用。是年年底各委員調查完竣。所有調查表册。亦均呈部備案。民國十八年一月。由部核准該省菸類營業牌照稅自一月起按照新稅率改爲四季征收。酒類營業牌照稅自七月起。改爲四季征收。並頒布各種章則。均經分別遵辦。該省民國初年。全年約收六七十萬元。嗣後戰事頻仍。各分局統系不一。全省收入。無可確查。迨國民政府成立。派員接收整頓。始漸恢復舊額。十八年度預算共收一百萬元。較前超越三分之一以上。惟第七區汀龍各屬。因共匪滋擾。稅課不無減色云。

第九節　河北菸酒稅務整理概況

河北省爲舊京兆直隸兩省區合併之疆域。清季徵收菸酒稅。創行於直隸。民國開辦公賣費。復肇端於京兆。推行最早。收效較宏。其後政令漸弛。稅務日疲。因循數載。殊尠進步。僅能保持原狀。且邇年以來。政局迭更。軍閥專橫。駐兵尤雜。往往籍口餉需。把持稅務。加以奸商借端抗撓。胥吏緣爲利藪。是以歲收日絀。弊竇叢生。上年國民政府成立。百度維新。政軌既有可循。整頓自不容緩。京兆直隸既經合併。設河北省菸酒征收機關。亦歸併一局。名爲河北菸酒事務局。第一任局長章達接事未久。旋卽調職。改委葛敬猷為局長。自十七年八月接任起。至十八年四月中旬止。為期八閱月。又復他調。委張杜蘭繼任。自十八年四月下旬接事起。至現在止。為期亦八閱月。計此年餘之中。其整理成績。可分為兩期。第一期為葛任內整理時期。第二期為張任內整理時期。茲先就第一期言之。當河北菸酒局成立之初。正值軍事方定。菸酒分局。大半為駐軍委人辦理。事權既不統一。稅款漫無稽考。於是先從內部改組入手。將原設之兩總局。實行歸併。於天津設立總局。嗣因河北省政府遷移。遂將總局亦遷至北平。又因天津為土酒出口洋酒進口衝要地點。華洋雜處。交涉頻繁。特設駐津辦事處。以利進行。並將舊京兆及舊直隸原設之分局。重行依次編列。劃為二十區。分別遴員前往接收。除第九區宣化等十縣劃歸察哈爾接管外。其一二三四五等區。皆在舊京兆轄境內。較為完善。餘十四區皆屬舊直隸轄境。多數為駐軍佔據。閱時數月。始陸續收回。而於應征之稅費。始能照章征收。菸酒牌照稅亦陸續由各縣收回。招商承繳。其時正由部頒菸類營業牌照稅新章。遵照實行。較之從前由各縣代征時。收數稍有稽考。此第一期整理之情形也。至第二期之整理。其時各分局已多數收回。惟第十區豐潤等三縣。遲至十八年五月間。始行接收。征收之權。既歸一致。於是進而為稅務之整理。但河北幾經事變。殘破之餘。商業蕭條。稅源枯竭。加以水旱頻仍。蝗蝻繼起。以言整理。困難實多。一切設施。僅以恢復舊觀。剔除積弊為前提。凡燒鍋之停歇者。設法勸導。使之復業。私銷之充斥者。嚴行取締。使之減少。該省應征稅費。除燒酒一項。係由各燒商認額照繳外。其餘之土黃酒等暨菸葉菸絲菸末等稅費。及菸酒牌照稅。或由各分局直接征收。或招商認包辦法。既不一致。收數亦不盡核實。推原其故。良以年來軍事類仍。統系不明。政令歧出。而經徵人員。又藉之因緣爲奸。肥已損公。且各區分局所轄縣分。有多至十餘縣者。各縣菸酒情形。非盡相同。而各菸酒商。又皆散處城鄉。其僻遠之區。雖由分局於每縣派一稽徵員經徵稅款。究屬難於監察。經張杜蘭詳爲籌度。倣照江蘇省菸酒稅務投標辦法。呈部參酌試辦。規定酒類中之土黃酒等。菸類中之菸葉菸絲菸末等。及菸酒牌照稅。一律投標承徵。擬訂規則。並分縣分項核定最低比額。通行各分局限期辦竣。又以七月一日爲菸酒業商換領新照之期。舊商包期亦多於六月底屆滿。此次辦理。必須於七月一日以前竣事。方克新舊銜接。於是積極進行。所有各縣菸酒牌照稅投標事宜。得以如期辦齊。擇其投標及額者。准其承徵。預收三分之二稅款。填發征收證書。飭令開征。間有商情困苦。無人承投之縣。則由各分局自征。其土黃酒及菸葉等稅。亦分別辦妥。核其及額者。准其承征。並按全年比額。預繳十分之二之保證金。綜計結果。菸酒牌照稅收數。比照上期實收數。舊京兆各區。均增八成以上。舊直隸各區。約加三成至五成不等。土黃酒及菸葉等收數。比照上年實收數。約增加五六萬元之譜。又機製酒類稅。向由舊菸酒署設處專征。在蔦任內已劃歸該局接管。循章征稅。無甚改革。十八年七月。部頒洋酒類稅暫行章程到局。凡外人在華製造華人仿造及舶來品之洋酒。一律定爲値百征三十。由局擬訂施行細則及代銷規則。呈准通令施行。並將北平原征之出廠捐及天津向按値百抽十五之辦法。一律取銷。先是洋商運酒。皆不納稅。迭次交涉。均無效果。因之洋酒成本較輕。售價較廉。華製之酒。難與爭售。不免相形見絀。而華商中之狡黠者。復影射洋酒。偷漏運銷。防不勝防。國課遂無形虧蝕。自新章頒布。無論中外商人所運之酒。一律納稅。認眞執行。

嚴密查緝。迭次拿獲洋商漏稅之案多起。嚴重辦理。飭令補稅、並照章處罰。洋商漸就範圍。華製之酒亦可逐漸推銷。綜計各項稅費。全年約可收洋二百十九萬餘元、較之十七年度。共收一百四十餘萬元。實增七十餘萬元。此第二期整理之情形也。

第十節　湖南菸酒稅務整理概況

湘省菸酒費稅。自民國四年。設局專征。五年七月。專局裁撤。越四閱月而恢復局制。十年一月。總分各局。一律撤銷。歸財政廳兼辦。迨十七年六月。始復設專局。前此十餘年間。稅務迭經變更。事權之分合靡定。機關之存廢無常。苟且因循。莫由整飭。加以稽征之權。操諸認商。既無定章可循。稅則稅率。伸縮自由。中飽侵漁。恬不爲怪。以湘省殷庶之區。僅四十萬元之歲比。而征收迄未足額者。職是故耳。

十六年。國民政府成立、十七年六月。財政部劃分國家稅地方稅性質。湘省菸酒稅列入國家稅範圍。直隸中央管轄。設立湖南菸酒事務局。部派劉文煒爲局長。與財政廳協議接收。加以整理。先是湘省菸酒事務。自十年歸併財政廳後。費稅合併征收。定率名爲百分之三十。實際不及百分之五。稅收受損甚鉅、至是、遂由該局長參酌產銷狀況及征收慣例。改定稅率爲值百征十七。仍分別本產輸入。釐訂稅率表、呈部核准。並規定各縣比額數目。藉樹征收之基礎。然因環境關係。七八兩月。財政廳尚未實行移交。在此期內。僅着手籌備耳。

十七年九月。李家白繼任局長。是月一日。始據財政廳將菸酒費稅一律劃交該局接管。湘局稅務。歷來積弊最深者。莫如包商制度。非撤消包辦。不足以言整理。而改革伊始。產銷情形。向乏精密統計。征收定額。不得不加以制限。爰卽採用包額委辦。以爲過渡之計。按照原有各縣區域。分設菸酒事務分局委派分局長。認定比額。責成征解。並照委任征收人員通例。酌收保證金。以資保障。一面援照鄂省成例。呈准添設臨時稽核員額。將全省劃作六區。派員分赴各區。將區內各縣菸酒產額銷量成本時價及新舊稅率比額。淡旺月分。征收習慣。暨商戶營業情形。實地查明。詳晰列表呈報。以爲改良之根據。並釐訂各項征收章則。呈准施行。於是全省征收事務。始有劃一辦法。又以湘省年來水旱迭乘。被災較重各縣。奉令禁釀。其災輕縣分。亦往往藉口禁止。不能蒸熬。而按之實際。禁者自禁。蒸者自蒸。徒飽奸猾之私囊。無補民食於毫末。當經分別情形。擬訂因災禁釀辦法。呈請通行遵辦。並顧兼籌收效頗鉅。此外剷除積弊。杜絕中飽。勸導商民。督促解款。亦均能切實進行。一洗從前包辦時期委靡懈弛之習慣。然以開辦之初。商民狃於舊習。勸導數月。始克開征。開征以後。繼以天災兵燹。匪共紛起。征收迭生困難。自九月起。至翌年四月止。凡九閱月。而收數僅十九萬餘元。限於事實。未能有顯著之進步也。

十八年五月。唐炳初繼任局長。以整理稅務。首在得人。湘省菸酒稅。當財政廳兼辦時期。純係認徵制度。但計包額。不問人選。自由該局接收。雖改認額委辦。然各分局長。非由各方推薦。卽屬從前之雜稅經理。其具有經驗。勝任愉快者。固不乏人。而闒茸充數者。亦在所不免。且承歷年包辦積弊。浮徵苛索。比比而有。商民嗟怨。障礙橫生。狡黠者甚或指爲苛捐雜稅。倡言反抗。收數日絀。職是之由。當經該局長擬具徵求各縣分局長人選及預備人選各辦法。揭諸報端。凡操守廉潔。確有經驗。認定比額。經該局審查合格、能照繳保證金者。不問有無介紹。概予委用。否則雖得有力之援。均行婉拒。以示絕對公開之恉。人才既漸登庸。復經該局長剴切告誡。舉凡浮苛吞蝕諸弊、務令澈底剷除。一面加派幹練人員。分赴各分局。實行監察、隨時呈報。偶有違犯。即行撤懲。數月以來、各分局長咸知奮勉。貪婪歛跡。怨謗潛消。商民亦均能踴躍輸將。收數漸有起色。此外如菸酒牌照一項。向無一定比額。經征機關。任意延欠。積弊尤深。自遵部定新章實行後、仍係儘征儘解。不實不盡。無可諱言。復由該局長擬訂辦法。於每季未開征前。一二月內、通令各分局認定本季征解稅額。填具認定書。呈局審定。合格者准其兼辦。不合格者。另委妥員專征、一掃往昔隱漏之弊、俾收涓的歸公之效。湘省菸酒費稅、至是始克漸循正軌。此最近整理稅務之大略也。

湘省菸酒收入。在財政廳兼辦時期。原定年額四十萬零八千五百餘元。按之歷年實收。平均尚不及半。自十七年設局專征、取消包商。改為認額委辦。年額增至五十一萬零三百餘元。收數仍難足額。迨十八年夏。唐炳初接事以後。分局人選。實行公開。隱匿之弊。漸次袪除。認額陡增。十八年度核定比額。為九十萬元。所增已及一倍、乃入夏以來。湘西湘南數十縣匪共猖獗。以張部自鄂入湘。軍事緊急。匪軍所過地方。糜爛。各縣分局長。有因道路梗塞。中道折回者。有因局所被毀。員丁被戕。無從征收者。中夏以後。復因霪雨連綿、山洪暴發、濱湖各縣。淪為澤國。加以蟲鼠奇災。偏於全省、當局為維持民食、下令禁釀、本產酒稅、幾完全無着、本產菸葉。災損歉收。輸入菸酒。又以阻於匪禍。來路稀少。稅源日枯。收入日絀。經該局長多方勸導。竭力稽征。雖值軍事之後。原氣未復。商業凋敝。而綜計十八年上半年

蘇浙皖贛鄂魯閩薊八省十六七年度實收菸酒費稅及十八年度預算收入一覽表

省別	年度	核定比額		實收數		比較上年 增		比較上年 減		附註
江蘇	十六年度	1,317,805	56	836,403	50	——		——		
	十七年度	1,286,302	00	1,113,790	77	277,387	27	——		
	十八年度	1 801,455	00	1,801,455	00	687,664	23	——		
浙江	十六年度			2,422,387	00	——		——		
	十七年度	2,504,531	00	2,612,627	70	190,240	70	——		
	十八年度	2,635,196	00	2,635,196	00	22,568	30	——		
安徽	十六年度	1,000,000	00	265,297	12	——		——		皖局於十七年秋始由部派員實行接收
	十七年度	1,000,000	00	583,737	73	318,440	61	——		
	十八年度	1 000,000	00	1,000,000	00	416,262		27		
江西	十六年度			565,000	00	——		——		贛局於十七年冬始由部派員實行接收
	十七年度	601,000	00	295,404	85	——		269,595	15	
	十八年度	601,000	00	601,000	00	305,595	15	——		
湖北	十六年度			550,938	96	——		——		鄂局於十八年度始由部派員實行接收
	十七年度	550,934	00	880,331	28	329,397	32	——		
	十八年度	1,200,000	00	1,200,000	00	319,668	72	——		
山東	十六年度			1,083,987	00	——		——		魯局於十八年度始由部派員實行接收
	十七年度			427,371	28	——		656,615	10	
	十八年度	1,526,992	00	1,526,992	00	1,009,620	10	——		
福建	十六年度			476,305	47	——		——		
	十七年度			621,044	00	144,738	53	——		
	十八年度	1 000,000	00	1 000,000	00	378,956	00	——		
河北	十六年度			1,720,994	11	——		——		
	十七年度	1,930,000	00	1,446 058,	47	——		274,935	64	
	十八年度	2,190,442	00	2,190,442	00	744,383	53	——		
合計	十六年度			7,921,308	16	——		——		十六年度各省局比額因案卷不齊且多未造報無從逐省查填
	十七年度			7,980,366	70	1,260,204	43	1,201,145	89	十七年度實收稅款比較十六年度增加三十三萬三千九百九十四元一角八分
	十八年度	11,955,085	00	11,955,085	00	3,974,618	30	——		十八年度應徵稅款比較十七年度實收計增三百九十七萬四千七百十八元三角比較十六年度則增四百零三萬三千七百七十六元八角四分

說明

江蘇

江蘇菸酒費稅十餘年來皆係包商沿襲把持官廳無法可以知其底蘊是以民國十六年度實收數僅八十三萬餘元自十七年起積極整理並設立委員會研究整理方法規定登記章程以便澈底改革故十七年度實收數增至一百十一萬餘元迨十八年度開始卽行廢除認商分支棧經理制打破包商沿襲把持之惡習改爲投標委任制以爲過度辦法預算收入數爲一百八十萬餘元係投標額定頗爲覈實計較十七年度又增六十餘萬元並廢除門銷坐賈之苛細雜捐十餘萬元綜十七十八兩年整理之結果較十六年度實收八十餘萬元之數可增一百萬元左右若以廢除之雜捐計之爲數尤不止此

浙江

浙江菸酒費稅收數爲沿江各省之冠辦法亦較他省爲良十六年度實收數爲二百四十餘萬元自十七年起復加意整頓對於查缸認眞辦理並廢除出運捐十餘萬元以恤商艱計十七年度實收爲二百六十餘萬元計增加十九餘萬元迨十八年度開始將該省杭嘉湖三屬行銷之蘇燒土燒設立專局辦理酌加收數預算收入爲二百六十三萬餘元比較十七年度實收數又可增加綜計十六十七兩年整頓之結果並以廢除之出運捐併計比較十六年度實收二百四十餘萬元可增三十餘萬元

安徽

安徽菸酒事務局所屬各分局向在軍人勢力範圍十六年度實收數僅二十六萬餘元自十七年起始設法逐漸收回勵行整頓漸有起色計十七年度實收數爲五十八萬餘元較十六年度已增加一倍又四分之一查皖局收入以門台子蚌劉菸葉佔重要部分年佔比較十分之四近數年來因各種苛細雜捐過重各菸公司不往放種收買民生國帑兩受損失當詳爲規畫設立門蚌劉菸葉專局將各項苛細雜捐一概廢除每百斤徵統稅三元六角無論經過何處不再重徵現在各菸公司漸往收買十八年度預算收入爲一百萬元較十七年度又可增加四十餘萬元而較十六年度幾可增三倍矣

江西

江西菸酒費稅向爲稅蠹把持十七年始由該省政府招商承包收數既絀稅法紊亂糾紛極多可謂之根本破壞至十七年冬始由部設法遴員前往接辦極費周折逐漸整頓釐清界限切實稽徵而軍人干預稅政時時發生障礙然十七年度下半年（卽十八年分上半年）稅收已漸有起色十八年度開始通盤籌畫嚴行督飭整理頗有正軌可循預算數六十餘萬元較之十七年可實增三十餘萬元左右

湖北

湖北菸酒事務於十八年夏討桂以後始由部遴員接收積弊之後加以兵燹匪禍交通梗塞頻月以來逐漸整理收數漸有起色該省汾酒佔收入重要部分於本年七月間自十八萬元舊額增加實在比額爲二十三萬七千餘元十八年度收入預算數爲一百二十萬元較上年可增三十餘萬元

山東

山東菸酒事務於今夏始直接由部接收案卷不齊稅款亦有損失認眞清釐始有途徑可循然魯省一百零七縣現爲土匪及雜色軍隊佔據者計有五十縣政令所及者僅五十七縣而已除將固有稅收逐漸整理外復將舊辦之藁菸稅改辦統稅因此項藁菸以前僅年收十餘萬元積弊極深商民亦苦於苛煩現設立專局照皖省門蚌劉等炕菸統稅辦法每百斤收三元六角經過各處不再重徵計每年可收六十萬元至八十萬元較原有稅收增至三倍或四倍商民既未加重負担又免於沿途苛擾十八年度預算收入數爲一百五十餘萬元若政令能統一全省則較十七年度可增一倍以上

福建

福建菸酒稅費收入均就地撥用向未解部但由部加以督飭指導十七年實收數六十餘萬元較十六年度增加十餘萬元於十八年度開始飭將包商制改爲委辦制其預算數爲一百萬元較十七年度又增加三十餘萬元

河北

河北菸酒事務局於十七年七月接收向係委辦所有收入均就地撥給平津衛戍司令部本年以收數不旺該局呈請於十八年度起仿照江蘇辦法改爲投標委辦因辦理未能合法時起糾紛由部派員前往調查並加以指導現據該局呈報並抄送各項收數證明文件本年度可收銀二百十九萬餘元比較上年度計增七十餘萬元

備考

湖南菸酒事務局長於今夏始由部派充十七年度全年比額五十萬餘元收入甚少十八年度積極整理預算收入數爲九十萬元較十七年度所增甚鉅實收亦漸有起色所收稅款均就地撥支未直接解部

度。自十八年七月至十二月。六個月內。共收洋三十萬零一千七百餘元。核與新定比額。尚有不敷。而較之從前實收之數。則已超越二倍以上。果使地方敉平。當不難如額征足也。

蘇浙皖贛閩鄂薊魯十六十七十八年征收菸酒稅盈絀表 見插表

浙江省近年征收菸酒稅盈絀分項細數表 十八年十二月呈送尚有牌照稅等項未據列入

一 關於菸類捐費項下

十四年度收入數	三〇三、一九五、〇〇八元
十五年度收入數	二九七、五〇一、四三八
十六年度收入數	三八七、二五〇、八六〇
十七年度收入數	三九四、五一三、六七四

按菸捐向按年度計算上列各數均自每年七月一日起至翌年六月卅日止為一年度

一 關於紹酒黃酒捐費項下

十五年分查定缸額應征捐費數	一、一五五、八五三、九九三元
十六年分查定缸額應征捐費數	一、〇六五、六四〇、一三三
十七年分查定缸額應征捐費數	一、四六七、六六二、五一四
十八年分查定缸額應征捐費數	一、七六一、九一八、七七六

按酒捐查缸係按年分計算上列各數均自一月分起至十二月分止爲一年分

一 關於浙西燒酒捐費項下

十五年七八九等月第一二三區燒酒捐費收入數	七〇、九〇四、八三〇元
十六年七八九等月第一二三區燒酒捐費收入數	七五、〇一五、九三二
十七年七八九等月第一二三區燒酒捐費收入數	七四、七一八、二八五
十八年七八九等月第一二三區燒酒捐費收入數	一一六、五〇二、六七〇

按浙西燒酒事務專局十八年七月一日始行成立故本表以每年秋季收數爲比較

浙江菸酒事務局現行菸酒捐費税及牌照税捐率

菸類

外省輸入菸絲每百觔捐銀四元五角

税銀九角

費銀三元六角

本省菸絲每百觔

捐銀三元

税銀六角

費銀三元六角

本省上等菸葉每百觔捐銀二元二角五分
稅銀四角五分
費銀一元八角
本省中等菸葉每百觔捐銀二元二角五分
稅銀四角五分
費銀一元五角
本省次等菸葉每百觔捐銀二元二角五分
稅銀四角五分
費銀一元二角
本省下等菸葉每百觔捐銀二元二角五分
稅銀四角五分
費銀八角
福建仙遊黑條絲菸每百觔捐銀二元二角五分
稅銀四角五分
費銀一元五角
江西過境菸葉菸箱每百觔捐銀一元

稅銀二角

酒類

由杭運銷補杭銷蘇燒酒每百觔正捐一元七角六分

公賣一元二角

稅銀三角五分二厘

各區酒缸燒黃酒每缸五百觔捐銀二角卽每百觔四分

糟燒不征缸捐

各區本產黃酒每百觔本莊捐銀五角四厘出運加一倍

稅銀一角零八毫出運加一倍

費銀六角出運不加

各區本產燒酒每百觔本莊捐銀八角八分出運加一倍

稅銀一角七分六厘出運加一倍

費銀一元二角出運不加

紹蕭兩縣　紹酒加大五十觔行使三十觔放樣十六觔京莊十觔

前項本莊　捐銀七角二分

稅銀一角四分四釐

費銀八角

湖州第三區白酒（即生酒）每百觔捐銀一角二分

稅銀二分四釐

費銀一角五分

蘇省燒酒及改裝瓶酒與各區捐率同

洋酒類稅率照價值百抽收三十

酒精一項每百觔征收二十元

家釀黃酒每百觔公賣費六角免征收捐稅

各縣屬菸酒牌照稅

菸類整賣甲等每季納稅　一百元

乙等每季納稅　四十元

丙等每季納稅　二十元

零賣甲等每季納稅　十二元

乙等每季納稅　八元

丙等每季納稅　四元

丁等每季納稅　二元

戊等每季納稅　五角

酒類整賣甲等每季納稅　三十二元

乙等每季納稅　二十四元

丙等每季納稅　十六元

零賣甲等每季納稅　八元

乙等每季納稅　四元

丙等每季納稅　二元

丁等每季納稅　五角

紹蕭釀戶酒類牌照稅

八十缸以上　丙等一級全年納稅銀四十元

四十缸以上八十缸以下　丙等二級　十六元

二十缸以上四十缸以下　丙等三級　八元

十缸以上二十缸以下　丙等四級　四元

五缸以上十缸以下　丙等五級　二元

五缸以下　丙等六級　一元

八百担及八百担以下照上列專章辦理

設立浙西燒酒事務專局辦法大綱

一舊杭嘉湖三府屬爲浙西燒酒專局轄境定名曰浙西燒酒事務專局

一凡運入浙境嘉湖地方及指銷杭州暨通過指銷他省之蘇燒徵收查驗事宜統歸專局辦理

一第一二三等區之產出土燒所有編查缸額徵收查驗事宜一律劃歸專局辦理

一蘇燒土燒捐費稅率當改設專局之始暫仍其舊

一蘇燒原比額總數爲二十四萬五千元土燒原比額總數爲五萬元總共二十九萬五千元歷年實徵之數相差甚鉅改設專局先酌加二成列比額爲三十五萬四千元

一第一二三等區分局辦理土黃酒事務之外所有爲燒酒而設之稽征查驗各所及分支各棧並各處巡船一概移交專局管轄

一第一二三等區分局既僅管理土黃酒事務原定經費自可節省應切實另訂預算

一設立專局掃除積弊辦理規模尤須嚴密所有應需經費自應量予規定足敷開支以爲餼廩稱事之勸擬將一二三等區分局之節省經費劃抵外再按比額百分之十併爲專局經費每月約計五千二百元

浙西燒酒事務專局取締土燒採運銷售規則

第一條　土燒釀坊每月吊酒數量應照全年缸額按十二個月勻分計算繳納捐費稅欵每年自四月分起至次年三月分止不得逾期

第二條　各坊每月應先赴主管稽徵所領取罎口封實貼存坊酒罎之口以便稽查嗣後隨出隨領印照繳納捐費稅款至月終時按照應攤缸額若有短絀均須如數補足

第三條　各坊請領罎口封時各主管稽徵所應將所發罎口封編列字號登記某坊領去若干號次起訖並須載明簿上以便領票照時核明塡註

第四條　土燒出坊時應卽赴主管稽徵所繳清捐費稅款請領公賣憑單捐票印照並報明罎口封號次起訖由所查核無訛塡列公賣單內並將所發印照字號起訖亦于單內塡明不准紊亂

第五條　酒行採辦土燒須赴主管稽徵所請領採運單塡明限期（至遲不得逾領單之次日）向某坊採運土燒若干罎土燒出坊後運往酒行在途時應將採運單捐票憑單印照完全取齊以備檢查其罎口封之號次起訖須與憑單上塡明相符如查驗不能符合及缺一不全者卽作私酒論照章處罰

第六條　土燒由坊運至酒行後再由酒行出售者須將憑單捐票持赴主管稽征所驗明在印照上加蓋出卡日期戳記實貼罎口騎縫之處

第七條　土燒由坊直接售于酒店或醬園不經過酒行者除將印照報明主管稽征所加蓋驗戳貼于罎口綺縫之處外餘照第五條辦理

第八條　存坊之酒由本局稽征員及主管稽征所隨時查察如未貼罎口封或與缸額應吊燒酒有溢出者即作私酒論倘發生以客燒混充土燒存坊等弊應予從重罰辦

第九條　土燒釀坊兼門售者應由本局酌量該坊營業之大小及每月應領罎口封暨印照多寡定其門售之標準按月收回印照戳角繳呈省局銷燬以杜流弊

第十條　本規則如有未盡事宜得由本局隨時呈請省局修正之

浙西燒酒事務專局規定蘇燒罎量標準表

罎名	容納罎量	備考
特號無錫罎	四百八十觔	
大號無錫罎	四百觔	
無錫罎	三百六十觔	
大棧罎	三百觔	
棧罎	二百二十觔	
小棧罎	一百三十觔	
大甸	一百八十觔	
中甸	一百六十觔	

小句	一百五十觔
鳥罎	九十觔
新章	七十觔
老章	六十觔
紹罎	五十觔

浙江省改定扦量蘇燒進口酒船辦法

浙省扦量進口蘇燒酒船原定三乘二四因計算祗以船式近多改造復發現桅艙墊板情弊經派員查明妥定折量方法長度除頭二尾三寬度量至船邊深度改用曲尺由船外中舷連底鉤量仍准除去底板五寸再以三乘二四因折合觔兩按觔配罎征收捐費其量得寬長深度丈尺並在單票之上分別註明以昭核實茲將量法及算法錄下

量法

長度自船頭吃水之處掛線起至船稍吃水處掛線止寬度按照船之式樣或量至走路外邊或量至船腹爲標準深度用曲尺套入桅艙船底以直線尺寸爲準其船底龍骨及船底板兩種約作五寸在深數內除去

算法

假如深四尺寬七尺長三丈五尺先以深寬相乘得二八數再乘長數得九八數用二四因之得二萬三千五百二十觔加面罎二十個照新訂罎量大棧罎每罎三百觔應共加六千觔總計爲二萬九千五百二十觔

財政部直轄安徽菸酒事務局修正菸酒稅單行規則

第一條　本局爲整理菸酒稅收入起見規定菸酒稅單行規則以期漸合於征稅之原理

第二條　在中央未經頒布稅法以前凡在本省專賣或兼賣菸酒店舖行商運售菸酒均應暫照本規則納稅

第三條　本省菸酒稅係指出產稅或入境稅及落地稅三項

第四條　凡本縣土產土銷之菸酒僅征出產稅外縣運來之菸酒僅征落地稅外省運來之菸酒經過本省第一道菸酒事務分局轄境時應征入境稅給票運行俟運至指銷之地點繳銷稅票後照票驗貨再征落地稅外洋運來之菸類領有海關正稅及二五附單者運至指銷地點繳銷稅單後照單驗貨僅征落地稅一道前項外洋運來之菸類如無海關正附稅單者照內地土貨辦法於經過第一道菸酒事務分局轄境時應征入境稅給票運至指銷地點照票驗貨再征落地稅一道

第五條　菸酒稅由菸酒事務分局稽征之

第六條　分局征收菸酒税應以銀元爲本位如未滿一元者准以零角或以銅元照該地市價折合

第七條　菸酒税率列左

一　菸類

甲菸葉每百觔出産税八角落地税六角四分

乙菸筋每百觔出産税一角落地税八分

丙黄菸每百觔出産税一元二角八分落地税一元

丁上等皮絲每十包出産税三角落地税一角八分

戊下等皮絲每十包出産税一角落地税一角八分

二　酒類

甲紹興酒每百觔出産税八角落地税六角四分

乙高粱酒每百觔出産税一元二角落地税九角六分

丙玫瑰酒金波酒虎骨酒五加皮酒等每瓶出産税一分二厘落地税八厘

丁土酒每百觔出産税六角四分

第八條　菸葉納過落地税者製成菸絲後每百斤應照出産税減半征收

第九條　菸酒入境税率與前條落地税率相同

第十條　按觔征税者除包皮外應照觔數十足征收其秤率依海關漕法秤爲準

按包征税者应依箱内实在包数十足征收
按瓶征税者应依瓶数十足征收其盛瓶最多以容一觔四两为限
第十一条　商人缴纳菸酒税应由分局填写甲乙丙丁四联菸酒税票甲联乙联一给商人收执一给商人于离收税分局辖境后经过第一道之菸酒事务分局验明缴销解核丙联尾照解送省局查核丁联存根由该收税分局备查
前项第一道之菸酒事务分局收受商人缴销之甲联税票应于月终彚缴省局查核如不经过分局者即由商人签字后缴还收税之分局彚缴送核
第十二条　分局于菸酒税票面空白栏内应依左列各项填注明晰征收菸税填明菸字征收酒税填明酒字
税票内並列往入二字系出产与落地之区别如由本地运往他处应征出产税者即于往字下面填注指销地点如由他处运入本地销售应征落地税者即于入字下面填注该管分局之销售地填写菸酒种类数量共完税银数目及年月日各字均须大写並不许涂改
经征员须署名盖章不得疏漏
第十三条　完纳出产税等领有菸酒税票经过本省菸酒事务分局则将税票甲联截下在乙联票面加盖该分局查验戳记不再征税但运至指销地点再征落地税一道出省者免征
第十四条　凡带运菸酒除第十五条所指外均不得以自用名义请免菸酒税

第十五條　領事館等由各該國運入之菸酒執有海關之免稅單確係自用並無販賣行爲者依法應免菸酒稅

第十六條　菸酒稅與海關正附二稅性質不同外商不得藉口已納正附兩稅卽不照納菸酒稅如有前項情形應由分局記明外商姓名物品名色件數所乘船名及到埠日期並搜集各種確實證據報由本局咨送交涉員轉函領事嚴飭禁止

第十七條　商人運售菸酒均須於菸酒包裹或盛儲器具封口處分別實貼查驗印照非經貼有查驗印照之菸酒一槪不得運售前項查驗印照由菸酒公賣費條例施行細則內另說明之

第十八條　關於菸酒稅票由本局製印頒發之

第十九條　關於菸酒公賣費條例施行細則除與本規則相抵觸者外均適用之

第二十條　本規則施行後所有中華民國十五年修正整頓菸酒稅章程應卽廢止

第二十一條　本規則未盡事宜得隨時修正呈請財政部核准

第二十二條　本規則自呈奉財政部核准公佈之日施行

修正菸酒稅單行規則說明書

一本規則施行後所有從前行厘槪歸併於出產落地等稅內不再另立名目

二本省祁門婺源歙縣望江等所需菸葉及土燒酒高粱酒等多由江西等鄰境輸入故本規則第四

條第二項於外省運來之菸酒經過本省第一道菸酒事務分局轄境時仍照舊行章程征入境稅一道

三洋酒類稅自應依本年六月財政部公布洋酒類稅暫行章程規定各條征收而關於外洋運來之菸類尚未奉有定章故仍附列本規則第四條第三項內併征洋菸類稅

四本省菸酒品類名稱各地不同如以菸類言宿松望江鳳陽懷遠太和概稱爲土菸葉青石泗五概稱爲菸絲舒城無爲祁門銅陵蕪湖概稱爲土菸懷寗太潛含山婺源績旌當塗霍英盱天和縣歙縣宿縣概稱爲土菸絲蒙城概稱爲皮絲廬江分稱菸絲爲皮絲銅絲黟縣分稱菸絲爲頂條淨絲項貢涇太分稱爲土菸干黃廣甯分稱爲蘇村干黃烏嶺貴池分稱爲土菸葉干黃葉菸筋土黃秋東分稱爲黃條土皮蘭香鳳夙台分稱粗菸絲爲黃條土菸葉爲笆菸壽縣分稱爲菸葉州笆菸絲爲淨絲黃條桐城分稱菸葉爲大菸干黃菸絲爲白奇草絲淨絲巢縣分稱土菸絲上等爲鬟香中等爲醉桃下等爲淨絲休寗分稱土菸爲蘭香項貢二貢條絲郎溪分稱菸絲爲脚皮黃片大菸子菸全椒分稱土菸爲三星菸三白菸萬迭菸南奇菸以酒類言太潛宿松望江合肥巢縣無爲和縣含山歙縣祁門宣城郎溪廣寗涇太銅陵蕪湖青石當塗六安全椒定遠概稱爲土酒繁昌概稱爲大麥土燒宿縣太和蒙城概稱爲大麯酒阜陽概稱爲土高粱酒潁上概稱爲小藥土酒懷寗分稱爲土酒米酒桐城廬江舒城貴池霍英分稱爲米酒麥酒黟縣分稱爲土酒冲蘇婺源分稱爲甜酒土燒酒績旌分稱爲土燒龍口鳳陽分稱爲大酒小酒懷遠靈璧渦陽分稱爲土酒大麯（即高粱

酒）亳縣分稱爲大麯酒小藥酒霍邱分稱爲土酒汊高粱盱天分稱爲小酒吊酒秋東分稱爲白米燒大麥燒雜粮酒休甯分稱爲沖蘇龍口元陳四甲究依何項菸酒征稅應由各分局就其出產菸酒性質分別辦明照本規則第七條各項定率征稅

五菸絲原料係由菸葉改製而成業於中華民國十七年七月十八日財政部令載明菸絲製成後另爲一種物品所有出產半稅及公賣費自應遵章繳納（前平政院裁決亦載明菸葉菸絲截然兩物仍須照章征收）現本規則第八條規定每百斤菸絲仍照出產稅減半征收以示從輕辦理

六舊行章程入境稅率列在出產稅括弧之內殊有未合故本規則另例第九條以期醒目稅辦法辦理

七本規則第十五條領事舘等免稅範圍應依本年七月公布駐在本國外交官及領事舘等用品免

八本規則第十八條菸酒稅票式樣業於中華民國十三年八月十六日呈奉全國菸酒事務署指令核准由本局製印頒發

九本規則原與菸酒公賣費條例施行細則相輔並行但於條例上發生疑義尚待財政部解釋是以施行細則未能擬訂完竣

財政部直轄安徽菸酒事務局制定菸葉統稅單行規則

第一條　凡在本省内販運炕菸葉之中外商人均須照本規則之規定辦理

第二條　本規則所謂統稅係兼公賣費及單行稅而言
第三條　炕菸葉統稅由門蚌劉菸葉統稅專局征收其非炕菸葉之公賣費及單行稅仍由該轄區域之菸酒事務分局征收之
第四條　炕菸葉統稅率每百斤征收洋三元六角歸一次統收不得分征
第五條　專局征收炕菸葉統稅應以銀元爲本位如未滿一元者准以零角或以銅元照該地市價折合
第六條　商人繳納炕菸葉統稅應由專局塡寫五聯統稅憑單第一第二兩聯一給菸商收執一給菸商於離收稅專局轄境後呈繳本局指定查驗所聽候查驗第三第四兩聯一繳財政部查核一繳省局考核第五聯存根由該收稅專局備查
第七條　專局除依前條塡寫統稅憑單外幷應塡寫統稅印照發給貼用
第八條　專局於統稅憑單除由經征員署名蓋章外應依左列各項分別塡註明晰
統稅憑單內商店或公司字號營業人姓名起運到達地名憑單有效期間均應詢問塡明菸葉數量應納稅銀數目粘貼統稅印照號數曁年月日各字幷須大寫不許塗改
統稅印照內應塡明征收統稅之憑單號數及重數
第九條　前條第二項統稅憑單內之有效期間係按商人指銷地名之路程遠近酌擬塡寫如逾原定之有效期間統稅憑單卽作爲無效以杜一單兩用之弊商人沿途阻滯致逾統稅憑單內塡寫

有效期間時如有確實事由足以證明無弊并能取具所在地殷實商號保證書出爲担保者應准呈請换給驗單得免再征炕菸葉統稅

第十條　商人繳納炕菸葉統稅後運經各區域之查驗所詢明指銷地名并驗明單貨相符者應卽放行不再重征

第十一條　商人販運炕菸葉均須於包裹等分別實貼統稅印照非經貼有統稅印照之炕菸葉一概不得運銷

第十二條　關於統稅憑單統稅印照均由本局製印頒發之

第十三條　凡商人違背本規則第四第六第十第十一各條之規定而運銷者準用財政部菸酒公賣罰金規則處罰之

第十四條　本規則未盡事宜得隨時修正呈請財政部核准

第十五條　本規則自呈奉財政部核准公布之日施行

菸葉統稅單行規則說明書

一炕菸葉原由英美菸公司將種子送給門台子菸葉專門家轉散農夫教以收穫之法助以改良之計鼓勵一般農夫有購買菸子焙炕菸草裝運菸葉之技能由是炕菸葉出産之在門蚌劉者最爲繁多而亦爲設立門蚌劉菸葉統税專局稽征炕菸葉統税之起源

二門蚌劉之外如懷遠縣等地方現亦購買菸子焙炕菸草裝運菸葉此等地方出產之炕菸葉統稅依本規則第三條亦歸門蚌劉菸葉統稅專局稽征之

三本規則第四條炕菸葉統稅率係本年九月十六日奉財政部令每百斤統征費稅洋三元六角

四本規則第六條之查驗所以本局指定者爲限

五本規則第十二條之統稅印照式樣係中華民國十四年九月十四日呈明全國菸酒事務署統稅憑單式樣係本年九月九日呈明財政部核准均由本局製印頒發

財政部直轄安徽菸酒事務局所屬分局專局長保證金單行規則

第一條　本局爲征收菸酒費稅之担保起見規定分局專局長保證金單行規則實行保障公帑之宗旨

第二條　分局長受委之初均須依本規則繳存保證金方得赴任

第三條　繳存保證金暫以全年費稅比額十分之一爲保證金率全年費稅比額由本局另定之

第四條　保證金須一律繳存現金

第五條　本局收到保證金時應由出納員點收塡寫本局製印之兩聯收據以一聯交與分局長收存以一聯存報備查

前項印收應由出納員編列號數寫明保證金數目及年月日並加蓋名章

第六條　出納員填交印收完畢同時分寫通知書兩紙一送第二課一送會計主任分別登記每屆月終互相核對

第七條　保證金與費稅性質不同分局長呈解費稅正欵時不得以所存保證金撥作抵解以清界限

第八條　分局長遇有調任如經交代清楚得將前任內所存保證金撥入新任內保證金項下但於全年比額有超過定率時應先發還其超過之數有不足定率時應照補繳其不足之數

前項情形無論如何分局長總應持前任內之印收再向出納員憑換新任內之印收以清手續

第九條　分局長遇卸任時經本局查核並無短解費稅正款出納員應即憑分局長所持之印收照數發還保證金

如有特別情形得由承繼人持印收呈請發還

第十條　分局長卸任倘有短解費稅正款或預征費稅正款隱匿不解時應於所存保證金項下照數撥抵以其餘數發還如所存保證金不足撥抵時除沒收其保證金外並應飭縣政府查封其原籍產業拍賣歸償

第十一條　出納員於發還保證金時亦應分寫通知書兩紙一送第二課一送會計主任照本規則第六條辦理

第十二條　會計主任每屆月終關於收存及發還之保證金應依財政部頒發保證金收支報告表填具呈送不得逾延

第十三條　專局長之保證金除第三條定率隨時另定外均依本規則辦理

第十四條　本規則未盡事宜得隨時修正呈請財政部核准

第十五條　本規則自呈奉財政部核准公布之日施行

財政部江西菸酒事務局設置督征員暫行規則

第一條　本局因謀各分征機關行政上之聯絡及稅收上之整理依照本規則設置督征員

第二條　督征員全省額設六員由本局委任完全受局長指揮督率

第三條　因輔助督征員辦理文書調查及臨時指派事項得由本局酌派助理員全省總額不得過十二員

第四條　督征員每年上半年以二月至五月下半年以八月至十一月爲出發期間餘爲集議期間但因特別情形得由本局酌量移易之

第五條　督征員出發之先應由本局就所屬各分征機關劃爲六組每組以督征員一人隨帶助理員一人至三人負分頭考查督催之責

第六條　督征員對於指定督征各機關應隨時嚴爲考察其有稽征鬆懈解款遲延或誤解定章辦

事手續錯誤者分別督飭糾正倘有涉及左列情事之一者立卽據實舉證揭報

(甲)征收不遵定章任意浮苛者

(乙)塡發單照與實征數目不符者

(丙)對於商民留難勒索或苛罰者

(丁)征收稅費減額具報或私自變易聯單呈驗存根等聯數目者

(戊)奉令飭辦事項延不遵行者

(己)征存稅款任催不解者

(庚)遇地方發生事變藉端揑報損失者

(辛)於交替或必要時與商民勾串減價放稅者

(壬)局內外職員有違法舞弊行爲者

(癸)其他經商民指明事實陳訴奉局令查辦者

第七條　督征員除前條所列各項外關於各該分征機關應興應革事項應詳爲考查擬具整理計畫書呈局採擇

第八條　督征員回局後應組織會議互相交換意見對於應行改良整理諸端切實討論議具方案呈局核辦

第九條　前條所列會議得由本局指派主管事務員列席

第十條　督征員出發及到達各分征機關日期應隨時呈報之

第十一條　督征員有左列情事之一經本局發覺按情節輕重分別從嚴撤懲

(甲)向各該分征機關挪借款項或需索供應者

(乙)各該分征機關人員有違法舞弊行爲知情容隱不即舉發者

(丙)收受餽送財物者

(丁)通同各該分征機關人員舞弊營私者

(戊)與當地菸酒營業人非法勾結不利於各該分征機關行爲者

(己)放任職權辦事不力者

第十二條　督征員俸公及助理員俸薪均由本局依照奉部核定預算案於正項內坐支給領

第十三條　督征員助理員旅費於額定公費內自行勻給不另開支

第十四條　督征員對於本局行文用呈對於分局互相行文用公函

第十五條　本規則經呈報

財政部有案如有未盡事宜得由本局隨時呈明增删改正之本規則自奉准公布之日施行

財政部江西菸酒事務局所屬分局名稱轄境一覽表

分局別		轄境地名	識要
現定名稱	原有名稱		

九江分局	第一區第一分局	九江市並九江　彭澤　瑞昌　德安四縣	該局兼辦機製酒類稅
湖口分局	第一區第二分局	湖口一縣	
奉新分局	第一區第三分局	奉新　武寧　高安　靖安　四縣	
修水分局	第一區第四分局	修水　銅鼓　上高　宜豐　四縣	
鄱陽分局	第一區第五分局	鄱陽一縣	
浮梁分局	第一區第六分局	景德鎮並浮梁　萬年　安義　餘干　餘江五縣	
樂平分局	第一區第七分局	樂平　德興　二縣	
吳城分局	第一區第八分局	吳城鎮　並都昌　星子　二縣	吳城及附近之滁槎等處向屬新建縣因稅收較多劃出設立專局
南新分局	第二區第一分局	南昌市　並南昌　新建　兩縣　各鄉村	該局兼辦土膏粱費稅又新建縣屬之吳城鎮及滁槎等吳城分局
永修分局	第二區第二分局	永修　進賢　東鄉　三縣	
河口分局	第二區第三分局	河口鎮　並鉛山　上饒　貴溪　金谿　弋陽　橫峯　六縣	
廣豐分局	第二區第四分局	廣豐　玉山　二縣	
豐城分局	第二區第五分局	豐城一縣	
臨川分局	第二區第六分局	臨川　宜黃　崇仁　樂安　四縣	
南城分局	第二區第七分局	南城　資溪　二縣	
黎川分局	第二區第八分局	黎川　廣昌　南丰　三縣	
硝石分局	第二區第九分局		該局僅收經過菸酒稅駐在南城縣所屬之硝石地並無其他轄境

樟樹分局	第三區第一分局	樟樹鎮 並清江 新喻 新淦 峽江 四縣	
吉安分局	第三區第二分局	吉安 吉水 永新 寧岡 安福 泰和 萬安 遂川 永丰 蓮花 十縣	
萍鄉分局	第三區第三分局	萍鄉 萬載 宜春 分宜 四縣	
贛縣分局	第四區第一分局	贛縣 南康 上猶 大庾 崇义 信豐 龍南 定南 虔南 九縣	
瑞金分局	第四區第二分局	瑞金 甯都 安遠 石城 尋鄔 會昌 六縣	
雩都分局	第四區第三分局	雩都 寧國 二縣	

江西菸酒事務局整理牌照稅大綱

(一)關於菸類酒類洋酒類營業牌照稅自十八年夏季起改歸本局直接辦理以資整理

(二)各外屬稅款按菸酒稅征收區域分派專員經征南昌市稅款則由本局逕行征收

(三)各處應征稅欵比額由本局酌量當地稅收情形核定責成征解足額

(四)經征人員如有短欠稅款或違法舞弊查有實據者立予撤差依法追辦

(五)經征人員非有前條所列情事辦理期間內不得輕予更調以資保障

(六)原有征收辦法有未盡適宜及弊端所在應由征收人員詳細調查據實報由省局擬具改革方法呈部核定飭遵

(七)商人完稅逾期者應照章征收催征經費再有違章抗欠情事則由征收人員會同當地地方警

察官署强制執行

（八）征收稅款遵照部定各類牌照稅章則辦理嚴禁浮收及勒索等弊

菸酒稅史附錄

附錄一　財政部整理菸酒稅務委員會各項議案

（按）整理會各項議案共計數十件限於篇幅擇要刊登

程前主席交議改良菸酒費稅辦法案

查各省菸酒費稅爲歲入之常經。自民國四年創辦公賣以來。稅制凌亂。莫可究詰。征收則隨地而殊。稅率尤參差不一。馴致國課日絀。民困日深。本席上年承乏斯職。以此項積弊沿習已久。固非旦夕所能挽回。然當物窮思變之日。正除舊布新之機。曾於上年十二月籌議舉辦商戶登記。爲根本改革之基礎。並呈奉財政部通飭各省切實籌辦。惟各省登記辦理完竣以後。所有一切興革事宜。端緒甚繁。非廣集衆思。悉心研究。不能推行盡利。爰本宿昔之所期望者。條列數事。與諸君子共商榷之。

爲政之道。力行爲先。吾國菸酒公賣。行之十年。而其效弗彰者。實以開創之初。因陋就簡。凡所設施。皆粉飾因循。爲苟安一時之計。是以菸酒號稱公賣。而夷考其實。則經征人員以所定比額攤派各戶。甚或招商認包。而於各區之產銷數量。茫無所知。猶復徧設分棧。專司公賣。無其實而襲其名。是相率而爲僞者也。現値整理費稅。澈底改革。自當滌除舊習。與民更始。俟登記辦竣以後。所有各項章則。應綜覈名實。悉心釐訂。實力推行。其從前所定法制。名存實亡。及迂遠而不切時勢者。一律廢除。庶幾令出維行。商民稱便。國計民生。兩有裨益。此現行辦法之應加改善者一也。

復次則征收方法以簡爲貴。按物課稅。則查驗不勝其繁。貼用憑證。則以容器之不齊。亦有扞格難行之處。擬俟登記簿籍確定以後。實行按戶征稅。由省局頒發各戶兩聯收稅憑單。載明稅額期限。並於繳解稅款時。連同存根一併繳局。似此辦理。則經征人員既無侵蝕浮收之弊。而各戶之已否納稅。省局亦有所稽考。無從隱匿。此現行辦法之應加改善者二也。

復次則法制既經改訂。而經征人員。尤必愼選賢能。方可推行盡利。蓋人存政舉。徒法不行。立一法而人或緣法爲奸。不如得一人而法可因人而立。且利之所在。人爭趨之。雖嚴刑峻法。莫之能禁。故用人之道。非知人善任。不能盡人之才。非優予保障。不能盡人之用。非信賞必罰。不能得人之心。諸如此類。均須酌定辦法。俾便遵行。此現行辦法之應行改善者三也。

又查各省菸酒稅收。辦理未佳。成效不著。推原其故。固由於制度之不良。然經費太少。實爲最大原因。經費少則員司薪金微薄。甚至不足以贍家。養廉既有所不能。弊竇遂因而莫塞。相沿既久。遂致公瘠私肥。損失滋大。是以根本整理。必令經費增加。員司薪給。足以養廉。衣食既足。遂知榮辱。此項辦法。一時所費雖增。而收效則在遠大。此現行辦法之應加改善者四也。

主席交議修訂酒類營業牌照稅章則以利推行案

查本部十六年新訂之菸類及華洋機製酒類營業牌照稅章則。施行以來。尚稱妥協。惟酒類牌照稅。仍係沿用前北京菸酒署舊章辦理。其給照期限。年分兩次。以視菸類及華洋機製酒類年分四季之規定頗不相符。且原訂稅率。揆諸近來商業情形。亦未免失之過輕。爲維持國課計。尤非從事更訂不可。茲將給照期限。改爲年分四季。稅率亦量予增加。庶足以昭平允而利推行。

(按)此案業經大會議決呈准施行章程及施行細則均見稅制章

主席交議華洋機製酒類稅章則應賡續釐訂案

查華洋機製酒類稅一項。從前北京菸酒事務署曾經釐訂專章。其稅率係規定爲值百抽二十。迨後省自爲政。此項定率。竟致輕重不一。不惟商民負担不均。且易啟征收員司舞弊之機。現值整頓時期。亟應查照從前舊例。參酌各省現在情形。將此項章則。分別賡續釐訂。以期整飭而資遵守。所有洋酒及仿製洋酒等稅率。擬概定爲百分之三十。按價抽收。火酒一項。(卽奧加可)暫定爲每百斤征稅貳拾元。嗣後每年修正稅率一次。先期由省局酌情擬訂。呈候核定施行。以符特種消費科稅從重之通例。再查我國土酒。亦有出於機製者。而仿造洋酒。或有非出於機製者。原定華洋機製酒類名稱。或尚有未能賅括之處。應改名爲洋酒類。以期確切。

(按)此案業經委員會議決呈准施行章則俱見稅制章

主席交議從新釐定各省收支預算以爲稅政準則案

預算爲預定國家財政之計劃。兼以表示一歲行政之方針。如或預算不明。則考核無所根據。凡百設施。莫不因之廢弛。司征権者。尤不可不特別重視之也。查吾國菸酒稅收一項。頻年以來。各行省多在軍閥專橫之下。只求有稅可收。有欵可支。對於此項根本要圖。初未詳加計及。迨大局奠定而後。各省雖曾造書具報。然多按以前成案推衍成册。須知今昔情形。既有不同。則一切事實。未必適合。矧丁茲整頓之際。改弦易轍。勢所不免。究竟各省現在收入方面。爲數若干。固應急於考訂。而支出方面。有無因事多盧設。徒耗公帑。及或因限於經費。事不易舉之處。亦應詳爲酌定。俾預算得以精確。查考不感困難。一切設施。乃克進行。凡各省局亟應先將收支兩方。依據事實。從新查明。分別厘定。并詳叙理由。報部核奪。如此辦理。則以後全國菸酒收支。不致如前之失實。而各省辦理稅收。亦有所準則矣。

江蘇菸酒事務局提議廢止商包過度時期變通辦法案

查蘇省菸酒費稅。歷來辦法。除通過稅外。其公賣費牌照稅門銷捐三項。純用包商制度。自民四迄今。歷年實征總數。雖由五十餘萬遞增至於百萬。然以蘇省之蕃庶。其數不應止此。推原其故。實因蘇局於創立之初。對於全省產銷數量。從無詳確之調查。稅收實數。無所依據。積年既久。其權遂操之於包商。而包商又係照額攤認性質。稅率章則。多未實施。國庫遂蒙其損失。

大部有鑒於此。知非廢包商不能資整理。爰於去年九月頒令包商期滿。不得再行繼續。更知非有產銷數額之詳確調查。不足以言整理。爰有辦理菸酒商登記之通令。法良意美。卓絕無倫。蘇局奉令以來。積極遵辦。雖屢經波折。不消顧徇。預計三月之期。或可按時辦竣。惟此項登記辦法。實爲改革稅收之根據。假使菸酒業商果能據實報登。毫無隱漏。則下年度澈底改革。按册課稅。不難弊絕風清。成功可待。無如事屬創舉。各屬菸酒商人。觀望懷疑。實居多數。其報登數量。是否實在。恐決非一次辦理所能澈底。而十八年度轉瞬即屆。即欲派員覆查。亦屬不及。若不於事前愼重考慮。即據此甫經草創之登記。貿然施行。其結果必屬開支陡增。稅收支絀。利未形而害先見。際此訓政開始。需款孔殷。決不能冒昧從事。致令影響國庫。至於包商制度。雖勢在必廢。然而按時納稅。比額不致短少。其長亦有足取者。至欲樹根本而資整理。爲遠大計。非實行委辦不可。然委辦難在得人。蘇省各屬菸酒商類皆散處城鄉。及於僻遠。而各地情形。又復不同。苟非熟悉地方情形者。率加委任。恐欲應急需而利目前。或反不如包商遠甚。處此改革之際。絕續之交。勢必有一辦法。能兼此兩者之長。而無兩者之弊。方足以兼籌而並顧。茲經熟權利害。通盤籌劃。擬一過渡辦法。先分縣設立稽征所。每所委所長一人。所長之產生。約分兩類。一擇熟悉菸酒情形者委任辦理。仍令繳納保證金。認比照解。一用投標制。公開比額。先期佈告招標。以標額最高者委任辦理。以上兩項。雖爲從權之計。要於根本整理之中。仍於額定歲入不至短絀。所有詳細章則。另行擬訂呈核施行。再蘇省菸酒稅制紊亂。如公賣費牌照稅通過稅。甯屬之門銷捐。蘇屬之坐賈稅。名目繁多。除公賣牌照爲全國劃一稅制。仍應照舊征收。通過稅應與厘金同時裁撤外。若門銷坐賈。歲入不多。而病商實甚。本年度終了。應即廢除。以恤商艱。

（按）此案經委員會議決呈准施行章則見該省公賣篇

浙江菸酒事務局局長余大鈞等提議各案

（一）杭嘉湖三府屬蘇燒土燒擬增加比額設立專局案

（按）此案業經議決呈准實行詳見第十章茲從略

（二）請設釀酒試驗場案

近年洋酒暢銷。倍於往昔。國貨受其停滯。欲謀抵制。非改良國產不爲功。紹興酒質地醕美。風行國內外。惟不良之點有二。（一）裝置用罎。攜帶笨重。（二）榨濾未淨。底有渣滓。各國商人曾在紹興釀坊考察。以紹酒榨濾未淨。原料發酵。亦未透足。檢溫却冷。更未適宜。是以尚有渣滓及酸淡之病。擬先設立場所。從事試驗。俾爲各釀坊之導師。亦可爲設廠製造之起點。

（辦法）一在紹興地方設立試驗場一處定名曰紹興釀酒試驗場

一試驗場設主任一人（精於釀造事業之人爲合格）技士一人（在東西洋酒醬試驗場學有心得者爲合格）舊釀坊之釀酒師四人以上爲試驗場主體人員其餘人員工役酌量雇用

一試驗場之器具如汽鍋引擎洗米器機蒸米器蒸酒機壓榨濾過機冷却機檢溫計殺菌機裝瓶機酵母經過表顯微鏡必不可省之物均應購置

一試驗場每月釀造一次每次以五缸爲限罎裝瓶裝同時試驗

一試驗之酒其釀造手續經過狀況詳細列表裝罎裝瓶之後隨時檢查如成績較優一面將出品發賣一面指導各釀坊仿行

一試驗場之開辦費經常費臨時費俟奉准實行再行詳列預算

附錄浙江菸酒事務局局長余大鈞擬設酒業銀行意見 十八年十二月呈部

浙省菸酒稅以紹興爲最旺。近來紹酒原料價昂。釀戶限於經濟。未克盡量發展。擬在紹興創辦酒業銀行。接濟釀戶資本。於第五區所收捐費盈餘項下。逐月撥存十萬元。（每月認解中央款項仍照額依期籌解）再招商股十萬元。合成二十萬元。以爲基金。綜其利益。厥有四端。釀戶資本缺乏。可向銀行告貸。即以其釀出之酒作爲抵押。經濟既得流通。釀額無虞減少。其利一也。擔保品不必另設堆棧。但令第五區駐在地之稽徵所報明某戶確有釀酒若干。隨時負責保管。事極簡便。其利二也。近來普通利息較高。本行取維持主義。低利貸與。以資周轉。其利三也。釀造既不減少。非但能保固有稅源。且可藉以推廣。一方面援助生產。一方面增加收入。其利四也。

錢委員錦孫提議改定菸酒稅則設立視察機關俾祛積弊而裕稅收草案

菸酒稅務。邇年以來。日益疲敝。以言夫稅則。則費稅之外。復有捐厘。一物數稅。苛細已甚。以言夫稅率。則省固不同。區又互異。或輕或重。負担懸殊。以言夫徵收。則認繳包繳。全係招商。但計包額。不問產銷。壟斷侵漁。莫可究詰。凡此諸端。幾乎無一不與稅法原理相背馳。當民國四年開辦公賣之初。本擬併稅入費。以期漸進於專賣。八年以後。亦屢有調查產銷。統一征收之籌備。章制規程。擬訂粗具。而時局遞嬗。省自爲謀。遷延十年。未遑整理。以致稅法愈雜。積弊愈深。茲值建設伊始。需款孔殷。菸酒爲現世良好稅源。又屬中央收入大宗。亟宜澈底改革。藉裕度支。綜其大要。約有數端。一曰統一稅制。原有費稅雜捐。概予取消。詳查國內國外產銷情形。暨原納費稅確數。折中訂定。劃一稅率。於產地一道征收。運銷各地。不再重征。辦法簡易。既足防弊。尤便於商。一曰取消包商。凡分支各棧及有認繳包繳性質者。統行撤消。另由省局派員直接征收。少一層隔閡。卽可減一層中飽。一曰改良憑證。現行憑證聯單及印照規則。手續過繁。歷久已同虛設。應卽概予廢止。另訂劃一納稅憑證。無論菸酒。一律分等計率。按稅貼證。執簡馭繁。莫便於此。上述各節。專就經征方面立論。均屬目前切要之圖。果能另訂章制。分別進行。裨益良非淺鮮。抑更有進者。立法之密。不如運用之宜。故有治法。尤貴有治人。制稅之道。首在覈實。次重防弊。覈實在調查於事前。防弊在監察於事後。必與經征機關。分途而治。始足免自爲扶同之弊。而收互相協助之功。原訂公賣章程。逐月定價。按率收費。有增減價格。或偷漏費欵者。均應照章懲罰。規定非不嚴也。而歷年以來。弊竇重重。定章則視若具文。單照則束之高閣。揆其癥結。皆由奸商猾胥。因緣爲利。經征機關。相與袒護。而無獨立之監察人員。隨時糾正之也。故欲求整頓稅務。則設立監察機關。實有不容稍緩者。現時財政部菸酒稅處於各科之外。另設視察人員。用意至爲周密。惟員額無多。既非常駐各省。督察尤難周徧。茲擬就原有制度。量加擴充。斟酌產銷情形。劃定若干省區。爲一視察區域。設總視察一員。由財政部呈請簡派。於駐在省分設立視察菸酒稅務辦事處。下置總調查員四人至六人。總稽察員六人至八人。每省區各設視察一員。由部薦任。於省會設立辦事分處。下置調查員四人。稽察員六人。仍於財政部菸酒稅處附設視察室。置處視察六員至八員。以總其成。至視察機關之職掌。大要可分兩部。一由各省區視察督率調查員分赴各屬。查明出產菸酒種類性質數量。商舖牌號。製造方法。成本高下。運銷區城。躉售市價。暨本銷外銷或中外輸入菸酒之種類數目市價等項。以及與各省區現行稅率是否適合。按月詳晰造册呈由總視察核明派員覆查相符彙報部處備核。以為改良種植製造之根據。其有稅率市價不相符合者。得呈請加以糾正。此關於巡視者也。一由各省區視察督飭稽察員分赴所屬扼要地點。嚴密稽查各商運銷菸酒是否完全照章納稅貼有憑證。有無偷漏規避。以及經徵人員通同舞弊情事。按日登載日記。呈報總視察。一面由總視察派員隨時密查。一併呈報部處查核。其有偷漏或舞弊者。即呈請部處從嚴罰辦。藉示懲儆。此關於稽察者也。如遇重大案件。並由部處委派處視察覆查核辦。至視察經費一層。查各省區局核定預算。均有調查費或稽查費名目。每年開支數目。大局每局達數萬元。少亦數千元。本為調查巡緝之用。此次視察辦事處既已另行設立。所有查緝事務。統由辦事處負責辦理。各該局原定查緝各費。自應一併劃出。作為各該辦事處視察經費。由各該局按月如數撥解應用。其各區總辦事處經費。則由所轄各省局酌量攤撥。俾資辦公。似此辦理。稅則稅率。辦法劃一。商人自必樂於遵從。經征視察。互為監督。尤不易發生弊竇。收數日起有功。不難跂足以待也。

各省區菸酒事務局十二年度核准預算所列稽查及巡緝費數目表

江蘇局	巡查及調查費	七·四八〇元
直隸局	緝私及調查費	一一·八八〇元

奉天局	調查費	四•五八一元
吉林局	稽查費	七•八〇〇元
黑龍江局	調查費	三•六〇〇元
山東局	調查覆查巡緝各費	二一•〇九四元
山西局	調查及檢查費	六•二五一元
河南局	調查旅費	八•一〇六元
安徽局	調查費	二•一六〇元
江西局	稽查費	三•〇〇〇元
浙江局	稽查巡查調查及查缸費	二四•七二一元
福建局	查缸費	三•二〇〇元
湖北局	調查費	一•六八〇元
湖南局	稽查及調查費	三•三二八元
陝西局	調查費	二•四七二元
甘肅局	調查費	一•二九六元
四川局	調查費	二•六四〇元
廣東局	調查費	二•四〇〇元
廣西局	調查費	一•四四〇元

雲南局	調査費	四•八〇〇元
貴州局	調査費	四•八〇〇元
京兆局	巡緝費及調査費	八•一七二元
熱河局	調査費	三•六〇〇元
綏遠局	調査費	•七九二元

胡委員文藻提議種菸產菸稅法草案

(說明)竊維推行稅法。貴因時而制宜。釐訂新章。必以徵而寓禁。查日本菸草專賣。以取締種菸爲入手辦法。以次及於製造販賣。各有專章。誠以種植爲原料出產之源。苟於此而有劃一之章制。則提綱挈領。於製造販賣之取締。自能事半功倍。我國菸酒公賣事務。猶在萌芽時代。在昔對於各菸所收稅費。僅僅及於製造販賣。而於此項種植問題。尚未議及。蓋吾國從前所種菸草不甚發達。故舊時禁令。於種菸一事。一任農民自由。向無議徵議禁之條。今則情形一變。時殊事異矣。昔之種菸者僅有西北數省。其所產者亦僅爲粗葉。以供製黃菸青菸之用。今則益以西種。所收之葉。能製雪茄捲菸。需要既廣。播植日蕃。長江黃河流域。無省無之。頗有一日千里之勢。若不及時取締。預籌寓禁於徵之法。將來各處農民。涎種菸之利益。非遍地盡植菸苗不止。消耗日見增多。民食勢將告竭。國計民生。兩有妨礙。文藻管見所及。爲國用計。爲民食計。對於種菸一事。均不能不有限制之策。爰斟酌時宜。禁徵並用。草擬種菸產菸稅法案。直接爲人民謀福利。間接爲國家裕稅收。且公賣之制。亦可因此而樹基礎此本案提出之理由也。

第一條　種菸產菸稅分兩種徵收之

（一）特許種菸牌照稅

（二）菸葉產地稅

第二條　凡種植菸草（以其菸葉可爲捲菸及菸絲用之菸爲限）應先呈由各省菸酒事務局批准發給特許種菸執照後始得種植菸草其因設定特權所繳之稅名特許種菸牌照稅

第三條　特許種菸牌照稅之稅率每畝每年抽收國幣五角其不足一畝者亦以一畝計算

（理由）人民種菸每有一戶而種數畝數十畝者故其納稅計算應以畝爲單位此項稅制因政府給與特許權利而設與原有粮賦截然兩事故其稅率不能根據從價從量算出不得已以粮賦比例推算蓋田地種植粮食每畝平均約有五六元純利所納粮賦普通約在四五角左右今種植菸草每畝平均約有十餘元之純利倍於種粮食之利故其特許稅率定爲五角約與原賦相等此設定稅率之理由也

第四條　凡未領特許種菸牌照而種植菸草者以私種論經查出後每畝應處五元以上十元以下之罰金繳罰金後照章繳稅補領牌照仍許耕種

（理由）私種易查故罰金稍輕

第五條　凡領特許種烟牌照之戶至收穫後須將收穫菸葉之總量數呈報該管分局該管分局實

地調查後登記於查定簿按其收穫菸葉價格向種戶徵收菸葉稅其所徵之稅名菸葉產地稅

第六條　菸葉產地稅之稅率爲從價百分之十二·五其價格計算以當地賣價爲標準

（理由）查外國公賣制度本以種植製造販賣三途爲樞紐衡以我國情形將來改良菸稅亦不能舍此他求徵於種戶者爲產地稅徵於製造者爲製造稅徵於販戶者爲銷場稅本法菸葉產地稅卽第一種也菸之爲物本屬奢侈品各國俱徵重稅我國驟難仿辦茲擬以值百抽十二·五者因新定關稅稅率烟草類內之烟葉規定爲每擔值過六十兩稅銀八兩約合百分之十以上茲取十二·五折中之數蓋欲與關稅互相策應也

第七條　凡呈報收穫菸葉量數經分局實地調查有不實者除將隱匿部分之菸葉全數充公外并加處罰金其罰金以所隱匿菸葉之相當價值爲標準

（理由）隱匿難查故充公後再加罰金以示重懲

第八條　繳納菸葉產地稅後應給以稅票載明價值重量并於票上粘貼發賣憑證印花購貨人運貨時須憑此項粘貼發賣憑證印花之稅票出境倘菸葉出境時無粘貼發賣憑證印花之稅票卽爲私菸應卽扣留除將貨物充公外并處以與貨價相當之罰金（其粘貼發賣憑證印花方法另於施行時定之）

（理由）私菸必由隱匿而來故罰則與第七條同

第九條　凡呈請種植菸草應就最近之各分局呈請之由各分局轉呈省事務局核辦其批准及發

給特許牌照均由省事務局執行之

第十條　凡呈請種植菸草時應將田畝坐落字號四址丈尺繪圖列表附呈兩份并應取具當地殷實商舖或大農戶三人聯名保結結內應聲明担保稅款及一切責任（結式另定之）

第十一條　凡領得特許種菸牌照之戶其第二年仍欲就原報田畝種植菸草者於下種三個月前向分局或總局呈驗牌照章繳納牌照稅另換新牌照得繼續有效若不願繼續種植菸草者亦須於下種三個月前將舊牌照呈繳

第十二條　特許種菸牌照稅之繳納種戶接到批准通知後應於十日內繳到各該分局過期卽由該分局取銷批准原案報告省事務局

第十三條　菸葉產地稅之繳納自經第五條之實地調查登記查定簿後種戶得至賣出時繳納之但收穫後三個月內不至分局繳稅請領稅票憑證者不論有無買主分局得向種戶發催繳稅款書并得檢驗其所存之菸葉如至新葉收穫時仍未出賣繳稅分局得認爲廢棄可會同當地商會燒燬之

（理由）菸葉過年卽不適用故至新葉收穫時卽應燒燬免其魚目混珠以舊换新之弊

第十四條　第六條之當地賣價應於收穫時由分局調查分別三等折中酌定一面呈報一面卽牌示局中在同一年內其同等之菸雖前後賣價稍有出入其稅率則用同一之法計算之

第十五條　特許種菸牌照之呈請須於每年八月內爲之其核准發給以每年一月底截止之

第十六條　菸葉收穫數量之實地調查登記查定簿以每年十月底截止截止後由各分局彙報省事務局由省事務局彙造詳册呈部

第十七條　各省核准種植菸草之地畝圖表及產菸表册（册式另定）應於每年二月內彙齊報部由部彙編全國種菸地畝圖表及產菸表册提出部務會議決定下年種菸計畫由部執行之

（理由）本法精神一面爲限制種菸地畝一面爲酌劑全國供求本條之決定種菸計畫蓋卽本法精神所寄之處也

第十八條　各省事務局之批准種植菸草地畝每省均定有至多限度其限度卽以前條部務會議決定之計畫書爲標準

（理由）種菸多寡與民食有關故有限度前條以會議決定計畫蓋亦取斟酌全國總限度之意也

第十九條　各省事務局批准種植菸草地畝後應將呈請時所附呈之圖表一份分行各該管地方官廳備案以資稽考

第二十條　本法公佈後定於　年　月　日施行

吳委員孝勉提議案實行裁厘後廢除菸酒稅捐宜酌增公賣費率案

我國菸酒稅法。除公賣費外。原料有稅。熟貨有稅。通過落地有稅。出產銷場有稅。名目紛繁。商民久感不便。政府爲減輕商民負擔起見。現正預備裁厘。凡菸酒稅中類似厘金之繁捐雜稅。自應一例廢除惟捐稅取消。歲入因之減少。若不別謀挹注。則國用浩繁。憑何支持。竊以爲補救之道。宜俟裁厘後。參酌他國對於菸酒之有害消費品類。寓禁於征。科稅從重之成規。酌改公賣費率爲值百征三〇。至值百征三五。似此辦理。預計增入之數。固可彌補裁去厘金之損失。而歸納公賣一途。并無重復征收之不便。國用商情。兩有裨益。

安徽菸酒事務局提議延繳費稅請征收催征費案

查各分局經征甲月菸酒費稅。最遲應在乙月上旬以內。掃解省局。以便彙集解部。定制綦嚴。惟各地商人。往往習於疲玩。延不繳納。就令上緊催征。月復一月。懸欠益多。而催征用費。亦隨之而增。查財政部十七年十一月通令菸類營業牌照。逾期不領新照者。由征收機關催征之。並征催征費等因。菸酒費稅。事同一律。可否援照施行。如甲月菸酒費稅。延至月底不繳者。並征催征費。以資取締。

江西菸酒事務局提議各案

（1）江西菸酒稅歸併公賣費統一征收以免紛歧案

查江西菸酒稅。原由厘金變爲統稅。遞嬗而來。當日原定稅率。雖號爲值百抽十。而歷年久遠。物價懸殊。因仍沿用。國課既受損。夫商家負擔。亦不得其平。今裁厘加稅之議。既須實行。此項統稅。自應改革。擬請撤銷統稅名目。歸併公賣費一律按值就產地統一征收。以符一物一稅之旨。一稅之後。准其通行無阻。而從前專收統稅之機關。亦可裁撤。既省經費。復便商民。

（2）提議訂定縣長協助菸酒事務考成條例以利進行案

查江西人民習慣。凡百稅收。恆以有無縣政府之佈告。爲從違之標準。商人對於新定稅則。往往羣起反對。或開會抵抗。或罷市要挾。他如新舊交替。偶有抗交捲逃情事。以及征稅事宜。發生阻礙。經征機關權力有限。均非行政官廳協助不可。乃近來各縣政府以責任不屬。每遇本局飭辦及各區分局請求事件。多認爲無足輕重。置諸不理。或敷衍塞責。遂使商民益無顧忌。本局亦無法處置。擬請訂定地方官警協助國稅征收事宜責任條例。呈准公布。以利進行

附錄江西菸酒事務局局長韓兆鴻整理意見 十八年十二月呈送

贛省位於各省之中。毘連浙閩湘鄂皖粵六省。犬牙相錯。商人對於運銷菸酒。偷漏繞越。均屬難免。尤以各省稅率不平。爲偷越之主因。釐正稅率之時。須調查鄰省稅費定率。互相比較。酌中審定。以杜商人取巧。又贛省與皖連界之樂平及與閩連界之瑞金等處征費。有僅給印照。不給憑單情事。蓋地處邊境。不經他局。逾境卽他省所轄。須重行完納。發給印照。不過爲本局所屬邊地查驗所之稽考而已。是宜訂定取締辦法。責成督征員加意查察。如有運銷菸酒。無公賣憑驗單者。卽從嚴罰辦。漏給憑單之經征人員。亦酌予加倍處罰。自不敢仍蹈前轍。而此風不禁自絕矣。

整頓費稅。首宜廢除包商。惟在未廢除包征辦法以前。應先嚴定經征官資格。經本局審查合格存記。

任用。爲將來實行委辦用人之標準。蓋有一定之資格。方可杜倖進之門。憑資格以用人。而後有遵循之軌。則凡軍人稅蠹胥受資格之限制。無從干求。即夤緣奔競之風。亦可因是少息。此尤今後改善稅務之要圖也。

福建菸酒事務局提議各案

一關於劃一稅則事項

現定稅率之宜變通也　查現定菸酒稅率。係以定價百分之二十。定爲公賣費率。從前附征各捐。一律廢止。此種辦法。原爲劃一稅則起見。唯自通令以後。各省格於事實。往往未能實行。就福建而言。局長接事以後。派員調查菸酒產銷情形。核計各屬稅率至不一致。平均計算。總在百分之三十左右。福建如此。他省可知。似應綜合各省產銷情形。及公賣價格。依照目前收入總數。從新更定。以符事實。而便推行。

菸酒附捐宜嚴禁增加也。　菸酒稅率。亟宜劃一。盡人皆知。唯現在訓政開始。各省往往藉口辦理地方公益事業。任意增加附捐。殊於整理菸酒規劃。大有妨礙。擬請一律嚴禁。以免紛歧。

已征附捐宜分別清釐也。　查各省從前對於菸酒籌加附捐名目紛繁。似應通令各省局詳細查覆。分別清釐。以資整理。而昭劃一。

二關於改包爲委之折衷辦法

嚴定取締短征辦法　查職局現在已改包爲委。暫定取締辦法。如比額短征不及一成者。記過短征一成以上者撤委。短征在二成以上者。撤委之外。并令賠償。一面參照審計規則。於各稽征所主任酌收保證金一月。以資保證。

嚴定保障辦法　擬請核訂保障法。俾征收員得以安心供職。一面另定提獎辦法。以示鼓勵。收效更遠。

三關於統征一道稅率之計劃（略）

四關於填用單照事項

取締貨多稅少之辦法。分爲兩項。一在嚴密稽查。一在訂定罰則。如土酒土菸一項。由分局派員按戶調查。并稽察有無實貼單照。客酒客菸一項。應與海關接洽。凡海關所報進口之菸酒。切實稽查。則來源既能詳悉稅項亦無從隱匿。

取締收稅不給單照辦法　此種辦法。與第一項相同。一面嚴密稽查。一面從重處罰。此外惟有注意人選。以袪積弊。

河北菸酒事務局葛委員敬猷等提議整理河北菸酒稅辦法案

釐訂簡明單照等項　查單照等項。爲征收菸酒之要需。凡屬中央規定者。均應各省一律。務求簡明不宜繁細。否則種類參差。名目龐雜。辦理者固感困難。且易啟不肖者上下其手之弊。或重征疊稅。或一票數用。稅收既難起色。菸酒商業因之不振。此單照等項亟宜簡明釐訂者也。

服務菸酒人員保障方法　查我國征收機關。由來弊竇叢出。上焉者明匿稅款。下焉者暗施偷漏。以致貪風日熾。國稅益絀。推其原因。由於服務人員視職位爲傳舍。似宜仿照鹽關郵政確定保障方法（一）倘無隳職情事。不得每易長官恣意撤換。（二）明定加薪提升辦法。以服務成績及年限爲準。（三）服務若干年。應明定勞績金之給予法。（四）在職死亡而服務著績者。應優予撫恤。並定撫恤例自可弊絶風清。人人以廉潔自矢。此服務人員亟宜規定保障方法者也。

河南菸酒事務局提案

整頓各縣稽征所案　（説明）查各縣稽征所率沿包辦舊習。流弊滋多。今欲澈底整頓。首在打破包辦舊習。選委精明强幹廉潔奉公之人。爲稽征主任。至如確實登記菸戶酒池。限令各稽征所造送月報。酌加各辦公經費諸端。亦屬必由之路。

裁併費稅統一稅目案　（説明）查各縣菸酒商。多係按月認定銷數。繳納菸酒稅及公賣費。征收菸酒稅一律每斤征洋二分四厘。公賣費則因各縣價格而有不齊。大抵最高額不過二角。征費四分。尚有一角或一角五分不等。均不及市上售價之半數。與其名實不符。不若將費稅裁併。一次征足。至於老稅附加稅加價稅釐金稅火車捐稅等項名目紛繁。不獨商人不明究竟。疑竇叢生。即經征人員亦多費手續。辦理困難。又不若將此等稅目一律裁併。與菸酒公賣費稅。併爲一類。另立稅目。核實征收之爲愈也。

截驗單照另製票照印花案　（説明）查現行票照。因其額數用墨填寫。每有塗改之弊。今宜另製票照印花。如郵票。然自十元至一元或一角一分不等。用時依照費税數目。貼於票照騎縫。復蓋年月日之戳記。而中析之。款數既有鐵證。須發又有定額。則大頭小尾之弊。無從而生。戳印日期不能塗改。則一票亦難二用矣。此項印花當由部頒歸各省備領耳。

認眞獎懲征收人員案　（説明）查菸酒事務。曩被軍閥官僚包攬。認爲發財機關。流毒之深。病國殃民。澈底革新。惟有從認眞獎懲入手。凡征收人員如有授受賄賂。及營私舞弊情事。一律嚴厲懲辦。至於每月征收費税超過比額。卽提出超過數二成。特別獎勵。併於每月之終。比較勞績。分别獎懲。庶幾受獎者不敢自滿。受懲者能自補過。

訓練專門人材案　（説明）查菸酒事務。極爲繁賾。非有專門人材。無由辦理完善。當延納英材。開班訓練。使其造成廉潔之革命精神。諳練征收專門知能。然後派往各地。整理菸酒事務。裕國便民。可操左券。

甘肅菸酒事務局提議案

一菸類經過地方征收雜捐附税一律取銷　查甘肅水菸。向爲大宗。出產運銷津滬閩漢晉綏川陝以及東三省一帶。曩昔運銷數量。有加無減。近年以來。逐漸短少。推厥其原。實由於菸担經過地方征收雜捐附稅甚重。以致商販裹足。即以省城由北路水道發運天津之菸而論。每菸一担。在省完納費稅洋十八元八角。餘經過包頭所納之貨捐。綏遠之驗費。平地泉之統捐公賣。豐鎮殺虎關之關稅。大同之私費統稅。大同殺虎關之關稅。至天津之海關常關稅籌餉捐等項。共需洋在六十元以上。除護運車票等費暨成本而外。若遇菸價稍落。往往賠累。以故推行不利。影響稅收。現在革命告成。關稅自主。此項雜捐附稅亟應取締。擬請將甘肅菸類經過地方所有向來征收雜捐附稅。一律通令取消。以蘇商困而利運行。

一菸酒公賣在產場征收全費　查甘肅菸酒凡在本省境內行銷者。產場銷場各按價格抽收公賣半費。菸收百分之八。酒收百分之十。歷經如期辦理。惟查此項辦法積久弊生。如商人販運菸酒。不達指銷地點。即行銷售。該地經征機關失於覺察。則銷場半費往往即被偷漏。若商販運貨到指銷地點。而該地經征人員有以菸酒即將出售。主管機關難以考查。多將落地半費化歸私有。茲爲杜絕弊混起見。規定本省出產菸酒。凡屬行銷省內者。一律均在產場抽收公賣全費。銷場只可查驗。不得再征。以除積弊而裕稅收。

一經收坐銷零銷暨窖口費均須發給憑證　查甘肅菸酒販運出境。照章應征稅捐及公賣費。塡給憑驗單稅票。如在產場銷售。征收費欵名曰坐銷或零銷費。酒類征收此項。亦有名爲窖口費者。但各屬辦法。極不一致。雖據列收呈報。惟不發給商人票照。其中不無隱飾偷漏情事。茲定劃一辦法。凡在產場出售菸酒。均須一律塡發征費憑證。交商收執。以便考核而杜漏卮。

一估定菸類公賣相當價格暫行試辦　查甘肅産銷菸酒原定公賣價格甚低。自民國十六年一月。曾經呈准增加五成。現在菸酒市價。較前陡漲。而各屬所定公賣價格甚至相差有十數倍者。除酒類已加二倍稅率。似無庸再加。惟各屬菸類價格最多者每斤不過銀一錢二分。少者定爲三分。核與市價四錢有奇。委屬相差甚鉅。茲將菸類公賣價格參照現在市價情形估定相當價格。暫行試辦。然後體察情形。呈部規定公賣法。以期實行公賣之制。而裕國課。

附湖北菸酒事務局整理意見　十八年十二月呈送

(一)施行銀行保證辦法　查歷任各分局長原應取具鋪保。吳任並行保證辦法。惟鋪保多有頂替假冒。臨追每無着落。現金保證辦法。無力者不能咄嗟立辦。有力者亦或倚勢不繳。仍扞格不行。銀行保證。其法先將各分局分等定額。分局長無論以信用以抵押以現欵取得銀行保款。備具銀行活期存摺支票簿印鑑。繳存總局。卽作爲保證。嗣後每月稅款。如解不足比。或交卸有虧。卽由總局向該銀行提款抵補。如保款將次提盡。卽行撤換。其無虧短而內容出自違章浮收。仍襲前此包商情弊。經發覺查實者。按其情節。仍行分別撤懲。庶控制有方。而稅務之澄清有日。其利有五。(一)凡欲任分局長之職者。必於其地稅收狀況。先自調查明確。不敢貿然以從事。(二)分局長既有切身之利害。對於稽征必竭智盡能。罔敢放任。以致貽累。(三)每月解款無慮不足比額。收入亦有成算。(四)各分局比額究無根據。此制行。且可借分局願充者之多少。得比額增減之標準。如實有衆所不取者。亦可作併局兼辦之籌畫。不待調査產銷狀況而以經濟自然之趨勢可得較爲確實之比額(五)此後所委人員。可免瞻徇情面之弊。總之此制有包辦之利。無包辦之害。仍具委辦之精神。可免委辦之積弊。有投標暗合經濟自然趨勢之益無强楚就晉削足適履之病果能施行無阻則除天災匪患人力不可抗之障礙外。其稅收之暢旺。稅額之增加。稅務之整飭。胥可計日而待也。

(二)確査統計菸酒產銷狀況。　鄂省各縣菸酒產銷狀況迄無精確統計。良以匪亂之區。調査既難普及完善之縣。所査未必周詳。然欲確定比額。責成收數。要非確知產銷狀況不可。本年秋。雖奉令舉辦編査登記。然事屬草創。漏略必多。擬俟各縣編査辦竣。再行遴委妥員。分期復査。隨時更正。務令統計漸臻確實。狀況朗若列眉。以爲一切設施之預備焉。

(三)切實整理牌照稅洋酒類稅。　本年秋部頒牌照新章。稅額較增。收數仍難及比。揆厥原因。各分局或仍係由商認包。或尙照舊章預征。或竟舞弊減等。或任偷漏未收。而各商戶之牌照。是否懸掛不問也。各牌照底册是否確實不問也。擬嚴令各分局確造牌照底册。並布告各商務懸牌照於門首。以便隨時抽査調册核對。如有牌照未懸或登記不實者。即行罰辦。分局長與商戶同科。至鄂省洋酒類稅。惟漢口宜昌有之。漢口洋酒商向以租界爲逋藪。分局稽査力所不及。近半年來以免稅日增。收數日減。査領事署以兵艦自用之酒。函請免稅放行。勢不得不予照辦。顧聞有商運藉此假冒爲領事所未知者。是以徒憑一紙空函。實不足以驗眞僞。此後擬與各領事商洽。果係兵艦自用之酒。請另加發護照執運。仍由領事臨時證明通知。以照鄭重而杜偷漏。信能行之。則諸弊自除。稅收自裕矣。

近世各國菸酒稅制之一班

盧宗謙

世習侈靡。湛沔菸酒。製銷之量。近而彌蕃。東西各國。咸主重課。雖張弛異宜。規制非一。而增裕國帑。調節民生。制用常經。殊途齊轍。我國稅法紊亂。勦效勿彰。恢宏整理。良切要圖。至於剏行之始。斟酌損益。斠量異同。取則非遠。允資前軌。爰述斯篇。藉供借鑑。聞見僿陋。疏脫孔多。匡繆繩愆。敢期賢達。

一、緒論

近世各國菸酒收入。其制綦繁。綜其大要。可分兩端。曰專賣。曰征稅。

國占其業而制其贏。是爲專賣。專賣之途三。產製運銷。悉由國營者。曰完全專賣。如法意日本瑞典瑞士之菸類。皆採斯製者也。自耕植以至販售。分占其一者。曰部分專賣。如日本明治三十一年至三十六年葉菸專賣。製菸商營是也。特權操諸政府。製售委之商人者。曰委託專賣。如日本初創專賣一部捲菸。由商廠代製。又土耳其現制。菸類專賣。委託阿特曼銀行經理是也。

商營其業。國榷其課。是爲征稅。征稅之大別二。一曰普通征稅。自由經營。無所制限。或征於營業。爲直接稅。或征諸消費。爲間接稅。而同一消費稅。有進口內地入市之分。又有一重稅兩重稅之別。若美若法若比若麥丹之菸類。若法若比若和蘭之酒類。進口內地兩稅。同時並征。皆兩重制也。若加拿大等處。既征進口不課內地此一重制也。一曰特許征稅非經核准不得營業有征諸行爲者如日本之特許牌照是。有征諸貨物者如日本之造石稅是。

列國現制雖互有殊異大抵菸類強半專賣酒類多屬征稅此則貨物之品性不同取徑斯異固非可一概論也。

各國現行菸酒收入制度

- (1)專賣
  - (A)全部專賣
  - (B)部分專賣
    - 種植
    - 製造
    - 販賣
  - (C)委託專賣
    - 委託製造
    - 委託販賣
- (2)征稅
  - (A)特許征稅
    - 行爲稅
      - 耕種
      - 製造
      - 販賣
    - 貨物稅
      - 造石稅
      - 進口稅
  - (B)普通征稅
    - 直接稅
      - 營業稅
      - 所得稅
    - 間接稅
      - 國內稅
      - 進口稅
      - 入市稅

次言稅率。有從價有從量•因地制宜。本難强合。大抵完全從價法最縝密。而計算繁複。錙銖出入。轉失其平。故近時各國類採從量。然估值換算。以時升降。是從量而兼乎從價也。計率雖按時值征收。仍依衡量。是從價而不離從量也。至於稅率高下。尤極參差。最重者首推英國。酒類有值百征八百者。菸類有值百征四百六十五者。日本菸類進口稅。值百抽三百五十五。意國菸酒。平均值百而征三百。美國較低。菸類值百分者征六三强。酒類未禁止前。值百分征八七强。此外各國。雖間有值百征十以至征二三十者。要皆有特殊情形。或協定互惠。非可據爲定衡也。

各國現行菸酒稅率表 本表係擇要登列其詳具見下述各國稅率內

國別	菸酒種類	稅率	備考
英國	菸	值百抽四百六十五	英係從量計此乃按一九二四年貨值推算
	酒	值百抽八百	仝上
美國	菸	值百抽六三•六八	
	酒	值百抽八七•二八	未禁酒前稅率
日本	菸	值百抽三百五十五	進口稅率
	酒	每百立特公升四七圓八〇錢	仝上
意大利	菸酒	平均約值百抽三百	一九二五年稅率按貨值推算

法國	菸	每百記羅一八·〇〇〇法郎	仝上
	酒	每百立特四·五〇〇法郎	仝上
丹麥	菸	每記羅一克隆	仝上另納從價稅百分之三十
和蘭	菸	值百抽四十五	仝上
	酒	值百抽八	仝上另納內地消費稅

復次爲歲入各國菸酒稅與各項消費稅收入混列者爲多精密分晰頗多困難較而論之收入最鉅首推英國全年稅收平均約合華幣十餘萬萬元而進步最速者爲日俄兩國日本當明治九年菸稅僅收二十四萬元迨專賣實行逐漸增加至昭和三年度已達一萬六千萬元酒稅當未改制以前亦不過年收數百萬元嗣改辦造石稅於是歲入激增至昭和三年度酒稅已達二萬四千餘萬元合計菸酒兩稅幾佔全國歲入四分之一俄國自改革後間接稅爲歲入大宗其中便利品一項卽以菸酒爲主一九二三年僅收九千九百萬露布至一九二五年收四萬七千餘萬露布一九二六年已收七萬三千餘萬露布其進步之速誠駸駸乎有一日千里之勢也

二、英國

(1)稅制　英制菸酒稅分進口稅(Customs duties)內地稅二種(Excise duties)進口稅由海關征收內地稅由稅局經征亦有特別派員在碼頭或屯貨棧收稅者國內製造菸類須呈准領照始能製售凡進口或國內製造菸酒旣納稅復出口者得按定數退還稅銀之一部

（2）稅率　菸分已製未製兩種。酒分啤酒酒精葡萄酒三種。均係從量計算。其種類稅率分別甚夥茲擇其大要摘錄如左。

（甲）菸類

（子）已製者

（A）雪　茄　每磅納稅十五先令七便士

（B）黑人頭（Negrohead）每磅納稅十一先令十便士半

（C）菸　捲　每磅納稅十二先令七便士

（D）其　他　每磅納稅自十先令四便士至十三先令七便士

（丑）未製已編捋者

（A）每百磅含十磅以上水汽者每磅納稅八先令二便士半

（B）含十磅以下水汽者　每磅納稅九先令一便士

未製未編捋者

（C）含十磅以上水汽者　每磅納稅八仙令二便士

（D）含十磅以下水汽者　每磅納稅九先令半便士

（乙）酒類

（子）啤酒　發酵前酒量比重一〇五五度者餘按此類推　每36加倫納稅五磅六便士

（丑）酒精及猛烈飲料均以測量液體器按加倫測驗後計算

（甲）白蘭地及糖酒　每加倫納稅三磅十五先令四便士

（乙）仿造糖酒　每加倫納稅三磅十五先令五便士

（丙）不含糖質醴酒　每加倫納稅三磅十五先令五便士

（丁）含糖質之醴酒　每加倫納稅三磅十五先令十一便士

(寅)葡萄酒　分五項

(甲)酒精不過三十度者　每加倫納稅二先令六便士

(乙)三十度以上不過四十度　每加倫納稅六先令

(丙)超過高度　每加倫增稅六便士

(丁)進口瓶裝含汽質酒　每加倫納稅十二先令六便士

(戊)進口瓶裝不含汽質酒　每加倫納稅二先令

以上均從量計算。按一九二四年貨值約合從價稅率如左。

1、菸類　紙菸　值百抽一百四十二　每磅折中價八仙令十便士納稅十二仙令七便士

雪茄　值百抽五十　每磅價三十二先令三便士稅十五先令七便士

菸葉(去梗)　值百抽四百六十五　每磅價一仙令九便士納稅八先令二便士

菸葉(末去梗)　值百抽五百

2、酒類　白蘭地最高　值百抽八百　每加倫最低價九仙令六便士納稅七十三先令十便士

威士忌最高　同上

啤酒　值百抽五十弱　每英升價七便士稅三便士二

海關對於已納稅菸酒復出口退稅辦法。

啤酒　暨捌氏表比量一〇五五度之酒每三十六加倫退稅一磅三先令三便士至一磅五先令

二便士

菸草　雪茄　每磅退稅六先令三便士。

香菸　每磅退稅六先令一便士半。

(3)收數　英國菸酒稅。向未專設機關。稅額頗難分晰。最多年分。全年收入平均約合華幣十餘萬萬元。

三、美國

(1)稅制　美制。菸稅酒稅。均分進口稅及內地稅兩種。國製品納內地稅一道。凡國外輸入菸酒。除納進口稅外。須加納內地稅一道。其辦法於貨物未經領出關棧以前。按照土貨同類稅率。繳納稅款。領得內地稅證。當關局職員監視之下。粘貼銷毀。始准運出銷售。內地稅證由內地稅局製發。

(按)美國現係禁酒下列酒稅率係未禁酒前之規定

(2)稅率　菸酒均係從量計。

1、菸類　雪茄香菸　每磅納美金四元五角

菸葉　每磅納美金五元五角

2、酒類　白蘭地及穀類製酒精　每標準加倫納稅一元六角

甘露酒甜酒及果子糖酒　每標準加倫納稅一元六角

香濱酒　大瓶每打　納稅九元六角

中瓶每打　納稅四元八角

小瓶每打　納稅二元四角

靜酒（含百分十四以下純酒精）　每加侖納稅四角五分

（含百分十四以上者）　每加侖納稅六角

啤酒　每加侖納稅四角五分

美國稅率均從量計以市價推算。（一九二四）約合從價稅率如左。

捲菸　約合值百抽六三、六八

菸葉　約合值百抽四九、四四

酒類　最高約合值百抽八七　最低約合值百抽一八

四、日本

（1）稅制　日制。菸係專賣。由專賣局管理。辦法另詳專篇。茲不贅述。其旅客零星輸入菸類。由海關征稅。酒為特許征稅制。由民間呈報核准。請領牌照。始准釀製販售。國製品由各地稅務署於造酒時期。逐戶檢定造石數量。照率征收造石稅。此稅於產地一道征足。任其行銷。不再重征。進口酒類另訂稅率由海關征收。

（2）稅率　菸類專賣價格。按成本生產費等項。隨時核定。進口菸稅從價計算。酒進口稅造石稅均從量。按成分內所含酒精度數分等征收。

進口稅率　菸類　雪茄紙菸　值百抽三百五十五

嚼菸　每斤二圓二三錢

鼻菸　每斤五圓一七錢

酒類　發酵中國酒　每百立特公升二四圓二十錢

啤酒　每百立特公升十六圓四十錢

醇酒（酒精成分依照〇・七九四七輕重率之純火酒在寒暑百度表之十五度計算不逾容量百分之二十四者）　瓶裝每百立特公升四七圓八十錢

造酒稅率　第一種酒精分二十度以下之濁酒　每石金二十圓

第二種（酒精分二十三度以下之清酒及白酒暨三十度以下之味淋燒酎）　每石金二十三圓

第三種三十五度以下之燒酎　每石二十九圓

第四種四十度以下之燒酎　每石三十五圓

第五種四十五度以下之燒酎　每石四十一圓

第六種（二十度以上之濁酒二十三度以上之味淋四十五度以上之燒酎）　每石每加一度增稅一圓

麥酒　每石二十圓

(3)收數　日本菸酒稅收數遞年增加昭和三年度收數如左

酒造石稅　二萬四千二百餘萬元

菸專賣純益　一萬六千餘萬元

五、法國

(1)稅制　法制菸類專賣。酒類征稅。凡國內菸草。統由政府經營。定價發售。進口菸草。旅客入境。每人准攜自用雪茄十支。紙菸二十支。菸草四十格蘭姆。免納關稅。個人自用。每年不逾十記羅。照納進口稅。逾此數者。非經特許。不准輸入。特許輸入者。由海關通告。存入指定之倉庫。報明價格。領貼專賣印花。方可運出銷售。

酒稅分進口稅。國產稅兩種。國內製造品。納國產稅一道。輸入酒類。除納進口稅外。同時須加納國產稅一道。始准運出銷售。

(2)稅率　菸酒均從量計算。

進口稅率　菸類　雪茄紙菸　每百記羅一八、〇〇〇佛郎

鼻菸嚼菸　每百記羅五、六〇〇佛郎

酒類　白蘭地　每百立特　普等四百五十法郎　最低三百法郎

葡萄汁發酵酒　每百立特　普等三十五法郎　最低十二法郎

國產稅率　按純質酒精計算每百立特純質酒精　征稅二百二十法郎

六、意國

(1)稅制　意制菸類專賣。由政府經營。專賣價格。隨時規訂公布。菸葉私人不得輸入。製成之菸。在定限內准其納稅進口。(頭等關四公斤二等關以下二公斤)逾限須經財政部核准。發給特別准狀。酒類分進口稅內地稅兩種。進口稅有正稅加稅。內地稅有廠稅飲戶特稅。國內製品。納廠稅一道。

輸入品除納進口稅外。須加納廠稅或特稅。始准運售。

(2)稅率　菸酒稅率。均係從量計算。

進口稅率

菸類	雪茄紙菸	每公斤納稅一三〇金呂耳
	普通雪茄	每公斤納稅七〇金呂耳
	菸絲	每公斤納稅一〇〇金呂耳
	其他菸絲及鼻菸	每公斤納稅六〇金呂耳
酒類	(子)蒸溜酒(甲)桶裝	每公石納稅八〇金呂耳另加指數一
	(乙)半公升以下瓶裝	每百瓶納稅六〇金呂耳另加指數一
	(丙)半公升以上瓶裝	每百瓶納稅九〇金呂耳另加指數一

上列除納進口稅外另須按照七十度以上酒精加征國產稅

(丑)葡萄酒(甲)桶裝	每公石納稅二〇金呂耳另加指數零五
(乙)半公升以下瓶裝	每百瓶納稅三〇金呂耳另加指數一
(丙)仝上仿香檳酒	每百瓶納稅六〇金呂耳另加指數一
(丁)半公升以上瓶裝	每百瓶納稅五〇金呂耳另加指數一
(戊)仝上仿香檳酒	每百瓶納稅一〇〇金呂耳另加指數一
(寅)啤酒(甲)桶裝	每百立特納稅一五金呂耳另加指數〇五

(乙)半立特以內瓶裝　每百瓶納稅八金呂耳另加指數〇五

(丙)半立特以上瓶裝　每百瓶納稅一五金呂耳另加指數〇五

內地稅率　按酒精成分計算凡在百度表達十五度五十六分之酒精每公石納製造稅一五〇〇呂耳輸出酒精免稅進口酒精同製造稅

以上稅率按一九二五年時價估計平均約合值百抽三百

七、丹麥

(1)稅制　丹制菸酒均係征稅。分進口稅內地稅兩種。國內製造品。納內地稅一道。輸入品。納進口稅。紙菸及製紙菸之原料除納進口稅外。須加納印花稅始准運售。

(2)稅率　丹麥菸酒稅率有從量從價之分。

菸類　菸葉　每記羅征稅一克隆

雪茄　每記羅征稅二克隆八十安耶

紙菸　每記羅征稅一克隆另納從價稅百分之三十

酒類　白蘭地（酒精成分在火酒表百分之五十以上者　每立特）　征稅四五五、安耶

醇酒 葡萄酒　每立特　征稅八零安耶

啤酒瓶裝　每記羅　征稅四二安耶

其他　每記羅征稅三六安耶

印花稅　紙菸1、每枝價一安耶以下者　每百支貼印花十安耶

2、一至一安耶半　每百支貼印花二十安耶

3、一五至二安耶　每百支貼印花三十安耶

4、二至四安耶　每百支貼印花五十安耶

5、四五至六安耶　每百支貼印花七十五安耶

6、六至八安耶　每百支貼印花一百二十五安耶

7、過八安耶　每百支貼印花一百二十五安耶

八、比國

(1)稅制　比制。菸酒稅。分進口稅及消費稅兩種。國內製品。納消稅費一道。輸入品。菸分已製未製。已製者。納進口稅。未製者。納進口稅外。並加納消費稅一道。酒分啤酒葡萄酒燒酒三項。燒酒除進口稅外。另納附加稅。

(2)稅率　菸酒均係從量計算。

進口稅率　菸類　未製品　每百記羅納稅最高二百四十 低一百二十 法郎

已製品雪茄紙菸　每百記羅納稅最高一千二百 低四百 法郎

菸汁　每百記羅二百四十法郎

酒類　啤酒　每百立特納稅最高四十五 低三十 法郎

葡萄酒　每百立特最高四百八十／最低一百法郎

酒精度在蓋昌沙克量酒表二十一度以內溫度十五度者照上率納稅過二十一度按燒酒納稅

燒酒　每百立特最高一千八百／最低九百法郎

燒酒除進口稅外另納附加稅百分之十六

消費稅率

菸葉　每百記羅八十法郎

酵酒（酒精成分寒暑表百度火酒表二十二度）　每百立特最高一千四百四十／最低四百八十法郎

以上係從量稅率。據一九二五年五月分比國對外貿易統計表所載進口貨價以稅率推算約合從價稅率如左。

捲菸　值百抽二十一　菸葉　值百抽十七

色酒　值百抽一百四十　啤酒　值百抽十六至二十五

(3)收數　比國菸酒收入如左

類別	年分	議決數	實收數法郎
菸類	一九二三	六〇、〇〇〇、〇〇〇	六〇、四八八、六四九
	一九二四	六六、〇〇〇、〇〇〇	八一、四一八、八四二
酒類	一九二三	一六六、一八〇、〇〇〇	一八六、〇一九、六九六

一九二四	二二六、二三〇、〇〇〇	二四七、四七九、九六八

九、德國

德制。菸酒兩項均採征稅制。稅率均係從量計算。且有普通稅率及協訂稅率之分。種類既繁。時有變動。茲將該國前定稅率摘錄如下。以見大凡。

菸類	菸草莖	每百瓩約納稅八十五馬克
	菸葉	每百瓩納稅一百八十馬克
	雪茄	每百瓩納稅二百七十馬克
	紙菸	每百瓩納稅一千馬克
酒類	醴酒 白蘭地	每百瓩納稅三百五十 二百七十五 馬克
	新葡萄汁酒	每百瓩納稅最高八十 最低二十四 馬克
	起泡酒 苦艾酒	每百瓩納稅一百八十 四十八 馬克
	發酵酒 酒滓	每百瓩納稅二十四 二十四 馬克
	啤酒	每百瓩納稅九馬克六十五分尼

十、和蘭

(1)稅制　和制。菸酒均係征稅。分進口稅及國內消費稅兩種。國製品完內地稅一道。輸入酒類。除納進口稅外。須加納國內消費稅一道。始准運銷。

（2）稅率 菸酒稅率有從量從價之分。

進口稅率

菸類
- 菸葉已壓 每百啟羅 征稅一盾四十生夾
- 未壓 每百啟羅 征稅五盾
- 嚼菸 從價 值百征三十
- 雪茄 甲千枝值五十盾或以下 每千枝征稅十五盾
- 乙其他之雪茄 從價值百征三十
- 紙菸 從價值百抽四十五

酒類
- 酒精 （甲）成塊或裝罐 從價值百抽八
- （乙）流質 每海克征六百六十七盾
- （丙）其他 每海克征八百四十盾
- 葡萄酒 從價值百抽八
- 啤酒 甲 瓶裝千二百格蘭姆以下 從價值百抽八
- 乙 他種裝置 每海克征稅十二盾

銷費稅率

菸類
- 嚼菸 從價值百抽十五
- 雪茄 （甲）千枝值五十盾或以下 從價值百抽十
- （乙）其他之雪茄
- 紙菸 從價值百抽二十五

酒類
- 酒精 每海克征稅三百盾

葡萄酒(1)瓶裝　每海克二十盾

(2)他種裝　仝上

啤酒瓶裝　每海克五十生次

十一、奥國

(1)稅制　奥制。菸草專賣。酒類征稅。菸葉進口。須先得政府許可。製菸進口。除納進口稅外。須加納執照稅。

(2)稅率　菸酒均從量計算

菸類　每百記羅納進口稅一百二十五克隆

酒類　蒸溜酒　每百記羅納進口稅自四十至二百克隆

瓶裝菓汁酒　每百記羅納稅七十五克隆

瓶裝啤酒　每百記羅納稅十八克隆

十二、瑞典

(1)稅制　瑞制。菸類專賣。酒類征稅。國內菸類產制。均由政府經營。國外輸入。須先呈准取得專賣權利。方准納稅進口。

(2)稅率　菸酒均以量計。菸分已製未製兩種。酒分白蘭地菓汁酒啤酒等數種。

菸類　未製　每記羅納稅一克隆

已製		每記羅納稅六克隆
酒類	阿克拉酒(I)罎裝（酒精分在攝氏表十五度時爲百分之五十者）	每立特征稅二、五〇克隆
	(2)瓶裝酒精分不及上述者	每立特征稅仝上
	他種酒(1)罎裝	每立特征稅一克隆
	(2)瓶裝	每立特征稅一、八五克隆
	甜酒	每立特征稅二、五〇克隆

(3)收數。分別菸酒收數如左。

種類	一九二三收數單位克隆	一九二四年收數單位克隆
菸類	六、〇六二、二六九、	二、七九四、七九八、
酒類	四、三三四、五九五、	四、三五四、二七六、

十三、那威。

稅制　那威菸酒均係征稅制。凡進口菸酒。除納正稅外。尚須繳納附加稅一道。

稅率　菸酒均係從量。惟附加稅則按值百分計算。

種類	名稱	每瓩最低率（古倫單位）	最高率	附加稅率
菸類	菸葉	二、二五	九	三三至七〇
	雪茄紙菸	六、〇〇	二四、〇〇	仝上

酒類			
菸汁	○、五五	二、二○	仝上
白蘭地	一、六五	一○、六○	七○
白蘭地	二、八○	一一、二○	仝上
起泡酒	三、○○	一三、○○	仝上
蘋菓酒	○、五○	二、○○	三三至七○

十四、秘魯

秘制菸公賣酒征稅其進口稅制最爲繁複凡輸入品須有起運地點秘魯領事簽證之發貨單（Consular invoice）簽證費貨値百分之二進口時除納正稅外應加附稅（1）平定貨價附征百分之八（2）市政費百分之二（3）衛生費百分之十（4）教育費百分之二（5）軍備費百分之十（除軍備費爲菸酒及香水等項專加外餘均普通附加）進口菸類歸菸類公賣局包運入口照常納稅惟發賣時應由政府定價茲將其稅率分述如左

種類	物名	征收單位	稅率 1924,年
菸類	菸葉	每啟羅格蘭姆	£0—0—25
	雪茄	仝上	£0—3—50
	捲菸	仝上	£0—2—25
酒類	香檳酒	每立脫耳	£0—3—00

苦酒	仝上	£0—2—00
威士忌	仝上	£0—3—00
皮酒	仝上	£0—0—30

祕魯一九二四年進口菸類價值合三萬二千二百五十六磅。酒類五萬九千二百零六磅。共征稅菸類一萬零九百四十二磅。酒類四萬三千八百四十七磅。以抽稅成分推計菸類約合值百抽三四。酒類約合值百抽七四。

十五、智利

智利菸酒。均係征稅分進口稅國內稅兩種。其稅率菸類分紙菸菸絲等五項。酒類分蒸溜酒苦酒啤酒三項。列舉如左

菸類	紙菸	每公斤納稅十金元
	雪茄	每公斤納稅七金元
	鼻菸	每公斤納稅五金元
	菸葉	每公斤納稅三金元
	菸絲	每公斤納稅五金元
酒類	蒸溜酒裝瓶	每公斤納稅二金元五角
	蒸溜酒其他	每公斤納稅二金元二角
	苦酒裝瓶	每公斤納稅二金元五角
	苦酒其他	每公斤納稅二金元
	啤酒裝瓶	每公斤納稅六角
	啤酒其他	每公斤納稅五角

（按）每金元合英幣十八辨士

智利進口稅。（一九二三年）菸類收一百三十七萬二千七百八十五元。酒類八十二萬二千九百九十六元。酒類出口稅三十萬九千六百八十七元。最多年分全年約收三百萬元上下。

十六、巴西

（1）稅制　巴西菸酒。均係征稅。而稅制最爲複雜。大部可分進口稅消費稅兩種。進口稅除正稅外。有各種附稅。（1）改良口岸稅（2）海關復核稅（3）海關管理稅（4）出關稅（5）統計稅（6）卸貨稅（7）酒類慈善稅。消費稅復有國稅地方稅之分。凡國產品征消費稅一道。進口菸酒除納進口稅外。應加納消費稅一道。此其大較也。

（2）稅率　巴西菸酒稅率有從量有從價茲分述如左

菸類　菸葉　每瓩納稅二元四角約合從價百分之五十

雪茄　每瓩納稅二十二元四角仝上

紙菸　每瓩納稅十五元六角仝上

酒類　酒精白蘭地威士忌等　每瓩納稅一元五角約合從價百分之六十

苦酒香濱　每瓩納稅一〇元五六角約合從價百分之五十

藥酒　每瓩納稅三元二角約合從價百分之四十

附加稅率　1、改良口岸稅　按從價率征百分之二

2、海關復核稅　按應征正稅率總數百分之二

3、海關管理稅　每基羅征五雷司

4、貨品出關稅　每基羅征二十雷司

5、統計稅　每基羅征二雷司

6、卸貨稅　每基羅征一雷司半

7、酒類慈善稅　每基羅征一百三十雷司

內地消費稅率　從價百分之五十

此外巴西進口貨物尚有帶征關棧稅一項。按留棧日期之久暫。以貨價推算。凡留棧三十日者。征百分之一。六十日者每月征百分之一·五。九十日者。每月征百分之三。卽按稅率表中註明之從價率計算。

(3)收數　巴西一九二四年菸類進口共收稅三百十九萬六千五百九十元零七分六厘。酒類共收稅一千零四十七萬五千九百九十元九角四分一厘。

附日本菸草專賣法及其成效

菸草專賣法。明治三十七年。始行實施。玆舉其大要而言之。凡國內產之葉菸草。全歸政府收納。而外國輸入之葉菸草。亦屬政府特權。政府將所收納之葉菸草及所輸入之葉菸草。加工製造所製之品。

賣與菸草賣捌人謂之賣渡。政府所得之金謂之賣渡金。其販賣價格俱由政府所定。政府由賣渡金扣除生產費所剩者謂之純益。歸國庫之收入。其他菸草製造用之機器及卷紙非得政府許可不准製造販賣及藏置。

官制明治二十九年日政府在大藏省主稅局設置調查科。以備施行專賣之事務。次以其掌管漸繁遂改爲葉菸草專賣課。（明治三十一年廢止菸草稅則實施葉菸草專賣法。其大要卽就耕作者所穫之菸草納之於政府。而政府據預定之價格鑑定其品質。給與賠償金。乘之以一定之收入率而後公賣者。此法至實行菸草專賣制度時廢止）專掌管理監督輸出入之調查。專賣資金之整理及專賣之收入。嗣至明治三十一年。廢本課設專賣局。別定官制。與大藏省官制分離而成特別獨立局制者也。明治四十年。合併鹽樟腦之專賣。而統一一切之專賣事業。

菸草專賣本局設在東京。直轄大藏省。掌理日本全國菸草耕作檢查查定收納製造販賣輸入輸出試驗鑑定及專賣取締事務。茲將其組織法列示如下。

第一　事業部分爲二課。技術課菸草課是也。技術課掌理耕作方法地域鑑定保存賠償價格購買價格標本試驗等。而耕作檢查查定收納專賣取締販賣輸入移出入回送貯藏等歸屬菸草課處理。

第二　製造部分爲二課。作業課調查課是也。作業課掌理菸草標本調查。課掌理職工製造機械葉菸草之輸移等。

第三　長官管房分二課。經理課監理課是也。經理課管理預算決算經費資金物品等。監理課管理文書統計報告官有財產工作物及局中取締等。

本局設長官一人受大藏大臣之指揮監督管理局中一切事務而指揮監督部下官吏各部部長一人承長官之指揮而分掌局務各課課長一人承部長之指揮而分理部務其他設有參事參事補技師書記技手參事與參事補者分屬各部承上官之指揮掌理庶務者也。

菸草專賣本局外有隸屬本局地方處務機關專賣支局葉菸草收納所菸草製造所菸草販賣所大阪出張所伏見分工場是也。

菸草專賣支局日本全國共有二十七處各支局置支局長一人課長四人其組織如左。

一事業課掌理葉菸草耕作地域檢查收納回送販賣及取締事務。

二鑑定課掌理葉菸草鑑定耕作法保存賠償價格試驗等。

三製造課掌理葉菸草製造標本。

四庶務課掌理作業歲入歲出之預算決算會計官有財產固定資本等。

菸草製造所全國共有三十五處製造事務分為總務課預備作業課製造課販賣課倉庫課主計課。管理一般之庶務預備作業課掌理關於作業上之原料材料製造課掌理捲菸及場外作業販賣科管理分配賣渡倉庫科管理原料製造之出納保管主計科管理會計事務。

販賣所管理販賣製品輸移出入運搬及調查商況。

葉菸草收納所管理葉菸草收納賠償價格整理產地及指導耕作。

伏見分工場。管理圖案雕刻製版印刷諸機械等。

大阪出張所。管理菸草包裝用之原料印刷紙。及保管回送事務。此機關非官制上之官廳。便宜上而設者也。

當菸草專賣制度未施行以前。（僅有成議之際）反對之聲。舉國皆然。以爲菸草專賣。剝奪國民生活權利。而侵害營業旣得權。且於經濟學上而論。政府固不宜於營商。而於財政學上。政府發數千萬之公債。强奪民資。以供官業。妨礙民間金融。莫此爲甚。於是組織反對聯合同盟。擬定規約。決議反對。或遊說或陳情或利用新聞鼓吹民氣。務令達其目的。然當時日政府設施專賣制度者。一爲鞏固財政基礎。一爲除菸草走稅及私造之積弊。乃決排反對而實行此制焉。惟此制實行之結果。民間世襲家業。爲政府奪去數十萬元之固定資本及流通資本。全歸損失。而失業者無由向政府要求賠償也。蓋國家之必要上。新立法律。或施設制度。而其結果國民縱受大損。則歸自然之效力。不得謂政府直接侵害其權利而要求償還。然當業者。受極大生活影響。而無資轉就他業。實有不堪其苦者。政府有鑑於此。特設賠償方法。卽交付金規定是也。

交付金額。以製造菸草所得額爲標準。對於製造業者。續補製造菸草所得額三年。而製造用之土地建築等。未爲政府徵收者。增給製造所得額之五成。爲轉業資本。但菸草營業者中。有既受政府指定爲菸草賣捌人者。無此權利。交付金全額。據明治三十三年至三十五年之調查。每年製造所得總額。爲二百八十萬圓。以三年計。卽八百四十萬圓。加之以五成增給額七十萬圓。共計九百十萬元爲限度。分三年交付。如尚不足。則按各交付金而遞減之。茲將交付金之成績列下。

明治三十七年度交付額　二百八十八萬七千八百十三圓六十四錢一厘

明治三十八年度交付額　五百七十二萬四千零十六元九十八錢三厘

明治三十九年度交付額　三千一百二十五元三十一錢八厘

共計交付金額八百六十一萬四千九百五十五元九十四錢二厘

自設交付金規定以後。失業者得資轉就他業。國民反對遂止。而此制度始能圓滿施行。爲菸草製造轉賣。雖屬政府始創之事業。惟日政府平素深得其國民之信用。故全國無不翹望政府早行販賣。及其實施賣渡也。所製之品。僅足供消費之五分一耳。而月月之消費常超生產額數倍。以致需給無所調和。由此可觀其事業之繁劇也。茲將明治三十八年度製造販賣菸草表列下。

菸草種類	菸草數量	販賣金額	資本價格	益金
紙捲菸草	七•五四•二五七•六三一口	二九•三三六•七九八•五一〇厘	八•一七二•〇三三•六七五厘	二一•一六四•七六四•八三五
呂宋菸	一七二•六五〇	七•四四五•六四〇	三•四〇二•二一一	四•〇四三•四二九
條絲煙	五•一七六•二二五	二六•六〇五•九七八•六六六	九•八六八•四一三•三四九	一六•七三七•五六五•三一七
輸入全部		一•七二六•四七七•二三四	四五五•二六〇•二三五	一•二七一•二一六•九九九
共計		四七•〇五六•六八〇•八四〇	一八•〇七九•二一七•四九〇	二八•九七七•五六三•三五〇

照此成績而觀。賣渡益金爲二千八百九十七萬元。比明治三十八年度預定賣益金二千八百萬元。

已超過百萬元。

菸草專賣制度之創業費。總計二千九百四十七萬五千元。然當時適值日本國家多事。弗克籌備此款。於是決定將計劃應設之一切製造機關。以制度施行後十年間每年收入。遞次增設而暫設場外作業擔當之制。指定舊營業者之適當者擔任製造行爲之一部。預計至明治四十六年。可將全部告竣。而四十七年度預計可收四千萬元。當開辦初年。歲入純益雖有二千七百五十萬元。惟條絲菸草之利益。尚未加入。而混有葉菸草之收益。故不足爲標準。三十九年度對於預定收入三千二十九萬元。實收三千二百五十七萬元。有二百三十萬元之超過。而前計劃四十七年度預定收入之四千萬元。據大正二年度(卽明治四十七年度)之報告。其實收已超過預定收入五百萬元矣。大正二年以降。年年實收無有不超過其預定收入數百萬元。而昭和三年度菸草專賣之純益金已達一萬六千萬元。比前所計劃四十七年度之預定收入四千萬元已超過四倍矣。前後十餘年間。收入激增。成績彰彰。若是菸草專賣之利益。豈不巨哉。

菸草專賣制度實施以前。菸草耕作區域。產地與非產地。無一定之分劃。相交混雜。而其數甚繁。生種種弊害。自此制實施後。對於菸草產地有三施設。

一。制限耕作區域　以設定當時之狀態爲基礎。分劃產地與非產地。良者存之。劣者廢之。

二。限制耕作面積　限制年年菸草產額。使其需給有度。而謀產銷之均衡。

三。產地整理　團集耕地。而研究產出菸草。對於製造上性質。耕作地區之交通及氣候地質之關係以資振興生產。

以上三種施設。掃除從來阻礙事業進步上之各種弊害。而成調和需用及供給之基礎。且於各般施設有莫大之便宜焉。

洋菸類調查統計報告　（轉載）

（一）沿革

相傳小呂宋菸種。始自明代流入中國。是爲種菸之嚆矢。迨中外交易頻繁。洋貨源源而來。但紙菸一項。直至光緒十六年。即西歷一八九〇年。始有少量發現。嗣後逐年推廣。至宣統三年。即一九一〇年。已有二。七五〇、〇〇〇、〇〇〇支之進口。茲記其輸入情形以覘其趨勢之一斑。

年分	美　單位千枝	英	香港	總數
宣統三年	532,112	2,112,566	217,616	3,723,545
民國三年	202,650	4,480,657	368,634	6,130,458
民國八年	4,239,735	153,433	707,005	7,771,947
民國十二年	8,197,159	518,825	400,637	10,116,893

觀右表可知自宣統三年起。每隔四年之期間。即有二〇〇〇。〇〇〇。〇〇〇〇支進口之加增。民國六年以前之進口。英國供給二分之一以至三分之二。而美國則不足八分之一。但六年以後之統計。明示吾人以兩國之情形一反。如民國八年紙菸進口總數約八。〇〇〇。〇〇〇。〇〇〇支。半數則來自美國。民國十二年之總進口數約一〇。〇〇〇。〇〇〇。〇〇〇支。來自美國者約佔八。〇〇〇。〇〇〇。〇〇〇支。是則民國六年。實英美紙菸在華市場消長之一大關鍵也。

華人消費紙菸之能力既若是其偉大。於是引動洋商之奮鬥。其先運貨來華。不過託個人或洋行經理其事。如老晉隆洋行其鼻祖也。(Mustrial and co.)若夫英美菸公司之創設。則不過距今約二十五年前事。由英國之Imperial Tobacco co. 及美國之American Tobacco co. 合組並加入世界著名之六十四菸公司而成一大組合。資本金一千一百萬鎊。勢力頗厚。其後感於由英美等國輸入製品。時虞不足。乃先後在上海漢口哈爾濱奉天等處設廠製造。復於民國二年在山東坊子試種美葉。大著成效。迄今分公司已徧大小通商口岸出品行銷無遠勿屆

年來改良旱菸之議。非不甚囂塵上。滬商曾集資五萬元。擬設廠製造。從事改良。惜未能見諸事實。徒宣傳口舌而已。我國物產豐富世界所無以山東一省而論。年產土葉達三千萬斤。又據民國七年之調查京兆直隸山東山西河南江蘇安徽江西福建浙江湖北陝西甘肅新疆等省俱產水菸共達一〇六九七七三九九斤。以如此巨額生產。足供國人消費而有餘。設再灌溉以時。烘焙得法。製造精良。行見土產行銷海外。豈直洋貨充斥而已。

(二)原料

菸葉種類繁多不勝枚舉。其品質良窳。頗具有地方特性。蓋其培養灌溉。與地土氣候。有不可分離之關係。茲就其產地區分略得下列數種。曰土耳其菸葉。埃及菸葉。美國葉。美種葉。小呂宋葉。荷蘭葉。土耳其及埃及菸葉。爲我國市場所不恆有。其所製紙菸。俱係製成後裝運來華。美國葉及美種葉。充斥市場。行銷頗廣。小呂宋及荷蘭葉。專爲製造雪茄之用。亦有大宗進口。茲再分別研究之。

1。美國葉　美國佛及尼亞省 Virginia 所產菸葉。色香味三者俱優。馳名世界。製菸風行遐邇。其質品高下。約分五等。

頭等。　葉最長大。色淨白。味清香。

二等。　葉亦長大。色黃白。味淡香。

三等。　葉稍長闊。色金黃。味濃香。

四等。　葉身短小。色光黃。味略香。

五等。　葉身細窄。色青紫。味微香。

每年新貨運至上海在八九兩月。秋冬兩季銷數最巨。夏季因防霉濕。消路略淡。上海有美國公司。萬國公司中美公司經理其事。但規模宏大之菸廠。若英美南洋等。常直接專人前往揀選採購。葉之大者。用圓木桶裝置。約重千磅。較小者亦裝以圓木桶。約重五百磅。市場買賣單位。例以百磅計算。大約頭等價美金三四十元。二等三十元。三等二十五元。四等二十元。五等十八元左右。此外有最優等貨品。價須美金七八十元。或較次者五六十元。然市場上究不多見。各貨並無牌號商標。定購者只認明等級。隨便書英文字母於其上。以資識別而已。

2。美種葉　（緣起）自紙菸暢銷。外貨進口。幾不能源源接濟。於是外人利用我低廉之人工。豐富之物產。次第在華設廠。以便就地製造。於是更進一步。而謀利用我國優美之天時地利。以試種美國菸葉。首先嘗試者。為英美菸公司之在威海衛。旋因地土不宜。竟遭失敗。民國二年。該公司得德人之特許。復在山東坊子闢地試種。居然成功。後復移植二十里堡。亦頗著成效。於是自美國佛及尼亞購入菸種。年達二萬美金。免費分給農民。並聘專家。從旁指導鼓勵。煞費苦心。乃得逐年發達。至民國五年。種菸地域。愈加推廣。若坊子濰縣安邱昌邑昌樂壽光臨朐益都臨淄等處。皆爲出產美種葉之地。至民國八年。日人亦於坊子試種日本菸葉。至今不甚發達。華商南洋兄弟菸草公司。於民國十二年。始在坊子購地自種。總之美種葉。自試種至今。自山東漸及安徽河南江西等省。最著者爲山東之坊子青州。河南之許州彰德。安徽之劉府鳳陽。其出產色香味三者。雖不若美葉。然亦相差不遠。各有其特質如下。

坊子青州。　葉厚色黃。味濃香郁。

許州彰德。　葉長色嫩。味純香清。

劉府鳳陽。　葉大色老。味重香醇。

（培植）播種之期。在每年之四月或五月上旬。須擇陽光充足。泥土肥美。含有多量水分之地。造作苗圃。播種其中。覆以極細之土。施以肥料。且噴水灌溉之。並須略加設備。以防巨風摧殘。如此十六日以至十八日後。菸苗發育。去其密生乾枯及形狀不健全者。約及三次。逮苗長二三寸時。卽移植本圃。使每株間有二呎之距離。此第一步之手續告成。此後當生長之際。灌溉培養。尤須注意。若水分之接濟。肥料之加添。生長密者疏遠之。葉之有黑色斑點者摘去之。根之有腐爛者移去之。其爲禍尤烈者。厥爲害蟲。一經發現。必以全力撲滅。或於天空放鎗以驚散之。或則於晚間在田之鄰近放火以引誘之。

英美菸公司。且派人四出。予農人以驅除害蟲之種種便利。俟每株之葉長至十四以至十六枚之時。則摘去其頂端。容其儘量發展。葉分四等。底層之三四葉爲土葉。Ground Leaves 上一層之四五葉爲中葉。Middle Leaves 再上爲本葉。Natural Leaves 頂端爲頂葉。Sky Leaves 收採之時。先自底層摘起。每隔一二星期後。次第向上摘取。故每次收獲分四次手續。每次須經過一二星期之期間。採葉有用小刀割取者。有以手摘取者。但以用刀者爲多。秋分節後。割菸最宜。至遲不過霜降。因菸葉遇霜。乾燥後則顏色變黑。菸葉既經採集之後。第二步手續卽告完成。此後當烘乾以售諸市場。昔土人利用日光曬乾。至少須時十日。法殊粗笨。後英美菸公司提倡火烘法。以二尺四寸長之高粱桿三四根束爲一捆。纏菸葉於其上。當日割菸。當日卽須上桿。大葉纏二枚。小葉纏三四枚。一桿纏滿。掛入乾燥室之橫梁上。底葉掛於下層。好葉掛於二層以上。乾燥室長約一丈三四尺。寬八九尺。高一丈五尺。屋頂土製。開氣孔六個。墻上開窗戶四個。外壁設一火爐。下連鐵管三排。鐵管口徑約七八寸。外塗以土。免熱氣發散過急。管之他端。設有菸筒。通於室外。此項設備。需費十元。有嫌其價値太昂者。多改用土坏安成火路。上覆以瓦。外塗以灰。既屬堅牢。更無危險。乾燥室有利用舊屋改造者。但由地至屋簷。須高六尺。橫梁裝置。亦須適度。兩梁相距約二尺許。上下兩層。相距約七八寸。專備之室。可掛菸桿一千三四百。只舊屋改造者。至多祇能掛五六百桿。但所需煤量則相同。故屋過小。極不合算。橫梁既掛滿菸桿後。室內氣溫最初不可過高。約華氏八十度以至百度。或一百十度。在二十四小時。或三十六小時內。至菸葉變黃時。將溫度增至一百二十度。葉內水分。可一齊烤出。變爲熱氣。由屋頂氣孔放出。菸葉將乾之六小時。內溫度可增至一百三十度。但不可驟升。須每小時增二三度。共烤八九小時。不得過一百四十度。殆菸葉乾透。則將火燒大爲烤菸筋之用。每小時長五度。以至一百七十五或一百八十度爲止。候菸葉烤好。菸筋用手一擘即破。乃止火開門。放出熱氣。地上潑以涼水。爲潮潤菸葉之用。俟菸葉潮透。然後出爐。先掛於地窖中。俟熱氣退淨。方可取下。挪把以便售賣。挪把之法。係以菸葉五六枚或十二三枚爲一束。置於菸簾之中。菸簾係以高粱桿折疊而成。長二尺七八寸乃至三尺。寬二尺左右。葉柄向外。每積二尺五乃至三尺之高。則菸簾夾起。用繩縱橫縛捆。以上種種設備。當民國六年時。用者猶少。今則次第建設。濰縣安邱昌樂等處。乾燥室已不下六千所矣。但濰縣地方。須按乾燥室之大小征稅捐。大者十二元。中者十元。小者八元。綜計每盎斯之種子。可種菸田十六七畝。每畝可植三千五百株至四千株。所用肥料。爲豆餅木灰人畜糞之屬。其每畝田自耕種以至收穫所需人工費用如下表。

五月種植	人工六日	六月割頂端之葉	人工五日
六月去壞葉	人工五日	六月去害蟲	人工六日
八月摘葉	人工四日	八月烘乾	人工四日
地租	十二元	肥料	十六元
農品稅	貳元	人工	七元貳角
烘乾費	九元	煤	十八元

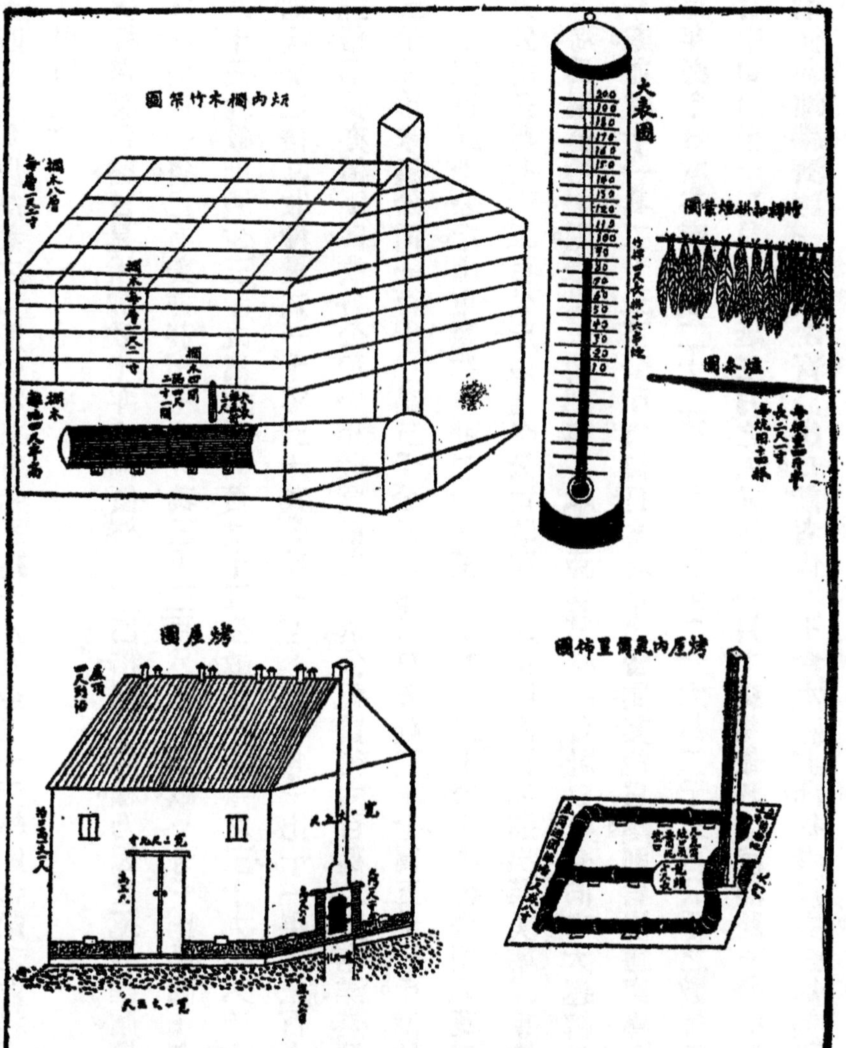
炕內擱木竹架圖
大表圖
200
190
180
170
160
150
140
130
120
110
100
90
80
70
60
50
40
30
20
10
烟条圖
烤屋圖

共六十四元六角以菸葉之市價平均計算每百磅十八元至二十元然則每畝之收穫必在五百磅以上可以明矣

（收穫）美種菸葉銷路日見增加致十年之間價格漲起四倍種植面積乃因之逐漸推廣據民國十二年之調查山東一省已有美種菸田七十九萬三千三百八十八公畝（acre）比民國十年之一百十九萬八十三公畝則減少三十九萬六千六百九十五公畝比十一年之三十九萬六千六百九十四公畝則增加二倍其收穫量爲一千零五十萬公斤（Kile Gramme）比十一年之三百七十五萬斤約增三倍品質亦極優良故各公司爭相收買計英美菸公司買得六百萬公斤南洋菸公司一百十二萬五千公斤米星公司一百十二萬五千公斤山東菸草會社三十七萬五千公斤南信洋行二十八萬一千二百五十公斤山東產業會社二十三萬六千二百五十公斤中裕公司八萬二千五百公斤東方公司三萬七千五百公斤以上各公司收買之菸葉均由青島運出英美南洋東方三公司俱運往上海爲製菸捲之用米星公司則與日本東亞菸草株式會社訂有合同由大連轉口運往營口奉天等處並有十一萬二千五百公斤售與日本菸草專賣局其他日商則均以售與專賣局爲目的該局每年必命日本菸商代收二十二萬五千斤以至二十六萬二千五百公斤之數每年營業期間自十月中旬以至十二月末綿延二月之久尤以十一月中交易最旺沿津浦路一帶出產多由天津浦口輸往各地膠濟路一帶則由青島出口前者倘有土葉夾雜其間後者幾完全爲美種菸葉濰縣坊子二十里堡蝦蟆屯蚱山站等處中外菸公司設廠收買比比皆是此中翹楚自推英美菸公司

及南洋菸公司。前者與農人訂有契約。且優劣兼收。不加剔選。勢力最偉。除濰縣鄰近有烘乾室一萬二千餘所外。復以一百二十萬元在青島築有規模宏大之廠房堆棧。

近數年來由青島出口之菸葉。其數量如左。

單位 噸

民國七年	二七、一八四、二	民國八年	四六、五四七、二
民國九年	四八、三八七、二	民國十年	二九、三九九、九
民國十一年	二六、八八〇、一	民國十二年	二九、七六〇、一

其十二年由青島出口之二九七六〇、一噸。運往各處之實數如左。

單位 噸

上海	一七、九七五、三	香港	一三五、〇
大連	三、四九三、五	日本	七一三、五
其他中國各埠	七、四四二、八		

3。小呂宋葉　小呂宋煙葉。爲菲列濱羣島特產。尤以小呂宋(馬尼剌)所產爲著名。葉薄根細。油軟光滑。味淡氣香。是其特質。貨之舊者味愈純。故新貨多不可用。至少必須隔年。葉有兩種。曰摺葉。平張摺葉。以長十四寸闊六寸者爲最大。長十二寸闊五寸次之。長一尺闊四寸又次之。普通者多長八寸闊三寸。顏色以茶青爲上品。紅色次之。黑色更次。平張以葉長十六寸至十二寸闊五六寸者爲最大。普通多長一尺闊四寸或長七八寸闊三寸。顏色以褐色爲佳。紅色黑色較次。經營種植之事。英美人土人華人均有收葉之廠。大小數十家。不能悉舉。其名。泰記廠。廣合隆。隆記廠等。華商之著名者也。上

海進口有福倫洋行信誼洋行禮和洋行經理其事。銷用最鉅者爲雪茄菸廠若人和永泰羣益老裕泰大中中國天和利昌美呂曹子記等。外埠若漢口天津香港厦門汕頭等處亦有去路。除製造雪茄菸絲而外。我國土菸店有購其四五等次貨爲改菸絲之用者。每年進口以秋冬兩季最旺。夏令稍呆葉用蕉葉蒲包或蔴包裝捆。並以機器壓作長方式。再用籐條紮裹。每捆約重二三百磅。普通價格每百磅頭等美金五十元。二等四十元。三等三十元。四等三十元以下。五等二十元以下。另有最優等價値殊昂。百磅須美金百元以上。惟該貨係向產地定購。市場上所不恆有。購貨依等級而定。無所謂商標牌號也。

4.荷蘭葉　荷蘭葉。爲荷屬南洋羣島若爪哇泗水三寶壟日裏棉蘭等處之特產。葉樸宛如呂宋。摺葉最優等長十四寸闊六寸。優等長十二寸闊五寸。中等長一尺闊四寸。普通頭等長八寸闊四寸。二等長六寸闊三寸。三等長五寸闊二寸半。四五等葉更加短狹。葉薄根細。身軟片滑者爲佳。顏色以茶青味以香淡者爲上品。紅黑紫等色次之。種此者多荷蘭人或土人。廣東福建華僑亦間或有之。上海進口。有大亨洋行禮和洋行吧沙洋行經理其事。然此種貨品不常進口。廠家遇有需要時。始向洋行定購。亦祇限於上海一埠。長江各口岸除漢口略有銷數外。餘均不甚流通。荷蘭煙葉品貨優良。製雪茄菸殊佳。價較呂宋菸葉略昂。買賣單位亦以百磅計。裝以席包或蔴包。用機器壓成日字長方形。捆紮較呂宋葉尤堅實牢固。包重一百五十磅或二百磅不等。

(三)貨品

紙菸一項。就其牌號而言。日新月異。層出不窮。且其中盛衰消長之迹。每隨時好爲轉移。例如十年前之老刀牌。固盛極一時。今則上海已鮮有問津者。所謂老刀牌一名詞。已爲過去之陳迹。不復爲吸客所稱道矣。當就所採原料之差異而分別之。則可得三類。曰土耳其紙菸。埃及紙菸。佛及尼亞紙菸。前二者進口俱多。品貨雖高。究不甚合國人口味。若佛及尼亞紙菸。則家喻戶曉。甚受歡迎。菸商廣告亦借此吹噓。至雪茄菸絲。多銷諸高等吸客。不若紙菸之普徧通行。然貨品之複雜稱是。購者大都取出品廠家。以爲標準。

(四)交易

紙菸營業。年來日增月盛。同行競爭之烈。殊非他業所可比。若英美菸公司。British American Tobacco Company。大美菸公司 Liggatt and Myers Tobacco Co. 花旗菸公司 American Tobacco Products Corporation 惠斯民菸公司 Westerminister Tobacco Co. 等。頗能操縱在華市場。華商若南洋兄弟菸草公司。亦具有一部分勢力。然此中巨擘。自不得不讓諸英美菸公司。蓋彼不獨經營進口事業。且在華種植菸葉。設廠製造。勢力殊不可侮。其交易方法。又能隨機應變。因地而施。善迎合各處居民心理。而投其所好。務使公司營業。不發生絲毫障礙。如在東三省地方。該公司至今猶不出名。一切營業。仍沿用羅巴多公司 L. Lopato(該處譯名老巴奪)名義。殊不知所謂羅巴多者。已於民國三年歸併入該公司矣。英美菸公司營業方針。採直接主義。不假手於所謂買辦者。公司設稽查洋員。遣往各處。實地調查。建議促進營業之方法。其售貨事宜。如在上海則設一總機關於寧波路。凡上海區域以內之各大小菸商。俱直接向該處批購。交易一律現金。略有折扣。並給佣金。大都隨牌號而異。自百分之七。以至百分之二不等。其有分期交款取貨者。必與公司定有契約。然其期限。亦不過五日以至三十日之間。其牌號銷路特大者。往往由獨家經售。若永泰和菸草公司之包銷大英牌仙女牌是。行盤定價。劃一批價。時有漲落。惟亦有終年不動者。若大英牌前門牌茄力克等三數銷路不變之紙菸。但爲同行競爭。或推廣一牌號之銷路。計常有暗貼之風。例如大英牌紙菸。爲英美菸公司銷路最廣之貨品。但自五卅慘案後。存貨堆積。幾致霉爛。於是該公司乃實施暗貼之策。以謀補救。蓋表面上行盤不稍跌落。每箱五萬支。仍爲定價二百二十五元。照例給佣金百分之四·五外。而復貼菸商現洋十三元。並額外贈菸一千五百支。以作樣品。如此鼓勵推銷。並不損該牌之價值。法至善也。除此種種方法外。各國菸商推廣銷路之唯一武器。爲不惜歲糜巨款。作廣告之宣傳。各公司皆設專部。董理其事。鉤心鬥角。無微不至。至英美菸公司之銷費於廣告者。每年究竟幾何。雖無從調查。然據南洋兄弟菸草公司之報告。該公司截至民國十三年十月三十一日止十二個月中。共用廣告費六十六萬六千一百六十二元九角。以此例彼。英美菸公司所費。奚啻倍蓰。其爲數之鉅。可以想見矣。英美菸公司之在香港。廣東漢口及其他通商口岸者。其售菸多假手於各該地。創立最久。信用素孚。爲公司所承認之菸商。彼此並訂有精密契約。其在北京者。則由該地方數菸商合組一公司。以承受分配之事。其在天津。該公司自設分派所二處。以供給該地之大小菸商。但眞正之零售商人。多由小菸商處批購。鮮有與公司直接者。雪茄菸絲行銷高等吸客。範圍不廣。營業競爭。不若紙菸之烈。初與普通商品無異近年來我國商人。亦設廠製造。小呂宋各廠出品。多由上海洋商經售。德高洋行福倫洋行福和公司其著名者也。

（五）消費

吾國人消費紙菸能力之偉大。既如上述。究竟此能力偉大至如何程度。請一觀近五年來菸類進口量值表、

	製造紙菸材料			紙菸			雪茄菸			菸葉			菸絲		
	貨數	價值	百分比	貨數	價值	百分比	貨數	價值	百分比	貨數	價值	百分比	貨數	價值	百分比
民國2年		6.115	100.0	6.209.037	12.589	100.0	38.565	478	100.0	161.586	3.573	100.0		1013	100.0
民國9年		1.740	151.3	8.104.161	22.030	175.0	37.576	787	164.7	227.323	12.925	361.7		14	107.7
民國10年		1.477	128.4	6.352.401	24.913	197.9	24.905	793	165.9	221.281	14.251	398.9		19	146.2
民國11年		1.450	126.1	9.857.127	28.339	225.1	23.242	878	183.7	254.033	13.190	369.2		30	230.8
民國12年		2.143	186.3	10.116.893	28.273	224.6	25.255	706	147.7	315.312	12.691	355.2		86	661.5
民國13年		3.523	306.4	9.753.734	27.650	219.6	24.963	747	156.3	683.152	24.640	689.6		85	653.9

（註一）紙菸雪茄貨數單位為千枚菸葉為担菸絲係從價課稅品

（註二）A民國三年進口價值B民國五年進口價值

（註三）價值以一千關兩為單位

觀右表可知民國十三年進口紙菸雪茄菸葉菸絲紙菸材料。總值已達海關銀五千六百六十四萬五千兩。合八千七百六十四萬元。華洋商人在我國內所製造之紙菸雪茄尙未計算在內。其中以菸葉增加最速。民國二年進口十六萬一千五百八十六担。十三年已達六十八萬三千一百五十二担。價值二千四百六十四萬兩。次之爲紙菸材料。民國三年進口值十一萬五千關兩。十三年已届三百五十二萬三千兩。若就價值比較。菸葉已較民二加增百分之六八九・六。紙菸材料增加百分之三〇六・四。此因華洋商人在我國內設廠製造事業發達。加以山東河南安徽等省試種美葉收成頗豐。其有所需於國外之菸葉多爲頭二等或超等貨品。以爲搭配之用。故有若是價值孟晉之現象。紙菸進口在民國二年爲六十二億九百〇三萬七千枝。至十三年已達九十七億五千三百七十三萬四千枝。苟合以國內製造之數。則十三年中國市場上消費紙菸之數。必在五百五十七億八千二百七十一萬二千支以上。(註)其間數量之增加約百分之三三。而價值則增至百分之二一九・六。量值進步之不同如此。固以現時物價非民二可比。然今日所進口之紙菸胥爲優美高價之品。中下之貨國內廠家製造甚多。足敷供給。已無需乎海外之輸入。此亦價值增高之最大原因也。雪茄進口數量逐年退步。而價值反提高百分之一五六・三。其故大約與紙菸相近。蓋本廠亦有出品。足以抵銷其一部中下之貨也。板菸之風。國內未盛行。然十三年菸絲進口價值之八萬五千關兩。已較民二增高百分之六五三・九矣。

(註)以三磅菸葉可製菸捲千支計算。則十三年進口之菸葉六八三・一五二担。約合九一・〇

八六・九三三磅。中國種植之葉。每年用諸製造菸捲者。約四七・〇〇〇・〇〇〇磅。兩共一・三八〇・八四六・九三三磅。然則在國內製造之數。當有四六・〇二八・九七八・〇〇〇支。加以該年進口之數。約合五五・七八二・七一二・〇〇〇支。

實則華洋菸廠在國內製造之數。或竟超出吾人推算之外。據調查所得。英美菸公司哈爾濱廠日製菸捲六七十萬枝。奉天廠日製三四百萬支。上海浦東廠雇工人萬餘。日出菸千箱。每箱五支萬。當有五千萬支之多。南洋菸公司自五卅後。銷數激增。用工人六七千名。日出貨三四百箱。亦有二千萬支之譜。他處菸廠出貨之數。尚無法調查。然此數已實足駭人。已查英美菸公司營業總額年達七千萬元。姑以前段推算所得之數而論。以平均每支二分計。則菸之消費已年達一萬一千一百五十六萬五千四百二十四元。而英美菸公司所佔。幾及三分之一。按此數係數年前調查現在該公司營業之數已增加甚鉅矣

消費紙菸之地。大多在通商巨埠。茲紀民七民八民九三年各重要口岸輸入之數以資比較

主要輸入港	民國七年		民國八年		民國九年	
	數量(千支)	價值(兩)	數量(千支)	價值(兩)	數量(千支)	價值(兩)
大連	1,161,801	3,087,922	852,734	2,357,653	1,550,853	3,765,693
天津	1,344,394	3,583,239	938,034	2,886,361	956,640	3,554,720
青島	359,476	924,731	269,862	712,693	260,530	660,123
漢口	834,672	2,155,438	475,400	1,346,157	388,079	1,226,739
上海	1,698,418	4,418,096	1,471,547	3,445,702	1,947,093	5,352,400

廈門	93,511	441,223	78,466	348,443	42,086	163,532
廣州	422,677	1,436,837	346,083	1,417,171	312,567	990,286

右表所列。均係暢銷紙菸之地。其中尤以上海爲最巨。因此應運而生之紙菸店。其數亦實足驚人。除共公租界法租界及較大之菸商不計外。單就華界而論。據十三年三月之調查。共有零售紙菸店一千六百七十六家。閘北一帶佔五百六十家。其中二百四十家在西部。三百二十家在東部。南市有三百二十家。浦東有二百四十家。吳家廟橋及辛家廟橋共八十家。江灣吳淞一百家。滬西徐家匯龍華一帶共三百七十家。

洋酒類調查統計報告

(轉載)

(一)概述

洋酒之種類雖繁。吾人所習知者。不過白蘭地威士忌葡萄酒啤酒等類。蓋此數種占進口之大宗。爲市場上所通銷。歐戰以前。英法德俄進口最多。戰後德俄退出。日美加入。美自禁酒之後。除檀香山菲列濱外。輸入銳減。日本遂駸駸然執此中之牛耳矣。考十三年洋酒進口總數。約值五百二十萬兩。日本約占一百九十萬。當三分之一强。啤酒葡萄酒之市場。幾爲日商所獨佔。據我國農商部所調查。上海共公租界以內。每年銷啤酒八萬箱。每箱四打。共三百八十四萬瓶。七八九三月爲旺銷之月。日貨卽占五千五百箱之多。蓋其價格低廉。頗合於吾國今日之生活程度也。

(11)產銷

進口洋酒。種類繁多。關冊別爲四類。每類又包含多種。

酒類 Wines BeerSpirits

- 1 啤酒黑啤酒 Beer and Porler
  - 濃啤酒 ale
  - 黑苦酒 Stout
- 2 燒酒（除火酒）Spirits (not including Spiritsof wine)
  - 白蘭地 Brandy 高月白蘭地 Cognac
  - 威士忌 Whisky
  - 杜松燒酒 Gin
  - 糖精 Rum
  - 他種燒酒 Other Spirits
    - 阿克維酒 Aqkavit
    - 倭得格酒 Vodka
    - 撲恩奇酒 Punch
- 3 酒（汽酒紅白濃淡葡萄酒等）
  - 葡萄酒之一類
    - 香檳酒及標名香檳酒 Champange
    - 阿思梯汽酒及他種汽酒Sparkling Asti
    - 紅白葡萄酒 Still Wine
    - 布爾得葡萄酒 Port
    - 馬賽拉葡萄酒 Marsalaa
    - 馬得拉 Madeira
    - 馬拉牙 Malaya
    - 舍利 Sherry
  - 凡滿酒 Vermouth 白酒 Byrrh 及金鷄納酒 Quinquina
  - 日本清酒 Sake
  - 各種菓汁酒 Liquors made of Fruite and Berries
- 4 他種飲料 Other Beverage—甜酒 Liquereis

上列四種。其每年進口總值。約五百餘萬兩，茲紀近年來進口價值如下。（價值表單位千關兩。）

	啤酒黑啤酒		燒酒（除火酒）		酒（汽酒紅白淡濃葡萄酒）		他種飲料（甜酒）	
	價值	百分比	價值	百分比	價值	百分比	價值	百分比
民國2年	7.4	100.0	1,113	100.0	1,213	100.0	54	100.0
民國9年	1,014	140.1	1,507	135.4	2,291	188.9	164	303.7
民國10年	1,185	163.7	2,044	183.5	2,839	234.0	251	465.7
民國11年	977	134.9	1,335	120.0	2,297	189.4	197	465.7
民國12年	811	112.0	2,119	190.4	2,271	187.1	199	368.5
民國13年	863	119.2	2,042	183.5	2,142	176.6	161	298.1

啤酒進口。以民九民十爲最盛。餘均不及百萬兩。歐戰前。德貨最佔勢力，戰後日貨競爭甚烈。已占進口之大部。

啤酒黑啤酒進口價值表

	香港	土波埃及	英國	德國	日本
民國2年	104	——	37	150	401
民國9年	68	264	54	6	521
民國10年	80	348	68	66	541
民國11年	141	——	105	190	473

民國12年	87	——	94	144	439
民國13年	113	——	65	161	449

上海大連天津等處爲主要輸入港銷路以中部各省爲第一北部各省次之南部各省行銷極滯一年之中尤以夏季銷數爲最暢昔德貨勢力最大長江各省銷路幾爲其獨占在光緒三十二年以前日本僅有少數麒麟牌運進上海供僑民之用自是年三井洋行販運朝日牌啤酒一千箱試銷之後其輸入額遂逐年增加更自日商大日本麥酒會社以探拼商略大舉推銷後進口激增繼以歐戰德貨絶跡日本啤酒遂一躍而稱雄於市場勢力所及除上海而外遍及於長江各埠及南方諸省所謂太陽牌櫻花牌觸目皆是德貨所餘只美女牌而已英國進口者多屬濃啤酒 Ale 及黑苦酒 Stout 兩種行銷於南方各省美國啤酒貨品頗佳然以生産費昂價格過高故銷路不甚暢旺

内地仿造洋酒業始於光緒二十七年德俄商人合辦之哈爾濱啤酒公司東三省地方氣候土質宜産大麥自中東鐵路開通後外僑移往者日多啤酒之需要亦增現沿該路一帶已有俄僑所辦之啤酒公司八九所青島啤酒公司爲德人所設始於光緒三十年歐戰以後該廠爲日商大日本麥酒會社所據今青島交還我國該廠當歸我國所有上海之啤酒公司 Union Branerei A.G. 亦德人所設規模宏大但連年虧累至民國七年已售與挪威人經營現出有上海牌三星牌啤酒銷行市場華商自辦之啤酒廠天津有醒獅啤酒公司北京有玉泉山啤酒汽水公司雙合盛啤酒汽水製造廠奉天

錦縣有裕和釀酒公司。江蘇無錫有惠泉啤酒股分有限公司。

燒酒進口。頗有進步。民國二年。輸入值銀一百十一萬三千兩。十三年已增至二百零四萬四千兩。計增加百分之八三・五。歐戰以前由英俄法三國朋分我國市場。俄國自內亂以後進口銳減。日本貨遂起而代之。但近三年市場又爲美國所占。

燒酒進口價值表

	香港	英國	法國	美國	日本（朝鮮台灣）
民國 2 年	261	314	54	19	63
民國 9 年	386	827	192	103	95
民國 10 年	420	1,242	315	60	100
民國 11 年	356	758	258	57	31
民國 12 年	581	919	704	60	19
民國 13 年	761	825	576	119	14

燒酒種類繁多。已如前表所列。其最著者若白蘭地高月白蘭地威士忌杜松燒酒糖酒阿克維酒倭得喀酒撲恩奇酒等類。俱係性質强烈之品。昔日進口。每年至多不過八九十萬。專供西人之用。近來國人宴會。亦頗以白蘭地威士忌等酒爲豪闊風氣所趨。外國燒酒之進口大增。上海天津大連廣州漢口爲主要輸入港。英國紅牌黑牌常尼華克Johnnie Walker Red Labet and Beack Label，怡方Nap ier Johnstons 常海John Hay黑白 Black and White 青喬治 King George IX 哈味 Harvey's 道生 Peter Dawson 等牌之威士忌酒倜登四羅 Gordon's Sloe Gin 倜登達蘭 Gordons Dry Gin 獅牌 Booths old tom Gin 等之燒酒美國克拉定克拉白 Caradian Club 威士忌四納浦 Wolfer Aromatic Schnapps 燒酒及法國五星金葉 Gold Leaf "Five Star" 三星金葉 Gold Leaf "Three Star" 三星海內頭 Jas Hennessy 三星麥退爾 J.F. mor tell 等白蘭地皆爲市場上銷行最廣之貨。我國仿製者尚不甚多。煙台張裕公司所出之三星牌白蘭地銷行京津滬一帶頗著聲譽。

汽酒紅白淡濃葡萄酒等民國二年進口値一百二十一萬三千兩。十三年已至二百十四萬二千兩。十年之間增加百分之七六・六。日貨進口最多。法英等國次之。美國貨民國七八九年進口極旺。近年來則漸次衰弱。以至於無。主要輸入港爲上海大連安東天津青島等處。

汽酒紅白淡濃葡萄酒等類進口價値表

	香港	英國	法國	日本	義國	美國
民國 2 年	73	76	202	491	26	15
民國 9 年	138	360	350	1,047	43	593
民國 10 年	104	166	478	1,718	183	62
民國 11 年	109	173	229	1,396	89	7
民國 12 年	121	149	358	1,325	44	2

民國13年	128	159	334	1,191	56	—

右表係合汽酒紅白淡濃葡萄酒等之統計。其中尤以葡萄酒之成分爲多。若香檳酒阿思梯汽酒及他種汽酒、俱係葡萄酒之一種。紅白葡萄汁酒。即葡萄天然醱酵而釀成者。此外若布爾得馬賽拉馬得拉馬拉牙舍利等酒。俱屬甜葡萄酒之一類。各種果汁酒中。亦以葡萄酒最占多數。昔日來自法國者甚夥。近日貨頗占勢力。但品質較劣。不能長期保存。所賴以維持銷路者。惟價格低廉耳。華商若宣化葡萄酒公司。北京隆中果酒公司。煙台張裕公司及無錫中國崑崙公司之出品。若紅白葡萄酒等。聲譽甚佳。惜出貨無多。不敷行銷。

他種飲料。連甜酒在內。進口年約二十萬兩左右。雖不足與他種酒類比擬。然進步不可謂不速。查民國二年此項進口只値五萬四千兩、十三年已至十六萬一千兩。計增加百分之二九八・一。其間尤以民國十年進口最旺。計二十五萬一千兩。增加百分之四六五・七。日法英三國輸入最多。

（三）釀造

我國製造之酒。種類不若洋酒之繁多。其銷售範圍。祇限於國內。喜飲者亦唯有國人。如麥燒高粱氣味既劣。飲之易醉。殊不若舶來品之啤酒葡萄酒。性質和平。風味良好。故酒業利權。漸爲外人所攘奪。國人果能悉心研究其釀造之方法與醱酵變化之手續。以精其技術。並揀選原料。加以藥品。從根本上改良其色香味。則此項既失之利權。或尙有挽回之希望乎。酒中最要成分。厥爲酒精。各國製造之酒。其中所含酒精之量。因其所採之原料不同。各有差異。如燒酒類飲之易醉。啤酒則不然。其所以致

醉之原因實由於酒中含有多量酒精故耳據檢定所得各國所產之酒百分中所含酒精成分如左

產地	酒名	酒精之成分	產地	酒名	酒精之成分
德國	赤葡萄酒	一〇・一%	德國	白葡萄酒	一一・五
法國	白蘭地酒	四〇至五〇	法國	啤酒	一一・五
法國	蘋菓酒	〇六・〇	法國	赤葡萄酒	〇九・一
日本	燒酒	二六・〇至五〇・〇	日本	白酒	〇四・至二二・〇
中國	紹酒	一五・〇			

酒味良惡關係於製造酒精原料之精粗釀酒者不可不加以選擇下列係供製造酒精用之原料

(一)澱粉質物
- 塊莖類…馬鈴署—香署等
- 穀實類…大麥—小麥—蕎麥—裸麥—米—玉蜀黍—盧粟子等

(二)含糖物質……糖蜜—甘蔗—甜菜—葡萄等果實類

用此等原料製造酒精其間有三步手續第一糖液之製造第二糖液之醱酵第三酒精之蒸溜凡用澱粉物質釀造當行間接變化之法先和之以麴使變化而呈甘味此卽澱粉質之變爲葡萄糖也此葡萄糖更觸有機物而成酒精此之謂醱酵作用起此醱酵作用之有機質稱之曰醱酵素或曰釀母(Yeast)俟醱酵作用完全乃行蒸溜以分出其酒精之質量

我國釀造之酒取材不外乎糯米高粱之屬在東西各國大麥及葡萄釀成之酒爲近今風行一時之

飲料。啤酒商人。每謂其能健脾開胃。此雖廣告招徠之術。然其釀造得法。於衛生亦不無裨益。日本麥酒雖暢銷。然其對於原料之揀選及製造之方法。終不若德貨之精緻。至於葡萄酒。西人尤視爲第一佳釀。較之麥酒更能暢銷。今日世界上釀造葡萄酒最盛者莫如法國。而種植葡萄之方法。與收穫出產之豐富。亦以法國爲最著名。全國八十縣中。從事斯業者。多至七十餘縣。其盛況可知。葡萄既佳。製造又精。故釀出之酒。膾炙人口。他若德意志義大利葡萄牙等國。釀造亦佳。出產亦豐。日本近數年來。亦頗能釀造。惜趨功太急。間有攙和藥品。以新充陳等弊。我國近亦稍稍仿造。惟國人嗜此者不多。故出產不豐。未能運銷國外。與洋貨一爭短長也。

葡萄酒之製造。係直接變化作用。手續不若麥酒之複雜。且不必藉釀母之作用。乃僅僅壓搾以取葡萄之液汁。使其自然醱酵。惟於鑑別果實之生熟。檢定液汁糖分之多少。酸味成分之有無。與夫酒液保存之手續等。亦頗非易易也。

葡萄酒有白葡萄酒及赤葡萄酒之別。白葡萄酒。釀造較爲精細。所採摘之葡萄。須個個全熟。且榨取漿糜時。須盡去果皮。不可稍有混雜。其液汁亦必濾淨。而後可用。赤葡萄酒。則手續簡便。不必如是苛求。故品質較次。此外尚有所謂普通釀造者。係將成熟葡萄榨取之澄清液汁一百分。用葡萄皮製得之酒精十分。純良之白糖十分。互相混雜。入桶中固封。使醱酵後。入於罏中貯藏之。須密蓋。不可洩氣。經過一兩月後。卽可飲用。味亦殊佳也。

附錄四　全國菸酒事務職員年表

編輯大旨

一本表編輯斷自民國五年一月設立專署始

一六年八月裁署設局以總辦主局務八年一月仍設專署九年二月始公布官制自五年一月至九年一月爲第一表但列督辦坐辦及總會辦各職以存綱要

一九年二月起至十七年六月前署撤銷止列作第二表凡實職人員完全登列

一十六年六月改訂官制歸併財政部裁撤督辦以財政次長兼署長均列入第二表

一國民政府成立十七年一月財政部內設立菸酒稅處以處長主處務迄現在止爲第三表僅列處長秘書科長各職餘從略

一各省局自四年成立初稱菸酒公賣局九年始改菸酒事務局茲從四年起迄現在止彙列爲第四表專列局長會辦副局長各職以省篇幅

一本表以案牘爲根據改革以來各項表册前後每難啣接疏漏在所不免廣俟續修時再行訂正

全國菸酒事務職員表一

職別	姓名	接事日期	交卸日期
督辦	鈕傳善	五年一月一日	六年八月
總辦	胡汝麟	六年八月	七年七月二十七日
	丁乃揚	七年七月二十七日	七年十月二十六日
	錢錦孫	七年十月二十六日	八年一月十日
督辦	張壽齡	八年一月十日	九年二月十九日
坐辦	王荃本	五年一月七日	六年三月二十日
	熊正琦	六年三月二十日	六年八月
會辦	李恩藻	六年十二月二十四日	八年一月十日
坐辦	李恩藻	八年一月十日	九年二月十九日

全國菸酒事務職員表二

職別	姓名	接事日期	交卸日期
督辦	張壽齡	九年二月十九日	十年十二月十三日
	汪士元	十年十二月十三日	十一年六月二十日
	董康	十一年六月二十日	十一年八月二十八日
	王鏡芝	十一年八月二十八日	十三年十一月七日
	王正廷	十三年十一月七日	十三年十一月十五日
	姚國楨	十三年十一月十五日	十五年四月二十四日
	何煜	十五年四月二十四日	十五年七月二十三日
	張英華	十五年七月二十三日	十六年三月二十四日
	董士恩	十六年三月二十四日	十六年六月二十一日
署長	錢錦孫	九年二月十九日	十三年十一月十五日
	張我華	十三年十一月十五日	十五年七月十五日
	葛應龍	十五年七月十五日	十五年九月十六日
	劉彭濤	十五年九月十六日	十六年四月一日
	錢錦孫	十六年四月一日	十六年六月二十一日
財政次長兼署長	董士恩	十六年六月二十一日	十七年六月八日
參事	潘馥	九年三月十九日	十一年十月十五日

職別	姓名	接事日期	交卸日期
	陶毅	九年三月十九日	十六年四月二十七日
	項致中	十一年十月十五日	十二年四月七日
	雷多壽	十二年四月七日	十三年五月三日
	陸近禮	十三年五月三日	十三年十一月十八日
	楊毓璜	十三年十一月十八日	十五年一月十六日
	劉曼若	十五年一月十六日	十六年四月一日
	羅廷棟	十六年四月一日	十七年六月八日
	楊毓璜	十六年四月二十七日	十七年六月八日
第一廳廳長	李祖年	九年三月九日	十年十二月卅一日
	俞紀琦	十年十二月卅一日	十一年六月二十日
	衛渤	十一年六月二十日	十六年五月三日
	胡文藻	十六年五月三日	十六年八月四日
	鄧邦造	十六年八月四日	十七年六月八日
第二廳廳長	胡宗麟	九年三月九日	十三年五月三日
	雷多壽	十三年五月三日	十三年十一月十八日
	徐智輝	十三年十一月十八日	十五年四月二十四日

	周家彥	十五年四月二十四日	十六年四月一日
	陳能怡	十六年四月一日	十六年八月四日
	胡文藻	十六年八月四日	十七年六月八日
第三廳廳長	陳能怡	十六年八月四日	十七年六月八日
秘書	裴熙琳	九年三月十九日	十一年一月六日
	韋保世	九年三月十九日	十一年六月二十四日
	路朝鑾	九年三月十九日	十三年十一月廿一日
	鄧伯鑾	九年三月十九日	十一年六月二十四日
	胡文藻	十一年一月六日	十六年五月三日
	張啓後	十一年六月二十四日	十一年九月六日
	薛學頤	十一年六月二十四日	十一年九月六日
	劉瞻漢	十一年九月六日	十三年十一月廿一日
	闞鐸	十三年十一月廿一日	十五年七月三十一日
	姜廷榮	十三年十一月廿一日	十五年七月三十一日
	張克勤	十三年十一月廿一日	十五年七月三十一日
	劉新桂	十五年七月三十一日	十六年四月二十五日
	姚鋐	十五半七月三十一日	十六年四月二十五日

	楊其蔚	十五年七月三十一日	十六年四月二十五日
	陳德修	十六年四月二十五日	十六年八月十五日
	洪鵬程	十六年四月二十五日	十七年六月八日
	段昭勳	十六年四月二十五日	十七年六月八日
	王莘	十六年五月三日	十六年八月十五日
	路朝鑾	十六年八月十五日	十六年九月十九日
	李士達	十六年八月十五日	十六年九月六日
	忠芳	十六年九月六日	十七年六月八日
	王光第	十六年九月十九日	十七半六月八日
僉事	常增蕙	九年四月八日	十七年六月八日
	汪樹馨	九年四月八日	十六年八月二十六日
	高廣夔	九年四月八日	十六年八月二十六日
	鄧邦道	九年四月八日	十七年六月八日
	陳韜	九年四月八日	十六年八月二十六日
	徐宏文	九年四月八日	十七年六月八日
	丁偉東	九年四月八日	十六年八月二十六日
	熊冰	九年四月八日	十七年六月八日

	劉曼若	十四年六月九日	十五年二月二十八日
	盧宗謙	十四年六月九日	十七年六月八日
	范鎧	十五年二月二十八日	十七年六月八日
	惲寶懿	十六年八月二十六日	十七年六月八日
	李光前	十六年八月二十六日	十七年六月八日
主事	王誌	九年四月九日	十三年四月二十六日
	閔星臺	九年四月九日	十七年六月八日
	陸紹鴻	九年四月九日	十六年七月十五日
	赫崧傑	九年四月九日	十七年六月八日
	林鳳翔	九年四月九日	十三年十二月十二日
	謝樹璧	九年四月九日	十七年六月八日
	余金錫	九年四月九日	十七年六月八日
	金肇宗	九年四月九日	十七年六月八日
	盧宗謙	九年四月九日	十四年六月九日
	熙文	九年四月九日	十七年六月八日
	惲寶懿	九年四月九日	十六年七月二十六日
	施厚元	九年四月九日	十一年十一月一日

	錢蘇頤	九年四月九日	十七年六月八日
	鮑啓元	九年四月九日	九年十二月二日
	任鳳翔	九年四月九日	十四年八月四日
	王融觀	九年四月九日	十三年十二月十二日
	尹熙廛	九年十二月二日	十七年六月八日
	秦曾棨	十一年十一月一日	十七年六月八日
	徐志鈞	十三年四月二十六日	十七年六月八日
	楊世緯	十三年十二月十二日	十七年六月八日
	張文苑	十三年十二月十二日	十六年五月三十一日
	王宇澄	十四年六月九日	十七年六月八日
	湯莘	十四年六月九日	十七年六月八日
	馮遽	十四年六月九日	十五年八月十七日
	任傑	十四年六月九日	十六年七月十五日
	趙繼熙	十四年六月九日	十六年七月十五日
	鄭世芬	十四年八月四日	十七年六月八日
	倪時度	十五年八月十七日	十七年六月八日
	王文翰	十六年五月三十一日	十六年六月十八日

	陸良照	十六年六月十八日	十六年七月十五日
	陳弢素	十六年七月十五日	十七年六月八日
技正	鄭榮鍾	九年四月二十三日	十六年七月十五日
	黎邁	十一年十二月五日	十六年七月十五日
技士	陳蘧	九年四月二十七日	十六年七月十五日
	施厚元	十一年十一月一日	十六年三月十四日
	楊學愷	十四年六月九日	十六年五月三十一日

	沈紹昌	十四年六月九日	十六年五月三十一日
	周楚生	十四年六月九日	十六年七月十五日
	黄章甫	十四年六月九日	十六年七月十五日
	苗慶祺	十六年三月十四日	十六年七月十五日
	呂存誠	十六年五月三十一日	十六年七月十五日
	李光前	十六年五月三十一日	十六年七月十五日

全國菸酒事務職員表三

職別	姓名	接事日期	卸事日期
財政部菸酒稅處處長	吳尚鷹	十六年十月一日	十七年一月九日
	程叔度	十七年一月	十八年一月二十九日
	秦景阜	十八年一月二十九日	現任
副處長	王孝賚	十六年	十七年一月
秘書	潘鳴球	十七年一月	十八年一月
	呂長鏞	十八年一月	十八年五月
	嚴覺之	十八年六月六日	現任

職別	姓名	接事日期	交卸日期
科長	劉祝生	十七年一月九日	現任
	呂孝翼	十七年一月	十八年一月
	殷可均	十七年一月	十八年一月
	陳習之	十七年一月	現任
	吳孝勉	十七年六月	十八年十月
	鄧邦道	十八年六月	現任
	吳士鏞	十八年四月十二日	十八年八月二十八日

方鶴先	十八年八月二十八日	現任

各省菸酒事務局局長會辦副局長年表

省別	局別	職別	姓名	接事日期	交卸日期
江蘇	局	局長	高增秩	四年九月九日	六年九月一日
			彭淵恂	六年九月一日	七年一月二十六日
			殷鉧	七年一月二十六日	七年六月十六日
			彭淵恂	七年六月十六日	八年一月廿六日
			文龢	八年一月二十六日	九年七月二十七日
			李廷棟	九年七月二十七日	十三年六月一日
			朱振儀	十三年六月一日	十四年一月十四日
			孫籌恆	十四年一月十四日	十四年九月一日
			楊毓瓚	十四年九月一日	十四年十月二十一日
			劉濬	十四年十月二十一日	十五年八月十一日
			曲卓新	十五年八月十一日	十六年三月二十五日
			王鉞	十六年三月二十六日	十六年五月二十五日
			凌敏剛	十六年五月二十六日	十六年十月底

省別	局別	職別	姓名	接事日期	交卸日期
			余道南	十六年十一月一日	十六年十一月廿四日
			謝保樵	十六年十一月廿五日	十七年一月十日
			程叔度	十七年一月十一日	十七年八月二十一日
			章達	十七年八月二十二日	十八年五月十八日
			繆協僉	十八年五月代理 十八年七月四日實授	現任
		會辦	張步翰	七年九月二十一日	
			李祖年	八年三月十六日	
			曾樸	九年五月一日	九年六月改副局長
			蔡寶善	十四年八月八日	
			于樹深	十四年十月一日	
			洪懷祖	十四年九月十六日	九年十一月改副局長
			傅德謙	十五年一月十二日	

職別	姓名	到任	離任
	夏啓瑜	十五年四月三日	
	向明葵	十五年十一月三日	
副局長	曾　楧	九年六月二十四日	十一年七月三十一日
	洪懷祖	十四年六月一日	十四年八月三十日
	顧翊辰	十四年九月一日	十四年十一月二日
	鄭家榮	十六年十一月一日	十六年十二月底
	蕭錫齡	十七年一月一日	十七年一月十日
	陳心一	十七年一月十一日	十七年三月九日
	蔣宗濤	十五年一月十二日	十六年三月二十五日
	繆協僉	十七年三月十日	十八年五月十八日
	姚大中	十八年五月十九日	現任
浙江局局長	湯在衡	四年十月四日	五年五月一日
	莫永貞	五年五月一日	五年十一月二十日
	蕭　鑑	五年十一月二十日	六年八月一日
	雲　韶	六年八月一日	六年十月二十一日
	朱鈞弼	六年十月二十一日	八年五月六日
	夏翊宸	八年五月六日	八年八月十日

職別	姓名	到任	離任
	許引之	八年八月十日	十年二月二十四日
	畢　釜	十年二月二十四日	十年九月十五日
	王吉槐	十年九月十五日	十二年九月十四日
	陳昌穀	十二年九月十四日	十三年九月二十一日
	祝紹箕	十三年九月二十一日	十三年十一月一日
	杜友樵	十三年十一月一日	十五年一月十六日
	王宗璧	十五年一月十六日	十六年二月二十日
	蕭　鑑	十六年三月二日	十七年三月三十一日
	朱大經	十七年四月一日	十七年六月二十五日
	余大鈞	十七年六月二十六日	現任
副局長	伍元芝	十一年七月三十日	十二年二月六日
	杜淮川	十二年二月十六日	十六年三月三十日
	余大鈞	十七年四月一日	十七年六月二十五日
	姚　烈	十七年六月二十六日	現任
安徽局局長	李大防	四年九月	六年一月一日
	劉慎詒	六年一月一日	六年十月一日
	張伯衍	六年十月一日	九年五月十六日

		孫熙澤	九年五月十六日	九年十月十一日
		廖宇春	九年十月十一日	十年一月四日
		史久紹	十年一月四日	十一年七月二十四日
		翟青松	十一年七月二十四日	十一年十一月十八日
		王學曾	十一年十一月十八日	十二年九月十四日
		李仲驤	十二年七月十四日	十三年七月十五日
		劉兆麟	十三年七月十五日	十三年十二月十五日
		潘　堃	十三年十二月十五日	十四年十一月六日
		曾宗樞	十四年十一月六日	十四年十一月十六日
		高霞云	十四年十一月十六日	十四年十二月廿一日
		高　鏡	十四年十二月廿一日	十四年十二月廿四日
		王紹曾	十四年十二月廿四日	十五年七月二十八日
		何　霽	十五年七月二十八日	
		潘耀榮	十七年二月	
		屠　方	十七年九月	十八年二月
		程壽慈	十八年二月	十八年八月
		呂彝伯	十八年八月	十八年十月

		沈樂康	十八年十月十六日	現任
	會辦	馬錫彤	十一年八月三日	
	副局長	李　基	九年九月二十六日	
		張　彬	九年十月十一日	
		張樹森	十三年十二月十八日	
		張貽志	十七年二月	
		屠　方	十七年	十七年九月
		呂彝伯	十七年九月	十八年八月
		吳　簡	十八年八月	十八年十月
		吳孝勉	十八年十月二十六日	現任
江西局	局長	曹樹藩	四年九月六日	五年十二月九日
		繼述稷	五年十二月九日	六年九月二十一日
		張一鵬	六年九月二十一日	六年十一月六日
		孫光圻	六年十一月六日	八年一月三十日
		蔡國器	八年一月三十日	九年四月二十八日
		董錫成	九年四月二十八日	九年五月三日
		倉爾楨	九年五月三日	十年十二月十一日

		鄧邦造	十年十二月二十一日	十二年六月一日
		蔡成詒	十二年六月一日	十三年十二月廿二日
		倉爾楨	十三年十二月廿二日	十四年五月二日
		侯全本	十四年五月二日	十五年七月二十二日
		王其淵	十五年七月二十二日	
		唐　適	十七年十月二十二日	十八年五月二十一日
		韓兆鴻	十八年五月二十一日	現　任
	會　辦	沈翊清	七年九月七日	八年五月五日
		李盛鍾	八年五月十六日	九年十月十日
	副局長	施藻翔	九年十月六日	十年十二月二十六日
		楊雲峰	十年十二月廿六日	十一年九月三日
		包發鶴	十一年九月三日	十四年二月十八日
		李政準	十四年二月十八日	
		李正誼	十五年一月八日	
		王春渠	十七年十二月一日	現　任
福建局	局　長	章景楓	四年十月十五日	十一年十月
		張定璠	十一年十月	十二年四月十一日

		章景楓	十二年四月十一日	十二年十一月廿三日
		鍾　禮	十二年十一月廿三日	十三年三月八日
		金振中	十三年三月八日	十四年十月廿六日
		朱徽之	十四年十月廿六日	十五年九月廿一日
		侯蔭培	十五年九月廿一日	十六年一月三十日
		盧家駒	十六年四月十六日	十七年二月十一日
		史家麟	十七年二月十一日	
		蔣贇莊	十八年十二月	現任代理
	會　辦	杜履中	九年一月十九日	
	副局長	陳世鍾	十四年五月十四日	
		黃毓璋	十五年九月六日	
		張仲鈞	十七年七月一日	現　任
湖北局	局　長	王元常	四年十月七日	六年七月廿四日
		王嵩儒	六年七月廿四日	六年八月十七日
		陳　時	六年八月十七日	六年九月十二日
		王嵩儒	六年九月十二日	八年七月一日
		殷　錚	八年七月一日	九年八月一日

	孫百福	九年八月一日	十年八月十七日
	黃永熙	十年八月十七日	十一年四月廿八日
	鄭焯	十一年四月廿八日	十一年六月一日
	李振	十一年六月一日	十二年一月九日
	范之杰	十二年一月九日	十三年二月二日
	趙秉琛	十三年二月二日	十三年十二月廿日
	熊祥生	十三年十二月廿日	十四年九月一日
	劉亮	十四年九月一日	十五年四月廿六日
	胡祖舜	十五年四月廿六日	
	華煜		
	吳國楨		
	呂長鏞	十八年五月	十八年九月
	章子梅	十八年九月一日	現任
會辦	徐元灜		八年四月十九日
	高鴻奎	八年四月廿一日	八年十一月七日
	張德薰	八年十一月十二日	
副局長	丁乃鍇	九年十月廿一日	
	余德元	十一年七月	
	羅褰	十三年四月十五日	
	段世德	十四年三月一日	
	時功璠	十四年九月四日	
	吳士鏞	十八年九月一日	現任
湖南局局長	萬繩權	四年九月廿六日	五年十一月十一日
	易應崑	五年十一月十一日	七年五月一日
	寶以珏	七年五月一日	八年十二月十三日
	賓炎	八年十二月十三日	
	唐炳初	十八年五月廿一日	現任
廣東省局長	王秉必	四年十一月廿七日	五年十二月卅日
	周廷勵	五年十二月卅日	
	禹文洲	十二年二月	
	胡翌生	十二年七月	
	倫榮超	十二年十一月	
	浦在庭	十三年一月	
	李文濮	十三年八月	

		伍嘉城	十三年十一月	
	財政廳菸酒公賣處主任	伍嘉城	十四年七月	
	財政部菸酒公賣處處長	伍哲夫	十四年十月廿八日	十四年十二月十三日
		黃樂誠	十四年十二月十四日	十五年四月廿日
		梁棨蓀	十五年四月廿一日	十五年八月二日
		唐海安	十五年八月三日	十五年十月九日
		鄧召蔭	十五年十月十日	十六年四月廿二日
		王　棟	十六年四月廿三日	十六年九月十二日
		鄭炳忠	十六年九月十三日	十六年十月十三日
		梁祖誥	十六年十月十四日	十六年十二月六日
		杜應魁	十六年十二月七日	十七年一月二日
		李濟淮	十七年一月十一日	十七年二月卅日
		鄭炳忠	十七年三月一日	
	財政廳菸酒稅局局長	鄭炳忠	十七年六月	
	菸酒事務局局長	鄭炳忠	十八年三月一日	現任
	副處長	梁敬義	十六年十二月十日	十七年一月廿七日
		林翼中	十七年一月廿八日	十七年三月三十日

廣西局	局長	黃自希	四年十一月廿五日	七年四月廿一日
		蘇建斌	七年四月廿一日	
		陳繼祖		十年四月一日
		崔肇琳	十年四月一日	十二年七月十一日
		馬廣業	十二年七月十一日	十二年八月廿七日
		羅兆琛	十二年八月廿七日	十二年十月四日
		何慶雲	十二年十月四日	十二年十二月一日
		梁藹聯		現任
山東局	局長	汪　涵	四年九月	七年一月
		許引之	七年一月十四日	八年八月一日
		陸　淦	八年八月一日	八年八月廿三日
		陶　瑛	八年八月廿三日	十二年四月十六日
		周福岐	十二年四月十六日	十三年十二月十八日
		梁繼恆	十三年十二月十六日	十四年十二月十七日
		王成章	十四年十二月十七日	十五年八月六日
		吳寶彝	十五年八月六日	十七年四月三十日
		閔天培	十七年六月八日	十七年十月七日

		李延振	十七年十月七日	十八年四月三十日
		章達	十八年五月十九日	現任
	會辦	王壽民	八年七月十七日	
	副局長	陳習之	十八年五月十九日	十八年十月
		吳簡	十八年十月	現任
山西局	局長	甘鵬雲	四年四月十六日	六年七月十一日
		萬銘璋	六年七月十一日	七年五月廿八日
		陸近禮	七年五月廿八日	十三年四月廿六日
		高步青	十三年四月廿六日	現任
	副局長	楊生芳	十八年三月廿六日	現任
河北局	局長	許引之	四年五月十四日	五年二月廿三日
		劉傳樞	五年二月廿三日	六年九月六日
		郭熙治	六年九月六日	七年八月廿六日
		林鴻賓	七年八月廿六日	八年十一月十六日
		查爾崇	八年十一月十六日	十一年八月廿五日
		楊紹曾	十一年八月廿五日	十三年十二月廿九日
		楊振聲	十三年十二月廿九日	十五年六月十九日
		邵學煋	十五年六月十九日	十七年二月一日
		孟昭淦	十七年二月一日	
	會辦	湯昭	六年八月廿一日	七年二月四日
		梅光遠	七年二月四日	七年八月廿六日
		宋彬	七年八月廿六日	八年四月十四日
		王守恂	八年四月十四日	
		夏仁溥	十五年六月廿二日	
		吳振嶺	十六年十二月十二日	
	副局長	王守恂	九年六月廿五日	十三年十二月一日
		段昭群	十三年十二月一日	
以上舊直隸局		周行厚	十五年六月十九日	
	局長	陳昌穀	四年五月一日	四年九月廿五日
		沈繼武	四年九月廿五日	五年十月十九日
		顧澄	五年十月十九日	六年九月四日
		李耀忠	六年九月四日	八年一月四日
		周家彥	八年一月四日	八年十月廿六日
		馮應熊	八年十月廿六日	十年十月七日

		鄧邦造	十年十月七日	十年十一月十九日
		孫熙澤	十年十一月十九日	十一年一月廿一日
		顔世清	十一年一月廿一日	十一年六月十九日
		周起鳳	十一年六月廿九日	十二年四月一日
		張志澂	十二年四月一日	十三年十一月十三日
		葛文濬	十三年十一月十三日	十三年十二月二日
		楊毓瓚	十三年十二月二日	十四年八月廿二日
		王毓龢	十四年八月廿二日	十四年十二月十日
		汪曦霖	十四年十二月十日	十五年四月十七日
		王毓龢	十五年四月十七日	十五年四月廿四日
		李祖夔	十五年四月廿四日	十六年五月二日
		翟鍾祿	十六年五月二日	
	會辦	張寳誠	十三年十一月十八日	
		郭煥奎	十五年五月十三日	
		許造時	十五年八月廿四日	
		陳堉榮	十五年十一月八日	
		張鵠	十六年一月廿二日	

以上舊京兆屬	副局長	朱錦	九年六月廿四日	十三年十一月十七日
	局長	章達	十七年六月	
		葛敬猷	十七年	
		張杜蘭	十八年四月	
	副局長	陳習之	十七年	
以上合設河北局以後		王鏡澄	十八年五月廿一日	
河南局	局長	薛爾安	四年九月九日	五年七月三日
		周銘盤	五年七月三日	六年二月十日
		李恩濂	六年二月廿日	六年十一月廿三日
		孟廣澎	六年十一月廿三日	八年二月一日
		周銘盤	八年二月一日	九年四月十六日
		楊炤	九年四月十六日	十一年八月十八日
		賈玉璋	十一年八月十八日	十一年十一月廿日
		張登雲	十一年十一月廿日	十一年十二月十五日
		梁純仁	十一年十二月十五日	十三年十二月十五日
		史漢岑	十三年十二月十五日	十五年三月二日

局別	職別	姓名	到任	離任
		周廣乾	十五年三月二日	十五年十一月廿九日
		楊其蔚	十五年十一月廿九日	十六年一月廿二日
		趙振鴻	十六年一月廿二日	十六年三月十四日
		史寶安	十六年三月十四日	十六年四月廿三日
		劉亥年	十六年四月廿三日	
		田連仲	十八年九月十六日	現任
	會辦	吳玉麟	八年五月三日	
		凌啓秀	十三年十二月廿八日	
		葉瑜	十五年六月廿一日	
		楊其蔚	十五年十一月十九日	
	副局長	吳玉麟	九年六月	
		張顧	十八年九月十六日	現任
陝西局	局長	劉濟坤	四年九月廿八日	八年十月卅一日
		佘詒	八年十月卅一日	十年六月一日
		林實	十年六月一日	十一年十月廿一日
		馮驥駿	十一年十月廿一日	十三年六月十八日
		段大信	十三年六月十八日	十四年九月七日

局別	職別	姓名	到任	離任
		李屏翰	十四年九月七日	十四年十二月十六日
		雷多壽	十四年十二月十六日	
		王贊臣		現任
甘肅局	局長	徐德修	四年七月廿一日	七年一月廿八日
		賈鑽緒	七年一月廿八日	十一年十二月七日
		樊鼎樞	十一年十二月七日	十二年十月十二日
		陳德修	十二年十月十二日	十三年五月六日
		鄭渚	十三年五月六日	十五年十一月七日
		朱成棟	十五年十一月七日	
		劉炳鉞	十八年二月二日	現任
	副局長	韓紹華	十四年二月十九日	十四年十二月三日
		袁泰	十四年十二月三日	
雲南局	局長	李慶恩	四年十二月廿二日	
		袁昌榮		現任
	副局長	馬嘉麟		現任
		李崧		現任
	坐辦	孔繁耀		現任

局別	職別	姓名	到任	離任
四川局	局長	李臨陽	五年九月廿三日	六年八月一日
		王國輔	六年八月一日	七年三月卅一日
		王希閔	七年三月卅一日	十三年一月十五日
		傅曾唯	十三年一月十五日	十三年八月十二日
		周廉	十三年八月十二日	十四年三月十日
		吳濶	十四年三月十日	十五年五月十六日
		王鼎元	十五年五月十六日	十六年一月八日
		鄧和	十六年一月八日	現任
貴州局	局長	劉聲楓	四年十一月廿七日	五年一月十九日
遼寧局	局長	余恭厚	四年十一月二日	五年五月一日
		徐霖	五年五月一日	五年六月一日
		王樹翰	五年六月一日	六年五月四日
		王永江	六年五月四日	六年十二月一日
		段芝清	六年十二月一日	九年一月三日
		單豫升	九年一月三日	九年十月一日
		段芝清	九年十月一日	
		闞定保		現任

局別	職別	姓名	到任	離任
吉林局	局長	嵇汝魁	四年十一月三日	六年九月十日
		孫祖澤	六年九月十日	八年九月一日
		黃藻奇	八年九月一日	九年十月十六日
		李元亮	九年十月十六日	十二年三月十五日
		孫其昌	十二年三月十五日	十四年五月十日
		榮厚	十四年五月十日	現任
	會辦	黃藻奇	八年三月一日	八年八月三十日
		曹元度	八年九月十六日	十二年二月二日
	副局長	孫祖澤	十二年二月十八日	十七年六月
		錢澄	十七年六月	
		孫祖澤		現任
黑龍江局	局長	樸振聲	四年十一月一日	五年六月廿四日
		呂殿琦	五年六月廿四日	六年九月十四日
		鄧邦造	六年九月十四日	十年七月一日
		董紹棠	十年七月一日	十年七月一日
		趙世澤	十年七月一日	
熱河局	局長	周爾昌	四年八月廿六日	六年五月一日

		文廷直	六年五月一日	六年十二月五日
		梁文淵	六年十二月五日	八年九月十六日
		孫熙澤	八年九月十六日	九年六月十一日
		張伯衍	九年六月十一日	十年四月六日
		譚椒馨	十年四月六日	十年十月十六日
		龔駿聲	十年十月十六日	十一年六月廿九日
		陳賡虞	十一年六月廿九日	十三年九月六日
		馮祖德	十三年九月六日	十三年十二月十六日
		許瑞棻	十三年十二月十六日	十五年一月六日
		王贊臣	十五年一月六日	十五年五月廿日
		楊國棟	十五年五月廿日	十六年七月十六日
		張秉彝	十六年七月十六日	十七年四月一日
		杜胯甫	十七年四月一日	現任
歸察局	局長	魏業銳	五年一月十二日	六年七月十日
		萬繩棣	六年七月十日	六年九月十二日
		張友棻	六年九月十一日	八年七月一日
		楊炤	八年七月一日	九年六月一日

		周銘盤	九年六月一日	十年四月廿四日
		方大英	十年四月廿四日	十一年五月十四日
		范樵泰	十一年五月十四日	十二年四月十四日
		張建	十二年四月十四日	十二年十月十九日
綏遠局	局長	張建	十二年十月十九日	十三年十二月一日
		雷多壽	十三年十二月一日	十四年一月九日
		王毓龢	十四年一月九日	十四年八月廿日
		何炳森	十四年八月廿日	十四年十月十一日
		孫壽恆	十四年十月十一日	十四年十二月一日
		趙冠臣	十四年十二月一日	十五年九月七日
		毛桂恩	十五年九月七日	十六年十一月廿五日
		嵇起陸	十六年十一月廿五日	十六年十二月廿七日
		張殿銘	十六年十二月廿七日	十七年五月廿四日
		楊贊璋	十七年五月廿四日	
		毛桂恩	十八年四月十五日	現任
	副局長	李錫齡	十八年四月十五日	現任
察哈爾局	局長	陳璐	十一年八月三十日	十三年十二月廿日

		孫湮	十三年十二月廿二日	十五年二月三日
		葛金章	十五年二月四日	十五年八月十六日
		董文閣	十五年八月廿日	十五年九月十日
		李恩慶	十五年九月十一日	十六年五月十六日
		張陶	十六年五月十七日	十七年五月十八日
		藺均	十七年六月十六日	十七年七月二日

		張景栻	十七年七月三日	現任
	副局長	孫湮	十四年一月五日	
		孫岱亭	十四年一月十六日	十四年七月廿日
		邵鎰	十四年七月廿一日	十五年三月九日
		璩象升	十八年五月廿一日	現任

敬啟

『專題史』叢書，乃民國時期出版的著名學者、專家在某一專題領域的學術成果。所收圖書絕大部分著作權已進入公有領域，但仍有極少圖書著作權還在保護期內，需按相關要求支付著作權人或繼承人報酬。因未能全部聯系到相關著作權人，請見到此説明者及時與河南人民出版社聯系。

聯系人 楊光

聯系電話 0371-65788063

2016年3月28日